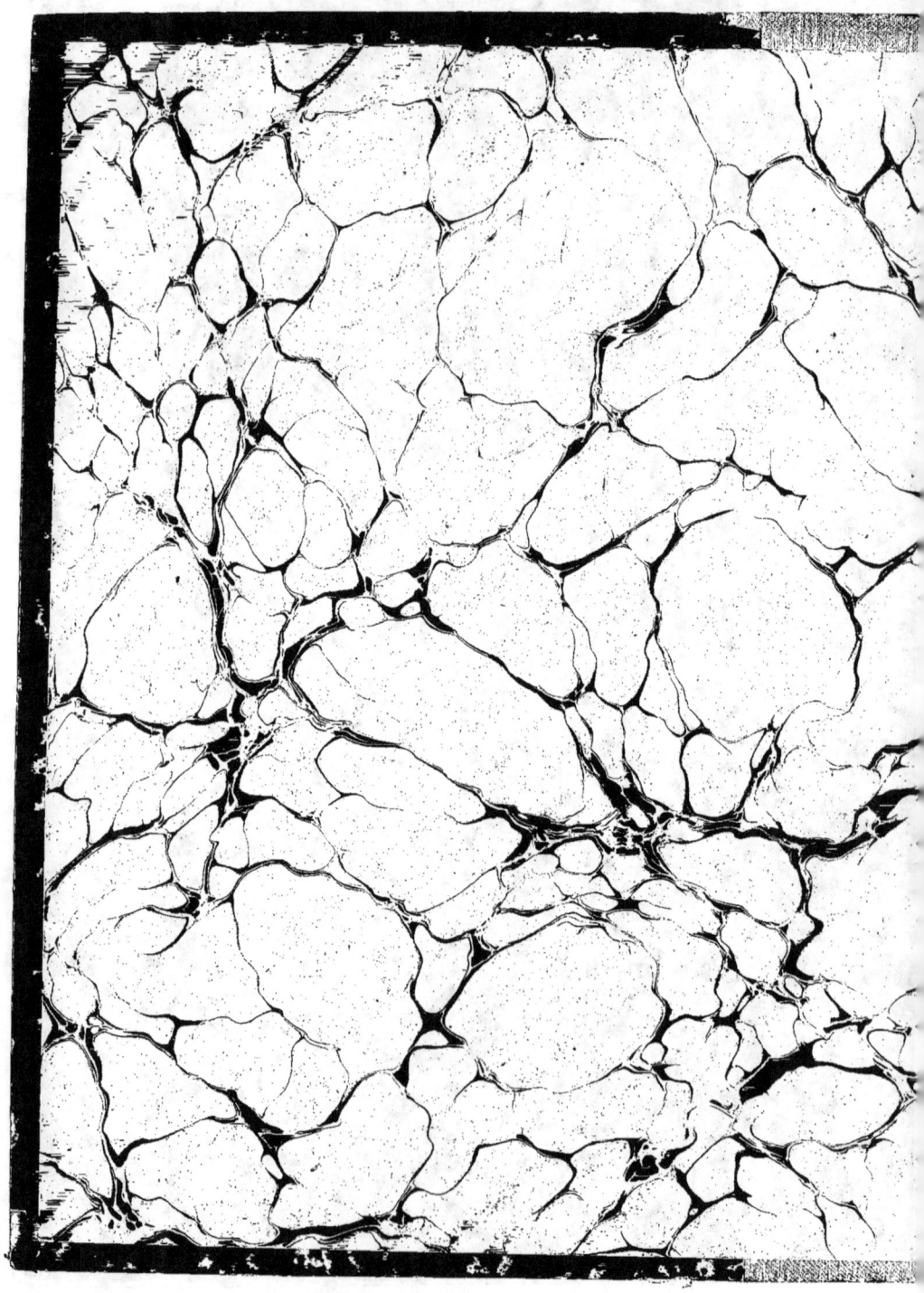

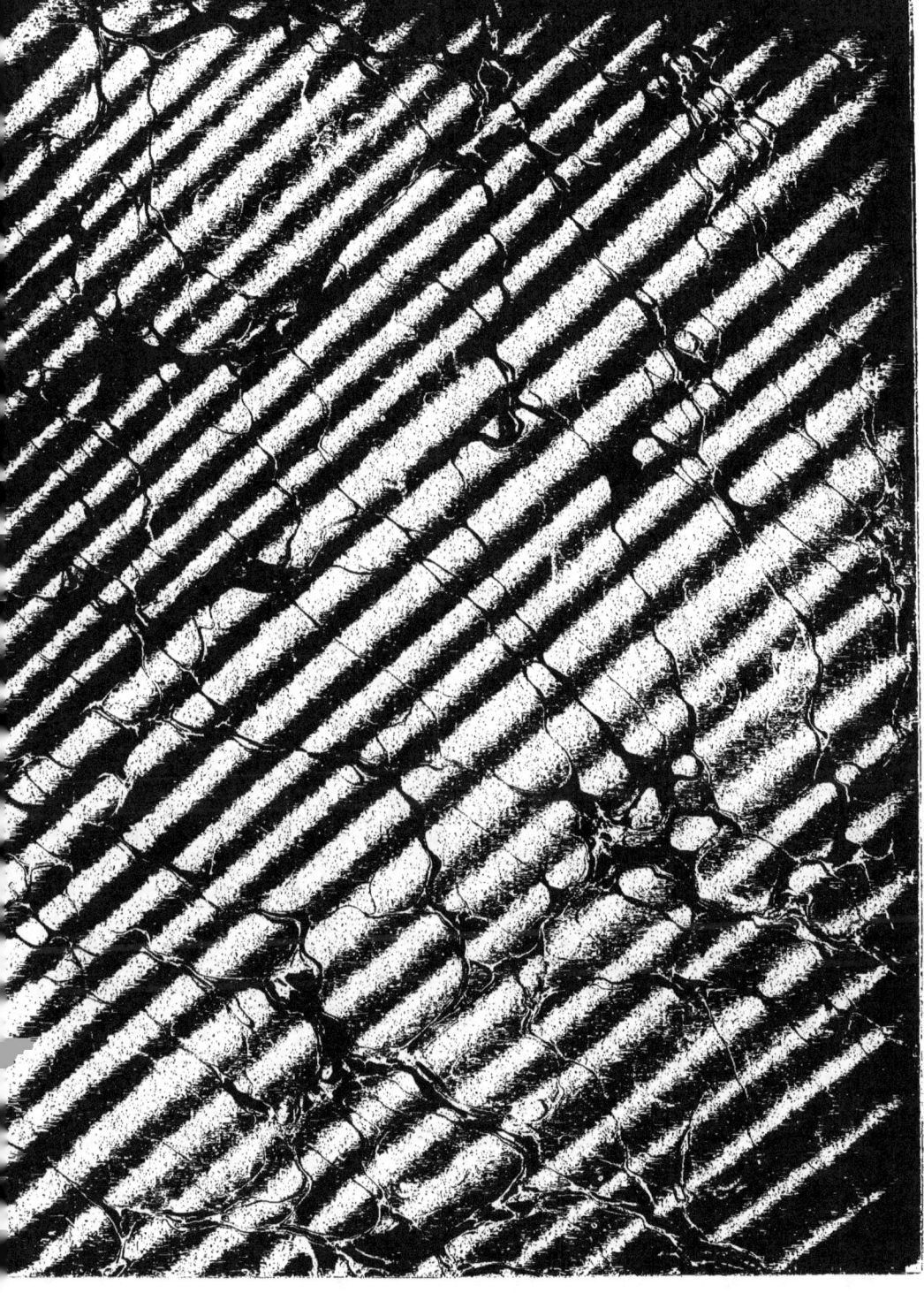

20.000 LIEUES
A
TRAVERS LE MONDE!

Europe, Afrique, Asie et Amérique.

VINGT MILLE LIEUES
A TRAVERS LE MONDE

DÉDIÉ A LA JEUNESSE STUDIEUSE DE FRANCE ET DE RUSSIE

Illustré de 180 photogravures.

RÉCIT DES VOYAGES

FAITS PAR

M. Philippe DESCHAMPS

EN

Europe, Asie, Afrique et Amérique.

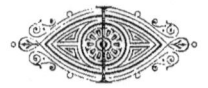

PARIS
E. LEROUX, Editeur
28, Rue Bonaparte, 28

1900

AVANT-PROPOS

A la Jeunesse studieuse de France et de Russie

« *Vingt mille lieues à travers le monde* », tel est le titre vrai, réel, que M. Philippe Deschamps, publiciste bien connu, a donné au volume dédié aux élèves laborieux, qui sont l'avenir et l'espoir de la France.

En parcourant ce livre, écrit pour eux, dans lequel l'imagination ne joue aucun rôle, où la vérité n'a point d'ornements superflus, ils s'instruiront en lisant, en recueillant des notions de géographie, d'ethnologie et d'histoire. Ce n'est pas un utopiste, mais un homme expert qui leur dit, avec le grand fabuliste :

> Nous vous voiturerons par l'air en Amérique ;
> Vous verrez mainte république,
> Maint royaume, maint peuple, et vous profiterez
> Des différentes mœurs que vous observerez.

Le livre, en effet, n'est pas écrit *en l'air*, mais dans une atmosphère saine, où les jeunes âmes respirent deux éléments forts et féconds : la Vérité et le Patriotisme. L'auteur n'a rien omis de ce qui pouvait intéresser le lecteur. Il s'est dit à lui-même : comme l'officier, au régiment, veille au maintien des armes, l'écrivain, dans le livre, veille au maintien des cœurs.

« Sursum corda et arma ! Haut les cœurs et les armes ! »

Mais ce n'est pas en Amérique seulement que l'auteur fait voyager ses lecteurs. Il sait que la jeunesse ne va pas d'un pas de sénateur, comme la tortue. Il sait qu'elle marche à grands pas, ayant mis au service des nobles idées sac au dos, fusil en bandoulière et livre en main.

Avec ce bon guide, le lecteur parcourra les Etats-Unis, de New-York à San-Francisco, — des grands lacs aux grandes baies du nord, de Saint-Louis à Chicago, aux chutes du Niagara, au Canada.

En Asie, il touchera Chypre, entrera dans Jérusalem pour revenir en Syrie et fuir vers l'Egypte et la Nubie. — Il visitera la terre d'Afrique inconnue et méconnue et si chère à la France ; — Il remontera par la Turquie, la Hongrie, l'Autriche et l'Allemagne, vers le Danemark, la Suède et la Norvège. — Il poussera jusqu'en Laponie, pour arriver au Cap Nord, « où le soleil ne se couche point ».

Le livre de M. Philippe Deschamps est écrit en style simple, sans emphase, sans prétention littéraire, c'est le *memento* d'un voyageur qui a beaucoup vu et beaucoup retenu — qui voudrait que le Français fût plus voyageur, plus curieux des choses étrangères.

Il voudrait surtout que les jeunes gens de France, comme ceux des beaux temps de Rome, rapportassent ce qu'ils auraient trouvé de meilleur à l'étranger. — Notre pays sans doute est un pays de prédilection. Mais un vieux professeur, que je connais bien, a dit avec raison : si tu veux aimer mieux ton pays, quitte-le.

Sans le quitter, on l'aimera mieux si l'on voyage en esprit, le livre en main. Voilà pourquoi il crie aux jeunes gens de son pays : lisez, voyagez, faites vingt mille lieues à travers le monde avec M. Philippe Deschamps, et vous ornerez votre esprit de meubles précieux.

Son livre a sa place marquée dans toutes les bibliothèques, dans tous les catalogues des bons livres de prix et d'étrennes.

A. ROGIER.

1er Octobre 1899.

Du Havre à New-York.

La Traversée.

Voir l'Amérique, le nouveau monde, le pays des Yankees et des dollars, tel est le rêve de beaucoup de Français qui croient trouver là-bas les mines d'or au simple toucher de la baguette magique. Encore une illusion perdue !

Le 3 mai 1893, j'arrivai au Havre pour m'embarquer à bord de *la Champagne*. J'avais déjà fait bien des traversées, mais aucune ne m'avait impressionné comme celle que j'allais entreprendre, car ce n'est pas sans appréhension que l'on monte sur cet immense bateau dans lequel on va vivre huit jours et accomplir un trajet de 1.200 lieues environ, soit 3.140 milles (le mille marin ayant 1.852 mètres), distance qui sépare le Havre de New-York ; on quitte les siens pour l'inconnu ! La mer sera-t-elle clémente? telle est la pensée de chacun.

Pendant les trois dernières heures qui précèdent le départ fixé à midi, c'est un tohu-bohu général : marchandises que l'on embarque, provisions arrivant de toutes parts, voyageurs cherchant les numéros des cabines assignées, treuil dont les chaînes pesantes descendent le fret dans la cale, tout cela constitue un tapage infernal qui ahurit.

Je crois utile de donner quelques détails sur ce que l'on embarque dans un bâtiment de cette importance, pour servir pendant huit jours à faire vivre les passagers. D'abord la machine de *la Champagne* est d'une force de 7.000 chevaux-vapeur et consomme par vingt-quatre heures 160 tonnes de charbon ; au départ il en est embarqué 15.000 tonnes, puis 30 tonnes de glace, 15.000 bouteilles de vin, 150 barils de farine et du bétail vivant. Dans les premières classes, on peut loger 500 passagers, dans les deuxièmes 1000, et dans les troisièmes 1.200. L'équipage se compose de deux cent vingt-neuf personnes ; le voyage, aller et retour, coûte à la Compagnie transatlantique 250.000 francs.

Midi ! Le sifflet de la machine retentit : c'est l'avertissement. Le capitaine Laurent, commandant le bateau, donne les derniers ordres à l'équipage. Un garçon de salle fait le tour du pont avec une sonnette pour avertir les personnes, qui ont accompagné parents et amis, qu'il faut descendre à terre. C'est le moment psychologique, et l'on assiste à des scènes pathétiques, surtout dans les troisièmes classes, où beaucoup ne reviendront peut-être plus voir les leurs, et font un éternel adieu à la mère-patrie ! Soi-même, on se sent attendri en pensant aux siens qu'on a quittés la veille. Le guide de l'agence, avec laquelle nous avons traité à forfait pour ce voyage, constate que les douze touristes qui composent la caravane sont présents et nous abandonne à notre sort.

Sur la passerelle, le commandant attentif fait retentir dans les flancs du navire le mot : Attention !

Dans la *chambre de chauffe*, le mécanicien est là, l'œil sur le cadran transmetteur, la main sur le régulateur de la machine à vapeur. Il attend la sonnerie qui doit lui dire : « Machine en avant !... doucement ! » Sur le pont, tout d'un coup, la voix du commandant s'élève à nouveau : « Lâchez tout !... file l'amarre ! »

En même temps, le cadran transmetteur sonne sèchement, fiévreusement, l'ordre du départ. Le paquebot, présentant sa proue à la mer, s'ébranle lentement, comme à regret, avec la prudence et le calme d'un vieux marin. Le second, sur le gaillard d'avant, le lieutenant sur la dunette ; les matelots à leur poste. L'amarre, ce dernier lien qui retenait le navire au quai, c'est-à-dire au repos, à la sécurité, est lâchée. C'en est fait. Voici maintenant l'avenir, l'inconnu avec ses mystères, ses dangers, ses surprises, ses grandeurs et ses faiblesses. Sur la jetée, les amis des passagers, confondus avec les curieux et les désœuvrés, qu'attire toujours le départ d'un navire important, adressent leur dernier adieu à ceux que plus rien ne rattache au rivage. Le paquebot se lance dans la lutte, dans l'incertitude de demain. Cette route liquide qu'il va parcourir, combien d'imprévu ne renferme-t-elle pas? Sa mission s'accomplira-t-elle? Conduira-t-il au port de New-York les passagers qui, sur le pont, assistent anxieux à ses premières vibrations, aux premiers écartements de l'onde qui presse ses flancs?

La ville du Havre disparaît à nos yeux. A gauche, nous apercevons le fort Pezard, les Casquets, le phare de Gatteville et celui du Loup (anglais), et plus tard les côtes d'Irlande; le mouvement des flots s'accentue. Chacun de nous s'est organisé dans sa cabine, et a fait connaissance avec son compagnon ou sa compagne de voyage, car dans notre caravane nous avons la bonne fortune d'avoir trois dames ; entre autres, une parisienne fort aimable, femme du meilleur monde, Mme B..., la seule qui, pendant la traversée, a refusé de payer son tribut à Neptune. Parmi les hommes qui composent la caravane, se trouvent des négociants, des jeunes gens, et deux types assez originaux, l'un du Nord, l'autre du Midi, qui, pendant nos pérégrinations à travers le Nouveau Monde, nous ont égayés par leur jovialité. Le choix de la route est d'une grande importance pour diminuer les aléas de la traversée, surtout dans le voisinage de Terre-Neuve. Elle est variable principalement dans la saison des banquises de glace. Les gardiens des phares de Terre-Neuve et des steamers ont soin de les signaler. Ces banquises venant du Pôle Nord et du Groënland s'avancent vers le sud à une moyenne de 7 à 8 milles par jour. Les navires ont trois lignes à choisir : 1° au sud du banc de Terre-Neuve ; 2° sur le banc lui-même ; 3° entre le cap Race, extrémité sud de l'île de Terre-Neuve, et les « Virger rocks ». La première est la plus longue ; la seconde expose à couler les nombreux bateaux terre-neuviens occupés à la pêche de la morue, et la troisième, la plus courte, exige une grande expérience, et surtout une prudente habileté, tellement les courants y sont variables.

Six heures : le dîner sonne. Les quatre-vingt-deux passagers des premières sont tous présents ; chacun fait connaissance avec ses voisins de table ; au dessert, les conversations s'animent et la gaieté commence à régner. Après le dîner, promenade sur le pont pour admirer à l'horizon le coucher du soleil, et l'on hume le bon air à pleins poumons : c'est la plus merveilleuse cure que l'on puisse imaginer.

Le lendemain matin, tout le monde se retrouve sur le pont : la mer est toujours calme, nous traversons le Gulf Stream, courant d'eau chaude qui vient du Mexique et se perd sur les côtes de France, traversant l'océan sur une largeur de 1000 kilomètres et une profondeur de 200 mètres.

Tous les jours, à midi, sur tous les navires au large, on fait ce qu'on appelle « le point » ; c'est-à-dire qu'on relève exactement le degré de longitude et le degré de latitude et que l'intersection des deux lignes, sur la carte, donne au navigateur sa position exacte sur la mer.

Midi ! Le capitaine relève le point, et chacun remet sa montre à la nouvelle heure donnée qui devient variable tous les jours jusqu'à New-York. La marche du bateau est à peu près régulière : elle varie entre 390 et 406 milles par vingt-quatre heures, tandis que *la Touraine*, grâce aux deux hélices dont elle est dotée, fait jusqu'à 490 milles. Le mercredi, nous rencontrons *la Gascogne* qui retourne au Havre. Le jeudi, c'est une sarabande de marsouins, de dauphins qui suivent le bateau, et, avec des ondulations gracieuses, sautent et rebondissent sur les vagues. Dans ces endroits, l'Océan Atlantique a jusqu'à 5.600 mètres de profondeur.

Nous approchons des bancs de Terre-Neuve. Un brouillard intense oblige le capitaine à passer deux nuits sur le pont ; la navigation dans ces parages est d'autant plus dangereuse que la mer est sillonnée de bateaux qui font la pêche de la morue.

J'ai le temps d'écrire quelques mots sur l'histoire de l'île elle-même :

Terre-Neuve fut découverte par un Français, Jacques Cartier, de Saint-Malo, il reconnut de suite que cette île était excessivement propice à la pêche de la morue. Nulle part, en effet, on ne rencontre autant de ces poissons, qui tiennent une si grande place dans l'alimentation publique. Peu de temps après, les Français, les Espagnols et les Portugais formèrent des établissements à Terre-Neuve. Les Anglais n'arrivèrent que beaucoup plus tard. En 1620, les Français possédaient déjà de solides pêcheries à Plaisance. Les Anglais ne s'établirent que cinq ans plus tard à Avallon, vers 1625. Presque aussitôt, les deux races entrèrent en lutte et se firent la guerre jusqu'en 1713, année où fut signé le traité d'Utrecht. Prise par les Anglais, revenue plusieurs fois à la France, l'île de Terre-Neuve appartient définitivement au royaume britannique depuis 1814, époque de nos désastres. Malgré cette dépossession violente, il nous est resté néanmoins en ces parages des droits de pêche et des droits absolus sur Saint-Pierre et Miquelon, qui sont colonies françaises. Cependant la situation de nos compatriotes ayant été contestée à maintes reprises par les résidents anglais de l'île, un accord spécial est intervenu en 1876 entre les deux gouvernements. Depuis vingt-deux ans, l'Angleterre a donc reconnu en termes précis un droit que notre pays possédait déjà par traité, depuis 1713, c'est-à-dire depuis plus de deux cents ans. Quelque formels que soient ces droits, ils sont pourtant chaque année l'objet de multiples contestations de la part de nos voisins d'outre-Manche, passés maîtres depuis longtemps, chacun le sait, dans l'art de susciter des conflits partout où ils sont en rivalité d'intérêts avec nous. Il y a quelques années, le Parlement britannique votait un règlement interdisant à ses sujets de vendre à nos nationaux les appâts connus sous le nom de *boëtles*, dont on a coutume de se servir pour la pêche de la morue. C'était une évidente tracasserie.

Malgré une obstruction systématique qui tend à s'accentuer progressivement, nos vaillants armateurs du littoral malouin n'en continuent pas moins à armer de nombreux navires en vue de cette pêche lointaine. Un navire de 200 à 300 tonneaux, favorisé par le temps, prend généralement en moyenne de 1,200 à 1,500 morues par jour. Dans les bonnes campagnes, un *terreneuvas* (simple matelot) gagne environ 600 fr. dans sa saison. La morue pullule sur le grand banc de Terre-Neuve. D'après les statistiques officielles anglaises, le poisson et les autres produits des pêcheries exportés de cette île en Angleterre atteignent un chiffre annuel de trente-sept millions et demi de francs. On a calculé que, outre les cent trente-six millions de morues prises bon an mal an dans les eaux qui entourent l'île de Terrre-Neuve, il y a encore 463,531 peaux de veau marin exportées en moyenne depuis trente ans. Terre-Neuve forme aujourd'hui un gouvernement colonial avec Anticosti, le Labrador et le Maine oriental. Sa superficie est de 110.670 kilomètres carrés et sa population est de 202.100 habitants, d'origine moitié française et moitié anglaise. A la tête de l'administration se trouve un gouverneur investi en même temps du commandement en chef des forces de terre et de mer.

Les habitants primitifs de l'île, les Indiens rouges, paraissent avoir été complètement exterminés. Chaque année, aux fins de prévenir un conflit toujours possible, trois bâtiments de guerre français se rendent dans les eaux de Terre-Neuve, où près de quinze mille de nos nationaux se livrent régulièrement à la pêche. La ville de Saint-Malo arme à elle seule une centaine de navires à voiles, vapeurs et transporteurs. Fécamp, Dieppe, Saint-Valery et Saint-Brieuc envoient également un nombre considérable de navires. Les engagements des pêcheurs se font à salaires fixes ou à la pêche. La nourriture et le transport sur les lieux sont compris dans le prix. Les armateurs ont l'habitude de consentir des avances avant le départ. Dans la dernière semaine, les *terreneuvas* se livrent à de joyeuses fêtes, buvant jusqu'à la dernière minute, exaspérés, du fait même des privations qu'ils vont endurer, par une véritable orgie de jouissances. Mais le moment de l'appareillage est venu. Pare à tribord ! Larguez votre misaine ! Avant partout ! Les mouchoirs s'agitent. Quelques larmes coulent, silencieuses. Et en voilà pour sept mois au moins, sinon pour toujours !...

En 1763, le traité de Paris confirma les clauses du traité de 1713. En 1783, le traité de Versailles étendit les privilèges du traité d'Utrecht du cap Ray au cap Saint-Jean, soit sur une étendue de côtes de sept cents milles anglais, et le roi George III déclara qu'il prendrait les *mesures les plus positives pour que les pêcheurs anglais n'intervinssent pas pour faire concurrence aux pêcheurs français et autorisait les pêcheurs français à couper les bois nécessaires dans l'île tant pour les besoins de la navigation que pour les autres.* Cette déclaration concédait aux Français, à n'en pas douter, des droits exclusifs. En 1814 et en 1815, ces privilèges furent à nouveau confirmés.

Les conséquences de ces droits ont été appliquées par la France dans la plus large mesure, comme, du reste, ils en avaient le privilège. Aujourd'hui, les Anglais veulent les réduire à rien en leur donnant une interprétation spécieuse qui rendra impossible aux pêcheurs français la pêche à la morue sur le banc de Terre-Neuve. Il convient d'ajouter qu'il n'y a pas seulement une question de la morue, mais aussi une question du homard. Ce crustacé abonde, en effet, sur les rivages du French-Shore et les Anglais, dans le but d'exploiter cette richesse, ont construit sur la côte de grands établissements, les « homarderies » où l'animal, après avoir été dépecé, est mis dans des boîtes de conserves. Dans la seule baie de Port-Saunder, les pêcheurs, à une certaine époque de l'année, capturent de huit à neuf mille homards. Or, pour se livrer à cette pêche, les insulaires encombrent les eaux de nasses et de casiers qui rendent impossible le travail des pêcheurs français. Ceux-ci se plaignent donc à bon droit qu'on entrave une industrie dont le libre exercice leur a été accordé par des traités absolument incontestables. De plus, les pêcheurs français ont voulu entreprendre, à leur tour, le commerce si productif des homards, mais les Anglais leur ont signifié qu'ils n'en avaient pas le droit, parce que le homard n'est pas un poisson, mais bien un crustacé dont il n'est pas fait mention dans le traité d'Utrecht.

Maintenant, il faut considérer que les populations de Terre-Neuve, très travaillées par les commissaires anglais, veulent absolument que les privilèges, *quels qu'ils soient*, des Français dans l'île cessent, et elles sont *décidées à attaquer les Français de force sur le rivage et à les repousser à la mer*. En 1890, la France a refusé de soumettre la question à un arbitrage. En effet, les clauses du traité sont formelles et il n'est point possible d'en nier la teneur, ni les avantages concédés. Si les habitants de Terre-Neuve, se sachant soutenus par l'Angleterre et encouragés par son gouvernement, s'attaquent à la vie et à la propriété des Français, le conflit ne pourra manquer d'entrer dans une phase dont les conséquences seront graves.

Les Anglais profitent de la controverse pour insinuer que, par réciprocité, le traité d'Utrecht empêche la France de fortifier les îles Saint-Pierre et Miquelon, et d'y tenir une garnison supérieure à cinquante hommes. Cela est exact. Le Canada considère donc l'occupation de ces îles par la France comme une menace à son indépendance. Il en résulte qu'une des conséquences des revendications anglaises à Terre-Neuve comporte l'abandon de Saint-Pierre et Miquelon, abandon qui fait partie du projet de M. Chamberlain. Les prétentions anglaises sont la négation pure et simple des droits de la France tels qu'ils ont été exercés pendant deux siècles. La France ne peut renoncer à ses droits acquis et reconnus, étant donné que l'industrie française à Terre-Neuve représente une valeur commerciale d'un milliard.

Cette cession ou abandon d'abord délivrerait Terre-Neuve de concurrents gênants pour la grande pêche et pour le libre accès dans l'île, puis leur accorderait la libre exploitation des richesses minières de la contrée et celle de la pêche fructueuse du homard. Mais surtout l'Angleterre a un très grand intérêt politique à ce que nous ne reparaissions plus sur cette côte que nous ont donnée les traités : car, si nous gardons le French-shore, les Terre-Neuviens s'aigriront de plus en plus contre leur métropole, qu'ils taxent déjà de faiblesse, qu'ils accuseront certainement de trahir leur cause, et Terre-Neuve échappera à l'Angleterre.

Voilà le véritable point faible de la politique anglaise au sujet de la côte française de Terre-Neuve.

Eh bien, si John Bull a peur d'être chassé prochainement de cette grande île, nous sommes chez nous au French-Shore, depuis 400 ans, et ce sont les Bretons, les Malouins et les Binicais qui l'ont occupée les premiers. Dès l'an 1504 les Bretons y allaient faire la pêche ; Jacques Cartier, fonda le premier établissement en 1570 ; Louis XIII délivra, en 1615, des lettres patentes (voir archives malouines), où il était dit : « *Les roys nos prédécesseurs ayant apris que leurs subjets avoient découvert les païs de Terre-Neufve, abondants en la pêche des molues…, il est faict deffenses à tous subjets du roy employés à la pesche de Terre-Neufve d'abattre ou degrader les echaffauds bastis en cette isle pour ladicte pesche… »*

Le Parlement de Bretagne rendit aussi, le 2 janvier 1647, un arrêt autorisant l'armement d'un vaisseau de conserve pour protéger les « *quatre mille hommes* » qui allaient de Saint-Malo et Binic à la pêche de Terre-Neuve. L'Angleterre n'y avait pas alors 30 navires... C'est encore la même année que le roi de France délivra aux Malouins des lettres-patentes pour le maintien du premier navire garde-pêche sur la côte terre-neuvienne. Céder une partie de nos droits, ce serait la ruine de nos pêcheurs terre-neuviens ; nos établissements de Saint-Pierre et Miquelon ne tarderaient pas à en ressentir le contre-coup. Cette question intéresse toutes les populations du littoral de la Manche. La Chambre de commerce de Saint-Brieuc, dès 1866, réclamait l'appui du gouvernement et demandait que la pêche fût interdite aux pêcheurs anglais dans toutes les baies de la côte de Terre-Neuve qui nous sont réservées par les traités. En 1889, elle protestait encore à ce sujet à propos du *modus vivendi* de Terre-Neuve.

Nous protestons contre un pareil abandon de nos droits sur une colonie qui a été une source de prospérité et de bien-être pour nos ports de commerce, nous dirons même, le principal moyen d'existence des populations du littoral de la Manche. Renoncer aujourd'hui à nos droits sur le French-Shore serait tout simplement de l'aberration et rien ne satisferait mieux les intérêts de nos jaloux rivaux.

La France, on le sait, s'est imposé les plus lourds sacrifices pour entretenir ses colonies. L'empire colonial français coûte annuellement à l'Etat une somme voisine de 92 millions de francs, le revenu de 3 milliards, au taux où est la rente. Sans doute, nous semons pour récolter et cet énorme sacrifice est compensé, au moins en partie, par des avantages commerciaux. Voyons les statistiques... Celles de 1898 nous apprennent que le temps de la moisson n'est pas encore venu. Nos colonies appauvrissent notre commerce au lieu de l'enrichir. Nous leur envoyons pour 117 millions de marchandises et produits et nous en recevons pour 138 millions. Pour comble d'ironie, l'étranger est plus favorisé que nous : il envoie dans les pays d'Afrique, d'Asie, d'Océanie où flotte le drapeau français pour 123 millions et reçoit pour 118 millions. En un mot, nous servons de débouché à nos colonies, qui offrent elles-mêmes un débouché à l'étranger.

Voici les dépenses qui figurent au budget de 1898 :

31.236.680 francs.

Martinique	2.657.448 francs.	Mayotte	44.845	—
Guadeloupe	1.653.709 —	Taïti	871.416	—
Réunion	4.472.591 —	Nouvelle-Calédonie	7.408.853	—
Guyane	6.329.810 —	Inde	308.073	—
Sénégal	6.047.618 —	Cochinchine	3.064.741	—
Soudan	6.948.000 —	Tonkin	23.700.000	—
Guinée	302.809 —	Côtes des Somalis	614.807	—
Congo	2.515.253 —	Madagascar	20.080.000	—
Saint-Pierre et Miquelon	289.442 —	Service commun	4.324.119	—
Total	31.236.680 —	Total	91.633.534	—

Et maintenant que tous les sacrifices ont été consentis, l'Angleterre, notre plus cruelle ennemie, voudrait s'emparer des colonies françaises, anéantir la marine française : le beau coup double ! La puissance britannique s'exercerait désormais sans entrave sur le Monde. Tel est le raisonnement actuellement en honneur chez les *jingoes* d'outre-Manche. Mais cela ne sera pas ! A travers la crise provoquée par l'Angleterre, la France a su donner une preuve éclatante de sa vitalité et de sa générosité, et il faudra compter avec les énergies de son patriotisme et les ressources de son génie.....

Nuit et jour, la sirène fait entendre ses sons stridents pour avertir les pêcheurs du passage du navire. Les sifflements de la sirène sont, la nuit, d'un effet saisissant. Je suppose que la voix des nymphes qui charmaient les compagnons d'Ulysse était plus douce et plus mélodieuse. Le bateau est souvent obligé de ralentir sa marche à cause de l'intensité du brouillard. La mer, si calme depuis notre départ, devient furieuse ; la pluie et la tempête font rage ; en présence des mouvements saccadés du bateau qui, de tribord à babord, saute et rebondit, soulevé par les flots en fureur, plusieurs d'entre nous regrettent le voyage entrepris. Notre méridional Tartarin croit sa dernière heure arrivée : « J'y suis, j'y reste, dit-il, mais forcément ; ah ! si je pouvais reprendre le train pour Avignon ! »; quant à notre Picard, il regrette sa femme et surtout ses betteraves, ses blés !

C'est un tableau saisissant et grandiose que celui de ce navire, œuvre admirable du génie humain, luttant, bravement, non sans gémir jusqu'au fond de sa quille, contre cette mer démontée et ce vent diabolique. Sur la passerelle, le commandant, ayant près de lui le second, donne ses ordres avec ce sang-froid caractéristique des beaux joueurs de la vie : le vent fouette son visage et le cingle avec l'écume des lames qui déferlent sur le paquebot. Qu'importe ? ses regards ne cessent de fouiller l'horizon ; la nuit est sombre, le brouillard si intense, qu'on ne distingue plus rien ; le matelot en vigie se cramponne fortement pour ne pas être enlevé. Tout à coup le navire frissonne et s'arrête, les lames inondent son avant par paquets monstrueux, puis passe du tangage au roulis ; malgré la fureur du vent qui hurle à travers les cordages, comme pourrait le faire une troupe de démons déchaînés, tout l'équipage est à son poste.

Par ce diable de vent debout qui s'abat sur notre immense bateau, et sous ce vilain ciel gris, aux nuages fantastiques, se livrant à une sarabande effrénée, courant, les uns après les autres, comme des chevaux indomptés, nous avons peine à filer six nœuds à l'heure.

Le soir à table, les absents étaient en majorité. Que de places vides ! Avec Mme B., j'étais parmi les vaillants et les invulnérables. Pendant deux jours et deux nuits, la mer resta furieuse ; il était impossible de rester sur le pont. Les matelots eux-mêmes avaient peine à conserver leur équilibre. Cette journée fut marquée par un douloureux événement : une petite fille de quatre ans mourut à bord, et le lendemain matin, après l'avoir cousue dans un sac auquel une pierre fut attachée, on la porta à l'arrière du bateau, et là, devant le commandant, les parents éplorés, un prêtre et deux frères, qui se trouvaient à bord, récitèrent les prières des morts ; on laissa glisser le petit corps sur une planche, et l'enfant disparut, engloutie dans les flots. Quelle angoisse pour les malheureux parents de ne pas même avoir la consolation dernière de voir leur enfant reposer dans un coin de terre française ! Le spectacle était navrant. Nous fîmes parmi nous une quête pour ces malheureux affligés, qui s'expatriaient avec leurs trois enfants, pour aller demander à une terre lointaine la vie matérielle à laquelle a droit tout être humain. Chaque paquebot possède à bord un cercueil : le passager qui pourrait avoir l'idée de mourir en cours de route, doit au préalable, au départ, verser au commissaire 500 francs ; ce n'est que dans ces conditions que le corps serait conservé.

Le samedi soir, un des pilotes nous abordait ; c'est à qui arrivera le premier, afin de toucher la prime d'entrée du port qui est de 250 francs. Le dimanche matin, à 4 heures, nous arrivions en vue de New-York, après avoir traversé la mare, comme disent les Américains ; à 6 heures, le bateau *stoppe*, les signaux sont hissés pour demander la Santé et la Douane ; mais comme c'est dimanche, il faut attendre le bon vouloir de ces messieurs, qui arrivent tout tranquillement à 7 heures. Les formalités de douane à bord sont compliquées. Chaque passager doit signer une déclaration de ce qu'il possède, et jurer qu'elle est sincère ; en échange on lui remet un carton numéroté qu'à la descente il présente au douanier chargé de vérifier les colis. Celui qui ferait une fausse déclaration pourrait être puni d'une amende qui ne doit pas dépasser 5.000 dollars et de deux ans de prison; de plus ses colis seraient confisqués. Très pratiques, ces Américains. C'est pour rien qu'ils vous offrent l'hospitalité. Au débarquement, les émigrants sont conduits à Ellis (Island), petite île dans la baie, et là, ils subissent un véritable interrogatoire. L'entrée de l'Amérique n'est plus, comme on pourrait le croire, aussi facile, car un de nos passagers qui a une jambe de bois, se voit refuser impitoyablement le débarquement : on ne veut plus laisser débarquer sur le sol américain les hommes invalides : l'entrée est formellement interdite aux femmes chinoises. Combien de malheureux qui partent pour l'Amérique, en croyant trouver là-bas à se caser facilement. Funeste erreur ! Beaucoup sont obligés de revenir dans leur mère-patrie.

Le nombre des immigrants est devenu tellement considérable que les Américains prennent maintenant certaines mesures. Ainsi en 1891, il est débarqué à New-York 430.884 émigrants dont 4.189 Français, et de 1881 à 1891, 54.653 ; de 1871 à 1880, 72.206, et de 1821 à 1871, 370.535, c'est-à-dire que depuis 1821 à 1891, soit pendant soixante-dix ans, il est débarqué à New-York, 501.583 Français, et pendant la même période les autres nations de l'Europe en ont fourni 13.752.925.

Huit heures. Tout est terminé. Les formalités de la Douane et de la Santé étant remplies, *La Champagne*, dirigée par le pilote, se remet en route pour entrer dans la baie de New-York. A ce moment, tous les passagers montent sur le pont, afin de jouir du tableau grandiose qui s'offre à leur vue. Devant nous, dans l'îlot de Bedloe, la statue de Bartholdi, la *Liberté éclairant le monde*, que nous avons tous vue au Champ de Mars en 1878, et qui a été offerte par la France à l'Amérique. Malgré ses dimensions colossales, cette statue, étant donnée l'immensité de la baie de New-York, paraît minuscule ; sa hauteur, de la base à la torche, est de 51 mètres ; le piédestal, qui a 27 mètres, a coûté 250.000 francs. Dans la tête, quarante personnes peuvent tenir à l'aise ; elle fut inaugurée le 26 octobre 1886. A gauche, New-Jersey ; à droite, le colossal pont de Brooklyn construit sur l'Hudson ; c'est un beau et important travail métallurgique qui a coûté 75.000.000 de francs. C'est le plus grand pont suspendu qui existe. Nous avançons toujours au milieu de ce mouvement considérable de bateaux, de navires, de steamers et de ferry-boats, la plus grande animation règne dans ce port ; de tous côtés, des îles ; sur les côtes, des propriétés de plaisance entourées de jardins luxuriants ; au fond, Harlem, le tout fait un ensemble magnifique qui fascine ; nos deux types, le Tartarin et le Picard, oublient les ennuis du voyage, à la pensée qu'ils vont, dans quelques instants, sentir sous leurs pieds le plancher des vaches.

Nous abordons à côté des entrepôts de blé. Dans ces vastes magasins où sont construits des élévateurs, vingt-quatre wagons, remplis de blé, peuvent entrer, et au moyen de puissantes chaines à godets, le blé pris directement dans les wagons ou dans les bateaux est transporté aux étages supérieurs, afin d'empêcher la fermentation ; automatiquement il se trouve vanné et emmagasiné dans vingt-quatre immenses réservoirs ; à chacun de ses réservoirs est adapté un tuyau qui pend à l'extérieur et communique avec le bateau en chargement ; en quelques heures ce bateau se trouve rempli et fait voile aussitôt pour la France ou pour l'Angleterre. La plus grande partie de ces blés provient des récoltes de l'Ohio et du Tennessee. Que nos ports du Havre, de Marseille et de Bordeaux paraissent petits à côté du port incomparable de New-York !

« New-York ! tout le monde descend ! » crie le Tartarin ; chacun de nous retire ses bagages ; le guide qui nous attend nous fait aussitôt monter dans un carrosse antique aux roues cuivrées, à la caisse dorée, aux banquettes de cuir rouge écarlate, avec deux grosses lanternes tout étincelantes ; on se croirait dans un carrosse de Trianon, et fouette cocher ! au Central-Hôtel dans Broadway ; après avoir traversé les docks, les quartiers français et juifs, nous arrivons à l'hôtel, par une température tropicale de 35 degrés.

New-York.

Les Etats-Unis ont aujourd'hui plus de 71.000.000 d'habitants, c'est-à-dire presque deux fois la population de la France. L'accroissement, depuis un siècle, est sans égal dans l'histoire des peuples, puisqu'au premier recensement, qui eut lieu en 1790, le nombre des habitants n'était que de 3.929.214 ; en 1810, 7.239.881 ; en 1830, 12.866.020 ; en 1850, de 23.191.876 ; en 1880, de 51.550.783. Et quel immense territoire à exploiter ! 9.212.273 kilomètres carrés, et 4.625 kilomètres de long, de l'est à l'ouest. Les Etats-Unis qui, dans le principe, n'avaient que treize Etats, en ont aujourd'hui quarante-quatre, c'est-à-dire autant d'étoiles que vous en voyez dans le carré du drapeau américain. Chaque fois qu'un nouvel Etat est créé, on ajoute une étoile au drapeau.

C'est surtout en liquides que nous faisons une exportation importante avec l'Amérique du nord. En 1890, la France a expédié en vins de Bordeaux et de Bourgogne, en bouteilles, une quantité représentant 3.480.954 litres et 400.352 caisses de vin de Champagne.

New-York est bâtie dans l'île Manhattan ; aujourd'hui, dans Broadway, le terrain se vend jusqu'à 12.000 francs le mètre ; de là la nécessité absolue de construire des maisons de douze, quatorze, seize, et même vingt étages, il y en a de 30 étages aujourd'hui. car il n'y a pas comme à Paris des ordonnances de police qui limitent la hauteur des constructions. En 1624, cette grande cité était bien peu de chose ; à l'extrémité de l'île Manhattan, s'élevaient quatre maisonnettes et un petit fortin ; elle se nommait alors New-Amsterdam ; les Indiens vendirent l'île entière à un Westphalien pour 250 dollars. Des Flamands Avesnois et Wallons vinrent coloniser cette ville qui, aujourd'hui, dispute à Paris le deuxième rang parmi les grandes agglomérations urbaines du monde. La population de New-York avec Brooklyn, Jersey City, etc., atteint aujourd'hui près de trois millions d'habitants. La petite ville tomba au pouvoir des Anglais en 1664.

C'est après la conquête qu'elle changea son nom contre celui de New-York ; elle comptait alors deux mille habitants. Merveilleusement situé au confluent de l'Hudson et de la rivière de l'Est, le port de New-York, qui a plus de 4 kilomètres, présente une animation dont on ne peut se faire une idée ; son entrée est parsemée d'îles nombreuses ; il fait à lui seul plus de la moitié du commerce des États-Unis ; il en paraît être le distributeur général, grâce à l'incomparable voie commerciale qu'il commande par l'Hudson, le canal de l'Érié et ses grands fleuves, à Washington le Potomak, à Philadelphie le Delaware, à Richemond le James, à Cincinnati l'Ohio, et à Saint-Louis le Mississipi et le Missouri.

Le peuple américain, audacieux et énergique, a des ressorts puissants. Rien ne lui paraît impossible, il a le don de l'initiative ; en 1848, un Allemand condamné à mort dans son pays, vint se réfugier à New-York, s'y fit naturaliser et devint ministre ; un Irlandais catholique est devenu maire de New-York. Ces exemples démontrent bien la puissance d'absorption et d'assimilation politiques de la race anglo-saxonne. On sait que des Normands découvrirent l'Amérique cinq siècles avant Christophe Colomb. Les légendes islandaises disent que Lif Ericson, fils du chef Enc le Rouge, fut chassé de Norvège à la suite d'un meurtre, qu'il s'enfuit en Islande, que de là il navigua jusqu'au Groënland, et finit, vers l'an 1000, par toucher la côte américaine ; des établissements normands furent créés en assez grand nombre dans le pays qui s'appelait alors le Vinland et qu'on nomme aujourd'hui le Massachusetts ; on a retrouvé des vestiges de ces établissements et Horsford a mis à découvert, il y a quelques années, les fondations d'une tour de pierre élevée par Lif Ericson à la place où il débarqua. Sa plus jeune fille, qui continue les fouilles, a récemment découvert de grandes tables de pierre couvertes de caractères creusés au ciseau.

Au mois de mai 1753, George Washington se trouvant à la tête d'une colonne de Virginiens, surprit une poignée de Français dans les forêts de l'Ohio appartenant à leur nation ; sans déclaration de guerre, il les attaqua et fit prisonniers la plupart des soldats après avoir tué leur commandant. Une colonne française commandée par le beau-frère de la victime, le commandant de Villiers, sortit du fort Duquesne et punit cette agression en s'emparant de ceux qui l'avaient commise ; fidèle aux instructions qu'il avait reçues du gouvernement français, le commandant de Villiers épargna son prisonnier et le relâcha après en avoir obtenu l'aveu écrit de sa faute, et l'engagement que pendant un an il ne servirait pas contre la France. Cet incident lointain fut exploité par les ennemis de la France et donna naissance à la guerre de Sept ans ; nous y perdîmes le Canada, mais Washington, épargné par le commandant français, fit perdre les colonies d'Amérique à l'Angleterre.

Je ne puis résister au désir de comparer la vieille Europe à la jeune Amérique.

« Quel est le mal dont souffre l'Europe ? Un changement complet dans les conditions d'existence. C'est un monde nouveau qui commence chez des peuples vieillis, c'est une antique société qui essaye de se transformer et de se rajeunir. Jusqu'en 1789, et plus tard peut-être, le travail a été regardé chez nous comme une œuvre servile. Tous les honneurs, toutes les faveurs ont été pour le métier des armes, pour la justice, pour l'administration. L'ouvrier et le paysan, relégués au dernier rang, ont porté tout le fardeau des charges publiques, et n'ont reçu en échange que le dédain des privilégiés. Aujourd'hui l'industrie est la reine du monde ; le travail est de plus en plus respecté ; c'est lui qui donne la richesse et l'influence ; c'est avec lui qu'il faut compter. Il est vrai que le service militaire garde encore un vernis de noblesse ; il n'est pas douteux que la bourgeoisie recherche les emplois publics ; et on trouverait encore dans le fond des provinces de petits gentilshommes qui mettent un noble oisif et pauvre bien au-dessus d'un parvenu riche et laborieux ; mais ce sont là les dernières palpitations d'une société qui se meurt ; le flot de la démocratie monte sans cesse, et le moment approche où l'agriculture et l'industrie, ayant conscience de leurs forces, les lois seront faites au profit de ceux qui travaillent, et par ceux qui travaillent. Le gouvernement du pays par lui-même, ce vœu de tous les esprits clairvoyants et libéraux, ne sera pas autre chose que la victoire du travail sur l'oisiveté.

Cette question qui nous trouble, les Américains, mieux servis par les circonstances, l'ont tranchée depuis longtemps. Émigrés de la vieille Europe, ils ont laissé derrière eux la royauté, la noblesse, l'Église établie, la centralisation, les armées permanentes ; jamais le privilège n'est entré chez eux, l'oisiveté y a toujours été regardée comme un déshonneur, leur société a toujours reposé sur deux fondements inébranlables : le travail et l'égalité. Ce n'est pas tout ; et comme pour montrer à l'ancien monde que ce nouveau principe de civilisation ne tenait ni à la race, ni au sang, les Américains ont ouvert leur pays à tous les peuples de l'univers. Irlandais, Anglais, Écossais, Allemands, Français, Suédois, Norvégiens y arrivent par flot chaque année sans que ce flot trouble le courant. L'esprit de travail et de liberté transforme rapidement ces nouveaux venus, et en fait de véritables Américains.

Qu'importe au laboureur, à l'ouvrier, ces querelles de tribune qui ne changent rien à sa condition ? Sans doute il peut s'y associer dans un jour de colère, il peut chercher dans l'opposition la plus extrême un remède aux maux dont il souffre ; il peut tout renverser et tout briser pour en finir ; mais, nous l'avons vu en 1848, à quoi sert une révolution, si elle amène au pouvoir des gens imbus des vieilles idées, et qui s'imaginent qu'on fait le bonheur d'un peuple en lui changeant l'étiquette de son gouvernement ? Pour fonder la démocratie en France, il eût fallu d'autres politiciens que les républicains de 1848. Ce n'est pas avec les erreurs d'une révolution avortée, ce n'est pas avec les tristes oripeaux de la Convention qu'on établira la liberté dans notre pays.

Que l'Amérique nous serve d'exemple ! Là-bas, la liberté n'est pas concentrée dans une Chambre législative, elle est partout, comme l'air et le jour. Elle est la richesse du foyer, le patrimoine du moindre citoyen, de l'étranger même qui débarque de l'autre côté de l'Atlantique. Maître de s'établir où bon lui semble, de vivre comme il l'entend, d'adorer Dieu à sa façon, d'élever ses enfants à son gré, libre d'écrire, de parler, de porter des armes, de se réunir ou de s'associer avec qui il veut ; mêlé dès le premier jour au gouvernement de l'École, de l'Église, de la Commune, c'est à peine s'il s'aperçoit qu'il y a un gouvernement central et un Congrès. Ce gouvernement existe sans doute, mais pour représenter au dehors l'unité nationale, pour maintenir la paix intérieure, par sa présence plus que par son autorité ; jamais il n'intervient dans les affaires du citoyen, jamais l'Américain n'est obligé de plier devant un fonctionnaire pour obtenir comme une faveur ce qui lui appartient comme un droit. Chacun est maître et souverain, non pas une fois tous les six ans, mais tous les jours, à la seule condition de respecter l'indépendance de son voisin, et sans avoir rien à craindre que de justes lois, appliquées par le jury, ou par des juges, qui ne sont jamais dans la main du gouvernement. Point d'armée permanente, point de conscription, point d'administration ; c'est le règne de la parfaite égalité et de la parfaite liberté. De là cette énergie individuelle qui nous étonne ; de là cette activité qui enfante des prodiges ; chacun y peut prétendre à tout ; mais chacun ne peut compter que sur soi-même ; il n'y a pas de protégés parce qu'il n'y a pas de protecteurs ; la vie y est plus rude qu'en Europe, mais elle y est à la fois plus intense et plus noble. On se sent plus fier d'être homme et citoyen.

Comment une pareille société peut-elle se maintenir sans police, sans gendarmes, sans soldats? C'est qu'il n'y a pas là-bas, comme chez nous, des passions aveugles, des appétits furieux. Et d'où vient, chez nous, cet aveuglement et cette furie? De l'ignorance. C'est l'éducation seule qui peut fonder la liberté dans les institutions et les mœurs, en faisant de chaque citoyen le gardien de l'ordre public et le défenseur de la loi.

L'école américaine ne fait pas seulement l'éducation de l'homme et du citoyen, elle fait aussi l'éducation du producteur. En développant l'esprit de l'ouvrier, elle accroît la richesse nationale. Elle a une influence économique que l'antiquité n'a pas connue, elle qui dédaignait le travail. Le pays où on lit le plus est aussi celui où l'on fait le plus d'inventions. Le bateau à vapeur, le télégraphe électrique, les clippers, les monitors, le *cotton-gin*, les machines agricoles, la machine à coudre, la nouvelle presse mécanique sont des inventions américaines. C'est aux Etats-Unis qu'on a reconnu et proclamé que le travail de l'ouvrier est en proportion de son intelligence, plus encore que de sa force musculaire. C'est là qu'on a résolu le problème d'accroître la production en diminuant les heures d'atelier. Des gens actifs, instruits, responsables, en sont arrivés à faire plus de besogne en dix heures que des ouvriers ordinaires n'en font en douze, et le moment approche où, dans plus d'un métier, la journée de travail ne dépassera pas huit heures d'efforts assidus. Il y a là le premier germe d'une grande et pacifique révolution. Ce n'est pas une loi qui peut changer les conditions du travail et de la production; mais, en devenant plus instruit, plus intelligent, plus laborieux, plus moral, en travaillant plus vite et mieux, l'ouvrier peut racheter quelques-unes de ses heures de peine et conquérir sa liberté!

En Europe, on criera à l'utopie; on ne croit pas encore que les différences de classes soient chose artificielle et destinée à disparaître. Mais, en Amérique, le changement est accompli; on est ouvrier le matin, homme et citoyen le soir; on quitte l'atelier pour aller entendre une lecture d'histoire, ou de littérature, pour assister à un meeting politique ou religieux. Cette parfaite égalité de condition n'étonne plus personne: ce qui paraît étrange aux Américains, ce sont nos vieux préjugés.

Il y a même ceci de singulier, que l'éducation et la liberté donnent à l'ouvrier un avantage sur le reste de ses concitoyens. Les peines de son enfance, la dureté de son premier labeur, l'effort incessant qu'il lui faut faire pour s'élever, les privations qu'il s'impose, lui mûrissent l'esprit avant l'âge; il connaît mieux la vie et les hommes, il a plus d'énergie que les fils de famille, qui n'a jamais senti l'aiguillon du besoin. De là un phénomène qui n'étonne que ceux qui ne réfléchissent pas. Les hommes les plus remarquables d'Amérique, ceux qui jouent le premier rôle dans l'Etat, sont pour la plupart d'anciens ouvriers. Sans parler de Franklin, l'apprenti imprimeur, il suffira de nommer parmi les contemporains, Clay le meunier, Horace Mann le laboureur, Lincoln le bûcheron, Johnson le tailleur, Wade le scieur de long, Grand le commis corroyeur, etc. Songe-t-on à l'influence de pareils exemples dans une démocratie? Chez nous, un soldat devenu maréchal anime toute une armée; là-bas, dans cette armée civile qui comprend toute la nation, l'exemple de Lincoln est là pour dire à chacun qu'avec du travail, de l'honnêteté et du patriotisme, il n'est pas de si humble citoyen qui ne puisse être un jour le chef de la république. Comparez une société semblable à ces peuples vieillis chez qui tous les avantages sont pour ceux à qui une fortune patrimoniale assure le privilège de l'éducation.

Enfin, la religion est un dernier élément de la grandeur américaine, et non le moindre: « *the last not the least.* » Aux Etats-Unis, on se fait gloire d'être chrétien, on y dit volontiers que la liberté moderne est fille de l'Evangile, et qu'elle périrait avec lui. Cette assertion fera sourire plus d'un lecteur: le scepticisme est aujourd'hui à la mode dans le pays de Voltaire.

Mais il est grand temps de revenir à la grande ville du Nouveau Monde. Les deux câbles sous-marins qui relient New-York au Havre appartiennent l'un à MM. Benett et Macquay, et l'autre au journal le *Herald* de New-York. Il faut une semaine pour visiter New-York. Le dimanche, jour de notre arrivée, la ville paraît déserte, tous les magasins sont fermés; sur les balcons on n'aperçoit que des gens se balançant dans leurs rocking-chairs. C'est vers les îles de Plaisance que nous nous dirigeons. Nous montons sur un de ces nombreux bateaux à deux étages qui transportent les promeneurs pour aller passer l'après-midi à Coney-Island, plage très agréable, animée par les marchands forains qui s'y tiennent en permanence ; le colossal éléphant en est une des attractions. A Coney-Island, il y a douze ans, on a déplacé l'hôtel Brighton qui, par suite des empiètements de la mer, menaçait d'être envahi. Une catastrophe était imminente. Le propriétaire consulta des ingénieurs et des architectes sur ce qu'il y avait à faire. C'est bien simple, répondirent-ils ; votre hôtel, rongé par la mer, va s'écrouler ; nous allons vous le transporter plus loin, hors de la portée des vagues. Ce qui fut dit fut fait.

La construction, qui avait 142 mètres de long sur 15 mètres de large, représentant comme poids 5.000 tonnes, fut reculée à 170 mètres au moyen de rails établis et de sept locomotives employées comme force de traction. Ce travail d'Hercule, qui a l'air d'un conte de fée, a été accompli en présence d'une foule de spectateurs accourus en trains de plaisir organisés tout exprès de tous les coins de l'Amérique du Nord. Le plus curieux, c'est que ces transports de maisons, qui apparaissent comme des œuvres fabuleuses, sont, aux Etats-Unis, une véritable industrie. Il s'est même fondé, dans ce but spécial, de puissantes sociétés qui ont su conquérir une grande réputation par l'audacieuse habileté qu'elles déploient dans ce genre de travaux. Elles font aussi la surélévation des maisons, en les enlevant d'une seule pièce pour reconstruire un étage dessous. J'ai vu moi-même faire ces deux opérations à Chicago, et plus loin, chers Lecteurs, je vous en reparlerai. Pour rentrer le soir à New-York, on suit le flot humain produit par le nombre considérable de voyageurs qui se dirigent vers les bateaux. Le lendemain, nous commençons nos excursions à travers la ville ; nous sommes tout d'abord frappés du contraste qui existe entre les différents quartiers, toutes les rues sont tracées parallèlement, les maisons, d'une rue à l'autre, s'appellent un block. Le matin, des voitures déposent devant chaque immeuble la glace nécessaire à la consommation, car l'eau glacée, c'est la boisson nationale.

La partie ancienne de la ville nommée la Batterie, où s'élèvent d'énormes constructions modernes de dix, douze et quinze étages, n'est qu'un labyrinthe obscur que fuient, quand vient la nuit, les négociants et les capitalistes qui y ont leurs comptoirs ; ces brasseurs d'affaires ne règlent leurs opérations commerciales, de bourse et de compensation, que par des chèques ; le chèque a remplacé l'argent ; il joue un rôle prépondérant. C'est ainsi qu'en 1892, les opérations réglées par chèque ont atteint le chiffre fabuleux de 35.000.000.000 de francs ! Joli denier.

La grande rue du New-York commerçant se dirige vers l'axe de l'île Manhattan ; la Fifth-Avenue (la 5e Avenue) lui fait suite sur une longueur de 20 kilomètres ; les Mackay, les Vanderbilt, les Jay-Gould et les négociants riches l'ont choisie pour y bâtir de somptueux palais de marbre, de granit, de grès rouge, ornés de statues, fleuris d'orchidées et drapés de lierre japonais. C'est dans cette splendide Avenue que se trouve la cathédrale catholique qui a coûté 35.000.000, le Nouvel Hôtel Français tenu par Logeros, l'hôtel Waldor, l'un des plus beaux de l'Amérique, et le restaurant à la mode Delmonico. Il faut visiter ces hôtels pour pouvoir se rendre compte du confort qu'ils offrent aux voyageurs ; rien de comparable n'existe, même à Paris. Nous arrivons au Central-Park ; c'est là qu'il faut aller pour voir, à 5 heures, ces belles filles d'Amérique pleines de sève, rayonnantes de jeunesse, sveltes et élégantes, aux grands yeux veloutés, à l'air provocant.

Le Flirt.

Le flirt en Amérique, comme en Angleterre, fait partie des mœurs. La flirtation leur donne l'avantage de se ménager tous les bénéfices de la passion sans en subir les sacrifices, sans en accepter les charges ; la pratique de cet art exige certaines études et certaines qualités, un grand empire sur soi-même en toute circonstance et une grande présence d'esprit. La tête doit être maîtresse du cœur; c'est de la diplomatie avec un profond mépris des convenances. Pour la jeune fille américaine, le flirt est le plus raffiné des plaisirs. Pour la jeune fille française, il serait considéré comme le plus dangereux. Si la flirtation est pour les unes une essence féminine d'un parfum délicieux, pour les jeunes filles françaises si bien élevées, ce serait un poison fatal ; d'ailleurs, vérité en-deçà, erreur au-delà : à chaque pays ses mœurs, et à chacun le soin de se garder à sa façon.

La jeune Américaine, qui paraît tout connaître de la vie, ne possède pas la grâce aimable de la Française. Lorsqu'à dix-huit ans, elle entre dans le monde, son cœur ne domine pas sa raison, elle est coquette, elle est don Juan dans les questions d'amour ; elle sort librement avec le jeune homme qu'elle préfère, et rentre quand bon lui semble. Pour elle, la flirtation, c'est l'art d'abandonner les bénéfices de l'intérêt, sans en avoir donné le capital. Il faut reconnaître que les conséquences de tels principes font souvent trébucher bien des vertus.

Ce qui frappe surtout, c'est l'impossibilité de distinguer les jeunes filles des jeunes femmes, Car elles ont les mêmes bijoux, les mêmes toilettes, la même liberté du rire et de la parole, les mêmes lectures, les mêmes gestes et la même beauté déjà tout épanouie ; et grâce à l'invention du « Chaperon » elles peuvent se rendre seules à l'invitation de n'importe quel homme de leur connaissance. La jeune fille choisit elle-même ce « Chaperon », et plus il est jeune, plus il est apprécié. cette habitude de se gouverner sans contrôle se manifeste par l'assurance singulière de leur physionomie. Un des hommes les plus aimables de New-York a eu l'idée originale de se composer un musée de miniatures où il a fait figurer, avec leur permission, toutes les beautés de la ville.

Ces pudiques misses vous disent : « il faut bien s'amuser avant le mariage ; sait-on ce qu'il adviendra ensuite ? » Beaucoup d'entre elles s'engagent avec des jeunes gens qu'elles n'ont nullement l'intention d'épouser. Elles ont la dépravation chaste. Précisément parce que la jeune fille américaine ne fait pas tourner son imagination autour des problèmes du sentiment, son caractère comporte des nuances plus nombreuses que celui de ses pareilles d'Europe Ces dernières attendent, pour se développer, que leur cœur ait parlé et qu'une influence d'homme ait commencé de les façonner ; l'Américaine existe par elle-même, elle le sait, elle le veut, elle en est fière. Son individualité est déjà complète lorsqu'elle arrive au mariage, elle prétend se choisir un époux, elle le veut riche, très riche. L'amour, dit-elle, c'est comme le mal de dents, et jusqu'ici, je n'ai pas encore eu besoin de dentiste ». C'est pour cela qu'elle prolonge volontiers son célibat jusqu'à vingt-cinq ou vingt-six ans. D'une indépendance sans contrôle, elle se laisse aller à ses goûts, à ses fantaisies, à sa nature. Que lui apportera-t-il en effet le mariage quand il viendra ? Des devoirs à remplir, un mari à subir, une maison à tenir et... des enfants à soigner. Jeune fille, elle n'a pas le poids de ces chaînes, elle le sait. Toutes s'inspirent de la maxime qui dit : « Jeunes filles, on nous réprime ; mariées, on nous opprime, et vieilles, on nous supprime. »

Le mariage américain est une association mondaine, où l'homme apporte comme capital son travail et son argent, la femme sa beauté, l'art de s'habiller et son talent de recevoir. Beaucoup de jeunes filles se marient avec des vieillards riches ; les rapports d'argent de l'homme et de la femme sont bien étranges dans ce pays où l'épouse joue souvent vis-à-vis de son mari le rôle de préposée à la dépense, le voyant à peine, recevant de lui à profusion un argent qu'elle gaspille pour elle seule dans un luxe dont le mari ne jouit pas. Il n'est jamais là, si ce n'est sous la forme de chèque. Comme en Angleterre, la femme américaine est protégée ; elle ne travaille pas ; l'après-midi, se reposant dans son rocking-chair, elle lit et meuble son esprit de connaissances intellectuelles, elle devient très érudite, et possède de ce fait une supériorité sur l'homme. *Pour le mariage elle en a la science avant d'en avoir l'expérience.* Mais à New-York, contrairement à Paris et à Londres, vous ne rencontrez pas dans les rues des Vénus errantes.

A partir de seize ans, la jeune fille peut se marier sans le consentement de ses parents ; d'accord avec le jeune homme qu'elle a choisi, elle se rend chez un clergyman qui, sans autre formalité, les unit. Le divorce, très usité aux Etats-Unis, s'obtient facilement. Les formalités à remplir durent huit jours au minimum, un mois au maximum. A New-York on en compte une moyenne de soixante-cinq par jour. Comme exemple, on cite celui d'un M. Claron qui, le lendemain de son mariage, divorça. Les enfants doivent se suffire à eux-mêmes. Le père veut-il déshériter complètement ses enfants, la loi lui en fournit les moyens ; il lui suffit de relater dans son testament qu'il lègue *un* dollar à l'enfant qu'il veut déshériter, pour que ce testament ne puisse être attaqué en nullité.

L'Education et l'Enseignement en Amérique.

Parmi les causes qui contribuent à la grandeur ou à la ruine des Etats, il n'en est pas de plus puissante que l'éducation. C'est la valeur des citoyens qui fait la force véritable d'un pays. En vain aura-t-on de vastes territoires, des armées nombreuses, des institutions savamment combinées, si les caractères s'énervent et s'avilissent, la vie se retire du corps social, un sourd travail de décomposition s'opère en lui, et, par une loi sage autant qu'inflexible, ce cadavre est bientôt balayé pour faire place à des éléments jeunes et féconds. Cette vérité s'applique surtout aux peuples démocratiques. Dans une monarchie, l'énergique volonté, le génie d'un seul suffit quelquefois pour imprimer au pays entier une impulsion généreuse ; ce n'est qu'une lueur passagère, mais elle peut éblouir et tromper le regard. Il n'en est pas ainsi chez les nations qui se gouvernent elles-mêmes. Comme rien ne s'y fait que par le consentement de tous, si nous voyons ces Etats accomplir de grandes choses, nous devons en conclure qu'ils possèdent une vitalité puissante, une vigueur incontestable.

A ce titre, le prodigieux développement industriel, politique et territorial acquis dans un si court espace de temps par les Américains est déjà en leur faveur un éclatant témoignage. Mais comment se forme et s'entretient cet admirable esprit public grâce auquel le pays a pu atteindre un tel degré de prospérité, et même traverser une crise terrible sans en être affaibli ? Par l'éducation excellente donnée à la jeunesse. « La vertu et l'intelligence des citoyens sont, a dit Washington, les deux garanties indispensables des institutions républicaines. »

Il suffit d'examiner l'enseignement américain pour comprendre qu'il en doit sortir une société fort différente de la nôtre ; les *common schools* ne ressemblent à rien de ce que nous avons en Europe ; elles ne sont point fréquentées exclusivement par les pauvres, et ne bornent pas leur programme aux connaissances élémentaires ; c'est une différence que nous ne saurions trop faire ressortir, car elle jette une grande lumière sur l'ordre social et politique des Etats-Unis.

Ces établissements sont de différents degrés, que l'élève doit successivement franchir ; aucun d'eux ne comprend la série entière des études classiques, ils se complètent l'un par l'autre. Ainsi, dès l'âge de quatre ou cinq ans, l'enfant est amené à l'*école primaire* ; il y apprend à lire, à écrire, à compter, y reçoit quelques leçons de chant, quelques notions des arts indispensables à la vie. De là, il entre dans l'*école de grammaire*, où il trouve des professeurs chargés de lui enseigner l'orthographe, l'arithmétique, le dessin, la physique, la géographie, l'histoire des Etats-Unis et la tenue des livres. Muni de ce petit bagage intellectuel, l'élève frappe à la porte de la *haute école*, qui doit compléter l'éducation jugée suffisante pour la masse des citoyens. Les études comprennent la littérature anglaise, le latin, l'histoire ancienne et moderne, la morale, les sciences naturelles, enfin des cours facultatifs de français et d'allemand.

On pense bien que tous les enfants ne reçoivent pas l'instruction complète mise si libéralement à leur portée ; ceux dont le travail est de bonne heure nécessaire aux parents vont à peine au delà de l'école primaire. Toutefois, les patrons qui emploient de très jeunes apprentis sont obligés de leur laisser la liberté de suivre les cours publics pendant deux ou trois mois au moins chaque année.

Est-ce à dire qu'il n'y ait rien à reprendre dans la façon dont les Américains envisagent la question de l'enseignement ? Nous avouons toute notre sympathie pour le système qui laisse aux femmes l'éducation de l'enfance ; mais, sans parler de ces disciples à barbe noire, dont la présence au milieu des auditeurs d'une jeune institutrice choque nos idées européennes, nous devons signaler dans les écoles de la Nouvelle-Angleterre de regrettables défauts. Les professeurs reçoivent des salaires très faibles ; en outre, ils ne sont souvent engagés que pour un trimestre, après lequel leurs appointements sont supprimés pendant des vacances plus ou moins longues. L'existence qu'ils mènent est donc extrêmement précaire, ils doivent s'imposer des privations nombreuses qui, jointes à l'ardeur avec laquelle ils remplissent leur tâche fatigante, altèrent rapidement leur santé. Il est rare qu'une femme puisse supporter plus de quatre ou cinq ans ce genre de vie ; quant aux hommes, ils considèrent le professorat comme une œuvre de dévouement, à laquelle ils consacrent une partie de leur jeunesse, et qu'ils abandonnent bientôt pour un travail plus lucratif. On trouve en Amérique bien peu d'instituteurs au-dessus de trente ans ; à peine les grandes villes en comptent-elles quelques-uns que retient une vocation puissante ; on donne à ces vétérans, par faveur exceptionnelle, un salaire presque aussi élevé que celui d'un ouvrier ordinaire, et ils vivent dans une heureuse médiocrité, trompant la monotonie de leurs occupations quotidiennes par la culture des arts ou des lettres.

Mais cette quiétude d'esprit, cette absence totale d'ambition sont choses rares aux Etats-Unis. La plupart des professeurs sortent de la carrière bornée de l'enseignement, les femmes par le mariage, les hommes par la porte toujours grande ouverte des entreprises industrielles. Pendant la courte période où ils se livrent à l'éducation publique, l'activité fiévreuse de leur caractère les pousse à changer sans cesse de résidence, et l'on en voit bien peu qui restent dans la même école une année entière. C'est donc au moment où le maître vient d'acquérir quelque influence sur ses élèves, où il les a familiarisés avec sa méthode, où, en un mot, il pourrait leur être le plus utile, qu'il les quitte pour recommencer ailleurs, sur nouveaux frais, les mêmes tentatives. Cette instabilité nuit beaucoup aux progrès des enfants ; les hommes sages le reconnaissent et s'en préoccupent, mais jusqu'ici leurs conseils n'ont pas été entendus.

L'inexpérience des jeunes filles employées dans les écoles primaires doit aussi compter parmi les causes qui empêchent le système américain de porter tous les fruits que l'ampleur et la fécondité de son principe sembleraient promettre. Beaucoup de mères de famille préfèrent les écoles où filles et garçons sont assis sur les mêmes bancs : « Nos filles, disent-elles, acquièrent à ce contact l'énergie et le développement intellectuel qui en feront des épouses et des mères dignes de la sainte mission attachée à ces titres ; nos fils y apprennent à respecter la femme, à prendre en haute estime son esprit et son cœur. Les relations fraternelles commencées durant l'enfance se continuent dans le monde. Nos jeunes gens, élevés ensemble, se rencontrent sans émotions, sans cette curiosité dangereuse qu'excite l'inconnu. Voilà pour les mœurs. Quant au travail, il y gagne plus encore. Les filles ont l'intelligence vive ; dans les premières études, elles l'emportent souvent sur les garçons ; ceux-ci, de leur côté, rougissant de se laisser vaincre par leurs compagnes, redoublent d'efforts, et nous éveillons ainsi une émulation salutaire. »

La pureté des mœurs américaines empêche l'éducation mixte de produire les résultats funestes qu'elle aurait ailleurs ; cependant il ne faudrait pas croire qu'aux Etats-Unis même elle fût aussi répandue, aussi universellement approuvée, qu'on l'a dit quelquefois. En général, les enfants des deux sexes sont réunis dans les écoles primaires, séparés dans les autres. Telle est du moins la règle suivie à New-York ; mais, sur ce point, comme sur tous ceux qui ne touchent pas aux intérêts communs de l'Union, chaque Etat suit ses tendances particulières. Ainsi, à Baltimore, les établissements scolaires des différents grades sont distincts pour les garçons et pour les filles ; à Chicago et à New-Haven, au contraire, l'enseignement mixte est invariablement adopté. Boston, la ville lettrée, l'Athènes de l'Amérique, paraît fort indécise encore sur ce sujet ; ses écoles se partagent à peu près également entre les deux systèmes.

Le frère et la sœur se sont assis l'un près de l'autre à l'école commune, de nombreuses universités ont été fondées pour les filles ; nulle étude n'a été jugée trop élevée pour elles ; dans les mathématiques, l'algèbre, les sciences naturelles et abstraites, elles rivalisent avec les étudiants de l'autre sexe et souvent l'emportent sur eux ; ainsi, à la haute école de Chicago, quatre premiers prix seulement sur dix-neuf ont été, en 1865, remportés par les garçons ; les seuls élèves de grec et de latin que l'on rencontre dans la ville de Détroit sont des jeunes filles ; les seuls adeptes de l'astronomie, encore des jeunes filles ; les seuls disciples du professeur de physique, toujours des jeunes filles. Cette particularité, du reste, n'a pas lieu de surprendre quand on songe aux nombreuses occupations, agriculture, négoce, industrie, qui de bonne heure arrachent les jeunes gens à l'étude. Les femmes, moins sollicitées par les exigences d'une carrière active, emploient à former leur esprit le temps que les hommes passent à s'enrichir. Elles acquièrent ainsi cette sûreté de jugement et cette élévation de caractère qui partout leur attirent une considération si grande ; les Américains ne voient point en elles une sorte de créature inférieure, devant laquelle il est de bon goût de s'incliner, à cause de sa faiblesse et de ses charmes, mais qu'au fond l'on tient en médiocre estime ; ils ont appris à estimer leur raison, à honorer leurs vertus, et l'homme le plus dépravé conserve toujours le respect de la femme si profondément gravé dans son cœur, qu'aux Etats-Unis, une jeune fille peut, sans péril, entreprendre seule de longs voyages. Partout, dans les chemins de fer, sur les paquebots, dans les salles de réunion, la meilleure place lui est assurée.

On se plaint beaucoup aujourd'hui de la frivolité des femmes ; cette frivolité n'est-elle pas plutôt imputable à la société qui, en les déchargeant de leur ancienne tâche, ne leur a donné aucune occupation équivalente ? Les Américains, les premiers, ont réalisé la pensée si chrétienne de l'enseignement mis à la portée de tous ; ils ont, les premiers aussi, banni le préjugé qui déclarait l'esprit féminin inhabile à la science. Voulant créer une nation libre et forte, ils ont compris qu'il fallait donner une trempe énergique à l'âme de l'épouse et de la mère ; les écoles sont surtout dirigées par des femmes. Quelques-uns des professeurs de mathématiques les plus renommés de la Nouvelle-Angleterre sont des femmes ; dans les Universités, où les deux sexes participent aux mêmes leçons, les filles se font presque toujours remarquer par la promptitude de leur esprit, par la précision de leurs réponses.

Les jeunes filles apprennent de bonne heure à réfléchir, à juger des choses par elles-mêmes ; on ne leur laisse point cette heureuse ignorance qui, en Europe, ajoute à leur beauté tant de grâce naïve, mais on leur enseigne l'horreur du mal, on les habitue à rechercher et à suivre le vrai et le bien. Après les avoir ainsi armées, on ne craint pas de les lancer au milieu du monde, et la manière dont elles savent s'y diriger justifie cette audace. Rien n'est plus curieux que de voir une réunion de jeunes gens et de jeunes filles ; les parents les ont laissés sans surveillance dans le salon, la conversation est vive, enjouée ; une liberté complète règne au milieu du joyeux essaim, mais jamais on n'y entend une parole légère, la galanterie même y est inconnue, on croirait être dans une assemblée de frères et de sœurs.

La sévérité des mœurs se réfléchit dans la littérature. Pour acquérir de la réputation, il suffit souvent en France d'écrire un livre malsain, le scandale supplée au talent ; de tels ouvrages ne trouveraient point de lecteurs aux Etats-Unis. L'esprit public, habitué à vivre dans une atmosphère haute et pure, ferait promptement justice de ces honteux écarts de l'imagination.

La manière dont les mariages se contractent, et la fidélité conjugale qui en résulte, prouvent aussi combien il est sage de développer le jugement des femmes et de s'en rapporter à elles-mêmes du soin de protéger leur vertu. La jeune Américaine choisit librement l'époux qu'elle préfère. Au lieu de la jeter encore enfant dans les bras d'un mari, peu capable d'ordinaire d'achever l'œuvre de son éducation morale, les parents attendent que sa raison ait mûri, que sa volonté se soit fortifiée, puis ils la laissent maîtresse de disposer d'elle-même. Elle sait l'étendue des obligations qu'impose le mariage, elle est femme, femme instruite et sérieuse, quand elle en accepte les liens ; en outre, l'homme à qui elle va engager sa vie n'est point pour elle un étranger ; la simplicité des mœurs lui a permis de le connaître longtemps à l'avance ; peut-être ont-ils étudié ensemble sur les bancs de l'école ; elle a pu observer ses goûts et son caractère, il n'y a point à craindre pour elle les désillusions funestes qui suivent une union mal assortie.

Cette estime et cette sympathie profonde entre les époux sont ici d'autant plus nécessaires, qu'en entrant dans le mariage, l'Américaine se trouve en face de devoirs austères et sérieux ; les Américains ont donc résolu un des problèmes sociaux les plus graves, ils ont formé des femmes vertueuses et fortes, instruites de leurs devoirs et fermes à les remplir.

Tandis qu'en France et surtout à Paris, on tient à laïciser toutes les écoles pour détruire l'instruction religieuse si nécessaire, en Amérique on s'efforce au contraire de rendre l'instruction religieuse.

L'atmosphère morale est, aux Etats-Unis, essentiellement religieuse, et les *Ecoles du dimanche*, suivies avec assiduité, suppléent, autant qu'il est possible, aux lacunes de l'enseignement public ; ces réunions, fondées par les ministres des diverses Eglises, rivalisent de zèle pour inculquer à la jeunesse les croyances chrétiennes.

Quoique fonctionnant dans des circonstances aussi favorables, le système adopté par les écoles communes soulève cependant en Amérique plus d'une objection, éveille plus d'une crainte. « L'importance, sinon l'absolue nécessité de l'éducation religieuse, disait en 1864 le *Rapport de la Pensylvanie*, devient de jour en jour plus visible. Si nous voulons maintenir nos institutions, il est essentiel d'élever le niveau des caractères, de raviver au milieu de nous l'esprit chrétien. La génération qui va prendre prochainement notre place ne doit pas seulement avoir la main habile, le cœur fort, l'esprit éclairé, il faut aussi qu'elle apprenne à aimer Dieu et les hommes, à pratiquer le devoir. »

L'organisation politique des Etats-Unis et l'admirable diffusion de l'enseignement dont ils offrent l'exemple, leur méritent une place à part dans le monde civilisé. En même temps qu'ils ont résolu, de la manière la plus complète, le problème qui agite l'Europe, celui de remettre entre les mains du pays le soin de gérer ses propres affaires, de se gouverner lui-même, qu'ils l'ont rendu majeur et maître de ses actes ; ils ont reconnu aussi que l'éducation seule peut protéger les libertés publiques ; un peuple ignorant sera toujours le jouet d'un despotisme quelconque, qu'il obéisse à un autocrate ou à d'obscurs meneurs ; ils ont donc éclairé les masses, pour les mettre en état d'apprécier leurs véritables intérêts.

Les Mœurs.

Un jour bien curieux à passer à New-York, où l'on pourrait faire des études de mœurs, c'est le jour de Christmas (fête de la Noël). Cette fête, pour les Américains, ne se termine bien que quand chacun s'est sérieusement grisé. Aussi, ce jour-là, voit-on les viveurs, et ils sont nombreux, porter à la boutonnière un petit carton sur lequel leur domicile est indiqué. La nuit, quand la fête est terminée, titubant dans les rues, ceux qui perdent l'équilibre sont appréhendés par les policemen qui, successivement, les conduisent de blocks en blocks jusqu'au domicile indiqué sur le carton ; c'est dans ces conditions qu'ils regagnent leur logis ; comme on le voit, le moyen est pratique.

Ces policemen, quels gaillards robustes ! quelle prestance ! leur bâton à la main, comme ils en imposent ! Le chef de la police reçoit par an 12.000 dollars ; on évalue sa fortune à 2.000.000 de dollars. La police est faite par trois mille neuf cents agents et coûte à la ville 5.139.147 dollars ; à cette somme il faut ajouter les rentes payées par les tenanciers, les marchands ambulants ou par des professions tolérées et protégées par la police, ce qui produit un total de 17.174.147 dollars, soit plus de 85.000.000 de francs, formant le budget annuel de la police de New-York. Malgré ce budget fantastique, ce service laisse encore bien à désirer, car il est dangereux d'aller seul, le soir, dans Thomson-Street, le quartier des nègres, qui sont au nombre de 15.000 dans la ville et de 10.000.000 dans les Etats-Unis. Il est dangereux aussi d'aller dans Mott-Stret, le quartier des

Chinois : il s'y commet bien des crimes, et ceux qui s'égarent en ces parages y sont souvent dévalisés.

Les Français, au nombre de 30.000, ont choisi comme résidence des quartiers plus paisibles, Houston, Woorter, Blecker, Washington-Square. L'entretien de la voirie coûte 5.000.000 de francs par mois, et le budget de la ville est de 170.000.000 par an. On est frappé de voir une nation de 70.000.000 d'habitants avoir pour armée un effectif de 30.000 hommes : le service militaire est volontaire. Tout étonne dans l'étude des mœurs des Yankees : dans les rues, les gamins vous cirent les chaussures moyennant 50 cents (50 sous), d'autres trafiquent, achètent, vendent et conduisent leur « business » avec la perspicacité de vrais hommes.

Dans une rue déserte une femme était tombée frappée d'apoplexie à l'heure où les bambins revenaient de l'école ; regarder bouche béante, le pouce aux lèvres, ne serait pas digne d'un *American boy* ; il fallait conduire la malheureuse à l'hôpital, mais comment ? Un des gamins aperçoit la charrette d'un express-man dont le conducteur était à boire dans un bar, il s'empare de la voiture, tant bien que mal, la pauvre femme est hissée, et le gamin la conduit à l'hôpital.

Les chemins de fer traversent les campagnes, mais souvent, sur leur parcours, il n'y a pas de clôture, ce qui permet aux enfants de suivre la voie. Une petite fille allant à l'école s'aperçoit que la voie minée par les eaux de la dernière averse est en danger. Résolument elle s'embusque, attendant le passage du convoi, et par des signes réitérés fait comprendre au conducteur le danger menaçant. Le train s'arrête, un accident est évité, et deux cents personnes doivent la vie à cette petite élève.

Ce peuple fier n'admet pas pour lui-même la domesticité, le sentiment de dignité personnelle existe chez l'Américain à un degré incroyable ; un Montmorency en France n'a pas si bonne opinion de lui-même. Ce sentiment de supériorité est profondément ancré dans l'esprit de tout Américain ; les mendiants vous refusent une pièce de 10 centimes, c'est trop peu pour eux. Du reste, dans les hôtels, les domestiques ne vous cirent pas les chaussures ; vous êtes obligé de descendre dans le sous-sol où des nègres, moyennant une rétribution de cinquante cents, se chargent de ce travail.

Dès lors, on comprend que des gens qui ont un pareil souci de leur dignité répugnent à remplir les fonctions de serviteurs. Allez donc demander à un homme qui, dans son for intérieur, se croit l'égal de M. Mac-Kinley, de se livrer à une besogne qui ne convient qu'à des nègres.

A quoi bon se faire le domestique d'un maître plus ou moins capricieux, quand on est sûr de pouvoir travailler pour son propre compte, avec le secret espoir de monter de grandes affaires, et de se livrer un jour ou l'autre à de fructueuses spéculations, comme rêve tout bon Américain ? Ces utopistes croient que les affaires sont restées les mêmes, et que la facilité de gagner de l'argent ne s'est pas modifiée. Se faire domestique, se disent-ils, c'est se résigner à un salaire fixe, toujours le même, se condamner pour toute sa vie à une situation subalterne et sans profit ; un Américain authentique est incapable de se contenter de si peu, il ignore l'art de se créer des ressources en épargnant sou par sou, et en plaçant habilement son argent comme en France. Ce qu'il faut à son tempérament et à son caractère aventureux, ce sont les grandes affaires, les gains rapides, les coups de bourse, c'est là qu'il est dans son élément. Ce serait donc une illusion de le croire apte à servir ses semblables. Si la nécessité l'y force, il se fera garçon d'hôtel ou de restaurant, mais ce sera à titre provisoire, en attendant mieux, et tout en servant des cocktails à ses clients, il rêvera des entreprises grandioses qui lui rapporteront des millions. Il serait impossible de trouver à New-York, à Chicago ou à San-Francisco, de ces domestiques de carrière, de ces vieux serviteurs comme on en trouve tant en France, qui sont attachés à leur maître, dévoués à ses intérêts, et qui n'ambitionnent pas autre chose. Il s'ensuit que les mœurs et coutumes des servantes américaines sont des plus bizarres : elles sont d'une ingéniosité féroce quand il s'agit de se venger de leur maîtresse. « Kate, vous viendrez annoncer au salon que madame est servie », et Kate s'obstine à sonner le dîner de la salle à manger. « Mais, Kate, je vous avais priée d'annoncer », et Kate de répondre : « Ne me sonnez-vous pas, madame, quand vous m'appelez ? A vous de venir quand je sonne. » Que de fois la pauvre maîtresse de maison a dû descendre à la cuisine le jour où elle attendait des invités !

C'est en général le moment psychologique que choisissent les cordons bleus pour imposer leur ultimatum, augmentation ou congé. En France, nous avons l'habitude de tolérer certains usages de la part de nos vieux domestiques, en raison même de leur dévouement et de leur fidélité, mais en Amérique les servantes irlandaises n'attendent pas d'avoir des titres à l'ancienneté, le dévouement étant inconnu pour elles.

De cette bonne opinion que les Américains ont d'eux-mêmes, un maire a fourni la preuve, lorsque, recevant une délégation d'ingénieurs français, il leur dit : « Messieurs, soyez les bienvenus, c'est le premier homme du monde qui vous accueille dans cette cité. J'ai été cinq fois maire de Chicago. Chicago est la capitale de l'Illinois, qui est le premier État des États-Unis, et les États-Unis sont la première nation du monde. » Il fut tué, pendant les troubles qui éclatèrent après l'Exposition, ce premier homme de la première ville du monde !

Voyons ici comment les grosses fortunes américaines se sont constituées.

Mackay, le milliardaire, était ouvrier mineur ; il s'associa avec deux de ses amis pour la recherche de mines d'or en Californie ; les débuts furent difficiles, et le petit pécule que possédaient les trois associés fut vite épuisé. Après plusieurs recherches infructueuses, ses deux co-associés, désespérés de tant d'efforts inutiles, allaient renoncer à la lutte, lorsqu'un jour ils finirent par découvrir un filon dans lequel se trouvait une poche d'or. Mackay, le plus malin des trois, sentant là le commencement de la fortune, en profita pour offrir à ses associés le remboursement de leur part avec une plus-value ; ces derniers, moins persévérants que lui, acceptèrent avec empressement. L'association dissoute, il continua seul l'exploitation, acheta de nouveaux terrains, organisa toute une exploitation qui, grâce à des gisements d'or importants découverts par lui, lui firent réaliser une grosse fortune. Vint ensuite la découverte des puits à pétrole ; il s'occupa ensuite de différentes affaires financières. Aujourd'hui, la fortune de Mackay, le richissime Américain, dont nous avons tous connu l'hôtel à Paris, place de l'Étoile, s'élève à plus de 1 milliard et demi. On dit que, lorsqu'il était mineur, sa femme tenait une cantine. A cette époque, elle n'aurait pu se payer la fantaisie de crever, dans un moment de colère, sous prétexte qu'il ne lui ressemblait pas, son portrait peint par Meissonier et qu'elle avait payé la bagatelle de 100.000 francs.

Astor, un autre milliardaire, a fait sa fortune dans des opérations financières. Lui aussi a connu les jours néfastes, car il a vendu, dit-on, des bananes au coin de Houston-Street.

Stoor, un autre exploiteur de mines bien connu, était propriétaire à New-York d'une partie de la ville haute ; en mourant, il a laissé à son fils, rien qu'en valeurs de portefeuille, cinq cent millions, plus des immeubles.

Jay Gould, le fameux financier, propriétaire de plusieurs lignes de chemins de fer, réalisa des bénéfices énormes au moment de la baisse de l'or ; il est mort il y quelques années, en laissant une fortune évaluée à un milliard.

Et enfin le fameux Vanderbilt, dont on admire l'hôtel splendide dans la Fifth-Avenue, et le petit Trianon à Newport, a fait une fortune immense dans la construction des steamers : le premier, il commença la construction des bateaux transatlantiques dont la société Cunar de New-York a de si beaux modèles ; il est mort à 97 ans, en laissant à ses huit enfants une fortune évaluée à deux milliards.

Les mœurs américaines diffèrent tout à fait des nôtres ; en bien des cas les apparences sont sauvées, les femmes ont leur club où elles se réunissent, c'est l'émancipation absolue qui commence ; la femme arrivera à occuper une place prépondérante, car le mouvement féministe fait tous les jours des progrès. Ainsi en 1870, il n'existait pas aux États-Unis une seule femme exerçant la profession de teneur de livres ; actuellement, il y a 27.780 comptables féminins professionnels ; les femmes copistes ou secrétaires sont au nombre de 64.018 ; les femmes de lettres, 2.725 ; les femmes journalistes, 888 ; les actrices, 3.949 ; les femmes peintres qui, en 1870, étaient 412, sont aujourd'hui 10.810 ; les femmes médecins, 4.556, et les femmes musiciennes professionnelles, 34.518.

Par contre, nombre de métiers féminins, comme ceux de piqueuses à la machine, blanchisseuses, repasseuses, sont maintenant dévolus à des Chinois ; il n'existe aux Etats-Unis qu'une seule femme chinoise, celle du consul chinois à Washington. Les Américains commencent à s'inquiéter de l'extension qu'a prise l'immigration depuis cinquante ans, aussi imposent-ils maintenant certaines conditions. Leurs Etats sont suffisamment peuplés : l'Amérique fut colonisée par différents peuples, l'Indiana fut colonisé en 1730 par les Français, l'Iowa en 1747 par les Français, le Kansas par les Canadiens français, le Kentucky en 1775 par les Virginiens, la Louisiane en 1699 par les Français et cédée par la France en 1805, moyennant la minime somme de 17 millions, la Californie en 1769 par les Espagnols, l'Alabama en 1713 par les Anglais, la Caroline du Nord en 1650 par les Anglais, la Caroline du Sud en 1689 par les Anglais, le Connecticut en 1653 par les Anglais, le Delawarre en 1627 par les Suédois, la Floride en 1654 par les Espagnols, la Géorgie en 1733 par les Anglais, l'Illinois, dont la capitale est Chicago, en 1672 par les Français, New-York en 1618 par les Flamands Wallons, le Maine en 1630 par les Anglais, le Maryland en 1602 par les Anglais, le Michigan en 1670 par les Français, le Minnesota en 1680 par les Français, le Missouri en 1763 par les Français, le New-Hampshire en 1623 par les Anglais, le New-Jersey en 1627 par les Suédois, l'Ohio en 1754 par les Anglais, la Pensylvanie en 1638 par les Suédois, le Texas en 1686 par les Français sous la conduite de La Salle, Vermont en 1623 par les Anglais, la Virginie en 1607 par les Anglais, le Wisconsin en 1668 par les Français, le Nouveau-Mexique en 1769 par les Espagnols, l'Arizona cédée par le Mexique en 1848, et Alaska acheté à la Russie en 1867 pour la somme de 3.600.000 francs.

Il faut être citoyen d'Amérique pour pouvoir voter dans ces différents Etats, et les émigrants qui arrivent doivent justifier de leurs moyens d'existence pour être admis ; les indigents, faussaires, repris de justice, polygames et malades ne peuvent pénétrer sur le sol américain, dont l'étendue est immense, puisque la distance qui sépare New-York de San-Francisco est de 1.300 lieues.

Etre rentier, on ne connait pour ainsi dire pas cette profession ; tout homme fortuné a ses occupations : il est commanditaire dans diverses industries, associé de fabriques, d'usines, de maisons de banque, il exploite des mines, fait valoir des fermes, il est quelque chose ; contrairement à nos Français, il ne sait pas limiter ses besoins, c'est ainsi qu'il veut toujours augmenter son capital, et surtout le faire valoir dans des industries dont les rapports sont plus productifs. En France, le contraire se produit, les capitaux se retirent de l'industrie et du commerce pour aller s'immobiliser dans des placements d'un rapport devenu presque nul.

En Amérique, une mine est-elle à exploiter ? une usine se construit-elle ? de tous côtés les capitaux affluent et assurent la réussite de l'exploitation.

Les Catholiques du Nouveau Monde.

La libre discussion, dont tout système religieux est l'objet en Amérique, a produit un effet bien différent de celui que l'on attendrait en France ; loin d'exciter l'esprit de secte, de provoquer les haines, elle a éclairé les esprits, pacifié les cœurs. C'est la compression qui centuple en silence les forces terribles de l'âme humaine, c'est l'ignorance qui engendre les préjugés et les rancunes. Aux Etats-Unis, rien de semblable : toute religion produit ses doctrines au grand jour, nulle secte rivale ne l'opprime, nulle protection pesante ne l'enchaîne, nulle défiance jalouse ne restreint ses droits ; la conscience publique est seule juge de ses mérites, et cette admirable liberté, en laissant à chacun la responsabilité de ses succès ou de sa défaite, a désarmé toutes les colères. Rien ne le prouve mieux que la situation actuelle du Catholicisme aux États-Unis. Il est curieux, au moment où tant d'attaques s'élèvent en France contre l'Église, de voir comment on considère cette même Église dans le centre intellectuel le plus éclairé des États-Unis, à Boston qui est, on le sait, l'Athènes du Nouveau-Monde.

Pour apprécier la puissance de ce grand mouvement catholique, il faut se rendre à l'église Saint-Stephen, l'une des plus considérables de New-York. Tout d'abord, l'affluence des fidèles qui, longtemps avant l'aube, remplissent le lieu saint, cause une grande surprise. Un autre caractère du culte de l'Église romaine qui ne frappe pas moins l'observateur étranger, c'est la discipline parfaite que les fidèles observent dans le temple. Le moment est-il venu de s'agenouiller, tous s'agenouillent ; faut-il se lever, tous se lèvent ; doit-on s'incliner, toutes les têtes se courbent. Ces coutumes religieuses, si différentes des nôtres, tiennent à une cause qu'il est facile de reconnaître. A partir de l'heure du baptême, le catholique est membre de l'Église, et chacun s'attend à lui en voir suivre les observances. Personne n'a honte de faire ce que tous doivent accomplir, ce que, dès son enfance, il a regardé comme une obligation ; il n'est pas plus humilié de dire ses prières qu'il ne l'est de s'asseoir à table pour dîner ; l'une de ces actions ne lui paraît pas moins naturelle que l'autre.

Le son argentin d'une clochette annonce aux assistants que le prêtre monte à l'autel, un silence général s'établit, et la messe commence. Le chœur chante des hymnes d'une voix harmonieuse.

Le moment suprême de l'office religieux, l'élévation de l'hostie, est annoncé par le tintement réitéré de la sonnette. Un recueillement profond se peint sur tous les visages, toutes les têtes s'inclinent pendant que le prêtre récite la solennelle oraison : « *Recevez, ô Dieu saint, Père tout-* « *puissant et éternel, cette hostie sans tache que je vous offre, tout indigne que je suis, à vous, mon* « *Dieu vivant et véritable, pour mes péchés, mes offenses et mes négligences, qui sont sans nombre,* « *pour tous les assistants et pour tous les fidèles chrétiens vivants et morts, etc.* » Une quinzaine d'enfants, les mains jointes sur la poitrine, ne tardent pas à s'avancer vers l'autel pour communier, car la plupart des jeunes néophytes sont en âge de recevoir les sacrements. Plusieurs centaines d'entre eux ont été récemment confirmés. Vêtus de leurs plus beaux habits, les filles en robes blanches ornées de fleurs, les garçons portant au bras une écharpe blanche, tous entourés de parents et d'amis, ils sont venus faire leur première communion dans ce même temple, décoré pour eux comme aux jours des fêtes les plus augustes. La clochette annonce les actes les plus solennels de la messe. Dès qu'elle a retenti, l'assemblée entière est comme plongée, anéantie dans la ferveur de son recueillement ; les lèvres s'agitent pour une ardente prière, quelquefois même un murmure bas et confus trahit chez les fidèles l'oubli complet du monde extérieur.

Vers la fin de l'office, vingt-cinq à trente personnes s'agenouillent devant l'autel pour recevoir la communion ; bientôt après, quelques femmes commencent à quitter leur place et, d'un pas rapide, se dirigent vers la porte de l'église : sans doute elles craignent que la famille demeurée au logis ne soit prête à déjeuner. Le prêtre à son tour se retire et les assistants se dispersent dans toutes les directions. Mais une autre assemblée se réunissait déjà pour la messe de sept heures : les fidèles affluaient dans les différentes rues qui conduisent à Saint-Stephen, se pressaient à la porte de l'édifice. Il en est de même à neuf heures. Quant à la grand'messe, célébrée d'ordinaire à dix heures et demie, tous ceux qui ont occasion le dimanche de passer devant cette église savent que les personnes agenouillées, faute de place, en dehors du porche, feraient à elles seules une congrégation fort raisonnable.

Quelle admirable économie ! quelle sage disposition ! La paroisse de Saint-Stephen contient une population catholique de vingt-cinq mille âmes ; retranchons un cinquième pour les petits enfants, les personnes âgées, malades ou infirmes : il reste à pourvoir aux besoins spirituels de vingt mille personnes ; eh bien ! l'église étant assez grande pour recevoir à la fois quatre mille fidèles, cette multitude peut entendre la messe chaque dimanche matin. Les vêpres se disent dans l'après-midi et, sauf les jours de grande fête, l'édifice suffit amplement au nombre de ceux qui désirent y assister. De plus, il reste ouvert pendant la semaine, son hospitalité s'offre à tous ; de manière ou d'autre, il remplit chaque jour sa destination.

Les catholiques américains sont d'habiles administrateurs ; quand ils ont employé à un bâtiment des capitaux considérables, ils en font un usage qui justifie cette dépense ; les cathédrales les plus coûteuses sont encore des placements avantageux. Outre qu'elles ne restent jamais inutiles, que sans cesse elles portent la joie et la consolation dans les âmes, elles sont la glorification du culte qui les inspire, elles racontent ses splendeurs à tout étranger qui passe, à tout lecteur qui feuillette les recueils illustrés, à tout amateur qui fait collection de gravures. L'image de Saint-Pierre de Rome, de la cathédrale de Cologne ou de Milan réjouit le cœur et ranime le courage du prêtre solitaire qui combat pour l'Evangile sur les frontières de la civilisation. Isolé, méprisé, haï peut-être, il sent qu'un indissoluble lien l'unit au corps puissant qui a créé ces merveilles et qui, peut-être un jour, élèvera un temple magnifique sur l'emplacement de la misérable cabane où maintenant il célèbre les rites de son Eglise en présence d'une vingtaine d'adorateurs.

La construction de la cathédrale de New-York montre quels obstacles est capable de surmonter cette énergie persévérante que rien ne décourage. Différentes œuvres avaient épuisé la caisse du diocèse, il restait même encore des dettes à payer ; cependant l'occasion s'offrait de bâtir une église métropolitaine en rapport avec la prospérité actuelle du Catholicisme, en rapport surtout avec la grandeur de ses destinées futures. L'édifice devait coûter 2 millions de dollars. Peu importe ! il fallait profiter de l'heure présente sous peine de perdre pour toujours d'incalculables avantages. L'archevêque, Mgr Hughes, écrivit des circulaires exposant son dessein et invitant les personnes auxquelles il s'adressait à y contribuer pour la somme de 100 dollars. D'autres lettres furent envoyées à ceux que l'on savait assez riches pour donner 500 ou même 1.000 dollars. Ces demandes, faites avec discrétion et discernement, sont rarement refusées par les généreux Américains ; nul peuple ne joint à une aussi grande richesse une égale simplicité de goût, une plus abondante libéralité pour les intérêts de la religion et du pays.

L'archevêque réunit de la sorte 300.000 dollars, acheta le terrain, posa les fondations de la cathédrale. Les murs s'élevaient à peine à quelques pieds, quand éclata la guerre civile. Il fallut suspendre les travaux. La misère des veuves et des orphelins réclamait de prompts secours ; avant de bâtir une église à Jésus-Christ, on devait soulager ses membres souffrants. La paix rétablie, on reprit l'œuvre interrompue, et on la poursuit avec vigueur au moment où nous écrivons ces lignes.

La discipline sévère de l'Eglise, discipline qui a le secret de s'allier parfaitement avec les tendances libérales de son esprit, excite aux Etats-Unis l'étonnement et l'admiration. Le problème posé en France devant le Corps législatif par Emile Ollivier, en 1868, celui de faire participer le clergé à ses propres affaires, de lui laisser le choix de ses chefs, a été résolu par les Américains avec l'intelligence pratique qu'ils apportent à toutes choses.

Loin de confondre le spirituel et le temporel, d'ajouter aux pouvoirs de l'Etat cette puissance exorbitante de nommer les directeurs des âmes, ils n'ont cessé de proclamer que le gouvernement n'a et ne doit avoir aucune autorité sur les questions religieuses, que c'est le droit inaliénable de toute créature humaine d'adorer Dieu selon sa conscience, et que ce droit n'a d'autres limites que les intérêts, la liberté d'autrui. Le Congrès n'intervient nullement dans l'institution des évêques ; le clergé du diocèse s'assemble à la mort de son chef pour lui désigner un successeur. Les noms de trois candidats sont envoyés à Rome. Le premier se recommande simplement par ce mot : *dignus* ; le second est qualifié de *dignior*, le troisième de *dignissimus*. C'est ce dernier que le Saint-Siège revêt presque invariablement de la dignité épiscopale. Les prêtres américains sont donc gouvernés par des prélats qu'ils ont eux-mêmes librement choisis. Le pouvoir considérable remis aux mains des évêques a pour correctif, d'une part, l'élection, de l'autre, la douceur et la justice avec lesquelles il s'exerce. On ne connaît point aux Etats-Unis d'exemple d'un appel adressé à Rome contre la décision d'un supérieur.

Ainsi, par le seul fait de l'effacement de la puissance laïque, cette Eglise américaine, si soumise au pape, est en même temps devenue l'une des plus nationales, des plus patriotiques qui existent. Elle aime les institutions qui sont la garantie de ses droits, et aucun conflit ne pouvant jamais se produire entre le spirituel et le temporel, la satisfaction donnée à sa conscience fortifie son dévouement à l'ordre établi.

Initiative, persévérance, charité, organisation merveilleuse qui concilie le principe de l'indépendance avec celui de l'autorité : tels sont les titres qui promettent d'assurer à l'Eglise la sympathie des populations américaines. Depuis que les Etats-Unis, mettant leurs actes d'accord avec leurs principes, ont rendu libre le catholicisme, une prompte réaction s'est opérée en sa faveur. On a reconnu que cette religion, contre laquelle on avait eu d'abord de si grandes défiances, est le plus puissant auxiliaire de la cause du progrès et de la civilisation. Appelée à soumettre tous les hommes au joug de la vérité, elle sait partout se faire une place, parce que la vérité, patrimoine commun des âmes, est de tous les temps et de tous les pays. Où elle trouve le mal, elle le combat, transforme peu à peu les idées et les mœurs : où elle trouve le bien, elle l'affermit et le consolide. C'est ainsi qu'en révélant à l'homme la grandeur de son origine et de sa fin, la noblesse de sa nature, en réhabilitant la pauvreté, le travail manuel, elle a, sans violence et sans secousse, miné le règne du despotisme, et préparé l'avènement de nos libertés. Point n'est besoin pour elle de s'attaquer ouvertement aux abus ; elle fait mieux que cela, elle change les esprits, et les abus tombent d'eux-mêmes.

Cette action rénovatrice opère continuellement au sein des sociétés modernes : elle a créé l'atmosphère morale qui nous entoure, elle y entretient les principes de vie, et, seule, elle peut empêcher les passions de l'empoisonner par de dangereuses erreurs. Les Américains, peuple religieux et pratique, ont compris depuis longtemps que la grandeur des nations repose sur le Christianisme ; jamais ils n'ont essayé de séparer de l'Evangile la liberté qui en tire sa force. Aussi leur a-t-il été donné de présenter au monde ce magnifique exemple d'une démocratie complète et absolue, qui sait se préserver de l'écueil de l'anarchie.

Ils ont partagé longtemps néanmoins le préjugé commun contre le Catholicisme, et naguère encore l'un des citoyens les plus estimés de l'Union était écarté de la présidence sous le prétexte qu'il professait des croyances religieuses incompatibles avec la Constitution. Toutefois, onze des Etats du Nord, c'est-à-dire les territoires les plus éclairés du pays, avaient donné leurs suffrages au catholique Frémont ; c'était déjà pour l'Eglise un assez beau triomphe ; mais une expérience douloureuse, la guerre, est venue précipiter le mouvement des esprits vers la foi antique. Les Américains ont pu se convaincre que le protestantisme n'offre pas au sentiment chrétien une base assez ferme pour en faire longtemps une sauvegarde efficace. Un peuple jaloux de sa liberté doit avoir des principes solides, une religion immuable et positive, car, plus on diminue la répression extérieure, plus il est nécessaire de fortifier le frein de la conscience.

Les Catholiques, de leur côté, ne négligent rien pour répandre parmi les masses des idées vraies sur les doctrines : livres, journaux, brochures portent partout la lumière : le *tract*, cette publication originale qui s'impose au lecteur, qui l'assiège dans les voitures et les chemins de fer, qui le poursuit sur les places publiques, a également été mis en usage. Engin de propagande essentiellement protestant d'abord, il est devenu l'une des armes du Catholicisme.

Ponts, Chemins de fer et Tramways.

La hardiesse de ce peuple téméraire dans ses entreprises est sans limite ; ainsi le grand pont de Brooklyn, considéré jusqu'à ce jour comme le plus beau du monde, va être dépassé ; les ingénieurs américains sont parvenus à vaincre les grands accidents du sol de leur pays, les travaux audacieux s'élèvent triomphants au-dessus des fleuves géants, des rapides et des vallées ; on va commencer la construction d'un nouveau pont qui traversera l'Hudson ; le projet est basé sur le principe de celui qui existe sur le Forth en Ecosse. Ce nouveau pont dépassera en proportions celui de Brooklyn ; la travée centrale du pont de l'Hudson aura 616 mètres d'ouverture, les câbles auront une longueur totale de plus de 2.000 mètres, les pylônes en acier qui supporteront ce pont auront plus de 200 mètres de hauteur, et les blocs de maçonnerie dans lesquels doivent être fixées les extrémités du câble seront placés à 300 mètres en arrière de ces pylônes, le tablier du pont sera de 46 mètres de hauteur, laissant toute liberté à la navigation, et sur le pont seront installées six voix ferrées ; la dépense sera de 40.000.000 de francs.

Le pont qui relie New-York à Brooklyn fut commencé le 2 janvier 1870 et inauguré le 24 mai 1883 ; cette œuvre herculéenne repose sur deux piles d'une portée de 436 mètres, la hauteur des tours au-dessus du niveau de l'eau est de 93 mètres, celle du pont au centre de la rivière, de 45 mètres ; la longueur du câble, de 1.200 mètres ; la force de chaque câble, de 12.000 tonnes ; le poids total supporté par les câbles, 14.680 tonnes ; la largeur du pont, 30 mètres, sa longueur d'une tour à l'autre, 533 mètres et la longueur du pont, 2.179 mètres ; les deux voies ferrées qui y sont installées transportent par jour plus de 25.000 voyageurs, deux voies pour les voitures et les piétons, et une route de plus de 4 mètres de large. Il peut donner passage à des navires d'une mâture de 40 mètres, et il a été dépensé pour sa construction 75.000.000 de francs.

Sur les principales avenues du sud au nord et de l'ouest à l'est, à Brooklyn, des voies ferrées élevées sur des échafaudages à colonnes portent des trains qui se succèdent à trois minutes d'intervalle, et font incessamment la navette entre les quartiers extérieurs et le centre commercial qui avoisine le port. Outre ces diverses lignes urbaines qui transportent près d'un million de voyageurs par jour, d'autres lignes de rails reposant sur le sol à travers les entrecolements, des chemins de fer aériens sont parcourus par des convois que remorquent des machines fixées, et dans la même rue des omnibus prennent les voyageurs entre les stations.

Le métropolitain (appelé l'elevated, prononcez : élévétid') est, sur tout son parcours, d'une construction vraiment remarquable ; il offre aux habitants les plus grandes facilités ; les trains s'y succèdent sans interruption toutes les trois minutes de 5 heures du matin à minuit et toutes les quinze minutes de minuit à 5 heures du matin ; en quarante-trois minutes, pour 25 centimes, vous franchissez la distance qui sépare Hanover Square de la 172e rue ; nous avons fait ce parcours plusieurs fois dans les deux sens, et nous avons été stupéfaits de la manière rapide et pratique avec laquelle ce service régulier est fait ; à la 8e avenue, l'elevated, sur un parcours de 4 kilomètres, longe le boulevard ; les travaux métalliques qui ont été exécutés pour la construction de ce chemin de fer dépassent de beaucoup ceux du métropolitain de Londres. Les arrêts dans les gares ne durent que quelques secondes, étant donné que, lorsque le train arrive à la 30e rue, par exemple, les conducteurs, aussitôt le départ du train, avertissent les voyageurs qui doivent descendre à la station suivante, c'est-à-dire à la 31e rue, de manière que tous viennent se ranger près des plates formes ; dans ces conditions la sortie s'effectue avec une rapidité d'autant plus étonnante, que les wagons se trouvent au même niveau que les quais de débarquement. Dans tous les compartiments sans exception, il est défendu de fumer.

Les cars électriques (tramways) sont aussi d'une organisation parfaite. La ville en est sillonnée ; ils la traversent en tous sens du sud au nord, et, comme le métropolitain, marchent toute la nuit. Cinquante lignes différentes desservent New-York ; les voitures des cars sont légères, gracieuses, et d'une propreté remarquable ; même sur les plates-formes, il est défendu de fumer. Jusqu'ici c'est l'Angleterre qui tenait la tête pour la vitesse des chemins de fer, le train de Londres à Aberdeen faisait 101 kilomètres en une heure et demie ; les Américains ont battu ce record, le train de New-York à Brest-Buffalo a parcouru 700 kilomètres en six heures cinquante-quatre minutes : déduction faite des arrêts, il a fait 103 kilomètres à l'heure ; enfoncée la vieille Angleterre ! Les cars électriques marchent à une allure des plus rapides, et leur vitesse atteint jusqu'à 24 kilomètres à l'heure. Les points d'arrêts sont déterminés et connus du public, qui s'y rend ; il y a donc de ce fait une très grande amélioration sur nos tramways de Paris.

La vitesse des tramways n'est pas sans danger pour les piétons qui peuvent avoir besoin de traverser la voie. Aussi l'imagination des inventeurs s'est-elle exercée pour éviter que ces rencontres aient des conséquences fâcheuses. L'un des procédés adoptés à cet effet consiste à garnir l'avant-train du tramway d'une sorte de filet dont la partie antérieure vient frapper les jambes du malheureux qui n'aurait pas eu le temps de se garer, il se trouve ainsi jeté dans le filet et préservé de l'écrasement. Du reste, des ressorts convenablement disposés adoucissent le choc.

Sur l'Hudson et sur la rivière de l'Est, ce sont des bateaux-bacs (ferry-boats) qui transportent des voitures tout attelées ainsi que des trains complets de marchandises, d'une rive à l'autre. On les voit la nuit flotter comme des pyramides lumineuses.

Les maisons géantes (sky-scrapers).

New-York s'est signalé, depuis ces dix dernières années, par le nombre des constructions gigantesques qui sont le dernier cri de l'architecture moderne américaine. L'aspect de la ville s'en trouve modifié à ce point qu'un New-Yorkais, revenant au pays natal après une absence un peu prolongée, serait incapable de reconnaître la cité qui émerge aujourd'hui des eaux de la baie. Autrefois le ciel était découpé par les silhouettes de quelques monuments indiquant les districts de la ville : le clocher de l'église de la Trinité, celui de la chapelle Saint-Paul, et quelques autres d'une moindre importance. A présent, c'est de partout une saillie d'énormes constructions dont la hauteur varie entre deux à trois cents pieds au-dessus du niveau du sol. Le plus remarquable de ces édifices est le bâtiment de Park-Row. Ceux qui arrivent du Continent sont stupéfaits en apercevant ces gigantesques constructions appelées sky-scrapers (gratte-ciel).

L'incessante plus-value des propriétés, la propension des affaires à se localiser dans certains quartiers, les facilités obtenues, d'autre part, par l'établissement des ascenseurs rapides, ont rendu nécessaire et réalisable ce moderne et stupéfiant bâtiment. Si la tâche des ingénieurs fut délicate, celle des architectes ne fut pas moins compliquée, car on peut considérer comme fort ardue l'obligation de revêtir de pierres et de verre, et d'une façon agréable et pratique, une aussi énorme « carcasse ». L'architecte, M. R. H. Robertson, s'est parfaitement acquitté de ce travail de titan. Il est arrivé à supprimer l'ennuyeuse impression d'une tour en accentuant la largeur de l'édifice par des moulures lourdes et de saillants balcons. Cette exagération de la ligne horizontale par opposition à la prodigieuse ligne perpendiculaire est du plus heureux effet, car elle donne le change sur l'énormité de l'ensemble, ramené, de la sorte, à des proportions très acceptables.

Le nouveau *gratte-ciel* dont s'enorgueillit New-York se dresse en bordure du Park-Row, dont il a pris le nom : c'est le *Park Row building*. Sa façade n'a qu'un développement de 31 m. 50 ; mais sa hauteur, prise au sommet des deux tours qui le couronnent, est de 117 mètres. Pour donner une idée de ce que représente une pareille élévation, je ne puis mieux faire que de la mettre en comparaison avec celle de l'Arc-de-Triomphe, celle de Notre-Dame, celle de la coupole des Invalides, le plus haut monument de Paris, si on met à part la tour Eiffel, et enfin avec la flèche de la cathédrale de Rouen.

De la base des fondations de l'immeuble du Park-Row à la pointe de la hampe des drapeaux qui flottent sur ses coupoles, la distance verticale est exactement de 153 mètres. Le nombre des étages est de vingt-sept. Tout en haut, entre les deux tours, est même installée sur le toit la cuisine du restaurant qui occupe le dernier étage. Ce bâtiment démesuré, qui n'a pas été construit, comme plusieurs de ses devanciers, pour une grande administration particulière, est divisé en neuf cent cinquante bureaux séparés, de dimensions variées. A raison de quatre personnes en moyenne pour occuper chaque bureau, la maison est donc susceptible de posséder une population (population diurne, il est vrai, et qui se réduit la nuit à quelques gardiens, de près de quatre mille personnes, hommes d'affaires et employés. De plus, ces neuf cent cinquante bureaux, ces quatre mille personnes, reçoivent tout le jour de nombreuses visites. Combien ? Quel chiffre hasarder ? New-York est certes la ville la plus active des États-Unis, et le Park Row building n'est si haut que parce que l'espace est trop resserré pour le mouvement des affaires dans le cœur de la cité. Est-il exagéré de supposer qu'à une heure quelconque quatre mille visiteurs peuvent se trouver dans l'immeuble, qu'à la fin du jour vingt-cinq mille personnes y ont passé ? Quel grouillement dans les corridors et dans la cage des ascenseurs !

Le Central-Park, ce bois de Boulogne des New-Yorkais, est un long quadrilatère de pelouses, de bois, de rochers et de nappes d'eau. Comme Hyde-Park, il est dépourvu de fleurs ; les squares de New-York n'ont pas de fleurs ; du reste aucune ville au monde n'est aussi fleurie que Paris. La Parisienne qui aime tant les fleurs est vraiment heureuse quand elle entre dans les squares si bien fleuris où s'accumulent, dès le printemps, force pâquerettes, tulipes, pensées ou anémones ; l'été venu, d'autres garnitures remplacent les plantes dont la floraison est terminée. Alors les bégonias et fuchsias, les œillets d'Inde, les chrysanthèmes à grandes fleurs, les pétunias, géraniums, héliotropes, les cannas font leur apparition et les jardins prennent cette allégresse que leur donnent les fleurs d'été. Au printemps, 340.000 végétaux quittent les serres ou les couches du fleuriste d'Auteuil. Les végétaux pour garnitures estivales sortent au nombre de 630.000.

Au printemps, les pensées et les myosotis l'emportent sur leurs rivales. Des premières, on possède 78.000 pieds et 50.000 pieds des seconds. Les tulipes, silènes et giroflées viennent ensuite avec 35.000 pieds, 33.000 pieds et 30.000 pieds. Les serres renferment encore 24.000 pâquerettes, 20.000 aubuetias, 11.000 anémones, quelques jasmins et 7.000 crocus, jaunes ou bleus.

En été, c'est le pelargonium ou le géranium qui tient la tête des fleurs avec 250.000 pieds. Viennent ensuite les begonias au nombre de 83.000 pieds. Les autres variétés de fleurs et les plantes de bordure à feuillage rouge ou vert évoluent entre 24.000 et 7.000 pieds. Parmi les fleurs les plus employées sont les ageratums à fleur bleue, les lobelias et fuchsias, les chrysanthèmes d'été qui sont des marguerites blanches et jaunes à grandes fleurs, les œillets d'Inde, les calcéolaires et les héliotropes, les pétunias, les zinnias et les cannas à fleurs rouges et à hautes tiges. En bordure, on met surtout des achyrantes au feuillage cuivré, des alternantheras qui servent à la mosaïculture, et des pyrèthres au feuillage doré.

Le fleuriste d'Auteuil est en même temps une pépinière d'arbres, d'arbustes et de rosiers. Il fournit chaque année 4.600 arbres et 45.000 arbustes à feuilles persistantes ou caduques ; en outre, 1.800 rosiers. Il garde encore en ses serres des collections d'orchidées ou d'azalées qui sont de toute beauté, puis des plantes industrielles, commerciales ou pharmaceutiques. Il a même des plantes historiques, telle la « Napoleona. »

Cette plante fut dédiée à Napoléon 1er par Palissot de Beauvais. Il la trouva sur la côte Est d'Afrique. Comme la fleur est formée d'une double couronne, l'inventeur y vit une analogie à la double couronne que portait Napoléon, roi d'Italie et empereur des Français. D'où l'idée de dédier cette plante à Napoléon. L'entretien de ces collections, de la pépinière et du fleuriste, dépenses d'achat compris, coûte à la Ville de Paris 380.000 francs, dont 267.000 pour le salaire des 120 ouvriers. C'est pour rien, si l'on considère le nombre de boutures faites, les semis, le nombre de pieds de fleurs qui chaque année ornent et égayent les belles promenades, les jolis jardins et squares, si chers aux Parisiens.

Le jardin des Plantes de New-York possède les animaux les plus rares, entre autres le singe cardinal. Sa superficie est de 343 hectares, entourés de grilles ; c'est un des plus beaux parcs du monde, admirable par ses sites pittoresques. La partie Nord est séparée de la partie Sud par le réservoir de New-Croton, rivière captée, retenue dans d'immenses récipients pouvant fournir plus de deux millions d'hectolitres d'eau par jour ; les routes carrossables ont 9 milles de longueur (le mille terrestre a 1.509 mètres). Du Belvédère, on jouit d'un point de vue magnifique, et l'on aperçoit l'aiguille de Cléopâtre qui vient d'Alexandrie et qui fut donnée par Ismaïl-Pacha en 1877, et la statue de Washington, le père des Américains. De quatre à six heures du soir, le Central-Park est le rendez-vous du monde élégant.

Les Américains sont très bien organisés pour combattre les incendies, et chose singulière, c'est le pays où il s'en déclare le plus, car la moyenne à New-York est de quinze par jour. Les constructions nouvelles sont maintenant, d'après les règlements de police, dotées d'escaliers extérieurs en fer, ce qui permet aux locataires de pouvoir descendre en cas d'incendie.

Le départ d'une pompe à vapeur pour le lieu de l'incendie s'effectue avec la plus grande rapidité. Aussitôt que le signal d'alarme a retenti au poste des pompiers qui, la nuit, sont couchés tout habillés, les harnais, suspendus au-dessus des chevaux, s'abattent automatiquement sur leur dos; déjà les licols se sont détachés, et les chevaux, dressés à ce genre d'exercice, viennent d'eux-mêmes se ranger dans les brancards. C'est ainsi que dix minutes après l'incendie signalé, dix pompes à vapeur sont prêtes à se mettre en batterie.

Par le canal de l'Erié ouvert à la navigation en 1825, par ses lignes de chemins de fer, New-York se trouve en communication directe avec l'Est et la Nouvelle-Angleterre, et par Jersey-City en traversant l'Hudson, se relie à toutes les grandes villes de l'Ouest. Au commencement du siècle, Wall-Street était la limite extrême de la ville; le développement qu'elle a pris depuis vingt ans est prodigieux, puisqu'en 1653, la population qui n'était que de 1.120 habitants, était en 1800 de 60.489, en 1820 de 123.706, en 1840 de 312.710, en 1860 de 831.669, en 1880 de 1.206.599 et enfin actuellement de près de 3.000.000.

La superficie des Etats-Unis, où le charbon ne vaut que 10 francs la tonne, et le gaz naturel 0 fr. 10 le mètre, est si grande que le Texas à lui seul pourrait contenir la France, l'Angleterre et l'Allemagne, et la distance de New-York à San-Francisco est trois fois celle de Londres à Gibraltar; seule, la région des charbonnages est aussi grande que la France et l'Angleterre réunies.

Le maire de la ville touche 50.000 francs par an. Il y a à New-York 47 banques nationales, 140 théâtres, dont le plus grand, (Academy of music), contient 3.000 places; le café-concert Garden-Madison peut contenir 10.000 personnes.

C'est dans le Square de l'Union, au centre de la ville, que fut érigée en 1876 la statue de La Fayette, œuvre de Bartholdi; elle fut donnée à la ville par les résidents français. En face de ce square, au restaurant Hoffmann, se trouve, dans le bar du sous-sol, la fameuse tapisserie des Gobelins qui avait été offerte par les Marseillais à l'impératrice Eugénie, et qui pendant la Commune fut volée aux Tuileries; c'est aussi dans ce bar que nous avons admiré le joli tableau des Nymphes de Bouguereau.

Après Madison-Square et Washington-Square, où se dresse l'Arc de triomphe, nous avons visité le Musée métropolitain qui renferme une très belle collection de tableaux. L'école française y occupe une place importante représentée par les toiles de Bonnat, de Jules Breton, de Thomas Couture, de Nicolas Poussin, de Rosa Bonheur, par les chefs-d'œuvre de Barbedienne et de Barye.

Le Building de l'Equitable, nom de la Compagnie d'assurances qui a bâti ce gigantesque palais à façades de marbre à l'extrémité de Wall-Street, avec ses quinze cents locataires, est une véritable ruche humaine, où dix mille personnes par jour se servent des ascenseurs.

Le River's Park qui est borné par l'Hudson est une promenade très agréable; on y remarque le tombeau du général Grant et une statue de Washington, élevée avec le produit d'une souscription faite par les enfants des écoles.

Nous visitons ensuite City Hall Park où les principaux journaux ont fait édifier de véritables palais; l'hôtel du journal le « World » avec sa coupole dorée de 84 mètres de hauteur, est absolument remarquable. Nous montons par les ascenseurs pour aller à la terrasse qui se trouve au 16ᵉ étage, et pour contempler le panorama de la ville.

Les Prisons.

Une après-midi nous nous rendons dans les deux îles de Blackwell et de Ward (prison) où se trouvent les pénitenciers et les maisons de fous ; nous abordons à une petite jetée en bois, point de départ du bateau passeur qui, une fois par jour, emporte vers ces îles les condamnés et les parents des fous. Une voiture cellulaire arrive avec sa charge de forçats, on les empile dans des cabines spéciales du bateau et la maison flottante s'avance sur l'eau crispée qui clapote sourdement ; nous croisons des remorqueurs et des navires de commerce. Arrivés à l'autre rive, le *boss*, vieillard jovial, ouvre les deux cabines où il a verrouillé ses hôtes, et vingt-deux hommes à la face avilie en sortent ; après eux les femmes ridées, aux figures congestionnées, la peau verte et rose, teinte que leur donne l'alcool, débarquent également. Ces femmes, avec leurs traits tirés dans une chair flétrie, fument des cigarettes ; parmi ces déclassés, hommes et femmes, peu de Français et beaucoup d'Allemands ; cela se comprend, étant donnés les chiffres de l'émigration depuis dix ans, puisque 50.460 Français contre 1.452.952 Allemands ont débarqué en Amérique. Dans ce bagne, les galériens travaillent à des terrassements ; si ce n'était leur costume blanc à raies sombres, on les prendrait pour des ouvriers ordinaires. L'absorption dans le labeur est un trait si américain que les forçats ne se distinguent point des ouvriers libres, leur travail leur est payé un dollar par jour ! Le régime est humain, presque confortable. A six heures du matin, du pain et du café ; à midi, de la viande ; à cinq heures du soir, la soupe, du pain et du café ; ils ont une bibliothèque, où pendant quatre heures par jour ils peuvent lire.

Même singulier ramassis d'étrangers dans la maison des fous, dans l'île de Blackwall. Pour les fous furieux, les médecins américains n'emploient pas la contrainte physique qu'ils trouvent dégradante ; pour les malades, ils emploient la contrainte chimique, ils les droguent à mort... ils trouvent cela plus humain. Dans cet asile règne une morne terreur, tandis que dans l'asile des folles règne un air de douceur, presque de gaieté. Les salles et les couloirs sont ornés de fleurs en papier et de fruits en étoffe, reliques de la dernière fête de Noël. Le germe du foyer, impérissable au cœur de la femme, cet instinct de maternité qui persiste même dans la folie, a suggéré aux prisonnières une gracieuse et navrante fantaisie. Auprès des arbres de Noël, elles avaient mis des poupées vêtues de robes tricotées par elles, se figurant voir les enfants pour qui elles ont rêvé de préparer ces cadeaux. Quel triste symbole de la liberté que cette grande île stérile et nue !

Le nombre des employés et fonctionnaires de l'Etat est restreint, tandis que la République Française en a augmenté considérablement le chiffre ; ainsi en 1793 on ne comptait en France que quatre cent dix mille fonctionnaires qui émargeaient au budget pour une somme de 517.256.000 francs, laquelle, avec les retraites payées, atteignait 580.000.000. Depuis vingt ans le nombre des fonctionnaires a été augmenté de cent trente-deux mille et la dépense majorée de 181.846.000 francs, ce qui fait qu'il y a actuellement en France six cent trente-un mille sept cents citoyens vivant des deniers publics, soit un chiffre égal à l'effectif de l'armée française ; voilà pourquoi le budget est toujours en déficit.

Nous regagnons New-York, car le lendemain à la première heure, nous devons partir pour Philadelphie.

Philadelphie et Pittsburg.

Philadelphie, dans la Pensylvanie, à trois heures d'express, est une grande et belle ville bâtie sur les bords de la Delaware et du Schuylkill ; c'est la troisième ville des États-Unis ; elle n'avait en 1800 que 70.287 habitants, et en 1820, 167.325. Elle compte aujourd'hui plus de 1.000.000 d'habitants. Elle étonne surtout le voyageur par la quantité prodigieuse de fils aériens télégraphiques qui traversent la ville en tous sens. Ce grand centre commercial fut fondé en 1681 par William Penn, le Lycurgue moderne, modèle de sagesse et de philanthropie.

Une des curiosités est le nouvel Hôtel de Ville, édifice somptueux en marbre blanc, sur lequel on a placé, au haut de la tour, la statue colossale de William Penn ; cette tour, d'une hauteur de 144 mètres, dépasse celle des cathédrales de Strasbourg et de Cologne ; le palais a, du Nord au Sud, 162 mètres, et de l'Est à l'Ouest 160 mètres. L'intérieur est orné de riches colonnes. L'horloge est monumentale, le cadran a dix mètres de diamètre, l'aiguille qui marque les minutes a 4 mètres de long, et celle des heures $2^m 54$; elle est, pendant la nuit, éclairée à l'électricité. La sonnerie pèse 25.000 kilog., et s'entend des points les plus éloignés de la ville ; le remontage s'en effectue au moyen d'une machine à vapeur.

Le Musée renferme la cloche de la Liberté, qui ne sonna qu'une fois, le 4 juillet 1776, pour annoncer l'évacuation des Anglais, et la salle où fut signé, le même jour, le traité de l'Indépendance ; la déclaration en fut publiquement proclamée du haut des marches de l'édifice. C'est à Philadelphie que se trouve la grande fabrique de locomotives de Baldwin qui occupe plus de 3.000 ouvriers.

Le collège Girard, destiné aux orphelins, fut fondé par un de nos compatriotes, négociant bordelais, qui à sa mort, en 1848, légua à la ville une somme de dix millions ; grâce au don généreux de ce Français, huit cents orphelins reçoivent asile et sont élevés dans cet établissement philanthropique. A côté se trouve l'école de Médecine des femmes ; les doctoresses sont envoyées de préférence dans les couvents de jeunes filles. L'une d'elles a ouvert un cabinet dans la ville et gagne, nous a-t-on dit, plus de 100.000 francs par an.

Les palais de l'ancienne Exposition universelle, élevés dans le parc, ont été conservés et transformés en musées. Philadelphie a quarante mille maisons de plus que New-York ; le total des constructions est de cent trente-quatre mille sept cent quarante, dont cent vingt-quatre mille trois cent deux sont des propriétés particulières.

Le général Pleasouthon, mort à l'âge de quatre vingt-six ans, avait fait parler de lui en 1878, car il avait à cette époque fait une véritable révolution dans l'industrie du verre. Il avait persuadé à ses concitoyens qu'en changeant le verre blanc de leurs carreaux contre du verre bleu, ils en obtiendraient des résultats hygiéniques très appréciables. Il prétendait que la lumière bleue avait une salutaire influence sur toutes les maladies ; ce fut alors un engouement général, et plusieurs mois après tous les carreaux des fenêtres étaient remplacés par des verres bleus. Les vitriers firent fortune. Et puis la mode passa, car les effets bienfaisants annoncés n'avaient été qu'un leurre, et c'est pourquoi l'on ne revoit maintenant aux fenêtres des maisons que des carreaux blancs.

Les Américains ont célébré le centenaire du dollar ; c'est en 1794 que la banque de Maryland déposa à la monnaie de Philadelphie des pièces d'argent françaises pour une valeur de 500.000 francs destinées à être frappées en dollars d'argent, en conformité de la loi récemment votée sur les monnaies de la jeune République. Le 15 octobre suivant, le premier lot de ces dollars fut livré à la banque de Maryland qui les mit aussitôt en circulation ; ces 1.758 dollars, tout ce que contenait le lot, constituent donc la première vague de ce torrent d'argent qui depuis a roulé sur les États-Unis. Dans les cent années écoulées, les États-Unis ont frappé en dollars 3 milliards et demi de francs ; la frappe de l'or a été de 8 milliards ; c'est en 1878 qu'eut lieu l'émission du dollar actuel. Sur la face une tête de la République avec un diadème au front portant le nom de Liberty ; de son bonnet phrygien, qui a pris une forme coquette, s'échappent des fleurs et des épis entourant la tête des treize étoiles. Les États-Unis ne viennent qu'au quatrième rang des États pour la quantité de monnaie d'argent en circulation ; cette circulation est d'une valeur de 2 milliards et demi de francs inférieure à celle de l'Inde, de la France et de la Chine.

De Philadelphie, le chemin de fer conduit à Pittsburg, le Creuzot de l'Amérique, ville essentiellement industrielle où ont été construites des usines métallurgiques occupant 25.000 ouvriers ; on y fabrique des plaques de blindage d'un poids considérable, les mines de charbon y produisent 20.000.000 de tonnes par an, que les consommateurs payent 10 francs la tonne ; le gaz naturel jaillit du sol ; la fabrique d'aluminium produit 3 tonnes par jour et vend ses produits 5 francs le kilog.

Pittsburg avec ses hauts fourneaux ressemble la nuit à un immense incendie. C'est une ville de tempérance où le dimanche il est défendu de boire et de fumer dans les rues.

Baltimore.

Voici une ville de plaisance, coquette, commerçante, qui depuis cent cinquante ans porte le nom du colonisateur. Des catholiques anglais, conduits par lord Baltimore, ont en effet colonisé cet Etat, en 1633, et lui ont donné le nom de Maryland (*Terre de Marie*) en l'honneur de la reine Henriette-Marie de France, fille de Henri IV et femme de Charles Ier. Baltimore est un beau port de mer où peuvent s'abriter en tout temps les bâtiments du plus grand tonnage; il s'y fait un grand marché d'huîtres et de tabacs. Les rues y sont aussi remplies de poteaux télégraphiques ; au centre de la ville, la statue de Washington. Le City-Hall en marbre blanc de style Renaissance est un des plus beaux monuments des Etats-Unis. La religion est très divisée ; il vient de s'y fonder une secte religieuse où se pratique l'échange des femmes ; la communauté comprend déjà plus de deux cents membres, tous mariés, bien entendu, qui ont fait élever un très joli temple, où, sous l'égide d'un ministre, se font les échanges.

Les fonctions de ces singuliers pasteurs sont gratuites ; tous ces fervents se disent saints et impeccables. L'un d'eux, ayant dernièrement refusé de prêter sa femme malgré le consentement de celle-ci, s'est vu immédiatement expulsé ; on ne cite, il est vrai, que ce réfractaire. Ces Yankees sont extraordinaires, il faut toujours qu'ils inventent quelque chose, cette fois c'est d'un nouveau culte qu'il s'agit. Ils étaient deux cents hommes graves, pieusement mariés et qui sans aucun goût pour le célibat se sentaient des aspirations de célibataires. Trop expansifs pour s'astreindre à la simple observance des lois conjugales, trop formalistes pour les violer, ils n'avaient qu'une ressource : s'en fabriquer bien vite de plus accommodantes, refondre du même coup leur code, en vue d'élargir les horizons du mariage et d'égayer cette vieille institution surannée. C'est ce qu'ils firent.

N'allez pas croire toutefois, chers Lecteurs, qu'ils entendissent devenir polygames, avec des harems à la turque, ou simplement à la mormonne ! Fi donc ! L'étiquette de la monogamie leur semblait mieux seyante, ils la gardèrent, et pour le surplus s'entendirent entre eux. Il fut convenu, et le nouveau code le stipula, qu'ils n'auraient chacun qu'une femme, avec cette disposition extensive articulée au même chapitre, que chacun des 200 sociétaires syndiqués aurait droit aux 199 femmes de ses collègues ; ingénieuse combinaison tout imprégnée d'égalitarisme et remarquable en ceci qu'elle laisse au ménage son autonomie propre et sa respectabilité décorative. Sans méconnaître en rien l'aimable diversité inscrite au programme de la jeune république, les femmes de la colonie du Delaware seront comme les bibliothèques roulantes de South-Kennington, où les livres sont colportés de ville en ville, et feuilletés par mille mains.

A l'instar des Mormons, ces excentriques se sont d'emblée proclamés saints avec un hiérophante chargé d'appeler sur leur digne foyer la bénédiction du ciel. Faut-il croire que les pommes du voisin perdent de leur saveur dès l'instant que la cueillette en devient légalement permise ? Salomon, dit-on, avait bien trois cents femmes et encore en nue propriété, sans les ingérences du communisme. Le chef de cette nouvelle secte, pour créer ces statuts, a-t-il été s'inspirer chez les Mormons ?

Washington.

De Baltimore, nous partons pour Washington, district fédéral ; cette belle capitale de la Confédération américaine se trouve à neuf heures de chemin de fer de New-York. Washington est le Versailles des Etats-Unis ; c'est d'après les plans d'un officier français, le major Lenfant, que fut tracée cette ville sur la rive gauche du Potomac, à la jonction de l'Anacosta. Washington, avec ses larges avenues plantées d'arbres, ses squares ornés de statues, ses beaux monuments, a un aspect de grandeur bien digne du grand homme dont elle porte le nom ; c'est un séjour très agréable.

Nous commençons nos visites par le Musée. Il est important et contient notamment de belles toiles de l'école française, le « Régiment qui passe » de Detaille, plusieurs tableaux de Bonnat, Henner, Ziem, Jules Breton, etc., et une collection remarquable de bronzes de Barye ; dans une vitrine, les habits de Washington ; en face de l'entrée, un buste en marbre de Napoléon Ier et dans un coin de la salle, celui de Guillaume Ier. La Bibliothèque renferme 650.000 volumes.

Le Capitole, copié sur le Panthéon, est couronné par une majestueuse coupole ; d'un côté la Chambre des représentants et de l'autre le Sénat. La Chambre des représentants comprend trois cent cinquante-six membres, soit environ un représentant pour 176.000 habitants. La durée de leur mandat est de deux ans ; ils touchent 5.000 dollars par an.

Le Sénat compte quatre-vingt-dix membres ; tous les deux ans, un tiers de ceux qui ont siégé pendant six ans se trouve renouvelé ; les divers territoires envoient au Congrès un délégué qui siège, et prend part aux délibérations, mais qui n'a pas droit de vote ; le traitement annuel des sénateurs est le même que celui des représentants.

Le Président de la République, M. Mac-Kinley, reçoit un traitement de 50.000 dollars par an ; le vice-président 8.000. La dotation présidentielle, en France, est de douze cent mille francs par an, divisée en trois parts : 600.000 francs pour la dotation proprement dite, 300.000 francs pour « frais de maison » et 300.000 francs pour « frais de voyage, de déplacement et de représentation. » Ce qui correspond à 100.000 francs par mois, dont 50.000 francs de dotation, et 25.000 francs pour chacune des autres destinations.

Le Président des Etats-Unis a plus de prérogatives qu'un roi constitutionnel d'Europe et surtout beaucoup plus que le Président de la République Française : il commande les armées de terre et de mer, signe les traités avec l'avis et le consentement du Sénat, choisit ses ministres, nomme les ambassadeurs, les consuls, les juges de la cour suprême, les hauts fonctionnaires de l'Etat, convoque les Chambres dans les cas extraordinaires et veille à la fidèle exécution des lois. En outre, il possède le droit de veto contre les résolutions votées par le Congrès ; malgré ses nombreuses affaires, l'ancien Président M. Claveland occupait ses loisirs. Collectionneur de cannes, il tient le record de l'originalité ; il en possède une faite en fragments de cornes de tous les animaux connus de l'Amérique du nord. Le docteur Halles, lui, possède la canne la plus chère du monde : le pommeau est une pépite d'or de trois livres reliée au jonc par une bague d'or garnie de soixante-cinq diamants. Cette canne de Crésus yankee est évaluée 20.000 francs.

Le Capitole est un immense monument qui a coûté 65 millions. On y remarque deux tableaux importants, l'un représentant Penn, négociant avec les Indiens, et l'autre Christophe Colomb débarquant en 1492. En face le Capitole, la Maison Blanche, résidence du Président de la République : c'est un édifice de modeste apparence, moins luxueux que l'Elysée à Paris. Tous les samedis, le Président reçoit publiquement dans une des salles du rez-de-chaussée, de une heure à trois heures ; au premier étage, ses appartements particuliers, simples et de bon goût.

M. Cleveland était le plus riche des présidents des Etats-Unis. On évalue sa fortune à 350.000 dollars environ. C'est comme avocat qu'il a augmenté sa fortune. En général, les Présidents de la grande République d'outre-mer étaient peu fortunés en arrivant au pouvoir ; M. Harisson n'avait que 30.000 dollars ; Monroë, Jakson, général Taylor, Polk, Pierre Johnson, Fillmorre, Lincoln, Grant et Garfield n'avaient, parait-il, presque rien. Washington, Jefferson, Adams et Hayes ne possédaient pour toute fortune qu'environ 20.000 dollars.

Beaucoup de ces présidents sont fils de leurs œuvres, comme le fut M. Félix Faure qui, avec tant de mérite et d'autorité, a présidé aux destinées de la France. Salut et louange à sa mémoire !...

Andrew Johnson, Président des Etats-Unis de 1865 à 1869, était né en 1808 à Kaleigh, dans la Caroline du Sud. A dix ans, il entra comme apprenti chez un tailleur ; comme il ne savait ni lire, ni écrire, il apprit seul pendant la nuit ; à dix-huit ans, il s'établit tailleur à Greenville, dans le Tennessee ; au bout de quatre ans il fut élu maire, ensuite membre du Congrès ; le président Lincoln le nomma gouverneur du Tennessee. Johnson fit de ses mains un superbe habit officiel et l'envoya à un de ses amis qui était gouverneur du Kentucky ; ce dernier, qui avait été fumiste dans sa jeunesse, ne voulut pas rester son obligé ; il fabriqua un service de pelles et de pincettes et l'envoya à Johnson. On lui demandait, la veille de son élection à la Présidence, ce qu'il ferait s'il n'était pas élu : « C'est bien simple, répondit-il, je sais fort bien mon métier, j'ouvrirais une boutique, et je reprendrais mon état. »

Le président, dont les débuts modestes et pénibles autant que le génie et la fin tragique ont rendu le nom populaire et même légendaire, comme la plus haute personnification de l'énergie et de la ténacité de la race yankee, est Abraham Lincoln, qui dirigea les destinées de la grande République pendant la guerre de Sécession. Lincoln était l'ainé des trois enfants d'un colon du Kentucky ; sa mère, devenue veuve, emmena sa famille dans l'Illinois. Lincoln, pour aider sa mère, se fit successivement gardien de pourceaux, garçon de ferme, batelier, bûcheron, géomètre. A dix-huit ans, il entra chez un entrepreneur ; avec ses économies il acheta des livres et s'instruisit. Ensuite, il s'engagea comme chauffeur à bord des bateaux du Mississipi, puis s'établit épicier à Decatur ; le soir, il se transformait en maitre d'école ; il étudia le droit, entra dans une étude d'avoué, se forma aux affaires en théorie et en pratique ; à vingt-cinq ans, l'épicier de Décatur était élu membre de la législature de province, où il sut donner des preuves de sa compétence. A vingt-huit ans, ses concitoyens l'envoyèrent au Congrès. Elu Président de la République, Lincoln conserva à la Maison Blanche la même simplicité ; cet homme long et maigre, haut de près de six pieds, les épaules voûtées, avait des mains extraordinairement grandes ; une chevelure sauvage surmontait et encadrait de ses mèches indisciplinées la tête et le visage.

Parmi les présidents dont l'extrême simplicité faisait contraste avec leur haute situation, il faut citer Thomas Jefferson. Le 4 mars 1801, il se rend sans escorte à Washington, pour prendre possession de la Présidence ; il descend devant la Maison Blanche et attache lui-même son cheval à un poteau. Sa présidence expirée, il se retire dans sa modeste propriété familiale de Monticello, mais son état de fortune était si précaire qu'il dut vendre sa bibliothèque, et plus tard sa propriété.

Jefferson et Madison étaient intimement liés. Après avoir vécu et travaillé longtemps côte à côte, ils s'étaient succédé dans les plus hauts emplois, depuis le rectorat de l'Université de Virginie jusqu'à la Présidence. En 1817, après l'expiration de son second mandat, Madison se retira des affaires publiques ; ils restèrent tous deux en bonne amitié ; Jefferson mourut le premier, et dans son testament il légua à son ami Madison sa montre en or comme gage d'amitié.

Le père du cinquième Président, Jacques Monroë, était un pauvre charpentier.

Le général Zacharie Taylor, qui n'occupa la Présidence que pendant seize mois en remplacement de Polk, fut employé jusqu'à vingt-quatre ans dans une plantation de la Virginie où travaillaient ses parents, trop pauvres pour lui faire donner une instruction supérieure. En 1808, ses goûts militaires le poussèrent à entrer dans l'armée ; au bout de quatre ans, il passait major général.

Son successeur, Milbard Filmore, était fils d'un petit cultivateur ; il fut drapier et carda la laine ; désireux de s'instruire, il consacrait ses veillées à lire, lorsqu'un homme riche, frappé de son intelligence et de sa bonne volonté, lui fit faire des études sérieuses qui le conduisirent au barreau, puis au Congrès.

Le fameux général Grant était fils d'un tanneur de Point-Pleasant, dans l'Ohio ; avec ses goûts, il entra à seize ans à l'Ecole militaire que venait de créer à West-Point le Président Jackson. A la guerre du Mexique, il gagna le grade de capitaine sous le général Taylor, quitta l'armée pour se marier, devint fermier aux environs de Saint-Louis, s'associa avec son père pour faire le commerce des cuirs à Galena, dans l'Illinois et prit part à la guerre de Sécession où il joua un rôle considérable.

James Abraham Garfield, le successeur de Hayes, rappelle le Président Lincoln. Comme lui, pour subvenir aux besoins de quatre enfants et de leur mère, laissés par la mort du chef de famille dans une situation très précaire, il quitte à seize ans la maison, et s'engage comme marin sur le lac Erié, et sur les canots de l'Ohio comme batelier. Ayant réalisé quelques économies, il rentre chez sa mère ; la protection d'un personnage, que son intelligence avait frappé, le fait entrer au séminaire de Geauga. Ses études faites, il devient instituteur dans le district ; à vingt-huit ans, il est nommé membre du Sénat de l'Ohio, et la guerre civile met en relief ses qualités militaires et administratives.

Comme on le voit, la liste des Présidents, qui ont eu des débuts difficiles dans la vie, est assez longue ; aussi l'Amérique du Nord avait salué avec éclat la nomination de M. Félix Faure à la présidence de la République française, sachant apprécier la valeur de l'homme qui, d'ouvrier tanneur chez M. Dumée à Amboise, était devenu le premier magistrat de la France.

M. Mac-Kinley, quand il a pris le pouvoir, s'était déjà rendu célèbre par le fameux bill qui porte son nom, fermant, par des droits exorbitants, les ports des Etats-Unis à presque toute importation étrangère. C'était là du protectionnisme à outrance, difficile à concilier avec ce que voudrait l'Angleterre, qui, sous le titre de « politique de la porte ouverte », préconise en apparence un libre-échange absolu, mais en réalité une protection réelle des intérêts de ses nationaux.

Une autre curiosité du même genre, qui constitue une des « petites ironies de la vie » résulte d'un fait personnel à la famille de M. Mac-Kinley. Il y a cent ans, c'était en 1798, les habitants de la petite ville de Derrykeighan, en Irlande, voyaient pendre l'un d'entre eux, coupable de s'être déclaré l'ennemi de la royauté anglaise. Le pendu s'appelait Francis Mac-Kinley et laissait sept enfants, deux fils et cinq filles. L'un des fils, qui partageait les idées de son père et voulait l'Irlande libre, fut contraint de quitter le pays : il partit pour l'Amérique et alla rejoindre son oncle William, qui s'était expatrié peu de temps auparavant. Cet oncle fut le grand-père du président Mac-Kinley, qui se trouve ainsi le petit-neveu d'une victime du pouvoir royal anglais.

Aujourd'hui, le Président de la grande République américaine conclurait volontiers un traité avec la reine Victoria et, cependant, la maison de ses ancêtres, les champs qui l'avoisinent, l'Ile Verte tout entière, pour la liberté de laquelle les Irlandais luttaient déjà, est encore sous la domination de l'Angleterre !

C'est qu'aussi M. Mac-Kinley est Américain depuis sa naissance et a toujours servi son pays, selon ses idées. Il naquit en 1844 dans l'Etat de l'Ohio et s'engagea dès l'âge de dix-sept ans dans l'armée du Nord, pour prendre part à la guerre de Sécession. Il sut se distinguer et à vingt ans obtenait le brevet de major. La guerre terminée, M. Mac-Kinley exerça la profession d'avocat et en même temps se lança dans la politique. Elu à plusieurs reprises membre du Congrès, il devint en 1890 président du Comité des voies et moyens de la Chambre des représentants.

Quant à sa fortune, elle a subi des variations dues à des circonstances diverses. Il y a quelques années un associé l'entraîna dans des spéculations malheureuses et il dut sacrifier tout son bien au payement de ses dettes.

Voilà l'homme qui tient entre ses mains la paix du monde entier, si les calculs des Anglais sont exacts, si leurs espérances se réalisent.

Chaque Etat de l'Union est régi par ses propres lois, et possède un gouvernement local indépendant. C'est ainsi qu'à New-York le gouverneur est élu pour trois ans ; il touche 10.000 dollars par an, et son lieutenant 5.000.

A côté de la Maison Blanche se trouve la Trésorerie ; nous visitons en détail la salle où se fabriquent les dollars-papiers, puis celle où le moulin et le broyeur fonctionnent en présence de trois commissaires délégués du gouvernement et broient les vieux dollars-papiers retirés de la circulation ; il en est ainsi annulé pour 5.000.000 de dollars par jour ; ces débris sont utilisés pour faire de la pâte à papier. Dans les caveaux, l'en-caisse en or est de 3.200.000.000 francs, et celui de l'argent de 3.750.000.000.

C'est la France qui possède le stock le plus considérable d'or et d'argent, puisqu'il y a dans les caves de la Banque de France 4.000.000.000 en or et 3.000.000.000 et demi en argent ; puis vient l'Angleterre avec 2.750.000.000 en or et 500.000.000 en argent ; la Russie vient en dernier, avec 1.250.000.000 en or et 300.000.000 en argent. En ce qui concerne le papier-monnaie inconvertible, l'Amérique du Sud est en tête pour une somme de 3.000.000.000, la Russie pour 2.000.000.000 et demi, puis les Etats-Unis avec 2.060.000.0000. Il en résulte que le stock d'or accumulé en ce moment dans le monde entier représente 17.913.000.000, celui de l'argent 20.213.500.000 francs, et celui du papier-billet 13 milliards 179 millions.

Aux Etats-Unis, le service des postes est admirablement bien fait, l'administration ne néglige rien pour faire parvenir aux destinataires leur correspondance, même quand l'adresse est insuffisante. La division étrangère du Post-Office possède des employés d'une sagacité merveilleuse ; malgré cela, le nombre des lettres mortes au bureau de Washington atteignit en 1894 le chiffre de 590.672 ; c'est l'Italie qui a le plus de lettres au rebut, pour une raison bien simple : l'envoyeur ne veut rien dépenser pour affranchir sa lettre, le destinataire reconnaît l'écriture des siens, il en conclut qu'ils se portent bien et refuse la lettre pour ne pas payer la taxe réclamée.

Le monument érigé en 1885 en l'honneur de Washington a 196 mètres de hauteur, il a été construit avec des plaques de marbre blanc fournies par chaque Etat ; parmi les nombreuses statues, nous remarquons celles de La Fayette et de ses compagnons d'armes, œuvres de Mercié et de Falguière. Nous montons par l'ascenseur au sommet d'où l'on jouit d'un splendide panorama sur la ville et sur le Potomac. Après-midi, nous faisons l'excursion du fleuve jusqu'à Mount-Vernon, où l'on garde la maison de Washington ; c'est là qu'il mourut le 14 décembre 1799. Dans le jardin son tombeau et celui de sa femme ; c'est un lieu de pèlerinage pour les Américains qui ont pour le grand homme la plus profonde vénération. Au premier, dans la chambre à coucher, ainsi que dans les autres pièces, tout a été conservé religieusement, le mobilier, les cadeaux offerts, une clé des portes de la Bastille que lui donna le général La Fayette. A côté de la chambre à coucher de Washington, est celle de notre compatriote, le général La Fayette, qui a été son hôte. Nous rentrons par le bateau. C'est dans le Potomac que l'on fait les pêches d'aloses les plus importantes.

Après deux jours de séjour dans cette charmante capitale, nous partons pour Richmond.

Richmond.

Richmond, dans l'Indiana, fut colonisé en 1730 par des Français. Cette ville, autrefois si florissante, ne se relève que difficilement des événements terribles dont elle fut le théâtre en 1861 lors de la guerre de Sécession ; on n'y a pas oublié la nuit terrible où elle fut évacuée par les troupes du général Lee qui commandait les armées du Sud. Le général Grant avec ses troupes prit possession de la ville, et pendant quatre jours 1.500 soldats sudistes tinrent courageusement tête à 30.000 soldats nordistes. A une heure et demie en voiture, nous allons visiter le champ de bataille où les deux cimetières renferment les corps de 50.000 soldats tués pendant les batailles. Les tombes qui contiennent les restes des soldats sudistes se distinguent par un R peint sur les croix (cet R signifie Rebel), on voit que même dans la tombe l'oubli des haines ne s'est pas fait.

Richmond en 1861, lors de la guerre de Sécession qui ne prit fin qu'en 1865, vit se dérouler bien des événements ; l'esclavage n'était pas l'unique cause de la guerre civile américaine, il en fut seulement le prétexte ; les causes étaient multiples : questions de politique, de commerce, de races ; aucun pays ne diffère davantage que le Nord et le Sud de l'Amérique au point de vue du climat et de la population. Ce fut la guerre de l'aristocratie contre la démocratie, la lutte de la propriété contre le radicalisme. La question de l'esclavage n'était qu'un prétexte derrière lequel s'abritait le Nord, le gouvernement de Washington doit en porter toute la responsabilité devant l'histoire ; le général Jackson, surnommé par ses soldats « mur de pierre », se révèle à la bataille qui eut lieu sur les bords du Potomac ; une femme, Mme Florida Gordon, se prodigue dans les ambulances de l'armée du Sud ; les femmes de l'Amérique du Sud par leur patriotisme, firent revivre en plein dix-neuvième siècle le dévouement des matrones romaines.

Le gouvernement de Washington avait mis sous les armes deux millions et demi de combattants parmi lesquels deux cent mille nègres. Sa flotte nombreuse sillonnant les mers et les fleuves comptait cent vingt-six mille marins. Le Sud ne put lever que six cent soixante mille hommes, mais des braves ceux-là. A la bataille de Bull-Run, six mille sudistes battirent vingt-six mille nordistes ; Johnston fut frappé mortellement à Richmond. Robert Lee, le grand patriote, lui succéda ; son grand-père, Henry Lee, ami de Washington, s'était distingué dans la guerre de l'Indépendance. Robert Lee était vénéré par ses concitoyens de Virginie, qui avaient reconnu en lui le type du soldat d'honneur. De l'armée du Sud, il ne restait plus, en mars 1865, que trente mille héros sans vêtements et sans pain, et quelques centaines de chevaux fourbus ; conduits par Fitz Lee, ils culbutèrent cent cinquante mille nordistes. Pendant la guerre de Sécession, le comte de Paris, qui servait le gouvernement de Washington, était aide de camp du général Mac-Clellan.

Le 3 avril, les débris de cette vaillante armée s'arrêtèrent à Pétersbourg, mourant de faim ; ainsi allait se terminer cette guerre qui livrait cette héroïque armée du Sud à son vainqueur. Grant avait envoyé à Lee une lettre lui demandant la reddition de son armée ; le 9 avril, cette suspension d'armes fut interrompue par une nouvelle attaque de Sheridan ; les vétérans de Lee se trouvèrent cernés. En conseil, les officiers décidèrent de mourir les armes à la main. L'attaque commença, l'élan des soldats affamés, en guenilles, fut surhumain ; les nordistes reculèrent à 2 kilomètres ; 5.000 sudistes luttèrent encore contre 80.000 nordistes ; le colonel Bradlon leur cria : « Soldats, marchons à la mort ! ». Ce fut un carnage effroyable, où lui et ses Texiens furent atteints par une grêle de balles.

Richmond est maintenant surtout habité par des nègres. Pour nous rendre à Cincinnati, nous visitons en passant Natural-Bridge (Pont naturel), à 8 heures de chemin de fer, site charmant et très pittoresque, situé au milieu des montagnes. C'est une station médicale, où les malades viennent faire des cures d'air. Un torrent impétueux traverse cette vallée sauvage et, au-dessus des précipices, est suspendu un immense bloc de pierre que l'on peut traverser et qui forme un pont naturel.

Le lendemain matin nous reprenons le train pour aller déjeuner à Sulphur-Spring (source sulfureuse), où nous arrivons après quatre heures de chemin de fer à travers des villages d'émigrants. Cette station hivernale est très visitée par les Américains. Un établissement thermal et un grand hôtel y ont été installés ; les sources d'eaux sulfureuses y sont réputées et reconnues efficaces pour bien des maladies.

Quatorze heures de chemin de fer qui, grâce au confort des wagons Pulmann, s'accomplissent la nuit assez facilement, et nous arrivons à Cincinnati.

Cincinnati.

On a qualifié Cincinnati « la plus jolie ville d'Amérique ». Fondée en 1788, sur l'Ohio, cette ville est devenue l'une des métropoles commerciales de l'Ouest. De nombreux poteaux télégraphiques agrémentent les rues. La ville haute est très bien construite et ornée de belles promenades; trois ponts viaducs et un pont suspendu traversent l'Ohio et réunissent la ville aux faubourgs de Louisville ; les édifices publics y sont remarquables ; le boulevard Euclid s'appelle « les Champs-Elysées ».

Des patriotes avaient, en 1783, fondé l'Ordre de *Cincinnatus*. Il comprenait tous ceux qui s'étaient distingués dans la guerre de l'Indépendance. Les membres de l'Ordre portaient une médaille où le grand citoyen de Rome, Cincinnatus, était représenté quittant sa charrue pour servir l'Etat. C'était comme une noblesse. Cette société, admettant l'hérédité, fut considérée comme incompatible avec l'esprit républicain et supprimée.

Il se fait à Cincinnati un grand commerce de laines, de verreries et surtout de viandes de porc qu'on expédie dans l'intérieur. Plusieurs sources de pétrole sont rattachées à la ville par des conduites souterraines. Des canaux la relient au lac Erié.

Louisville.

Louisville, dans le Kentucky, est une grande cité sur la rive gauche de l'Ohio. C'est dans cette ville que se sont montées les grandes distilleries de whisky, eau-de-vie de grains consommée en grande quantité par le peuple ; un beau canal joint la ville à Portland ; la société des tramways a organisé un système aussi commode qu'original pour la perception des places : le cocher seul conduit la voiture, sans conducteur ; le voyageur qui monte sait qu'il doit déposer dans un tronc une pièce de 5 cents, cette boîte glisse sur un fil et arrive jusqu'au cocher qui peut ainsi contrôler que le voyageur monté a payé et à travers cette boîte en verre il voit la pièce qui a été mise ; la pièce tombe dans une autre boîte qui reçoit la recette, mais si elle est fausse elle est rejetée et rendue au voyageur.

Grottes de Mammoth.

Ces grottes sont incontestablement les plus grandes du monde, elles dépassent en longueur celles de Han en Belgique ; au milieu de forêts, le site en est des plus pittoresques ; pour descendre dans ces profondeurs souterraines, d'où l'eau ruisselle de tous côtés, les femmes sont obligées de se vêtir d'un costume en caoutchouc. La caravane, conduite par des guides spéciaux, descend dans ces catacombes immenses, où il serait bien facile de s'égarer. Des nègres porteurs de torches nous précèdent, mais chacun de nous a sa bougie. Nous descendons jusqu'à une profondeur de 140 mètres et l'excursion nocturne commence à travers des précipices, des rochers d'où jaillissent des cascades impétueuses. C'est une plainte profonde, une gémissante rumeur ; après deux heures de marche, c'est-à-dire à moitié de l'étage, le déjeuner nous est servi sur des rochers. Notre Tartarin ne trouve pas une parole devant cette œuvre colossale de la nature. Pendant le déjeuner, les musiciens nègres nous donnent une aubade, mais leur horrible musique nous écorche les oreilles ; nous reprenons notre excursion ; arrivés au rond-point, nous nous trouvons en présence d'une série de pyramides.

Dans ce rond-point les premiers visiteurs eurent l'idée de commencer des tas de pierres, avec emplacement spécial pour chaque nation ; un tableau indique à chaque visiteur où il doit déposer une pierre, voire même une carte de visite, et il y en a un grand nombre !

Avons-nous besoin de dire que c'est la pyramide de France la moins haute ? Par contre, celles d'Allemagne et d'Angleterre ont beaucoup plus de pierres. Comme partout, on constate que ce sont les Français qui voyagent le moins. Ils ne s'imaginent pas tout ce qu'on peut apprendre dans les voyages ; que de choses à voir et à méditer ! Faites comme moi, chers Lecteurs. J'ai visité notre chère France, j'ai voyagé à travers l'Europe, l'Afrique, l'Amérique ; mais ce qui m'a laissé le plus de souvenirs, c'est mon dernier voyage en Égypte.

Nous continuons les excursions dans les grottes et restons extasiés devant ce spectacle. Cette merveille de la nature a été découverte il y a quelques années, sa renommée est déjà universelle ; il n'y a guère en ce moment que la moitié (75 kilomètres environ), qui soit connue ; elles contiennent quinze cents salles, trente-sept lacs, de nombreuses cascades. Il y a huit conduites d'eau anciennes très distinctes, montrant évidemment que les soulèvements et les cataclysmes naturels ont abaissé le niveau de l'eau jusqu'à un nouveau lit. La magnificence des vues dans ces cavernes qui atteignent en certains endroits une hauteur de 600 mètres, est sans pareille. On trouve dans ces grottes de l'or, de l'argent, du cuivre, de l'étain et du fer. Un peu plus loin se trouve la mine d'or la plus riche du monde ; on en extrait jusqu'à deux millions et demi par mois.

Saint-Louis.

Onze heures de chemin de fer, et nous arrivons à Saint-Louis (Missouri), créé en 1707 par le Père Marquette et colonisé en 1764 par des Français.

Saint-Louis, comme position géographique, est admirablement bien placé, au centre de la plus grande navigation intérieure de l'Amérique ; c'est une grande ville bien bâtie ; l'édifice le plus remarquable est le Palais de Justice, construit en forme de croix grecque. Sur le Mississipi, un pont de deux kilomètres de long, à trois étages superposés, fait communiquer la ville avec le faubourg de l'Illinois. Le mouvement du fleuve est important, et l'industrie y est très florissante ; on y voit des brasseries, des raffineries et des fabriques de viandes conservées. Il y a dix-huit jardins publics et un bois admirable dans le genre du bois de Boulogne, dont les allées, le soir, sont éclairées à l'électricité. Tout près de là, un vaste hippodrome où se tient le jeu de foot-ball, un des sports qui passionnent le plus les Américains. L'enthousiasme qui règne dans cette enceinte, où quinze mille personnes crient et gesticulent, me rappelle les courses de taureaux en Espagne. La fièvre du peuple est égale ; elle fait penser aux combats de gladiateurs à Rome.

Deux bandes de onze jeunes gens chacune attendent le signal ; quels frémissements dans cette multitude, agitant de petits drapeaux rouges et des fleurs ! des entrepreneurs d'enthousiasme excitent la foule, des étudiants, au visage glabre, passent entre les banquettes et allument l'ardeur du public en poussant le cri de guerre de l'Université, le rah ! rah ! rah ! que termine l'appel frénétique de Harward : le signal est donné, le jeu commence, terrible jeu, et qui suffirait seul à mesurer la différence qui sépare le monde anglo-saxon du monde latin, jeu de jeunes dogues, élevés à mordre, à se ruer dans la curée, jeu d'une race faite pour les attaques sauvages et la lutte à outrance. Il faut les voir, dans leurs vestes de cuir, aux manches de drap rouge, leurs jambières sur le devant du tibia, leurs grosses savates et leurs longs cheveux flottants ! A chaque extrémité de la piste, deux poteaux se dressent, représentant le camp de la droite et celui de la gauche ; toute la question consiste à faire passer entre ceux-ci ou entre ceux-là un énorme ballon de peau que les champions de l'un et de l'autre parti lancent tour à tour ; celui qui tient le ballon est là, penché en avant ; ses compagnons et ses adversaires penchés aussi autour de lui dans des attitudes de bêtes aux aguets ; tout d'un coup il court pour jeter le ballon, ou bien, d'un mouvement d'une rapidité folle, il le passe aux mains d'un autre qui s'élance avec lui et qu'il s'agit d'arrêter. On l'empoigne par le milieu du corps, par la tête, par les jambes, par les pieds ; il roule, et son agresseur avec lui : il se débat, et les deux troupes reviennent à la rescousse ; c'est toute une ruée de vingt-deux corps les uns sur les autres, un nœud inextricable de serpents à tête humaine ; on les voit tressauter dans une mouvante mêlée, le ballon rebondit lancé par le plus agile, et poursuivi de nouveau avec la même fureur ; après un de ces frénétiques entrelacements, quand les joueurs se séparent, un des combattants reste à terre, immobile, incapable de se lever, tant il a été frappé, serré, écrasé, épilé ! Un médecin arrive, le palpe, éponge le sang qui ruisselle du front, du nez et de la bouche ; quelquefois il faut emporter le malheureux ; c'est absolument sauvage, et pour nous autres, peut-être un peu plus civilisés, et peu habitués à ce genre de boucherie, c'est effrayant ! Le soir, les journaux racontent les péripéties des assauts livrés, donnent les noms des lutteurs et reproduisent les portraits des vainqueurs : c'est un véritable fanatisme, et les Yankees appellent cela faire de l'hygiène.

De Saint-Louis, huit heures de chemin de fer nous séparent de Chicago, et c'est avec plaisir que nous nous sentons approcher de cette grande ville : le but de notre voyage en Amérique, c'est de voir l'Exposition de Chicago, que la presse américaine avait annoncée avec tant de bruit, et surtout d'apprécier ce que les Américains sont capables de faire, d'exhiber ?... Quel sera le clou excentrique de la World's fair ? telle est la question (*that is the question*).

Chicago.

A notre arrivée, notre guide nous fait descendre à l'hôtel Lexington, Avenue Michigan ; on nous installe très confortablement. Il faut avoir visité un de ces hôtels américains pour se rendre compte du confort offert aux voyageurs. Les chambres que nous occupons ont chacune une salle de bains et des water-closets aérés et même parfumés, en acajou massif ; la tenue et la propreté en sont absolument remarquables. Nos architectes de France, qui ont construit les grands hôtels, tels que le Continental et le Grand-Hôtel, auraient dû venir en Amérique s'inspirer du bien-être offert aux voyageurs.

Chicago, la ville d'avenir de l'Amérique du Nord, qui finira par dépasser New-York et San-Francisco, fut, en 1795, abandonné par les Indiens ; aujourd'hui, dans Madison-Street, le terrain se vend jusqu'à 10.000 francs le mètre.

Ce sont les Français qui se sont établis les premiers dans l'Illinois, en 1672. Chicago, qui en est la ville principale, est situé sur les bords merveilleux du lac Michigan et à l'embouchure de la rivière de Chicago, à l'endroit où se faisait jadis l'écoulement du fleuve Michigan dans le bassin du Mississipi. C'était la voie naturelle des expéditions de guerre et de commerce, se dirigeant des grands lacs vers la rivière de l'Illinois.

Un pauvre esclave nègre, échappé de Saint-Domingue, était venu chercher un refuge sur la rive nord de la rivière, vers 1779 ; il s'y était construit, à l'aide de troncs d'arbres, une modeste cabane ; en 1796, il donna sa demeure à un autre Français, un Canadien, Joseph Le Mai, qui se trouva ainsi être le second habitant régulier de Chicago. Le Mai vendit sa maison à Kinzie, le troisième habitant connu de cette ville. En 1804, le gouvernement fédéral fit construire le fort Dearborn pour occuper ce poste stratégique ; peu à peu des résidents se groupèrent près de l'embouchure de la coulée ; à la même époque les quelques traitants envoyés par M. Astor, de New-York, échangeaient, contre des fourrures, les armes et les eaux-de-vie dont les Indiens se montraient avides ; de cette époque date la première vente d'immeubles à Chicago.

En 1830, Chicago continuait à n'être rien de plus qu'un poste militaire et une station pour le commerce des fourrures ; on y comptait douze habitations ; une forteresse, faite de quelques troncs d'arbres, abritait une poignée de soldats ; à côté, deux ou trois ignobles tavernes vendaient « l'eau de feu » aux Peaux-Rouges. Des armes et de l'alcool, voilà sous quelle forme la civilisation se présente presque partout au Sauvage ; puis, quand il est abruti, on s'étonne de sa dégradation. La race saxonne en général, la race américaine en particulier, n'est pas réputée pour sa douceur envers les peuples indigènes qu'elle dépossède. Vers 1833, les colons commencèrent à se diriger vers la ville naissante ; avant la fin de l'année, cinquante familles s'évertuaient à transformer en rues, en jardins, en champs de maïs, la prairie inculte. Cinquante familles, au milieu de l'immense solitude ! il semblerait qu'il y avait assez de place pour elles et pour les Indiens ; les prévoyants pionniers n'en jugèrent pas ainsi. Au mois de septembre 1834, sept mille Peaux-Rouges assemblés dans Chicago échangeaient, contre des marchandises sans valeur, un territoire de 4 à 5.000 lieues carrées. L'acte de vente stipulait que les Sauvages se retireraient vers l'Ouest, au delà du Mississipi. Une semaine plus tard, quarante chariots attelés de chacun quatre bœufs, transportaient à travers la plaine les enfants des Pottawatomies et leur misérable bagage ; les hommes et les femmes suivaient à pied. Au bout de vingt jours, la tribu arriva sur les bords du grand fleuve ; elle le franchit et poursuivit pendant vingt autres jours la marche qui l'éloignait à jamais du pays de ses ancêtres. Quand on se promène aujourd'hui dans les rues de Chicago, on a peine à se figurer qu'il y a soixante-deux ans, les Peaux-Rouges étaient encore les maîtres du sol sur lequel est bâtie la ville.

Les Indiens partis, tout n'était pas gagné ; les colons avaient à exécuter une rude tâche pour rendre à peu près habitables les districts qu'ils venaient d'acquérir. Mais rien n'effraye le colon yankee ; volontiers il dirait, en s'appropriant une parole bien connue : « Impossible ! ce mot-là n'est pas américain ! » Deux choses manquaient à Chicago pour développer les germes de prospérité qu'il avait en lui : il lui fallait des voies de communication par terre et par eau. Le canal qui unit la ville à la rivière de l'Illinois, et par suite au Mississipi, fut commencé en 1836 et terminé en 1848.

Et sur quelle étendue se manifeste ce prodigieux mouvement ? Les Etats de l'Ouest ont huit fois la superficie de ceux de l'Atlantique, en y comprenant le Nord et le Sud ; l'Orégon, à lui seul, est plus grand que l'Angleterre ; le Texas que la France ; la Californie, que l'Espagne ; l'immense bassin compris entre les Alleghanys et les montagnes Rocheuses offre au commerce et à l'industrie 7,000 lieues de rivières navigables ; il peut nourrir une population de trois ou quatre cent millions d'hommes. On éprouve une sorte de stupéfaction quand on songe aux perspectives grandioses ouvertes devant ces Etats naissants ; on comprend la fièvre américaine, cette audace d'entreprise que rien n'arrête et qui, pour nous, habitants de la vieille Europe, semble voisine du délire. Une fois cependant la prospérité inconcevable de Chicago se trouva interrompue par un effroyable incendie ; 17.450 maisons furent anéanties dans ce désastre ; elles occupaient une superficie de 8 kilomètres carrés. Les ravages de l'incendie furent tels que le vent porta les cendres jusque sur l'archipel des Açores. C'est le 8 octobre 1871, un dimanche soir à 7 heures, que le feu se déclara chez un nourrisseur, O'Leary, Irlandais, qui habitait Roven-Street ; sa femme se rendait à l'étable pour traire une vache, lorsque la lampe à pétrole qu'elle avait posée à terre se renversa et se brisa ; en un instant l'étable fut en feu, les flammes excitées par un vent qui soufflait avec violence, se dirigèrent du côté nord, et, à minuit, les flammèches, emportées par le vent, passèrent la rivière et retombèrent en communiquant le feu aux maisons de bois recouvertes de carton bitumé, aliment terrible pour le feu. A une heure du matin, la mairie brûlait, et de ce fait le tocsin cessa de répercuter son glas funèbre ; le feu, devenu torrent effroyable, s'avança avec une rapidité vertigineuse et franchit le port, anéantissant tout sur son passage. Ce n'est que le lendemain à midi qu'il fut circonscrit après avoir détruit les dix-sept mille quatre cent cinquante maisons, fait deux cent soixante-quinze victimes, supprimé les constructions de 672 hectares et produit une perte évaluée à 950 millions.

Chicago, avec l'activité qui caractérise la nation américaine, s'est rapidement relevé de ses décombres. La ville a été rebâtie comme par enchantement ; ce peuple chicagonien, vigoureux, exubérant d'activité, a repris sa place, et, aujourd'hui, dans les quartiers commerçants, se trouvent des constructions monumentales de quinze à vingt étages dont les plus remarquables sont la Loge maçonnique et l'Auditorium, hôtel immense, pouvant loger des milliers de voyageurs et renfermant un théâtre qui, à lui seul, peut contenir huit mille places ; la tour est à quatre-vingt-dix mètres de hauteur du sol.

La Loge maçonnique, dont la hauteur est de 82^m,50, a vingt et un étages desservis par seize ascenseurs, dont l'un nous monte avec rapidité au sommet de la maison, où l'on a construit une terrasse ; de là nous jouissons d'un coup d'œil grandiose, tant sur la ville de Chicago qui se perd dans la fumée des cheminées, que sur le lac Michigan et les palais de l'Exposition ; tous les étages sont occupés par des banques et des bureaux de maisons de commerce. Cette colossale maison est construite en briques et en fer. Voilà de quoi faire rêver nos architectes français, car en France la réglementation de la voirie entrave l'initiative individuelle. De l'autre côté de l'Atlantique, elle se développe librement ; en Amérique on retrouve le goût des constructions anciennes : la tour de Babel, la tour de porcelaine de Pékin, les Pyramides ; les énormes édifices de New-York et de Chicago, baptisés du nom prétentieux de Sky-Scrapers (gratteurs de ciel) sont l'objet d'admiration. L'ambition des Yankees, la hardiesse de leurs conceptions, leur fougue audacieuse réalisent les plus invraisemblables projets.

L'organisation municipale de Chicago date de 1834. A cette époque la population était de 4.170 habitants ; en 1837, de 109.206 ; en 1860, de 491.516 et aujourd'hui elle atteint près de 2.000.000, parmi lesquels on compte 4.000 Français, 400.000 Allemands, 216.000 Irlandais, 31.000 Anglais, 12.000 Ecossais ; la race scandinave y figure pour 100.000 ; la Bohème pour 54.000, les Polonais, 33.000, les Juifs russes 10.000, les Canadiens 20.000, et le surplus en Américains ; telle est la population de cette Babel moderne. Les 46.651 hectares de la ville, qui a environ huit lieues de long sur trois de large, valaient en 1823 à peine 12.000 francs, représentent aujourd'hui une valeur de plus de 46 milliards.

Chicago, la reine de l'Ouest, est, au dire des Chicagoains, la huitième merveille du monde ; jamais un pays n'a offert ce spectacle vraiment phénoménal de transformer, dans le court délai de cinquante années, un camp indien en une cité qui arrive aujourd'hui au quatrième rang des villes peuplées par la race blanche. L'incendie terrible qui détruisit cette ville en pleine prospérité semble avoir fait à Chicago une sorte de réclame ; il en advint une recrudescence inouïe de vitalité ; on dut à cette cruelle leçon de voir ces maisons, qui n'étaient construites qu'en planches, remplacées par des constructions monumentales en pierres et en briques ; ces buildings ont trouvé dans les cendres une vie nouvelle. Chicago se trouve en fait, à l'heure actuelle, au point de vue commercial, le rival de New-York. Le terrain, dans le centre, y atteint des prix tellement fantastiques que les maisons, ne pouvant s'étendre en surface, croissent en hauteur.

Les fondations de ces gigantesques constructions offrent une première difficulté, étant donné les poids énormes qu'elles ont à supporter, qui sont pour certaines maisons de 30.000 tonnes ; toute cette masse est soutenue par trente-deux colonnes en acier qui répartissent leur pression sur quinze massifs en maçonnerie ; c'est à la fondation de ces colonnes que l'architecte doit apporter toute son attention, car il se trouve obligé d'aller jusqu'à 20 mètres chercher le terrain solide pour fixer sur le roc les piles en maçonnerie résistantes supportant les piles métalliques ; il se contente parfois d'établir à une faible profondeur un radier, sorte de plancher factice formé d'une couche de béton et d'une couche de poutres en fer, noyées dans une seule couche de béton, et ainsi de suite. Les poutres employées pèsent 105 kilog. le mètre, et leur enchevêtrement dans la masse du béton permet de bâtir en sécurité sur elles ; la petite forêt de colonnes métalliques qui se dressent sur le radier sert elle-même de piédestal à toute une ossature métallique qui forme la carcasse de l'immeuble ; l'emploi des murs en pierre étant impraticable, le squelette complet de la maison est métallique, on le remplit ensuite en briques légères. Une fois construite, cette maison est dotée de réseaux multiples de fils, de tuyaux, de conduites pour le gaz, d'électricité, de télégraphe, de téléphone, de ventilateurs, de calorifères et d'ascenseurs : les sous-sol forment une véritable usine.

Les différents ports de Chicago à Oswego voient passer un tonnage de 51.203.000 tonneaux ; quant à la flotte qui navigue sur cette immense superficie d'eau douce, elle comprend 2.055 navires représentant un tonnage de 826.000 tonnes évalué à 295 millions ; le réseau ferré qui entoure Chicago est de 200.000 kilomètres (et la terre n'a que 40.000 kilomètres de tour à la ceinture). Les Etats-Unis possèdent donc à eux seuls plus de voies ferrées que les nations du globe réunies. Le capital mis en œuvre dans cette industrie est de 55 milliards !!! Il y a à Chicago vingt-huit compagnies de chemin de fer, propriétaires de 68.000 kilomètres de voies ferrées ; le nombre de trains est de 1.360 par jour, dont 262 de grande vitesse, 660 de banlieue, 274 de marchandises, et 164 de bétail et de blé. La concurrence des voies ferrées est une lutte perpétuelle ; la distance qui sépare Chicago de New-York est de 1.600 kilomètres, c'est la distance de Paris à Vienne. Pendant l'Exposition, grâce à la concurrence des voies ferrées, on pouvait faire ce trajet pour 25 francs ; on a pu le faire même pour la somme dérisoire de 4 francs.

A la concurrence des voies ferrées vient s'ajouter la rivalité des transports par eau. Le port est le rendez-vous de toute la flotte des lacs. En 1892, il est sorti de la rivière 9.252 navires ; c'est à peu de chose près le trafic de New-York avec les nations étrangères. Le grand mouvement suit la route ouverte par La Salle et Buffalo sur le lac Érié, en amont des chutes du Niagara. De Buffalo, les produits peuvent ou gagner le Saint-Laurent par le canal canadien de Welland, parallèle au Niagara, ou l'Hudson, par le petit canal de l'Érié qui aboutit à Troy, près Albany. Les compagnies font payer les marchandises à raison de 30 francs la tonne, tandis que, par les transports fluviaux, le coût revient à douze francs la tonne.

C'est en 1858 que le premier tramway fut établi. Les actions de cette compagnie, émises à 500 francs, valaient en 1886, 7.500 francs, cours qui s'est encore élevé. Quoi qu'il en soit, le mouvement des voyageurs n'atteint pas encore celui de Paris où les omnibus furent organisés en 1828, et le premier tramway en 1856 ; il partait de la place de la Concorde pour aller à Versailles ; les lignes des tramways représentent à Paris plus de 300 kilomètres, la compagnie des omnibus transporte à elle seule deux cent quatorze millions de voyageurs par an, le chemin de fer de ceinture, les bateaux et les fiacres, cent quatre-vingt-six millions ; il y a eu d'énormes progressions, car en 1855 la compagnie des omnibus n'avait transporté que quarante millions et en 1866 cent dix millions. Il est donc en ce moment transporté à Paris pendant un an quatre cent millions de voyageurs, sur ce point Chicago est dépassé. Paris sous Louis XV comptait 550.000 habitants ; en 1817, 713.000 ; en 1860, 1.740.000 ; en 1865, 1.825.000 et en 1891, 2.450.000. La compagnie des omnibus sur sa recette annuelle de 46 millions paie à l'État et à la ville 3.321.000 francs ; la compagnie des petites voitures sur sa recette annuelle de 20.330.000 francs paie plus de 3 millions.

Pour les voitures, le nombre est aussi plus important qu'à Chicago ; Paris compte treize mille voitures de maître, quatorze mille deux cent soixante-sept voitures de place, seize mille voitures de commerce, et mille quatre cent cinquante-six omnibus et tramways ; il y a plus de quatre-vingt mille chevaux ; la compagnie des omnibus figure pour quatorze mille, les fiacres dix mille cinq cents, les voitures de maître et de commerce cinquante-cinq mille sept cents. A Chicago, la prospérité existe en bien d'autres choses ; les imprimeries de journaux font des affaires colossales ; les actions du journal la « *Tribune* », émises à 5.000 francs, valent aujourd'hui 125.000 francs. Il faut 5 millions par an pour faire face aux frais d'une feuille comme la « *Tribune* » ou le « *Herald* ». Plus de deux cents compositeurs sont à l'œuvre quand la copie arrive (le *Figaro* de Paris n'en a que vingt-huit). Le moindre journal a douze pages de texte ; chaque page sept colonnes, chaque colonne deux cent vingt lignes, chaque ligne quarante lettres, soit dix fois un journal de France, et chose surprenante, le coût de ce journal n'est que de 10 centimes. En Amérique, aucune affiche de réclame n'est apposée sur les murs, sauf celles des théâtres ; toutes les réclames-annonces sont faites par la voie des journaux ; ce qui constitue d'énormes réalisations de bénéfices.

Le chiffre des affaires commerciales et industrielles qui se fait à Chicago dans une année est de 7 milliards et demi de francs, qui se décomposent de la manière suivante : 2 milliards et demi de produits agricoles, 2.750.000.000 pour le commerce de gros, 2.250.000.000 pour la production industrielle. En 1860, chose incroyable, le chiffre d'affaires n'atteignait pas 500 millions, et toutes ces affaires se font par chèques ; les règlements s'opèrent le matin à 11 heures au Clearing-House, et en quelques minutes toutes les dettes de la veille sont compensées sans mouvement de fonds ; le total de ces compensations a été en 1892 de 25.200.000.000.

Le pont ascenseur, ouvrage audacieux, qui remplace le pont tournant, démoli par le passage mal calculé d'un navire, est d'un travail colossal ; il a 36^{m}60 de longueur et s'enlève en laissant, au-dessous de lui, une hauteur libre de 47 mètres ; les deux pylones, en acier, sont hauts de 60 mètres, et trente-deux câbles énormes servent à hisser la charge ; le tablier pèse 250 tonnes et lorsqu'il est en mouvement avec ses contre-poids et les câbles tracteurs, c'est une masse de 520.000 kilog. qui se meut dans l'espace. Ce travail étonne par sa hardiesse.

C'est à Chicago que les pompiers paraissent le mieux organisés, et, chose singulière, c'est dans cette ville que les incendies sont le plus nombreux, surtout, parait-il, le 30 de chaque mois... En 1893, le nombre des incendies a été de cinq mille deux cent vingt-quatre, dont quatorze seulement par la foudre, deux cent seize par les étincelles des locomotives, cent trente-deux par l'électricité, et cent cinquante-cinq par le gaz ; le total des pertes occasionnées de ce chef a été de 15.500.000 francs ; les rapports fait par les policemen ont été de un million deux cent soixante-huit mille huit cent quarante qui ont entrainé l'arrestation de quarante et un mille huit cent trente-deux personnes ; les avertisseurs publics spéciaux qui transmettent les appels téléphoniques, sont au nombre de mille cent vingt-deux ; en plus, il y a sept cent soixante-treize avertisseurs de police avec téléphones placés dans les rues, et trois cent soixante-douze placés chez les particuliers. La longueur des conducteurs aériens est de 3.318 kilomètres, soit 4.241 kilomètres de fils conducteurs. La valeur des appareils, bâtiments et pompes, est de 14.786.000 francs. Les pompiers, pendant une année, répondent à une moyenne d'alarmes de 7.000.

Les actions des téléphones donnent un dividende de 25 p. 0/0 ; celles de la Société d'électricité Edison, 12 p. 0/0 ; voilà qui caractérise bien la prospérité industrielle et commerciale de cette incomparable cité.

La manufacture Elgin produit 2.000 montres par jour ; chaque ouvrier fabrique, dans un espace de temps de huit heures à peine, une montre entière ; ce travail auparavant demandait plusieurs mois à un bon ouvrier.

On sait que l'Amérique est le grand fournisseur de farine du monde ; le marché le plus important des blés et des farines est celui de Minneapolis, sur le Mississipi ; le moulin de Pittsburg produit 4.000 barils de farine par jour et reçoit 960 tonnes de blé qu'il transforme en farine ; sept compagnies de chemins de fer y ont un embranchement et font entrer chaque jour 200 wagons apportant les blés et emportant les farines. La vallée seule du Mississipi compte 20.000.000 d'agriculteurs et produit plus de blé et de bétail que n'en exigent les besoins des Etats-Unis.

Chicago a son Bois de Boulogne et ses Champs-Elysées, le Lincoln-Park au nord, le Jackson-Park au sud, et un autre parc remarquable situé près du port principal de la Chicago-River et le Front-Lake. Le Lincoln-Park longe le lac Michigan de ses dunes boisées, de ses vallons, de ses ruisseaux et de son jardin zoologique ; on y remarque la statue de La Salle, le premier navigateur français qui descendit le Mississipi jusqu'à son embouchure. Ce parc ravissant, créé par Potter-Palmer, est entouré de belles avenues ombragées, où se sont élevés de splendides hôtels appartenant à Van der Bilt, le milliardaire, à Georges Pulmann, le grand constructeur de wagons de luxe (appelé le roi des chemins de fer), dont les usines importantes situées près de Chicago sont intéressantes à visiter. Nous y avons vu de nouveaux modèles de wagons d'un confortable inouï, dotés de salles à manger, bibliothèques, salons, water-closets luxueux, chambres et salles de bains, le tout admirablement éclairé à l'électricité. L'autre constructeur de wagons, bien connu aussi, M. Wagner, a son usine à Buffalo, près du Niagara. Ces deux usines ont toujours d'importantes commandes à exécuter pour les nombreuses compagnies de chemins de fer américains.

Au commencement du siècle, les Américains catholiques étaient au nombre de 25.000 ; un évêque et trente prêtres suffisaient pour le service des âmes ; les catholiques sont aujourd'hui 10 millions, ils ont 90 évêques et 9.000 prêtres qui s'habillent en civils. Leurs églises et leurs séminaires se multiplient ; ils ont fondé aux portes de Washington une Université qui assure à leur enseignement toutes les suprématies de la science moderne ; Mgr Keane la dirige.

Voilà ce qu'est devenu ce camp indien, poste de traitants, aux modestes fortins de bois, tête de ligne d'un petit canal, joignant la vallée du Mississipi à celle du Saint-Laurent. Cette ville, où il se fait maintenant un chiffre d'affaires annuel dépassant 7 milliards, est celle que les Etats-Unis ont choisie pour fêter le quatrième centenaire de la découverte du Nouveau-Monde. Aussi les Américains sont-ils fiers du développement prodigieux de cette cité, création d'un genre jusqu'ici inconnu, car on recherche vainement dans l'histoire la trace d'un phénomène analogue. Ninive et Babylone, Memphis et Thèbes, les cités illustres de Grèce, Rome elle-même qui commanda au monde, comme nos capitales modernes en Europe et en Asie, peuvent se flatter d'avoir eu à un moment donné des proportions dignes de fixer l'attention ; mais nulle part on n'assiste à une croissance si grande dans un si court délai. Après Londres, Paris et New-York, Chicago arrive à son rang, et ce développement colossal, toujours en pleine activité, n'a pas atteint son apogée. Les Chicagoains aiment à dire, et ils ont raison, que ces succès multiples sont dus à l'initiative et à l'énergie de ses habitants. Sans aucun doute, stimulés par la richesse, ils travaillent à obtenir ces résultats merveilleux. Il est certain que d'autres villes américaines, placées dans des conditions aussi avantageuses, n'ont pas su tirer profit de leur situation. Mais l'énergie ne sert à rien quand les outils manquent. Or, depuis un siècle, deux nouvelles forces se sont développées : la vapeur, force physique, qui permet à l'homme de se transporter sans fatigue et sans perte de temps vers des régions jusqu'alors inaccessibles ; la liberté, force morale, qui permet à l'homme d'agir plus facilement et de donner carrière à son génie. C'est en présence de ces deux leviers puissants que la race européenne, sortant de sa vieille inertie s'est mise à émigrer par millions, cherchant un nouveau champ de labeur, et a transformé ce vaste territoire en un empire riche et florissant. Chicago en est l'exemple.

Nous aimons à le rappeler, c'est Pierre Moreau La Taupine qui construisit la première cahutte et Pointe de Sable bâtit la sienne sur la rive nord, à 100 mètres du lac, et, sur la rive sud, le gouvernement des Etats-Unis construisit le fort Dearborn. Les principales rues de la ville portent les noms d'anciens présidents, tels que Washington, Madison, Monroë, Adams, Jackson. D'une rue à l'autre, ce qui forme un block, il y a cinquante maisons ; chacune de ces maisons ajoute au numéro de la rue le numéro qui lui est propre dans le block ; ainsi, par exemple, le numéro 22.43 de Michigan-Avenue, indique que la maison est la 43e après la 22e rue sur l'avenue Michigan ; de la sorte, on est très vite fixé sur la situation et sur l'éloignement de l'immeuble dont il s'agit. Est-ce assez simple et pratique ? Le centre de la ville est exclusivement affecté aux gares, hôtels, bureaux, banques, maisons de gros et magasins de détail. La vie en appartement y est pour ainsi dire inconnue ; tout Américain tient à avoir un intérieur à lui, où il n'est gêné par personne, un *home*, un foyer.

La rive nord, c'est le faubourg Saint-Germain de Chicago. L'avenue qui borde le lac est des plus attrayantes ; comme sur les bords de la Néva, on y voit de magnifiques demeures, toutes luttant de richesse dans toutes les variétés de style, toutes encadrées de verdure.

Il y a dix ans, cette belle avenue d'aujourd'hui n'était qu'un affreux marécage, personne ne voulait y habiter ; c'est grâce à Mr. Potter-Palmer, l'homme bienfaisant, que ce quartier se créa ; il ne put trouver d'associé pour une entreprise qui devait produire des bénéfices considérables. Aujourd'hui, on s'y dispute à prix d'or les terrains qui restent ; on y a élevé le palais archiépiscopal catholique sur l'emplacement d'un ancien cimetière. A remarquer, dans cette avenue, la propriété du général Mac-Clurg, dont la façade rappelle un château de la Loire ; le grand cottage gris de Mac-Veagh, un chef-d'œuvre ; le manoir si hospitalier de Mr. Potter-Palmer, avec ses fiers créneaux et ses hautes tourelles ; au-dessus des massifs d'arbres qui l'entourent, la maison en briques rouges de Robert Lincoln, le fils de l'ancien Président qui fut le libérateur des esclaves. Dans l'avenue de La Salle, la remarquable villa Médicis de J.-Mac Gregor, et dans Michigan-Avenue, l'opulente demeure de Georges Pulmann, et l'une des habitations les plus gracieuses du monde, genre Renaissance et appartenant à W. Kmiball.

Chicago est devenu célèbre pour les facilités avec lesquelles on y obtient le divorce. La loi de l'Illinois est en effet fort commode. L'abandon de l'un ou de l'autre des époux, ne fût-il qu'imaginaire, suffit pour obtenir le divorce. Aussi, de tous les coins de l'Union, les époux mécontents viennent-ils s'installer dans les hôtels de Chicago. Après trois mois de résidence séparée, sommation est faite dans un journal au conjoint absent d'avoir à rejoindre au plus tôt la chambre conjugale ; constat d'absence et publication sont remis au juge ; sur quoi le divorce est prononcé. La cour des divorces est dans Court-House ; de là la légende : « Chicago, quinze minutes d'arrêt, divorce. »

Conquérir son million de dollars dans n'importe quelle entreprise, telle est la naturelle ambition de tout jeune Chicagoain. Dès que le jeune homme a grandi, reçu une bonne éducation universitaire et conquis ses diplômes, ses parents ne lui font ni pension ni rente ; ils l'envoient dans l'Ouest ; s'ils le gardent près d'eux, ils le placent dans un magasin de nouveautés, dans une pharmacie d'avenir, dans un débit de charbons ou chez un épicier en gros. Humilié, le jeune homme ? pas du tout ! Il supputera que le patron est millionnaire, qu'il quittera bientôt son magasin, ou qu'il a chance de devenir son associé. Combien de ces jeunes gens, entrés comme simples employés, sont devenus associés et marchent à grands pas sur le chemin de la fortune !

Il n'y a pas d'hommes de loisir à Chicago ; chacun a un bureau en ville, chacun travaille, ou du moins fait semblant, car l'homme inactif, oisif, est considéré comme un être maladif, infirme, pour lequel on n'a que de la pitié. L'insuccès n'est pas une excuse, au contraire ; un négociant fait faillite deux ou trois fois, il n'est pas blâmé, loin de là ; il se remet au travail, on l'approuve et on l'encourage. Jamais on ne lui reproche ses infortunes commerciales.

Un des grands commerces consiste à acheter et revendre des immeubles. Les 46.650 hectares de terrain, qui en 1823 ne valaient pas 12.000 francs, représentent aujourd'hui, même à 100 francs le mètre (et il s'en est vendu jusqu'à 13.000 francs le mètre), une valeur de 46.500.000.000, tandis que le sol de Paris avec ses constructions est évalué à 17.200.000.000, les 83.000 maisons comprises. Sous Henri IV, rue Jacob, le terrain se vendait de 60 centimes à 4 francs le mètre ; en 1606 la reine Marguerite de Valois acheta le Pré aux Clercs à 17 centimes l'arpent ; en 1623, Marie de Médicis pour le Jardin du Luxembourg acheta 8 hectares à 9 centimes le mètre ; en 1633, Anne d'Autriche paya 75.000 francs l'abbaye du Val-de-Grâce pour y créer l'hôpital militaire ; en 1630, faubourg Montmartre, le terrain valait 53 centimes le mètre et, en 1640, 3 fr. 90. Aux alentours, le terrain, plaine Saint-Denis, se vendait 1 centime ; le domaine de la Muette de Passy, (15 hectares) fut payé 800.000 francs en 1803 par Erard ; le propriétaire actuel, M. le comte de Franqueville, en a refusé 30 millions il y a trois ans.

A Chicago, le terrain se vend couramment, dans le quartier des affaires, 2.500 dollars, soit 10.000 francs le mètre. Le terrain sur lequel est bâtie l'imprimerie du journal *L'Interocean*, au coin de Madison et de Dearborn-Street, a été vendu, en juin 1892, 13.000 francs le mètre, et ce prix fabuleux n'a pas été payé par un fou, mais bien par M. Marshall Field, l'homme qui passe pour un prudent administrateur de sa fortune. A Londres, ce prix a été dépassé dans Lombard-Street, dans la Cité ; 57 mètres de terrain ont été vendus 1.890.000 francs.

L'ascenseur, qui joue un rôle si important dans l'augmentation du prix du sol, n'occupe pas une place moins utile dans une autre branche d'affaires entièrement productive à Chicago : le commerce des grains, qui a pour base l'entrepôt moderne des céréales. L'élévateur à grains est un ensemble de puits hauts de 20 mètres, juxtaposés et supportés en l'air par des charpentes ; au-dessous de ces puits, les wagons, les voitures arrivent, déversent le grain sur le sol dont les pentes sont dirigées vers l'ascenseur ; une simple chaine à godets, mue par la vapeur, monte le grain au grenier, où il est jaugé et pesé. de là il coule par un entonnoir dans le puits qui lui est destiné ; de cette façon la main-d'œuvre est réduite à son minimum.

S'agit-il, non de recevoir, mais d'expédier du grain, c'est le fond du puits qui s'ouvre, et la chaine à godets remet le blé à la jauge et à la pesée : un autre tube, toujours sans main-d'œuvre, le déverse dans le bateau, le train ou le chariot qui doit l'emporter. Tel est l'idéal aux Etats-Unis : réduire la main-d'œuvre toujours si coûteuse.

La Bourse aux céréales (Board of trade) est incontestablement le plus grand marché du monde pour les céréales ; on peut, en une seule séance, y vendre ou y acheter, sans la moindre gêne et sans la moindre action sur les cours, toute la récolte d'un Etat. Reçoit-on de Marseille l'ordre d'acheter 10 millions de boisseaux, qui représentent la consommation de Paris pendant un an ? le courtier prend des livraisons à terme qui s'offrent toujours en quantités illimitées. Les haussiers se livrent à d'énergiques batailles contre les baissiers ; il n'est pas rare de voir d'immenses fortunes perdues en un jour. Les joueurs heureux sont nombreux, et on nous montre autour de la corbeille des hommes comme Hutchinson ou Partridge qui disposent de millions, les gagnant ou les perdant avec un calme ou une indifférence admirables.

Les magasins de nouveautés ont été une mine d'or pour ceux qui les ont créés ; celui de Marshall-Field ne vend que de bons articles, mais cher ; c'est la mode d'aller chez lui et la mode se paie. The Fair, celui qui a brûlé, appartenait à M. Lehmann, un juif celui-là. La maison Montgomery Wand and C° vend de tout, et chacun s'intéresse à ces fortunes locales, sans jalousie, sans envie, car tous constatent qu'elles ont été faites à force de travail, d'énergie et d'intelligence. Ces exemples agissent vivement sur l'imagination de la jeunesse, toujours ambitieuse d'arriver à marquer sa place dans l'histoire de la ville.

Les tueries de porcs.

L'industrie qui fait la gloire de Chicago est représentée par des établissements de premier ordre. Parmi ces établissements il faut citer ceux qui font l'abattage des animaux, bœufs et porcs. Les immenses parcs à bétail appelés Union-Stock-Yards occupent un espace de 138 hectares ; les abattoirs et fabriques de conserves livrent annuellement au commerce 500.000 tonnes de viande et un milliard de boites de viandes conservées, soit pour une valeur dépassant un milliard de francs. Ainsi, comme importance et différence avec Paris, il est tué à Chicago dans une année 3.250.329 bœufs, et à Paris seulement 294.119 ; pour les porcs 8.600.805, à Paris 445.661 ; pour les moutons 2.153.537, et à Paris 1.070.574. Ces chiffres sont éloquents et donnent bien une idée du colossal trafic auquel ce genre de commerce sert de matière.

Les viandes, après avoir été abattues et manufacturées, sont expédiées de suite sur le globe entier ; nous les savourons à Paris sous les noms de jambons d'York ; la plus grande maison d'abattage parmi les vingt-six qui existent est celle d'« Armour » ; viennent ensuite celles de Swift, Nelson et Morris, qui ont une réputation universelle.

Le directeur de la maison Armour a compris que d'admettre le public à visiter, à voir l'exécution rapide des porcs, le dépeçage, la manipulation des viandes, la cuisson et la mise en boites, constituait la meilleure des réclames. Aussi, est-ce facilement que nous avons été admis à visiter la plus grande tuerie ; cette promenade, à travers cette maison de sang, nous reste comme un des souvenirs les plus étranges de notre voyage. C'est principalement du Texas que viennent les porcs noirs. L'usine Armour, à elle seule, en tue environ 6.000 par jour, et 1.200 bœufs. Une partie des viandes dépecées est mise ensuite dans des pièces spéciales et conservée au moyen d'appareils frigorifiques. En 1888, Armour tua lui-même le porc qui faisait le chiffre de 10 millions, abattus jusqu'à ce jour dans son usine. On prétend que son bénéfice annuel est de 5 millions. M. Armour déclare qu'il gagne 10 francs par bœuf; or, comme dans une année il en tue 385.000, cela fait de ce chef près de 4.000.000 ; ensuite il tue plus de 1.500.000 porcs, ce qui fait que le bénéfice annoncé de 5 millions doit être dépassé. Il possède déjà 300 millions, fortune qu'il a faite en trente-cinq ans !

Les porcs sont placés dans une espèce de fosse ; un croc mobile qui s'abaisse saisit l'animal par une corde qui lui lie les deux pattes de derrière ; la tête pendante, les deux pattes de devant agitées, l'animal pousse des hurlements ; mais, aussi rapide que l'éclair, il est lancé sur une tringle jusqu'à l'enclos voisin où un homme, d'un mouvement automatique, répété toutes les minutes, l'égorge avec un long couteau. Le coup donné avec dextérité est si sûr que jamais il n'est répété. La bête pousse un dernier et terrible hurlement, le sang jaillit, c'est le spasme de l'agonie ; l'animal continue à glisser sur la tringle jusqu'au deuxième bourreau qui, d'un coup rapide, le détache ; le croc remonte, et le corps vient tomber dans un récipient rempli d'eau bouillante ; un rateau mécanique tourne et retourne la bête qui, ainsi lavée, est rejetée à une autre machine armée de lames tranchantes qui rasent le supplicié de la queue à la hure ; renvoyé plus loin, il est fendu en deux, puis dépecé, haché, salé, poivré, mis en boîte. Tout cela se fait avec une rapidité et une dextérité étonnantes ; l'opération est si vite que l'on n'a même pas le temps de s'apitoyer sur le sort de ces bêtes. De là nous passons dans la section des bœufs ; c'est plus terrible encore ; point d'attente nerveuse ; les bœufs sont parqués deux par deux ; l'assommeur, debout, est placé dans un couloir au-dessus d'eux ; il attend que la bête soit bien posée ; il tient à la main une masse d'acier très mince qui tout d'un coup se lève et retombe en frappant au front le bœuf qui tombe ; il est enlevé par un croc, et un autre tueur détache la peau, en fait un tablier, fend le corps en deux, le vide, et toujours par le système des tringles l'envoie dans les chambres de glace, où déjà des milliers attendent pour être mis en wagons et partir. Les wagons sont remplis, la locomotive siffle, et le train s'ébranle pour New-Yok, Boston et Philadelphie.

Nous revenons dans la tuerie des porcs, et nous restons à nouveau étonnés de l'ingéniosité avec laquelle s'accomplit le dépeçage, l'empaquetage de cette quantité prodigieuse de viande ; nous voyons entrer les porcs qui ressortent en jambons, saucissons, saucisses et saindoux. Plus loin, des hachoirs, mus mécaniquement, fabriquent la chair à saucisses ; les boyaux pour les saucissons sont aussitôt remplis ; la tête et la hure sont nettoyées, grattées et parées ; d'énormes récipients recueillent la graisse qui, mélangée avec des crèmes, fait la margarine. Tout cela s'accomplit avec simplicité et précision ; chaque membre de l'animal est détaché et utilisé, sans qu'un tendon ou un os soit perdu ; d'un coup automatique, l'ouvrier sépare les jambons, puis les pieds, et les jette dans les chaudières qui vont les cuire.

Toutes les machines employées ont été inventées par les ouvriers ; la machine prolonge, multiplie, achève le geste de l'homme. Comme ils excellent à mêler leurs efforts personnels aux complications de la mécanique ! et comme ils ont le pouvoir de l'initiative, de vision directe et d'ajustage ! Le budget des ouvriers s'élève par année à 27 millions. Le nombre des hommes employés dans les parcs à bétail et dans les tueries est de 25.000. On peut y recevoir 150.000 porcs et 30.000 moutons ; les six usines tuent environ 20.000 porcs par jour.

Après avoir visité les parcs aux bestiaux, notre guide nous emmène dans une imprimerie ; ici comme partout, nous sommes étonnés de la rapidité foudroyante avec laquelle les machines exécutent. Pour l'Américain, le temps est si précieux qu'il ne faut pas que les ouvriers et les rédacteurs puissent sortir ; ils ont leur bar et leur restaurant ; il faut que l'impression des gravures dont les Américains sont si friands n'attende pas. Le journal a sa fonderie pour les caractères, une véritable usine où le plomb bouillonne dans les cuves ; jusqu'à la dernière seconde, les nouvelles sont recueillies de tous côtés, comme l'eau dans le désert, sans qu'il s'en perde une goutte, car partout le journal est muni d'appareils télégraphiques et téléphoniques ; il peut communiquer avec le monde entier. L'énorme machine qui imprime 70.000 numéros en deux heures fonctionne ; le bruit formidable qui s'en dégage ressemble à celui des chutes du Niagara ; le papier qui se déroule et court pour entrer dans cette machine semble, en effet, de l'eau qui fuit. Un insaisissable métal en fusion tourbillonne ; on voit le papier qui passe, qui se tord, des pièces d'acier qui jouent, et, à l'extrémité, une bouche qui vomit seize pages de journal prêtes à partir. La machine a pris la feuille, l'a tournée, retournée, imprimée sur l'endroit, sur l'envers, puis coupée, placée ; tout cela avec une précision et une rapidité étonnantes ; c'est un multiplicateur de pensées. Comme on le voit, en tout et pour tout, la maxime américaine est : « En avant ! » Le reporter américain demeure anonyme, même quand il reproduit des nouvelles qu'il n'a conquises qu'à force d'astuce et d'énergie. « Forward ! on ! on ! »

Tout marche à la vapeur. Il faut voir ces tramways électriques qui traversent la ville en tous sens ; le mot *complet* est inconnu ; les tramways ne s'arrêtent qu'aux blocks déterminés ; mais en cours de route, monte qui veut, c'est plein, ce n'est pas l'affaire du conducteur. Un voyageur est à peine monté que l'employé vient percevoir la place ; au voyageur de se caser où il peut, sur les côtés extérieurs, dessus, suspendu au marchepied, où il voudra ; c'est à ses risques et périls ; nulle part les tramways n'ont d'impériale. Les cars doivent contenir quarante places, et il y a quatre-vingts voyageurs ; aussi quel coup d'œil que ces grappes humaines ! « On ! on ! »

Les trois compagnies de tramways de Chicago ont transporté du 1er mai au 1er novembre 1893, 176.921.000 voyageurs, pendant les six mois de l'Exposition. Pendant le mois d'octobre, il a été transporté 33.396.000 voyageurs, soit plus de un million par jour ! Ce qui correspond à une recette journalière de 250.000 francs. Le prix uniforme des places étant de 5 « cents », soit 0 fr. 25. Mais la plus forte recette a été pour la journée du 9 octobre, où le nombre de voyageurs a atteint 1.466.298. Il n'y a qu'à Chicago que l'on peut atteindre de pareils résultats ; aussi ce jour-là les entrées à la World's Fair ont été de 761.942 personnes, et, comme le prix du ticket était un demi-dollar (soit 2 fr. 50), la recette a été de 1.954.355 francs. « On ! on ! »

Dans State-Street, une des rues les plus fréquentées de Chicago, les tramways à câbles électriques se succèdent, aux heures les plus chargées de la journée, à vingt secondes d'intervalle. Chaque train se compose d'une voiture à gripe, qui en remorque deux autres. Les voitures sans impériale, avec leurs marchepieds, représentent 150 places ; soit 450 par minute ou 27.000 par heure. Aux heures de sortie des bureaux et des théâtres, toutes les places sont rapidement enlevées. Mais grâce à la traction mécanique par usine centrale, câbles ou électricité, qui permet de proportionner instantanément la puissance au besoin, le service est toujours assuré et l'écoulement des voyageurs obtenu avec une rapidité et une commodité à laquelle la Compagnie d'omnibus de Paris devrait bien songer.

Dans Broadway, à New-York, nous avons vu un dimanche vingt-deux tramways se succéder sans interruption : une foule s'est-elle portée sur un point quelconque, à l'heure de la rentrée on téléphone dans les dépôts, et autant de voitures nécessaires sont mises à la disposition du public : voilà le meilleur règlement ; il est plus pratique et plus intelligent que celui de la Compagnie de Paris, qui, tous les dimanches, à certains endroits où la foule se porte, comme à l'Étoile et au Champ-de-Mars, ne ferait pas partir ses voitures, quoiqu'elles soient complètes, une seconde avant l'heure réglementaire. Encore un des points où l'on reconnaît l'administration française, que l'Europe nous envie !

Au centre de la ville, les tramways passent sous la rivière ; dans les dépôts, nous avons vu des voitures remisées au premier étage par des monte-charges et les chevaux remontés dans leur écurie au deuxième étage. Les Américains sont pratiques ; tout s'accomplit sans bruit, avec sang-froid et précision.

Les Maisons roulantes !

Le roulage des maisons, en France, est un mystère !

A Chicago, un chemin de fer doit passer ; des maisons se trouvent sur le tracé de la ligne, on prévient les propriétaires : que faire ? — C'est bien simple, répond la Compagnie, nous allons vous acheter un terrain plus grand dans le même quartier et y transporter vos immeubles. — Nous avons vu rouler et mettre en place une de ces maisons sans même qu'un carreau eût été cassé.

Un autre propriétaire avait traité avec la Compagnie pour son compte ; il va trouver l'ingénieur architecte qui lui demande 200.000 francs pour lui reconstruire ailleurs le même immeuble. La Société des maisons roulantes lui demande 100.000 francs pour transporter sa maison : il n'y a pas à hésiter, il se décide à la faire rouler jusqu'au nouveau terrain qu'il a acheté. Nous sommes allés, un dimanche matin, voir cette maison, et comme les ouvriers ne travaillaient pas, elle était là, au milieu de la rue, barrant le passage ; nous dûmes, le lendemain matin, y retourner pour la voir, cette fois, rouler, et nous allons décrire la façon dont s'opère ce transport. Rien n'est impossible à ces « house-movers » du Nouveau-Monde.

Un corps de bâtiment occupant quatre numéros, dans Laffin-Street, presque à l'angle de Van-Burren-Street, à l'ouest de Chicago, se trouvait sur le passage du chemin de fer métropolitain. La construction solide, en granit et en briques, comprenait trois étages élevés sur sous-sol, ayant 28 m. 65 en longueur, 25 m. 60 en profondeur et 15 m. 40 en hauteur au-dessus du sol. Elle comprenait quatorze appartements de huit chambres chacun, soit 108 chambres ; son poids était de 8.100 tonnes ; elle avait coûté 240.000 francs à construire. La Société du chemin de fer métropolitain, pour cause d'expropriation, l'acheta à son propriétaire 315.000 francs, et l'entrepreneur chargé de la transporter à 106 mètres plus loin demanda 100.000 francs. On commença par percer des trous dans les murs au ras du sol, afin d'y placer des poutres en bois de 30 centimètres de côté, qui dépassaient de 1 m. 50 à l'extérieur ; on plaça ensuite des poutres transversales de 0 m. 36 de côté au-dessus des premières et passant également à travers les murs de la maison ; on obtint de la sorte une plate-forme ou raquette sur laquelle la maison devra reposer pendant le transport. Sous cette plate-forme on dispose des vérins, puis on coupe les murs à la hauteur des premiers trous effectués ; la maison se trouve donc ne reposer que sur la plate-forme, fixée seulement par son propre poids, car aucun étai ne la soutient. Il faut ensuite la soulever de 1 m. 10, afin de pouvoir établir le lit inférieur de charpente sur lequel doivent reposer les rouleaux de glissement ; 700 vérins sont nécessaires. Cela fait, on remplace peu à peu les vérins par des rouleaux convenablement placés sur des poutres, puis le travail de glissement commence. La force motrice se compose de douze vérins de 2 m. 45, placés presque horizontalement ; ils appuient à une extrémité sur la maison, et à l'autre extrémité sur des pieux solidement fichés en terre et maintenus par des chaînes attachées aux poutres de la plate-forme inférieure sur laquelle roule la maison. Lorsque celle-ci a fait un chemin de 2 m. 10, les vérins qui se trouvent à bout de course sont de nouveau avancés, et un nouvel espace de 2 m. 10 est parcouru. On avance ainsi de 6 m. 10 par jour en moyenne ; la masse de brique et de granit s'avance lentement ; chaque vérin est actionné par un homme. Deux choses sont nécessaires au succès de l'entreprise, pour éviter la torsion et la destruction complète de la structure : il faut que la plate-forme de glissement soit parfaitement horizontale, afin que le poids de la masse entière se répartisse également sur tous les rouleaux, et que tous les hommes agissent avec un ensemble parfait, et suivent à la lettre les instructions reçues. Un ingénieur commande les travaux et en surveille l'exécution ; le tout s'effectue sans bruit et sans hâte. Vingt-quatre ouvriers suffisent, douze sont employés à tourner les vis des vérins, ce qui ne leur demande qu'un effort très minime ; les autres sont chargés de construire le lit de glissement inférieur, qui est fait en poutres de 0 m. 20 de côté. Plus de 500.000 pieds carrés de charpente sont employés ; les poutres sont simplement posées les unes sur les autres ; les poutres de chaque rangée sont rectangulaires avec celles de la rangée précédente. Pour obtenir une horizontalité parfaite, ces poutres sont calées avec le plus grand soin. Les cales employées n'ont souvent que l'épaisseur d'une feuille de carton ; de la sorte, non seulement aucune fissure ne s'est produite dans les murs, même pas une vitre n'a été cassée : c'est un résultat remarquable. La forme du terrain où la maison voyage nécessite de la faire tourner à angle droit ; le changement de direction est une des parties les plus délicates du travail.

On commence par faire mouvoir la maison parallèlement à sa direction première, jusqu'à ce que l'axe longitudinal de la construction ait atteint l'axe transversal des nouvelles fondations ; ensuite on modifie au fur et à mesure la direction des rouleaux et l'amplitude de la course des différents vérins ; on lui fait prendre la direction définitive. De solides fondations en pierre ont été faites au préalable sur le nouvel emplacement que la maison doit occuper : l'opération totale a duré soixante jours, et la maison a été parfaitement remise en place.

Le transport d'une autre maison a offert certaines difficultés ; elle se composait de deux corps de bâtiments contigus, munis chacun d'une aile arrière, égale à la moitié du corps principal correspondant. Il ne se trouvait dans le voisinage aucun terrain assez vaste pour recevoir cette construction entière. On commença donc par couper le bâtiment en deux, au moyen d'une section verticale faite dans les murs ; puis on transporta les deux moitiés, l'une d'un côté de la voie projetée, l'autre de l'autre, en suivant les mêmes procédés que nous avons indiqués. Mais en cet endroit, la voie faisant un coude, l'aile arrière d'un des bâtiments s'y trouvait faiblement engagée. L'ingénieur, que cela n'embarrassait pas, fit abattre, le long du corps de bâtiment principal, et sur toute la hauteur, une portion triangulaire analogue à une part de gâteau ; puis il fit tourner le restant autour de la ligne de jonction des deux corps de bâtiment comme charnière. L'opération a parfaitement réussi, et l'ensemble de ces travaux n'a coûté que le quart du prix d'achat de la propriété.

Mais le progrès en ce genre ne s'est pas arrêté là. Vous plaît-il d'agrandir votre immeuble devenu trop petit par suite de l'accroissement de votre famille ? on vous enlève votre maison du sol, et on construit par dessous un étage supplémentaire ; de ce fait, le rez-de-chaussée devient le premier étage. La maison que nous avons vue, Monroë-Street, près de l'Hôtel des Postes, avait une superbe toiture décorative. En France, pour surélever cette maison, il aurait fallu d'abord démolir cette toiture artistique et subir de ce fait une perte sérieuse. A Chicago, rien de cela : la toiture reste intacte, grâce aux moyens suivants. On ne surélève pas par le faîte, on coupe le toit, comme on enlèverait le dessus d'un pâté ; on l'élève au moyen de vérins jusqu'à la hauteur nécessaire à l'étage que l'on veut ajouter, puis l'on construit au-dessous. Mais le procédé le plus ordinaire est de faire la surélévation par la base. On coupe la maison de manière à pouvoir l'élever tout entière et construire le ou les étages inférieurs qui, ayant une plus grande valeur locative, paient mieux les travaux exécutés. La maison, que nous avons vue en voie de surélévation, avait quatre étages élevés sur rez-de-chaussée ; sa largeur était de 15 mètres 25, sa profondeur de 33 mètres 25 et sa hauteur de 30 mètres 50 ; elle pesait 6.000 tonnes.

Comme la valeur du terrain en cet endroit est au moins de 10.000 francs le mètre, le propriétaire résolut de faire surélever sa maison dont la location ne rapportait plus un intérêt en rapport avec la valeur du terrain. Le prix d'un nouvel étage revenait à 500.000 francs ; la location produirait 125.000 francs par an. Les moyens employés furent les mêmes ; on commença par établir une plate-forme sur laquelle devait reposer le bâtiment pendant l'exécution des travaux ; on coupa ensuite les murs, et le travail de surélévation commença. Il se fit au moyen de vérins courts qui reposaient à leur partie inférieure sur une plate-forme en charpente. Lorsque les vérins furent arrivés à bout de course, on plaça sur la plate-forme inférieure une ou deux rangées de poutres, et l'on recommença ainsi pas à pas jusqu'à ce que la hauteur atteinte fût suffisante. Mais comme cette construction était ancienne, il fallut prendre des précautions particulières : 1.840 vérins étaient manœuvrés par 130 hommes, et ce n'est qu'en onze jours que le bâtiment a pu être élevé à 4 m. 56 au-dessus de son niveau primitif. 152.400 mètres de charpente ont été employés pour établir la plate-forme inférieure. C'était un travail très important à exécuter. Si la construction avait été plus solide, les travaux nécessaires auraient pu se faire avec moins d'hommes et eussent été moins coûteux. Et, chose à remarquer, les glaces de plusieurs mètres de hauteur qui garnissaient les devantures des magasins n'ont pas été fêlées pendant les travaux.

Chicago possède 300 églises de différents cultes, 100 maisons de banque ; le commerce est d'une importance telle que le chiffre d'affaires atteint 7 milliards de francs par an.

La Bienfaisance à Chicago.

Si Chicago est industriel, il est aussi bienfaisant ; il s'occupe des pauvres et des misères. Les dames de la Flower-Mission ont créé des établissements de toutes sortes pour les déshérités. Ces fondations sont dues à la bienfaisance privée, et le budget de ces divers établissements est annuellement de 12 millions, joli denier pour une ville qui n'a pas quarante ans d'existence. L'Association chrétienne des jeunes femmes a été organisée en 1876 ; elle a pour but de les préparer au bien moral, religieux et intellectuel, spécialement de celles qui dépendent, pour vivre, de leur propre activité. Plusieurs comités se partagent les plus importantes branches de l'organisation, hôpital, placements, visite des malades, maisons de séjour, bibliothèques et aides de voyages ; il y a de quoi faire. L'Exposition de Chicago va s'ouvrir : une création est aussitôt décidée ; la construction en est faite, et le Hand-Book annonce que l'on pourra y recevoir 1.000 jeunes filles (unchaperoned) qui viendront seules visiter l'Exposition ; et encore n'avaient-elles que l'embarras du choix, puisque six autres associations philanthropiques offraient les mêmes avantages.

L'esprit le plus libéral préside à ces fondations. C'est ainsi que la « Chicago-Hebrew » a été fondée par les diverses églises évangéliques de la cité. Un intendant et six médecins dirigent les distributions, et ce, sans recevoir d'honoraires. Six garde-malades vivent à la Mission pour aller au premier appel visiter à domicile les pauvres malades ; elles reçoivent vingt-huit appels par semaine, et l'école de couture y accepte 75 enfants. Tous les vendredis, une école du soir enseigne la langue ; des bains libres existent ; tout est alimenté par la charité. En 1891, la Mission a reçu en dons 8.025 dollars. C'est la course à la charité dans ce pays si souvent dépeint comme livré à l'individualisme le plus âpre ; non seulement la bienfaisance y est aussi énergique que le commerce, mais elle sait de plus revêtir des formes charmantes. Nous n'avons rien, en France, pas même à Paris, qui ressemble à la Flower-Mission (Mission des Fleurs), ou à Hull-House, qui n'a d'analogue que Townbee-Hall de Londres, et le collège de Settlement, de New-York. La Mission des Fleurs a pour objet de distribuer des bouquets et des fleurs chez les pauvres et dans les hôpitaux. La Société a des dépôts dans les villes suburbaines où, chaque semaine, des boîtes et des grands paniers de fleurs sont envoyés. Chaque vendredi, les dames se réunissent, préparent les corbeilles et les fleurs que les compagnies de colis-postaux transportent gratuitement. Est-ce assez philanthropique ? Du 15 mai au 15 octobre 1891, 16.568 bouquets, 161 boîtes et 89 corbeilles ont été distribués ; la dépense totale n'a été que de 400 fr. 75, et cette œuvre en action a déjà vu tripler sa valeur dans une seule année. C'est pourquoi, en visitant les « homes » des femmes âgées et des enfants abandonnés, nous avons vu sur chaque commode, dans leurs chambres, sur les tables des réfectoires, et un peu partout, ces petits bouquets, notes riantes de la fleur. Quelle délicate attention de faire plaisir à ces pauvres malheureux, qui, on le sait, « soignent bien les fleurs de ces dames ! »

C'est cette charité qui vient non seulement apaiser les besoins, mais éveiller les sourires, allumer un éclair de gaieté dans les yeux de ces déshérités. Allons ! il faut convenir que l'œuvre de la Flower-Mission est d'un charme exquis, d'une délicatesse de sentiments touchante.

En 1884, une dame de Quincy-Shaw soumit un projet d'ouvrir dans les écoles d'ateliers. Il s'agissait, dans sa pensée d'éducation nouvelle, de fonder des cours de cuisine, de tenue de maison, de lingerie, pour les jeunes filles ; d'imprimerie, de menuiserie et de cordonnerie, pour les garçons. Elle a dépensé à cette œuvre un demi-million de dollars. Deux écoles de cuisine ont reçu 150 élèves. En 1886, une troisième école fut ouverte ; la ville en ayant accepté les charges, les dames se mirent à la recherche d'une autre entreprise, à laquelle elles donnèrent leur énergie, leur temps et leur argent. Après avoir enseigné l'art de la cuisine à la fille pauvre aussi bien qu'à la fille riche, celles-ci devenues femmes sont plus capables de diriger leur intérieur et de contrôler leurs domestiques. Cet enseignement sert aussi à combattre un des grands périls de la nation, la disparité excessive entre les riches et les pauvres.

Un citoyen de l'Illinois a donné à l'Université de Chicago 600.000 dollars, à la condition que d'autres personnes compléteraient le million. Eh bien ! ce capital a été versé en un jour ! Devant ce résultat immédiat, le premier donateur a augmenté du double sa donation ; il a voulu assurer à sa ville un établissement modèle (*Standard*) d'instruction supérieure. On voit, par ces quelques exemples, quel rôle joue l'initiative privée en Amérique.

Nous allons visiter les Grands Magasins, THE FAIR. La surface occupée est aussi grande que celle des Magasins du Louvre à Paris. On y trouve tous les articles, jusqu'à du tabac, des cigares ; (le commerce en est libre). Nous avons parcouru en tous sens cet immense magasin jusqu'au huitième étage. Afin que les clients ne perdent pas de temps, un restaurant et un bar y sont installés, de manière qu'après déjeuner, vous voyez les femmes continuer leurs emplettes. Toujours le côté pratique américain qui se révèle partout : ne pas perdre de temps, le temps, c'est de l'argent : *time is money*. Quelques jours après notre visite, le magasin The Fair devint la proie des flammes.

Les magasins de nouveautés de New-York sont installés plus richement que ceux de Chicago ; tout y est à l'instar de Paris, avec cette différence que le personnel féminin y est beaucoup plus heureux. Les jeunes filles arrivées à neuf heures du matin, sont libres à six heures du soir. Dans leurs rayons sont installés de coquets tabourets en velours où elles peuvent s'asseoir à loisir quand elles ne sont pas occupées. A chaque étage, de gracieuses fontaines mettent à leur disposition, pendant l'été, de l'eau glacée. Voilà de quoi faire rêver les jeunes employées de nos grands magasins.

Les hauts-fourneaux de Chicago sont des établissements modèles ; les chaudières chauffées au pétrole volatilisé par des jets de vapeur, qui produisent une chaleur intense. On y produit de la laine de fer en lançant de la vapeur à haute pression sur un filet de fonte liquide ; cette laine, absolument semblable à du coton jauni, est par excellence un corps non conducteur. Dans la manufacture de Mac Gregor Adams, il y a des raffineries d'or et d'argent. La fabrique des moissonneuses-lieuses de Mac Cornuck occupe 3.000 ouvriers. Une moissonneuse est fabriquée en une heure ; tout est l'œuvre de la machine qui économise travail, temps et argent. Les manufactures de chaussures ont un outillage tellement perfectionné qu'une paire de bottines est produite en quelques minutes. Toutes ces usines modèles que nous avons visitées sont étonnantes d'activité ; tout, du reste, facilite cette prospérité. Le marché des débouchés est immense ; la houille est à 10 francs la tonne, le gaz à 22 centimes le mètre cube, le gaz naturel à 10 centimes, et le pétrole à très bas prix : ce sont là des ressources précieuses pour l'industrie.

L'ouvrier est bien payé ; il gagne de 1 fr. 50 à 2 francs l'heure et ne travaille que huit heures par jour ; un maçon gagne 3 dollars, son compagnon 2 dollars ; les heures supplémentaires se paient le double. Pendant les travaux de l'Exposition, les entrepreneurs de peinture, qui s'étaient engagés à livrer les bâtiments à date fixe, furent victimes de l'exigence des ouvriers qui profitèrent de la situation ; les patrons furent obligés de les payer jusqu'à 40 et 50 francs par jour !!

Pour en terminer avec cette jeune et triomphante cité, nous devons dire qu'avec 50.000 francs de rente il ne faut pas espérer faire figure à Chicago : on y vivote avec beaucoup d'ennuis. Avec 50.000 francs de rente à Paris on est plus que millionnaire. A Chicago, on est millionnaire, quand on possède un million... de dollars, soit cinq millions de francs !

La World's Fair. — Exposition de Chicago.
La Foire du Monde.

Pour célébrer le quatrième centenaire de la découverte de l'Amérique par Christophe Colomb qui, le 12 octobre 1492, reconnaissait les Terres Occidentales, et pour fêter cette date primordiale dans l'histoire du Nouveau-Monde, le gouvernement choisit la ville de Chicago comme siège d'une Exposition magnifique et grandiose, qui devait surpasser celles de Paris. Comme, en 1876, Philadelphie avait été choisi pour célébrer le centenaire de la déclaration de l'Indépendance, il y eut rivalité entre New-York et Chicago pour avoir l'Exposition.

Le Comité de Chicago avait à sa tête un des avocats les plus honorables de la ville, M. Thomas B. Bryn, qui sut s'assurer le concours des hommes d'affaires les plus intéressés aux progrès de la ville : MM. Potter-Palmer, Marshall-Field, Armour, etc.; ils commencèrent par souscrire un million, et Chicago triompha de la vieille cité de New-York. A New-York aucun enthousiasme n'enflamme ceux qu'il abrite. A Chicago, au contraire, chacun sent son cœur battre quand il s'agit du succès de la ville; il y a quelque chose de filial dans les sentiments que chacun ressent pour la cité; aussi n'hésite-t-on pas à y aller de son argent dès que la ville doit en profiter. A New-York, c'est un tout autre sentiment : pourquoi contribuerait-on à la grandeur d'une cité, œuvre d'ancêtres étrangers, aux mains d'inconnus? New-York, cependant, résistait et voulait accaparer l'Exposition. On offrit 25 millions, Chicago en offrit 50, et le 25 avril 1890 la Chambre vota le texte de la loi fédérale qui fut adoptée par le Sénat. Le Président Harrisson y apposa sa signature. La nouvelle fut accueillie à Chicago par des transports d'enthousiasme ; toutes les valeurs de bourse, tramways, gaz, brasserie, montèrent de 15 et 20 pour 100, et les loyers augmentèrent de 20 à 25 pour 100. Le budget fut établi à 90 millions, et la présidence fut confiée à M. Gage, directeur de la première banque nationale ; M. Baker lui succéda ; M. Ibiginbothan, l'associé de Marshall-Field, prit la direction de l'entreprise financière. M. Potter-Palmer fut nommé président de la Commission nationale. A ces hommes de valeur on adjoignit des collaborateurs dévoués ; une commission nationale de dames fut constituée, et la toute gracieuse et aimable Mme Potter-Palmer fut choisie comme présidente. C'était bien le meilleur choix que l'on pût faire.

La France, la première, accepta l'invitation en votant un crédit de 4 millions ; aussitôt l'Allemagne et l'Angleterre suivirent son exemple. Est-ce pour cette raison que les Américains se conduisirent aussi grossièrement vis-à-vis de nos nationaux qui allèrent exposer à Chicago ? Etait-ce ainsi qu'ils entendaient remercier la France d'avoir été la première à donner son adhésion ? Singuliers procédés ! Jackson-Park (Mildway-Plaisance) fut choisi pour l'emplacement de l'immense Exposition, qui se trouva naturellement décorée par le lac Michigan qui en constituait le cadre le plus ravissant. Onze palais, aux proportions colossales, furent construits pour l'Industrie, les Arts Libéraux, l'Archéologie, l'Agriculture, les Machines, l'Electricité, les Mines, les Transports, l'Horticulture, la Pêcherie et les Beaux-Arts. Pour visiter l'Exposition, qui absorbait un emplacement trois fois et demi plus grand que celui qui était occupé par l'Exposition de 1889 à Paris, il fallait au moins huit jours. Vu d'ensemble du haut du Palais des Arts Libéraux, d'où l'on arrivait au moyen d'ascenseurs, le coup d'œil était absolument grandiose, et l'on restait en contemplation devant ces immenses palais qui se trouvaient baignés par les canaux contournant les édifices.

Le Palais des Arts Libéraux, aux dimensions sans égales, recouvrait une superficie de 120.000 mètres et pouvait contenir 500.000 personnes ; sa longueur était de 566 mètres sur 166 de large et 68 de hauteur, dimensions dépassant de beaucoup celles de la Galerie des Machines du Champ-de-Mars à Paris. Cet édifice gigantesque, à la voûte de verre et d'acier, a été depuis transporté à New-York. Dans ce palais, la France occupait une place importante ; les vitrines des exposants étaient l'objet de l'admiration des visiteurs, qui restaient surpris devant ces richesses alignées avec autant de bon goût que d'harmonie. Nos manufactures nationales de Sèvres et des Gobelins étaient dignement représentées, ainsi que nos fabriques de Lyon, Beauvais, Limoges, Aubusson, Roubaix, Elbeuf, etc., qui toutes avaient eu à cœur de tenir haut le drapeau industriel de la France. Devant toutes ces vitrines, aménagées avec tant de goût, on reconnaissait la valeur artistique de certains produits qui caractérisent si bien le génie commercial de la France. L'ensemble de ce palais était du meilleur effet.

Le pavillon français, élevé sur le bord du lac, était l'œuvre de MM. Motte et Dubuisson ; il se composait de deux ailes réunies par une colonnade demi-circulaire. Le pavillon Nord, avec ses hautes colonnes corinthiennes, abritait une reproduction du Salon d'Apollon au château de Versailles, salon où fut signé par Franklin et M. de Vergennes le traité de 1778 qui reconnaissait l'indépendance des Etats-Unis. C'est dans une de ces salles que l'on avait organisé une exposition rétrospective de tous les objets, souvenirs, présents reçus par La Fayette lors de ses voyages aux Etats-Unis, postérieurs à la guerre de l'Indépendance. A l'entrée, un beau buste en marbre blanc du regretté président Carnot ; attenant à cet édifice se trouvait le pavillon russe, une isba semblable à celle qui était à Paris en 1878.

A côté, Ceylan avait une exposition. Cette grande île s'est adonnée avec plus d'énergie que de prudence à la production du thé ; il lui faudra de nombreux débouchés, sous peine de souffrance économique. Elle venait faire campagne aux Etats-Unis, excellent terrain d'ailleurs, où les boissons nationales, après l'eau glacée, sont le whisky et le thé.

Le Palais de l'Electricité, avec sa grande loge circulaire, vu le soir, éclairé *à giorno*, était absolument féerique. La Compagnie Edison avait tenu à faire voir les progrès réalisés dans l'électricité. Nous étions absolument éblouis dans notre promenade à travers tous ces verres multicolores qui décoraient les stands des exposants. Le Multiplex, inventé par notre compatriote M. Mercadier, directeur des études à l'Ecole polytechnique de Paris, était très remarqué et étudié par les savants. Ce nouvel appareil télégraphique comprend douze envoyeurs et douze récepteurs qui permettent de transmettre douze dépêches sur un même fil, et ce, sans confusion possible, au moyen de différents sons obtenus. C'est incontestablement un appareil appelé à rendre de réels services.

Le Palais de la Transportation renfermait tout ce que l'on peut imaginer comme moyens de transports par terre, par eau et par voie ferrée, depuis la voiture, le bateau, la locomotive primitive, jusqu'aux wagons perfectionnés de Pulmann, les modèles de steamers de la Société Cunard et des Compagnies anglaises. Les modèles exposés par la Compagnie française des transatlantiques étaient aussi très remarquables.

Le Palais des Beaux-Arts renfermait toutes les plus belles toiles des musées du gouvernement des Etats-Unis. Parmi les toiles acquises par cet Etat, des tableaux de Meissonier, Puvis de Chavannes, de Neuville, Bastien-Lepage, Millet, Eugène Delacroix, Carolus Duran, Corot, Courbet, d'Aubigny, Fromentin, Rosa Bonheur, Diaz, Jules Dupré, Troyon, Isabey, Loustano, Flameng, Bouguereau, J.-P. Laurens, Yon, Yvon, Paul Leroy, Benjamin Constant, Robert Fleury, Henner, Boutigny, Bonnat ; un grand portrait du président Carnot et beaucoup d'autres toiles d'école française, également prêtés par les richissimes collectionneurs américains. Comme on le voit par l'énumération ci-dessus, c'est avec les œuvres de nos grands maîtres français que les Américains ont principalement orné leurs musées.

A côté, la section française qui contenait un magnifique portrait de Mgr Lavigerie, *les Nymphes* de Madeleine Lemaire, et des toiles de nos grands artistes, tels que Benjamin Constant, Robert Fleury, Boutigny, Bonnat, Carolus Duran, Breton, Laurens et Bouguereau, qui ont eu à cœur de représenter dignement l'école française à l'Exposition de Chicago. Il faut avouer sans parti pris et sans orgueil national que, à côté de ces chefs-d'œuvre, les salles où étaient exposés les tableaux des écoles anglaise, américaine, allemande, belge, hollandaise et flamande, ont paru bien ternes.

Les Palais de l'Agriculture et de l'Horticulture, avec toutes leurs machines aratoires du dernier perfectionnement, étaient aussi très intéressants à visiter. Là, comme ailleurs, l'Allemagne occupait une place prépondérante et paraissait avoir fait de grands sacrifices pour être solennellement représentée.

Le Palais du Gouvernement américain était séparé en deux parties bien distinctes : l'une relative au sol, à ses curiosités et à ses produits ; l'autre destinée à faire connaître les différents services publics de la grande république américaine. Le Musée de Washington y avait envoyé les pièces curieuses de ses collections d'oiseaux, d'animaux et d'insectes ; l'animal vivant dans la mer de Behring et dont les Esquimaux utilisent à la fois la viande, la peau et l'huile. Le centre du bâtiment, sous la grande coupole, était occupé par un arbre géant de Californie, le *Sequoïa gigantea*. Ces arbres ont été découverts en 1852 par le chasseur Boyd : il y en a qui ont jusqu'à 122 mètres de hauteur et 12 m. 50 de diamètre (il est vrai que l'eucalyptus, en Australie, atteint jusqu'à 45 mètres de hauteur). Le Sequoïa est toujours vert ; son écorce a une épaisseur de 0 m. 90. Un arbre comme celui qu'on a exposé à Chicago peut se vendre 81.000 francs. C'est dans les parcs Yellowstone et de Yosemite qu'ils poussent le mieux ; pour amener une partie de celui-là, il a fallu onze wagons, et le coût du transport, de la forêt au chemin de fer, a été de 37.700 francs. Le centre de cet arbre a été enlevé pour faire place à un escalier en forme de pas de vis ; en haut, on a installé une plate-forme et, dans l'intérieur, un café avec concert.

Du Palais de l'Agriculture, surmonté à chaque angle de groupes d'Atlas, on pénétrait par une colonnade corinthienne dans le Palais des Machines. Dans le bassin qui baignait cette colonnade avait été construite une fontaine monumentale dans le genre de celle de Trafalgar-Square.

Le Palais de l'Administration était un véritable Panthéon aux formes classiques. Le Palais des Machines, avec ses loggia en couleurs, était d'un effet grandiose. Comment décrire toutes ces belles et puissantes machines, ces immenses chaudières tubulaires, prêtes à mettre en branle les merveilleux outils que l'homme s'est donnés ? Sans ces chaudières, sans cette vapeur, que serait Chicago ? Nous passons devant l'exposition de l'Usine Cail de Paris ; une machine est en train de frapper des médailles à l'effigie de celui qui découvrit l'Amérique ; ensuite, l'exposition des chaudières de la maison Belleville, celles des grandes fabriques de machines à coudre, des fabriques de montres qui offrent aux visiteurs le plus grand intérêt. Il est évident que l'ensemble de ce palais, avec toutes ses machines en mouvement, était d'un effet saisissant, moindre pour nous, cependant, qui avons tant admiré la Galerie des Machines de l'Exposition de 1879.

Le Palais du Canada était installé avec goût ; c'est avec un sentiment de poignante émotion que nous examinons les produits de cette belle et riche colonie, que nous avons perdue comme tant d'autres par l'indolence des gouvernements de l'époque et qui, aujourd'hui, constitue la colonie la plus productive que l'on puisse imaginer.

Si la visite des nombreux palais qui avaient été édifiés dans cette enceinte était intéressante, les promenades extérieures, à travers les jardins et les canaux, ne l'étaient pas moins. Ces promenades, sillonnées de ponts sur les canaux, apportant un air de fraîcheur, présentaient, au soir des grands jours, un effet féerique. Au fond, les gracieuses colonnades à travers lesquelles on apercevait le lac Michigan ; au milieu, la statue de la République de Frank, émergeant au-dessus des eaux du lac à 35 mètres de hauteur, tenant de la main gauche la pique du révolutionnaire surmontée du bonnet de la liberté, les pieds de la déesse baignés par les eaux du grand bassin. A l'extrémité, en droite ligne, au milieu d'un bassin, la barque du Progrès conduite par les Sciences ; derrière, le dôme central : cette partie de l'Exposition avait l'aspect du Champ-de-Mars, dont elle était, du reste, la copie sous bien des rapports.

Ces palais, avec leur peinture blanche, leurs chapiteaux, copies de Rome et d'Athènes, leurs dômes svelles, le chaotique mélange de leur architecture combinée, constituaient incontestablement un ensemble sans pareil. Ils donnaient l'idée d'une cité de rêve, d'une ville de vision apparue soudainement sur le bord de ce lac vaste comme une mer dont l'eau se soulevait dans l'entrecolonne d'un gigantesque portique. C'était vraiment un décor de gloire, dressé à souhait pour le divertissement de cet immense peuple de travailleurs à ce rendez-vous de joie et de repos. Et pourtant, cette cohue, dispersée dans ces allées et sur ces pelouses, nous frappait, nous, observateurs parisiens, par l'absence totale de cette joie qui caractérise si bien le Français. Ces gens n'étaient ni distraits ni gais ; ils allaient, regardaient tout et partout, et paraissaient indifférents à la vue de cette vaste foire du monde qui de son titre pompeux s'appelait l'Exposition Universelle. C'était une véritable Babel d'individus de toutes provenances.

Tous ces jardins, tous ces canaux sillonnés de coquettes gondoles et de bateaux électriques qui conduisaient les visiteurs, avaient l'aspect de Venise. Le chemin de fer électrique était à toute heure bondé de voyageurs, ainsi que l'Elevated qui amenait les visiteurs jusque dans l'enceinte. Mais une des excursions les plus agréables que nous ayons faites fut le trajet de Chicago à l'Exposition, sur le lac Michigan. De grands steamers filant vingt-deux nœuds amenaient des milliers de visiteurs à la fois. Le coup d'œil sur le lac était vraiment admirable ; derrière, la ville qui paraissait fuir ; sur la droite, l'Exposition, avec ses coupoles et ses colonnes corinthiennes, qui se développait sur un espace d'autant plus considérable que les lacs intérieurs y prenaient beaucoup de place. Les bâtiments avaient été revêtus de telle façon qu'on ne s'apercevait pas trop de leur structure en bois ; toute cette masse de palais blanchis était grandiose. Evidemment, l'architecture des bâtiments manquait d'originalité ; on y reconnaissait facilement, plus ou moins dissimulés, les principaux monuments de Paris ; mais enfin, l'ensemble en était imposant, et la partie construite sur le bord du lac vraiment superbe.

A l'horizon, de tous côtés, le lac est une petite mer. En arrivant, nous voyons à quai le fac-similé des galiotes ayant porté Christophe Colomb et ses compagnons au Nouveau-Monde. Quel prodigieux courage il a fallu à ces hommes hardis pour affronter des mers inconnues, sur de pareilles coquilles de noix !

Nous débarquons à l'Exposition au niveau du sol ; les *trottoirs mobiles* donnent la sensation de la ville de l'avenir ; pour le débarquement des bateaux, on a construit un trottoir mobile d'un kilomètre et demi de longueur, tournant aux deux extrémités de son parcours et suivant une courbe de 25 mètres de rayon.

Nous pénétrons par la porte où se trouve le bâtiment de l'exposition de l'Usine Krupp, qui a mis sous les yeux du public ses canons de 60 tonnes et tous les spécimens des pièces énormes ; au jour fatal, ils sèmeront la destruction sur leur passage ; car, avec des engins aussi puissants que ceux de l'Usine Krupp, les guerres de l'avenir ne seront plus que de véritables carnages, quand ces gueules d'acier vomiront la mitraille et la mort sur des hommes qui seront impitoyablement fauchés.

A la Boulangerie française émigrée du quai d'Anjou, nous retrouvons notre compatriote, le fils du sympathique président de la Chambre syndicale de Paris, M. Cornet, qui nous fait les honneurs de son pavillon avec la plus grande amabilité. On connaît à peine le pain à Chicago ou, du moins, le bon pain, car beaucoup de familles préparent elles-mêmes leur pâte et la font cuire plus ou moins bien dans un four de poêle.

Plus loin, les moulins à vent transforment la pelouse en paysage de Hollande. M. Yvon, le fils du célèbre peintre, y avait planté un paysage oriental qui attirait l'attention des visiteurs. C'était Tunis, avec ses minarets et ses soucks achalandés ; l'Annam, avec ses toits à arêtes courbes. De là, nous passons dans le Cold-Storage, bâtiment incendié la veille, sort que plusieurs autres devaient subir plus tard : la démolition en aurait été trop lente. Dans la rue du Caire, l'Allemagne avait construit tout un village. Nous devons avouer que cette rue du Caire n'avait ni l'attrait ni la gaieté de celle de l'Exposition de Paris. A côté, dans Midway-Plaisance, la fameuse roue, appelée par les Américains le Clou de l'Exposition. Cette roue de 83 mètres de diamètre tournait sur un axe supporté par deux tours de 45 mètres de hauteur ; l'appareil était mis en mouvement par une machine à vapeur puissante, pour donner une impulsion rapide à cette roue pesant 2 millions de kilos. Dans les nacelles suspendues à son périmètre, nous avons sous les yeux le spectacle le plus intéressant : celui de l'Exposition à différentes altitudes; les nacelles s'élevaient à 83 mètres, hauteur des coupoles des palais. Paris possède aujourd'hui sa grande roue à nacelles.

Non loin de là, le colonel Cody (Buffalo-Bill), que nous avons tous connu à Neuilly, avait installé une immense construction où il donnait ses représentations. Dans un souterrain, nous retrouvons la reproduction des grottes de Mammoth, pour laquelle l'entrepreneur a dépensé 200.000 francs. Le plafond, tout cristallisé, vu à la lumière électrique, est d'un effet saisissant de réalité. Nous retrouvons la Compagnie d'appareils sous-marins, où des hommes habillés de scaphandres plongent dans un réservoir qui contient 1.850.000 litres d'eau. C'est l'homme mettant la mer au service de ses caprices.

Et enfin nous nous réservons comme dernière attraction la visite du concours de beauté qui n'avait rien de *beautiful !* Dans vingt stands on avait installé des jeunes filles choisies parmi les plus belles, et chacune devait, en principe, représenter la nation à laquelle elle appartenait. Celle qui nous parut l'emporter sur les autres, tant par sa blonde chevelure que par le velouté de ses grands yeux noirs et l'éclat de son teint, portait sur son stand « Circassienne ». Après avoir longuement causé avec elle, la questionnant et lui parlant de Paris, elle finit par nous avouer qu'elle était du faubourg du Temple ; qu'elle s'ennuyait horriblement dans cette exposition de Vénus imaginée par un Barnum, où de dix heures du matin à dix heures du soir elle ne pouvait pas sortir, et son plus grand désir était, ainsi que celui des deux amies qui l'accompagnaient, dont l'une représentait le Canada et l'autre la Belgique, de retourner au plus vite voir la danse du ventre au Moulin-Rouge. En somme, cet entrepreneur de harems n'était qu'un farceur, car les conversations tenues dans ce palais des fées, où notre Tartarin vint à plusieurs reprises occuper ses loisirs, étaient *shocking*.

En résumé, la France a fait de son mieux pour répondre à l'invitation qui lui avait été adressée de prendre part à l'exposition colombienne. Les polices d'assurances prises dans diverses compagnies montrent que dix millions de dollars de marchandises furent réunis dans les différents palais du parc Jackson par 3,000 exposants. La superficie totale allouée à la France était ainsi répartie dans les divers palais : Manufactures, 148,832 pieds carrés ; beaux-arts, 35,152 ; agriculture, 53,367 ; horticulture, 77,788 ; moyens de transport, 52,234 ; machines, 26,642 ; électricité, 21,457 ; mines, 9,752 ; pêcheries, 1,000 ; palais des femmes, 2,500 ; archéologie, 5,000 pieds carrés.

Avec les emplacements alloués en dehors des palais, on arrive à un total de près de 450,000 pieds carrés. Ces chiffres prouvent suffisamment que la République française est plus que jamais désireuse d'entretenir les relations amicales qui existent depuis plus d'un siècle entre les deux pays. L'exposition de Chicago aura eu pour effet de resserrer les liens qui unissent les deux grandes Républiques.

Tout dans la World's Fair a été exploité, et, malgré toute l'ingéniosité des entrepreneurs qui, par tous les moyens possibles, ont cherché à faire produire les recettes, le résultat n'a pas été brillant.

L'entrée était fixée à un demi-dollar par personne et par jour (soit 2 fr. 50 le ticket). Les marchands avaient à payer 25 p. % sur le produit de leur vente ; un industriel avait payé 500.000 francs pour avoir le monopole de vendre, dans l'enceinte, des penants, sorte de pistache très goûtée à Chicago. Le privilège de la vente du maïs grillé, que l'on voit manger par tous les enfants, avait été payé 800.000 francs. Le catalogue officiel avait été affermé pour 2 millions de francs ; on avait fait flèche de tout bois, et, malgré tous ces efforts, quel a été le résultat de la World's Fair ? elle est devenue la World's Four, un désastre financier !

Pendant les 183 jours de sa durée, on n'a pas obtenu le colossal succès qui avait été escompté à l'avance par ses trop enthousiastes organisateurs. Les entrées ont monté à 20 millions ; mais celles de l'Exposition de Paris de 1889 avaient été de 25.398.600 visiteurs, laissant un boni de 8 millions.

Le boni pour Chicago a été une déception. La France détient le record.

Malgré les droits prohibitifs du bill Mac-Kinley, l'Amérique du Nord, Chicago et New-York en tête consomment une grande quantité de nos vins de Champagne, la statistique démontre que cette consommation va en augmentant ; ainsi, en 1898, la France a expédié aux États-Unis 2.733.132 bouteilles de vin de Champagne logées en 227.761 caisses de 12 bouteilles.

Les fruits viennent principalement du Canada, le sol américain en produit peu, la fraise y est cependant cultivée avec succès, mais la production en est restreinte. En France, c'est la commune de Plougastel-Daoulas, aux environs de Brest, qui exporte le plus de fraises, à nos voisins les Anglais, il est vrai, qui en ont reçu en 1898, 1.647.429 kilogrammes. On ne retrouve une telle production que dans le potager de la Reine d'Angleterre à Windsor.

Là sont cultivés une grande partie des légumes et presque tous les fruits qui sont consommés au château, non seulement par la Reine et sa famille, mais par le personnel domestique.

Un jardinier en chef et vingt aides sont chargés de l'entretien de ces jardins, qu'on dit être les plus beaux de tout le Royaume-Uni. Dans des serres spéciales, éclairées et chauffées à l'électricité, poussent les fruits du Midi, et, depuis peu, on se livre également à Windsor à la culture intensive des primeurs, qui naguère encore venaient de France ou d'Allemagne.

L'année dernière, d'après le rapport du jardinier en chef récemment publié, le verger de la reine Victoria lui a donné 20.000 poires et 400 boisseaux de pommes. On a récolté 2.500 kilogrammes de raisin, 1.250 kilogrammes de fraises, 1.100 kilogrammes de groseille et 500 kilogrammes de cerises.

Détroit.

De Chicago à Niagara-Falls, le chemin de fer s'arrête à Détroit, ville importante de 206.000 habitants, située sur les bords du lac Érié.

En France, lorsqu'il s'agit de passer d'une rive à l'autre, si l'étendue ne permet pas d'établir un pont, on a recours au seul moyen connu, le transbordement, pour aller sur la rive opposée reprendre un train. Les Américains, pour lesquels rien n'est impossible, ont changé de mode. A l'arrivée à Détroit, le train tout entier, avec ses voyageurs, sans secousse et sans difficulté, est mis sur un ferry-boat et transporté à l'autre rive, où, au moyen d'une force hydraulique, il est soulevé du bateau pour venir se raccorder à la voie, et, en moins de dix minutes, l'opération s'effectue avec calme et précision.

Les Chutes du Niagara.

De Chicago au Niagara, en train rapide, nous mettons quatorze heures. Il semble que la nature ait voulu achever son œuvre, car c'est dans un site vallonné et des plus pittoresques que se trouvent les chutes du Niagara. Avant d'y arriver, le chemin de fer s'arrête sur la hauteur quelques minutes afin de permettre aux voyageurs d'admirer les chutes bouillonnantes N'est-ce pas là, en effet, un des plus saisissants spectacles qu'il soit donné à l'homme de contempler? Malgré tout ce que l'industrie a pu construire autour de ces chutes, ponts, escaliers, balustrades et sentiers tracés, la farouche beauté de ces deux énormes cascades est restée intacte. Vues au soleil, elles paraissent argentées ; la vapeur souple, ce nuage d'humide encens qui flotte au-dessus de la chute dernière et qui s'élève transparent de blancheur, forme un coup d'œil vraiment grandiose. La nuit, dans le silence, c'est une plainte profonde, une gémissante rumeur ; que de puissance dans ces eaux qui jaillissent si majestueusement de ces cataractes, produites par la descente du trop-plein des eaux du lac Érié ! Le large fleuve se trouve tout d'un coup précipité dans le gouffre ! Niagara, dans la langue indienne, veut dire tonnerre des eaux. Combien dut être grande l'impression produite par ces chutes sur les premiers habitants ! Mais ces guerriers jaunes et tatoués respectaient la nature et ne la mutilaient point comme ces civilisés qui, dans ce paysage admirable, sont venus construire des tuyaux d'usine et coller des affiches-réclames. La chute américaine a plus de 200 mètres de large. La chute canadienne, qui est la plus majestueuse, en a plus de 400.

Nous tenons à voir la Grotte des Vents ; nous la traversons au milieu d'un véritable déluge ; grâce à nos costumes en caoutchouc, nous sommes un peu à l'abri du nuage d'eau qui vient s'abattre sur nous, mais cela ne nous empêche pas de prendre une véritable douche. Cette grotte est ainsi nommée parce que l'air, comprimé de tous côtés, s'y engouffre avec un fracas de tonnerre. Une fois là, nous n'entendons plus qu'un beuglement assourdissant, celui de la cataracte qui mugit d'une façon effroyable. A la sortie, c'est un soulagement que de retrouver la vie hors du chaos.

Sur la rive canadienne, nous descendons dans la Grotte du Fer à Cheval, également revêtus de costumes en caoutchouc. L'ascenseur nous laisse au bas du précipice, et c'est au milieu de rochers que nous arrivons. Là, on peut se rendre compte du bruit formidable produit par les deux chutes ; la section du Saint-Laurent unit les lacs Érié et Ontario. La chute canadienne forme un immense fer à cheval, d'où se précipite de 60 mètres de hauteur, avec une impétuosité effrayante.

Dans le lit de la rivière qui coule plus bas, la chute américaine de 62 mètres de hauteur déverse un volume d'eau moins considérable. A partir des chutes jusqu'à une distance de 8 à 10 kilomètres, la rivière coule encaissée entre deux falaises à pic de 54 mètres de hauteur et de plus de 200 mètres de large. Sur ce long parcours, avant d'arriver à la petite île qui divise ses flots et forme les chutes, le fleuve, sur une largeur de 400 mètres et une longueur de 6 kilomètres, offre une série de rapides, beaux à voir. Les courants, comme ceux de la première cataracte du Nil à Assouan, prennent alors une violence énorme ; les flots se heurtent, se choquent et arrivent, rapides comme la foudre, à ce gigantesque gouffre qui s'appelle les *Chutes du Niagara*. Comme nous l'avons déjà dit, c'est par là que s'échappe le trop-plein du lac Érié. Le volume d'eau qui se débite dans les deux chutes est évalué à 90 millions de mètres cubes par jour.

C'est un Français, Robert Cavelier de la Salle, venu au Canada en 1666, qui fit le premier la découverte des chutes ; en beaucoup d'endroits, aux États-Unis, on retrouve le passage de Français, venus les premiers dans ces régions lointaines apporter les idées de civilisation. Nous restons quelques instants sous une partie de la chute à écouter les sifflements aigus qui s'unissent aux hurlements des ondes impatiemment comprimées, et, trempés de tous côtés, nous regagnons l'ascenseur.

Une autre excursion nautique nous reste à faire. Nous montons dans le petit bateau à vapeur qui fait le tour des chutes aussi près que possible. Arrivés à la chute canadienne, une pluie fine, volatilisée, produite par la hauteur des cascades, forme un nuage impénétrable, et au retour, jusqu'à 300 mètres, nous ne cessons de contempler cette merveille de la nature. Rien au monde n'égale la splendeur de ce tableau. C'est principalement la Grotte des Vents qui est la plus effroyable, car le chemin pour y arriver devient de plus en plus étroit et se trouve jonché de débris rocailleux que surplombe la cataracte. Il faut, pour exécuter cette excursion, ne pas craindre le vertige, car un faux pas amènerait la disparition instantanée. Nous restons saisis d'une véritable stupeur lorsque nous nous trouvons au-dessous de l'avalanche liquide précipitée dans le gouffre. Ce n'est qu'un fracas assourdissant, un tumulte indescriptible qui provoque un serrement de cœur ; le vent produit par la chute de cette montagne liquide fait frissonner les rochers sur leur base. Le pont suspendu qui relie la côte canadienne à la côte américaine a été inauguré le 8 mars 1855. La hauteur des tours est de 29 m. 30 ; celle au-dessus des rapides de 83 mètres, et sa longueur de 500 mètres. Le courant de la rivière est évalué à 32 kilomètres à l'heure, celui des rapides à 44 kilomètres. Ce pont est un travail hardi. Un coquet tramway électrique, qui part bien au-delà en amont des chutes, suit les rapides et la rivière sur une distance de trois lieues. Nous avons fait cette délicieuse promenade, qui dure quarante-cinq minutes. Sur la rive américaine, un ascenseur nous descend au bord des rapides, à l'endroit même où le capitaine Webb, à la suite de sa traversée de la Manche à Calais, vint se noyer en 1883, en essayant de passer le Niagara. Ce n'est que quatre jours après que son corps fut retrouvé dans le lac Ontario. Cette fin tragique excita plusieurs professionnels à renouveler cette tentative périlleuse : un pêcheur de l'Ontario, Jacques Scott, qui, lancé contre des troncs d'arbre, se fendit la tête en 1886 ; un ancien policeman de Boston parvint à franchir les rapides, muni d'une ceinture de sauvetage ; la même année, le capitaine Graham, blotti au fond d'un tonneau, exécuta un plongeon de 60 mètres de hauteur et passa du bassin supérieur dans le bassin inférieur. Tous ces hommes hardis méritent d'être classés parmi les nageurs célèbres, comme le capitaine Boyton, qui traversa la Manche à la nage.

Le lac Érié est relié au lac Ontario par un canal de douze lieues appelé Niagara-River. Avant de bondir au-dessus de la rampe granitique, il se partage en plusieurs branches qui, réunies vers l'île de la Chèvre en deux grandes sections principales, trouvent tout à coup le vide devant elles et s'y précipitent avec un fracas énorme. L'île de la Chèvre, située tout près de là sur la terre américaine, est bien la promenade la plus exquise que l'on puisse rêver : cet archipel minuscule, battu de tous côtés par des torrents déchaînés, est somptueusement décoré ; de nombreux chemins le font communiquer avec les ilots voisins, de sorte que des ponts en passerelles, tout en admirant la série de tableaux se déroulant devant les yeux, on arrive, comme apothéose, devant la grande cataracte dont les aspects multiples, la vertigineuse vitesse et l'effroyante soudaineté laissent le touriste pétrifié d'étonnement, presque de crainte, et comme fasciné par un charme invincible.

Depuis plusieurs années, les Américains cherchaient le moyen d'utiliser la formidable énergie hydraulique des chutes du Niagara, dont la force est évaluée à 17 millions de chevaux-vapeur, soit l'équivalent des forces hydrauliques que pourraient produire tous les fleuves et rivières de France.

Le problème a été résolu par M. Frank Knaak. Cet Allemand, naturalisé Américain, a été arrêté le 29 novembre 1898 à Berlin, sous l'accusation du crime de lèse-majesté. Une usine génératrice pour la production de l'électricité a été construite, des canaux de dérivation ont été creusés, des puits forés, et les formidables chutes dont les rugissements épouvantaient les touristes, font prosaïquement tourner des turbines.

Le canal latéral, qui emprunte l'eau de la cataracte, se détache du fleuve à 2.000 mètres en amont des chutes ; sa largeur, qui est de 57 m. 35 au point de dérivation sur le fleuve, se réduit à 34 mètres seulement près du bâtiment des turbines ; de là l'eau se précipite dans un puits vertical de 56 m. 75 de hauteur sur 5 m. 50 de diamètre, au fond duquel sont placées les énormes turbines de 5.000 chevaux qui doivent transmettre la force. Ces turbines sont placées deux par deux sur un arbre vertical ; la quantité d'eau nécessaire pour mettre chacune d'elles en marche est de 707 mètres cubes d'eau à la minute. Leur mouvement est transmis à des dynamos à courants alternatifs à faible fréquence, produits dans des machines à deux phases et avec une tension de 2.000 volts. L'énergie électrique ainsi produite sera employée principalement pour l'éclairage et les besoins des chemins de fer (traction), ainsi que pour la production de l'aluminium par la Pittsburg-Reduction C[o] et peut-être aussi pour la propulsion des bateaux sur le canal de l'Érié.

La ville est en liesse ; de tous côtés des étendards et des oriflammes flottent aux fenêtres en l'honneur de la fête nationale des Américains. C'est le 4 juillet, jour anniversaire de l'indépendance des États-Unis.

Le Lac Ontario, les Rapides et le Saint-Laurent.

De Niagara-Falls, après une heure de chemin de fer, nous arrivons à Lewiston où nous embarquons. Après huit heures de traversée sur le lac Ontario, nous arrivons à Toronto, en Canada. Toronto est une grande et belle ville moderne qui se développe tous les jours. En 1813, elle fut prise par les Américains qui détruisirent les fortifications et brûlèrent les monuments. Les rues sont larges et bien tracées, mais la langue française a complètement disparu ; la puissance anglaise a tout absorbé. Nous visitons le Musée, le Parlement et la Cathédrale. Les environs de la ville sont très pittoresques : c'est le jardin du Canada. Toronto, par son port commercial, est appelée à un grand avenir.

Le lendemain nous partons pour Montréal, cette vieille cité canadienne où les Français ont laissé tant de souvenirs. De Toronto on peut aller à Montréal par chemin de fer ; mais par bateau c'est bien plus agréable. Nous embarquons sur le bateau *Pasport* avec soixante Indiens qui retournent dans leur Réserve. Le voyage dure trente heures ; elles s'écoulent bien rapidement grâce à la variété des sites pittoresques qui se déroulent à nos yeux ; l'eau du lac a la pureté du cristal. Le lac Ontario, de 120 mètres de profondeur, serpente au milieu de ravissants bouquets de verdure, de gracieux îlots, où simultanément les villas d'été et les hôtels, pendant la saison, attirent une foule de Canadiens riches, désireux de vivre loin des affaires, livrés à la méditation et au repos. Nous quittons le lac Ontario pour entrer dans le fleuve Saint-Laurent.

Voici le passage des Mille Iles (*Thousand Islands*), ainsi nommé des 1.120 îles formées par le Saint-Laurent. Les plus importantes sont : Island Park, Frontenac, Central-Park, Le Point, Vivian, Confort, Alexandria-Bey, Clayton, Brockville, Coteau, Landing ; toutes sont dotées de ravissants cottages. Quel joli coin pour un paysagiste !

De Clayton à Brockville, pendant six heures consécutives, nous naviguons à travers ces parages enchanteurs. C'est le paradis terrestre ! Nous arrivons à La Chine, petite ville située en face de Caughnawaya (Réserve des Indiens). Deux cent cinquante Indiens habitent ce petit village isolé ; ils sont maîtres absolus chez eux ; c'est le chef de la tribu qui rend la justice, et, quand un des leurs, pour cause de crime ou de vol, est condamné par le chef, il est scalpé.

Notre bateau stoppe pour débarquer à La Chine les Indiens embarqués à Toronto. Quels types étranges que ces Peaux-Rouges aux longues boucles d'oreilles, aux cheveux hérissés, aux joues colorées ! Leurs costumes sont faits avec les peaux des animaux qu'ils tuent dans leurs chasses et ornés de coquillages. Et les femmes aux dents d'ivoire, aux costumes bariolés, qui, tranquillement, fument leurs calumets ! Le gouvernement américain use de sévères représailles envers ces malheureux dont le nombre va diminuant de jour en jour. Il est rigoureusement interdit à tout débitant de vendre des liqueurs alcooliques aux Indiens, sous peine d'être emprisonné en cas de contravention.

A Cornwall, nous rencontrons un bateau rempli de 600 Canadiens qui font un voyage de plaisir en l'honneur de saint Jean-Baptiste, dont la fête est célébrée avec pompe au Canada. Notre cœur bat à la vue des drapeaux français qui décorent le bateau touriste, et c'est aux cris de : Vive la France ! que nous accueillent nos anciens compatriotes.

En quittant La Chine, nous entrons dans les rapides du Saint-Laurent, hérissés de rochers à fleurs d'eau, sur une longueur de 6 kilomètres. Un pilote indien expérimenté prend la direction du bateau pour faire la traversée de ces passages dangereux où tant de pêcheurs ont été engloutis. Ces rapides sont si peu accessibles à la navigation que l'on a été obligé de faire un canal latéral, allant de La Chine à Montréal ; là les bateaux peuvent se réfugier à l'abri des tempêtes fréquentes qui se déchaînent dans ces parages. Après la traversée des rapides, nous reprenons le fleuve Saint-Laurent, qui devient navigable jusqu'à Montréal.

Montréal et le Canada.

Montréal, dont le site avait été visité par Jacques Cartier en 1535, fut fondé en 1642 par un autre français, Maisonneuve. Cette ancienne ville française du Canada, nous l'avons perdue en 1760 sous Louis XV. Le roi s'en consolait en disant qu'il n'y avait pas lieu de se préoccuper de quelques arpents de neige perdus.

Ce territoire de quelques arpents de neige est plus grand que la France, et il aurait incontestablement par la suite constitué la plus belle de nos colonies. Après cette belle province abandonnée, nous perdions plus tard la Louisiane, qui fut cédée en 1805 par Napoléon Ier pour la somme de 17 millions de francs. La Louisiane aussi avait été colonisée par des Français !

La ville de Montréal, grande et belle, sur la côte Sud de l'île de Montréal, au confluent du Saint-Laurent et de l'Ottawa, est le centre le plus commercial du Canada ; c'est le passage des navires qui remontent le fleuve depuis son embouchure et de ceux qui viennent des grands lacs. La ville doit son nom au Mont Royal, au pied duquel elle s'élève et qui la domine d'une hauteur de 700 mètres. Les rues, larges et aérées, sont bordées de splendides édifices, entre autres la cathédrale française de Notre-Dame de Lourdes, la plus importante des constructions religieuses du Nouveau Monde. Sur chaque place, de vastes squares, entretenus avec un soin méticuleux, sont entourés d'arbres régulièrement plantés et sont ornés de bassins et de pelouses.

L'hôtel Windsor, où nous descendons, est une construction très remarquable qui, par sa splendeur et son confort, dépasse de beaucoup nos grands hôtels parisiens. C'est avec une légitime satisfaction que nous nous trouvons parmi ces braves Canadiens qui tous parlent français et qui sont de cœur restés attachés à la mère-patrie. C'est les larmes dans les yeux que ces braves gens nous parlent de la France en termes émus ; bon et loyal peuple qui subit avec regret le joug de la perfide Albion, mais qui espère *toujours !*

Le soir, la ville présentait une animation extraordinaire. Plus de 100.000 personnes parcouraient les rues, protestant avec indignation contre les maximes d'une nouvelle secte religieuse dont les membres, au nombre de 3.000, débarqués la veille, voulaient, par des réunions publiques, se créer des adeptes.

Montréal est une ville, où, comme dans tout le Canada du reste, les habitants professent le catholicisme avec la plus grande foi et la plus sincère pratique. Bien mal accueillis sont ceux qui viennent dans l'espoir d'attenter à leurs doctrines religieuses, ils sont catholiques et entendent le rester. Ils ont, du reste, pour le clergé un profond respect. Chaque famille paye par an une piastre au curé, et, dans les villages, la dîme existe encore en faveur des prêtres.

Nous passons la soirée à l'Alcazar, établissement tenu par un Français. C'est le rendez-vous de la jeunesse et de tous les Canadiens français ; on y parle de la France ; chacun commente les nouvelles et s'intéresse à ce qui se passe dans la mère-patrie. La salle est décorée de drapeaux français. En présence de toutes ces démonstrations sympathiques, nous nous sentons émus et sommes heureux de nous trouver parmi d'anciens compatriotes qui aiment notre belle et généreuse France. Le Canada, c'est notre Alsace américaine.

Le grand pont du chemin de fer qui traverse le Saint-Laurent, dont la longueur est de 300 mètres, a 25 arches et a été construit en 1855 ; de fin novembre à fin avril, la navigation est interrompue, car le Saint-Laurent ne forme plus alors qu'une mer de glace. Montréal a maintenant plus de 300.000 habitants. Nous visitons le grand collège tenu par les Jésuites ; cet établissement scolaire qui donne à la jeunesse une éducation supérieure, est soutenu par les Canadiens qui en apprécient les bienfaits. L'église Notre-Dame, avec ses deux étages intérieurs, peut contenir 10.000 fidèles ; nous remarquons particulièrement une chapelle construite avec toutes les essences de bois que produit le Canada.

La ville est sillonnée en tous sens par des tramways électriques. Le pont tubulaire Victoria, qui relie les deux rives du Saint-Laurent à Montréal, est un des plus grands de l'univers. Sa portée est de 1.950 mètres. Il est, du reste, le seul qui existe de ce point à l'Atlantique sur une distance de 1.600 kilomètres et toutes les voies ferrées établies des deux côtés du fleuve ont à le franchir. La Compagnie du Great Trunck Railway, qui l'a construit, prélève un droit de passage de 50 francs par voiture et de 0 fr. 40 par voyageur. Pour éviter, en hiver, ce payement onéreux, la Compagnie Sud-Est Railway a eu l'idée d'établir entre les deux rives une ligne sur la glace, et tous les hivers l'opération refaite à neuf paye amplement la dépense. La longueur de cette route de glace est de 3.200 mètres entre Hochelaya et Longueil. En vingt-quatre heures la voie est installée par M. Sénégal, l'ingénieur de la ligne. L'épaisseur de la glace, qui est de 0 m. 40, permet ce travail.

Le tunnel établi sous la rivière de Saint-Clair entre les États-Unis et le Canada, à l'extrémité sud du lac Huron, pour le passage des lignes du Great Trunck Railway, a 1.830 mètres de longueur, dont 730 sous la rivière. En deux ans, les travaux furent achevés.

Les Américains ne reculent jamais devant un sacrifice, quel qu'il soit, quand il s'agit de mettre à exécution une conception heureuse qui doit les doter plus tard de bienfaits appréciables. Après les câbles sous-marins de l'Atlantique qui les relient à l'Europe, ils établissent le câble sous-marin du Pacifique. C'est le gouvernement du Canada qui en a pris l'initiative au Congrès tenu à Ottawa, capitale du Canada, où le cahier des charges a été rédigé. Depuis vingt ans, des sondages multiples ont été effectués dans toutes les régions du Pacifique, dont les profondeurs vont jusqu'à 7.000 mètres, et, comme l'on sait aujourd'hui fabriquer des câbles qui supportent sans se rompre une longueur de 14 kilomètres, il en résulte que le plus profond des gouffres du Pacifique ne peut offrir de difficulté sérieuse ; les grappins des navires câbliers iront sans difficulté saisir les lignes télégraphiques au fond de ces abîmes pour en réparer les fentes. Ce progrès est considérable. La longueur de la ligne télégraphique est évaluée à 6.000 nœuds marins de 1.852 mètres chacun, soit 11.112 kilomètres, c'est-à-dire plus que le quart du méridien terrestre. La ligne partira de la baie d'Ahipra dans le nord de la Nouvelle-Zélande, se rendra aux îles Fidji ; de là à l'île Mecker, découverte en 1783 par La Pérouse, et dont les Anglais ont pris possession en 1894. Cette île ne dépasse pas en superficie celle de Saint-Louis à Paris. Elle n'est pas habitée ; mais les Anglais ont tenu à s'en emparer pour y placer une station et, de ce fait, éviter les îles Sandwich, comme ils ont su éviter dans le sud la Nouvelle-Calédonie et les Hébrides.

De l'île Mecker, la ligne anglaise se rendra à l'île Vancouver, en Californie. Les travaux dureront trois ans. La dépense est évaluée à 50 millions de francs ; le tarif sera de 36 fr. 75 le mot avec un rabais de 50 p. 0/0 pour la presse. On compte dès le début sur un trafic de 1.400.000 mots, avec une augmentation de 15 p. 0/0 par an ; ce qui produirait, dès le commencement, une recette approximative de 50 millions de francs. Voilà l'œuvre gigantesque qui va encore s'accomplir.

Au Canada, on n'a pas besoin, comme en France, de faire appel au patriotisme pour augmenter la population. Les Français Canadiens, à l'opposé de ceux de France, deviennent, chaque année, de plus en plus nombreux, étant donné que la moyenne des familles est de sept, huit et dix enfants. Le gouvernement, il est vrai, fait tous ses efforts pour développer la population. Il a distribué en quatre ans 180.000 acres de bonne terre en primes aux familles les plus nombreuses de la province. C'est à M. Mercier, notre compatriote, ancien ministre, que l'on doit cette libéralité. Mille sept cent quarante-deux pères de famille, ayant chacun 12 enfants ou plus, ont obtenu la prime ; et encore ceux qui ont 20 enfants, et ils sont nombreux, ne sont pas satisfaits. Ils trouvent avec raison que la prime accordée devrait être augmentée proportionnellement. M. Orruinet, le surintendant de l'éducation, a 26 enfants de la même mère, et, dans les Archives de l'Administration canadienne, on conserve précieusement la lettre d'un habitant de Rivière-du-Loup, Paul Belanger, un Français, qui a fait la campagne de 1807. Il déclare que voulant servir son pays, aussi bien en temps de paix qu'en temps de guerre, il lui a donné autant d'enfants qu'il avait tué d'ennemis, soit 36 ! Il demandait trois primes pour chaque douzaine d'enfants. Le brave Waillanoint a eu aussi de la même femme 37 enfants. Mais le cas le plus extraordinaire est celui de John Dunn, mort en 1794 dans le Zouzouland, qui a laissé 70 enfants. Le Canadien, qui est très religieux, aime la famille et l'élève dans de saines traditions. Quelle différence entre le Canada et la France, où la population diminue dans des proportions inquiétantes pour l'avenir! Les causes sont faciles à trouver : la diffusion de la richesse publique et l'indisponibilité du sol. En France, on limite le nombre de ses héritiers, pour ne pas trop compromettre par de lourdes charges l'aisance dont on jouit. C'est l'égoïsme qui fait oublier les devoirs envers la patrie. Au Canada, le sol est à la disposition du premier occupant. Le sentiment de la famille y est plus enraciné qu'en France ; on y aime les grandes familles. Honneur à ces Normands et Bretons qui les premiers vinrent peupler ces régions lointaines !

Le Canada, il ne faut pas se le dissimuler, traverse en ce moment une période d'agitation. L'influence française y perd tous les jours du terrain ; les Canadiens, qui, pendant tant d'années restèrent dévoués à la France, se plaignent maintenant de son abandon. En effet, le gouvernement français n'a jamais tenté d'efforts suffisants pour conserver notre suprématie au Canada. Ne pourrait-il pas faire quelques sacrifices, encourager et exciter l'exportation des produits français dans notre ancienne colonie, qui regorge de produits anglais et allemands au détriment des nôtres? Dans les bassins fluviaux, nous n'avons vu que des navires anglais, allemands et américains ; de français, pas un seul !

Les Yankees, en faveur du Canada qu'ils flattent en ce moment pour plus tard, — car ils ont des espérances sur ce beau pays, — ont modifié leur fameux bill Mac-Kinley, et le Canada en profite dans de larges mesures. Les dégrèvements des droits portent principalement sur les produits forestiers et agricoles qui constituent la principale richesse du Dominion. Le commerce canadien en profite pour multiplier ses commandes dans l'étendue du pays, activant ainsi la production nationale dans toutes les branches de l'industrie.

Nous espérons que le traité de commerce récemment conclu entre la France et le Dominion favorisera réciproquement les relations commerciales. Cette convention n'a pas été votée à Ottawa, sans soulever une très vive opposition, basée sur ce que le Canada accorde à la France le traitement de la nation la plus favorisée, alors que, de son côté, la France ne se soumet pas à la même obligation. On juge de l'hostilité manifestée par les partisans de la réciprocité commerciale, ces ennemis de la France, car on voit maintenant des Canadiens français s'allier au parti qui veut faire échec à la France. Voilà le résultat de notre abandon.

Ce parti acharné est parvenu à faire repousser au Parlement le projet qui avait pour but de subventionner une ligne de steamers directe entre Le Havre et le Canada. La raison qu'il donne est la suivante : Il redoute que l'établissement de rapports trop intimes entre le Canada, où la domination du clergé romain est encore pour ainsi dire absolue, et la France, émancipée de la tutelle de l'Église, ne nuise à l'influence politique qu'ont les prêtres au Canada. Les Anglais se montrent intolérants dans le nord-ouest, où ils n'ont pas craint de fermer les écoles françaises et d'obliger tous les citoyens à envoyer leurs enfants dans les maisons d'instruction protestante. De la part des Anglais, que nous rencontrons partout en ennemis, cette hostilité n'a pas lieu de nous surprendre. Mais ce qui est déplorable et regrettable à tous les points de vue, c'est de voir à la tête de ce mouvement dirigé contre la France et froissant toute une population de braves cœurs restés Français, un Français d'origine, membre du Parlement fédéral, M. Laurier, qui, pour sauvegarder l'influence qu'il a dans le Parlement, a suivi le parti anglais et repoussé toute demande, protestant contre les manœuvres employées. Son attitude inqualifiable a causé parmi les Canadiens français une impression d'autant plus pénible que, peu de temps auparavant, le même M. Laurier avait trouvé bon de célébrer, dans un discours acerbe à l'égard de la France, les bienfaits de la conquête anglaise : « Jamais, s'était-il écrié, je ne voudrais retourner à l'alliance française. Pour moi, la liberté anglaise m'est dix fois plus chère que le sang français qui coule dans mes veines ».

Pendant notre séjour au Canada, nous avons eu l'occasion de nous entretenir avec plusieurs de nos anciens compatriotes qui jugent sévèrement les agissements de M. Laurier ; ils le désapprouvent et paraissent ne professer pour lui qu'un profond mépris. M. Laurier est l'ennemi acharné de la France.

Heureusement que la population canadienne française est éclairée et n'a pas pour l'ancienne mère-patrie et pour l'idée nationale la dédaigneuse indifférence de ce M. Laurier. On en a eu les preuves quand, à l'Exposition de Québec, les directeurs ont décidé que le drapeau tricolore ne serait pas arboré à côté de l'étendard anglais sur les édifices mis à leur disposition, et ceci au mépris des convenances internationales. Presque tous les journaux rédigés en français ont protesté, et l'Exposition s'est ouverte dans des conditions désastreuses, la population canadienne française s'abstenant généralement d'aller la visiter. Le côté grotesque de cet incident, c'est que M. Landry, sénateur, issu de Français encore celui-là, président de la Commission des exposants, s'est joint aux Anglais pour proscrire les trois couleurs françaises.

Que MM. Landry et Laurier ne s'illusionnent pas ; leur conduite inqualifiable a été jugée par leurs compatriotes. Qu'ils n'oublient pas que l'immense majorité des Canadiens français continueront de saluer avec respect et amour le glorieux drapeau tricolore, qui a porté à travers le monde les germes de la civilisation, et qui restera partout l'emblème de la liberté. Nous, Français, nous continuerons à professer le culte le plus sacré pour ce beau pays du Canada, si souvent arrosé par le sang de nos pères, et nous conserverons de profondes sympathies pour ce peuple resté notre frère.

Bien peu d'entre vous, chers Lecteurs, connaissent ce beau pays et ne peuvent se faire une idée de ce qu'il était lorsque nous l'avons si maladroitement perdu sous Louis XV.

En 1890, Mgr Labelle, ministre de l'Agriculture de la province de Québec, vint faire un long séjour en France, afin d'exciter les émigrants français à se diriger vers les deux Amériques. En 1891, M. le comte Mercier, premier ministre de Québec, vint également, pour hâter le développement des rapports commerciaux entre les deux pays, accordant à sa patrie d'origine la préférence sur l'Angleterre (ce n'est pas un Laurier, celui-là !) Partout, en France, cet homme éminent reçut l'accueil le plus flatteur et le plus chaleureux, surtout en Normandie, son pays d'origine, où des banquets avaient été organisés en son honneur. Canadiens et Français fraterniseront toujours ensemble.

Depuis 1763, époque à laquelle nous avons perdu cette partie de l'Amérique septentrionale, les rapports entre la France et le Canada, pendant plus d'un siècle, avaient été pour ainsi dire suspendus. Il se produit en ce moment un mouvement favorable : sachons en profiter. Comme l'Alsace et la Lorraine, le Canada est pour nous une nation aimée, et nous pleurons ces deux sœurs que nous avons perdues. « La France perd quelques arpents de neige ! » répétaient, en 1763, les courtisans, de souvenir néfaste, qui livraient à la vengeance de l'ennemi l'héroïque colonie qu'ils n'avaient pas su défendre. Les malheureux ne comprenaient pas que nous étions dépouillés d'un magnifique empire colonial, le plus sain et le plus fertile que l'on puisse imaginer, avec les nombreux cours d'eau qui sillonnent le pays tout entier. C'était, à l'époque, un des plus beaux fleurons de la couronne des Bourbons. Le Canada français, où notre race constitue les neuf dixièmes de la population, porte aujourd'hui le nom de Bas-Canada. Il est situé au nord-est du continent et forme le bassin du Saint-Laurent. La partie de l'Amérique britannique, où domine l'élément anglais, constitue le Haut-Canada. Nulle part la vie humaine n'est aussi longue que dans notre ancienne colonie. Dans cette confédération qui n'atteint pas 5 millions d'habitants, on constate l'existence de 104 centenaires, 1.080 nonagénaires, 9.123 octogénaires. Québec figure au premier rang. Nulle part le sol n'est plus fertile, la végétation plus vigoureuse et plus rapide ; tous les arbres fruitiers y prospèrent, les exploitations agricoles sont comme celles de Normandie et de Bretagne, pays d'origine de la plupart des Canadiens français. D'immenses forêts d'arbres séculaires, cèdres, érables, chênes, sapins, y sont inexploitées. La qualité de ces bois est incomparable ; ils sont très recherchés par les Anglais pour la construction des navires. La chasse y est très fructueuse ; le gibier abonde dans les forêts ; le lynx, le cerf, le mouflon, l'ours, la martre et le castor s'y rencontrent communément, et produisent une énorme quantité de fourrures admirables, de grande valeur. La pêche fluviale fournit également de précieuses ressources. Les établissements de pisciculture sont aménagés d'après la méthode d'un Français, M. Chauvassaignes. Malgré leurs efforts, les Anglais n'ont pas encore pu supplanter, à Montréal, la race française.

En 1856, il y avait, à Montréal, 26.000 Français sur 57 000 habitants. Pour se faire une idée de l'importance des affaires qui s'y traitent, il suffit de dire que la banque de Montréal est la troisième de l'univers, après celles de Paris et de Londres. Ce n'est qu'au commencement du XVIIe siècle, sous l'administration de Samuel de Champlain, armateur de Dieppe, que cette colonie prit un développement sérieux. Ce fut lui qui détermina le courant d'émigration vers la nouvelle France. Parti en 1603, avec l'assentiment de Henri IV, il fonda Port-Royal en Acadie, 1605 ; Québec, en 1608 ; il découvrit, en 1609, le lac qui porte son nom ; en 1614 et 1615, les lacs Ontario, Michigan, Huro, Supérieur. En 1617, il fortifia Québec et en fit une capitale. Il facilita les exploitations, ouvrit partout des écoles. Mais attaqué en 1628 par les Anglais, nos éternels ennemis, il se vit obliger de capituler, en 1629. Le traité de Saint-Germain rendit à la France le Canada, 1632. Champlain reprit son commandement, et le conserva jusqu'à sa mort, 1635. Peu de temps avant la mort de Champlain, Mgr de Laval-Montmorency, vicaire apostolique, débarquait au Canada, et sa bienfaisante influence aida au développement de la colonie. A la même époque, les Sulpiciens devenaient possesseurs de l'île de Montréal et créèrent la ville. Le Canada était devenu un centre colonial, et Colbert le dota d'une Constitution particulière.

La guerre de la Ligue d'Augsbourg mit encore les Français aux prises avec les Anglais. Nos compatriotes se défendirent avec énergie, et, grâce à leur bravoure, le patrimoine de la France fut considérablement augmenté par le traité de Ryswick, qui nous reconnaissait la baie d'Hudson ; En 1713, le traité d'Utrecht nous enleva l'Acadie et la baie d'Hudson ; les malheureux Acadiens furent massacrés par leur impitoyable vainqueur, et enfin la guerre de Sept ans nous fit perdre le Canada. A cette époque déjà, on procédait comme de nos jours, dans nos nouvelles possessions de Tunisie, du Tonkin, de Madagascar, par l'envoi de petits paquets, système condamnable qui a toujours compromis notre situation dans nos possessions.

Louis XV, en 1756, envoya le marquis de Montcalm avec deux bataillons. Que pouvaient faire une poignée de braves contre des forces dix fois supérieures ? En 1759, nos régiments étaient réduits à 5.000 hommes et se trouvèrent emprisonnés dans un cercle de fer de plus de 40.000 ennemis. Les vivres, les munitions d'artillerie faisaient défaut. Quatre mille vétérans français supplièrent le roi de les expédier au Canada pour en aller renforcer le maigre contingent ; ils s'engageaient de plus à rester comme colons après la guerre. Louis XV resta sourd à leurs prières ; sa sollicitude pour ses sujets d'outre-mer ne comportait pas ce léger sacrifice. Trois ou quatre millions eussent suffi pour l'embarquement de ces troupes d'élite, qui auraient changé la face des événements au Canada et sauvé le pays. Ce roi coupable préférait satisfaire ses ruineuses fantaisies.

Certain de ne pas être pris à revers par les troupes envoyées de France, l'ennemi assiégea Québec. La résistance fut sublime ; les héroïques habitants joignirent leurs efforts à ceux de nos soldats ; tout homme valide de douze à quatre-vingts ans courut aux remparts où, chaque jour, les assiégés espéraient constamment voir arriver de France des renforts vainement attendus. « Est-il possible, disaient ces braves, défendant leur sol, que la France abandonne sa fille aux outrages de l'ennemi ? » Louis XV, dominé par la néfaste Mme de Pompadour, n'ignorait rien de ce qui se passait, mais ne songeait nullement à secourir le Canada ; il le laissa égorger sans lui sacrifier un écu ni un soldat. Pendant trois mois, les soldats résistèrent à Québec, trois mois d'angoisse et d'épreuves suprêmes ! Le général Wolf fit une nuit escalader les falaises. Les Français sortirent des remparts et livrèrent bataille ; ils furent écrasés par le nombre, et l'héroïque Montcalm tomba foudroyé, en criant une dernière fois : « Mes amis, en avant, pour la France ! »

Le général Wolf fut également blessé à mort ; mais voyant les Français reculer, il expira, disant : « Je meurs content. » Après la prise de Québec, cette partie de l'Amérique était perdue pour la France, comme l'ont été les Indes, Malte, la Syrie, et comme paraît l'être en ce moment l'Égypte. C'est ainsi qu'en 1763 le traité de Paris abandonnait à notre ennemie, l'Angleterre, cette terre fécondée par le génie français et arrosée du sang de nos plus braves soldats. Le Canada a le droit d'être fier de ses derniers défenseurs ; ils ont lutté jusqu'à la mort pour la patrie et pour la liberté, en dépit d'un pouvoir central égoïste et félon. Honneur à ces braves ! En 1763, tous ceux de nos compatriotes qui possédaient quelques ressources revinrent en France. Seul un groupe de 63.000 des nôtres consentit à rester sur le territoire annexé ; ils se groupèrent autour de leurs prêtres et s'en firent des chefs politiques.

Comme l'Allemagne en Alsace-Lorraine, l'Angleterre multiplia les persécutions, appliquant pendant dix ans la loi martiale ; mais ces braves Canadiens restèrent inébranlables dans leur foi et dans leur patriotisme. Les Anglais, effrayés des conséquences que pourrait entraîner une révolte au Canada, alors que leurs nouvelles colonies menaçaient de se mettre en rébellion, accordèrent, en 1774, par l'édit de Québec, certains adoucissements ; le gouvernement militaire fut remplacé par une administration civile, qui rendit aux Français la faculté de célébrer ouvertement leur culte. La ténacité bretonne et la finesse normande triomphèrent de l'orgueil et de la violence britanniques ; bien que les concessions de l'Angleterre n'eussent été ni spontanées ni désintéressées, les Français du Canada en furent reconnaissants ; ils eurent bien tort. La mémoire du cœur est un des apanages de notre race, que l'oppression exaspère sans profit pour les tyrans, mais que la douceur désarme : telle est la raison pour laquelle, en 1776, les Canadiens refusèrent d'écouter Washington, qui, avec La Fayette et le marquis de Rochambeau, souleva la Nouvelle Angleterre contre la métropole.

Mais plus tard, les Anglais, peu scrupuleux et de mauvaise foi comme en toutes circonstances, oublièrent les promesses faites à l'heure du danger et recommencèrent jusqu'en 1811 la guerre contre l'élément français. A cette époque, brouillés avec la République des États-Unis, ils renouvelèrent à l'égard de nos compatriotes le système qui leur avait si bien réussi en 1776 : ils les comblèrent de caresses (les traîtres !). C'est avec autant de mauvaise foi et de perfidie qu'ils décidèrent les Canadiens à s'opposer, les armes à la main, aux tentatives de révolte en 1812. Le gouverneur de l'Amérique anglaise, sir Provost, était aussi habile, et aussi rusé que l'est en ce moment lord Cremer en Égypte. Ces diplomates sans scrupule ont toutes les audaces et toutes les réussites. La crise conjurée, les Anglais, fidèles aux procédés qui les caractérisent si bien, se tournèrent contre leurs alliés, et la lutte contre la nationalité française reprit une nouvelle énergie. Ils devinrent si tyranniques que, en 1837 et 1838, des insurrections éclatèrent. De braves patriotes, soulevés pour la défense de leurs droits, n'ayant pour toute arme que des faulx et un canon de bois qu'ils avaient fabriqué, se battirent en désespérés contre leurs oppresseurs. La lutte était inégale ; ils furent écrasés et de nombreuses victimes furent envoyées au supplice. Cette légitime révolte ne fit qu'accroître les rigueurs. En 1840, l'usage même de la langue française fut proscrit des actes officiels. Les oppresseurs s'imaginaient avoir atteint le but de leurs efforts ; leur illusion fut de courte durée.

La population française, naguère réduite à 63.000 habitants, avait atteint, en 1866, près de 1 million. Cette race mutilée, qu'ils croyaient à jamais écrasée, s'était merveilleusement reconstituée, et la maigre phalange de catholiques, dont ils avaient espéré faire des protestants, était devenue légion. Ce groupe compact, encouragé par les prêtres qui s'associaient à ses revendications justifiées, résolut de tout tenter pour la défense de ses droits. Devant cette énergie appelée à compromettre gravement les intérêts britanniques, l'Angleterre, forcée et contrainte, se décida à faire du Dominion of Canada une confédération autonome, laissant chaque province maîtresse chez elle. Les Canadiens français obtinrent d'une façon définitive et complète la reconnaissance officielle de leur nationalité, de leur religion, de leurs lois, et l'admission de leur langue dans les actes publics et les discussions parlementaires. Le vieux drapeau de Montcalm avait pris sa revanche sur le léopard britannique. Le sang gaulois triomphait.

Animés de convictions ardentes, respectueux de l'autorité et des supériorités sociales, scrupuleux observateurs des lois, ils n'ont pas été contaminés par l'esprit d'indiscipline qui trop souvent se manifeste chez nous. A tous égards, leur caractère se confond avec le nôtre ; la bravoure chevaleresque, la générosité, la sensibilité du cœur, la franchise, la courtoisie forment un ensemble de qualités communes aux Français du Monde ancien et du nouveau Monde. Les Américains, qui savent juger des hommes et des choses, appellent les Canadiens le peuple gentilhomme.

Les Canadiennes, du jour de leur entrée en ménage, n'ont guère le loisir de se livrer aux plaisirs mondains ; tous leurs instants sont consacrés aux devoirs de la maternité, car la fécondité de la race canadienne est prodigieuse : ce qui constitue, d'ailleurs, sa force et son avenir. La perspective d'une existence un peu rude et d'un labeur opiniâtre n'effraye pas le Canadien. De plus, il est très religieux, fervent croyant et ne voudrait pas se soustraire aux obligations de la nature ; il est trop sincère pour cela...

L'attachement si profond des Français d'Amérique pour la langue maternelle est touchant. Oh ! le vieux pays, comme ils l'aiment ! Dans toutes les grandes cérémonies, une escorte d'honneur va chercher le drapeau de Montcalm, celui-là même que les héros de 1759 défendirent avec tant d'énergie et de vaillance, et qu'ils ont si pieusement conservé. Il figure dans les processions après le Saint-Sacrement. Le drapeau tricolore, ils le considèrent tout à la fois comme le symbole de la mère-patrie et comme l'emblème de la race gauloise tout entière. En 1870, lors de nos désastres, la consternation fut grande au Canada. Dans les rues de Québec et de Montréal, des centaines de jeunes gens assiégeaient les portes des consulats, demandant à venir défendre la France en danger. C'était une fièvre patriotique, une douleur nationale. Dans les églises, les dames faisaient des quêtes pour secourir nos blessés. Les Canadiens participaient à nos gloires, à nos joies, pleuraient sur nos désastres et souffraient de nos douleurs. Sachez, braves cœurs, que vous n'avez pas affaire à des ingrats, et qu'en France nous vous aimons tous malgré ces cent trente-cinq ans de séparation. Et cependant, lorsque nous causions avec des Canadiens et leur demandions s'ils voudraient redevenir Français, ils nous répondaient : « Non », sans aucune hésitation. Ils sont Canadiens avant tout et veulent rester Canadiens. Ils nous aiment de tout cœur, mais notre genre de vie les effraye. Leurs habitudes ne sont pas les nôtres ; sous bien des rapports ils nous sont supérieurs. Dans leur Parlement, ils ont les tories et les wighs, c'est-à-dire les conservateurs et les libéraux qui se disputent le pouvoir. Les conservateurs sont énergiquement partisans du *statu quo*, autrement dit du protectorat anglais, se trouvant satisfaits des libertés qui leur ont été accordées. Egalement résolus à observer le pacte conclu entre l'Angleterre et le Canada, les conservateurs d'origine française jettent timidement les regards vers l'horizon lointain et cherchent à découvrir l'astre qui éclairera peut-être un jour, à l'époque que Dieu fixera, une France nouvelle entièrement maîtresse de ses destinées sur le terrain économique.

Les conservateurs sont protectionnistes ; ils le sont, non seulement avec l'Europe, mais avec les Etats-Unis. A les en croire, l'établissement du libre échange entre le Dominion et la grande République acheminera sûrement le Canada vers l'annexion aux Etats-Unis. Tels sont les sentiments et les craintes des conservateurs canadiens. Au point de vue politique, les libéraux sont divisés en trois partis : les partisans du *statu quo*, les indépendants (et ce sont les plus nombreux) et les annexionnistes qui veulent faire entrer le Canada dans la Confédération américaine. Mais beaucoup de nos compatriotes forment des vœux pour la rupture de tout lien politique entre le Dominion et l'Angleterre, dans l'espoir que cet événement hâterait le moment où la province de Québec pourrait à son tour s'ériger en Etat français indépendant.

Que Dieu exauce leurs vœux ! tel est le désir que, nous autres Français, nous formulons, étant donné qu'une haine sourde existe toujours entre Français et Anglais qui resteront nos plus redoutables ennemis coloniaux. Les Français Canadiens n'ont point oublié leurs souffrances d'autrefois, ni les massacres de 1837 ! L'antagonisme est très grand entre les patriotes qui se souviennent et leurs congénères Laurier et autres ralliés aux Anglais. Ils voient aussi avec colère les empiètements continuels des Anglais sur leurs droits constitutionnels. Le fait est que le Canada souffre en ce moment d'un malaise très réel, provoqué par les mesures fiscales prises il y a deux ans, contre lui, comme à l'égard de l'Europe, par les Etats-Unis et sous l'instigation de M. Blaine. Pendant notre séjour, nous nous sommes entretenus à diverses reprises avec des négociants et des agriculteurs, qui nous disaient que les mesures prises avaient gravement compromis la situation commerciale. L'agriculture est atteinte, nous disaient-ils, et l'émigration prend des proportions inquiétantes !

Malgré les raisons invoquées en faveur du libre échange, les conservateurs qui détiennent le pouvoir à Ottawa se refusent obstinément à entrer dans la voie des concessions. Leur intransigeance est grosse de conséquences pour l'avenir et fera certainement naître, un jour ou l'autre, de graves complications. Il serait cependant téméraire d'escompter de son vivant la succession de sir John Bull, et les Anglais s'opposeraient par la force à toute tentative séparatiste. L'Angleterre tient à ses possessions américaines pour deux raisons : en premier lieu, son orgueil national lui interdit de ne rien faire qui puisse favoriser les entreprises annexionnistes, ensuite elle vient de construire un chemin de fer qui traverse le continent canadien dans toute sa largeur, de l'Atlantique au Pacifique.

Ce chemin de fer, établi parallèlement à la voie ferrée américaine, relie également à quelque cent lieues plus bas les deux Océans ; mais la ligne canadienne semble devoir bientôt supplanter sa rivale des Etats-Unis. C'est en effet la route la plus courte et la plus directe pour se rendre maintenant d'Europe dans l'Extrême-Orient ; aussi le nouveau chemin de fer « The Great Trunk » est-il appelé à un avenir immense. Les Anglais, gens pratiques, ne reculent devant aucun moyen, et « tout leur est bon » pour s'assurer les voies de communication qui leur sont nécessaires : l'Espagne par Gibraltar, l'Egypte pour le passage des Indes, par le canal de Suez et la mer Rouge, Chypre, Malte. Ne sont-ils pas les maîtres de la Méditerranée ? Que leur faut-il encore ?

Néanmoins, le Canada peut très bien un jour ou l'autre leur échapper, soit par l'œuvre du temps, ce maître des destinées, soit par le fait de circonstances particulières. Supposons, par exemple, une guerre européenne dans laquelle l'Angleterre serait engagée ; les ennemis de l'Angleterre en profiteraient pour tenter de rompre le lien qui relie Québec à Londres, lien qui n'est pas indissoluble ; ils réussiraient probablement. Mais si le plus saint des devoirs est, pour les Canadiens, d'arriver à garder leur indépendance, leur premier soin est de résister à la poussée de leurs puissants voisins d'Amérique, car l'annexion pour eux serait encore plus dangereuse que la domination anglaise. Pendant notre séjour à Washington, nous avons eu la bonne fortune de nous entretenir longuement avec un membre de la Chambre qui ne nous cachait pas l'ambition des Etats-Unis et ses espérances. Se réaliseront-elles ? telle est la question. Les Canadiens partisans de l'annexion disent, pour combattre l'opinion de leurs compatriotes qui préfèrent le *statu quo* : Voyez quels développements ont pris nos colonies aux Etats-Unis. Près d'un million de Français sont établis de l'autre côté du Niagara. Ne conservent-ils pas leur nationalité, leur langue, leurs usages, leur religion ? Pourquoi la province de Québec aurait-elle plus à craindre des Yankees que les colons qui sont disséminés sur leur territoire ? Devenons donc Américains.

En cas d'annexion, la situation des Canadiens à l'égard du peuple américain n'offrirait aucune analogie avec celle où se trouvaient leurs ancêtres en 1763 par rapport aux Anglais ; ils ne défendraient pas leur pays avec l'énergie farouche que leurs pères opposèrent jadis aux Anglais. Les Yankees envahiraient par milliers la province de Québec, non pas en conquérants, mais en amis, en compatriotes, et s'empareraient promptement des situations industrielles et politiques. Une révolution profonde s'accomplirait dans le pays ; mais elle serait favorisée par la complicité de l'élément indigène qui, n'étant animé d'aucun esprit d'hostilité, n'opposerait aucune résistance sérieuse. L'émigration canadienne aux Etats-Unis s'accentue chaque jour ; mais les enfants de ces immigrés sont bien plus accessibles que leurs ascendants à l'assimilation américaine et finissent par adopter la langue et les usages anglo-saxons.

L'ensemble du Canada forme une confédération composée de sept provinces : Québec, Ontario, Nouvelle-Écosse, Nouveau Brunswick, Prince Édouard, Manitoba et Colombie, formant ensemble une population de 4.800.000 habitants. La capitale du Dominion est Ottawa, siège du gouvernement anglais. Les législatures provinciales sont indépendantes du Parlement fédéral ; elles règlent comme bon leur semble leur budget particulier. Mais le code pénal anglais y est uniformément appliqué. L'indépendance des colonies anglaises en Amérique est à peu près complète. Heureux pays, où les charges du militarisme qui écrasent l'Europe sont totalement inconnues !

Le Canada est pourvu d'un Parlement composé de deux Chambres, le Conseil législatif, sorte de Sénat, et l'Assemblée législative. Le gouvernement fédéral ne salarie aucun culte. Les Canadiens français, profondément attachés à la religion catholique, ont tenu à pourvoir largement à l'entretien de leur clergé et à celui de leurs églises. Dans chaque paroisse, le clergé est autorisé à prélever la dîme. Ce mot, en France, écorcherait terriblement nos oreilles. Cet impôt, dont le souvenir rétrospectif fait naître chez nous tant de colères est, au contraire, très populaire au Canada. On l'accueille avec d'autant plus de faveur qu'il est volontaire, et jamais personne ne pense à s'y soustraire. Comme conséquence de cette religion qui donne les mœurs pures, le respect de la famille et la crainte de Dieu, le nombre des crimes et des délits soumis aux tribunaux est très restreint. La justice est administrée de la façon la plus paternelle.

Voilà des effets que la République Française peut méditer, car elle a, dans le sens contraire du Canada, par tous les moyens possibles, entravé la religion, porté atteinte aux croyances, laïcisant les écoles et laissant chasser de la plupart des hôpitaux les sœurs de Charité qui, avec un dévouement sans égal, prodiguaient leurs soins aux malades, et par leur langage élevé apportaient un soulagement à leurs souffrances et ranimaient leurs défaillances. Que de traits héroïques accomplis par ces saintes femmes, qui en toute circonstance se montrent capables des plus grands dévouements ! Il en ressort clairement que les perturbations apportées dans nos mœurs n'ont produit que des résultats fâcheux. Les Canadiens sont fiers à juste titre des résultats qu'ils ont obtenus en conservant chez eux les croyances religieuses. Aussi est-il d'usage d'offrir une paire de gants blancs au juge président qui, pendant la durée d'une session, n'a pas eu à exercer ses pouvoirs répressifs. Le cas est commun et bien des magistrats canadiens pourraient fournir des gants à tous les membres du tribunal de la Seine. Comme code civil, les Canadiens français ont adopté la coutume de Paris légèrement modifiée. Comme nous, ils ont supprimé les redevances, exaction d'un autre âge ; mais cette suppression s'opère progressivement. Tout citoyen peut, moyennant le payement d'une forte indemnité, s'affranchir des rentes foncières reconnues par l'ancien droit. Aussi trouve-t-on beaucoup de terres exemptes de toutes charges.

Dans la province de Québec, le tiers du sol attend encore la charrue ; la fertilité offre à l'émigrant des avantages exceptionnels. Mgr Labelle, le grand colonisateur canadien, récemment décédé, entraînait chaque année dans la région, encore vierge de toute culture, ses compatriotes qui fondaient des villages et des centres agricoles. Mais son œuvre n'a pas péri ; elle se poursuit toujours activement ; les terres neuves se vendent de un à trois francs les deux hectares, souvent même elles sont données. On compte encore au Canada 12.000 Indiens devenus sédentaires et soumis, pour la plupart, aux exigences de la civilisation. Ils se font canotiers et pilotes et occupent des villages très pittoresques. Ce n'est guère que dans l'Ouest que ces Peaux-Rouges peuvent parfois inspirer de l'inquiétude aux colons. En effet, en 1885, ces peuplades encore sauvages ont prouvé qu'elles étaient redoutables en prenant part à l'insurrection fomentée par Riel, Canadien français. C'était un homme de grande valeur qui, dès le début de sa carrière, s'était constitué le champion de l'émancipation politique de notre race. C'est à lui que l'on doit l'érection du Manitoba en province autonome dès 1870. Mais Riel, entraîné par son patriotisme, voulut aller plus loin. Il tenta d'arracher par la force le Canada à la domination britannique ; après quelques jours de combat, il fut vaincu avec ses troupes. Le général anglais Middleton s'empara de lui et le fit pendre comme un vulgaire malfaiteur. Ses patriotiques aspirations lui ont survécu. Les Canadiens français, comme les Alsaciens et les Lorrains, sont de ceux qui se souviennent.

Je me suis demandé d'où venait ce nom de Canada. C'est le mot que Jacques Cartier entendit de la bouche même des indigènes. Est-ce le mot iroquois *Kanata* qui veut dire *groupe de cabanes* ? Je croirais volontiers qu'à l'interrogation de Cartier, les indigènes répondirent les mots espagnols *Aca nada* qu'ils avaient entendus de la bouche de voyageurs désappointés de ne trouver sur les côtes aucune trace de mines d'or ou d'argent : Aca nada (*ici rien !*).

Québec.

De Montréal à Québec, par le bateau, le voyage est des plus agréables. Québec, chef-lieu de la province de Montréal, est une jolie ville qui s'étage sur un promontoire dominant le lac Saint-Laurent. Ses rues escarpées, les enseignes de ses magasins, l'apparence de ses édifices, la bonhomie familière de ses habitants rappellent le bon vieux temps. Comme à Montréal, cette population sympathique nous accueille avec cordialité ; elle est si heureuse de revoir des Français ! Tranquille et peu commerçant, le chef-lieu du Bas-Canada constitue en revanche un centre intellectuel et universitaire de premier ordre. On peut dire que Québec est la tête du Canada et que Montréal en est le cœur. Québec, avec ses 210.000 habitants, est la grande métropole commerciale de la région et rivalise avec New-York par l'importance de son trafic. Comme à Montréal, les habitants sont très religieux. La province possède plus de 4.000 établissements pédagogiques fréquentés par 25.000 élèves. L'instruction, au Canada, est presque exclusivement confiée au clergé catholique, qui se montre généralement accessible aux idées de tolérance et de progrès en honneur dans les diocèses des États-Unis.

L'enseignement est donné aux filles dans les couvents. Les institutrices congréganistes s'appliquent surtout à développer chez leurs élèves les connaissances pratiques utiles aux ménagères et les sentiments de moralité nécessaires dans la vie. Toutes ces jeunes filles deviennent des épouses dévouées et des mères de famille modèles.

L'instruction est très développée dans toute l'Amérique anglaise. Il n'est pas de pays où elle soit poussée comme au Canada. La province de Québec, en particulier, pourrait être choisie comme modèle par la plupart des nations d'Europe. L'enseignement secondaire supérieur ou professionnel y est très florissant.

Dans la seule province de Québec, il y a près d'un million et demi de Français jouissant d'une autonomie réelle et de prérogatives spéciales, concédées à leur nationalité. Et non seulement la race française a reconquis sur l'élément anglo-saxon la province de Québec, berceau de son origine, mais encore elle s'étend de plus en plus dans le Haut-Canada. Chaque jour, elle gagne du terrain dans la province d'Ontario, où plusieurs comtés possèdent des majorités françaises. Chaque jour elle se développe davantage dans le Nouveau Brunswick, cette ancienne Acadie où les Anglais avaient, par des massacres, assuré pour un temps leur prépondérance absolue, et qui compte aujourd'hui plus de 150.000 habitants de notre sang. Nos anciens compatriotes sont également établis en grand nombre dans le Manitoba et dans plusieurs autres provinces. Bientôt le Dominion contiendra 2 millions de Français. Ils tendent à envahir le Canada tout entier et entament les territoires des États-Unis qui bordent la province de Québec. Ils sont près d'un million, groupés pour la plupart dans le nord-ouest de la grande République, où ils achètent à bon compte des fermes que les Américains leur cèdent volontiers pour aller chercher fortune dans les anciennes réserves indiennes récemment ouvertes à la colonisation.

Les Canadiens émigrés aux États-Unis, tout en continuant de se livrer à la culture des terres, envahissent, en outre, par milliers les établissements industriels des régions qu'ils occupent. Des manufactures importantes sont entre les mains de capitalistes d'origine française. Mais bien que fixés sur la terre étrangère et sans espoir de retour, les émigrés entendent néanmoins y conserver leur langue, leur religion, leurs institutions sociales. Leur étroite cohésion éloigne les Yankees de leurs villages. Dans les petites villes, ils s'organisent par paroisses et se groupent autour de leur église dans un seul quartier que les Américains eux-mêmes nomment le quartier français. Les Français nés sur le territoire des États-Unis, promptement imbus des idées américaines, imprégnés de leurs mœurs, familiarisés avec leur langage, forment un contraste frappant, même au physique, avec leurs congénères du Dominion. Les Américains favorisent d'ailleurs de tous leurs efforts cette assimilation. Ils ont fait de la Louisiane, où l'élément français, submergé par la marée anglo-saxonne, a perdu toute originalité, leur propriété, et ils ont substitué l'anglais au français dans la rédaction des actes officiels. L'élément français a disparu.

Il est évident que la constante préoccupation des Américains est de façonner le plus rapidement possible à la langue anglaise et aux usages d'origine britannique les populations cosmopolites qui viennent tenter la fortune sur leur sol, et d'exercer une surveillance jalouse sur ceux qui paraissent réfractaires. Cela démontre combien les Yankees sont hostiles aux velléités nationales des Canadiens. Les journaux irlandais, la *Catholic Review*, le *Frémail* de New-York, le *Catholic Union*, le *Boston-Pilot*, partent continuellement en guerre contre la langue et les usages français, auxquels les immigrés canadiens paraissent encore attachés. Ces journaux font chorus avec les feuilles protestantes, qui exigent impérieusement le nivellement de toutes les aspérités nationales sur le sol des États-Unis. Ainsi, dans certains États, les lois scolaires, spécialement dirigées contre les Français, nombreux dans ces contrées, ont porté une atteinte sérieuse aux droits essentiels de nos compatriotes sur l'éducation de leurs enfants.

En résumé, l'annexion du Canada aux États-Unis porterait un coup terrible à la nationalité française. En Amérique, elle ne s'impose nullement aux intérêts matériels du Dominion. Le plan de bataille des chefs du parti français doit donc être de travailler sans relâche à la propagation des idées d'émancipation, tout en combattant les tendances annexionnistes. Cette tâche, assurément délicate, n'est pas au-dessus de leurs forces ; avec de l'énergie et de la prudence, ils éviteront de conduire l'esquif national sur des rochers meurtriers. Nous devons, nous Français, souhaiter d'autant plus le triomphe de nos compatriotes pour l'indépendance du Canada que la création, en Amérique, d'une nation sœur de la nôtre amènerait entre les Français de l'Ancien et du Nouveau Monde une entente fructueuse, basée sur la communauté d'origine, sur la réciprocité des sentiments et sur la similitude des intérêts.

Comme en Égypte, les Anglais au Canada cherchent toujours à trouver des prétextes pour terroriser les populations et user de représailles ; pour affirmer leur puissance, ils cherchent toujours à provoquer des tumultes.

Autour de notre honorable compatriote, M. Mercier père, ancien ministre, se sont groupés les patriotes qui aspirent à l'indépendance et combattent contre les empiètements de la couronne. Aussi M. Mercier est-il victime des persécutions les plus odieuses. Après avoir, en 1867, accordé à la province française de Québec une autonomie très réelle, avoir reconnu notre langue comme officielle dans l'ensemble du Canada, au même titre que l'anglais, accordé aux écoles catholiques du Dominion les mêmes droits qu'aux établissements scolaires protestants, les Anglais violent aujourd'hui sans scrupule les engagements qu'ils avaient formellement contractés, et cela dans les provinces où l'élément français est trop faible pour se défendre. Dans le Manitoba, ils ont supprimé la langue française, et refusent de subventionner les écoles catholiques ; ils usent de la même tyrannie que l'Allemagne en Alsace-Lorraine.

Malheureusement, la lutte est impossible contre un peuple qui renie ses engagements et se trouve encouragé dans ses agissements déloyaux par la portion des Canadiens ralliés à l'Angleterre. Ces égarés professent une telle horreur pour le parti français qu'ils répudient toute alliance avec lui : c'est triste ! Comment expliquer une telle animosité, se dira-t-on ? Par diverses raisons, dont la principale est qu'il y a dissentiment, en matière religieuse, entre les conservateurs et les libéraux appartenant à notre race. On ne saurait nier que c'est le clergé catholique qui a créé dans l'Amérique septentrionale et aux États-Unis une nation nouvelle, de même origine que la nôtre ; il a bien mérité de la religion et du nom français. Aussi rendons-nous pleine justice à son énergique dévouement.

Malheureusement, la continuation du prélèvement de la dîme crée, à l'heure actuelle, des dissentiments entre les partis. Ce sont ces privilèges d'un autre âge que le clergé romain détient, et qu'il n'exerce pas toujours avec modération, qui suscitent la divergence des opinions. C'est au clergé catholique, en présence des événements qui s'accomplissent, de faire des concessions, et de ramener sur le terrain de la conciliation les partis qui sont prêts à s'entre-dévorer. Sa sage clairvoyance le lui commande.

Dans la province de Québec, les prêtres s'arrogent un droit de contrôle sur la vie privée des particuliers. C'est ainsi qu'un homme de valeur, une des gloires de l'Amérique, un écrivain et un poète, qui honore grandement le nom français dans l'Ancien et dans le Nouveau Monde, et dont les œuvres ont été couronnées par l'Académie française, M. Louis Fréchette, est continuellement en butte aux attaques de prédicateurs fanatiques. Cependant, M. Fréchette est un catholique convaincu et pratiquant ; son seul crime est de ne pas cacher ses opinions libérales et républicaines. Esprit conciliant, patriote au cœur ardent, il redoutait d'attiser par un débat public les haines déjà si multiples contre les Français ; il préférait souffrir ; l'autorité diocésaine devait mettre un terme à de tels scandales ; c'était son devoir : elle ne l'a pas fait. Il existe donc des abus à supprimer, des errements à modifier, sans porter atteinte au droit légitime du clergé qui a tant fait pour cette seconde France. Les esprits les plus modérés seraient disposés à remplacer par un traitement fixe, assuré aux prêtres, la dîme à laquelle les habitants de Québec se soumettent d'assez bonne grâce, mais qui de nos jours constitue un impôt inquisitorial et vexatoire. La terreur de voir les libéraux entrer dans la voie des réformes est si vive que, pour leur barrer le chemin, les ultra-cléricaux n'hésitent pas à pactiser avec les ennemis de leur race et de leur religion.

Depuis longtemps, les libéraux français étaient réduits à l'impuissance dans le Bas-Canada, quand notre éminent compatriote, M. Mercier, fit son apparition. Puissant orateur, ardent patriote, doué d'une énergie sans pareille, cet homme de bien réussit, il y a quelques années, à grouper dans le Parlement provincial une majorité libérale, qui s'inspira non seulement de tendances progressistes, mais encore de sentiments tendant à la séparation des lois. L'honorable M. Mercier fut considéré par les Anglais comme un ennemi national, alors que de leur côté les cléricaux le considéraient comme un novateur. Les Anglais voyaient juste, mais les cléricaux se trompaient. Arrivé au pouvoir, il ne pensa même pas à organiser contre les ultramontains l'ombre d'une défense. Cet homme bon, brave et généreux, suivit une politique de conciliation ; son attitude humble ne désarma pas ses adversaires, les sectaires anglicans et les coryphées du catholicisme intransigeant, enlacés dans un hideux accouplement politique, se liguèrent contre cet homme vénérable et, sans scrupule, engagèrent contre lui une guerre au couteau.

Il y a quelques années, ils crurent le moment venu de le frapper en plein cœur. Cet homme les gênait. M. Mercier, en sa qualité de premier ministre de Québec, vint en France, dans le louable but de renouer des relations commerciales entre son pays et le nôtre, et de négocier sur le continent un emprunt officiel. Une fois débarqué sur notre territoire, M. Mercier parut oublier qu'il était sujet anglais, et dans un banquet qui lui était offert par l'*Alliance Française*, entraîné par son cœur, tout heureux de revoir sa belle France, il prononça ces paroles hardies :

« Oui, sans doute, nous respectons le drapeau britannique, mais nous en connaissons un autre, celui de la France. Oh ! celui-là, baisons-le à genoux ! » Aux fenêtres de son habitation provisoire à Paris, un étendard aux couleurs françaises, avec le mot *Québec*, avait été arboré. On eût dit l'emblème d'une nouvelle République de sang gaulois, prête à apparaître à l'horizon politique. M. Mercier s'arrangea de manière à conclure son emprunt à Paris, oubliant les banques de Londres. On comprend les cris de fureur poussés par les Anglais, en présence de semblables manifestations. A leurs yeux, ce patriote dévoué n'était qu'un traître digne de la corde ou du billot sur lequel les patriotes Canadiens eurent la tête tranchée en 1837.

Ces Anglais, qui ont usé à notre égard de tant de procédés blessants, voulaient encore agir avec barbarie envers celui qui paraissait montrer quelques sympathies à la France ; nous le connaissons, ce peuple fourbe, sans scrupule ; en maintes circonstances, nous l'avons vu à l'œuvre. Ce qu'il y avait de plus écœurant dans la campagne que les Anglais entreprenaient contre M. Mercier, c'était de voir les cléricaux français du Dominion faire cause commune avec eux.

En quittant Paris, M. Mercier se rendit auprès du Saint-Père pour résoudre certains litiges jugés insolubles. Le premier ministre, dont l'esprit conciliant égale la haute intelligence, réussit dans sa mission délicate, et rendit à la religion catholique, ainsi qu'à sa patrie, les plus éclatants services. Le pape, l'illustre pontife, à l'esprit libéral et au grand cœur, comprit si bien cette vérité qu'il daigna traiter M. Mercier d'une façon toute paternelle, le combla de faveurs, et le créa comte. Ces témoignages d'une auguste satisfaction ne désarmèrent pas l'hostilité de ses adversaires. Ils profitèrent même de l'absence de leur victime pour la frapper par derrière. Quelle lâcheté ! Ils s'emparèrent d'un grief futile pour en rejeter perfidement la responsabilité sur M. Mercier. Certaines irrégularités, sans importance du reste, avaient été commises dans la province de Québec, au sujet des élections. Les agents subalternes qui en étaient la cause furent dénoncés. Mais les conservateurs, encouragés par les sujets de la perfide Albion, se mirent à pousser des cris d'autant plus aigus qu'ils cherchaient à détourner l'attention de leurs concitoyens sur les forfaits commis, à la même époque, au sein du gouvernement d'Ottava, par des gens de leur parti qui régnaient en maîtres. On devine quels formidables hurlements durent pousser les conservateurs de Québec, pour donner dans leur province le change à l'opinion publique. Eh bien ! avec leur aplomb imperturbable et leur haine implacable, ils réussirent. Tous les moyens, même les plus condamnables, furent employés. Leur attaque fut si vive et surtout si soudaine qu'elle porta le désarroi dans les rangs des amis de M. Mercier, déroutés par l'absence de leur chef retenu en Europe pour des affaires de la plus haute importance. Quand il fut de retour, le coup était porté, et la province de Québec se trouvait en proie à la plus vive agitation.

Bien convaincus que M. Mercier sortirait victorieux d'un débat parlementaire où il lui serait facile de prouver les agissements inqualifiables de ses calomniateurs, les conservateurs et les représentants du Gouvernement anglais procédèrent révolutionnairement contre lui en le traduisant d'emblée devant une commission d'enquête choisie par eux, dévouée à leurs idées, et firent prononcer la dissolution de la Chambre. Alors commença contre le parti français une campagne électorale furibonde à laquelle le clergé catholique prit une part très active. L'épiscopat intervint même en faisant paraître un mandement, manifestement dirigé contre les libéraux, et dans lequel il prémunissait les fidèles contre la corruption électorale. Bref, l'assaut fut dirigé avec une telle fureur, les adversaires ne reculant devant aucun moyen, que le parti dont M. Mercier était le leader subit, aux élections de 1891, un désastre complet. C'était le moment impatiemment attendu par les conservateurs pour donner le coup de grâce à leur ennemi.

Peu s'en fallut que le grand patriote ne fût incarcéré comme un malfaiteur. On le traduisit en cour d'assises, car les Anglais voulaient l'effondrement complet de cet homme gênant, estimé de ses compatriotes. Ils allaient même jusqu'à se figurer qu'ils pourraient acheter la conscience des juges et leur arracher une condamnation. S'il est vrai qu'il n'y ait plus de juges à Berlin, il n'est pas moins certain qu'il y en a encore à Montréal, pour le plus grand honneur de la magistrature canadienne. Devant son innocence aussi claire que la lumière du jour, aussi éclatante que rayons du soleil, l'honorable M. Mercier fut acquitté. Ce fut un effarement général. Après la de ses adversaires, M. Mercier fut l'objet d'immenses manifestations. C'était plus qu'une 'on pour le grand patriote, c'était un triomphe éclatant. Il reconquit aussitôt son siège le Comté de Bonaventure. Depuis cette époque, M. Mercier, n'ayant plus aucun ménagement à garder vis-à-vis de la traîtresse nation qui avait tenté de le faire disparaître de la scène politique, s'est ouvertement déclaré le champion de l'indépendance canadienne, et il proclame sans ambages que ses efforts tendront à détacher l'ensemble du Dominion de la couronne britannique pour l'ériger en un Etat libre, et fortifier encore par ce moyen l'autonomie du Canada français.

Espérons, nous Français, que les efforts de notre distingué compatriote seront couronnés de succès ; personnellement, nous lui adressons nos sincères félicitations et tous nos vœux l'accompagneront dans sa louable et légitime entreprise.

Apôtre infatigable et zélé du dogme de l'indépendance, esclave de la grande idée, M. Mercier va prêcher dans les agglomérations canadiennes établies aux Etats-Unis, et répand, en plein sol britannique, ses idées généreuses, dans la presse et dans les réunions publiques. Dans ces conditions, il est facile de comprendre avec quelle passion haineuse les Anglais s'efforcent de tirer parti contre lui des incidents les plus futiles.

C'est ce qui se passa pour l'attentat à la dynamite de Montréal dont on a parlé dans le monde entier. C'était absolument grotesque. Les personnes accusées d'avoir voulu faire sauter cette fameuse statue de l'amiral Nelson étaient tout simplement trois jeunes gens récemment échappés des bancs du collège, MM. Henri Mercier, de Martigny et Pelland. Les naïfs potaches avaient eu l'idée carnavalesque de prendre pour confident M. Hughes, le fils du chef de la police montréalaise, qui, bien entendu, s'empressa d'aller dénoncer ses amis. L'instruction démontra qu'il n'y avait eu, de la part de ces jeunes gens, aucune idée criminelle, que c'était uniquement pour jouer une farce au jeune Hughes et que le prétendu attentat se bornait à une simple fumisterie. Grande dut être la satisfaction de M. Hughes père, en constatant chez son fils des aptitudes si brillantes au métier d'agent provocateur. Toute autre personne que ce jeune émule de Vidocq, apprenant que ses amis d'enfance préparaient une grotesque incartade, les aurait sans doute dissuadés de se rendre ridicules et aurait loyalement averti leurs familles. Le fils Hughes, précoce policier, a préféré sacrifier impitoyablement ses amis. Il n'en est que plus coupable et son acte de dénonciateur lui donne tous les droits voulus pour briguer la candidature à la succession paternelle. Vis-à-vis des Anglais, il a bien réussi et ce sera pour eux un fidèle serviteur. Aux gens honnêtes il n'a su inspirer que le mépris. La vérité est que les trois jeunes étourneaux avaient simplement eu l'idée de jeter un pétard pour porter l'affolement dans l'âme des vieilles demoiselles anglaises qui affectionnent tout particulièrement la quiétude du square Jacques Cartier. Quelle joie n'eussent pas éprouvée ces imberbes mystificateurs, s'ils avaient pu faire surgir pendant quelques jours le spectacle terrifiant d'un attentat anarchiste au fond des innombrables tasses de thé quotidiennement absorbées par les ladies de Montréal. Cette affaire dont on a tant parlé, n'a donc été que l'enfantillage de jeunes gens inconscients.

Si jamais la dynamite faisait parler d'elle au Canada, le parti français n'y serait pour rien, car nos compatriotes de l'ancienne terre française combattent à visage découvert et les lâches attentats leur font horreur. La cause qu'ils défendent est sainte et pure ; ils ne voudraient pas la souiller par d'horribles forfaits.

Quelle que puisse être l'infamie des moyens employés pour perdre l'ancien et honorable ministre du Canada français dans l'estime publique, M. Mercier restera sur la brèche et sera l'homme de l'avenir, le patriote dont le dévouement est connu, et peut-être un jour rendra-t-il à la province de Québec son ancienne dénomination de Nouvelle-France : tel sera toujours notre espoir.

Nous avons tenu à faire ressortir la situation faite aux Canadiens Français, car ce beau pays est inconnu de la plupart d'entre nous, chers Lecteurs, et nous avons pensé vous intéresser en vous parlant de cette ancienne colonie française, où nos compatriotes subissent de la part des Anglais la même inquisition que nos frères d'Alsace-Lorraine subissent de la part des Allemands.

De Québec nous revenons par le chemin de fer à Montréal, que nous quittons le lendemain pour rentrer dans les Etats-Unis et nous diriger sur Boston en passant par Charlestown.

Boston.

Douze heures de chemin de fer séparent Montréal de Boston, chef-lieu de l'Etat de Massachusetts. Cette ville est renommée pour la beauté de ses jeunes filles ; les Bostoniennes sont les heureuses rivales des New-Yorkaises.

Boston, construit sur les bords de l'Océan, à l'embouchure du Charles River, est sillonné en tous sens par des tramways électriques. Cette grande ville de 600.000 habitants possède de beaux monuments intéressants à visiter : le Parlement en face le Jardin public, le monument de l'Indépendance des Etats-Unis, la statue du colonel William Prescott, qui commandait les troupes américaines à la première bataille livrée contre les Anglais. Par une faveur spéciale, nous sommes admis à visiter la grande usine modèle qui produit l'électricité pour les tramways. Nous n'avons rien en France qui puisse jusqu'à présent être comparé à cette installation puissante. Le terminus des tramways est à City-Point ; un peu plus loin est le port commercial.

Les Bostoniens sont fiers de leur ville ; ils aiment à la faire visiter. Au Musée, nous remarquons dans une vitrine une paire de bottes portées par Napoléon Ier à Sainte-Hélène et une rare collection d'objets du Japon.

Boston possède 607 écoles, qui se décomposent comme suit : 36 gymnases (jardins d'enfants), qui reçoivent 1.960 enfants ; 480 écoles primaires, qui comptent 25.000 élèves ; 55 écoles de grammaires, qui ont plus de 30.000 élèves ; 10 écoles de latin, qui reçoivent 340 écoliers ; 24 écoles spéciales, avec 5.500 élèves ; 1 école normale, destinée à la formation du personnel enseignant qui se compose de 1.615 maîtres et maîtresses. Le budget scolaire de la ville est de 10 millions de francs. Elle a encore, en 1892, construit, aménagé, équipé et ouvert à ses propres frais 1 nouvelle école de latin, 4 écoles de grammaire, 7 écoles primaires, acheté du terrain pour en construire trois autres et dépensé, outre le budget ordinaire, une autre somme de 10 millions pour l'amélioration intellectuelle de ses enfants. En ce moment encore, de nouvelles écoles se construisent.

La vitalité du sentiment civique est profonde aux Etats-Unis. Cette prodigalité de millions n'a pas d'autres principes ; elle traduit la résolution ferme de développer chez tous les enfants les dons qu'ils ont reçus en naissant. Le gouvernement qui siège à Washington n'a rien à voir dans ces dépenses : ce sont de généreux donateurs qui ajoutent sans cesse aux contributions publiques. Cette ville elle-même, cette cité que l'adolescent voit de ses yeux, qu'il peut se figurer comme un être auquel il tient par des liens de chair et de sang, fait naître chez lui un sentiment de reconnaissance. Par la suite, ces bienfaits incomparables de l'éducation ne sont pas, pour l'adolescent, un don anonyme. Les études qu'il entreprend ne sont pas dirigées par un conseil supérieur et lointain, composé de fonctionnaires qu'il ne verra jamais. Il voit, il connait, non seulement les administrateurs de ce système merveilleux d'instruction municipale, mais encore les généreux donateurs qui, aux contributions publiques, ajoutent sans cesse des legs. Toutes ces influences directes développent, exaltent en lui ce même sentiment civique qui pousse ses aînés à l'appuyer, à l'aider dans sa culture intellectuelle, de sorte que, une fois devenu grand et riche, son constant souci sera d'appuyer, d'aider à son tour ses cadets pauvres ; il voudra rendre ce qu'il a reçu.

Dans toute cette œuvre des écoles, il est curieux de constater à quel degré la femme rivalise d'initiative et de générosité avec l'homme. Dans plusieurs écoles, garçons et filles sont assis sur les mêmes bancs et prennent part aux mêmes travaux. Les inspecteurs prétendent retirer de bons effets de cette assimilation.

A Wellesley, au bord du petit lac Waban, près de Boston, a été construit un collège de femmes. Cette fondation, comme tant d'autres, provient d'un legs. Voici à quoi le collège de Wellesley doit sa naissance : En 1863, vivait à Boston un homme de loi très distingué dans sa profession, M. Henry Fowle Durant. Cet homme de bien perdit son fils unique. L'épreuve pour lui fut terrible : il essaya d'oublier son chagrin en se réfugiant dans la religion ; il devint le plus passionné des chrétiens évangélistes et, ne sachant que faire de sa fortune, il résolut de fonder une université de femmes. Dans des réunions publiques, il annonça que son collège avait pour but de former des savantes, des épouses et des mères chrétiennes. Il fit construire ce collège en 1871. La somme qu'il donna est de 4 millions de francs, qui fut, par suite de legs faits par d'autres personnes charitables, élevée à celle de 8.511.580 francs. Depuis plus de vingt années, ce collège fonctionne et prospère.

Cet établissement que nous avons visité est des plus intéressants. On y façonne les intelligences des jeunes filles avec un art merveilleusement pratique. On les dresse à toutes les habitudes de confortable propres à la classe aisée de leur pays. Elles vivent comme les étudiants de Harvard, à deux généralement. Elles ont deux chambres à coucher et un salon commun qui ne diffère en rien du salon habituel de toute Américaine un peu raffinée. Des photographies, des fleurs, des meubles de bois clair, des canapés imprimés d'arabesques pâles parent d'élégance ces coquettes cellules dont les habitantes n'ont rien de monacal. Le samedi soir, elles invitent à un bal leurs amis, les jeunes gens de Cambridge et de Boston. Elles vont et elles viennent dans l'établissement comme si elles habitaient chez leurs parents, sans jamais rendre compte de leur conduite. Nous les avons vues ramant sur le lac, montant à cheval, et prenant le train toutes seules pour aller à Boston. Aucune surveillance ne les poursuit pendant leur absence, aucun interrogatoire ne les attend à leur retour, puisqu'elles doivent, une fois rentrées dans la vie privée, être capables de se suffire et de se défendre. Il faut qu'elles le soient dans l'éducation. La plus équitable des lois, celle qui punit le séducteur à l'égal du faussaire ou du voleur, les défendrait assez, quand même. Le Code draconien appliqué avec tant de sévérité dans les États-Unis nous paraîtrait en France excessif. Là-bas, pas du tout ; il est logique et protège la femme en la garantissant. La valeur des lois se juge à leur application, et les pays où celle-là fonctionne sont certainement ceux où la personnalité féminine se développe avec le plus d'énergie et le plus de bonheur. Il est certain qu'il y a sur ce point un véritable progrès accompli.

Dans le collège de Wellesley, l'examen d'admission comporte des connaissances approfondies sur la littérature, l'histoire, la géographie, les mathématiques, le latin, le grec, le français et l'allemand. Pour l'admission, il n'y a pas de limite d'âge ; on nous a cité l'exemple d'une étudiante de soixante ans, déjà grand'mère, qui vint se présenter et fut reçue. Le prix de la pension est de 1.820 francs. Il arrive même souvent que des jeunes filles, toutes préparées pour l'examen, se font caissières, secrétaires d'hôtel, vendeuses ou copistes pour gagner de quoi parfaire la somme qui leur est nécessaire.

A Boston, comme dans les grandes villes des États-Unis, les tramways marchent jour et nuit.

En traversant la rivière Saint-Charles, après deux milles de parcours, nous arrivons dans un faubourg rempli de maisons en bois avec des balcons, où l'éternel rocking-car attend le repos de l'Américain énervé. Ce quartier est rempli de jeunes étudiants qui viennent chercher des distractions.

C'est à Boston, paraît-il, que l'exigence des domestiques femmes est surtout grande, car les idées égalitaires de ce pays ont leurs conséquences. Une dame arrête une bonne : celle-ci exige par contrat qu'elle aura une fois par semaine le salon de ses maîtres à sa disposition pour y recevoir ses invités et ses invitées.

Les Mormons au lac Salé.

Parmi les sectes qui ont pris naissance en Amérique, les Mormons forment la plus considérable et la plus singulière. Bien des relations ont fait connaître ce peuple étrange, mais presque toutes le représentent comme un amas d'hommes insensés, de fanatiques turbulents et vicieux ; et pourtant ils ont fondé une communauté florissante, qui compte près de 200.000 âmes, ils ont conquis le désert à force de travail, créé des villes et des cultures dans des lieux qui, au dire de tous les explorateurs, étaient voués à une stérilité irrémédiable. Il faut donc qu'un germe vivifiant se trouve mêlé aux utopies qui ont étonné le public.

Dans la partie orientale des Montagnes Rocheuses s'étend, au nord de la chaîne du Wasath, une plaine qui, vue par un beau jour d'été, semble enveloppée d'un flot d'or et de pourpre, grâce à l'éclat des myriades de tournesols dont elle est couverte, grâce surtout à la radieuse vapeur que les chauds rayons du soleil aspirent à la surface d'une multitude de lacs, de marécages et de rivières. Vers le sud, une chaîne de montagnes, que les Indiens appellent Oquirrh, confond avec les nuages ses cimes brumeuses ; à l'ouest, s'étendent les riants bosquets de la *cité sainte*, de la capitale des Mormons, la Nouvelle-Jérusalem ; au delà, le Jourdain porte le tribut de ses eaux vers le lac Salé, dont l'immense nappe bleue remplit le fond de la plaine. La ville ressemble à un vaste parc dans lequel se détachent, sur d'innombrables bouquets d'arbres d'un vert sombre, un kiosque, une chapelle, un tribunal. Plus loin, sur une hauteur, le camp américain déploie ses tentes blanches et jaunes ; car le gouvernement de Washington suit d'un œil inquiet les progrès de la secte, et il a envoyé dans l'Utah des troupes nombreuses.

Placée au milieu de ce site admirable, entourée d'une ceinture de champs cultivés et merveilleusement fertiles, la Nouvelle-Jérusalem doit sembler une véritable terre promise, un paradis terrestre, à l'émigrant fanatique et pauvre qui n'a connu jusque-là d'autres demeures que les bouges infects de Londres et de Liverpool.

Si l'on en croit les Mormons, une vision céleste détermina la fondation de la ville. Comme leur chef Brigham Young traversait les montagnes, cherchant où il établirait son peuple, un ange lui apparut en songe, lui montra une éminence de forme conique, et lui donna l'ordre d'y construire le temple de la Loi. Le prophète descendit vers le lac Salé, trouva l'endroit décrit par l'envoyé de Dieu, et s'y fixa avec ses disciples. La Nouvelle-Jérusalem est située entre deux mers intérieures, le lac Utah et le lac Salé, que le Jourdain relie l'un à l'autre ; mais cette rivière, ne faisant que suivre une vallée arrosée déjà par de nombreux courants, sert peu à l'irrigation. Brigham Young a formé le projet de creuser un canal qui amènerait les eaux de l'Utah sur les versants inférieurs de la chaîne du Wasath ; cette entreprise, qu'il faut s'attendre à voir exécuter si rien n'entrave le développement du mormonisme, fertiliserait d'immenses espaces de terre stérile.

La cité couvre une superficie de 1,200 hectares, divisée en trois cents blocks égaux, dont chacun, à son tour, est partagé en huit sections. Le temple, ou plutôt l'emplacement sur lequel il doit s'élever, — car, dans cette ville des Saints, on a construit tous les autres édifices publics avant la maison de Dieu, — occupe le centre de la ville ; mais ce n'est encore qu'un amas de bâtiments grossiers précédé d'un *bowery*, hangar couvert de planches et de branchages où les fidèles qui n'ont pu trouver place dans les tabernacles provisoires, se mettent à l'abri de la pluie et du soleil. Sur chaque côté du temple s'ouvre une rue, large de 40 mètres, qui se dirige en droite ligne vers la plaine. Des voies parallèles à celles-ci courent à l'est, à l'ouest, au nord et au sud, disposition qui serait assez monotone, si ces avenues symétriques n'étaient égayées par des bouquets d'ailantes et de caroubiers et rafraîchies par des ruisseaux d'eau vive. La principale rue, celle qui aboutit à la façade projetée du temple, devait être réservée aux prophètes mormons ; les maisons, plus grandes et plus espacées, ont un caractère presque religieux ; mais le commerce ne tarda pas à envahir les abords du lieu saint ; des banques, des magasins, des hôtels s'élevèrent auprès des demeures de

Brigham Young, de Kimball, de Wells, les trois principaux chefs de la Nouvelle-Jérusalem. Les frais jardins furent remplacés par des boutiques, et l'on abattit les arbres qui bordaient la route, afin de pouvoir plus facilement charger et décharger les marchandises. En somme, cette rue large, poudreuse, encore dépourvue de pavés, présente les trois états par lesquels passe toute ville américaine ; à côté des *abodes*, maisons bâties en briques séchées au soleil, s'élèvent les maisonnettes de simples troncs d'arbres, et l'habitation en pierres destinée aux riches.

Sous le rapport extérieur, la capitale du mormonisme diffère donc peu des cités du Kansas et du Missouri, si ce n'est qu'on n'y voit point de tavernes, de maisons de jeu, qu'on n'y rencontre point de gens ivres et querelleurs, car une police sévère empêche tout désordre. Mais entrons dans ces demeures de si bonne apparence, si bien ombragées d'arbres fruitiers, si coquettement tapissées de plantes grimpantes : c'est là que se cache le ver rongeur de cette étrange société. Plusieurs cottages, pareils à des chalets suisses, sont disséminés dans le jardin.

— A qui appartiennent ces jolies villas ?

— Aux épouses du frère Kimball, nous répond un passant ; chacune d'elles habite un pavillon séparé.

— Ce n'est peut-être pas inutile pour empêcher les querelles ; tous les Mormons ont-ils cette prévoyance ?

— Nous réglons comme il nous plaît nos affaires domestiques ; voyez, là-bas, cette grande maison construite en pierres rouges ; c'est la demeure d'Hiram Clawson ; ses trois premières femmes y sont réunies avec une vingtaine d'enfants.

— Cependant j'aperçois au fond un cottage isolé, blotti au milieu d'un buisson de roses.

— Il est vrai, Hiram a épousé dernièrement la plus jeune fille de notre prophète, et il a fait une exception en sa faveur.

— Ah ! sans doute, la fille d'un sultan doit avoir des privilèges !

Ainsi, détruisant le foyer domestique, une secte, qui n'a de chrétien que le nom, essaye d'introduire, au sein d'une société européenne, les mœurs du mahométisme. Il serait difficile d'expliquer le succès d'une semblable doctrine, si on ne réfléchissait que ses apôtres s'adressent à des hommes ignorants, grossiers, déshabitués de toute croyance. Brigham Young qui, le premier, introduisit la polygamie chez les Mormons, la présenta d'abord, non comme un droit, mais comme un don que Dieu fait à ses élus ; recevoir du ciel, par la bouche de son envoyé, l'autorisation de prendre une nouvelle épouse était la récompense du zèle et de la sainteté. Peut-être le prophète entendait-il réserver ce privilège aux dignitaires de son Église ; mais bientôt, comprenant combien une telle institution aiderait à l'accroissement de sa secte, il en généralisa l'usage. On ne saurait nier, en effet, que la pluralité des femmes, ce crime de lèse-civilisation, ne soit un élément de force au début d'une société. Si, par un moyen quelconque, un peuple attire sur son territoire les filles des autres nations, la possession d'un tel trésor lui donne un pouvoir d'extension immense. Le prophète commença donc à enseigner que tout fidèle est libre de contracter mariage avec les épouses des gentils, et, pour joindre l'exemple au précepte, il ramena des Etats de l'Est une jeune Américaine qu'il avait enlevée à son mari.

Les femmes cependant sentent qu'elles sont abaissées par le mormonisme ; aussi un certain nombre d'entre elles, malgré la défaveur jetée sur le célibat, préfèrent une vie d'isolement et de travail à la richesse qu'elles pourraient trouver dans le harem du prophète. Celles qui sont mariées ont perdu la grâce et l'enjouement de leurs sœurs d'Europe. Les *saints* disent qu'en revanche elles sont devenues meilleures épouses, plus tendres mères, qu'elles ont gagné en vertus solides ce qu'elles ont dépouillé de charme extérieur.

Pour un observateur impartial, il est évident qu'elles ont cessé d'être ce que le christianisme les avait faites, les compagnes, les amies de l'homme ; elles sont devenues les esclaves d'un maître. Elles ne président plus aux repas de la famille, elles s'éloignent du salon, qu'elles ne savent plus animer de leur sourire, pour se renfermer dans la cuisine ou dans la buanderie.

Quand parfois elles viennent, un enfant sur le bras, apporter des fruits ou des gâteaux, elles ont un air froid et contraint, comme si elles craignaient que la conversation la plus insignifiante avec un étranger ne fût regardée par leurs maris comme une intrusion coupable.

Au lac Salé, la femme doit se tenir à sa place. Une jeune fille n'ose parler à son père qu'en l'appelant « monsieur ; » elle ne se permet guère de s'asseoir en sa présence à moins d'en avoir reçu l'ordre. Il est vrai qu'en compensation de leur servitude, le code mormon accorde aux belles enthousiastes qui l'adoptent toute liberté de choisir l'époux dont elles partageront le trône dans la vie future. Aussi cette secte, que l'extravagance et l'immoralité semblaient condamner à une prompte mort, se répand en Amérique et même en Allemagne, en Angleterre, avec une facilité qui fait pousser un cri d'alarme au protestantisme. Il y a trente-six ans, le mormonisme comptait six adeptes ; il en a aujourd'hui cent soixante mille dans les Etats-Unis, quinze mille dans la Grande-Bretagne, dix mille dans le reste de l'Europe, vingt mille en Asie et dans les mers du Sud. Il pourrait au besoin lever une armée de vingt mille hommes, et chaque jour des bandes d'émigrants viennent le grossir.

Le fondateur du mormonisme, Joseph Smith, n'était cependant pas un de ces esprits supérieurs qui, sondant d'un regard profond les tendances d'un peuple et d'un siècle, savent en faire les instruments dociles de leur volonté. Ignorant, vicieux et pauvre, il aurait probablement vu sa doctrine tomber dans l'oubli qu'elle méritait, si la haine de ses ennemis ne lui eût donné l'auréole du martyre. En vain, se posant comme envoyé du ciel, il avait promulgué l'évangile de la nouvelle loi, gravée par l'ordre de Dieu même sur des tablettes d'or. Ce livre précieux, formé de minces lames de métal, avait été, disait Smith, rédigé sous l'inspiration de l'Esprit-Saint par un prophète nommé Mormon, qui vivait au cinquième siècle de notre ère ; mais les hommes de ce temps n'étaient pas dignes de jouir des bienfaits de la révélation divine ; le code sacré fut enfoui sur une colline de l'Ontario, jusqu'à ce que naquit l'élu qui devait le mettre en lumière. Peu de gens avaient été assez crédules pour ajouter foi à ces fables. Traqué par la banqueroute de l'Ohio au Missouri, puis à l'Illinois, où il avait fondé la colonie de Nauvoo, Joseph se débattait entre les poursuites de ses créanciers, les intrigues de ses propres partisans et la vindicte publique, quand, arrêté en 1843, il fut tué dans la prison de Carthage par une bande d'hommes masqués. Dès lors, on oublia sa fourberie, sa cupidité, ses débauches, son ambition, son ignorance, pour ne voir en lui qu'un juste indignement persécuté.

Un homme doué d'une grande habileté, d'un esprit éminemment pratique, Brigham Young, prit en main l'héritage de Joseph Smith. Son premier acte d'autorité fut de transporter ailleurs le siège de la secte, car le mormonisme s'était trop avili dans l'Illinois pour y faire beaucoup de prosélytes. Les Saints devaient quitter un pays où ils n'avaient rencontré que l'oppression ; comme le peuple juif, ils devaient sortir de la moderne Egypte pour marcher à la conquête d'une nouvelle terre de Chanaan.

Au delà des prairies occidentales, au delà des Montagnes Rocheuses, se trouvait un désert dont nul homme blanc n'avait encore réclamé la possession. Une mer morte, non moins désolée que celle de la Palestine, le grand lac Salé, s'étendait au milieu des plaines solitaires ; les sources qui alimentent cette immense nappe d'eau étaient, disait-on, amères ou infectes, et la maigre végétation qui croissait à regret sur ses bords ne pouvait servir à la nourriture de l'homme. Young recueillit sans doute des informations plus exactes et plus encourageantes, car il déclara sans hésiter à ses disciples qu'une révélation divine lui avait ordonné de les conduire dans ce pays, où l'abondance bénirait leurs efforts.

Remplies d'un religieux enthousiasme, toutes les familles de Nauvoo firent à la hâte leurs préparatifs de départ ; 500 lieues les séparaient de l'aride terre promise ; l'hiver commençait, les jours étaient courts, le sol couvert d'une neige épaisse ; la faim, la soif, les maladies attendaient les Mormons dans ce périlleux voyage, après lequel il leur faudrait soutenir une nouvelle lutte contre la nature pour conquérir une demeure. Mais l'élasticité du caractère américain a des ressources pour toutes les situations ; les hommes de l'Extrême-Ouest peuvent tour à tour être charpentiers, boulangers, fermiers ; un cordonnier construira un pont, un prédicant défrichera une forêt, un légiste cuira le pain. Brigham savait les souffrances de toutes sortes qui étaient réservées à ses adhérents ; mais il savait aussi de quoi sont capables des fanatiques doués d'une volonté persévérante. Quand les émigrants arrivèrent aux montagnes, ils avaient déjà creusé plus d'une tombe le long du chemin ; pourtant ils n'éprouvèrent ni découragement ni inquiétude à la vue des chaînes abruptes, à peine creusées de gorges étroites perdues dans la neige. Les hommes jeunes et vigoureux marchaient à l'avant garde, repoussant les bêtes féroces, tuant les serpents à coups de pierres, frayant un passage pour les femmes et les vieillards.

Jour après jour, semaine après semaine, ils s'avancèrent laborieusement dans ces tristes sierras ; leurs provisions s'épuisaient, le gibier devenait rare, et à la fin de ce rude pèlerinage, ils ne pouvaient attendre que l'aridité du désert. Brigham Young soutenait leur courage par le récit des révélations qu'il prétendait avoir reçues de Dieu ; en dépit du froid et de la faim, en dépit de l'aspect désolé que présentaient ces solitudes pendant l'hiver, les yeux des Mormons rayonnaient d'enthousiasme et les trompettes résonnaient joyeusement lorsqu'ils descendirent les pentes nues qui conduisaient à leur héritage.

Le prophète se mit aussitôt à l'œuvre ; il explora les défilés, traça le plan de sa ville, indiqua des sources d'eau vive, des pâturages fertiles au milieu de ces plaines que l'on croyait condamnées à une irrémédiable stérilité. Le peuple vit dans ces découvertes un miracle, et il eut bientôt en Brigham Young cette foi aveugle qui fit du chef des Mormons le potentat le mieux obéi de la terre. Bientôt les champs furent ensemencés ; on exploita les salines, on éleva des scieries ; des troupeaux commencèrent à paître sur les collines, et la Nouvelle-Jérusalem, *Salt Lake City*, sortit rapidement du sol. Les Peaux-Rouges, d'abord hostiles, furent gagnés par des largesses et de bons traitements : « Nous trouvons plus d'économie, dit Young, à nourrir les Indiens qu'à les combattre » Aujourd'hui, après 50 années, la colonie est devenue riche et puissante, ses marchands ont établi des comptoirs à New-York et à Londres ; ils ont eu, en 1867, un représentant à l'Exposition universelle de Paris.

D'où est venu aux Mormons cet accroissement rapide qui menace de causer un jour de sérieux embarras à l'Union américaine ? L'amour du travail, exalté jusqu'à la passion, est l'un des premiers éléments de leur force ; ils en trouvent un second dans leur active et ambitieuse propagande.

Les Saints ont des écoles et des chapelles, des livres et des journaux à Londres, à Liverpool, à Glasgow, à Copenhague et dans plusieurs villes d'Allemagne. Chaque année, un grand nombre d'apôtres quittent le lac Salé pour convertir les nations. La manière dont ils sont choisis et envoyés à travers le monde prouve l'immense autorité qu'exerce le prophète. Un jour, se promenant à pas lents dans Main-Street, il aperçoit un jeune fermier qui conduit un attelage ou pousse un troupeau de bœufs. Il l'appelle, lui dit que le Seigneur l'a choisi pour répandre sa parole, et lui ordonne de partir aussitôt. La durée de la mission peut varier de un à dix ans ; le lieu sera Liverpool, Damas, Dehli ou Pékin. Le jeune homme n'élève pas la moindre objection ; il prend congé de ses amis, embrasse sa femme et ses enfants, puis il s'en va sans argent, sans provision d'aucune sorte, pour accomplir l'ordre qu'il a reçu. Il n'est point en Orient d'esclave qui obéisse à son maître avec une soumission plus aveugle et plus prompte. Le nouveau missionnaire pourvoit à sa subsistance en louant ses services à quelque convoi de marchands qui se dirige vers le lieu de sa destination. S'il doit se rendre en Europe, il reste à New-York jusqu'à ce qu'il ait gagné par son travail le prix du passage ; plus souvent encore, il s'engage comme matelot à bord d'un navire, pour prêcher à l'équipage la doctrine des Mormons.

Arrivé en Angleterre, il se loge chez quelque Saint du pays, ou, s'il n'a point cette ressource, il entre comme ouvrier dans une grande manufacture. Là, il éveille chez ses compagnons le dégoût de leur état présent, le désir d'une condition meilleure, il leur promet non-seulement le salut pour le monde à venir — beaucoup peut-être n'y songeaient guère — mais surtout des biens terrestres en celui-ci. L'artisan aura des fabriques ; le laboureur, des fermes. Le mormonisme doit trouver aisément accès auprès des mécontents et des déshérités, car le ciel qu'il annonce n'est pas entièrement au delà du tombeau ; les richesses, disent ses missionnaires, sont l'héritage légitime des Saints ; la pauvreté n'est pas un état béni, qui permet à l'homme d'amasser des trésors de grâce et de miséricorde ; les puissants de la terre ont inventé ce sophisme pour tenir le peuple dans l'abaissement, mais Dieu appelle tous les siens à la fortune et aux jouissances.

Il est probable que Smith n'avait point eu la pensée d'instituer la polygamie, ou du moins ne s'était pas senti assez fort pour heurter d'une manière aussi violente les mœurs de notre civilisation ; mais, quand Brigham Young eut transporté les débris du mormonisme dans un désert où il n'avait à craindre aucune loi humaine, il donna d'autant plus librement carrière à ses passions, qu'il voyait dans la pluralité des femmes un moyen rapide d'accroissement pour sa secte naissante.

Il avait pensé, en recrutant ses prosélytes parmi des gens ignorants, pauvres et avides, dans le sein de cette populace qui est l'écume des nations, n'avoir point à compter avec les principes et les traditions de l'ancien monde. Il se trompait. Un peuple ne saurait s'être nourri pendant des siècles du breuvage fortifiant de la vérité sans avoir retenu dans ses veines des germes de vie qui réagissent contre le poison de l'erreur.

En résumé, le mormonisme n'est pas une de ces utopies dont il faille se contenter de rire ; il puise sa force dans tous les mauvais instincts de notre siècle, dont il est pour ainsi dire l'incarnation : de plus, il a rencontré des circonstances extrêmement favorables à son développement : une terre vierge d'habitants lui fournit un admirable champ d'expérience, et la race à laquelle il doit la majorité de ses prosélytes réunit toutes les qualités d'énergie et de persévérance qui favorisent la réussite des entreprises. Le bon sens des Américains, le souvenir à demi effacé de la vie de famille, un vague sentiment religieux, luttent seuls contre ces éléments de succès ; mais nous avons confiance que le bien remportera la victoire : un peuple chrétien ne peut rester dans un aussi profond abîme de dégradation intellectuelle et morale.

Si les Mormons ont emprunté au mahométisme ses mœurs corrompues et son gouvernement despotique, on voit qu'ils en diffèrent profondément au point de vue des doctrines religieuses ; et, comme les croyances sont l'âme qui façonne les sociétés à son image, une divergence non moins complète sépare les Saints de l'Utah des peuples musulmans. Le Coran méprise et avilit l'homme ; du sein de sa grandeur égoïste et solitaire, Allah ne laisse tomber sur sa créature aucun rayon de liberté, de mérite ou d'amour ; l'humanité n'est qu'un vil instrument, un troupeau d'esclaves. Cette doctrine a enfanté le fatalisme et fait de l'Orient un cadavre. Le livre des Mormons, au contraire, exalte l'homme jusqu'à la folie, il surexcite outre mesure son activité ; et, tandis que les sociétés mahométanes, dont l'immobilité est la règle, ont pu garder longtemps une apparence de vie, la secte de Brigham Young est probablement destinée à périr dans les convulsions et les tempêtes.

Le rang assigné aux différents êtres ne bouleverse pas moins les idées chrétiennes, car les Saints relèguent les anges au dernier degré de la hiérarchie intellectuelle. Ils placent au sommet de l'échelle céleste les dieux immortels, êtres composés d'un corps et d'une âme arrivés à leur plus haute perfection : c'est l'état auquel doivent parvenir les Mormons qui sur la terre se sont exactement conformés à la loi ; après eux viennent les hommes, puis les esprits, existant de toute éternité, qui attendent encore leur tabernacle de chair ; enfin les anges, êtres imparfaits, incapables de s'élever au rang des dieux. Ils ont été successivement des esprits dans l'espace, des hommes sur la terre ; mais, comme ils n'ont pas accompli la loi de vie, ils ont été arrêtés dans leur ascension vers un état plus parfait. Leur faute est de n'avoir pas vécu de la vie patriarcale, de n'avoir pas épousé plusieurs femmes, comme Abraham et Jacob, David et Salomon. Ainsi, les anges sont les âmes des célibataires et des monogames, de ceux qui ont fermé leur avenir en se refusant les joies du harem, et qui par là sont devenus incapables de régner dans les sphères célestes.

Les fondateurs du mormonisme, imprégnés encore de l'esprit de diffusion des races chrétiennes, appellent à eux tous les peuples de la terre ; mais, plus ambitieux de former un empire que de jeter aux quatre coins de l'horizon les semences d'une doctrine dont ils sentent peut-être eux-mêmes les faiblesses, ils attirent les nouveaux convertis vers le lac Salé, précaution qui a l'avantage de mettre leur foi à l'abri de toute tentation et d'augmenter rapidement le nombre des sujets de Brigham Young. Puis, comme l'erreur est accommodante, la nouvelle église ouvre son sein non-seulement à toutes les nations, mais à toutes les croyances. Pour devenir mormon, il n'est point nécessaire que le païen brise ses idoles, que l'Hindou renonce à Brahma, le musulman à Mahomet ; la religion inaugurée par Smith et Young est, disent-ils bien haut, une religion de conciliation ; se convertir à ses dogmes n'est point renier sa foi, c'est y ajouter de nouvelles vérités. Cette tolérance dans laquelle ils croient trouver une force, nous semble au contraire une cause de dissolution. La sympathie pour toutes les doctrines n'attache à aucune, elle amène à une complète indifférence en matière de foi ; or l'indifférence ne créera jamais rien, parce qu'elle est la négation, le néant, tandis qu'une foi vive peut, alors même qu'elle s'égare dans l'erreur, produire de grandes choses. D'ailleurs la tolérance véritable ne consiste pas à voir du même œil toutes les doctrines, mais à tempérer par une immense charité envers les personnes la lutte des idées. La divergence des opinions ne doit pas empêcher les enfants d'un même père de se donner le baiser de paix.

Il est vrai que, si les Saints du lac Salé ont un symbole indécis et flottant, ils suppléent à l'enthousiasme religieux par la confiance illimitée qu'ils ont dans leur chef. Ils regardent Brigham Young comme l'organe de la volonté céleste. Dieu gouverne son peuple par les révélations incessantes qu'il fait à ses prophètes ; il le guide, non-seulement dans les circonstances solennelles, mais dans les moindres détails de la vie domestique et rurale.

L'Utah reconnu, en 1850, territoire des Etats-Unis, a été placé dans l'union de la république américaine. C'est en 1847 que les Mormons, après la mort de Joë Smith, le fondateur de leur secte, émigrèrent dans cette contrée, et commencèrent à la défricher. Le plus connu des présidents des Mormons fut Brigham Young mort en 1877. La polygamie formait le premier article du programme des Mormons ; au-dessous du président, qui prend autant de femmes qu'il lui plaît, sont douze apôtres missionnaires qui possèdent chacun douze femmes ; viennent ensuite soixante-dix prêtres et un nombre encore plus grand de diacres ayant chacun six à huit femmes. Cette secte attirant nombre d'immigrants, des villes se fondèrent ; de 40.000 qu'ils étaient, les Mormons atteignirent 200.000. Mais le but qu'ils poursuivaient de renouveler le genre humain en se multipliant sans cesse et en écrasant les dissidents par le nombre ne se réalisa point. Le chemin de fer du Pacifique ayant amené dans l'Utah, dès 1869, de nombreux immigrants, le gouvernement de l'Union, en 1864, s'éleva contre la polygamie et a, depuis, poursuivi constamment les adhérents. La capitale formée par eux n'est plus aujourd'hui que la cité du grand lac Salé.

Pendant notre séjour à l'Exposition de Chicago, nous avons fait la connaissance d'un Mormon ; nous aimions à causer avec ce beau garçon, aimable et doux ; il nous raconta son odyssée. Son père mort depuis un an avait cinq femmes dont il avait eu trente-cinq enfants ; il habitait Sion, près du lac Salé.

— Nous autres Mormons, nous dit-il, nous trouvons très naturelle la polygamie ; nous nous occupons d'agriculture, et chacune de nos femmes habite une maison séparée ; à son foyer, chacune a droit aux mêmes égards et à la même tendresse ; nous ne favorisons pas l'une au détriment de l'autre ; avec chacune nous demeurons un temps égal, et chaque jour nous rendons visite aux autres. Chacune de nos femmes est autant respectée par nous que pourrait l'être une épouse légitime, et nous ne nous croyons nullement inférieurs à ceux qui n'ont qu'une femme à aimer. Vous autres, chrétiens, vous croyez que nous sommes des hommes semblables aux pachas d'Orient ; eh bien ! pas du tout, ne croyez pas que nous cherchions la satisfaction de nos fantaisies et de nos passions. Le lien conjugal n'est pas moins en honneur parmi nous que chez vous. L'adultère est inconnu parmi les Mormons ainsi que les naissances illégitimes ; pour les femmes les maris sont des dieux, les instruments de leur bonheur à venir ; sans leur aide elles ne sauraient parvenir à leur destinée bienheureuse. Les Mormons n'ont pas oublié l'indigne massacre de Joseph Smith dans la prison de Carthage.

Les maximes des Mormons sont plus appréciables que celles des fondateurs de la nouvelle Thélème de Baltimore. Tout l'intérêt est de savoir si deux cents femmes peuvent suffire à qui n'aura pas pu trouver le bonheur dans une seule. Ces hommes qui ont la manie du changement éprouveront encore du vague dans l'âme quand ils seront au bout de la tournée et recommenceront à gémir sur les monotonies de l'existence, si bien qu'on arrive encore à plaindre ces pauvres innovateurs du Delaware engagés dans une expérience sans issue et réduits à la portion congrue en dépit du petit paradis de Mahomet qu'ils croyaient s'être constitué.

Un madrigal inscrit sur l'album d'une jolie femme assurait que Dieu ayant créé le monde avait voulu couronner son œuvre en donnant le jour à la femme...

Après quoi il s'arrêta de peur de faire une nouvelle sottise.

La polygamie vient d'être déclarée illégale aux Etats-Unis ; alors que deviendront les femmes de la secte de Baltimore. Un vieillard de soixante-dix ans, M. Cannon, comme son ami l'évêque Claweson, avait plusieurs femmes et un grand nombre d'enfants. Ne voulant pas résister à la loi, il les réunit toutes pour la leur faire connaitre, en leur déclarant qu'elles étaient libres de partir et d'épouser qui bon leur semblerait, bien qu'il se trouvât obligé de leur venir en aide, si elles ne le faisaient pas. Toutes ses femmes répondirent qu'elles acceptaient le sacrifice, mais qu'elles ne voulaient pas partir. M. Cannon, devant cette rupture des liens de famille qui s'imposait, dut prendre une décision. Sa première femme étant morte, il déclara qu'il n'y aurait plus de cœurs enflammés et que désormais il n'aurait plus de femmes, par conséquent plus de jalousie ; et maintenant, il vit seul avec les enfants de sa première femme ; il a fait construire une grande salle où, chaque matin, ses anciennes femmes avec leurs enfants se rencontrent avec lui comme d'habitude pour la lecture de la Bible et pour les prières. Le dîner a lieu dans la même salle ; chaque femme est assise à une table avec ses enfants à elle, et lui, à part, avec les enfants de sa première femme.

Voilà comme il a résolu la question.

Les Shakers.

Les Shakers ont la même Bible que les Mormons, mais ils en ont tiré des conclusions diamétralement opposées ; laissant loin derrière eux le monachisme catholique, ils enseignent que le célibat est le seul état agréable à Dieu, et c'est un singulier spectacle que de voir un pareil fruit sur l'arbre du protestantisme. Tant il est vrai que l'esprit de l'homme, quand il n'est pas sagement contenu par des lois qui répriment ses écarts en donnant satisfaction à ses tendances légitimes, arrive à dépasser toute mesure !

Selon la doctrine des Shakers, la plupart des hommes sont aveugles et sourds ; ils ne comprennent rien aux grands changements qui se sont accomplis sur la terre ; quelques rares élus répondent seuls à la vocation divine ; ils oublient les rivalités et les passions du monde pour commencer une nouvelle vie, une vie de l'âme dans laquelle le mariage est abrogé, la paternité inutile et sans but : des êtres immortels n'ayant pas besoin de se perpétuer. Selon les nouveaux croyants, deux grandes lois partagent l'humanité, la loi de *génération*, qui est celle des enfants de la mort, la loi de *régénération*, que suivent les enfants de la lumière et de la vie.

Comme les pythagoriciens, les Shakers ont le silence en grand honneur. Nulle conversation ne vient égayer leur repas ; ils se rassemblent au son de la cloche et s'avancent par longues files vers le réfectoire ; les hommes se placent à l'une des extrémités, les femmes à l'autre, puis tous s'agenouillent pour adresser à Dieu une courte prière mentale. Leurs aliments, bien préparés et de bonne qualité, sont fort simples ; ils se composent presque exclusivement de lait, de fruits, de légumes et d'œufs. Si, pendant le repas, l'un des frères a besoin de l'assistance de son voisin, il murmure tout bas sa demande, et, le service rendu, n'adresse aucun remerciement. Vingt minutes suffisent à cette frugale collation, après quoi chacun retourne au travail. Les femmes font la cuisine, confectionnent les vêtements, conservent les fruits, distillent des essences, fabriquent des éventails et d'autres menus objets ; elles cousent, chantent, instruisent les enfants, et leurs écoles passent pour les meilleures de l'Etat de New-York. Les hommes se livrent à la culture des plantes.

Le Shaker éprouve pour la nature une vive tendresse, il la regarde avec l'œil d'un amant et se considère comme uni au sol par des liens célestes ; les passions qui règnent sur le cœur humain se concentrent pour lui dans l'amour qu'il porte à ses vergers et à ses champs. La terre ayant été maudite par le péché, recouvrera, dit-il, sa splendeur première, par les efforts de la vertu. C'est l'homme qui imprime son caractère au paysage ; la plante qu'il cultive se modèle sur lui, et, s'il veut avoir un domaine rempli de grâce et de beauté, il faut qu'il commence par purifier son âme : un arbre a ses besoins et ses désirs, on doit les étudier avec la sollicitude d'un précepteur pour l'enfant confié à ses soins ; si l'on aime la plante, et si l'on a souci de ses préférences, elle récompensera généreusement son bienfaiteur. « J'ignore, ajoutait le chef de cette colonie d'ascètes, frère Fréderick, si un arbre reconnaît celui qui le cultive ; mais ce dont je suis sûr, c'est qu'il sent le bien-être et la souffrance, tout comme une créature humaine. Quand nous avons planté ce verger, nous avons commencé par choisir les meilleures boutures, puis nous avons préparé une demeure pour chacune d'elles ; c'est-à-dire que nous lui avons creusé un trou profond, dans lequel nous avons placé des tuyaux pour l'écoulement des eaux. Ce travail terminé, nous l'avons recouvert d'un lit de fumier et de terre végétale ; enfin nous avons posé l'arbre enfant dans sa douce couchette, et nous avons protégé sa croissance par une cage métallique. On trouvera peut-être que ce sont là bien des soins et des peines, mais nous aimons notre jardin. »

Cette secte douce et inoffensive, ces hommes qui ne prennent aucune part à la politique et aux querelles de l'Amérique, qui ne votent pour aucun président, ne tiennent aucun meeting, pour qui les droits de la presse et de la tribune sont un vain rêve, exercent cependant aux Etats-Unis une grande influence. Ils instruisent la jeunesse, prêchent par leur exemple l'esprit de sacrifice, et leur institution serait vraiment salutaire, si leur mysticisme ne s'égarait dans de folles rêveries. ils prétendent vivre en compagnie des anges et avoir plus de commerce avec les morts qu'avec les vivants. Assis dans leurs cellules, occupés à leurs travaux, ils aperçoivent autour d'eux une foule d'esprits, ils entendent des voix, et leur regard rêveur, perdu dans l'espace, l'expression étrange de leur visage, dénoteraient l'absence complète de la raison, si on ne les voyait en même temps montrer un bon sens rare dans les actes ordinaires de la vie.

Quoique la secte des Shakers soit encore peu connue, sa fondation remonte à une centaine d'années. Vers la fin du dernier siècle vivait à Bolton-Moors, triste ville du Lancashire, une ouvrière nommée Jane, femme d'un tailleur qui devint son premier adepte. Frappée des vices et des misères dont elle était entourée, elle se crut appelée à régénérer le monde ; elle parcourut les rues et les places publiques, prêchant à qui voulait l'entendre que le règne du Christ allait commencer et que, pour son second avènement, il prendrait la forme d'une femme. Jane n'avait jamais prétendu qu'elle fût elle-même la Messie, mais elle agissait comme si tous les pouvoirs du ciel et de la terre eussent été remis entre ses mains ; ses partisans disaient qu'elle était remplie de l'esprit de Dieu, et ils recevaient ses paroles comme les décrets du ciel. Son règne cependant fut court. Une jeune fille, Anne Lee, dont le père était un pauvre forgeron de Manchester, avait été des premières à suivre la prophétesse. Elle ne savait ni lire ni écrire ; sa jeunesse s'était flétrie au contact des gens les plus vicieux ; dès sa naissance, elle avait été en proie à des attaques d'hystérie ; enfin elle était violente, avide de se faire remarquer, dévorée du besoin de domination. Mais elle avait la parole véhémente, capable d'impressionner la populace. Comme la plupart des filles de son pays et de sa condition, elle s'était mariée de fort bonne heure ; âgée de seize ans à peine, elle avait épousé un forgeron nommé Stanley, dont elle avait eu quatre enfants. La misère et le besoin tuèrent dès le berceau ces pauvres créatures, et les épreuves qu'elle avait subies inspirèrent à la jeune mère une vive répugnance pour les devoirs dévolus aux femmes dans la vie conjugale. Elle se joignit à la secte de Jane, se montra dans les rues, et déjà elle avait réuni autour d'elle une foule de disciples, quand la police s'émut de ses succès, et pour y mettre un terme, la renferma dans la prison du comté.

La réclusion et les souffrances ne firent qu'exalter son cerveau malade : rendue à la liberté, elle proclama partout que la lumière céleste s'était reposée en elle, et que le Verbe divin, s'incarnant une seconde fois, l'avait choisie pour son tabernacle. Elle prêcha sa doctrine à Manchester et à Bolton, mais les huées de la multitude accueillirent ses paroles; irritée de l'opposition qu'elle rencontrait, elle résolut de chercher en Amérique des cœurs plus dociles ; les esprits dont elle écoutait la voix lui avaient appris que ce pays, espoir des hommes libres, serait le siège de l'Eglise future. Elle secoua sur le vieux monde la poussière de ses pieds et partit avec sept ou huit fidèles qui consentirent à partager sa fortune.

Les progrès de la petite colonie furent lents et pénibles. En butte à la malveillance des populations, la *Mère* Anne se vit jetée, lors de la guerre de l'Indépendance, dans les cachots de New-York. Mais que faire d'une femme qui se disait le Christ? Le tribunal la déclara folle, et ordonna de la reconduire en Angleterre. Les hostilités ne permirent pas d'exécuter ce jugement. Anne demeura aux Etats-Unis, où la sentence portée contre elle avait commencé de répandre son nom ; elle parcourut le pays, prêchant que le royaume du ciel était désormais établi sur la terre, que Dieu gouvernerait son peuple, non plus par l'intermédiaire de lois écrites, mais directement, par la personne de son Verbe ; que la religion ancienne était abolie, le péché d'Adam effacé. Les plus bizarres conclusions découlaient de ces dogmes primordiaux : le commandement de croître et de multiplier, la bénédiction divine répandue sur le premier couple humain, devenaient inutiles et sans but ; le mariage était banni de la nouvelle Eglise ; la terre, purifiée, se transformait en un paradis, où les anges et les esprits du monde invisible conversaient familièrement avec les élus.

Ces fantaisies trouvèrent prise sur les âmes faibles et rêveuses ; de nouvelles colonies furent fondées, et la mère Anne avait réuni autour d'elle plusieurs centaines de croyants, lorsque, sentant sa fin prochaine, elle choisit, pour diriger après elle le royaume de Dieu, Joseph Meacham et Lucy Wright, ses plus ardents sectateurs. Sa mort, qui arriva en 1784, mit à une rude épreuve la foi de ses disciples, car, à son second avènement, le Messie ne devait point passer par la nuit du tombeau. Les chefs que leur laissait la prophétesse se montrèrent à la hauteur de la difficulté. Ils affirmèrent hardiment qu'Anne n'était pas morte : la fiancée de l'Agneau avait seulement quitté son vêtement de chair pour revêtir la robe nuptiale. Son être transfiguré était devenu invisible aux profanes par l'excès même de la lumière qui l'environnait ; mais eux, ses enfants, n'avaient point cessé de la voir et de l'entendre. Ils s'entretenaient avec elle, et la même faveur était réservée à ceux dont la foi aurait aiguisé les sens. Quant au corps d'Anne Stanley, au lieu de le porter dans un terrain consacré, on le mit, pour le faire promptement disparaître, dans un champ qui allait être retourné par la charrue.

Les Shakers ne croient point à la résurrection de la chair. D'après leur conviction, c'est la voix seule de la grâce qui nous appelle de la mort à la vie ; quand ils se convertissent ils commencent, sans aucune métaphore, une existence nouvelle qui ne doit pas avoir de fin ; le trépas n'existe plus pour eux ; ce qui, d'après les idées communes, brise tous les liens de ce monde, rend, pour eux, plus doux et plus intimes les rapports qu'ils ont avec leurs frères. Ils continuent à peupler la terre, mais leurs sens épurés, délivrés de l'enveloppe d'argile dont le poids les accablait, perçoivent d'une manière parfaite les merveilles et les beautés de notre globe, qui devient leur paradis. C'est parce que les Shakers sont déjà entrés dans cette seconde phase, dans cette résurrection des élus, qu'ils sont capables de communiquer avec le monde des esprits. Ils se glorifient d'avoir été, en Amérique, les premiers à pénétrer les mystères de l'invisible et du surnaturel, à pousser les âmes vers le spiritisme. Dans leurs réunions, l'orateur, avant de s'adresser à son auditoire charnel, parle aux morts qui remplissent la salle, et qui, pour ces visionnaires, sont aussi apparents qu'aux jours de leur vie terrestre. « J'ai avec les esprits, dit le frère Frédérick, des entretiens plus familiers et plus suaves qu'avec les hommes. Cette chambre, qui paraît vide, est pour moi peuplée d'anges et de séraphins ; la mère Anne l'habite, tous nos frères disparus y sont avec elle. » En effet, dès que le chef des Shakers demeure un instant silencieux, il est aisé de voir à son visage animé, au ravissement qui se peint dans son regard, qu'il se croit en présence d'êtres grands et révérés. Ceux que nous croyons morts sont avec lui, et c'est ainsi que les sectaires du mont Liban s'imaginent avoir vaincu le trépas et mis fin au tombeau.

Pendant plusieurs années, les Shakers étaient restés dans le monde, mais, se considérant comme entrés dans une existence supérieure, ils demeuraient étrangers aux affaires et aux disputes terrestres. Joseph et Lucy les réunirent en communauté et leur donnèrent une règle uniforme ; à mesure que le nombre des néophytes se multipliait, de nouveaux établissements étaient fondés ; on en compte aujourd'hui dix-huit, répartis dans les États du Nord. Les Shakers cependant ne font point de propagande comme les Mormons ; ils ne promettent à leurs adeptes qu'une vie de renoncement et de pauvreté ; quelle force pousse donc le riche négociant de New-York à quitter sa somptueuse habitation pour une étroite cellule, l'ambitieux habitant du Kentucky à fuir les honneurs pour embrasser la fatigue et les privations? « Dans les temps ordinaires, dit le frère Frédérick, les conversions sont rares ; nous n'avons autre chose à faire que d'attendre l'heure où Dieu touchera les âmes. C'est principalement à l'époque des *cycles spirituels* que les élus sont appelés. »

Nous touchons ici à l'un des caractères les plus singuliers de la société américaine, si féconde en contrastes. Vous parcourez les rues d'une grande ville ; partout règne une activité fiévreuse ; les navires se pressent dans les ports, une foule affairée encombre les quais, les chemins de fer n'ont pas assez de vitesse pour porter ces hommes qui semblent dévorer le temps et l'espace ; l'industrie n'a pas d'engins assez puissants pour exécuter leurs vastes projets. Vous les regardez et vous dites : « Leur unique souci est d'asservir la matière, de créer des États, d'entasser des trésors. » Le lendemain, cette multitude, enivrée jusqu'alors de sa puissance, présente un spectacle bien différent. Les forts s'inclinent, les orgueilleux courbent la tête, un *revival* ou réveil religieux a éclaté. L'homme en effet a beau s'étourdir dans le vertige d'une action sans trêve ni mesure, il a beau mettre sur son front cette couronne qui le fait roi de la terre, un jour il s'aperçoit que les biens accumulés au prix de tant d'efforts ne sont que poussière ; son âme fatiguée s'en détourne avec dégoût. Effrayé du néant de ses conquêtes, il cherche autour de lui de quoi remplir le vide de son cœur, et le sentiment religieux éclate avec d'autant plus de violence qu'il a été plus refoulé. Ces réveils américains ressemblent à des explosions de désespoir. L'intelligence a soif de Dieu, soif de lumière et de vie : elle ne trouve que le néant et les ténèbres ; affolée de terreur, elle suit toutes les lumières trompeuses qui brillent dans sa nuit, et prête l'oreille à tous les prophètes qui lui prédisent le salut.

Chaque crise religieuse est marquée par la naissance de sectes nouvelles, par l'accroissement de celles qui existaient déjà, et c'est vers les doctrines les plus étranges, vers les formes les plus despotiques, que beaucoup d'âmes, lasses de froids raisonnements et de liberté sans frein, se portent de préférence. Des orateurs fanatiques entraînent la foule sur leurs pas dans les profondeurs des forêts ; ils ont la parole véhémente, l'œil dilaté ; leurs discours sauvages sont entrecoupés de cris et de gestes convulsifs ; on croirait des gens en délire, mais tandis que le philosophe hausse les épaules et que le magistrat fronce le sourcil, les mineurs, les bûcherons et les fermiers s'arrêtent, pleins d'admiration devant le fougueux prédicant.

« Un campement religieux dans les solitudes de l'Ohio ou de l'Indiana présente, dit M. Hepworth Dixon (1), un spectacle d'un intérêt saisissant. Par une belle après-midi d'octobre, j'assiste à un

(1) New America.

de ces revivals ; des myriades de fleurs jaunes et de mousses rougeâtres émaillent le gazon, les feuilles des chênes et des platanes ont pris les chaudes teintes de l'automne, les érables sont pourpres et les noyers semblent des arbres d'or. Au milieu des racines et des troncs vermoulus qui encombrent la forêt, au milieu des insectes qui bourdonnent, des oiseaux qui gazouillent, se dresse une multitude de tentes à l'aspect bizarre, mais non pas étranger : car le camp des *revivalists* n'a rien de commun avec celui d'une tribu indienne ou arabe, il rappelle plutôt les foires anglaises ou les fêtes d'Irlande. Les chariots et les voitures sont réunis à l'arrière-plan, les chevaux mis en liberté paissent à peu de distance. Dans une douzaine de baraques assez grandes pour former une salle spacieuse, des hommes mangent, boivent, fument ou prisent ; d'autres allument des feux en plein air, un grand nombre préparent le repas du soir : les garçons ramassent du bois, les filles vont puiser de l'eau à la source voisine. Au centre du campement, un pâle fanatique, debout sur un tronc d'arbre, assourdit de ses hurlements un auditoire suspendu à ses lèvres : quelques nègres revêtus de leurs habits de fête, des Indiens, la tête ornée de plumes, le corps couvert de peintures guerrières, se mêlent à la foule ardente et enthousiaste. Des hourrahs, des gémissements et des sanglots couvrent souvent la voix de l'orateur ; mais il n'y prend point garde ; le torrent de son éloquence se déchaîne ; la tempête de ses paroles répand la terreur : livides et immobiles, les hommes joignent les mains dans l'attitude du désespoir ; les femmes courent follement de tous côtés, lèvent les bras au ciel, confessent leurs péchés à haute voix ou bien, prises de convulsions, elles se tordent sur le sol, les yeux hagards et la bouche pleine d'écume. L'Indien regarde d'un œil de dédain les faiblesses de l'homme blanc, et le nègre s'écrie avec des sanglots frénétiques : « Gloire ! gloire ! alleluia ! »

Et c'est en plein dix-neuvième siècle, au milieu de la race la plus fière de sa raison qui fut jamais, que se passent de semblables scènes. Un grand nombre de *revivalists* tombent malades, quelques-uns meurent avant la fin du meeting. La surexcitation nerveuse produite par les harangues des prédicants n'est pas le seul fléau qui frappe la multitude ; les passions les plus brutales l'ont prise pour leur proie. « L'annonce d'un réveil me rend toujours joyeux, disait un légiste d'Indianopolis ; elle me présage une riche moisson de causes et de procès. » Les hommes se querellent, se battent, courtisent les femmes de leurs voisins ; les couteaux sont tirés, et plus d'une tragédie lugubre ensanglante le campement. Au bout d'une ou deux semaines, le zèle des fanatiques se calme, les chevaux sont attelés aux lourds wagons de voyage, et quelques tombes solitaires, quelques troncs d'arbres à demi brûlés, que la mousse et les lianes ne tarderont pas à recouvrir, marquent seuls la place où le revival a été tenu. Mais il laisse dans les cœurs une trace plus durable. Selon le témoignage de frère Frédérick, chaque mouvement religieux qui agite les États-Unis amène la fondation d'une nouvelle colonie de Shakers ; les dix-huit établissements que la secte compte aujourd'hui représentent dix-huit réveils ; un dix-neuvième éclatera bientôt, s'il faut en croire les disciples de la mère Anne.

Une autre doctrine, proche parente de celle des Shakers, reçoit également de ces crises religieuses un accroissement considérable ; c'est le *Spiritisme*, qui compte aujourd'hui près de trois millions d'adeptes. Des tentatives ont été faites pour établir un culte appuyé sur les révélations des êtres invisibles, mais les dogmes de la nouvelle foi sont encore fort obscurs ; quoique ses prophètes soient en communication constante avec le monde surnaturel, ils n'en ont pas beaucoup éclairci les mystères. Un de ces docteurs étant mort il y a quelques mois, un médium féminin, mistress Conant, aperçut tout à coup son esprit auprès d'elle ; le défunt voulait parler à ses frères, leur apprendre la science des choses à venir. La pythonisse américaine entra dans un saint transport, et voici les oracles qui s'échappèrent de ses lèvres :

« Bénis, trois fois bénis sont ceux qui meurent dans la connaissance de la vérité !

« Frères et sœurs, le problème est maintenant résolu pour moi ; comme je vis, vous vivrez aussi, car le *même Père* et la *même Mère* célestes qui confèrent l'immortalité à une âme la répandent sur toutes. »

Ces doctrines nébuleuses paraissent néanmoins claires et satisfaisantes aux Spirites; ils n'hésitent point à déclarer que les anciennes religions sont un vêtement vieilli, dont l'humanité se débarrassera bientôt. Ils proclament que les saintes Ecritures s'effacent devant les révélations nouvelles, que les phénomènes dont l'Amérique est le témoin — phénomènes qui s'accomplissent surtout dans les chambres noires et sous les guéridons des dames — sont le point de départ du futur culte universel. Ils ont organisé un service religieux, des fêtes, des sociétés locales, des conférences publiques, ils ont créé des écoles et des journaux. Un grand nombre d'entre eux prétendent posséder la faculté des miracles, le don des langues, la seconde vue; ils guérissent les maladies par l'imposition des mains; les feuilles quotidiennes regorgent d'annonces qui apprennent au lecteur que, pour la bagatelle de dix à quinze dollars, tel ou tel médium guérit le corps et l'âme, opère même à distance, et, par un raffinement de charité, attire dans son propre sein l'affection dont souffre le patient.

L'origine de leur secte est aussi humble que celle des Shakers; ils la font remonter à un pauvre savetier, Andrew Davis, qui, favorisé de songes merveilleux, se déclara envoyé du ciel pour régénérer l'humanité. Moins ambitieux que la mère Anne, le prophète spirite ne se donna pas pour un nouveau Christ, mais il publia que les esprits des morts peuplent la terre, et que les élus peuvent, dès cette vie, entrer en relation avec eux. Il ajouta que les médicaments sont nuisibles ou du moins inutiles, l'imposition des mains suffisant à guérir toutes les maladies. Enfin, il introduisit un système d'éducation dans lequel une sorte de danse, accompagnée de mouvements des bras et des mains jouait, comme chez les Shakers, un rôle fort important. Il admettait aussi la dualité de la nature divine, et voyait dans l'Être suprême, non-seulement le Père, mais aussi la Mère de l'humanité; de ce principe, découlait l'égalité de droits et de privilèges des deux sexes sur la terre.

Comme il était facile de le prévoir, les femmes acceptèrent avec empressement une doctrine qui les affranchissait de la dépendance où les tiennent plus ou moins toutes les religions. Mais c'eût été dommage de s'arrêter en si beau chemin; il ne suffisait pas d'avoir détrôné l'homme, il fallait se mettre à sa place, et bientôt une phalange de prêtresses entreprit cette œuvre méritoire. Les *Elisabethanes* proclamèrent, qu'avec ses sens plus grossiers, son organisation plus rude, son esprit plus lourd, l'homme est incapable d'élever son essor aussi haut que sa noble compagne; en un mot, il a joué son rôle, celui de la femme commence.

Anne Cridge avait la première fait cette merveilleuse découverte. Sœur d'un savant distingué de Boston, William Denton, elle prenait part aux travaux de son frère, et l'aidait dans ses expériences, quand les hautes prérogatives de son sexe lui furent révélées d'une façon assez plaisante.

Un médecin de Cincinnati avait observé que l'on peut purger certaines personnes délicates et nerveuses en leur donnant simplement à tenir dans la main le médicament cathartique. Anne Cridge en fit l'essai; puis, par une intuition toute féminine, elle inféra que si l'imagination agissait sur l'organisme d'une façon si puissante, on pouvait l'appliquer à des usages plus étendus. Mettant un papier cacheté sur sa tempe, elle perçut distinctement les caractères tracés à la surface, et même la figure du gentleman qui avait écrit la lettre. Doué d'un esprit assez vif pour un homme, William Denton tira de ce fait de magnifiques conséquences. L'image vue sur le billet par Anne Cridge devait être une sorte d'héliographie; chaque jour le soleil peint sur les corps soumis à sa lumière les objets environnants; toutes les surfaces sont susceptibles de recevoir et de retenir ces impressions; si l'on trouvait seulement une personne capable de les découvrir, on arriverait à connaître les secrets les plus cachés de la nature. Il suffirait de placer un fragment de roche primitive contre le front d'une voyante, elle lirait aussitôt dans les pages de ce livre les mystères antédiluviens qui embarrassent le monde savant; elle verrait sur l'écorce d'un arbre vingt fois séculaire l'histoire de l'ancienne Amérique; sur un morceau de lave de Pompéi, l'Italie des Césars renaîtrait pour elle; une vive lumière allait luire, la science reposerait sur des bases solides, les arts trouveraient un précieux aliment.

Les Nègres aux Etats-Unis.

Au moment même où les Américains affrontent par delà les mers de nouveaux problèmes de race, quelques coups de feu viennent de leur rappeler qu'ils en ont un à résoudre à l'intérieur, celui des nègres. La population noire des Etats-Unis, d'un million au début du siècle, est montée à sept millions et demi en 1890, et on estime qu'au recensement de 1900 elle atteindra presque neuf millions. Dans les six Etats du Sud-Est, le nombre des noirs, 3 millions 600.000, l'emporte de 100.000 sur le nombre des blancs.

En vertu de la Constitution fédérale ils sont électeurs au même titre. Or chaque Etat élit son gouverneur : une majorité nègre doit être une domination nègre ; les six Etats doivent être six républiques nègres. La race anglo-saxonne peut-elle admettre qu'un quart de l'empire fondé par elle tombe aux mains de ceux qu'elle a transportés comme esclaves ? M. Paul Bourget remarque que les marchands d'esclaves ont plus fait pour l'humanité que tous les missionnaires, puisque par eux près de dix millions d'Africains jouissent de la civilisation américaine ; mais qu'ils en devinssent les maîtres, quel caprice de l'histoire plus étrange encore ! Voilà ce que les blancs jamais ne souffriront. Depuis la guerre civile, dans onze des Etats de l'Union, qui élisent 90 députés, il ne se pose d'autre question électorale que celle de la suprématie blanche. Le parti démocrate est le parti des blancs, le parti républicain est le parti des noirs. La crainte du nègre pousse dans le même camp toutes les opinions. On n'est pas pour ou contre la frappe de l'argent, on n'est pas pour ou contre l'expansion, on est pour ou contre les nègres. Si, depuis 1876, les républicains n'ont eu qu'une fois la majorité à la Chambre, c'est que dans 126 districts, sur les 383 de l'Union, la rivalité des races fausse la consultation nationale.

Il y a quelques années, c'était l'usage, dans l'Etat du Mississipi, avant l'élection, que les blancs courussent le pays en armes, avec des cris et des salves autour des habitations des nègres. Un orateur à la Chambre protesta contre ces menaces qui privaient les nègres du droit de vote. Le député élu répondit, avec une impertinence exquise, que les fusillades n'étaient pas pour effrayer les noirs, mais pour les avertir de l'élection ; il regrettait que ses frères de couleur se méprissent sur le sens de ces démonstrations, et que si peu prissent la peine d'aller aux urnes, malgré l'effort des blancs pour rafraîchir leurs mémoires.

Ce fut pour rendre les fusils inutiles qu'en 1892 l'Etat de Mississipi introduisit dans sa Constitution cet article : « Tout électeur devra être à même de lire un fragment de la Constitution, *ou d'en donner une interprétation raisonnable.* » Un jury de blancs apprécie les réponses. Cette année même l'Etat de Louisiane vient de modifier sa Constitution dans le même sens.

Dans la Caroline du Nord, où les blancs n'ont pas de lois contre les nègres, ils viennent d'avoir recours aux armes. La veille de la dernière élection, leur chef, un ancien député, prononça de sang-froid ces paroles : « J'ai déjà dit en public que nous aurions dans ce comté la suprématie des blancs, fallût-il barrer de cadavres le courant du Cape Fear river, et j'ai voulu dire exactement ce que les mots disent. » Le jour de l'élection, les nègres restèrent chez eux. Dans un district où ils avaient voté, les lumières furent tout d'un coup éteintes dans la salle de vote. Quand on les ralluma, deux nègres attardés se virent entourés de revolvers ; cinq cents blancs gardaient la place, avec un canon sur une voiture. Ils firent le dépouillement, les deux prisonniers durent en signer les chiffres, qui étaient faux. Le lendemain, dans la capitale de l'Etat, une bande brûla l'imprimerie du journal nègre ; les républicains du conseil municipal démissionnèrent ; neuf noirs furent tués, et le soir, la ville, sous son gouvernement révolutionnaire, était tranquille, avec des postes en armes aux coins des rues ; les chefs du parti noir furent bannis de l'Etat. Le président Mac Kinley et ses ministres décidèrent en conseil qu'il n'y avait pas lieu pour le gouvernement fédéral d'intervenir.

La nouvelle de cette révolution en pleine paix causa une forte émotion dans le Nord, et les nègres des grandes villes organisèrent des meetings de protestation. Celui de New-York eut lieu dans un amphithéâtre en sous-sol, à voûte basse, où plusieurs milliers de nègres et de négresses s'étaient tassés, et j'aurais souhaité voir là M. Brunetière, qui se plaint — ou se vante — de n'avoir pas vu de noirs à New-York. Sur le pourtour, un cordon continu de policemen, avec leurs visages roses d'Anglo-Saxons, les entourait, comme la bordure d'une corbeille. La lumière électrique ruisselant sur la chaux des voûtes, faisait luire toutes ces têtes noires, et c'était un spectacle saisissant que cette assemblée d'Africains venant au cœur de New-York, dans une salle de conférences populaires destinées à l'instruction de la démocratie américaine, revendiquer leurs droits de citoyens. Séance impressionnante par le sang-froid, la possession de soi-même, le désir de vérité, dont ne cessèrent de faire preuve ces esclaves de la veille. En une génération, le contact des Américains a fait d'eux des citoyens. Pas un instant la haine de race n'a percé. « Nous n'en appellerons de l'illégalité qu'à la loi, » dit le premier des orateurs ; un interrupteur ayant crié : « Voilà trop longtemps que cela dure ! » toute l'assemblée d'une seule voix lui imposa silence, et, en moins d'une minute, le calme complet se rétablit. C'est un des signes les plus sûrs de la rectitude de jugement et de la volonté d'aboutir que ce brusque retour à l'ordre dans une foule, et la discipline dans cette assemblée de nègres prouve que l'éducation morale a plus de part que la race dans la manière de se conduire.

L'un des orateurs révéla brutalement les vices des noirs dans le Sud, et comme il s'excusait auprès des auditeurs de parler si durement de leurs frères, dans toute la salle éclata un grand cri de « *Go on ! The truth !* (Continuez ! La vérité !) » Dans cette campagne des nègres du Nord pour les nègres du Sud, ce qui domine, autant que le souci de leur défense, c'est le souci de leur instruction. Le principe démocratique que les droits civiques exigent des qualités de citoyen a pénétré dans l'esprit des gens de couleur. Ils sont pour leurs frères du Sud des aînés qui voudraient les rapprocher d'eux. Dans ce meeting ils acclamèrent une femme blanche, qui organise des missions dans les villages noirs. Quand elle eut exposé ses plans, une négresse se leva dans l'amphithéâtre et parla. On crut à une interruption, on la hua. Sans se troubler elle tint tête au bruit ; son obstination le fit cesser, et dans un profond silence elle dit d'une voix claire, que les huées n'avaient pas altérée : « C'est un besoin du fond de mon cœur qui me force à dire un mot. Je demande aux femmes de notre race d'offrir un unanime vote de gratitude à la noble personne qui vient de nous défendre si courageusement. » Alors toute la salle enthousiaste se leva, et les deux femmes se regardant, l'une de la tribune, l'autre de sa place, toutes les voix les acclamèrent et tous les mouchoirs blancs s'agitèrent au-dessus des têtes noires.

L'héroïsme des régiments noirs à Cuba a eu, dans le Nord et dans le Sud des Etats-Unis, des effets contraires sur la condition des nègres. Les nègres du Sud, parqués dans leurs districts, ignorant ce qui se passe au-delà, ont cru que leur race avait seule battu l'Espagne et que se préparait pour eux une destinée de conquêtes. Une sorte d'impérialisme, aussi, s'est emparé d'eux, et leur insolence envers leurs voisins blancs a hâté la crise. Dans le Nord, au contraire, la guerre a rapproché le noir du blanc. De tous les volontaires, les nègres groupés par régiments ont été les plus endurants et les plus disciplinés. Ils ont été ce que sont nos tirailleurs soudanais : des soldats d'élite ; et si l'Union a besoin d'une armée coloniale c'est peut-être parmi eux qu'elle finira par la recruter. Le colonel Roosevelt, gouverneur de l'Etat de New-York, mêle dans tous ses speechs l'éloge des nègres à l'éloge des cow-boys, et l'un de ses officiers, dans une de ces anecdotes réalistes et caractéristiques qu'aime l'esprit américain, conte comment il a perdu son préjugé contre les gens de couleur. « Pas un de mes hommes, dit-il, ne savait faire de feu ; jamais ils ne choisissaient le bon bois. Un jour il nous vint des parfums exquis ; c'était la cuisine du 10e de cavalerie, le régiment de nègres, avec des flammes qui ronflaient et pétillaient, en face de nos feux mourants. A bout de ressources, je demandai à y faire cuire nos vivres. « Sûrement, dit un vieux nègre d'un ton caressant, voilà de la galette de maïs et du café ; les blancs n'entendent

» rien aux galettes de maïs. » Nous fûmes, la faim calmée, envahis de cet esprit de charité pour nos semblables qui accompagne le bien-être.

C'est à Washington, à Baltimore, dans ces villes du Centre où la philosophie du Nord lutte contre les préjugés du Sud, qu'a surtout été sensible le rapprochement des deux races. Quand le 10e de cavalerie traversa la capitale, les filles des grands planteurs, anciens propriétaires d'esclaves, soignèrent avec effusion les « héros noirs » et serrèrent leurs grosses mains.

Le problème pendant des Philippines double la gravité de la question des nègres. Elle est un puissant argument contre l'esprit d'expansion. « Nous protégeons les gens de Manille, disent les adversaires des impérialistes, et nous ne pouvons protéger les citoyens de la Caroline » ou « puisque nos missionnaires vont aux Philippines, demandons des missionnaires à l'Europe pour les nègres d'Amérique ».

Mais l'esprit de parti exagère le péril noir. Les nègres du Sud, s'ils sont peu dignes d'être citoyens, en sont encore peu jaloux ; et quand la peur, ou quelque loi ingénieuse, les aura écartés des urnes, le calme s'établira dans la Caroline, comme il s'est établi dans le Mississipi ou la Louisiane, pour longtemps encore.

San-Francisco.

Pour arriver à San-Francisco, qui est à 1.300 lieues de New-York, on traverse dans le Colorado les Montagnes Rocheuses de Yellowstone-Park, où l'on voit encore ces immenses forêts vierges qui possèdent des arbres de dimensions vraiment extraordinaires ; on en avait amené deux à l'Exposition de Chicago. On traverse aussi le Lac-Salé, qui est à 1.300 mètres au-dessus du niveau de l'Océan Pacifique. C'est dans ces parages qu'habitent les Mormons

La capitale de la Californie, la reine de l'Océan Pacifique, fut colonisée en 1769 par les Espagnols. San-Francisco est le port le plus important de l'Ouest. Sur les dunes voisines de la mer, s'étend un merveilleux ensemble de promenades d'où l'on contemple l'entrée de la Porte-d'Or et qui se termine par le panorama de Cliff-House, ou Maison-Falaise. Les rues sont en général larges, belles et régulièrement tracées. Par malheur, il n'a pas été tenu compte, dans la construction de la ville, du versant escarpé sur lequel sont perchés certains quartiers, de sorte qu'on rencontre des rues qui grimpent à pic. La ville marchande est groupée au bas des hauteurs. Les moyens de transport sont admirablement combinés ; omnibus et tramways courent en tous sens tandis que la baie est sillonnée, comme à New-York, de ferry-boats. Des services réguliers de bateaux existent pour la Chine, le Japon, le Mexique. Il s'y fait un commerce très important de métaux précieux, farine, laine, vins ; aux environs, des mines d'or sont exploitées.

Les eaux potables ont été amenées des montagnes environnantes, parfois à des distances considérables, et avec des dépenses telles que l'on a pu dire avec raison que l'eau y coûte plus cher que le pain. Au point de vue des édifices, tout le luxe semble s'être renfermé dans les habitations particulières, mais surtout dans les hôtels qui sont très confortablement installés, étant donné qu'ils reçoivent non seulement les voyageurs de passage, mais aussi les Californiens eux-mêmes, plus sensibles aux douceurs de la cuisine savante qu'aux charmes du pot-au-feu domestique. Partout les magasins sont abondamment fournis de fruits de toute espèce. Les boutiques qui regorgent de bibelots attirent l'attention du touriste ; les vendeurs circulent sur des estrades placées derrière leurs marchandises, et de là ils crient et gesticulent de la façon la plus comique. Ce n'est plus le commerce en boutique, c'est une vraie foire, avec des aboyeurs chargés d'arrêter les passants et d'attirer les regards sur les marchandises exposées. Nous descendons au Palace-Hotel dont les immenses couloirs aérés, les chambres confortablement meublées, avec salles de bains et water-closets, les nombreux salons parfaitement décorés font l'un des hôtels les plus beaux et les plus vastes des Etats-Unis. C'est du reste d'après les plans du Palace-Hotel que le Continental de Paris a été construit. Ce qui donne à la ville un aspect tout particulier, c'est le grand nombre de Chinois qui viennent y résider. On en compte plus de 40.000 (il y a 50.000 Français). On les rencontre dans les rues, marchant deux par deux, leurs longues tresses de cheveux roulées autour de la tête ; ils se livrent principalement au blanchiment et au repassage du linge, métier dans lequel ils excellent. Les cultes sont séparés de l'Etat. Une place dans la cathédrale, donnant droit à l'assistance aux offices, se paie vingt dollars par an. Cette église se fait ainsi un revenu annuel de 150.000 francs par an.

Autrefois, San-Francisco était une ville d'aventuriers et de bandits. Aujourd'hui la sécurité y est aussi grande qu'ailleurs. La ville se développe de jour en jour, des affaires importantes se traitent, et l'on se trouve en présence d'un peuple singulièrement vigoureux, valide, exubérant. L'avenir agricole qui s'ouvre est indéfini. Car tous ces hommes sont laborieux, industrieux et surtout âpres au gain. C'est dans les environs de San-Francisco que l'on a installé un arbre gigantesque amené des forêts vierges de Yellowstone-Park, dans l'intérieur duquel se trouve un restaurant avec salle de billard. L'entrée de la baie, la « Porte-d'Or », est grandiose. Le bleu dur de la mer, le rouge foncé des rochers, le violet des montagnes forment par leur contraste le plus bel effet de couleurs que l'on puisse imaginer. La lumière y est plus vive et plus intense que dans la baie de New-York. C'est la grâce de Cannes, la grandeur de Biarritz, le charme de la Méditerranée et la majesté de l'Océan. On est en présence de la plus vaste mer du globe, et devant cette immensité on éprouve tout à la fois le sentiment de la grandeur du monde et celui de la faiblesse de l'homme. Vu à distance, San Francisco est très pittoresque. La ville est bâtie sur plusieurs collines et se trouve sur une sorte de cap sablonneux.

La Californie est bien la plus intéressante contrée des Etats-Unis que l'on puisse visiter ; tout y est devenu riche et prospère. Les mines d'or, si réputées, et qui sont la richesse de cette région, produisent plus de 120 millions d'or par année. La découverte des mines de la Californie arracha cette vallée à sa solitude. Une foule d'émigrants se précipitèrent vers le nouvel Eldorado ; possédés de la fièvre de l'or, ils n'avaient qu'une seule pensée : arriver au plus vite ; et les défilés des Montagnes Rocheuses étaient le plus court chemin. Quelques années après, les Mormons, chassés des prairies, posaient au bord du lac Salé les fondements de leur ville ; un travail opiniâtre changeait la face du sol et disputait le pays à une stérilité qu'on avait crue irrémédiable. La voie étant frayée, le commerce n'hésita plus à la suivre. D'ailleurs, le Kansas et le Nebraska commençaient à se coloniser ; les settlers de l'Ouest, habitués à ne rien craindre, établirent des communications fréquentes avec la Californie. A l'époque où l'on avait trouvé les gisements aurifères, le gouvernement mexicain, qui ne connaissait pas la richesse du sol qu'il abandonnait, venait de céder aux Etats-Unis la province où étaient renfermés ces trésors. L'influence de l'esprit yankee ne tarda pas à se faire sentir dans les nouveaux territoires ouverts à son action. Aujourd'hui, des transactions importantes sont établies entre les côtes du Pacifique et les Etats de l'Est ; des villes ont été fondées au sein même des Montagnes Rocheuses, et le chemin de fer, qui rend facile la traversée jusqu'alors si périlleuse des sierras, a donné au commerce une gigantesque impulsion.

La Californie a eu la plus importante production de l'or, mais, depuis quelques années, on a découvert au Transvaal des gisements aurifères d'une étonnante production. Je crois utile de faire connaître la production totale de l'or dans le monde entier.

Années	Millions de francs.	Années	Millions de francs.
1851-1855 (moyenne annuelle)...	686,7	1887..........................	548,1
1856-1860 —	694,9	1888..........................	571,1
1861-1865 —	637,4	1889..........................	640,0
1866-1870 —	671,7	1890..........................	615,9
1871-1875 —	599,0	1891..........................	677,1
1876-1880 —	572,0	1892..........................	760,0
1881..........................	533,9	1893..........................	816,2
1882..........................	528,6	1894..........................	939,0
1883..........................	494,4	1895..........................	1032,9
1884..........................	527,2	1896..........................	1051,9
1885..........................	562,0	1897..........................	1211,7
1886..........................	550,2		

Il est certain que le chiffre de 1,211 millions sera dépassé en 1898. D'ailleurs un accroissement constant est à prévoir pour les années suivantes et il se pourrait fort bien que dès 1900 la production de l'or dépassât 1,600 millions.

Le Transvaal pourra probablement soutenir pendant vingt-cinq ou trente ans une production annuelle supérieure à celle du monde entier en 1883. Si on ajoute à cette production, la production du Klondyke, de l'Australie de l'Ouest, de la Sibérie et des territoires nouveaux, il se pourrait que le chiffre de deux milliards dont on a parlé pour un avenir rapproché, ne fût pas exagéré.

Des raffineries de sucre et des ateliers de constructions navales ont été montés et prospèrent. On produit annuellement 600 millions de boisseaux de maïs et 1.800 millions de boisseaux de blé, et comme le boisseau pèse 30 kilos, c'est donc un poids considérable de céréales qui se récoltent dans cette région. L'élevage des moutons produit 4 millions par an, et celui des bœufs 1 million. C'est en Californie qu'ont été installées les Réserves des Indiens qui, lors de la guerre de Sécession, se trouvaient au nombre de 2 millions et qui ne sont plus maintenant que 150.000. Leur territoire est situé entre le Kansas et le Texas. La tribu la plus nombreuse est celle des Cherokees, qui compte 78.503 sujets. On estime, dans tous les Etats-Unis, la population des nègres à 10 millions. Cette race augmente tous les jours.

Le nombre des prêtres, qui s'habillent en civils, est de 9.000, et celui des catholiques dépasse 10 millions.

Les Etats-Unis, que nous quitterons bientôt, nous ont, dans bien des circonstances, rappelé la place qu'y tenaient autrefois l'influence et le nom de la France. Ces pays si fertiles et si riches de l'Amérique du Nord ont été, pour la plupart, découverts et créés par des explorateurs français.

Les noms de Saint-Louis, Sainte-Croix, Sainte-Geneviève, Saint-Denis, Nouvelle-Orléans, Saint-Charles, Saint-Laurent, Montmorency, Versailles, Paris, La Fayette, sont autant de noms de villes qui rappellent de glorieux et ineffaçables souvenirs. Partout enfin on retrouve l'œuvre de la France qui, la première, y a porté la civilisation.

New-Port.

Nous voici arrivés dans cet Eden enchanteur, le Trouville des Etats-Unis. C'est la vie américaine, raffinée, brillante et luxueuse. New-Port, jolie petite plage avec ses grandes avenues sillonnées de voitures, de cavaliers accompagnant les amazones. On y voit un nombre important de villas entourées de fleurs et de grandes pelouses dont les serres sont pleines de plantes rares. Cependant, la plage n'offre rien de remarquable. Jeunes gens et jeunes filles s'y livrent au jeu du lawn-tennis. Dès le matin on voit arriver un essaim de belles misses qui viennent humer l'air vivifiant de la mer. D'un côté se rangent les brunes, de l'autre les blondes ; les groupes formés, les jeux commencent aussitôt sur les pelouses. Parmi ces chastes buveuses de rosée, j'en distinguai une d'une beauté remarquable ; une rose épanouie discrètement posée à son corsage, elle avait l'air angélique ; ses cheveux blonds comme des épis mûrs mettaient un nimbe d'or à son front pur sous lequel rayonnaient deux grands yeux couleur de saphir ; ses tresses blondes comme celles des druidesses roulaient sur son cou blanc, et dans son corsage étroit se moulait un buste digne du ciseau de Carpeaux. Elle était admirable, cette tête de Greuze descendue de son cadre !

A New-Port, tout forme un ensemble de vie et d'animation. C'est un des endroits les plus élégants du monde ; ses cottages sont ravissants ; c'est aussi le rendez-vous des milliardaires. On y voit le château de Van der Bilt, construit sur le plan de notre petit Trianon de Versailles. Cette élégante demeure a coûté 2.500.000 francs.

Comme à Saint-Louis, nous avons assisté au jeu du foot-ball. Ce sont les mêmes scènes, les mêmes enthousiasmes, le même fanatisme. Quel singulier sport, auquel prennent part les jeunes gens ! Les femmes, devant des coups qui envoyaient rouler sur la terre cinq ou six beaux gars bien musclés, s'écriaient : « Beauty » ! Les Américains ont la passion du foot-ball ; rien ne peut les en guérir, pas plus que de celle de la boxe.

Quand, il y a quelques années, Corbett et Mitchell luttèrent à Jacksonville, il fallut chauffer des trains spéciaux pour transporter les partisans de l'un et de l'autre boxeur dans la cité de la Floride. Pas un journal où les conditions d'entraînement des deux rivaux ne fussent mentionnées heure par heure. C'est du délire. Même l'élection d'un Président ne secoue pas davantage le public. Le combat ne cesse que devant l'impuissance d'un des boxeurs. Dans la salle du gymnase, une plate-forme est dressée à hauteur d'homme ; tout autour des milliers de spectateurs attendent ; enfin un murmure de satisfaction s'élève. Les deux premiers boxeurs arrivent avec leurs entraîneurs ; leurs torses apparaissent nus et maigres. On leur met des gants à tous les deux, et la passe commence. Les coups s'animent avec le jeu ; les corps se plient pour les éviter ; les deux hommes sont en fureur, et l'on entend le bruit mat des poings qui rebondissent sur la chair nue. Après quelques coups fortement assénés, le sang coule ; il jaillit des yeux, du nez, des bras, barbouille les joues, la bouche, et couvre les poings de taches rouges. C'est à ce moment que le public pousse des hourrahs pour exprimer sa joie, qu'interrompt le bruit du gong. C'est la halte. Entre deux passes, les boxeurs s'abandonnent avec une impassibilité singulière au soin des entraîneurs qui les bouchonnent, les lavent, les peignent et les frottent comme des bêtes ; on dirait des maquignons pansant leurs chevaux. Un autre appel du gong ! et la passe recommence avec une série d'étonnantes attaques et de ripostes, cela jusqu'à huit et même onze passes, c'est-à-dire jusqu'au moment où l'un des adversaires tombe à terre, épuisé, meurtri et tout ensanglanté. Les filles font aussi la boxe dans les mêmes conditions, et, pendant cette exhibition aussi sauvage que sanguinaire, pas un spectateur ne songe à quitter sa place. Nous avons assisté en Espagne à des courses de taureaux, mais nous y avons trouvé moins de sauvage barbarie qu'à ces séances de boxe, et il faut vraiment être Américain pour s'enthousiasmer de la sorte à ce genre féroce de sport qui parfois finit par la mort.

Nous consacrons tout un après-midi à parcourir les environs de New-Port où les habitations somptueuses pullulent. Ce sont de vastes et importantes constructions en forme de châteaux du moyen âge, des manoirs anglais, de séduisants cottages, mais trop rapprochés les uns des autres.

Les mail-coaches attelés à de superbes trotteurs parcourent les environs. New-Port, où débarqua le marquis de Rochambeau lorsqu'il vint retrouver La Fayette, est bien le rendez-vous de la richesse et de l'élégance. Il y a dans cette ville mondaine rivalité entre les jeunes filles de New-York et celles de Boston ; ces dernières reprochent aux New-Yorkaises d'être frivoles, et celles-ci trouvent les Bostoniennes pédantes. Nous avons vu les unes et les autres se baignant en bas de soie noire, en costumes gracieux : elles étaient charmantes, et, si nous avions à nous prononcer, nous serions dans un très grand embarras.

Parmi ces essaims de brunes et de blondes, une grande miss, par sa beauté particulière, attire mon attention ; sa jeunesse est souriante comme l'aurore d'une belle matinée de printemps, elle a le charme de la grâce ; ses yeux doux, d'un noir velouté, ont une expression vive et tendre ; ses cils allongés et sa chevelure épaisse rehaussent l'éclat de sa beauté ; avec cela une peau satinée très mate dans sa blancheur ardente et dorée, une suavité d'ensemble idéale et une telle perfection de formes que la ravissante créature semblait le rêve réalisé de quelque sculpteur de l'ancienne Grèce égaré parmi les modernes.

C'est à New-Port que l'on a expérimenté avec succès le nouveau système de tramways funéraires électriques. Pour bizarre que paraisse l'idée, elle a été accueillie avec faveur en Amérique. Le tramway funéraire se compose de plusieurs cars mus électriquement, circulant sur une voie spéciale qui traverse toute la ville pour aller au cimetière situé à cinq kilomètres.

Dans la première voiture se trouve une table où l'on pose le cercueil ; il y a une place pour le pasteur. Dans les autres cars prennent place les parents et les amis du défunt. Ces voitures sont peintes en noir avec de grandes larmes d'argent, et le voyage du domicile au cimetière coûte 0 fr. 50 par personne ; seul, le mort est transporté gratis. Ce qui nous a étonnés, quand nous rencontrions dans les rues des convois funéraires, c'était de voir tous ces Américains affairés passer devant sans jamais se découvrir. Cependant le respect pour les morts est une des premières règles de tout peuple civilisé.

Il nous fallut quitter ce ravissant endroit, car le samedi matin *La Champagne* devait partir de New-York et faire route pour Le Havre. Le soir, nous nous embarquions à New-Port à bord d'un de ces grands steamers si bien aménagés qui font le service jusqu'à New-York. Ces immenses bateaux sont de véritables maisons flottantes. Le rez-de-chaussée, occupé par le restaurant, est desservi par un nombreux personnel nègre ; au premier étage, un vaste salon entouré par deux étages de cabines ; à l'arrière et à l'avant du bateau sont de grands promenoirs où se tient un orchestre qui jusqu'à dix heures du soir se fait entendre. Après une bonne traversée, nous arrivons sur la rivière de l'Est en vue de New-York. Du côté de Long-Island, l'arrivée dans la baie est aussi grandiose que mouvementée.

Nous passons sous le pont de Brooklin et nous entrons dans le port. Quelle prodigieuse activité produisent ces nombreux ferry-boats chargés qui traversent en tous sens la baie ! Les énormes bateaux de New-Jersey surplombent l'eau verte de leurs étages ; ils vont battant l'eau de leurs roues de fer, et, sur leur sommet un gigantesque balancier rythme leur mouvement uniforme. Tous vont se croisant sans jamais se heurter, tant leur marche est précise ! D'innombrables petites chaloupes glissent au travers du bassin avec une agilité surprenante ; des remorqueurs guident les navires ; on entend le sifflet strident qui se répercute sur l'autre rive de New Jersey, et le souffle puissant des machines aux larges poumons d'acier ; et, dans le milieu de l'Hudson, la statue de la Liberté se dresse majestueusement. Nous débarquons, et notre voyage à travers les Etats-Unis se trouve ainsi terminé à la grande satisfaction de notre Tartarin à qui il tarde de revoir le pont d'Avignon. Comme nous, il a admiré la grande Amérique et son peuple exubérant ; mais comme nous il préfère le doux pays de France !

Veut-on se donner une idée de l'étendue seule de l'Amérique du Nord ? Il suffit de dire que le Texas à lui seul pourrait contenir la France, l'Allemagne et l'Angleterre !

La distance de New-York à San-Francisco est trois fois celle de Londres à Gibraltar. Seule la région des charbonnages occupe une superficie équivalente à celle de la France et de l'Angleterre réunies.

Le retour en France.

Le vendredi soir à 10 heures, nous nous rendions à bord, le bateau devant partir à 5 heures du matin ; tous, au complet, nous reprenons nos places sur *La Champagne* sans avoir éprouvé aucun ennui durant notre longue exploration. La nuit se passe dans un effroyable vacarme. Des cris, des appels retentissent de toutes parts ; l'équipage va et vient ; c'est un tohu-bohu général. Le salon est parfumé de bouquets. Une jeune miss quitte sa patrie pour le continent ; des amies passent la nuit avec elle dans le salon, parents et amis sablent le champagne, excellente manière de tuer le temps. Dans l'entrepont, beaucoup de passagers, des émigrants auxquels la fortune n'a pas souri au Nouveau Monde et qui, désillusionnés du pays des dollars, retournent vers la mère-patrie ; des Syriens, des Egyptiens, dont les espérances ont été déçues et qui préfèrent retourner aux bords de l'Euphrate ou du Nil.

Cinq heures ! tout le monde est à son poste ; le dernier coup de sifflet se fait entendre ; l'ancre est levée, et *La Champagne* s'ébranle précédée du remorqueur. A travers les steamers et les navires, nous remontons la bouche de l'Hudson jusqu'à la pleine mer et sommes de nouveau livrés au caprice des flots. Tous debout sur le pont, nos regards se tournent vers la grande Cité. Nous disons adieu à ce Nouveau Monde qui, pendant plus de deux mois, a frappé notre esprit, émerveillé nos yeux et charmé notre vie ! Quelques heures après notre départ, nous saluons un bateau Cunard arrivant d'Europe. La journée du dimanche se passe sur le pont ; la mer est clémente, le soleil est radieux ; chacun de nous raconte ses impressions et commente l'Exposition de Chicago.

Midi ! Le clergyman fait annoncer l'office. Les adeptes du protestantisme se rendent dans le salon, la lecture de la Bible commence et les fidèles entonnent les cantiques ; le piano remplace l'orgue. L'après-midi, des groupes se forment, les conversations s'animent ; à chacun de redire ses aventures. Notre joyeux Tartarin et notre brave Flamand nous racontent des prouesses qui ne manquent ni de gaieté ni de saveur. Ah ! les gaillards, ils ont fait des études de mœurs... Ces deux inséparables avaient bien occupé leurs loisirs, en voltigeant de la brune à la blonde ! Cinq heures et demie, le diner sonne. Les 72 passagers des premières occupent les places désignées. Les dames passent la soirée au salon. Plusieurs d'entre nous se rendent au bar où l'alchimiste préposé aux cocktails manipule quelques-uns de ces mélanges corrosifs, dont les Américains se brûlent l'estomac avec délices.

Le lundi, les brouillards fréquents dans ces parages nous annoncent l'approche de Terre-Neuve. Les sons aigus de la sirène recommencent à se faire entendre à des intervalles rapprochés. Nous passons sur la gauche, à cause des énormes banquises qui sont signalées. En effet, le mardi matin, nous apercevons, à une distance assez rapprochée, plusieurs banquises *(ice-bergs)* que le capitaine examine avec sa jumelle. La première a 130 mètres de long et 40 mètres de haut ; la seconde 120 mètres de long et 80 mètres de haut au-dessus de l'eau, ce qui représente six fois cette hauteur, étant donnée la surface immergée. Ces immenses blocs de glace proviennent des débâcles qui se font en juillet au Pôle Nord, dans le Groënland, et mettent jusqu'à dix mois pour arriver dans l'Atlantique. La résistance de ces banquises est telle qu'un navire, même de l'importance de *La Champagne*, qui viendrait se heurter contre elles serait infailliblement coulé : telles sont les explications que nous fournit l'aimable capitaine Laurent, qui commande *La Champagne*. Le spectacle de ces banquises aux formes fantastiques est grand et imposant. La glace est d'une éclatante blancheur. La base, d'un bleu azuré, est creusée par les vagues qui déferlent tout autour : la nature fait bien les choses !

Le lévrier de mer continue son voyage à travers les flots de l'Océan. Nous dépassons Terre-Neuve, et pendant plusieurs jours, c'est la monotonie de la mer. Le ciel du mois de juillet pèse sur l'Atlantique avec des nuages d'automne. La houle enfle et se boursoufle, les lames montent, s'escaladent, s'écrasent les unes sur les autres ; elles sont des milliers, ainsi soulevées, déchaînées. Le bateau, lui, est si puissant qu'il déchire cette formidable palpitation de la mer, sans roulis et sans tangage. Et toute une semaine, autour de nous, il n'y aura plus que l'abîme insondable des vagues, et là-bas, tout au loin, la France ! Le troisième jour, la traversée devient très gaie. Des Français et des Françaises revenant avec nous de Chicago organisent des fêtes pleines d'entrain, à la grande satisfaction des Américains qui nous accompagnent. Tout d'abord, c'est une représentation donnée par une famille mauresque. Un des nôtres, habillé en almée, exécute la danse du ventre. Il nous rappelle la rue du Caire de 1889 et l'éléphant du Moulin-Rouge. Notre compatriote, dans ses exercices chorégraphiques, est très applaudi.

Le mercredi, on organise les *Noces de Jeannette*, précédées du *Ménétrier avec sa flûte*. M. V...., qui remplit les fonctions de maire, a, au moyen d'un petit drapeau tricolore, ceint son écharpe ; puis viennent les gens de la noce. La mariée, pour la circonstance, est une demoiselle française, aussi jolie que gracieuse, qui prend son rôle au sérieux. Deux belles misses, aux cheveux dorés, ont accepté d'être les demoiselles d'honneur. Le commissaire du bord, aimable gentilhomme, remplit avec dignité les fonctions d'officier de l'état civil, lit aux jeunes époux les devoirs conjugaux, et leur pose les questions d'usage ; enfin Mòssieu le Maire prononce le discours de circonstance. Le cortège, suivi des passagers qui s'étaient assemblés, et musique en tête, fait le tour du pont et descend ensuite dans la salle à manger où un lunch avait été servi. Mais comme en Amérique tout doit se faire à la vapeur, aussitôt le repas terminé, et au milieu de la plus grande hilarité, à la requête de la mariée, et les formalités accomplies, le divorce est prononcé. C'est comme M. Chéron, de Chicago, qui, marié le matin, était divorcé le soir. Ah ! M. Naquet ne se doutait pas, en nous dotant de cette loi bizarre, que l'on arriverait avec tant de facilité à rompre les liens conjugaux qui, pendant tant d'années, étaient restés indissolubles.

La conception de nos aimables organisateurs étant inépuisable, dès le lendemain matin ils s'ingénièrent à organiser un bal travesti. Donner à bord, en plein Océan, une fête de ce genre, c'était de la témérité. Leurs efforts furent couronnés de succès. Chacun se mit en quête de se confectionner un costume aussi bizarre qu'original. Deux passagers de notre caravane avaient acheté, l'un à Toronto, une superbe peau d'ours blanc, et l'autre, au Niagara, un costume complet d'Indien. Toutes les femmes de chambre du bateau furent réquisitionnées d'office pour confectionner, pendant les loisirs du service, avec les mousselines en réserve de la pharmacie, une robe de danseuse, un costume de bergère Watteau. Ce fut toute la journée un va-et-vient continuel. Heureusement la mer était clémente et nous permettait de vaquer tranquillement à l'organisation du bal costumé. Le charpentier lui-même dut fabriquer un fouet destiné à un cocher de fiacre qui devait figurer dans le cortège. Les matelots, avec les étoupes et les débris de filasse, firent des barbes postiches, et les mécaniciens furent occupés à installer sur le pont, décoré pour cette circonstance, des lampes électriques. Le piano fut monté, et, le soir à huit heures, tout était prêt pour cette soirée de gala ; le pont fut illuminé à *giorno*.

A 9 heures commença l'arrivée des personnages : une danseuse, en robe de tulle (on eût dit Mlle Mauri, de l'Opéra), le Cocher du « Fiacre 117 » même avec son fouet ; M. L., en bey de Tunis, très réussi ; notre Flamand, en Indien du Niagara, tatoué, les cheveux hérissés, peau d'ours et air sauvage ; des jeunes pudiques de la libre Amérique costumées en Japonaise, Napolitaine, Espagnole, paysanne et bergère. Le tout constituait un ensemble des plus réussis : on se serait cru au bal de l'Opéra. Quoique divorcé la veille, ce fut le jeune couple qui ouvrit le bal, et jusqu'à minuit, au milieu de la plus grande hilarité, chacun s'en donna à cœur joie. A minuit et demie, le souper, un repas de Lucullus, accompagné de chansons grivoises. Ce fut une journée bien remplie qui laissa à chacun de nous un souvenir inoubliable.

Le vendredi, un concert fut organisé dans une pensée toute philanthropique, au profit de la Société de secours aux naufragés. M. Lumière, de Lyon, un de nos aimables passagers, doué d'une voix puissante et agréable, nous fit entendre plusieurs morceaux d'Opéra ; plusieurs jeunes filles, accompagnées par un excellent pianiste, chantèrent des morceaux d'opérette et récitèrent des poésies.

Les programmes avaient été dessinés par M. V..., qui excelle dans cet art, et reproduits par la presse même, à bord. Ils furent vendus aux enchères jusqu'à 25, 40 et 50 francs la pièce. Il s'agissait d'une œuvre de charité, et, dans ces circonstances, la générosité du cœur français ne discute jamais avec le porte-monnaie. De plus, une quête fut organisée parmi les soixante-douze passagers des premières : elle atteignit la somme de 2.700 francs qui furent remis au commissaire de *La Champagne*. Le capitaine Laurent, sensible à la générosité de ses passagers, nous adressa ses remerciements.

La journée du samedi se passa très agréablement sur le pont. Tout le monde fatigué avait à se remettre des émotions de la veille et éprouvait le besoin de se reposer. Et le soir nous prenions à bord notre dernier dîner, où il est de tradition que le champagne soit offert par le commandant du bateau. De nombreux toasts furent portés au capitaine Laurent, et les cris de « Vive *La Champagne !* » retentirent.

Le lendemain matin, à six heures, tous sains et saufs, nous débarquions au Havre, heureux de revoir notre belle France.

DE PARIS A SAINT-PÉTERSBOURG

Voyager, c'est vivre deux fois. Écrire ses voyages, c'est les revivre. On en goûte à nouveau les impressions, et on les rend bonnes en les communiquant au Lecteur. Je revenais d'Amérique, j'en avais rapporté des notes prises au courant de la plume et des steam-boats. Le Nouveau-Monde ne m'avait pas fait oublier l'Ancien : je suis fidèle à mes vieilles amours. La Russie m'appelait. Un douloureux événement, la mort de l'Empereur, avait grandi ma sympathie pour le peuple *ami* et *allié*. Je voulus assister aux funérailles du Tzar Alexandre III, pour témoigner de mon patriotisme, et, le 15 novembre 1894, je partis de Paris, accompagné de plusieurs amis. Après avoir passé la nuit en chemin de fer, nous arrivions de bonne heure à Cologne et nous apercevions les flèches élancées de la cathédrale. Le soir, à 5 heures, nous étions à Berlin et nous profitions des trois heures d'attente pour revoir la ville, dont l'aspect, depuis vingt ans, a bien changé. Des voies nouvelles, larges et spacieuses, se sont ouvertes, bordées de constructions modernes. C'est surtout dans l'avenue des Tilleuls (*unter den Linden*) que les embellissements se sont produits. Berlin est devenu une grande capitale. A 8 heures, nous étions de retour à Friedrichstrasse ; au départ du train, nous voyons arriver l'empereur d'Allemagne, entouré des officiers de sa maison militaire ; il vient accompagner son frère, le prince Henri de Prusse, chargé d'aller le représenter à Saint-Pétersbourg aux funérailles de l'empereur de Russie. Huit heures vingt minutes, le sifflet retentit et le train s'ébranle ; nous partons directement jusqu'à la frontière de Russie. Dans le même wagon ont pris place : le prince de Siam, envoyé par son gouvernement ; le duc d'Albe, représentant l'Espagne ; M. Flourens, ancien ministre des Affaires étrangères, qui désire aller rendre un suprême hommage au grand souverain avec lequel il a eu l'honneur d'être en rapports diplomatiques.

A Verjbolow, frontière russe, nous quittons le train allemand pour prendre le train russe. Tout d'abord, la douane nous fait subir une visite minutieuse des bagages. En Turquie, les livres sont prohibés ; en Egypte, les armes ; en Grèce, les fleurs ; en Russie, ce sont les imprimés. Il est absolument interdit de pénétrer sur le sol russe avec des journaux et des livres. L'employé préposé aux colis nous précède dans une grande salle où toutes les malles sont ouvertes, déficelées, dépecées, palpées avec une exquise politesse par les douaniers, et enlevées par les hommes d'équipe à tablier blanc et à grandes bottes. En Russie, tout le monde a des bottes à l'écuyère, fonctionnaires, soldats, paysans et juifs ; c'est la pièce coûteuse du vêtement national ; on contrôle les billets avec des bottes, on porte les bagages et les dépêches avec des bottes, on fait même les lits avec des bottes ; en Allemagne, c'est avec un sabre ; en Angleterre, c'est avec un chapeau haut de forme. La raideur germanique a fait place à une urbanité plus expansive. Nous disons adieu à la bière pour faire connaissance avec le thé qui bouillonne dans le samovar ; la charcuterie allemande est remplacée par des poissons aussi variés que fumés ; le pain du caviar est substitué aux sandwiches au jambon.

La visite de la douane terminée, nous prenons place dans les wagons russes, dont le confort est appréciable, l'estomac réchauffé par le thé bouillant, le portefeuille garni de roubles-papier échangés contre les marks. Tout d'abord, ce qui nous frappe, c'est la forme spéciale des locomotives russes, qui ne brûlent que du bois. Sur tous les parcours, il y a, de distance en distance, dans les gares, des tas énormes de bois qui servent à l'alimentation des locomotives. Comme la combustion du bois ne produit pas autant de calorique que la houille, la rapidité du train qui nous emmène vers la capitale de la Russie laisse beaucoup à désirer. Nous traversons d'immenses plaines arides couvertes de neige, des steppes interminables. Le lendemain matin, nous arrivons à Vilna, ou mieux *Vilno* (La Wilna des Lithuaniens), qui est encore à 700 kil. de Saint-Pétersbourg. On me dit que cette ville a été bâtie au XIVe siècle, à l'endroit où s'élevait le temple de Perkoun, le *Dieu du tonnerre*. Aujourd'hui, elle est toute au Dieu du commerce, et le commerce est aux mains des Juifs. Nous n'arrêtons pas à Dunabourg. Nous avons quitté la brique, voici le bois. Aux terres grasses et fécondes, succèdent des terrains maigres et une végétation frêle ; de loin en loin, un toit vert, un clocheton, une petite chapelle bleue viennent distraire la vue ; aux stations qu'on traverse, des enfants sont groupés, les fillettes, avec leur jupon rouge, leur mouchoir en fanchon, les garçons avec leur blouse rouge ; nous leur jetons des kopecks en échange des baisers qu'ils nous envoient ; et après soixante-cinq heures de voyage nous arrivons à Saint-Pétersbourg, — en russe, *Sankt-Peterbourg*, vulgairement *Piter* — à 742 lieues de Paris, 2.968 kil.).

LES FUNÉRAILLES DU TZAR ALEXANDRE III

La gare principale présente une animation extraordinaire. Grand nombre d'officiers supérieurs, rangés sur les quais, attendent les représentants des puissances étrangères qui viennent assister aux obsèques. Les tentures d'étoffe noire et blanche, les crêpes recouvrant les drapeaux sont d'un effet lugubre. Pour nous rendre à l'hôtel de France, nous traversons d'un bout à l'autre la Newski *(Perspective)*. La décoration de l'artère principale de Saint-Pétersbourg est absolument imposante. Les fenêtres des maisons, les colonnes des églises, les balcons des monuments sont tendus de noir, des oriflammes en deuil flottent au sommet des mâts. Tout est morne dans cette population qui va et vient par les rues, la tristesse peinte sur les visages. On sent que la Russie pleure et que la mort prématurée de l'illustre Souverain est venue jeter partout la plus grande consternation. On ne peut qu'admirer la décoration de la cathédrale de Kassan et du palais d'Anitchkoff, où réside l'Impératrice avec sa famille. A peine arrivés à l'hôtel de France, situé dans la grande Morskaïa, nous nous rendons à l'église catholique de Sainte-Catherine, pour assister au service qui doit être célébré pour le repos de l'âme de l'Empereur. Dans l'église se trouve réunie la colonie française de Saint-Pétersbourg ; riches et pauvres, tous ont à cœur d'apporter par leur présence un éclatant témoignage de leur respect pour le Souverain qui vient de disparaître.

M. le comte de Montebello, accompagné de l'amiral Gervais, du général de Boisdeffre et de tous les officiers qui composent la mission envoyée à Saint-Pétersbourg, prend place dans le chœur. Cette phalange d'hommes supérieurs, qui représentent si dignement la France, a tenu à s'associer au deuil si cruel qui frappe la Russie. Le curé, en termes élevés, prononce une allocution qui émeut toute l'assistance ; il a trouvé le secret de toucher nos cœurs ; et, sous l'empire d'une poignante émotion, chacun se retire, rêvant à l'avenir.

Le lendemain, grâce à la bienveillance du secrétaire du préfet de police, nous obtenons des cartes d'admission pour assister dans l'église Saint-Pierre-et-Saint-Paul aux prières dites trois fois par jour en présence de la Cour. Nous avons l'honneur d'y voir pour la première fois S. M. l'Impératrice douairière, accompagnée de son fils, l'Empereur Nicolas II, ainsi que la fiancée de ce dernier et la famille Impériale.

L'après-midi, nous allons à l'ambassade de France pour voir les couronnes arrivées de Paris. Devant la porte, sur le quai, six chars tendus de noir attendaient ces pieux souvenirs pour les porter à la forteresse. Sur tout le parcours, la foule, silencieuse et recueillie, assistait au défilé des couronnes venues de France.

Le lendemain avaient lieu les funérailles du Tzar vénéré. A huit heures, nous étions à l'église, où des places avaient été réservées aux membres de la Presse. Au milieu de l'église, sous la coupole, un dais en soie blanche, avec glands d'or, avait été placé, et c'est là que reposait à découvert, dans son cercueil, le grand homme qui fut l'Empereur de toutes les Russies. Nous montons sur l'estrade, afin de saluer respectueusement les dépouilles Impériales. Aux angles du cercueil tout garni de satin, et d'une richesse incomparable, se tenaient quatre généraux qui, à tour de rôle, jour et nuit, montaient la garde, sabre au clair. A l'extrémité du cercueil, sur de riches coussins, avaient été déposées les décorations et la couronne en diamants ; à côté du manteau d'hermine, les popes récitaient des prières. Le haut du dais a la forme d'une couronne impériale et représente l'ancienne couronne des tzars moscovites. C'est dans la cathédrale Saint-Pierre-et-Saint-Paul que se trouvent les quarante tombeaux des Romanoff, empereurs de Russie, depuis Pierre le Grand, sauf celui de Pierre II qui est à Moscou. La garde du corps était faite alternativement par des généraux et par des membres de l'Etat. Mais la veille des funérailles, par ordre du ministre de la guerre, on fit monter sur l'estrade quatre officiers français faisant partie de la mission. Il est neuf heures, les tapissiers achèvent de garnir de satin le tour du cercueil où sont clouées des fleurs en soie. Nous assistons à tous ces grands préparatifs. En ce moment, l'église, étincelante de lumières, est prête pour le solennel office. Des employés sont chargés de placer, avant l'arrivée de la famille impériale, les couronnes envoyées de France ; celle du Président de la République, ornée de drapeaux tricolores voilés, est mise à la place réservée à l'Empereur Nicolas II ; à côté, celles de la Presse française, du ministère de la Marine, et d'autres encore sont placées à l'endroit où se tiendra l'Impératrice Maria Féodorovna. Dans la disposition raisonnée de ces pieux souvenirs, il y avait une pensée généreuse et délicate. Le nombre des couronnes arrivées de tous côtés était de huit cents. La plupart, en argent massif, représentaient une grande valeur ; vu l'exiguïté de l'église, elles furent déposées sur les tombeaux impériaux qui entourent le chœur. Un fait attira notre attention : la couronne envoyée par le journal la *Libre Parole*, fut placée sur le côté droit où se tenait l'Empereur Nicolas II ; nous croyons qu'on avait voulu, par cette intention, manifester une fois de plus l'antipathie que l'Illustre Défunt professait pour les Juifs, car il fut le seul en Europe qui eut l'énergie de les expulser de son territoire. Il avait compris, avec la sagacité qui le caractérisait, qu'un gouvernement fort de lui-même ne doit pas laisser les Juifs prendre une prépondérance aussi funeste que celle qu'ils ont en France, et que toute nation qui se livre à cette race est une nation perdue. En Russie, les Juifs ne sont rien, ils n'ont même pas le droit d'acquérir de propriété foncière, ni d'arriver aux emplois de l'Etat. En France, ils sont tout ; après s'être emparés des finances, de l'industrie et du commerce, ils deviennent maintenant dans l'Etat des hommes omnipotents. Leur ingérence s'accentue jusque dans la marine et dans l'armée.

Le caveau qui doit recevoir le cercueil d'Alexandre III est à gauche en entrant dans l'église. Toutes les colonnes sont ornées de drapeaux pris à l'ennemi ; des couronnes en argent y ont été suspendues ; au milieu, des écussons aux armes impériales ; près du caveau, est déposé le couvercle du cercueil, c'est une véritable pièce de joaillerie, en or massif et ciselé.

La ville de Saint-Pétersbourg, en deuil, présentait dès le matin une grande animation. Dans les rues, une bise âpre et froide coupait la figure des passants. L'hiver en route pour le Pôle s'arrêtait à mi-chemin, et c'est son haleine de glace qu'on ressentait. Des véhicules de formes singulières, de brillants équipages, des droschkis gracieusement attelés, conduits par des istvoschiks à longue barbe, en cafetan bleu, sillonnaient à grand train les quais de la Néva, se déroulant majestueusement au milieu d'une double ligne de palais de marbre ; dans le lointain, des coupoles peintes, des flèches dorées, des colonnades, des frontons et des balcons drapés de noir. Le Champ de Mars est bordé d'épaisses masses de curieux aux visages consternés, qui assistent au défilé des troupes ; les gendarmes, les dragons de service refoulent les curieux dont le flot grossit sans cesse ; le peuple attend la distribution des vivres.

La Perspective Newsky est remplie d'une foule endimanchée, d'hommes du peuple coiffés d'une toque de drap à côtes et bombée, les cheveux coupés ras au-dessus de la nuque et retombant sur les joues en cachant les oreilles, portant la redingote russe, très courte, fourrée de peau de mouton. Au milieu de la foule bigarrée, passent des Polonais aux longs cheveux bouclés, des Allemands à l'allure bourrue et au type fadasse, des moujiks qui ont quitté leur peau de mouton crasseuse pour se parer d'une chemise neuve. Les femmes du peuple, moins nombreuses que les hommes, sont mises avec beaucoup moins d'originalité ; chaussées de grosses bottes de cuir faites pour déformer le pied, leur démarche a quelque chose de pénible et de lourd. Des officiers à cheval galopent dans toutes les directions, allant porter des ordres ; sur la chaussée, des gardavois (agents de police) ; partout dans les avenues, le long des quais, autour des églises, la vie déborde. Cette foule recueillie, respectueuse, d'où émergent les casques des cavaliers et les lances des cosaques, suit par divers courants la même direction et va se verser, comme les embouchures multiples d'un fleuve, dans l'immense place du Champ de Mars et des quais pour attendre le passage du Tzar Nicolas II, qui doit, en compagnie de son Auguste Mère et de la Famille Impériale, se rendre à la cathédrale de Saint-Pierre-et-Saint-Paul.

De tous côtés se défile du troupes qui se rendent à la forteresse : l'artillerie avec ses canons rayés d'acier poli, les lanciers de la garde, les hussards avec leur tunique à passementeries dorées ; les cosaques, la lance en arrêt, penchés sur leurs petits chevaux échevelés, la tête couverte d'une espèce de manchon en astrakan, frappant leur monture à coups de krijal (fouet à manche court) ; les chevaliers-gardes portant sur leur tunique blanche une cuirasse d'or et d'acier bruni, montés sur des chevaux à robe assortie. L'aigle aux ailes déployées qui surmonte le cimier de leur casque semblait les suivre dans son vol ; le cliquetis de leur sabre rehaussait encore leur aspect guerrier.

Dix heures ! Les cloches se mettent en branle, le canon tonne dans la forteresse et annonce l'arrivée de la Famille Impériale. Dans la cour sont rangés les cuirassiers bleus, aux casques surmontés d'aigles dorés, les grenadiers blancs à cheval, les cosaques en riches costumes, tout un déploiement considérable de troupes. Les tambours battent aux champs, les clairons sonnent : c'est l'Empereur. « Le Tzar ! le Tzar ! » Ce cri vole soudain de bouche en bouche. Il arrive escorté. La foule, muette, se découvre respectueusement sur son passage. Descendu de voiture, l'Empereur, donnant le bras à sa mère, pénètre dans l'église.

Il est reçu par le Métropolite, entouré de son clergé. Le père Jean de Cronstadt, l'homme vénéré de la Russie, qui était auprès de l'Empereur à ses derniers moments, est placé devant les membres de la famille Impériale et les représentants extraordinaires des puissances : le prince de Galles, le roi de Grèce, le roi de Danemark, le prince Henri de Prusse, le duc d'Albe, le prince de Siam, le prince de Montenegro, le roi de Serbie, le grand-duc Ludwig, etc., etc. Je ne crois pas qu'une cérémonie ait jamais présenté tant d'éclat et réuni tant de têtes couronnées. Les prières durèrent de dix heures à midi. Ceux qui n'ont pas assisté aux cérémonies de la religion orthodoxe, ne peuvent se figurer les chants mélodieux et rythmés qui accompagnent les prières récitées par les popes. Après les suppliques, le Métropolite vient offrir des cierges aux membres de la Famille Impériale. On en distribue également à tous les assistants.

Les derniers chants retentissent sous la voûte de l'église ; et aussitôt après le glas funèbre, de son lugubre appel, les canons du fort, de leur voix formidable, annoncent à la population attristée que la dépouille de Celui qui fut leur Auguste Souverain va descendre dans sa dernière demeure. Au milieu du plus profond silence, l'Impératrice et son Fils, qui, pendant toute la cérémonie, étaient restés debout devant le cercueil (en Russie, il n'y a pas de sièges dans les églises), gravissent les marches du catafalque pour venir adresser au Mort Illustre un éternel adieu. A ce moment, le couvercle qui doit reposer sur le cercueil impérial, est apporté et définitivement scellé. S. M. l'empereur Nicolas, S. A. I. le grand-duc Alexis, le grand-duc Michel et le prince de Galles soulèvent le cercueil et le portent jusqu'au caveau où il doit être descendu. Dépeindre la douleur de la femme vertueuse qui fut sa noble compagne est chose impossible. L'Impératrice était anéantie ! Quel courage il a fallu à cette digne épouse, à cette auguste mère pour supporter pendant vingt jours une si rude épreuve, une si douloureuse affliction !

Les prières sont récitées, les derniers chants retentissent, l'architecte de la Cour ferme les deux cadenas et remet une des clefs au ministre de la Cour. Le cercueil est mis dans la crypte qui contiendra pour toujours les restes de Celui qui fut un Grand Homme et qui laissera dans l'histoire une page ineffaçable. Les membres de la Cour se prosternent une dernière fois, tous attristés de la fin prématurée de cette vie glorieuse. La Famille Impériale se retire devant la nombreuse assistance. Jamais je n'oublierai l'imposante solennité de cette cérémonie. Sur tout le parcours une foule immense, recueillie, assiste au défilé. Parmi les couronnes envoyées de France, celles qui étaient composées de fleurs naturelles ne pouvaient être conservées. Par une attention délicate, des dames de la noblesse russe en prirent soin et en offrirent les fleurs aux assistants, qui les gardèrent religieusement.

Nous avons tenu à rendre visite au père Jean de Cronstadt qui se tenait dans la chapelle des Popes. Il nous accueillit de la manière la plus bienveillante et nous donna l'accolade. Après la cérémonie, les troupes, précédées de musiques qui jouaient l'hymne russe de Lewoff, regagnèrent leurs casernes. Tout l'après-midi, la ville resta ensevelie dans le plus grand recueillement. Dans la nuit, les décorations des édifices et des maisons furent rapidement enlevées, et, le lendemain, Saint-Pétersbourg avait repris sa physionomie habituelle. Le Comité du Souvenir, qui avait tenu à donner au peuple russe, en présence du malheur qui le frappait, de nouvelles preuves de sympathie, eut l'heureuse idée d'ouvrir dans ses bureaux une souscription populaire pour envoyer à la nation amie des fleurs de France. Ces petits bouquets portaient un ruban tricolore d'un côté et, de l'autre, un ruban noir sur lequel était inscrit en lettres argentées : *Comité du Souvenir*. Sur une étiquette tricolore, le nom et l'adresse du souscripteur. Cette idée, toute française, fut très bien accueillie par le peuple russe. 15.000 bouquets furent envoyés en Russie. C'est le lendemain des funérailles de l'Empereur (22 novembre 1894) que furent distribués les bouquets, à l'hôpital français de Saint-Pétersbourg. Comme membre du Comité du Souvenir, j'eus le bonheur d'assister à la distribution. 6.000 personnes se disputaient la faveur d'être admises dans l'enceinte pour obtenir des fleurs de France ! Avec un battement de cœur, je vis tout ce peuple emporter en son foyer ces fleurs de France ! Conservées religieusement dans les familles, elles diront plus tard l'union étroite qui lie les cœurs des deux peuples.

Pendant trois mois, des demandes furent adressées à Paris, au siège du Comité. De tous les coins de l'Empire russe, arrivèrent des lettres exprimant, en termes émus, la sincérité des sympathies ressenties par les Russes pour cette France, qui venait d'affirmer la grande part qu'elle prenait au deuil de la Russie. Toutes ces lettres réclamaient des bouquets et, pour donner satisfaction à ces demandes il aurait fallu que le Comité du Souvenir en envoyât 100.000. Cette manifestation ne fit que consolider et resserrer les liens d'amitié qui unissaient déjà les deux nations amies et alliées. En Russie, comme en France, le souvenir de ces événements ne périra point. J'ai pu constater de près combien la société russe est séduisante : partout on rencontre une politesse exquise de formes et de langage. La société russe parle français avec une pureté, une élégance que leur envieraient le plus pur des Parisiens. C'est aux membres du Comité du Souvenir de Paris que revient l'honneur de cet échange de sentiments et de bouquets, fruits et fleurs du patriotisme.

SAINT-PÉTERSBOURG

Le lendemain de ce jour de deuil, je commençai la visite de la grande cité créée par Pierre-le-Grand, au fond du golfe de Finlande. Saint-Pétersbourg est une ville moderne, attrayante, dotée de nombreux palais et d'importants monuments ; mais c'est surtout l'hiver qu'elle est intéressante à voir avec sa Néva, qui n'est plus qu'une mer de glace, ses beaux quais, ses vastes rues couvertes de neige et sillonnées de troïkas. Au commencement de l'hiver, les ponts de bois qui traversent la Néva sont enlevés, car, au moment de la débâcle du lac Ladoga, ils seraient impitoyablement emportés par les immenses glaçons et entraînés avec rapidité jusqu'à Cronstadt pour se perdre dans la mer Baltique. Les quais de l'Amirauté, qui font suite à celui où se trouvent les palais impériaux, sont d'un coup d'œil grandiose. Sur les bords de la Néva se trouvent, d'un côté, les superbes palais impériaux, les ministères, le palais de marbre du grand-duc Constantin et l'ambassade de France ; de l'autre côté, les bâtiments de l'Amirauté.

Il faudrait une semaine pour visiter en détail le Couvent de Saint-Alexandre Newski, sur un des bras de la Néva ; c'est un immense château carré entouré de murailles. Sa prodigieuse enceinte renferme la cathédrale de Saint-Alexandre et les églises du Saint-Esprit et de Saint-Lazare. Nous avons vu dans cette dernière église les tombeaux des hommes célèbres de la Russie. Nous revenons par le canal Moïka qui traverse la Newski.

Le Musée de l'Ermitage, en face le Palais d'hiver, renferme, tant en objets d'art qu'en tableaux et en collections diverses, des choses remarquables et de très grande valeur. On y conserve toutes les couronnes envoyées à Saint-Pétersbourg à l'occasion des funérailles du regretté tzar Alexandre III. C'est l'impératrice Catherine qui fit construire le musée de l'Ermitage ; elle en confia le soin à l'un de nos compatriotes, Vallin de la Mothe, architecte français. Les empereurs Nicolas, Alexandre Ier et Alexandre II ajoutèrent d'importantes annexes. En 1860, un pont réunit le Musée au Palais d'hiver. Le Musée de l'Ermitage est l'un des plus riches d'Europe. Il possède des tableaux des plus célèbres amateurs français, MM. de Choiseul, Lebrun, Dézalier d'Argenville ; la collection artistique de l'impératrice Joséphine qui a coûté, à elle seule, 940.000 francs ; celles de la reine Hortense, du maréchal Soult et une partie de celle du duc de Morny. Dans une des salles, je remarque de vieilles icones sur parchemin et des enluminures religieuses de toute beauté. Une des curiosités est la galerie de Pierre-le-Grand, où sont pieusement conservés les vêtements, les meubles, les armes du célèbre Tzar, ainsi que les instruments de travail qu'il avait fabriqués lui-même. On voit encore près de la forteresse la maison de bois qu'il habitait et le bateau qu'il construisit lorsqu'il vint choisir l'emplacement des bords de la Néva pour y fonder Saint-Pétersbourg.

C'est le lieu, c'est le moment de rappeler que le vieux Saint-Pétersbourg fut fondé en 1703, qu'il fallut réaliser des prodiges de force, d'énergie et d'obéissance ! Après neuf ans de travaux, Pierre-le-Grand déclara que la ville nouvelle était la capitale de la Russie. Mais l'aspect en était misérable. Aujourd'hui l'aspect nous frappe d'admiration ! Tout est matière à surprise : les dômes dorés des églises ; les toits peints en vert-clair ou gris-perle des milliers de maisons ; les flèches hardies, fines, sveltes, miroitantes des temples et des couvents, et surtout les oasis de verdure au sein des masses bâties et les quatre branches de la Néva formant de grandes îles et de petits îlots... La grande Néva, le grand bras du grand fleuve, a de 260 à 1.200 mètres de largeur.

C'est la ville d'eau, la ville aquatique comme Amsterdam et Venise. — Les rues sont des chemins qui « portent où on veut aller ». — Aux quatre bras de la Néva, qui apportent l'eau des quatre grands lacs du Nord, j'ai constaté quatre affluents, la Fontanka, l'Otkta et les deux Tchernaïa ; mais on m'a dit qu'il y avait en tout quatorze cours d'eau et huit canaux ! Et tout cela, c'était un marais immense, solitaire, fangeux !... Pierre, le Grand Pierre, y rassembla, d'un mot, quarante mille hommes, autour du *fort Saint-Pierre*. On n'avait même pas d'outils ; l'ouvrier creusait le sol avec ses ongles, et emportait la terre ou plutôt la transportait pour en faire la rive d'un cours d'eau improvisé. Mais du jour où le Tzar se fit à lui-même sa maison, les travaux marchèrent à pas de géant. Sur la rive sud de la Néva, on jeta les fondements de l'Amirauté, et les constructions s'élevèrent, non pas comme nous les voyons aujourd'hui, en marbre et bronze, mais simplement en bois. Bientôt, pour attirer les maçons, Pierre défendit, sous peine d'exil, qu'on bâtît des maisons en pierre ailleurs qu'à Saint-Pétersbourg, et des centaines de bateaux amenèrent des moellons. Mon lecteur conçoit bien qu'il n'y eut pas dès l'abord des quais de granit le long de la Néva. En 1705, la ville entière fut envahie par l'inondation ; en 1721, Pierre le Grand faillit se noyer dans la Perspective Newski.

Aujourd'hui, les bateaux-mouches desservent les huit canaux et les bras du fleuve. Dans les rues passent les omnibus et les tramways, mais la bourgeoisie russe est restée fidèle aux *droschkis* qui, pour 30 ou 40 centimes, vous transportent, à une allure rapide, à de grandes distances. Les droschkis contiennent une simple banquette étroite pour deux personnes en outre du siège du cocher. Pour avoir un landau il faut le commander à l'avance chez les loueurs, par l'entremise de l'hôtel. Quant aux troïkas, l'attelage russe si renommé, on n'en voit que très rarement, appartenant à de riches particuliers.

Une permission spéciale de la Chancellerie nous a permis de visiter le *Palais d'Hiver*, situé sur les bords de la Néva et construit en 1754-1764. La chapelle contient des reliques de premier ordre, telles que la main droite de Saint Jean-Baptiste, un morceau énorme de la vraie Croix, les reliques de Saint Georges et un portrait de la Vierge par Saint Luc. Le trésor renferme les diamants de la couronne, le sceptre d'or massif, orné du fameux diamant Orloff, provenant d'un des yeux du lion d'or qui soutenait le trône du Grand Mogol à Delhi et acheté 400.000 roubles par le prince Orloff ; la couronne impériale, estimée 1 million de roubles, celle de l'impératrice, son diadème, avec un diamant du poids de trente-six carats. Le Palais contient trois cents chambres, toutes meublées avec luxe et renfermant des tableaux de grande valeur. Les principales pièces sont : la *salle Blanche*, ornée de magnifiques statues de marbre et dont les murs sont recouverts de plats en or et en argent ciselé, offerts aux souverains par les villes ; la *salle de Saint-Georges*, ornée de colonnes en marbre blanc et au milieu de laquelle se trouve le trône. *La salle dorée et la galerie des feld-maréchaux de 1812* sont aussi deux pièces uniques.

La *Chapelle du Saint-Sauveur* est installée dans une petite maison en bois construite par Pierre le Grand lui-même. On y remarque l'image du Saint-Sauveur que Pierre le Grand portait avec lui dans ses expéditions, ainsi que le bateau sur lequel il fut si miraculeusement sauvé dans une tempête terrible sur le lac Ladoga.

Nous arrivons devant la cathédrale de Kazan, bâtie sur le modèle de Saint-Pierre de Rome ; la croix latine, précédée d'une quadruple colonnade, s'avance en demi-cercle, la construction n'en a pas été faite en matières précieuses ; au dehors, à chaque extrémité de la colonnade, un général en bronze sur son piédestal, à droite, Barclay de Tolly, à gauche, Kutusow. La cathédrale de Kazan est la plus vénérée de Saint-Pétersbourg ; la Madone si réputée, en argent massif, garnie de saphirs, de diamants et d'émeraudes, est estimée 100,000 roubles ; à ses pieds on a placé le bâton du maréchal Davoust et un clou de la Croix que le Pape donna au Tzar Alexandre III. Devant l'Iconostase, tout est en argent massif ; cette argenterie religieuse provient de la vaisselle impériale qui avait été enlevée par les soldats français dans les palais de Moscou.

Notre-Dame de Kazan est une église patriotique et militaire ; sur tout le pourtour sont alignés en trophées, — entremêlés d'étendards polonais — les drapeaux pris aux Français en 1812, nos aigles sont là, le bec de côté, accrochées de la serre à leurs foudres impuissants et posées fièrement sur le cartouche où se lit le numéro de nos régiments. Ces drapeaux, qui avaient voyagé à travers le monde, au milieu des flammes des batailles, sont venus tomber dans la neige : les hampes sont moisies, la soie n'est plus qu'à l'état de toile d'araignée. Au-dessous de ces débris respectés sont accrochées des clefs rouillées : ce sont les clefs des villes conquises. Hélas ! voici les clefs de Paris.

Nous aussi, nous possédons de cette glorieuse ferraille, mais elle est au Musée d'artillerie où personne ne la voit et où elle ne peut apprendre aux enfants les hauts faits d'armes de leurs pères. La visite de Notre-Dame de Kazan n'est pas un pèlerinage agréable pour les Français, c'est pourquoi le Tzar Nicolas II, mû par un sentiment de délicatesse qui fut apprécié, fit enlever ces drapeaux pendant le séjour du Président Félix Faure.

A chaque pilier on trouve une Vierge, un Saint, souriant sous un vêtement d'argent. Trois marches permettent d'atteindre à la hauteur de l'image et de baiser la glace qui la recouvre ; chaque fidèle choisit son image, s'agenouille, se signe, se prosterne, frappe du front les dalles, se redresse en se signant, se relève et recommence : l'exercice est fatigant, mais la foi, la ferveur brillent dans tous ces yeux, éclatent dans tous ces mouvements si bien rythmés et rien n'est plus touchant que ces prosternations et ces génuflexions. Après cinq ou six de ces agenouillements, le fidèle s'approche de l'image sainte et la baise dévotieusement. Tout le monde, sans distinction de classe ni de fortune, vient baiser ces saintes images : les lèvres roses de la dame noble viennent effacer sur la vitre la buée qu'y a laissée la lèvre du moujik. Le Grand Duc Alexis y vient aussi faire ses dévotions.

Quelques minutes de chemin à faire et nous arrivons à la cathédrale de Saint-Isaac dont le dôme doré, tout étincelant, est remarquable. Cet édifice prodigieux, bâti par Alexandre Ier et Nicolas Ier, eut pour architecte un français, M. de Montferrand ; il ne fut terminé qu'en 1858. Saint-Isaac est construit avec de l'or, de l'argent, des mosaïques. Six colonnes de malachites, hautes de dix mètres, en forment la carcasse ; ces blocs précieux sont d'une grande valeur. Entre les colonnes, de chaque côté de la porte d'or et d'argent du sanctuaire, des Saints trois fois grands comme nature ; autour brillent les diamants, les émeraudes, les rubis des images de la Vierge ; sous les voûtes couvertes de peintures admirables, tombent des lustres byzantins de dimensions colossales. Toutes ces richesses incalculables sont entassées au service de Dieu.

Depuis quarante années, la Russie a eu à déplorer la disparition soudaine de plusieurs de ses monarques. Le 2 janvier 1855, le Tzar Nicolas Ier fut frappé en pleine santé. Le 2 mars, pendant la guerre de Crimée, il mourait avec un courage stoïque, conservant jusqu'à la fin le plus grand calme. Aussi résolu que le Tzar Alexandre III, il ne voulut pas se résigner au repos, malgré les conseils de son entourage, et passa en revue les bataillons de sa garde qui partaient pour Sébastopol. Il fut soigné, comme le Tzar Alexandre III, par un médecin allemand, le docteur Mandl. Le Tzar Alexandre II fut assassiné, et le Tzar Alexandre III, malgré sa robuste constitution, mourut prématurément le 1er novembre 1894. Sa mort fut un saisissement général dans toute l'Europe. Il passa sa dernière revue au camp de Krasnoïé-Selo.

Le mariage de l'Empereur Nicolas II avec la princesse Alix de Hesse eut lieu le 26 novembre 1894. La Tzarine est la quatrième fille du grand duc de Hesse ; la première, la princesse Victoria, a épousé le prince de Battenberg ; la deuxième, le grand-duc Serge, frère du Tzar Alexandre III ; la troisième, le prince Henri de Prusse. Ce n'est pas la seule fois qu'un Romanoff s'allie avec la Maison de Hesse. Ainsi Paul Ier, arrière-grand-père du Tzar Alexandre III, avait épousé en premières noces la princesse de Hesse-Darmstadt. Le Tzar Alexandre II, qui fut assassiné, épousa la princesse Marie-Sophie, fille de Louis II, grand-duc de Hesse. Cependant, en 1870, lors de nos désastres, il ne prit pas parti pour l'Allemagne, au contraire. A toutes ces unions royales, la politique est restée étrangère.

En 1838, il y avait à la cour de Russie, parmi les dames d'honneur, une jeune Polonaise qui unissait la sagesse à la beauté, Mlle Olga Kalinowska ; le grand-duc Alexandre en devint si vivement épris qu'il demanda à son père Nicolas Ier la permission de l'épouser en renonçant au trône. L'Empereur répondit sagement à son fils que lui aussi avait été amoureux dans sa jeunesse, mais qu'il avait sacrifié son amour à son devoir, et que son fils devait l'imiter. Nicolas Ier se hâta de marier la jolie Polonaise au prince Oriuski ; puis il expédia son fils en tournée matrimoniale à travers l'Allemagne. A Darmstadt, le souverain de ce petit Etat avait deux filles ; le grand-duc Alexandre se dirigeait vers le palais, lorsqu'il aperçut à l'une des fenêtres une jeune fille, dont les grands yeux veloutés s'arrêtèrent un instant sur lui, mais qui disparut aussitôt. Invité le soir à dîner, et ne voyant pas apparaître cette jeune fille, il demanda au grand-duc de Hesse si la personne qu'il avait entrevue dans l'après-midi à une fenêtre n'était pas sa fille ?

— Parfaitement, répondit le grand-duc, mais elle est encore trop jeune pour prendre place à une table où j'ai des convives comme Votre Altesse.

— Je vous en prie, répondit le prince, veuillez faire exception pour moi. On monta chez la princesse ; on la pria de descendre ; elle apparut vêtue de blanc. Le grand-duc Alexandre la trouva si ravissante que, le soir même, il demandait sa main. Voilà comment cette jeune princesse de dix-sept ans épousa celui qui devait régner sous le nom d'Alexandre II. Quatre ans plus tard, elle donna le jour au prince que la mort de son frère aîné fit Tzaréwitch, et qui fut Alexandre III.

L'Impératrice douairière de Russie, aussi aimée du peuple russe que l'était son époux, a beaucoup contribué à sceller l'alliance qui devait resserrer étroitement les liens d'amitié réciproque qui déjà unissaient les deux grands peuples. Fille du roi Christian IX, roi de Danemarck, elle épousa, en 1866, l'empereur Alexandre III.

En laissant croire que l'Allemagne de 1875 allait achever la France écrasée, Bismarck obligea la Russie à comprendre qu'elle serait atteinte par notre suppression ; de là les premiers symptômes, bien timides encore, mais déjà précieux, de sympathie : un carreau était brisé dans la chambre obscure où l'équilibre européen agonisait par asphyxie.

Plus tard, en 1878, le même Bismarck, au Congrès de Berlin, poussé par son animosité contre le prince Gortschakoff et aussi par une certaine mauvaise humeur contre les manifestations indépendantes de l'action russe, s'appliquait à humilier la Russie en lui enlevant les bénéfices de la guerre sanglante de Turquie. A cette époque, M. de Mohrenheim, ambassadeur de Russie à Paris, signalait, dans un rapport qui fut mis sous les yeux du Tzar Alexandre II, le double jeu du chancelier allemand. Il concluait en disant : « Si l'on a quelque confiance en Bismarck, je n'en ai personnellement aucune. » Et Alexandre II, avec la finesse d'appréciation qui le caractérisait si bien, écrivait en marge du rapport : « Ni moi non plus. » Voilà le grain de sable qui a causé la rupture entre l'Allemagne et la Russie.

Mais quelles hésitations avant d'aboutir ! Les plus grandes devaient naître de la difficulté d'établir un contact sérieux entre le gouvernement de la République française et celui de Saint-Pétersbourg. Il ne faut pas se le dissimuler, l'intelligence de nos hommes d'Etat a longtemps méconnu les données élémentaires du problème, M. Grévy le premier. La nomination même de M. de Laboulaye, qui rendit possible le coup de théâtre de Croustadt, fut précédée d'une aventure inouïe, où le manque de tact le dispute à l'ignorance et à l'incurie. On voulait, à Paris, donner la place au général Billot, et remplacer le général Appert qui avait succédé à M. de Laboulaye. Mais le projet se heurta au mécontentement d'Alexandre III, qui témoigna son dépit en déclarant qu'il se passerait désormais d'ambassadeur français et répondit au premier entretien : « Ni Billot, ni personne. »

Le Tzar Alexandre III donnait difficilement sa confiance, mais il ne la retirait plus quand il l'avait donnée ; il détestait les figures nouvelles et les changements de personnes ; il avait pris en amitié le général Appert, notre ambassadeur à Saint-Pétersbourg de 1883 au commencement de 1886. Sans même que l'Empereur fût consulté, l'homme avec lequel il avait déjà pris l'habitude de s'expliquer librement, avec une cordialité où de plus clairvoyants auraient déjà deviné le gage d'une décisive évolution, lui fut subitement enlevé sans motif sérieux. L'interrègne dura de longs mois, et les conséquences de cette bévue auraient pu annuler les possibilités latentes d'union en supprimant entre la Russie et la France les relations personnelles, les seules qui ont assez de vertu pour traduire en actes authentiques les élans du sentiment national et les arguments de la raison politique. M. de Mohrenheim et M. de Giers entamèrent une résistance que personne n'osait aborder de front, et qui tomba par l'acceptation de M. de Laboulaye.

Cronstadt acheva de démontrer qu'Alexandre III savait de quel côté il entendait se diriger. Sa puissante volonté et son raisonnement précis achevaient l'ère des tâtonnements et substituaient à la trop platonique théorie des intérêts communs une entente qui n'a cessé depuis de s'affirmer en se précisant, tout en marquant l'ascension lente d'un solide rapprochement.

C'est de pénibles origines qu'est sortie l'alliance franco-russe ; nos fautes et les amitiés dynastiques avaient fait autrefois l'alliance russo-allemande. Comment, par quel miracle la puissance des réalités retournait-elle une situation si gravement engagée et faussée ? Il a fallu vingt-cinq ans pour atteindre un but que la France abattue, mutilée, n'aurait même pas rêvé au lendemain de ses désastres. Cette politique d'apaisement, qui devait assurer la paix à l'Europe, fut conçue et fondée par le regretté souverain Alexandre III, que nous pleurons avec la Russie. Elle a été recueillie fidèlement par l'Empereur Nicolas II.

Parmi les jeunes hommes qui viennent de l'étranger, chauffer leurs intelligences au vieux soleil de France dont ils emporteront plus tard les rayons dans leur pays, parmi ces hôtes de nos Bibliothèques et de nos Universités, les Russes se font remarquer. Les connaître, c'est les estimer pour la loyauté de leur caractère, l'énergie de leur travail, la noble ouverture de leur esprit. Les voir, c'est les aimer pour l'amour intelligent qu'ils donnent à la France.

L'immense Empire de Russie a quatre fois la population de la France. Il faut visiter des villages russes pour avoir une idée exacte des mœurs et du genre de vie du peuple. Les izbas (chaumières) sont généralement disposées sur deux lignes parallèles, formant une rue unique. Au milieu du village s'élève l'église, surmontée de coupoles bulbeuses ; derrière les maisons, les granges, les écuries ; plus loin, le jardin potager. Les izbas n'ont le plus souvent qu'un étage ; elles sont construites avec des troncs d'arbres équarris à la hache ; les façades des maisons sont protégées par un auvent décoré d'ornements grossiers en bois découpé. L'izba se compose de deux parties : l'izba blanche, la plus spacieuse, dont les fenêtres donnent sur la rue ; l'izba noire, qui sert d'habitation l'hiver. A l'intérieur, un vaste poêle en briques sur lequel le paysan se couche pendant l'hiver ; comme ameublement, des bancs, des tables, des ustensiles d'un travail primitif. Dans un angle, sont suspendues des images saintes devant lesquelles on entretient une lampe. Les Russes sont très pieux ; la religion orthodoxe est la religion nationale ; le catholicisme y compte cependant huit millions d'adeptes.

Chose bizarre : il fut un temps où, dans les rues de Saint-Pétersbourg, il était défendu de fumer ; aujourd'hui même, on rencontre très peu de personnes qui fument. L'*izvochick* (le cocher), qui vous conduit en *droschki* (voiture à deux places), ne se permettrait pas de fumer sur son siège quand vous occupez sa voiture. Pourtant la défense de fumer dans les rues a été abolie.

Il prenait souvent au Tzar Nicolas I*er* la fantaisie de se promener seul, les mains dans les poches, comme un vrai flâneur parisien, dans les rues de Saint-Pétersbourg. Pendant une de ses promenades favorites de l'après-midi à travers sa capitale, il aperçoit un jour Vernet, l'acteur français, dont la verve comique le faisait beaucoup rire aux représentations. L'ayant reconnu, il s'avance vers lui et se met sans façon à lui parler de choses et d'autres. Vernet, tout heureux, tout fier de cette faveur, répondait avec courtoisie à Sa Majesté, sans se douter le moins du monde de ce qui allait lui arriver.

Dès que le Tzar l'eut quitté, un cosaque policier, témoin de l'entretien, s'approcha de Vernet, lui mit la main au collet et, sans autre préambule, l'emmena au poste de police ; notre compatriote fut interrogé. Il expliqua que c'était l'Empereur qui l'avait abordé et qu'il avait bien été obligé de répondre à l'auguste interlocuteur. Malgré ses affirmations, il ne fut pas cru ; le chef de la police lui répondit simplement qu'il était formellement interdit à tout sujet ou étranger d'aborder Sa Majesté lorsqu'Elle se promenait en ville. De ce chef, Vernet fut incarcéré. On juge de sa stupéfaction. Il aurait passé en jugement si, le soir, un autre incident n'était venu éclaircir la situation.

A huit heures, la famille Impériale se rend au théâtre ; le régisseur apparaît et annonce aux assistants que la pièce annoncée va être changée par suite de la disparition soudaine de l'acteur Vernet. L'Empereur, qui, de sa loge, entend cette annonce qui l'étonne, se rappelle tout à coup que dans l'après-midi il a causé en ville avec Vernet, et, connaissant la rigueur des lois, pressent ce qui est arrivé. Aussitôt il donne ordre à son aide de camp de courir à la police chercher Vernet. Une demi-heure après, la soirée commençait. La représentation terminée, le Tzar fit appeler Vernet dans la loge Impériale, lui disant combien il était contrarié des ennuis bien involontaires qu'il lui avait causés. — M. Vernet, lui dit-il, que puis-je faire pour vous être agréable ? — Sire, répondit notre spirituel compatriote, je n'ai qu'une grâce à demander à Votre Majesté. — Laquelle, répliqua l'Empereur, dites, vous recevrez satisfaction immédiate. — C'est, dit Vernet, que Votre Majesté daigne ne plus me parler quand Elle me rencontrera dans les rues de Saint-Pétersbourg. Cette réponse inattendue fit beaucoup rire le Tzar et la famille Impériale.

Je quittai Saint-Pétersbourg pour me rendre dans l'ancienne capitale de la Russie. En chemin de fer, j'eus la bonne fortune de faire la connaissance de M. Sapojnikoff, le grand fabricant de soieries de Moscou. Cet aimable industriel me pria d'aller visiter sa fabrique, ce que j'acceptai avec empressement.

A Peterhoff nous apercevons le château impérial, résidence d'été de l'Empereur. Nous traversons des villages russes, des steppes enneigées et après douze heures de chemin de fer, Moscou, cité des Romanoff, nous apparaît avec ses nombreuses coupoles.

MOSCOU LA SAINTE

L'impression qui domine quand on arrive à Moscou, est celle de la stupéfaction. C'est un kaléidoscope d'églises, de couvents, de petits édicules religieux, de portes monumentales, de tours, de bastions crénelés, de remparts à parapets ; on est tout surpris de se heurter aux édifices d'une ville moderne. C'est un vrai pêle-mêle ; une rue commence par de belles maisons en pierres de taille, elle s'interrompt brusquement pour faire place à des couvents qui empilent leurs coupoles et leurs dômes, et qui ouvrent sur le trottoir des petits sanctuaires devant lesquels s'agenouillent les passants, et que personne n'ose se dispenser de saluer de grands signes de croix, pas même un iszvoschik en train de mener son attelage sur le pavé inégal ; plus loin, c'est l'opulente demeure d'un grand seigneur, resté fidèle à l'antique capitale et aux vieilles mœurs.

Une des choses encore qui contribuent le plus à faire ressentir au voyageur une impression de vertige à son arrivée à Moscou, c'est la prodigalité des couleurs et la hardiesse de leur tonalité. De toutes parts se dressent vers le ciel des clochers, des campaniles aigus, des dômes arrondis tout étincelants de vert, de rouge, de blanc, de jaune ou de nuances intermédiaires. L'œil, à peine remis du choc d'un vert violent, se heurte à un rouge sombre ; il saute d'un bleu profond ou léger à un jaune orangé, à un brun opaque. Toutes ces notes se croisent, s'entrecroisent et finissent pourtant, quand la lumière veut bien orchestrer la symphonie et fondre dans une harmonie supérieure leur individualité tapageuse, par former un concert assez saisissant.

D'ailleurs, il suffit de jeter un coup d'œil dans les rues de Moscou, sur toute cette foule multicolore qui s'y presse et s'y agite, pour convenir que, si jamais décor fut merveilleusement adapté aux acteurs, c'est celui-ci. On y trouve encore, habillés comme leurs pères et leurs aïeux, des marchands qui, sous la casquette ou le bonnet fourré, abritent un cerveau initié aux grandes spéculations, de même que, dans les poches de leur longue pelisse, il y a souvent de quoi acheter à leur femme, sans se gêner, les colliers de perles et les croix de pierres précieuses dont ils se plaisent à les parer comme des châsses.

Voici venir à pas comptés, en homme qui a la conscience en repos et l'estomac en paix, un pope. De même que les Nazaréens de l'ancienne alliance, ces prêtres de l'Église orthodoxe mettent une bonne part de leur sainteté à ne jamais laisser un fer profane toucher à leurs cheveux et à leur barbe. Aussi faut-il voir quelles chevelures s'étalent sur leurs épaules et flottent en longues boucles derrière eux, quelles barbes de prophètes ou de pères éternels font cascades sur leurs poitrines !

J'en ai vu un lisser et peigner comme une femme ces superbes tresses avant d'y nouer un ruban ; il avait sa barrette noire et portait l'espèce de robe noire qui descend jusqu'aux talons. Un moujik marche sur les pas du révérend personnage. Il a longue barbe aussi, mais négligée et sans la moindre prétention spirituelle ; il est vêtu d'un cafetan d'étoffe grossière ; sa chemise — quand il en a, — est tenue — comme l'exigent les convenances — hors de la culotte ; il se drape, dans sa peau de mouton et il est chaussé de bottes primitives ou de chaussures d'écorce.

Moscou est bien la ville la plus curieuse qu'on puisse imaginer. Lorsqu'il s'agit de faire le tracé du chemin de fer qui devait relier les deux capitales du grand Empire, on présenta le plan au Tzar Nicolas, qui prit une règle, tira deux traits de plume figurant les rails placés entre Saint-Pétersbourg et Moscou et rendit le plan aux ingénieurs en leur disant : Allez, Messieurs, le chemin de fer est tracé. Nicolas Ier n'ignorait pas que la ligne droite est le plus court chemin d'un point à un autre.

L'ancienne capitale de la Russie, est, au point de vue historique, d'un grand intérêt à visiter. C'est la ville sainte de la Russie, dont la fondation en 1147 est attribuée au prince Vladimirovitch Dolgorouky. Les invasions continuelles des Tartares obligèrent les Russes à fortifier l'emplacement où se trouve le Kremlin (forteresse). En 1328, Moscou devint la capitale de l'Empire ; en 1436, des ponts furent construits sur la Moskowa et le château-fort prit le nom de Kremlin.

De 1463 à 1479, plusieurs incendies détruisirent ce fort qui fut chaque fois reconstruit avec plus de magnificence. En 1493, nouvel incendie qui détruisit Moscou, ne laissant debout que l'église de l'Assomption. La ville fut reconstruite sous le règne d'Ivan IV (dit le Terrible), qui, dans un moment d'exaspération, tua son fils. Moscou fut encore détruit le 12 avril 1547 par un incendie ; le feu, cette fois, fit de grands ravages. Le 20 avril suivant, nouvel incendie, et enfin, le 21 janvier 1548, le désastre fut si grand que les habitants n'eurent que le temps de se sauver. Le palais du Tzar, le trésor, les armures, les images, les livres, les archives et les reliques de saints furent anéantis par les flammes ; 1700 personnes périrent. Comme on le voit, aucune ville n'a été aussi souvent victime du feu. En 1602, ce fut la disette qui dévasta la Russie. A Moscou, 127.000 personnes moururent de faim. En 1613, le tzar Michel Féodorowitch fit reconstruire les fortifications. Sous son règne, Moscou s'enrichit de nouvelles églises et de nombreux palais. Ce fut Ivan IV le Terrible, qui, le premier, prit le titre de Tzar. Pierre le Grand transféra le siège du gouvernement à Saint-Petersbourg, qui devint la capitale de la Russie.

A cette époque, Moscou possédait 15 cathédrales, 440 églises, 29 monastères et 3.000 maisons en pierres, sans compter les édifices de la couronne. En 1737, un nouvel incendie détruisit une partie des quartiers de la rive gauche. Par ordre de l'impératrice Elisabeth Pétrovna, la partie de la ville anéantie par les flammes fut reconstruite. Sous l'Impératrice Catherine II, la peste, qui dura deux mois, fit 60.000 victimes. C'est pendant ce fléau que l'archevêque Ambroise fut massacré pour avoir voulu faire enlever l'image de la Sainte Vierge de Bogolioubovo que le peuple, désespéré, allait implorer.

En 1807, l'Empereur Alexandre fit réparer le mur qui entoure le Kitaï-Gorod et le Kremlin. En 1812, Napoléon Ier entrait à Moscou, quelques jours après la bataille de Borodino. Le 14 septembre, jour de l'entrée des troupes françaises, plusieurs incendies éclatèrent à la fois dans différents quartiers, et les quatre cinquièmes de la ville devinrent la proie des flammes. C'est au sommet de la montagne des Oiseaux que se tenait Napoléon Ier pendant la bataille. Il fut contraint d'abandonner le palais des Tzars, ce qu'il fit non sans péril, et de se réfugier au palais Petrovsky, au delà de la barrière de la Tverskaïa. Le 7/19 octobre, il donna l'ordre de la retraite.

Après le départ des Français, Alexandre Ier s'occupa de relever la ville. En actions de grâces de la délivrance de Moscou, il ordonna de construire l'église du Sauveur qui ne put être commencée que sous le règne de Nicolas Ier et qui a été achevée en 1881. La ville de Moscou éleva à la barrière de la Tverskaïa un arc de triomphe, en souvenir du départ des troupes françaises.

Sous le règne de Nicolas Ier, on construisit une ligne de chemin de fer entre Saint-Pétersbourg et Moscou. Cette ligne s'appelle « Chemin de fer de Nicolas ». C'est également sous ce règne que fut élevé le nouveau palais du Kremlin.

L'empereur Alexandre II voulut que l'on rendît à l'église du « Sauveur dans la forêt » (Spas na Borou) sa physionomie primitive. Cette église restaurée fut consacrée par le métropolitain Philarète. En 1859, Alexandre II fit reconstruire le palais de ses aïeux, les boyards Romanoff.

Sous le règne de S. M. l'Empereur Alexandre III, Moscou a vu s'achever la construction du Musée Historique.

L'endroit le plus favorable pour commencer la visite de la ville est le Kremlin. Du reste presque tout ce qu'il y a d'intéressant à voir à Moscou se trouve concentré dans le Kremlin et le Kitaï-Gorod ou à peu de distance.

LE KREMLIN

Il faut plusieurs journées pour visiter le Kremlin. C'est un polygone irrégulier, entouré d'un mur crénelé avec des tours à chacun de ses angles. Comme position, le Kremlin offre quelque ressemblance avec l'Alhambra ; il s'élève sur le sommet d'une colline et contient des demeures royales, des églises, des places. Au-dessus de la muraille, se dressent les coupoles dorées, les clochetons bulbeux aux reflets métalliques, et au-dessus de ce fouillis s'élève la tour d'Ivan Véliki. C'est un entassement superbe d'édifices qui ne se rapportent à aucun style connu, qui tiennent à la fois du byzantin, du gothique, de l'arabe, et même des styles de l'extrême Orient.

De l'esplanade qui s'étend devant le palais, on jouit d'une vue splendide sur les quartiers de la rive droite et sur le cours de la Moskowa. Au-dessous de cette esplanade, s'étend la partie Sud du rempart doublé de son chemin de ronde et orné de plusieurs tours d'un style très original.

Le Kremlin est rempli de souvenirs historiques. « C'est au Kremlin, dit Karamzine, que Dimitri
» Donskoï développa son drapeau avant de partir contre Mamaï, que Ivan Vassilievtch foula aux
» pieds l'image du Khan, à laquelle les grands-princes devaient rendre hommage. C'est du Kremlin,
» que les ombres sacrées des vertueux ancêtres d'Ivan le Terrible le chassèrent, quand il cessa
» d'être vertueux. C'est par la porte sainte de Spassky qu'entra Vassili Chouïsky (condamné à
» mort et ensuite gracié par Dimitri), tenant d'une main une croix et de l'autre une épée pour tuer
» l'imposteur. On montre la place où tomba Dimitri en sautant par l'une des fenêtres du palais.
» C'est sur le parvis de l'église de l'Assomption que le jeune tzar Michel, nouvellement couronné,
» versa des larmes amères tandis que les Russes embrassaient ses pieds, en répandant des larmes
» de joie. »

Les cinq portes qui donnent accès au Kremlin sont : à l'ouest — Borovitsky, au nord-ouest — Troïtsky, au nord-est — Nikolsky, à l'est — Spassky, et au sud — Taïnitsky. Le style de ces portes est à peu près identique. L'entrée est percée dans une énorme tour carrée que précède une sorte de porche ou d'avant-corps. Le tout se termine par une flèche aiguë portée sur des arcatures évidées à jour. Elle est surmontée d'un aigle tenant dans ses serres le sceptre et la boule du monde.

La porte Spassky (du Sauveur) fut construite par ordre du grand-prince Ivan III. Elle reçut d'abord le nom de porte de Florof. Plus tard, elle s'appela porte de Jérusalem, et enfin Spassky. La construction en fut confiée à l'architecte milanais Pierre-Antoine Solaria, en l'année 1491.

En 1526, l'empereur Michel Féodorovitch fit élever la flèche, qui subsiste encore aujourd'hui. L'édifice lui-même est formé de deux murailles épaisses, à l'intérieur desquelles se trouvent des couloirs et des escaliers en bois et en pierre. Des arcs-boutants en briques joignent les deux murailles et supportent les étages supérieurs qui s'élancent en trois jets, dont le second contient l'horloge. Les deux premiers étages sont carrés et ornés de petites tourelles aux quatre coins. Le troisième, d'une forme octogonale, portant à sa partie supérieure huit arcades à doubles colonnes, supporte la flèche, qui est cotelée à ses arêtes. Sous le porche qui précède l'entrée, se trouve l'image du Sauveur en vertu de laquelle cette porte prit le nom de Spassky. On attribue à cette image la levée du siège de Moscou, bloqué par les Tartares en 1526, et depuis lors, cette porte est l'objet d'une telle vénération que chacun est tenu d'y passer la tête découverte.

C'est par cette porte que les Tzars entraient autrefois au Kremlin, après chaque événement important. C'est par là que passèrent Ivan III après la pacification de Nijni-Novgorod, Ivan IV le Terrible, après la prise de Kazan, Vassili Chouïski, après avoir délivré Moscou de l'Usurpateur et des Polonais. C'est à cette porte que le peuple vint à la rencontre du jeune Tzar Michel Romanof, qu'il avait élu. Cette porte a vu passer sous ses voûtes les funérailles des empereurs Pierre II et Alexandre Ier. Enfin, depuis le XVIIIe siècle, c'est par là que les Tzars entrent au Kremlin le jour du couronnement.

Les canons du Kremlin occupent deux des côtés de la place qui communique avec la ville par les portes Nikolsky et Troïtsky. Une partie des pièces sont rangées sur affûts le long de la caserne qui fait face à la porte Nikolsky. La plus remarquable est le « Roi des Canons » (Tsar-Pouchka) placé à l'angle de la caserne. Cette énorme pièce a été fondue en 1586 sous le règne du Tzar Féodor Ivanovitch dont elle porte l'effigie. Son poids est de 12.000 pounds. Sur la même ligne se trouvent plusieurs autres pièces moins grosses, mais non moins chargées de ciselures que le Roi des canons. Plus loin, le long du mur de l'Arsenal, on voit rangées en chantier les pièces de campagne perdues par l'armée de Napoléon en 1812. Le nombre de ces pièces est de 875, dont 365 aux Français, 189 aux Autrichiens, 123 aux Prussiens, 70 aux Italiens, 40 au royaume de Naples, 36 aux Bavarois, 22 aux Hollandais, 12 aux Saxons, 8 aux Espagnols, 5 aux Polonais. Les cinq autres pièces appartenaient à la Westphalie, au Hanovre et au Wurtemberg. Deux inscriptions en russe et en français, placées de chaque côté de la porte principale de l'arsenal, indiquent le détail de toutes ces pièces.

Du Kremlin, en compagnie de trois compatriotes dont j'avais fait connaissance, nous nous dirigeâmes vers la montagne des Oiseaux. C'est à cet endroit que l'on peut jouir du plus beau coup d'œil sur l'ensemble de Moscou, bâti sur sept collines. La neige tombe à gros flocons, et la ville nous apparaît recouverte d'un linceul : vue à distance, l'effet est saisissant ; des coupoles s'élèvent de toutes parts ; les couleurs disparates des maisons peintes en rouge, en bleu et en jaune, les bouquets de sapins qui émergent çà et là, la variété des tons et des couleurs contribuent à rendre incomparable le panorama de Moscou. Outre les boulevards qui entourent le Kremlin et le Kitaï-Gorod, d'autres grandes lignes concentriques de boulevards se développent et marquent les différentes phases de l'agrandissement de la ville à travers les âges. Aux pieds du Kremlin, la Moskowa, traversée par sept ponts, coule silencieusement. Cette excursion terminée, nous montons dans une troïka pour nous rendre au restaurant de l'Ermitage, si réputé pour sa cuisine (boulevard Pétrowski). Faire un dîner à la russe, voilà qui n'est point banal pour des Parisiens habitués à la cuisine de Marguery. La salle où nous pénétrons est d'un effet tout à fait original ; les garçons, en costume national, nous servent d'abord les zalouska (hors-d'œuvre) composés de caviar, de poisson fumé, de saucisson, de sandwich, etc. ; comme boisson, on nous sert du vodka (eau-de-vie blanche). Alors seulement commence le dîner ; d'abord la soupe au kvas et au poisson ; ensuite le cochon de lait avec une sauce raifort, le sterlet, poisson réputé pour sa finesse, le coq de bruyère, la gelinotte et, comme boisson nationale, le kvas (espèce de cidre). Nous dégustons des vins de Crimée, du Caucase et de Bessarabie qui, ma foi, sont de bonne qualité. Un dîner à la russe se compose d'une grande variété de plats dont les goûts ne sont pas toujours des plus fins, et pourtant nous étions dans le fameux restaurant de l'Ermitage. Après le dîner, nous rentrons à notre hôtel où nous trouvons nos chambres parfaitement chauffées. Nos architectes français devraient bien venir faire un tour en Russie pour voir comment on construit des maisons qui abritent des rigueurs du froid, et où le fonctionnement du chauffage est si bien organisé. Le lendemain, nous avons pendant plusieurs heures parcouru la ville en droschki. Dans ces véhicules exigus, on n'est pas à l'aise. Malgré le froid sibérien qui règne, les voitures n'ont pas de capote. C'est, il faut le dire encore, une excursion aussi agréable qu'intéressante que cette promenade à travers tous les quartiers de Moscou. La foule tumultueuse, bariolée, est vive d'allures : des femmes du peuple portant la tunique courte serrée au-dessous des seins et coiffées d'un pavoïnick (sorte de diadème), d'où pendent des rubans ; des officiers en uniformes variés ; des soldats en longue capote de drap gris grossier, leurs médailles commémoratives sur la poitrine ; des nourrices coiffées de kakochnicks rouges ou bleus ; des domestiques d'hôtels habillés à la française avec de vieux habits achetés à la friperie ou abandonnés par les voyageurs ; des employés de l'État, avec l'habit vert foncé et le double aigle sur les boutons, le visage régulièrement encadré de favoris bruns ; des dames élégantes, coiffées du chapeau parisien ; des groupes d'ouvriers sortant des fabriques de soieries ou des fonderies de cloches, en long cafetan de nankin bleu ; une religieuse, ayant la démarche leste *de la femme qui sort*, mais voilée à l'orientale, avec un double mouchoir blanc lui serrant le visage ; des cosaques à la tenue raide, à l'air triste et sévère, qui circulent au milieu de la foule comme chargés d'une mission d'ordre ; des moujiks qui paraissent encore heureux de l'ukase par lequel Alexandre II, en 1861, affranchit les serfs.

Ce tableau animé des rues de la vieille cité moscovite se complète par des pauvresses en robe de cotonnade. Des ecclésiastiques, coiffés de cette sorte de barillet d'où s'échappe un voile noir retombant sur les épaules, marchent gravement ; puis des Mongols, des Tartares d'une taille exiguë. Arrêtés à l'étalage d'un marchand d'estampes, des moujiks font des génuflexions nombreuses et des signes de croix rapides devant les images saintes à fond d'or exposées dans les vitrines ; çà et là des boudochniks (agents de police) avec leur capote grise et leurs shakos. Sur les chaussées, les droschkis se croisent dans tous les sens. Un hussard, le dolman sur l'épaule, monté sur un cheval noir couvert d'écume, galope à travers ces singuliers et incommodes véhicules, tandis que s'avancent lourdement de longues files de chariots chargés de caisses et de ballots, traînés chacun par deux bœufs.

La vue de la place Rouge évoque une foule de souvenirs. Elle fut le témoin muet des horreurs qui signalèrent l'année funeste de l'interrègne et de l'invasion polonaise. Foulée aux pieds par les armées de Napoléon Ier, elle a eu aussi ses jours de joie et de paix : l'entrée solennelle du Tzar Michel Fédorovitch Romanoff. Après le départ des Français, une longue ère de paix et de prospérité permit à Moscou de se développer. Le commerce est concentré sur la place Rouge et dans les rues adjacentes, la Nikolskaïa, l'Illynka et la rue qui descend vers la rivière Moskowa.

Le Trésor, dépendance du palais impérial, fut construit sous l'empereur Alexandre Ier. On y conserve précieusement les étendards ornés de broderies, les trônes en or massif qui ont servi aux Tzars, les bonnets, les sceptres, les couronnes enrichies de diamants et de pierres fines, les effets d'habillement, les manteaux impériaux des couronnements, les robes de soie brochée à traîne des impératrices, les chaussures en satin. Décrire la richesse de toutes ces pièces impériales, enrichies de turquoises, de pierres précieuses, d'émeraudes, toutes étincelantes de diamants, est chose impossible ; la valeur en est inappréciable. Parmi toutes ces couronnes, plus belles les unes que les autres, exposées dans de grandes vitrines, nous remarquons celles des Tzars Ivan et Pierre.

Alexiovitch, ornées de dix-sept cents diamants. Les croix de ces couronnes sont montées sur de gros rubis. On y voit encore le sceptre du dernier roi de Pologne, Stanislas, monté en or, ainsi que toutes ses croix, colliers, chaines, dentelles, décorations ; le trône, en ivoire sculpté, du Tzar Boris Godounof, orné de turquoises et de pierres précieuses, qui lui fut offert par le shah de Perse, Abas, en 1605. Toutes ces richesses constituent de véritables merveilles.

Le rez-de-chaussée ressemble à celui de Trianon. Trois salles renferment les voitures de gala avec les harnais qui servaient aux cours de Russie. Nous y remarquons particulièrement les deux lits de camp de Napoléon Ier, pris au passage de la Bérésina, près de Varsovie, le 26 novembre 1812. A côté, se trouve un portrait de Napoléon Ier, pris par les cosaques, à Bruxelles, en 1814. Il faudrait des volumes pour décrire les richesses que renferme le trésor du Kremlin. Rien, dans nos musées d'Europe, ne peut lui être comparé. On ne saurait trop le redire.

Moscou renferme plus de trois cents églises catholiques, le même nombre, pour ainsi dire, que les mosquées du Caire. L'église de l'Assomption, où se fait le couronnement des Tzars, date de 1547. Le Tzar Ivan le Terrible en fit dorer les gracieuses coupoles qui la surmontent ; il y fit placer, en 1610, les reliques de saint Pierre dans une châsse en or massif. On employa pour la dorure des coupoles 210.000 feuilles d'or. Elle renferme le tombeau du Prince Georges Danilowitch, frère de Kalita. C'est la plus ancienne sépulture de Moscou. L'intérieur est revêtu de peintures sur fond or dans le style sévère du mont Athos, le seul adopté en Russie. La remarquable image de la Vierge de Vladimir, peinte par l'évangéliste saint Luc, y est exposée ; la garniture en est estimée plus de 500.000 francs. Plus loin, est renfermée dans un précieux reliquaire une partie de la tunique de Notre-Seigneur Jésus-Christ qui fut envoyée à Moscou en 1626, par le shah de Perse ; à côté, un morceau de la tunique de la Vierge et un fragment de la Croix. On y voit aussi les tombeaux de sept métropolitains et de neuf patriarches, et enfin, près de la porte, le trône de Vladimir, où les empereurs s'asseyaient pendant la cérémonie du couronnement. Dans la sacristie, des vases, des ornements d'église et notamment l'Evangile de la Tzarine Nathalie Kirillovina, imprimé en 1689, estimé 200.000 roubles, soit 500.000 francs.

L'église de l'Annonciation possède une horloge à sonnerie. La riche toiture, toute dorée, est surmontée de neuf coupoles ; c'est dans cette église qu'avaient lieu les baptêmes et les mariages des Tzars. L'église des Douze Apôtres possède des images célèbres qui datent du XIIe siècle. La partie intéressante est la sacristie des patriarches ; à côté, la bibliothèque qui possède des volumes d'une grande rareté.

La cathédrale de l'Archange Michel fut d'abord construite en bois, au XIIe siècle, en l'honneur de l'archange Michel. En 1333, le prince Ivan Kalita la fit rebâtir en pierres, comme actions de grâces de la cessation d'une famine qui avait causé de grands désastres parmi la population. Nous y remarquons les portraits des anciens Tzars. L'iconostase, composé de quatre étages tout étincelants d'argent et de pierres précieuses, s'élève jusqu'à la voûte. Les images sont très jolies. Cette église contient les tombeaux des anciens Tzars depuis 1333 jusqu'en 1696 : tous sont revêtus de velours rouge avec des plaques d'argent et des épitaphes. Nous y voyons aussi les restes du Tsaréwich Dimi et la chemise ensanglantée du Tsaréwich assassiné à Ouglitch, en 1591. Dans la sacristie, des calices en or avec patènes en argent massif, des croix ornées de pierres précieuses et des reliques. J'ai visité les plus belles églises d'Europe, notamment celles d'Italie et d'Espagne, et nulle part je n'ai vu autant de richesses amoncelées que dans celles de Moscou. Il faudrait passer des semaines entières si l'on voulait visiter en détail, pour mieux en apprécier la valeur.

Près d'Ivan-Welliki est la célèbre cloche, le Tzar Kolobol, qui a 7 mètres de haut et pèse 107.232 kilos. Lorsqu'en 1737 elle tomba sur le sol, lors de l'incendie de la construction en bois où elle était suspendue à moins de 4 mètres, la cloche, fondue trois ans auparavant, sur le modèle d'une autre qui remontait à 1645, se brisa sur le côté. Un Français, l'architecte Ricard, de Montferrand, fut chargé, au commencement du siècle, de la relever ; il y réussit. La Savoyarde du Sacré-Cœur à Paris est petite à côté.

En face l'Arsenal, le palais de Justice construit sous Catherine II. Le monastère des Miracles, qui, en 1812, servit de quartier général à l'état-major de Napoléon Ier, possède deux églises. C'est dans ce monastère que le patriarche Hermogène, qui conseilla aux Russes de chasser les Polonais, fut enfermé : on le laissa mourir de faim. Les reliques de Saint Alexis y sont précieusement conservées. Dans le palais Nicolas est né Alexandre II.

Le monastère de l'Ascension mérite une visite prolongée. Il fut fondé par la femme de Dimitri Douskoï, Eudoxie, qui, après la mort de son époux, prit le voile. Comme tous les édifices de Moscou, il fut plusieurs fois la proie des flammes et reconstruit en dernier lieu par l'impératrice Anne. Il renferme deux églises, celles de Sainte-Catherine et de l'Ascension ; cette dernière, avec ses coupoles en forme de tasses renversées, contient les tombeaux de trente-cinq souverains. L'iconostase, qui s'élève jusqu'à la voûte, est tout doré et ciselé ; il est couvert de six rangées d'images saintes ornées de pierres précieuses. La sacristie renferme aussi de grandes richesses. De là nous entrons au Musée Historique, nous sommes reçus par le sympathique directeur, le Prince Scherbatoff ; sur sa poitrine nous voyons avec joie la rosette d'officier de la Légion d'honneur. Le Prince reçoit avec tant de bienveillance les Français qui viennent à Moscou ! Le Musée Impérial Historique n'a été terminé qu'en 1883, et déjà de rarissimes collections de toutes sortes y sont rangées avec symétrie ; il y a une fortune dans ce palais moderne. Une des salles sera consacrée au Musée de l'Alliance pour y exposer la collection franco-russe de huit mille pièces que j'ai eu le bonheur d'offrir. Ces précieux objets perpétueront le souvenir de la visite des Souverains Russes en France (1896) ; ils resteront le symbole et le gage des liens d'amitié qui unissent à jamais deux grands peuples.

C'est au fond de la place Krassnaïa (Place Rouge) que s'élève la fameuse cathédrale de Wassili Blajennoi, édifice bizarrement colorié, surmonté de dix coupoles bulbeuses de grandeurs différentes ; sous ces coupoles il y a dix chapelles ; la plus remarquable est celle du milieu, dédiée à la Vierge. Contrairement à l'usage de Russie, le clocher est tourné vers l'Occident ; dans les chapelles souterraines on conserve les reliques de Wassili et celles de Jean l'Insensé ; sur le tombeau de ce dernier est placée la chaîne de vingt-quatre kilos qu'il portait toujours sur lui. C'est le monument le plus étrange de cette ville, qui en compte tant : la folie d'un artiste de génie frappé d'un coup de soleil. Rêvez de tout ce qu'on pourrait, en architecture, inventer de plus extraordinaire, de plus inouï, de plus invraisemblable, de plus insensé, vous n'atteindrez jamais à l'idée de cette création étrangère à tous les types historiques, où tout semble avoir été combiné avec malice et obstination pour donner un démenti éclatant aux lois de l'art de bâtir. Wassili Blajennoï est un gigantesque pied de nez à Vitruve, un immense éclat de rire cristallisé en moellons, poussé par un Rabelais russe de la truelle, qui a voulu se moquer épiquement des Grecs et des Romains. Il n'y a pas là une seule église, mais dix, superposées, agglutinées, stratifiées, toutes indépendantes les unes des autres, et dans lesquelles on ne peut pénétrer que par un labyrinthe fantastique d'escaliers, de couloirs et de galeries, décrivant des zigzags dans chaque direction horizontale, verticale et oblique. Aux formes étranges des coupoles, de leurs fûts et de leurs soubassements, on a ajouté la polychromie la plus extraordinaire. A l'extérieur et à l'intérieur, colonnes, chapiteaux, arcatures, moulures, pignons, frises et corniches, si tant est qu'on puisse se servir de ces termes classiques pour une construction de cette barbarie sublime, tout est colorié de dessins d'une naïveté audacieuse, aux tons intempérants, œuvre de décorateurs qui n'ont jamais suivi d'école et se sont exclusivement inspirés de la nature et des vieilles broderies moscovites.

Ivan-le-Terrible en ordonna la construction, en actions de grâces de la prise de Kazan, au XVIe siècle ; c'est la réunion des styles des anciennes églises en bois d'autrefois. Ivan-le-Terrible fit crever les yeux à l'architecte italien de peur qu'il en construisît une pareille ; ce malheureux subit le même sort que celui qui fit l'horloge de la cathédrale de Strasbourg. Wassili se dresse hostile d'aspect ; par l'étrangeté farouche de ses contours, belle de toute la fière indépendance de son architecture, elle a cependant un air lugubre ; ses murs semblent suinter des larmes. C'est de là que partait autrefois la procession des Rameaux ; le Patriarche, monté sur un cheval que le Tzar menait par la bride, se rendait à l'église de l'Assomption. A droite de la place, le groupe en bronze représentant les deux héros populaires : Minine et le prince Pojarski ; à côté, la plate-forme circulaire sur laquelle les bourreaux d'Ivan-le-Terrible abattaient les têtes des criminels.

Nous quittons la place Rouge en sortant par la porte du Sauveur, chapeau bas, c'est la règle. Le palais des boyards Romanoff a été restauré par Alexandre II ; il donne une idée exacte de la manière de vivre des anciens boyards. Le Musée Moumiantseff de Saint-Pétersbourg fut transféré à Moscou ; la bibliothèque contient 150.000 volumes, mais les collections de tableaux ne sont que des copies, sans grande valeur.

L'Arc de triomphe a été érigé en mémoire de la retraite des Français. L'église catholique de Saint-Louis des Français dut sa conservation, en 1812, au zèle de son curé, l'abbé Surugne, qui n'abandonna pas son poste. La tour Soukharef, d'une hauteur de 75 mètres, est, tous les dimanches, le rendez-vous des antiquaires. On y trouve les objets les plus disparates, meubles, habits, vieilles ferrailles, vieux livres, vieux objets de piété ; c'est un véritable Capharnaüm. Enfin, pour couronner la visite des monuments, nous retournons à l'église du Saint-Sauveur, construite en mémoire de la délivrance de Moscou. D'après le premier projet, l'édifice devait être érigé sur la montagne des Oiseaux, où s'était tenu Napoléon Ier pendant la bataille. La première pierre fut posée le 12 octobre 1817 ; mais, après huit ans et demi de travaux qui avaient coûté plus de 10 millions de francs, les architectes, inquiets du peu de consistance qu'offrait le terrain, durent choisir un autre emplacement. En 1832, l'architecte Thon présenta un nouveau projet qui fut approuvé par Nicolas Ier. Les travaux furent commencés en 1838, et l'inauguration eut lieu en 1881. L'église du Saint-Sauveur a la forme d'une croix ; sa hauteur est de 103 m. 30, sa longueur de 68 mètres, le diamètre du dôme de 30 mètres. Les quatre façades extérieures sont pareilles, les murs intérieurs revêtus des marbres les plus rares. Les peintures murales représentent les principaux faits de la vie de Notre-Seigneur Jésus-Christ. Cette église a coûté 38 millions de francs et peut contenir 10.000 personnes.

De toutes les fêtes russes qui se célèbrent dans les églises, la plus solennelle et la plus imposante est celle de Pâques. C'est à Moscou qu'elle présente le plus d'intérêt. Pendant la nuit du samedi au dimanche de Pâques, la physionomie de la ville change complètement ; les clochers s'illuminent de toutes parts ; le Kremlin, en particulier, offre un spectacle grandiose avec ses édifices enguirlandés de lumières, et la foule immense qui s'y presse pour assister aux offices A minuit, toutes les cloches de la ville se mettent en branle et déchaînent sur la cité une véritable tempête de bronze. Le soir de Pâques, l'usage consiste à s'embrasser trois fois, en disant : *Kristos voskresse* (Christ est ressuscité). A quoi le Russe répond : *Voistinon voskress* (en vérité, il est ressuscité).

Le long des rues qui fuient en perspective décroissante, s'alignent les demeures des boyards ; les étages supérieurs dépassent les murs d'enceinte que frôlent les branches des bouleaux et des chênes, et partout, à l'horizon, des clochers, des coupoles dorées étincelantes, des croix à huit coins rayent l'azur comme des épingles d'or ; tout cela, c'est Moscou, la ville sainte. La ville est sillonnée en tous sens par des tramways. Six gares pour les chemins de fer, qui de jour en jour prennent une extension considérable ; les wagons sont bien mieux installés et plus confortables que les nôtres. En Russie, les chemins de fer sont faits pour les voyageurs, tandis que, en France, les voyageurs paraissent faits pour les chemins de fer.

Sur la place Rouge, on a reconstruit les immenses et monumentales galeries du Commerce ; nos passages de Paris sont bien mesquins à côté de cette gigantesque construction à trois étages, qui fait le plus grand honneur à l'architecte. Restaurées en 1815, après l'invasion française, les galeries du Commerce n'ont subi aucune transformation. En 1868, on fit des réparations partielles ; mais, en 1869, les bâtiments arrivèrent à un tel degré de vétusté que le général gouverneur montra la nécessité de reconstruire la partie située entre la Nikolskaïa et l'Ilynka ; un concours eut lieu ; le projet de M. Pomerantzeff fut adopté, et, le 20 novembre 1889, la démolition des anciennes galeries commença. La Société émit pour 5 millions de roubles d'obligations et 9.408.400 roubles pour le capital en actions. Quarante millions de briques furent employées pour la construction des nouvelles galeries du Commerce, qui sont composées de sous-sols, d'un rez-de-chaussée et de deux étages. Il y a plus de mille boutiques, sans compter les magasins des sous-sols. La toiture vitrée est des plus élégantes. Ces immenses galeries sont chauffées l'hiver et éclairées à l'électricité ; le soubassement est en granit ; le revêtement de la façade principale est en marbre blanc, ainsi que les nombreux escaliers. Au centre de l'édifice, une immense rotonde reçoit la lumière à profusion par une gigantesque coupole vitrée. Dans les galeries, plusieurs grandes salles peuvent servir à des réunions, à des concerts. Le 21 mai 1890, eut lieu l'inauguration.

C'est là que se trouvent les vastes magasins de M. Sapojnikoff, fabricant de soieries. Grâce à la bienveillance de cet aimable industriel, nous avons pu visiter en détail une de ses fabriques située à la porte Rouge. La fabrique Sapojnikoff occupe 350 ouvriers. On y fait les étoffes pour robes de bal et de soirée, les damas pour robes, les brocatelles pour meubles, les velours coupés et frisés, les rubans, les galons dorés, les étoffes avec chaîne de soie et trame en or, pour ameublement, les velours de Lyon sur fond sergé. On y fabrique également les chasubles pour églises et les manteaux qui servent pour le couronnement des Tzars. Ce qui a le plus frappé notre attention, c'est l'ordre et la propreté qui règnent dans cette fabrique, et aussi la dextérité avec laquelle chaque ouvrier conduit son métier. M. Sapojnikoff possède encore près de Moscou deux autres usines qui occupent 750 ouvriers, où sont préparées les soies nécessaires à la fabrication des étoffes. Les soies sont produites avec des cocons venant du Caucase et de l'Italie.

A Moscou, plusieurs de nos compatriotes ont monté des industries devenues florissantes. M. Giraud possède une grande fabrique de soieries ; ses produits sont connus et appréciés dans toute la Russie ; il produit 13.000 mètres de soie par jour. Cet homme intelligent et laborieux a su doter sa fabrique des métiers à tisser les plus perfectionnés. Deux mille deux cents ouvriers sont employés dans l'usine Giraud, les ateliers sont éclairés à l'électricité ; onze chaudières chauffées au naphte fournissent la force motrice. M. Brocard, fabricant de parfumerie, possède dans les galeries du Commerce un musée très riche en collections : porcelaines, meubles anciens, étoffes rares, bronzes, objets religieux, pièces de monnaie, d'orfèvrerie et de joaillerie, montres de toutes les époques, aquarelles, dessins, peintures, marbres, antiquités. M. Brocard s'est mis également à notre disposition pour nous faire visiter sa fabrique de parfumerie ; mais, obligés de quitter Moscou, nous dûmes à regret décliner sa gracieuse invitation. M. Siou possède aussi une fabrique de parfumerie, et la Société des Cirages Français, une fabrique de produits métalliques.

Avant de rentrer à l'hôtel, nous avons voulu voir, à l'Hôtel de Ville, une statue de la Vierge, que Napoléon Ier apporta et que l'on a gardée. Le maire, M. Alexis Eff, qui avait reçu avec tant de sympathie les officiers de l'escadre française venus de Cronstadt, a été tué par un fou, en pleine séance du conseil municipal. Près de l'hôtel, nous assistons au convoi d'un jeune homme. L'enterrement d'un membre de la religion orthodoxe nous a paru étrange. Dans le cercueil ouvert, entouré de soie et de fleurs et porté par quatre hommes, repose le corps du défunt tout habillé. Je vois encore cette figure, aux longs cheveux frisés, encadrée d'une barbe blonde. Le cortège est précédé d'un porteur qui a sur la tête le couvercle du cercueil.

Il y a à Moscou 1.500 Français et à Saint-Pétersbourg 3.500.

C'est à Moscou, l'ancienne capitale de la Russie, la ville sainte de la race slave, que s'est faite, en 1891, l'Exposition française. Moscou ! Ce seul nom évoque, en France, même dans l'imagination du peuple, tout un monde de souvenirs tragiques et grandioses. Moscou ! c'est la Grande-Armée, c'est le gigantesque drame militaire de la campagne de Russie aux actes épiques : Smolensk, Borodino, le Kremlin, Rotopschine, le passage de la Bérésina, la retraite sanglante dans les neiges, sous les piques des Cosaques. Moins de cent ans après, les Français entrent de nouveau à Moscou, acclamés avec enthousiasme, et le drapeau tricolore flotte à côté du drapeau russe. Quels contrastes offre l'histoire de l'humanité dans un siècle !

Moscou est un rêve éveillé. On dirait qu'il a été bâti en collaboration par des poètes et par des architectes, mais ceux-ci dominés par ceux-là. Du haut du Kremlin, la ville immense a la physionomie d'une forêt de palais, d'églises, de coupoles, de flèches, de campaniles, de clochers et de dômes, avec des clairières de parcs et de jardins. Tout est bleu, rose, violet, blanc, jaune, piqué d'étoiles d'or et d'argent, de points d'émeraudes, de saphirs et de rubis, et, sous le soleil ou par la neige, éclate, resplendit et ruisselle de lumière et de couleur. La forêt architecturale est si épaisse, si luxuriante, qu'après avoir nombré d'un premier coup d'œil cent gigantesques monuments, si svelte qu'ils en sont aériens, on en découvre presque aussitôt cent autres, qui semblent éclos instantanément ; et, dans chaque coin de l'horizon fouillé, c'est une apparition nouvelle et rapide d'autres clochetons, coupolines et pyramidions, aux silhouettes amusantes. Mais il y a aussi, comme des ombres à un tableau très clair, des casernes colossales, des pâtés monstrueux de bâtisses, des usines noires, avec de hautes cheminées de brique, d'où s'échappe une épaisse fumée qui obscurcit le ciel.

Le Kremlin, c'est l'Acropole démesurément agrandie, à la taille d'une cité cent fois plus vaste que l'Athènes de Périclès : forteresse et temple, avec des couvents et des palais en plus. On n'y entre que tête nue, par la porte sainte ; l'Empereur lui-même, incarnation du roi et du pontife, se découvre et se signe, murmurant pieusement une prière, sous la longue voûte crénelée. Rome a dû mettre une enseigne à son Capitole : une louve maigre qui rôde dans une cage de fer ; nous avons fait de notre Louvre un musée ; la Tour de Londres est un arsenal. Toutes les pierres du Kremlin, elles, sont vivantes et racontent l'histoire de la Russie, sans brisure de révolutions et sans ruines. Il y a cinq cents ans, sur la terrasse qui domine la Moskova, Dimitri Donskoï levait le drapeau national pour appeler les boyards à la guerre contre les Tartares. Le Tzar Alexandre III s'y fit couronner solennellement dans la cathédrale de l'Assomption, et le 26 mai 1896 eut lieu le sacre du Tzar Nicolas II.

Moscou est une des plus belles villes du monde. Il a échappé jusqu'ici, par ses traditions religieuses et nationales pieusement conservées, aux bouleversements modernes des municipalités, aux entreprises des compagnies immobilières. On n'y a pas démoli les vieux quartiers sous prétexte d'embellissement et d'hygiène ; on y respecte les monuments historiques et les œuvres des maîtres du passé. Un séjour d'une semaine y est une joie de l'esprit et des yeux. Aussi je conserve, des jours que j'y ai passés, en 1894, un des plus agréables souvenirs de mes voyages à travers le monde.

Le voyage de Pierre le Grand en France, en 1717, exerça une influence considérable sur les relations économiques des deux nations. Le Tzar, qui désirait introduire l'industrie en Russie, visita avec le plus grand intérêt les fabriques et les usines de France, et entra dans tous les détails de leur fonctionnement. Grâce au système de Colbert, l'industrie française se trouvait alors dans un état florissant, et son organisation produisit une si vive impression sur le fondateur de Saint-Pétersbourg, qu'à son retour en Russie il prit des mesures dans le but de favoriser le développement de l'industrie dans son vaste empire. Le système protecteur, emprunté à la France, fut largement appliqué. C'est ainsi que la France qui, jusqu'à cette époque, n'avait pas entretenu de relations avec la Russie, exerça par son exemple une influence marquée sur la politique intérieure du gouvernement russe, qui mit au premier plan la protection du travail national.

La Russie et la France signèrent un traité de commerce qui fut entravé, en 1734, par le traité entre la Russie et l'Angleterre. Le 8 avril 1793, pour des considérations politiques, un manifeste interdit l'achat de toute marchandise française. Catherine II conclut avec l'Autriche, la Prusse et l'Angleterre, une alliance offensive et défensive contre la France. L'avènement au trône de Paul Ier, en 1796, fut suivi d'un adoucissement dans les mesures prohibitives prises contre le commerce français ; un oukase rendu en vertu d'une convention conclue à Paris, le 30 nivôse an VIII, rétablit le commerce direct entre la France et la Russie. Le 17 juin 1798, un oukase modifia l'état de choses au détriment de la France ; mais en 1800, Paul Ier reconnaissant que les agissements intéressés de ses alliés, l'Autriche et l'Angleterre, étaient contraires au développement du commerce de la Russie, rendit, le 25 novembre, un oukase rétablissant les relations commerciales entre les deux États ; une convention fut conclue ; l'animosité contre la France se changea en sympathie. Plus tard, sous l'Empereur Alexandre Ier, l'état des relations politiques avec la France et les guerres contre Napoléon Ier entravèrent pour longtemps l'essor des rapports commerciaux franco-russes. Cette circonstance ne tarda pas à être mise à profit, d'abord par la Prusse et par l'Autriche, ensuite par l'Angleterre, qui désirait occuper la première place dans le commerce extérieur de la Russie, et reléguer la France au second plan. Le Tzar Alexandre II travailla de toute son énergie au rétablissement des relations cordiales avec la France. Alexandre III acheva l'œuvre commencée par son père. Avant de mourir, il eut la suprême consolation de voir ses désirs accomplis et ses efforts couronnés de succès : l'Alliance entre la France et la Russie était scellée. Son fils, Nicolas II, saura respecter les dernières volontés de son Auguste Père.

Pour donner une idée de la générosité du Tzar Nicolas II à l'égard de ses anciens précepteurs, il suffit de citer quelques exemples qui prouvent que, dès son plus jeune âge, celui qui règne actuellement sur l'empire des Tzars manifestait son amour pour la France. M. Duperret, son ancien précepteur, a souvent eu à constater les élans de générosité du Tzarewitch. Elevé au milieu de parents simples de manières et qu'une tendre affection unissait, le Tzaréwitch ne pouvait manquer de s'imprégner, en grandissant, de sentiments généreux et forts. Il aimait sa mère avec passion. Un jour, au cours d'une promenade dans la forêt de Gatchina, — il pouvait avoir environ dix ans, — l'Impératrice perdit un chien blanc, de l'espèce appelée chien-renard. De suite le palais fut bouleversé. Toute la journée on rechercha l'animal, mais sans succès. Professeurs, élèves, gardes, tout le monde était en émoi. La nuit arrivait, et l'Impératrice avait beaucoup de peine. « Notre mère ne peut pas passer la nuit dans cet état, dit le grand-duc Nicolas à son frère Georges ; nous allons nous-mêmes nous mettre à la recherche du chien, et je le retrouverai, moi. » Appelant les deux matelots qui constituaient son escorte ordinaire, Niki (comme l'appelait sa mère) fit allumer des falots, et tous quatre partirent dans la forêt. Déjà leur absence causait un certain effroi dans la famille, lorsqu'on les vit revenir, tenant en laisse le vagabond, qui avait été découvert dans un fourré. Le grand-duc Nicolas trouva sa récompense dans les bras de sa mère qui, très émue, le félicita de sa touchante attention et de son courage. Le Tzarewitch recevait des leçons de dessin d'un vieux professeur français. Ce brave homme ne vivait que du produit de ses leçons. Un jour qu'il était seul dans la chambre de l' « Héritier » — c'est ainsi qu'on appelait le grand-duc Nicolas dans son entourage — et qu'il voulait décrocher un tableau en tenant d'une main une paire de ciseaux pour couper la ficelle, le professeur tomba. Dans sa chute il se transperça la main droite. Plus de travail possible et, partant, plus de pain ! L'histoire de l'accident arrive aux oreilles de l'Empereur Alexandre III. Le grand-duc Nicolas, avant même que l'Empereur ait pu répondre, s'écria : « Comment, il a une blessure pareille ? Mais alors s'il ne pourra plus rien faire, il sera dans la misère ! Cela ne peut être, n'est-ce pas, mon père ? D'abord, je lui vote un crédit de quatre cents roubles sur ma cassette et, dès qu'il sera rétabli, il me continuera ses leçons. — Vous entendez, » dit l'Empereur, « je n'ai plus rien à ajouter. »

Cet esprit de justice et de charité semble être la dominante du caractère du jeune Empereur. A sa première majorité, — on sait qu'en Russie la majorité des Souverains a trois étapes : 16, 18 et 21 ans, — il en donna une nouvelle preuve. Le personnel du palais avait, selon la coutume en pareille circonstance, obtenu toutes les gratifications demandées ; mais un des anciens valets de chambre avait été omis sur la liste des gratifiés. Le Grand-Duc, l'ayant appris, fit appeler son serviteur, et publiquement lui rendit la récompense en la doublant. A partir de ce jour, il ne cessa de le protéger, voulant guérir tout à fait la blessure faite à son amour-propre et à son dévouement. Tout prouvait déjà que le Tzar Nicolas II serait un grand Empereur, un homme juste, un allié sûr. **Alexandre Ier fut le bienfaiteur, Alexandre II le libérateur, Alexandre III le pacificateur, Nicolas II sera le civilisateur.** Le Tzar Nicolas II sera le fidèle continuateur de la politique de son Auguste père. L'alliance, c'était le rêve du général Skobeleff ; en 1882, lors de son voyage en France, il fit connaître au grand patriote ses sentiments sur l'alliance.

Voici en quels termes l'alliance entre la France et la Russie a été conclue :

« Article Ier. — La Russie s'engage à soutenir la France contre toute agression d'une puissance européenne et à mettre sur pied une armée de 600,000 hommes le jour même de la déclaration de guerre. La France s'engage à faire de même vis-à-vis de la Russie. »

« Article II. — Les deux puissances se réservent leur entière liberté d'action, au cas où l'une des deux jugerait à propos de prendre l'offensive ».

De tous temps la Russie et la France ont entretenu des relations ; les deux puissances se sentirent toujours attirées l'une vers l'autre. En 1615, une ambassade extraordinaire débarqua au Havre. Elle était envoyée par le Tzar de Moscovie, Michel Fedorowitch, et demandait que la Cour de France voulût bien, suivant l'usage, la défrayer de ses dépenses et lui fournir les moyens de se rendre à Paris. Or, personne à la Cour n'avait entendu parler de la Moscovie. On alla aux informations et, sur l'avis favorable de diplomates accrédités en France, on fit droit à la requête des Moscovites. Le messager du Tzar s'était donc mis en route, et sur l'avis de l'introducteur des ambassadeurs, il était arrivé à Saint-Denis, où il descendit à l'auberge de l'Epée royale. Il y demeura quinze jours, durant lesquels on tint conseil, chez le cardinal, pour savoir quelle somme on octroierait au visiteur. Il fut décidé qu'on mettrait à sa disposition 2.400 livres pour son séjour à Paris, mais qu'on n'entrerait pour rien dans le compte des frais antérieurs. Au jour convenu, l'introducteur des ambassadeurs se rendit à Saint-Denis avec le carrosse du Roi et celui de la Reine-Mère. Il fit monter l'ambassadeur avec lui dans le premier et installa son secrétaire avec un délégué des Affaires étrangères dans le second. C'est en cet équipage qu'on entra dans Paris. Huit laquais en costume moscovite, de couleur verte, montèrent derrière les carrosses, mais à l'entrée de la ville ils descendirent pour marcher aux portières. Les Parisiens furent ébahis à la vue de ces étrangers à longue barbe et à longs cheveux, revêtus de caftans et de bonnets de velours bordés de martre.

Le règne du Tzar Nicolas II verra s'accomplir de grands événements ; le transsibérien sera terminé au commencement du XXe siècle, l'entreprise coûtera 940 millions de francs et cette immense ligne, qui a pour point de départ Tscheliabinsk, au sud de l'Oural, et qui aboutira au Pacifique, aura 7.600 kilomètres de parcours. La première section, qui est ouverte à la circulation depuis le 27 octobre 1893, s'étend jusqu'à Tomsk en Sibérie. Le trajet de cette première section, qui est de 3.933 kilomètres, s'accomplit en 75 heures à une vitesse de 60 kilomètres à l'heure. Entre Riagesk et Leniza, le train marche pendant treize heures sans rencontrer de gare. C'est le plus grand trajet effectué par un express. La dernière section est achevée depuis Vladiwostok, sur la mer du Japon, jusqu'à Nirman, sur l'Oussouri, affluent de l'Amour.

NIJNI-NOVGOROD

Sur une hauteur, à 444 kil. de Moscou, nous apparaît Novgorod-la-Petite, dont Pierre le Grand eut un instant l'idée de faire sa capitale. C'est une ville essentiellement slave. Aux avant-postes, dès les premières années du XIIIe siècle, elle fut la première étape des Russes dans leur formidable poussée vers l'Orient. Fondée en 1222 par un prince ou duc de Souzdal, cette « *Ville Nouvelle des Basses Terres* », au confluent de l'Oka et du Volga, est devenue la capitale du commerce, principalement pendant les mois de juillet et d'août. 500.000 étrangers viennent s'y approvisionner de fourrures : renard noir, zibeline, loup-cervier, renard bleu, martre, hermine, petit gris, castor, chien des bois, rat d'eau qui sent le musc, écureuil gris, renard fauve et renard blanc. Les marchands turcs, persans, géorgiens, arméniens, et aussi quelques chrétiens en exportent parfois pour cinq ou six cent mille roubles par an, à ce que j'ai entendu dire aux commerçants. J'y ai vu des peaux de loup blanc et d'ours blanc et les fameux *cuirs de Russie* : On en exporte plus de 50.000 peaux par an.

Ce qui m'a le plus intéressé, dans cette foire, après les fourrures, c'est l'huile de phoque. J'ai pu me procurer des renseignements sur la manière dont les Russes chassent cet animal. En été, ils conduisent leurs barques dans la baie St-Nicolas près du cap Konis-Koy ; ils les y laissent passer l'hiver. Quand le printemps arrive, mais avant que la glace soit fondue, ils reviennent, traînent les barques sur la glace, et s'en servent comme de maisons. Il y a ordinairement dix-sept ou dix-huit escadres de barques, se divisant par sections de cinq ou six, naviguant de conserve. Ceux qui les premiers trouvent les phoques, allument un feu : c'est le signal convenu ; les autres pêcheurs se réunissent, et forment un cercle autour des phoques, qui sont groupés au nombre de quatre à cinq mille, et se chauffent au soleil sur la glace. L'attaque commence, chaque homme tient un bâton à la main. Frappé sur le nez, l'animal est bientôt tué. Frappé au dos ou sur les côtes, il soutient le coup, saisit et retient le bâton avec les dents, et l'homme est obligé d'appeler au secours. Les phoques se serrent en un seul groupe, pour peser sur la glace et la briser. Quelquefois elle plie au point que l'eau remonte par dessus, et les chasseurs marchent dans plus d'un pied d'eau. Après le massacre, ils font le partage. Puis, ils écorchent les animaux, en prennent la peau et la graisse, laissent les corps et reviennent à terre. Ils creusent des fosses, détachent la graisse de la peau, la mettent dans la fosse, et jettent, tout au travers, des pierres rougies qui font entrer la graisse en fusion. L'huile qui vient à la surface est la plus pure ; on l'emploie à la préparation des laines. L'autre est vendue pour fabriquer du savon.

La fondation de Nijni-Novgorod a sa légende : « Le prince des Russes naviguait sur le Volga ; sur la montagne, il aperçut la Mordva, en souquenille blanche, qui adorait son dieu, et il dit à ses guerriers : « Quel est donc ce blanc bouleau qui se secoue et s'agite là-haut et qui sur la terre nourricière s'incline vers l'Orient ? » Il envoya des gens regarder de plus près ; ils revinrent et lui dirent : « Ce n'est pas un bouleau qui se secoue et s'agite ; c'est la Mordva qui adore son dieu. Dans des seaux il y a une bière délicieuse ; à des bâtons pendent des galettes d'œufs ; dans des chaudrons les prêtres font cuire de la viande ». Les anciens de la Mordva, apprenant l'arrivée du prince russe, envoyèrent des jeunes gens lui porter de la bière et de la viande. Mais en chemin les jeunes gens mangèrent la viande et burent la bière, et n'apportèrent au prince russe que de la terre et de l'eau. Le prince se réjouit de ce présent, qu'il considéra comme une marque de la soumission de la Mordva. Il continua de descendre le Volga ; lorsqu'il jetait sur la rive une poignée de cette terre, il y naissait une ville ; lorsqu'il en jetait une pincée seulement, il y naissait un bourg. C'est ainsi que la terre des Mordvas fut soumise aux Russes ».

M. Alfred Rambaud dit excellemment : Les fleuves sont les alliés des Russes contre ce qu'ils appellent « leur grand ennemi », la distance. Le fleuve par excellence de la Russie, c'est le Volga, *la mère Volga*. Il en est le Nil et le Mississipi ; il dépasse le Danube de près de 250 lieues ; plusieurs de ses affluents comptent parmi les grands fleuves du monde. Le confluent du Volga et de l'Oka, à Nijni-Novgorod, ressemble à la rencontre de deux bras de mer : c'est un spectacle imposant à contempler de la colline où s'élève la ville haute, tandis que la ville basse ou *la foire*, avec ses 100.000 habitants de passage, étale ses constructions sur le rivage des deux fleuves. Ce fleuve prodigieux, dans les eaux duquel abondent des poissons énormes comme des poissons de mer, esturgeons, saumons, lamproies, où le sterlet atteint parfois un poids de 488 kilogrammes, serait la merveille de l'Europe si les glaces ne le retenaient captif plusieurs mois par an. Mais au dégel les ports, les chantiers, les stations de bateaux, tout s'anime. 200.000 ouvriers accourent sur ses rives de tous les points de la Russie. 15.000 barques et 500 bateaux à vapeur sillonnent ses flots. Nijni-Novgorod, Kazan, Astrakhan, s'emplissent de mouvement et de bruit. Toute la vie de la Russie semble alors s'être reportée là.

VARSOVIE

Après douze heures de chemin de fer, nous arrivons dans l'ancienne capitale de la Pologne. On ne rencontre çà et là que de petits villages, des steppes arides et des plaines immenses. Avant Varsovie, nous traversons le pont de la Bérésina où passèrent les troupes françaises le 25 novembre 1812, lors de la retraite de Moscou. A notre arrivée, nous trouvons la gare et la ville illuminées en l'honneur de la célébration du mariage de l'Empereur Nicolas II, qui a lieu ce jour-là même à Saint-Pétersbourg.

Varsovie est une très ancienne ville, qui n'est devenue capitale du royaume de Pologne que sous le règne de Sigismond III. Cracovie auparavant avait la suprématie. En 1566, la Diète fut transférée à Varsovie. Sous le règne de Ladislas II, fils de Sigismond III, les habitants érigèrent une colonne en l'honneur de leur bienfaiteur; elle est ornée d'une statue en bronze doré. Pour arriver à la ville, nous traversons le grand pont, construit sur la Vistule. Le faubourg renferme 130 palais ; nous remarquons parmi les plus beaux ceux du comte Potocki et du comte Zamoyski, bâtis par le roi Auguste II. Très remarquable aussi le palais de l'ancienne et illustre famille des Radziwill; le style en est élégant et l'ornementation riche. A Varsovie, les rues sont larges et bien pavées. La place de Saxe, où se trouve le palais de ce nom, ancienne demeure des rois, est entourée d'un superbe jardin, deux fois grand comme celui des Tuileries, et orné de statues anciennes. C'est le rendez-vous de la société élégante. Très remarquable aussi la place Copernic. Le célèbre astronome est né à Thorn, mais il a fait ses études à l'Université de Cracovie. La ville de Varsovie lui a érigé une statue modelée par Thorwaldsen.

Le château royal qui domine la Vistule, est un des plus beaux d'Europe ; il a été construit par Sigismond. Les salles, d'une architecture majestueuse, sont décorées avec élégance et richesse. Le palais Lazienki fut la résidence d'été des souverains. Construit au milieu d'un immense jardin orné de lacs, d'allées ombreuses, de bosquets et de statues, le site en est très pittoresque. En face du palais, en plein air, au milieu d'un décor naturel, a été construite une salle de spectacle des plus originales et des mieux imaginées, qui se trouve baignée par un lac. Il est certain qu'une construction de ce genre au Bois de Boulogne obtiendrait un réel succès.

On voit encore dans le village d'Okunirevsk, la cabane où Napoléon Ier passa la nuit du 23 décembre 1806. C'est de là qu'il dirigea le passage de ses troupes à travers la rivière Narev ; une plaque en marbre y a été posée, et sur un des murs un soldat a écrit : « Palais de l'Empereur ».

M. le baron de Baye a doté la France de riches collections apportées de ses voyages au Caucase, en Géorgie, en Mingrélie, en Transcaucasie, en Ciscaucasie, dans l'Oural, la Sibérie, etc. Il nous a fait connaître des régions intéressantes dont nous allons parler, car c'est une partie de l'empire des Tzars. Le savant explorateur a été pendant plusieurs années envoyé en mission par le Ministère de l'Instruction publique, et de chacun de ses voyages il a rapporté de superbes collections d'objets, de vêtements, de bijoux, de céramiques des plus intéressantes que l'on a pu admirer au Musée Guimet. La Ciscaucasie, explorée par lui en 1898, s'étend au Nord du Caucase ; elle est bornée au Nord-Ouest et au Nord par le pays des Cosaques, à l'Est par le gouvernement d'Astrakan et la mer Caspienne, au Sud par la Transcaucasie, à l'Ouest par la mer d'Azov. La Transcaucasie comprend, au Sud du Caucase, les gouvernements de Derbend, d'Erivan, de Tiflis, et occupe, d'après les Russes, un espace considérable avec une population de plus de deux millions d'habitants. Elle est bornée par la mer Noire, la Ciscaucasie, la mer Caspienne, la Perse et la Turquie d'Asie. C'est dans la Transcaucasie que se trouvent le Daghestan, la Kurdalie, une partie de l'Arménie, le mont Ararat, etc.

Toute la région du Caucase est habitée par un groupe de nations appartenant à des races très différentes et parlant des langues également diverses. La principale est, sans contredit, la race géorgienne, qui constitue la fraction la plus importante des habitants. Cette race elle-même se subdivise en quatre branches principales auxquelles leurs dialectes et leurs coutumes assurent une autonomie distincte : les Géorgiens, les Mingréliens, les Souanes et les Lazes. Les peuplades turques se rattachent à deux branches : les Nogaïs et les Turcomans. Ils sont pour la plupart nomades. Les Tcherkesses ou Circassiens étaient naguère au premier rang ; cette race n'est guère plus aujourd'hui qu'un souvenir, elle fut presque anéantie ou dispersée vers 1864.

La ville principale est Tiflis, c'est-à-dire, en géorgien, la ville aux eaux chaudes, située sur les rives de la Koura, jointes par un pont de pierre. Chef-lieu de la lieutenance de la Caucasie et du gouvernement de Géorgie, résidence du gouverneur général de la Transcaucasie, Tiflis s'est considérablement développée depuis quelques années ; elle possède les archevêchés grec et arménien et l'exarchat ecclésiastique. Il y a à Tiflis treize églises grégoriennes, une église catholique et deux mosquées. Avec son grand bazar et ses sept caravansérails, avec ses nombreux monuments, Tiflis présente le magnifique panorama d'une cité asiatique. De toutes parts s'élancent les coupoles coniques des églises, des bains, des minarets ; les maisons avec des terrasses au lieu de toitures se collent aux rochers escarpés sur lesquels la ville est posée. Le coup d'œil est superbe. Avant la conquête russe, Tiflis était une pauvre bourgade sans importance. Aujourd'hui, la ville, complètement changée d'aspect, jouit d'un climat salubre, grâce à l'élévation de son plateau.

La dernière collection rapportée par M. de Baye est aussi riche dans sa variété qu'importante dans son enseignement. M. de Baye a fouillé des tumuli, et comme il n'est que les morts pour parler aux vivants, ils lui ont révélé sur l'apparition de l'homme dans le monde des faits qui seront enregistrés précieusement. M. de Baye récolte de toutes manières. Chez le paysan dans sa chaumière, il décroche l'objet intéressant, le bijou de famille qu'un argument irrésistible détache — ce collier, par exemple, qui para quelque morte dans un ancien tombeau que l'audace d'on ne sait qui a violé. Les tombeaux sont toujours les meilleurs confidents de l'humanité en marche ; quand elle en rencontre sur sa route, tout le passé s'éclaire. Là-bas, ce sont des coffres de pierre, sous des tumuli ; on les appelle des *kourkanes*. On y trouve des squelettes en petit nombre et, à côté, leurs armes. L'un d'eux était coiffé d'un casque en fer, qu'on lui a rajusté. Et vraiment l'impression est saisissante de cette tête de mort farouchement casquée. La moisson de M. de Baye permet de remonter aux époques anciennes de la pierre taillée. De l'époque dite du Moustier, voici, trouvés à Ilskaia, des racloirs et des lames. Et voici la faune : le cheval et le mammouth. C'est dans la partie supérieure des gisements de pétrole que ces découvertes ont été faites. M. de Baye a fait les mêmes à Afontovagora, près Krasnoïarsk, en Sibérie. Et tout de suite une remarque s'impose : ces documents sont identiques à ceux qui furent trouvés en France : ces industries sont similaires. L'homme préhistorique était là-bas ce qu'il fut ici.

Une collection d'une valeur inestimable, rassemblée par M. de Baye, est celle de ces flèches à tranchant transversal, semblables aux flèches de silex qu'on a trouvées un peu partout. Elles sont en fer. Elles ne piquent pas. Elles doivent frapper l'animal sans abimer la peau, dont la fourrure est estimée autant que la chair, car elle est vêtement ; certaines sont en forme de v. On sait, par l'usage qu'en font encore les Ostriaks, dans la Sibérie septentrionale, que lancées d'une main experte, elles doivent frapper au cou le volatile et le lui trancher net. En Russie, les fouilles sont interdites aux étrangers sous les peines les plus rigoureuses : c'est une loi que l'on ne saurait transgresser. Mais il y a, avec des hommes tels que le prince Grégoire Galitzine, gouverneur du Caucase, des arrangements, quand on est Français, et surtout quand on est le Baron de Baye, si affable, si cordial, connu par les nombreux voyages d'exploration qu'il a faits dans l'empire des Tzars.

Toutes les provinces de la Russie, par la diversité de leurs mœurs, sont intéressantes à visiter. En Mingrélie, une ligne ferrée, qui coupe le Caucase dans toute sa largeur, met en communication les deux mers, le port de Batoum sur la mer Noire et celui de Bakou sur la Caspienne. Tiflis est située à mi-chemin, au centre des vallées caucasiennes, à douze heures de Bakou.

Quand on s'éloigne de la capitale, dans cette dernière direction, le regard est ravi d'abord, désolé ensuite par les aspects changeants de la terre. La voie suit la Koura, qui promène majestueusement sa large nappe d'eau à travers des forêts sauvages et de riches cultures ; deux chaînes de crêtes neigeuses encadrent ce paysage et fuient à perte de vue dans les lointains, le Caucase à gauche, les monts d'Arménie à droite. On quitte bientôt la rivière, qui court rejoindre l'Axare vers le sud ; la plaine s'élargit et se dénude ; de hautes plates-formes en planches, juchées sur quatre troncs d'arbres, s'élèvent au milieu des rizières ; on dirait des tours de guetteurs. Les habitants des villages, tous Tatars dans cette région, se réfugient la nuit dans ces nids aériens : le sol est si malsain dans ces marécages qu'il est dangereux d'y dormir. Malgré cette précaution, les paysans sont rongés par la fièvre, leurs pâles et beaux visages rappellent ceux des habitants de la campagne romaine.

A partir de Hadji-Caboul, la gare de style mauresque où s'embranche une voie en construction appelée ligne de Téhéran, — étant donné l'espoir des ingénieurs de la conduire au cœur de la Perse, — on entre dans un paysage d'Afrique, morne et silencieux ; les chaînes s'abaissent, ce ne sont plus que des falaises de grès doré, découpées sur un ciel d'un bleu cru. A leurs pieds, le désert, une lande sablonneuse que la floraison des tamaris couvre par endroits d'un tapis rose. Des troupeaux de chameaux broutent ces arbustes, sous la garde d'un pâtre à demi-nu, immobile comme une statue de bronze ; les silhouettes fantastiques de ces animaux grandissent sur l'horizon par l'effet du mirage ; il fait surgir devant nous, dans la brume ardente du lointain, des lacs et des forêts. De temps à autre, nous croisons un train de pétrole, des wagons-citernes en forme de tubes cylindriques surmontés d'un entonnoir au col trapu. A les voir arriver de loin, on croirait un convoi de mastodontes, rivalisant de difformité avec les convois de chameaux qu'ils côtoient. Le soleil brûle dans le vide ; là-bas une barre verte a brillé sous ses rayons : c'est la Caspienne ; on contourne un monticule, et sur cette grève d'Orient, dans ce paysage primitif qui semble un coin de l'Arabie Pétrée, une cité monstrueuse se dresse devant nous. Est-ce encore un mirage, cette ville d'aspect diabolique, enveloppée d'un nuage de fumée où courent des langues de flamme, Sodome fortifiée par les démons dans son enceinte de tours de fonte ? Il n'y a qu'un mot pour rendre exactement la première impression qu'elle donne : c'est une ville de gazomètres. Les maisons sont reléguées plus loin sur la droite, dans l'ancienne ville persane, — rien que des cylindres de fer et des tuyaux d'usines, répandus en désordre des collines à la plage. Voilà sans doute l'effrayant modèle de ce que seront en maint endroit les villes industrielles du vingtième siècle. Pour le moment, celle-ci est unique au monde : c'est Bakou, « la ville du Feu », comme la nomment les peuples indigènes, la ville du pétrole, où tout est consacré et subordonné au culte du dieu local.

Le lit de la mer Caspienne porte sur une seconde mer souterraine, qui étend ses flots de naphte sous tout le bassin. Sur la rive orientale, les travaux du chemin de fer de Samarkande ont fait reconnaître d'immenses gisements d'huile minérale. Sur la rive occidentale, depuis les âges les plus reculés, les mages adoraient le feu jaillissant à la place où ses derniers fidèles se prosternent encore aujourd'hui. Mais après l'avoir longtemps adoré, les hommes impies commencèrent à l'exploiter industriellement. Au treizième siècle, le fameux voyageur Marco Polo signale « du côté du septentrion, une grande source d'où sort une liqueur semblable à l'huile ; elle ne vaut rien à manger, mais elle est bonne à brûler et à tout autre usage ; ce qui fait que les nations voisines en viennent faire leurs provisions, jusqu'à en charger beaucoup de vaisseaux sans que la source qui coule continuellement en paraisse diminuée en aucune manière. »

L'exploitation intensive date seulement d'une douzaine d'années ; elle fournit aujourd'hui trois millions de tonnes de pétrole par an ; elle dispute les marchés de l'Europe aux produits du Kentucky et de la Pensylvanie. On pourrait obtenir un rendement décuple, car les puits existants donnent en moyenne cent mille kilogrammes par jour, et il suffit de forer la terre pour en trouver de nouveaux, tant ce sol est saturé de pétrole. Marvin compare la péninsule d'Apchéron à une éponge plongée dans l'huile minérale. Continuellement cette terre vomit la lave liquide qui tourmente ses entrailles ; ses fontaines jaillissantes s'épanchent en ruisseaux si abondants qu'on renonce à les capter, faute de réservoirs ; souvent elles prennent feu et brûlent pendant des semaines ; l'air, imprégné des vapeurs de naphte, est alors embrasé tout autour de Bakou. Les ingénieurs diffèrent d'avis dans leurs conjectures sur la formation et la distribution des gisements. Pour les uns, c'est un véritable lac souterrain ; selon d'autres, le pétrole serpente dans le sous-sol en filons isolés, comparables aux filons des mines métalliques. D'après la théorie du savant professeur Mendéléïeff, le naphte ne serait pas une matière constituée à d'autres époques géologiques et dont la quantité demeurerait désormais invariable comme celle du charbon de terre, par exemple ; la formation de ce produit, sous l'action de certaines causes chimiques, serait un phénomène constant. Dans cette hypothèse, on n'aurait jamais à redouter l'épuisement de la couche. Je dois dire cependant que les propriétaires de Bakou sont unanimes dans leurs observations ; il faut, depuis quelques années, creuser les puits à une plus grande profondeur, 100 à 120 mètres ; à quelques verstes de Bakou se trouvent les deux principaux centres d'extraction, Bala-Khani et Cheïtan-Bazar, le bazar du Diable, en langue tatare. Etranges faubourgs d'une grande ville ! Bien avant d'en approcher, on est pris à la gorge et aux narines par cette odeur fade qui emplit l'atmosphère et poursuit le navigateur sur la Caspienne, longtemps après qu'il a quitté Bakou.

Sur la terre lépreuse et maudite, les herbes les plus tenaces ont péri ; rien que le sable et, à chaque pas, des flaques d'un brun verdâtre où les ouvriers courent pieds nus ; miroirs métalliques qui reflètent tristement les tristes images de centaines de cages pyramidales en planches noircies. Chacune de ces cages abrite une pompe qui travaille à l'orifice d'un puits. Entre les *vichkas* — c'est le nom de ces pyramides qui dentèlent l'horizon sur tout le plateau — des étangs remplis de pétrole, qui dégorge des canaux de conduite ; plus loin, à Bala-Kani, une colonne liquide s'élance à une vingtaine de mètres avec une impétuosité effrayante, entraînant du sable et des pierres, et retombant en cascade d'or roux sous les rayons du soleil ; une allumette, et le jet de liquide deviendrait un jet de flammes qui incendierait tout l'horizon. Les ouvriers employés aux exploitations sont des tatars du pays ; ils sont sobres, vigoureux, obéissants et ne boivent jamais ; aussi sont-ils sans rivaux pour ce travail qui demande plus de régularité que d'initiative intelligente : la besogne de l'homme qui manœuvre l'appareil d'extraction, consiste à tirer, toutes les cinq minutes, du seau qui remonte plein de pétrole, la clef d'une soupape par où le liquide s'écoule ; besogne très simple, mais qui nécessite une attention soutenue, sans un instant de distraction, pendant les dix ou douze heures de la journée de travail. Cet homme semble un ressort vivant de cette machine : ses yeux révèlent une pensée immobile, restreinte à sa tâche ; son âme toute mécanique sert les merveilles de la civilisation, sans les comprendre, sans les aimer, avec une résignation animale devant leur mystère. A la gravité, à la noblesse triste de sa physionomie, on dirait un roi captif qui tourne la meule chez son vainqueur ; mais on a peine à croire qu'ils soient de la même essence, le cerveau vide, obscur, de cet enfant d'Allah, et le cerveau de l'ingénieur qui a asservi ces forces, résolu ces problèmes. En tous cas, les industriels de Cheïtan-Bazar ont encore quelque temps devant eux, avant d'entendre formuler les revendications sociales par leurs tatars syndiqués.

Depuis quelques années, les maisons, les magasins, les hôtels se multiplient dans la ville russe ; l'ouverture du chemin de fer de Samarkande, sur l'autre rive de la Caspienne, a donné une certaine animation au port de Bakou : les steamers transbordent ici les marchandises de l'Asie centrale. Entrepôt désigné de ce vieux monde asiatique, qui semble renaître à la vie, dispensatrice d'un produit nécessaire à toute l'Europe, et qui ne se trouve nulle part en aussi grande abondance, Bakou se peuple et s'agrandit rapidement. Cette Sodome est incontestablement appelée à un brillant avenir ; on y gagne déjà beaucoup d'argent, on en gagnera plus encore ; mais il faudra toujours un certain courage pour venir en chercher dans cette atmosphère empestée. Le divertissement favori des habitants consiste à gagner le large dans une petite barque pour « allumer la mer ». Par les temps calmes, l'eau de la Caspienne laisse monter à la surface de larges flaques de pétrole, qui forment parfois une pellicule continue sur les flots. Il suffit d'approcher une allumette pour enflammer à perte de vue le champ mobile des vagues : la mer flambe dans la nuit autour de la barque comme un immense bol de punch. Le roi du pétrole en Russie est M. Nobel. Rien n'est plus curieux que d'assister dans son établissement à toutes les transformations successives du naphte. On peut dire qu'il se travaille et se purifie lui-même ; ses résidus servent de combustibles dans les fourneaux de l'usine, comme dans les foyers des locomotives et des steamers qui l'emportent très loin ; ses huiles les plus grossières sont employées à graisser les machines. En plus de la kérosène, ou huile d'éclairage, la distillation donne un certain nombre d'autres produits, de la vaseline, des matières colorantes, et enfin, au dernier degré d'épuration, des huiles fines, comestibles. Le pétrole, tend de plus en plus à se substituer à l'huile d'olive pour la préparation des conserves, des boites de sardines. (C'est bien, je ne mangerai plus de hors-d'œuvre en Russie.) — La kérosène emmagasinée dans ces nombreux réservoirs cylindriques qui donnent une si bizarre physionomie à la ville, est transvasée, pour l'exportation, dans les bateaux-citernes du Volga, dans les wagons spéciaux amoncelés sur les rails comme un grand troupeau d'éléphants. Il est question de creuser un canal souterrain qui mènerait le pétrole, à travers toute la largeur du Caucase, au port de Batoum, pour le charger sans transbordement sur les bateaux de la mer Noire. A quelque distance de la ville industrielle, l'ancienne cité persane s'étage sur une colline, autour de la rade. Là, on revoit des murailles blanches, quelques plantes dans le jardin public ; maigre végétation, entretenue artificiellement sur de la terre végétale et avec de l'eau douce apportées de loin.

Le gouvernement russe renonce à la déportation. Il n'enverra plus en Sibérie de condamnés politiques ou de droit commun. C'est là une réforme qui paraît avoir presque l'importance d'une révolution. C'était tout un système politique que l'utilisation de la Sibérie comme prison pour tous les adversaires de la société russe ; et il ne semblait pas que la Sibérie pût servir à autre chose. Son nom évoquait dans toute l'Europe, la Russie comprise, l'image d'un pays de froid perpétuel, de souffrances indicibles où l'on ne peut être habitant que contraint.

Ce devait être la réalité il y a peu d'années encore, avant que la Russie eût songé à l'importance économique et politique de la Sibérie, avant l'idée du Transsibérien. La transportation en Sibérie date d'un ukase de 1852. Au seizième siècle, elle était appliquée comme aggravation de peine, comme mesure de sécurité. On y condamnait les prisonniers de guerre. L'empire russe, qui s'étendait chaque jour davantage, avait besoin de bras pour construire ses forteresses, ses camps retranchés contre les attaques des hordes de l'Est et pour tracer les routes qui devaient servir à assurer leurs approvisionnements. C'était, de plus, un moyen d'occuper des pays encore sauvages, d'y fixer une population et d'y assurer, pour l'avenir, un certain développement. Cela a duré depuis, avec des modifications de règlement, de classification. Chaque année, une dizaine de mille de malheureux étaient conduits, partie à pied, partie en chemin de fer, partie en bateau, jusqu'à l'extrémité de la Sibérie, supportant mille fatigues durant ce voyage qui coûtait plusieurs millions à l'Etat. Le bénéfice doit avoir été plus que minime puisqu'on l'abandonne aujourd'hui. Les auteurs russes ont depuis longtemps dit les graves inconvénients de la déportation, se résolvant en un vagabondage endémique et arrêtant en outre la colonisation libre.

M. le baron de Baye, qui a fait de nombreux voyages en Sibérie et en a rapporté des renseignements ethnographiques et archéologiques du plus haut intérêt, a vu les résultats de la colonisation pénale en Sibérie. Il est un des rares Français qui puissent sur cette question avoir une opinion personnellement documentaire. Il nous disait qu'il fallait saluer comme une heureuse nouvelle, pour la Russie et pour la Sibérie, la suppression de la transportation, suppression inévitable depuis que la Russie a adopté une politique d'expansion vers l'Orient. La Sibérie, qui est le chemin de la Chine, doit être pénétrée par le sang et par l'esprit russes, et la déportation n'y pouvait que faire obstacle. — « Il y a, nous disait-il, en Sibérie, deux éléments, les populations indigènes : Mongols, Finnois, etc., et les Russes. Mais quels Russes Des exilés ou des fils d'exilés. Des gens qui ont à se plaindre du gouvernement, qui lui feraient volontiers opposition et dont l'hostilité est quelquefois très grande. Il y a eu des tentatives, d'ailleurs superficielles, de séparatisme. Elles ont été vite étouffées. »

La Sibérie, au point de vue géographique, fait partie intégrante de la Russie ; rien ne sépare les deux pays, ni mer, ni montagnes, quoique les géographies parlent des monts Oural. La Sibérie est depuis des siècles une région inondée de gens dont les mauvaises actions, les tendances, les sentiments, rendaient le séjour en Russie impossible pour eux et dangereux pour les autres. C'est avec de tels éléments que se sont formés jadis et que se forment encore des centres de population.

Les descendants d'émigrés, les Sibériaks comme ils s'appellent eux-mêmes, forment dans les villes la moitié de la population. Ils rêvent pour la Sibérie un développement différent de celui de la Russie. Ils ne sont pas enchantés du développement des communications avec la Russie ; le Transsibérien ne leur sourit qu'à moitié, car il amènera forcément un afflux de sang russe, mais sain ; il facilitera la colonisation libre qui introduira en Sibérie des populations d'une moralité autre. Les condamnés et leurs descendants ne sont guère qu'un instrument de démoralisation. Le gouvernement russe sentait le danger de cette situation, et la nécessité pour la Sibérie de cesser d'être une terre de répulsion pour les hommes intelligents et instruits. Les fonctionnaires en Sibérie touchent double traitement ; mais ils n'en désirent pas moins retourner au plus tôt en Russie.

Il y a des millions d'hectares disponibles qui sont sans propriétaires ; il faut inspirer aux capitalistes russes le désir de connaître les immenses ressources de ce pays. Il n'y a guère jusqu'ici que des paysans qui aient accepté de franchir l'Oural. On exige de chaque famille qu'elle possède une centaine de roubles. Mais d'autres plus pauvres partent furtivement ; on les punit si on les découvre, et chaque année un ukase gracie ces délinquants. On leur donne une concession d'une quinzaine d'hectares. En 1897, 70.000 colons sont ainsi passés en Sibérie. L'année précédente leur nombre était de 180.000. Cette diminution a été voulue. En effet, les paysans avaient été prévenus que les terres vers lesquelles ils voulaient émigrer n'étaient pas encore préparées, c'est-à-dire que l'on n'avait pas encore étudié les régions pouvant convenir aux gens de telle ou telle provenance, de façon à diriger les émigrants vers les contrées ressemblant par le sol et le climat aux pays qu'ils allaient quitter.

En 1896, on a distribué plus d'un million de roubles aux colons, sans compter les dépenses supplémentaires consistant en repas donnés à certaines stations, en envois de médecins, de fonctionnaires chargés, dans les grandes stations, de veiller aux convois d'émigrés. Ces dépenses ont coûté un autre million. Les nouveaux arrivants sont, autant que possible, échelonnés le long de la voie ferrée. Mais il faudra du temps pour peupler ces immenses terrains demeurés si longtemps déserts. On cherche à créer des villages composés de 40 à 200 hommes ; on donne des subventions plus fortes aux agglomérations plus nombreuses. Le gouvernement russe pratique résolument la politique d'infiltration en Sibérie ; mais c'est insuffisant ; il lui faut attirer dans cette contrée, dont les ressources sont immenses, des industriels, des gens d'action. La réputation de la Sibérie était un obstacle insurmontable. La décision prise sera le salut moral de la Sibérie.

DE VARSOVIE A VIENNE

De Varsovie à Vienne, c'est un long parcours qui, à cause de la monotonie du voyage, n'est pas agréable à faire ; partout, dans les gares, on ne voit que des juifs crasseux s'entasser dans les wagons. Heureusement on nous avait prévenus contre les changeurs que l'on trouve à la frontière, et qui, sous prétexte de vous changer la monnaie, vous volent impunément. S'il n'est pas facile d'entrer en Russie, il est plus difficile d'en sortir ; nos passeports, qui nous avaient été demandés à Moscou, ne nous furent rendus qu'à la frontière. Le lendemain matin, à cinq heures, nous arrivions à Vienne, la plus belle capitale de l'Europe après Paris ; Vienne, avec ses larges boulevards, ses beaux monuments et le Danube qui la traverse, a l'aspect grand et majestueux. Je n'avais pas vu la ville depuis vingt ans ; je l'ai trouvée agrandie, embellie. L'après-midi, nous pûmes assister à une séance du Parlement. Tout à côté se trouve le Sénat, ce qui est très pratique : les questions y trouvent des solutions plus rapides que chez nous. La séance revêt le caractère de la plus grande indifférence ; pendant le discours de l'orateur, les membres du parlement causent entre eux, lisent leurs journaux, écrivent leur correspondance ; c'est tout comme au Palais Bourbon. Sur la belle promenade du Ring, le Musée mérite d'être visité. A côté du nouveau palais impérial, en construction, l'église votive, que l'Empereur fit construire, en 1854, après avoir échappé miraculeusement à l'attentat dirigé contre lui. Nous passons notre soirée à l'Opéra, un des plus beaux théâtres de l'Europe. Le lendemain, nous allons visiter le château de Schœnbrunn où mourut le roi de Rome, fils de Napoléon 1er.

A Vienne, mes compagnons de voyage me quittèrent pour rentrer directement à Paris. Tenant à revoir la Hongrie, à visiter Constantinople, Athènes, Smyrne, Chypre, Corinthe et Corfou, je continuai seul le voyage.

DE VIENNE A BUDA-PESTH

Si vous voulez, chers Lecteurs, faire un voyage agréable et pittoresque à la fois, allez de Vienne à Buda-Pesth par le Danube. Ce beau Danube bleu, si souvent chanté, et dont les refrains charment nos oreilles et font valser nos jeunes filles, est un grand fleuve majestueux, qui peut être comparé à un coursier indompté. Ses flots capricieux roulent avec fracas, au gré de leur fantaisie, sans se soucier de leur lit naturel : la main de l'homme n'a pas encore enchaîné ce géant insoumis. Fort de sa puissance, il bondit, se précipite, se divise en bras innombrables, et forme des îlots verdoyants ; tantôt, quittant son lit, il envoie ses flots inonder la plaine voisine ; plus loin, il devient calme et offre aux grands navires une navigation tranquille et paisible. Aucun fleuve ne traverse autant de pays différents que le Danube. Dans un parcours de 300 lieues, il arrose une foule de territoires, de nations dont la langue, les mœurs ne se ressemblent pas. C'est grâce au Danube que l'échange des produits du sol et de l'industrie peut s'opérer entre l'Europe centrale et l'Orient. Ce grand fleuve est riche en souvenirs historiques, en ruines célèbres. Sur le bateau se trouvent des femmes qui vont à Magdebourg. Ces femmes, au costume original, sont tranquillement assises sur le pont et fument leur pipe comme des Suisses.

Rien n'offre un coup d'œil plus gracieux et plus pittoresque que les deux villes de Bude et de Pesth, reliées l'une à l'autre par le pont suspendu, si élégant de formes et d'un travail parfait. Au dessous, la coquette île Marguerite avec ses plates-bandes de fleurs. De ce pont, une vue splendide s'offre aux regards ; la ville de Bude apparaît avec ses châteaux crénelés, témoins de son ancienne splendeur, derniers vestiges de son passé. La Citadelle et le Blocksberg, perchés sur leurs rochers, semblent contempler d'un air méprisant la ville moderne de Pesth, avec ses rues droites, ses maisons uniformes et bourgeoises. Bude représente le régime féodal et autocratique ; il a l'air de se montrer fier de ses rochers et de ses manoirs à demi détruits. Pesth étale avec orgueil ses beaux quais, ses vastes magasins, ses grands édifices modernes ; c'est le nivellement des classes, le commerce et l'industrie. Bude est grand ; Pesth est joli. C'est à Bude, sur la place Saint-Georges, que se trouve la colonne de la Trinité, érigée en 1715, en souvenir de la peste terrible qui ravagea cette cité. Dans l'église de Saint-Sigismond, on voit de précieuses reliques, entre autres une main de Saint Etienne. Les montagnes qui entourent Bude sont richement dotées par la nature ; elles possèdent des eaux thermales très renommées, qui alimentent des établissements de bains confortablement installés.

La fondation du bain de Reigenberg remonte au roi Mathias de Hongrie. L'établissement du Bruckbad construit dans le genre des bains de Turquie est situé sur la pente des roches de Blocksberg, il a plusieurs sources et cent baignoires ; la grande salle est ornée de gracieuses colonnades. Les eaux de Bude sont excellentes. Les environs de la ville sont ravissants. Le peuple hongrois est aimable et aime sincèrement la France. Comme ce n'est pas très éloigné de Paris, je ne vois pas pourquoi les Parisiens, avides de bon air, de sites pittoresques et d'eaux bienfaisantes, ne vont pas plutôt à Bude, de préférence à Baden-Baden et à Spa. Pesth est aussi renommé pour ses farines de gruau ; les moulins de Budapest sont très importants. Le travail que l'on fait subir aux blés est fait avec des soins particuliers ; la mouture s'opère par des cylindres, système maintenant adopté en France ; quant au blutage des farines, il se produit dans des conditions tout à fait particulières. La qualité exceptionnelle des farines de gruau est due tout d'abord aux différentes espèces de blés cultivés en Hongrie, qui contiennent une plus grande quantité de gluten que nos blés. Mais ce qui, dans cette ville, peut fixer l'attention du voyageur, c'est la beauté des femmes. Quels beaux types que ces brunes aux yeux noirs veloutés qu'allongent des cils arqués ! elles sont à la fois charmantes et gracieuses ! Dans tous mes multiples voyages, ce n'est qu'à Milan et à Séville que j'ai vu des femmes comparables aux délicieuses Hongroises.

Après Budapest, je visitai Sofia, Belgrade, Nitch, Andrinople. Toutes ces petites principautés n'ont rien de bien remarquable que la diversité des costumes. D'Andrinople à Constantinople, le voyage s'effectue en chemin de fer à travers les Balkans, qui rappellent nos Pyrénées et aussi le passage des Alpes, de Modane à Turin. Nous franchissons le fameux poteau 122, resté légendaire ; c'est là qu'il y a quelques années, le train Orient-Express fut attaqué par les bandits du capitaine Anastase, et subit un odieux pillage. A la tête de ses hommes armés de yatagans, de revolvers et de fusils, il avait occupé la gare de Tcherkeskeuy, près Andrinople. A minuit, le train fut arrêté, les bandits allégèrent les voyageurs de leur argent et de leurs bijoux et emmenèrent comme otages cinq voyageurs allemands. La rançon, fixée à 20,000 francs, fut payée par l'ambassade allemande de Constantinople, qui en exigea le remboursement. Au pied des montagnes, nous apercevons la mer Noire et sa teinte lugubre. La tempête soulève les flots, et les vagues mugissantes viennent se briser sur les rochers. Nous passons ensuite devant le château des Sept Tours, l'ancienne bastille des sultans, aux remparts flanqués de tourelles et de bastions : c'est Constantinople ! Voilà le Bosphore ! Le calme s'est fait. La ville apparaît, libre de toute enveloppe nuageuse, étincelante de lumière, montrant ses coupoles, ses minarets, ses maisons aux formes étranges entassées les unes sur les autres : on rêve des Mille et une Nuits.

CONSTANTINOPLE ET LE BOSPHORE

A peine débarqués, vous entendez un cri : *Teskéré* (passeport!) Aussitôt la formalité du visa remplie, vous vous confiez au guide, au drogman qui doit vous conduire à l'hôtel que vous avez choisi. Vous cessez de vous appartenir ; vous devenez la proie, la chose conquise du Levantin. Songez-donc ! La bonne aubaine ! Un nouveau venu ! Un voyageur nouveau ! Un riche étranger ! mais c'est une mine à exploiter : on l'exploitera.

Le premier désir du touriste qui débarque à Constantinople est celui de naviguer sur les flots azurés du Bosphore. Vous louez un caïque, et vous chargez le caïkjé (batelier) de vous conduire. A la vue du Bosphore un saisissement indescriptible s'empare de vous ; on se sent caressé par une brise tiède et chargée des parfums que les plus belles fleurs de la végétation asiatique envoient sur cette rive privilégiée. Vos yeux se fatiguent, car jamais spectacle aussi merveilleux ne les a frappés. Comment décrire les beautés du Bosphore, ces rivages baignés si amoureusement par les flots, ces palais dans lesquels on sent, on devine la belle fille de l'Orient braquant un œil furtif aux fissures de la croisée, pour étudier l'espace, le monde, ce fruit défendu.... Ce long canal parsemé de caïques, où les musulmans égrènent automatiquement leur chapelet, comment le faire comprendre à ceux qui ne sont pas venus en contempler la beauté ? Entre les châteaux d'Europe et les châteaux d'Asie, il y a 550 mètres de largeur, et 2.500 à 3.200 mètres dans les golfes de Beykos et de Bouyouk-déré.

Le Bosphore est riche en souvenirs historiques et mythologiques. Son nom qui fait allusion au passage d'Io veut dire en grec : *traversée d'un bœuf*. Il réunit la mer Noire à la mer de Marmara ; son plus beau golfe est la Corne d'Or, dont la longueur est de 27 kilomètres. Sur ses bords les palais et les kiosques impériaux, dans la blancheur de leurs marbres, sont le ravissement des yeux. Dolma-Bagtché, le plus somptueux de tous, développe ses façades monumentales, ses portiques sculptés, d'une richesse prodigieuse. A côté, le palais Tchéragan-Seraï, isolé entre deux casernes, où vit mystérieusement le malheureux Mourad V, qui ne régna que six mois. Sur la côte d'Asie, le palais Beyle-Bey, séjour préféré d'Abdul-Aziz et, à l'entrée d'une vallée charmante, le superbe kiosque des Eaux douces d'Asie. Là, les deux côtes se resserrent étroitement, à cinq cents mètres : c'est le courant du Diable, le passage le plus étroit du Bosphore ; l'eau tourbillonne. Ensuite des villages se succèdent, perchés sur le haut des collines. Chacun a sa population spéciale de Grecs, d'Arméniens et de musulmans. Dans un large golfe, apparaît Thérapia, la belle villégiature à la mode de la riche société, résidence d'été des ambassadeurs de France, d'Angleterre et de Russie. Quel délicieux coup d'œil que ces pavillons enguirlandés de verdure, encadrés au milieu de cette nature luxuriante ! C'est la ville de plaisance des Turcs ; c'est là qu'ils viennent en été respirer la brise fraîche de la mer. Rien n'est comparable à ce coin enchanteur, si souvent décrit. Cette promenade charmante a un cachet tout oriental. On y voit des dames grecques, arméniennes, levantines, en toilettes fantastiques. Le jaune, le vert et l'or s'y mêlent avec plus ou moins de goût. Les femmes turques viennent aussi drapées dans leurs manteaux ; leurs yeux brillent de malice ou de passion à travers les trous pratiqués dans les voiles ; elles comprennent que les hommes s'efforcent de percer le mystère dont elles s'enveloppent. Cela les amuse ; celles qui sont jeunes trouvent le moyen de se laisser voir en dépit de l'eunuque qui les suit et du voile qui les cache. Quels beaux yeux, encore agrandis par le khol qu'elles emploient à forte dose ! Voici Roumili-Hissar (château d'Europe), édifié à l'endroit du rocher que Darius avait fait tailler en forme de trône ; c'est de là qu'il contempla avec orgueil son armée de 900.000 hommes opérant le passage du Bosphore. Ce palais domine fièrement le canal ; vu de la mer, il est d'un effet grandiose ; on le prendrait pour le géant de la contrée. C'est Mahomet II qui en commença la construction en 1451, deux ans avant la prise de Constantinople. Constantin, à la vue de cette colossale forteresse, qui s'élevait si près de lui, fière et menaçante, envoya des ambassadeurs au prince musulman pour lui signifier d'avoir à cesser cette construction. Mahomet les reçut fort mal et menaça de les faire écorcher vifs ; il continua son œuvre tranquillement, fit élever des murailles de dix mètres d'épaisseur et, pour avoir des matériaux, fit démolir tous les édifices de la côte ; les tours furent armées de formidables canons, lançant des blocs de marbre en guise de boulets. Au delà, le Bosphore perd son aspect riant ; il s'enfonce et disparaît au loin dans la mer Noire.

LA CORNE D'OR

Le lendemain matin, toujours accompagné de notre drogman, nous reprîmes un caïque pour faire une promenade sur la Corne d'Or. La Corne d'Or est un des golfes qui s'avancent profondément sur la rive européenne, entre Constantinople et Galata. Ce port doit son nom à sa forme, ainsi qu'à la richesse de ses rives. Les rivières Cydaris et Barbyzès débouchent d'une vallée verdoyante dans laquelle se trouve la promenade des Eaux douces d'Europe. Comme à Venise, sur la place Saint-Marc, une nuée de pigeons voltigent sur le bassin ; ce sont les hôtes ailés de la ville. On reste extasié devant le spectacle aperçu tout à coup : Constantinople étage l'immense amphithéâtre de ses collines ; Galata, avec sa tour génoise, se dresse comme un phare ; Péra, la ville des Européens, s'échelonne au-dessus avec les palais des ambassadeurs et les immenses jardins ; à gauche, Stamboul, avec ses dômes, ses coupoles et ses minarets ; en avant du port de Galata, qui relie les deux rives, des centaines de navires amarrés. Vers la côte d'Asie, un autre panorama se déroule. Au loin, Scutari, avec ses maisons coloriées, au milieu d'une forêt de hauts cyprès qu'entoure la plus vaste nécropole de l'Orient ; le petit archipel de l'île des Princes, qui fut jadis le lieu d'exil des princes byzantins. Devant la nuit qui s'avance, le caïkjié fait glisser son caïque à grande vitesse. Il est cinq heures (midi à la turque) ; le coup de canon traditionnel retentit du port. Dans le calme du soir, dans la splendeur empourprée du soleil couchant, la Corne d'Or déploie son paysage indescriptible. Au fond du golfe, le faubourg d'Eyoub et, au milieu d'un massif de verdure, sa jolie mosquée, aux coupoles de marbre blanc. Comme celle d'Hébron, en Terre Sainte, elle reste inaccessible aux Européens ; elle est mystérieuse et sacrée dans toute l'acception du mot. C'est là que les sultans, à leur avènement, vont recevoir une sorte d'investiture religieuse et ceindre l'épée du Prophète, précieusement conservée. Plus loin, l'anse de Kassim-Pacha, où s'échelonnent les vaisseaux de guerre de la flotte ottomane. Sur l'autre rive, le quartier grec de Phanar domine Stamboul par sa lourde basilique byzantine.

STAMBOUL ET SES BAZARS

La ville turque, c'est Stamboul, construit, comme Rome, sur sept collines séparées par cinq vallées. Stamboul emprisonné apparaît, orné de minarets. C'est la ville des bazars, elle doit son cachet bizarre à ses rues, à ses passages, à ses cafés, à ses bains turcs, à ses chiens pelés et faméliques, hideux à voir, qui dorment au milieu des rues, roulés en boule. Les carrefours forment un labyrinthe inextricable. Le grand bazar a été bien ébranlé par les effets du tremblement de terre de 1893. De tous côtés, des ruines, des maisons lézardées en gardent les traces. On se fatigue à parcourir ces immenses souckes, à regarder les produits les plus variés et les trésors industriels de l'Orient coquet. Le vendredi (dimanche turc), on ferme les boutiques des marchands turcs ; le samedi, celles des juifs, et, le dimanche, celles des chrétiens. Chaque rue est affectée à une spécialité ; toutes ont pour centre le Bézestan (boutique aux draps). Le bazar d'Égypte, au cachet oriental, a succédé aux marchés des Génois et de Vénitiens. Là, s'étalent dans des sacs ouverts, les dattes, la cannelle, le benjoin, les pistaches, l'ambre gris, les gommes, le gingembre, les noix de muscade, l'opium et le haschich, dont l'odeur pénétrante et aromatique fait souvent éternuer le passant. Puis, le bazar des chiboucks (tuyaux de pipe) ; celui des confiseurs, des selliers, des emballeurs, des marchands de marqueterie, de meubles incrustés d'ivoire et de nacre, d'étoffes, de bijouterie, de chaussures, avec les mignonnes babouches féminines, aux bouts retroussés, coquettement soutachées et pailletées. Puis, les bazars des joailliers, des armuriers, des écrivains et des libraires ; les boutiques des juifs, qui, pour la plupart, vendent des tapis de Perse et du Daghestan. Puis les vieux habits, et enfin le bazar des Poux, le plus curieux à visiter, le plus typique ! Là, sont pendus de vieux habits, des loques, des oripeaux, dépouilles de plusieurs générations, entassement de guenilles : impossible d'imaginer fouillis plus sordide. Des mains crochues remuent ces choses innommables, graisseuses, trouées, vermineuses, sans couleur et sans forme, qui trouvent encore amateurs parmi les juifs.

Chaque métier est cantonné dans des rues particulières. Le bazar des parfums, qui m'a rappelé ceux de Tunis et du Caire, est bien intéressant. On y trouve les parfums aux senteurs capiteuses, les essences de rose et de jasmin, le henné qui permet aux femmes musulmanes de se rougir les ongles, l'antimoine et le khol dont elles se servent pour allonger leurs longs yeux noirs. Plus loin, l'ancien bazar des armes, le Bézestan, autrefois fermé aux chrétiens ; à grand'peine aujourd'hui y peut-on trouver quelques vieux pistolets circassiens aux niellures d'argent ciselé, ou quelques lames damasquinées. Pour les armes, je préfère le bazar de Damas, où j'en ai acheté d'anciennes niellées. Les bazars de chair humaine ou d'esclaves ont ostensiblement disparu ; mais près de la Méhémédieh, on met encore en vente des enfants nègres.

Se promener paisiblement à travers les bazars de Stamboul n'est pas chose facile. A peine aperçu, vous êtes entouré de courtiers qui s'acharnent sur vous et cherchent à vous emmener dans tel ou tel magasin ; car, pour chaque client qu'ils amènent, ils ont une rétribution. Ils vous harcèlent jusqu'à ce qu'ils réussissent à vous faire entrer. C'est une persécution sans fin ; vous les envoyez au diable, ils feignent de disparaître ; un peu plus loin, vous les retrouvez, vous barrant le passage. Ces êtres insinuants, qui vous fatiguent et vous ennuient de leurs propositions, peuvent être comparés aux pisteurs de Vichy que vous rencontrez à Saint-Germain-des-Fossés. Si vous pénétrez chez un de ces marchands pour voir les objets qui garnissent sa boutique, le tout est aussitôt bouleversé à votre intention. On vous fait asseoir, et, pour mieux vous disposer à vous laisser plumer, on vous offre le café à la turque. Le marchand juif ou le levantin, avec son aplomb imperturbable, croyant vous flatter, vous appelle son cher ami, et le juif, comme toujours, astucieux, joue son *bédide gomédie*. « *Denez*, vous dit-il, en vous montrant soit une pièce de soierie, soit un tapis, *voici une bièce rare, ché pesoin l'archent, ché vais fou lë laisser à pon marché.* » Remarquez bien que le bon marché qu'il vous offre, c'est encore plus que la valeur de l'objet. Et la preuve en est bientôt faite ; car, après avoir refusé d'acheter sa marchandise, fatigué, vous finissez par lui en offrir moitié prix, et il accepte aussitôt. Il y a du mérite à faire dans de bonnes conditions des achats à Stamboul. Il faut avoir pour tactique de ne paraître jamais tenir aux nombreux objets disparates que vous offrent les marchands, surtout quand vous traitez avec des juifs ; car, en les achetant bénévolement sans en discuter avec ténacité les prix, vous seriez certain de les payer le double de leur valeur intrinsèque ; et comme la plupart des objets des bazars vous fascinent de leurs couleurs chatoyantes, on finit par dépenser beaucoup d'argent.

LES QUARTIERS DU PEUPLE

Il avait bien raison le voyageur qui a dit : « Si vous voulez voir le plus beau panorama du monde, parcourez en bateau le Bosphore, de la mer de Marmara à la mer Noire ; mais partez au plus vite, et gardez-vous de mettre pied à terre. » En effet, si le Bosphore émerveille, certaine partie de la ville, surtout visitée le soir, offusque et répugne. Je tiens à tout observer : c'est pourquoi, une fois, guidé par mon drogman, j'ai fait une promenade nocturne à travers les quartiers les plus populeux de la ville. Au delà du pont de bois, c'est un fourmillement bariolé, un va-et-vient ininterrompu ; on rencontre des Grecs, des Monténégrins, des Arméniens, des Albanais, des Persans, des Maltais, des Géorgiens, des Bulgares, des Tziganes, des Polonais, des Arabes, des Druses, des Indiens, des Russes, des Circassiens, des Syriens et des Turcs, bien entendu : on se croirait à la tour de Babel. Cette bigarrure de costumes, où tout est original et disparate, donne à la traversée de ce pont cosmopolite un aspect unique au monde. Nous pénétrons dans le quartier arabe ; les cuisines, en plein vent, répandent une odeur âcre et nauséeuse ; les rues sont dépavées, fangeuses : impossible d'imaginer un plus infect cloaque ; des flaques d'eau boueuse et putride, où jamais le balai n'a passé, servent d'égouts aux musulmans : c'est écœurant ! Comme maisons, des baraques en bois vermoulues et croulantes, où vit toute une population de matelots, de portefaix turcs, solides gars aux cous de taureau, aux jambes nues. Des juifs déguenillés et des femmes en haillons grouillent dans ces quartiers affreux ;

c'est la misère dans toute sa nudité, et la laideur dans la malpropreté. En ces parages, le charme est rompu, toute illusion disparait, le décor change, et Constantinople apparaît sous un tout autre aspect. Des chiens galeux habitent ces ruelles, s'y disputant les os et les débris. Cette quantité prodigieuse de chiens appartient à la municipalité. Le jour, vous les voyez couchés au soleil, en travers des trottoirs; la nuit, vous êtes éveillés par leurs hurlements. Ils sont embrigadés: chaque fois que l'un d'eux veut franchir la limite de son quartier, il est aussitôt attaqué par toute une meute qui l'y reconduit; s'il résiste, il est dévoré par les autres.

Fatigués du spectacle et crottés jusqu'à la cheville, nous rentrons à l'hôtel en traversant de nouveau le pont; et le chemin de fer funiculaire nous monte à Péra. Le lendemain matin, nous continuons notre visite à travers la ville. La grande rue de Péra, l'artère principale de la ville franque, est la plus agréable à visiter; les maisons y sont bien construites, les magasins élégants; on sent que le quartier s'est européanisé. Mais plus loin, une nouvelle visite nous révèle de nouveaux contrastes. Constantinople présente ici un spectacle incompréhensible, étrange, incroyable: les habitants appartiennent aux cinq parties du monde, c'est un mélange de races les plus diverses; les types d'Asie et d'Europe s'y rencontrent, mais les Arméniens sont en plus grand nombre que les Grecs; les juifs s'occupent surtout de négoce; ils sont usuriers, banquiers, marchands d'or et d'argent, spéculateurs en terrains et en chair humaine; tous les métiers leur sont bons, quand il s'agit d'exploiter et de tromper; l'argent n'a pour eux ni odeur, ni couleur. Le soir, ils entassent l'argent qu'ils ont ramassé le jour, le plus souvent par des moyens inavouables. Les Constantinopolitains auront-ils l'énergie des Algériens qui, fatigués d'avoir été volés, spoliés par ces vautours, commencent à se révolter et à crier: *A bas les juifs!* Il est temps de réagir et de ne plus se laisser dominer par les sans-patrie. Si on les laissait faire ils conduiraient notre chère France à la ruine. La question se résume en deux mots: Chacun chez soi; la France aux Français.

Revenons à Péra, pour voir les cimetières turcs abandonnés, traversés par des routes ouvertes à tout venant, à l'ombre de cyprès; des amas de stèles gisantes, des colonnettes à turbans tombent ou penchent dans un désordre pittoresque. L'un de ces cimetières est transformé en jardin public. C'est sur les corps des vieux Osmanlis endormis que les jeunes pachas, en compagnie de jolies Grecques, langoureuses, au teint mat, et de brunes Arméniennes, aux grands yeux sombres, viennent le soir flirter en écoutant les valses de Strauss des czardas hongroises.

LE SÉLAMLIK

Il ne faut pas venir à Constantinople sans voir la cérémonie du sélamlik, qui a lieu tous les vendredis après midi. C'est le seul jour où le sultan se montre publiquement à son peuple en se rendant à la mosquée. Abd-ul-Hamid Khan II, qui habite sa résidence d'Yldizkiosk, arrive dans un riche landau découvert, précédé de saïs aux costumes bleus soutachés d'or. Il apparaît impassible, le front caché par son fez, vêtu simplement d'une redingote noire, sans ornements ni décorations. Une garde d'honneur à pied lui fait un rempart, des cordons de troupes refoulent les curieux. Arrive ensuite une voiture aux stores à demi baissés, attelée de deux superbes chevaux blancs, où se tient la sultane Validé, mère du souverain. Dans les autres voitures on distingue vaguement par les portières des têtes de femmes et de fillettes aux grands yeux noirs. A droite et à gauche de ces voitures, une escorte d'eunuques, des blancs, des noirs, aux faces flétries, aux joues molles et luisantes, aux figures haineuses, tous d'une laideur effroyable. Pauvres êtres! Il faut connaître quelles souffrances on leur fait endurer dès l'âge de six ans pour obtenir ces résultats; je me les suis fait raconter dans tous leurs détails. C'est horrible! Je comprends que sans crainte aucune on les laisse auprès des femmes du harem. Les saïs (coureurs) qui précèdent les voitures du pacha sont de jeunes hommes alertes et vigoureux, mais qui, de trente à quarante ans, succombent généralement à une maladie de poitrine. Mais pendant leur courte existence, ils mènent la vie des sylphes. Toujours alertes, ils sont infatigables, et lorsqu'ils tombent, mourant, ils ont goûté jusqu'au bout le charme d'une agitation perpétuelle.

Quel contraste entre les eunuques qui, d'une allure pesante, suivent les voitures, et les saïs qui les devancent avec tant de souplesse ! J'en ai vu qui, après avoir parcouru 60 kilomètres, paraissaient moins fatigués que les chevaux dont ils avaient sans cesse dépassé l'allure. L'institution des saïs date des mamelucks. A cette époque, chaque cavalier était accompagné d'un coureur qui portait ses armes et qui, dans le combat, se glissait sous le ventre des chevaux ennemis pour leur couper les jarrets. Parmi la foule qui vient assister au sélamlik, nous remarquons des courtisans, des fonctionnaires qui se prélassent autour de la mosquée, dans l'attente du souverain.

En face de la mosquée du sultan, se dresse un pavillon réservé au corps diplomatique et aux invités européens. Après les dames du harem et leurs inoffensifs gardiens, viennent les ministres, les vizirs, les généraux, les pachas, sabre au côté, en uniforme militaire, chamarrés d'or, galonnés, plaqués de croix et de crachats, avec leurs énormes ventres. On reproche aux femmes turques d'être grasses et grosses, les hommes ne le sont pas moins. Après la garde d'honneur, une douzaine de saïs tiennent en mains des chevaux superbes, richement harnachés. Les soldats, au commandement, poussent une acclamation ; puis un silence religieux et solennel se fait au moment où le muezzin, du haut du minaret, lance avec de longues modulations la formule consacrée à l'appel de la prière. A ce moment, le sultan pénètre dans la mosquée, accompagné de quatre chambellans. Les ulémas, accroupis, se prosternent et touchent du front les dalles avec une précision automatique. Quinze minutes se sont à peine écoulées ; le sultan, posté invisiblement à l'une des fenêtres de la mosquée, passe la revue des troupes. Les régiments d'élite défilent avec leurs musiques et leurs drapeaux brodés d'arabesques, chacun de couleurs différentes, les marins, les zouaves nègres, les dragons, les lanciers circassiens, avec leurs bonnets d'astrakan, montés sur leurs chevaux de sang. Après le défilé, la cérémonie est terminée.

Chers Lecteurs, si vous allez à Constantinople, faites en sorte d'assister au sélamlik, vous verrez un beau spectacle ; mais, en échange, vous y subirez la même impression, en songeant à la destinée de ce prince intelligent, charitable, animé de bonnes intentions, qui vit enfermé aux portes de sa capitale, tenu par un entourage ennemi du progrès, hostile à la civilisation, jaloux de son pouvoir, qui tremble au milieu des intrigues, sinistrement averti par les fins tragiques de ses prédécesseurs, et peut-être moins heureux avec tous les honneurs dont on le comble, ses palais et ses harems, que la plupart de ses sujets. Qui peut prédire l'avenir de cette puissance ? et qui peut dire ce qu'elle deviendra ? Dans un diner officiel donné à l'ambassade de..., se trouvaient réunis tous les agents accrédités auprès du gouvernement ottoman ; les ministres du sultan avaient été invités. Au milieu du dîner où régnait la plus grande animation, l'ambassadeur de... aborde le sujet de la question égyptienne qui, en ce moment, préoccupe si vivement et à juste titre les puissances européennes (sauf l'Angleterre qui dit audacieusement : J'y suis, j'y reste). Ensuite les conversations roulèrent sur la Turquie qui a subi tant de vicissitudes et pourrait, par la suite, devenir l'objet de graves complications, même d'un conflit européen. Le ministre de la Porte ottomane prit la parole et dit : « Messieurs, sur ce point, je ne partage pas votre opinion. » En prononçant ces paroles, il jeta aux chiens couchés dans la cour un os de poulet. Pas un n'y toucha. Le ministre ajouta : « Voici, messieurs, mon appréciation : nous, Turquie, nous sommes l'os, et vous, l'Europe, vous êtes les chiens, c'est-à-dire que pas une puissance n'osera nous toucher. » La réponse mit fin au débat. Le Sultan Abd-ul-Hamid Khan II est le trente-quatrième souverain de la famille d'Osman et le vingt-huitième souverain depuis la prise de Constantinople.

LES PALAIS ET LES FAUBOURGS

Devant quitter Constantinople pour Smyrne, le mardi suivant, j'employai les trois dernières journées à visiter les monuments et les mosquées. Toujours accompagné de mon drogman, je commençai par le château des Sept-Tours. Pour s'y rendre de la pointe du sérail, on est obligé de prendre un caïque. Là, se trouvait le Byzance primitif avec son Acropole et le temple de Jupiter. Plus tard, ce fut le palais de l'impératrice Placide, et, à côté, l'on voyait les Thermes d'Arcade. Jusqu'au château des Sept Tours, le chemin de fer a détruit bien des monuments ; mais, en échange, il en a mis d'autres à découvert. En tournant la pointe du sérail, on voit la petite Porte de Fer et la glissoire en bois, par où les sultanes coupables, enfermées dans un sac, étaient jetées à la mer (vieux souvenir du pont des Soupirs, à Venise) ; puis une terrasse, et une petite fontaine, considérée comme étant celle du Saint-Sauveur. Le château des Sept Tours projette l'ombre de ses donjons dans la mer de Marmara. Il a reçu sa forme moderne sous Mahomet II. A cette époque, il était destiné à servir de forte défense à cet angle important de la ville ; le trésor impérial y exista longtemps. Aucun monument de Constantinople n'évoque plus de souvenirs sinistres que cette ancienne prison d'État, ancienne Bastille de la Turquie. On y incarcérait les sultans détrônés, les ambassadeurs des puissances en guerre avec la Turquie, les généraux vaincus. Des pachas, des vizirs y furent, par centaines, décapités ou étranglés secrètement, et, au fond des cachots souterrains, soumis à d'horribles tortures.

Aujourd'hui, cette bastille ottomane, souillée par tant de crimes, s'écroule sous la végétation envahissante. Près de la Porte Dorée, on voit encore les clous où l'on fixait les têtes des suppliciés, ainsi qu'un aigle éployé, en marbre blanc. Tout, maintenant, dans ce vieux château abandonné, est morne. Seul, le clapotement des vagues de la mer en trouble le silence. Au milieu de deux grosses tours de marbre s'encadre la Porte Dorée, par laquelle défilaient les empereurs byzantins lorsqu'ils rentraient triomphalement, et, comme les califes superstitieux croient qu'elle doit un jour servir de passage au futur conquérant de Stamboul, ils l'ont murée comme celle que j'ai vue à Jérusalem au temple de Salomon — singulière coïncidence superstitieuse. Au bas de la première enceinte démantelée, de larges fossés, comblés à demi, existent toujours ; de l'autre côté, des cimetières turcs, sans clôture, à travers lesquels piétons et voitures circulent librement. Ces nécropoles ont le même aspect ; les tombes y sont de deux modèles différents, comme à Scutari. Pour les femmes, une stèle pointue entourée de guirlandes de fruits symbole de fécondité ; pour les hommes une colonnette dont l'extrémité est taillée en forme de fez ou de turban. Sur le fond rouge, bleu et vert, les noms des défunts, et quelques versets du *Coran* se détachent en lettres d'or.

Pour se rendre compte des usages musulmans, il faut aller le vendredi (dimanche des musulmans) visiter une de ces nécropoles. Le coup d'œil en est très intéressant pour l'observateur : des femmes, des fillettes, drapées dans leurs férédjés bariolés qui tranchent gaiement sur le rideau sombre des cyprès, assises sur les pierres tumulaires, venues là en partie de plaisir, mangent des pâtisseries, rient aux éclats ; les hommes y viennent causer avec des amis, fumer le chibouk. Tout cela nous paraîtrait, à nous chrétiens, une profanation ; chez les Orientaux, c'est un acte tout naturel, étant donné que ces fatalistes envisagent la mort sans terreur, comme un fait ordinaire. L'idée de tristesse attachée à nos cimetières n'existe pas chez eux ; c'est un but de promenade ; ils s'y rendent comme aux Eaux douces. Car Mahomet, dans son *Coran*, leur dit que, dans le paradis, il y a deux jardins ornés de bosquets ; dans chacun d'eux jailliront des fontaines et mûriront deux espèces de fruits ; les élus s'étendront sur des tapis brochés de soie et brodés d'or. Là seront de jeunes vierges au regard modeste, dont jamais homme ni génie n'a profané la pudeur. Outre ces deux jardins, il y en aura d'autres couverts de verdure, d'où jailliront des sources ; les époux reposeront sur des coussins verts et des tapis magnifiques ; les hommes de bien reposeront sur des sièges ornés d'or et de pierreries, etc., etc. On comprend que, devant une telle perspective, les musulmans affrontent la mort sans peur et sans défaillance, puisqu'elle devient le commencement de jouissances inconnues ici-bas. Ce paradis est fait pour les charmer, car tout ce qu'ils aiment s'y retrouve : fruits, fraîcheur, ombrage, eau courante et femmes charmantes. Quant à l'enfer, le *Coran* indique le contraire. Les impies et les méchants n'auront ni fruits, ni ombrage ; ils boiront de l'eau bouillante. Les avares porteront à leur cou tous les biens amassés par leur cupidité et dont ils n'auront pas su faire un bon usage ici-bas ; pas la moindre houri ne sera là pour les consoler. La perspective est moins gaie.

Derrière l'un des cimetières, j'ai visité, à la porte de Sélybrie, le monastère de Baloukli, où les Grecs, amateurs de miracles, vénèrent une fontaine merveilleuse, avec cette légende : « Le moine Baloukli était en train de faire frire des poissons, lorsqu'un de ses compagnons accourut tout ahuri, lui criant que la ville était prise par les Turcs. — « Allons donc, répond l'incrédule, je ne « le croirai que lorsque je verrai mes poissons sauter vivants hors de la poêle. » A ce moment les poissons, à moitié cuits, sautèrent tout frétillants hors de la poêle, et on alla les rejeter pieusement dans la fontaine. » La ville était prise.

La belle tour de Marmara mérite cette épithète à cause du marbre dont elle est faite et de la mer qu'elle domine. L'enceinte, à l'origine, était percée de sept portes. Il en reste seulement cinq, celles des Sept Tours, de Sélybrie, de Jeni-Mewlehaneh, d'Edréné, et celle de Top-Capoue. Cette dernière doit son nom à la fameuse couleuvrine de l'ingénieur Orban, postée devant elle pendant le siège, qui crachait d'énormes boulets de marbre et finit par éclater en projetant ses débris sur la ville. C'est en cet endroit que porta tout l'effort de la bataille. Le dernier empereur de Byzance, Constantin Dracosès, fut précipité du haut des créneaux et périt bravement en soldat. La porte militaire, en ruines, est une des brèches d'où Mahomet II dit à son armée, la veille de l'assaut. « Vous pouvez entrer en ville à cheval par les trois brèches que j'ai faites. » La porte monumentale d'Andrinople est assez bien conservée ; à l'intérieur, se présente la jolie mosquée de la sultane Rouchenèke. Pour entrer en ville, nous traversons Balata, qui est devenu un quartier juif, sale et misérable. Ensuite, c'est Phanar, le quartier triste et silencieux des Grecs, avec son grand lycée. Dans les rues, comme partout dans la ville, les chiens pullulent. A Djubalicapou, nous allons voir dans la cour d'un juif une porte antique murée, flanquée d'un côté d'un bas-relief en beau marbre représentant la Victoire. Au-dessus de Kassim-Pacha, les Grecs ont bâti l'église de Saint-Anastase, mais il est impossible de s'imaginer la saleté de ce faubourg, rempli de cloaques fétides qui engendrent les maladies. Plus loin, un téké de derviches tourneurs qui dansent le dimanche et que nous reviendrons voir. Rentrés à Péra, nous montons sur la tour de Galata, afin de pouvoir jouir du panorama ; un escalier de 141 marches, divisé en huit étages, puis 41 autres marches mènent à la galerie avec fenêtres à jour. Du sommet, nous pouvons tout à notre aise contempler Constantinople, son Bosphore et sa Corne d'Or, qu'on voudrait contempler toujours.

Dans Galata, les pionniers de la civilisation, (ils sont rares en Turquie), ont transformé les anciennes rues étroites. La grande rue de Péra est traversée par les tramways ; un chemin de fer funiculaire monte de Galata à Péra, qui se trouve à 100 mètres au-dessus du niveau de la mer. La population franque augmente continuellement à Péra dont la position élevée et aérée ouvre partout un horizon charmant ; des omnibus en facilitent les communications. Tous les ambassadeurs y ont leurs palais d'hiver. L'ambassade de France date de 1535 ; elle fut instituée à la suite du traité signé par François Ier et le sultan Soliman Ier, alliés contre la famille de Habsbourg. C'est alors que Péra fut désigné pour servir de résidence à l'ambassade de France, ainsi qu'aux Francs qui s'y établiraient sous sa protection.

Vers Galata, à Top-Hané, s'élève la gentille église commémorative des soldats anglais tués en Crimée. C'est à Top-Hané (édifice pour les canons) que, depuis l'arrivée des Turcs, on avait établi la fonderie et le dépôt des canons. En continuant avec le tramway jusqu'à Bechiktach, on peut encore admirer le Bosphore, et, au milieu de hautes murailles, nous arrivons à Ortakeni. Là, toute une ligne de palais magnifiques, d'architecture mahométane, sont situés entre la rive et la rue ; de l'autre côté, les jardins, auxquels mènent des ponts grillés, sont fermés aux yeux profanes. Mais quand on passe du côté de la rue, on aperçoit ce quai non interrompu de palais et de beaux jardins, qui avec leurs couleurs orientales si vives et si variées, tranchent sur le marbre blanc. Ortakeni, la dernière station du tramway, est habité par des Juifs. Près des bateaux, nous examinons avec attention une nouvelle petite mosquée en marbre, rehaussée d'une coupole décorée de colonnes, que la sultane Validé a fait construire.

Les excursions à travers les faubourgs si nombreux de Constantinople sont vraiment fécondes en surprises. Comme on se sent loin de Paris et du monde moderne! Dans les cafés, de vieux Turcs en turban, aux robes longues, accroupis sur des nattes, rêvent plongés dans les douceurs du kief. Partout où l'on passe, c'est un nouveau décor invraisemblable de misère et de saleté. Balata est le ghetto des Juifs ; il a ses ruelles immondes, ses baraques en bois disloquées, tombant les unes sur les autres, pavoisées d'ignobles guenilles et de linges crasseux. Derrière les fenêtres aux vitres brisées, rafistolées avec des bandes de papier, des têtes jaunes de vieilles femmes vous regardent furtivement. Leurs yeux, où la cupidité, la terreur et la haine se peignent, ont une singulière intensité. Ce sont bien les mêmes types que j'ai vus à Varsovie, à Jérusalem, à Constantine, tous aussi sales et aussi répugnants. Je comprends que le grand empereur Alexandre III ait voulu débarrasser la Russie de pareils êtres. Lui seul a eu l'énergie de comprendre qu'une puissance qui laisserait cette race détestée prendre une trop grande prépondérance, serait fatalement un jour absorbée par elle. Lui seul l'a compris. Gambetta a dit : « Le *cléricalisme*, c'est l'ennemi » ; funeste erreur ! Le *juif*, voilà l'ennemi !

LES CHIENS CONSTANTINOPOLITAINS

A Constantinople, les chiens sont pour le voyageur un tel sujet d'étonnement, que nous avons cru devoir leur consacrer quelques lignes ; partout, dans la ville, au milieu des ruelles, des rues et des carrefours, on voit ces chiens pelés et galeux, roulés en boule, dormir sur les trottoirs. La nuit, ils font la police et se chargent du service de la voirie. Torturés par la faim, ils vont, cherchant dans les tas d'ordures une pittance problématique. Ils sont pitoyables avec leurs cicatrices, leur queue écourtée ou perdue à la bataille. Ils ne sont pas agressifs ; l'air humble et misérable, ils s'attendent aux bourrades plutôt qu'aux caresses. S'ils se battent, c'est entre eux. Ils forment une association fraternelle, se prêtant secours et protection, défendant leur territoire. Malheur aux autres chiens qui viennent s'y égarer ! S'ils résistent à regagner leurs quartiers respectifs, ils sont impitoyablement dévorés. Ce qu'il y a de plus curieux et de plus comique dans les batailles de chiens, c'est l'attitude que prend le vaincu à la fin du combat. Il se couche sur le dos, la queue entre les jambes collées sur le ventre, le train de derrière écarté et fléchi, la tête baissée et la langue pourléchant les lèvres : à ces signes de capitulation et de soumission absolue, le vainqueur laisse le vaincu libre de s'en retourner ou de rester parmi la meute du quartier. Cette liberté lui est accordée sans rançon. Seul le capitan-pacha, usant d'un droit imprescriptible, s'approche du vaincu, lève une de ses pattes de derrière et lui accorde l'absolution en lui arrosant la tête ; la paix conclue, le malheureux vaincu devient un des membres de la famille. Ces chiens sont les gardiens fidèles et vigilants de la rue qu'ils habitent ; ils s'attachent à tous les habitants et surtout aux enfants. Si l'un des habitants les caresse, s'il ajoute à ses caresses un morceau de pain, ils attendront, devant sa porte, sa sortie pour gambader autour de lui, et l'accompagner en aboyant joyeusement : à son approche, celui qui est placé en sentinelle, sans quitter son poste, sans même détourner la tête — afin de rester plus attentif — agite sa queue sur le sol, en signe de joie. Rien de plus touchant que d'assister à ces scènes, on s'attendrit sur le sort de ces pauvres bêtes, dévouées, fidèles, si pleines d'instinct. Chaque quartier a une tribu canine, de 15, 20 ou 40 chiens, selon l'importance du petit état ; la nuit, le chef de la tribu fait sa ronde, pour s'assurer que les sentinelles placées à chaque extrémité sont bien à leur poste, pour maintenir la liberté de leur possession terrienne. C'est à la vigilance de ces policiers fidèles et dévoués que l'on doit la rareté des vols avec effraction ; allez donc fracturer une porte ou même y pénétrer, sans éveiller l'attention et les aboiements particuliers de ces gardiens de nuit !

Les chiens, à Stamboul, sont plus considérés qu'à Galata et à Péra, où on les malmène. Ils naissent et meurent dans la rue, n'ayant jamais connu ni logis ni maître. Les Turcs les considèrent comme des fétiches. Plus d'une fois, de pieux personnages ont laissé des legs destinés à leur assurer une nourriture ; comme les pigeons de la place Saint-Marc, à Venise, ils sont, pour ainsi dire, des sujets de l'Etat. Chaque semaine, à la mosquée de Bajazet, une distribution de pain leur est faite comme à des pauvres. En 1830, le sultan réformateur Mahmoud essaya, mais en vain, d'en débarrasser la ville à la suite de l'attaque d'une meute contre un Anglais resté étranglé sur place. Comme on le pense bien, l'ambassadeur d'Angleterre ne manqua pas de demander satisfaction. Cette affaire de chiens devint une question diplomatique. Le sultan, profitant de cet incident, fit transporter les chiens en masse dans l'île de Marmara, inhabitée : c'était une condamnation à mort déguisée. Mais les vieux Turcs et la populace fanatique protestèrent si énergiquement que le sultan fut obligé de rapatrier les fameux chiens, pour lesquels, depuis, les habitants sont devenus si hospitaliers ; ils professent pour eux un attachement sincère. Seraient bien mal venus les voyageurs qui, au milieu de leurs pérégrinations à travers la ville, s'aviseraient de maltraiter ces nomades des rues. Les chiens de Constantinople sont légendaires. Regardez-les, mais n'y touchez pas ! Vous seriez écharpés par les Turcs.

LES DERVICHES HURLEURS ET TOURNEURS

J'avais vu, au Caire, les derviches hurleurs ; j'ai voulu voir ici les derviches tourneurs. C'est à Kassim-Pacha que ces fanatiques, moyennant une légère rétribution, exercent leur profession. Les Européens sont admis au spectacle aussi bizarre qu'original de leurs contorsions. A l'extrémité du faubourg, au fond d'un jardin, le téké est installé. Je pénètre dans l'intérieur. Au rez-de-chaussée, une grande salle blanchie à la chaux ; le milieu, couvert d'un parquet, est réservé aux derviches et aux croyants. Il est deux heures, lorsqu'une vingtaine de derviches, aux longs cheveux, les pieds nus, les mains croisées sur la poitrine, la tête baissée et coiffée d'un bonnet pointu, font leur entrée en baisant la main de leur chef, grand vieillard à barbe blanche, à l'air majestueux, debout au milieu de la salle. Derrière les croyants assis par terre les jambes croisées, les étrangers se rangent en cercle. Après le défilé, la musique fait entendre des sons rauques ; les moines se dépouillent de leurs manteaux, de leurs coiffures et commencent leurs évolutions aussi bizarres qu'extraordinaires. Tout en criant leurs prières, ils tournent sur eux-mêmes comme des toupies, pendant trois quarts d'heure. Ce n'est qu'après éreintement complet, les faces congestionnées, les yeux hagards, tout en sueur, que ces hallucinés se décident à rentrer dans leurs cellules. La séance est terminée. Dans le même quartier se trouvent les derviches hurleurs, les crieurs de Allah ! Allah ! Ils sont coiffés d'un turban rouge, qui les distingue d'une autre secte. Leur entrée dans la salle s'effectue dans les mêmes conditions et avec les mêmes apprêts que pour les derviches tourneurs. Ils sont quinze ou seize, au costume bariolé ; ils viennent se ranger en ligne, en s'adossant le long du mur. Après la prière plaintive prononcée par leur chef, ils se mettent à entonner des prières articulées avec des sons si rauques qu'on croirait plutôt entendre un aboiement qu'un chant ou une prière. Tous, en mouvements rythmés, se balancent de droite à gauche, comme des ours en cage. Ensuite, c'est en avant qu'ils font leurs contorsions, tout en criant et en gesticulant à qui mieux mieux. Ils finissent ainsi par s'entraîner et monter au paroxysme de leurs évolutions. Au bout d'une heure, ces exaltés, ruisselant de sueur, les faces livides, les yeux morts, les cheveux ébouriffés, et l'air sauvage, cessent enfin leurs cris et leurs mouvements saccadés. Alors on déroule aux pieds du cheik des peaux de moutons sur lesquelles viennent s'étendre des vieillards, des enfants qui sont ou qui croient être malades. Le cheik, majestueusement, passe devant eux et piétine chaque corps. Cela fait, tous se relèvent ; le cheik repasse devant eux en exécutant avec les mains des passes magnétiques, les mêmes que font les hypnotiseurs, et chacun part, convaincu de sa guérison.

Le singulier spectacle auquel nous venons d'assister montre jusqu'à quel point le fanatisme est ancré chez les adeptes de cette secte. Devant des exercices si bizarres, plusieurs assistants avaient eu grande envie de rire, notamment en voyant deux grands nègres se livrer à ces contorsions drôlatiques. Mais notre drogman nous avait bien prévenus qu'il fallait conserver pendant la cérémonie une certaine gravité, sous peine d'être expulsés par ces fanatisés, qui font leurs contorsions avec une conviction profonde. Serait impitoyablement appréhendé au collet quiconque paraîtrait ne pas approuver leurs manifestations.

LES MOSQUÉES

Constantinople, comme Le Caire, possède plus de 400 mosquées ; il faut une journée entière pour visiter les plus belles. Les mosquées construites par les sultans et par les membres des familles impériales, portent chacune le nom de leur fondateur. A l'entrée du pont de la Corne d'Or est la mosquée de Valilé. C'est la mère de Mahomet IV qui la fit construire sur l'emplacement de l'ancienne église de Sainte-Irène. Elle se distingue par ses deux minarets cannelés à trois galeries, ses revêtements de carreaux vernissés aux gracieuses arabesques, ses vitraux chatoyants, sa grande cour. C'est une merveille de légèreté. La mosquée de Soliman le Magnifique (Souleï-Mamé) au sommet d'une colline, offre une vue splendide sur la Corne d'Or. Elle fut construite de 1550 à 1566 par le sultan Soliman. On employa les matériaux de l'église Sainte-Euphémie de Chalcédoine. Elle est décorée de quatre minarets. Son grand dôme est échafaudé sur quatre énormes pilastres de porphyre ; ce dôme qui, comme proportions, dépasse celui de Sainte-Sophie, est accompagné de deux demi-dômes et de dix petits. La cour a une galerie de vingt-quatre colonnes, qui en supportent d'autres plus petites. La porte est finement décorée. C'est la plus imposante de toutes et le chef-d'œuvre de l'architecte Sinan.

La mosquée de Mahomet le Conquérant fut construite en 1471, sur la quatrième colline, par l'architecte grec Christodoulos, sur les ruines de l'ancienne église des Apôtres, qui avait été érigée par Constantin et Hélène pour recevoir les dépouilles mortelles des princes. Cette mosquée, toute blanche, étonne par la beauté de ses lignes et par la grandeur de ses dimensions.

La mosquée Baïzit du sultan Bayazedieh, en face du Seraskeriat, est remarquable par sa cour aux arcades en ogives, ombragée par des cyprès ; on y voit une multitude de pigeons qui rappellent encore ceux de Venise ; ils proviennent d'un seul couple de ramiers que le sultan Baïzit II acheta d'une mendiante et qu'il laissa dans la cour de la mosquée. La maxime de l'Évangile : « Croissez et multipliez », s'est, par les pigeons, bien réalisée ; car, aujourd'hui, c'est par milliers qu'ils viennent s'abattre dans la cour. Une dotation est affectée à leur nourriture. Sous la colonnade sont installés des marchands de grains ; chaque dévot musulman ne manque pas de leur en faire jeter quelques poignées : ce que nous avons fait. A l'appel du marchand dont ils connaissent la voix, ils arrivent, se posant à terre, sur sa tête, sur ses épaules, et le voilà subitement entouré d'un nuage d'oiseaux. C'est dans cette mosquée que l'on voit le turbé de Mahomet et le catafalque du conquérant. Dans ce turbé de Baïzit, nous remarquons, sous la tête du sultan, une brique faite avec la poussière qu'il avait recueillie pendant sa vie sur ses habits et sur ses chaussures.

La mosquée d'Ahmed fut bâtie en 1610 par Ahmed Ier, sur l'ancien emplacement du grand palais byzantin. Elle possède six minarets à trois galeries élégamment découpées. Mais comme, à cette époque, la Kaaba de La Mecque en avait six, le sultan fut obligé d'en faire élever à ses frais une septième. La cour d'entrée par laquelle le sultan arrivait à sa loge, offre, dans le goût arabe, un vrai charme d'ornementation. L'intérieur est simple, mais grand ; quatre énormes piliers de 36 mètres soutiennent le dôme principal. Lorsque le jeûne du Ramadan, qui dure trente jours, est terminé, on célèbre les fêtes du Baïram, et la fête pour le départ des pèlerins pour La Mecque. La mosquée, petite Sainte-Sophie (ou l'église de Saint-Serge et Bachus), fut bâtie par l'impératrice Théodora. Le turbé du sultan Mahmoud, ce grand réformateur, porte, sur le catafalque, au lieu de turban, le fez de la réforme, orné d'une aigrette de héron et d'une grosse boucle de diamant. La mosquée de Laléli (tulipe) est bâtie sur une plate-forme d'où l'on jouit d'une belle vue sur la mer de Marmara ; elle possède un dôme élégant flanqué de deux minarets. A côté, le beau turbé des sultans Murad III et Mahomet III. La mosquée de Schah-Zade fut érigée en 1543 par Soliman, en mémoire de son fils Mahomet. Elle a les deux plus beaux minarets de Constantinople ; sa haute coupole est flanquée de quatre demi-coupoles qui ont presque la forme d'une croix. La mosquée de Sélim Ier est située sur la cinquième colline, d'où l'on contemple la Corne d'Or. La mosquée d'Aka-Seraï (ou la nouvelle Validé) est moderne. Elle fut construite sous le sultan actuel par la sultane Validé. Quoique petite, elle n'en est pas moins un bijou d'architecture.

Vingt des mosquées de Constantinople sont des églises transformées, parmi lesquelles étaient les églises du Sauveur et de la Vierge, celles de l'archange Saint-Michel, de Saint-Théodore, de Saint-Jean-Baptiste, de Saint-Pierre et Saint-Marc, de Saint-André et de Saint-Jean le Théologien. Comme la mosquée Sainte-Sophie est la plus belle, nous en avions réservé la visite pour la fin. La mosquée Sainte-Sophie, en grec Hagia-Sophia (sagesse sainte), mérite une longue description ; car, avec les mosquées d'Omar à Jérusalem, de Kaaba à La Mecque, du sultan Hassan au Caire, et celle d'Amrou qui jadis était soutenue par cent cinquante colonnes monolithes de porphyre, c'est l'un des six chefs-d'œuvre incontestés parmi les édifices musulmans, véritables merveilles d'architecture.

Sainte-Sophie fut érigée en 325 par Constantin qui, à cette époque, n'était pas encore chrétien. C'est pour cela qu'il fit construire trois églises, l'une à la Paix divine, l'autre à la Sagesse divine, la troisième à la Résurrection divine. Plus tard, on y trouva les trois saintes, Sophie, Irène, Anastasie. Cette basilique fut agrandie par son fils Constance ; une partie en fut brûlée en 404 ; la basilique disparut entièrement en 532 dans un incendie, sous Justinien Ier. C'est à cet empereur que l'on doit cet édifice dans sa forme actuelle. Il voulut que ce temple fût le plus beau de toutes les époques. Tout l'empire fut dépouillé pour l'orner. Il reçut d'Éphèse huit colonnes du temple de Diane, de Rome huit colonnes qu'Aurélien avait fait enlever de Baalbek. Les temples d'Athènes, de Délos, de Cyzique et d'Égypte, furent aussi mis à contribution. Cette basilique fut construite sous la direction des architectes Isidore, Ignace et de Milète, mais elle manque d'ornements extérieurs. Une vaste esplanade, recouverte d'un béton de sept mètres d'épaisseur qui finit par acquérir la dureté du fer, servit de base à l'édifice ; les murs furent construits avec des briques légères fabriquées à Rhodes. Souvent, l'empereur venait visiter les dix mille ouvriers qu'on employait. L'intérieur fut décoré avec une grande magnificence. L'autel, formé d'un mélange d'or, d'argent, de platine, de pierres précieuses, de diamants, fut un jour brisé par la chute de la coupole renversée par un tremblement de terre ; il fut rétabli et incrusté des pierres les plus rares. Cette table reposait sur quatre colonnes en or massif ; au-dessus s'élevait le ciborium formé de quatre colonnes en argent, qui portaient une coupole d'or surmontée d'un globe en or de 118 livres et d'une croix en or de 80 livres. Ajoutez à cela le trône du patriarche, celui de l'empereur, et l'on comprendra la splendeur éblouissante de ce temple, et surtout la valeur énorme qu'il représentait. L'empereur imposa la ville, les provinces, les barbares, mais tout fut insuffisant. Les murs ne sortaient qu'à un mètre au-dessus du sol que les dépenses s'élevaient à 452 quintaux d'or : valeur prodigieuse ! Seize ans après avoir été commencé, en 548, ce temple merveilleux fut achevé. Des fêtes splendides furent données pour son inauguration. A la prise de Constantinople, en 1453, une foule fugitive vint y chercher un refuge. Une légende grecque dit que le prêtre qui officiait au moment de l'entrée des Turcs, se sauva en emportant le calice sacré et disparut par une porte secrète pratiquée dans le mur ; ce prêtre légendaire reviendra continuer un jour l'office interrompu... On l'attend !

Mahomet II, à peine entré dans Sainte-Sophie, la consacra solennellement au culte mahométan, et tua un soldat en train d'y faire des dégâts. Il y fit construire un minaret ; Sélim II en éleva un second, Murad III les deux autres, en plaçant au sommet de la coupole un croissant de bronze d'un diamètre tel que la dorure seule coûta 50.000 ducats. Sainte-Sophie a 82 mètres de long sur 74 de large. La coupole est à une hauteur de 67 mètres, son diamètre est de 35 mètres. Elle est percée de quarante-quatre fenêtres cintrées, et supportée par quatre grands arcs sur lesquels s'appuient deux voûtes hémisphériques. Cette superposition de coupoles, dont les points d'appui ne sont pas apparents, donne à toute la construction un aspect de légèreté et de hardiesse grandiose. La voûte où se trouvent les tribunes des femmes repose sur soixante-sept colonnes. Malheureusement les mosaïques à fond d'or qui décorent Sainte-Sophie ont été recouvertes d'un badigeon aux endroits où l'on voyait des figures humaines. Les Turcs ont stupidement tatoué Sainte-Sophie. Grâce à l'ingénieuse précaution de M Fossati, les six ailes de chacun des quatre chérubins représentés ont été épargnées ; la face seule a été masquée par une grosse étoile dorée. On sait que, dans les mosquées, toute exposition, décor ou peinture de tête humaine est absolument interdite. C'est par une rue étroite que le fanatisme musulman réserve aux visiteurs la facilité de pénétrer dans Sainte-Sophie. Mais aussitôt entré, on reste extasié, confondu de surprise devant ce décor superbe. La coupole aux proportions démesurées est suspendue dans un vide immense. C'est un chef-d'œuvre prodigieux que l'on ne se fatigue pas d'admirer. L'impression que produit la vue du plan d'ensemble et la richesse merveilleuse de l'ornementation est immense. Jamais la pensée religieuse ne s'est exprimée avec autant de force et de majesté dans un monument.

Moins vaste cependant que Saint-Pierre de Rome, Sainte-Sophie paraît plus imposante, étant donné que du premier coup d'œil on embrasse son étendue, on juge de ses proportions colossales. Mais ce qui est disparate, ce sont ces énormes disques verts où sont calligraphiés les versets du *Coran* avec les noms d'Allah, de Mahomet et des premiers califes. De toutes parts, sur les murailles, étincellent et se reflètent les ors fauves des vieilles mosaïques byzantines. La porte en bronze doré, décorée de méandres de feuilles de vigne, est d'un travail des plus artistiques. Elle porte une inscription grecque en lettres d'argent incrustées. Le vieux tapis, sur lequel Mahomet se plaçait pour faire sa prière, est toujours resté suspendu à la droite du mihrad. Au sommet de la coupole, un des versets du *Coran* dit : « Dieu est la lumière du ciel et de la terre. » Les lettres ont 9 mètres de hauteur. Nous montons au gynécée. De là, le coup d'œil est encore plus beau ; on y voit un bloc de marbre rouge creusé : c'est la prétendue crèche du Christ. Le monument achevé, Justinien, pensant au temple de Jérusalem et triomphant d'orgueil, s'écria : « Salomon, je t'ai vaincu ! » Sainte-Sophie et le Temple de Jérusalem, aujourd'hui mosquée d'Omar, sont deux merveilles. Je les admire et ne les compare pas.

Le gouvernement ottoman a exporté, en 1892, pour 282 millions. Les importations ont été de 504 millions ; le mouvement du port a été de 93.393 navires jaugeant 14.822.714 tonneaux. C'est surtout le port de Constantinople qui a bénéficié des plus-values qui se sont produites ; car, à lui seul, il a reçu 17.850 navires jaugeant 9.865.284 tonneaux. En 1875 et 1876, ce port avait reçu jusqu'à 39.111 navires, alors qu'en 1857 il n'en reçut que 8.557. Quelle différence ! Cela donne une idée de l'importance que le port de Constantinople a prise depuis quarante ans. Les Anglais sont à Constantinople ce qu'ils sont partout, arrogants et hautains ; ils se considèrent absolument comme chez eux, *at home*, ou plutôt, en pays conquis ; ils trafiquent avec cette assurance et cette morgue méprisante que tous les Anglais professent pour ce qui n'est pas eux. Quant aux Allemands, leur influence a remplacé la vieille influence française ; elle s'accroît chaque jour davantage. Après s'être emparés d'une partie de notre commerce, ils ont germanisé les établissements financiers et poursuivent avec acharnement leur but d'accaparement, ils sont les plus ardents adversaires de la France ; à les entendre, nous ne comptons plus en Orient ; nous y sommes devenus une quantité négligeable.

TURQUIE D'ASIE, SCUTARI ET BROUSSE

Je dus prolonger mon séjour dans la capitale de la Turquie, car on m'avait bien recommandé de ne pas quitter Constantinople sans aller voir Scutari et Brousse, sur la côte d'Asie. Des bateaux font la traversée en trois quarts d'heure. Scutari, autrefois Chrysopolis (ville d'or), est un immense amphithéâtre exclusivement mahométan qui étale, en face de la Pointe du Sérail, ses murailles blanches de buijuk-djami ; à droite, la Yeni-djami de la sultane Validé, flanquée de deux minarets à deux étages, et plus loin, le Tékéh des deux fameux derviches hurleurs, si réputés. En effet, ils exercent encore avec plus de dextérité que leurs confrères de Constantinople, dont j'ai parlé plus haut. Leurs appels à Allah ! Allah ! sont plus terrifiants. Nous visitons la grande nécropole qui a plus d'une lieue d'étendue ; c'est toute une forêt de cyprès. De larges avenues sillonnent le champ du repos. On n'y voit aucun monument orgueilleux ; partout des colonnettes en marbre blanc ; un champignon sculpté à l'extrémité indique la tombe d'un homme. Au milieu, le sultan Mahmoud a osé élever un tombeau curieux pour son cheval favori : c'est un dôme porté par six colonnes de marbre. Comme dans tous les cimetières de l'Orient, le vendredi, les musulmans viennent visiter les tombes ; les femmes et les enfants y mangent des pâtisseries. Plus loin, en sortant de la nécropole, nous traversons la plaine de Haïdar-Pacha, où pendant la guerre de Crimée les Anglais ont campé. Le sultan Sélim y a fait élever une mosquée, dont la coupole élégante est flanquée de deux minarets. A côté la caserne Schmich et ses quatre tours, la pyramide élevée en mémoire des blessés anglais et l'hôpital militaire avec son jardin aux allées largement tracées.

C'est dans la plaine de Scutari que Constantin le Grand remporta sa victoire sur Lucinius ; c'est aussi dans cette ville qu'aborda la flotte des croisés avant de prendre deux fois Constantinople en 1204. En face, en pleine mer, sur un petit rocher fortifié, la tour élevée par ordre du sultan Mahomet. Une bohémienne avait prédit que sa fille Méharchégid mourrait d'une morsure de serpent ; il fit bâtir cette tour de façon qu'aucun reptile n'y pût pénétrer ; il y enferma sa fille. Elle grandit et devint si belle que la renommée s'en répandit au loin. Le fils du shah de Perse en devint amoureux ; il entreprit le voyage et fit parvenir à la princesse un bouquet de fleurs qui, en langage symbolique, déclarait son amour. Mais un aspic qui s'était glissé dans les fleurs mordit la princesse. Les suites de la morsure devinrent si graves que la princesse allait en mourir, quand l'amant parut soudain et lui rendit la vie, en suçant la blessure. L'île des Princes est un groupe de neuf îles situées dans la mer de Marmara, entre le Bosphore et le golfe d'Ismid. C'était autrefois le lieu de plaisance des princesses. La principale est Prinkipo ; elle a huit milles de tour. De bons hôtels y ont été construits. Les Grecs, les Arméniens viennent y prendre les bains de mer et jouir de la vue splendide, des douces soirées, du climat vivifiant : c'est leur séjour de prédilection. Les femmes arméniennes et grecques s'y promènent en cheveux. Sur le sommet, l'ancien couvent de Saint-Georges. Les impératrices répudiées et les princes byzantins détrônés étaient autrefois exilés dans ce monastère, condamnés au froc et au voile. Prinkipo rappelle Capri. Devant cette nature sereine, cette végétation épanouie sous un ciel radieux, on comprend l'indolence turque ; on s'y ferait turc volontiers, par interim. Nous rencontrons des bandes de promeneurs, des cavalcades d'ânes qui nous rappellent Montmorency ou le Caire. L'île Chalké n'est pas moins agréable ; les familles grecques viennent y chercher une campagne peu coûteuse.

Scutari garde encore les traces de l'incendie qui le dévora en 1872. Autrefois, on ne pouvait aller de Scutari à Brousse que par mer, ce qui demandait six heures environ. Aujourd'hui, le voyage se fait en chemin de fer. Si, en Égypte, vous entendez toute la journée résonner à vos oreilles le mot *bakchich* (pourboire), en Turquie vous entendez le mot *teskéré* (passeport). Partout et toujours, à chaque déplacement, vous êtes appréhendé par un employé de la Porte ottomane qui vous crie : « *Teskéré !* » C'est le passeport imposé qui fait verser par les voyageurs quelques bakchichs. Le Trésor ottoman en a grand besoin.

Brousse s'étale gracieusement aux pieds du mont Olympe d'Anatolie. C'était, au xive siècle, une cité sainte et la capitale du jeune Empire. Qui sait si un jour la même destinée ne lui est pas réservée ? Brousse possède des bains célèbres, des sources thermales, d'importantes filatures de soie, des monuments remarquables : la mosquée verte Yechiel-Djami, le petit kiosque qui l'avoisine, le turbé du sultan Mehmed. Les façades croulantes, ravagées par le tremblement de terre, que l'incurie typique des Turcs laisse telles, ne font guère supposer les merveilles de l'intérieur. Ces palais aux faïences émaillées peuvent être comparés aux plus belles salles de l'Alhambra de Grenade ; ce sont des chefs-d'œuvre étonnants de décoration. Les vieux artistes de l'Orient y ont prodigué leur savoir et leur fantaisie. Les détails sont d'une beauté exquise, les arabesques chatoyantes, les sculptures de marbre des galeries de véritables dentelles. Les niches de Mihrabos et leurs fines colonnettes, les admirables vitraux qui tamisent si gaiement la lumière, constituent un ensemble merveilleux. L'un des mausolées les plus curieux est celui du sultan Mourad Ier. Au milieu de la coupole, une large ouverture, et, au-dessous, une tombe toute simple revêtue de gazon vert. Ce sultan, qui dort là depuis bientôt cinq siècles, a voulu que son corps fût rendu à la terre et arrosé par l'eau du ciel. Son désir a été pieusement respecté.

J'ai voulu voir sur la côte asiatique du Bosphore l'endroit le plus fréquenté, la « Tombe du géant ». En moins d'une heure nous étions au sommet de la montagne ; et, près du Tékéh, (chapelle du derviche), on nous montra une plate-bande fleurie entourée de marbre blanc, de 15 mètres de longueur, au moins ; c'était, autrefois, le « Tombeau d'Amycus » ou le « Lit d'Hercule » On l'appelle simplement, aujourd'hui, la « Tombe du Géant ». On connaît, en France, plus d'un « Lit de Gargantua ». Le lendemain, je quittai Constantinople, écœuré des quartiers juifs aux cloaques pestilentiels, étonné de la multitude de chiens aperçus, mais surtout enchanté du Bosphore, émerveillé de Sainte-Sophie.

DE CONSTANTINOPLE A SMYRNE

Le bateau *Lloyd* nous emporte à Smyrne, le pays des raisins. Constantinople se montre une dernière fois dans sa beauté radieuse, sous les feux dorés du soleil couchant. Le grand amphithéâtre et ses collines égayées de verdure disparaissent. Nous rentrons en pleine mer, disant adieu aux côtes fuyantes du Bosphore. Sur le pont, beaucoup de passagers. Au bout d'une heure, la mer moutonne, les dames commencent à disparaître. Quoique indemne du mal de mer dans mes nombreuses traversées, ce n'est pas sans crainte que je monte sur un vaisseau, quel qu'il soit. A côté de moi une Anglaise suce une gousse d'ail et nous dit : « *Very good !* moi éviter le mal de mer. » Mais sa gousse n'a pour nous aucun attrait. Nous préférons attendre les événements. Le soir, la mer agitée devint furieuse ; aussi, à la table des premières classes, n'étions-nous que dix passagers. De tous les côtés, dans les cabines, on n'entendait que plaintes et gémissements. Nous quittons la mer de Marmara et nous passons, la nuit, le détroit des Dardanelles ; le coup de canon traditionnel est tiré. Au passage, s'élèvent deux grosses tours lourdes ; les châteaux d'Europe et d'Asie défendent l'accès ; derrière les talus gazonnés, des canons Krupp, aux gueules béantes. Le lendemain la mer était redevenue calme. Sur le pont apparait notre Anglaise ; nous nous empressons de lui demander les résultats de son anti-mal de mer. En rougissant, elle avoue que, malgré les deux gousses d'ail dont elle s'est parfumé le palais, elle a dû payer tribut à Neptune. Le bateau fait escale. Smyrne, avec ses toits de tuiles rouges, n'a rien de caractéristique et n'offre à l'étranger qu'un médiocre attrait. Un coin de bazar animé, et c'est tout. Le quartier turc y sent la misère. Dans les ruelles tortueuses, grouillent des juifs d'origine espagnole ; ils sont assis par groupes sur le seuil de la porte, dissertant, criant (il s'agit sans doute de la bedide gommission à gagner). Leurs femmes, au nez en bec de vautour, coiffées de toques rondes, sont laides ; mais en revanche, parmi les jeunes filles, j'en distingue de charmantes, au teint mat, aux yeux de velours, souriantes, mais effrontées ; un jour elles deviendront de tristes créatures comme leurs mères : desséchées, flétries, le corps ballonné, informes.

Smyrne, comme presque toutes les villes de la côte, se présente, à l'arrivée, en amphithéâtre, dominé par le mont Pagus et les ruines d'une ancienne acropole. C'est un port assez important du Levant. De Smyrne, un petit chemin de fer anglais conduit à Éphèse. Ce n'est plus qu'un village, Aïa-Solouk.

De Smyrne, nous revenons au Pirée. Le Pirée est le port de la Grèce. Au moment de notre voyage, l'amiral Avelan s'y trouvait avec ses cuirassés russes, en station. A peine débarqués, nous sommes assaillis par une nuée de portefaix, de drogmans qui s'acharnent sur nous. C'est à qui vous conduira à l'hôtel ; vous êtes leur proie. Nous passons la visite de la douane ; une dame américaine qui nous accompagne se voit confisquer le bouquet qu'elle tenait à la main ; l'employé s'empresse de le jeter à la mer, au grand étonnement de notre voyageuse. Nous avons tenu à connaître les motifs de cette rigueur. Les voici : Jusqu'à ce jour, les vignes de la Grèce qui produisent ces petits raisins de Smyrne et de Corinthe, si connus en France, ont échappé au phylloxera. Ce résultat, selon les Grecs, n'est dû qu'aux précautions prises. De là l'interdiction de faire entrer des fleurs qui seraient susceptibles d'importer le microbe redouté. Chaque pays fait subir au voyageur ses tyrannies : ici, on prohibe les fleurs ; à Constantinople et à Varsovie, les livres ; à Jaffa, les armes. Nous nous rendons du Pirée à Athènes en voiture ; le trajet dure quarante-cinq minutes ; le chemin de fer l'effectue en moins d'une demi-heure. Sur tout le parcours, des oliviers. Les cochers ont soin de vous arrêter devant une auberge, où l'on vous offre un verre de mastica : c'est l'absinthe des Levantins. Avant d'entrer en ville nous apercevons le temple de Thésée, l'imposante Acropole sur son rocher, et le mont Parnasse.

ATHÈNES ET SON MUSÉE

Me voici dans Athènes, la plus célèbre, la plus intelligente ville de l'antiquité. J'en ai visité une qui portait ce nom, aux États-Unis : (il y en a sept!). Je n'y viens pas en élève de l'*École Française* d'Archéologie, hélas ! mais en simple industriel, qui sait peu et voudrait apprendre beaucoup.... Anéantie, comme puissance, Athènes resta encore l'asile des sciences et des lettres. Ce fut longtemps la capitale intellectuelle du monde. A la suite de la prise de Constantinople par les Croisés, des seigneurs français, les *Brienne*, les *La Roche* en firent un duché. Puis, les Turcs s'en emparèrent et la gardèrent jusqu'en 1821-1827. Elle avait 4.000 hab. en 1834. Je le constate avec plaisir, elle a fait des progrès considérables. Sa population, qui était de 44.000 en 1890, est aujourd'hui de 108.000 hab. C'est la ville la plus peuplée de la Grèce.

La place de la Constitution, avec son jardin public dominé par le Palais Royal, est d'un très bel aspect. La ville neuve, ses rues larges, ses trottoirs bordés en marbre blanc, ses boulevards plantés de poivriers sauvages, produisent sur l'étranger la meilleure impression ; c'est remarquable de propreté ; ça repose de Constantinople.

Nous nous rendons à la Chambre des députés, coquet monument dont l'intérieur forme un hémicycle gracieux. Les représentants de la nation sont tranquillement assis, le chapeau sur la tête, fumant, causant, écrivant ou lisant, pendant qu'un orateur, peu écouté, s'efforce de les convaincre. A côté, l'Université, fondée en 1837, est fréquentée par 1.500 étudiants. Les peintures murales de ce monument sont très belles. L'église métropole a été édifiée avec les matériaux des soixante-dix églises rasées en 1840. L'intérieur est richement décoré ; les peintures de l'extérieur ont beaucoup de similitude avec celles de Sainte-Sophie. La tour des Vents est bien vieille ; elle fut construite vers l'an 100 avant J.-C. Plus loin, la colline des Nymphes ; au sommet du rocher, la petite église de l'Agia-Marina. Sur le versant, une terrasse en hémicycle, le Pnyx, où les Athéniens tenaient leurs assemblées politiques. La montagne Saint-Georges s'étend jusqu'au Cithéron, en Béotie, et sur la Jérénia, en Mégaride. Le cimetière de l'Agia-Triada se trouve près la porte de la ville. Près de l'hôtel de la Grande-Bretagne, où nous étions descendus, le jardin public, avec ses allées de verdure, ses plantes grasses et ses dattiers, offre aux promeneurs de frais ombrages. Il est dû à la libéralité de la reine Amélie. En face, à l'horizon, se dresse majestueusement le temple de Jupiter Olympien. On y a placé les statues des présidents Capo d'Istria et d'Eynard.

Pour ceux qui ne connaissent pas le Musée de Gizeh au Caire, celui d'Athènes est le plus intéressant ; il contient de belles collections et de précieuses antiquités mycéniennes et égyptiennes. En 1829, sous le gouvernement de Capo d'Istria, ce musée avait été formé à Égine ; le roi Othon, en 1834, le fit transporter à Athènes. On l'inaugura en 1874 ; il possède toutes les antiquités trouvées dans le royaume, à l'exception de celles de l'Acropole qui ont été réunies et placées dans le musée spécial. Dans la cour, des stèles et des sarcophages. La salle qui renferme les antiquités mycéniennes est splendide et, dans son genre, unique au monde. C'est au génie du docteur Schliemann que l'on doit la connaissance de l'art mycénien. C'est lui qui fit exécuter les fouilles dans l'Acropole de Mycènes et mit à jour de véritables trésors. A une profondeur de 7 m. 50, on découvrit cinq tombeaux rectangulaires qui contenaient quinze squelettes reposant sur un lit de cailloux. Ils étaient entièrement recouverts de parures en or, le visage caché par un masque, la tête ornée d'un diadème, la poitrine recouverte d'une cuirasse, le tout en or. Des bagues, des bracelets, des ceintures, des baudriers, des épées, des boutons, des rondelles, des coupes, ornaient et couvraient les cadavres. Ce trésor a, depuis, été enrichi par d'autres trouvailles.

La salle des antiquités égyptiennes renferme une très grande collection de statuettes en bronze représentant les dieux égyptiens et les déesses guerrières. Cette unique collection a été formée à Alexandrie par le Grec Iohanis Dimitrion de Lemnos qui, en 1881, en fit don au Musée d'Athènes. Cette collection sert à étudier et à connaître la vie et la religion du peuple des Pharaons. *Osiris* est le dieu suprême, *Isis* est sa femme, *Horus* est leur fils. Osiris est le soleil couchant ; Horus, le soleil levant. Isis porte son fils sur ses genoux ; sa coiffure est un disque de soleil, entre deux cornes de vache. *Thoth* est le dieu des sciences et des lettres. Le dieu *Apis* est un taureau blanc. *Menton* et *Ra*, dieux de la guerre, ont des têtes d'épervier. *Anubis*, le dieu funéraire, a une tête de chacal. *Thouëris*, la déesse nourrice, a une tête d'hippopotame et de larges mamelles pendantes. *Chounphis*, déesse du châtiment, a une tête de bélier. *Ptah* est coiffé d'un scarabée — et le scarabée est l'emblème de la transformation...

J'ai essayé de donner une nomenclature de certains dieux égyptiens ; cela permettra peut-être, en présence des statuettes, d'en reconnaître plus facilement le symbole par les têtes. La salle des monuments en pierre possède aussi de bien belles choses. La statue de Jupiter Ammon est un chef-d'œuvre de l'art alexandrin. Ce dieu est représenté sous la forme d'un serpent avec tête d'homme barbu et cornu. La salle des momies mérite une longue visite. Les Egyptiens croyaient que l'âme accomplissait aux enfers un long pèlerinage après avoir subi certaines épreuves, et se trouvait, d'après son mérite, réunie plus tard au corps. Il fallait donc embaumer le cadavre pour le conserver ; ensuite on l'enroulait dans des bandelettes de toile, et il était déposé dans un ou plusieurs cercueils en bois ou dans un cercueil en pierre sculpté.

Les salles de Minerve et d'Hermès contiennent des sculptures de l'époque de perfection, des bas-reliefs trouvés à Éleusis, des sculptures trouvées à Délos et dans le sanctuaire d'Esculape, à Épidaure ; des statuettes découvertes à Olympie, au Pirée, au Laurium ; des têtes de Minerve, de Vénus, d'Apollon, d'Hermès, trouvées à Andros, à Mantinée. Une frise représente les Tritons des Néréides ; elle a été trouvée près des Thermopyles. Les salles de Thémis et de Neptune contiennent, avec les très belles statues de Thémis, de Neptune et de Vénus, trouvées à Milo, la statue de Bacchus, trouvée à Sicyone ; des bacchantes et des danseuses. La salle des Reliefs funéraires contient des pièces des IVe et Ve siècles avant J.-C., des sirènes, des vases funéraires trouvés à Athènes, à Corinthe et en Thessalie. Dans la salle byzantine, on voit des fragments d'architecture, des bas-reliefs. Enfin, la salle des vases en contient qui datent du XIe siècle avant J.-C. Ils ont été trouvés à Téra et en Attique ; toutes ces pièces rares ont une grande valeur. J'ai vu encore au Musée d'Athènes les pièces servant aux malades qui allaient consulter Esculape ; le médaillon de Jupiter déguisé en aigle et se donnant à la belle Hélène ; la tête de Méduse en mosaïque ; le groupe d'Égée avec son fils, très belle pièce en marbre blanc. On sait que Thésée, fils d'Égée, partant en guerre contre les Crétois, avait promis à son père, s'il était victorieux, de remplacer, au retour, par des voiles blanches les voiles noires de son bateau. Le fils, revenant de Crète, oublia sa promesse. Egée, apercevant les voiles noires, crut que Thésée avait été vaincu et, de désespoir, se jeta dans la mer qui garda son nom.

LES RUINES ET L'ACROPOLE

L'Acropole d'Athènes est une colline élevée entre les deux petits fleuves de l'Attique, le Céphise et l'Ilissus. C'est un rocher qui a 178 mètres de hauteur. L'arc d'Adrien forme l'entrée du quartier neuf fondé par cet empereur. Une architrave, supportée par des colonnes corinthiennes, couronne un étage, dont la hauteur est de 18 mètres. On y lit l'inscription suivante :

« Ceci est la ville d'Adrien, non celle de Thésée.
 Ceci est la ville d'Athènes, la ville de Thésée. »

Le temple de Jupiter Olympien s'élève sur un plateau de 750 mètres de tour, et l'on y voit encore seize colonnes grandioses. Le romain Sylla en emporta plusieurs. Adrien acheva le temple. A côté de la statue d'or et d'ivoire de Jupiter, on plaça celle de l'empereur. Une colonne a été renversée par l'ouragan du 5 octobre 1852. De ces ruines, on a une vue splendide sur le golfe de Salonique, Égine et la côte d'Argolide. Nous apercevons le charmant monument qu'on a nommé la *Lanterne de Démosthène*. Sur un soubassement carré de 4 mètres de hauteur, s'élève un petit temple circulaire de 6 m. 50, dont le toit est supporté par six demi-colonnes corinthiennes; le toit lui-même, avec la belle fleur qui le couronne, est d'une seule pierre. L'inscription gravée sur l'architrave consacre le souvenir d'un prix de chant, aux fêtes de Bacchus. Il y a une copie de ce monument dans le parc de Saint-Cloud.

Nous remontons la rue de Bacchus, où se trouvait l'Odéon ; on y jouit d'un beau panorama. Nous visitons le jardin de l'Hymète, le Pentélique, le Lycabète et l'intérieur du théâtre de Bacchus. Au-dessous, une caverne appelée la Grotte d'Or. La partie inférieure du théâtre, dont les gardiens sont conservés, a été déblayée en 1862 par Strack. Athènes, vers l'an 50 avant J.-C., avait commencé ce théâtre en pierre qui ne fut achevé que plus tard. Il reste peu de chose de la scène où Eschyle, Sophocle et Euripide firent jouer leurs tragédies. Ce théâtre, divisé en treize phyles, pouvait contenir plus de 30.000 spectateurs. Sur la hauteur se trouvait le sanctuaire d'Esculape, transformé plus tard en église. Le théâtre de l'Odéon, détruit par le feu, pouvait contenir 6.000 spectateurs. Une plaque de marbre a été posée en l'honneur de Fabvier qui commanda la défense de l'Acropole en 1827. L'Aréopage, colline d'Arès, est un massif de rochers sauvages Les marches sont les mêmes que montaient les juges de l'Aréopage, tribunal suprême d'Athènes. Dans le ravin, le sanctuaire des Érinnyes, l'endroit où prêcha saint Paul.

La grande porte d'entrée se trouve en face des Propylées, qui avaient été construites en cinq ans par l'architecte Mnéisclès. On y arrivait par un escalier de 40 marches, larges de 24 mètres. Tout l'édifice était en marbre pentélique. Ces *avant-portes* fermaient le seul côté accessible de l'Acropole. Les Propylées, abattues en 1835, avaient excité l'admiration de tous les siècles. En 1801, l'ambassadeur anglais, lord Elgin, fit enlever les meilleures statues des frontons, qui formaient encore le plus bel ornement de l'Acropole. Partout où il s'agit de piller et d'emporter, on trouve toujours la griffe des Anglais, peuple rapace qui applique toujours sa maxime : tout ce qui est bon à prendre est bon à garder.

Un autre monument en ruines de l'Acropole est l'Érechtéion. Dans son enceinte étaient les sanctuaires d'Athènes, où l'on honorait la déesse protectrice de la ville, Minerve Poliade. Là se trouvaient les tombeaux des rois mythiques Érechtée et Cécrops, l'olivier sacré que Minerve fit sortir du sol et la source salée qu'en fit jaillir Neptune, lorsqu'ils luttèrent sur l'Acropole pour la possession de la ville. Après sa destruction par les Perses, les travaux furent repris et terminés en 409 ; l'Érechtéion fut transformé en église et le Parthénon en demeure des ducs francs, au xiii siècle ; il servit au harem du pacha au xv siècle. Lord Elgin (toujours le même destructeur, accapareur) fit enlever une des colonnes ioniennes du portique et l'une des cariatides. Une autre de ces colonnes fut emportée par un boulet, en 1825 ; les dernières furent atteintes également par des boulets, en 1826. Les fouilles de l'Acropole, qui ont duré de 1834 à 1862, furent reprises en 1881. Les antiquités de valeur que l'on mit au jour sont maintenant réunies dans le musée de l'Acropole. En 1894, une découverte intéressante fut faite : on trouva une inscription qui contient une partie des comptes relatifs à l'exécution d'un des chefs-d'œuvre de Phidias, la grande Minerve en ivoire et en or que nous avons vue dans le musée de la ville. Ces comptes permettent de reconnaître que le rapport de l'or et de l'argent, vers l'an 438 avant J.-C., était quatorze fois plus pour l'or, c'est-à-dire, à peu de chose près, le même qu'il a été, en Europe, jusqu'au milieu de notre siècle. C'est un résultat nouveau et important pour l'étude de l'économie politique chez les anciens. L'escalier qui conduisait des Propylées au sommet de l'Acropole était interrompu par une rampe. C'est par là que montaient, lors des grands cortèges des Panathénées, les cavaliers et les animaux destinés au sacrifice. A côté, le charmant temple de la Victoire, sans ailes, parce qu'elle ne devait jamais échapper aux Athéniens. Ce temple a été reconstruit sur son ancien emplacement, en 1835, par les Allemands Ross, Schaubert et Hansen ; il a 94 mètres de haut. Ce monument, comme tant d'autres, a été victime des dévastations que lui ont fait subir les sujets de la perfide Albion. La frise, qui était d'une très grande valeur, a été emportée par eux. On a dû la remplacer par une reproduction en terre cuite. Le vestibule de l'Acropole était rempli de statues et de bas-reliefs, parmi lesquels se voyaient les trois Grâces vêtues par Socrate et l'Hermès Propyléen. Les deux ailes des Propylées font une saillie de 8 mètres ; derrière, un espace quadrangulaire recevait le jour d'en haut : c'était la Pinacothèque où étaient exposés les tableaux des maîtres célèbres. Cette construction est parfaitement conservée ; les Anglais, il faut croire, ont oublié de passer par là. L'Acropole n'est plus maintenant qu'un amas grandiose de ruines. Avec celles de Karnak, en Égypte, et de Balbec, en Syrie, ce sont incontestablement celles qui frappent le plus l'imagination par leur ancienne magnificence ; leurs gigantesques proportions jettent l'esprit dans l'étonnement.

Du sommet de l'Acropole, on jouit d'un merveilleux panorama, tant sur la ville que sur la mer.

L'imagination peut se représenter ce qu'étaient ces temples au temps de leur splendeur : à droite, le Parthénon ; à gauche, l'Érechtéion, l'un et l'autre ornés de statues, de peintures. Avec ces monuments sacrés, tout un monde de groupes en marbre émerveillaient les yeux, lorsque s'ouvraient les grandes portes de bronze pour laisser passer le cortège imposant des Panathénées. Les innombrables renfoncements carrés du sol désignent à chaque pas l'emplacement d'un monument sacré. Partout, des piédestaux qui portaient autant de statues ont disparu, et la plus grande partie a été emportée par ces Anglais qui ont commis dans ces ruines de véritables dols. Là, leur conduite, comme partout ailleurs, est jugée sévèrement. En Égypte également, ils ont laissé trace de leur passage, s'appropriant aussi, sans ordre et sans droit, tout ce qu'ils pouvaient emporter. Contre la colonne du portique de l'Est s'appuie le piédestal d'une statue de Minerve Hygie (déesse de la Santé). Au moment où Périclès la faisait ériger, Minerve lui apparut en songe, lui indiquant un remède pour sauver un esclave favori. Sur le rocher taillé à pic, se trouve l'enceinte consacrée à Diane. Derrière ce temple, les restes du plafond des Propylées, dont quelques débris représentent en peinture le cheval de Troie ; tout à côté, l'enceinte réservée à Minerve. Le temple de la déesse se trouvait sur le terrain à l'endroit nivelé. En face, le vaste fondement, dont il reste encore quelques blocs, portait la statue colossale en bronze de Minerve, œuvre de Phidias ; elle avait 19 m. 50 de hauteur. La pointe dorée de sa lance était la première chose que le navigateur voyait en arrivant à Athènes par le cap Sunium. On voit encore dans le roc les ornières creusées par les chars qui entraient par les Propylées pour monter sur le plateau.

Le Parthénon avait été bâti sur une terrasse de 81 mètres de long et 37 mètres de large, de manière à dominer tout l'ensemble. Les frontons représentent des scènes admirables en figures plus grandes que nature. L'ensemble avait 46 colonnes, dont quelques-unes, plus quatre-vingt-un mètres de cette admirable frise ont été emportés par les Anglais. Que l'on ajoute à cette richesse de décoration sculpturale l'éclat des dorures, des couleurs, ainsi que les brillants marbres pentéliques, et l'on jugera de la magnificence de cet édifice. Le monument fut en partie détruit par la catastrophe du 16 novembre 1887.

Les fondations des murs antiques qui s'étendent à l'est sont celles de l'arsenal, que l'orateur Lycurgue établit sur l'Acropole au ive siècle avant J.-C. A l'extrémité, est un belvédère que la reine Amélie, femme d'Othon, fit construire ; l'architecture donne à l'Erechtéion un caractère charmant. Le portique avait six colonnes ioniques ; il en manque une, emportée par les Anglais. Ce portique précédait le temple de Minerve Poliade (protectrice de la ville), avec l'antique statue assise de la déesse et la lampe qui brûlait continuellement. Le vestibule a quatre colonnes ioniques. C'est, paraît-il, dans ce lieu que Neptune fit jaillir du rocher de l'Acropole la source d'eau salée. Les portes conduisent aux autres sanctuaires ; la petite porte, dans le même portique, ouvrait sur l'enceinte consacrée à la déesse, qui s'étendait jusqu'à l'entrée de la grotte dite d'Agraulos. Dans la muraille, une entrée secrète de l'Acropole ; elle est murée. C'est par là que les Perses forcèrent la citadelle. Du portique, un escalier mène à celui des Cariatides, décoré de figures de jeunes filles, portant sur la tête des espèces de chapiteaux. C'est sous le portique des Cariatides que se trouvait enterré Cécrops. Là encore, des pièces d'architecture ont été prises par les Anglais.

En rentrant à l'hôtel, nous rencontrons le convoi d'un officier de l'armée grecque. Le corps, laissé à découvert, est placé dans une bière richement décorée de satin et de fleurs. Le cercueil est porté par des soldats. On nous avait bien recommandé d'aller visiter l'ouvroir, où les femmes et les jeunes filles brodent des étoffes de soie, mouchoirs, étoffes pour robes, etc. Le quartier des bazars ne manque pas d'intérêt. On peut encore avec certaines recherches arriver à trouver chez des antiquaires de belles statuettes antiques en terre cuite (*tanagras*). Nous avons pu en trouver plusieurs. Le bazar des cordonniers est typique ; on y trouve de coquettes babouches à bouts retroussés. La sellerie s'y fabrique aussi avec goût. Les environs d'Athènes sont intéressants à voir. D'abord les Mines du Laurium dont les gisements argentifères ont une grande valeur. Ces mines importantes emploient près de trois mille ouvriers. Eleusis, qui jadis était la seconde ville de l'Attique, éclipsa Athènes par la célébrité de ses sanctuaires. Aujourd'hui, ce n'est plus qu'un village en ruines.

Képhixe est un autre village bien ombragé, d'où l'on a une jolie vue sur l'Attique. Du temps des Romains, c'était le lieu de prédilection pour les villégiatures. On y voit une mosquée turque et un aqueduc qui conduit l'eau potable à Athènes. Les gorges et les grottes de Pentéli, au village de Pentéli, sont un endroit charmant, verdoyant et bien ombragé. A remarquer le château inachevé de la duchesse de Plaisance. Du sommet de la grotte, on découvre les îles Andros, Tinos, Milo, les monts Parnèse, Cythéron et le sommet neigeux du mont Parnasse. On se rend à cheval aux ruines de la forteresse de Philé. C'est à Philé que s'établit Thrasybule, en 403, pour délivrer Athènes des trente tyrans. En continuant, on peut aller en Béotie. Un tramway nous mène à Phalère, jolie petite plage près du Pirée, lieu de plaisance des Grecs. Le roi Georges a sa villa sur les bords de la mer.

Dérogeant à d'anciennes coutumes, le roi Georges 1er a voulu cette année passer le jour de sa fête dans la capitale de son royaume. Deuxième fils du roi Christian IX de Danemark, le prince Christian-Guillaume-Georges fut élu roi de Grèce par la deuxième assemblée nationale d'Athènes, à la suite de la révolution de 1863, qui, en renversant du pouvoir la dynastie bavaroise, rendit vacant le trône royal de Grèce. A son arrivée à Athènes, au commencement de 1864, le roi Georges n'avait que dix-huit ans. Son extrême jeunesse ne l'empêcha pas, cependant, de comprendre toute l'importance de sa mission et de devenir, après quelques années de règne, le vrai modèle du roi constitutionnel. « Ma force est dans l'amour du peuple », telle est la devise que le jeune roi des Hellènes prit pour règle de son gouvernement en touchant le sol de sa nouvelle patrie. Le roi Georges s'est appliqué, avec une ardeur toute juvénile et une sagacité d'homme mûr, à s'identifier à son peuple. La langue, les mœurs, les prédilections des Hellènes, il se les appropria à tel point que le peuple, enthousiasmé de son souverain, le considère comme la personnification des qualités distinctives d'un véritable Hellène. Il est sorti victorieux des nombreuses difficultés que suscitèrent, à lui et à sa nation, les nécessités politiques et l'inqualifiable prévention contre la Grèce qui a longtemps régné dans l'Europe occidentale. Après avoir apporté à la Grèce, comme don de joyeux avènement, l'annexion des îles Ioniennes, le roi Georges a dû se réveiller, quatre ans après, devant le calice que lui offraient l'Angleterre et la France, — son alliée d'alors. Pour éviter de plus grands maux à son pays d'adoption, il se résigna à accepter le protocole de Paris, en 1868, pour la question crétoise. La vaillance des Crétois fut sacrifiée à la pression de l'Occident, et le roi des Hellènes a dû se soumettre, le cœur gros, à l'injustice d'une politique hostile à sa patrie.

Cette triste épreuve mit le premier sceau à l'alliance du roi et de son peuple. Depuis, nous les voyons constamment marcher la main dans la main, se partageant les joies et les amertumes inséparables de la vie d'un peuple, petit mais héroïque. Les trente-cinq années du règne du roi Georges abondent en faits inoubliables qui constituent, pour ce roi, une page immortelle dans l'histoire de son peuple. L'annexion des îles Ionniennes, celle de la Thessalie et de la province d'Arta, la construction des chemins de fer helléniques, les réformes dans l'administration, le développement des ressources morales et matérielles du pays — tels sont les faits qui ont rendu indissolubles les liens entre le roi et son peuple et qui ont assuré au royaume hellénique une place prépondérante dans les jeunes états balkaniques. Le mariage du roi Georges avec une grande-duchesse de Russie, S. A. Olga Constantinovna, en créant de nouveaux liens de parenté avec la maison impériale de Romanoff, a puissamment consolidé son jeune trône. Outre les grandes qualités de cœur et d'esprit dont est richement douée l'épouse du roi des Hellènes, ce mariage a permis à la Grèce de réaliser le rêve de la race grecque depuis la chute de Byzance : une dynastie nationale et orthodoxe. Six princes nés sur les marches du trône hellénique, dont le plus jeune est un petit-fils du roi Georges, issu du mariage du prince royal Constantin avec la princesse Sophie de Prusse, sont autant de rameaux de cette jeune et vigoureuse lignée royale qui fait l'orgueil et la joie des Hellènes. Fidèle à la charte constitutionnelle qu'il a librement acceptée, le roi Georges remplit, sans hésitation et sans arrière-pensée, ses devoirs de roi constitutionnel. C'est le vrai modèle d'un roi selon la doctrine de M. Thiers : « Le roi règne, mais ne gouverne pas. » Cela, toutefois, n'empêche pas le roi Georges de se mêler des affaires publiques lorsqu'il voit que l'autorité royale est seule capable de trancher une difficulté devant laquelle s'arrêterait le pouvoir d'un ministère responsable. Et l'amour du peuple pour son souverain est si immense que, toutes les fois que le roi a voulu intervenir directement, l'unanimité des suffrages populaires s'est prononcée en sa faveur. Dans sa politique extérieure, le roi Georges est avant tout Hellène. Ceci nous explique son penchant non dissimulé pour une entente avec les deux grandes bienfaitrices de la Grèce : la France et la Russie. Il faut ajouter que, personnellement, le roi Georges aime beaucoup la France et qu'il est attaché à la Russie par des liens indissolubles d'étroite parenté.

LE CANAL DE CORINTHE ET L'ILE DE CORFOU

Le voyage en chemin de fer d'Athènes à Corinthe est très pittoresque ; nous traversons des sites ravissants. Corinthe est une petite ville sans importance et sans grand intérêt. Le marché des raisins qui se récoltent dans toute la contrée se tient à Patras. Dans une ferme, nous assistons au battage du blé qui se fait d'une manière aussi singulière que primitive. Une circonférence de 20 mètres de diamètre est dallée ; au centre, s'élève un poteau où l'on attache quinze chevaux. Sur le sol, le blé est étendu, et c'est le piétinement incessant des chevaux qui fait sortir le grain des épis. Toutes les deux heures, ces chevaux, que le trajet circulaire a étourdis, sont changés. Les costumes des paysans et des paysannes sont très gracieux ; les hommes portent une robe blanche plissée qui leur vient jusqu'aux genoux. De Corinthe, nous reprenons le chemin de fer pour aller à Patras. Après une demi-heure de trajet, nous traversons le canal de Corinthe, où l'on a construit un pont métallique. Pour qui a vu le canal de Suez, celui de Corinthe n'offre qu'un intérêt médiocre. Au passage, le chemin de fer ralentit, de manière à laisser aux voyageurs le temps d'embrasser d'un coup d'œil la perspective du canal. La longueur est de 6 kilomètres ; les talus ont 42 mètres de hauteur, et, comme ces talus ne possèdent aucun revêtement en pierre, il est probable qu'il s'y produira souvent des éboulements de terre. Au moment de notre passage, un éboulement, qui venait d'avoir lieu, avait intercepté le passage des navires. Le canal de Corinthe réunit le golfe de Corinthe au golfe de Kalamaki et abrège de vingt-quatre heures le trajet. Ce canal a été percé dans l'endroit le plus pittoresque que l'on puisse imaginer. Ces deux golfes, entourés d'une végétation luxuriante, font de cet endroit très accidenté une vallée ravissante. Le canal de Corinthe a coûté 35 millions de francs ; ce n'est pas une bonne affaire financière. La première société, présidée par le général Tür, dut abandonner l'entreprise. Une société grecque continua et acheva l'œuvre commencée. C'est en 1894 que le canal de Corinthe a été ouvert à la navigation.

Nous arrivons à Patras, ville de négoce peu important. Elle est accessible aux navires qui vont de Constantinople à Marseille. Il se fait à Patras un commerce de vins. Le soir, nous nous embarquions pour Brindisi. La nuit fut mauvaise ; la mer était agitée plus que dans la mer Égée ou dans l'Adriatique. Le lendemain, à trois heures, nous débarquions à l'île de Corfou. Cette île, qui appartenait aux Anglais, a été échangée par eux, en 1864, contre Chypre.

CHYPRE

J'étais à peine débarqué à Corfou que l'envie me prit de retourner à Chypre. Je voulais juger *de visu* de la *bonne affaire* des Anglais. Ils n'en font jamais d'autre : ils donnent un pour avoir dix. Corfou a 1.000 kil. car. ; Chypre en a plus de 9.000, c'est-à-dire presque un million d'hectares ! C'est, après la Sicile, la plus grande et la plus belle des îles de la Méditerranée. Et les Anglais l'ont prise !

C'est à Chypre, dit le savant naturaliste M. A. Caudry, qu'il faut venir pour voir des musulmans tels qu'ils durent être dans les premiers temps de l'islamisme. Ils n'ont en rien changé leurs habitudes. Ils sont honnêtes pour les affaires d'argent et très religieux. Ils ne boivent pas de vin, ne mangent pas de porc et font régulièrement leurs ablutions et leurs prières, mais ils sont fanatiques, fatalistes et d'une ignorance extrême. L'industrie autrefois active a baissé considérablement sous la domination turque. Les principaux articles sont la maroquinerie, la broderie, les mousselines, les indiennes, la poterie commune, l'eau-de-vie de Chypre, les eaux de senteur. Quant aux productions agricoles, en voici les principaux articles : les vins depuis longtemps renommés, et surtout le vin de la *Commanderie* qui se récolte à Kolossi ; le vin muscat, le morosalla, etc. Les céréales, principalement le froment, représentent plusieurs millions dans le budget de l'île.

La capitale maritime est Larnaca. C'est une ville de sept à huit mille habitants, située sur la côte sud-est. Ce petit port présente, vu de la mer, un coup d'œil agréable avec ses maisons en terrasses dominées par les aiguilles des mosquées et de beaux bouquets de palmiers. A gauche, vers l'ouest, on remarque un petit fortin et au centre une petite citadelle. On n'a, pour débarquer, qu'une estacade en bois. Les rues sont complètement couvertes par des toits qui surplombent et par des nattes qui remplissent l'intervalle ; elles forment une espèce de bazar dont la population est principalement grecque. Les maisons sont bâties en cailloux et terre avec très peu de fenêtres à l'extérieur ; elles présentent à l'intérieur de petits portiques assez élégants avec des pavages en cailloutis rappelant assez bien les maisons de Smyrne. Le monument le plus curieux de Larnaca est l'église grecque de Saint-Lazare, de style byzantin. Les environs de cette ville sont arides, nus et stériles ; c'est la partie la plus poudreuse de l'île de Chypre. Je n'ai vu que la belle rade de Larnaca ; il y a deux autres bons ports : Limanol et Famagouste. On dit que les femmes y sont strictement voilées ; si on les surprenait sans voiles, elles enlèveraient volontiers le linge qui cache leurs seins pour se couvrir la figure. C'est pourtant dans cette île, à Paphos, qu'était le temple le plus célèbre de la Vénus Astarté, au milieu d'un bois de myrtes et de lauriers roses. Au milieu des ruines, s'élève aujourd'hui une petite église grecque, consacrée à la Vierge Marie. Chypre, aujourd'hui propriété de l'Angleterre, fut pendant plusieurs siècles l'apanage d'une noble maison française du Poitou, les Sires de Lusignan. Le dernier roi de Jérusalem, Guy de Lusignan céda son titre de roi à Richard d'Angleterre, qui lui donna Chypre en échange (1192).

Je reviens à Corfou pour y retrouver la trace des Anglais. C'est là qu'Ulysse fit naufrage et fut reçu par l'hospitalière Nausicaa. L'île des Phéaciens reçoit tous les ans la visite de plus de 2.000 étrangers. On y voit surtout les forts construits par les Anglais. La ville compte 25.000 habitants. Le bateau faisant longue escale, nous permet d'aller visiter le château qui est la résidence d'hiver de l'impératrice d'Autriche. Il a coûté 15 millions. Le parc a été dessiné dans le meilleur goût ; il est peuplé de statues. Après la grille d'honneur, dans une niche de marbre blanc, la statue de Heine, pour qui Sa Majesté professait une véritable vénération ; un peu plus loin, la statue d'Achille. L'intérieur de la résidence impériale est décoré d'une manière très artistique. L'ameublement des pièces est fastueux ; on y remarque des objets d'art du meilleur goût. On se rappelle que S. M. l'impératrice d'Autriche avait eu la bienveillance de mettre son palais à la disposition de S. M. l'empereur Alexandre III. L'île de Corfou jouit d'un climat très agréable. L'hiver, on y trouve la même température qu'à Nice, et les habitants ont gardé les traditions de l'hospitalité homérique.

Nous revenons à bord ; le bateau reprend sa route pour Brindisi. A peine débarqués, l'express nous conduit à Turin. Pour occuper les quatre heures d'attente avant le départ pour Paris, nous visitons le musée d'artillerie et l'église Santa-Maria. Turin, que nous n'avions pas vu depuis quinze ans, s'est agrandi et embelli ; c'est aujourd'hui une des plus belles villes de l'Italie.

Dans ce récit de mon voyage de Saint-Pétersbourg à Constantinople, j'ai laissé courir ma plume sans prétention littéraire, n'ayant qu'une ambition : décrire, raconter, en suivant les traces de mes devanciers, profitant de leur lumière pour éclairer et guider à mon tour ceux des voyageurs, qui me suivront et feront mieux que moi. Peut-être me reprochera-t-on d'avoir mêlé quelques idées politiques au récit scrupuleusement exposé. Mais quelles leçons ne puise-t-on pas en étudiant les hommes et les choses de près ? A leur contact les idées se modifient, la clarté se fait sur des événements controversés, et je me suis cru obligé de dire mes opinions en toute franchise.

Que n'a-t-on pas dit de l'alliance russe ? Elle trouve encore des endurcis qui prétendent que la Russie seule y trouve son intérêt. A ces politiciens en chambre, je répondrai : Cette union, mais c'est notre sauvegarde : c'est la digue qui arrête le flot envahisseur et toujours montant d'une certaine presse injurieuse, vendue, qui semble dire : « Périsse la France, plutôt que l'humiliation de s'allier avec un fort ! » Nous souffrons encore de la servitude imposée à l'Alsace-Lorraine ; le cœur saigne toujours, comme une plaie non cicatrisée. Le chauvinisme brutal d'un peuple avive ces douloureux souvenirs par ses bruyants anniversaires.

L'ÉGYPTE, LE NIL, LA NUBIE, LA PALESTINE, LA SYRIE, MALTE, LA TUNISIE ET L'ALGÉRIE

Loin de moi la folle présomption de traiter ici des questions d'archéologie réservées aux auteurs autorisés. Leurs ouvrages sont connus. J'ai voulu décrire simplement, en touriste observateur, les impressions qui ont étonné mon esprit, émerveillé mes yeux et charmé mon séjour. J'ai sillonné l'Europe, l'Afrique, l'Amérique et une partie de l'Asie ; aucune de ces nombreuses pérégrinations ne m'a laissé une impression aussi vive que mon voyage à travers l'Égypte, jusqu'à la première cataracte du Nil, pour revenir par la Syrie, Malte, la Tunisie et l'Algérie. C'est un voyage instructif.

Chers Lecteurs, vous qui voulez rompre avec la monotonie du foyer, amassez pour vos vieux jours des souvenirs qui charmeront vos longues veillées et vous feront revivre ; n'hésitez pas à visiter l'Égypte, cette vallée des Pharaons, malheureusement envahie et foulée par l'Anglais, triomphateur insolent. Allez contempler ce ciel bleu qui se reflète si majestueusement dans le Nil, et la séduction éprouvée sera bien au-dessus de ce que je vais essayer de vous faire ressentir.

EN MER

Voir l'Égypte, ses pyramides, ses colossales et merveilleuses ruines, son Nil ! tel était depuis longtemps le plus grand de mes désirs. Le 25 janvier 1895, par un froid intense, je m'embarquai à Marseille à bord du bateau des Messageries maritimes, *Le Syndh*. Pour qui n'est point sujet au mal de mer, la traversée de Marseille à Alexandrie, qui dure cinq jours pour six cent vingt lieues, est une véritable promenade et constitue une cure d'air des plus efficaces.

Debout sur la passerelle, le Commandant donne les derniers ordres. D'une voix brève, où l'autorité se révèle, il lance le : En avant ! Le navire, sous la gigantesque impulsion de l'hélice, frémit de l'avant à l'arrière. Chacun espère une bonne traversée, une heureuse arrivée... Le Commandant et son état-major ne songent qu'à une chose : Faire leur devoir, toujours et partout.

Du danger, de l'inconnu, ils n'ont nul souci. N'est-ce pas là leur vie de chaque jour? n'est-ce pas, pour eux, la répétition de la *chose* d'hier ? l'exécution des promesses qu'ils firent le jour où ils embrassèrent cette carrière si pénible, si dangereuse et en même temps si attrayante, si mouvementée, si grande? Mais le navire vient de doubler le môle ; le voici passant lentement près des îles du *Frioul* et du *château d'If*, qui doit sa célébrité à l'un des plus grands conteurs du siècle: Alexandre Dumas. — En route ! dit le transmetteur. Et l'hélice, doublant, triplant ses tours, rejette violemment, à bâbord et à tribord, l'eau qui faisait obstacle au steamer. Cette fois, c'est fini. On est en route, le cap droit sur le pays des Pharaons. Le temps est beau malgré la saison. La mer, un peu houleuse, offre peu de résistance à la marche du navire marseillais ; c'est à peine si elle le soulève gracieusement, en lui imprimant ce doux mouvement de tangage qui, pour aussi faible qu'il soit, n'en cause pas moins une angoisse désagréable aux personnes peu familiarisées avec la mobilité de ces lutteurs méditerranéens. Bientôt les îles du château d'If, s'estompant dans le vague de l'horizon, n'apparaissent plus, aux yeux des passagers, que comme des formes fantastiques, bizarrement découpées dans une confusion étrange de nuages, de soleil, de terre et d'eau. C'est le vague, le flou, l'indécis des objets vus à distance. A tribord, au loin, voici le nouveau phare électrique de Planier ; à bâbord, les côtes sèches, tourmentées, accidentées, dénudées et tristes de la Provence A tribord encore, la mer, bleue dans son expression d'immensité azurée, dont les dernières lignes, se confondant avec le ciel, forment un tout grandiose et émouvant.

C'est un bien réconfortant spectacle que celui de ces hommes de la mer, matelots, chauffeurs et charbonniers, toujours humbles, toujours actifs, ayant beaucoup plus le sentiment du *devoir* que celui *du droit* ; ne boudant jamais devant la peine et le danger ; affrontant chaque jour la mort avec l'héroïsme des premiers chrétiens, et dont la vie entière se résume par : Abnégation, Dévouement et Devoir. Braves gens ! héroïques sans le savoir ; aussi bons camarades que bons pères de famille ; cachant un cœur d'or sous une grossière enveloppe et tenant, tout à la fois, de l'enfant, par la simplicité, du héros, par l'élévation des sentiments ! A l'avant, l'homme de quart scrute l'horizon, prêt à signaler à l'officier de veille ce qu'il apercevra, par un, deux, ou trois coups de cloche ; les autres matelots, ses compagnons de quart, sont à leur poste, çà et là. Dans la machine, mécaniciens et chauffeurs veillent avec non moins d'attention, entretenant, à grands renforts de charbon, l'ébullition de l'eau des immenses chaudières chargées de fournir la force motrice à l'hélice.

Accoudés sur la balustrade, nous regardons Marseille. La nuit vient ; le mistral soufflait ; la lame, courte, secouant le bateau, nous oblige à descendre dans nos cabines et, le lendemain seulement, nous pouvons nous compter, nous grouper suivant les sympathies que fait naître la vie de bord. Après avoir longé les côtes de France, on aperçoit, à gauche, les montagnes de la Corse, dont les cimes dentelées, recouvertes de neige, paraissent argentées sous les reflets du soleil. Nous passons devant Bonifacio, où la frégate *La Sémillante* fit naufrage. Sur la droite, les côtes de Sardaigne, les îles Sanguinaires ; après la Corse, l'île d'Elbe évoque le souvenir du grand Napoléon qui, plus tard, victime de la coalition anglaise, alla s'éteindre dans une île perdue de l'Océan, à l'ouest de cette Afrique où son petit-neveu le prince impérial, dernier héritier de sa gloire, tomba sous la flèche d'un sauvage soixante ans plus tard.

Le troisième jour, nous apercevons le Stromboli et l'Etna. Sur la gauche, les îles Lipari, de formation volcanique. Dès qu'on arrive en face de ces îles verdoyantes, l'immense nappe d'eau, aux nuances d'un bleu éclatant, fait l'admiration des passagers qui, au soleil couchant, contemplent la Méditerranée, la reine des mers. Voici le phare du détroit de Messine, en partie détruit par le dernier tremblement de terre ; en face, à la pointe extrême de la Calabre, les rochers de Charybde et de Scylla, si redoutés des anciens navigateurs. Le bateau franchit le détroit et arrive devant Messine. Le capitaine nous fait monter sur la passerelle pour mieux voir cette ville coquette (180.000 habitants) bâtie en amphithéâtre au pied des montagnes de la Sicile. En face, le chemin de fer longe Reggio, petite ville italienne aux bords de la mer. La côte d'Italie est la moins mouvementée des deux rives et la plus basse ; celle de Sicile, plus élevée, formée de montagnes découpées, arrosées par des cascades et recouvertes de bois, se trouve dominée par l'Etna aux cimes neigeuses, dont le cratère fumant ressemble à une couronne noire posée sur un immense manteau blanc. L'aspect, incompréhensible, n'en est pas moins imposant et gracieux. Pendant les deux heures de la traversée de Messine, nous ne cessons d'admirer ce grandiose spectacle. Le reste du parcours est sans attrait, car rien ne vient rompre la monotonie de la pleine mer. A mesure qu'on avance, le lever et le coucher du soleil prennent des nuances d'une chaleur merveilleuse que les rayons de l'astre traversent de leurs flèches dorées Le reste de la traversée s'écoule à faire plus ample connaissance avec les compagnons de voyage, dont la majorité sont des Anglais. Enfin, après une traversée houleuse, nous apercevons l'île de Crète et, à l'horizon, Alexandrie. C'est l'Orient avec son ciel pur.

C'est par une mer d'huile, comme disent les Marseillais, que nous faisons notre entrée en rade d'Alexandrie. De nombreux navires français, anglais, allemands, sont à l'ancre. Le pavillon s'abaisse une première fois, une seconde, une troisième : c'est le salut des couleurs. Tout le monde est sur le pont ; la joie se lit sur tous les visages. Les passagers agitent leurs mouchoirs, les cœurs battent ; on se précipite d'un bord à l'autre. Une indescriptible émotion nous étreint aux cris de *Vive la France !* que nous entendons de tous côtés. Les mots sont impuissants pour dire ce qu'on ressent en de telles circonstances.

Nos aimables Parisiennes, qui vont partager avec nous le terrible aléa de la vie nomade, se distinguent par leur intrépidité ; grimpées sur le rouf, elles agitent fièvreusement leurs ombrelles. Mais quel contraste ! Partis de Marseille avec dix degrés de froid, nous débarquons à Alexandrie avec vingt degrés de chaleur. A peine descendus à terre, nous sommes entourés, assaillis par une nuée de portefaix ; c'est à qui prendra nos bagages. Les formalités de douane remplies, nous nous dirigeons vers l'hôtel Khédivial.

ALEXANDRIE

Alexandrie est une ville qui nous rappelle le souvenir des tristes événements accomplis les 11 juin et 12 juillet 1882, journées où les Arabes prirent la ville. Le gouvernement ottoman, pour donner satisfaction à l'opinion publique, fit pendre Soliman-Pacha et déporter Arabi-Pacha, qui vit maintenant tranquillement avec ses femmes à Colombo, île de Ceylan.

Les événements de 1882, à Alexandrie, prouvent combien le ministère Freycinet qui, à cette époque, dirigeait les destinées de la France, avait peu compris les avantages incontestables que nous pouvions plus tard retirer de l'occupation de l'Egypte. A aucun prix, nous ne devions laisser les Anglais y débarquer seuls. Le ministère Gambetta, et lui-même, personnellement, en bon patriote qu'il était, avait préparé cette occupation. Les Egyptiens attendaient l'intervention autorisée de la France et étaient disposés à nous accueillir. Il eût fallu savoir profiter de ces circonstances qui ne se reproduiront plus. La Chambre des députés, dans sa séance de juillet 1882, sous l'influence irraisonnée et néfaste du discours de Clémenceau, refusa de voter les crédits nécessaires à l'occupation de l'Egypte. On télégraphia à l'amiral Conrad qui se tenait en expectative devant Alexandrie avec son escadre, de revenir à Marseille. Le 10 juillet 1882, la retraite honteuse et incompréhensible s'effectuait. Ce fut un coup de foudre pour ce vaillant marin qui resta, comme l'amiral Courbet, l'esclave du devoir et de la consigne. Il comprenait l'importance capitale qu'il y avait, pour les intérêts de la France en Egypte, à ne pas laisser les Anglais débarquer seuls. Lorsqu'il prit connaissance de la dépêche, de colère il jeta ses gants à la mer, navré et le cœur rempli d'angoisse. Il dut, malgré lui, reprendre la route de Marseille. A cette date, l'effort maladroit d'une France toujours tremblante par la peur d'une guerre avec l'Allemagne, se heurta à l'insolente résistance d'Arabi-Pacha. On a vu, depuis, l'œuvre de conquête effectuée par les Anglais en Egypte, la prépondérance qu'ils ont su prendre grâce à leur corps d'occupation de 5.000 hommes entretenus et payés aux frais de l'Egypte, qui, de ce chef, verse annuellement 84.825 livres, soit 2.121.000 francs.

L'Egypte est devenue, pour les sujets d'Albion, une poule aux œufs d'or. Voilà pourquoi, malgré les engagements pris par l'Angleterre, aux yeux de l'Europe entière, d'évacuer l'Egypte, une fois l'ordre rétabli (et il l'est depuis longtemps), Lord Cremer, le gouverneur institué, ne paraît nullement disposé à abandonner sa proie. Il faudra bien, cependant, que l'évacuation promise ne reste pas un vain mot. L'Europe est là qui veille; son devoir est d'intervenir énergiquement; et la France, la première, ne doit pas oublier son œuvre : le canal de Suez. Il y a vingt ans, la diplomatie française, alors dirigée par M. Waddington, s'unissait à l'Angleterre pour obtenir la déposition du khédive Ismaïl-Pacha. Ismaïl avait de grands défauts : il prodiguait l'argent avec le faste et la légèreté d'un Oriental; beaucoup de ses œuvres utiles ont transformé l'Egypte, mais d'autres n'avaient pour but que de satisfaire sa vanité. Avec tous ses défauts, Ismaïl avait l'art de gouverner l'Egypte, art que n'a jamais retrouvé son fils et successeur Tewfick. Ismaïl avait une grande qualité pour les Français : celle d'aimer la France. Tewfick, personnage de second ordre, homme bon et faible, d'intelligence médiocre, de volonté nulle, était incapable de dominer la crise ouverte par la déposition d'Ismaïl. Il fut d'abord l'instrument passif de l'Angleterre et de la France, associées dans une sorte de protectorat à deux, resté tristement fameux sous le nom d' « ère du *condominium* ». Le sentiment national protesta contre la mainmise de l'étranger sur l'Egypte; l'armée se souleva, sans que Tewfick ait su y rétablir la discipline; l'Angleterre intervint, mais la France refusa.

Le mouvement d'Arabi était plus bruyant que sérieux; l'Angleterre en eut facilement raison par corruption ou par force. Le drapeau anglais flotta sur Alexandrie et Le Caire, et Tewfick reporta sur l'Angleterre toute sa docilité. Il y a des princes qui sont faits pour être « protégés ». Le fils d'Ismaïl était de ceux-là. Pendant tout son règne, l'Angleterre fut maîtresse incontestée au Caire, non seulement parce qu'une garnison anglaise, peu nombreuse d'ailleurs, occupait la citadelle, mais surtout parce que le moindre désir du ministre anglais, Sir Evelyn Baring, devenu Lord Cremer, était un ordre pour Tewfick. Lord Cremer avait toute l'énergie qui manquait au khédive. Sous son action patiente et résolue, l'Egypte se transforma peu à peu en un Etat feudataire analogue à celui des rajahs de l'Inde, plus ou moins semblable au Népaul et à l'empire du Nizam. Des officiers anglais commandèrent l'armée égyptienne, des chefs anglais furent placés à la tête de tous les services. L'autorité effective passa entre les mains du résident anglais. Tewfick laissait tout faire avec une passivité déconcertante et une résignation mélancolique. L'Egypte devenait une province anglaise. Cependant rien n'était plus contraire aux engagements pris par l'Angleterre, aux protocoles de désintéressement signés par elle, aux promesses solennelles de M. Gladstone et de Lord Grenville. Au moment de l'intervention anglaise, il avait été formellement déclaré qu'après le rétablissement de l'ordre l'armée anglaise se retirerait. L'ordre est rétabli depuis dix-sept ans et l'armée anglaise est toujours là !... Et il ne s'agit pas d'une simple occupation, comme l'ont été, à diverses époques, l'occupation de la Syrie par la France et celle des principautés roumaines par l'Autriche : le drapeau anglais flotte au Caire pour couvrir l'absorption progressive de l'Egypte par l'Angleterre. L'histoire a rarement enregistré un aussi scandaleux manque de bonne foi !

Cependant, tant que vécut Tewfick, aucune protestation sérieuse ne s'éleva ni en Égypte ni en Europe. Mais Tewfick est mort, et un jeune khédive, énergique, intelligent, patriote, a donné le signal de la lutte contre la domination étrangère. Obligé de céder à la force et de louvoyer, son action progressive a suffi pour transformer la situation, et Lord Cremer se plaint des difficultés qu'il rencontre aujourd'hui. D'autre part, l'alliance franco-russe et la brouille entre l'Angleterre et l'Allemagne ont modifié l'échiquier européen. Le moment est donc propice pour rappeler l'Angleterre à l'exécution de sa promesse. L'Égypte attend avec impatience l'ouverture des négociations, sentant bien que si cette occasion est perdue, c'en est fait pour longtemps de son indépendance. Or, cette indépendance n'est pas moins utile à l'Europe entière qu'à l'Égypte. Pour tous les pays qui ont des colonies en Extrême-Orient, sur les côtes de l'Océan Indien ou du Pacifique, pour la France, pour la Russie, pour l'Allemagne, pour la Hollande, pour l'Italie, l'indépendance et la neutralité de l'Égypte, garantissant le libre chemin de l'Occident à l'Orient, sont d'un intérêt primordial. L'opinion publique, en Angleterre, paraît elle-même très divisée sur l'appréciation de la résolution que vient de prendre le cabinet de Saint-James. De vives discussions ont déjà eu lieu à ce sujet dans les Chambres anglaises, et la presse est loin d'être unanime. M. Labouchère a dit franchement et très clairement aux Communes le mot de la situation, en accusant le ministère de se jeter dans l'aventure d'une expédition contre les Derviches, uniquement pour y trouver le moyen d'écarter une fois de plus la question de l'évacuation de l'Égypte et de manquer aux promesses depuis si longtemps faites et toujours éludées. M. Labouchère a parfaitement raison : c'est bien là le principal mobile de l'attitude qu'a prise le cabinet britannique. Il a cherché une nouvelle diversion pour échapper à ses engagements ; il a cru la trouver en prétendant qu'à la suite des événements d'Érythrée, de la victoire de Ménélik et de la défaite des Italiens, la sécurité de l'Égypte était menacée par les bandes des Derviches et du Mahdi, et qu'il se devait à lui-même de la protéger contre ces périls, c'est-à-dire de rester encore un temps indéfini sur les bords du Nil pour la défendre. C'était là, pour tout esprit clairvoyant, le grand mobile de l'expédition inventée.

L'Angleterre est avant tout égoïste ou, comme elle le dit en son langage, *égotiste* : « Moi d'abord, vous dis-je, et c'est assez. » Eh bien ! ce n'est pas assez ! Elle semble vouloir grandir de l'abaissement de la France... Il faut le dire cependant, la France, qu'elle humilie à chaque instant, n'agit pas ainsi envers elle. Je ne puis résister au plaisir de raconter un des événements de la guerre de Crimée — on jugera des procédés.

Le 25 octobre 1854, la cavalerie anglaise chargeait les bataillons et les batteries russes dans la plaine de Balaklava. Une tempête de fer l'arrête, la broie, la disperse. Les dragons et les Ecossais gris de lord Cardignan vont être anéantis. *Nos* chasseurs d'Afrique accourent au galop, dégagent leurs imprudents alliés. — Le 5 novembre suivant, l'armée anglaise tout entière agonise à Inkermann. Lord Raglan, muet, impassible, assiste au dernier effort de ses soldats enveloppés. Le sol est jonché de leurs cadavres. Il ne reste plus qu'à bien mourir et à s'inspirer de la leçon donnée par la Garde française à Waterloo. A cette heure tragique, le général en chef des troupes britanniques cherche le mot historique qui lui permettra d'immortaliser la résistance suprême. Soudain, le clairon retentit, les zouaves, les chasseurs *de France* arrivent au pas de course. Le destin change. Les Russes s'arrêtent, puis reculent. Un irrésistible effort les repousse du plateau qu'ils ont enlevé aux Anglais. Lord Raglan s'élance à la rencontre du général Bosquet, lui prend les deux mains et prononce ces paroles :

« *Général, au nom de l'Angleterre, je vous remercie !* »

Seize ans plus tard, notre pays subissait les tristes retours de la fortune. L'armée allemande victorieuse assiégeait Paris. La France de Balaklava et d'Inkermann se tourna vers l'alliée de Crimée : « Je t'ai sauvée, lui dit-elle, des écrasements et des déroutes. Sauve-moi aujourd'hui d'une paix humiliante et désastreuse ». Elle ne recueillit qu'ingratitude, indifférence et abandon. Contre cette France rançonnée, mutilée, mais encore trop puissante et trop fière, Bismarck prit ses précautions. Il appela dans son camp la moitié de l'Europe. L'Italie hésitait, l'Angleterre intervint. Elle tint à peu près ce langage au roi galant-homme : « Ce bras qui vous affranchit à Solférino est le même qui me protégea à Inkermann. Je vais vous aider à l'enchaîner. Vous pourrez mobiliser votre armée en sécurité, et la porter au secours de la Prusse. Mes flottes couvriront vos ports et vos côtes. » Sous le bouclier britannique, la Triple-Alliance fut constituée.

Au mois d'avril 1887, une audacieuse violation du droit des gens remplit l'Europe d'indignation et de stupeur. M. Schnœbelé, fonctionnaire français, était traîtreusement attiré en Alsace-Lorraine, molesté, incarcéré. Une nouvelle guerre entre la France et l'Allemagne paraissait imminente. On n'a pas oublié que ce fut grâce à la généreuse et bienfaisante intervention du Tzar Alexandre III qu'elle fut évitée. Depuis l'Angleterre s'est toujours montrée arrogante vis-à-vis de la France : voilà ce que nous a rapporté notre intervention de 1854. Entre Londres et Paris, le conflit diplomatique est permanent. Un jour, bientôt peut-être, la France devra se résoudre à *tout* céder ou à combattre...

O soldats, ô héros français tombés à Balaklava et à Inkermann pour le salut de l'Angleterre, c'est vous qu'il faudra venger !

A Dongola, les Derviches ont été vaincus par le Sirdar Kitchener, au moment où le vaillant Commandant Marchand arrivait à Fachoda pour y planter le drapeau de la France. Après les tergiversations du gouvernement, Fachoda a été abandonné par la mission française ; le Commandant Marchand et ses courageux compagnons ont dû se replier sur l'Abyssinie. Voyons les origines de cette grande action de la France et comment l'Angleterre en a profité.

Au Caire, le Commandant Marchand et le Capitaine Baratier ont été reçus au Cercle Français ; quelles ont été les paroles du vaillant explorateur français ?

« Messieurs, pour deux raisons, vous n'attendez pas de moi un discours, d'abord je ne suis qu'un soldat, non un orateur, et puis on ne saurait être loquace en un jour de recueillement, en un jour qui m'apporte personnellement une grande tristesse : l'abandon officiel de Fachoda.

« Fachoda ! ce n'était qu'un point ; il est vrai qu'il synthétisait tout. Mais, si nous perdons le point, nous n'abandonnons rien de notre thèse. Se recueillir n'est pas désespérer, au contraire. L'expérience de ce monde nous enseigne que la somme des tristesses n'est pas plus grande que celle des joies ; plus la période noire s'allonge, plus s'approche l'aurore des fières aspirations enfin réalisées, et le sphinx de granit qui tout près d'ici rêve sur les sables, celui qui vit passer Bonaparte et son œuvre, n'a pas murmuré la sentence suprême.

« Plus le mauvais destin s'acharne, plus nous devons appeler à notre aide les grands espoirs qui gonflent les poitrines et tendent les résolutions. La colonie française du Caire, d'ailleurs, a montré plus de dix fois qu'elle ne connaissait pas le découragement. Je voudrais pouvoir, mes chers et vaillants compatriotes, vous en donner une faible récompense ; écoutez :

« Lorsque, il y a trois années bientôt, la mission Congo-Nil quittait le pays de France, ce n'était pas pour faire une exploration plus ou moins longue, plus ou moins retentissante. Non ! Son but était bien plus haut, vous l'avez deviné déjà ; alors, pourquoi le dire ici ? Nous voulions, à travers l'Afrique française, apporter aux Français d'Égypte la poignée de main des Français de France. La route était longue, parfois pénible ; nous sommes arrivés pourtant, puisque j'ai l'honneur de vous saluer aujourd'hui. Ne voyez-vous pas là un symbole ?

« La fortune, qui déteste les voies larges et faciles, est peut-être en route à cette heure, vous apportant le secours patiemment attendu. Qui peut dire que le sphinx ne s'apprête pas à sourire ? C'est pour cela que je suis venu vous dire que, si nous sommes quelques-uns aujourd'hui, nous serons nombreux demain, qui n'oublions pas, qui n'abandonnons rien. C'est avec cette pensée que je veux porter votre santé, Messieurs, la santé de la colonie française d'Égypte ; à la plus grande France ! »

Avec de pareils héros, il ne faut jamais désespérer. Le drapeau tricolore ne flotte plus sur Fachoda. Et Marchand a dû s'éloigner de ces rives du Nil où il laisse du moins la trace d'une valeur admirable qu'aucun rival, qu'aucun ennemi ne surpassera jamais : une petite troupe de Français a *sauvé* ce que la France parvient toujours à *sauver* dans les crises les plus cruelles... *l'honneur.* Honneur donc à Marchand et à ses compagnons !... Honneur aux héros populaires !... Populaires, certes, ils le sont, ces soldats du devoir presque surhumain. Et populaire aussi, l'arme glorieuse à laquelle ils appartiennent.

Beaucoup de personnes demandent : « A quoi pouvait nous servir Fachoda, qui n'est qu'un marais sur les bords du Nil Blanc ? ». C'est bien simple : l'abandon de Fachoda nous ramène au niveau d'une puissance coloniale de deuxième ordre, et voici pourquoi : Fachoda est au centre de l'Afrique. C'est le point intermédiaire entre nos possessions du Sénégal et celles de la mer Rouge ;

c'est le chemin le plus direct entre St-Louis et Djibouti. D'autre part, après la construction du grand transsaharien, on pouvait réunir la ligne Alger à Saint-Louis du Sénégal d'une part, à Djibouti de l'autre ; le point d'intersection aurait été Fachoda. Par la ligne Marseille-Alger-Fachoda-Djibouti, nous avions nos communications assurées avec nos possessions d'Extrême-Orient sans passer par le canal de Suez, et la solution de la question d'Egypte n'avait plus pour nous la même importance. Nous ne dépendions plus de l'Angleterre, qui pouvait conserver la ligne Port-Saïd-Suez-Aden. Après l'évacuation de Fachoda par la France, l'Afrique se trouve partagée en deux, du nord au sud, par une ligne de territoires anglais, allant de l'Egypte au Cap et séparant et isolant les territoires français du Sénégal et de Djibouti, désormais sans communications possibles. On voit que Fachoda, position stratégique centrale de premier ordre, avait pour la France un intérêt capital. Ceux qui parlent des « marais de Fachoda » sont donc des gens intéressés à défendre la cause de l'Angleterre, notre plus cruelle ennemie.

Les Anglais ne nous pardonneront jamais nos conquêtes, parce que nous sommes devenus par l'Indo-Chine les voisins de l'Inde ; par Madagascar, les voisins du Cap ; par Tunis, les voisins de Malte et par l'Algérie, les voisins de Gibraltar.

Ce n'est pas le droit, c'est la force qui pèse aujourd'hui dans les balances internationales. La maxime brutale, orgueilleusement proclamée par le chancelier de fer, au lendemain des victoires allemandes, est devenue la seule loi de l'Univers. L'Angleterre, d'ailleurs, n'avait pas attendu qu'elle fût cyniquement formulée par un conquérant impitoyable pour en faire l'application aux peuples chez lesquels elle a porté ce qu'elle appelle sa civilisation... La civilisation anglaise ! Demandez à l'Irlande, aux Indes, à l'Afrique, ce qu'elle représente de sang, de ruines, de larmes.. et aussi de parjures ! Contre cette nation de mensonges, de proie et de rapines, la justice et l'humanité ne sont jamais des boucliers. Elle ne craint que la pointe de l'acier. Que la France ne cesse pas un jour, ne cesse pas une heure, d'aiguiser son épée ! Fachoda a été l'éclair dans les ténèbres où nous avait plongés une confiance stupide. Fachoda a jeté une clarté soudaine sur l'abîme où nous allions tomber. L'intrépide Marchand peut emporter du moins des rives du Nil cette fière consolation : qu'il a dissipé une funeste équivoque, qu'il a aussi écarté de son pays un péril de mort. Oui, messieurs les Anglais, la France travaille à mettre son territoire à l'abri de vos insultes. En 1887, après l'incident Schnœbelé, elle a crié : « Au drapeau ! » et l'Allemagne a reculé. Aujourd'hui, après Fachoda, elle crie : « Au pavillon ! » Vous reculerez à votre tour. Vous n'attaquerez pas la France. Vous n'endormirez pas davantage son patriotisme.

On a dit : l'abandon de Fachoda est une humiliation pour la France ! Pourquoi serions-nous humiliés d'avoir abandonné Fachoda pour éviter un conflit armé avec l'Angleterre, Fachoda où l'héroïsme de quelques Français avait planté notre drapeau ? Est-ce parce que nous paraissons céder à la force sans même avoir osé combattre ? Mais j'avais entendu dire que Marchand et ses compagnons s'étaient lancés à travers l'Afrique avant même que l'on sût si les Anglais feraient, quelque jour, un effort sérieux pour reprendre aux hordes fanatiques du mahdi, Kartoum et les provinces équatoriales ! Je croyais que nos cinq admirables officiers, accompagnés seulement par deux cents tirailleurs nègres, étaient partis, comme cela, bravement, follement pour découvrir et conquérir à la fois quatre mille kilomètres de route vers le Nil ! On racontait que cette petite troupe, surmontant toutes les difficultés, triomphant de tous les obstacles, écartant ou battant tous ses adversaires, avait enfin abouti à Fachoda et repoussé victorieusement, quoique bien réduite encore par les combats et par la maladie, l'assaut de deux mille derviches. Est-ce de cela que nous devons rougir ? Ou bien est-ce de voir tant de travaux demeurés stériles et tant de peines infructueuses depuis que douze mille Anglo-Égyptiens ont entrepris au nord ce que deux cents Français accomplissaient au sud ? Sur ce point, détrompons-nous. Les sacrifices et les efforts d'un peuple ne sont pas en pure perte quand ils imposent au monde entier l'admiration et le respect. On peut s'être trompé dans les calculs et dans la politique ; on peut avoir commis une faute en ne fournissant pas au chef d'une semblable expédition les forces nécessaires pour en maintenir les résultats envers et contre tous ; on peut être coupable surtout de n'avoir pas su préparer, avant sa réussite attendue, telle situation diplomatique permettant de la commenter officiellement et de lui assurer une solution pratique ; — mais, loin d'avoir signé une capitulation honteuse, la France donne en ce moment le plus noble spectacle : après s'être montrée capable de tous les héroïsmes, elle fait acte de prudence et de sagesse. Ce n'est pas la retraite que sonnent ses clairons : c'est le ralliement.

Ah ! combien il vaut mieux, au lieu de chercher des taches à notre drapeau, revoir par les yeux de l'imagination l'inoubliable scène qui nous était contée l'autre jour ! C'est au milieu des herbes et de la vase, en un marais du centre africain. Sur l'avant du lourd bateau de tôle de fer, immobilisé par l'eau stagnante, un tirailleur est debout, le clairon au poing, profilant sur le ciel ardent d'une fin de journée sa haute stature et son geste martial. Autour de lui, ses compagnons se taisent. Ils écoutent avec une attention passionnée si quelque bruit lointain répondra aux appels de la sonnerie qu'il vient d'achever ; ils se demandent si la morne solitude où ils ont erré durant tant de jours, cherchant leur voie, sans repos, sans vivres, presque sans espoir, sera tout à coup réveillée par un signal ami. Il y a quelque part, autour de l'immense marécage, des compatriotes, des membres de leur expédition qui les cherchent depuis des semaines. Sont-ils maintenant à portée d'entendre la chanson cuivrée qu'on vient de leur dire, ce refrain familier du bivouac où les soldats reconnaissent toujours le cri de la patrie ?... S'ils ont entendu, auront-ils compris ? L'angoisse pèse sur tous les cœurs ; les lèvres sont closes, et les yeux fixes, comme si les oreilles tendues ne suffisaient pas et comme si les regards écoutaient... Soudain, le même éclair de joie brille sur toutes ces faces anxieuses. On a entendu là-bas, bien loin, vers le couchant, l'écho d'une faible détonation. Amis ou ennemis, des hommes sont là, des blancs...

« Sonne au drapeau ! » ordonne joyeusement le capitaine Baratier. Et le tirailleur embouche de nouveau son clairon, et les notes vibrantes s'envolent à travers l'espace, portant aux inconnus, qui, sans doute, prêtent l'oreille, eux aussi, cette question, ailée comme une fanfare : « Nous sommes Français ! Et vous ? » Quelques secondes se passent ; puis un autre coup de feu ! Plus de doute. Des étrangers n'auraient pas répondu. Ceux qui sont là sont des amis ! Alors, on fait force de rames ; des hommes sautent à l'eau et se mettent à haler la barque, en pataugeant gaiement dans la vase. Un courage nouveau fait retrouver des forces à ceux qui n'en avaient plus, et les solitudes étranges où se traînait naguère l'équipage épuisé voient passer dans un irrésistible élan ce vieux bateau rouillé, que des soldats joyeux poussent, comme un canon, vers la bataille. Bientôt, la rive est proche. On y aperçoit, puis on y reconnaît le groupe des camarades perdus. On aborde, on se retrouve, on s'embrasse. « C'est Baratier ! » « C'est Largeau ! » Les braves gens confondent leurs troupes, et, tous ensemble, le chemin reconnu enfin, ils s'en retournent vers Marchand, leur chef, qui les attend.

Ainsi, nous venons de voir la France, elle aussi, perdue, sans boussole et sans guide, au milieu des herbes et de la boue, retrouver tout à coup son chemin et s'en aller vers la lumière. Depuis de longs mois, elle se traînait misérablement, exposée à tous les hasards, tantôt emportée par des courants inconnus, côtoyant les sables traîtres où l'on s'enlise, les tourbillons où l'on se perd ; tantôt condamnée à l'immobilité sur l'eau endormie, où la fièvre pernicieuse et mortelle frappait l'équipage... Mais elle était la France ! Pendant ce temps-là, il y avait des Marchand, des Baratier, des Germain, des Largeau qui se hâtaient vers le Nil sans compter les dangers et sans même s'apercevoir de leurs souffrances. Il y avait des Audéoud, des Wœlffel, des Gouraud, des Jacquin qui, à des milliers de lieues vers l'ouest, enveloppaient, battaient, poursuivaient et prenaient Samory. Sonne au drapeau, clairon ! Et, partout dans le monde, il en était ainsi. Nos officiers et nos soldats faisaient leur devoir et plus que leur devoir. Sur les routes du Tchad, sur les confins de la Tripolitaine, au sud de l'Algérie, dans les régions les plus inexplorées de Madagascar, aux limites du Tonkin, sur les rives du Mékong, partout, les mêmes vertus de notre race trouvaient des Français, vainqueurs ou martyrs, pour les confesser hautement.

Et pourquoi regarder si loin ? Ne venons-nous pas de voir, en France même et presque dans nos foyers, le patriotisme et le dévouement sans phrases s'affirmer de toutes parts au sujet de l'affaire Dreyfus. Jamais l'armée n'a été plus digne, elle a senti que derrière elle marchaient tous les patriotes de France. Une poignée de soldats dirigés par Marchand et ses vaillants officiers ont accompli des exploits qui paraîtront fabuleux à la postérité. Cette phalange d'hommes héroïques, de soldats invincibles a inscrit ses noms sur les livres d'or que nos enfants ne feuilletteront qu'avec respect et fierté. La France les revendique avec gloire, ces héros, et les salue avec admiration ; elle s'est associée à leurs douleurs poignantes lorsqu'il leur fallut emporter, dans une retraite commandée, exigée par nos plus cruels ennemis, ce drapeau tricolore qu'ils avaient déployé avec tant d'ardeur et de confiance aux rives du Nil. Ce jour-là les âmes des patriotes ont vibré, tressailli, souffert avec eux. Ils sont rentrés, ces vaillants, portant sur leurs fronts l'orgueil du devoir accompli et sur leurs visages la trace des épreuves surhumaines. A ces braves la Patrie restera reconnaisssante.

La mission Marchand qui avait passé une quinzaine de jours à Boure, pour organiser sa caravane, fut reçue en grande pompe à Gore par Dedjaz Tessamma. Tous les chefs et tous les guerriers avaient revêtu leurs costumes d'apparat. Rien ne saurait donner une idée exacte de la large hospitalité offerte par le dedjaz éthiopien, qui sera bientôt certainement nommé ras par Ménélick. Tous les officiers de la mission se montrent émus au souvenir des témoignages d'amitié qui leur furent si généreusement prodigués. Le commandant Marchand reçut comme présents un magnifique cheval gris-clair tout harnaché d'argent et les insignes du plus haut commandement militaire en Éthiopie, la lance d'honneur et le bouclier d'or. Chacun des officiers français reçut deux mules richement harnachées. Tessamma offrit également des bêtes de somme pour le transport des bagages. Le commandant Marchand donna les canons de la flottille française, ce qui ravit le dedjaz.

A Gore, la mission trouva les docteurs Comalette et Chabaneix qui avaient été envoyés d'Addis-Abbaba avec des ravitaillements de toute sorte ; mais tout regorgeait dans le campement, les bœufs, les moutons, les chèvres, les poulets, les œufs, etc. Les vivres offerts par les chefs éthiopiens étaient si abondants, que les troupes de la mission ne parvenaient jamais à les consommer. Sur tout le parcours des territoires placés sous l'autorité de Tessamma, les Français trouvèrent au bout de chaque étape des baraquements construits à neuf pour leur coucher. Les boissons étaient aussi abondantes que les comestibles, le tetche (hydromel), était versé à discrétion. Entre Gore et Addis-Abbaba, la marche de la colonne fut une suite continuelle d'ovations enthousiastes, les dames abyssines étaient les premières à acclamer nos officiers. La mission Marchand fit son entrée solennelle à Addis-Abbaba le 10 mars. On sait que toute la colonie française s'était portée au-devant du héros de Fachoda. Le séjour de la mission dans la capitale fut de quatre semaines. Ce fut un repos réparateur.

L'empereur ne rentra de l'expédition faite dans le nord de ses États qu'aux premiers jours d'avril. Dès le lendemain, Ménélick reçut la mission en grande cérémonie ; l'audience solennelle eut lieu dans la grande salle du palais, malgré le deuil récent de la cour. La compagnie des tirailleurs sénégalais manœuvra devant Ménélick, aux applaudissements de tous les chefs éthiopiens assistant à cette parade. Le commandant Marchand obtint plusieurs audiences privées. Tous les officiers de la mission reçurent un grade dans l'ordre impérial d'Éthiopie, selon les règles hiérarchiques habituelles. La mission quitta Addis-Abbaba le 8 avril.

Au nom de l'empereur, le dedjaz Tessamma avait conféré au commandant Marchand le droit de haute et basse justice sur tous les sujets éthiopiens rencontrés entre Gore et Addis-Abbaba. A Baltohi, à 70 kilomètres de la capitale, Ménélick fit appeler au téléphone le commandant et lui conféra à nouveau les droits souverains qu'il avait reçus du dedjaz. La colonne partit du Harrar le 3 mai. Elle se trouvait déjà très loin de la ville quand le commandant fut avisé que l'empereur Ménélick désirait communiquer avec lui, une dernière fois, par le téléphone. Le chef de la mission n'hésita pas à rebrousser chemin ; il fit, pendant la nuit, une étape à cheval de soixante-dix kilomètres et refit le lendemain la même étape pour rejoindre ses troupes à Guildessa. Atto Marcha, chef des douanes éthiopiennes à Guildessa, offrit une escorte d'honneur pour traverser le désert de Dalle-Malle. Il avait réuni une centaine de chameaux pour le transport complémentaire des vivres et des bagages, de manière à ne pas surcharger les mules données par Tessamma.

A Dayago, sur les confins du désert, une pluie diluvienne surprit la caravane. Toutes les rivières débordaient ; un torrent se gonfla en quelques minutes à tel point qu'il fallut s'arrêter sur la rive. Les indigènes, selon la tradition orientale, virent une intervention du ciel dans cette abondance de pluie. Leur respect pour le commandant Marchand prit un caractère religieux, et ils vinrent en foule lui présenter leurs hommages.

La mission Marchand, prise dans son ensemble, est une belle œuvre qui datera dans l'histoire africaine ; la France a donc le droit d'être fière de ces hommes qui l'ont accomplie au péril de leur vie. Ils ont forcé l'admiration des étrangers et des adversaires. Leur chef, M. Chamberlain a dit : « Marchand mérite notre admiration par sa résolution, son courage, son dévouement ; son expédition est une des plus étonnantes et des plus magnifiques dans l'histoire de l'exploration africaine ». La bataille qu'a gagnée la mission Marchand a été une rude bataille ; elle a duré trois longues années ; elle s'est livrée dans les forêts du Congo, dans les rapides du M'Bomou et dans les marais du Bahr-el-Gazal. Elle a donné lieu à une lutte incessante, cruelle, sous le terrible soleil d'Afrique, ce rude tenailleur d'énergie et d'intelligence. Ceux qui l'ont gagnée sont de braves soldats et de bons Français, dont le pays a salué le retour avec une patriotique émotion. Marchand a écrit au livre de notre grande histoire une page immortelle ; ce vaillant avait fait ses premières armes sur cette terre d'Afrique qui a su tremper tant de caractères et donner à la France cette phalange d'hommes héroïques dont elle est fière.

Nous ne laisserons pas ternir le drapeau tissé de gloires, l'étendard immaculé que nous ont légué les siècles ; l'heure est venue de mettre un terme aux infâmes agissements des misérables qui tentent d'enlever à notre armée l'auréole des nobles souvenirs et des fermes espérances. Nous aimons avec passion cette terre de France où reposent les cendres glorieuses de tant de héros. Dans ceux qui ont sauvé la France et forcé l'étranger à reconnaître son héroïsme, j'admire Geneviève la Parisienne, le grand Dunois, et par dessus tout Jeanne la Lorraine, l'héroïne Jeanne d'Arc. Hélas ! qu'elle eut souffert la vierge guerrière, devant le spectacle douloureux que présente depuis trop longtemps notre pays ! Mais j'aime aussi Bayard et Duguesclin, et les hommes de mer, Jean-Bart, Duguay-Trouin, Duquesne. Tous ces enfants de la Patrie furent des héros ; j'aime ma France dévotement et j'ai la folie des œuvres patriotiques, comme d'autres ont la folie de la croix ; je suis formé de limon gaulois, l'étincelle qui m'anime, c'est la Patrie qui l'allume en moi à la vue du vaillant commandant Marchand et du brave capitaine Baratier, auxquels j'ai eu le bonheur de serrer les mains ; je ressens toute la ferveur de mon patriotisme. Marchand et ses fidèles compagnons sont revenus après trois ans d'exil. Paris, après Toulon et Marseille, a acclamé, fêté comme il convenait cette phalange de héros ; les ovations les plus enthousiastes leur ont été prodiguées. Cette marche en avant accomplie si héroïquement par le vaillant explorateur a fait du bien aux cœurs français. Crier : Vive Marchand ! c'était crier : A bas l'Angleterre, qui nous a imposé l'humiliation de l'évacuation de Fachoda ; c'était l'expression de la haine vouée aux Anglais.

Le souvenir de la journée du 1er juin 1899 restera impérissable pour tous les Parisiens qui ont tenu à manifester au héros leur patriotique admiration ; ce noble enfant de la France en a du reste été très touché. La mission Congo-Nil a été reçue avec cordialité par le Ministre de la Marine, et avec bienveillance par le chef de l'Etat ; on devait bien cela au commandant Marchand qui a si fièrement promené notre drapeau sous le ciel implacable d'Afrique. Son endurance dans la fatigue, sa volonté et sa persévérance dans les épreuves, son sang-froid devant le danger, et son mépris de la mort ont fait l'admiration même de nos ennemis. Rien ne gâtera cette belle page où la discipline la plus fervente le dispute au patriotisme le plus pur. Nous avons acclamé ces braves, disciplinés parce qu'ils sont forts, forts parce qu'ils sont disciplinés. Paris a traduit l'élan d'admiration et de reconnaissance de la France entière. L'épopée de Fachoda, sans résultat territorial, n'a cependant pas été stérile : le renom de la France y a gagné en prestige dans le monde entier, tout au moins le renom de son armée. Marchand, dans l'ivresse glorieuse du retour, dans la tempête d'admiration et de reconnaissance populaires, a conservé son air digne, ses yeux sont restés tristes, son cœur saignait toujours de l'humiliation qui avait été imposée à notre drapeau flottant le premier sur Fachoda. Galliéni et Marchand ont bien mérité de la Patrie.

La France a été jusqu'ici seule à réclamer l'évacuation de l'Egypte. Mais la France n'est qu'une des puissances signataires du traité qui reconnaît que l'intégrité de l'Empire ottoman doit être respectée. Pourquoi les autres puissances, au nombre desquelles se trouve, d'ailleurs, la Russie, ne se joindraient-elles pas à elle pour appuyer le Sultan, qui, fort du concert européen, pourrait réclamer pour son Empire l'intégrité dont le concert européen a promis de respecter le maintien, il y a près d'un demi-siècle ? Si cet accord se faisait, la question égyptienne serait bien vite résolue. Il faut que les troupes de l'Angleterre évacuent l'Egypte et que ses milices bibliques évacuent la France et toutes les possessions françaises. L'Angleterre occupe l'Egypte sans aucun droit. Elle-même a reconnu qu'elle devait l'abandonner *un jour* ; seulement, elle n'a pas fixé l'échéance. Son engagement reste donc illusoire, puisqu'il est subordonné à sa loyauté. Elle lie la question d'évacuation à celle de sécurité dont elle se réserve d'être juge exclusivement. C'est ainsi que le provisoire dure depuis le mois de juillet 1882, depuis le bombardement d'Alexandrie, soit dix-sept ans ! ! Chaque fois qu'une puissance a la prétention de constater la tranquillité de l'Egypte, l'Angleterre s'émeut ; elle se sent lésée. Alors elle annonce l'offensive des forces du Mahdi, elle déplace quelques compagnies de Soudanais à l'extrême limite du désert ; elle répète que la civilisation dont elle tient le drapeau, la prospérité et l'ordre dont elle a la garde, lui commandent d'ajourner ses promesses. C'est du temps qu'elle veut gagner ; jusqu'ici elle a toujours réussi à se jouer de l'Europe, de la vérité et de la justice ; elle est de mauvaise foi. Sa confiance s'affiche par une telle effronterie qu'elle laisse publier dans les documents officiels la preuve de sa duplicité ; un des rapports annuels de l'agent britannique au Caire, Lord Cremer, contient ces lignes curieuses : « Il ne s'est rien produit qui présente un intérêt spécial par rapport à l'administration militaire dans l'année qui vient de s'écouler, à l'exception d'une petite attaque sur un village du district de Ouady-Alfa et d'une insignifiante incursion dans le delta des tokars. » Ainsi Lord Cremer lui-même, responsable devant lord Salisbury de la paix en Egypte, reconnaît l'absence totale de trouble et de péril.

La libération de l'Égypte nous tient naturellement au cœur. Il importe de ne pas dire une parole, de ne pas faire un acte qui soit de nature à la compromettre ou à la retarder ; mais n'oublions pas que c'est une question internationale, d'intérêt absolu pour toutes les nations autres que l'Angleterre, ou qui ne sont pas misérablement inféodées à son influence. N'oublions pas non plus que le besoin de prendre une revanche après son échec à Constantinople, après ses affronts du Venezuela et du Transwaal, domine les préoccupations de l'Angleterre. Le cabinet conservateur plus qu'un autre a soif de prestige ; il a souffert cruellement de ses mécomptes ; il brûle de frapper quelque part un coup retentissant. Il semble qu'il ait choisi l'Égypte pour y prouver brutalement que l'énergie et la puissance de la Grande-Bretagne ne sont pas un vain mot. Nous n'avons donc pas besoin de nous presser et de prendre impétueusement la tête du mouvement ; il suffit que nous ne le laissions ni s'égarer, ni s'affaiblir en y tenant le rang privilégié qui nous appartient.

Que veut l'Angleterre ? C'est facile à voir, encore plus à comprendre. Elle veut s'emparer du canal de Suez pour être maîtresse des mers ; elle a Gibraltar, Malte, Chypre, elle veut Suez, car la sécurité des passages maritimes est la condition essentielle de l'existence matérielle des nations. En menaçant la liberté des mers, la Grande-Bretagne se propose non seulement d'opprimer, mais de ruiner et d'affamer l'Univers. Nous assistons à une étrange contradiction. Tandis qu'on dressait des barrières autour de nos frontières et de nos rivages, on étendait jusqu'aux extrémités de l'Afrique et de l'Asie le domaine colonial de notre pays ; c'est-à-dire que, tout en déclarant que la France doit se suffire à elle-même, on proclamait qu'elle a besoin d'air, d'horizon, d'expansion, d'avenir, dût-elle acquérir ces espérances nouvelles au prix des plus coûteux, des plus sanglants sacrifices. Tout en ouvrant par le fer et par le feu des routes inconnues, on négligeait de prendre les précautions nécessaires pour rendre inviolables les anciennes..., celles d'où venaient aux villes nourricières comme Marseille, comme Bordeaux, comme Nantes, l'abondance et la prospérité qu'elles répandaient ensuite sur la production, sur le travail, sur les marchés de la France entière.

On a singulièrement exagéré, dans un esprit de parti ou de doctrine, ce que l'on appelle la science économique. Les guerres de tarifs ont suivi les querelles de mots. C'est un grand malheur qu'on se soit renfermé, de part et d'autre, dans des limites aussi étroites, aussi absolues, car il n'y a pas de *credo* économique. Il y a seulement, ou plutôt, on devrait chercher des balances assez justes, assez délicates pour peser tous les droits, tous les intérêts, tous les besoins et toutes les souffrances, pour ne favoriser et pour ne froisser personne, pour ne paralyser aucun essor, pour ne tuer aucune initiative, pour laisser perpétuellement se renouveler et se rajeunir la sève nationale. Or, ce qui nous préoccupe, ce n'est pas l'erreur d'un jour, que l'expérience corrigera. La France n'est pas un vieillard débilité auquel on mesure le temps, la durée et l'espace... Ce qui l'écrase, ce n'est pas le sentiment de l'infériorité vis-à-vis des autres races. Elle les convie, au contraire, à venir constater chez elle, dans des Expositions universelles, l'incessante activité de son intelligence et de son génie. Ce qui l'accable, c'est le poids des dépenses que rien ne justifie, c'est la taxe qu'elle paye pour des milliers de sinécures aussi scandaleuses qu'inutiles, c'est la dîme abominable prélevée sur elle par la spéculation cosmopolite. Tout cela aussi peut s'effacer par la volonté du peuple éclairé et affranchi.

Il y a quelque chose de plus grave : c'est la haine patiente des coalitions qui guettent l'heure favorable pour s'élancer sur nous ; c'est la ténacité des rancunes et des convoitises britanniques ; c'est la froide habileté et l'obstination féroce avec lesquelles l'Angleterre s'apprête à nous bloquer dans nos ports, à nous isoler du reste du monde. Défendre la mer..., c'est défendre l'usine, l'atelier, le salaire. Et si nous étions obligés de combattre, ce ne serait pas seulement pour le pavillon, c'est-à-dire pour l'honneur, mais pour le pain, c'est-à-dire pour la vie. Notre rôle est tout simplement d'avertir et de montrer le danger, afin que nous ne soyons pas surpris si, par malheur, nous étions obligés de prendre inopinément les armes. Nous ne devons pas oublier en effet, que, pendant que nos marins défendront le pavillon français sur mer, nos fantassins devront continuer à monter la garde sur les Vosges. Donc le péril est double et nous ne saurions l'oublier un seul instant.

Pour le moment, le danger le plus imminent, le plus pressant, est sur la Manche, et c'est de ce côté que nous faisons face. Aujourd'hui plus que jamais, les guerres se font par surprise, et, quand il s'agit de l'Angleterre, il vaut mieux se garder deux fois qu'une.

Nous nous souvenons que, *en pleine paix*, en 1704, l'Angleterre s'est emparée de Gibraltar et a indignement abusé de l'Espagne trop confiante.

Nous nous souvenons que, *en pleine paix*, en 1755, l'escadre anglaise brûlait, par traîtrise, deux frégates et trois cents bâtiments de commerce français.

Nous nous souvenons que, *en pleine paix*, en 1807, la ville de Copenhague a été bombardée par Nelson, et que cet acte de barbarie a soulevé l'indignation, toute platonique d'ailleurs, de l'Europe.

Nous nous souvenons que, *en pleine paix*, en 1882, la ville d'Alexandrie a été couverte d'obus, en présence d'une escadre française, par une escadre britannique.

Si le grand orateur irlandais Sheridan a pu dire à cette occasion : « L'honneur de l'Angleterre a coulé par tous les pores », le propos peut être réédité en voyant l'Angleterre violer aujourd'hui ses engagements les plus solennels. Dans quel plateau l'empereur d'Allemagne jettera-t-il son épée? C'est son affaire. Quant à nous, sans détourner les yeux de la trouée des Vosges, nous devons dire comme à Fontenoy, à l'Anglais qui nous provoque : « Tirez les premiers, Messieurs. » Nous nous défendrons et, au besoin, à une attaque nous répondrons par une contre-attaque, ce qui est souvent le meilleur moyen de se défendre. Ni soumission à l'Allemagne, ni provocation à l'Angleterre, ces deux mots doivent résumer notre attitude Nous ajouterons : « Méfiance et vigilance ! » Il faudrait être antipatriote pour ne pas vouloir comprendre, après les événements multiples qui se sont succédé depuis l'année terrible, que l'Anglais est devenu notre ennemi de l'extérieur, comme le juif est devenu celui de l'intérieur.

Oublier la leçon de Fachoda ne serait pas seulement une niaiserie, mais un crime. Nous avions, hélas ! négligé tous les enseignements de l'histoire. L'Angleterre n'a jamais procédé contre nous que par surprise et par traîtrise. Au siècle dernier — 1756 — elle nous accula aux hostilités en chargeant l'amiral Boscawen de s'emparer, *sans déclaration de guerre*, de nos vaisseaux marchands. La Prusse agit à notre égard avec la même déloyauté. Frédéric II promit sa neutralité. L'année suivante, il s'allia à l'Angleterre et nous mit dans la nécessité de faire face de tous côtés. La bataille de Rossbach donna à l'Angleterre deux empires : le Canada et l'Inde. Plus tard, Waterloo lui livra la suprématie maritime dans tout l'Univers. Les armes allemandes ont puissamment concouru à la grandeur britannique. Sur ses rivages comme sur ses frontières, la France est condamnée par les lois de la géographie et de l'histoire à prolonger la veillée des armes. Elle est en droit de répondre aux puissances qui parlent de désarmement : « Désarmez, si vous êtes sincères. Nous vous imiterons. » Il ne s'agit plus de tirer, mais de désarmer les premiers, Messieurs les Anglais ! Tel n'est pas le dessein de ces extraordinaires amis de la paix, de la civilisation, de l'humanité. Et il est fort intéressant de se rendre compte de leur manège.

Il est utile de rappeler ici les événements qui se produisirent en 1882 et dont la conséquence eut pour résultat l'occupation de l'Egypte par les Anglais seuls ! Dans les derniers jours du mois de novembre 1875, on apprit tout à coup que le gouvernement britannique, profitant des embarras financiers du Khédive, venait, au prix de 3.976.583 livres sterling, de lui racheter toutes les actions du canal de Suez dont il était possesseur.

On ne se dissimula pas en France l'importance de cette opération. Mais il était trop tard et l'Angleterre s'ingérait ainsi directement dans les finances égyptiennes. Celles-ci au reste étaient en fort mauvais état et un accord — qui sauvegardait notre influence dans le pays — intervint entre la France et l'Angleterre. Le résultat de cet accord fut la loi de liquidation et l'institution du contrôle. Mais il se forma alors un parti national qui, mécontent de voir des étrangers se mêler des affaires égyptiennes, suscita, à l'aide de l'armée, des révoltes. L'Angleterre intervint militairement. La France refusa de la suivre dans cette voie.

Le 26 juin 1879, le Khédive Tekfick succéda à Ismaïl destitué par le Sultan. M. de Blignière et M. Baring furent nommés contrôleurs généraux des finances égyptiennes. Mais le 1er février 1881, une émeute militaire éclata au Caire. Quelques officiers avaient écrit au président du Conseil pour signaler les irrégularités du service de la solde et les abus de l'avancement. Cette lettre étant demeurée sans réponse, les colonels Ali, Arabi et Abdullah vinrent en personne en présenter une autre au ministre. Prévenus à temps qu'on voulait les faire emprisonner, ils ordonnent à leurs officiers de venir les délivrer avec des troupes s'ils n'ont pas reparu à midi. Ce qui fut fait. Deux cents hommes envahissent le palais et les remettent en liberté. Le bruit se répandit bien vite que M. Baring, en antagonisme depuis quelque temps avec le commissaire français, n'était pas étranger à cette révolte du parti nationaliste. On en vit la confirmation dans ce fait que M. Barthélemy Saint-Hilaire, ministre des affaires étrangères, fit rappeler le consul général. Arabi du reste, chef reconnu du parti égyptien, ne s'en tint pas là et en juillet il fomenta une révolte de 4.000 soldats au Caire. La situation se compliqua encore. Le sultan voulut profiter de cette anarchie pour reprendre l'Égypte ; sous le prétexte de faire rédiger un rapport au sujet de ce pays dont il était suzerain, il envoya deux commissaires. Deux cuirassés français et anglais reçurent l'ordre d'escorter les Turcs et de croiser devant Alexandrie.

Le 11 avril 1882, Arabi, désireux d'augmenter sa popularité et de se faire conférer de nouveaux droits, organisa, a-t-on dit, une émeute d'officiers. La France et l'Angleterre répondirent à ces manœuvres par une manifestation navale. Une canonnière française arriva jusqu'à Port-Saïd. L'Europe fit de nouveau entendre ses récriminations. Mais Arabi, un moment démissionnaire, revint de nouveau au pouvoir, plus puissant que jamais. Que se passa-t-il ? On ne le sait pas au juste. Le sultan envoya un nouveau commissaire, Derviche pacha, le 11 juin 1882. Celui-ci, fanatique et exalté, donna probablement des encouragements au parti égyptien. Une rixe violente éclata entre Grecs, Arabes et Maltais, il y eut de nombreux morts et parmi eux des agents consulaires. Alors l'Europe, enfin émue, envoya des délégués à une grande conférence internationale qui se réunit sous la présidence de l'ambassadeur d'Italie avec mission de rétablir l'ordre en Egypte. La diplomatie anglaise appuya ses discussions d'un argument plus violent. L'amiral Seymour, à la tête d'une forte escadre, alla croiser devant Alexandrie et prévint les autorités qu'à la moindre tentative de rébellion, il bombarderait la ville. La situation de la France était alors assez étrange. Malgré l'activité qui régnait dans les ports, malgré les encouragements des gambettistes, le gouvernement n'osait pas entamer contre l'Egypte des opérations militaires. D'autre part, l'Angleterre semblait décidée, au cas où le cabinet de Paris refuserait de l'aider, à agir seule. Elle comptait du reste, avec raison, sur l'appui que prêteraient à sa politique les anglophiles de notre parlement dirigés par le néfaste Clémenceau. On eut un instant, en Europe, la crainte d'un conflit franco-anglais. C'est pendant ces événements que l'amiral Seymour ayant constaté à Alexandrie une certaine agitation, envoya un nouvel ultimatum. L'escadre française reçut l'ordre humiliant de se retirer dès le début des hostilités. Nos officiers obéirent, la rage dans le cœur. Le Congrès ayant reconnu l'impossibilité de prendre des mesures contre l'Angleterre, décida, le 15 juillet, d'occuper militairement l'Egypte de concert avec le sultan. Le sultan accepta. Mais alors l'Angleterre démasquant ses batteries, déclara qu'elle prétendait, à elle seule, rétablir l'ordre dans le pays. Lord Dufferin fit donc occuper, par l'amiral Seymour, la ligne du canal de Suez.

PREMIÈRE CAMPAGNE ANGLAISE

Après le bombardement d'Alexandrie, Arabi-Pacha s'était retiré avec l'armée égyptienne dans le camp fortifié de Kafr-el-Douar. L'armée d'occupation fut d'abord composée de deux divisions seulement, les divisions Willis et Hamley. Mais bientôt l'effectif, porté une première fois à 25.000 hommes, fut encore augmenté de 10.000 hommes de l'armée des Indes, commandés par le maréchal Macpherson. Malgré l'importance de cette armée, elle fut, au début de la campagne, peu heureuse ou inactive.

Mais bientôt, on investit du commandement en chef le général Wolseley, celui-là même qui venait de détruire les bandes de Zoulous et d'obtenir la soumission des Achantis. Au mois d'août, il entra en campagne contre les 40.000 Egyptiens que commandait Arabi-Pacha. Les premières opérations eurent pour but de dégager les abords du camp égyptien ; ce furent des escarmouches d'avant-postes. Le seul combat important fut celui de Ramlek qui força Arabi à abandonner les positions avancées qui couvraient le camp de Kafr-el-Douar. La base d'opérations choisie fut le canal de Suez ; le plan adopté, une marche sur le Caire par Ismaïla et Tel-el-Kébir, pendant que la division Hamley garderait les positions d'Alexandrie et surveillerait Kafr-el-Douar. Wolseley résolut aussi de donner le change aux ennemis ; il fit bruyamment annoncer par les journaux que l'expédition aurait lieu contre Aboukir, par terre et par mer à la fois. Or le 19 août, la division Willis se portait sur Port-Saïd. On ne sait au juste comment Arabi fut prévenu. Mais aussitôt, et ne tenant aucun compte des nouvelles annoncées, il laisse au camp de Kafr-el-Douar, 12.000

hommes, se porte lui-même à la tête de 25.000 soldats, sur Tel-el-Kébir et menace la marche de l'armée anglaise en faisant occuper sur ses flancs la ville de Salieh par 6,000 hommes. Les premiers combats furent insignifiants. La position de Tel-el-Kébir avait été très fortement fortifiée par Arabi. Le généralissime anglais s'en rendit fort bien compte par de nombreuses reconnaissances.

Vers la fin du mois d'août, en effet, il avait lancé 4.000 hommes de la division Hamley sur Tel-el-Kébir, et cette petite armée avait même dépassé Kanassin. Aussitôt les 12.000 Égyptiens laissés à Kafr-el-Douar s'avancèrent à la rencontre des 4.000 Anglais; en même temps, 25.000 hommes devaient envelopper par un mouvement tournant l'aile droite de la division britannique. La bataille s'engagea à Tel-el-Kébir. Tout d'abord, les Égyptiens, beaucoup plus nombreux, eurent l'avantage. Mais 4.000 hommes de renfort envoyés en toute hâte purent porter secours à la petite armée anglaise, et ces 8.000 hommes parvinrent à arrêter la marche en avant des troupes d'Arabi et finalement à empêcher leur complet succès. Malgré tout, la victoire demeura indécise, car des deux côtés on dut abandonner les positions et battre en retraite. Le général Wolseley résolut alors de frapper un grand coup et d'engager une action décisive. Il concentra ses forces à Kanassin, et là décida l'assaut des retranchements de Tel-el-Kébir. Il s'en empara le 14 septembre 1882, après une résistance peu sérieuse. On prétendit même que dans cette dernière affaire l'argent, suivant la méthode anglaise, avait joué un grand rôle et provoqué la trahison. Des caricatures de cette époque représentent les canons anglais crachant de la monnaie d'or. Les Égyptiens battus se retirèrent vers Zagazig et Le Caire, abandonnant sur le champ de bataille et sur la route, 2.500 morts ou blessés, car les fuyards avaient été poursuivis par la cavalerie anglaise. A marches forcées, cette cavalerie parcourut les 20 lieues qui séparaient Tel-el-Kébir du Caire, et le 15 septembre, le général Wolseley faisait son entrée au Caire. Le même jour, Arabi et ses officiers venaient se constituer prisonniers.

Désormais les Anglais deviennent les maîtres des affaires égyptiennes. Sur leur demande, Tewfick avait proclamé Arabi rebelle; la Porte, après bien des hésitations, s'était décidée à faire la même proclamation, mais dans des termes qui avaient déplu à lord Dufferin, et contre lesquels il protesta. En même temps, elle s'était décidée à envoyer un corps d'armée turc. La victoire de Tel-el-Kébir rendait cette intervention inutile. Le 17 septembre, à l'instigation de l'Angleterre, l'armée égyptienne fut dissoute et la cour martiale condamna Arabi à mort. Mais Tewfick-Pacha, qui ne pouvait plus résister aux ordres de l'Angleterre, commua cette peine en un exil perpétuel. Le cabinet de Londres était peut-être reconnaissant à Arabi de lui avoir donné l'occasion d'intervenir. Et depuis 1882, on ne saurait trop le répéter, les Anglais, violant tous les principes du droit et de l'équité, occupent arbitrairement l'Égypte.

Tout, en Egypte, rappelle l'œuvre civilisatrice des Français; la rade d'Alexandrie a été construite sous la direction d'un Français. La ville, bâtie presque au ras de la mer, présente un coup d'œil intéressant; on y voit les ruines du palais Saïd que le Khédive actuel, Abbas-Hilmi, fit raser; le palais Ras-el-Tin, situé au bord de la mer, est la résidence d'été du Khédive. L'arrivée offre un caractère original dans la bigarrure des costumes multicolores. Le quai est essentiellement cosmopolite et, dans les portefaix qui circulent, sont des Arabes, des Maltais, des Turcs, des Syriens, des Albanais, des Arméniens, criant et gesticulant à qui mieux mieux. C'est là que commence la tradition du *bakchich* (pourboire) qui, dans toute l'Egypte est, pour le voyageur, une obsession perpétuelle. Le *bakchich* est une contribution que doit subir l'étranger. Pour l'Arabe, quiconque foule son sol doit payer sa redevance; c'est la dîme imposée à l'Européen. En maintes occasions, il faut se servir de la courbache (fouet), dont sont dotés, du reste, les agents de police, pour se débarrasser de tous ces quémandeurs qui, de tous côtés, vous harcèlent. La misère, en Europe, est parfois hideuse; en Orient, elle est poétique.

L'entrée du port d'Alexandrie présente de grandes difficultés, qui, on ne l'a pas oublié, provoquèrent le désastre d'Aboukir; aussi nécessite-t-elle un pilote expérimenté et un bon remorqueur. Sur la gauche, Ramlé, jolie petite plage où les Alexandrins se réfugient l'été, et qui, sur le bord de la mer, présente de gracieux cottages. Ce qui frappe tout d'abord c'est la tonalité du ciel, et le disparate des maisons : on sent l'Orient.

Alexandrie, qu'Amrou avait prise sans coup férir et qu'il appelait la ville de l'Occident, est une belle ville qui s'est européanisée et modernisée. Le climat y est plus frais qu'au Caire; la mer d'un côté ; de l'autre, le lac Maréotis avec lequel Napoléon 1er inonda trois cents villages arabes, lors de la bataille d'Aboukir. Si la ville a perdu son caractère antique, elle est restée le centre des affaires. Le coton, une des principales productions, donne un revenu budgétaire de 200 millions de francs ; et l'impôt foncier produit 125 millions. Il en résulte que les ressources de l'Égypte se sont considérablement accrues, qu'il y a encore beaucoup à faire dans ce pays de cocagne, à qui la nature a donné une fertilité étonnante.

Cette ville cosmopolite jouit maintenant d'une civilisation avancée. Elle est remplie de voitures de maîtres ; les voitures de place y sont confortables et propres. Le cocher est séduisant. L'Arabe qui remplit cette fonction est vêtu d'une longue robe blanche, coiffé d'un tarbouch écarlate ; il est poli ; c'est avec une prodigieuse volubilité de paroles qu'il vous invite à prendre place dans sa voiture. Quel contraste avec les cochers parisiens ! Il faut plusieurs jours pour visiter Alexandrie. Le soir de notre arrivée, notre drogman nous fit visiter le quartier arabe. Dans les cafés turcs, éclairés *a giorno*, s'exécute la danse du ventre ! Nous nous promenons dans les quartiers populeux, au milieu de ce peuple aux costumes variés, où grouillent dans les rues tortueuses des Phrynés au visage repoussant, peintes de rouge, de vert. Le coup d'œil est écœurant ; le vice et la débauche s'étalent dans toute leur laideur. Il est prudent de ne pas trop s'attarder dans la visite de ces bouges infects, où la sécurité, pour l'Européen, est un vain mot.

Alexandrie possède de jolis types de femmes ; c'est surtout à la sortie de la messe grecque que l'on peut admirer ces visages d'une perfection accomplie. Les femmes grecques, avec leurs traits d'une régularité marmoréenne, leur teint mat, leurs yeux d'une grandeur et d'un éclat incomparables, sont idéalement belles ; mais il leur manque cette démarche, cette grâce particulière qui ne semble être réservée qu'à la femme de l'Occident, surtout à la Parisienne. La vie est très animée ; la danse et la musique sont fort goûtées ; les soirées se succèdent dans la société ; tout est très *select*. La nuit, dans les quartiers de la vieille ville, partout, en pleine rue, des marchands de nougat, de dattes, de gâteaux fumeux ; d'autres étalent en plein vent leurs comestibles à la lueur de grands falots qui font briller leurs faces bronzées ; sur les trottoirs des Arabes étendus, à demi-vêtus, dorment tranquillement. La promenade favorite est la rive gauche du canal Mahmoudièh et son avenue ombreuse. Ce canal, creusé en 1820, a coûté près de 8 millions ; 25.000 ouvriers arabes y furent employés. Il était nécessaire pour rattacher Alexandrie au Nil et au Caire. C'est par cette voie qu'arrivent tous les produits de l'intérieur, depuis la Nubie. En se promenant sur les bords, on devrait se livrer à des regrets et déplorer le sort des fellahs qui l'ont creusé avec leurs mains, emportant dans leur tunique la terre arrachée péniblement par leurs doigts raidis. Les malheureux esclaves ne pouvaient proférer aucune plainte ni se reposer sans être menacés de la courbache. Quelles cruelles souffrances ont dû endurer ces êtres humains, dont la vie était bien peu de chose pour Méhémet-Ali ! Les rives sont bordées de jardins d'une végétation luxuriante. La plupart sont couverts de mimosas, d'aloès, de bambous, de bananiers, de citronniers, d'orangers, d'eucalyptus, de cédrats, de magnolias, de palmiers et de bougainvilliers, arbustes aux fleurs violettes, importés des Indes par notre compatriote de Bougainville. Il faut visiter ces jardins, si l'on veut se rendre compte de la variété des plantes dont ils sont dotés, ainsi que de leur végétation exceptionnelle. Cette promenade favorite est très fréquentée le vendredi (dimanche des Arabes). La rive droite est moins jolie, mais plus typique. Des villages arabes construits en limon du Nil, ayant pour toiture des feuilles de sorgho, s'étalent de distance en distance. C'est là que l'on commence à voir les femmes, vêtues de longues chemises bleues, qui viennent remplir, avec l'eau du canal, leurs amphores qu'elles posent gracieusement sur leur tête ; ce sont les modèles des tableaux de Fromentin et d'Eugène Girardet. Dans la campagne, des fellahs, avec leurs chameaux et leurs ânes, se rendent dans leurs terres ; des nuées d'oiseaux traversent l'espace. Le canal est rempli de canges, de chaloupes remorquées par des dromadaires ; on se sent dans un monde nouveau. En revenant de cette délicieuse excursion, pittoresque au possible, nous nous arrêtons à la colonne de Pompée, monolithe d'une hauteur de 27 mètres. M. Botti, l'aimable directeur du Musée, est là qui surveille les nouvelles fouilles.

Le Musée, qui vient d'être transféré dans Tawfikièh, renferme des collections d'antiquités du plus grand intérêt. Tous les objets exposés, tombeaux, momies, bronzes, vases funéraires, statuettes, bijoux, scarabées, armes, masques en or, monuments funéraires, proviennent des fouilles faites en Egypte par nos compatriotes, Mariette-Bey et De Morgan. Dans la rue Chérif-Pacha se trouve le magasin de l'antiquaire bien connu, M. Stamati-Vinga, qui pendant nombre d'années a recueilli, de tous côtés, une très belle collection d'objets antiques de toutes sortes, statuettes de Chypre, tanagras d'Athènes, bronzes égyptiens, momies, scarabées, etc. Cet antiquaire émérite était mort depuis plusieurs mois, lors de mon passage à Alexandrie. Collectionneur de bibelots, j'achetai à sa veuve, moyennant 2.500 francs, une partie de la collection laissée par son mari, le reste ayant été acquis par le musée d'Alexandrie. Je fis emballer devant moi tous les précieux objets qui composaient cette collection. La caisse fut fermée avec soin et revêtue de cachets, et, avec l'autorisation du directeur du Musée, je pus l'expédier à Paris. Cette formalité est devenue nécessaire depuis l'occupation des Anglais qui ont interdit la sortie des antiquités d'Egypte. Lorsque, à mon retour, j'ouvris la caisse, quel ne fut pas mon étonnement de constater que, non seulement les trois quarts de ces objets avaient été volés, mais que, de plus, on avait remplacé les pièces de valeur par des objets insignifiants ! Qui a commis ce vol ? Je ne sais, l'enquête, faite à Alexandrie par le consul de France, n'a amené aucun résultat. J'ai donc été, de ce chef, victime d'un vol odieux.

La distance qui sépare Alexandrie du Caire est de 40 lieues, voyage qui s'accomplit en quelques heures de chemin de fer. Après avoir traversé le lac Maréotis, on se fait une idée de la richesse du sol. Des plaines immenses s'étendent jusqu'à l'horizon. Au bord des canaux, des fellahs entièrement nus, au moyen de chadoufs et de nattalehs puisent l'eau pour arroser leurs terres desséchées par le soleil brûlant de l'Egypte. Tout le parcours est intéressant et permet de faire des études de mœurs. Çà et là, des Arabes, sans se préoccuper le moins du monde des voyageurs du chemin de fer, sont tranquillement, pliés sur eux-mêmes, en train de faire leurs ablutions. Au coucher du soleil, on les voit se prosterner et invoquer Mahomet. Sur les rives, passent des chameliers conduisant une file de dromadaires, dont chacun a la tête attachée à la queue de celui qui le précède ; puis, des caravanes qui reviennent de l'intérieur. Plus loin, c'est une Bédouine, recouverte d'un voile noir, qui porte son enfant nu, à cheval sur ses épaules. Les nègres qui habitent le village de Damanhouer que nous traversons, viennent de la Barbarie. Après la gare de Kafrel-Zaïat, et celle de Tell-el-Barout, nous traversons le bras du Nil qui forme le Delta. C'est là que commence la véritable Egypte. Nous longeons des villages où sont construites d'énormes ruches en terre grise : ce sont les pigeonniers, rangés en ligne régulière et entrecoupés de palmiers. La nuit arrive, le train se trouve subitement éclairé à l'électricité. Nous constatons, en effet, que nous ne sommes pas dans les wagons de la Compagnie du Nord. Le coup d'œil devient grandiose, c'est la première fois que nous assistons, en Egypte, à un coucher de soleil. Quel effet merveilleux, que ces nuances qui se forment à l'horizon, au bas de ce beau ciel bleu ! La nuit venue, les Arabes rentrent dans les villages, un fellah marche lentement, appuyé sur un long bâton ; à côté, un Arabe, monté sur son baudet, galope à une allure aussi rapide que celle d'un cheval. Les plaines que nous traversons sont arrosées par les eaux du Nil malgré le barrage qui fut construit pour inonder les terres du Delta. Il est question d'adopter le projet de l'ingénieur anglais Benjamin Baker, qui consiste à construire d'immenses réservoirs, pour recevoir le trop-plein des eaux du Nil, ce qui permettrait de pouvoir irriguer, en temps de sécheresse, toutes ces plaines si fertiles. Les travaux coûteraient 100 millions de francs au gouvernement égyptien. Il a été accordé à cet ingénieur anglais dix ans pour mettre son projet à exécution ; en attendant, ses appointements annuels sont de 50.000 francs.

Tantah, ville arabe. C'est le jour de la fête des Juifs, une grande animation règne dans la gare. Des femmes turques voilées nous présentent des oranges ; des enfants nus, avec leurs gargoulettes, nous offrent de l'eau fraîche ; des mendiants aveugles poussent le cri formidable de : bakchich ; c'est l'obsession de toute l'Egypte ! Benuh, bifurcation pour Suez, à sept heures de chemin de fer. Dans cette région, la température change et devient plus chaude. Peu à peu, la vallée se resserre, la ligne jaune du désert apparaît, les Pyramides se dessinent. A l'horizon, nous apercevons des mosquées et leurs minarets : c'est Le Caire !

LE CAIRE

Qui n'a pas vu Constantinople et son Bosphore n'a rien vu, dit-on. Moi je dis : Qui n'a pas vu Le Caire et le Nil n'a rien vu. J'ai vu Constantinople, et je préfère Le Caire, cet Eden enchanteur.

A peine arrivé, je me fis conduire à l'hôtel Ghesireh-Palace ; c'est l'ancien palais du sultan Ismaïl-Pacha que la Compagnie des wagons-lits de Paris a loué moyennant 150.000 francs par an, pour installer l'hôtel le plus somptueux que l'on puisse imaginer. Cette belle propriété, située sur les bords du Nil, possède un parc admirable, ombragé de palmiers et de bambous ; la splendeur des appartements est inénarrable. Je fus logé dans l'ancien palais qu'occupait le harem. Les pièces, transformées en chambres à coucher, sont décorées de peintures merveilleuses, aux nuances multicolores, et toutes scintillantes de glaces. En face, le palais principal où l'on a installé la salle à manger et les salons. La grande entrée, sous la marquise, est splendide ; l'escalier d'honneur, avec ses colonnes en marbre blanc, donnant accès au premier étage, est d'un effet majestueux. C'est dans ce palais que se trouve la chambre où logea l'Impératrice Eugénie pendant son séjour, lorsqu'elle vint au Caire pour l'inauguration du canal de Suez. Cette chambre, que j'ai visitée, avait été meublée somptueusement pour la circonstance par un de nos tapissiers de Paris. Les arabesques sont d'un goût artistique ; les salons voisins sont richement meublés ; l'ensemble est féerique. Pour arriver à cet hôtel, on traverse le pont Kasar-el-Nil ; une grande avenue plantée d'acacias, à barbe de pacha, conduit à l'ancien palais du sultan Ismaïl-Pacha. Ce pont, qui relie la rive gauche du Nil à Ghesireh-Palace, a été construit en 1872, sous la direction et d'après les plans d'un de nos compatriotes, M. Cordier ; il a coûté 4 millions ; c'est un beau travail métallique. L'avenue de gauche, qui conduit aux Pyramides, est la promenade favorite du monde élégant, et souvent, de cinq à six heures, on y rencontre le khédive, qui se rend aux courses ou aux carrousels donnés par les Anglais.

Le 8 janvier 1899, le khédive d'Egypte, Abbas-Pacha-Hilmi II est entré dans la huitième année de son règne, s'il faut toutefois dénommer ainsi l'action purement nominale qu'exerce sur ses sujets le jeune vassal du sultan et de l'Angleterre. Le khédive Abbas-Hilmi, résigné au rôle absolument passif auquel il se trouve astreint du fait de l'occupation britannique, a abdiqué, en effet, la plus grande partie de ses pouvoirs aux mains de ses ministres, qui se trouvent contraints eux-mêmes de subir tous les caprices des hauts fonctionnaires de Sa Majesté britannique. La plupart des départements ministériels égyptiens sont placés, présentement, sous l'autorité absolue des sous-secrétaires d'Etat, sujets d'Albion, qui exercent un véritable despotisme sur tous les services dont ils ont charge d'administration. Dans ces conditions d'arbitraire, le jeune souverain se borne philosophiquement à contresigner les décrets qui sont soumis *pro forma* à son approbation. Le fils de Tewfick-pacha paraît s'être parfaitement accommodé de cette sorte de ménage gouvernemental en commun. Il ne passe à son palais officiel d'Abdine que la saison d'hiver, c'est-à-dire le temps strictement nécessaire pour assister aux différentes fêtes données en son honneur, et recevoir, — pour obéir simplement aux lois internationales de l'étiquette — les consuls généraux, bêtes noires d'Abbas, qui l'assaillent invariablement de demandes de concessions onéreuses, en faveur de leurs nationaux : affaires d'écluses, barrages, construction de ponts, etc. Le vice-roi emploie le reste de son temps à effectuer des croisières de plaisance en Europe, avec son yacht *Safr-el-Bahr* ou à séjourner dans sa résidence favorite de Koubbeh.

Situé à trois ou quatre milles du Caire, sur la route d'Héliopolis, le palais de Koubbeh n'a extérieurement aucune apparence. Il serait assez difficile de reconnaître à quel style appartient sa construction. En ce qui concerne l'intérieur, les chambres sont meublées avec un luxe de mauvais goût ; des étoffes de Perse brochées en or massif recouvrent des meubles de pacotille, des tapis de Smyrne aux couleurs inimitables, des tentures en soierie de Lyon, des tables lamées d'or semblent rougir de se trouver à côté de vieilleries sans cachet et sans caractère, telles qu'une pendule style Empire représentant un pompier debout sur un char de victoire en bronze dédoré et d'ignobles candélabres en zinc ou en galvanoplastie ; des stores du goût le plus équivoque sont fixés aux croisées, on peut y voir la foire aux pains d'épices et la place de la Concorde, les amours de Daphnis et Chloé à côté d'une chasse au sanglier ! Tout le reste est à l'avenant. Durant ses villégiatures à Koubbeh, le khédive, qui affectionne fort le chameau, la véritable monture du pays, entreprend souvent, en usant de ce mode de locomotion, de longues excursions à travers le désert ou sur les bords du canal : Ismaïlia, Nefiche, Chalouf, etc. Lorsqu'il réside dans la capitale, Abbas-pacha ne manque jamais de se rendre chaque vendredi, jour férié pour les musulmans, à la promenade de Choubrah. Choubrah représente le Prater, le Prado, l'Unter-den-Linden, le Hyde-Park, les Champs-Elysées du Caire. Très « fin de siècle », quelque peu mélangée et cosmopolite, cette société du high life cairote, qui rendrait des points au dessus du panier des colonies de Nice ou de Florence et qu'ombragent une fois par semaine les gigantesques sycomores et les acacias superbes de la ravissante avenue de Choubrah. Rappelons que les rapports politiques de l'Égypte avec le sultan ont été réglés par les traités de 1840 et 1841 ainsi que par le hatti-chérif du 18 février et le firman du 1er juin 1841 concédant à la famille de Méhémet-Ali le gouvernement héréditaire, transmissible à l'aîné de la famille selon la loi musulmane. La Porte envoie chaque année des rives du Bosphore le grand-cadi ou chef de la justice religieuse (cheikh-ul-islam). Enfin, le firman d'investiture d'Abbas-pacha (1892) a précisé à nouveau les droits et les obligations du gouvernement khédivial en des termes qui ne permettent aucun doute sur les prétentions d'Abdul-Hamid à ne pas laisser dénaturer sa suzeraineté

Du centre de la ville, on part, monté sur ces beaux petits ânes si coquettement harnachés qui sont les fiacres du Caire, moyennant 0 fr. 25 (une piastre). « *Very good donkey!* » (très bon le baudet) vous crient les petits Arabes ; à peine êtes-vous en selle que le baudet part d'une allure rapide ; il faut être très bon cavalier pour ne pas être désarçonné. Derrière, court l'Arabe qui, de temps en temps, pousse des cris gutturaux « Ah ! ah ! ah ! » Si à ce moment, comme cela arrive, vous êtes occupé à regarder les Arabes qui passent, conduisant leurs chameaux, vous vous sentez tout à coup tressauter sur votre monture : le *very good donkey* sait que le « Ah ! » poussé par le conducteur est l'avertissement d'un coup de courbache sur les pattes ; il redouble aussitôt son allure, et vous, qui n'êtes pas encore habitué à la formule, vous vous trouvez à terre, fâcheux mécompte pour le présent et leçon pour l'avenir !

Après être resté deux jours à Ghesireh-Palace, me trouvant trop éloigné du centre, je reviens habiter Spheards'hotel, situé dans l'Ezbékièh ; c'est là que descend la haute société ; cet hôtel est, sous tous les rapports, le plus confortable de l'Égypte. La cuisine à la française y est bonne (chose rare en Égypte). Vous êtes reçu avec amabilité par M. Bœhler, le directeur, l'homme le plus bienveillant du monde, sachant donner à tous entière satisfaction. Comme Spheards'hotel est réputé, la grande difficulté, en pleine saison (l'hiver), est d'y pouvoir être reçu, car à cette époque les places sont rares. Le soir, à cinq heures et demie, le dîner est annoncé dans le hall par le traditionnel tam-tam qui produit toujours la première fois un certain saisissement : on croirait entendre l'appel au feu. A table d'hôte, les voyageurs sont en habit et les dames en toilette de soirée ; je comptai environ deux cent cinquante convives. Eh bien ! le croiriez-vous ? j'étais le seul Français ; la majorité était, naturellement, composée d'Anglais ; beaucoup d'Allemands ; quelques Américains. Les samedis, à cinq heures du soir, la musique militaire anglaise vient donner un concert, et, avec une tactique qui doit avoir pour effet de chercher à anglomaniser les Égyptiens, le chef de musique fait jouer chaque fois le *God save the Queen*, que les assistants sont tenus d'écouter debout, tête découverte. Près de la place de l'Ezbékièh, le quartier européen ; sur la place, le théâtre khédival. La salle, scintillante d'or, est décorée avec goût ; sur la droite, six loges voilées, où se tiennent les femmes du harem, pour échapper aux regards du public. Ce soir là, on jouait *Faust*. Le khédive assistait à la représentation ; c'est un bel homme ; il a l'air bon et loyal, sa physionomie douce est sympathique. Comme ses sujets, il subit à contre cœur le joug de l'Angleterre, dont le despotisme voudrait faire de lui un vassal. Espérons que l'Europe posera bientôt son *ultimatum* et obligera l'Angleterre à l'évacuation ; le peuple égyptien commence à comprendre, et à s'émouvoir des conséquences que pourrait avoir pour lui, dans la suite, la continuation arbitraire de cette occupation. Aussi, depuis quelque temps, voit-on grandir une certaine résistance qui a pour but d'arrêter le flot envahisseur du conquérant. Si on le laissait, sans protestation et sans résistance, continuer son œuvre d'occupation, c'en serait fait de l'Égypte. La presse elle-même (sauf celle qui est vendue à l'Angleterre) s'insurge avec indignation. On sent que le moment est venu où le peuple égyptien, qui aime la France, qui a pour elle les plus profondes sympathies, demandera secours à la nation amie et généreuse.

En 1895, l'honorable Mustafa-Kamel, publiciste égyptien, est venu à Paris, pour remettre au secrétaire de la Chambre des députés un tableau représentant le peuple égyptien demandant secours à la France, libératrice des nations. En même temps, il apportait au Président de la République une lettre, expression des sentiments de ses compatriotes et demandant en termes émus, à la France, son appui puissant pour recouvrer la liberté et l'indépendance, si odieusement usurpées par l'Angleterre. Le peuple égyptien, depuis dix-sept ans injustement opprimé, a fait preuve, au milieu de ses souffrances, d'une tranquillité et d'une patience admirables ; il a su ainsi conquérir les sympathies de l'Europe. Mais fatigué de subir un joug qui l'accable, il fait appel directement à la France, cette grande puissance civilisatrice, qui a déclaré les droits de l'homme et qui, depuis un siècle, l'a guidé dans la voie du progrès et de la civilisation. N'est-ce pas la France qui a délivré tant de peuples opprimés ? Son prestige est grand dans le monde musulman. Aussi a-t-elle un devoir à remplir : celui de débarrasser les Egyptiens de l'oppression étrangère et de rendre ce peuple libre et indépendant. Les sentiments sympathiques des Égyptiens à l'égard de la France nous sont connus ; je les ai, du reste, appréciés pendant mon séjour au Caire. Pourquoi ne pas redire leur touchante invocation à la France :

« O France ! toi qui as éloigné les malheurs de tant de peuples, dont les cœurs se remplissent de joie au souvenir de tes bienfaits, soutiens l'Égypte en danger, sauve le Nil, et sache conserver la neutralité absolue du canal de Suez. O France, répands par le monde la vérité, afin qu'un peuple qui t'aime puisse arriver au bonheur ! »

Il faudra bien un jour, devant toutes ces manifestations qui n'ont qu'un but, la revendication d'un droit, il faudra bien que l'Angleterre cède et se soumette à la volonté supérieure de l'Europe.

En face du théâtre, l'hôtel qu'habitait Napoléon Ier pendant la campagne et la maison où fut assassiné Kléber. Sur la place, la statue d'Abrahim-Pacha. Ce quartier est le plus agréable de la ville. M. Baudry, le frère du sculpteur, s'y est fait construire une maison dans le style arabe. Un autre de nos compatriotes, M. Delort, y habite un véritable chef-d'œuvre d'architecture ; l'intérieur, décoré d'arabesques, est meublé avec un goût exquis. C'est sur la place de l'Ezbékièh que, d'un ancien lac qui fut comblé, on a créé le jardin public. Ce square est planté de caroubiers, de tamaris, de palmiers, de samanis, de mimosas, d'ahmates, de niloticas, de toutes espèces de plantes et d'arbustes que l'on trouve seulement dans les pays chauds ; ces plantes, auxquelles la lumière d'Orient donne de si délicieux reflets, font de ce jardin un endroit charmant pour les touristes qui aiment à s'y reposer. Pour qu'il ne soit pas accessible à la populace et aux mendiants, qui viendraient importuner les promeneurs, on exige une piastre d'entrée. En sortant par l'autre extrémité du jardin de l'Ezbékièh, nous arrivons dans le vieux Caire ; dans Mousky-Street (ça sent l'anglais !) se trouve la statue de Suliman-Pacha qui, avec Abraham-Pacha, conquit la Syrie ; cette rue conduit aux bazars. M. Sanosian nous invite à visiter sa fabrique de cigarettes. Six machines sont employées à préparer le tabac, d'autres le découpent, des Arabes sont occupés à faire les cigarettes. Les tabacs employés proviennent de la Turquie et payent à leur entrée en Egypte un droit de 20 piastres par kilogramme (5 fr. 25). Le revenu, pour l'Etat, qui a été, en 1894, de 250 millions, atteignait, en 1895, 300 millions de francs. En Egypte, la plantation du tabac est formellement interdite.

Après Mousky-Street, le vieux Caire devient intéressant, parce que typique. On voit les maisons arabes avec leurs *moucharabièhs* (balcons), leurs étages en surplomb, s'épaulant les uns contre les autres et se fermant en demi-voûte sur la tête des passants. Les moucharabièhs sont des espèces de cages grillagées composées de treillage en saillie, formées de petites pièces de bois de cèdre aux dessins les plus variés. La moucharabièh permet de voir à l'extérieur sans que du dehors on puisse rien distinguer. Par ses interstices, où se tamise la lumière, arrive un léger courant d'air qui tempère la chaleur ; c'est un travail artistique. C'est de là que les belles filles d'Orient regardent passer les Européens. La rue du Caire qui avait été bâtie à l'Exposition de 1889 ne donnait qu'une bien faible idée de la réalité. Aussi est-ce avec le plus grand intérêt que nous parcourons en tous sens ces quartiers originaux. Les Arabes qui les habitent ont leurs types propres. Dans les rues, des femmes turques voilées, leur bourgo sur le nez, font leurs achats. Partout, des nuées d'enfants, tous dans un état de saleté indescriptible ; les faces de ces petits êtres sont couvertes de mouches, et vous voyez des femmes, portant leur enfant ou l'allaitant, qui n'ont même pas l'idée de chasser ces hôtes qui dévorent les yeux du nourrisson. C'est à cette insouciance coupable, indigne d'une mère, que l'on attribue la cécité qui sévit en Egypte.

Les bazars du Caire, tout en offrant le plus grand intérêt, n'ont pas la même attraction que ceux de Stamboul, à Constantinople, quoique de tous côtés on y voie amoncelées de grandes richesses en tapis, soieries, tissus. Le bazar de Khan-Khalil nous paraît le plus curieux. Toutes les industries y sont représentées, les faïences persanes, les bijoux anciens, les tapis qui sont des merveilles de goût, la sellerie, les babouches et les tarbouchs. Le quartier des parfums est d'un intérêt tout particulier ; les essences odoriférantes s'emploient en grande quantité dans les harems. Devant ces boutiques, des Arabes sont assis ; les uns fument nonchalamment le *narghilé*, les autres, indifférents, égrènent leur chapelet : c'est leur éternel passe-temps.

La visite de ces bazars, avec l'excursion à travers Mousky-Street, suffit à l'étude des mœurs. On y coudoie des nègres du Sennaar, noirs comme l'Erèbe ; des Nubiennes, à peine vêtues d'un morceau d'étoffe laissant voir la beauté accomplie de leurs formes ; leur tête hideuse, aux cheveux crépelés, se trouve placée sur un corps admirable. A côté, l'Arabe du Sinaï, vêtu de haillons ; le Bédouin, coiffé de son turban, orgueilleusement drapé dans sa robe blanche ; le Turc en tarbouch et le fellah en chemise de cotonnade bleue. A côté de nous passe un chameau caparaçonné, enguirlandé, chargé de tapisseries, précédé de quatre Arabes portant différents objets : c'est le cortège matrimonial qui se rend chez la fiancée ; il emporte tous les présents constituant la corbeille de mariage : c'est tout à fait de couleur locale. Le lendemain, notre matinée fut employée à parcourir la forêt pétrifiée : excursion qui, par sa longue distance, ne peut se faire qu'à cheval ou à âne. Pour y arriver, nous traversons la nécropole des khalifes ; c'est une ville de tombeaux qui sont, comme les marabouts, de forme votive. Nous visitons les mosquées du sultan

Barbouk et de Kait-Bey, chefs-d'œuvre de ciselure, aux coupoles sans pareilles ; les gracieux minarets sculptés qui s'en détachent sont d'un style original. Les vitraux des tombeaux de Guide-Bey et de son frère, par lesquels se tamise la lumière, sont d'un merveilleux effet. En visitant ces tombeaux, la même question se pose toujours : quelles sommes exorbitantes ont pu être dépensées pour toutes ces merveilles ? Un peu plus loin, c'est un amoncellement de ruines ; on se sent navré à la vue de tant de beaux monuments tombés entre les mains brutales des Turcs, dont le principe est de ne jamais rien réparer. Sous tout autre climat, il ne resterait plus rien de ces merveilles, qui finissent par s'écrouler morceau par morceau. Heureusement que la pluie, cet élément destructeur, ne vient pas achever l'œuvre du temps, étant donné qu'au Caire il ne pleut que quatre fois par an ; le ciel y est implacablement pur et l'atmosphère toujours sèche. C'est sous un soleil tropical que nous arrivons dans le désert. Au milieu des sables brûlants, nous trouvons la forêt pétrifiée ; l'effet de ces immenses ravins est saisissant. On voit qu'il s'est produit, aux temps des Pharaons, des ravages effroyables. Figurez-vous d'immenses carrières calcinées, aux aspects les plus étranges, où partout le feu a imprimé son œuvre de destruction. Au fond, une excavation formant cirque, d'où jaillit une source d'eau fraîche ; à la chaleur du désert succède, dans ce ravin, un vent glacial. En revenant, nous passons par les plâtrières, d'où l'on aperçoit les mosquées en ruines, et c'est éreintés de cette excursion, accablés par la chaleur, que nous rentrons avec plaisir à la Sarhia-Kamel, où est situé l'hôtel Speheards. L'après-midi, nous allons faire une promenade à Choubrah, le rendez-vous de la société indigène. Nous rencontrons les voitures du harem, précédées des saïs aux costumes dorés et gracieux, qui courent à perdre haleine pour faire livrer passage aux équipages des pachas. Les ambassadeurs ont aussi des saïs qui escortent leurs voitures. Les femmes du harem aperçues au travers des glaces de leur voiture, ne laissent que des déceptions. Leurs gorges énormes, mal contenues dans des robes sans taille, sont pour la plupart disgracieuses. Les eunuques sont là pour éloigner le public de ces favorites, dont l'embonpoint ne plaît qu'au goût oriental, malgré le kole qu'elles emploient pour donner de l'expression à leurs yeux ternes. Mais en revanche, enfermées dans de jolis coupés tapissés de satin bleu, on aperçoit de belles Géorgiennes, de gracieuses Circassiennes, des almées qui font partie des harems de riches pachas. Les Turcs ne sont pas difficiles : pourvu qu'une femme soit grasse, elle est admirable ; blanche, elle est belle. Napoléon Ier, voulant s'assurer si les femmes d'Asie, dont on lui vantait les grâces et la beauté, avaient véritablement ces qualités, en fit venir six dans sa maison d'Elfy. Mais devant leur obésité et leur tournure disgracieuse, il se hâta de les congédier.

Nous rencontrons le Khédive, à l'air jovial, conduisant son phaéton et faisant sa promenade quotidienne. De la rive gauche du Nil, nous gagnons la vieille ville où des magnolias et des palmiers élancés bordent la route poussiéreuse. Après avoir traversé les ruines d'un ancien village, on commence à se faire une idée de la saleté arabe. Des femmes et des enfants en haillons grouillent dans des cloaques ; c'est la misère dans toute sa hideur. Les Arabes, couchés au soleil, sucent avec indolence la canne à sucre et mangent des dattes, c'est leur principal aliment. Trois bâtons, coûtant une piastre, voilà leur nourriture de trois jours. En explorant les quartiers d'Abouserga on se demande comment des êtres humains peuvent vivre dans une saleté aussi repoussante. On rencontre des fellahines, la chemise bleue ouverte sur la poitrine, la tête enveloppée d'un voile noir retombant sur leurs épaules. Sous ce costume primitif, on peut voir, à chaque mouvement, les contours de leur corps se dessiner. Les jeunes filles sont admirablement faites ; mais l'habitude de les marier de dix à douze ans fait qu'elles sont vite déformées. A trente ans, elles sont aussi vieillies, aussi fanées que pourrait l'être, en Occident, une femme de soixante ans. Très occupées à des travaux journaliers, elles ne grossissent pas comme les femmes du harem ; leur démarche est gracieuse ; la poitrine en avant, les reins cambrés, portant leur amphore sur la tête, elles ont l'allure svelte et élancée des statues antiques. Comme les Arabes, elles s'accroupissent, les genoux en l'air, rapprochés à la hauteur du nez.

Nous avons tenu à visiter l'église de la Sainte Famille, qui appartient aux orthodoxes : c'est l'endroit où se réfugia la Sainte Famille lors de sa fuite en Egypte. Les bois sculptés, avec incrustations d'ivoire, sont particulièrement remarquables. Dans la crypte, une grotte où l'on dit la messe une fois par an. La rue qui conduit à cette église mérite le voyage. A quelques pas de là coule le Nil ; au milieu, l'île de Rodah, où Moïse fut sauvé des eaux. Des mendiants aveugles nous poursuivent, en criant : « *Bakchich* ». On est frappé de voir dans ces villages, où la médecine est inconnue, une telle quantité d'aveugles. En Egypte, la cécité est l'infirmité nationale. En revenant au Caire, nous voyons passer un enterrement ; c'est un spectacle bien étrange. Les aveugles du village marchent en tête du cortège et, tout en se dandinant, chantent sur un air plutôt joyeux que triste les prières qui finissent par : « *La ilah il Allah* ». Le corps est placé dans une boîte ouverte revêtue d'un châle rouge ; à l'extrémité, le tarbouch du défunt ; derrière, marchent les femmes lançant des cris aigus qui se mêlent au refrain joyeux des hommes. Si le personnage est important, il est précédé de chameaux chargés de viandes que l'on distribue aux pauvres. Arrivé au cimetière, le corps est déposé tel quel dans la fosse. Le deuil de la famille dure une année ; tous les jours, à la même heure, les femmes se réunissent, se roulent à terre en poussant des cris plaintifs. La mère qui perd sa fille est obligée d'exécuter cette gymnastique pendant une année. Ce n'est que par le bruit que l'Arabe exprime ses impressions : la joie, par un bruit lugubre ; la douleur, par un bruit plutôt joyeux.

La ville du Caire mérite que l'on y consacre au moins une semaine. Tout autour de l'enceinte actuelle, s'élevaient des palais, des monuments ; c'est de leurs débris que Le Caire est formé. Que de richesses sont renfermées dans ces maisons, dans ces palais somptueux, dans ces mosquées aux proportions gigantesques et hardies, qui étonnent tant l'Européen lorsqu'il se trouve tout à coup transporté au milieu de tous ces édifices ! Il faut être admis, comme j'en ai eu la bonne fortune, à visiter l'intérieur de ces palais pour connaître la splendeur, admirer les brillantes arabesques, les bronzes ciselés avec une rare perfection et les marbres admirables qui décorent ces demeures princières : le goût, l'élégance, la finesse et la grâce, tout y est réuni. Mais ce qui manque à ce peuple qui a le génie de la construction, c'est l'esprit de suite ; il n'a aucune notion de la conservation de ces merveilles entassées. Telle est l'impression qui se dégage à première vue.

Quant au passé, Le Caire n'est pas sans intérêt. Amrou abandonna Alexandrie qui venait d'être la capitale de l'Egypte ; il vint planter sa tente vers le Mokatam, à qui l'on donne également le nom de Fostatt (qui signifie tente). Depuis, Amrou, Touloumn et Hassan ont élevé, au Caire, des palais d'une grâce exquise, dont les débris offrent encore des merveilles. On doit aussi à Ismaïl-Pacha, le grand constructeur, des palais, des mosquées et des casernes. Ce pacha préférait dépenser des millions à ces nouvelles constructions que de faire restaurer les vieilles mosquées ou réparer les murs croulants des tombeaux des khalifes. Même les merveilleux plafonds si remarqués de la mosquée du sultan Hassan n'ont jamais été entretenus.

Il nous fallut consacrer une nouvelle journée à la visite des mosquées principales. Le Caire, comme Constantinople, possède environ 400 mosquées. La plus ancienne est celle d'Amrou, à Fostatt. Jadis, elle était soutenue par 150 colonnes de porphyre, ce qui lui donnait un aspect grandiose et imposant ; aujourd'hui, il n'en reste plus que la moitié ; mais vue d'ensemble, c'est encore un véritable chef-d'œuvre. Dans la cour, la fontaine aux ablutions est à moitié brisée ; tout y sent la vétusté. La niche du *kébla* (tribune) est, selon l'usage adopté dans la religion de Mahomet, tournée vers La Mecque. Cette mosquée est la plus vaste du Caire. La mosquée de Touloumn, construite en 1879, est située dans un quartier populeux : une véritable cour des miracles. Ses murailles découpées en créneaux, ses vastes proportions, son style pur frappent d'étonnement. Pour la construire, Amrou avait choisi un architecte chrétien et mis à sa disposition 1.500.000 francs pour les premières dépenses. Les motifs d'ornementation sont des plus fins ; malheureusement, Abbas-Pacha a laissé s'effondrer une partie des piliers. Vue du haut de la citadelle, avec ses murs blancs crénelés, elle paraît immense ; c'est la plus grande après celle d'Amrou.

De là, nous allons visiter la mosquée du sultan Hassan construite sur la place Roumélah, au pied de la citadelle. Sa coupole peut être comparée à celles d'Omar à Jérusalem et de Sainte-Sophie à Constantinople. Le minaret est élégant et d'une hauteur considérable, l'intérieur imposant. La cour aux ablutions est entourée d'arcades en ogives, aux proportions immenses. Les inscriptions taillées dans le mur sont d'une grandeur exceptionnelle; la coupole, où se trouve la salle des tombeaux, est plus vaste que celle du Panthéon de Paris. La mosquée de Mohamed, construite sur le plateau de la citadelle, est en albâtre. Les vitraux multicolores, où la lumière se tamise, sont d'un effet féerique. Le sol, comme celui de toutes les principales mosquées, est recouvert de tapis persans de grande valeur. La coupole dorée est aussi gracieuse que légère. Le tombeau de Mohamed est entouré de boiseries dorées. De cette terrasse, on jouit d'un panorama grandiose sur la ville; derrière, le désert; à l'horizon, les pyramides de Ghizeh et le Nil.

C'est à la forteresse que se trouve une des casernes anglaises qui sert aux troupes d'occupation. Nous redescendons par les quartiers Sahria et El-Akadeen, des plus curieux à visiter. Au milieu des rues pendent des loques en guise de stores. C'est à peine si nous pouvons nous frayer un passage au milieu de tous ces Arabes; les uns conduisent leurs ânes chargés d'herbages, les autres suivent leurs dromadaires chargés de canne à sucre. Pour l'Européen, le coup d'œil de ce quartier est stupéfiant. Nous visitons ensuite plusieurs autres mosquées. Toutes ont un intérêt particulier; en décrire les détails serait trop long. La première est celle du sultan Qalaoun, d'El-Azhar, construite en 969, de Katy-Bey, d'El-Hakem, d'El-Ghouri, dont le portail est splendide, le plafond bien conservé. La mosquée de Méhémet-Ali, avec ses murs en albâtre, est moderne. Pour visiter les mosquées, les chrétiens sont tenus de se chausser de babouches afin de ne pas souiller le sol. Il faut aussi, nous recommande le drogman qui nous accompagne, avoir, pendant la visite, un maintien respectueux, étant donné que ces musulmans fanatiques ne supporteraient pas que les chiens de chrétiens, comme ils les appellent, viennent par leur présence souiller ces lieux saints. Que de richesses enfouies dans toutes ces mosquées! Quelles sommes prodigieuses y ont été dépensées! Et ces monuments tombent en ruines!

Dans la Sahria-Kamel, nous assistons au défilé d'un mariage riche, celui de la fille du prince Osman-Pacha. En tête, la musique; ensuite, une série de voitures élégantes où se tiennent les membres de la famille; puis la voiture de la mariée, recouverte d'un grand cachemire, attelée de quatre chevaux superbes tenus par des saïs; dans l'intérieur, tout capitonné de soie, la mariée, seule. Des cavaliers caracolent tout autour, et, comme il s'agit de la fille d'un pacha, un escadron de lanciers termine le cortège.

L'après-midi, dans le Mousky, nous assistons également au défilé d'un mariage de gens du peuple. Là, le coup d'œil est plus original. En tête, comme toujours, des musiciens arabes, les uns avec des flûtes, les autres avec des tarabouks. Des enfants forment l'escorte, tenant des perches entourées de loques rouges. Après le cortège, vient la mariée, ensevelie de la tête aux pieds sous un voile rouge. Elle marche sous un dais, et deux femmes la guident dans l'obscurité dont elle est enveloppée. De temps en temps, le cortège s'arrête pour écouter un air de musique et pousser des cris. La cérémonie du mariage populaire ne se termine pas avec le jour. Le soir, les parents et amis de l'époux le conduisent à la demeure de la fiancée. C'est une procession originale qui, dans l'obscurité de la nuit, anime les rues du quartier. L'orchestre précède toujours le cortège; suivent les jeunes gens avec des *machallas* où brûlent des bûches résineuses; le marié est entre deux de ses amis qui portent des bouquets. Après une promenade nocturne à travers les rues du quartier où a lieu la cérémonie, on arrive, après bien des détours, au logis de la fiancée dont la maison, pour la circonstance, est décorée et pavoisée. Le marié entre seul; les invités restent dehors à fumer, à boire des limonades, et à faire de la musique pendant toute la nuit. Le lendemain matin seulement, ils quittent la maison de la mariée; la cérémonie est terminée.

La circoncision est une grande fête pour la famille. Dans le défilé, on voit de petites filles aux costumes les plus brillants, recouverts de fleurs; des Arabes avec des torches; ensuite l'orchestre traditionnel. L'usage veut que le petit garçon, dont la circoncision se fait à l'âge de six à sept ans, soit promené sans les rues, soit sur un âne, soit en voiture, aux sons d'une musique bruyante. Pour la circonstance, il est affublé d'un riche costume de femme, dans lequel il disparaît entièrement. Comme la dépense de cette cérémonie est coûteuse pour les gens du peuple, on attend qu'un mariage ait lieu dans le quartier, de manière à ne faire qu'une procession. L'Égyptien, qui est libéral et hospitalier, ouvre sa maison à tout Européen qui veut voir la cérémonie. Ce jour-là, il reçoit tout le monde avec bienveillance.

J'avais vu les derviches hurleurs et tourneurs de Constantinople et de Scutari; je voulus voir ceux du Caire. Les séances de ces fanatiques commencent à deux heures. Les étrangers, moyennant une légère redevance, sont admis dans le téké à assister aux jérémiades et contorsions de ces prophètes. Les derviches sont divisés en deux sectes différentes : les hurleurs et les tourneurs. Les premiers, adossés le long d'un mur, commencent à pousser des cris plaintifs qui vont en s'accentuant. Ensuite commencent les contorsions les plus grotesques que l'on puisse imaginer : la tête s'abaisse jusqu'aux genoux, allant de droite à gauche ; les cris gutturaux qu'ils articulent, les plaintes qu'ils s'efforcent de rendre lugubres sont, pour les spectateurs qui les contemplent, d'un effet saisissant. Tout cela est fait avec une pénétration d'esprit qu'il ne faudrait pas chercher à ridiculiser sous peine d'être expulsé. Leurs croyances sont profondes, et leurs appels aux prophètes convaincants. Ce stratagème dure une heure ; après quoi, les chefs aux longues chevelures, assis au milieu, chantent des versets du *Coran*. Ensuite on amène les enfants malades que l'on couche à terre ; le chef de la secte appuie légèrement du pied droit sur le corps de l'enfant qui doit se relever guéri.

Les derviches tourneurs profèrent pour ainsi dire les mêmes cris ; mais, au lieu du mouvement automatique de droite à gauche exécuté par les hurleurs, les tourneurs font les mêmes contorsions en tournant jusqu'au moment où, étourdis, ils tombent à terre. Leurs chants plaintifs sont accompagnés par des flûtes dont les sons peu harmonieux les excitent. Je ne puis décrire l'originalité de ces scènes presque sauvages, qui laissent dans l'esprit une singulière impression. La vénération due à un derviche est en rapport de la longueur de sa chevelure.

La journée du lendemain fut réservée à une excursion dans les environs. Hélouan-les-Bains est situé à trente-cinq milles du Caire, au pied de la chaîne du Makkatam dont l'altitude est de 58 mètres au-dessus du Caire. La renommée d'Hélouan-les-Bains est due à ses sources tièdes d'eau sulfureuse et saline. Comme à Vichy et à Aix-les-Bains, on y traite les rhumatismes, les affections du foie et le diabète. L'air est pur et vivifiant, et on obtient, paraît-il, des résultats merveilleux dans les maladies de poitrine. Comme séjour de repos et de convalescence, c'est bon et charmant. Les chasses dans le désert, la pêche dans le Nil offrent aux touristes de grandes distractions. Aux alentours, on peut faire l'excursion des pyramides de Saqqarah. Le parc et le casino d'Hélouan sont le rendez-vous des baigneurs. Matarièh, coquet village, est situé au bord du désert, à quarante milles du Caire. On se croirait à Biskra ; partout les jardins, d'une végétation luxuriante, sont remplis de mandariniers, de figuiers, de palmiers, de magnolias, de caoutchoucs. Le paysage est attrayant, pittoresque. On y voit l'arbre historique sous lequel la Sainte Famille vint se reposer lors de sa fuite en Egypte. Le dernier arbre planté date de 1672. Son écorce est remplie d'une quantité prodigieuse d'inscriptions faites par les touristes qui viennent en pèlerinage. Nous remontons sur nos baudets, qui marchent toujours d'une allure rapide, et, en moins de dix minutes, nous arrivons à Héliopolis, où se dresse majestueusement la pyramide. Le lendemain, après avoir franchi le pont de Kaser-el-Nil, une route délicieusement ombragée et d'une heure et demie, en voiture, nous conduit aux pyramides de Ghizeh. La première, celle de Chéops, domine les deux autres ; sa hauteur est de 137 mètres, sa largeur de 200 mètres. Pour en faire l'ascension fatigante, il faut avoir du jarret, car les enjambées que l'on est obligé de faire pour monter d'une pierre sur l'autre, sont de près d'un mètre. Les Arabes vous passent une corde autour de la ceinture ; l'un vous tire par la main, l'autre vous pousse par le corps. Le 21 juillet

1798, le général Bonaparte livrait à Mourad-Bey la bataille des Pyramides, mettait les Mamelucks en déroute et occupait Le Caire avec les généraux Desaix, Kléber, Reynier, Dugua, Bon et Menou. Au moment de livrer l'assaut, Bonaparte s'adressant à ses troupes, s'écriait : « Soldats, du haut de ces pyramides, quarante siècles vous contemplent ». De la pyramide de Chéops, le coup d'œil le plus grandiose et le plus imposant que l'on puisse rêver s'offre aux regards. A l'horizon, d'un côté, les tombeaux des khalifes, la forteresse du Caire ; de l'autre, l'immensité du désert et les sables brûlants ; au bas, le Sphinx, majestueux, qui paraît garder le désert. La descente est périlleuse ; il faut aller doucement et avec grande précaution, pour éviter le vertige. Le nombre de pierres entassées les unes sur les autres est incalculable. Avec tous les blocs employés pour édifier ces trois pyramides, on pourrait faire un mur qui aurait 1.054 lieues de longueur. Pour s'en rendre compte, il suffit de dire que la pyramide de Chéops représente 2.620.000 mètres cubes de pierres ; celle de Chephen, la deuxième, 1.880.000 mètres cubes, et la troisième, celle de Mycérinius, la plus petite, 180.000 mètres cubes : ce qui forme un ensemble, pour les trois, de 4.680.000 mètres.

Nous avons tenu à pénétrer dans l'intérieur de la pyramide qui contient le sarcophage de Chéops. Cette ascension est bien fatigante ; car, pour arriver dans l'intérieur, il faut, à un certain endroit de la galerie, se mettre à plat ventre et passer par une ouverture très restreinte ; la difficulté est d'autant plus grande que le sol, en pente, se trouve, par suite du passage des nombreux visiteurs, complètement poli et glissant. Une fois que vous avez pénétré dans la galerie, l'air vous manque complètement, et c'est à demi asphyxié que vous sortez, très satisfait de revoir le jour.

La deuxième pyramide, Chephen, a 110 mètres de hauteur ; la troisième, Mycérinius, 70 mètres. Toutes trois sont à côté les unes des autres. De là, nous montons sur des chameaux pour nous rendre au fameux Sphinx, dont les proportions gigantesques étonnent la vue. La figure du Sphinx est très endommagée, le nez a disparu ; les Mamelucks le visaient comme une cible. Les Arabes qui nous servent de guides apprêtent notre déjeuner sur le Sphinx même. Pas banal pour des Parisiens de déjeuner à l'entrée du désert ! Après nous être réconfortés, nous visitons, tout à côté, le temple que les fouilles ont mis à découvert. C'est là que l'on commence à voir des blocs énormes de granit. Une de ces pierres, qui provient de la carrière d'Assouan, a 6 mètres de long. C'est de cette carrière qu'ont été tirés les obélisques d'Héliopolis, de Karnac et de Louqsor, et ceux de Paris, de Londres et de New-York.

Le Sphinx, dont la pose est majestueuse, a été taillé dans un seul bloc de granit ; il a 60 mètres de longueur et 20 mètres de largeur ; la tête seule a 9 mètres de hauteur. Le temple découvert tout à côté par Mariette-Bey, notre éminent et regretté compatriote, était le temple d'Isis. Au pied des pyramides, sont installés des photographes et des marchands de bibelots. A côté, le châlet où descendit l'Impératrice des Français lors de son voyage à Suez. Un hôtel construit tout proche permet aux touristes de séjourner plusieurs jours, si bon leur semble, aux pyramides de Ghizeh. On aperçoit dans le lointain les pyramides de Saqqarah. Le nombre des pyramides, en Égypte, est d'environ 80.

Pour revenir au Musée, nous traversons la plaine où les Bédouins se sont construit des villages. C'est dans ces parages qu'en 1799 Méhémet-Ali fit massacrer les Mameluks. Le jardin zoologique, que nous visitons avant le Musée, est intéressant par la rareté de certaines espèces d'animaux, et, comme dans tous les jardins d'Égypte, on y voit en abondance les plantes les plus rares. Nous abordons une petite Bédouine au teint bronzé, assise sur un banc, allaitant un enfant de quatre mois. Notre drogman, un Arabe, nous sert d'interprète ; elle lui dit qu'elle a douze ans.

Nous employons le restant de la journée à faire une première visite au Musée de Boulacq, qui a été transféré à Ghizeh, dans l'ancien palais d'Ismaïl-Pacha.

LE MUSÉE DE GHIZEH

Le palais de Ghizeh fut construit par ordre du khédive Ismaïl-Pacha. Le Musée de Boulacq, étant devenu insuffisant pour recevoir les antiquités mises tous les jours à découvert par les fouilles, le gouvernement, en 1890, résolut de transférer à Ghizeh le Musée de Boulacq. Cette construction aussi vaste qu'élégante, a permis d'installer 91 salles, où le public et les savants peuvent venir tout à leur aise admirer les restes de cette civilisation antique et sans rivale, dont les premières fouilles furent commencées par un Français, Mariette.

Mariette, né le 11 février 1821 à Boulogne-sur-Mer, appartenait à une famille de marins. Élevé au collège de sa ville natale, il en devenait à vingt ans professeur. A la fin de 1848, il se décide à tenter la fortune à Paris. Grâce à son ami, le peintre Jauron, il entre au Musée du Louvre. Là il se met en tête d'aller chercher le succès en Égypte. Il demande et obtient du gouvernement les ressources nécessaires à ce voyage. Il débarque à Alexandrie le 12 octobre 1850 ; il visite Ghizeh, Dahsourh et Saqqarah. Le hasard lui fait trouver dans la région nord du plateau de Saqqarah, un sphinx chargé de graffites où les noms d'Osiris étaient associés à ceux d'Apis et de Sérapis. Cette rencontre fortuite éveille dans sa mémoire le souvenir d'un passage de Strabon, où ce voyageur grec raconte que le Sérapeum de Memphis est dans un lieu très sablonneux, et qu'on y voit des sphinx enfoncés. L'idée lui vient que le Sérapeum si longtemps cherché en vain était là. Il assemble quelques ouvriers, et, dès le 1er novembre 1850, il commence les fouilles jusqu'au 135e sphinx. Puis, l'allée tournant à gauche, il retrouve la bonne piste ; deux mois de travaux mettent à jour l'ensemble des fouilles. Il arrive jusqu'à la porte du Sérapeum Le 16 août 1852, l'Assemblée Nationale, à Paris, lui vota 30.000 francs pour reprendre les travaux avec plus d'activité. Dans la nuit du 12 au 13 novembre, Mariette pénétra dans les souterrains du Sérapeum ; il y découvrit la collection qui fait aujourd'hui l'ornement du Musée du Louvre. En 1853, pour le compte du duc de Luynes, Mariette dégagea la partie antérieure du grand Sphinx, au pied des pyramides de Ghizeh, et aussi tout un temple, construit en blocs énormes d'albâtre et de granit. De retour en France, il fut nommé conservateur au Musée égyptien du Louvre et s'occupa de classer l'immense collection qu'il avait rapportée du Sérapeum. Tel est le premier épisode glorieux de sa vie. Au bout d'un an, il reprenait sa carrière aventureuse sur les bords du Nil, à la demande de Saïd-Pacha, ami de la France, qui avait prié le gouvernement français de lui prêter Mariette. C'est alors que le nouveau prince conféra à Mariette le titre de bey. Saïd-Pacha l'autorisa à multiplier ses chantiers de fouilles, à employer des Arabes à la corvée et à fonder le musée qui fut établi à Boulacq. En 1878, une crue du Nil faillit tout détruire. Maître du sol antique de l'Égypte, Mariette-Bey voulut en faire l'exploitation sur un plan grandiose ; il créa trente-sept chantiers de fouilles, de l'embouchure du Nil à Assouan, première cataracte du Nil. Les fouilles du Delta donnèrent de sérieux résultats. Les fouilles de 1858 à 1863, reprises en 1877, ont fait connaître plus de trois cents tombes, tant à Ghizeh qu'à Saqqarah et Méidoum ; Abydos, Denderah, Edfou et Thèbes profitèrent de son activité. En vingt ans, il fit sortir de sous terre le temple de Séti, les deux temples de Ramsès II, les restes du temple d'Osiris, plus de deux cents tombes et quinze mille monuments, dont la plupart sont aujourd'hui au Musée de Ghizeh.

A Edfou, une ville entière s'était construite sur les toits d'un temple ; de même à Louqsor, où une partie de la ville arabe a été construite sur les ruines qu'en ce moment on est en train de mettre à découvert. A Edfou, le village arabe fut rebâti dans la plaine ; le temple sortit intact de son linceul de décombres. Saïd-Pacha, qui avait soutenu Mariette-Bey dans ses entreprises, mourut en 1863 et fut remplacé par Ismaïl-Pacha qui, contrairement à son prédécesseur, attachait peu d'importance à l'archéologie. Il continua cependant l'œuvre de Saïd-Pacha. Mariette Bey, nommé commissaire égyptien à l'Exposition de 1867, fit transporter à Paris les plus belles pièces du Musée de Boulacq. Il fit ainsi connaître à l'Europe émerveillée les richesses et la beauté de la civilisation égyptienne, qui jusqu'à ce jour était restée inconnue. Les désastres de la France en 1870, les embarras politiques et financiers de l'Egypte, les chagrins domestiques de Mariette-Bey, resté veuf avec sept enfants, la mort soudaine de sa fille aînée, celle de deux autres de ses enfants interrompirent forcément son activité. L'hiver terrible de 1870 qu'il passa à Paris fit de l'athlète d'autrefois un triste valétudinaire, et, quoique atteint du diabète, il voulut encore retourner en Egypte ; il y mourut après une agonie terrible qui dura huit jours, le 17 janvier 1880. Les derniers travaux qu'il avait commandés avant sa mort amenèrent la découverte à Saqqarah de deux pyramides royales remplies d'inscriptions, là même où il avait vécu trente-deux ans.

M. Grébaut, un autre Français, succéda à notre illustre compatriote Mariette-Bey. Il conserva ses fonctions jusqu'au 1er mai 1892 ; mais, épuisé de fatigues, il fut remplacé par M. de Morgan, directeur actuel du Musée de Ghizeh, qui accueille ses compatriotes avec la plus grande bienveillance. C'est à M. de Morgan que l'on doit les récentes découvertes de Dahsour exposées dans le Musée de Ghizeh. J'ai pu, à mon retour de Nubie, admirer les richesses de cette unique et inestimable collection. Je me suis entretenu avec un des employés supérieurs qui me disait qu'il y avait vingt ans les Anglais, ayant déjà su apprécier la valeur sans égale des collections renfermées dans le Musée de Ghizeh, en avaient offert au gouvernement égyptien la somme de 800 millions. Mais après les fouilles faites depuis par Mariette-Bey, Grébaut et de Morgan, la valeur actuelle du Musée, le plus riche du monde, peut être évaluée à 1.400 millions de francs. On comprend la convoitise raisonnée de MM. les Anglais. Il faut plusieurs journées pour voir ce Musée incomparable, si l'on veut en apprécier les richesses. Pour les archéologues, il y a là, sans contredit, de précieux renseignements à puiser. L'Ancien, le Moyen, et le Nouvel Empire, comme les époques grecque et romaine, y sont représentés. La première dynastie, l'Ancien Empire, dont la capitale était Thinis, et qui dura deux cent cinquante-trois ans, remonte à 5004 ans avant J.-C. Le Moyen Empire, XIe dynastie, qui avait pour capitale Thèbes, dura deux cent treize ans, et date de 3064 ans avant J.-C. Le Nouvel Empire, XVIIIe dynastie, dont la durée fut de deux cent quarante ans, date de 1703 ans avant J.-C.

Les fouilles de Louqsor ont produit de belles statues. On y voit la salle copte, la salle des monnaies du temps de Tibère, de Néron, de Messaline, de Nerva, de Domitien, d'Othon et de Titus. La collection des Tanagras (statuettes en terre) est plus riche et plus importante que celle du Musée d'Athènes ; j'ai pu comparer. Les salles d'objets funéraires, de céramiques et de scarabées ont une valeur inappréciable. Dans la grande salle d'honneur, richement décorée, se trouve la collection des bronzes antiques ; la galerie des sarcophages est particulièrement remarquable ; les décors artistiques de ces salles donnent à l'ensemble un coup d'œil grandiose. Plus loin, la salle des momies royales, découvertes, en 1881, par M. Maspero ; les prêtres d'Ammon découverts, en 1891, par M. Grébault ; les statuettes en or massif, les bijoux provenant de la momie du roi Pinotem, le dieu crocodile Sébek, le tombeau de Ahotpou ; la momie de la dame Ament, prêtresse d'Hator, couchée et embaumée dans la position où la mort l'a prise il y a cinquante siècles ; cette momie porte des colliers de perles en argent et en or, ainsi que des bagues en argent. Dans la salle 44, j'examine les momies avec portraits peints sur toile et sur bois, la statuette de Vénus, provenant de Fayoum. Salle 45, des terres cuites de Bacchus et de Mercure rappellent le style des Tanagras. La salle 48 contient encore trois momies de l'école copte ; la collection des bronzes est d'une richesse inouïe. Dans la salle 70, la précieuse collection des bijoux de la reine Ahotpou, mère du roi Aahmès Ier, fondateur de la XVIIIe dynastie ; la momie de cette reine fut découverte par les Arabes, en 1860, et confisquée par le mudir de Quéneh. Mariette-Bey, prévenu, mit la main sur le cercueil ainsi que sur les bijoux, mais pas assez tôt pour éviter que beaucoup d'objets précieux ne fussent volés par les Arabes. Dans la même salle, le miroir en ébène et bronze doré de la reine Ahotpou ; même à cette époque reculée les femmes étaient coquettes. A côté de ce miroir, des poignards en or massif, à lames de bronze ; des bracelets, des colliers, des hachettes en or avec des hiéroglyphes qui désignent des dieux. Certains de ces bijoux ont été trouvés sur les momies royales et ont appartenu aux rois Ramsès II, Pinotem et Déir-el-Bahari. Les vitrines contiennent des pendants d'oreilles, des bracelets en forme de serpents, avec têtes ornées d'émeraudes, joyaux de grande valeur. Les statuettes en or représentent les dieux, parmi lesquels Sébek, le dieu de Fayoum, Phtah, Amrou, des scarabées montés en bagues ; enfin, une pièce merveilleuse, qui fait l'admiration de tous les visiteurs, un bijou représentant l'âme sous la forme d'un oiseau à tête humaine, dont les ailes sont éployées ; cette merveille, comme toutes les autres pièces, a été trouvée à Saqqarah par Mariette-Bey. Après avoir examiné en détail ces belles choses, j'ai visité la salle 71 où se trouvent les scarabées. Le scarabée, d'après les doctrines égyptiennes reprises par Pythagore, est un symbole de transformation, qui dit : « Rien ici-bas ne s'anéantit ; tout ce qui meurt meurt pour renaître ; l'âme est destinée à passer dans un corps nouveau, etc. »

Dans les scarabées funéraires, plusieurs portent sur leurs élytres les images d'Osiris, en face de Horus (soleil). On sait que Horus est Osiris transformé, renaissant. Des scarabées à tête humaine proviennent de Gaoul-el-Kébir ; d'autres portent les cartouches des rois d'Egypte depuis la XIVe dynastie : le cartouche d'Osiris, considéré comme un roi fabuleux des dynasties divines antérieures à Ménès, et le nom du dieu Shou, fils du Soleil, autre roi des dynasties mystiques. A côté, les scarabées emblématiques représentant la divinité entre Set, principe destructeur, et Horus, principe rénovateur, image des deux Nils, Nil du nord et Nil du sud ; dans une vitrine, une statuette représentant Horus enfant.

Dans la salle 72, se trouvent les bronzes d'animaux emblématiques, les poissons consacrés à la déesse Méhit, les singes et cynocéphales consacrés au dieu Thot, les chats à la déesse Bast, les truies au dieu Set ou Typhon, les béliers au dieu Ammon, les crocodiles attribués à Sébek, dieu de Fayoum, les serpents à jambes au dieu Nehbka. L'éléphant parait n'avoir été consacré à aucune divinité. Ensuite, la statue du taureau Apis, la tête de Hathon, le bœuf Apis agenouillé ; le dieu Ambouri, qui était la divinité de Thini, près d'Abydos ; le dieu Nil (Hapi), le dieu Bès, la déesse Néit, le poisson consacré à la déesse Vénus, la déesse Selk ; le dieu Khnoum, qui était adoré en Nubie et spécialement aux cataractes ; la déesse Mat, le dieu Ammon-Ka ; la déesse Mout, épouse d'Ammon et mère de Khonson, adorée à Thèbes ; Imhotep ou Esculape, fils de Phtah ; la déesse Isis, femme et sœur d'Osiris et mère de Horus ; la déesse Hathor, représentée sous la forme d'une vache ou d'une femme à oreilles de vache : c'était la Vénus égyptienne, déesse de la beauté ! Le temple qui lui fut consacré à Denderah est encore debout, presque intact. Osiris, dieu d'Abydos, était adoré dans l'Egypte entière. Et pour terminer, les dieux Mentou, Anubis et Isis allaitant Horus.

Dans la salle des cercueils, les peintures bien conservées sont remarquables, de même que les sarcophages : les plus curieux sont ceux de Sésostris momifié, de la dame chanteuse d'Ammon, du divin Père Padonamen et de Tanefer, prophète d'Ammon-Ra. Les momies royales ont été découvertes par M. Maspéro, dans le voyage qu'il entreprit dans la Haute-Egypte en avril 1881. Il apprit que des objets provenant de tombes royales avaient été vendus par des Arabes, et par Mustapha Aga-Ayad, vice-consul d'Angleterre ; les Arabes furent arrêtés, mais le vice-consul d'Angleterre, couvert par l'immunité diplomatique, put échapper aux poursuites. A Thèbes, les Arabes découvrirent un hypogée des Pharaons les plus illustres de l'histoire d'Egypte, où se trouvaient Thoutmès III, Séti Ier, Ahmès le libérateur et Ramsès II le Conquérant. Ramener tous ces précieux cercueils au Musée de Boulacq n'était pas chose facile ; il fallait d'abord traverser la plaine de Thèbes jusqu'à Louqsor. Les cercueils furent portés par seize Arabes, qui mirent huit heures pour aller de la montagne à la rivière : travail pénible, étant donné la chaleur torride qu'il faisait à cette époque de l'année. Enfin, le 11 juillet 1881, cercueils et momies étaient à Louqsor ; là, on les chargea sur le bateau à vapeur du Musée qui partit avec son fret funéraire de rois. De Louqsor à Quouft, sur les deux rives du Nil, les fellahines échevelées suivirent le bateau en poussant des cris plaintifs. Les Arabes, comme aux funérailles, tiraient des coups de fusils. Ces malheureux se révoltaient à la pensée que l'on venait troubler leurs dieux dans leur paisible sommeil ; pour eux, c'était en effet une profanation. Cette importante découverte fut installée au Musée de Ghizeh, dont elle forme maintenant une collection précieuse ; je ne pouvais la quitter des yeux.

Les deux pyramides en briques qui se trouvent dans la région de Saqqarah renfermaient, dans un souterrain d'une longueur de 110 mètres, les sépultures de douze princesses, femmes ou filles de rois. Malheureusement ces tombes avaient été violées au temps passé ; deux cachettes de bijoux, creusées dans le sol même de la galerie, avaient seules échappé aux voleurs. Devant la pyramide du sud, une série de caveaux renfermaient les corps de personnages princiers Deux chambres avaient été épargnées par les voleurs ; l'une avait servi de sépulture au roi Hor. Dans l'entrée, le cercueil d'une princesse. La chambre principale des deux pyramides n'a pu encore être trouvée. C'est sous l'habile direction de M. de Morgan que les fouilles se continuent à Fayoum, à Méir, à Abydos, à Gournah, à Louqsor, à Karnac, à Assouan, à l'île de Séhel. Ces fouilles mystérieuses réservent encore bien des surprises. Les étonnantes découvertes faites à Dahsourh sont un réel encouragement.

Tous les bijoux et pièces de joaillerie que M. de Morgan a découverts à Dahsourh ont été placés dans la salle 7. Dans quatre vitrines, on a exposé à la vue du public toutes les admirables pièces découvertes. Les bijoux qui m'ont le plus particulièrement frappé, autant par leur richesse que par le travail inouï de leur ciselure, sont deux couronnes formant diadème, et la collection de bijoux de la XIIe dynastie. A côté, une grande quantité de bracelets, de colliers, de boucles d'oreilles. Tous ces bijoux en or mat, et aussi frais que s'ils venaient d'être fabriqués, sont ornés de pierres précieuses, fines et rares. Plus loin, dans une autre vitrine, des armes, des pièces de monnaie. Comment évaluer la valeur d'un tel trésor ? Les bijoux ont appartenu à des rois, à des princesses royales d'il y a cinq mille ans. Le masque en or de la *princesse Ita*, les colliers étincelant d'émeraudes, de lapis-lazzuli, de perles en or, en cornaline, un poignard à lame de bronze avec une garde en or quadrillée d'incrustations, les bijoux de la reine Khnoumit sont aussi merveilleux ; la couronne d'or massif, aux motifs en forme de lyre incrustés d'émeraudes, surmontée d'une gracieuse hampe feuillée d'or, et fleurie de grappes en pierres précieuses : ces fleurs, ces motifs sont constitués par des incrustations taillées dans les pierres les plus dures, puis enchâssées dans l'or avec une telle précision que l'on croirait, en les contemplant, voir les plus fins de nos émaux. Cette nouvelle collection comprend 5.767 pièces, dont le poids en or dépasse 1 kilogr. 800. Par l'excessive finesse des incrustations de la face, par l'admirable ciselure du revers, ces bijoux sont particulièrement remarquables : les colliers sont en or filigrané avec étoiles et pendeloques, chefs-d'œuvre d'habileté et de patience, pour la création desquels les maîtres antiques possédaient des instruments et des procédés complètement ignorés de nos jours.

Dans l'admiration qu'inspirent de pareilles découvertes, les humbles travailleurs semblent relégués à l'arrière-plan. Mais le mudir ne les a pas oubliés ; il a ordonné le sacrifice et la distribution d'un buffle : rare aubaine pour ces pauvres Arabes peu habitués à des festins de ce genre ! De grandes réjouissances se sont organisées autour de l'animal égorgé, tandis que l'on dépeçait l'énorme bête suspendue à trois pieux et que les chairs découpées étaient étendues à terre sur la noire dépouille. La danse mi-guerrière, mi-joyeuse, s'improvise au milieu du cercle des indigènes. Le chef, après maintes attitudes expressives, s'immobilisant dans une dernière pose, décharge son fusil : c'est le signal de la distribution. Chaque assistant vient recevoir son morceau, sa part.

Au rez-de-chaussée, le Musée de Ghizeh possède une salle de vente. Dans de nombreuses vitrines sont exposées toutes les pièces antiques provenant des fouilles, telles que statuettes, bronzes, scarabées, vases, lampes, etc., destinées à êtres vendues au public. C'est l'excédent des trop nombreuses collections où les objets, multiples dans leur forme et dans leur style, figurent plusieurs fois et peuvent être sans aucun inconvénient vendus au public. Aussi cette salle reçoit-elle la visite de tous les amateurs des antiquités égyptiennes, étant donné qu'elle offre à l'acheteur, chose rare ! une garantie absolue d'authenticité.

Amateur et collectionneur, j'ai pu faire des achats qui, avec bien d'autres objets antiques trouvés dans mon voyage, m'ont constitué un bien minuscule Musée de Ghizeh. Je conserve surtout de toutes ces précieuses collections, qu'il m'a été permis d'admirer, une impression inoubliable ; je les revois toujours !

Quelle satisfaction légitime éprouvent les Français, lorsqu'ils parcourent les nombreuses galeries de ce somptueux palais, devenu le Musée de Ghizeh, à la pensée que l'initiative et le succès de cette œuvre sont dus à nos compatriotes Mariette-Bey, Grébaut et de Morgan, qui tous ont déployé leur énergie, décuplé leur activité et consacré tout leur dévouement aux fouilles mystérieuses qu'ils avaient entreprises sur les bords du Nil ! Est-ce que tout, en Egypte, ne rappelle pas l'œuvre des Français ? Est-ce que partout on ne rencontre pas les traces de leur passage ? N'est-ce pas le peuple français qui sur tous les points du globe a porté la civilisation, fait connaître la science et inspiré le progrès ? N'a-t-il pas de tous côtés joué un rôle considérable ? En Egypte, St-Louis a laissé de précieux souvenirs et les germes d'une colonisation dont Leibnitz, sous Louis XIV, appréciait les bienfaits. Qui pourrait oublier le rêve de Bonaparte ?

Nos savants eux aussi ont apporté leur contingent dans cette évolution. Les travaux scientifiques qu'ont accomplis Lepère, Fourier, Desgenettes, Dubois, Monge, Berthollet, Delormieux, sont prodigieux, innombrables. Après tant de sacrifices et d'efforts, la France pouvait faire de l'Egypte ce que nous avons fait plus tard de l'Algérie. Mais le sort en décida autrement, et Méhémet-Ali reconquit l'Egypte. C'était le fils d'un officier turc, né la même année que Bonaparte. Elevé par un Français, M. Lion, il resta dévoué à la France qu'il avait appris à aimer. Il est mort fou en 1853.

Si la France a laissé l'Angleterre établir sa domination politique en Egypte, elle n'a pas abdiqué son influence scientifique. Grâce aux directeurs du service des antiquités, tous français, grâce aussi à la fondation de l'Institut français d'archéologie orientale au Caire, l'Egypte vient de montrer qu'elle n'est pas seulement « le plus beau pays de l'univers », mais encore le plus fécond en richesses archéologiques, et « toujours une sorte de phare au milieu de la nuit profonde de la très haute antiquité ». M. de Morgan, le jeune et éminent archéologue, à qui est confiée la direction du service des antiquités, vient de le prouver par ses fouilles récentes, par ses importantes découvertes dont on fait grand bruit, avec juste raison, dans le monde savant de tous les pays, et dont je suis heureux de donner un aperçu. Ce sont encore les pyramides qui ont le privilège d'exciter la curiosité publique et de passionner les savants. Ces montagnes de pierres qui s'étendent en une longue chaîne dans la vallée du Nil, au nord de Ghizeh, étaient des tombeaux et comprenaient trois parties : la chapelle, le couloir et les chambres mortuaires. Une fois le corps enfermé dans le sarcophage, on emplissait le caveau de pierres, de terre, de sable, on murait l'entrée de façon à en dissimuler l'emplacement, et le mort pouvait espérer reposer ainsi pour l'éternité. Mais ces étranges monuments funéraires, découpant sur le ciel bleu leur grand triangle jaune, n'ont pas toujours pu garder le dépôt confié. Le sentiment religieux et les idées sur l'autre vie conduisaient les Egyptiens à ensevelir le mort avec ses armes, ses vêtements, ses bijoux, tout ce qu'il avait de précieux, et même des aliments dont il pouvait avoir besoin dans l'autre vie, car ils croyaient à la continuation de « la vie matérielle ». C'était, on le comprend, autant d'appâts à la cupidité, et le désir de s'approprier ces richesses devait faire surgir toute une armée de voleurs et de profanateurs de sépultures.

M. de Morgan est le premier qui ait employé des procédés véritablement scientifiques dans ses admirables fouilles et découvertes. La France peut être fière de lui, comme de Mariette.... « Les travailleurs arrivent au point du jour, les hommes avec des hoyaux de fer, les enfants avec de petites corbeilles tressées. L'homme creuse la terre et l'enfant porte au loin le sable et les débris qui viennent d'être remués. Tous les enfants vont et reviennent en une interminable procession à leur point de départ : l'un d'entre eux fait souvent entendre quelque chant monotone qu'ils reprennent tous en chœur. Cette mélopée qui scande leur marche leur fait oublier la fatigue et l'ardeur du soleil. »

Plus tard, nous retrouvons encore, dans l'histoire de l'Egypte, l'influence et l'œuvre des

Français. C'est à Mougel que l'on confia la construction du barrage du Nil, dont la première pierre fut posée en 1847. Le pont du Caire est l'œuvre d'un Français, M. Cordier. Le canal Ismaïlièh, qui conduit l'eau du Nil à Ismaïlia, fut construit, en 1866, par un ingénieur français, M. Brocard ; les barrages de l'Atfé, par M. Barrière. Le directeur des eaux du Caire, M. Pierre, est un ancien instituteur français.

A Ismaïlia, 80 kilomètres de conduits en fonte portent l'eau potable. C'est M. Lasseron, un Français, qui a accompli ce travail en 1865 ; l'année suivante, il porta également l'eau potable à Suez. A Syout, dans la Haute-Egypte, la distribution des eaux fut organisée, en 1881, par MM. Pierre et Poisson, encore des Français. Dans la moyenne et dans la haute Egypte, Ismaïl-Pacha, pendant son règne, fit construire quinze sucreries destinées à utiliser les importantes récoltes de canne à sucre qui se font dans ces régions. Ce fut aux établissements Cail de Paris qu'Ismaïl-Pacha confia l'installation d'une partie de ces usines dont les directeurs, autrefois, étaient tous des Français. Mais depuis l'arrivée néfaste des Anglais, quelques-uns de nos compatriotes ont dû s'éloigner. Ainsi, partout en Egypte, on trouve des Français, ces pionniers du travail ; on les trouve aussi dans les exploitations agricoles et industrielles. Est-ce que, en présence de tous ces faits, il serait possible que notre influence si longtemps exercée dans ce pays fût anéantie par les Anglais ? Non, cela ne sera pas ! Notre devoir est de nous opposer avec une énergie sérieuse à l'empiètement continuel de cette nation sans scrupules, qui cherche, par des moyens inqualifiables, à s'emparer de la vallée du Nil. L'Egypte, le canal de Suez, la route des Indes, cette œuvre essentiellement française, due à la conception géniale d'un de nos compatriotes, doit-elle devenir un jour la proie des Anglais ? L'Europe entière, pour ses propres intérêts, doit exiger (et la chose lui est facile, si elle comprend que, dans cette question, les puissances sont solidaires les unes des autres), l'évacuation de l'Egypte par l'Angleterre, qui renie aussi insolemment ses engagements. L'Europe comprendra-t-elle enfin que c'est son devoir ?

Lord Cremer avait cherché à faire croire à l'Europe que de nouveaux troubles avaient éclaté dans Alexandrie et que les sujets de la reine pouvaient se trouver en péril. Sa tactique peu habile ne put réussir, son plan fut déjoué. Lord Cremer et ses collaborateurs avaient tout simplement imaginé cette petite comédie, afin de donner prétexte à l'idée, qui les hantait depuis quelque temps, de faire débarquer en Egypte un nouveau corps d'armée de 5.000 hommes, ce qui aurait porté le corps d'occupation à 10.000 hommes. Et comme ils ne pouvaient pas ouvertement, sans motif aucun, faire débarquer ces nouvelles troupes, car la France et les puissances d'Europe les en auraient empêchés, ils avaient imaginé ce petit stratagème, croyant que la perfidie n'en serait pas dévoilée. Mais, comme le chat prêt à saisir, lord Cremer a été obligé, malgré lui, de rentrer ses griffes.

Oui, la France doit plus que jamais protester, et elle le fera, contre l'envahissement continu des Anglais en Egypte ; car, par tous les moyens possibles, ils y prennent une prépondérance inquiétante pour l'avenir. Bien coupables étaient ces députés en délire assis dans le Palais-Bourbon, en 1882, et qui disaient sans raison : « Nous ne voulons plus d'aventures ; la France n'a rien à faire en Egypte, la Méditerranée ne nous inquiète pas, c'est à la frontière de l'Est qu'il faut songer. » On voit avec quelle sagacité prévoyante les députés de cette époque raisonnaient les événements ; leur funeste résolution, à laquelle s'est associé M. de Freycinet, a eu pour conséquence l'occupation de l'Egypte par les Anglais seuls ! Est-ce que, depuis, les politiciens en chambre, (non pas les mêmes, il est vrai) n'ont pas voté des millions (beaucoup plus qu'il n'en était demandé pour l'Egypte), pour les expéditions de Tunisie, du Tonkin, du Dahomey et de Madagascar ? Que de millions ont été engloutis ! Sans compter le nombre de nos vaillants soldats qui ont versé là-bas leur sang généreux ! Que de héros tomberont encore, si loin de la mère-patrie ! Il faut penser au canal de Suez. A l'entrée, à Port-Saïd, les Anglais ont eu l'audace de construire une grande caserne qui est occupée par leurs soldats !

Voilà les résultats pour cette France qui, jadis, fut si florissante et si respectée de l'Europe entière ; pour cette France généreuse et trop hospitalière, dont les vertus ont fait l'admiration même de ses ennemis ; pour cette France maintenant livrée aux juifs avides de sa fortune, aux juifs qui sont partout et s'emparent de tout, qui ont pour chef le milliardaire Rothschild, le roi de l'or, dont la fortune a pris naissance à notre désastre de Waterloo, dans des circonstances qu'on n'a pas oubliées.

Gambetta disait : « Le cléricalisme, c'est l'ennemi ! » Il aurait mieux fait de dire : « Le juif, c'est l'ennemi ! » C'eût été de sa part un cri plus véridique. Car le juif est bien l'ennemi de l'avenir. Le juif nous a conquis. Israël s'est inféodé en France, car de tous côtés tintent à nos oreilles des noms hébraïques : en finance, c'est Rothschild, Erlanger, Ephrussi, Hirsch, Camondo et tant d'autres ! Aux Finances, nous avons eu Raynal ; à la préfecture de la Seine, Hérold, qui fit jeter les crucifix dans la charrette aux ordures ; comme chef de la sûreté, Isaïe Vaillant ; dans la presse, trop de journaux sont leur propriété.

Contre ce flot qui monte et qui menace tous les jours non seulement de nous envahir, mais de nous engloutir, n'est-il pas temps de réagir et de faire entendre le cri d'alarme ? Devons-nous ainsi nous laisser dépouiller impunément par ces hommes cupides qui convoitent non seulement la fortune de la France, mais qui menacent d'anéantir son prestige ? C'est aux patriotes français, et ils sont encore nombreux, d'examiner sérieusement la situation faite à notre chère France et de réagir énergiquement contre un pareil état de choses !

La franc-maçonnerie est devenue, pour les Sémites, une société de solidarité. Elle a su grouper autour d'elle un certain nombre d'adeptes, parmi lesquels figurent des Lévy, des Moïse, des Isaac, des Franck, des Abraham, des Gugenheim, des Weil, des Nathan, des Dreyfus, des Worms et tant d'autres. C'est un de leurs maîtres, Crémieux, qui, en 1870, au milieu d'une Chambre affolée, obtint le vote qui reconnaissait à ses coreligionnaires le droit de citoyen. Il faut voyager en Algérie, comme je l'ai fait plusieurs fois, pour bien constater les déplorables effets qu'a produits le vote de la Chambre, reconnaissant aux juifs le droit de citoyens français. Aussi les Arabes, qui ont été et sont tous dépouillés par les usuriers juifs, sont-ils les ennemis inféodés de cette race sans scrupules. Nous avons vu aussi, au Sénat, le juif Naquet, qui a désorganisé la société avec sa loi sur le divorce, qui tend à faire écrouler l'édifice social. Un jour, me promenant sur le boulevard, j'entendis entre deux juifs le dialogue suivant. L'un demandait à l'autre, qui habite le quartier du Sentier, s'il était satisfait de ses affaires commerciales. — Oui, lui répondit-il, ça va très bien. Et toi, tes affaires de Bourse sont-elles prospères ? — Au delà de toutes mes espérances, répondit son interlocuteur. C'est au point que je me demande comment feront les chrétiens pour vivre dans vingt ans d'ici ? — Voilà bien la situation qui nous est faite, ce juif disait vrai. Nous sommes devenus la France juive. C'est pourquoi je crie : « Honneur à la Russie ! ». Cette énergique puissance a su, par la voix autorisée de son Empereur regretté, Alexandre III, mettre à néant l'ambition juive et arrêter à temps le flot montant qui menaçait de l'engloutir. Les Juifs ne peuvent plus, en Russie, devenir propriétaires du sol ; et, dans l'Etat, ils ne sont rien, quand, chez nous, ils sont tout. En Allemagne même, dans l'armée, ils ne peuvent pas dépasser le grade de sergent.

Après plusieurs jours passés au Caire, je dus faire mes préparatifs de départ pour la vallée des Pharaons. Ce nouveau voyage sur le Nil demande, aller et retour, vingt jours.

SUR LE NIL

Mon rêve va s'accomplir : revoir le Nil, visiter les ruines pharaoniques d'Assiout, de Louqsor, de Thèbes, de Karnak, d'Abydos, de Komondo, de Memphis, d'Assouan et de l'île de Philœ. Mais avant d'énumérer toutes ces merveilles, je vous dois, chers Lecteurs, quelques détails sur le fleuve : renseignements que j'ai recueillis et notés pendant mon voyage dans la Basse, dans la Moyenne et dans la Haute-Egypte. Boulaq est le port du Caire ; c'est le point de départ pour le

Nil. La flottille et les élégantes *dahabièhs* sont réunies dans le port, prêtes à recevoir les excursionnistes. Les rues de Boulaq sont étroites et sombres, les moucharabièhs sont plus vieilles, la misère du peuple est plus hideuse qu'au Caire.

La distance qui sépare Le Caire d'Assouan, capitale de la Nubie, est de 240 lieues environ. Le Nil, qui prend sa source à Victoria-Nyanza, jusqu'à la Méditerranée où il se jette, a 6.500 kilomètres de longueur ; c'est, après le Mississipi, qui a 6.600 kilomètres, le plus grand fleuve du monde. Le Nil est composé du Delta, du Nil Blanc et du Nil Bleu. Dans la Haute-Nubie, le Nil reçoit l'Athara. D'Assouan à la mer, il a un parcours de 1.204 kilomètres ; sa largeur moyenne est de 800 mètres. De Khartoum, capitale du Soudan, au Caire, sa longueur est de 2.937 kilomètres ; de Khartoum à Assouan, 1.766 kilomètres. A 23 kilomètres en aval du Caire, un de ses bras forme le Delta, où se trouve le barrage ; les deux bras que forme le Nil se jettent dans la mer près de Rosette et de Damiette. Le Nil débite, à son embouchure, 400 millions de mètres cubes d'eau par vingt-quatre heures ; il inonde 250.000 kilomètres carrés de plaines et de marais. Au Caire, il débite 46 millions de mètres cubes d'eau par vingt-quatre heures. A Assouan, il est à 94 m. 25 au-dessus du niveau de la mer ; à Berbère, à 350 m. 35 ; à Khartoum, à 369 m. 50. Les six rapides principaux qu'il forme sont : El-Chellal-Assouan, Wady-Halfa, Hannek, Teraï, El-Solimanièh et Saboloka.

Les distances de Khartoum aux six cataractes sont les suivantes : à la 6e cataracte, 86 kilomètres ; à la 5e, 313 kilomètres ; à la 4e, 706 kilomètres ; à la 3e, 1.130 kilomètres ; à la 2e, 1.448 ; à la 1re, 1.896 kilomètres (de Khartoum à Assouan).

A Assouan, l'île de Philoé est entourée de tous côtés par des rochers sombres, enfoncés dans une espèce de golfe, de sorte que le Nil semble finir là : l'œil cherche en vain une issue. Sur une longueur de 10 kilomètres, les rochers se succèdent et donnent lieu à de nombreuses cascades qui bouillonnent ; elles me rappellent les rapides du Niagara et du Saint-Laurent, que j'ai vus en 1892, lors de mon voyage à Chicago. Des Nubiens et des Bicharins n'ayant pour tout costume que celui d'Adam, assis sur des morceaux de bois, descendent ces rapides avec une dextérité peu commune, plus heureux que le capitaine Webb qui se noya en voulant descendre ceux du Niagara. Le débit du Nil, en 1876, a été de 12.823.432 mètres cubes d'eau. En admettant que ce fleuve fût barré à la hauteur du Caire, il faudrait un volume approximatif de 17.500 millions de mètres cubes d'eau pour exhausser le niveau de l'étiage jusqu'à la cote maxima des crues ordinaires, puisqu'on estime l'écart moyen entre les deux points à 7 m. 50. A Assouan, le Nil, qui a une largeur de 1.000 à 1.200 mètres, se réduit, près d'Assiout, à 800 mètres ; il y a quatre mille ans, il était à 8 mètres plus haut qu'aujourd'hui. C'est indiqué par une inscription qui date de Thutmosis II et qui se trouve maintenant à 60 pieds anglais au-dessus du fleuve, à la petite cataracte de Taxgur. Dans tout son cours le Nil ne reçoit qu'un affluent, l'Athara, à 300 kilomètres de Khartoum. Dans l'Egypte, il rentre près de Wadi-Halfa, deuxième cataracte. Six fois il est obligé de se frayer un passage à travers les chaînes de montagnes ; la cataracte de Wadi-Halfa est la plus grande ; elle a 8 kilomètres de long, entre l'île de Philoé et l'île Eléphantine. D'Assouan à la Méditerranée, le fleuve est navigable sans interruption. Le plus grand cours d'eau qui sort du Nil est le canal Joseph, près de Girgeh ; il a 350 kilomètres de long et suit le cours du fleuve aux pieds de la chaîne de montagnes de la Libye. Le canal Mahmidye relie le haut de Rosette à Alexandrie. Le lac Mérisaleh, près de Damiette, a 60 kilomètres de long et 33 mètres de large ; il est traversé par le canal de Suez. A Khartoum, le Nil Blanc a une largeur de 1.800 mètres ; il est à 69 m. 50 au dessus du niveau de la mer. Plus loin, il atteint 3.000 mètres de largeur et n'a que 5 m. 50 de profondeur ; il croît d'avril en septembre. Au delà de Khartoum commence le Nil Bleu : son débit est de 4.398 mètres cubes d'eau par minute dépassant très peu celui du Nil Blanc. Sa crue se fait sentir à Khartoum vingt jours avant celle du Nil Blanc. Les eaux proviennent des pluies qui se produisent en Abyssinie et dans l'Afrique centrale. Lorsque la crue est à son maximum, les eaux franchissent les 1.896 kilomètres qui séparent Khartoum d'Assouan à une vitesse de 160 kilomètres par vingt-quatre heures. La crue de 1877 a tout ravagé. L'eau du Nil Bleu est excellente à boire ; elle charrie de l'or en quantité appréciable, surtout au-dessus de Sennaar. Fait assez singulier, la nuance des eaux change trois fois entre mars et avril. Les eaux d'abord de couleur foncée deviennent d'une transparence telle que la réflexion du ciel pur, sans nuage, les fait paraître azurées ; de là le nom de Nil Bleu.

L'évaporation quotidienne des eaux du Nil est évaluée à 22.134 mètres cubes par jour. Le Nil débite, à Assouan, en septembre, 2.765 millions de mètres cubes ; en octobre, 185 millions ; en novembre, 14 millions. Au Caire, il débite, en septembre, 17.500 millions ; en octobre, 21.500 millions ; en novembre, 18 milliards. L'excédent, comme on le voit, qui se produit, au Caire, est le résultat de la vidange des bassins d'inondation de la Moyenne et de la Haute Égypte, qui renvoient dans le Nil plusieurs milliards de mètres cubes d'eau qui produisent la crue accidentelle. Des 231 milliards de mètres cubes d'eau débités par le Nil, 116 milliards traversent la cataracte d'Assouan ; 25 milliards sont absorbés par l'inondation, l'irrigation et l'évaporation. Restent 90 milliards de mètres cubes d'eau qui passent au Caire et alimentent les deux branches du Nil ; soit 63 pour 100 absorbés et 37 pour 100 qui coulent dans la Méditerranée.

D'Assouan à la mer, il navigue sur le Nil 9.000 bateaux et 1.680.000 barques à voile. Au sud d'Assouan, le Soudan égyptien, jusqu'à l'équateur, est trois fois plus grand que la France. On y récolte annuellement 200.000 hectolitres de dattes et pour 13 millions de gomme, d'ivoire, de plumes d'autruche, de tamarins et de séné. L'ivoire y figure pour 400.000 francs ; il est vendu à raison de 780 francs le kantar, poids équivalant à 44 kilogr. 500. C'est à Kassala que se fit la campagne des Anglais contre le Mahdy ; le 26 janvier, Gordon-Pacha, général anglais, fut assassiné à Khartoum par les rebelles. La traversée la plus rapide du Soudan a été faite, en 1851, par un Français, M. le duc d'Aumont. La Moyenne-Égypte va du Caire à Assiout ; d'Assiout à Assouan, c'est la Haute-Égypte. L'Égypte est une grande oasis située entre deux déserts, sur les deux rives du Nil : d'un côté, la chaîne des montagnes de la Libye ; de l'autre, le désert de l'Arabie. La neige y est inconnue, la pluie peu fréquente ; la chaleur y atteint jusqu'à 50 degrés. Par exception, il a neigé à Alexandrie en 1833, et au Caire en 1855.

AU PAYS DES PHARAONS

Première Journée

Le 5 février j'embarquai sur le bateau *Ramsès II* pour faire l'excursion du Nil. Les bateaux sont installés confortablement ; à toute heure, des bains sont à la disposition des voyageurs. Mais la nourriture anglaise laisse beaucoup à désirer, surtout pour les Parisiens friands. A bord, nous sommes quatre-vingts touristes, dont trois Français seulement. Neuf heures ! la cloche annonce le départ. La première halte a lieu après le déjeuner à Bédrachein. C'est là que vont commencer pendant vingt jours les excursions parmi toutes les ruines qui se trouvent dans la vallée des Pharaons. Avant de partir, nous avons eu soin de faire ample provision de bakchichs, car on nous a prévenus que de tous côtés nous serions assaillis de mendiants et sollicités par les Arabes. Les excursions se font à dos d'âne. Memphis est le premier village arabe visité ; il est aussi d'une saleté repoussante. Au milieu de palmiers, véritable oasis, se trouve la statue en granit de Ramsès, dont les proportions sont gigantesques. De là, nous reprenons nos ânes et, après avoir traversé une forêt de palmiers, d'où se dégage une fraîcheur délicieuse, nous arrivons au Sérapeum, découvert par Mariette-Bey. Les catacombes contiennent quatorze tombeaux en marbre, qui ont 4 mètres de long sur 3 mètres de large. Nous visitons ensuite le tombeau du roi Tih, également découvert par Mariette-Bey ; c'est un des plus intéressants du Nil. Après, la pyramide d'Oouas, et, comme *terminus* de notre première excursion, les pyramides de Saqqarah. Ces trois pyramides n'ont ni la hauteur ni la majesté de celles de Ghizeh, qui sont imposantes ; celles de Saqqarah ne sont qu'étonnantes. Derrière ces pyramides, c'est l'immensité du désert. Nous remontons sur nos *donkeys*, et, pour revenir au bateau, nous traversons un village arabe. Dans les rues tortueuses, des hommes accroupis, les jambes pliées jusqu'à hauteur du menton, fument des cigarettes ; des femmes voilées, et parmi elles des Bédouines, se livrent à une distraction toute particulière : elles cherchent des poux à leurs enfants ; tous regardent, avec étonnement, nos quatre-vingts ânes ; c'est un défilé de cavalcade. Nos drogmans nous accompagnent et peuvent, au moyen de leurs courbaches, nous débarrasser de la foule de mendiants en guenilles, aussi sales que hideux, qui nous poursuivent en criant d'un ton plaintif : « *Bakchich ! Bakchich !* » A six heures, nous étions de retour à bord ; la vie avec les Anglais n'est pas des plus gaies. C'est la première nuit que nous allons coucher dans la maison flottante, qui doit pendant vingt jours nous donner l'hospitalité.

Deuxième Journée.

Les bateaux qui font les excursions du Caire à Assouan ne naviguent jamais pendant la nuit, étant donné le peu de profondeur du fleuve, surtout à l'époque où nous nous trouvons. La navigation pour les grands bateaux à vapeur offre certaines difficultés, et il peut se faire que, en raison des nombreux bancs de sable qui existent, les bateaux échouent dans les passes difficiles. Tous les soirs, le *Ramsès II* s'arrête devant un village ; partout ont été installées des stations d'abordage, et souvent même il nous arrive de passer la nuit au milieu du Nil ; les villages devant lesquels nous nous trouvions n'offraient pas assez de sécurité, paraît-il, pour laisser aborder le bateau avec sa cargaison humaine. Tous les matins, dès l'aube, le bateau reprend sa marche. Nous apercevons, à l'horizon, la pyramide de Maydoum ; nous passons ensuite devant Wasta, pour aller débarquer à Maghaga, où se trouve l'une des plus importantes raffineries d'Ismaïl-Pacha. Le village de Maghaga nous ménage une surprise : c'est la première fois que nous voyons des femmes tatouées. Chaque tribu a son tatouage propre ; les unes se tatouent les lèvres ; d'autres, le menton ou le front. C'est le signe distinctif entre les tribus, qui diffèrent de mœurs : voilà pour les femmes. Quant aux hommes, la distinction consiste dans le plus ou moins grand nombre d'entailles qu'on leur fait à coups de couteau au front, dès leur jeune âge ; soit trois, quatre ou cinq entailles, selon les tribus. Lorsque ces entailles sont faites et les plaies cicatrisées, il leur reste, au côté droit et au côté gauche du front, des boursoufflures de chair.

Dans ce village plus que primitif, les maisons ou cabanes qui servent d'abri, sont construites avec le limon du Nil ; pour couverture, des branches sèches de palmier et de sorgho. Heureusement il ne pleut jamais dans ces régions, car ces maisons d'Arabes, faites avec une terre aussi spongieuse, seraient vite anéanties si l'eau tombait dessus. Ainsi sont construits tous les villages en Egypte. Dans les rues, des femmes bédouines, tatouées sur les lèvres, tiennent sur leurs genoux leurs enfants qu'elles allaitent, suspendus à leurs longues mamelles ; à côté d'elles, les Arabes, silencieux, fument nonchalamment leurs cigarettes. Dans les différentes tribus qui résident dans la vallée du Nil, et parmi lesquelles il y a beaucoup de Bédouins, la femme est considérée comme une bête de somme. Aussi de tous côtés rencontrez-vous des Arabes revenant, soit du village, soit des champs, qui marchent tranquillement, le bâton à la main ; à côté d'eux, leur femme lourdement chargée de cannes à sucre ou des produits de la récolte. Dans l'intérieur, la femme fait tout l'ouvrage et descend plusieurs fois par jour puiser l'eau du Nil.

Le mouvement du Nil s'accentue sur tout le parcours. Nous rencontrons des Arabes, dans leurs bateaux à voile pesamment chargés, qu'ils dirigent avec dextérité ; ils vont porter leur récolte au Caire. D'autres sont chargés d'amphores, dont les plus importantes fabriques sont dans la Haute-Égypte. D'un côté du Nil, c'est le désert qui va jusqu'à la mer Rouge et jusqu'en Abyssinie. Le coucher du soleil sur le Nil est féerique ; les nuances les plus disparates s'y produisent et s'y succèdent.

Troisième Journée.

Au lever du soleil, le bateau continue sa marche en avant. Les bords du Nil sont habités par une quantité d'oiseaux de toutes sortes ; sur un banc de sable, nous voyons des grues, des cigognes, des pélicans ; dans les plaines, la chasse est abondante. Le Nil, au cours lent et silencieux, dépose sur ses rives un limon riche en principes fertilisants. Sur ces terrains d'alluvions croissent d'abondantes récoltes. Ce limon forme une matière fine, argileuse, un peu calcaire, qui, séchée au soleil, produit des tuiles très dures. Les Arabes fabriquent ces tuiles et les utilisent dans leurs constructions. L'Égypte agricole est un présent du Nil ; l'Égypte entière est un présent du soleil. Ce pays de plaines, grâce à la merveilleuse lumière d'Orient, ne paraît pas un pays plat ; la diversité des nuances supplée à la rareté des reliefs et des contours et produit des effets surprenants. L'Égypte est un réflecteur dans lequel se mire un ciel limpide ; on y voit les couleurs les plus variées ; la nature n'y recule devant aucune hardiesse.

Vers midi, nous passons devant la montagne Gebel-el-Tayr où a été édifié un couvent copte. Les Coptes sont une secte religieuse, qui compte maintenant parmi ses adeptes le Père Loyson. A Miniéh, jolie petite ville, nous trouvons une autre raffinerie qui occupe 2.000 ouvriers. Toutes ces raffineries extraient le sucre de la canne qui, en Égypte, pousse aussi abondamment qu'à la Martinique et en Haïti.

Sur les bords du Nil s'élève un superbe palais appartenant au vice-roi. A 2 heures, nous débarquons à Beni-Hassan, pour la visite des tombeaux. La principale curiosité est la grotte de Spéos Artémédos. Au bas de la montagne, se trouvent les tombes rocheuses de Ameni Amenanah, de Knum, Hotep, etc., qui, en leur temps, furent des généraux. Nous traversons le village de Beni-Hassan, détruit par ordre de Méhémet-Ali qui voulait arracher les habitants à leurs habitudes de friponnerie ; mais ils ne se sont pas convertis et le village s'est reconstruit un peu plus loin. Nous continuons notre excursion pour arriver à Rhodah, grand village arabe. Nous visitons en détail la sucrerie dont le directeur est un ancien contre-maître de la Maison Cail de Paris, qui a fourni, en 1870, le matériel et les machines. Les cours sont remplies de cannes qui attendent leur transformation en sucre. Les concasseurs en broient un million de kilos par vingt-quatre heures. La canne donne 9,22 pour 100 de sucre qui se vend 27 francs les 100 kilos. La carbonatation est faite à la chaux. Dans l'usine, 12 chaudières à cuire, 6 machines à triple effet, et 24 centrifuges qui produisent 130.000 kilos en deuxième qualité de vesou (jus de canne). Les bagasses (résidus) sont traités en bas. Les 2.500 Arabes occupés dans cette usine gagnent environ 0 fr. 60 par jour. Cette sucrerie est une des quinze installées par Ismaïl-Pacha, qui, pour les construire, emprunta 9 millions. Ne pouvant plus payer, il fut obligé de les vendre. Le gouvernement égyptien les fait exploiter. Il n'en reste plus que sept en activité. Tous les directeurs étaient français, mais Lord Cremer a trouvé le moyen de faire remplacer nos compatriotes par des Anglais : voilà les effets de l'occupation anglaise.

Quatrième Journée.

Dès l'aube, nous passons devant Manfalout, ville de 36.000 habitants. Pour arriver à Assiout, situé à 250 milles du Caire, nous pénétrons dans la Haute-Egypte. Assiout, comme tous les villages arabes, est poussiéreux, c'est toujours la même saleté. La population est composée d'Arabes et de Turcs. Les bazars ont un aspect de pauvreté ; on y respire une odeur nauséabonde produite par les cuisines en plein air des marchands de victuailles. La végétation est souriante : sur les routes, des palmiers, des bananiers, des caroubiers, des mandariniers, des dattiers. Dans les dattiers il y a des espèces différentes : le dattier femelle ne produit pas de dattes ; le dattier mâle a besoin d'être planté non loin d'un dattier femelle, sans quoi il produit moins. Tous les ans s'échappe de l'arbre une espèce de bulle qui, emportée par le vent, transmet aux dattiers la fécondité. Sous ce soleil torride, il n'y a que ces essences d'arbres qui puissent résister.

Sur les deux rives du Nil, des fellahs au torse nu sont occupés à irriguer leurs champs ; au moyen de leurs chadoufs ou de leurs nattalehs, ils puisent, du matin au soir, sans interruption, l'eau dans le Nil. Ces malheureux indigènes suent sang et eau à ce travail, qui dure quatorze et seize heures par jour, et qu'ils accomplissent sous un soleil de plomb. Il faut bien suppléer à la pluie qui ne vient jamais ! Ce n'est qu'à force d'immersions successives qu'ils font pousser leurs récoltes. Le fellah, malgré les 60 degrés de chaleur dont il est accablé, travaille plus que le paysan d'Europe. Il ne se nourrit que de canne à sucre, de dattes : il boit de l'eau ; à chacune des cinq prières de la journée, il fait ses ablutions.

Cinquième Journée.

Plusieurs de nos compagnons de voyage avaient eu l'idée d'apporter des fusils pour occuper leurs loisirs à des parties de chasse. Dès l'aube, ils quittaient le bateau pour explorer la plaine. La chasse, dans la Haute-Égypte, est fructueuse, car le gibier est abondant. Les bécasses, les cailles et les perdrix se trouvent en grande quantité dans les champs. Sur le Nil, on peut aussi chasser aux sarcelles, aux canards et aux oies sauvages. On rencontre également des pélicans gris au bec énorme, des flamants roses aux pattes grêles, des martins-pêcheurs bleus, des hérons, des grues et des cigognes. Dans le désert, on chasse les gazelles, et il n'est pas rare de voir s'aventurer jusque dans les villages des chacals, des hyènes, des renards et des loups-cerviers qui viennent rôder, espérant trouver quelque nourriture.

À huit heures, nos chasseurs reviennent chargés de cailles, de perdrix et de bécasses ; aussitôt nous nous mettons en route pour aller visiter la tombe du Loup Sacré. Dans notre caravane, se trouve une jeune Américaine, au teint rosé, aux dents d'ivoire, qui fait son voyage de noces ; quatre Arabes la portent en palanquin. Après la tombe du Loup Sacré, nous visitons celle de Méri-Ka-Ra, roi de la XIIIe dynastie. Du sommet de cette montagne on jouit d'une vue splendide sur le Nil, ce fleuve vivant, enfermé entre deux déserts, et dont la vallée semble avoir été dessinée par un artiste habitué aux effets les plus merveilleux. Il coule avec majesté entre ses rives basses, en attendant qu'il les franchisse avec impétuosité. C'est le soir surtout, au coucher du soleil, qu'il faut le contempler, si l'on veut en saisir le caractère particulier de grandeur dans son calme et dans sa puissance. La nuit, à la clarté étincelante de la lune ou à la splendeur des étoiles, le Nil est encore plus beau. Ah ! je comprends le culte que les Égyptiens professent pour leur fleuve !

Ici, comme en bien des villages de la Haute-Égypte, on rencontre des Coptes. C'est eux qui, avant Amrou, fêtaient l'Adoration du Nil, tous les ans, le treizième jour du mois copte (7 juin). Pour célébrer cette fête, ils cherchaient une jeune fille, belle et vierge, l'enlevaient de force à ses parents, la paraient richement des atours d'une fiancée et la précipitaient ensuite dans le Nil, au lieu consacré pour la cérémonie. Dans cette contrée, pendant six mois de l'année, l'eau du Nil devient si bourbeuse que les Arabes sont obligés de la laisser déposer avant de la boire. Pendant les trois mois qui précèdent l'inondation, l'eau du fleuve, échauffée dans son lit, devient verdâtre, fétide, et se remplit de vers. Il faut recourir à l'eau que l'on a conservée dans les citernes. C'est pourquoi dans les rues, dans les maisons, le premier objet qui se présente à votre vue est un vase d'eau. Ces vases, qui ont la forme d'*alcarazas*, sont fabriqués sur les rives du Nil ; ils sont en terre cuite non vernissée, laissent filtrer l'eau et la conservent bien fraîche. En Syrie, on boit l'eau qui a transsudé ; mais, en Égypte, on ne boit que celle qui reste dans le vase.

Dans toutes nos excursions, nous avons souvent vu, sur les bords du Nil, des Bédouines occupées à laver l'unique chemise qui sert à protéger leurs charmes. Cette lessive sommaire terminée, elles tordent la chemise et la font sécher au soleil ; elles ont alors le costume des Naïades sortant du bain, sans en avoir les attraits séduisants. — Dans les bazars d'Assiout on fabrique ces petits plumeaux appelés chasse-mouches, objet indispensable à chaque voyageur, étant donné que, dans tous les villages que nous traversons, on est littéralement dévoré par une quantité prodigieuse de mouches que la saleté inouïe des Arabes attire. Pour revenir au bateau, nous traversons des bazars, qui ne manquent pas d'intérêt, et nous faisons emplette d'objets antiques. Il faut être circonspect dans ces achats, car il se fait, principalement dans la Haute-Égypte, un commerce d'antiquités qui ne sont que de vulgaires imitations. Gardez-vous bien de tous ces Arabes qui partout vous offrent des objets imités, sans valeur aucune.

M. Brugsch-Bey, l'adjoint de M. de Morgan, avait découvert la momie d'un Pharaon. Arrivé au chemin de fer d'Assiout, il ne voulut pas confier son précieux colis aux bagages et dut prendre un billet pour l'objet qu'il transportait. Jugez de l'étonnement du Pharaon, si, après un sommeil de trois mille ans, il se fût réveillé en route pour sa ville du Caire, dans un compartiment de chemin de fer ! Arrivé à l'octroi du Caire, l'employé dit à M. Brugsch-Bey :

— Qu'avez-vous là ?
— Une momie.
— Elle ne peut entrer sans payer.
— Rien, sur les registres, n'indique que les momies payent.
— Alors, donnez-moi trois piastres.

Et le Pharaon fit une dernière fois son entrée solennelle au Caire, sous la déclaration de « poisson salé. »

Sixième Journée.

A la première heure, le bateau *Ramsès II* lève l'ancre. Voici Aboutig, village pauvre où des chameliers avec leur caravane suivent les bords du Nil. Ensuite, c'est Maragah, remarquable par la construction de ses pigeonniers. L'élevage des pigeons est, dans la Moyenne et dans la Haute-Égypte, une véritable industrie. C'est par centaines de mille que l'on compte ces volatiles qui viennent alimenter les marchés du Caire et d'Alexandrie. Le nombre en augmente d'autant plus que le musulman ne mange jamais de pigeon. Le village qui vient ensuite est Soag, et nous arrivons à Girgeh, où le bateau jette l'ancre.

Girgeh est le *terminus* de la ligne de chemin de fer qui relie Le Caire à la Haute-Égypte. On a depuis exécuté les travaux pour le prolongement de la ligne qui va jusqu'à Kéneh. A peine descendus à terre, nous allons visiter les mosquées. Quant à la ville, elle n'offre rien de particulier ; nous repartons pour Béliana. C'est de cette station que l'on se rend aux ruines d'Abydos. Le bateau continue sa marche en doublant les passes d'Abouchouch. Il faut l'expérience d'un bon pilote pour traverser ces endroits dangereux, où le bateau pourrait subitement se trouver arrêté par des bancs de sable.

Le soir, nous étions à Dismeh, à 388 milles du Caire; nous passons la nuit au milieu du Nil, la navigation devenant très difficile. Les soirées et les matinées sont délicieuses à passer sur le Nil. Le matin, la vallée verte s'éveille, pleine de fraîcheur et de grâce ; le Nil Bleu, grâce à la réverbération du ciel, déroule au loin ses courbes majestueuses, égayé par de vives colorations. Mais ce qui est plus particulièrement admirable, ce qui tient du rêve et de la féerie, c'est la seconde ligne du désert qui se trouve sur la gauche. Tout ce que le bleu, le rose, le violet ont de plus doux comme nuances brille sur une rangée de collines, reliées entre elles par de légères dépressions de terrain. Nous rencontrons plusieurs dahabiëhs, les unes descendant le Nil, les autres le remontant. Chacune a, comme équipage, une dizaine de bateliers arabes, psalmodiant leurs mélancoliques refrains. Quel splendide pays qui tour à tour fut conquis par les Éthiopiens, les Hycsos, les Perses, les Macédoniens, les Arabes, les Circassiens et les Turcs ! Espérons que, pour finir, il ne le sera pas par les Anglais ! La soirée à bord se termine par un concert donné sur le pont. Les jeunes misses qui nous accompagnent prêtent gracieusement leur concours. Ensuite, les Arabes de l'équipage psalmodient leurs chants accompagnés des sons rauques du tarabouk.

Septième Journée.

De bonne heure, nous quittons Dismeh pour Frashout. Dans ce village, comme dans plusieurs autres, sont installées des fabriques de poteries, de vases et d'amphores dont on fait, en

Egypte, une si grande consommation. Sur les bords du fleuve, plus de cent bateaux sont en chargement; ils transportent les poteries au Caire et, par le Delta, atteignent Alexandrie. A notre arrivée, nous trouvons les quatre-vingts ânes alignés qui nous attendent. Après un trajet d'une demi-heure, nous arrivons au temple de Dendérah. C'est ici que l'on commence à se faire une idée des proportions, inconnues en Europe, des grands monuments égyptiens. Au milieu des ruines imposantes du Temple de Tholomé, se dresse majestueusement l'arc de triomphe avec ses décors, d'une finesse d'exécution inouïe. Le plafond, dont la hauteur est de 32 mètres, est d'une conception hardie, les coloris sont vivants. A droite et à gauche, deux galeries montrent des traces d'incendie ; au-dessous, la crypte ; plus loin, les ruines du temple d'Isis avec ses colonnes majestueuses de 6 mètres de circonférence. La conception de tels édifices est absolument géniale. C'est à Kéneh que l'on voit, dans les rues, se promener des femmes sans voiles, des almées (danseuses). Cette tribu, bannie du Caire par Abbas, est venue se réfugier à Kéneh, ainsi qu'à Esneh. La race s'est perpétuée. Celles que nous voyons ont de dix à seize ans ; elles sont parées de bijoux. C'est parmi ces almées qu'on choisit les plus beaux sujets pour les harems.

Kéneh, comme Siouth, est une ville de commerce et de station pour les caravanes qui reviennent de Darfou, de Kosséïr, d'Hedjaz. On évalue à plus de 100.000 le nombre de ces pauvres fellahs qui, tout le long du Nil, montent l'eau avec leurs appareils élévatoires pour faire l'irrigation des plaines. Indépendamment du tabouf et de la saquièh, ils se servent aussi de la roue à palettes, de la vis d'Archimède et de la pompe à chapelet. La roue à palettes est mue par des bœufs ; la pompe à chapelet est constituée par des vases de terre, placés tout autour d'une roue, et qui forment la chaîne à godets. C'est à regret que nous quittons ces beaux petits ânes blancs, tout caparaçonnés d'or et de soie, dont nous nous sommes servis pour faire notre excursion. *Aoh ! the very good donkeys !*

Huitième Journée.

Six heures du soir. Nous arrivons à Louqsor, nom si connu des Parisiens, depuis que l'obélisque décore la place de la Concorde. Louqsor est à 450 milles du Caire et à 1.080 lieues de Paris. Les bords du Nil sont remplis de bateaux touristes et de dahabièhs qui stationnent. Parmi ces dernières, se trouve celle du duc de Broglie, qui a entrepris un voyage jusqu'à la première cataracte. Le climat de cette ville antique est très chaud. Les poitrinaires y viennent faire une cure d'air. A peine descendus du bateau, nous sommes entourés de petits Arabes qui parlent français. Les bonnes Sœurs de Saint-Vincent de Paul sont venues créer une école à Louqsor, et avec le dévouement qui les caractérise, elles enseignent notre langue aux enfants. Très drôles ces petits bonshommes qui vous abordent en vous appelant « Monsieur le baron » ou « Monsieur le comte » ou « Monsieur le marquis » selon l'élégance de la mise et le nombre des bakchichs.

A 9 heures du soir, nous partons en caravane pour aller faire une visite de nuit à Karnak. Ces immenses ruines, qui ont plus de quatre mille ans, vues par un beau clair de lune, sont d'un effet imposant et saisissant tout à la fois. Eclairées par la lune éclatante, plongées dans un solennel silence, elles éveillent une foule de pensées, alors que l'ennui de nos pays froids alanguit nos âmes. Au milieu de cet amoncellement de pierres, de colonnes renversées et mutilées par de violents tremblements de terre, se dressent majestueusement les deux obélisques restés debout et intacts. Les deux autres ont été renversés. Sur la gauche, l'étang sacré où les prêtres faisaient leurs ablutions. L'avenue des Sphinx, qui conduisait au Nil, reliait Karnak à Thèbes par un pont sur le fleuve, car Thèbes, aux temps pharaoniques, comprenait Karnak, le Memnonium et Louqsor. L'ensemble de toutes ces ruines est absolument prodigieux. Les immenses blocs de granit renversés pêle-mêle, et les obélisques de 33 mètres de hauteur proviennent des carrières d'Assouan. Que de trésors scientifiques sont entassés là ! Ma plume ne peut les décrire. D'autres l'ont essayé.

LES RUINES DU TEMPLE DE KARNAK

De Thèbes, la "ville aux cent portes" qui, sous les rois de la onzième à la vingtième dynastie, étalait glorieusement ses palais et ses temples sur les deux rives du Nil, il ne reste que des ruines, mais ce sont, comme l'a dit Wilkinson, les plus vastes et les plus splendides ruines des temps anciens et modernes. Dévastés par les Perses de Cambyse, par les Arabes, par les chrétiens d'Égypte et par les fellahs, effondrés en partie à la suite de tremblements de terre et d'inondations répétées, ses monuments principaux ont cependant résisté à toutes les tourmentes, et voici que sphinx et colonnades surgissent du sol comme des revenants d'un autre âge qui viendraient témoigner de la grandeur et de la puissance d'une civilisation disparue. Ces ruines célèbres, bien connues des touristes, valent le voyage d'Égypte ; sur la rive droite du Nil, deux groupes d'édifices : Karnak et Louqsor ; sur la rive gauche : Gournah, le Ramesséum et Médinet-Abou. Des monuments de moindre importance gravitent autour de ces majestueux ensembles, faisant de la vaste plaine où fut Thèbes comme un cimetière de colosses en granit.

Le grand temple de Karnak fut élevé en l'honneur d'Ammon, le dieu générateur. A le prendre aux origines, et pour cela il faut remonter à la date fantastique de 24.000 ans avant Jésus-Christ, le premier sanctuaire n'est autre que la maison du dieu fondée par Osirtasen Ier. Tel le temple de Delphes pour les Grecs, il devient aussitôt le monument national des Égyptiens ; tous les souverains de toutes les dynasties qui se succèdent au pouvoir n'ont qu'un but : le marquer de leur sceau par des embellissements et des constructions nouvelles, dont l'ampleur éclipse l'œuvre des prédécesseurs.

Toutmès II élève des obélisques qui sont des merveilles de grâce et de légèreté. Toutmès III érige des pylônes et construit un palais. Sous les Ramessides, on fait plus encore : la salle hypostyle (par ce vocable, il faut entendre toute salle dont le plafond est soutenu par des colonnes), cette prodigieuse colonnade qui semble avoir été dressée par des Titans, est l'ouvrage de Ramsès Ier, de Séti Ier, de Ramsès II et de Ramsès III (1.800 ans avant Jésus-Christ). Trois siècles plus tard, les derniers Pharaons s'efforcent en vain de dépasser cet inimitable chef-d'œuvre ; leur ouvrage, composé d'une nouvelle salle hypostyle, reste inachevé ; huit colonnes seulement s'élèvent dans le vide, surmontées de portiques inachevés.

Si l'Égypte moderne échappe à notre influence, et par notre très grande faute, l'Égypte ancienne reste et restera française, car c'est à des Français qu'elle doit de renaître après un ensevelissement vingt fois séculaire où s'achevait la ruine de ses monuments. Depuis l'expédition d'Égypte qui, pour ainsi dire, les révéla au monde, c'est à Champollion, à Mariette, à Maspéro et à leurs dignes successeurs, de Morgan et Legrain, que revient l'honneur de toutes les découvertes et des mesures de préservation.

Neuvième Journée.

Ce jour est consacré à visiter Thèbes et les environs. Après avoir traversé le Nil en canot et fait un trajet d'une demi-heure à dos d'âne, nous arrivons au temple de Kourneh. L'excursion se continue à travers la vallée de Bab-el-Molouk, ancien lit du Nil. On peut se rendre compte des révolutions accomplies il y a quatre mille ans dans ces parages. Nous visitons les tombeaux des rois dans l'ordre suivant : la tombe de Ramsès IV, celle de Ramsès IX où l'on arrive par une longue galerie de peintures et de sculptures murales qui ont été mutilées. On voit encore la place du tombeau qui a été enlevé pour être transporté au Musée du Louvre. Les tombeaux des Ramsès, XXe dynastie : à l'entrée, les dix cellules qui contenaient les tombes de la famille ; à droite, une longue galerie conduit à l'endroit où était la tombe de Ramsès III ; tout a été brisé. La visite du fond offre un certain danger, étant donné que des blocs de pierres suspendus au plafond menacent de se détacher. La tombe de Séti, XIXe dynastie, ouverte en 1816 par Belzour, diffère des autres.

On y accède par cent marches, et l'on se trouve au milieu de véritables catacombes. Les huit énormes piliers situés à l'entrée sont entièrement mutilés; mais les peintures murales, aux nuances multicolores, sont très bien conservées. Il faut encore descendre trente marches pour pénétrer dans la crypte dont les murs calcinés attestent que le feu a terminé son œuvre. De tous ces tombeaux, celui de Séti Ier, père de Ramsès II, est le plus curieux à visiter; c'est un véritable palais souterrain: vestibule, escaliers, galeries, rien ne manque; on se perdrait dans ce dédale somptueux que les sculpteurs et les peintres ont décoré avec soin. Ces Pharaons avaient fait des prodiges de ruse pour dissimuler leurs dépouilles et assurer la paix de leur dernier sommeil. Toutes ces tombes ont été violées. Quelle somme de travail humain est enfouie dans chacune de ces sépultures ! On n'admire pas sans effroi ce gaspillage de main-d'œuvre d'un peuple aujourd'hui relégué dans des maisons de boue. Dans l'examen sérieux que nous faisons de ces diverses tombes, nous constatons que les différents artistes de l'époque se sont recopiés. C'est avec une légitime satisfaction que nous sortons de ces catacombes où l'on manque d'air. A midi, le déjeuner est servi dans le vestibule de Ramsès V. Chacun de nous s'accroupit comme les Arabes et dévore à qui mieux mieux les mets qui nous sont présentés. Ce repas, dans l'*atrium* d'une sépulture, ne manque pas d'originalité.

De Thèbes jusqu'aux tombeaux, de petites Bédouines nous suivent, portant sur leurs épaules leur amphore avec la pose gracieuse qui les caractérise et que Fromentin et Eugène Girardet ont reproduite avec tant de vérité ! entre autres, notre petite Fatma, âgée de neuf ans, l'air enjoué, le front tatoué, les dents blanches; sa narine gauche est ornée d'un anneau, signe distinctif : elle est déjà fiancée ! Quels beaux types parmi tous ces Arabes qui nous accompagnent dans notre excursion pour nous vendre des antiquités ! Nos sculpteurs parisiens, qui se plaignent de ne plus trouver de modèles, devraient bien venir en chercher sur les bords du Nil ; ils trouveraient, même parmi les fellahs qui manœuvrent le chadouf, l'Apollon du Belvédère, le bouillant Achille et le Gladiateur. Après le déjeuner, nous montons jusqu'à la chaîne libyque pour admirer le splendide panorama qui s'y déroule. Au bas, le Nil fauve, qui coule au fond de la vallée verdoyante ; au-dessus, Karnak et Louqsor ; à l'horizon, la chaîne arabique et tout ce qui reste de la Thèbes antique ; sous nos pieds, le temple Atason appelé par les Arabes *Dayr-el-Bahri*. Le retour s'effectue par le Ramasseum et les fameux colosses assis qui se dressent au milieu d'une plaine verdoyante. Nous trouvons là encore des Arabes qui, à mesure que nous approchons de la Nubie, sont de plus en plus noirs. Parmi les différents objets antiques qu'ils nous offrent, j'achète deux mains de momies toutes ligaturées et très bien conservées. « Tu sais, me dit l'Arabe, antique bono, quatre mille ans. » Et j'obtiens pour cinq francs les deux mains dont il me demandait deux napoléons. A 7 heures, nous étions de retour à Louqsor. Pour égayer notre soirée, une femme arabe nous donne une séance de prestidigitation. Cette femme, sans théâtre ni tapis, s'assied simplement à terre et, avec une dextérité étonnante, nous fait tous les tours imaginables. Sa bouche crache à volonté des chapelets, des épingles, des écheveaux de soie, de l'étoupe en feu. Sous son aisselle, elle place un œuf qui donne la volée à un pigeon ; et, tout en invoquant Allah, de sa baguette magique elle fait passer des muscades de son oreille droite dans son oreille gauche. La recette fut bonne.

Dixième Journée.

Dès 8 heures du matin, nous retournons à Karnak, pour voir cette fois les ruines en plein soleil. Nous pénétrons dans le temple par l'autre allée des Sphinx, où se trouve l'arc de triomphe qui a subi de grandes détériorations par le feu. Cet édifice, qui date de 1633 avant J.-C., est d'une conception aussi hardie que grandiose. A côté des colonnes de 23 mètres de hauteur, polychromées, dont les nuances si fines se reflètent au soleil, se trouve la statue de Ramsès II. La plus haute des pyramides a 105 pieds de hauteur ; l'autre 82 pieds. On reste là des heures entières à contempler l'œuvre des Pharaons. J'ai visité les ruines de Pompei, de Rome, de Tomgad en Tunisie, de Palmyre en Syrie, de Balbek dans le Liban, de Rhodes et d'Athènes ; mais j'avoue que rien ne peut être comparé aux ruines de Karnak, dont la grandeur est imposante. Elles donnent l'idée d'une civilisation terrible, pleine de raffinements cruels et de voluptés sanglantes. L'énormité de ces ruines confond l'imagination. Accompagnés des drogmans, nous revenons au temple de Louqsor qui borde le Nil. Rien n'est plus réjouissant à l'œil comme une *fantasia* de chevaux et d'ânes, éparpillés sans ordre dans cette belle vallée du Nil. La diversité des types, des mouvements, des costumes, produit une harmonie originale. Les couleurs s'y détachent et s'y marient autrement que chez nous ; il semble que le bleu y est plus pur et le blanc plus blanc.

On pourrait aussi appeler Louqsor *la ville des mouches*, car on y est littéralement dévoré par ces insectes ; *la ville de la poussière*, car on en est absolument aveuglé. Les Anglais et les Américains s'abattent sur cette ville antique. La manie des collections augmente tous les jours. On y trafique des antiquités à bureau ouvert ; le consul d'Allemagne même se livre à ce commerce. J'ai visité sa collection qui est d'une certaine valeur. Louqsor reçut la visite de bien des têtes couronnées ; celles du prince Napoléon, du comte de Chambord, du prince de Galles, du comte de Paris, du duc de Chartres, du roi des Belges et de tant d'autres. Les ruines du temple ne sont pas encore entièrement déblayées. Sur la hauteur il y a encore des maisons d'Arabes qu'il faudra exproprier. M. Maspéro, en 1835, commença les fouilles. En 1887, elles furent continuées par M. Grébaut. C'est alors qu'on établit une taxe de 26 francs payable par chaque touriste visitant les ruines. Le montant de cette taxe est employé à leur déblayement. En 1892, M. de Morgan, nommé directeur général, fit continuer les travaux ; mais la mosquée de Aboul'-Haggar met obstacle à l'achèvement des fouilles.

Les sanctuaires des temples de Louqsor et de Karnak étaient consacrés à Ammon-Ra, le dieu suprême, providence du monde, ainsi qu'à sa femme, Maut, et à son fils, Khonsou. Ce temple fut fondé 1500 ans avant J.-C. par Amenhotep III, qui le fit construire en grès de Silsilis. La terrasse était soutenue par quatre immenses colonnes. La longueur du temple de Louqsor était de 190 mètres sur 55 mètres de large, et contenait 155 colonnes. Cent vingt ans après la mort du fondateur, Ramsès II fit ajouter la grande colonnade, un pylône et deux obélisques, avec des statues gigantesques que l'on voit encore gisant à terre. A la hauteur des pylônes, un vaste escalier s'avançait dans le Nil pour permettre l'embarquement des processions. L'édit de Théodose, en 389, ordonnant la destruction des temples païens, porta un coup mortel aux monuments antiques. Les chrétiens prirent possession du temple de Louqsor et transformèrent la salle centrale en église. En 641, l'Egypte se soumit aux Arabes ; la religion musulmane devint à son tour prépondérante, et les églises furent délaissées. Au XVIe siècle, les décombres atteignirent 6 mètres au-dessus du sol ancien, et c'est vers cette époque qu'au nord de la cour de Ramsès, une mosquée dédiée au saint musulman Aboul'-Haggar, fut construite.

Champollion vint à Louqsor en 1828 et signala la beauté des obélisques qui se dressaient devant les pylônes. Méhémet-Ali avait fait cadeau à la France d'une des deux aiguilles de Cléopâtre qui se trouvait à Alexandrie, mais Louis-Philippe obtint de la changer contre les deux obélisques de Louqsor. Une mission envoyée en 1831 rapporta à Paris un des deux monolithes, le second n'a jamais été enlevé, il est resté à sa place ancienne. Quant aux deux aiguilles de Cléopâtre, l'une a été emportée par les Anglais, qui l'ont placée sur les bords de la Tamise ; l'autre a été donnée, en 1877, à l'Amérique, je l'ai vue dans un des squares de New-York.

Les obélisques ornaient en Egypte l'entrée des temples, des palais, et décoraient les places publiques ; ces monolithes sont couverts de hiéroglyphes composés de figures d'animaux et de divers objets gravés ou sculptés, inscriptions dont les savants n'ont trouvé qu'en partie la clef. On fait remonter leur origine aux temps antérieurs à Moïse. L'obélisque qui décore à Paris la place de la Concorde, date de Sésostris, il fut placé le 25 octobre 1836 par M. Lebas, ingénieur, en présence du Roi Louis-Philippe Ier ; sa hauteur est de 22 m. 83, son poids de 220.000 kilogs.

Lorsque la mosquée de Louqsor aura été déplacée, la science trouvera dans les ruines encore bien des choses intéressantes. Devant la façade du temple, 7 mètres de déblai recouvrent le sol, et l'allée monumentale qui conduisait à Karnak reste encore ensevelie. Comme cette voie se trouve aujourd'hui au-dessous des eaux du Nil, il en résulterait de graves inconvénients si l'on continuait les fouilles à cet endroit. Sur la place du marché, la chaussée, large de 6 mètres, est en blocs de grès et porte des fragments d'inscription. On y remarque, notamment, un cartouche de Thotmès IV, père d'Amenhotep III. Des socles isolés soutiennent des béliers accroupis ; le bélier était consacré à Ammon. Les obélisques ont été taillés dans un bloc de granit de Syène. Celui qui reste à Louqsor et qui appartient de droit à la France est plus haut que celui qui a été transporté à Paris. Sa hauteur est de 25 m. 03 ; son poids est évalué à 257.000 kilos. Sur chaque face, on voit Ramsès II qui fait une offrande à Ammon-Ra. La partie inférieure de cet obélisque est encore enterrée ; le socle, en syénite rose, a 1 m. 90 de hauteur. Ces deux obélisques sont l'œuvre de Ramsès II. La façade du temple était ornée de six statues colossales de Ramsès II, le représentant assis ou debout. La hauteur du personnage est de 11 m. 65, y compris la tête qui a 2 mètres. Ces statues ont le cou entouré d'un riche collier. A côté du nègre, est représentée la reine Maut-Mer-Nefert-Ari. La seconde statue est entièrement brisée ; il n'en reste que le socle. La troisième est encore debout, mais le visage est mutilé. Près du roi, reste debout l'épouse d'Amenmerit.

Le pylône est l'entrée monumentale de tout édifice égyptien. C'est un grand portail compris entre deux massifs pyramidaux plus élevés. Chaque massif pyramidal a 8 m 40 d'épaisseur et 30 mètres de longueur. Le temple présente ainsi une façade de 64 mètres d'étendue. La porte d'entrée principale comprise entre les deux massifs du pylône a perdu son couronnement. La cour de Ramsès II a la forme d'un quadrilatère oblique, dont le grand pylône et la façade d'Amenhotep II prolongée forment les petits côtés. Les murs, qui ont 69 mètres de longueur, sont recouverts de textes et de scènes du plus grand intérêt. Je ne puis en faire la description. La chapelle offre une certaine analogie avec celle du roi Séti II ; ensuite, la chambre décorée d'Amrou. Sur le mur oriental, Ramsès II présente l'encens à Min, suivi de la Thébaïde personnifiée. La chambre de Maut, déesse de Thèbes, est également décorée. La chambre de Khomsou est en mauvais état, les sculptures ont disparu ; sur le mur ouest, on voit encore Ramsès II présentant les essences sacrées devant la barque de Khomsou. Tous ces renseignements que je relève scrupuleusement me sont donnés par le drogman érudit qui nous accompagne.

A Louqsor, comme partout en Egypte, Ramsès II s'est livré à sa passion pour les statues. La cour est ornée de treize effigies royales. La plus belle, mieux conservée, est celle dont les cartouches représentent la reine Maut-Mer-Nefert-Ari. Quel multiple nom ! Toutes les inscriptions des murs, en partie écroulés, sont très remarquables. L'hypostyle renferme huit rangées de colonnes pareilles à celles de la grande cour. Sur la partie inférieure, le cartouche de Ramsès IV, surchargé ensuite par Ramsès VI. A gauche de l'allée principale, les Romains avaient construit un hôtel sur lequel est gravée une inscription latine. C'est une des rares inscriptions en cette langue trouvées en Egypte, le grec étant resté, sous les empereurs romains, la seule langue officielle. Après les six salles décorées est le sanctuaire. Le plafond a conservé une partie de ses vives couleurs. Il était peint en bleu avec un semis d'étoiles jaunes à cinq branches. Les légendes des dynasties du temple de Louqsor offrent, pour les archéologues, le plus grand intérêt. La visite des temples de Louqsor et de Karnak demande une attention toute particulière, si l'on veut apprécier comme il convient ces ruines des Pharaons, si grandioses, si imposantes, uniques dans le monde entier.

Onzième Journée, 14 février 1895.

Cette journée est consacrée à la visite de Louqsor ; mais la chaleur accablante qui règne, la poussière aveuglante des rues, l'odeur nauséabonde des pigeonniers dans les quartiers arabes, les mouches qui vous dévorent rendent le séjour de la ville insupportable. Je passai la matinée à collectionner des antiquités. Des Indiens, comme au Caire, sont installés, vendant des étoffes indiennes et des objets en cuivre ciselé. L'après-midi, malgré les 40 degrés de chaleur, nous assistâmes aux courses, qui sont originales et de couleur locale. D'abord, la course en sac faite par des

Nubiens et des Bicharins, aux cheveux frisés et tressés, rendus luisants par l'huile de ricin dont ils sont imprégnés ; ensuite la course de dromadaires, de gazelles, de buffles, de chèvres et d'autruches : voilà qui n'est point banal. Figure au programme la course des ânes, montés sans selle par des Arabes ; enfin, pour terminer, la lutte, qui consiste à désarçonner l'adversaire.

Douzième Journée.

Dès 6 heures du matin le bateau lève l'ancre, et à 10 heures, nous étions à Esneh, à 515 milles du Caire. Comme à Louqsor, nous trouvons une école catholique dirigée par les dignes sœurs de Saint-Vincent-de-Paul. A quelques minutes du Nil, les ruines du temple, un des monuments égyptiens les mieux conservés ; il donne une idée exacte de l'ancienne architecture égyptienne. On y arrive après avoir descendu trente-deux marches ; cette profondeur indique le niveau de l'ancien sol. Il date de la domination romaine. Les 24 colonnes monumentales qui le soutiennent sont d'un bel effet ; les murs sont ornés de sculptures très remarquables, et, comme dans beaucoup de ruines, on trouve la trace du feu qui, en Égypte, a détérioré tant de monuments.

Un peu plus loin, il est un autre temple sur lequel le village d'Esneh a été construit. Si plus tard on songe à le déblayer, — car, d'après les données, il doit aussi renfermer de précieuses antiquités, – il faudra se résoudre à démolir le village arabe pour le rebâtir plus loin. Nous rencontrons des almées ornées de leurs boucles d'oreilles, de leurs colliers ruisselant de pierreries et de pièces d'or ; leur costume bariolé est des plus typiques. Dans ce village, comme dans tous ceux qui renferment des ruines, les Arabes font commerce d'antiquités. Les objets qu'ils offrent proviennent le plus souvent de vols commis dans des sépultures. L'excursion terminée, la caravane rentre à bord ; nous dépassons Al-Kab, pour nous arrêter à Edfou où nous passons la nuit.

Treizième Journée.

Dès l'aube, notre maison flottante se met en marche. Après une heure de navigation, nous arrivons à Djebel-el-Silsibeh, pour nous diriger sur Komondo, où nous visitons le grand temple déblayé par M. de Morgan. L'ensemble en est monumental ; les colonnes ont une élévation hardie ; les six portes, dont les sculptures sont différentes, ont échappé à la mutilation : elles sont parfaitement conservées. Mais ce qu'il y a de plus remarquable, ce sont les peintures murales et leurs nuances bleutées et rosées, d'une délicatesse inouïe, nuances que les artistes égyptiens avaient le secret de bien rendre. Quant aux sculptures des plafonds, elles sont d'un merveilleux effet. Peu de temples, dans la Haute-Égypte, sont restés dans un aussi parfait état que le temple de Komondo, situé sur un monticule au pied duquel coule le Nil. Quand on pénètre dans cet imposant édifice, on se trouve tout à coup charmé par l'ensemble des nuances délicates qui s'offrent à la vue, en cet endroit silencieux, abri et refuge des crocodiles.

Ce village diffère des autres d'une manière plus sensible. Les Arabes, vêtus de leur grande robe blanche, y sont plus noirs, plus propres et surtout plus robustes ; on sent que l'on avance vers la Nubie. D'autres, en costume primitif, se jettent à l'eau et entourent le bateau, réclamant, bien entendu, le bakchich traditionnel. La vue de ces colosses, dans leur simple appareil, n'effarouchait nullement les pudiques misses. Nous repartons pour Durawie, petit port entouré de palmiers. Dans cette contrée, les plantations de coton et de canne à sucre sont très importantes, étant donné que la température de la Nubie est bien plus chaude que celle de la Moyenne-Égypte. Vers 5 heures du soir, Assouan, sur la droite du Nil, au milieu des verdures de l'île Éléphantine, nous apparaît au loin sous un aspect des plus pittoresques.

Quatorzième Journée.

Assouan, à 583 milles du Caire, c'est la Nubie, limite de la Haute-Egypte, point *terminus* de notre voyage sur le Nil, puisque nous arrivons à la première cataracte. Cette ville n'a plus ses monuments ; il n'en reste que les débris. Le paysage prend un caractère énergique ; la ville s'élève en amphithéâtre, et le Nil se trouve encaissé dans les roches noires. A peine débarqués, nous retraversons le Nil pour aller à l'île Éléphantine, toute verdoyante sous les nombreux palmiers aux têtes élancées ; l'ensemble de cette petite forêt est charmant. Les palmiers-dattiers de Nubie ont une plus grande production que ceux de la Basse-Égypte ; le climat y est encore plus chaud. Chaque arbre a sept branches qui produisent chacune 25 kilos de dattes : soit, par dattier mâle, 175 kilos par récolte.

Le soir, nous faisons une première visite aux bazars de la ville ; ils sont très animés, et, après ceux du Caire, les plus intéressants que je connaisse. On y trouve surtout des poignards, des bijoux du Soudan, des cornes de gazelle, des armes de chasse, des ceintures de coquillages de dames nubies (tel est leur nom). Ces ceintures, découpées en lanières de cuir et ornées de coquillages, sont portées par les filles nubiennes jusqu'à la veille de leur mariage. A travers ces bazars, vous êtes assailli par les marchands qui vous arrêtent au passage. C'est à qui vous vendra des coutelas damasquinés, des poignards aux gaines recouvertes de peau de crocodile, des plumes, des œufs d'autruche, des flèches, des armes de chasse et de guerre, tout cela apporté du Soudan par les caravanes. Aussi ont-ils soin de vous répéter à satiété, lorsque vous entrez dans leurs boutiques, remplies d'originalités : « Tu sais, monsieur, ça antique Soudan, bono ; pas antique, pas argent. » Et comme il vous serait assez difficile d'aller au Soudan contrôler si l'article offert est réellement soudanais, vous finissez par vous laisser séduire, mais en ayant soin toutefois de ne donner que la moitié de la somme demandée.

Le lendemain, dès le matin, nous parcourons la ville en tous sens. Le port, avec les dahabiehs qui séjournent, est d'une grande animation. En face du quai de débarquement, la caserne, occupée en partie par les soldats anglais du Corps d'occupation. La cavalerie turque qui loge dans cette caserne est montée sur des dromadaires. Les soldats turcs sont commandés par des officiers anglais.

Les rues de la ville sont sillonnées par des caravanes de dromadaires blancs revenant du Soudan, chargés de différents produits. Assouan a aussi ses almées. La population est composée de Berbères et de nomades bicharins. Nous allons jusqu'en dehors de la ville où ils ont installé leur campement. A peine sommes-nous signalés, qu'un jeune homme de vingt à vingt-deux ans, au visage doux, aux traits réguliers, un peu efféminés, aux dents blanches comme de l'albâtre, vient au-devant de nous et nous aborde en parlant français. Comme je le reconnais pour l'avoir vu à l'Exposition de Chicago, il m'explique qu'en effet, il y a été envoyé avec plusieurs femmes de sa tribu. C'est le même, du reste, que l'on a vu à Paris, à l'Exposition de 1889. Il se met à notre disposition pour nous faire visiter le camp de la tribu des Bicharins. A son appel, tous les hommes sortent de dessous les tentes. Ces hommes, aux cheveux crépus, tressés et luisants, sont d'une beauté remarquable ; comme corps, de vrais Apollons. Ce qui nous frappe surtout, ce sont leurs dents superbes. Un docteur anglais qui nous accompagne fait signe au chef de la tribu, un beau vieillard de soixante-douze ans, de s'avancer vers lui ; il lui ouvre la bouche pour examiner les dents, et reste stupéfait en constatant que non seulement aucune ne manque, mais qu'elles n'offrent pas la moindre tache ni la moindre concavité. Pour voir les femmes, nous pénétrons sous les tentes. Nous en apercevons une, qui peut avoir quatorze ou quinze ans, et qui allaite son enfant. Ces femmes, aux lèvres tatouées, presque noires, sont loin d'avoir la beauté plastique des hommes ; car, par les fatigues successives de la maternité, à vingt-cinq ans elles sont déjà flétries. Comme costume, elles portent la ceinture de coquillage. Notre jeune Bicharin rassemble les hommes du camp et fait exécuter devant nous une *fantasia*, un simulacre de combat avec armes et boucliers ; puis, des danses typiques. Ces nomades vivent de pêche et, dans les montagnes, ils vont chasser la gazelle, le renard. Pour se couvrir le corps, les femmes tissent des morceaux d'étoffe avec les poils des dromadaires. Notre jeune Bicharin était tellement aimable que je le pris avec moi pendant deux jours pour me servir de guide. Le brave garçon me dit qu'il regrettait Paris, et qu'il espérait bien y revenir pour l'Exposition de 1900.

Du camp des Bicharins, nous allons visiter les tombes ouvertes par le général Sir Francis Grenfell. Après vingt minutes de marche, nous arrivons aux célèbres carrières de granit d'où furent tirés les blocs immenses qui servirent à édifier les palais des Pharaons et tous les obélisques. A l'entrée, on voit encore un obélisque taillé dans le roc qui, depuis les temps pharaoniques, est resté là, inachevé. Nous descendons vers le Nil où se trouvent les écueils historiques que les Égyptiens, les Grecs et les Romains ont tatoués de mille inscriptions Sur les bords du fleuve ont été élevées de coquettes constructions. Assouan, par sa situation topographique, par les mœurs originales de ses habitants qui sont doux et bienveillants, par les excursions ravissantes que l'on peut faire jusqu'à l'île de Philoé, est appelé à devenir un séjour d'hiver. La chaleur des tropiques s'y fait sentir ; nous sommes là au dix-huit février et le thermomètre marque quarante degrés de chaleur, tandis que la Seine, à Paris, charrie des glaçons.

Nous rentrons à notre hôtel flottant pour le déjeuner. Aussitôt après, accompagné toujours de mon jeune Bicharin, je retourne aux bazars où les marchands, dans leur dialecte original, nous égayent facilement. Nous allons ensuite dans un bivouac de nomades, le plus sauvage qu'on puisse imaginer. Ces chameliers reviennent du Soudan. Les dromadaires, déchargés, sont couchés, se reposant au soleil. De loin, on entend leurs grognements plaintifs. J'achète à ces Arabes des colliers, des œufs d'autruche.

La nuit, on se croirait à Constantinople, à cause des aboiements continuels des chiens qui vont se répercutant dans la montagne. Puis, toutes les heures, ce sont les cris des gardiens de nuit placés en haut des minarets qu'on entend dans le silence. Ces gardiens, comme dans toutes les villes musulmanes, ont la mission de veiller, dans le cas où il se produirait des incendies. Toutes les heures, ils doivent crier à pleins poumons, de manière à ce que le suivant, placé sur l'autre minaret, entende les cris et, à son tour, les répète au gardien voisin : ceci, pour mieux s'assurer entre eux qu'ils ne se sont pas endormis. Le lendemain, la journée fut consacrée à l'excursion de l'île de Philoé, si vantée par les touristes. Après avoir effectué un trajet d'une demi-heure en chemin de fer, et la caravane de quatre-vingts personnes réduite à soixante-dix, (les autres étant parties pour la deuxième cataracte), nous arrivons à Phallal, village nubien situé au milieu des montagnes. Là, nous trouvons à notre disposition des barques décorées, ressemblant aux gondoles de Venise, qui nous transportent dans l'île. Cette île enchanteresse de Philoé, située à 1.220 lieues de Paris, s'élève au milieu d'un petit lac ; elle est couverte de ruines, de palmiers, de mimosas. C'est bien le site le plus pittoresque et le plus délicieux que l'on puisse rêver. Sur les montagnes de granit, sur les îlots, sur les berges, voici de tous côtés des Nubiens et des Nubiennes, vêtus très succinctement ; ils accourent tout en joie, en criant : *Oulonlon* ! Nous abordons en face du joli petit temple, en forme de kiosque, qui fut en ruines avant d'être terminé. Il est là qui se dresse gracieusement au milieu de cette île verdoyante, d'un pittoresque inouï. Plus loin, la masse des grands monuments, temples et pylônes. Un musée dans un grand jardin ; quel délicieux coin de terre ! Comme on se sent loin de la vie de Paris ! C'est le repos dans la contemplation.

Le grand temple de Philoé, vu à l'extérieur, est vraiment beau, curieux surtout par ses gracieuses colonnes peintes dont quelques-unes sont inachevées. Sur la terrasse qui borde le Nil, un obélisque ; les chapiteaux des colonnes, d'un coloris si fin, sont les plus beaux que l'on puisse imaginer. Dans toute sa splendeur, ce temple devait constituer un véritable Eden. Pour nous, Français, émerveillés de telles splendeurs, ce qui nous intéresse davantage, c'est l'inscription qui se trouve à droite en entrant, en mémoire de l'expédition française du 3 messidor, an VI de la République ; on lit sur une pierre :

« Une armée française est descendue à Alexandrie ; l'armée au bout de vingt jours a mis les Mamelucks en fuite. Desaix, commandant la première division, les poursuivit jusqu'à la première cataracte. »

Les touristes anglais, avec le sans-gêne habituel qui les caractérise et la mauvaise foi qui les anime, avaient souillé cette inscription de commentaires injurieux. Ils avaient poussé, non pas l'audace, mais la canaillerie jusqu'à marteler le nom du génie qui glorifia la France, ils ne se trouvaient pas satisfaits de l'avoir fait mourir sur le rocher aride de Sainte-Hélène. Un touriste français, honnête homme et patriote à la fois, effaça les insultes grossières et leur substitua le simple avis suivant : « On ne salit pas une page d'histoire. »

Depuis, l'inscription est restée intacte, et le nom du général Bonaparte a été rétabli par le prince Napoléon, à l'époque de son voyage à l'île de Philoé.

L'intérieur de ce temple, dont la splendeur fut grande, n'a pas trop souffert des mutilations. Un escalier conduit sur la terrasse. De cet endroit, le Nil paraît former plusieurs lacs bordés par des montagnes de granit agrémentées de palmiers verdoyants. Pour voûte, le ciel bleu d'azur ! En bas, l'élégant kiosque de Tibère. La visite des ruines de l'île de Philoé laisse une impression délicieuse et ineffaçable. Lorsqu'on veut entrer en communication directe avec la nature et boire à la source des choses, il faut, chers Lecteurs, traverser la Méditerranée, débarquer sur la vieille terre d'Egypte, remonter et descendre le Nil, admirer ses ruines et s'enivrer de ses paysages.

Nous quittons l'île de Philoé, et les canots nous transportent à la cataracte. Ces rapides qui coulent entre des blocs de granit, ont pour fond, à l'horizon, le désert et ses montagnes de sable jaune ; le fleuve bouillonne et se précipite à travers un labyrinthe de rochers noirs et dénudés. C'est beau ! mais, pour moi qui avais vu les chutes du Niagara, et navigué sur les rapides de Saint-Laurent, je crois que mon étonnement fut moins grand que celui de mes compagnons de voyage. Les Nubiens sont là qui nous attendent pour opérer devant nous la descente périlleuse. Une horde de jeunes hommes, beaux et vigoureux, montés sur des pièces de bois, s'élancent dans les eaux écumantes, y jouent comme des truites dans un torrent. Parfois ils disparaissent dans les tourbillons, ne redoutant pas les crocodiles qu'ils affrontent sans crainte. Les Nubiens et les Bicharins sortent de ces rapides en s'accrochant des pieds et des mains au granit de la rive. A leur retour nous leur fîmes une abondante distribution des bakchichs qu'ils avaient bien gagnés. Nous remontons dans nos barques pour regagner Assouan et descendre le Nil. Cette promenade nautique, à cause des écueils dont ces parages sont hérissés, offre quelque danger. Chaque barque est conduite par douze rameurs sous la direction d'un pilote expérimenté. De tous côtés des rochers barrent la route, ce qui rend le courant d'une rapidité extrême. Aussi la descente s'opère-t-elle avec une vitesse vertigineuse. Sur tout le parcours, on jouit des vues les plus belles et les plus variées de la nature sauvage. C'est de la première cataracte qu'on peut se rendre à Wady-Halfa deuxième cataracte, et frontière de la Nubie. Les Anglais y ont construit des fortifications importantes, ainsi que des casernes où sont logés deux Corps de l'armée turque, commandés par des officiers anglais. Ils se sont installés là en véritables maîtres, sous le fallacieux prétexte de repousser les invasions des Derviches. L'Anglais est devenu le parasite de l'Egypte A Wadi-Halfa, la population est douce et laborieuse. A Assouan et dans la Haute-Egypte, les Anglais ont ouvert 88 écoles, tandis que les écoles françaises y sont au nombre de 10 !

Quinzième Journée

Le lendemain matin, le réveil fut mélancolique. Il fallait partir, descendre le Nil et retourner au nord. Nous emportions d'Assouan, de l'île de Philoé et de la première cataracte, une ample provision de souvenirs. Nous étions plus émerveillés que rassasiés. Cependant, chaque tour de roue nous rapprochait de la mère-patrie. Tout voyage n'est, au fond, qu'un exil instructif ; nous étions mécontents de tourner le dos aux tropiques. La Haute-Egypte est une contrée riche sous tous les rapports ; elle offre une abondante moisson de traits, de mœurs, de souvenirs historiques. Elle ébranle si fortement l'imagination et donne à l'esprit une si vive secousse qu'il faudrait une année entière pour la connaître entièrement.

« L'Orient, disait Flaubert, ne sera bientôt plus que dans le soleil. »

A notre départ, le vent lui même sympathisait avec nos regrets ; il se mit à souffler avec violence. J'en profitai pour rentrer dans le salon de lecture et rédiger mes nombreuses notes, afin de pouvoir les classer à mon retour à Paris.

Seizième Journée.

Avant le coucher du soleil, nous arrivions à Louqsor pour y passer la nuit ; le lendemain, après quatre heures de navigation, nous débarquions à Kénch. C'est dans cette ville que se fabriquent les meilleurs vases en terre poreuse et les gargoulettes qui servent à filtrer les eaux du Nil. Le drogman nous emmène visiter une de ces fabriques. Les Arabes, assis devant leur tour, moulent avec une dextérité surprenante ces vases de différentes formes ; ils emploient les mêmes moyens que dans nos fabriques de Sèvres, de Nevers et de Limoges. Kénch est une petite ville assez bien tenue. Tout le long des routes, on ne rencontre que des chameaux et des ânes chargés de poteries qui viennent remplir les bateaux amarrés au bord du Nil. Nous partons pour aller passer la nuit à Disneh.

Dix-septième Journée.

De Disneh, nous nous dirigeons vers Bellianah. C'est de cette ville que l'on se rend aux ruines d'Abydos. Pour y arriver, il faut deux heures à âne, même en marchant à l'allure la plus rapide ; mais, une fois là, on ne regrette pas la fatigante excursion que l'on vient de faire. Les ruines d'Abydos sont composées du temple de Séti, du temple de Ramsès II et de celui de Koures-Sultan. Ces ruines, comme toutes celles de l'Égypte, ont un même caractère et produisent une même impression. Un peu plus loin se trouve le monastère des Coptes, où est entré le Père Loyson, l'ancien prédicateur. Par cette chaleur sénégalienne, nous rentrons avec satisfaction dans notre maison flottante.

Dix-huitième Journée.

De Bellianah, nous arrivons à Assiout, que nous avons déjà visité à l'aller. Le bateau stoppe pour passer la nuit. Dès l'aube, nous partons pour aller à Rhodah visiter une sucrerie.

Dix-neuvième Journée.

Le bateau fait escale à Djebel-el-Tayr, village peu important que nous visitons.

Vingtième Journée.

Le lendemain, dernière journée d'excursion, après avoir fait escale dans quarante villes et villages égyptiens, nous rentrions au Caire, enchantés de notre voyage sur le Nil qui s'est effectué sans ennui et par le plus beau temps que l'on puisse rêver. Sous ce climat exceptionnel de la Haute-Égypte, l'existence ressemble à ces luxuriantes végétations qui n'ont pas besoin de soins pénibles pour couvrir un sol fécond du splendide épanouissement de leur floraison. Elle coule douce et heureuse. On se sent à l'abri de toutes ces médisances et prétentions mondaines dont s'imprègne si facilement la vie parisienne qui, par ses luttes successives, ressemble à un combat. Au Caire, notre caravane se disloqua. Je m'informai aussitôt du départ du bateau qui va de Port-Saïd à Jaffa, pour de là gagner Jérusalem. Ayant deux jours à rester au Caire, je les consacrai à revoir les bazars, dont on ne se trouve jamais rassasié, où quelque chose de nouveau s'offre toujours aux yeux. Allons ! la vie arabe a des charmes ; j'échangerais volontiers les plaisirs tapageurs de Paris contre cette félicité tranquille. Et pourtant on ne vend pas le repos dans les bazars !

LES FRONTIÈRES DE L'ÉGYPTE

L'Égypte actuelle s'étend de Wadi Halfa (2ᵉ cataracte) sous le 20° 53' de latitude septentrionale jusqu'à la mer Méditerranée sous le 31° 35' de latitude septentrionale, c'est-à-dire qu'elle a une superficie longitudinale de 9° 42' — 145 ½ milles géographiques = 1.079.630 km. Cette étendue longitudinale est donnée par la chaîne de montagnes de la Libye et de l'Arabie, sur les deux rives du Nil, et varie entre 1 et 22 km. L'Égypte est la contrée la plus étroite du globe. Elle est limitée au midi par le royaume du Mahdi et la sphère d'intérêts de l'Italie, à l'est par la mer Rouge, l'Arabie et la Syrie, au nord par la Méditerranée, à l'ouest par le désert de la Libye. Sa superficie totale est de 994.300 kmq. La Basse et la Haute Egypte, y compris les oasis, ont 935.300 kmq., et la péninsule du Sinaï, non compris la Médie qui appartient à la Turquie, compte 59.000 kmq.

L'Egypte est donc deux fois aussi grande que l'Allemagne (540.504 kmq.) et la France (536.408 kmq.) et plus de trois fois aussi grande que la Grande-Bretagne (314.628 kmq.). Mais le pays est en majeure partie couvert par le sable du désert ; les contrées cultivées, c'est-à-dire celles qui ne peuvent pas être submergées par les eaux du Nil, ont une superficie de 27.688 kmq. seulement, et forment par conséquent une superficie totale plus petite que celle de la Belgique (29.457). Son nom, d'origine grecque, vient, d'après Brugsch, de l'hiéroglyphe Ha-ka-ptah, c'est-à-dire : maison du respect du Ptah (créateur des mondes). Le nom en usage chez les anciens Egyptiens était chemi, c'est-à-dire : contrée noire, sans doute en raison de la couleur du limon du Nil. Les Hébreux appelaient l'Egypte Masar (le Misraïm de la Bible), les Arabes de nos jours l'appellent Masr, nom qui désigne spécialement sa capitale, Le Caire. Les Turcs la nomment le pays Gipt, très probablement une abréviation du mot grec Aigyptos.

La population de l'Egypte était en 1882 de 6,821,442 habitants, répartis comme suit :

Basse-Egypte, 3,972,452 âmes ; Haute-Egypte, 2,805,073 ; Isthme. Oasis, etc., 39,740 ; Péninsule du Sinaï, 4,147, ce qui fait 6,86 habitants par kilomètre carré, mais 264,4, si l'on considère seulement l'Egypte proprement dite, c'est-à-dire les contrées cultivées des deux côtés du Nil et le Delta. Ainsi donc l'Egypte est plus peuplée qu'aucun pays d'Europe (Belgique : 208 ; Allemagne : 91,4 ; France : 71,5 ; Grande-Bretagne : 122 ; Italie : 106 ; Pays-Bas : 140 ; Autriche : 63,8).

Les villes les plus populeuses sont : Le Caire environ 375.000 hab.), Alexandrie (environ 230.000), Tantah (45.000), Damiette (environ 44.000), Zagazik (40.000 , Assiout (28.000), Port-Saïd (17.000). La population augmente chaque année, malgré la mortalité des indigènes qui est considérable (1,25%). La polygamie, permise par le Coran, n'existe plus aujourd'hui que de nom ; dans les classes pauvres, le mari n'a pas les moyens d'entretenir plusieurs femmes ; dans les classes élevées, le mari n'a qu'une femme. (Sur la population de l'Egypte, voir : de Kremer, Egypte).

NATIONALITÉS

La population de l'Egypte appartient à la tribu hamito-sémitique de la race méditerranéenne. Les *Coptes* chétiens (appelés Gipt dans leur langue) représentent le type des anciens Egyptiens, conservé presque pur (hamites) ; on en compte aujourd'hui encore environ 500,000. Du mélange des Coptes avec les Arabes (sémitiques), les conquérants de l'Egypte de l'an 638 après J.-C., naquirent les *Fellahs*, les vrais représentants de la race égyptienne ; ils constituent de beaucoup la majeure partie de la population des campagnes. Les immigrants arabes se sont conservés dans les *Bédouins*, qui mènent encore une vie nomade, comme leurs ancêtres ; le type arabe est encore presque intact dans les provinces de Galiubieh, de Charkieh et de Behera, c'est-à-dire dans celles que Amrou a données aux conquérants arabes. On appelle *Berbères* les habitants du sud de la Haute-Egypte ; on les trouve comme domestiques au Caire et à Alexandrie. Les Turcs (environ 100,000) occupaient, depuis la conquête de l'Egypte par Selim (1517), les premiers rangs de la société, mais aujourd'hui ils sont peu à peu remplacés par des Anglais dans les hautes charges civiles et militaires. Les *Levantins* sont les éléments chrétiens de la population indigène d'origine syrienne, arménienne et grecque. Les *Juifs* (environ 30,000), quoique asservis par tous les peuples qui ont dominé tour à tour, ont conservé dans toute sa pureté leur sang sémitique ; on n'en trouve qu'au Caire, où ils occupent un quartier spécial ; en Egypte, comme partout, des *Bohémiens* exerçant le métier de chaudronniers, danseurs de corde, etc. La plus grande partie des chanteuses (Almées) et des danseuses publiques sont aussi des bohémiennes. En dehors de cela, on compte environ 91.000 *étrangers*, ayant leur domicile fixe en Egypte à savoir : Grecs, environ

37.000; Italiens, 18.000; Français, 15.000; Autrichiens-Hongrois, 8.000; Anglais, 6.000; Persans, 1.500; Allemands, 1.000.

La langue du pays est l'arabe. Le gouvernement emploie avec les fonctionnaires l'arabe ; avec les Turcs, le turc, et avec les étrangers, le français. L'anglais est la langue officielle au ministère de la guerre et des travaux publics.

ADMINISTRATION

L'Egypte est un Etat tributaire dont l'administration est entre les mains d'un gouverneur tributaire. Depuis le traité du 15 juillet 1840 conclu entre l'Angleterre, la Russie, la Prusse et l'Autriche et le Hattischerif (Firman d'investiture du 13 février 1841), ce gouverneur (vizir) devait toujours être un membre de la famille de Méhémet Ali, choisi par le Sultan ; néanmoins Ismaïl Pacha obtint de la Sublime Porte que le droit de succession appartiendrait à l'ainé issu de la ligne directe, qui fut nommé, en vertu du Firman du 8 Juin 1867, Khédive (vice-roi) avec le rang de grand-vizir et le titre de « Altesse » ; il acquit par le Firman du 8 Juin 1873 le droit de contracter des emprunts à l'Etranger sans l'agrément du Sultan, de conclure des traités de commerce et de douane, de décréter des lois, de conférer des titres jusqu'à celui de Bey inclusivement, ainsi que des ordres jusqu'à celui d'Osmanieh de seconde classe. Le tribut annuel que l'Egypte est obligée de payer à la Porte est de 665.041 livres égyptiennes. En 1890, l'Egypte, par l'intervention de l'Angleterre, en a garanti le payement pour 60 ans. La liste civile du Khédive se monte à 100.000 livres (2.593.750 francs) ; les apanages de la famille vice-royale se montent à 114.127 L. E. La cour est établie sur un pied excessivement modeste. L'autorité du Khédive est presque absolue ; il existe bien, d'après la loi organique du 1er mai 1883, plusieurs corporations qui ont le droit de discuter sur les affaires intérieures et sur les propositions du gouvernement : les conseils provinciaux, le conseil législatif (Meglis chara el-Nouab) composé de 14 membres nommés par le Khédive et de 16 nommés par vote d'élection, enfin l'assemblée générale composée des ministres, des membres du Conseil législatif et de 14 notables ; mais le gouvernement n'est nullement assujetti à ces décisions. Un conseil pour les affaires contentieuses a été institué au mois de septembre 1883.

En réalité, depuis 1882, toutes les questions importantes se décident à Londres. Les hauts fonctionnaires anglais adjoints au gouvernement égyptien ont le droit d'assister aux séances du Conseil des ministres, lequel se compose d'un président et de sept ministres. L'administration propre du pays, ainsi que le service de la santé et de la sécurité publiques, sont entre les mains du ministre de l'intérieur. Au point de vue administratif, l'Egypte est divisée en 14 provinces ayant chacune à leur tête un gouverneur (Mudir), auquel est adjoint un Conseil (Divan), dont font partie les Wekl (vice-gouverneurs) et les Kadi (juges ecclésiastiques) les plus influents. La province se subdivise en arrondissements administrés par un Nazir, duquel dépendent les chefs des villages (Schëch el beled.) Les huit principales villes de l'Egypte : le Caire, Alexandrie, Suez, Port-Saïd, Damiette, Rosette, Kosër et El-Arish jouissent d'une administration propre et indépendante de la province où elles sont situées.

L'Islamisme est répandu dans tout le nord, dans le Soudan et dans l'est de l'Afrique, s'avance de là de plus en plus vers l'intérieur, qui est encore enfoncé dans les pratiques sauvages et cruelles du fétichisme et forme un élément important pour propager la civilisation. Le chef suprême de l'Islamisme est le Calife, le successeur du Prophète, le Sultan de Constantinople, (depuis Selim I, 1517). Les dignitaires ecclésiastiques, qui viennent immédiatement après, sont les Ulémas. Ils se divisent en Cadis (juges) et en Imans (prêtres). Les Imans sont chargés des exercices et de l'enseignement religieux, et on distingue parmi eux les *Schechs*, c'est-à-dire les savants, et les *Chatebs*, c'est-à-dire ceux qui font la prière du vendredi. Puis, il y a les Muezzins qui crient la prière, et les Derviches, moines, dont les plus connus sont les hurleurs et les danseurs. A côté du Mahométisme, qui est la Religion de l'Etat, toutes les autres Confessions religieuses sont tout à fait libres.

Le Christianisme qui a régné dans tout le nord de l'Afrique jusqu'au septième siècle et qui a été supplanté par l'Islamisme, ne s'est maintenu en Egypte et en Abyssinie que chez les Coptes, mais sous une forme bien altérée. Leur patriarche réside au Caire, dans le quartier des Coptes. De plus, les étrangers qui ont émigré en Egypte sont *chrétiens* ; il y en a 600.000 environ.

Les Musulmans comptent leurs années du jour de la Fuite (Hedschra) du Prophète de la Mecque à Médine, c'est-à-dire, du 16 juillet de l'an 622 après J.-C., qui était un vendredi. C'est pourquoi le vendredi de chaque semaine est pour eux un jour de fête. L'année ordinaire a 354 jours ; l'année bissextile, 355 ; l'une et l'autre ont 12 mois de 30 ou 29 jours. Dans un cycle de 30 années lunaires ils comptent 11 années bissextiles, dans lesquelles le dernier mois a toujours 30 au lieu de 29 jours. Les 2e, 5e, 7e, 10e, 13e, 15e, 18e, 21e, 24e, 26e et 29e années d'un cycle sont toujours bissextiles ; si l'année musulmane divisée par 30 donne un de ces nombres comme reste, alors elle est bissextile.

Les 12 mois sont :

1. Moharrem   15 juillet jusqu'au 13 août   (30 jours)
2. Safar   14 août   »   11 sept. (29 »)
3. Rabi el auwal 12 sept   »   11 oct.   (30 »)
4. Rabi el tany 12 oct.   »   9 nov.   (29 »)
5. Gemad el auwal 10 nov.   »   9 déc.   (30 »)
6. Gemad el tany 10 déc.   »   7 janv.   (29 »)
7. Regeb   8 janv.   »   6 fév.   (30 »)
8. Schaaban   7 fév.   »   7 mars   (29 »)
9. Ramadan   8 mars   »   6 avril   (30 »)
10. Schauwal   7 avril   »   7 mai   (29 »)
11. Dhul-kaade 8 mai   »   4 juin   (30 »)
12. Dhul-higge 5 juin   »   4 juillet (30 »)

Les Musulmans commencent leurs mois le jour qui suit immédiatement l'apparition du croissant de la nouvelle lune.

DU CAIRE A JÉRUSALEM

Le mardi matin, nous quittions le Caire par le chemin de fer de Port-Saïd, qui longe le désert. Nous passons à Benha, village important, où se tient un marché de bestiaux. C'est là que les Arabes viennent acheter les ânes et les dromadaires. Le chemin de fer s'arrête ensuite à Tel-El-Kebir, où eut lieu la bataille des Anglais contre les Egyptiens en 1882. Près de la gare, on a édifié une nécropole dans laquelle sont enterrés les soldats anglais. Ensuite, c'est Ismaïlia (bifurcation du chemin de fer de Suez), petite ville charmante. Le lac Timsah, creusé par la Compagnie de Suez, est plus beau que la plupart des lacs naturels. Le jour, sa teinte bleuâtre se relève avec une singulière vigueur sur le fond jaune du désert. Le soir, éclairé à l'électricité, il indique la route aux bateaux qui se dirigent vers la mer Rouge et sur Port-Saïd. Ismaïlia, avec ses avenues plantées d'arbres, où, le soir, se dégage, la fraicheur de la mer est une petite ville de plaisance. C'est à Ismaïlia que la ligne du chemin de fer se termine. D'Ismaïlia à Suez et à Port-Saïd, les lignes appartiennent à la Compagnie de Suez. Le temps n'est plus où le patriotisme anglais, mal éclairé, se plaisait à dénigrer la Compagnie de Suez ; aujourd'hui ce sont eux qui, les premiers, en profitent pour le passage des Indes. D'Ismaïlia à Port-Saïd, le coquet chemin de fer installé par la Compagnie de Suez longe, sur la gauche, le désert de l'Arabie. Des équipes d'hommes sont constamment occupées à déblayer la voie souvent obstruée par une épaisseur considérable de sable que le *khamsin*, ce vent terrible du désert, y amène constamment ; d'une force étonnante, il déplace des montagnes de sable. Port-Saïd est une ville qui occupe maintenant, en Egypte, une place importante. Elle se développe tous les jours ; elle est appelée à un grand avenir. Un mouvement considérable s'opère dans le bassin, où presque toutes les puissances sont représentées par des navires. Aussi les quais, dont la population est essentiellement cosmopolite, présentent-ils toujours une grande animation. Cette ville moderne, avec ses rues droites bordées d'arbres, est d'un séjour agréable. La plage, très spacieuse, commence à s'orner de villas. A l'entrée du canal, la Société a fait construire un somptueux monument destiné à ses bureaux. Les trois dômes en faïence bleue sont du plus gracieux effet. Derrière ces bâtiments, commence le canal d'eau douce qui amène les eaux du Nil à Port-Saïd. Dans le bassin, j'ai visité le bateau *La Touraine*, de la Compagnie Transatlantique, qui devait lever l'ancre quelques jours après pour se rendre à Alger.

La traversée du canal de Suez s'effectue en seize heures. La longueur du canal est de 168 kilomètres; sa largeur est de 58 mètres au fond et de 100 mètres au niveau de l'eau. Commencé en 1859, il fut achevé en 1869. Il s'étend de Port-Saïd, sur la Méditerranée, jusqu'à Suez, sur la Mer Rouge. Sa profondeur qui n'était que de 8 mètres sera portée à 9 mètres, et la largeur de la base à 65 mètres. Le canal de Corinthe, dont on a fait tant de bruit, n'a que 6 kilomètres de long et 42 mètres de large. Il a coûté 35 millions.

MOUVEMENT DES NAVIRES

Les navires qui traversent le canal payent 10 francs par passager et 9 francs par tonne pour le frêt. L'économie de temps réalisée est considérable, puisque, pour le trajet, soit pour la route des Indes, soit pour l'Extrême-Orient, les navires étaient obligés de doubler le cap de Bonne-Espérance, ce qui demandait un mois de plus.

Ont traversé le canal : en 1870, 486 navires ; en 1888, 3.440 ; en 1889, 3.425 ; en 1890, 3.389 ; en 1891, 4.207, dont 3.217 anglais soit 76,5 %; 318 allemands, soit 7,6 % : 171 français, soit 4 % ; 51 autrichiens, soit 1,2 %.

Les recettes ont monté : en 1870, à 223.614 livres sterling; en 1888, à 2.268.911 livres sterling ; en 1889, à 2.514.265 livres sterling ; en 1890, à 2.615.903 livres sterling ; en 1891, à 3.276.626 livres sterling. Les recettes de 1891 ont donné sur les dépenses un excédent de 1.974.891 livres sterling. Cette même année (1891) le chiffre des passagers a été de 194.467.

Il est utile de donner un aperçu des résultats obtenus en 1896 et 1897 :

En 1896 : nombre des navires, 3.409; tonnage brut, 12.039.859 tonnes ; tonnage net, 8.560.284 tonnes ; recettes totales de l'année, 80.992.305 fr. 98.

En 1897 : nombre des navires, 2.986 ; tonnage brut, 11.123.404 tonnes ; tonnage net, 7.899.374 tonnes ; recettes totales de l'année, 74.261.661 fr. 84.

La traversée totale de Suez à Port-Saïd, en temps normal, c'est-à-dire à moins d'échouages de vapeurs obstruant la route, s'effectue en quinze ou seize heures, les bâtiments devant marcher à la vitesse réglementaire de six milles.

A lui seul, le canal de Suez, cette entreprise essentiellement française, due à la conception de M. de Lesseps, n'était-il pas suffisant pour faire comprendre au gouvernement de la République qu'il avait de gros intérêts à défendre en Égypte ? Devait-il, en cette occurrence, laisser les Anglais, qui guettaient cette proie, venir s'emparer impunément de l'Égypte ? L'Angleterre a depuis affirmé sa prépondérance en achetant au Khédive, vice-roi d'Égypte, les 76.000 actions qu'il possédait.

Le lendemain, j'embarquai sur le bateau *L'Espero*, de la Compagnie autrichienne Lloyd, pour aller à Jaffa. Débarquer à Jaffa n'est pas chose facile. L'entrée, obstruée par un banc de récifs, est battue furieusement par les vagues, et, comme Jaffa ne possède ni port, ni quai, c'est en pleine mer que le bateau s'arrête : nous sommes obligés de gagner la rive au moyen de petites barques. Dans le bateau se trouvait une tribu de deux cents Bédouins venant d'Arabie, qu'on avait empilés pêle-mêle sur le pont, comme du bétail. Ces malheureux, les vêtements en lambeaux, tout effrayants de misère, émigraient en Palestine.

Jaffa est, de tous les ports de l'Asie Mineure, le moins accessible et le plus dangereux. Pendant l'hiver, le débarquement devient impossible. Il faut avoir l'audace et l'habileté des Arabes qui conduisent les barques pour aborder sans encombre. Cette ville de Jaffa fut fondée par Japhet ; elle est étagée en amphithéâtre et a l'air d'une vieille forteresse féodale. Des ruelles grimpantes, silencieuses, assombries par des voûtes et des portes en ogives, des escaliers glissants et tortueux, tout un ensemble bâtard de vieilles architectures romaines et gothiques. On y voit la maison de Simon le Corroyeur où demeura saint Pierre ; dans le couvent arménien, la salle où Bonaparte fit, selon une légende, empoisonner les soldats pestiférés. A côté de la mosquée, des bazars qui ne manquent pas d'originalité. Dans tous les coins, des étalages primitifs d'étoffes bariolées, de babouches ; dans les rues, des changeurs de monnaie, des Arabes avec des pyramides de dattes. Sur la place du marché se fait un grand commerce d'oranges ; celles de Jaffa sont réputées ; elles ont, en effet, une saveur très agréable, et se vendent à raison de 3 francs le cent. Dans la pénombre des petites boutiques, on aperçoit des juifs (il y en a partout) au profil crochu. En dehors des murs, le marché des chameaux et des ânes, coup d'œil bien étrange pour le voyageur qui débarque. Les jardins célèbres qui entourent la ville sont d'une végétation luxuriante et se trouvent encore embellis par les échappées bleues de la mer qui perçent à travers les feuillages : une véritable oasis d'une fraîcheur exquise, où se mêlent, dans un charmant désordre, les cactus épineux, les bananiers aux larges feuilles, les grenadiers, les citronniers, les mandariniers et les orangers. Nous en voyons qui sont rouges de fruits ; d'autres, argentés de fleurs répandant dans l'air une senteur qui grise, tant elle est forte ! On se croirait à Biskra.

Au temps des Hébreux, Jaffa était une ville importante. C'est là que furent débarqués ces fameux cèdres du Liban, destinés à orner le palais de Salomon à Jérusalem. C'est dans cette ville que vécut le prophète Jonas ; il s'embarqua pour aller à Tarse, et fut, dit la légende, avalé par une baleine. Jaffa, *la bienheureuse*, a subi bien des vicissitudes. Elle fut prise d'abord par les Égyptiens et par les Assyriens, brûlée ensuite par Judas Macchabée, ravagée par Vespasien, et finalement enlevée par les Turcs. Le passage des pèlerins qui se rendent à Jérusalem lui donne du mouvement et de l'animation. Une partie de la population vit dans la rue ; pour l'Arabe, la rue est un domicile. Les femmes, comme à Beyrouth, ont pour voile un *kouffièh* (mouchoir en mousseline) qui leur encadre le visage, mais elles n'ont pas la gracieuseté des Stambolines à Constantinople. A Jaffa, on retrouve les tracasseries ridicules de l'administration turque. Avec nous voyageait un Comte espagnol, M. de..., qui avait apporté les deux fusils dont il s'était servi pour chasser sur le Nil. Sous prétexte que les armes à feu sont prohibées sur le territoire turc, on lui saisit à la douane ses deux fusils. Un des nôtres, pour une petite boîte de cigarettes, dut payer cinq francs d'entrée : le trésor ottoman n'a pas dû en toucher une grosse part ! Les employés préposés aux douanes commencent d'abord par garnir leur porte-monnaie de backchiches. C'est bien là que l'on reconnaît la singulière administration turque, dont la plupart des fonctionnaires se payent eux-mêmes. Ces singuliers personnages offrent un odieux mélange de duplicité, de tromperie, de vénalité, d'astuce vile, de pleutrerie, de servilité, d'ambition sans frein ; ils se complaisent dans les rivalités et les intrigues, ils éprouvent un besoin insatiable d'argent et de jouissances matérielles, ils ne reculent devant rien pour se les procurer. Comme on retrouve bien là tous les vices, toutes les perversités d'un peuple dégénéré, tel que l'était l'Empire grec au moment de la prise de Constantinople par les Turcs ! C'est la décomposition byzantine passée du vaincu chez le vainqueur et inoculée à ce dernier par son contact avec des peuples gangrenés. Aussi le Turc officiel se désintéresse-t-il de l'avenir auquel il ne croit plus lui-même : il assiste, impassible, à l'écroulement de l'empire ottoman. Toute sa politique se résume en un seul mot : « Taren » (demain).

En Turquie la civilisation est toute superficielle, le trafic de chair humaine continue clandestinement, on connaît les endroits où les Tcherkesses tiennent débit de leur denrée vivante. Au surplus, il suffit de gratter du bout de l'ongle le pacha, le bey, l'effendi, pour retrouver le barbare, avec ses instincts sauvages, ses haines féroces, sa soif de domination brutale. Sans remonter plus loin que le siècle actuel, l'histoire nous en fournit des preuves nombreuses, telles que, par exemple : le massacre de 30.000 Grecs à Constantinople, l'extermination de 25.000 habitants de l'île de Chio, l'égorgement de 15.000 Maronites, les persécutions contre les chrétiens de Syrie et de Palestine, les massacres de 100.000 Arméniens, les cruautés dont eurent à souffrir les Bulgares. Qui ne se souvient des atrocités d'Abdul-Aziz, cet infâme sultan que l'on finit par « suicider » en lui ouvrant les veines du bras; toutes ces atrocités rappellent les forfaits de Sélim Ier faisant mettre à mort ses neveux et ses frères, ordonnant de massacrer 40.000 Musulmans soupçonnés d'hérésie et menaçant d'exterminer tous les chrétiens fixés dans ses Etats. Amurat III, fit assassiner ses cinq frères ; Méhémed III, tua dix-neuf de ses frères et livra son propre fils au bourreau ; Mourad IV fit égorger plus de 100.000 personnes ; quant à Mourad V, il est enseveli vivant au Maltakiosk à Constantinople, où il traîne une existence lamentable. Voilà les résultats de l'abrutissement produit par les plaisirs du harem, de la folie engendrée par l'exercice d'un pouvoir sans contrôle et sans limite, et les passions les plus abjectes. Quant aux femmes, elles ont la chevelure longue, mais l'intelligence courte. Elevée pour l'homme, avec le sentiment du rôle secondaire qui lui est réservé dans la vie sociale, la femme musulmane ne vise qu'à un but : plaire au maître qu'un jour elle aura.

Les femmes grecques qui habitent la Turquie sont extrêmement coquettes, leur démarche est altière et prétentieuse, elles sont vaniteuses, frivoles et paresseuses. L'Arménienne est plutôt belle que jolie : elle a les yeux grands, bien fendus, le regard un peu vague et comme teinté de mélancolie, le nez fort, la bouche large, la peau mate et la taille fine ; au point de vue des goûts, du caractère et des habitudes, l'Arménienne se rapproche beaucoup de la femme turque. Qui connaît l'une n'a plus besoin d'étudier l'autre.

Les levantines sont gracieuses, généralement jolies, belles assez fréquemment, avec un profil grec, rehaussé par une superbe chevelure brune et animée par de grands yeux noirs au regard hardi et provoquant. Elles ont la taille fine, la démarche élégante, quoique un peu lourde ; elles ne dissimulent nullement leur amour du luxe et des plaisirs, et sont ambitieuses, gourmandes et bavardes ; chez elles, lasses d'ennui, elles s'étendent sur un divan, pour fumer des cigarettes. Quant aux juives, elles sont dégoûtantes, immorales, communes, avides, sales, couvertes de loques, les cheveux mal peignés ; les belles filles sont rares parmi la tribu de Beyrouth.

Depuis plusieurs années, un chemin de fer, construit par une Société française, relie Jaffa à Jérusalem. Autrefois, il fallait quinze heures à cheval pour se rendre dans la Ville Sainte. Aujourd'hui, la distance, qui est de 87 kilomètres, est franchie en trois heures et demie. Le premier village où le train s'arrête est Lydda ; ensuite, la petite ville de Rameleh, noyée dans un fouillis de plantations d'oliviers et de figuiers. A la gare, des femmes lépreuses, le visage tuméfié, sanglotant avec des gestes de mendiantes bibliques, demandent l'aumône aux voyageurs. C'est à Rameleh que Bonaparte, lors de sa campagne d'Égypte, fut logé dans le couvent des Latins. La tour blanche a été construite en souvenir des douze apôtres par l'impératrice Hélène, femme de Constantin. Ensuite, nous passons à Séjed Der-Aban, à Bittir. Là, le paysage s'accentue et devient sauvage. C'est un défilé de gorges, de ravins de montagnes rocheuses qui rappellent tout à la fois les Pyrénées et le passage des Balkans. Dans le train se trouvent des Juifs et des Musulmans qui se rendent à Jérusalem. Ces dernier vont se prosterner devant l'Essakhiah, rocher situé dans la mosquée d'Omar, et qu'ils croient suspendu dans l'espace sans aucun point d'appui. Les Juifs vont pleurer sur les vestiges du temple de Salomon, et demander à Dieu qu'il soit un jour reconstruit. Ils espèrent toujours rentrer en possession de leur ville natale. Avant Jérusalem, nous traversons Lydde, que saint Pierre visita, et où il guérit le Paralytique.

JÉRUSALEM

« Jérusalem, tout le monde descend ! » crie un employé.

Jérusalem la Nouvelle, bâtie en dehors de la vieille cité, s'agrandit chaque jour. C'est, au premier abord, une impression de modernité étrange qui choque et déconcerte, mais qui est vite dissipée lorsqu'on a franchi la porte de Jaffa et la haute tour à créneaux qui l'encadre. Le décor change brusquement ; la ville orientale se retrouve avec son dédale compliqué de rues étroites, voûtées et tortueuses, ses maisons silencieuses aux fenêtres grillagées. C'est la vraie Jérusalem, telle qu'on l'a présentée. Un de nos compagnons de voyage, un Russe fort aimable qui aime la France autant que nous aimons la Russie, se met à notre disposition et nous fait descendre avec lui à l'hospice russe ; grâce à lui, nous sommes très bien accueillis. Dès le lendemain matin, en compagnie du drogman de l'ambassade russe, nous commençons la visite de la ville. La Russie, puissance religieuse, tient à montrer sa prépondérance dans Jérusalem. En outre des édifices religieux qu'elle y possède, elle a construit, sur l'ancien emplacement du camp de Titus, un hôpital destiné à recevoir les missions religieuses, hommes et femmes, qui se rendent en pèlerinage à la Ville Sainte. L'origine de Jérusalem remonte, dit-on, à Melchisédec, contemporain d'Abraham. C'est la ville la plus ancienne et la plus illustre du monde ; au milieu se dresse le mont Sion, dont les beaux arbres, au jardin des Arméniens, font contraste avec le fond morne de l'horizon. Les murs d'enceinte de la ville, restaurés au XVIe siècle par le sultan Soliman, ne résisteraient pas à un boulet de canon. La Porte d'Or, par laquelle Notre-Seigneur Jésus-Christ fit son entrée à Jérusalem après la résurrection de Lazare, a été murée par les Turcs.

C'est par la porte de Jaffa qu'entrent habituellement les pèlerins. Au nord, la porte de Damas donne sur une plaine traversée par la route qui conduit à Naplouse et à Damas. C'est de ce côté que Jérusalem a toujours été attaquée, depuis Titus jusqu'aux Turcs. La cinquième porte est celle de Magrabite, qui a vue sur le village de Silsam. Il n'y a pas de ville au monde qui ait autant de fois changé de maître et supporté autant de sièges et de destructions. Aussi, le côté nord ne présente-t-il qu'un amas considérable de ruines où s'élèvent pêle-mêle de pauvres habitations arabes. Les musulmans avaient introduit l'usage de fermer les portes de la ville au coucher du soleil. C'est grâce à la Russie, qui la première réclama pour ses sujets, qu'Izzeh-Pacha donna l'ordre de laisser ouverte, la nuit, la porte de Jaffa. On était exposé autrefois à coucher dehors. C'est aussi à Izzeh-Pacha que l'on doit l'eau potable amenée des puits de Salomon. C'est lui qui fit réparer les aqueducs construits par le grand roi, réel service rendu à la population, qui ne pouvait consommer que l'eau recueillie dans les citernes. A ce pacha libéral et progressiste les touristes doivent encore la libre entrée dans la mosquée d'Omar, autrefois interdite absolument aux chrétiens. L'infraction à cette défense était punie de mort.

Les femmes de Jérusalem ont un cachet particulier. Elles savent se draper avec grâce et dignité dans leur blanc linceul. Nous parcourons les bazars où grouille une population pauvre et sordide. Les Juifs sont actuellement au nombre de 30.000 ; les Catholiques à peine 4.000. A Jérusalem, le type sémitique se montre dans sa décrépitude. L'indigène, au teint bruni, à la barbe noire, est immonde et répugnant. On voit des Juifs allemands, autrichiens, hongrois, russes, chassés d'Europe par la persécution ou émigrés volontairement, qui viennent mourir au pays de leurs pères et se faire enterrer dans la vallée de Josaphat. Ils végètent et sont traités en parias par les Turcs, bafoués et méprisés par les chrétiens. On professe à leur égard un mépris si profond que l'homme qui oserait aimer une juive serait déshonoré : grande leçon ! L'émigration juive est devenue un envahissement. Aussi, contrairement à la France qui les reçoit, les accueille et les favorise, le gouvernement turc s'est ému. Il est défendu aux Juifs de passer devant le Saint-Sépulcre.

Notre déjeuner à la russe se compose de caviar et de koisse. Après le thé, le cawas nous accompagne au Saint-Sépulcre. C'est par une petite place disgracieuse, écrasée par les hautes murailles des couvents, que l'on pénètre dans la Basilique. Le dôme, situé à côté de la coupole construite sur le Golgotha, est placé à l'endroit où fut élevée la Croix de Notre-Seigneur Jésus-Christ. Le Saint-Sépulcre est le monument le plus bizarre et le plus irrégulier dans sa disposition intérieure. Cette irrégularité, du reste, s'explique par la nécessité où l'on s'est trouvé de réunir en un seul édifice tous les endroits consacrés par la foi des chrétiens. La façade est percée d'un double portail en ogive et porte les traces de l'architecture du XIIe siècle. Le seuil franchi, on voit cinq ou six Turcs accroupis sur des divans, fumant des chibouks : ce sont les gardiens officiels porte-clés. L'église se trouve divisée, morcelée entre les différents cultes chrétiens. Chacun d'eux a son sanctuaire rigoureusement limité. Le chœur, tout étincelant d'orfèvrerie massive, de peintures byzantines criardes, appartient aux Grecs orthodoxes, les plus puissants de tous. La chapelle latine, de mauvais style, est desservie par les Franciscains. Les Arméniens sont maîtres des cryptes ; puis les coptes ou chrétiens d'Égypte, les Syriens et les Abyssins ont leurs chapelles. Sous la coupole centrale, qui fut brûlée le 12 octobre 1808, et dont le diamètre est de 20 mètres, se dresse un édicule carré de marbre rouge, enguirlandé de lampes d'argent, tapissé d'images saintes : c'est le sépulcre du Christ. A l'intérieur, deux petites salles étroites : la première, la chapelle de l'Ange, où cinq à six personnes peuvent à peine se tenir ; dans la seconde, au milieu d'un amoncellement inouï de candélabres, de cierges, d'images, de tableaux et de fleurs, le tombeau transformé en autel, surmonté de trois bas-reliefs marquant chacun la part des Latins, des Arméniens et des Grecs. Tous les cultes sans distinction ont la jouissance de ce sanctuaire, mais à tour de rôle. C'est dans ces Lieux Saints que doivent aller ceux dont la foi est vacillante ; car, sur cette pierre sanctifiée par le sang du Dieu fait homme, on se sent pris d'un saisissement étrange, l'âme s'élève vers Dieu, et l'on croit !

Si les Juifs, qui renient Jésus-Christ, entraient dans ce sanctuaire et s'y recueillaient, il me semble impossible que le voile qui recouvre leurs yeux ne se déchire pas de lui-même et qu'ils puissent résister à reconnaître avec les chrétiens la divinité de Jésus-Christ, sa mission promise et annoncée. On a vu des hommes sceptiques se sentir envahir de croyance tout d'un coup et se convertir. Près du vestibule, un escalier conduit à la chapelle bâtie sur un rocher, au sommet du Golgotha. A côté, taillée dans un roc, la chapelle, avec la statue d'Hélène et le banc où elle se tenait pendant les recherches de la Croix. Tout, dans la visite du Saint-Sépulcre, rappelle la vie de Jésus : la pierre sacrée où il fut déposé après sa mort, la place d'où la Sainte Vierge le regarda crucifier ; au premier étage, la chapelle où fut déposée la Croix. On y voit la fente qui se fit au rocher pendant le crucifiement. La chapelle grecque indique le Calvaire. Dans les cryptes se trouvent les cercueils de Joseph et de Nicodème, taillés dans le roc. Dans l'église syrienne, on voit la place où le Christ apparut à Marie-Madeleine après sa résurrection ; dans l'église catholique, à côté de l'autel, la colonne où Jésus fut attaché pour subir la flagellation. On remarque aussi l'empreinte de ses pieds lorsqu'il fut ramené en prison. A côté, une chapelle a été édifiée à l'endroit où la Sainte Vierge se tenait pour pleurer. En tournant, c'est la chapelle où saint Jean fut décapité ; et, à la suite celle où les vêtements de Jésus furent divisés. Dans la chapelle grecque, se trouve la colonne où Jésus fut attaché et couronné d'épines.

Nous avons assisté à une procession de tous les cultes réunis. Ce spectacle est aussi imposant que touchant. Dans cette basilique il y a de tout, des églises, des chapelles, des cryptes, des voûtes, des escaliers ; c'est une construction de ténèbres où les guirlandes de lampes d'or flamboient à toute heure. La foule est électrisée, comme dans une espèce de délire frénétique. L'intérieur du Saint-Sépulcre ressemble à une nappe de feu, du milieu de laquelle s'élève le sanctuaire ; je revois toujours ces innombrables lampes, ces cierges allumés, avec tous ces patriarches, à longue barbe blanche, revêtus de leurs habits sacerdotaux éblouissant d'or, officiant !

Parmi cette foule compacte et recueillie, des Syriens, des Arméniens, des Coptes, et de pauvres moujiks venus du fond de la Russie, priant debout, pieds nus, leurs grosses bottes retirées, leurs yeux vagues. Des femmes grecques se prosternent, se frappent la poitrine, et baisent les murailles. Des Capucins, en robe de bure, coudoient des prêtres arméniens aux belles têtes olivâtres, barbues et solennelles. Des moines d'Abyssinie, misérablement vêtus de burnous, se tiennent au fond des chapelles les plus obscures. Ces grands moines noirs, mystérieux, impassibles, paraissent figés dans une adoration muette avec des rigidités de statue. Tout à coup, des chants retentissent de tous côtés, la procession commence. La diversité des costumes, des physionomies (car presque tous les peuples se trouvent représentés dans ce sanctuaire), le chant des cantiques qui retentit, forment un ensemble des plus étranges. Sur les autels, dont l'or apparaît en un flamboiement intense, se joue la lumière vacillante des cierges avec des tons vifs et incertains. L'encens, qui monte et se répand au loin comme un brouillard doux et tiède, jette une sorte de voile transparent sur l'autel et sur l'assistance ; c'est comme une vision à travers un nuage parfumé. Il faut avoir assisté à cette cérémonie pour savoir combien elle frappe l'imagination, émotionnant les cœurs blasés, les esprits sceptiques !

Plusieurs fois nous retournâmes au Saint-Sépulcre. Chaque fois, c'était un spectacle nouveau qui s'offrait à notre vue. Ce qui est regrettable, c'est l'odeur nauséabonde qui se répand dans ces lieux saints. Au fond obscur, du côté des chapelles, on ne respire qu'un air vicié. Un des gardiens nous explique que, tous les jours, 300 à 400 pèlerins passent la nuit dans le Saint-Sépulcre, qui n'est pour ainsi dire jamais aéré. Une des fêtes imposantes, qui a lieu chaque année le soir du samedi-saint, est celle du feu sacré, que célèbrent les Grecs. Après la procession, les patriarches s'enferment seuls dans l'édicule du tombeau. Après quelques minutes, ils présentent par une étroite fenêtre la flamme soi-disant miraculeuse et d'après leurs croyances religieuses, descendue du ciel et apportée par un ange. Alors hommes et femmes s'élancent, se bousculent, tous voulant être les premiers à allumer leurs cierges au feu céleste. La foule en délire pousse des cris aigus ; pour les femmes, le feu sacré a le don de la fécondité. Affolées, elles présentent leurs enfants au feu sacré ; d'autres se découvrent le corps et se frottent aux flammes. C'est l'admirable tableau d'Eugène GIRARDET, au Salon de cette année (1899).

En 1634, lors de la domination égyptienne, le fils de Méhémet-Ali, Ibrahim-Pacha, voulut pénétrer dans le tombeau en même temps que le patriarche et dévoiler la supercherie du miracle. Il faillit être mis en pièces ; une bagarre terrible se produisit et 300 personnes moururent étouffées. Ces fanatiques n'admettent pas que l'on mette en doute leurs croyances.

Les musulmans, qui font la police du Saint-Sépulcre, ont pour le lieu saint une grande vénération. Que de sang a coulé sur ce coin de terre, depuis que fut répandu celui du Christ ! Les remparts, si souvent crevés, réparés, démantelés et redressés, en portent le témoignage.

Le lendemain, toujours accompagnés de notre cawas, nous visitâmes la vallée de Josaphat, gorge pierreuse creusée profondément autour de la ville. Au dehors de la porte Bab-Siti-Maryam, se trouvent les cimetières musulman et juif. En face, sur le sommet du mont des Oliviers, se dresse majestueusement l'église russe avec ses coupoles élancées. Au fond du ravin, serpente le torrent du Cédron dans son lit rocailleux. L'ensemble du paysage est sévère, imposant, d'une âpreté sauvage. La grotte où se trouvaient les apôtres, le vendredi-saint, est située près du jardin de Gethsemani. Le Père Franciscain nous montre la place où dormaient les Apôtres pendant la mort du Christ. C'est la propriété des catholiques ; à côté, dans une grotte souterraine, voici le tombeau de la Vierge. L'autel est entouré de pieuses reliques, de tableaux saints dont la plupart ont été donnés par le grand-duc Serge. La grotte, d'après les conventions musulmanes, appartient aux Grecs et aux Arméniens.

Nous remontons sur nos ânes pour gravir le mont des Oliviers où Jésus fut arrêté. Nous traversons le cimetière juif. Comme c'est pour eux un jour d'anniversaire, nous les voyons arriver de tous côtés par groupes et se mettre aussitôt à pleurer leurs morts. Les hommes poussent des cris aigus ; les femmes se voilent la face, se couchent à plat ventre sur les pierres tombales, tout en sanglotant. Sur le mont des Oliviers, un fragment de colonne désigne l'endroit où fut donné le baiser de Judas. Dans le jardin de l'église des Apôtres, les murs qui entourent les arcades sont revêtus de trente-trois plaques en marbre, sur lesquelles le *Pater Noster* a été gravé en trente-trois langues différentes. Jusqu'à ce jour, paraît-il, il n'y a qu'un consul russe qui ait pu les lire. A droite de cette église, la grotte où vivent séquestrés volontairement dix-sept moines franciscains ; à côté la chapelle de l'Ascension. C'est dans la crypte que les Apôtres composèrent le *Credo*. Dans les fouilles qui furent faites en 1773 par la duchesse de La Tour d'Auvergne, on découvrit, autour des remparts, des souterrains dans lesquels on pourrait loger 3.000 hommes. Sous les arcades intérieures, la duchesse avait fait placer un superbe tombeau de marbre blanc avec sa statue, car elle désirait être enterrée là. Mais la famille a refusé de transporter les cendres à Jérusalem. Nous visitons ensuite la grotte de l'Agonie, dont toutes les nations revendiquent la propriété.

La mosquée du Vestige fut reconstruite par sainte Hélène sur l'emplacement d'où le Christ monta au ciel. Cette mosquée, reprise par les Turcs, recouvre un rocher sur lequel on montre encore l'empreinte du pied de Jésus. Les musulmans détruisirent le temple qu'avait fait construire Constantin. Tout, sur le mont des Oliviers, est pour nous du plus grand intérêt : l'autel où Notre-Seigneur pria avant la trahison ; en face, dans le jardin des catholiques, l'olivier antique. Autour de ce jardin, des niches qui contiennent les tableaux des quatorze stations du chemin de la Croix ; sur la droite en entrant, un tableau représente Ponce Pilate se lavant les mains. Du mont des Oliviers, sur le plateau où les Russes ont construit leur cathédrale, on jouit d'un beau panorama. On aperçoit la colline de la grotte de Jérémie, la route de Jaffa, le tombeau d'Absalon, le village de Siloé où se trouve la trace d'un petit temple, creusé dans le roc, que Salomon fit élever. Dans ce village, la fontaine de la Vierge, l'arbre où se pendit Judas ; à côté, un petit monument où pleura saint Pierre, et, sur le mont Sion, le tombeau de David. Jérusalem peut aussi s'appeler la ville des pierres, car, dans le fond de la vallée, le sol disparaît presque sous les pierres amoncelées qui recouvrent les tombeaux. Ces pierres, de toutes formes et de tous âges, depuis les murailles de la ville jusqu'à Bethléem, couvrent presque entièrement la vallée de Josaphat, le lieu où, d'après l'Ecriture Sainte, doivent se retrouver tous les humains, au Jugement Dernier. La vieille Jérusalem, isolée au milieu des ravins, emprisonnée dans sa haute ceinture de murailles à créneaux, se déploie tout entière. La majestueuse mosquée d'Omar se dresse au milieu du vieux temple de Salomon.

Nous rentrons en ville par la porte de Jaffa, pour visiter la chapelle élevée à la place où eut lieu la Flagellation. Les Franciscains qui gardent cette chapelle nous montrent dans la sacristie un portrait du Christ en mosaïque d'une exécution parfaite, qui fut envoyé de Venise. Dans la chapelle de l'*Ecce homo*, des Sœurs françaises, de l'ordre de Sion, nous font visiter le prétoire, devenu église, où fut prononcée la condamnation de Jésus-Christ. Derrière l'autel, la galerie voûtée où il fut présenté au peuple assemblé, en ces termes tant de fois répétés : « *Ecce homo* ». Cette chapelle, à coupole remarquable, a été construite en 1868 et restaurée en 1892. Au bout de cette rue, située sur le parcours de la Voie douloureuse, on remarque l'endroit où eut lieu la première chute du Christ portant sa croix, ensuite la place où sainte Véronique présenta le linge à Jésus ; puis l'endroit où la Vierge rencontra son Fils bien-aimé. Nous suivons la Voie douloureuse, avec ses escaliers et ses rues voûtées, jusqu'au Golgotha. L'ensemble des faits qui s'y rattachent constitue, pour les chrétiens, un pieux pèlerinage. Nous arrivons à la coupole du Rocher. On en attribue la construction à l'empereur Justinien. Presque au bout de la muraille, se trouve la mosquée El-Aksa, devenue aujourd'hui une basilique à sept nefs. L'origine en remonte également à Justinien qui avait fait une église en l'honneur de la Vierge. Ensuite, nous visitons le patriarchat latin, l'église Saint-Jacques des Arméniens et son séminaire.

La journée terminée, nous rentrons à l'hospice russe par la porte de Damas et celle où Saint-Etienne fut mis à mort. On y voit encore les débris de l'église que l'impératrice Eudoxie avait fait construire pour consacrer l'emplacement du martyre.

Le lendemain matin, ayant obtenu des permissions spéciales, nous pûmes pénétrer dans le temple de Salomon. C'est par une voûte sombre et malpropre que l'on arrive sur cette grande esplanade appelée mont Moriah, où se trouvait également le Haram el-Chérif. C'est un ensemble de mosquées et d'édifices musulmans groupés. Après la Kaaba de la Mecque, la mosquée d'Omar est le sanctuaire le plus vénéré de l'Islam. Avant la guerre de Crimée, cette mosquée était inaccessible aux chrétiens ; aujourd'hui elle s'ouvre à tous les voyageurs, moyennant des permis donnés par les ambassades. L'accès en est formellement interdit aux Juifs. Au sommet du mont se dresse la mosquée, entourée d'un espace désert et morne. A droite, la vieille basilique byzantine de Justinien, devenue la mosquée d'El-Aksa, environnée de hauts cyprès. Des dalles en marbre blanc, conduisent à ce monumental chef-d'œuvre de l'art oriental. Des Arabes accourent, munis de babouches que nous chaussons pour pénétrer dans l'édifice. Quelle impression s'empare de vous sous cette coupole immense, aux peintures éclatantes, aux vitraux merveilleux, aux nuances si fines, au travers desquels la lumière vient se tamiser! Un éclairage atténué tombe de ces vitraux célèbres dans tout l'Orient, œuvre des artistes verriers d'autrefois. Peu à peu on s'habitue à la pénombre et l'on voit scintiller les étoffes brodées d'or. Les magnifiques colonnes, monolithes de porphyre et de marbre, proviennent des temples antiques. En face de la porte d'entrée, voici la place qu'occupait le trône de Salomon et les incomparables mosaïques des plafonds dont les vieux ors étincellent. On ne se fatigue pas à regarder ces vitraux arabes aux couleurs si savamment combinées, dans leur encadrement dentelé, que la lumière pénètre irrisée et mystérieuse. Quelle merveille d'art ! Les Anglais, qui cherchent toujours l'occasion de tout s'approprier, ont offert de ces vitraux uniques au monde 1.750,000 francs.

Une niche enferme précieusement la barbe de Mahomet. Dans le milieu, sous la coupole, un énorme roc de surface inégale, que les musulmans croient suspendu. C'est le fameux rocher mystérieux et vénéré, le Sakharah, autour duquel le sanctuaire a été construit. Ce rocher, sur lequel, pendant les croisades, un autel avait été élevé, est devenu une relique, source de fables et de miracles. Bien des croyances s'y rattachent. Les juifs en ont fait aussi le lieu du sacrifice d'Abraham. Une balustrade en bois, très finement ouvragée, entoure le rocher légendaire. Une impression exquise de calme et de recueillement se dégage de la pénombre. Les rayons de soleil qui traversent l'édifice lui donnent une beauté majestueuse. Sur les beaux tapis de Perse qui recouvrent le sol, quelques vieux musulmans en prières sont prosternés, silencieux. C'est du mont Moriah que le roi David aperçut l'Ange exterminateur tenant à la main une épée nue tournée contre Jérusalem. De la mosquée d'Omar, nous entrons dans la basilique d'El-Aksa. Elle n'a pas l'éclat de sa voisine. On y voit l'empreinte du pied de Jésus-Christ ; à côté, les deux colonnes jumelles, dans l'interstice desquelles ne peuvent passer que ceux qui sont dignes de la félicité éternelle; la cellule du prophète Zacharie, le berceau de Jésus-Christ. La Porte Dorée offre aux regards son bel encadrement et ses piliers monumentaux, qui furent donnés à Salomon par la reine de Saba. Cette porte a été murée par les musulmans qui craignent d'y voir rentrer dans l'avenir le nouveau conquérant chrétien de Jérusalem. Nous traversons ensuite l'Esplanade pour descendre dans les souterrains creusés dans les profondeurs du Haram : c'est à cet endroit que Zacharie rencontra Jésus, Salomon, Hérode; les croisés et les khalifes en ont été les architectes. Dans ces souterrains avaient été installées les salles d'armes et les écuries des Templiers : les colonnes qui soutiennent le sol sont d'un diamètre colossal.

Tout dans cette ville antique évoque de grands souvenirs. La vie autrefois y était plus longue, puisque Adam vécut neuf cent trente ans, Seth neuf cent douze ans, Enoch neuf cent cinq ans, et Mathusalem neuf cent soixante-neuf ans ; mais on ne nous dit pas si, à cette époque, les années avaient trois cent soixante-cinq jours.

L'Empereur d'Allemagne, lors de son voyage en Palestine, a inauguré, le 31 octobre 1898, l'église du Rédempteur. Cette nouvelle église allemande de Jérusalem a été construite sur les ruines de l'ancienne église de Sainte-Marie-la-Grande, dont elle est en quelque sorte la reproduction. Les architectes ont fait tous leurs efforts pour rappeler cette ancienne église si célèbre et en reproduire le style essentiellement français. Le portail en est richement travaillé et a été formé de ce qui a pu être conservé de l'ancien portail de Sainte-Marie-la-Grande et du cintre surbaissé des arches dont il se compose et qui sont au nombre de douze pour représenter les douze mois de l'année. Les fondations de l'église ont été établies de manière à présenter la plus grande solidité possible ; les fouilles à cet effet ont été faites à une profondeur de cinquante pieds environ, et ont atteint la roche sur laquelle reposent maintenant les fondations. Les autres dimensions de l'église sont, à peu près, de cent vingt pieds de longueur sur quatre-vingts de largeur. La tour de pierre, qui la surmonte comme un clocher s'élève à plus de cent cinquante pieds ; enfin, l'ensemble de l'édifice est à une telle hauteur que le dôme et le toit même dominent de beaucoup les minarets et les autres monuments de la ville et que c'est le seul que puisse apercevoir le voyageur qui s'approche de Jérusalem. En arrière de l'église, se trouve le vieux cloître, qui est encore dans un bon état de conservation. Encore en arrière, l'espace est occupé par un nouvel hôpital pour les pèlerins, au-dessous duquel se trouvent de nombreuses chambres et galeries souterraines. L'ensemble de l'espace occupé par l'église représente à peu près la moitié de celui sur lequel s'étendait le Muristan, cet hôpital des chevaliers de Saint-Jean, où se trouvait le siège central de cet ordre fameux. Le terrain avait été offert à l'Empereur Guillaume Ier par le sultan, et la prise de possession en avait été effectuée en 1869, par le Kronprinz Frédéric, quand il visita Jérusalem à l'occasion de l'inauguration du Canal de Suez.

LA RELIGION DE MAHOMET

Les Européens paraissent professer un profond mépris pour Mahomet et pour sa religion. Qu'est-ce que le *Coran* ?

Le Coran est le recueil des paroles de Mahomet ; il contient beaucoup de préceptes humanitaires que nous a donnés le Christ et quelques-unes des lois de Moïse. Or, ces lois, nous les suivons, puisque c'est Dieu qui nous les a dictées. En étudiant le *Coran*, il est facile de se convaincre que la religion qui se heurte le moins à la religion chrétienne est la religion musulmane. Tout ce qu'on sait généralement, en France, sur le *Coran*, c'est qu'il permet aux hommes d'avoir plusieurs femmes. Ce point, en effet, est en contradiction avec la nôtre. Aucune religion ne s'est attiré aussi promptement des milliers d'adeptes et n'a su les rendre aussi zélés et même aussi fanatiques. Mahomet a saisi avec intelligence les pays et le moment favorables à la création d'une religion nouvelle ; il a su l'adapter avec adresse au caractère, au tempérament des hommes pour lesquels il la faisait. Certes, s'il avait été à même de connaître l'admirable religion que le Fils de Dieu fait homme est venu nous donner ; s'il avait été chrétien, il n'aurait pas songé à fonder une religion nouvelle.

Mais il était fils d'un idolâtre, idolâtre lui-même. Il est né à La Mecque vers l'an 539 de l'ère chrétienne et mort en l'an II de l'hégire des musulmans, à l'âge de soixante-trois ans. Son tombeau est à Médine, où les musulmans vont en pèlerinage le visiter.

Mahomet, de la tribu de Koreiche, propriétaire du sanctuaire de la Kaaba, descendait directement d'Abraham, lequel, comme on le sait, était venu de la ville d'Ur, en Arménie, plusieurs siècles avant notre ère. Mais ce n'était qu'une étape ; il faut rechercher plus au Nord le berceau d'une race remarquable par ses yeux bleus et ses cheveux roux qu'on retrouve encore aujourd'hui, comme un signe distinct des marabouts, ou descendants du prophète. D'ailleurs Abraham se lia très étroitement avec les princes Khetas de Palestine, également remarquables par leurs yeux bleus et leurs cheveux roux. Ces peuples étaient venus du Nord-Ouest, avec le cheval qu'ils avaient été les premiers à dompter. Ce fut leur allié Abraham qui l'introduisit en Arabie, où on ne connaissait que l'âne. Vers le VIIe siècle avant notre ère, le chameau fut importé de la Chine, mais son usage ne commença à se répandre en Arabie qu'après notre ère. Or, le cheval et le chameau ont été les auxiliaires les plus puissants des conquêtes musulmanes. Mahomet ne semble pas avoir été un cavalier d'ordre supérieur, comme Annibal et Bélisaire ; mais on sait qu'il fut chamelier, quoique d'origine princière. Il était, en effet, le petit-fils de Mottaleb qui avait refoulé le negus appelé par les Juifs et les Byzantins. Cet acte d'héroïsme n'avait pas enrichi sa postérité, aussi Abou Taleb, oncle et tuteur de Mahomet, lui fit donner le commandement d'une caravane appartenant à une riche veuve nommée Kadidja ; quoiqu'elle eût le double de son âge, elle avait encore l'art de plaire, et elle épousa son jeune intendant.

Cette union fut, paraît-il, on ne peut plus heureuse, car Mahomet avait toutes les qualités qui font un bon époux ; ses goûts étaient délicats ; il aimait les fleurs, les parfums, les belles étoffes, les belles armes, les beaux enfants, la fortune de sa femme lui permettant de vivre dans une luxueuse oisiveté. On dit qu'il était illettré, lui-même l'avoue. Cependant certaines citations de la Bible feraient croire qu'il les avait vues de ses propres yeux. Après tout, si réellement il ne savait pas lire, il avait cela de commun avec son quasi contemporain Théodoric, ce qui n'avait pas empêché ce dernier d'être un grand politique et un grand homme de guerre. Mahomet n'a jamais été un grand homme de guerre : elle répugnait à sa nature essentiellement humaine. Si l'on en croyait des portraits de haute fantaisie, tel que celui tracé par Voltaire, il aurait été un politique de l'école machiavélique de Cromwell et de Bismarck ; mais M. M. Fontanes démontre, et c'est le côté neuf de sa remarquable étude, que Mahomet n'était pas un habile, encore moins un imposteur : il était sincère, et le premier à croire ce qu'il prédisait à ses contemporains. Sa plus grande passion étant celle de s'instruire, il semble qu'il aurait dû combler les lacunes de son éducation, puisqu'il en avait le temps et les moyens ; mais il préférait apprendre de vive voix auprès des docteurs chrétiens et juifs de son voisinage, surtout auprès de ses compatriotes. Mahomet avait seize ans au moment où l'on rebâtissait, à La Mecque, le fameux temple de Kaaba dont Abraham avait posé la première pierre. C'est Mahomet qui posa la seconde. Cette pierre était merveilleuse. La légende dit que, lorsque Abraham bâtissait ce temple, un ange lui apporta une hyacinthe blanche, qui se pétrifia dans la suite. La pierre était blanche comme un lis ; mais un jour, une femme adultère la toucha, et, au contact de cette main impure, elle devint noire. Le moment était bien choisi pour la création d'une religion nouvelle. L'empire romain venait de s'écrouler à Rome sous les coups des Ostrogoths et des Huns. Dans le partage des César et des Auguste, l'Afrique échut à l'Orient, dont Constantinople était la capitale. Cet empire résista plus longtemps que celui d'Occident. L'Égypte, qui avait eu tant à souffrir, ne supportait qu'en frémissant le joug qui lui était imposé. L'Arabie, encore plus agitée, n'avait pu être envahie par les Romains, victorieux jusqu'aux dernières cataractes du Nil. En Syrie et en Palestine, la religion et les mœurs variant à l'infini, Mahomet envisagea la situation et se dit : « L'unité seule fait la force ; il me faut arriver à réunir tous ces Arabes sous une même loi pour en former un puissant empire. » Il se retira dans la grotte du mont Ara, médita longtemps et s'écria : « J'ai trouvé ! je vais les réunir tous dans une même religion. » Il prêcha le Coran *(le Livre)*. C'est à la fois « un hymne, une prière, un code, un sermon, un bulletin de guerre, et même une histoire. » L'élévation des pensées dans un langage poétique frappa l'imagination des peuples, leur imposa la foi : il proclama qu'il n'y a qu'un Dieu. Ce prophète guerrier, courageux et intrépide, sut conquérir un ascendant immense sur les peuplades. Il créa l'islamisme, en forma bientôt une légion si forte qu'elle constitua un empire, des rives de l'Océan Atlantique aux extrémités de la mer des Indes, et de l'Éthiopie à la Tartarie...

Le lendemain, vendredi, après midi, jour où les Juifs vont pleurer le long des murailles du Haram, nous tenions à voir à ce spectacle qui est, en effet, assez intéressant. Deux ou trois cents juifs immondes, répugnants, la mine sournoise, les tempes garnies de deux longues mèches de cheveux en tire-bouchons, se réunissent devant la ruine, priant et gémissant. Un concert lugubre de sanglots et de lamentations. Les uns pleurent de vraies larmes ; d'autres collent leurs lèvres sur les pierres disjointes ; quelques femmes, en écharpes blanches, glapissent des cris aigus. Des rabbins surveillent la cérémonie hebdomadaire. Le 18 septembre, ils célèbrent le nouvel an. Dix jours après, ces fêtes sont suivies du Grand Pardon. 1895 est, pour eux, l'an 5656 de la création. Le 3 octobre est la fête des Tentes, en souvenir des quarante ans qu'ils passèrent dans le désert, après leur exode d'Égypte. Des Grecs, venus en pèlerinage, les regardent et rient. Les juifs ne bougent pas. Ils sont là sous leurs ignobles casquettes graisseuses, qui enlaidissent leurs têtes chafouines et hirsutes, gémissant, après dix-neuf siècles, sur ces ruines qu'ils espèrent toujours voir se relever. En bas, notre voiture et le cawas nous attendaient. Après avoir vu la mosquée et le tombeau de David, nous partons pour Bethléem.

DE BETHLÉEM A HÉBRON

Nous suivons la vallée des Bergers, d'où l'œil aperçoit les ruines du temple d'Hérode et le jardin d'oliviers où les anges apparurent aux bergers. Nous arrivons au village de Derné, où jaillit la source d'Abraham ; les femmes y viennent chercher de l'eau pour leur ménage ; toutes portent sur le front des colliers, ayant pour pandeloques des pièces de monnaie ancienne. Un peu plus loin, la fontaine de Rébecca, dont l'eau limpide nous désaltère. Sur la droite, le tombeau de Rachel qui mourut en donnant le jour à Benjamin. D'un côté, on voit prier des Musulmans, de l'autre, des Juifs. Près de là, le village de Bégala, où la Vierge passa une nuit, lors de sa fuite en Égypte. Tout le long de la route, rien que des oliviers qui poussent bien malgré l'aridité exceptionnelle de ce sol pierreux.

Bethléem est une jolie petite ville construite en amphithéâtre, et dominée par l'église de la Nativité. Cette population chrétienne, active, est la plus civilisée de la Palestine. On y fabrique des chapelets et d'autres objets, avec la nacre qui provient de la mer Rouge. La beauté des femmes de Bethléem est légendaire ; nous avons constaté qu'elle était justifiée. Ces femmes blanches, fraîches et rosées, aux traits réguliers et fins, avec leur longue robe, leur corsage brodé, garni d'agrafes en argent massif, sont très gracieuses. Leur coiffure typique consiste en un haut bonnet arrondi, couvert de médailles précieuses, transmises de génération en génération. Elles portent un collier auquel sont attachées les pièces d'argent qu'elles possèdent et qui constituent la dot de chaque fiancée. Un grand voile blanc, accroché en haut de la coiffure, retombe jusqu'aux talons et les drape élégamment. La marche lente et majestueuse, le pas scandé par un bruissement de métal donnent à ces Bethléemitaines des allures de prêtresses antiques. Mais ce qui frappe le plus, c'est leur longue chevelure, puissante et soyeuse, qu'elles doivent, nous dit le cawas, à une huile dans laquelle on a fait macérer de la racine de hawaguivann. Cette racine s'achète aux Arabes. Lorsqu'elles meurent, leurs beaux et longs cheveux noirs sont coupés et mis dans leur cercueil. J'ai pu acheter un collier garni de pièces d'argent, que je conserve dans ma collection.

Même en arabe, ce nom de Bethléem sonne aux oreilles avec une douceur singulière. Il semble que les croyants ne puissent venir en ces murs que le cœur et l'esprit apaisés ; or, ce que l'on voit partout autour de soi, ce sont des yeux de haine et des bouches de colère ! Bethléem occupe le sommet d'une montagne assez bien cultivée pour la région, mais où des affleurements de roches grises donnent au paysage un caractère d'âpreté violente. La place du marché, au fond de laquelle s'édifie l'église de la Nativité, domine une vallée profonde ; et tout au loin c'est un cirque de montagnes aux flancs ravinés, veuves de végétation, hérissant par-ci, par-là, quelques maigres crinières d'oliviers tout blancs de poussière. Au soleil couchant, le ciel de Judée inonde de tons multicolores toutes les crêtes de granit, moutonnant ainsi qu'une mer pétrifiée. C'est un spectacle d'une intraduisible beauté. On a difficilement accès dans l'église, antique basilique du IVe siècle, moins belle que celles que l'on peut voir à Rome, présentant cependant un extrême intérêt. Le portail a été réduit à une étroite ouverture qu'il est impossible de franchir sans se courber et qui ne livre passage qu'à une seule personne à la fois. C'est une précaution que les indigènes de Bethléem, qui, depuis les Croisades, sont en grande majorité, avaient prise, au temps de leurs luttes contre les Turcs. La basilique et les trois couvents dont elle est flanquée ont moins l'air de sanctuaires que d'une forteresse. La lutte contre les musulmans n'est pas la seule dont on trouve des traces. Il y a aussi, visible à chaque pas, le conflit entre chrétiens. L'église est maintenant la propriété commune des Grecs, des Arméniens et des Latins, lesquels en avaient été longtemps exclus par l'intolérance des autres confessions. Encore aujourd'hui, ils n'ont aucun autel dans la basilique. Le grand autel appartient aux Grecs, de même que l'autel du transept de gauche est aux Arméniens, et, tout près, se trouve une porte qui conduit dans l'église de Sainte-Catherine, desservie exclusivement par les Franciscains. C'est là que le service religieux est célébré pour les catholiques. La grotte de la Nativité est située exactement au-dessous du grand autel de la basilique. Dans cette grotte, qu'on a eu la fâcheuse idée de recouvrir entièrement de draperies d'un goût déplorable, brûlent quinze lampes, dont six appartiennent aux Grecs, cinq aux Arméniens et quatre aux Latins. L'endroit où la tradition veut que Jésus soit né est indiqué dans le revêtement de marbre par une étoile en argent avec l'inscription « *Hic de Virgine Maria Jesus Christus natus est*. Ici de la Vierge Marie Jésus-Christ est né ! »

L'église de la Nativité est une vieille basilique byzantine. Elle fut commencée par sainte Hélène et achevée l'an 330 par Constantin. Huit siècles plus tard, le jour de Noël 1101, Baudoin Ier y fut sacré roi de Jérusalem. C'est un des sanctuaires chrétiens les plus anciens du monde. Il a deux siècles de plus que la basilique du Sinaï. Les séparations qui existent pour chaque culte masquent malheureusement le transept et les absides, ce qui sacrifie la vue d'ensemble. Les cryptes ont été taillées dans le roc vif. A côté, la grotte où la Vierge allaitait Jésus. L'autel des catholiques est décoré de tableaux et d'objets religieux. Plus loin, la grotte de l'Adoration des Bergers. Le Père franciscain qui nous accompagne nous fait voir, après la chapelle souterraine où Jésus est né, l'endroit où était son berceau. Puis, à côté, la grotte où furent enterrés les 14.000 enfants qu'Hérode fit massacrer en apprenant la naissance de Jésus-Christ. Il y a là un tableau intéressant qui représente l'Ange donnant ordre à saint Joseph de fuir en Egypte. En descendant quelques marches encore, c'est la chapelle élevée à l'endroit où fut écrit le Testament, l'Ermitage et le tombeau de saint Jérôme ; en dehors de l'église, voici la grotte légendaire où la Vierge répandit quelques gouttes de lait. Elle est visitée particulièrement par les femmes chrétiennes, et aussi par les bédouines et par les musulmanes, car la pierre crayeuse détachée par fragments et infusée dans l'eau, a, dit la légende, la propriété de rendre aux mères le lait dont elles sont privées.

Une grande animosité règne à Bethléem entre les différents clergés. Au moment des fêtes, le gouvernement est obligé de mettre des soldats turcs en faction. Les soldats de Mahomet, chargés de faire la police chez les chrétiens : quelle amère ironie ! Près de l'église, les couvents latins et grecs. Le couvent arménien est enclavé dans l'église de la Nativité. Après avoir monté cent quatre-vingts marches, nous arrivons au sommet de la tour. Au bas, la ville de Bethléem ; à l'horizon, la mer Morte et la vallée du Jourdain. Nous apercevons la route suivie par les caravanes qui vont à Nazareth, à Jéricho et au mont Thabor, pour gagner Damas et Beyrouth. Nous rentrons à Jérusalem en passant par la maison et le tombeau de saint Siméon, qui prit Jésus dans ses bras pour traverser le Jourdain. Voici le tombeau de Joseph d'Arimathie, hors des murs de Sion, et le tombeau d'Absalon. Les soirées ne sont pas gaies à Jérusalem. Dès le coucher du soleil, la ville s'endort, plongée dans l'obscurité ; on dirait une cité morte et abandonnée. Veut-on tenter quelques promenades nocturnes, il faut se munir d'une lanterne, sans quoi on risque fort d'être arrêté par les patrouilles. On n'a qu'une ressource : se coucher de bonne heure pour se reposer des excursions faites dans la journée. Le lendemain, dès 5 heures du matin, une voiture nous attendait pour nous conduire à Hébron. Pour y arriver, il faut cinq heures de voiture. Après la vallée de Josaphat, nous longeons les étangs de Salomon.

Hébron, autrefois capitale des Philistins, est une des anciennes villes du monde. Elle se trouve à 890 mètres au-dessus du niveau de la mer. Après le déluge, les descendants de Noé construisirent la ville; Israël la prit et, au partage de la Terre Promise, Hébron devint la tribu de Juda. Après la mort de Saül, onze cent cinquante-cinq ans avant J.-C., David vint habiter Hébron et y fut proclamé roi l'an 1148 avant J.-C. David quitta Hébron, pour s'emparer de Jérusalem.

C'est aussi à Hébron que se développa la famille d'Abraham. La ville est curieuse à visiter; mais les habitants y sont tellement fanatiques et hostiles aux chrétiens que peu de pèlerins en tentent l'excursion, et ils n'ont pas tort, car nous y avons été reçus à coups de pierres. Il serait imprudent de s'y aventurer seul. Comme nous avions été prévenus, par mesure de précaution nous avions pris nos revolvers. C'est en compagnie de notre cawas, homme imposant, que nous parcourons cette ville bizarre. Les bazars sont dans des rues voûtées, ce qui leur donne un aspect particulier. Aux devantures des échoppes sont pendus des burnous, des verroteries qui se fabriquent à Hébron depuis des époques reculées. Dans les rues on respire une odeur d'épices et d'ambre. Dans des ruelles escarpées, des maisons qui semblent aussi vieilles que les patriarches. Des femmes ont le visage complètement caché par des voiles épais; on se demande comment elles peuvent voir clair et se conduire. Il ne faudrait pas avoir la curiosité d'en regarder une de trop près : les musulmans vous mettraient en pièces.

Ils sont restés rebelles à toute idée de civilisation et n'admettent pas que des étrangers viennent souiller leur sol. Il y a quelques années, un photographe de Jérusalem avait eu l'idée d'aller prendre des vues à Hébron. A peine avait-il installé son appareil dans la rue des bazars qu'il vit la foule s'ameuter contre lui, brisant ses appareils. Le malheureux paya de sa vie sa témérité. La mosquée d'Hébron, mosquée d'Abraham, est, paraît-il, fort belle. Mais les chrétiens n'y peuvent pénétrer, tellement la férocité des habitants est à redouter. Le gardien, avec lequel notre cawas cause, affirme que, s'il laissait un chrétien pénétrer dans la mosquée, il aurait aussitôt la tête coupée.

En 1881, le grand-duc Alexis fit un voyage en Palestine, désireux de visiter cette fameuse mosquée dont personne ne peut franchir le seuil. Il demanda au sultan de Constantinople un firman spécial qui lui fut accordé. Le jour choisi pour la visite, on dut, dès le matin, envoyer la police de Jérusalem qui fit évacuer les alentours de la mosquée. Les préparatifs furent faits secrètement Ce n'est qu'à ces conditions que le grand-duc put se hasarder dans Hébron : encore craignait-on qu'il ne fût écharpé par la foule. Nous arrivons le long des murs de la mosquée qui renferme dit-on, les tombeaux d'Abraham, de Sarah, d'Isaac, de Rébecca et de Lia... Un instant, je m'étais arrêté à prendre des notes; mes compagnons m'avaient devancé; le cawas, constatant mon absence, revint vite au devant de moi, juste au moment où des fanatiques s'excitaient les uns les autres et commençaient à me lancer des pierres, en me criant en arabe : « Chien de chrétien ! »

Hébron est la dernière ville de la Turquie; c'est la limite de l'État. Les villages plus éloignés ne sont plus sous la domination turque ; les tribus sont libres. Nous nous disposions à reprendre la route, mais à peine étions-nous montés dans notre voiture qu'une grêle de pierres s'abattit sur nous, en même temps que des cris injurieux nous étaient adressés par la foule assistant à notre départ. L'aimable Russe qui nous accompagne tient à nous faire visiter l'hospice construit plus loin, au milieu de la vallée, par le gouvernement russe. Après une heure de voiture, nous arrivons au chêne d'Abraham. C'est sous cet arbre antique, qui a 6 mètres de circonférence, qu'Abraham reçut les trois Anges. Ce chêne, encore en pleine végétation, aurait, d'après la légende, quatre mille soixante-dix-sept ans. A l'hospice russe, on nous offre du vin blanc d'Hébron, dont la qualité jouit d'une réputation justifiée : c'est le château Yquem de la Palestine.

LA MER MORTE ET JÉRICHO

L'excursion de la mer Morte, du Jourdain et de Jéricho, ne pouvant se faire qu'à cheval, est très fatigante. Quand on a passé le couvent de Mar-Saba, des défilés, des ravins se succèdent. Les Bédouins, ces nomades pillards de la vallée du Jourdain, vivent dans le désert, libres, sauvages, insoumis à toute loi, n'obéissant qu'à leur cheik. Au loin, sur le sommet d'une montagne, la coupole blanche d'une mosquée, vénérée par les musulmans; c'est le tombeau du prophète Moïse; enfin, une gorge ravinée, aux déchirures gigantesques, où planent des oiseaux de proie. Nous descendons le lit desséché d'un torrent, et là, dans un bassin profond de 400 mètres au-dessous du niveau de la mer, s'étend la mer Morte, dont la longueur est de 80 kilomètres. Quel paysage aride, morne et lugubre! Sodome et Gomorrhe sont là, ensevelis dans des profondeurs obscures. Après avoir traversé une plaine unie et stérile, nous apercevons au loin le cours du Jourdain, où nous arrivons après une heure de chevauchée.

Le Jourdain est le fleuve principal de la Palestine; il a 220 kilomètres de long et 33 mètres de profondeur, il se trouve à 394 mètres au-dessous du niveau de la mer. Le Jourdain traverse les lacs de Merom et de Tibériade. En automne, on peut le traverser en certains endroits. C'est au gué El-Henon que le prophète Élie s'ouvrit un passage en frappant l'eau de son manteau. Jésus-Christ y reçut le baptême de saint Jean. Les Hébreux, sous Josué, le traversèrent à pied sec. En souvenir de ces faits, les pèlerins, qui viennent à Jérusalem, vont se baigner dans le Jourdain qui coule avec rapidité. Les chants d'oiseaux inconnus, le clapotement de l'eau qui tourbillonne sont les seuls bruits qui troublent le silence de cette solitude douce et mélancolique. Après la mer Morte, nous traversons la plaine pour nous rendre à Jéricho, dont nous apercevons la citadelle. Cette ville biblique, immortalisée par l'exploit miraculeux de Josué, n'est plus aujourd'hui qu'un pauvre village habité par des nègres et des Bédouins (300 à peine). Aux temps bibliques, c'était une contrée de luxe et de richesse; ses jardins merveilleux renfermaient des bananiers de l'Inde que Salomon avait acclimatés; la plaine était couverte de palais. De la Jéricho dont les murs tombèrent au son des trompettes saintes, il ne reste plus rien, tout est anéanti! C'est de Jéricho que Jésus-Christ partit pour son dernier voyage à Jérusalem. On montre la fontaine du Sultan, dont l'excellente eau doit sa qualité à Élisée qui l'aurait saupoudrée de sel. La Russie a fait construire dans ce petit village un hospice et une église. Nous traversons une forêt de bananiers, de citronniers, de grenadiers qui forment une oasis luxuriante. A un kilomètre, au sommet de la montagne, se dresse le mont de la quarantaine, où vivent dans des grottes sauvages quelques moines d'Abyssinie et de Grèce. C'est là que le Christ aurait été tenté par le démon, après son jeûne de quarante jours. Ensuite, c'est le mont Sinaï, où Dieu daigna causer avec son serviteur Moïse. Dans le couvent, on a conservé la tête de sainte Catherine.

Le lendemain, nous reprenions la route de Jérusalem, égayée de temps en temps par des caravanes de chameaux, aux clochettes sonnantes, qui défilent graves et solennels; des Bédouins les conduisent; des groupes d'Albanais et de Grecs reviennent de leur pèlerinage au Jourdain. Sur la route, le village de Béthanie où Jésus aimait à venir. Puis, nous traversons le village d'El-Azarye, où sont le tombeau de Lazare et la maison de Marthe et Marie. Harassés de fatigue et couverts de poussière, nous retrouvons Jérusalem et ses remparts dénudés. Le lendemain, nous allons voir, au Saint-Sépulcre, le trésor des Arméniens qui se compose de richesses incomparables, le missel à couverture d'or offert il y a six cent cinquante ans par la reine de Silicie, des tiares, des mitres en or garnies de perles et d'émeraudes. A côté, le lieu où fut décapité saint Jacques; sa tête y est conservée; son corps est à Compostelle, en Espagne. De Jérusalem, on peut aller à Beyrouth en traversant la Samarie, la Galilée, Nazareth, Tibériade, le Carmel, Haïfa, Saint-Jean d'Acre, Tyr et Sidon. Mais comme il faut dix jours de caravane et que le voyage est très fatigant, nous avons préféré nous rendre à Beyrouth par mer.

BEYROUTH

De Jérusalem, nous revenons à Jaffa, pour nous embarquer sur un bateau des Messageries maritimes, qui doit nous conduire à Beyrouth. Décidément, dans ces parages, la mer est souvent démontée. Un vent violent rendit la traversée pénible ; les rafales se succédaient ; le bateau, bondissant au milieu des vagues, retombait dans l'abîme et se retrouvait tout à coup au sommet de la vague suivante, ballotté, roulé, couvert d'écume. Je me demandais si nous allions boire un coup dans la grande tasse. Cette mer en furie me rappelle le voyage en Amérique, lorsque au passage des bancs de Terre-Neuve, il nous fut impossible pendant quarante-huit heures de pouvoir même rester sur le pont. Nous passons devant Caïfa. Impossible d'aborder et d'y laisser les Anglais qui se rendaient au lac de Tibériade ; ils durent continuer leur route et débarquer avec nous à Beyrouth.

Beyrouth est devenue une ville importante, peuplée aujourd'hui de 120.000 habitants, dont la plupart sont catholiques ; il y a 36 églises et 23 mosquées. A peine débarqués, nous dûmes remettre nos passeports, et, grâce à la bienveillance de notre consul, j'obtins de suite le teskéré nécessaire pour pénétrer en Syrie. Les employés préposés à la douane tracassent aussi les voyageurs ; on reconnaît bien là l'administration turque qui prend tout et ne rend rien. L'an passé, le duc d'Orléans, qui avait fait le même voyage, s'est vu, en arrivant à Beyrouth, confisquer à la douane ses fusils et ses armes. Il a fallu télégraphier au Sultan pour que ces pièces lui fussent rendues. Les habitants de Beyrouth accueillent avec sympathie les voyageurs, et surtout les Français. Ces braves Syriens voudraient bien appartenir à la France qu'ils aiment. Après avoir beaucoup causé avec nous, tous s'accordèrent à dire qu'ils regrettaient la faiblesse et le manque d'énergie dont la France avait fait preuve lors des événements de 1860. Comme en Egypte, elle n'a pas su profiter de l'occasion qui s'offrait de conquérir la Syrie. C'était cependant, à cette époque, chose bien facile à faire.

Lors des massacres de chrétiens qui eurent lieu en 1860, Napoléon III envoya des navires et des troupes pour rétablir l'ordre et protéger les opprimés. Le général duc de Beaufort débarqua ses hommes qui furent très bien accueillis, à Beyrouth et partout. Les Français en imposaient aux Turcs. L'effervescence calmée, les troupes furent dirigées sur Damas ; mais pendant ce temps, un Druse, nommé Gemblate, intrigua tellement que le général de Beaufort, dont les troupes étaient arrivées à dix kilomètres de Damas, se replia sur Beyrouth... On ne connut jamais les motifs de cette rapide retraite... Et, comme en Egypte plus tard, les Français reprirent le chemin de Marseille. Les Syriens, qui espéraient s'affranchir du joug turc, ne pardonneront jamais à la France de les avoir ainsi abandonnés en 1860. Ils attendent toujours l'heure de la délivrance ! Sur la route de Damas où les troupes françaises ont campé, au *Nahr-el-Kelb* (fleuve du chien), on voit toujours le bloc de marbre où est gravée cette inscription : « Ici, en 1860, est passée l'armée française. » C'est à Beyrouth que Jonas vint échouer, après son singulier voyage dans le ventre de la baleine. L'arrivée à Beyrouth produit une bonne impression ; la courbe élégante de son golfe rappelle la baie de Naples ; son large port, couché au bas d'un cirque de montagnes, est dominé par les sommets du Sannin couverts de neige. Sur la colline, le couvent des Jésuites, celui des Dames de Nazareth et des Lazaristes, zélés propagateurs de l'influence française dans ces régions lointaines, dont tous les efforts tendent à faire aimer la France. On est loin, ici, d'apprécier à leur juste valeur les services éminents que rendent ces hommes de cœur. En Egypte, j'ai déjà constaté par moi-même le dévouement des sœurs de Saint-Vincent-de-Paul. Il semble qu'elles ont emporté un peu de terre française, où grandit leur patriotisme.

Beyrouth s'est modernisé, agrandi, construit à l'européenne. Les grands bazars sont intéressants, mais on y voit trop de cotonnades anglaises et trop peu d'articles de Paris. Un Russe possède dans la ville une charmante propriété meublée à la turque, il a réuni en tapis anciens la plus belle collection connue jusqu'à ce jour. Beyrouth est relié à Damas par un chemin de fer construit par une Société française. La ligne passe par Hauran, Alep et Médine. Nous employons notre après-midi dans les bazars. On y coudoie des Albanais, des Druses, des Turcs, des Circassiens, des Monténégrins, des Grecs ; tout un tohu-bohu général. Cette étrange bigarrure de costumes et de langues constitue une nouvelle tour de Babel. Partout cependant on parle français. Les enseignes des magasins, les prix des marchandises sont en français. Beyrouth a comme spécialité la fabrication des meubles en bois de cèdre ornés d'incrustations en ivoire ; on trouve aussi des fabricants de tarbouchs (coiffures).

L'empereur d'Allemagne, en 1898, est venu visiter la vallée de Beyrouth, et il a fini là sa marche triomphale, à travers « cet Orient où la vie couve la mort dans les maisons sans fenêtres. Admirateur des allégories, ami des spectres et des fantômes, il a dû rencontrer dans les rues de Beyrouth une ombre marchant à ses côtés. Cette ombre, c'était l'âme religieuse qui, pendant soixante-quatre hivers, affirma en Syrie le vrai protectorat français ; cette ombre, c'était la mémoire survivante de sœur Gélas, fille de Saint-Vincent-de-Paul, morte en 1897 à quatre-vingt-six ans. Et, si le César n'a pas voulu voir la morte, il a heurté de ses éperons et de son front les œuvres semées par sœur Gélas. Les pierres des chemins lui ont conté cette vie pavée de sacrifices. Les eaux du torrent lui ont renvoyé l'image de cette âme faite, comme un thyrse, de deux enlacements : l'amour de Dieu ; l'amour de la France. A Beyrouth, l'empereur passant a trouvé le souvenir de cette femme enfermé dans tous les cœurs, comme une relique dans autant de châsses.

« En 1833, sœur Gélas avait vingt ans. C'était une jeune religieuse étreinte dans la ceinture de cuir des filles de Saint-Vincent. Sa tête, animée par la gaîté d'un cœur vaillant, s'encadrait dans la large coiffe qui donne aux sœurs de charité l'aspect d'anges dont les ailes seraient remontées du dos jusqu'à la tête. Sans rien avoir appris, elle savait les tristesses de la vie, comme elle savait les inconstances de la vague, et elle venait sur la terre d'Orient pour répandre la charité divine là où un Dieu avait répandu son sang humain. Animée par l'enthousiasme de son cœur et les grandioses rêves du courage, elle méditait de grandes choses et, avec ses dix doigts pour seuls aides, elle poursuivit l'accomplissement de ces choses jusqu'à leur fin, jusqu'à sa fin. A cette époque, les musulmans avaient coutume de noyer dans la mer une foule d'enfants, les faibles et les irréguliers de la vie. Sœur Gélas demanda la faveur de sauver un de ces petits êtres ; la créature de douceur et de paix réchauffa dans ses mains l'enfant qui s'y blottit avec des yeux étonnés d'oiseau pris. La sœur reçut un remerciement immédiat : les habitants racontèrent que l'enfant tenait à elle par d'autres liens que ceux de la charité. Quand elle connut cette calomnie, sœur Gélas pâlit, comme si elle allait mourir ; mais bientôt elle cacha ses larmes et se souvint que saint Vincent avait souffert doucement les plus honteuses accusations. A voir grandir l'enfant sauvé, elle recueillit un bonheur capable d'essuyer toutes les hontes et de mettre à son front le rayonnement de tous les bonheurs. Et elle recueillit d'autres enfants et elle les aima du même amour qu'elle avait donné au premier. — Il fallait que la calomnie s'éteignît, dit-elle. On ne pouvait pas me prêter la maternité de cinq cents enfants, que j'avais enlevés à la vague !

« Non seulement sœur Gélas sauva des milliers de victimes, mais, aidée de ses sœurs, elle abolit les cruelles traditions : on ne noie plus à Beyrouth ceux que la nature a créés faibles.

« Bientôt la religieuse prouva que, si elle avait cœur de mère, elle avait tête d'homme. Les deux vertus qui lui firent cortège d'admiration furent l'humilité et la franchise. Cette femme, qui était comme la violette dans l'ombre du mur, trouvait l'indépendance de la parole quand elle défendait le droit des pauvres et des victimes : une reine sous son dais et sa couronne n'aurait pas été plus reine que sœur Gélas.

« En voyant le respect dont les musulmans entouraient cette apparition bleue et blanche, on comprenait que la grandeur simple étonne et charme encore cet Orient, où il faut vivre partout comme sur des trappes qui peuvent se baisser tout à coup.

« La force et le charme de sœur Gélas furent de ne pas imposer la religion, dont elle était l'expression souriante. Elle créa des écoles et toutes les religions purent y envoyer des élèves. Elle dressa des hôpitaux et jamais on ne demanda aux malades le culte de leur foyer. Elle ouvrit des dispensaires et les misères qui vinrent s'y étaler ne furent jamais interrogées. Dès 1848, le pacha de Beyrouth cherchait un moyen de récompenser sœur Gélas et ses compagnes. Il proposait de les faire accompagner d'une garde militaire à travers la ville, là où la foule étend ses ondulations et ses désordres. Sœur Gélas répondit simplement : — Nos cornettes blanches nous suffisent pour être reconnues et respectées.

« En 1855, la sœur Gélas installait ses sœurs dans la Syrie, aux montagnes du Liban et à Jérusalem. Tous les malheureux de Terre-Sainte connaissaient et respectaient bientôt, comme la foule à Beyrouth, les grands oiseaux blancs qui passaient et repassaient sur des ânes mal équipés, avec des vivres et des remèdes. Les massacres de 1860 et les suivants trouvèrent la sœur Gélas prête à de nouveaux héroïsmes, à de nouvelles victoires pour le ciel.

« Puis la vieillesse vint, mais elle n'osa pas toucher à cette femme posée comme une stèle de gloire française au pays d'Orient.

« Les sensibilités, les tendresses de la jeune fille vécurent et survécurent dans le cœur de la vieille femme qui prit aux yeux des hommes la majesté de l'histoire et de la gloire. Son front d'aurore s'était ridé comme l'écorce de l'arbre. Son visage avait les reflets de la mort prochaine, mais les yeux semblaient plus vivants que jamais et le regard jetait l'éclair d'une belle épée vue dans la lumière d'un beau combat.

« Quand l'heure de la mort approcha, les anges sonnèrent joyeusement cette agonie, aurore d'un infini bonheur, et les enfants de Terre-Sainte pleurèrent celle qui avait été la mère de leurs grand'mères. Enfin, éclairée par la splendeur de la mort, sœur Gélas apparut jeune de l'éternelle jeunesse, plus jeune qu'au jour lointain où elle avait pour la première fois traversé les rues de Beyrouth. Elle repose aujourd'hui sous la fière épitaphe, écrite par ses sœurs : « *Ci gît sœur Claudine Gélas, fondatrice de toutes les œuvres des Filles de charité en Syrie.* »

« Celui qui a traversé la Syrie, l'empereur allemand, sait quel long programme tient en cette ligne. Car les sœurs de charité ont fait là-bas tout ce qui est œuvre humanitaire sous la main de Dieu. Elles ont trouvé des auxiliaires parmi les hommes — parmi les prêtres de Saint-Lazare surtout. — Mais elles ont eu le mérite de poser les premières pierres partout où les œuvres se sont dressées. Il faudrait au moins que le temps, qui jette sur tout son drap mortuaire, ne couvrît pas la mémoire de la grande religieuse française et n'éteignît pas le doux éclat répandu par sa longue vertu. Si sœur Gélas avait été allemande, l'empereur n'aurait pas seulement trouvé son spectre dans Beyrouth. Il aurait salué sa statue dressée par des mains reconnaissantes. »

De Beyrouth, quelques heures de bateau nous mènent à Tripoli. Mais ce n'est pas le Tripoli de la Tripolitaine, convoité par les Italiens.

DAMAS

En diligence, à travers les montagnes, de 6 heures du soir à 2 heures du matin, nous voyageons jusqu'à Stora. De Beyrouth à Damas, le voyage est fatigant. Damas fut conquis par David. La ville compte aujourd'hui 190.000 habitants. Elle a connu toutes les frayeurs et toutes les splendeurs. Elle a été bien des fois renversée et rebâtie en des styles différents. Les Turcs l'appellent la Reine de l'Orient. Saint Paul y prêcha l'Evangile. De bonne heure elle fut chrétienne ; mais l'église de Saint-Jean est devenue la mosquée des Omniades. Avec l'empire grec, Damas tomba aux mains des musulmans. Des palais, des mosquées, des fontaines où miroitent encore de délicieuses céramiques y furent édifiés. Le grand Saladin y repose dans un kiosque de faïence.

La ville fut prise par les Mongols, ravagée par les Tartares et brûlée au xve siècle. Au xvie siècle, elle fut prise par les Turcs. En 1860, lors de l'insurrection, le sang coula dans les rues et 200.000

chrétiens furent égorgés. Damas se distingue par la diversité et le coloris des costumes. Le va-et-vient des caravanes de Palmyre lui donne de l'animation. Sur ses 190.000 habitants, 90.000 sont musulmans. On y compte 250 mosquées, où se murmurent des prières continuelles.

A peine sommes-nous arrivés à l'hôtel qu'un gendarme nous réclame nos teskérés. Damas, comme toutes les villes de l'Asie, a ses bazars, mais plus grands que ceux de Beyrouth. Ils ont un cachet particulier. Les marchands sont installés par corporation. Les selliers vendent des harnais festonnés, des étriers niellés d'argent ; les orfèvres fabriquent de délicats filigranes et sertissent des pierres précieuses. Les confiseurs travaillent en pleine rue ; leurs sucreries, parfumées d'essences de fleurs, rappellent les tons de l'arc-en-ciel. Sur tout le parcours, vous rencontrez des femmes turques voilées jusqu'aux yeux, cachées sous des *haïks* brochés d'or ; des chrétiennes, avec leur voile blanc, la figure découverte ; des Bédouins du désert, le teint basané, superbes d'allure, dans leurs larges manteaux ; des Juifs graisseux et sordides, aux papillottes ballottantes. Les femmes turques et grecques sont d'une rare beauté. De longues tresses de cheveux pendent sur leurs épaules ; leurs bras sont ornés de bracelets précieux ; de larges pantalons couvrent leurs jambes jusqu'au-dessous de la cheville. Peu de costumes européens. Cohue bigarrée et chatoyante. Les cris et le tumulte sont perpétuels ; parfois, au-dessus de cette foule grouillante, la tête d'un chameau émerge tout-à-coup. L'animal, tout en se balançant et en grognant, défile lentement avec sa charge échafaudée.

Le drogman de l'hôtel, qui me servait de guide, me fit voir la mosquée des Omniades, vieille de treize siècles et détruite il y a quatre ans par un incendie. Des troubles faillirent éclater. Les musulmans, comme toujours, accusaient les chrétiens d'avoir mis le feu. Il fut prouvé que c'était un ouvrier plombier qui, en réparant la toiture, avait mis le feu par imprudence. Cette mosquée était la troisième en vénération, après celles de La Mecque et de Jérusalem. Les bains turcs sont nombreux ; le plus coquet de tous est revêtu de faïence. Très curieuse cette grande salle qui, dallée de marbre blanc, est éclairée par un jour cru tombant des voûtes garnies de vieux tableaux vernissés, aux dessins charmants. Les femmes y passent des heures entières à faire leurs ablutions.

Les différentes religions se sont installées séparément. Il y a le quartier des juifs, le quartier des musulmans, le quartier des chrétiens. Dans le quartier juif, j'ai visité la maison de Chamaaga qui, de la splendeur, est tombé dans la gêne. Un salon, tout en marbre de différentes couleurs, rappelle les pièces des harems. Les meubles, incrustés d'ivoire, sont artistiques. La décoration de cette pièce a coûté plus de 200.000 francs, et c'est dans un quartier sale, dans une rue étroite et tortueuse, que brille cette merveille. Les deux jeunes filles qui montrent le salon reçoivent avec plaisir le bakchich que vous voulez bien leur mettre dans la main en sortant ; elles sont juives... Près du cimetière orthodoxe, on visite la maison où saint Paul fut poursuivi par les musulmans qui voulaient le mettre à mort. Il sauta par la fenêtre, et jamais ses ennemis ne purent le retrouver. L'ancien palais Dimitri est occupé par l'hôtel d'Orient. C'est une des curiosités de la ville. Au milieu de la cour pavée en marbre blanc, des orangers, des citronniers, des cédrats avec leurs fruits. Le salon, style oriental, est d'une décoration ravissante. Au milieu, une gracieuse fontaine en marbre blanc. Les peintures murales sont parfaites d'exécution. Les chambres à coucher, avec leurs glaces entourées de bois finement sculpté, sont des plus chatoyantes.

Il existe encore à Damas plusieurs palais arabes, célèbres par le luxe et la somptuosité de l'intérieur ; mais ils n'ont aucune décoration extérieure, leurs portes basses ne laissent pas deviner les richesses qu'ils contiennent. Dans l'intérieur des cours, une fontaine jaillit, des galeries surplombent. Sur l'un des deux côtés, un *patio* s'ouvre sur un vaste salon divisé en trois parties ; c'est la salle de réception, rafraîchie par des bassins. Des meubles, des divans soyeux garnissent la pièce ; de riches mosaïques, des marqueteries charmantes tapissent les murailles. Mais à côté de ces choses précieuses, des pendules de mauvais goût font contraste. La pendule exerce sur les Orientaux une sorte de fascination ; je me rappelle qu'au palais du Bardo, près de Tunis, on vous montre comme chefs-d'œuvre dix-huit horloges, sans valeur aucune.

A l'extrémité de Damas s'étendent d'immenses cimetières, tristes et dénudés. Sous les coupoles dorment les vieux khalifes damasquins, ainsi que deux des femmes de Mahomet et sa fille Fatime. Plus loin, après les vieux remparts démantelés, le cimetière chrétien, près duquel saint Paul tomba terrassé, aveuglé. En haut, à Salahiyé, un village druse, avec des mausolées. Dans une ancienne mosquée que l'on ne peut visiter, repose Abd-el-Kader, ce grand chef algérien, tout auréolé d'un prestige d'héroïsme et de guerre. Mahomet a séjourné dans cette bourgade. Plus loin, à Sanbièh, le tombeau d'Abel.

Désireux d'emporter de Damas quelques armes anciennes, je retournai dans les bazars. Il est très difficile aujourd'hui de s'y procurer de vieilles lames damasquinées. Celles que l'on fabrique maintenant n'ont plus la valeur d'autrefois. Des bazars, nous retraversâmes le quartier juif. A travers ces ruelles tortueuses, on rencontre les mêmes types qu'à Varsovie : des hommes en souquenille graisseuse, des gamines aux cheveux ébouriffés, de vieilles femmes ridées au profil crochu, le front couvert de perruques roussâtres. En Orient, d'après une coutume juive toujours en vogue, la jeune fille seule a le droit de faire parade de sa chevelure. Aussitôt mariée, elle la cache aux regards des profanes et la réserve aux secrètes admirations de son époux.

Damas, qui a beaucoup souffert des dévastations de 1860, lors du massacre des chrétiens, ne garde aucune trace de ces terribles événements. La première victime fut un boulanger chrétien, que l'on jeta tout vivant dans son four : ce seul exemple suffit pour juger du fanatisme cruel des musulmans. Des bandes de Druses incendiaient les maisons ; les chrétiens étaient traqués, massacrés sans merci Le souvenir en reste vivace ; pendant notre séjour à Damas, des massacres venaient de se produire en Arménie, où 15.000 chrétiens tombèrent encore victimes de la férocité sauvage des musulmans. Aussi le gouvernement ottoman, qui emploie tous les moyens possibles pour cacher ces événements lorsqu'ils se produisent, avait-il donné des ordres formels pour qu'aucun journal de Syrie ne révélât au peuple les douloureux événements qui s'accomplissaient en Arménie, ce qui aurait pu avoir pour conséquences de nouveaux soulèvements parmi ces fanatiques dont la barbarie est sans limites.

En 1860, il y eut cependant un exemple de représailles. Le pacha de Damas, Ahmed, et quelques chefs druses furent condamnés et fusillés. C'était insuffisant. La France pouvait, à cette époque, exiger beaucoup plus, et elle aurait, d'après l'opinion des Syriens catholiques, obtenu satisfaction entière. Pendant ces tragiques événements, la conduite d'Abd-el-Kader, à Damas, fut au-dessus de tout éloge. Il intervint, lança ses Algériens à travers la ville, offrant aux chrétiens fugitifs asile et protection, et, quand tout fut terminé, il alla se cloîtrer pendant deux ans dans la grande mosquée pour obtenir son pardon d'Allah d'avoir ainsi arraché à la mort des infidèles chrétiens. Dans l'esprit de sa religion, il avait commis un crime. Rentré à l'hôtel, je fus consterné de l'événement douloureux qui venait de s'y produire. J'avais pour voisines à table d'hôte une dame américaine, et deux jeunes filles charmantes, de dix-huit à vingt ans, qui revenaient d'un voyage en Palestine. L'une était l'amie de l'autre, et, sur les sollicitations faites auprès de ses parents de New-York, ces derniers avaient consenti à laisser leur fille unique accompagner son amie dans un voyage aussi lointain. Jusqu'en Palestine, tout avait marché à souhait, lorsque, arrivée à Damas, cette jeune fille dut s'aliter des suites d'un refroidissement. La fièvre fit des progrès si rapides, que deux jours après elle mourait dans les bras de son amie éplorée. La douleur immense de la mère et de la fille faisait peine à voir. Comment annoncer cette triste nouvelle aux parents, restés à 3.000 lieues ? Que parfois la vie a de cruelles épreuves ! Le lendemain, on enterrait dans le cimetière de Damas ce qui restait de cette angélique beauté.

De Damas, on va visiter les ruines romaines à Tyr et à Palmyre. Elles sont intéressantes, mais n'ont pas, à beaucoup près, l'attrait de celles de Balbek. Le lendemain, je quittai Damas, toujours par la diligence, le seul moyen de locomotion pour le moment. Je revins à Stora. C'est dans ce village, frontière du Liban, qu'un de nos compatriotes, M. François Brun, exploite de grands vignobles. Le vin blanc qu'il récolte jouit d'une réputation justifiée ; à cause de sa belle nuance, il est appelé vin d'or. De Stora à Balbek, il y a encore quatre heures de voiture. Nous traversons des villages où se fait spécialement l'élevage des vers à soie, principale industrie du pays. Sur tout le parcours, on ne voit que des mûriers. C'est surtout dans le village de Mouallakat que l'élevage est le plus important. Il faut de grandes précautions, si l'on veut obtenir de bons résultats. Vers le printemps, après l'éclosion des vers, on les expose sur des grillages ; la nuit, on les rentre dans des chambres chaudes ; car, au dehors, les serpents, nombreux dans ces parages, viendraient les manger. Les vers à soie ont quatre périodes différentes, de dix jours chacune, et subissent quatre jeûnes qui les font changer de couleur ; après quoi, on les met sur des arbrisseaux. Des chambres spéciales pour la nuit sont installées et chauffées ; on les y dépose tout petits. En grossissant, ils commencent à grimper aux arbrisseaux ; après cette période commence la production des cocons.

LE LIBAN ET LES CÈDRES SÉCULAIRES

Le voyage en diligence de Stora à Balbek est très pittoresque. Sur la gauche, les montagnes du Liban, couvertes de neige, vont jusqu'à Tripoli de Syrie. Sur la droite, celles de l'Anti-Liban, aux cimes dentelées ; quelle différence de température ! En Égypte, nous avions 35 degrés de chaleur, ici 2 degrés de froid. Quel contraste ! Sur la route, un dromadaire crevé a été abandonné par les Arabes ; il gît là sur le sol, à moitié dévoré par les chacals et par les renards qui, la nuit, descendent des montagnes. En arrivant près de Balbek, nous rencontrons des femmes druses et libanaises. Le costume de ces dernières est des plus gracieux. Elles portent leurs longs cheveux tressés. Au bout de chaque natte, elles attachent leurs joyaux de famille, et, d'après les bijoux suspendus, on estime leur fortune.

Balbek, c'est le Liban, si réputé pour ses cèdres. C'est à Balbek que se réfugia Caïn, après avoir tué Abel. C'est à lui que remonte l'origine de cette ville. Le Liban est habité par des Maronites, des Druses et des Métualis (partisans d'Ali). Les monastères, au nombre de 200, de différents ordres, sont habités par 25.000 moines. Il y a aussi plusieurs couvents de chrétiens syriens, de catholiques grecs, et 5 couvents de femmes. Des régions élevées du Liban, le spectacle que l'on contemple est vraiment grandiose. La chaine de montagnes se développe sur une longueur de 60 lieues. Au loin, la mer étincelante de lumière ; à l'horizon, l'île de Chypre, au bas Damas, les collines de la Gallilée, Saint-Jean d'Acre, le Carmel, les hauteurs de Laodicée et d'Antioche. Sur ces montagnes les neiges sont éternelles ; on se croirait en Suisse. A Barouk, les fameux cèdres qui faisaient la gloire du Liban ont presque disparu. De ces arbres séculaires, il en reste 6 qui ont mille ans ; mais d'autres poussent. C'est avec le cœur de ces fameux cèdres que furent faites les charpentes du temple de Salomon.

De Déir el-Kamar, capitale du Liban, on peut aller à Tripoli de Syrie. Balbek, si célèbre chez les Grecs et les Latins sous le nom d'Héliopolis (la ville du soleil), a été le théâtre de bien des événements ; il fut d'abord conquis en 634 par les musulmans et, en 1831, par Ibrahim-Pacha. Sainte Barbe y mourut ; saint Cyrille y fut mis à mort : le peuple poussa la cruauté jusqu'à lui ouvrir le ventre, lui arracha le foie et le dévora tout palpitant. A cette époque, Vénus avait, à Balbek, un temple devenu célèbre par les infamies qui s'y commettaient. Constantin, en expiation, le convertit en église chrétienne. Lors du martyre de saint Cyrille, les païens forcèrent les portes d'un couvent, et, après avoir emmené les religieuses sur les places publiques, ils leur tranchèrent la tête, leur arrachèrent les entrailles qu'ils firent dévorer par les pourceaux. Ils agirent ainsi pour se venger de la transformation du temple de Vénus en église.

Les mœurs des Métualis, secte de la religion d'Ali, frère de Mahomet, sont curieuses à étudier. Ils mangent de la viande de chameau. Un chrétien est-il reçu à leur table, aussitôt après son départ ils brisent les assiettes et le verre dont il s'est servi. Les Druses, qui n'ont aucune religion, professent pour les chrétiens une haine profonde. Ce sont eux qui, en 1860, poussèrent les Musulmans à la révolte. Il y a quelques années, on avertit le Sultan que les Druses du Liban achetaient depuis quelque temps des armes et préparaient en silence une nouvelle révolte contre les chrétiens. Le Sultan donna des ordres pour que les principaux chefs fussent invités à venir visiter Constantinople. Dix-huit chefs druses, enchantés d'une proposition qui flattait leur amour-propre, s'embarquèrent à Beyrouth. Aussitôt arrivés à Constantinople, ils furent reçus en audience privée par le Sultan, qui sut les flatter et les engagea pour le lendemain à faire une promenade sur le Bosphore, afin, disait-il, de leur faire admirer le coup d'œil grandiose de la ville. Comme on le pense, ils acquiescèrent avec empressement au désir du Sultan. Le lendemain, une barque spéciale, tout ornée pour la circonstance, composée d'un équipage dont le chef avait reçu les instructions nécessaires, emmena les Druses en excursion. Au milieu du Bosphore, la barque chavira, ainsi qu'il en avait été convenu : les dix-huit chefs druses furent impitoyablement noyés. C'est grâce à la tactique intelligente du Sultan que Damas put échapper à une nouvelle révolte. Le moyen employé par lui était violent, il est vrai ; mais de nouveaux massacres purent être évités.

LES RUINES DE BALBEK

Après avoir vu les ruines d'Égypte, je tenais à voir celles de Balbek, de manière à pouvoir établir entre elles une comparaison. Si les ruines colossales d'Égypte étonnent et stupéfient, les ruines romaines de Balbek, comme celles de Palmyre, plaisent et charment, tant elles sont gracieuses et légères ! Les ruines de Balbek ont eu à souffrir de plusieurs tremblements de terre ; le dernier, en 1759, a ébranlé et renversé une partie des colonnes. Malgré cela, elles sont encore merveilleuses. La principale entrée, telle qu'elle était autrefois, consistait en une grande colonnade de style corinthien, où se trouvait un bel escalier de pierre. Cet édifice, converti en forteresse, est flanqué de deux tours carrées et crénelées ; la seconde tour, qui a 118 mètres de long sur 105 mètres de large, avait autrefois des arcades dont les toits, soutenus par des colonnes de porphyre, se sont écroulés ; mais les murs extérieurs, d'où partaient les colonnes, subsistent encore et sont assez bien conservés pour donner une idée des immenses travaux consacrés à leur embellissement.

Dans une autre partie, le temple de Jupiter, de style corinthien, est mieux conservé. Quand il était intact, on y arrivait à travers un portique formé par une double rangée de colonnes. A l'entrée, les pierres qui le composaient forment un amas considérable. Les moulures et les ornements qui décorent les murs du vestibule sont d'un travail absolument beau. Le linteau se composait de trois pierres ; mais celle du centre, formant la clé, s'est affaissée de quatre pieds au-dessous des autres à la suite d'un tremblement de terre. Un bas-relief y représente un aigle aux ailes éployées. La partie intérieure de ce temple a 40 mètres de long sur 22 mètres de large. Les pierres sont ajustées sans ciment. A l'extérieur, il y avait une rangée de belles colonnes corinthiennes ayant 17 m. 70 de hauteur et 6 mètres de circonférence. Le plafond, qui n'existe plus, était sculpté avec art ; de chaque côté, 14 colonnes ; 16 devant le péristyle, et 8 sur le derrière. Il n'en reste plus que 9 au nord, 4 au sud, et 6 à l'ouest. Une énorme tablette de pierre, tombée du plafond, montre encore la figure de Cérès tenant dans ses bras un enfant qu'elle allaite. Le tremblement de terre de 1759 a renversé toutes les autres colonnes. La nature n'a pas été le seul agent de destruction ; les Turcs y ont aussi contribué. Tous ces blocs de pierre étaient si bien ajustés que même la lame d'un couteau n'entre pas dans leurs interstices.

Le temple du Soleil est le plus grand et le plus célèbre : c'est lui qui a donné son nom à la ville de Balbek, puisque Balbek veut dire Ville du Soleil. Il n'offre plus aujourd'hui que peu de traces de son ancienne splendeur ; mais ce qui reste donne une idée de ces merveilles d'architecture et de sculpture. Il a 92 mètres de long et 43 mètres de large ; il était entouré de 58 colonnes non cannelées, de style corinthien. Chaque colonne, avec son piédestal et son chapiteau, a 23 m. 50 de hauteur et 7 mètres de circonférence. Elle se compose de trois blocs énormes, non compris l'assise, surmontée d'un chapiteau corinthien portant entablement; frises et corniches sont magnifiquement sculptées; sur la corniche supérieure, des têtes de lions à gueules béantes. Les six colonnes qui restent debout sont la première chose que l'on aperçoit au loin en arrivant à Balbek. Vues la nuit, elles sont admirables. A la place des vingt colonnes tombées, les Arabes élevèrent des fortifications dont on voit encore les traces. Il est certain que ce temple était de toute beauté; sa muraille ouest, bâtie sur les fondements de l'ancien temple de Baal, contient trois énormes blocs de pierre d'une longueur de 64 mètres et de 5 mètres de largeur. L'ornementation de ces pierres est faite avec grâce et légèreté. Le temple de Vénus, éloigné de 200 mètres de l'Acropole, est aujourd'hui entouré de maisons arabes. Il n'a d'intact que le sanctuaire. Jadis, le temple était un rectangle entouré de colonnes; le péristyle avec ses quatre colonnes de 8 mètres était grandiose. Dans la *cella*, trois niches de statues formées d'une voûte cintrée et soutenues par deux pilastres à palme. Sur la voûte d'une de ces niches on voit encore gravée la colombe de Vénus; un pilastre à chapiteau corinthien sépare chaque niche de sa voisine. Au-dessus de ces niches sont de jolies guirlandes surmontées d'une frise qui relève les colonnes du péristyle de la *cella*. Plusieurs têtes qui restaient aux statues ont été cassées et emportées par les Anglais; c'est leur habitude. La porte du sanctuaire avait 6 mètres de long sur 3 m. 50 de large; elle était composée de trois blocs de pierre. Dans le chœur était une statue de Vénus. C'est ce temple que les chrétiens ont consacré à sainte Barbe.

Pour se rendre compte de l'importance des ruines de Balbek, il faut faire le tour des murailles et voir les assises phéniciennes qui sont exceptionnelles de dimension. La partie romaine se reconnaît à la finesse, à la régularité du travail et à l'ornementation qui règne partout. Nous examinons trois grandes pierres, l'une de 22 mètres de long et de 4 m. 50 d'épaisseur; les deux autres de 19 à 20 mètres de long. En voyant ces blocs énormes placés dans le mur à une hauteur d'un premier étage, on reste étonné, et on se demande par quels moyens les Romains et les Égyptiens pouvaient arriver à hisser si haut des blocs aussi pesants (1.200.000 kilos environ). Un autre mur phénicien est composé de neuf pierres, longues de 8 à 10 mètres, larges de 3 mètres, épaisses de 2 m. 50. Les fortifications arabes, à côté, contenaient des tours, des meurtrières et des défenses faites avec les débris provenant des grandes pierres et des colonnes. Tout a été détruit par le temps. A côté des colonnes, dans un jardin, on a découvert un sarcophage contenant la momie d'une reine dont le visage est recouvert d'un voile en or.

Le lendemain matin, nous visitons les carrières d'où furent tirées les pierres qui ont servi à édifier ces temples. C'est un vaste emplacement rempli de rochers et de cavernes. Au milieu, gît sur le sol une énorme pierre dont la longueur est de 21 mètres, la largeur de 4 m. 26, et l'épaisseur de 4 m. 60. Elle est coupée, taillée, achevée. Elle était certainement destinée à l'édification d'un temple, mais elle est restée là. D'après les calculs de la densité de la pierre, on estime qu'elle doit peser, d'après ses dimensions, le poids fabuleux de 1.500.000 kilos, qui représentent les efforts réunis de 40.000 hommes pour la mettre en mouvement. On cherche alors par quels moyens les anciens pouvaient arriver, non seulement à faire mouvoir, mais aussi à mettre en place des pierres dont le poids énorme dépasse l'imagination. Ce devait être par le moyen des plans inclinés avec des rouleaux et des canaux remplis d'eau que les Romains arrivaient à transporter ces blocs énormes. Dans le village de Balbek, les petites filles druses parlent français, grâce aux bonnes Sœurs de Saint Vincent-de-Paul qui ont créé des institutions; elles occupent leurs loisirs à broder de jolies blagues à tabac, qu'elles offrent aux voyageurs.

Le jour suivant, en compagnie de M. Dumas, photographe, nous reprenions la diligence pour revenir à Beyrouth, séparé de Damas par une distance de vingt-huit lieues. Dans la diligence, à côté de nous, prirent place un Druse à l'air farouche et un Père Jésuite du couvent de Damas. Tout le long de la route, j'eus le plaisir de m'entretenir avec ce Jésuite syrien, homme aimable et très érudit. Je le questionnai, il me parla des événements de 1860 et me dit que les Syriens réclamaient toujours le protectorat de la France. Cette conversation a diminué de moitié la longueur du voyage et j'ai pu noter mes impressions sur Balbek. Le Druse, assis à côté de moi, ne cessait de me regarder ; il eut l'idée, en me voyant écrire ainsi, que j'étais un espion, et, sans autre forme de procès, déclara à M. Dumas qu'aussitôt arrivé à Beyrouth il irait me dénoncer à la police. Il fallut que mon aimable compagnon usât de stratagème pour détourner les soupçons du Druse méfiant ; il finit par le convaincre que j'étais inspecteur du chemin de fer en construction. Ce Druse possédait bien la méfiance de son gouvernement qui voit partout des espions. Je ne fus pas inquiété.

Nous arrivons au village d'Aley, situé sur la côte de Beyrouth ; l'altitude élevée permet de jouir d'un très beau coup d'œil sur la ville et sur la mer. Enfin je quitte Beyrouth pour revoir Alexandrie.

DE BEYROUTH A L'ILE DE MALTE

De Beyrouth à Alexandrie, il y a, par mer, environ 160 lieues. La traversée dans ces parages, où la mer est si capricieuse, est généralement mauvaise, et, comme à l'aller, il fut impossible au capitaine du bateau d'aborder à Caïfa ; après quatre-vingt-cinq heures d'un voyage mouvementé je revis Alexandrie, le jour où l'on ramenait de Constantinople, par le bateau *Tewfik-Kablani*, la dépouille mortelle d'Ismaïl-Pacha, grand-père du Khédive actuel d'Egypte, Abbas-Hilmi. Ismaïl-Pacha, qui avait tant fait pour l'Egypte, y revenait après seize ans d'exil, avec la pompe et la majesté de la mort. Il était fils du grand Méhémet-Ali ; il monta sur le trône en 1863, et dut abdiquer le 26 juin 1869. Son fils, qui lui succéda, mourut en 1892. Cette mort prématurée étonna l'Europe... Le grand événement du règne d'Ismaïl-Pacha a été l'inauguration du canal de Suez. A cette époque, il éblouit par son faste les souverains d'Europe venus pour assister à cette cérémonie. Il reçut l'impératrice des Français, comme Salomon dut recevoir la reine de Saba.

La cérémonie des funérailles de celui qui fut un grand d'Egypte était intéressante à voir. Le corps débarqué fut déposé au palais de Kas-el-Tin, situé sur les bords de la mer. A dix heures, le cortège officiel, où figuraient toutes les notabilités d'Alexandrie, arriva pour prendre le cercueil et le porter en grande pompe à la gare de Moharrem-Bey. Derrière le cercueil, où l'on avait placé les décorations et le sabre du défunt, prirent place cinq derviches pleureurs psalmodiant des prières ; les porteurs du Coran ; et, dans des voitures, les trente femmes du harem qui, depuis Constantinople, accompagnaient le corps ; puis le Khédive et son frère, le prince Mohammed-Ali et les princes de la maison khédiviale. Le cercueil, porté par quatre officiers, était recouvert de drap vert et d'étoffes enrichies de pierreries ; il était de bois vernissé, et fermé par huit verrous en or. Après avoir traversé la ville, le cortège arriva à la gare et l'on plaça la dépouille mortelle dans un wagon. L'inhumation eut lieu le lendemain, au Caire, dans la mosquée Rifaï, en face de la mosquée du sultan Hassan, au pied de la citadelle.

Obligé d'attendre à Alexandrie le jour du départ du bateau de la Compagnie Moos, pour aller à Malte, je passai la journée à Ramleh, qui se trouve sur les bords de la mer, à trente minutes de chemin de fer. Le lendemain, j'embarquai pour Malte, séparée d'Alexandrie par une distance de 350 lieues. La traversée demande plus de quatre jours. Sur le bateau, on avait chargé 10.000 sacs d'oignons à destination de Liverpool. L'Egypte produit, paraît-il, 50.000 tonnes d'oignons par an. Les Anglais ont hérité du goût des Hébreux, à qui les oignons d'Egypte arrachaient des larmes de regret. D'Alexandrie partent aussi tous les ans 5 millions de quintaux de coton.

L'ILE DE MALTE

Après quatre jours de traversée, nous étions en vue de l'île Godzo ; il y a encore deux heures de bateau à faire avant de débarquer. Malte, possession anglaise, évoque encore en moi bien des souvenirs du passé. Partout la prépondérance des Anglais s'est accrue, et partout aussi l'influence de la France a diminué d'autant. Et cependant les Maltais, comme les Canadiens, regrettent amèrement que les événements les aient rendus sujets anglais ; toute leur sympathie était pour la France. Mais, hélas ! depuis cent ans qu'ils ont été abandonnés, ils supportent le joug anglais, comme les Irlandais et les Canadiens.

Malte, on le sait, est une des situations militaires les plus importantes que possède l'Angleterre. Depuis le commencement du siècle, cette île, passée aux mains des Anglais, leur sert d'arsenal de guerre et de ravitaillement et leur assure la prépondérance navale dans la Méditerranée. Ils en ont fait aussi un vaste entrepôt commercial, le point d'attache de toutes leurs lignes de bateaux à vapeur et la station centrale du réseau télégraphique sous-marin. On conçoit qu'une île où tout converge ait conduit les Anglais à en faire une tour de guet, du haut de laquelle ils surveillent la mer, de Gibraltar à Smyrne et à Port-Saïd. L'excellent port de la Valette facilite singulièrement le rôle commercial et maritime. Ce port est double et chacune de ses branches se ramifie en d'autres ports secondaires ; des escadres, des flottes entières peuvent s'y mettre à l'abri, et des fortifications sans nombre, murailles et tours, bastions et forteresses, se dressent de toutes parts pour en défendre l'approche à l'aide des pièces d'artillerie formidables qui y sont accumulées, en même temps que des mines sous-marines, des torpilles fixes ou dormantes, attendent le moment de détruire les vaisseaux de guerre qui oseraient s'aventurer à proximité de la terre. Depuis trois siècles on ne cesse de travailler à rendre Malte imprenable et on pourrait croire que les Anglais ont maintenant atteint ce but, s'il ne fallait toujours compter sur les hasards de la guerre, la hardiesse des marins et l'habileté de leurs chefs.

Valetta ou la cité Valette, qui contient, avec ses faubourgs, environ la moitié de la population de l'île, a gardé son originalité pittoresque. Les hautes maisons blanches, ornées de balcons en saillie et de cages vitrées pleines de fleurs, s'élèvent en amphithéâtre sur la pente de la colline ; des escaliers aux larges dalles en gravissent le versant de palier en palier, comme la strada San Giovann ; enfin, de toutes les rues, on voit la mer bleue, les grands navires immobiles et le fourmillement des barques et des gondoles qui semblent regarder fixement le voyageur de leurs deux gros yeux peints sur la proue. Ailleurs, dans les parties planes de la ville, on voit circuler de bizarres carrosses dont les roues semblent détachées du coffre, ou d'autres voitures légères, qui ont une certaine ressemblance avec les haquets de France ou plutôt paraissent être des voitures dont on aurait supprimé la caisse. Pas de sièges ; on s'installe comme on peut et on part emporté par de petits chevaux rapides comme les chevaux arabes.

En dehors de la ville, Malte ou *l'île de miel*, comme on l'a appelée, n'offre qu'un triste séjour. Les campagnes sont parsemées de rochers gris ; les plantes des champs sont recouvertes de poussière fine ; les villages, aux murs éclatants de blancheur sous le soleil et contrastant avec les ombres noires, ressemblent à des carrières. Le sol paraît brûlé et l'on s'étonne qu'il produise de si belles moissons de céréales et de fourrages. Mais aussi les paysans maltais, petits hommes, âpres, secs et musculeux, font preuve dans leur culture d'une merveilleuse industrie et recouvrent leurs rochers de terres rapportées ; autrefois même les navires étaient tenus d'apporter en lest une certaine quantité de terre végétale.

Malte n'est pas, quoi qu'on ait tenté au point de vue politique, une simple possession anglaise ; elle a son administration et sa législation spéciales. Le gouverneur civil et militaire nommé par la Grande-Bretagne exerce le pouvoir exécutif et jouit du droit de grâce ; il est assisté par un conseil de sept membres qui prépare et vote les lois. Dans chaque district réside un lord-lieutenant choisi parmi les nobles maltais, et des députés, que désigne le pouvoir, administrent chaque village. Quant à la justice elle est exercée par des Cours ordinaires et par des Tribunaux supérieurs ; les débats ont lieu en italien et les actes judiciaires sont rédigés dans la même langue. Il n'est fait exception que pour la Cour suprême, où l'usage de l'anglais est introduit depuis 1829. En ce qui concerne le rôle militaire joué par Malte, il ne commença que lorsque les Chevaliers de Saint-Jean de Jérusalem, après leur expulsion de Rhodes, en 1522, vinrent s'installer dans l'île et en firent le boulevard du monde chrétien contre les Turcs et les Barbaresques. Mais après cette époque, après la chute de cet ordre tout à la fois militaire et religieux, Malte devint l'objet de toutes les convoitises européennes, jusqu'au jour où les Anglais s'en emparèrent. En cas de guerre européenne, les Anglais espèrent que la position de Malte, les approvisionnements en vivres et en munitions qu'ils y ont accumulés, leur permettront d'imposer leur volonté dans la Méditerranée. L'île de Malte est la sentinelle anglaise qui garde la mer.

Lorsque, en 1798, Napoléon Ier quitta Malte, il laissa dans cette île 5.000 hommes sous le commandement du général Vauban. L'armée, se conduisant sagement, se serait attiré les sympathies des Maltais qui ont le cœur généreux ; elle aurait conservé à la France la possession d'une île dont la position géographique est unique au monde, et qui compte plus de 200.000 habitants. Mais le général Vauban ne sut pas maintenir une discipline sévère et laissa ses soldats se livrer au pillage d'objets religieux dans les églises. C'est de cet incident, qui parut insignifiant, qu'est née la révolte. Les soldats, qui avaient pénétré dans une église pendant les offices, voulurent s'emparer d'un lampadaire en argent massif. Les fidèles, indignés (car les Maltais sont très religieux) se révoltèrent ; des troubles éclatèrent aussitôt. C'est alors qu'un conseil des notables maltais se réunit et décida de demander l'intervention et la protection de l'Angleterre, dont les vaisseaux de guerre étaient au large en observation. Les hostilités éclatèrent ; après un siège qui dura deux ans, les Français furent obligés, en 1800, d'abandonner Malte. Les Anglais ont depuis fait dans cette île des travaux de défense tels que la ville est maintenant imprenable. Comme à Gibraltar, que j'ai visité, ils ont construit de formidables fortifications. Deux citadelles armées de canons la mettent à l'abri de toute surprise. Dans les cinq bassins armés, ils entretiennent en permanence deux bateaux d'école de guerre et six cuirassés. La caserne San-Tiermo est occupée par des soldats, dont l'effectif est de 15.000 hommes, parmi lesquels 5.000 marins. Aux portes de la ville, double pont-levis. Les Maltais, qui sont catholiques, sont aussi de fervents croyants et des pratiquants sincères. C'était donc les froisser que de chercher l'intimidation en pillant leurs églises. On en a vu les résultats fâcheux, d'autant plus regrettables que les sympathies de ce peuple étaient pour la France. Les Anglais, au contraire, flattent et soutiennent les croyances religieuses. Les vieux Maltais, avec lesquels j'ai causé pendant mon séjour, regrettent toujours cet état de choses, car ils disent fort bien : « Nous aimions la France. »

La Valetta est une ville coquette, pittoresque, animée, et surtout d'une propreté remarquable. La température en rend le séjour agréable. Le Parlement, situé au milieu de la ville, contient un musée intéressant à visiter. Dans la salle des séances, les murs sont décorés de dix tapisseries des Gobelins qui datent de 1400 ; elles représentent différentes nations. Le Musée, indépendamment de sa collection d'armures et d'armes de toutes sortes, possède un buste de Napoléon Ier, le sabre du pacha de Tripoli et le fameux mortier d'Emmanuel Pinto. La bibliothèque possède une intéressante collection minéralogique et conchyliologique. Dans le palais des chevaliers de Malte, dont notre compatriote La Valette fut le premier, on voit le carrosse du dernier grand-maître de Malte, qui servit pendant deux mois à Napoléon Ier pendant son séjour. Dans le milieu de la cour, un *Araucaria*, planté, en 1858, par le prince Alfred d'Angleterre ; à côté, les belles statues en marbre de Samson et de Dalila, nés à Malte.

De là, j'allai visiter la chapelle Nibbia, convertie en ossuaire. On y a recueilli les ossements de 2.000 soldats français et maltais tués en 1800. Tous ces ossements, têtes, tibias, etc., ont été rangés méthodiquement et décorent avec goût la chapelle et la voûte ; les crânes sont alignés ; à gauche de l'autel, le squelette entier d'un homme ; à droite, celui d'une femme. Le palais de Sir Freemantle est la résidence du gouverneur de l'île. L'église Saint-Jean, Piazza Santo-Giovanni, fut construite en 1577, avec les dons généreux de notre compatriote, M. Levesque de la Cassière. Elle renferme dix chapelles et contient les tombeaux de 466 chevaliers. Dans la chapelle du Crucifix, j'ai admiré le tableau de la décollation de saint Jean, peint par Michel-Ange. La chapelle de la Vierge, avec sa grille en argent massif, garde les clefs de l'église de Rhodes, la chapelle italienne, le tableau de saint Jérôme, par Michel-Ange ; la chapelle de France est en marbre blanc, elle renferme les tombeaux des deux derniers grand-maîtres de Malte : Emmanuel de Rohan, mort en 1777 et le comte de Beaujolais, mort en 1808. Les statues en marbre du sculpteur français Prada sont des chefs-d'œuvre ; bref, toutes les chapelles de la cathédrale Saint-Jean sont d'une richesse étonnante.

Le jour, j'ai pu assister au sermon d'un prédicateur. L'église paraît en deuil avec les Maltaises habillées de noir ; leurs cornettes ressemblent à celles de nos sœurs de Saint-Vincent-de-Paul. Le prédicateur fait son sermon en maltais : la langue maltaise est un composé d'italien et d'arabe. Le soir, la Strada-Reina est très animée : c'est la promenade favorite des Maltais. Au coin de plusieurs rues, des niches, où sont des saints que l'on éclaire avec des verres de couleur. N'ayant pas eu le temps de m'orienter, je demandai à un Anglais où se trouvait l'hôtel impérial : « *French, no,* » me répondit-il. Croyant que je m'expliquais mal, je recommençai la phrase en lui disant cette fois : « *Imperial hotel.* » Il me répondit : « *Imperial house, aoh yes! that street.* » — Il ajouta : « *All right.* » Il se mit ensuite à me causer en français. Vous voyez la perfidie de ce sujet d'Albion qui ne voulait pas m'indiquer mon hôtel, parce que je lui avais simplement demandé l'hôtel impérial, au lieu de lui dire : « *Imperial house.* »

Les îles et presqu'îles entourant La Valetta sont intéressantes à visiter. Civita-Vecchia, en face du port, possède un musée, des catacombes, le fort San-Angelo et l'hôpital militaire Tabigi. On se rend à Saint-Paul-sur-Mer en deux heures de voiture. Des petits bateaux, en forme de gondoles, vous transportent, pour *one penny,* à l'île de Sliema. La coquette ville est construite en amphithéâtre ; avec ses maisons à l'italienne, aux bords de l'eau, elle rappelle Venise. Le port est sillonné de barques gracieuses, en forme de gondoles. Le fort Emmanuel en défend l'entrée. Sliema est la ville de plaisance des Maltais. Au bord de la mer s'élèvent d'élégantes constructions avec leurs vérandahs, entourées de jardins. C'est le rendez-vous des notables qui viennent passer l'été dans cet endroit charmant, où l'on respire l'air salin et vivifiant de la mer. Le site, très pittoresque, est d'une végétation luxuriante. Sur un rocher, le marquis de Scicluna a fait construire un véritable palais, à côté du camp où les troupes anglaises viennent faire les exercices de guerre. J'employai l'après-midi à visiter Notabile, point *terminus* du chemin de fer qui relie cette localité avec La Valetta. On traverse les villages d'Atar, Hamruen, Misida, Bichircaro. La ville présente la plus grande animation. La population est en liesse : les femmes sont revêtues de leurs costumes de fête, étincelantes de bijoux ; les Maltais en costume local. Les maisons sont décorées, les fenêtres pavoisées ; dans les rues, les étendards flottent. C'est la fête de Saint Joseph qui, tous les ans, se célèbre en grande pompe. Si les Norwégiens ont pour Saint Jean une grande vénération, les Maltais ont pour Saint Joseph un véritable culte. Les églises sont trop petites pour contenir la foule pieuse qui s'y presse. L'intérieur devient une nappe de feu. Au milieu, l'autel avec ses innombrables cierges ; de tous côtés, des fleurs. Le coup d'œil est féerique.

DE MALTE A TUNIS

Je quittai Malte et m'embarquai pour Tunis. En mer, on passe devant l'île Pantellaria, où l'Italie envoie ses prisonniers. Après vingt heures de traversée, nous débarquions à Tunis dans le nouveau bassin terminé. La Goulette, qui était autrefois le port de débarquement, n'est plus qu'un village morne et silencieux. Tunis, comme Alger, s'européanise. C'est au centre, à la porte de France, et au boulevard de France qui fait suite, que la ville moderne s'est édifiée. Les quartiers arabes ont conservé leur cachet local. Les *souks* (bazars) offrent aux étrangers une véritable attraction. Comme dans tous les bazars d'Égypte, on retrouve les différents commerces installés par quartiers. C'est dans les *souks* que se vendent tous les produits tunisiens et orientaux. Le quartier juif, amas de ruelles étroites et dépourvues de population, la Kasbah ou citadelle dont quelques tours sont couvertes de sentences du Coran, le Dar-el-Bey, résidence du souverain, à la cour toute pavée en marbre blanc, aux portiques à plafond polychrome couverts de fleurs et de rinceaux, aux arabesques merveilleusement fouillées, aussi délicates qu'une broderie de dentelle, etc. A côté de cet exposé des richesses de la grande cité, il reste pour le touriste un sujet non moins intéressant d'étude et essentiellement suggestif : c'est une promenade la nuit, à travers la ville. Tunis n'est pas une ville gaie, au sens précis du mot. Certes, si nous ne voulons voir que le mouvement de la rue, dans la journée ; si nous pénétrons dans les *souks*, qui seront, éternellement, sans doute, des merveilles pour l'œil de l'artiste et du touriste, à ce point de vue, dis-je, il n'est peut-être pas au monde d'autres villes qui offrent à la rétine semblables sensations d'harmoniques colorations. Tout a été dit sur ces marchés arabes et surtout représenté. Et cependant, il semble à chaque pas que ce soit une mine inépuisable, tant les effets varient avec les heures et tant cette population grouillante et bigarrée offre de ressources inattendues et de vues pittoresques.

Donc, si Tunis est une ville intéressante sous ses aspects diurnes, il n'en est pas de même la nuit, bien entendu si nous sortons des bazars. Le quartier européen est triste à l'excès et l'avenue de France, cette Cannebière de la métropole tunisienne, est la seule ressource des noctambules en quête de sensations nouvelles. Les habitants ne sortent pas et les indigènes fréquentent très peu ce boulevard.

L'Arabe, lui, ne quitte guère son quartier : les burnous blancs des indigènes, éclairés par les lampes à pétrole accrochées aux boutiques des marchands, donnent à ces marchés des airs de ballets d'opérette aux décors pimpants ; mais de femmes, point. Au surplus, elles font aussi bien de se cacher, car leur costume n'a rien d'esthétique, et comme leur figure est toujours couverte de l'horrible madras noir qui leur donne l'air de momies ambulantes, elles jettent le plus souvent une note triste dans le tableau où elles apparaissent.

Rares aussi les établissements où la danse arabe ou juive attire les noctambules. Un nouveau café est installé dans le quartier européen où quelques Juives tunisiennes assez jolies, ma foi, attirent quelques Arabes et de rares consommateurs français. Leur chant monotone et criard, qui force les cous des chanteuses à se tendre comme si elles se gargarisaient, est plutôt fait pour vous donner envie de fuir.

La préfecture, ancien palais beylical, a beaucoup de caractère ; les appartements réservés au Bey sont décorés avec somptuosité. Le soir, Tunis était en fête à l'occasion du 27e jour des fêtes du Ramadan, jeûne de trente jours imposé aux adeptes de la religion musulmane. Le Bey, qui réside à La Marsa, venait inaugurer le minaret d'une mosquée ; il fut reçu en grande pompe. Jusqu'à deux heures du matin, nous parcourûmes tous les quartiers arabes brillamment illuminés.

De Carthage, il ne reste plus que des ruines. C'est dans cette ville que mourut saint Louis, le 25 août 1270 ; il succomba au fléau qui ravageait son armée. Le bey Ahmed donna à Louis-Philippe le sommet de la colline de Byrsa pour y ériger un sanctuaire en l'honneur du pieux monarque. C'est là que Mgr Lavigerie a fait construire l'église St-Louis, qui domine majestueusement la vallée. La garde en est confiée aux Pères Blancs ; la chapelle a été construite sur les ruines du temple d'Esculape ; à côté était le temple de Jupiter, dans lequel Annibal jura une haine implacable aux Romains. Restent les citernes qui pouvaient contenir 25.000 mètres cubes d'eau.

Les nouvelles fouilles entreprises à Carthage par M. P. Gauckler, ont donné des résultats inespérés et paraissent avoir un grand avenir. Ces fouilles vont vers la colline qu'elles attaquent directement. Il est permis aujourd'hui de dire qu'elles marchent à la découverte de toute l'ancienne nécropole carthaginoise. On est donc sur une bonne piste. M. Gauckler débuta fort heureusement, car dans le premier tombeau qu'il rencontra se trouvait une multitude d'objets de grande valeur, entre autres deux statues grecques de toute beauté, que l'on admire aujourd'hui au musée du Bardo, à Tunis. Plusieurs tombeaux carthaginois sont maintenant complètement ouverts et déblayés. Il est facile d'y pénétrer et de les examiner. Une grande dalle les ferme ; ils sont vastes, bien construits, et d'une belle apparence hellénique. Dernièrement, quelqu'un faisait remarquer fort justement qu'ils avaient la rectitude de l'Acropole. Ils ont été certainement construits avec un soin tout particulier et sont merveilleusement conservés.

La ville romaine, qui succéda à la Carthage phénicienne, fut bâtie au-dessus même de ces tombeaux ; un peu au-delà on a mis à découvert une petite église datant de l'époque chrétienne. Un des côtés les plus curieux des fouilles faites à Carthage est ce contact presque continuel avec plusieurs civilisations qui sont, pour ainsi dire, superposées. Il serait regrettable que ces nouvelles fouilles de Carthage, menées avec tant de science et de bonne chance, ne fussent pas poussées plus à fond. Surtout, chers Lecteurs, si le hasard vous conduit en Tunisie, n'oubliez pas de faire visite aux ruines de Carthage. La vue de l'immense colline dénudée, où autrefois s'étageait cette ville, vous produit une vive émotion. Beaucoup des souvenirs qui ont bercé notre enfance nous reviennent alors précieux et précis. A ces souvenirs vient s'ajouter un véritable étonnement quand on ne constate autour de soi aucun vestige de l'ancienne civilisation. Gaston Boissier a bien traduit cet étonnement lorsqu'il a dit : « Eh quoi ! de cette ville si peuplée, si riche, si magnifique, qui a dominé la mer pendant plusieurs siècles, il ne reste même pas un pan de muraille ! »

Pendant une visite à la colline de Byrsa, c'est aussi le souvenir de Salammbô qui vous hante. C'est ici, dans le village même de Sidi-bou-Saïd, devant une échappée de mer et au bas d'une terrasse dominant une multitude de maisons arabes éclatantes de blancheur sous le grand soleil, que Flaubert plaça les jardins d'Hamilcar ; plus loin était la maison de Salammbô.

La matinée de notre journée passée à Carthage fut consacrée à visiter le musée de Carthage, propriété des Pères Blancs, constitué en grande partie par le Père Delattre, un fouilleur émérite et passionné. Là se trouvent réunis un grand nombre d'objets, statues, poteries, inscriptions, bijoux, trouvés par lui au cours de fouilles que depuis plusieurs années il poursuit sur la colline. Ses récentes découvertes m'ont paru les plus intéressantes. J'ai remarqué surtout une petite statue de femme, dont les traits ont un caractère très spécial. Le Père Delattre croit que cette statue n'est autre que Tanit ; mais il n'ose pas être affirmatif à cet égard. Dans la même fouille il trouva deux joueuses de flûte qui sont, à n'en point douter, du même style et qui paraissent encadrer la mystérieuse divinité.

Récemment, le Père Delattre a découvert une hachette sur laquelle est gravé un personnage égyptien présentant une palme. Cette gravure est d'une extrême finesse et mérite attention.

Après notre visite au musée de Carthage, notre petite caravane se dispersa dans les deux hôtels de la localité, où elle déjeuna gaiement. Carthage et ses fouilles firent les frais de la conversation.

Le Bardo, ancienne résidence du Bey, est situé à une heure de chemin de fer. C'est dans ce musée que l'on montre, comme antiquité de valeur, la collection des dix-huit horloges. Il a été installé dans le palais Kasar-Saïd, que le Bey habitait avant l'occupation française. Le style mauresque et la décoration intérieure de ce palais oriental, donnent une idée du luxe qui régnait chez les beys de Tunis ; nous passons dans la salle où fut signé le traité qui mettait la Tunisie sous le protectorat de la France. Une heure de chemin de fer, et nous arrivons à Ammam el-Lif qui, en raison de sa belle plage, est appelée à faire une station balnéaire de grand avenir. Plus loin, Borge-Cédria, où se trouve la propriété viticole de notre compatriote, M. Paul Potin. Ce patriote dévoué n'a pas hésité à dépenser plusieurs millions pour venir créer à Borge-Cédria un établissement viticole de premier ordre. Les plantations de vignes qu'il a fait faire depuis une dizaine d'années occupent une superficie immense. Le vin qu'il produit, de très bonne qualité, jouit déjà, en Tunisie et en Algérie, d'une réputation justifiée. Le clos Potin est connu. On m'a dit que la récolte de 1893 avait produit 27.000 hectolitres de vin. Aussi j'applaudis de tout cœur à la récompense si méritée que le ministre des Colonies, lors de son dernier voyage en Tunisie, a décernée à M. Paul Potin, en le nommant chevalier de la Légion d'honneur : c'est la récompense des efforts de cet homme affable, bienveillant et modeste.

BIZERTE

Bizerte est une ville d'avenir. Le port, inauguré le 7 mai 1895, est appelé à faire de Bizerte une ville commerciale. La distance de Marseille est de 422 milles ; un paquebot marchant seize nœuds à l'heure peut faire le trajet en vingt-six heures : deux heures et demie de chemin de fer, et vous êtes à Tunis. Devant l'utilité que peut avoir un jour Bizerte, il faut rattacher ce nouveau port à Marseille. Bizerte vaut Tunis. La vieille cité, resserrée dans ses murailles espagnoles, est aussi fort coquette. Mais elle disparaît, elle ne compte plus, à côté de ce port gigantesque, merveilleux, unique dans la Méditerranée, qui a été creusé par la nature et que l'art de nos ingénieurs a ouvert à la navigation Le commerce a désormais à Bizerte une vaste rade abritée par des jetées hardies, massives, développant leur enrochement sur une longueur de près de deux kilomètres ; les paquebots, qui se succèdent pendant tout le jour en vue de la côte, pourront relâcher et s'approvisionner de charbon ; son port est formé de beaux quais bien outillés, mais on ne peut dire où il finit, tant il y a de bassins naturels prêts à être aménagés, au fur et à mesure du besoin, étendus plus qu'on ne peut le souhaiter, plus qu'on ne pourra les utiliser, dût Bizerte être un jour le premier port du monde. Et derrière tout cela, immense, admirable, le lac, véritable mer intérieure, qui deviendra bientôt notre grand port militaire de la côte d'Afrique. Toutes les flottes du monde y tiendraient à l'aise. Nos vaisseaux y auront un abri sûr qu'aucune tempête ne saurait atteindre, qu'aucun ennemi ne tenterait de violer. *On est saisi d'admiration, de joie et d'orgueil patriotique* en arrivant dans l'immense port de Bizerte, rendu accessible aux grands bâtiments, lorsqu'on voit ce que quelques années de travail en ont fait, lorsqu'on entrevoit ce qu'il sera demain. Dès à présent, avec son outillage commercial, avec ses batteries qui protègent la rade, avec son lac inviolable, il représente pour la France un incomparable instrument de prospérité économique et de puissance militaire. *Il n'y a plus qu'à poursuivre, sans les trop longues hésitations et les timidités du début, une œuvre si heureusement commencée.* Notre conquête de 1881 nous aura dotés d'un port appelé à devenir très important. Bizerte est une ville arabe, aux terrasses blanches, qui s'élève sur la côte nord de la Régence ; vis-à-vis c'est la Sardaigne et la Sicile, au fond d'un golfe spacieux ; elle est bâtie sur le penchant de hautes collines et le pied de ses maisons les plus basses baigne dans les eaux tranquilles d'un petit port sinueux. Une rivière étroite et en partie canalisée terminait ce port en allant rejoindre un vaste lac d'une profondeur de 10 à 12 mètres, qui lui-même communiquait avec un second lac, presque aussi grand, par une petite rivière. Celui de ces deux bassins qui était le plus près de la mer n'en était séparé que par une mince barrière de dunes sablonneuses. Nul site n'était plus pittoresque que ce point de notre conquête.

Bizerte, l'Hippo-Zaritus des Romains, la Benzert des Arabes, avait été autrefois un port florissant et, sous Charles-Quint, avait servi d'objectif aux Espagnols. L'apathie des Arabes avait fait décliner sa prospérité, et quand la division de l'amiral Conrad se présenta sous ses murs, Bizerte n'était plus qu'une ville curieuse avec ses canaux, ses ponts à la vénitienne dans un décor arabe, mais sans importance commerciale. Le petit port, qui jadis présentait de grands avantages aux navigateurs, s'était ensablé et les navires étaient obligés de mouiller sur rade à une grande distance.

Bizerte possède une admirable situation géographique, placée au centre même de la Méditerranée, sur la route de tous les navires allant de Gibraltar à Port-Saïd, et dans son voisinage un vaste bassin intérieur qui n'a pas moins de 12 kilomètres de large, assez profond pour recevoir les flottes les plus puissantes. Ce lac était, il est vrai, inaccessible aux navires, mais la mince barrière de sable qui le séparait de la mer pouvait être coupée aisément, en y creusant, à peu de frais, un canal navigable grâce auquel Bizerte serait doté d'une rade merveilleuse, absolument fermée, qui ferait de ce point une position maritime de premier ordre, à 100 milles de la Sicile, à 240 milles de Malte et à 300 milles de Naples. En 1885, l'amiral Aube, pénétré de la valeur de Bizerte, décida qu'une station de torpilleurs y serait établie : il fit exécuter les travaux de dragage pour donner au chenal 3 mètres de tirant d'eau ; un an plus tard, on commençait la jetée ; en 1881, après six ans de dépôts et de projets, le contrat de concession fut signé. Deux jetées longues de 1000 mètres, s'avançant dans le golfe, furent établies ; le canal a 120 mètres de largeur à la surface, 60 mètres à la base et 8 mètres de profondeur. Il débouche dans la baie de Sebra, où tous les navires peuvent trouver place. Le phare, construit sur la pointe de terre, permet d'entrer la nuit dans la passe et de venir prendre mouillage. Le 18 mars 1894, le paquebot *La Ville d'Alger*, calant 5 m. 50, entrait dans le port. En juillet 1895, le grand navire *Le Chili*, des Messageries Maritimes, qui a 146 mètres de long et 14 mètres de large, est venu s'y amarrer. Bizerte a été transformé ; de toutes parts des constructions s'élèvent avec rapidité ; c'est tout une nouvelle ville moderne qui s'est édifiée. Le chemin de fer relie Bizerte à Tunis et à l'Algérie : c'est le point de la Tunisie le plus rapproché de Marseille ; la distance est la même, à peu de chose près, que celle de Marseille à Alger. C'est la halte obligée des navires qui longent la Méditerranée et qui ont à se ravitailler. Les pêcheries établies à l'entrée du lac capturent chaque année 500.000 kilogs de poissons. Le nouveau port a coûté 13 millions. Bizerte ne doit pas rester seulement un port de commerce, sa situation géographique lui réserve d'autres destinées. La France est aujourd'hui en possession sur la rive africaine d'un port digne d'elle. De plus, Bizerte, par la douceur et l'uniformité de son climat, peut rivaliser avec les stations hivernales les plus en vogue, et comme on a su conserver intacte la vieille ville arabe enfermée dans son enceinte sarrasine, les amateurs du pittoresque oriental trouveront toujours à satisfaire leur curiosité.

Lorsqu'on a eu le plaisir de visiter la rade de Bizerte, on est vite persuadé que nous aurions commis une lourde faute en ne mettant point à profit les avantages multiples offerts par cette rade. En arrivant par mer, de loin, on apprécie déjà parfaitement quel refuge sûr peut offrir cette énorme échancrure entourée de hautes collines qui forme la rade. Mais, c'est quand on a pénétré dans l'intérieur que l'on en découvre la magnifique largeur et l'invraisemblable profondeur. La rade de Bizerte est un véritable lac intérieur où toutes les escadres du monde entier — cette expression n'est pas une figure, mais bien une réalité — tiendraient à l'aise. Elles y trouveraient un abri, protégées par la ceinture de collines comme par un rempart infranchissable.

Sur les hauteurs de ces collines six batteries sont déjà en voie d'achèvement. Deux d'entre elles sont armées. Ce n'est pas suffisant ; d'autres encore sont projetées et vont être prochainement établies. Au-delà, à Bizerte, l'on rencontre de gros canons prêts à être mis en place. Il serait bon de garnir toutes ces hauteurs de forts, fortins et batteries, qui tiendraient en respect toute escadre croisant au large. En outre de ces grosses batteries il est question, un peu au-dessus du niveau de la ville, de placer des batteries de défense immédiate.

Mais il est nécessaire de renforcer la garnison actuelle et d'activer les travaux de défense commencés. Les Anglais viennent de faire à Gibraltar, dans le plus grand secret, de nouveaux et importants travaux de défense, destinés à fortifier encore une place déjà si redoutable. En haut lieu l'on doit être au courant de ces travaux, qui sont pour nous une menace mal déguisée.

Avec Bizerte et Dakar, ces deux positions africaines si favorisées à tous les points de vue, la France peut tenir tous ses adversaires en échec. Nous serions impardonnables si nous ne savions pas les utiliser.

Le point le plus important de notre défense maritime est donc Bizerte, réuni à Tunis par un chemin de fer. Cette rade est unique ; les premiers travaux du port commencèrent en 1886. Ils consistaient en l'approfondissement du port et de l'étroit canal qui va du lac à la mer, en traversant la ville. On construisit ainsi à l'époque une petite jetée, afin de défendre l'entrée du port contre l'ensablement. Enfin, on établit un stationnement de torpilleurs.

En 1889 fut formée la Compagnie du Port. Cette Société se proposait d'établir à Bizerte un port commercial. Le programme de ses travaux était la construction de deux jetées de 100 mètres de long, longeant de chaque côté l'entrée de la rade, et d'un canal d'une profondeur de 9 m. 50 et d'une longueur de 1.500 mètres, donnant accès à la mer, ainsi que des quais. Il était également entendu qu'on établirait plusieurs phares et feux. Le 1er juillet 1895 eut lieu l'inauguration du nouveau port commercial, et au mois de mai 1896, une flotte française, comprenant de gros cuirassés tels que le *Brennus* et le *Redoutable*, mouillait dans la rade de Bizerte.

Cependant, notre ambition ne devait pas se limiter à ce fait commercial, et l'on crut qu'il était nécessaire d'utiliser, en faveur de notre défense nationale, le merveilleux outil que l'on venait de créer. Il fallait faire de Bizerte un port militaire, capable de rivaliser avec la Spezzia, Malte et Gibraltar ; notre position dans la Méditerranée se trouverait ainsi considérablement renforcée. Pour cela, il importait de doter Bizerte d'un arsenal, d'ateliers de réparation, de magasins de vivres et de munitions et de dépôts de charbon. C'est fait !

KAIROUAN « LA SAINTE »

La *cité de la Victoire* fut pendant des siècles la métropole reconnue de l'Islam dans l'Ouest. Les édifices religieux y sont nombreux. Nous visitons, à l'ouest de la ville, la grande mosquée de Sidi-Okba ; elle porte le nom de celui qui la fit construire au VIIe siècle et dont le tombeau se trouve en Algérie, près de Biskra. Cette mosquée est unique en son genre ; la porte, haute de 8 mètres, épaisse de 6, est flanquée d'énormes contreforts ; deux autres portes conduisent dans la cour du Cloître. L'intérieur est des plus grands et des plus bizarres ; ses magnifiques colonnes en onyx, en porphyre, en marbre blanc veiné de rose, sont des chefs-d'œuvre de sculpture romaine ; la voûte est ornée d'arabesques en stuc et en plâtre. Ces colonnes, au nombre de 180, proviennent des temples romains qui jadis abondaient dans cette contrée. Conduits par un gardien, nous traversons ce dédale de colonnes reliées entre elles par des arceaux de forme mauresque ; au centre, les colonnes forment une allée éclairée par la faible lueur colorée qui filtre à travers les vitraux ; de la voûte pendent trois énormes lustres. Au bout de l'allée, nous arrivons à la Kibla, ou niche de l'iman, que surmonte le dôme de la grande coupole ; c'est une merveille de l'art mauresque au VIIe siècle. Cent vingt-neuf marches en marbre blanc conduisent au sommet du minaret, d'où l'on embrasse un horizon immense. Vivement impressionnés nous sortons de ces merveilles mauresques qui rappellent l'époque d'une brillante civilisation éteinte.

La mosquée Si-Emir Abada, située dans le faubourg de la Jibliya, mérite une visite. Les souks sont très animés dans ce dédale de rues tortueuses ; on y coudoie des caïds aux burnous frangés d'or et des chameliers en haillons ; le coup d'œil est varié. Kairouan « la Sainte », c'est la Tunisie entière. La ville, célèbre par ses fabriques de tapis, compte 26.000 habitants. C'est un centre important. Le commerce et l'industrie s'y donnent la main.

Toutes les villes de la Tunisie ont un cachet particulier et sont intéressantes à visiter. Sousse, dont le port a été ouvert en 1896, reçoit maintenant les bateaux à quai ; le bassin, profond de 6m50, s'étend sur une surface de treize hectares.

Sfax est une ville d'avenir grâce à la voie ferrée longue de 349 kilomètres qui se prolonge jusqu'à

Metlaoui ; l'importance du port a doublé depuis 1896. Cette oasis, enrichie par les phosphates, se trouve à quelques jours de Paris. Depuis 1891, 125 000 hectares de terres, dites salines, ont été concédées, dont 82.500 à des Français.

Une nouvelle ligne de chemin de fer allant de Sfax à Gafsa a été inaugurée cette année, en attendant qu'elle soit prolongée jusqu'à Tozeur ; elle apportera aux riches oasis de cette région les céréales dont elles ont besoin.

Pour me résumer, je crois la Tunisie appelée à un grand et bel avenir ; le nombre des colons augmente tous les jours, et la population atteint le chiffre de 1.800.000 habitants, administrés avec un budget de 18 millions.

DE CONSTANTINE A ALGER

Constantine a conservé son caractère vrai. Parmi les curiosités de la ville, on admire les gorges du Rummel dont les escarpements font de véritables précipices. Les quartiers juif et arabe, avec leurs ruelles tortueuses, sont très intéressants. Le palais où réside le gouverneur général mérite une visite. A Constantine comme à Alger, on peut se rendre compte de la haine que professent les Arabes pour les Juifs qui ne cessent, vis-à-vis d'eux, de pratiquer l'usure. Derrière le jardin public, un vieil Arabe m'aborda et me dit : « — Toi Français, moi aussi connais la France. — Comment ! lui répondis-je, tu es allé en France ? — Oui, à Marseille, pour aller de là en Corse. — Qu'allais-tu y faire ? lui demandai-je. » Et avec ce flegme imperturbable qui caractérise les Arabes dont la bravoure et la vaillance sont connues, il me répondit en son français : « — Moi resté dix ans en Corse, travaux forcés. — Qu'avais-tu fait ? m'écriai-je. — Ah ! pas grand'chose, j'avais coupé le cou à un Juif voleur. Moi, voudrais bien couper encore cou à Juif, car Arabes, volés toujours par Juifs, les détestent. » La réponse de cet Arabe définit bien les sentiments de haine dont ils sont tous animés vis-à-vis de cette race, qui n'a fait, depuis son établissement en Algérie, que les dépouiller de ce qu'ils possédaient. Quant à l'Arabe intelligent, qui a reçu une certaine instruction, sa haine vis-à-vis des Juifs n'est pas moins profonde ; il se demande pourquoi le décret Crémieux qui, en 1870, a donné aux Juifs le titre de citoyens français, le leur a refusé à eux, Arabes de la dernière génération, instruits et se considérant au moins comme les égaux des hommes maudits de la tribu juive. Voilà ce que l'on ne veut pas comprendre.

De Constantine, je me rendis à Batna pour aller à Lambessa, et de là aux ruines romaines de Tumgad. Ce voyage mérite d'être fait, car les ruines romaines découvertes à Tumgad sont impressionnantes. Tébessa, dans la province de Constantine, possède d'énormes gisements de phosphate de chaux. Cette substance, fertilisante par excellence, fait d'une terre stérile une terre féconde. Elle accroît prodigieusement la valeur des bonnes terres ; c'est le pain de l'agriculture. Là où l'on répand le phosphate de chaux, il y a des récoltes magnifiques : il y a abondance ; là où il manque, il y a pauvreté, inanition à bref délai. Dans un avenir prochain, nous serons obligés d'exporter annuellement 200 millions de notre or en échange d'un équivalent d'engrais ; le département d'Eure-et-Loir en achète à lui seul pour 900.000 francs par an. Dans les récentes découvertes des gisements de Tébessa, le service des mines estime à trois milliards de tonnes le rendement que pourront produire les gisements vierges de Tébessa, inconnus et inexploités jusqu'à ce jour. Le prix de la tonne de phosphate de chaux est évalué à 36 francs ; ce serait donc un capital de 60 milliards à tirer des gisements de Tébessa. Comme les besoins de l'agriculture française sont de six millions de tonnes par an, la France se trouverait donc approvisionnée d'emblée pour cinq cents ans. En outre, la qualité des phosphates des gisements de Tébessa est excellente. En France, les gisements que nous possédons ont en acide phosphorique 14, 15 ou 20 pour 100. En Algérie, la moyenne est de 28 à 32 pour 100, et le phosphate tribasique de chaux entre dans les proportions de 58 à 72 pour 100. De plus, l'exploitation des gisements de Tébessa est facile, les frais sont insignifiants. A certains endroits, les gisements sont de 4 m. 50 d'épaisseur ; d'autres sont à ras de terre ; la pelle et la pioche n'ont qu'à marcher. D'autres sont accessibles par des galeries ouvertes aux flancs du plateau. Les dépenses pour la pulvérisation sont nulles, étant donné que cette craie phosphatée s'effrite à la moindre pression. Il faut donc que cette source inouïe de prospérité serve à la France seule et profite aux millions de Français qui vivent de la terre. Il faut aussi que cette découverte française vienne vivifier la terre française. Mais il y a, paraît-il, un empêchement. Les 60 milliards entassés par une chance inespérée dans un coin de la province de Constantine ont été volés à la France et accaparés par MM. Jacobsen et Crookston, sujets de notre ennemie terrible, l'Angleterre, qui se sont fait adjuger d'une manière tout à fait irrégulière, heureusement, les meilleurs gisements de Tébessa, sans même que les maisons françaises aient été invitées à soumissionner, ou même averties du marché. C'est une indélicatesse qui s'est perpétrée en cachette ; si elle était consacrée par le gouverneur général de l'Algérie (heureusement elle ne l'est pas), elle laisserait à ces singuliers usurpateurs un bénéfice net qui, à la fin de l'exploitation, dépasserait 50 milliards représentés par trois milliards de tonnes d'exploitation ; le bénéfice net étant de 15 à 20 francs par tonne. Voilà qui est incontestable.

Ces prestidigitateurs sans scrupule ont commis des maladresses ; probablement que l'enthousiasme des pots de vin reçus les a grisés, car ils ont oublié que leur traité, pour être légal et valable, devait être sanctionné par le gouverneur de l'Algérie, et comme il ne l'est pas, il devient donc nul comme celui de M. Verdier, sur la côte d'Ivoire, que M. Chautemps, ministre des colonies, a annulé pour les mêmes raisons. En 1884, l'Algérie a exporté 45.117 tonnes de phosphates dont 26.341 tonnes pour l'Angleterre. La France, de son côté, en a importé 86.776 tonnes dont 3.849 tonnes seulement d'Algérie, et 67.426 tonnes des États-Unis et de Belgique ; par contre, nous en avons exporté 105.000 tonnes.

J'ai visité Biskra, la dernière ville algérienne, à l'entrée du désert du Sahara ; c'est une des routes de Tombouctou, le pays des Touaregs ; elle pourrait devenir, dans un avenir prochain, un débouché pour les produits français. Tombouctou, qui a été visitée par un Français, le commandant Bouvier, a 5.000 habitants, y compris la garnison, les colons blancs et les indigènes. Le pays est inondé de marchandises allemandes et anglaises ; le commandant Bouvier y a cependant installé une factorerie française. C'est encore à Tombouctou qu'en ce moment les Anglais paraissent vouloir nous contester nos droits sur le Niger. Le calme règne en ce moment dans nos possessions, sauf quelques incursions de Touaregs de la tribu des Iguellads dont le chef, N'Gouna, n'a pas encore fait sa soumission. Nous possédons actuellement à Tombouctou un fort de 622 mètres carrés, armé de deux pièces de campagne de 80. Nous y avons également construit un blockhaus qui barre la route de Cabara à l'aide de deux pièces de quatre et de deux batteries de 80. La garnison se compose de deux compagnies de tirailleurs soudanais. Nous y sommes assez forts pour défier toute attaque et protéger le drapeau tricolore qui flotte à cet avant-poste de nos immenses possessions du centre africain. Pour revenir en France, on peut aller à cheval de Tombouctou à Dayes, de Dayes à Toulimandio en pirogue, de Toulimandio à Diouleba, et de Diouleba à Bafoulabé en petits vagonnets ; de là à Kayes et Saint-Louis en chemin de fer. La distance de Tombouctou à Alger est de 2.700 kilomètres.

Biskra, avec ses oasis de palmiers, est une agréable résidence d'hiver, le climat y est tempéré et surtout très sain. J'y arrivai le soir, trentième jour du Ramadan, et le lendemain j'assistai aux fêtes de Beïram qui sont, pour les Arabes, l'occasion de grandes réjouissances. D'après la religion de Mahomet ils sont astreints pendant trente jours au jeûne le plus rigoureux qui leur interdit absolument, pendant la journée, de boire, de manger, de fumer. Ce régime sévère est bien difficile à supporter, surtout pour les Arabes obligés de travailler la terre, comme les fellahs d'Égypte. Ce n'est que le soir quand les crieurs, placés sur le haut des minarets, ont annoncé le coucher du soleil, que les musulmans peuvent se mettre à manger. Aussi, toutes les nuits, voit-on dans les rues des cuisines en plein air où mijotent des ragoûts exhalant un fumet à faire aboyer et fuir les chiens de Constantinople, peu difficiles cependant !

Les fêtes du Beïram sont célébrées avec pompe par les Arabes. Dès le matin, dans les rues du vieux Biskra, aussitôt que le canon annonce la fête, les femmes et les enfants se parent de leurs plus beaux costumes; pour eux, c'est comme notre premier jour de l'an. A toutes les rencontres dans la rue, l'Arabe le plus jeune embrasse la main droite du plus âgé qui, aussitôt, porte la main à sa bouche comme pour recueillir le baiser donné ; il se frappe ensuite légèrement la poitrine. Le soir, Biskra présentait une grande animation. Femmes arabes dans leurs costumes multicolores, Bédouines aux lèvres pendantes, les oreilles et le nez garnis de bijoux, Oulèdes à la figure tatouée, au front rougi, aux yeux allongés par le kohl, aux ongles teints, Touaregs à la figure voilée, tout cet ensemble de costumes disparates donne aux rues éclairées *a giorno* un cachet étonnant de couleur locale. De tous les côtés, les sons du taraboum accompagnent les chants presque sauvages des cafés maures où s'exécute la danse du ventre ; dans un de ces cafés, qui est l'Eldorado du pays, nous avons vu danser la belle Ambarka, femme oulède qui cependant ne fait pas oublier la belle Fatma. Toute la nuit, le plus grand entrain ne cessa de régner, sans entr'actes.

Le lendemain, je quittai Biskra pour venir visiter Sétif. C'est une ville fermée, entourée de fortifications, car autrefois on craignait toujours une incursion d'Arabes. Même à Sétif, le jeu du bonneteau est connu et professé par les Arabes, qui souvent dépouillent de pauvres naïfs revenant du marché, où ils ont vendu leur bétail.

Bougie, située sur les bords de la Méditerranée, est une jolie petite ville de la Kabylie : on s'y rend de Sétif par chemin de fer ou d'Alger par bateau. Blidah, réputée pour ses oranges, est d'un climat très agréable ; le site en est pittoresque et la végétation luxuriante. Alger, que je n'avais pas vue depuis 1878, s'est bien modernisée, surtout sur la côte de Mustapha supérieur, qui est devenue une station hivernale très fréquentée ; la ville a pris un développement considérable, mais les quartiers arabes de la Kasba ont gardé leur couleur locale.

L'ALGÉRIE AUX JUIFS

Une impression pénible s'empare de vous lorsque vous traversez la capitale de notre colonie algérienne, car il vous est facile de constater que cette colonie, sur laquelle tout nous autorisait à fonder les plus belles espérances, en raison des sacrifices incessants et importants que la métropole s'est toujours imposés, est aussi devenue la proie des Juifs qui ont tout accaparé au détriment des indigènes ; ils y règnent en maîtres. Il y avait mieux que cela à faire de notre belle colonie. Nous y avons dépensé des milliards ; malgré ces charges imposées à la métropole, nous avons eu raison de conserver l'Algérie et de ne pas écouter les sans-patrie qui en réclamaient l'abandon.

Sous Louis-Philippe, un député normand, Desjobert, de 1830 à 1848, ne cessa de réclamer l'évacuation de l'Algérie ; c'était son idée à cet homme, mais elle était fausse ; il en avait fait une scie patriotique, mais elle ne fit pas sa gloire. Il voulait se rendre aussi célèbre pour avoir demandé l'évacuation de l'Algérie que Caton pour avoir réclamé la destruction de Carthage. L'œuvre de la colonisation française en Algérie n'a pas échoué, mais ce qu'on peut affirmer c'est que les résultats obtenus ne sont pas en rapport avec l'énormité des sacrifices faits. Nous ne pouvions songer à détruire les indigènes de l'Algérie, comme les Anglo-Américains ont détruit les Indiens Peaux-Rouges. Leur race est trop résistante pour se laisser anéantir ; il n'était pas possible non plus de leur imposer un esclavage plus ou moins déguisé ; ni le Kabyle agriculteur et propriétaire, ni l'Arabe pâtre et nomade ne se réduiraient à la condition d'esclaves ou de serfs. Restait l'assimilation ; on l'a essayée mais l'essai n'a pas réussi. L'assimilation se fait par l'école, par les naturalisations, par les mariages. Aucun de ces moyens n'a de prise sur les indigènes d'Algérie ; ils n'envoient pas leurs enfants dans nos écoles et ils ne leur font étudier que le Coran ; or, ce livre leur inculque la haine de tout ce qui n'est pas musulman. Voilà pour l'enseignement ; la naturalisation, ils n'en veulent pas. Le nombre des indigènes en Algérie dépasse trois millions ; Savez-vous combien les statistiques relèvent de naturalisations d'indigènes pour l'année 1893 ? Trente-sept ! Quant aux mariages entre colons et femmes indigènes, cela n'existe pour ainsi dire pas. En 1893, il y en a eu un ! Un Européen a fait cette chose rare : il s'est marié légalement avec une femme arabe ! On se les montre au doigt comme des bêtes curieuses. Voilà dans quelle situation respective se trouvent en Algérie 300.000 colons européens et 350.000 indigènes musulmans, Arabes et Berbères.

Qu'adviendrait-il dans le cas d'une guerre en Europe et quelle serait l'attitude de ces gens qui ne restent tranquilles et ne supportent notre présence parmi eux que parce que nous avons en main la force matérielle, représentée par des gendarmes et une armée d'occupation et qui, de plus, n'ont qu'un désir, celui de massacrer ces Juifs qui les rançonnent et les dépouillent de leurs biens chaque fois que l'occasion s'en présente ?

Il y a dans le Coran un verset que tous les musulmans connaissent ; ils le répètent dans les cafés maures, dans toutes leurs assemblées de prière. Cette formule résume toutes leurs espérances et toutes leurs rancunes : « Une seule chose est devant Dieu plus méritoire que le pèlerinage : la mort dans la guerre sainte ! ». Supposez que nous ayons la pensée d'effacer ce verset du Livre, rien ne l'arrachera de la mémoire tenace des croyants fanatisés. Il prime contre tous nos efforts de séduction ou de rigueur, contre nos érections d'hôpitaux ou de guillotine, contre les sentences d'exil et contre les distributions de croix. Le jour venu, il rallumerait l'incendie et propagerait l'égorgement.

Il y a aussi la question juive ; celle-là est la plus inquiétante de toutes. Les Arabes musulmans ne nous ont pas pardonné et ils ne nous pardonneront jamais le décret du Juif Crémieux de 1870, qui a fait de cinquante mille Juifs des citoyens français. J'ai eu là-dessus une explication dernièrement à Vichy avec un caïd de Constantine venu pour faire une cure. Soudain il me dit : « — Il y a une chose que je ne puis comprendre : Jésus, c'est ton prophète ? — Comme Mahomet est le tien. — Et les Juifs ! ils ont tué ton prophète ? — Ils l'ont crucifié. — Alors pourquoi, en France, les recevez-vous et vous laissez-vous dévorer par ces hommes que nous maudissons ? — Parce qu'ils nous volent. » Si toutes les tentatives d'assimilation ont échoué radicalement, l'œuvre de la colonisation proprement dite a donné des résultats appréciables. En dépensant des milliards, nous avons construit en Algérie 30.000 kilomètres de route, tracé 3.000 kilomètres de chemins de fer, bâti 250.000 maisons, planté 120.000 hectares de vigne, ensemencé 1.500.000 hectares de blé, sans parler du seigle, de l'orge, de l'avoine, du maïs, des fèves, des pommes de terre, du tabac, du lin, du coton, de la ramie et des oliviers. Mais on aurait pu obtenir de bien plus gros résultats si la routine et l'incurie administratives n'avaient constamment entravé l'œuvre de la colonisation.

Au lieu d'augmenter sans cesse le nombre des employés, en France, on devrait songer à les diminuer. En 1853, le nombre des employés qui émargeaient au budget était de 200.000, coûtant 260 millions par an. En 1868, ce chiffre était de 210.000 environ ; mais depuis la République, les fonctionnaires sont devenus une véritable armée. Le chiffre actuel est de 529.000 qui coûtent à la France 637 millions !!!

Au point de vue social, il est indispensable, en respectant les croyances, les coutumes et les droits des indigènes, de nous en faire peu à peu des collaborateurs au lieu d'ennemis : ce système a parfaitement réussi en Tunisie. Il faut aussi, au lieu d'attirer des nuées d'étrangers sans aveu par la concession des travaux publics et des grandes exploitations à des Compagnies cosmopolites, utiliser exclusivement les forces vives purement nationales, employer les colons sans ouvrage pour les travaux d'entretien, les condamnés de droit commun pour les gros travaux. Il faut donner une impulsion vigoureuse à tous les travaux, voies de communication, moyens d'irrigations, etc.; favoriser les institutions de crédit agricole; organiser sérieusement les services techniques d'agriculture, encore à peine formés, afin que, par leurs précieuses observations, ils soient, comme en d'autres pays neufs, d'un continuel secours aux cultivateurs. Il faut enfin recruter les 20.000 conscrits qui vont servir en Algérie, parmi les plus propres à devenir des colons, et leur faciliter l'établissement à la fin de leur temps. Ainsi les réserves d'hommes qui vont à la perdition des grandes villes serviront à l'extension de la patrie; pour cela, il suffit de la fermeté éclairée des pouvoirs publics et de la bonne volonté de tous.

Laissons l'Algérie et examinons un peu la situation pécuniaire de notre chère France.

Le budget de 1871 était de 1.881.234.273 francs. Vingt-cinq ans après, en 1896, on le trouve à 3.392.511.841 francs. Comme progression, c'est tout simplement effrayant et surtout inquiétant.

La statistique de nos budgets ne donne-t-elle pas à réfléchir? Jusqu'en 1877, en dépit des frais de guerre, le budget se maintient à 2 milliards 800 millions environ. En 1878, le parti opportuniste est au pouvoir : le budget fait un saut de 60 millions ! En 1884, nous arrivons à 3.057 millions.

En 1885, arrêt dans cette augmentation incessante. Mais en 1889, défaite définitive des conservateurs. Cette fois, le parti radical arrive en forces, précédant seulement de quelques étapes l'armée socialiste. Ce n'est plus une simple augmentation, le budget monte au pas de charge. Pour 1896, il est de 3.392 millions, c'est-à-dire un milliard 414 millions de plus qu'en 1869 ! En vingt-huit ans, la France a vu son budget augmenter de près d'un milliard et demi ! ! ! Nous reconnaissons que l'armée et la marine exigent de gros sacrifices. Pour ces dépenses, nous n'avons pas marchandé notre argent. L'une et l'autre sont indispensables à la sécurité, comme à la grandeur de la patrie. Mais ni l'armée ni la marine n'absorbent 3 milliards et demi. Le reste paye les fonctionnaires.

On ne saurait trop le répéter, ce n'est point avec de nouveaux impôts qu'on refera la fortune du pays, mais avec des économies, avec une administration honnête, sage et prudente, avec un gouvernement soucieux de l'avenir de la France et qui songe à diminuer cette dette de plus de *trois milliards*, et non pas à l'augmenter par des emprunts à jet continu.

Tous les Français qui veulent la diminution des impôts doivent comprendre ce qu'ils ont à faire. Assurément, ils le comprennent et devraient voter la plupart pour des hommes plus sérieux et plus patriotes. Assez de ces politiciens qui font métier du mandat de député ! Il y a trop d'avocats à la Chambre et pas assez d'hommes expérimentés aux affaires commerciales et industrielles ! Il n'en manque cependant pas en France. Malheureusement, les électeurs, pour la plupart, sont des pauvres d'esprit qui se laissent toujours duper par les mensonges et les promesses flatteuses.

Le parlementarisme " qui préside aux destinées de la France " est le gouvernement le plus coûteux du monde entier. Les contribuables, sous Napoléon Ier, payaient le gouvernement à raison de 115.000 francs *l'heure*. Pendant le règne de Louis-Philippe, le prix s'éleva à 150.000 fr., pour redescendre, en 1848, à 103.000. Il atteignit, sous Napoléon III, 249.000 fr. De 1870 à 1880, en raison des charges de la guerre, l'*heure* du gouvernement coûta 307.000 fr. Mais la progression ne devait pas s'arrêter. L'œuvre du Parlementarisme marche à grands pas : La moyenne de l'heure, de 1882 à 1890, est de 403.000 fr. !

Je crois utile de mettre sous les yeux du lecteur la statistique des budgets de la France, de 1869 à 1896.

1869	1.879.404.712	1879	2.928.528.581	1889	3.099.433.729
1870	1.716.730.865	1880	2.975.894.220	1890	3.184.372.541
1871	1.881.234.273	1881	2.995.912.170	1891	3.288.756.192
1872	2.218.912.719	1882	2.999.665.728	1892	3.343.343.894
1873	2.497.906.499	1883	3.052.688.230	1893	3.311.434.698
1874	2.555.249.664	1884	3.057.984.792	1894	3.388.061.474
1875	2.748.513.991	1885	3.062.346.932	1895	3.352.285.000
1876	2.812.684.137	1886	2.998.463.765	1896	3.446.018.642
1877	2.811.271.889	1887	3.019.204.878	1897	3.482.725.676
1878	2.873.827.445	1888	3.085.619.772	1898	3.433.418.395

A grand peine établi sur le papier par le gouvernement, l'équilibre est atteint par les augmentations de dépenses votées par la Chambre, il est rompu par les crédits supplémentaires.

Aux Etats-Unis, les budgets varient d'une façon extraordinaire.

1890	recettes :	463.963 ;	dépenses :	358.618 millions de dollars.	
1891	—	458.544 ;	—	421.304	—
1892	—	425.868 ;	—	415.953	—
1893	—	461.716 ;	—	459.374	—
1894	—	372.802 ;	—	442.605	—
1895	—	390.373 ;	—	433.178	—
1896	—	409.475 ;	—	434.678	—
1897	—	430.387 ;	—	448.439	—

En Angleterre, les budgets sont admirablement préparés et équilibrés.

En 1889	86 millions de livres sterling.		En 1893	91.3 millions de livres sterling.	
En 1890	87.7	—	En 1894	93.9	—
En 1891	89.9	—	En 1895	97.7	—
En 1892	90.3	—	En 1896	101.5	—

Tout languit, le commerce et l'industrie souffrent. Nous ne sortirons pas de cette fatale anarchie tant que les passions et les compromis politiques détermineront le choix des portefeuilles, tant qu'ils enlèveront aux trois Ministères spéciaux des Affaires étrangères, de la Guerre, de la Marine, l'unité de vue avec la permanence de la direction.

Assez de politique ! et revenons à Alger. Après deux jours passés dans cette charmante ville nous embarquions pour Marseille. Dès l'heure matinale, le soleil se leva radieux sur la mer enchantée qui n'a rien à envier à l'Adriatique. Dans le port, *La Touraine*, de retour de son voyage d'Orient, flottait majestueusement sur la mer bleue ; l'heure du départ a sonné. Nous laissons derrière nous Alger avec ses pentes ensoleillées ; nous voyons s'enfuir les lointains sans limites ; et, le lendemain, après une belle traversée, nous débarquons à la Joliette.

Après avoir parcouru l'Egypte, navigué sur son beau Nil, admiré ses colossales ruines, vu la Nubie, voyagé en Terre Sainte, visité la Syrie et contemplé la Méditerranée, la reine des mers, je revis avec plaisir Paris, la capitale incomparable du monde.

AU SOLEIL DE MINUIT !

Ainsi j'avais parcouru la France en tous sens, visité la Suisse, la Belgique, la Hollande, le Luxembourg, l'Angleterre, la Russie, la Pologne, l'Allemagne, la Bohême, la Roumanie, la Serbie, la Roumélie, le Montenegro, la Bulgarie, l'Autriche, la Hongrie, la Turquie d'Europe et d'Asie, la Grèce, Corfou, la Sicile, la Corse, Malte, Gibraltar, l'Algérie, le Maroc, la Tunisie, la Tripolitaine, l'Egypte, la Syrie, la Palestine, la Nubie, l'Espagne, l'Italie, Chypre, le Portugal, l'Amérique du Nord et le Canada, il ne me restait plus, en Europe, qu'à connaître le Danemark, la Suède et la Norvège.

— Tu vas partir au Cap-Nord, me dit un de mes amis : tu ne crains donc pas d'être inquiété dans ces contrées lointaines ? Eh bien ! chers Lecteurs, qui me suivez avec autant d'indulgence que d'intérêt dans mes récits, rassurez-vous !

On va maintenant de Paris au Cap-Nord, — situé approximativement de Paris à la même distance qu'Assouan, première cataracte du Nil, soit environ douze cents lieues, — avec plus de sécurité que de Paris à Chantilly. D'abord, on n'est pas exposé à y rencontrer des bonneteurs qui dévalisent les voyageurs avec un aplomb imperturbable. De plus, le confort appréciable des chemins de fer atténue les fatigues journalières du voyage ; en Norvège, comme en bien d'autres pays, les chemins de fer sont faits pour les voyageurs : en France, les voyageurs sont faits pour les chemins de fer. Je vais essayer de dire, au courant de la plume, les impressions que j'ai ressenties pendant mes pérégrinations à travers le Danemark, la Suède, la Norvège et l'Allemagne.

Partir seul de Paris, pour faire un aussi long trajet, ce n'est pas chose agréable ; trouver des amis qui consentent à vous accompagner pendant les cinquante jours que dure le voyage, ce n'est pas chose facile. Aussi rien de mieux que de se faire inscrire à une Agence sérieuse. Est-il, en effet, une manière de voyager plus pratique, aussi agréable, et surtout plus économique ? Je ne le crois pas. Pas de bagages à traîner, pas d'hôtels à chercher, pas de commissionnaires à se préoccuper, pas de billets à prendre, pas de notes à régler, pas de guides à payer ; dans ces conditions, on n'a qu'à se laisser porter. L'Agence, c'est la rivière qui marche, selon Pascal, et qui mène où l'on veut aller.

Au lecteur qui, paisiblement, ouvre un livre au coin du feu ou sous la tonnelle, en famille ou dans la solitude, à la promenade, aux heures de loisir, pour se distraire, pour s'instruire en cherchant l'inconnu et non pas les fautes échappées à l'auteur, je recommande ce récit ; à l'homme pour qui les jours se suivent et se ressemblent, j'offre ce voyage dont les jours se suivent et ne se ressemblent pas. Aux critiques indulgents, à mes chers compagnons de route, je dédie ces pages, pour fixer et rendre meilleurs nos communs souvenirs.

DE PARIS A HAMBOURG

Le 6 juin 1896, par l'express du soir, notre caravane composée de dix-sept touristes, la plupart parisiens, quittait Paris, partant pour cinquante jours. Les amis qui restent nous serrent la main, nous souhaitent bon voyage. Le coup de sifflet retentit sous le hall vitré de la gare du Nord, et le train s'ébranle. Le voilà commencé, ce voyage résolu depuis deux mois. Nous sommes dispos pour aborder l'inconnu et courir les aventures, s'il s'en présente.

Erquelines ! quinze minutes d'arrêt : c'est la douane belge. A quatre heures du matin, le garçon du wagon-lit nous réveille. C'est Herbesthal ! frontière allemande, visite de la douane. Les soldats aux casques pointus, que nous apercevons à travers les vitres, viennent de prononcer des mots avec une dureté gutturale qui nous annonce l'Allemagne. La visite s'effectue sans difficulté, et, après vingt minutes d'arrêt, le train reprend sa marche vers Cologne : nouvel arrêt à *Aachen* (Aix-la-Chapelle) où repose Charlemagne. Une heure après, nous entrons en gare de Cologne.

COLOGNE (300.000 hab.) place forte de 1re classe, située sur le Rhin, et l'une des villes les plus importantes de l'Allemagne. Je consulte mes notes de classe. *Qui non vidit Coloniam* « qui n'a pas vu la Colonie », *Non vidit Germaniam* « n'a pas vu la Germanie ».

Son nom vient de *Colonia Agrippina*, parce qu'Agrippine, fille de Germanicus et mère de Néron, y est née. En 475, les Francs en chassèrent les Germains ; leurs rois s'y fixèrent jusqu'à Charlemagne, qui lui préféra Aix-la-Chapelle. En 949, Othon le Grand déclara Cologne ville impériale. Les Français s'emparèrent de Cologne en 1795. Elle devint en 1801 chef-lieu d'un arrondissement jusqu'en 1814. En 1815, elle passa sous la domination prussienne.

On traverse le Rhin sur un pont de bateaux et aussi sur un pont tubulaire, achevé en 1859. Comme dans les principales villes d'Allemagne, la gare a été reconstruite. Elle est vaste et ressemble à celles de Berlin, de Hambourg, de Francfort, d'Ulm, d'Augsbourg et de Stuttgard ; les passages souterrains permettent aux voyageurs de s'écouler, de se diviser, de s'entrecroiser, sans crainte d'être écrasés. Nous traversons la grande voûte souterraine, toute reluisante sous ses briques vernissées. A la sortie, se dresse majestueusement devant nous la flèche élancée de la Cathédrale. Après avoir déposé nos valises à l'hôtel, nous traversons la place et pénétrons dans la vieille église. L'orgueil de Cologne, c'est sa *Cathédrale*, qui est le plus vaste monument de l'architecture ogivale. L'édifice a 140 mètres de longueur. On y a travaillé depuis 1248 jusqu'au temps de la Réforme. Sa construction fut interrompue pendant plus de trois siècles et demi, et le monument menaçait de tomber en ruines quand on entreprit de l'achever. Les deux tours ont 156 mètres, ce sont les plus hautes du monde. Le trésor a été en partie dépouillé de ses richesses. Il renferme encore une croix romane du XIIe siècle, la châsse de saint Engelbert, de belles pièces d'orfèvrerie, de riches habits sacerdotaux, etc. Quels instants délicieux nous avons passés sous ces voûtes de pierre ! Quelle envolée de l'âme, à travers ces ogives et ces riches vitraux qui tamisent la lumière ! Partout des fidèles qui se recueillent, des fervents qui prient, des touristes qui admirent. Ici, la châsse où sont renfermés les restes de sainte Ursule et des onze mille vierges de Cologne ; plus loin les reliques de saint Géréon, un inconnu pour moi, et pour d'autres sans doute !

Après le sacré, le profane. En sortant de l'église nous allons voir les magasins des Jean-Marie Farina. Nous nous acheminons ensuite vers le grand pont métallique qui traverse le Rhin. Il est enchevêtré de puissantes armatures de fer. On y a placé deux grandes statues, celle de Frédéric-Guillaume IV qui regarde Cologne, celle de Guillaume Ier qui fait face à Deutz. Le Rhin a environ 400 mètres de large ; il coule à pleins bords et vient se briser contre les amarres des bateaux. Ses eaux, d'un jaune sombre, forment un remous. Dans les airs, la flèche de la Cathédrale, et la silhouette de l'église Sainte-Catherine. En revenant vers la ville, nous coudoyons des officiers, forts et grands. Leurs tuniques blanches tranchent sur leur barbe rousse. D'un pas cadencé ils se dirigent vers le Rhin. Après une promenade à travers les rues principales, on déjeune à l'hôtel. A une heure, départ pour Hambourg ; nous emportons de la ville de Cologne et de sa Cathédrale, (*le Dom*), un bon souvenir. Arrêt à Dusseldorf, ville industrielle, où règne une grande activité. Arrêt à Brême, et le soir, après avoir franchi les 940 kilomètres qui séparent Paris de Hambourg, nous arrivons dans cette grande ville, si réputée pour son port et pour ses cigares de la Havane. A la gare, le guide norvégien de l'Agence reçoit la caravane.

HAMBOURG

L'arrivée à Hambourg est véritablement grandiose. La vue de la ville donne tout de suite l'idée de sa puissance. C'est d'ailleurs le port le plus considérable de l'Europe, et aucune description ne peut rendre l'impression première que l'on ressent à la vue de cette forêt de mâts, de cette multitude de navires, de ces géants des mers ballottés sur les flots de l'Elbe. Quand je dis « le port » de Hambourg, je devrais dire les ports ; car les quais, les canaux, les baies se développent sur une longueur de plus de cinq kilomètres, avec un labyrinthe de bassins, de docks et de quartiers maritimes qui constituent une masse étonnante, imposante. De nombreuses îles obstruent le cours de l'Elbe, dont les eaux sont très profondes, puisque les navires des plus grands tonnages y entrent presque à toute heure. Et pourtant la mer est à trois heures de chemin de fer et, pour gagner le large, les steamers mettent plus d'une demi-journée ! L'intérieur de la ville est pittoresque. Partout des parcs et des jardins, artistement dessinés, avec des attributs maritimes d'un bel effet.

Les Hambourgeois sont fiers de leur pays, et cela se voit. Ils ont conscience de leur importance et contemplent avec orgueil les pavillons (rouge, blanc et noir), qui couvrent tant de marchandises. Hambourg est trente fois plus grand que Marseille, cinquante fois plus grand que le Havre. Londres, Liverpool et même New-York peuvent à peine rivaliser avec ses flottes. La population est de 570.000 habitants ; c'est une des trois villes hanséatiques. Charlemagne la fonda sur la rive droite de l'Elbe ; depuis 1815 elle est restée ville libre. L'hôtel choisi par l'agence est situé sur les bords du bassin de l'Alster, à côté de belles promenades. On se croirait à Genève. Le soir, l'azur pâle de l'électricité sur les quais fait, avec l'or bruni des becs de gaz, un cadre étincelant.

C'est surtout depuis la découverte de l'Amérique que Hambourg a pris une importance considérable. Après la bataille de Lübeck, le 19 novembre 1806, le maréchal Mortier occupa militairement la ville ; les troupes françaises l'évacuèrent à la paix de Tilsitt. Le 13 décembre 1810, Hambourg fut réuni à l'empire français et devint le chef-lieu du vaste département des *Bouches-de-l'Elbe*. Le 31 mars 1813, le maréchal Davoust, prince d'Eckmühl, et le général Vandamme y établirent leur quartier-général. Des travaux de défense improvisés avec autant de vigueur que de rapidité rendirent la place imprenable aux armées alliées. Elle était restée, depuis 1815, ville libre, et avait conservé son ancienne forme républicaine de gouvernement. Le 1er octobre 1888, elle a été réunie à l'Unité douanière allemande, le *Zollverein*, à l'exception du petit territoire de son port franc.

Le lendemain, dès neuf heures, des voitures nous attendent pour faire l'excursion des promenades qui occupent l'emplacement des anciens remparts. Tout autour du bassin de l'Alster, des villas, qui disparaissent sous les ombrages, se sont élevées. La diversité de leurs formes et de leurs styles constitue un ensemble des plus gracieux. Des lilas et des aubépines en fleurs exhalent des odeurs suaves qui parfument l'air. La ville est tout ensoleillée. De tous côtés ce sont des cottages construits au milieu de prairies qui viennent toucher aux flots. Au centre même de la grande cité, c'est le repos paisible de la campagne.

Un petit vapeur, portant le pavillon français, nous fait parcourir les cinq grands bassins de l'immense port, où sont rangés avec symétrie environ douze cents navires de différentes nations. Parmi les divers pavillons qui flottent, je cherche en vain le pavillon de France ! Pour ce nouveau port, la ville a voté 182 millions. 400 navires y trouvent abri, les docks sont habités par 20.000 personnes, la flotte se compose de 331 bateaux à vapeur et de 276 bateaux à voiles ; il rentre dans ce *roi* des ports 9500 bateaux par année. L'animation du port marchand est d'une activité prodigieuse. Cette cité commerçante n'a de rivale, sur le continent, qu'Anvers. De tous côtés la France maritime est battue en brèche par l'Allemagne et par l'Angleterre ; la situation s'aggrave tous les jours, et l'avenir est gros d'inquiétudes. Il y a 20 ans, Anvers était visité par un grand nombre de navires français ; mais aujourd'hui, nos Compagnies françaises, nos courtiers ont abandonné Anvers, laissant les Allemands s'emparer du trafic. Sur 23 agences d'armement, 7 sont allemandes ; sur 74 maisons de commission qui existent, les 23 maisons allemandes font des affaires considérables, les Français ne sont à la tête d'aucune grande entreprise, et, chose incroyable, les Compagnies françaises de navigation sont représentées par des Allemands, par des Anglais. La population compte plus de 20.000 Allemands, et à peine 1.500 Français. Voilà notre situation.

Industriels et négociants français, allez-vous enfin vous décider à entreprendre la lutte contre cette concurrence qui menace de tout envahir? Il est temps de sortir de votre sommeil léthargique! On parle beaucoup du danger allemand. Il n'a jamais été plus sérieux, plus aigu sur le terrain commercial, industriel et maritime.

Bien que Hambourg possède actuellement douze bassins et de nombreux mouillages le long des pieux plantés en pleine rivière, l'encombrement est tel que tous les navires ne peuvent y trouver place. Aussi a-t-on décidé la création de douze nouveaux *ducs d'Albe* (ou mouillages) au milieu du plus grand bassin, pour recevoir l'excédent des arrivants. Enfin, le Sénat est saisi d'un projet de vaste agrandissement du port lui-même. On creuserait trois bassins nouveaux dont le principal aurait une largeur de 200 mètres à l'entrée et de 240 mètres au fond et coûterait la bagatelle de 13 millions. On s'explique cette insuffisance progressive des bassins quand on remarque que Hambourg, qui recevait 6.189 navires en 1882 et 8.079 en 1889, en a reçu en 1895 plus de 9.500, — et il faut ajouter que la longueur et la jauge des navires se sont également accrues. Ainsi, de 3 millions de tonnes en 1882, la jauge s'est élevée à près de 7 millions de tonnes en 1895. Mais les entrées par la batellerie ont encore augmenté plus que par la mer. Il était venu par l'Elbe supérieur 1.435.000 tonnes en 1882 et ce chiffre est dépassé en 1895 de 3 millions.

Ainsi la prospérité de ce port va toujours croissant. Il occupe actuellement une situation commerciale qui n'est dépassée, en Europe, que par Londres et par Liverpool, et, en Amérique, que par New-York. Comme nous l'apprend M. Eugène Beufvé, dans son rapport magistral sur le mouvement des ports, en 1897, ce qui caractérise Hambourg, c'est son *émancipation de l'entremise de l'Angleterre*.

Avant l'essor pris par le grand commerce international, on s'ingéniait à réunir les marchandises exotiques en un seul chargement et à les amener à un lieu d'entrepôt d'où le cabotage se chargeait de faire la répartition. L'intermédiaire naturel pour tout le Nord et l'Ouest de l'Europe était autrefois l'Angleterre qui, en sa double qualité de grand consommateur et de grand producteur, avait su attirer à elle la majeure partie du trafic général. Aujourd'hui encore l'Angleterre demeure pour certains articles le marché principal, mais elle l'était naguère à un bien plus haut degré. En ce qui concerne plus particulièrement Hambourg, on peut rappeler qu'il y a à peine vingt-cinq ans, 58 0/0 des marchandises introduites ici par mer provenaient de la Grande-Bretagne. Depuis lors, le commerce allemand s'est si vigoureusement développé qu'à l'heure actuelle il peut, dans la plupart des cas, affréter des chargements directs pour son propre compte, desservir les ports étrangers avec ses propres navires et entretenir ses propres lignes régulières.

Aussi voyons-nous aujourd'hui la part de la Grande-Bretagne dans la valeur de l'importation maritime de Hambourg non seulement tomber proportionnellement à 25 0/0, mais diminuer même au sens absolu, puisqu'elle passe de 514 millions de marks en 1871-75 à 391 millions de marks en 1890-95, pour baisser encore en 1896, où elle n'est plus que de 383 millions au compte des charbons de terre. En même temps que se produit ce mouvement rétrograde relativement à la participation anglaise, une marche en sens inverse s'établit dans le trafic hambourgeois avec les pays lointains, ainsi que le démontrent d'une manière frappante les chiffres qui suivent :

IMPORTATIONS A HAMBOURG (millions de marks)

Années	Angleterre	Amérique	Afrique	Asie	Australie
1871-75.........	514	217	7	13	3
1876-80.........	433	252	8	15	5
1881-85.........	430	300	15	19	4
1886-90.........	406	407	24	65	8
1891-95.........	391	622	51	170	30
1897	383	780	62	190	27

Le mouvement maritime et fluvial du port de Hambourg a présenté en 1897, par rapport aux années 1851 et 1896, l'aspect suivant :

Sont arrivés : (En milliers de quintaux métriques)

	1851	1896	1897
Par mer................	7.263	72.038	80.696
Par l'Elbe supérieur..........	2.128	20.703	21.486

Sont partis :

Par mer................	2.527	32.408	36.837
Par l'Elbe supérieur..........	2 705	29.080	31.824

La juxtaposition des chiffres afférant à ces trois dates de 1851, 1896 et 1897 fait ressortir l'énorme développement commercial de cette place, développement que rien ne semble plus pouvoir entraver, ni les tarifs d'entrée presque prohibitifs des Etats-Unis, ni les perturbations si fréquentes dans la situation économique des pays d'outre-mer, ni enfin la rivalité des grands ports étrangers que baigne la mer du Nord.

Non seulement Hambourg jouit, grâce à l'Elbe, d'une situation géographique unique, mais encore ses négociants récoltent aujourd'hui à pleines mains les fruits de leur persévérant et intelligent labeur. On ne doit, en effet, pas perdre de vue que par leur éducation, par leurs relations internationales, par leurs longs séjours dans les pays d'outre-mer, les commerçants de Hambourg forment un corps d'une valeur peu commune, réunissant à l'esprit d'entreprise les connaissances techniques les plus approfondies et les plus diverses.

L'augmentation des importations et des exportations qu'accusent les chiffres ci-dessus, s'accentue davantage encore pendant la présente année de 1897 et la Ville se voit obligée de hâter la construction des bassins et emplacements nécessaires à cet accroissement de trafic.

Il est arrivé par mer à Hambourg, en 1897, 11.173 navires (10.447) jaugeant 6.708.080 t. de registre (6.445.167). Il est parti de Hambourg par la même voie et pendant la même année 11.293 navires (10.371) jaugeant, 6.851 980 t. de registre (6.300.458).

La valeur de l'importation par mer est estimée à 1.790.833.360 mks (1.713.071.090) et celle de l'exportation à 1.435.213.520 mks (1.439.210.120) soit une diminution de valeurs d'environ 4 millions de marks.

Le poids des marchandises importées par mer a atteint le chiffre de 80.666.618 quintaux métriques, (71.038.625) ; celui des marchandises exportées 36.637.837 quintaux métriques, (32.406.645).

Il est arrivé à Hambourg par l'Elbe supérieur 16.599 bateaux fluviaux (bateaux à voile ou à vapeur et chalands remorqués (15.978), apportant 23.220.317 quintaux métriques de marchandises (50.708.992) d'une valeur de 411 millions 151.490 marks (405.263.080).

Il est parti pour l'Elbe supérieur 16.676 bateaux fluviaux (15.855), emportant 32 millions 495.926 qx mét. de marchandises (29.694.005) d'une valeur de 572.799.270 mks (548.512.580).

Enfin, le mouvement par voie ferrée (gares de Lubeck, de Berlin et de Venloo) se décompose ainsi : arrivages par chemins de fer 19.436.067 qx mét. (19.341.639) valant 824 millions 597.030 mks (870.873 670). Départs par chemins de fer : 10.791.569 qx mét. (9.053.159) valant 685.432.780 mks (649.175.360).

Importations et exportations réunies, le mouvement général de la place de Hambourg en 1897 représente donc un poids de 202.781.561 qx mét. et une valeur totale de 5.916.486.840 mks, soit 7.395.608.550 fr.

Nous ferons remarquer ici que l'ère de la grande prospérité de Hambourg, qui, dans les dix dernières années, a doublé le tonnage de ses entrées et sorties, date surtout de 1888, année de l'incorporation au Zollverein, avec organisation du port franc, système accordant tous les avantages d'un rattachement à un vaste pays, tout en laissant entière liberté des mouvements en ce qui concerne le commerce de transit et de transbordement.

Au 31 décembre 1897, Hambourg possédait 300 voiliers jaugeant 200.516 tonneaux et 377 vapeurs d'une capacité de 514.949, c'est-à-dire que le tonnage des navires à vapeur immatriculés au seul port de Hambourg dépasse aujourd'hui celui de la flotte française marchande à vapeur tout entière.

La répartition du mouvement maritime conduit aux constatations suivantes :

Provenances ou destination	Entrées Tonneaux	Sorties Tonneaux
Ports allemands	617.560	536.480
Ports européens non allemands	3.436.374	3.964.208
Ports hors d'Europe	2.654.136	2.351.299

La navigation avec la France sous tous pavillons figure pour 116.000 tx. à l'entrée et pour 74.000 tx. à la sortie.

En 1897, 113 lignes régulières contre 106 en 1896 ont desservi Hambourg, au moyen de 778 vapeurs qui ont effectué 6.177 voyages. Les deux tiers environ de la navigation de ce port sont acquis aux lignes régulières, dont 8 sont dirigées sur l'Amérique du Nord, 2 sur les Antilles et le Mexique, 3 sur l'Amérique du Sud, 5 sur l'Afrique et 11 sur l'Australie et l'Asie. Les autres se répartissent entre les différents pays d'Europe. 59 de ces lignes possèdent 461 vapeurs battant pavillon allemand, les autres naviguent sous pavillon anglais, scandinave, néerlandais, français.

L'Allemagne compte aujourd'hui près de cinquante-deux millions d'habitants. C'est une population énorme pour un pays dont le domaine agricole n'est en général que d'une médiocre fertilité. Sur ce chiffre, vingt millions à peine vivent de l'agriculture ; le commerce, l'industrie et les professions libérales se partagent le reste.

Le nombre des bras affectés à l'industrie est, proportionnellement, beaucoup plus élevé que chez nous ; cela tient aux richesses minérales, à la fois abondantes et variées, que renferme le sol de nos voisins. Il produit chaque année 85 millions de tonnes de houille, près de 12 millions de tonnes de fer et, en quantités moindres, du zinc, du cuivre et du plomb. L'industrie allemande a donc, en abondance, tous les éléments qu'elle peut désirer, mais le principal facteur de son prodigieux développement demeure certainement le combustible, dont elle dispose en si grande quantité. Un autre élément de son succès qu'il ne faut point oublier, c'est le bon marché de la main-d'œuvre qu'elle doit à la surabondance de population. Elle peut donc produire à très bas prix, ce qui, je n'ai pas besoin de le dire, facilite singulièrement l'essor du commerce d'exportation. Si l'on tient compte, en outre, du perfectionnement qu'elle apporte sans cesse à son outillage et du soin qu'elle prend de la nouveauté, on comprend aisément qu'elle ait pu acquérir, dans plusieurs branches, une véritable suprématie : en métallurgie elle tient un rang élevé, elle expédie partout sa bimbeloterie et surpasse tous les autres pays pour les industries chimiques.

Le producteur et le commerçant font du reste tout ce qu'il faut pour assurer le triomphe de l'industrie nationale. Ils ne prétendent nullement régenter les goûts et les habitudes de leur clientèle, ils s'y conforment, au contraire, le plus complètement possible. Ils lui envoient des circulaires écrites en toutes les langues, basent leurs prix-courants sur les mesures de chaque pays et les évaluent en toutes les monnaies ; nulle trace, par conséquent, de cette intransigeance dont, en pareille matière, les Anglais et les Français font ordinairement preuve. Leurs agents vont partout ; ils font connaître leurs maisons, ils s'informent des besoins et des ressources de chaque région et, cette enquête une fois terminée, rapportent au consommateur des articles qui lui plaisent et dont le prix correspond à ses moyens. L'article allemand est dès maintenant universellement connu ; il envahit tous les jours de nouveaux marchés où il supplante les produits français et anglais. La suprématie industrielle de l'Angleterre est dès aujourd'hui gravement atteinte par sa concurrence. Mais ses producteurs visent plus haut : ils ne veulent point être seulement des concurrents redoutables, ils veulent être aussi les maîtres des marchés. Leur grande force consiste dans le bon marché de leurs marchandises, ils le savent et tous leurs efforts tendent à produire à des prix de plus en plus bas.

Quant à l'exportation, je viens de dire de quelle façon intelligente ils la pratiquent, mais il convient d'ajouter qu'ils sont puissamment aidés dans leur tâche par ces nombreuses colonies de race allemande qui existent sur tous les points du globe. Celles-ci constituent déjà, par elles-mêmes, une énorme clientèle à leur pays d'origine, mais là ne se borne pas leur rôle : elles servent en outre à faire connaître ses produits dans les milieux où elles vivent et à en répandre ainsi l'usage chez toutes les nations. C'est là, certes, un gros atout pour le commerce extérieur et l'une des causes principales de la faveur croissante dont jouit maintenant la production germanique.

Quelques termes de comparaison ; en 1898, sont entrés et sortis des ports de France : 47.267 navires jaugeant 26.610.058 tonneaux. En 1891, il était entré et sorti 51.563 navires. Les 47.267 navires se décomposent ainsi à l'entrée : 7.597 français, 18.580 étrangers ; à la sortie : 7.669 français, 13.421 étrangers.

Voici quel a été le mouvement des principaux ports de France (tous pavillons réunis), navires chargés seulement :

ENTRÉES

	Navires	Tonneaux
Dunkerque	1.673	1.331.342
Le Havre	2.327	2.270.872
Rouen	1.285	837.362
Saint-Nazaire	737	656.325
Bordeaux	1.400	1.022.402
Marseille	4.063	4.291.664

SORTIES

	Navires	Tonneaux
Dunkerque	1.064	440.880
Le Havre	1.552	1.585.612
Rouen	460	209.891
Saint-Nazaire	224	130.974
Bordeaux	1.115	767.636
Marseille	3.744	3.781.922

Marseille vient au premier rang avec 8 millions de tonneaux. Le Havre vient ensuite avec 3.850.000 tonneaux. Bordeaux et Dunkerque se présentent sur la même ligne à quelques milliers de tonnes près.

En 1880, le chiffre global du commerce des Etats-Unis atteignait 7 milliards et demi ; dix ans après, le commerce total de l'Amérique du Nord se chiffrait par 8 milliards 183 millions. Le dernier relevé, celui de 1898, donne 9 milliards 236 millions.

Je passe aux chiffres des exportations. L'Angleterre achetait en 1889 pour 1 milliard 900 millions aux Etats-Unis ; l'année dernière, cette somme s'était accrue du tiers : 2 milliards 700 millions. C'était l'Allemagne qui, en 1889, recueillait, après l'Angleterre, le plus de produits américains : 340 millions ; elle en reçoit maintenant pour 775 millions. La France a vu son chiffre d'importation d'Amérique du Nord doubler largement en neuf ans : à 230 millions en 1889 correspondent 475 millions en 1898. L'Italie, en neuf ans, passe de 60 à 115 millions, la Belgique de 115 à 235, les Pays-Bas — extraordinaire progression pour un si petit pays — de 75 à 320 millions, le Canada de 210 à 420 millions.

De toutes parts, le peuple américain draine et ramasse l'or en échange des produits de sa colossale activité et de ses ressources naturelles sans égales. On voit des pays comme le Danemark quadrupler en quelques années leurs importations des ports de l'Union. Partout montent ces chiffres prospères, sauf dans certaines régions sud-américaines où ils restent stationnaires ou même manifestent une tendance dégressive.

Le port de New-York reçoit, à lui seul, 15 millions 1/2 de tonnes. On peut citer, comme dignes de mention, après New-York, le port de Boston avec ses 3.600.000 tonnes ; celui de Baltimore, 3 millions 1/2, et ceux de la Nouvelle-Orléans et de Philadelphie avec chacun 3.200.000 tonnes.

En France, nous restons, en somme, dans la période de dépression qui a coïncidé avec l'application du nouveau régime douanier, et qui a été caractérisée par une diminution de 1.400 millions sur notre commerce spécial entre l'année 1891, et la moins avantagée de la période quinquennale, 1894. En 1896, nos échanges se sont élevés à 7.200 millions, soit une augmentation de 106 millions sur l'exercice précédent, répartie pour plus des deux tiers sur la colonne des importations, et pour moins d'un tiers sur celle des exportations. Les pays qui ont le plus développé leurs achats chez nous l'an dernier, par rapport à 1895, sont l'Angleterre et la Suisse ; les Etats-Unis, au contraire, ont sensiblement restreint leur clientèle. L'Espagne et la République Argentine ont accru leurs expéditions sur notre territoire, tandis que diminuaient celles de la Chine et, ce qui est un fort mauvais signe, celles de l'Algérie. C'est la décadence ininterrompue de notre marine marchande. Pour nos propres échanges dans le monde, notre pavillon joue un rôle de plus en plus restreint. Il y a là des symptômes graves auxquels il convient de faire attention en présence des progrès incessants de nos rivaux.

L'Allemagne voit son chiffre d'exportation augmenter dans des proportions considérables. M. de Bismark a dit un jour ces mots redoutables : « Nous infligerons à la France un Sedan commercial. » Le *faussaire* a été précipité du pouvoir par la volonté impérieuse de Guillaume II et il est mort en maudissant l'ingratitude du maître ; mais ses idées de lutte sont restées, et Guillaume II songe à réaliser le rêve conçu par celui qu'il a brisé. L'Allemagne aspire à des victoires sur le terrain économique. Elle contemple avec orgueil les succès qu'elle a remportés déjà sur de nombreux points du globe, et qui lui apparaissent comme les présages d'une fortune plus haute. La campagne entreprise autrefois pour l'Alsace-Lorraine est reprise par les Allemands au sujet de nos départements du Nord ? On nous menace de nous prendre la partie française des Flandres et de nous arracher ce qui nous reste de la Lorraine.

Dans cette prévision, les Allemands écrivent déjà les noms de nos villes dans leur idiome. Dunkerque Dünkirchen, Boulogne Boonem, Saint-Omer Sint-Omaars, Calais Kales, Lille Rijssel, Cambrai Kamereyk. Des journaux flamands sont créés, avec un programme nettement favorable à l'Allemagne. Ils disent que la France n'a plus d'avenir, que la race française a terminé son rôle dans le monde, et qu'il faut tourner les yeux vers l'Allemagne.

Dans ce travail d'envahissement allemand, Anvers est en première ligne. Les maisons de banque, le commerce, l'industrie sont de plus en plus dans les mains allemandes. Le tonnage des navires portant le pavillon allemand et venant dans le port a décuplé depuis quelques années. Les commis sont presque tous allemands, s'insinuant petit à petit, se faisant humbles au début, et finissant par déclarer, comme Tartufe, qu'ils sont les maîtres du logis et qu'ils le feront connaître. Actuellement le danger n'est pas imminent, mais il apparaît à l'horizon. Le comprendra-t-on à temps à Saint-Pétersbourg, à Londres et à Paris ?

A l'Ouest du port de Hambourg, du côté de l'Elbe, un rideau de cordages et de mâts voile le ciel. Partout c'est la fumée noire des navires en partance, des steamers annonçant, par des coups de sifflet, leur arrivée d'Amérique, de Chine ou d'Australie. Plus loin, nous passons sous des ponts métalliques en forme de huit couchés côte à côte sur le fleuve, étendus sur d'immenses piles jetées en plein courant. La voie ferrée de Hambourg passe d'un côté, les piétons, de l'autre.

Hambourg a été détruit en partie, en 1842, par un incendie qui dura trois jours ; il fut, grâce à ses immenses ressources, promptement rebâti. Sur l'emplacement des 1.992 maisons brûlées et des 61 rues qui disparurent, de nouveaux quartiers, dotés de grandes constructions, se sont édifiés. Pour un touriste qui veut passer quelques jours de vacances, Hambourg mérite le voyage : de Paris, vingt heures environ de chemin de fer, avec Aix-la-Chapelle et Cologne pour haltes. La ville est coupée par des canaux ; les vieilles constructions sur pilotis rappellent la Hollande. Nous rentrons à l'hôtel par Altoña *(Trop près)*, nom donné par les Hambourgeois qui voulurent ainsi protester contre la construction d'une ville commencée par les Allemands, trop près de la leur. Les servantes, aux allures bourgeoises, aux bonnets microscopiques posés sur leurs têtes, ont un air gracieux ; elles sont charmantes comme les Andalouses, ravissantes comme les Milanaises et blondes comme les Scandinaves. Malgré le grand intérêt du séjour de Hambourg, il nous fallut partir de bonne heure le lendemain matin pour Kiel et Korsör. Le programme d'un voyage est arrêté à l'avance, jour par jour, heure par heure ; pour la satisfaction de tous il est nécessaire que tout s'accomplisse méthodiquement.

DE KIEL A COPENHAGUE

Kiel a 54.000 habitants ; c'est le principal port militaire de l'Allemagne. Le canal de la Baltique, inauguré en 1895, a 107 kilomètres de longueur et 10 m. 50 de profondeur. La baie s'avance à 15 kilomètres dans les terres, sur une largeur de 4 kilomètres. Au fond de cet entonnoir, le grand port se trouve ainsi à l'abri de toute surprise ; les arsenaux et les chantiers emploient 4.500 ouvriers. La profondeur des eaux permet aux plus grands navires d'y évoluer facilement. De fortes batteries en défendent l'entrée. Au milieu du bassin, le *Hohenzollern*, avec le pavillon de Guillaume II, flotte majestueusement, attendant son auguste voyageur qui doit, sous peu de jours, partir pour la Norvège, qu'il visite chaque année. Le château de Kiel, bâti au XIIIe siècle par le comte Adolphe III, est devenu la résidence du prince Henri de Prusse. L'Université, achevée en 1876, a l'aspect d'un palais. Korsör, où naquit le poète Jens Baggesen en 1764, est le port d'attache des bateaux qui font le service entre l'île de Seeland et l'île de Fionie. Les touristes qui se rendent à Copenhague peuvent éviter les fureurs de Neptune en prenant à Hambourg le chemin de fer qui passe à Neumünster, Rendsborg, Slesvig, Flensborg, Vamdrup, Gildericia où l'on franchit le petit Belt, et à Nyborg le grand Belt.

A peine sommes-nous embarqués sur le *Prinz-Adalbert*, que le dernier coup de cloche retentit et le bateau lève l'ancre. Nous avons vite dépassé Friedrichsort, petite ville fortifiée, qui croise ses feux avec la batterie de Moltenort, laissant à gauche le Slesvig-Holstein, qui s'étend jusqu'à Altona, et qui fut pris au Danemark par les Allemands, lors de la guerre de 1864. Après avoir côtoyé l'île de Langeland, — 54 kilomètres de long sur 8 kilomètres de large — toute semée de villages et de fermes, nous entrons dans le grand Belt. A l'horizon, les côtes danoises.

C'est par un beau temps, et sur une mer calme, que notre débarquement se fait à Korsör après 5 heures de traversée. Nous sommes en Danemark ! La visite de la douane s'effectue d'autant plus facilement que le brigadier préposé, voyant devant lui des Français, laisse transporter nos bagages à la gare sans les visiter. Les Danois professent pour les Français une réelle et profonde sympathie. Comme nous, ils ont été amputés par l'Allemagne envahissante ; leur blessure, comme la nôtre, ne s'est point cicatrisée. Les larmes aux yeux ils nous disent l'amoindrissement du pays qu'ils aiment tant.

— La force prime le droit, a dit Bismark le faussaire.
— Possession vaut titre, répond Albion la perfide.

Voilà les procédés que ces deux puissances sans scrupule ont employés en maintes circonstances — l'histoire est là pour le constater. Le Danemark a son Alsace-Lorraine : le Slesvig-Holstein que la Prusse lui a enlevé, à la suite d'un monstrueux abus de force.

On n'a pas oublié comment ce rapt fut commis. Le 18 novembre 1862, la Prusse et l'Autriche, se substituant à la Confédération germanique, envahirent brutalement les deux duchés et, en dépit de tous les droits et de tous les traités, les arrachèrent pour en faire aussitôt entre elles l'objet d'une contestation sanglante, jusqu'à ce qu'enfin la victoire de Sadowa les eut livrés à la Prusse en 1864. Il y a trente-trois ans que le Danemark fut odieusement attaqué. La petite nation donna alors un magnifique exemple d'élévation d'âme. A la bataille de Veile, les Danois acceptèrent le combat contre des forces dix fois supérieures aux leurs, — sauvant l'honneur, au moins ! Leurs troupes étaient réduites presque de moitié, lorsqu'une trêve d'un mois fut imposée aux belligérants par les puissances. Pendant ce temps, Prussiens et Autrichiens coalisés renouvelèrent leurs contingents, amassèrent des munitions, préparèrent de nouveaux moyens d'attaque. Le Danemark, lui, était épuisé. Pourtant, quand il apprit que, pour obtenir la paix, il devait accepter un démembrement, il n'hésita pas, et tout inégale que fût la lutte, il la recommença. Les Prussiens avaient déjà recours aux moyens de guerre les plus barbares. Leurs généraux faisaient détruire tout sur leur passage. Les Danois résistaient toujours. Trente mille Prussiens attaquèrent l'île d'Alsin qui n'était défendue que par sept mille hommes, qui tinrent pourtant pendant plus de deux mois ; ils n'abandonnèrent leurs positions que lorsque cinq mille des leurs eurent disparu.

Et ce ne fut qu'après avoir perdu leur flotte à Fohr que les Danois, à bout de ressources par suite des contributions que levaient, selon la méthode prussienne, les soldats du feld-maréchal Wrangel, consentirent à la discussion des préliminaires de paix. On leur prit deux de leurs duchés : le Slesvig et le Holstein. Un article du traité de paix stipulait que la population du Slesvig serait appelée à décider par un vote si elle voulait appartenir à la Prusse ou au Danemark, mais le gouvernement prussien ne tint aucun compte de cette stipulation ; il annexa purement et simplement le Slesvig. L'Europe laissa s'accomplir cette odieuse violation des traités. Elle permettait déjà à la Prusse de mettre à exécution l'axiome barbare : « La force prime le droit ». Elle s'en est repentie depuis. Le Danemark avait résisté héroïquement. Les Danois se battaient un contre vingt ; ils furent écrasés. Et Bismark fit prisonniers huit cent mille Danois qu'il incorpora à son embryon d'empire, enlevant ainsi au Danemark presque le tiers de sa population ! Mais le Danemark n'a pas pardonné, et, s'il ne parle jamais de sa défaite, il y pense toujours. Il est résigné, mais toujours debout. Le Holstein est perdu ; c'était un ancien district allemand. Mais le Slesvig est danois, bien danois, à ce point que les populations de cette province ne parlent pas allemand. Depuis trente-trois ans, la germanisation du Slesvig n'a pas fait un pas. Le gouvernement allemand a pourtant employé tous les moyens ; il a même essayé de violenter la foi des fidèles et de prussifier les églises ; le Slesvig est resté irréductible. Et aujourd'hui, les Danois annexés envoient encore trois députés protestataires au Landtag prussien, où ils siègent à côté d'autres victimes de la force, les Alsaciens.

Chaque fois qu'ils en ont l'occasion, les députés danois montent à la tribune pour protester au nom du droit et de la justice. Les ministres prussiens ne répondent que par le dédain. Mais la protestation danoise a un écho dans tous les cœurs libres, dans toutes les consciences honnêtes.

Ce fut une séance émouvante au Parlement danois, que celle où, en octobre 1864, le gouvernement vint donner lecture du traité de paix, de ce traité qui sanctionnait le démembrement de la patrie. Les députés avaient les larmes aux yeux. L'un d'eux s'écria : « Nous avons perdu beaucoup, mais nous ne renonçons pas à l'espérance ! » Hélas ! l'avenir, pour ce vaillant petit peuple, ne devait point apporter les réparations attendues. Mais on doit rendre cette justice aux Danois que, vaincus, ils ne s'inclinèrent pas devant le vainqueur. Leur fierté, à ce moment, imposa un respect unanime. Pas un instant ils ne cessèrent de protester contre le rapt accompli. Dès que les finances, épuisées par la guerre, eurent été rétablies, le gouvernement s'occupa de la reconstitution des forces militaires. Il fit reconstruire les fortifications de Copenhague, dont une notable partie avait dû être démolie pour l'agrandissement de la ville. La marine de guerre fut augmentée.

Le patriotisme danois se maintient à l'aide de nombreuses associations qui n'ont rien de politique, mais qui contribuent puissamment à la résistance. Il faut citer en première ligne l'Association pour les écoles, qui comprend, dans le Slesvig, 7.400 pères de famille. Vient ensuite l'Association pour la conservation de la langue danoise, qui compte près de 3.000 adhérents et qui fait une active propagande par le livre et la brochure. Puis l'Association électorale, l'Association chrétienne, etc. Toutes ces associations sont des foyers de patriotisme que la Prusse n'a pu éteindre. Pour nous, les régions annexées ne s'appellent pas le Holstein ou le Slesvig : c'est le Jutland du sud, province irredente, que l'avenir délivrera peut-être et récompensera de sa fidélité.

Les paysans danois sont très tenaces. Ils travaillent avec acharnement la terre de leurs aïeux et lui font rendre des trésors. Le labeur chasse la tristesse. Mais, le moment venu, ils sauront relever la tête et tendre les mains vers le drapeau rouge à croix blanche de leur vraie, de leur seule patrie. Après la défaite, les patriotes, découragés et ne voulant pas subir la honte de vivre sous l'étendard prussien, avaient commencé à émigrer. Ils ont bientôt compris que c'était une désertion et que le devoir était de disputer le sol, pied à pied, à l'envahisseur. Ils sont donc restés, ils sont toujours maîtres chez eux, et, tout en se montrant paisibles et calmes, ils attendent avec patience, mais avec confiance, des jours meilleurs. Un jour, dans Bredgade, j'achetais des photographies chez un libraire et, comme j'avais peine à m'expliquer, le marchand me dit :

— Vous, *Fransk* ?

— Ja !

— Bravo, Fransk ! fit-il avec une mimique expressive. *Tysh* (Allemand) *ond* (mauvais). Et notre homme faisait le geste de mettre en joue et de donner un coup de pied à un... Prussien imaginaire. J'ai serré la main de ce brave homme.

Le peuple danois aime par dessus tout sa patrie ; il en a le culte traditionnel. Il nous reproche — et c'est justice — notre abandon à son égard, lors de la guerre de 1864. Malgré cela, il ressent pour la France une amitié profonde. C'est dans les grandes douleurs que les sympathies se confondent. Comme Elle, il a ses haines, ses injures à venger ; jusque dans les moindres détails, il fait voir son antipathie pour un voisin qu'il exècre.

Dans les rues de Copenhague, parlez allemand à un Danois, il ne vous répondra pas ; tous savent l'allemand, aucun ne veut le parler. En échange, adressez-vous en français à un passant ; s'il ne vous comprend pas, il vous suit jusqu'à ce qu'il ait trouvé un compatriote qui puisse vous répondre.

Les Danois, sous bien des rapports, pourraient donner des leçons de patriotisme à quelques Français égoïstes qui sacrifient l'amour de la patrie aux jouissances mondaines, aux satisfactions personnelles. Nos mœurs se modifient. Nous perdons les vertus civiques que possédaient nos ancêtres. C'est la principale cause de la dépopulation de la France. Les peuples sobres, qui ne s'abandonnent pas aux boissons alcooliques, ne subissent pas cette décroissance. En Danemark, en Suède, en Norvège, le peuple ne boit que de la bière ; l'absinthe est inconnue.

D'après les derniers recensements, la population de la France reste stationnaire. Celui du 12 avril 1891 accusait 38.096.150 habitants ; celui du 29 mars 1896 donne 38.228.969 habitants ;

l'augmentation, en cinq ans, n'a donc été que de 133.819 personnes. En 1897, il n'y a eu que 859.107 naissances, c'est-à-dire 6.479 de moins que pendant l'année précédente, qui pourtant n'était pas brillante. Ce chiffre est l'un des plus faibles qui aient jamais été enregistrés en France. Avant l'année 1890 (année de la grippe) on n'en avait *jamais* rencontré d'aussi bas, (excepté en 1871) depuis que la statistique existe, c'est-à-dire depuis le commencement du siècle. Il est vrai que l'année 1897 est remarquable par la faiblesse de la mortalité. On ne relève que 751.019 décès, ce qui est extraordinairement peu. (La moyenne des dix années précédentes est : 841.000.)

La natalité est donc de moins en moins grande. On entend souvent dire que cet affaiblissement est général à tous les pays. Cela est faux ; on ne l'observe guère que dans les pays de langue française. Nous citerons les chiffres suivants qui permettent de comparer les principaux pays de l'Europe à 50 ans de distance :

Pour 1.000 habitants combien de naissances en un an.

	1841-50	1881-90
Allemagne (terr. actuel).	38	38
Autriche	38	38
Angleterre	33	33
Italie	37	38
France	27	24

Ainsi la natalité de l'Allemagne, de l'Autriche et de l'Italie est invariablement de 38 naissances pour 1.000 habitants ; en France, elle est de 24 seulement (et maintenant de 22). Et de plus, en France, et en France seulement, elle va sans cesse en diminuant.

D'où il résulte que, tandis que la population allemande augmente d'environ 600.000 habitants chaque année, tandis qu'il en est de même en Autriche et en Italie, tandis que la Russie s'accroît, chaque année, d'un million et demi d'habitants (ce qui équivaut à la population d'Alsace-Lorraine), la France, au contraire, reste stationnaire. Sa force militaire, sa force économique et sa valeur civilisatrice diminuent de tout ce que gagnent celles des nations rivales.

Pour la France, voici le mouvement de la population pendant l'année 1897, le nombre des mariages, des divorces, des naissances et des décès :

DÉPARTEMENTS	Population présente	Mariages	Divorces	Naissances	Décès
Ain	351.291	2.654	46	7.313	6.911
Aisne	540.312	4.052	178	12.218	10.989
Allier	423.052	3.498	34	8.445	6.189
Alpes (Basses-)	117.619	837	14	2.576	2.572
Alpes (Hautes-)	111.721	746	8	2.673	2.475
Alpes-Maritimes	288.680	1.800	40	6.360	6.037
Ardèche	360.663	2.646	26	9.122	8.245
Ardennes	318.756	2.411	85	6.506	5.962
Ariège	212.028	1.447	7	4.169	4.007
Aube	250.864	1.698	84	4.663	5.167
Aude	308.560	2.308	44	6.287	5.773
Aveyron	386.393	2.835	26	9.597	7.984
Bouches-du-Rhône	680.038	4.869	162	16.722	16.143
Calvados	415.688	3.062	96	8.611	9.317
Cantal	224.717	1.657	24	5.289	4.345
Charente	359.332	2.739	53	6.913	6.042

DÉPARTEMENTS	Population présente	Mariages	Divorces	Naissances	Décès
Charente-Inférieure	451.420	3.254	83	8.148	8.169
Cher	347.269	2.646	22	6.849	5.616
Corrèze	310.386	2.554	25	7.702	5.399
Corse	281.543	1.579	19	7.543	5.696
Côte-d'Or	366.551	2.442	59	6.507	6.761
Côtes-du-Nord	602.657	4.269	21	16.630	12.544
Creuse	258.244	2.110	18	5.412	4.242
Dordogne	461.860	3.792	42	9.788	8.126
Doubs	300.698	2.154	42	7.224	6.334
Drôme	299.248	2.173	44	6.364	6.238
Eure	339.433	2.485	127	6.631	7.536
Eure-et-Loir	278.250	1.987	49	5.778	5.987
Finistère	728.590	5.756	26	23.734	15.237
Gard	413.841	2.952	59	8.911	9.121
Garonne (Haute-)	451.203	3.136	67	8.014	9.020
Gers	249.238	1.713	21	3.686	4.666
Gironde	808.853	6.290	203	15.363	14.730
Hérault	468.336	3.562	59	9.865	10.182
Ille-et-Vilaine	619.101	4.744	40	14.663	12.104
Indre	287.284	2.150	24	6.114	4.336
Indre-et-Loire	337.424	2.479	51	5.963	5.966
Isère	565.562	4.186	92	11.406	11.358
Jura	264.391	1.862	39	5.619	5.446
Landes	292.844	2.350	5	6.336	4.629
Loir-et-Cher	277.154	2.015	37	5.501	4.665
Loire	624.056	5.048	104	14.538	11.820
Loire (Haute-)	310.112	2.239	18	7.897	6.243
Loire-Inférieure	644.222	4.864	64	14.007	11.302
Loiret	368.947	2.627	52	7.618	6.328
Lot	238.313	1.720	17	4.146	4.852
Lot-et-Garonne	284.612	2.001	46	4.426	5.335
Lozère	128.962	842	1	3.591	2.408
Maine-et-Loire	513.030	3.771	66	9.503	9.391
Manche	496.602	3.483	63	10.319	10.287
Marne	439.985	3.194	127	9.630	8.963
Marne (Haute-)	231.314	1.576	30	4.203	4.418
Mayenne	320.467	2.329	31	6.841	6.699
Meurthe-et-Moselle	465.459	3.447	62	10.518	9.451
Meuse	289.411	1.872	39	5.609	5.618
Morbihan	548.475	3.625	36	15.682	9.848
Nièvre	330.375	2.379	36	6.369	5.654
Nord	1.809.993	15.572	272	51.720	35.052
Oise	404.091	3.183	115	8.821	8.176
Orne	336.814	2.413	71	5.811	7.431
Pas-de-Calais	900.384	7.268	178	28.047	16.921

DÉPARTEMENTS	Population présente	Mariages	Divorces	Naissances	Décès
Puy-de-Dôme............	541.114	4.004	59	10.241	9.889
Pyrénées (Basses-)........	422.430	2.620	16	9.660	7.511
Pyrénées (Hautes-)........	216.296	1.347	12	3.868	4.202
Pyrénées-Orientales........	206.553	1.682	21	4.980	4.094
Rhin (Haut) (Belfort)......	88.169	633	14	2.181	1.751
Rhône...............	837.463	6.091	278	15.934	16.266
Saône (Haute-)..........	271.765	1.999	41	5.731	5.622
Saône-et-Loire..........	619.036	5.095	105	14.515	10.775
Sarthe...............	424.590	3.244	87	8.500	8.983
Savoie...............	256.043	1.771	18	5.925	5.494
Savoie (Haute-)..........	262.139	1.753	18	6.271	5.457
Seine...............	3.308.007	30.422	2.015	76.751	67.709
Seine-Inférieure...........	829.364	6.635	270	23.556	20.098
Seine-et-Marne..........	359.207	2.674	112	7.320	7.222
Seine-et-Oise...........	667.542	5.105	223	14.445	14.418
Sèvres (Deux-)..........	345.068	2.737	34	7.037	5.531
Somme...............	540.415	3.973	124	11.693	11.380
Tarn................	334.372	2.488	20	6.809	6.357
Tarn-et-Garonne.........	199.770	1.500	25	3.539	4.026
Var................	308.456	2.057	72	5.936	6.431
Vaucluse..............	235.049	1.737	57	4.673	4.922
Vendée...............	441.246	3.351	17	10.528	7.408
Vienne...............	337.795	2.545	27	6.935	5.169
Vienne (Haute-)..........	368.727	3.178	35	9.556	6.365
Vosges...............	420.688	3.201	62	10.698	8.842
Yonne...............	330.989	2.271	69	5.308	6.094
Totaux (1897)......	38.269.011	291.462	7.460	859.107	751.019

La population de la France est de 38.096.150 habitants, celle des États-Unis d'Amérique de 23 millions a passé à 73 millions.

Après l'Autriche, qui dépasse 40 millions d'habitants, vient l'Angleterre, qui, réunie à l'Écosse, compte actuellement 41.000.000. Les naissances, en trois mois, y dépassent les décès de 131.329 ; soit une augmentation annuelle de 500.000 âmes ; ajoutez à cela 400 millions de sujets coloniaux. A la fin de 1896, l'Angleterre avait donc plus de 40 millions d'habitants. L'étonnement en est d'autant plus grand que, au temps de Louis XIV, la population anglaise n'était que de 18 millions.

La Russie qui subit une progression effrayante voit en 1889 sa population se chiffrer par 129.211.113, la population masculine ne l'emporte que de peu sur la population féminine : il y a 64.616.280 hommes et 64.594.833 femmes. Pour la Russie d'Europe, non compris la Finlande, on compte 63.365.854 hommes et 63.317.458 femmes ; dans les autres pays d'Europe, il y a plus de femmes que d'hommes.

St-Pétersbourg a............... 1.267.023 habitants.
Moscou.................... 988.610 —
Varsovie................... 614.752 —
Odessa.................... 404.651 —

On peut conclure de ce qui précède que, pendant la durée d'un demi-siècle, la population de l'Empire de Russie a doublé.

La densité moyenne de la population est de 7 habitants par kilomètre carré. La densité minima est de 1,6 par kilomètre et la densité maxima de 8,46.

La Russie européenne compte 100 hommes pour 102 femmes ; dans les provinces coloniales, 98 femmes pour 100 hommes ; dans les steppes, 89 ; dans le Caucase, aussi 89 et dans le Turkestan 93. Il y a dix-neuf villes qui ont plus de 100.000 habitants et trente-cinq qui en ont de 50 à 100.000.

La plus grande partie de la population de l'empire russe est d'origine slave. Il y a 84 millions de Slaves, dont 9 millions sont Polonais.

Il y a plusieurs millions de Turco-Tatars, 3 millions de juifs, plus d'un million d'Arméniens et autant d'Allemands dans les provinces baltiques.

Pendant les quarante-six dernières années, c'est-à-dire depuis l'époque à laquelle eut lieu le 9e recensement, le chiffre de la population a augmenté de 61 millions, soit de 91,1 0/0 ; et dans les douze dernières années, de 20 millions, soit de 20 0/0. Les résultats du recensement concordent avec les données dont on dispose sur le mouvement annuel de la population : l'accroissement annuel de la population en Russie est de 1,4 0/0, et, dans ces conditions, elle double dans une période de 49,7 ans.

Il peut être intéressant de mettre en comparaison les chiffres se rapportant à la population de l'Empire de Russie avec ceux du globe terrestre tout entier. On évalue à plus de 1.500 millions la population du globe. Celle de la Russie en est donc le douzième. Si l'on ne considère que le chiffre des habitants de deux parties du monde, l'Europe et l'Asie, qui est de 1,200 millions d'individus, on constatera que, sur le territoire européen et asiatique de la Russie, habite la neuvième partie de la population de ces deux continents.

Tout en restant bien en arrière des autres pays d'Europe, de l'Allemagne, de l'Angleterre, de l'Autriche-Hongrie et de l'Italie, la France revient à une situation plus normale. Si le problème de la natalité se pose toujours avec un égal degré d'urgence, il est permis de se montrer un peu moins pessimiste.

Pendant que nous traversons l'île de Seeland, un compagnon de route me communique un dernier détail sur la *population* : « C'est à Paris, toujours, qu'il est intéressant surtout d'étudier les *causes* et les *effets* de la natalité. Sur 100.000 ménages parisiens, il y en a exactement 258 où le torchon brûle, 258 maris et femmes qui ne correspondent plus que par l'intermédiaire d'avocats, avoués, huissiers et autres messagers de ce papier que l'on baptisa timbré, sans doute pour caractériser l'état d'âme de ceux qui l'emploient.

Notre capitale fournit à elle seule le quart du contingent des divorces français. Il faut dire, à la décharge des Parisiens, qu'ils ont vraiment le « pain » et le canif à portée de leurs mains. Comment ne pas succomber dans une ville où la coutellerie est si perfectionnée et le parchemin des contrats si fragile ? D'autre part, il convient de reconnaître que Paris s'emploie de son mieux à réparer le mal. La population qui grouille dans l'enceinte de nos fortifications encore existantes, si elle divorce beaucoup, se marie beaucoup aussi. La proportion des mariages de la Seine est la plus forte de tous les départements français. Il y a en France, sur 100 habitants : 52 célibataires, 8 veufs ou veuves et 40 personnes mariées. C'est peu. Et à ce propos, il convient de rectifier l'opinion erronée qui veut que l'on se marie moins chez nous qu'ailleurs : en Angleterre, ce pays par excellence du *home* et de la vie de famille, il n'y a que 25 personnes mariées sur 100. Chez nous, c'est entre 20 et 25 ans qu'on se marie le plus, ce qui surprendra encore beaucoup de gens. La moitié des épouses convolent à cet âge tendre, un quart attendent de 25 à 30 ans et le dernier quart restant ne ceint la fleur d'oranger symbolique que passé la trentaine. Le sexe portant barbe suit à peu près la même progression, avec une tendance de plus en plus marquée à retarder l'échéance fatale. Et pourtant, il faut le déclarer, le mariage est presque un brevet de longue vie, puisque la moyenne d'existence commune de chaque couple légalement uni devant M. le maire est, en France, de vingt-six années, malgré vents, marées et belles-mères. C'est une vérité que l'on ne devrait point se lasser de répéter, afin de conjurer la « faillite » menaçante.

Mais il est grand temps de reprendre notre récit. Pendant trois heures, nous traversons l'ile de Seeland, puis des lacs, des plaines verdoyantes où paissent un grand nombre de bestiaux ; sur la route, des moulins à vent qui font la mouture des blés. La campagne est riche et fertile ; c'est par une chaleur tropicale que nous arrivons dans la capitale du Danemark. Je relève avec soin les distances que nous parcourons : Copenhague, à 1.322 kilomètres de Paris ; de Korsör à Copenhague, 111 kilomètres.

LES DANOIS PROGRESSISTES

Copenhague est un centre international. Le roi Christian a placé ses enfants dans presque toutes les cours de l'Europe. Récapitulons : La princesse Alexandra a épousé le prince de Galles et sera un jour reine d'Angleterre et impératrice des Indes. Le prince Christian Guillaume règne en Grèce sous le nom de Georges Ier. La princesse Dagmar a épousé le tzar Alexandre III et est aujourd'hui impératrice douairière. Enfin la princesse Ehyra a épousé le duc de Cumberland, et le prince Valdemar, la princesse d'Orléans. Ce qui fait que la cour de Danemark est en relations de parenté étroite avec les familles impériales et royales de Russie, d'Angleterre, de France et de Grèce.

La fortune du Danemark, comparée au nombre d'habitants, est la plus grande de tous les Etats ; ce pays tient actuellement la première place parmi les nations les plus riches du monde.

C'est que le paysan danois a commencé par cultiver son cerveau avant de cultiver son champ, et par développer son esprit avant de développer son commerce. En effet, le petit Danemark (il n'a que 2.300.000 habitants) ne compte pas moins de 66 « Hautes Écoles Populaires », où l'on enseigne tout ce qu'un homme doit connaître, et 15 Écoles d'Horticulture où les ouvriers de la campagne viennent perfectionner leur savoir professionnel. Ces « Hautes Écoles Populaires » sont de véritables Universités, dans lesquelles on s'efforce de « donner aux paysans et aux paysannes une certaine culture d'esprit, sans — notez bien ceci — leur ôter l'amour de l'agriculture ». Ce difficile problème est résolu depuis de longues années.

Les élèves paysans — ou paysannes, car la femme est traitée comme l'homme — sont nourris et logés dans les Universités. On leur donne des notions générales d'histoire, de littérature, de sociologie, et des notions complètes de toutes les sciences appliquées à l'agronomie. Il est à remarquer qu'une large place est laissée aux exercices du corps, tir à la cible, jeu de paume, et surtout à la vélocipédie, car il y a un club de cyclistes presque dans chaque village, et il existe trois fois plus de vélocipédistes en Danemark que partout ailleurs. Beaucoup d'élèves de ces Universités sont des fils de laboureurs pauvres auxquels l'Etat accorde des bourses. Chaque année, avant les vacances, ils prennent part à une sorte de tournoi oratoire, où chacun commente ce qu'il a appris et émet ses réflexions personnelles. Selon la question mise à l'ordre du jour, le débat prend souvent une tournure générale fort intéressante. Dix mille paysans et paysannes sortent ainsi chaque année des écoles et retournent aux champs porter leur science et leur amour du travail. Ce n'est pas tout. Pour que chacun d'eux n'oublie pas ce qu'il sait et se tienne au courant des progrès réalisés chaque jour, il existe dans chaque village une « Maison de Réunion » avec salle de réception pour cinq à six cents personnes, et bibliothèque. En hiver, la jeunesse fait de la gymnastique, ou danse dans ce local. Le soir, les familles se réunissent pour entendre les conférenciers ou conférencières de profession, qui font des tournées dans les campagnes et se succèdent presque chaque jour.

Cette éducation particulière, cette vie en commun, développe naturellement dans les classes agricoles le goût de la vie publique. Les paysans et les paysannes discutent beaucoup, lisent énormément. Ils sont tous plus ou moins orateurs, et même auteurs, car il n'est pas rare de voir un laboureur quitter sa charrue pour écrire un poème lyrique en cinq ou six chants, (*sans jeu de mots*). Aussi les politiciens les plus influents, les hommes politiques et les hommes d'État sont-ils des paysans. Celui qui, pendant dix ans fut le chef de la gauche au *Reigsdag* (Parlement), était un cordonnier de village qui n'avait reçu d'autre instruction que celle de l'école primaire et il tenait tête aux citadins les plus instruits. Actuellement, la majorité des membres du *Folkething* (Chambre des députés) est formée de paysans et de simples ouvriers agricoles.

Chose anormale : alors que, dans presque tous les pays, les classes rurales sont généralement conservatrices, en Danemark elles sont novatrices. Depuis 1849, époque de l'organisation du suffrage universel, le courant démocratique a toujours pris sa source dans les campagnes, tandis que la résistance au radicalisme s'est trouvée surtout dans les centres urbains.

La conséquence immédiate de la propagation de l'instruction dans les campagnes a été un accroissement formidable de la production. Le rendement des semences et des racines a subitement triplé. Cinquante-quatre lieues carrées ont été conquises sur les bruyères et sur la mer, et vingt-quatre mille nouveaux foyers agricoles ont été créés. Enfin, *on a avancé la moisson d'un mois !* Mais le paysan intelligent n'a pas consacré uniquement ses efforts à la terre. Dans la prévision d'une baisse du prix des céréales, l'agriculteur n'a pas négligé le bétail, et s'est efforcé de perfectionner son système de laiterie. Sur ce point, il est devenu spécialiste, et il a obtenu des résultats prodigieux. Le Danemark est le pays où, proportionnellement au nombre d'habitants, il y a le plus de bestiaux. Le desideratum de M. Chamberlain est ainsi réalisé : « Deux hectares et une vache pour chacun ! » Cela vaut bien la « poule au pot » de Henri IV.

La laiterie danoise a pris tout à coup une extension immense ; elle jouit maintenant d'une réputation universelle. Comment ce phénomène s'est-il produit ? C'est bien simple : les paysans danois ont tout simplement adopté des « Laiteries à Vapeur ». La laiterie à vapeur est une invention toute moderne. Elle nécessite des frais d'installation assez grands, et représente le dernier perfectionnement de la science. Mais elle rend au centuple ce qu'elle a coûté. En France, elle est inconnue : en Danemark, il en existe actuellement neuf cents ! Comment les paysans danois ont-ils créé ces installations magnifiques et vraiment admirables ? Les habitants d'une commune construisent en commun une grande laiterie à vapeur, avec centrifuges, refroidisseurs à glace, etc., etc. Tous les fournisseurs sont co-propriétaires de la laiterie, et le produit de l'exploitation est partagé entre eux. Pour que la fourniture du lait soit à peu près égale, les co-propriétaires sont obligés d' « affourager » le bétail d'une manière rationnelle indiquée dans le contrat de participation.

Le système de laiterie à vapeur a amené une augmentation énorme de la production du beurre et de l'exportation de cet article. Mais le résultat pour la France a été très sensible : nous exportons en Angleterre cinq fois moins de beurre qu'auparavant, et cela uniquement parce que les paysans danois sont plus forts que les paysans normands. Les Laiteries à participation des paysans sont maintenant fédérées ; elles vont créer une Société unique d'exportation du beurre qui vendra à l'étranger directement pour le compte du producteur danois. On devine le bénéfice qui sera réalisé. Il est difficile d'être plus intelligent en commerce. Tous les produits de l'agriculture ont profité de la richesse subite du pays. La production en volailles, porcs, œufs et charcuterie, atteint des chiffres inconnus jusqu'ici. Aussi des ingénieurs agronomes viennent-ils de tous les pays étudier sur place la belle organisation agricole du Danemark ; il en vient de Suède, de Russie, d'Allemagne, d'Amérique, d'Angleterre, d'Irlande ; il n'y a que la France qui se désintéresse de la question !

Le système de la participation a si bien réussi à la laiterie que les paysans danois l'ont appliqué aux boulangeries, aux brasseries, aux moulins, aux sucreries, etc. Ces industries sont maintenant monopolisées et exploitées par les agriculteurs eux-mêmes. De plus, dans chaque village, il y a une Société coopérative de consommation qui partage les bénéfices entre ses membres. Enfin, les paysans rassemblent leurs capitaux dans leurs propres banques possédées et dirigées par les paysans eux-mêmes ou par leurs représentants. Quatre cents de ces banques existent déjà. N'est-ce pas merveilleux ? Inutile de dire qu'avec une pareille organisation sociale il n'y a ni misère, ni paupérisme. Chacun travaille et jouit du produit de son travail, grâce à la suppression des intermédiaires.

Voilà comment, sans révolution, simplement par l'intelligence et par le travail, les paysans danois se sont placés à l'avant-garde de la classe agricole du monde entier. Grâce à eux, le Danemark est redevenu libre et prospère. Pierre Dupont, poète des paysans, du haut du ciel, ta demeure dernière, en regardant le Jutland, tu dois être content !

UNE SOIRÉE A TIVOLI

L'hôtel Dagmar, où nous sommes reçus, est une vaste construction, à côté du théâtre. Ce nom de Dagmar, évoque le souvenir de la princesse Dagmar, fille du roi Christian, qui devint Impératrice de Russie. Par son confort, par ses conditions d'hygiène bien comprises, cet hôtel me rappelle ceux des Etats-Unis. Le portier, qui parle plusieurs langues et surtout le français, vient à notre rencontre. Ces hommes sont la providence des voyageurs ; ils savent tout, ils fournissent les renseignements nécessaires, ils indiquent les curiosités à voir dans la ville. La loge du concierge danois devient un *home* où l'on est toujours sûr d'être bien accueilli Quelle différence avec certains pipelets de nos grandes villes, qui sont bavards, obséquieux ou impolis ! Aussitôt le dîner terminé, nous nous dirigeons vers Tivoli pour y passer la soirée. Tivoli est tout à la fois le Jardin de Paris, le Moulin Rouge et les Folies-Bergère de la capitale. Cet Eden, situé au milieu d'un immense parc en plein centre de la ville, est une des curiosités de Copenhague. C'est le *great attraction* des Danois. Ici on respire plus librement, nous ne sommes plus chez l'*ennemi*, nous sommes en un pays ami. Tivoli est situé dans le Vesterborgade. Il est doté de constructions de tout modèle et de tout genre : salles de concert, théâtres, galeries, salons de lecture, tirs, chevaux de bois, montagnes russes, carrousels, aquariums, cirques ; une frégate y flotte sur les eaux d'un lac ! C'est un parc de plusieurs kilomètres carrés, traversé par un cours d'eau naturel que sillonnent des gondoles. De tous côtés le paysage varie : il y a des grottes de rocaille, des ponts rustiques, des cascades qui jaillissent sur de superbes plates-bandes ; plus loin, des charmilles avec des tables pour dîner, des coins délicieux, ombragés, où sont installés des cafés, des restaurants. A chaque pas, des points de vue ont été préparés, des perspectives ménagées, et, le soir, le tout est éclairé *a giorno*. C'est le pittoresque réglementé par l'art.

Tivoli est le rendez-vous des paisibles Danois et Danoises qui viennent se reposer et respirer le bon air. A dix heures, dès le crépuscule interminable, Tivoli s'illumine et scintille de feux multicolores. De toutes parts, des orchestres se font entendre, des fusées s'élancent dans les airs, laissant pleuvoir des flots d'étincelles. Tout Copenhague s'est donné rendez-vous ; l'aristocratie y coudoie la démocratie, le grand seigneur, le bourgeois ; des familles entières se réunissent. La gaieté douce et l'harmonie règnent ; tout se passe dans l'ordre le plus parfait ; jamais on n'a eu à réprimer une scène de désordre. Les jeunes filles bien élevées prennent part à ces jouissances de tous les soirs. On est heureux d'assister aux joies simples et familiales de ce peuple débonnaire. Tout se passe correctement et moralement. Je n'y ai pas vu d'agent de police. Il semble, qu'au seuil de ce jardin public, la société danoise abdique gaiement toute prétention : c'est l'égalité devant le plaisir, sans distinction de fortune ni de rang. Le fonctionnaire s'y confond avec ses administrés, le chef de bureau avec ses employés. La musique est douce et plaintive. Parfois la foule reconnait et salue son Roi, venu pour se réjouir de la joie de ses sujets. Toutes les demi-heures, le public se déplace, courant d'un concert terminé à un ballet ou à une pantomime qui commence ailleurs ; tout cela sans cris, sans rires bruyants, sans bousculades, sans police. Ce peuple est d'une gaieté silencieuse ; à minuit, quand les divers théâtres ont terminé leurs représentations, la foule se répand dans les cafés pour achever la soirée par une chope de bière du grand brasseur philanthrope Jacobsen, bière qui, je le sais, est délicieuse. A minuit, nous quittons Tivoli, enchantés d'avoir passé quelques heures au contact de ces bons Danois. Cette soirée charmante nous laisse une excellente impression. La modique somme de 50 öres (soit 70 centimes), prix du billet d'entrée, donne droit à toutes les réjouissances.

C'est à Tivoli qu'eut lieu, en 1870, la démonstration de sympathie envers la France. Une partie de la population s'y trouvait réunie le soir de la déclaration de la guerre franco-allemande. La nouvelle se répandit comme une traînée de poudre. Un membre influent du Parlement monta sur une estrade et dit à ses compatriotes : « Messieurs, vous savez comme moi quels tristes événements se préparent. Je n'ai pas besoin de vous demander de quel côté sont vos sympathies et quels sont les vœux que nous formons pour le succès des armes de la nation que nous aimons. » A peine avait-il achevé ces paroles que le cri de : *Vive la France !* s'échappa de toutes les poitrines, et les sons de la *Marseillaise* retentirent sous les ombrages de Tivoli. Doux pays, légèrement ondulé, vert surtout, d'un vert jeune et frais même en cette seconde quinzaine d'août, et si semblable à notre Normandie, qu'en s'installant jadis chez nous, les compagnons de Rollon ont bien pu se croire chez eux. Ne nous plaignons pas de la conquête : c'est elle qui nous a donné ces femmes grandes, fortes, puissantes, blondes au teint clair, à la carnation transparente, que nous retrouvons ici et dont nous avons pu admirer les sœurs sur nos côtes, notamment à Granville. Nous sommes trop de Paris pour ne pas regretter en elles la grâce, la finesse, l'élégance, la démarche onduleuse et souple : mais l'éclat de la peau, les formes amples et l'air de santé ont bien aussi leurs charmes. Ces charmes, nous les avons ressentis, en mettant le pied sur le sol danois, devant le Kronberg, le château d'Elseneur, où nous ont guidés, à la lueur des torches, au fond des souterrains profonds, de rieuses Ophélies. Car on est gai, maintenant, dans la demeure — reconstruite, d'ailleurs, au dix-septième siècle — que le tragique génie de Shakespeare a endeuillée à nos imaginations pour des siècles. Il ne vient plus de fantôme sur la terrasse. Les soldats se promènent dans la cour en veillant pour la forme à la porte du donjon carré ; si la triple ceinture des fossés est remplie, c'est qu'il faut bien mettre quelque part l'excès d'eau qui égaye le Danemark.

L'eau est en effet la joie frissonnante de Copenhague, la ville de pelouses et de lacs que sillonnent lentement les blanches barques des cygnes. Ce sont les lacs et les jardins qui donnent à la cité sa physionomie. Sans eux, elle ne serait pas elle. Les rues sont droites et régulières ; les maisons, généralement rouges sous leur robe de briques, sont bien bâties ; les chaussées sont solidement pavées : mais l'ensemble n'a pas un caractère très individuel. Une chose seulement paraît singulière : les boutiques, même les plus belles, — et il y en a beaucoup — sont en général enterrées dans les sous-sols. La ville, sans être étourdissante de bruit, ne manque pas d'un certain grouillement. Mais elle possède, comme toutes les cités, un organe plus vivant que les autres, un centre où l'énergie est plus intense et le mouvement plus ardent. Cet organe, ce n'est ni son port, quoique propre et animé ; ni sa Bourse, grand édifice que surmonte une flèche patinée de vert, formée symboliquement de trois crocodiles dont les queues se tressent en un immense tire-bouchon ; ce n'est pas son Musée, si riche en curiosités laponnes et groënlandaises ; ni la collection où se fige la beauté correcte et froide des sculptures de Thorwaldsem ; cet organe, qui ne semble pas essentiel tout d'abord, et qui est ici primordial, c'est Tivoli... Je veux le répéter :

Tivoli ! O séduction des pays italiens, si rayonnante, que le nom, à lui seul, est de par le monde un signe de plaisir ! Tivoli est pour toutes ces contrées du Nord, Hambourg, Stockholm, Christiania, le puissant attrait de la région. Ce vocable surgit dans le Skager-Rack, il flotte sur l'embouchure de l'Elbe, il fait sourire et fond déjà les glaces scandinaves. « Vous allez à Copenhague ? » vous dit-on, et alors on vous regarde d'un air entendu et l'on vous dit laconiquement d'une bouche épanouie : « Tivoli ! »

Le peuple danois possède les deux qualités qui font une nation forte et respectée : il sait aimer, il sait haïr ; il est intelligent, et avec le goût des arts et des lettres, il a aussi la foi monarchique. La *Mission de minuit* est une association formée d'hommes dévoués et généreux qui compte parmi ses membres le comte de¨¨¨. Elle a pour but de surveiller les hommes attardés qui se rendent dans les maisons suspectes ; on leur barre le passage pour les empêcher d'entrer. L'ouvrier ou le matelot, d'abord ahuri de se voir ainsi appréhendé, proteste ; mais, après avoir écouté les paroles réconfortantes de ceux qui l'ont surveillé, il finit par céder et regagne son logis. Combien de jeunes filles aussi disposées à mal faire n'ont point succombé, grâce à la Mission de minuit !

Le Roi Christian IX a beaucoup de grâce et séduit facilement les foules. Ancien officier de cavalerie, il est toujours à cheval. Il a plus de 80 ans et n'en paraît pas soixante. Très affable, très aimable, il est aussi parfois un peu sombre : les malheurs du Danemark ont été si grands ! Très décoratif, il porte les uniformes des généraux de presque tous les pays mieux que pas un souverain. Sa prestance de grand seigneur ravit le peuple, qui l'aime sincèrement, l'estime et le respecte beaucoup. Le Roi Christian est surtout adoré de ses enfants, qui viennent chaque année de presque toutes les cours d'Europe passer quelques semaines auprès de lui au château de Fredensborg, autrefois résidence de prédilection d'Alexandre III. Ajoutons que le roi n'a qu'un million de couronnes de liste civile et qu'il n'a pas de fortune personnelle ; on comprendra le rapprochement qui s'est opéré dans ces derniers temps entre la nation et Christian IX. Le prince Frédéric a cinquante-sept ans. Il est aimable, éloquent ; sa famille est déjà nombreuse : il a huit enfants. Il s'occupe beaucoup de marine. Comme son père, il réalisera le type de souverain patriarcal, simple d'allures et modeste de goûts.

Un mot sur la littérature danoise : La production littéraire est énorme en Danemark ; on estime qu'il paraît en moyenne un livre ou opuscule par an et par tête d'habitant. Ce goût de la lecture s'explique par la diffusion de l'instruction et par les longues nuits d'hiver qui laissent des loisirs à tous. Commençons par les journaux. La presse de Copenhague ne comprend pas un grand nombre d'organes, mais chacun d'eux possède une réelle influence. Le *Berlinyske Tidende* existe depuis 150 ans. C'est le journal officiel. Il publie deux éditions par jour. La *Politiken* est l'organe du parti radical ; elle est rédigée par des journalistes de talent et de conviction. Le *Danebrog* est également un journal politique, mais il est surtout et avant tout littéraire. Son rédacteur en chef est l'honorable M. Secher, et ses principaux collaborateurs, nos amis, MM. Berendsen, Thorup, etc., etc. La droite a pour drapeau le *Vort-Land*. La presse d'informations du soir est représentée par l'*Aftenbladet*. Enfin les socialistes lisent le *Social-Demokrate*, qui est très répandu dans les masses ouvrières. N'oublions pas une excellente feuille illustrée, l'*Illustret-Tidende*, fondée il y a quarante ans et consacrée à la littérature, à l'art et à la politique étrangère. Son directeur est M. Pauli, son rédacteur en chef, M. Christiansen, et son secrétaire général, notre ami, l'aimable M. de Jessen.

Tous les journalistes, sans distinction d'opinion, font partie d'une association très prospère, qui édite chaque année un almanach, donne des bals, des fêtes, au profit de sa caisse de retraite et de secours. Dans les provinces, il n'est pas une ville qui n'ait deux ou trois journaux. La presse agraire est très développée et les revues techniques de toute espèce abondent. La littérature danoise a exercé autrefois une certaine influence sur les écrivains du continent. C'est ainsi que nous trouvons, au dix-huitième siècle, Holberg, qui a longtemps vécu à Paris dans nos cénacles littéraires et dont le *Potier d'étain* a inspiré Marivaux. Par son acharnement à railler les sottises, les préjugés et les superstitions de son temps, il mérita le nom de Voltaire du Nord. Mais les premiers essais heureux de la littérature danoise se sont produits au théâtre. Plus tard, les autres genres y furent aussi cultivés avec fruit. De tous les noms littéraires du Danemark, le plus répandu à l'étranger est certainement Œhlenschlæger, l'auteur des *Dieux du Nord*, de la *Lampe merveilleuse*, etc. C'est un vrai et grand poète, qui a fondé l'école romantique et dont les épopées nationales ne sauraient être appréciées dans aucune traduction. Citons encore Heiberg, qui a des ressemblances avec Scribe ; Boye, Holst et Mœller, que l'on a qualifié d'Octave Feuillet danois. Parmi les auteurs modernes les plus connus, nous devons citer M. Drachmann, auteur dramatique et poète lyrique,

qui a écrit : *Il y avait une fois*, pièce à grand succès, et un grand nombre de contes maritimes et de recueils de belles poésies. M. Schandorph, est un romancier de l'école de Zola, qui aime à décrire les paysans et qui a fait un livre, en ce moment dans toutes les mains : *Les Petites Gens.*
M. Hermann Bang est un jeune dont les œuvres sont un peu précieuses. Il est l'auteur de *Tive*, roman très émouvant, récit d'épisodes de la guerre de 1864.

J'ai déjà dit que la meilleure part de la littérature revenait au théâtre. Les origines du théâtre, en Danemark, se rattachent à l'institution des universités d'Upsal et de Copenhague. Les étudiants s'exerçaient à jouer des pièces latines, à déclamer des dialogues. Les étudiants scandinaves ont conservé l'art de la récitation et du chant. A Upsal, à Christiania, les étudiants ont une petite salle de théâtre où ils jouent volontiers des farces satiriques, ou entonnent des chœurs patriotiques. Ces jeunes gens n'ont rien pourtant des habitudes tapageuses des étudiants allemands. Tout le monde a entendu parler des accoutrements grotesques de ces derniers ; les étudiants suédois, pour tout insigne, portent une casquette blanche avec cocarde bleue et jaune ; les étudiants danois, même coiffure avec cocarde rouge et blanche. Le chef des étudiants norvégiens est couvert d'une casquette pittoresque : elle est noire, avec Minerve d'argent, et, retombant sur l'épaule, un énorme gland noir.

Les étudiants danois font presque tous partie de « l'Association libérale des étudiants de Copenhague », fondée en 1882 dans le but de rapprocher les étudiants et le peuple, et de préparer la jeunesse aux grandes luttes intellectuelles. Cette Association a donné immédiatement des résultats considérables. Enumérons-les : Cours du soir, professés par les étudiants pour les ouvriers, avec distribution de livres d'enseignement : Assistance en matière judiciaire aux besogneux, consultations et plaidoiries gratuites ; Expansion des lumières littéraires par la publication d'opuscules (140 brochures sur des sujets propres à développer l'intelligence ont déjà été publiées) Correspondance avec les villes et les campagnes à l'aide d'articles envoyés dans les journaux de province ; Théâtre indépendant pour la représentation des pièces qui, malgré leur valeur dramatique, n'ont pu paraître sur les scènes établies ; Visite des musées sous la direction d'étudiants cicérones pour éveiller dans la population un intérêt intelligent et fécond ; Club de canotage pour pousser la jeunesse au développement des forces corporelles ; Organisation de conférences pour éclairer par la parole les populations des campagnes.

Voilà un joli bilan. Nous ne croyons pas qu'il y ait en Europe une association d'étudiants ayant donné d'aussi magnifiques résultats. C'est tout simplement merveilleux ; les services rendus sont immenses et les preuves de générosité et de dévouement innombrables.

Le chant particulier des étudiants scandinaves commence ainsi :

> Sainte est la vocation de l'étudiant.
> Dans les jours chaleureux de la jeunesse
> Il entre dans la route du Temple
> Pour y recevoir le baptême de l'esprit
> Là, il entend les voix des générations disparues
> Et les mots profonds que chuchotte le passé...

Les étudiants danois sont véritablement dignes de l'admiration de leurs camarades de tous les autres pays. On peut les offrir en exemple.

COPENHAGUE OU KJŒBENHAVN
375.250 hab.

L'histoire de Copenhague remonte très haut. On croit que déjà, au IXe siècle, il y avait, en cet endroit, un hameau ; en tous cas, cette ville est, en 1013, citée dans l'histoire ; elle fut appelée plus tard Kœpmannehafn, *port des marchands,* et devint ensuite Kjœbenhavn. Le roi Valdemar passe pour avoir fait don de la ville et de ses environs à l'archevêque Absalon ; Absalon, qui est généralement regardé comme le fondateur de Kjœbenhavn, la donna à son tour à l'évêque de Roskilde. En 1413, Christophe de Bavière en fit sa capitale. A partir de ce moment, Kjœbenhavn s'accrut rapidement. La ville prit surtout un grand accroissement au XVII⁰ siècle sous Christian IV et ses successeurs ; en 1635, elle avait environ 25.000 habitants ; en 1685, elle en comptait plus de 50.000, accroissement qu'on peut comparer à ceux de notre temps.

Dès huit heures du matin, nous commencions notre excursion en nous dirigeant vers le port. Sur les quais, c'est l'animation d'une capitale. Des steamers immobiles sont rangés ; les bassins se succèdent, se divisent et s'avancent jusqu'au centre de la ville, bâtie à fleur d'eau. L'église métropolitaine renferme des sculptures du célèbre Thorwaldsen. Avant de pénétrer dans la basilique, nous admirons, au-dessus de la porte, un groupe qui représente saint Jean-Baptiste prêchant dans le désert. Cet édifice, comme tous les temples réformés, est simple. Sur l'autel, la statue du Christ, de Thorwaldsen, d'une exécution parfaite. La figure allongée, encadrée de cheveux bouclés tombant sur les épaules et la tunique, lui donnent la souplesse de l'antique. On le contemple avec ravissement. Le statuaire moderne a fait là une œuvre grande et profondément religieuse. Le regard de son Christ est d'une tendresse divine. Par devant, un ange à genoux tient une énorme coquille qui sert de fonts baptismaux. Au milieu de la nef, les douze apôtres plus grands que nature. Dans les chapelles latérales, d'admirables bas-reliefs représentent la Cène et le baptême du Christ. La loge royale, les colonnes rappellent celles des temples égyptiens. Cette cathédrale est un sanctuaire d'art, le sentiment religieux y est soutenu. Assis dans ce grand temple silencieux, nous nous recueillons en pensant qu'on y est loin du monde et de ses mesquineries.

Après avoir monté une rampe en pente douce qu'autrefois les guerriers parcouraient à cheval, nous arrivons au sommet de la tour ronde pour mieux voir le panorama de la ville. Ce donjon massif a échappé au bombardement des Anglais. Sur les vieilles murailles, on voit encore la trace des obus. Copenhague apparait à nos pieds avec ses rues éparpillées ; les toits des maisons, avec leurs tuiles rouges, ont un aspect sanguinaire. D'un côté, l'île de Seeland et la rade ; de l'autre, le quartier de Christianshavn avec l'église du Saint-Sauveur. A l'horizon, le Sund, couvert de bateaux à voiles et de navires, avec ses îles fortifiées. A droite, l'île d'Amager ; à gauche, les massifs boisés qui bordent la mer. L'eau fait une ceinture naturelle à la capitale danoise.

C'est du haut de la tour que des veilleurs de nuit guettaient les barques de pirates qui s'aventuraient dans le Sund. Après 1801, lorsque la flotte de Nelson détruisit les vaisseaux danois dans la rade, Copenhague fut surpris en pleine paix. En 1807, l'approche de la flotte anglaise montée par des forbans fut signalée par la vigie. Copenhague allait avoir à subir une dernière incursion, plus terrible que celle des Normands. Plus de soixante vaisseaux de guerre chargés de soldats anglais étaient prêts à bombarder la ville ; l'Angleterre voulait punir le Danemark de sa fidélité à l'alliance française et mettre obstacle à la réunion de sa flotte avec celle de Napoléon. Ces braves, au nombre de 5.000, eurent à lutter contre 30.000 Anglais débarqués. Ils subirent un bombardement qui, du 2 au 5 septembre, dévasta la ville, détruisant les quartiers et tuant sans merci les enfants et les femmes. A bout de forces il fallut bien céder. Plus de 3.000 Danois avaient péri : la moitié de la ville, 300 maisons, avaient été incendiées, et, le 7 septembre 1807, malgré la défense héroïque des habitants et la bravoure des soldats, le gouverneur fut contraint de livrer la forteresse aux Anglais, qui se conduisirent, non pas en vainqueurs, mais en corsaires, volant et pillant.

C'est ainsi que, partout, cette race maudite, notre pire adversaire, jette l'effroi et la consternation. Que pouvait Copenhague contre un ennemi aussi féroce, qui de loin bombardait la ville avec des projectiles incendiaires ? Et voilà une nation qui se dit la plus éclairée du monde ! Quelle ironie ! L'Angleterre ! mais c'est l'ennemie du monde entier. Partout elle s'érige en maîtresse. A force de duperies, de mensonges, de mauvaise foi, profitant de l'incapacité, de l'inaction des hommes qui étaient à la tête du gouvernement français en 1882, elle a occupé l'Egypte, qu'elle détient arbitrairement. La perfide, de 1882 à 1889, a multiplié ses assurances, déclarant que l'occupation de l'Egypte n'était que temporaire. En ce moment elle endort la Turquie, l'Egypte et la France, par ses fausses affirmations ; elle supprime les droits, les privilèges et toutes les libertés des Européens. A partir de 1882, notre abandon, la complicité même de certains diplomates, a encouragé l'Angleterre qui ose tout ; elle ne s'occupe même plus des revendications sentimentales de la France. Parmi ces hommes qui président aux destinées du pays, un seul s'est-il ému ? A-t-il cherché à faire comprendre à la nation le danger qu'elle court en voyant la Méditerranée fermée, nos colonies bloquées, notre influence en Orient anéantie ? Nous nous laissons continuellement tromper : l'aveuglement est complet. Tout sert l'Angleterre ; l'Italie, qu'elle a égarée, abandonnée, se déclare aujourd'hui fière de son alliance et de sa fausse sympathie ; l'Autriche même l'écoute ; et l'Allemagne, pour le prélèvement des 25 millions sur la caisse de la Dette, s'est mise avec elle contre la France.

Ainsi se poursuit sans obstacle l'œuvre de main mise de l'Angleterre sur l'Egypte. Malheur à qui se fie à elle ! Aussi l'alliance anglaise, si elle était possible, ne serait jamais qu'une alliance incertaine, précaire, et la France de Napoléon III, qui lui sacrifia tout, n'en récolta que cynique ingratitude et cruelle indifférence aux heures de la catastrophe, et... l'infâme abandon du Prince impérial devant une douzaine de sauvages.

Oui, l'Angleterre est plus haïssable encore que l'Allemagne, car nous ne sommes séparés de l'Allemagne que par une question définie, limitée : celle de l'Alsace-Lorraine. Le jour où cette question serait résolue, les barrières qui s'élèvent entre l'Allemagne et la France tomberaient naturellement. Mais du côté de l'Angleterre, tout nous divise, tout nous éloigne. Il faut bien démontrer aux Français que le vent qui souffle des côtes britanniques ne leur apportera jamais que des trahisons, des perfidies et des orages ; que se fier aux serments de l'Angleterre est une folie ; que négliger de prendre contre elle nos précautions et nos défenses est un crime ! L'Angleterre, que nos armes avaient sauvée à Inkermann, nous laissa froidement, quinze ans plus tard, rançonner, mutiler. Elle a assisté, impassible, satisfaite, ironique, au démembrement de notre patrie. Elle est devenue muette, quand il s'est agi de plaider notre cause devant l'Europe. Quand nous lui avons demandé de nous tendre les mains, elle les a mises dans ses poches. Elle ne s'est pas contentée de nous délaisser, elle nous a outragés : des villes anglaises illuminèrent après Sedan ! Et, à Dublin, il fallut que la population irlandaise, indignée, brisât les lampions de la fête.

De l'*alliée* d'un demi-siècle, nous n'avons reçu, dans notre détresse, ni secours militaire, ni aide diplomatique. Ses hommes d'Etat ont jugé, au contraire, qu'il était conforme aux intérêts de la Grande-Bretagne que la France fût humiliée, affaiblie. Lisez les mémoires de Frédéric III : « Lord Russell, écrit l'empereur allemand, *m'a déclaré que l'Angleterre aurait pu empêcher la guerre franco-allemande, mais qu'elle ne l'a pas voulu* ». Et Sir Charles Dilkes nous apprend que l'Angleterre s'est absolument opposée à la formation d'une ligue de neutres qui cherchait à se constituer pour arrêter le bras de l'Allemagne victorieuse. Par le pacte secret qu'elle a conclu avec la monarchie italienne, elle a préparé, facilité l'adhésion du roi Humbert à la coalition dirigée contre nous. Elle lui a garanti la liberté de ses mouvements et l'impunité de ses intrigues. Enfin, lorsque les incidents de Pagny-sur-Moselle, de Vexaincourt, semblaient devoir rallumer l'incendie à nos frontières, la presse britannique invitait l'Allemagne « à nous rayer de la carte des nations ». Que les insulaires d'Outre-Manche n'essayent pas de nier ! La liste et la preuve de ces abominables excitations sont connues et conservées avec soin. Notre mémoire demeure implacable. Nous n'oublions pas non plus tous les efforts qui ont été faits à Londres pour entraver, pour paralyser l'accord franco-russe. Quand le Tzar et la Tzarine étaient les hôtes de la cour royale d'Angleterre, la reine, le prince de Galles, le premier ministre, ne cessaient de leur répéter que leur projet de voyage en France était une imprudence qui touchait à la folie. « Mes enfants, dit la reine, au moment de la séparation, vous n'avez pas voulu suivre mes conseils, vous allez en France. J'ai bien peur de vous embrasser pour la dernière fois. »

Voyons, messieurs les Anglais, laissez-nous tranquilles avec les assurances de votre amitié.

Nous savons ce qu'elle vaut. Cette liaison nous a coûté trop de sang, trop de larmes, trop de trahisons et trop de hontes. C'est fini, bien fini. La rupture commerciale entre l'Allemagne et l'Angleterre est pour la France une délicieuse constatation. Le pacte de Waterloo est rompu. Wellington et Blücher ne s'embrassent plus dans l'ivresse de la victoire : ils s'observent, le front menaçant, le regard chargé de jalousie et de défiance, la main sur la garde des épées. Un demi-siècle « d'entente cordiale » entre la France et l'Angleterre n'avait pas changé la situation. Nous en avons fait en 1870, en 1887, la concluante expérience. En 1870, devant les triomphes allemands et l'agonie de nos armées, l'Angleterre se croisa les bras et laissa éclater une joie indécente. En 1887, devant la provocation allemande, au moment de l'incident Schnœbelé, elle ne sut qu'humilier, outrager la France. Ses organes les plus officiels invitèrent M. de Bismarck *à nous achever*. Nous n'avons pas oublié.

L'égoïsme n'est pas toujours une garantie politique. L'Angleterre va s'en rendre compte avant que ce siècle s'achève. Déjà pour elle a sonné l'heure de l'isolement, au milieu du soulèvement du monde. Qu'elle renonce à l'espoir d'enrôler la généreuse, la naïve nation qui fut son bouclier, sa dupe et sa victime ! C'est fini, bien fini. Elle n'aura plus d'Inkermann. Qu'elle se débrouille, sans nous, quand la tempête soufflera sur tous ses rivages ! A notre tour nous jouirons du spectacle. L'Angleterre pourra même s'estimer heureuse si elle obtient la neutralité de la France. Il dépendra de l'Allemagne, si elle sait, si elle veut effacer, réparer le passé, d'entraîner la France dans la coalition qui sera formée contre la tyrannie britannique. Qu'elle rende à la France ce qui est à la France ! Le bras de la France l'aidera à affranchir l'univers d'une domination de jour en jour plus intolérable. Ce n'est encore qu'un rêve. Mais il y a des rêves qui, sous la pression des circonstances, deviennent des réalités.

Et qu'est-ce que deux provinces rendues, en compensation des empires que l'Allemagne pourrait saisir dans les débris de la moderne Carthage ? Satisfaire la France, apaiser la France et pouvoir avec elle, par elle, se développer, rayonner, être grand, immense, prodigieux dans les cinq parties du monde, quel dessein capable de tenter le cerveau d'un Charlemagne ! Quel éblouissement ! Quelle gloire ! Quel destin !

Un prochain avenir nous dira si Dieu a choisi Guillaume II pour cette œuvre colossale, s'il est de taille à monter si haut. Ose-t-il y songer ? Si sa pensée est capable de franchir de telles limites, de briser de telles chaînes, d'opérer de telles réconciliations, la face du monde sera changée, et l'Angleterre sentira le frisson que lui donna jadis Napoléon, debout sur la falaise de Boulogne, disant à ses amiraux : « Soyons maîtres du détroit pendant deux heures, nous sommes les maîtres du monde. »

En ce moment, c'est en Turquie que l'Angleterre opère : elle attend pour piller et s'adjuger quelques morceaux énormes, que l'effondrement final ait lieu. Et cet effondrement, c'est elle qui depuis des années le prépare, l'entretient, le rend inévitable. Qui donc a soulevé la question sanglante de l'Arménie ? Qui donc a excité la Crète ? Qui donc a voulu déposséder le Sultan ? Qui donc a suscité des troubles dans notre colonie de Madagascar, noué des intrigues qui, grâce à l'énergie de notre héroïque général Galliéni, ont été déjouées ?

L'Angleterre ! toujours l'Angleterre ! — et que de sang, que de disparitions à son compte !

Quelques exemples : Le tsar Paul Ier concerte, avec Napoléon, le projet d'une descente dans l'Inde. *Il meurt assassiné !* Radama, roi de Madagascar, demande le protectorat de la France. *Il meurt assassiné !* M. Lambert, consul de France à Aden, veut créer sur la côte d'Arabie un établissement français sur la route de l'Inde. *Il meurt assassiné,* et lorsqu'on fouilla les assassins, de misérables indigènes, on trouva leurs poches pleines de guinées anglaises.

En revanche, pour l'Angleterre, nous nous battons à Balaclava, à Inkermann, à l'Alma, à Malakoff ; pour elle nous nous battons en Chine et au Mexique. Et après avoir donné notre sang, nous avons donné notre or. C'est ainsi que nous lui avons apporté en 1892 l'appui de notre bourse — soixante-quinze millions en or avancés à la *Bank of England*, la sauvant ainsi de l'inévitable banqueroute qui menaçait son marché financier.

Dans un autre ordre d'idées, les intéressés, par des brochures, préconisent l'alliance anglaise comme un moyen de rentrer dans l'intégrité de notre puissance continentale, dans nos frontières naturelles, dans nos chères provinces perdues. A ceux-là qui se font les agents de l'Angleterre répondons : Nous l'avons eue nous, cette alliance en 1870 ; nous l'avons payée, en Crimée, de la vie de 100.000 de nos héros ; nous avons sauvé l'armée anglaise à Inkermann. Napoléon III et la reine Victoria avaient échangé tous les témoignages d'amitié qui peuvent lier les destinées des gouvernements et des nations, s'il y a vraiment dans la langue diplomatique un sentiment sacré qui s'appelle l'honneur et le respect de la parole, — choses inconnues au-delà.

Cet honneur..., on n'a pas oublié comment la perfide Albion l'a compris à l'heure où la France écrasée, mutilée, abandonnée, cherchait autour d'elle un secours, un appui, un témoignage de la reconnaissance de ceux qu'elle avait si puissamment, si généreusement et si fidèlement aidés. Depuis des siècles l'Angleterre est notre ennemie acharnée ; elle a brûlé l'héroïque Jeanne d'Arc ; elle a exilé et fait mourir Napoléon Ier sur le rocher de Sainte-Hélène ; elle nous a pris les Indes, le Canada, Jersey et Guernesey, l'île de Malte, comme elle a pris à l'Espagne, Gibraltar ; à la Turquie, l'Egypte, Chypre. L'Anglais, c'est l'ennemi universel.

Et depuis vingt-huit ans, qui a soufflé contre la France la défiance, la jalousie, la haine ? Qui a excité contre elle l'Allemagne et l'Italie ? Qui était avec Bismarck, ce barbare aux yeux de faucon, quand il nous provoquait brutalement à Pagny-sur-Moselle ? Qui était avec Crispi quand il outrageait nos consuls et faisait accueillir nos nationaux par sa vile populace aux cris de : *Vive Sedan !* Qui a servi encore de bouclier à la Triplice en garantissant à l'Italie la protection de ses ports contre l'offensive de nos flottes ? Qui a payé et fanatisé Hovas et Fahavalos ? Qui a tenté de faire périr Mizon ? Qui a réussi à faire assassiner Morès ? Qui garde à sa solde tous les bandits blancs, noirs ou jaunes ? L'Angleterre, toujours et partout l'Angleterre !

Cette nation sans scrupules, reniant jusqu'à ses engagements, marche audacieusement à la conquête de l'Afrique orientale. Elle s'insinue à Tanger ; elle y commandera demain si le gouvernement français la laisse faire. Elle trouble, elle ensanglante tout l'Orient ; elle pousse l'impudence jusqu'à menacer l'indépendance des Boers pour s'emparer de leurs mines d'or ; tous les moyens, même les plus répugnants, lui sont bons. Elle ferme l'Océan ; partout elle s'installe, elle usurpe, elle bombarde, elle incendie, elle fusille arbitrairement ; elle est le scandale et l'effroi de tous les peuples. Nous lui avons laissé prendre la clef de l'Afrique et de l'Asie ; le canal de Suez construit par nous, inauguré le 20 novembre 1869, elle le convoite avec l'Egypte, conséquence de l'incurie de nos gouvernants qui, en 1882, laissèrent bombarder Alexandrie. L'Angleterre tient les deux clefs de la Méditerranée : Suez et Gibraltar. Par une politique folle et généreuse, plus folle encore que généreuse, nos gouvernants ont établi autour de la France une ceinture de menaces, de conspiration, de trahison contre notre honneur, contre notre repos, contre notre sécurité. Et voilà le fruit amer de tant d'illusions irréfléchies, de tant d'interventions maladroites, de tant d'efforts dépensés, de tant d'or répandu, de tant de sang versé pour des causes qui n'étaient pas nationales !

L'Alsace est prussienne, l'Egypte est anglaise, l'Italie est devenue notre ennemie ; la Belgique, dont le monarque envoyait, le jour de la prise de Sedan, des félicitations à Guillaume Ier, n'est neutre qu'en apparence...

Seule, la Russie chevaleresque, que nous avons combattue en Crimée, est notre puissante et sincère amie. Sans l'intervention de son généreux empereur Alexandre II, qui, en 1875, a fait entendre sa voix autorisée, que serions-nous devenus ? Le destin — et tous les Français s'en réjouissent — a lié notre action et notre initiative à celles de la Russie. Cette alliance est la nécessité de notre existence, c'est la loi de notre avenir.

A la satisfaction réciproque des deux peuples, l'alliance tant désirée est conclue, mais n'oublions pas qu'une part de notre reconnaissance revient à notre distingué Ambassadeur en Russie M. le Comte de Montebello, digne héritier d'un nom immortalisé sur le champ de bataille de Friedland.

M. le comte de Montebello faisait partie de l'ambassade de France à Saint-Pétersbourg quand éclata la guerre franco-allemande. Son premier acte, bien naturel chez un petit-fils du glorieux maréchal Lannes, fut d'adresser au gouvernement de la Défense nationale une demande de rappel motivée par le désir d'aller prendre du service dans les armées de la France. L'autorisation fut lente à venir, surtout au gré de l'ardent patriote : il fallut même, pour l'obtenir, la puissante intervention de M. Thiers. Quand il lui fut enfin possible de revenir en France, le jeune diplomate se fit attacher à l'armée de la Loire, où sa brillante conduite lui valut l'admiration de ses camarades de régiment, les éloges de ses chefs et la croix d'officier de la Légion d'honneur.

La guerre terminée, M. le comte de Montebello rentra dans la carrière diplomatique. Envoyé d'abord à Washington comme premier secrétaire, en 1872, il passe de là à Londres. Le titulaire de l'ambassade était alors l'amiral Pothuau, excellent marin, sans doute, mais diplomate peu expérimenté. Il est donc permis de dire que nos affaires avec le Foreign Office étaient surtout conduites par M. le comte de Montebello. En quittant Londres, où il laissait les meilleurs souvenirs, le petit-fils du maréchal Lannes fut nommé à Munich ; puis, en la même qualité, à Bruxelles, où il réussit à merveille.

L'ambassade de Constantinople fut la récompense des excellents services de M. le comte de Montebello. Là, pendant cinq années, de 1886 à 1891, il fit preuve de qualités maîtresses, sachant à la fois plaire au Sultan, qui l'honorait de son amitié personnelle, et soutenir avec fermeté les droits de nos nationaux vis-à-vis de l'administration ottomane. Il montra également beaucoup d'habileté, de souplesse et de sang-froid dans les incessantes luttes d'influence qui se produisirent, en Turquie, entre les représentants des grandes puissances rivales. La croix de commandeur de la Légion d'honneur et le grand cordon de l'Osmanié furent les marques éclatantes de la confiance du gouvernement français et de la sympathie de S. M. le Sultan.

La France entrait dans une période décisive de son histoire. C'était l'heure où allaient s'engager les premiers pourparlers relatifs à l'envoi d'une flotte française à Cronstadt, un des plus grands événements politiques de ce siècle, puisqu'il devait être le prélude de l'alliance franco-russe. Qui enverrait-on à Saint-Pétersbourg dans ces circonstances solennelles ? Quel diplomate serait à la hauteur d'une mission si importante ?... M. le comte de Montebello parut tout désigné pour ce poste ; non seulement à cause de ses réels mérites, de sa connaissance des affaires, mais aussi en raison des relations déjà nouées à Saint-Pétersbourg par l'ancien attaché d'ambassade, à la cour et dans les hautes sphères gouvernementales. M. le comte de Montebello était, d'ailleurs, en cette circonstance, merveilleusement servi par son nom. Déjà, en 1808, au moment où Napoléon Ier allait offrir à l'Europe l'étonnant spectacle dont Erfürt serait le théâtre, c'est le maréchal Lannes qui fut chargé d'aller au devant de l'Empereur Alexandre pour lui porter les compliments du souverain français. A cette occasion, le chef de la famille de Montebello reçut le grand-cordon de l'ordre de Saint-André.

Le Tzar Alexandre II devait faire un jour, pour le père du comte de Montebello actuel, ce que l'Empereur Alexandre Ier avait fait pour le maréchal Lannes. Sa Majesté voulut récompenser l'ambassadeur de France à St-Pétersbourg de ses efforts en vue d'empêcher la France de prendre parti pour la Pologne. On sait que, n'ayant pas été écouté, ce diplomate clairvoyant avait demandé et obtenu ses lettres de rappel. Ces souvenirs ne sont pas de ceux qu'on oublie. La carrière diplomatique de notre sympathique Ambassadeur a été des plus brillantes ; à la Cour de Russie il a été secondé par la toute gracieuse et très distinguée Comtesse de Montebello. J'ai pu le constater par moi-même sur place quand je suis allé, en 1894, assister aux funérailles du Tzar Alexandre III.

On se souvient avec quels transports d'allégresse et d'orgueil patriotiques notre pays accueillit la nouvelle des marques éclatantes d'amitié, de fraternité données par le tzar Alexandre III à nos marins dans la rade de Cronstadt. Ce grand événement fut célébré jusque dans nos campagnes les plus reculées comme la démonstration éclatante de la vitalité, de la résurrection nationales. A Paris, dix mille citoyens entassés sur les gradins du Cirque d'Hiver poussèrent des acclamations de reconnaissance et de joie. La même espérance animait, exaltait tous les cœurs français : l'ère des abdications, des humiliations était close. Et, si le passé n'était pas encore effacé, l'avenir n'était plus fermé, l'horizon s'ouvrait plein de promesses devant l'intraitable nation qui avait su garder, malgré ses désastres, l'invincible foi dans son droit éternel.

Les fêtes de Cherbourg, de Paris et de Châlons-sur-Marne consacrèrent les premiers résultats d'une entente dont toute l'Europe cherchait à pressentir, à déterminer le caractère, et qui se présentait, sous ses brillantes apparences, comme un contrepoids redoutable aux accords établis entre les puissances centrales, aux usurpations que la Grande-Bretagne essaye d'étendre jusqu'aux extrémités de l'Univers. Cette alliance de garanties mutuelles, de défense commune, tenait en respect et en échec toutes les perfidies, toutes les haines, toutes les convoitises coalisées ; saurons-nous la conserver ? Tel est, en ce moment d'agitation, la préoccupation de tout bon patriote.

Sus à l'Angleterre ! Sus à ce peuple égoïste qui nous déteste ! Quand il fait patte de velours, ce n'est que pour mieux nous griffer. De la méfiance à son égard, toujours de la méfiance !

Il reste beaucoup à faire pour nous rendre la place que nous avons longtemps occupée dans l'estime et dans l'admiration du monde. L'Angleterre a bénéficié presque autant que l'Allemagne de nos désastres de 1870. Elle a très habilement répandu jusqu'aux extrémités de la terre la conviction que le traité de Francfort, en nous condamnant à une position subordonnée, nous interdisait « les longs espoirs et les vastes pensées ». Dans le continent jaune et dans le continent noir, elle s'est appliquée à nous voler notre clientèle.

Le déplorable abandon de l'Égypte par notre gouvernement est venu donner à la thèse anglaise toutes les apparences de la vérité. L'univers assiste avec stupeur à cette désertion honteuse, à ce suicide inouï. Cette lâcheté, — il faut bien l'appeler par son nom, — est peut-être sans exemple dans l'histoire. L'invasion allemande avait laissé l'honneur intact. En livrant l'Égypte aux Anglais sans combat, sans intervention, nous avons subi une déchéance morale dont nous nous sommes pas encore relevés. L'occupation de Madagascar est une première réparation, la marche foudroyante des colonnes du général Duchesne, les actes de vigueur accomplis par le général Galliéni, ont appris à toutes les nations, qu'on ne se joue pas impunément du droit de la France.

L'alliance franco-russe aura forcément pour effet de donner plus de précision, plus d'énergie à notre politique coloniale....

Mais il est plus que temps de revenir au Danemark. Les Danois n'ont pas oublié le rôle indigne joué par les Anglais en 1807 ; ils conservent pieusement les quelques ruines qui leur restent de cette époque ; ils y retrouvent le témoignage du courage de leurs ancêtres et de l'odieux attentat dont ils furent victimes. Comme bien des capitales, Copenhague a déjà brûlé plusieurs fois. Les habitants vous parlent toujours des bombardements effroyables que les Anglais leur ont fait subir en 1801 et en 1807. Dans l'histoire, comme dans la vie, la souffrance a un noble rôle. J'ai été très heureux, pendant mon séjour à Copenhague, d'être présenté à un membre du Parlement. J'ai pu causer longuement avec cet homme d'État, et me mettre au courant des événements politiques de son pays. Ah ! il n'aime pas l'Angleterre !

Pour rentrer déjeuner à l'hôtel, nous passons devant le palais de Christiansborg, qui dresse sa carcasse calcinée au milieu d'un fouillis d'ornements. Depuis douze ans que l'incendie a fait son œuvre de destruction, ces grandes murailles noircies par le feu, attendent encore leur démolition, plus longtemps que celles de la Cour des Comptes à Paris. Pour une ville aussi riche que Copenhague, disposant d'un budget considérable, il est regrettable que ces ruines, qui se trouvent en face de la Bourse où l'on brasse tant de millions, n'aient pas encore disparu. C'est dans ce palais que se réunissait la Diète, ainsi que la Haute Cour de justice. Depuis longtemps la famille royale ne l'habitait plus. La collection de tableaux a été transportée au château de Charlottenborg. Ce palais en ruines est un grand bâtiment de style lourd et froid.

Tout autre est l'impression que fait naître l'édifice voisin de la Bourse, situé dans un renfoncement du port. Le Kallebodstrand, avec sa silhouette des plus caractéristiques, avec ses formes gracieuses, sa tour élancée, son toit décoré d'une flèche bizarre aux quatre dragons gigantesques, surprend agréablement. Chacune des quatre façades est surmontée de six pignons qui émergent du milieu d'un groupe d'ornements ; tout cela donne une idée de l'adaptation du style original de Christian IV. Sur la place s'élève la statue de l'amiral Niels Juel, qui commandait la flotte danoise à la bataille navale du 1er juillet 1677 contre les Suédois.

LE MUSÉE DE THORWALDSEN

Notre après-midi fut consacrée à la visite du Musée de Thorwaldsen, le Canova du Danemark. Le nom du grand maître est cher aux Danois ; il fut l'un des plus illustres enfants de leur patrie. Né le 19 novembre 1770, il mourut le 24 mars 1844, chargé d'années et comblé d'honneurs. Il laissa, en même temps qu'un souvenir impérissable, une œuvre à l'abri du temps : c'est l'Antiquité qui a formé son génie. Fils d'un simple sculpteur sur bois, Thorwaldsen naquit à bord d'une barque de pêcheurs. Envoyé à Rome, il devint célèbre. Toutes les gloires et toutes les faveurs lui furent prodiguées. Il n'a jamais connu, comme beaucoup de nos artistes, les souffrances de l'effort déçu, les luttes pour la vie qui ont torturé tant d'hommes. La Providence le conduisit jusqu'au sommet du Capitole. Canova lui-même l'admirait. Le pape Léon XII le pria de faire le tombeau de Pie VII son prédécesseur ; Napoléon Ier lui commanda le *Triomphe d'Alexandre* pour orner le temple de la Gloire. Les princes eux-mêmes le chargeaient de reproduire leurs traits sur le marbre. Copenhague applaudissait de loin au succès de son illustre sculpteur. Lorsque, après quarante-trois ans passés hors de sa patrie, il songeait au retour, le roi envoya une frégate le chercher à Livourne. A son arrivée à Copenhague, la foule enthousiaste le porta en triomphe. Le grand artiste vit dans ses œuvres. Sa dépouille repose au milieu de cet incomparable Musée qui contient une partie des statues dues à son ciseau Dans la cour, on lui a élevé un sarcophage rectangulaire, aux proportions extraordinaires. Les murs sont revêtus, à l'extérieur, de grands tableaux en ciments de différentes couleurs.

Le Musée a été construit par la ville, au moyen d'une souscription publique, pour recevoir les objets d'art que le sculpteur avait légués. Son tombeau, couvert de lierres, est entouré d'une bordure de granit. Le cercueil est placé dans un souterrain que, suivant son désir, on édifia et décora de son vivant. La nudité de cette tombe impressionne vivement. Le lierre, ce laurier des artistes, a, comme leur génie, l'immortalité. La patrie qui l'honorait vivant, le vénère mort. Thorwaldsen repose sous un petit tertre recouvert de lierre. Tout autour on a rassemblé ses chefs-d'œuvre, statues colossales, bustes, bas-reliefs, toutes les œuvres enfin qui ont immortalisé son nom et qui semblent monter la garde autour de son souvenir. Son sarcophage a été érigé de 1839 à 1848, d'après les dessins de Bindesholl. L'architecture et la décoration de l'extérieur rappellent les sépulcres antiques. Sur les murs qui entourent la cour on voit représenté un Génie qu'un char emporte dans l'arène. Le groupe de la *Victoire*, coulé en bronze par Dahlhoff, à Copenhague, est un don du roi Christian VIII. A l'extérieur, sur les autres côtés de l'édifice, est reproduite l'arrivée de Thorwaldsen à Copenhague, en 1838, lorsque, après une longue absence, il revint sur un vaisseau chargé d'une grande partie des objets d'art destinés au Musée. A gauche, on voit la réception qui lui fut faite, à droite, le transport des objets du vaisseau.

A l'intérieur, nous remarquons la riche décoration des plafonds à fresques et en stuc rappelant l'art antique. Le tout forme deux parties distinctes : l'une comprend les œuvres mêmes du célèbre sculpteur ; l'autre réunit les produits de l'art antique et de l'art moderne recueillis par lui. Dans le sous-sol on garde les premiers essais de sa jeunesse. Dans le vestibule, on a placé les colossales statues équestres de Poniatowski, dernier roi de Pologne, et de Maximilien Ier, roi de Bavière ; puis celles de Copernic, de Schiller et de Gutenberg ; le monument de Pie VII, qui servit de modèle à l'artiste ; enfin, le lion de Lucerne. Après avoir traversé les salles qui renferment les œuvres importantes, nous arrivons au centre, où sont alignés l'*Amour et Psyché, Hébé, Mars, Mercure,* l'*Espérance,* le *Christ,* dont l'original se trouve à la cathédrale. Les bas-reliefs de la *Nuit* et du *Triomphe d'Alexandre* font partie des œuvres puissantes de l'artiste. Plus loin, on retrouve les modèles utilisés pour l'exécution des douze apôtres, et enfin la statue de Thorwaldsen, par lui-même. On visite avec admiration les quarante-deux salles qui contiennent ces chefs-d'œuvre : ce qui me charme le plus, c'est l'inspiration qu'il a puisée dans les statues antiques que j'ai vues au Musée d'Athènes. On ne peut faire qu'un reproche à Thorwaldsen dont les œuvres ornent plusieurs capitales d'Europe, c'est d'avoir été trop flatté, trop recherché ; ses plus belles œuvres datent de la première partie de sa vie. Plus tard, il eut moins le respect de son art.

Le Musée de Copenhague possède, en outre, toutes les maquettes et modèles qui ont servi à l'artiste, depuis la première ébauche jusqu'au marbre fini. On remarque également de très belles collections d'antiquités égyptiennes, grecques et romaines, terres cuites, pierres précieuses, médailles, monnaies et bijoux. En parcourant les corridors de ce musée-mausolée, unique au monde, on reste confondu devant la prodigieuse fécondité et l'extraordinaire ingéniosité du statuaire danois. C'est une véritable résurrection de l'antique, une renaissance de l'art grec, une apothéose du génie humain.

On envoie nos élèves des Beaux-Arts à Rome ; pourquoi ne les fait-on pas passer par Copenhague ? D'autant plus que la sculpture est très en honneur dans le Danemark. Il suffit, pour s'en convaincre, de visiter la Glyptothèque, de Ny Carlsberg, où se trouve une magnifique collection d'œuvres rassemblées par M. Jacobsen. Cet amateur enthousiaste a réalisé une fortune immense dans le commerce des bières ; il la dépense aujourd'hui dans le commerce... des artistes presque tous français ou scandinaves. La vue troublée pour avoir regardé tout ce monde de statues, les jambes fatiguées d'avoir trop marché, nous accueillons avec joie l'excellent déjeuner servi à l'hôtel Dagmar ; nous dégustons avec d'autant plus de plaisir la bière Jacobsen qu'il fait 32º de chaleur. Pour passer la soirée, nous n'avons pas le choix, étant donné que les magasins ferment à huit heures. Nous retournons à Tivoli.

LE CHATEAU DE FREDERIKSBORG

Dès huit heures du matin, frais et dispos, nous prenons le train pour Hillerôd, pour visiter le château de Frederiksborg. A la descente du chemin de fer, nous apercevons l'imposante silhouette de cette royale demeure qu'un lac baigne sur ses deux façades en décrivant un demi-cercle. Un parc immense entoure le domaine ; le site est charmant, pittoresque. Ce château n'est pas le premier de ce nom. Lorsque le roi Frédéric II, en 1560, eut acquis la terre de Hillerôd, il fit ériger, près de la place où s'élève actuellement la grande fontaine, un château du même nom. Mais plus petit que le château actuel, il ne répondit pas aux vues de Christian IV, son fils, qui le fit démolir pour bâtir, en 1602, le château de Frederiksborg. Aucune autre demeure ne lui a été plus agréable que celle-là. Frédéric VII en fit sa résidence principale. Le 17 décembre 1859, un violent incendie détruisit presque entièrement l'édifice ; seule la chapelle fut sauvée. Malgré les lourds sacrifices que les années agitées de l'avant-dernier règne avaient imposés au peuple danois, ce palais, symbole de la grandeur passée du royaume, grâce au don de Frédéric VII et aux cotisations particulières, fut relevé de ses décombres. La direction des travaux fut confiée à l'architecte Meldahl. Sur les dépenses s'élevant à 2.502.600 francs, M. Jacobsen, le brasseur philanthrope, avait à lui seul fait don de 789.000 francs. C'est aussi à sa libéralité que l'on doit la réédification de la fontaine de la cour d'honneur ; c'est encore Jacobsen qui, le 25 juin 1877, obtint du roi l'autorisation de fonder un Musée national et historique. Enfin, c'est grâce à ses générosités que les Musées ont vu leurs collections s'augmenter de jour en jour.

Frederiksborg, construit tout en briques, avec ses larges façades à quatre étages, ses tours hexagonales qui s'élèvent aux quatre angles, sa toiture et ses fenêtres formant pignon, ses lignes architecturales, a un aspect sévère et monumental. Dans le milieu de la cour, la grande fontaine de Neptune. Dans toutes les pièces de ces demeures royales, on a réuni des collections de tableaux, aquarelles, dessins, gravures, bustes, statues, armoiries, bahuts, coffres, grès et faïences se rapportant à l'histoire du Danemark, provenant des châteaux de Christiansborg et de Kronborg, ou encore de dons faits à la couronne par des sujets danois. L'intérieur est somptueux. Il y a des salles où l'on se croirait dans un palais des *Mille et une nuits*. Partout ce sont des marbres, des vitraux, des boiseries sculptées, des décors arabesques ; mais, dans l'ensemble, il y a trop de dorures. Ce que nous voyons a été refait depuis l'incendie de 1859. La disposition intérieure des appartements a été reproduite telle qu'elle se trouvait. La seule pièce qui mérite de fixer l'attention par ses magnifiques proportions, est la grande salle des Chevaliers. Elle occupe tout l'étage supérieur de l'aile Nord, et rappelle par sa disposition générale, comme aussi par la richesse de sa décoration, la galerie Henri II du palais de Fontainebleau. Elle contient quatorze portraits équestres des souverains du xviie siècle et du commencement du xviiie.

En quittant ces magnificences, nous redescendons dans la cour d'honneur et visitons la chapelle édifiée au-dessous de la salle des Chevaliers. Elle fut choisie par tous les rois de Danemark comme lieu de leur couronnement. Lambrissée de haut en bas de boiseries dorées, émaillée de couleurs vives sur lesquelles sont tendues, de distance en distance, de riches étoffes anciennes à broderies d'or et d'argent, cette chapelle est aussi riche qu'originale. La chaire est en ébène et en argent repoussé. Dans l'oratoire du Roi, des ivoires de valeur. La décoration de la tribune royale, établie de plain-pied, en argent massif, attire particulièrement notre attention. A la muraille sont suspendus les écussons de tous les chevaliers de l'Ordre de l'Eléphant, un des plus anciens d'Europe. Au fond, dans la pénombre, des vitraux placés sous la voûte, au travers desquels se tamise la lumière, produisent un bel effet.

C'est au château de Fredensborg, à 13 minutes en chemin de fer de celui de Frederiksborg, que chaque année l'empereur de Russie Alexandre III, le « Tsar de la Paix », gendre du roi de Danemark, aimait à venir se reposer des soucis de la politique. A l'arrivée des Souverains Russes, la famille entière du Roi se trouvait réunie. L'impératrice, souriante de bonheur, était heureuse de revoir son pays natal. Tous deux abandonnaient l'étiquette du cérémonial : ils se trouvaient si bien au milieu de ce petit peuple libre, si respectueux pour ses augustes hôtes ! L'Empereur Nicolas II, mû par un sentiment de délicatesse à l'égard de la mémoire de son bien-aimé Père, a préféré habiter le château de Bernstorff. Il est midi quand la visite du château est terminée. Le propriétaire de l'hôtel, prévenu de notre arrivée par le guide, avait arboré le drapeau tricolore. Si loin de France, notre cœur s'est réjoui à la vue de nos couleurs nationales flottant dans les airs. Nous faisons honneur au déjeuner servi par ce brave Danois, qui avait eu à notre égard une attention si délicate. A six heures, nous étions de retour à Copenhague, enchantés de notre excursion et réconfortés d'esprit et de corps. Je ne répétais plus : « Pour aimer votre pays, quittez-le ! » J'avais trouvé un coin de terre où l'on aimait la France et la Russie, où on les trouvait *unies* et *alliées*.

LES AUTRES MUSÉES

Notre deuxième journée commence par la visite des monuments. Pour nous rendre au Musée de Moltke (cousin du feld-maréchal), nous passons, rue Cronnegade, devant la maison où naquit Thorwaldsen. La galerie de Moltke renferme une collection de tableaux. Parmi les toiles les plus remarquables, je citerai un Rembrandt évalué 150.000 francs, quelques Rubens, des Van-Dyck, des Téniers, des Ruysdaël, des Bercheim, des Wouwerman, des Potter, des Poussin. La dernière acquisition faite est un tableau de Ferdinand Bol. Cette galerie possède 157 toiles.

Après une marche de 15 minutes, nous arrivons dans Palais-Prindsens pour l'ouverture du Musée Royal des antiquités du Nord, situé en face du Musée Thorwaldsen. Il nous faut consacrer deux heures à la visite des nombreuses salles qui occupent les deux étages.

C'est en 1806 que le professeur Rasmus Nyerup commença à former la collection des antiquités nationales. L'inauguration eut lieu le 11 février 1807. Thomsen, du 27 décembre 1816 jusqu'au 21 mai 1865, date de sa mort, continua avec zèle l'œuvre commencée par Nyerup. Il sut toujours procurer des acquisitions nouvelles qui venaient augmenter l'intérêt et la valeur de ce Musée ; c'est aujourd'hui l'une des curiosités du Danemark ; il renferme de grandes richesses en armes, instruments, tombeaux, etc. Le classement de ces antiquités est fait, d'une manière très ingénieuse, en trois parties qui sont : l'âge de pierre, l'âge du bronze et l'âge du fer, depuis 3000 ans avant J.-C. jusqu'aux règnes de Christian III et de Frédéric II. Tous les objets exposés sont placés géographiquement d'après les parties du monde d'où ils proviennent, d'après leurs qualités et les circonstances dans lesquelles ils ont été trouvés.

Dans ce Musée on a installé, en 1845, des archives d'antiquité et de topographie. L'âge de pierre comprend l'époque la plus ancienne des trois périodes préhistoriques de la civilisation, époque à laquelle les hommes ne connaissaient pas les métaux. Les armes et les instruments tranchants étaient confectionnés en pierre. Les salles renfermant les objets de l'âge du bronze et du fer sont intéressantes à visiter. Ce qui frappe l'imagination en examinant les objets antiques conservés dans les musées danois ainsi que dans les palais royaux, c'est la grandeur démesurée des verres à boire. Les collections en sont curieuses : certains verres tiennent jusqu'à deux litres. Quel est le buveur de nos jours qui pourrait vider un de ces hanaps rangés sur les dressoirs d'argent ? La cour de Danemark a conservé certaines traditions féodales. Autrefois, quand le roi traitait, à sa table, les monarques ou les ambassadeurs, — après un dîner copieux qui n'avait d'égal que celui de Lucullus, — il faisait apporter au dessert un de ces verres monumentaux et le vidait à la santé de ses convives : il provoquait ses hôtes à un tournoi plus bachique que diplomatique. On vit des braves refuser un combat dont s'étonnait leur courage et ne pouvoir couronner ces royales agapes.

Le Musée des antiquités du Nord, dont le commencement fut modeste, possède aujourd'hui d'importantes et rares collections qui excitent l'intérêt des visiteurs. Nous visitons aussi la Glyptothèque, principalement affectée aux marbres. Les œuvres de Bussen, élève de Thorwaldsen, y sont réunies. Les statues, dont l'exécution parfaite attire particulièrement l'attention, sont celles des deux filles de Christian IX, le roi actuel ; l'une est devenue l'épouse d'Alexandre III, l'autre est la princesse de Galles. La salle des marbres antiques est très remarquable. Ce Musée réunit aussi une collection de statues en granit recueillies en Égypte ; à citer le groupe du Roi Seti 1er et sa femme, que j'ai vu également dans le Musée de Ghiseh au Caire.

Nous terminons par le Musée ethnographique. Tous les modèles des engins de pêche, costumes et bateaux des Esquimaux du Spitzberg, du Labrador, du Groënland, y sont représentés, ainsi que leurs campements et les peaux d'ours qui leur servent de vêtements. Très complète aussi la collection des Lapons et Lapones de la Finlande et de la Norvège. Du reste, tous les peuples du monde y sont représentés dans leurs costumes, avec leurs armes et leurs idoles. A force de regarder ces multiples objets, nous sortons la vue complètement troublée.

Il y a beaucoup à voir autour de la capitale du Danemark. A peine avions-nous fini de déjeuner qu'il fallut partir pour le château de Rosenborg. Comme celui de Frederiksborg, il a été construit par Christian IV, qui régna de 1588 à 1648. Les armes, les vêtements de ce roi y sont religieusement conservés. A Rosenborg, les encadrements et les motifs de décoration tout en pierre, employés à profusion, donnent à l'édifice un autre aspect, tout en lui conservant son style renaissance. Dans la pensée du fondateur, ce château ne devait être qu'une simple habitation de plaisance : c'est ce qui en explique les proportions restreintes. Christian IV l'habita de préférence au château royal ; ses successeurs y donnèrent des fêtes. Christian V y fit faire des modifications. Frédéric IV transforma, en 1724, le premier étage. On a eu l'heureuse idée d'y réunir, dans un ordre chronologique, tout ce qui, en fait de meubles, vêtements, objets d'art, avait appartenu aux souverains qui se sont succédé sur le trône de Danemark pendant les trois derniers siècles, comme aussi tous les portraits de famille, ceux des généraux, des conseillers d'État. Cette collection, disposée avec beaucoup de symétrie, a été installée et rassemblée de 1866 à 1869. C'est Frédérik III, élu roi en 1648 après la mort de son père Christian IV, homme du meilleur goût, qui fonda ce Musée historique. Déjà, dans certaines pièces de Rosenborg, il avait groupé des curiosités. Dans le vestibule, on a placé des meubles et des tableaux se rapportant aux règnes des souverains qui, depuis Christian Ier, ont précédé sur le trône le fondateur de Rosenborg. Dans la salle d'audience de Christian IV, le plafond est soutenu par vingt-deux pilastres ; les murailles, ainsi que le plafond, sont lambrissés en bois de chêne ciré, et, sur la cheminée monumentale, je lis la date de 1615. A côté, la chambre où le roi mourut. Dans la tour du Nord se trouve la chambre à coucher. Les motifs du plafond sculpté rappellent ceux de la salle des Chevaliers de Frederiksborg. Quelques tableaux garnissent les murs ; entre autres, celui qui représente son chien favori. Très remarquable, le cabinet de travail décoré en laque verte de Chine, avec son plafond en stuc. L'escalier, ajouté en 1706 par Christian IV, est garni de faïences anciennes de Delft. A côté, la chambre à coucher de Kristine Munk, que le roi avait épousée morganatiquement en 1615, et qui, au lieu de vivre heureuse d'une telle faveur, fut assez légère pour lui faire des infidélités. Le roi la fit enfermer, en 1629, dans un manoir du Jutland.

Plusieurs rois danois ont eu des aventures. Christian VII épousa la princesse Caroline-Mathilde, qui devint adultère. Frédérik VII se maria trois fois. Sa première femme était la fille de Frédérik VI ; sa deuxième, la princesse Marguerite. Voyant qu'il n'avait pas d'enfants, il divorça pour épouser une actrice. Le résultat fut le même. Sa première femme se remaria avec un frère de Christian VIII, et tous deux moururent à Kiel. La statue de Frédérik VII a été placée à Hilleröd devant le château de Frederiksborg. Nous parcourons la suite des appartements de Rosenborg pour arriver à la salle de marbre, dont la riche décoration date de Christian V. Le plafond est encadré par les écussons et par les armoiries des différentes provinces danoises. A l'extrémité, la salle du Conseil d'État, avec de belles tapisseries fabriquées à Kjoge. Les pièces contiennent tout ce qui, en fait de souvenirs quelconques, se rapporte aux règnes de Christian IV, de Frédérik III et de Christian V : le dernier de ces rois mourut le 25 août 1699.

Un escalier en colimaçon donne accès au premier étage, dans la salle Rosen, transformée par Frédérik IV en un cabinet de miroirs. Les glaces sont enchâssées au milieu du parquet, comme celles du palais Borghèse, à Rome. A côté, un couloir, tapissé de cuirs de Cordoue, aboutit au salon des Princesses. Le plafond à cloisons, avec ses ornements allégoriques de guirlandes et d'oiseaux, est remarquable. Tous les meubles, lustres, bronzes, sont de style Louis XV. Chaque souverain ornait et décorait les pièces de ce château d'après son goût. Christian V y a réuni une importante collection de portraits, bustes, porcelaines, bijoux, tabatières, montres, cuirasses, casques et uniformes : il en avait de tous les types. Le second étage de Rosenborg est entièrement occupé par la belle et grande salle des Chevaliers, dont la décoration actuelle date du siècle dernier. Le plafond surtout mérite une attention particulière. Au milieu, les grands écussons aux armes du royaume se relient par différents motifs des plus riches, mais un peu trop chargés ; ils rappellent les grands événements importants du règne de Frédérik IV. Près de la frise, des sujets allégoriques représentent les quatre parties du monde. Les murs sont revêtus de douze grandes tapisseries ayant pour motif la guerre de Suède (1675 à 1677). Comme meubles, il y a dix-huit fauteuils recouverts en tapisserie à la main par la reine Charlotte-Amélie de Hesse et par ses dames d'honneur. Elle broda ces merveilles pendant son veuvage. Dans la partie Sud sont les fonts baptismaux qui ont servi à la famille royale ; du côté opposé, sous un dais, les trônes du roi et de la reine. Devant l'estrade il y a trois lions en argent massif, coulés chacun dans une attitude différente et symbolisant l'ancienne union des couronnes scandinaves. Le fauteuil du roi, fait en dents de narval, et incrusté de figures allégoriques sur métal, servit pour la première fois en 1671. Celui de la reine est en argent ciselé, avec une inscription hébraïque ; il fut commandé par la reine Sophia-Magdalena. Cette princesse s'était refusée à faire usage des objets qui avaient servi au couronnement d'Anne-Sophie Reventllaw, parce que celle-ci avait été la maîtresse de Frédérik IV, qui l'avait épousée morganatiquement.

Le fils de Christian IV fut exilé en 1730 après la mort de son père. Tous ces détails historiques me sont fournis par notre guide danois, à qui ses soixante-quinze ans permettent de connaître l'histoire de son pays. Près de la salle des Chevaliers sont trois cabinets : dans celui qui correspond avec la tourelle du milieu sont enfermés les *regalia* ou insignes royaux qui datent, comme le fauteuil royal, du règne de Christian V. Le cabinet de la tour du Nord contient une collection rare de vieux verres de Venise, provenant de la fabrique de Murano, ainsi que des plats, assiettes, tasses, vases, gobelets, couteaux et fourchettes de toutes nuances, imitant le rubis, la topaze, l'émeraude et autres pierres précieuses. Cette admirable collection fut acquise par Frédérik IV au cours d'un voyage qu'il fit en Italie. Pour les amateurs d'antiquités et de pièces rares, le château de Rosenborg mérite une longue visite. Le sens artistique semble de tout temps avoir été très éveillé chez les Danois ; c'est un caractère distinctif de plus qui les sépare des Allemands. Visitez le château de Rosenborg, chef-d'œuvre de la Renaissance à demi gothique, sorte de musée chronologique des rois de Danemark, et vous y trouverez des merveilles et des trésors incomparables.

L'après-midi, nous prenons le bateau pour aller à Skodsborg. Pendant une heure et demie nous naviguons sur le Sund. Après l'île Haven, les rives sont garnies de charmants cottages bâtis au milieu de bouquets de verdure ; la végétation est extraordinaire et le climat tempéré. Nous sommes au 12 juin ; l'air est parfumé des senteurs des lilas et des aubépines en fleurs ; à l'horizon les côtes suédoises. Skodsborg est le Trouville du Danemark. Toute la société mondaine se donne rendez-vous sur cette plage. A la descente du bateau, nous apercevons avec joie le drapeau tricolore flotter sur le belvédère de l'hôtel de Bellevue. Décidément, ces Danois sont remplis de prévenances pour les Français ! De la terrasse, nous distinguons très bien, à l'horizon, les côtes suédoises. Les voitures nous font traverser le parc de Dyrehaven, promenade favorite des Danois, avec ses arbres séculaires et ses belles futaies. Sous des arbres isolés, des troupeaux de biches, de cerfs et de daims sont au repos. Au milieu de cette forêt, s'élève une coquette construction en style Louis XV, pavillon de chasse de Christian IV, d'où l'on a une belle vue sur le Sund. De là nous gagnons la gare de Klampenborg pour rentrer à Copenhague. Ce qui nous frappe, c'est le nombre extraordinaire de résidences royales que les souverains, les uns après les autres, se sont plu à édifier. Tous ces palais forment une nomenclature respectable : c'est énorme pour un si petit État. Après le Prindsen, il y a Christiansborg, Amalienborg, Rosenborg, Charlottenborg, Fredensborg, Kronborg, et sur les différents points de Sjœland, les palais de l'île Fyen et du Jutland.

Après trois jours passés dans la capitale danoise, il nous fallut partir pour Götenborg (Gothembourg). Le samedi 13 juin, à 10 heures 48 m. du matin, nous prenons le chemin de fer pour arriver à Helsingör à midi 25 m. C'est l'endroit où le gouvernement danois prélevait autrefois le péage du Sund sur les quinze à vingt mille navires qui passaient annuellement ; ce droit a été racheté en 1857 pour 86 millions de francs. De la mer on aperçoit distinctement le château fort de Kronborg. C'est sur une des terrasses de cette forteresse que Shakespeare, dans *Hamlet, prince de Danemark*, fait passer l'esprit du roi devant les sentinelles. Kronborg joue d'ailleurs un rôle important dans les traditions danoises : une légende raconte qu'au fond d'une des casemates se trouve l'âme d'Ogier le Danois, célèbre dans les contes d'Andersen : c'est l'esprit qui protège le royaume et qui sortira quand la patrie sera en danger. D'après la légende, Ophélie est née à Elseneur. Lorsqu'on a lu ou vu jouer *Hamlet*, même en province, on a sur Elseneur et la terrasse de son château des renseignements suffisamment erronés ; il est bon de les rectifier une fois en passant. Elseneur ne répond pas, malheureusement, à l'idée qu'on s'en fait d'après Shakespeare ou d'après les décors d'opéra. C'est un joli port de mer de dix mille habitants, où il y a des usines, des manufactures, mais pas le moindre lac pour noyer Ophélie. Quant au château, il ressemble à celui de Saint-Germain. Il date à peu près de la même époque ; il est entouré d'un fossé qui le sépare des fortifications, et les talus sont fréquentés, comme à Paris, par les bonnes d'enfants et les militaires. Le château lui-même est une caserne, et si l'ombre d'Hamlet y revient le soir, c'est l'adjudant de semaine qui la reçoit, pour la mettre au clou.

Comme à Detroit, en Amérique, le train tout entier est embarqué sur un bac à vapeur qui fait la traversée du Kattégat, ou embouchure de la mer Baltique, en vingt-cinq minutes à peine. Il est curieux de naviguer ainsi en chemin de fer ! L'embarquement du train se fait avec une telle rapidité que l'on passe sur mer sans s'en apercevoir. A travers les vitres du wagon, que je n'ai pas quitté, je vois la grande nappe gris-perle, satinée, tout unie, couverte de navires pressés, affairés, courant toutes voiles dehors. De Copenhague à Christiania il y a 650 kilom., le trajet s'effectue en 19 heures.

DE COPENHAGUE A GOTHEMBOURG

Nous avons 343 kilomètres à faire en chemin de fer pour arriver à Gothembourg, deuxième ville de la Suède. Le confort des wagons avec cabinets de toilette est si parfait, les employés si convenables et les prévenances de la compagnie — qui fait mettre dans chaque compartiment des carafes d'eau fraîche — si grandes, que le voyage s'effectue à ravir. Tout concourt à la bonne installation de ces wagons coquets : même l'électricité. C'est que, contrairement à d'autres compagnies, les compagnies suédoises et norvégiennes ont souci du bien-être des voyageurs.

Un wagon spécial est affecté à notre caravane. Parmi nous sept dames, dont quatre accompagnent leurs maris. Les conversations s'engagent pendant que le train roule à toute vapeur ; chacun émet son opinion, manifeste sa satisfaction, rédige ses notes, développe ses impressions, et sans encombres, après avoir traversé des plaines bien cultivées, longé des forêts de sapins, vu des villages avec leurs maisons en bois peintes en rouge, nous nous arrêtons à Engelholm. Puis nous apercevons le détroit de Kattégat, qui sépare le Danemark de la Suède ; ensuite Bastard, sur la mer du Nord, Loholm. Après, c'est une succession de lacs qui viennent faire diversion. Partout des bestiaux paissent dans les prairies. Au son strident du sifflet de la machine, à l'approche du train ils fuient ; les plaines verdoyantes que nous traversons rappellent la Touraine. Nous sommes à Eldsberge !

UN DÉJEUNER A L'ASSAUT

A 3 h. 32 nous arrivons pour déjeuner à Halmstad. « Seize minutes d'arrêt, buffet ! » crie l'employé. A peine le train s'est-il arrêté que le buffet est pris d'assaut par les voyageurs affamés : l'air des sapins creuse l'estomac, la poussée est terrible. Le flot humain se précipite dans la salle. Sur une grande table s'entassent des viandes salées et fumées, des turbots bouillis, des truites grillées, des œufs, des conserves, des condiments, des hors-d'œuvre de toute nature, comme en Russie, des acouskis, du pain de plusieurs sortes découpé en tranches ; comme beurre, de la margarine (son inventeur Pellerin a monté plusieurs fabriques à Christiania) ; du fromage noirâtre, produit du pays, des compotes, des crèmes, des myrtilles, jusqu'à du caviar ; tout un assortiment de victuailles connues et inconnues.

Pour deux kröner (2 fr. 80), vous avez le droit de vous servir à votre guise sans l'intervention d'aucun auxiliaire et de manger autant que votre appétit vous le permet. Pas de contrôle ; tout à discrétion. Au milieu de tous ces mets et de toutes ces sauces, chaque arrivant emplit son assiette de ce qu'il préfère. Les audacieux, avec une dextérité étonnante, enlèvent à la fourchette les meilleurs morceaux ; les indécis restent stupéfaits. Chacun, muni de sa proie, se retire dans un coin, là où il peut trouver une place pour s'asseoir, ce qui n'est pas chose facile. Ceux qui n'ont pas pu saisir une fourchette au passage se servent de leurs doigts. A chacun de se tirer d'affaire. C'est la lutte pour la vie. Parmi ces voyageurs affamés, il y en a de deux types différents : ceux qui mangent pour vivre et ceux qui vivent pour manger. Mais le plus drôle dans cette affaire, c'est de voir, au milieu de la table, la maîtresse de céans, une grosse blonde à l'air réjoui, en compagnie de son Vatel, assister, impassible, à ce carnage. C'est vraiment un coup d'œil indescriptible. A un moment donné, le silence règne. On n'entend plus que le bruit des fourchettes et la cadence des mâchoires. Notre guide est bientôt interpellé de tous les côtés à la fois :

— Du lait chaud ! demande Mme V...
— Du vin ! s'écrie Mme P...
— Du thé ! réclame Mme C...
— De la bière ! tonne M. L...

Le malheureux guide essoufflé, court de l'un à l'autre, de la brune à la blonde, cherchant à donner satisfaction à tout le monde. Le sobre L. M. trouve si grand intérêt au spectacle d'une telle *razzia* que, remonté dans le wagon, il s'aperçoit qu'il n'a pas déjeuné.

Pendant toutes ces interlocutions, les seize minutes s'écoulent et le guide, obligé de porter à chacun son ticket, part (à l'encontre de M. S... qui a fait un repas pantagruélique), sans avoir eu le temps de rien croquer ! et nous ne dînerons qu'à neuf heures à Gothembourg ! On n'a pas l'idée de ce qu'un estomac peut absorber pendant seize minutes. Mes deux voisins de table s'en acquittent bien ; c'est à qui détiendra le record. Ce déjeuner à l'assaut, avec le carnage de victuailles, les appels désespérés de ceux qui n'arrivent pas à se faire comprendre dans ce match culinaire, restera comme un des souvenirs de voyage que l'on rumine volontiers. La sonnette annonce que la dernière minute est passée. Chacun regagne sa place ; le train s'ébranle et continue sa marche en avant.

Nous roulons toujours. A Getinge, les maisons de bois toutes basses me rappellent les isbas russes. A Falkenberg, nous avons fait 135 kilomètres ; il en reste encore 108. Nouvel arrêt à Warbeg, petite ville bâtie sur les bords du lac Kattégat. La coiffure locale, peu coûteuse pour les femmes, se compose d'un simple mouchoir posé sur la tête. Enfin, après Kongsbacka, voici Gothembourg, à 1.645 kilomètres de Paris. Il est 7 h. 15 m. du soir, quand le train entre en gare.

GOTHEMBOURG (Gœtenborg)

A la descente de wagon, le patron de l'hôtel, quoique allemand, nous souhaite la bienvenue. Nous prenons place dans un brillant omnibus. Il a fait hisser au sommet de l'hôtel le pavillon français. A peine entrés dans le salon, nous cherchons en vain de tous côtés des journaux français : il n'y a que des feuilles anglaises. Notre curiosité ne se trouve pas satisfaite, nous voulions savoir quel cheval avait gagné le Grand-Prix de Paris. Était-ce un français ou un anglais ? Les paris restent ouverts. Après le déjeuner, servi dans le *spisesal*, nous venons nous asseoir au dehors sous la vérandah. Je prie le portier, qui parle très bien français, de nous faire servir le café. — C'est impossible, répond-il, il n'est pas encore une heure de l'après-midi. Avant, c'est interdit par la police. De plus, le dimanche, pendant les offices, on ne peut ni manger ni boire dans tout le royaume ; ce n'est pas gai, mais c'est anglican et hygiénique. — Cependant, nous ne sommes ni protestants, ni sujets suédois. Comme étrangers, nous sommes libres ! À force de parlementer, dix minutes s'étaient écoulées. Une heure sonnait, et ce n'est pas sans peine que le café nous fut servi, mais à l'intérieur. C'était le supplice de Tantale de voir ce café sans pouvoir le boire ! Là ne devait pas s'arrêter notre surprise.

J'interpelle le garçon en lui demandant une chartreuse.
— Impossible de vous servir.
— Pourquoi ?
— La vente de l'alcool est interdite.

Cet incident me rappelle qu'un dimanche, dans une ville des États-Unis, je me promenais le cigare à la bouche, quand je fus appréhendé par un policeman qui me fit signe de ne pas fumer. Tout interloqué, je m'adressai à un passant qui parlait français ; il m'expliqua que Pittsburg étant une ville de tempérance, on n'y pouvait, le dimanche, ni boire ni fumer. La liberté dans la libre Amérique est un vain mot !

De Gothembourg on peut aller à Stockholm par le canal de Gotha. C'est une très belle excursion à faire. La matinée est occupée par une promenade en voiture ; les landaus fournis par l'hôtel sont des plus élégants. Sortis de la ville par Drottning-Torget, nous suivons d'abord Stampgattan pour arriver au Slottskogsparken. Dans ces parages, les belles villas se succèdent, entourées de magnifiques ombrages. Ce sont les grands propriétaires de la ville qui habitent ces quartiers luxueux. Le guide nous fait arrêter devant la maison de James Dikson, nom connu des géographes ; c'est lui qui a contribué si généreusement à l'expédition du professeur Nordenskjold dans les mers arctiques ; expédition également tentée par le docteur Nansen, qui traversa l'île du Groenland. Ce que Nansen n'a pu faire, Andrée et ses courageux compagnons le feront-ils ? Tout au moins, ces audacieux explorateurs, qui se dévouent pour la science, vont l'entreprendre. Ils sont partis, et nous attendons de leurs nouvelles avec impatience.

De la villa Dickson, nous traversons les nouveaux quartiers de la ville qui s'élèvent au sud : les constructions se distinguent par leur architecture riche et ornementée. Slottskogsparken occupe un bel emplacement qui a été choisi avec discernement. La nature granitique du sol, avec un lac naturel, a permis d'y créer à peu de frais une promenade très pittoresque ; seuls les vieux arbres y manquent. Le dimanche, ce parc est envahi par la classe ouvrière qui vient s'ébattre sur les pelouses verdoyantes. Pour rentrer à l'hôtel, nous passons par le faubourg de Majarna ; nous longeons les boulevards tracés sur l'emplacement des anciens bastions, bordés de chaque côté par des jardins publics. Sur la place, le nouveau Théâtre.

Gothembourg, à l'extrême nord de la Suède, est le port principal du Skager-Rack, à l'embouchure de la rivière de Gœta. La population compte 100.000 habitants. Le mouvement maritime dépasse celui de Stockholm. Le port est plus important qu'à Copenhague. Comme Amsterdam, la ville est traversée par des canaux. C'est une ville moderne sans caractère ; les rues sont bien percées, les maisons bien alignées. Remarque locale : les magasins n'ont pas de fermeture. Nous visitons le jardin des plantes. Parmi les numéros de la partie zoologique, la baleine de M. Walm et un élan méritent d'être cités. Dans la galerie de tableaux, les œuvres des maîtres scandinaves. Dans la serre chaude, un cactus du temps de Linné.

Venesrsborg, situé près du lac Venern, est mis en communication avec Gothembourg et le Kattégat par le canal de Gœta. Placé entre Christiania et Copenhague, cette ville doit son rapide accroissement à sa situation géographique. Un chemin de fer la relie à la capitale. La population jouit d'une certaine aisance. Nous n'y avons pas vu de vilains quartiers, encore moins de mendiants. On va de Gothembourg à Stockholm, par bateau, en cinquante-huit heures, par le canal de Gœta, et par chemin de fer en douze heures ; pour aller à Christiania, 257 kil., en chemin de fer, il faut 10 heures.

LES CHUTES DE TROLLHÆTTAN

De Gothembourg, après deux heures et demie de chemin de fer, nous arrivons à Trollhættan, le « Niagara Falls » de la Suède. La population est de 4.000 habitants ; la nature sévère du site a fait une renommée à cette petite ville, une des plus visitées des pays scandinaves. Sur un espace de plusieurs kilomètres, le Gœta, encaissé entre deux berges escarpées, court de cascade en cascade. Au moment de descendre son gigantesque escalier, le fleuve, transformé en lac, paraît se reposer avant de prendre son prodigieux élan. La force motrice des six chutes de Trollhættan est évaluée à 250.000 chevaux ; celles du Niagara, les plus fortes du monde, sont de 1.700.000 chevaux. Ici, l'eau bouillonnante rebondit, lançant en l'air des panaches d'écume ; puis, tout à coup, les rives se resserrent sur une distance de 1.500 mètres de longueur, répartissant les 95 mètres de hauteur qui forment la différence des niveaux. C'est un chaos de flots mugissants au milieu de noirs rochers encadrés par un paysage d'une beauté grave. Rien ne peut arrêter cette poussée des eaux. C'est une débandade générale du fleuve, un sauve-qui-peut de chaque flot affolé. Les rocs sont impuissants à retenir la débâcle. C'est de l'île de Toppo que l'on peut le mieux juger de l'ensemble de ces grandes scènes de la nature. L'émotion qui s'empare de moi est la même que celle que j'ai ressentie, lorsque je me trouvais à la Grotte des Vents aux chutes du Niagara.

L'industrie utilise la force hydraulique de ces rapides. Le long des rochers, fabriques, scieries et usines se sont élevées. Nous en trouvons une qui transforme le bois de sapin en pâte destinée à faire du carton et du celluloïd. Tout tremble sous le choc des turbines. Par un petit sentier qui longe le fleuve, nous arrivons à la Grotte du Roi. C'est une grande excavation de rochers produite par les eaux. Nous y remarquons les noms que plusieurs souverains ont gravés lors de leurs visites. De là, nous nous acheminons vers la Marmite du Géant, cavité profonde creusée par les tourbillons. Tout cela est d'un grand effet. Si les chutes du Niagara étonnent, celles du Trollhættan stupéfient et confondent l'imagination. Le nom donné à ces chutes est bien défini. Trollhættan, en suédois, veut dire « terreur des sorciers », comme Niagara, en indien, signifie « tonnerre des eaux ».

Gœta-Elf se déverse dans le Kattégat ; les eaux du lac Venern y passent par une succession de chutes et de rapides. Le coup d'œil est pittoresque au milieu de ce paysage grandiose. A cent mètres de là, la main de l'homme a, en 1795, creusé, parallèlement à l'œuvre de la nature, un canal très remarquable, avec double système d'écluses. Le but était d'éviter à la navigation le passage difficile des rapides. Ni la chute du Rhin, ni les plus fortes cascades de Norvège, ni les rapides du Nil, ne peuvent donner une idée de ces rapides bouillonnants. Le débit de l'eau qui s'y fait, quoique prodigieux, n'atteint pas cependant celui des chutes du Niagara qui est de 90 millions de mètres cubes par vingt-quatre heures.

Nous nous arrêtons au belvédère pour mieux contempler cette merveille et son cadre. Nous longeons le sentier de Karleken-Stig, (sentier d'amour) pour aboutir à Aakersvass. Là finissent les quatorze écluses construites par Erikson et inaugurées en 1844. Le fleuve redevient navigable jusqu'à Gothembourg. Ces quatorze écluses sont séparées par de petits lacs qui servent de garages. C'est la voie que suivent les grands bateaux ; les petits se servent des écluses primitives qui ont été taillées dans le roc en 1795. Nous y avons vu descendre un train de bois. Au loin, nous entendons des sifflets dans la direction de Gothembourg. Ce sont des bateaux qui préviennent les éclusiers de leur arrivée. Nous assistons à la manœuvre d'un vapeur qui s'engage dans la première écluse ; elle est répétée quatorze fois jusqu'à ce que le bateau se trouve transporté par les eaux à 95 mètres de hauteur.

Le canal de Gœta, commencé en 1810, ne fut achevé qu'en 1842 ; la dépense s'élève à 16 millions de kroners (le kroner vaut 1 fr. 40 c.). Il sépare la mer du Nord de la Baltique, sa longueur est de 420 kilomètres, dont 75 ont été creusés par la main de l'homme. Il commence à Gothembourg, sur le Skager-Rack, remonte le Gœta-Elf jusqu'aux écluses de Trollhættan, pénètre dans le lac Venern, passe ensuite dans le lac Viken, à 75 mètres d'altitude, différence de hauteur absorbée par les quatorze écluses, puis redescend au lac Vetern et, par d'autres lacs, jusqu'au fjord de Slatbaken ; en tout soixante écluses à franchir ! C'est ainsi que les bateaux de la Baltique peuvent entrer dans la mer du Nord, après s'être élevés à la hauteur du lac Viken qui est à 350 pieds au-dessus du niveau de la mer.

Nous nous dirigeons vers l'hôtel en longeant la nouvelle ligne d'écluses. Tout à coup nous sommes surpris d'apercevoir au-dessus de nos têtes, dominant l'Echelle des Géants, un bateau qui a franchi les écluses. Pour revoir les cataractes, nous traversons le pont Oscar construit en 1889. De là, l'eau jaillit d'une hauteur de 33 mètres, avec une impétuosité formidable. Les flots, en se combattant, forment une écume si blanche que l'on dirait une rivière de lait. Un brouillard s'élève, et l'eau vaporisée vient nous rafraîchir le visage. La montagne de granit, recouverte de sapins, forme à ce coin sauvage un cadre qui émotionne. Le lendemain matin, nous quittions Trollhættan, emportant de ses chutes et de ses écluses une impression profonde.

DE TROLLHÆTTAN A CHRISTIANIA

Après la Suède, la Norvège, but de notre voyage ; notre point *terminus* sera le Cap Nord. En quittant Paris, nous avions cru trouver la fraîcheur en Norvège ; nous y retrouvons la chaleur. M. P..., voyageur pratique, a toujours à la boutonnière de sa jaquette un petit thermomètre ; il constate que, dans notre wagon, la chaleur atteint 32° : une étuve où cuiraient des œufs à la coque ! Heureusement, la Compagnie fait placer dans chaque wagon des carafes d'eau frappée, pour désaltérer les voyageurs. La glace n'est pas chère en Norvège ! On la trouve partout à profusion.

Pour arriver dans la capitale, nous avons à franchir 357 kilomètres. On passe à Mellerud, Dalskog, Backafos pour aller à Ed. De tous côtés, ce ne sont que des sapinières. Afin de rendre inépuisable la production du bois, le reboisement se fait tous les ans avec grand soin. Pour la Suède et la Norvège, le sapin est une mine d'or. Le bouleau y pousse aussi très bien. L'industrie du bois occupe une place très importante. Les sapins arrivent à la scierie par un moyen de transport peu coûteux. Partout les radeaux descendent seuls sur les lacs. Les bois sont marqués et recueillis à leur passage devant chaque scierie : tout s'y passe avec une loyauté qui honore les Suédois et les Norvégiens. Devant ces scieries, des montagnes de sciure forment talus. A Paris, la sciure de bois se vend jusqu'à quatre et cinq francs le sac, pour servir de fleurage aux boulangers. La sciure fait que le pain se détache plus facilement de la pelle lorsqu'il est prêt à être enfourné. Si les marchands parisiens avaient à leur disposition les montagnes de sciure entassée ici devant les scieries, ils en feraient des centaines de mille francs ! Il est deux heures lorsque nous nous arrêtons à Ed. — « Quinze minutes d'arrêt, buffet ! » C'est l'heure de la curée ! Nous allons donc assister à un deuxième déjeuner à l'assaut. Nous pénétrons dans le *spisesal* ; le même coup d'œil s'offre à nos yeux. C'est à qui arrivera le premier pour mieux dévaliser la table surchargée de victuailles de toutes sortes et de tous pays, des sardines et des vins de France, du chester d'Angleterre, du porto d'Espagne, du caviar de Russie, des dattes d'Algérie, des ananas de la Martinique, du chianti d'Italie, des myrtilles de Norvège et des vins du Rhin.

Un de nos compagnons de voyage, M. de S..., se tient debout à côté de la table afin de puiser plus facilement dans les plats de son choix. Il les choisit tous ; le gaillard a les dents aussi longues que le corps. C'est une bonne fourchette : comme les canards, il digèrerait des pierres. Il s'adjuge, pour commencer, toutes les sortes de poissons, homard à la mayonnaise, turbot, saumon, et finit par la truite. Il déclare aimer le poisson ; il est servi à souhait. Pour terminer, friand comme une chatte, il goûte à toutes les marmelades, prend de toutes les crèmes qui décorent la table. A lui seul, il a mangé comme quatre. Son appétit se trouve apaisé. Je pense à ce pauvre guide qui, occupé des autres, n'aura pas encore le temps de manger. J'emplis mes poches de petits pains beurrés et de pâtisserie qu'il pourra tout à son aise goûter en wagon. Dire que personne n'a songé à photographier la scène du déjeuner ! Quel dommage ! A un moment donné, quand chacun a pris sa part de butin, le silence s'établit, on n'entend plus que le son métallique des couteaux qui résonnent sur le marbre des tables et le cliquetis des fourchettes ; mais on éprouve un soubresaut au bruit de la cloche d'appel annonçant que les agapes sont terminées. C'est un sauve-qui-peut général. Nous sortons du *spisesal* en finissant de broyer les aliments qui nous restent dans la bouche. Après une telle absorption de mets si différents, quelle julienne doit représenter notre estomac ! Tout perlant de sueur par les efforts faits dans ce travail culinaire, nous reprenons nos places, et, avec l'humoristique M.M*** et son neveu, nous passons dans le fumoir pour déguster, tout à notre aise un bon cigare, *terminus* indispensable d'un repas aussi précipité.

Une heure après, voici le lac qui sépare la Suède de la Norvège. A Kornsjo, la douane. La visite est vite terminée, et nous continuons notre route. De loin nous apercevons la citadelle de Fredricksten qui domine la ville. Près de la gare, est installée une importante fabrique d'allumettes et de cure-dents en sapin. Partout nous voyons que des dépôts de bois, des montagnes de planches, des pyramides de traverses, de chevrons et de bastins. Des piles de fenêtres terminées attendent leur départ pour la France. Le chemin de fer passe devant la belle cascade de Sarpsfos, traverse ensuite un grand pont suspendu, pour longer le fleuve Glommen qui traverse la ville fortifiée de Fredrickstad où se trouvent de grandes scieries et raboteries ; de nombreux ballots de pâte de sapin sont chargés sur des wagons. Enfin nous arrivons près de la capitale de la Norvège ; d'un point culminant on peut admirer tout à son aise Christiania et son fjord. Au loin, la ville en amphithéâtre, avec ses maisons rouges, ses cheminées noires, son port animé par des paquebots fumants, des bricks aux voiles déployées, des yachts et des barques de pêche qui sillonnent la nappe tranquille : à l'horizon, des groupes d'îles surgissent des flots et forment comme une ceinture de coquettes villas aux fines silhouettes, véritable banlieue maritime de cette capitale de marins.

CHRISTIANIA

Christiania est à 2.207 kil. de Paris, mais le Parisien, qui se représente cette cité comme perdue au milieu des frimas, est dans l'erreur. C'est une belle capitale, de civilisation raffinée.

Les incendies l'ont ravagée en 1686, en 1706 et en 1858, lorsque les maisons étaient toutes en bois ; depuis, la ville a été reconstruite avec des matériaux moins combustibles. La pierre et la brique ont remplacé le sapin. Je crois que le Norvégien regrette son ancienne maison de bois, bien calfeutrée, qui le mettait à l'abri du froid et de l'humidité. Dans les maisons en briques il a froid. Aux larges rues à angles droits, il préférerait ses anciens quartiers sinueux.

Au Grand Hôtel où nous descendons, situé en face du Palais législatif où se réunit le Storthing (la Diète), le premier personnage que nous coudoyons est Henrick Ibsen, pensionnaire de l'hôtel. Il paraît qu'on n'aborde pas facilement le maître, et que, avant de lui parler, il faut demander s'il est de bonne humeur. Généralement, quand il est mal disposé, il tourne le dos à ses interlocuteurs sans dire un mot. Tous les matins, Ibsen vient passer deux heures dans la cour du Grand Hôtel, qui n'est pas très gaie. Il se tapit dans le coin le plus sombre et reste abîmé dans ses rêveries, les yeux fixés au fond d'un bock. L'après-midi le penseur revient, car il semble se complaire au milieu de ce tohu-bohu de voyageurs qui arrivent et qui partent, de paquets et de malles qui encombrent les vestibules. Il ne reçoit et ne voit personne : « L'homme le plus fort au monde, a-t-il dit, est celui qui est isolé. » Il l'est. Le voici ! De taille moyenne, assez gros, il est sanglé d'une redingote noire et porte un haut de forme. Il avance lentement, un parapluie à la main. Sa barbe blanche est épaisse, mais, selon la mode norvégienne et normande, il a les lèvres et le menton rasés. Les cheveux de neige sont rejetés en arrière. Sous des lunettes d'or les yeux sont d'une mobilité extrême et d'une singulière vivacité ; ce sont les yeux spirituels et malins de celui qui fut « M. Thiers », à qui il ressemble un peu. Alexandre Dumas avait pour le célèbre dramaturge une profonde admiration. Ibsen ne sait pas un mot de français et cette ignorance le contrarie vivement. La Norvège a encore d'autres poètes, Bjornson est le Victor Hugo de la lyre. Il exerce en ce moment une influence politique énorme.

Les étudiants norvégiens aiment beaucoup les vers et, comme en Suède, ils se réunissent souvent pour chanter. Leurs chants, d'une poésie mélancolique, émeuvent beaucoup. C'est le poète Jonas Lie qui a écrit les paroles du chant particulier des étudiants. En voici le refrain :

> Toi, génération vivante dont le cœur bat,
> Quand tu portes un toast à tes devanciers,
> Te dépenses-tu à la mesure de leur grandeur ?
> Dis, sauras-tu, dans tes rêveries.
> T'élever aussi haut qu'eux ?

Mais c'est surtout le chant national de la Norvège qui fait vibrer le peuple et la jeunesse. La poésie est de Bjornson et la musique de Nordraack : « Oui, nous l'aimons ce pays qui se lève hors de la mer, avec ses découpures et, hâlée par les tempêtes, cette terre toute remplie de songes... » La musique est délicieuse et entraînante. Bjornson est l'auteur de nombreux drames historiques. Il n'a qu'un rival : c'est Ibsen. Mais Ibsen est un austère et un indigné ; Bjornson est un humanitaire et un optimiste. Le premier a banni tout lyrisme, le second est resté poète avant tout. Après Ibsen, avant Bjornson, il y a Lie. C'est un écrivain délicat. Pour être complet, il faut citer aussi Alexandre Kielland, le Daudet du Nord, plus styliste que penseur, plus soucieux de la forme que du fond, mais réformateur quand même, comme ses illustres compatriotes, qui sont tous, ou presque tous, patriotes d'abord et radicaux ensuite. La littérature norvégienne est, en effet, radicale et sentimentale : radicale, en exaltant le patriotisme de la Norvège ; sentimentale, en exagérant les sentiments féministes de la nation. C'est à cette littérature, très vivante et agissante, extraordinairement féconde, que l'on doit, non seulement la lutte sourde entreprise contre la Suède, mais aussi les droits extraordinaires concédés à la femme, devenue en Norvège l'égale de l'homme. Il n'y a guère, en Norvège, de librairies où le portrait d'Ibsen ne soit exposé. Il est représenté la tête surmontée d'une forêt de cheveux ; l'éclat des yeux est vif, malgré l'âge et la fatigue ; le front est bombé comme l'était celui de Victor Hugo.

La capitale de la Norvège fut fondée en 1624 par Christian IV pour remplacer Oslo, l'ancienne métropole qui venait d'être détruite par un incendie. En 1814, Christiania comptait 10.000 habitants, puis 77.000 en 1875 ; elle en a maintenant 200.000. De beaucoup elle a dépassé Trondhjem et Bergen. Le climat est tempéré, mais en janvier il y fait aussi froid qu'à Hammerfest.

Je rappellerai la température qui règne à Iakoutsk, sur la Léna, où le thermomètre marque en hiver, — 40° ; il y a même atteint — 62°. Cette ville sibérienne est la plus froide du monde. Son climat est le même que celui du sommet du Mont-Blanc, qui est à 4.810 mètres au-dessus du niveau de la mer.

Christian IV avait bien choisi l'emplacement pour y construire la nouvelle capitale. Christiania, dans sa position favorisée, occupe les bords d'un fjord de 95 kilomètres de long. Elle reste ouverte ou fermée du côté de la mer, à l'abri derrière l'étroite passe de 600 mètres qui se trouve défendue par les canons de l'île fortifiée de Kaholn. Pendant deux ou trois mois une partie du fjord est encombrée de glaces. Les voies ferrées mettent la ville en communication avec le Danemark ; elle le sera bientôt avec Bergen et la mer du Nord par une nouvelle ligne qui est en construction. Le mouvement du port, le plus animé de la Norvège, est de 3.409 navires. Les terres qui l'entourent sont des plus fertiles et surtout des mieux cultivées. Cette ville, par son augmentation incessante, devient une grande métropole.

La Suède et la Norvège sont deux monarchies constitutionnelles absolument distinctes, unies sous la dynastie Bernadotte depuis 1814. Oscar II, roi actuel, est le petit-fils du général Bernadotte, cet ambitieux parvenu, qui avait épousé M{ʟʟᵉ} Clary, fille d'un marchand de vins de Marseille. La constitution de la Suède date du 6 juin 1809 et celle de la Norvège du 17 mai 1814.

En Suède, il y a deux Chambres : la première composée de 150 membres élus pour neuf ans par les autorités communales les plus imposées, la deuxième composée de 230 membres élus pour 3 ans dans les villes et à la campagne, par scrutin.

En Norvège, il n'y a qu'une Chambre, composée de 114 membres, élus pour 3 ans par le suffrage au second degré. Les diètes des deux pays se réunissent tous les ans, et chacune s'occupe de ses affaires propres. Les affaires communes aux deux royaumes, telles que la représentation étrangère, sont rapportées au roi dans un Conseil d'Etat mixte, composé de membres suédois et norvégiens et siégeant tantôt à Stockholm, tantôt à Christiania, suivant que le roi habite l'une ou l'autre de ces villes.

La population de la Suède est de 5 millions d'habitants et celle de la Norvège de 2 millions. La superficie des deux pays est environ une fois et demie celle de la France.

Ce serait mal connaître les Suédois et les Norvégiens que de les supposer froids ou taciturnes, retranchés dans leur presqu'île et leurs âpres labeurs. S'ils cultivent leur sol avec une ardeur et une perfection qui placent leur agriculture à l'un des premiers rangs, s'ils extraient de leurs forêts des bois qui servent à toutes les constructions européennes, s'ils tirent des eaux qui les environnent ou circulent sur leur territoire des richesses que se disputent tous les marchés, ils ne sont pas moins friands de littérature, d'art et de science. Leurs Facultés, leurs Universités, leurs Observatoires ont la plus légitime renommée.

Christiania, comme Copenhague, a son Tivoli ; mais ce n'est plus l'établissement unique que nous avons vu : c'est un simple café-concert où se réunit plutôt le demi-monde que la belle société. Le soir de notre arrivée avait lieu, dans le cirque, une grande conférence donnée par le général Booth, le président de l'*Armée du Salut*. Deux mille personnes emplissaient la salle ; l'*Armée du Salut* trouve beaucoup d'adeptes en Norvège. Dans toutes les villes où on les rencontre, les salutistes portent le chapeau fermé si original que nous leur voyons à Paris. Au milieu de la salle, sur une estrade, le général expose ses doctrines. Pendant les intermèdes, les fanatiques de cette secte psalmodient des cantiques. A la fin de la conférence, les doctrines exposées par l'orateur n'ayant pas été appréciées par ses contradicteurs donnent lieu à un tapage infernal : un vrai charivari. C'est à tort que cette secte particulière s'intitule l'*Armée du Salut*, sa qualification technique serait plutôt l'*Armée du Chahut*.

Deux jours sont nécessaires pour visiter Christiania. Le Palais royal est un monument important, il est, pour le roi, un domicile obligatoire, puisque la Constitution de 1814 lui impose de venir chaque année y passer deux mois, entouré d'une cour exclusivement norvégienne ; il cesse alors d'être Suédois pour devenir Norvégien. Lorsqu'il part de Stockholm pour Christiania, les officiers de sa maison militaire le quittent à la frontière, pour le confier à la garde des officiers norvégiens. Grâce à l'amabilité du concierge, j'ai pu pénétrer dans le palais du Storthing, construit en 1866 ; il était fermé à cause des vacances des députés. Les deux salles de séances, avec des dépendances spacieuses, sont bien aménagées pour le travail des commissions et la garde des archives. Dans la grande salle, le tableau représentant l'assemblée Constituante d'Eidsvold en 1814. La Diète, qui est le produit du suffrage à deux degrés, se sépare en deux Chambres après sa constitution. Un quart des députés forme le Lag-Thing, et les trois-quarts prennent le nom d'Odels-Thing. Je remarque, d'après les inscriptions placés sur chaque banc, que, dans l'une ou l'autre assemblée, les députés, au lieu de prendre place de tel ou tel côté, comme en France, suivant la nuance de leurs opinions politiques, ont leur place déterminée par la circonscription qu'ils représentent. La gauche, le centre-gauche, l'extrême-gauche, l'union, la droite, tous ces mots vides de sens sont inconnus des Norvégiens. *La Nation avant tout*, telle est leur devise. Il n'y a que la Chambre des patriotes. Quel bouleversement une telle classification amènerait si l'on appliquait cet usage à la Chambre des politiciens de France ! Cette Convention de paysans et de négociants dirige à son gré les destinées du pays ; elle discute librement et, contrairement à ce qui se passe en France, lorsque la majorité a prononcé, les vaincus acceptent purement et simplement la résolution et ne cherchent pas à user de représailles contre la majorité. La Constitution norvégienne, après celle de l'Angleterre, est la plus ancienne de l'Europe ; elle date de 1814. Jusqu'en 1814, la Norvège n'était qu'une province danoise convoitée et souvent envahie par la Suède, qui la réclamait comme appoint à son territoire. En 1810, Charles-Jean Bernadotte, — qui avait lâchement abandonné Napoléon 1er — fut proclamé prince royal. L'ancien maréchal de France, né à Pau en 1764, et mort à Stockholm en 1844, avait troqué son bâton de maréchal contre une couronne; il signa, le 13 mars 1803, un traité d'alliance avec le puissant ennemi de Napoléon 1er. En 1814, l'Europe s'acharnait contre la France. C'est alors que la Norvège s'unit librement à la Suède, mais en conservant ses lois et sa charte. En France, ce sont les députés qui gouvernent ; les politiciens vivent et font métier de leur mandat. En Norvège, c'est le gouvernement qui gouverne, et non les parlementaires.

Le Storthing maintient avec un soin jaloux l'autonomie de la Norvège vis à-vis de la Suède. En France, les gouvernements passent, les trônes s'écroulent, les républiques disparaissent. En Suède et en Norvège une seule chose règne : c'est la stabilité. Une comparaison s'impose au cœur du patriote. En France, chaque député se croit ministrable. La médiocrité supplante le talent. Aussi, depuis 1871, nous avons eu 250 ministres !

Derrière les bâtiments de l'Université, dans un vaste hangar, est conservé le bateau de Vikings, trouvé en 1880 sous une colline près du fjord de Christiania. On le fait remonter au VIIIe siècle, époque où les Normands, ces écumeurs de mer, fondèrent des colonies en Irlande et en Angleterre. Au commencement du IXe siècle, ils envahirent la France en remontant les fleuves et vinrent assiéger Paris qu'ils pillèrent. Cette barque a 23 mètres de long et 5 de large. Les bateaux que nous avons rencontrés sur les fjords paraissent avoir été fabriqués d'après ce modèle. C'est sur ces navires non pontés que ces hardis marins, toujours à la recherche d'aventures, affrontèrent les fureurs de l'Océan et de la mer du Nord. Ce débris de bateau est si vieux que le bois est tout effrité. Qui sait si ce navire primitif n'est pas venu guerroyer sur les côtes de France ?

Nous entrons dans le Musée National installé près des bâtiments de l'Université. Quantité de toiles, de tableaux s'offrent à nos regards. Ceux qui nous intéressent le plus sont de l'école norvégienne. Parmi ces 300 tableaux nous remarquons des Tidemans, des Jordaens, des Ukermann, des Claude Monet, des Rafaëlli, des Skredsvig, des Zorn, des Daunat, la belle marine de Grumelund, mais, aussi, de mauvaises copies et des toiles sans valeur qui n'offrent qu'un intérêt médiocre. Comme dans tous les Musées du Nord, trop de nudités. Le Musée de Christiania est loin de valoir, pour ses collections, ceux de Copenhague et de Stockholm. Cependant le tableau de Christian Krogh (*la lutte pour la vie*) est une toile d'une parfaite exécution. La collection des antiquités est remarquable.

En résumé, Christiania est une capitale avec de grandes artères tirées au cordeau ; les édifices modernes sont d'un style froid ; les monuments artistiques font défaut. Seul, le nouveau théâtre, que l'on vient de construire, a un aspect monumental. Christian IV aurait dû avoir la pensée, selon moi, d'édifier la ville sur les bords de cet incomparable fjord ; les palais, élevés le long des courbes harmonieuses du rivage, auraient pu former une reproduction de Genève.

Nous visitons les magasins de fourrures qui, comme ceux de Moscou, sont pourvus d'un stock considérable. La maison P. Backer, dans Kongens-Gade 31, est, sans contredit, la plus importante de la Scandinavie. On y trouve des peaux d'ours noirs et blancs, de tigres, de hyènes, de loutres, de martres, de zibelines, de renards bleus, de petits gris, d'hermines, de rennes et d'élans. Les dames que nous accompagnons se laissent séduire par les prix avantageux et font ample provision de fourrures. Je cède aussi à la tentation, en achetant de ces belles zibelines dorées qu'on ne trouve qu'en Norvège. Nous passons la soirée à Mont Saint-Jean, site charmant entouré de verdure où sont installés des restaurants et des cafés-concerts. Plus de 5.000 personnes s'y trouvent réunies. La musique est douce et harmonieuse ; des familles entières, gravement assises, écoutent silencieusement, devant un bock de bière, des morceaux d'opéras exécutés par l'orchestre. Leurs amusements ont un cachet de convenance, de décence même : je le dis à la louange de ce peuple. On meurt aussi, dans ce beau pays, seulement on y meurt plus tard, parce que les mœurs y sont pures, la moralité grande, la vie calme et surtout reposée. En France, on abuse de la vie ; en Norvège on en use modérément : *In medio virtus*.

Notre matinée est réservée à l'excursion du *Sanatorium* situé sur la montagne Holmenkollen ; nous y arrivons après un parcours de deux heures en voiture. Dans la salle très décorative de cet établissement, se trouve exposé le portrait de l'explorateur Nansen. De la terrasse on aperçoit Christiania avec son fjord aux aspects divers. Sur la droite, au milieu d'un bouquet de sapins, émerge le donjon blanchâtre du château Oskarshall. Et le regard va de ces hauteurs étincelantes de ces abimes sombres, aux plaines liquides et vermeilles du fjord, avec ses voiles blanches et ses skœr — ilots noirs qui trouent sa surface lisse. Puis il revient à ces murailles gigantesques d'où se déversent des eaux fumantes, à ces océans de montagnes d'où cascadent toutes les nuances du vert, pour se perdre enfin dans les couleurs indécises de l'atmosphère, au milieu du solennel silence du soir et de l'immense paix de la nature.

Et mélancoliquement, sous l'impression d'un spectacle pittoresque qui explique la Norvège, pays du rêve et de la légende, nous reprenons la « route de Guillaume II » inaugurée le 2 juillet 1896, par Guillaume II et le roi Oscar (une inscription dorée dans un bloc de granit, frappé de la couronne impériale, lui donne ce nom) et nous rentrons à Christiania, la ville de commerce et du travail, où il faut admirer, non plus la beauté des choses, mais l'activité des hommes. A travers les allées d'un parc, nous arrivons au réservoir du Mont Saint Jean qui reçoit les eaux du lac Maridalen, pour en alimenter la ville.

Après notre déjeuner, un de ces coquets bateaux qui sillonnent le fjord doit nous conduire au château d'Oskarshall. Quelle délicieuse excursion à faire ! Dans un fond vallonné, on a installé un établissement de bains froids. Notre œil scrutateur perçoit, au travers des toiles, des Norvégiennes qui sont en train de prendre leurs ébats dans l'onde. De tous côtés, des collines, des sites verdoyants éclairés par les rayons ardents du soleil. C'est en face de la presqu'île que Charles XII fit braquer ses canons pour brûler la ville. Après une demi-heure de navigation, nous abordons au château d'Oskarshall construit au milieu d'un fouillis de verdure. Comme la lumière est belle, M. L. braque son instantané et commence la série de l'importante collection de vues qu'il rapportera de notre voyage. Oskarshall sert de résidence au roi Oscar II, quand il vient passer quelques mois à Christiania. Il a été édifié sous Oscar Iᵉʳ en 1849. La construction gracieuse offre dans sa blancheur l'aspect d'une mosquée. En haut du belvédère, le coup d'œil est incomparable. A l'horizon, borné par des montagnes couvertes de sapins, on découvre les iles qui émergent du milieu de ce grand fjord, et qui, avec les courbes gracieuses du rivage, forment un cadre de verdure au milieu duquel se dresse Christiania ; le tout est d'un ensemble grandiose qui rend rêveur. Quelle douce émotion on éprouve à contempler ce décor de la nature ! Le château d'Oskarshall, pour une demeure royale, n'a rien de remarquable dans sa construction. Cependant les appartements y sont bien meublés. Au rez-de-chaussée le gardien nous fait voir la pièce où fut reçu l'empereur d'Allemagne, en 1891 ; en face, le grand salon de réception. Au premier étage, le portrait de Charles XIII qui adopta Bernadotte, placé à côté de celui d'Oscar II, le roi actuel, petit-fils de Bernadotte, qui préfère l'Allemagne à la France (on me l'a affirmé). Dans ces appartements, rien d'exagéré en fait de luxe : quelques belles toiles de Tidemann, grand peintre norvégien, représentant des scènes de la vie du peuple. Aux deuxième étage, on a réuni dans une pièce les habits royaux et les souvenirs de famille, parmi lesquels figurent les portraits de Bernadotte et de sa femme, que l'on voit partout, d'ailleurs, en Suède et en Norvège.

En quittant le château, nous faisons une promenade dans le parc où l'on a réuni, les uns à côté des autres, différents spécimens de l'ancienne architecture norvégienne. Ces vieilles maisons ont été achetées par le roi actuel qui les a fait transporter dans le parc ; à côté une vieille église qui était à Gol, dans le Hallingdal ; elle date du xiii siècle. Les peintures sur bois en sont d'autant plus remarquables que les coloris ont conservé leur tonalité. Ces planches, revêtues de la patine des siècles, ont entendu exprimer bien des joies, bien des douleurs, bien des prières par toutes les âmes qu'elles ont abritées pendant les heures du culte et qui, depuis, se sont envolées vers Dieu. Dans ces maisons de sapin, avec leurs ustensiles de ménage, leurs plafonds aux poutres apparentes, leurs lits primitifs, et leurs pots à bière, tout est rétrospectif et donne bien l'idée de l'ancienne Norvège. Ces antiquités sont du plus grand intérêt pour le touriste, ami des choses du temps passé qui l'étonnent et lui font estimer davantage les choses du temps présent. Plus loin, dans le parc, un portail de beau style indique l'entrée d'une clairière. Au milieu de pins séculaires, plusieurs vieux édifices norvégiens intéressants à visiter : surtout cette église de Gol, avec ses trois toits qui lui donnent un air de pagode. Au moment où nous entrons, les paysans écoutent les accents lamentables d'un orgue poussiéreux. A côté de l'église, une maison de paysan du Thelemarken ; un « stabbur » ou maison de provisions à l'abri des rats, et une vieille ferme du Guldbransdal. Enfonçons-nous dans la forêt. Voici une série de petits chalets des plus modestes. Ils appartiennent au roi Oscar, qui, en bon roi économe, les loue aux bourgeois de Christiania. L'un de ces chalets, composé de deux pièces, perdu dans une pépinière au bord de la mer, lui est réservé. Le souverain aime à y séjourner. C'est là seulement qu'il peut se soustraire aux soucis du gouvernement.

Le bateau nous transporte sur l'autre rive, dans un faubourg de la ville. C'est un quartier de maisons de plaisance, charmant endroit traversé par le chemin de fer qui, pour arriver à Christiania, suit les bords du fjord. Le tramway électrique nous ramène en ville où, avant le dîner, nous avons encore le temps de faire une promenade dans le Karl-Johannsgade, la rue principale. Nous visitons l'orfèvrerie Andersen, au n° 16 de la Kirkégaden, où l'on trouve, comme chez Mme Verdier, de Copenhague, des antiquités pour cadeaux ou souvenirs de voyage. Le spisesal est décoré de fleurs. Au dîner, nous revoyons Henrick Ibsen, assis sous la vérandah, qui lit les journaux et commente avec un ami les nouvelles du jour. Notre guide profite du moment de répit qui lui est accordé pour aller faire ses adieux à sa femme et à sa fille ; c'est le lendemain matin que nous devons commencer nos pérégrinations à travers les montagnes et les fjords de la Norvège.

De Christiania à Copenhague il y a 20 heures de chemin de fer, et jusqu'à Stockholm, 17 heures pour faire les 575 kilomètres qui séparent les deux villes.

EXCURSION DANS LA VALLÉE DU VALDERS

Le jeudi 18 juin, à huit heures du matin, le chemin de fer nous emmène vers Randsfjord. C'est ici que commence la variété des moyens de locomotion. Dans la même journée, nous allons en chemin de fer, en bateau, en *carriole*. La voie ferrée côtoie le fjord. Les fjords sont des bras de mer, ou des ramifications de lacs éparpillés en tous sens, ayant, sur la carte, la forme d'une pieuvre aux mille pattes, qui viennent se jeter dans la mer ; ou encore des lacs successifs où arrivent les nombreuses *fos* (cascades) qui coulent de tous côtés dans les montagnes. La Norvège, sur toute son étendue, est baignée par ces multiples bras de mer. La voie ferrée suit les fjords, puis s'élève jusqu'à Roken, pour redescendre dans la vallée de la Lier. A Dramen, le chemin de fer passe sur un pont de bois bien curieux dans son genre de construction. Les lacs sont encombrés de bois flottants dirigés sur les scieries ; emportés par les eaux, ils descendent avec une rapidité étonnante. Après la riante vallée du Drammenselv, ce sont de nombreuses cascades qui tombent majestueusement des montagnes ensoleillées. De loin, elles ont l'aspect de chutes de lait. Nous suivons toujours le fleuve de Drammenselv pour arriver au Tyrifjord.

A Vikesund, d'importantes chutes d'eau sont utilisées par l'industrie ; une fabrique de pâte pour faire le celluloïd est venue se monter sur les bords du lac. La pâte, produite par le bois de sapin, se fait bouillir dans un bain additionné d'acide sulfurique, d'où elle sort toute jaunâtre ; ensuite elle est pressée et expédiée aux fabriques de celluloïd. Plus loin, c'est une fabrique de goudron. C'est après la cuisson des racines de sapin que le goudron se dégage. Les principales fabriques se trouvent dans le nord de la Suède et en Finlande. A Hönefos, d'énormes chutes d'eau tombent au milieu de rochers dénudés et noirâtres, pour arriver dans le lit de la rivière qui coule plus bas. L'eau jaillit avec impétuosité pour se frayer un passage. Eclairées par le soleil, ces cascades paraissent argentées ; un nuage humide s'en dégage, et l'eau volatilisée se trouve emportée par le vent. A Hen, plusieurs voyageurs descendent pour aller au lac de Spirillon.

Midi ! nous arrivons à Randsfjord, le *terminus* de la voie ferrée. Dix minutes après nous étions installés sur le bateau *Harald-Haarfager*. La navigation sur le Randsfjord est des plus charmantes. C'est la Suisse avec ses agréments et ses perspectives : une suite ininterrompue de cascades, de chaînes de montagnes. A chaque instant l'aspect change ; les yeux ne sont occupés qu'à regarder la diversité du paysage. Le Randsfjord a 72 kilomètres de long. A certains endroits, il a jusqu'à quatre lieues de large. Dix fois le steamer fait escale dans des villages construits au bord de ces rives luxuriantes et perdus, l'hiver, au milieu des frimas. A six heures et demie, nous débarquons au milieu des montagnes, et, pour la première fois, il nous est permis de voir ces petites voitures norvégiennes si réputées. Celles à une place s'appellent *carrioles* ; à deux places, *stolkjerre*. Nous montons dans ces véhicules lilliputiens pour nous diriger sur Tomlevolden, première étape.

Nous abordons le pays de la carriole traditionnelle. Cette première excursion a égayé la caravane qui, depuis longtemps, éprouvait le désir de se faire transporter par cette voiture locale. La carriole est une charrette à une place : c'est une voiture parce qu'elle a deux roues, mais c'est tout. Ce véhicule national, vanté par les uns, critiqué par les autres, ressemble plutôt à une embarcation. Le siège est sans dossier ; le voyageur est tenu de rester dans la position d'un rameur dans sa périssoire ; les jambes, qui pendent en dehors, trouvent pour point d'appui, de chaque côté, un étrier en fer qui permet de s'arc-bouter dans les descentes. Un tablier de cuir protège le voyageur jusqu'à la ceinture. Derrière, une planche reçoit votre valise et le petit bonhomme qui vous accompagne. Comme le frottement des guides contre les habits est gênant, on préfère conduire soi-même. Cette voiture est légère comme une plume et passe forcément partout. Si les montées, à travers les routes en lacets, se font lentement, les descentes, au contraire, ont lieu au grand trot, à une allure vertigineuse. C'est le seul mode de transport usité dans les forêts de la Norvège. Le cheval norvégien est jaune ; il a le pied sûr. Dans les descentes il avance avec prudence ; au bas de la côte, il repart à toute vitesse. Sa sûreté est due à la ferrure de ses sabots qui sont munis de fers à crampons, un sur le devant, deux au talon. C'est sur ces triangles qu'il repose. Le Norvégien prend un soin particulier du cheval qui lui est confié ; jamais il ne le maltraite ; il le fait reposer après un effort. Si un touriste, en conduisant la carriole, donnait un coup de fouet au cheval, le cocher le regarderait d'un air courroucé. Ces chevaux sont de bonnes petites bêtes, d'une douceur extrême. La stolkjerre, sauf les étriers, ressemble à la carriole ; elle a l'accès plus facile ; on y est assis plus commodément. Nous roulons au milieu des montagnes. Quel contraste entre les impressions que nous éprouvons ! Hier, c'était l'animation de la grande ville ; nos oreilles étaient fatiguées du bruit. Aujourd'hui, c'est le calme de la solitude. Nous jouissons de ce silence de la nature. Pendant que nos petits chevaux gravissent avec courage les côtes à travers la montagne, nous nous laissons aller à ce charme du repos. Pendant trois jours nous voyagerons en carriole pour atteindre Lœdalsören, qui est à 52 kilomètres. Sur la route, nous rencontrons plusieurs de ces véhicules ; ce sont des touristes qui reviennent d'excursion.

Neuf heures ! voici Tomlevolden, à 17 kilomètres, le *terminus* de notre seconde étape. Au dîner, nous faisons connaissance avec des poissons de toutes sortes ; à dix heures, le soleil n'est pas encore couché. Nous l'imitons en nous avançant dans la campagne. La soirée est fraîche, le ciel pur. Au loin, des sons de clochettes se répercutent dans la vallée ; ce sont les bestiaux qui descendent de la montagne. A minuit, malgré le grand jour, nous nous décidons à nous reposer des fatigues de la journée. De Tomlevolden à Fosheim, les 68 kilomètres se font dans des régions granitiques. C'est un véritable voyage dans les Pyrénées. Au milieu d'échappées, l'œil perçoit des chalets assis sur le flanc de la montagne. Nous passons sur des ponts chancelants. La route traverse l'Etnaelv et gravit la montagne de Tonsaas pour arriver au village de Sveen. Nos petits poneys grimpent toujours ; la rampe est rapide. Pour les alléger, nous descendons. Nous devons atteindre l'altitude de 700 mètres. Ce plateau domine la longue vallée du Valders, que nous allons parcourir pendant trois jours. Dans une cour de ferme, nous entendons un mélange confus de rires, de gloussements de poules, de cris de canards, d'aboiements de chiens. Toute une nichée d'enfants, blonds comme les poussins qui picoraient auprès d'eux, se pressaient autour d'une large écuelle de lait mousseux, et, les lèvres gourmandes, rouges comme des cerises, ils s'avançaient pour atteindre le bord de la jatte, tandis que le chien de la maison jappait de convoitise et que le chat, la queue droite et les moustaches plissées, guettait le moment où son tour arriverait. La fermière, aux cheveux blonds comme des épis mûrs, blanche de cette blancheur rosée qui n'appartient qu'aux femmes de l'extrême nord, les joues aussi colorées que son jupon de drap écarlate, souriait avec cette calme placidité d'une belle Valkyrie scandinave. Nous montons toujours. Les sapins succèdent aux éternels sapins. L'odeur enivrante du bois de hœg vous prend à la gorge. De temps à autre, au fond d'une clairière, on aperçoit des envolées de ciel bleu ou des coins d'horizon pâle. Cette route tourmentée est pleine d'imprévu. A chaque tournant, le paysage change. C'est tantôt la forêt, tantôt le bloc aux formes fantastiques.

Sveen, halte ! Il faut laisser souffler les chevaux et les réconforter de bonne avoine. En cours de route, nous visitons, à Tonsaasens, le *sanatorium* qu'un Anglais est venu installer au milieu de cette vallée luxuriante. La construction est vaste, l'agencement luxueux, le confort appréciable. Au moment de notre passage, trente-deux touristes, anglais pour la plupart, l'habitaient. Ces gens maladifs viennent dans ces régions lointaines et isolées se reposer au milieu des montagnes de sapins ; l'air vivifiant et réparateur qu'on y respire convient aux personnes anémiées.

Il est deux heures, lorsque nous arrivons au relai de Frydenlund pour déjeuner. La maîtresse de céans, comme toutes les Norvégiennes, est blonde ; l'éclat de son teint est éblouissant, sa force et sa santé sont remarquables. Ces femmes ont le maintien modeste, le langage doux et affectueux, leur intelligence semble droite et saine. La table est servie avec abondance : du poisson, toujours du poisson, c'est le mets national. Nous savourons les truites saumonées qui nous sont servies ; la chair rosée est d'une délicatesse inouïe. Les myrtilles et les pruneaux complètent le dessert. M. de S..., notre Gargantua, toujours affamé, fait honneur à tous les plats. Le café est servi sur la terrasse pendant que les carrioles s'alignent, et par un soleil éclatant, nous continuons notre marche en avant. Depuis notre départ de Paris, pas le moindre ennui n'est venu contrarier notre voyage. Le guide a tout réglé, tout prévu. La route suit le fleuve de Baegna où se trouve la cascade de Vaslefos. Après, c'est le lac de Strandefjord. Nous nous arrêtons pour le coup de l'étrier à Fagernoess, et, sans encombre, nous atteignons Fosheim, perdu dans les montagnes. A notre sortie de table, les sons vibrants de la *Marseillaise* retentissent à nos oreilles. C'est un acteur suédois, un ami de la France, en villégiature avec sa femme dans ce Luchon scandinave, qui a eu l'idée de faire jouer par l'harmonium l'hymne français. Nous avons vite fait connaissance ; il a, nous dit-il, chanté à l'Opéra de Paris, et c'est bras dessus, bras dessous que nous partons ensemble voir la chute ; après celle de Trollhættan, c'est une des plus importantes de la Norvège. Sa largeur est de 65 mètres ; l'eau tombe, avec un bruit formidable, d'une hauteur de 15 mètres. — C'est une plainte profonde, une gémissante rumeur. Que de puissance dans ces cascades qui tombent avec tant d'impétuosité ! Combien est grande l'impression que l'on ressent à la vue de ces cataractes ! L'eau bouillonnante traverse avec un fracas épouvantable les rochers qui lui barrent le passage, et vient tout écumante se jeter dans le bassin inférieur.

Le lendemain, nous continuons notre chemin dans la vallée du Valders. La route qui côtoie le Scidiefjord fait des courbes en forme de cirque. A travers les échancrures, on aperçoit des montagnes superposées, aux cimes neigeuses, des lacs dont le miroitement brillant nous éclipse la vue. Après Loken, la belle cascade de Lofos qui tombe de 446 mètres, puis le lac de Vangsmjosen et Grindaheim, où nous déjeunons ; de là on monte jusqu'à Fkogstad. Plus loin, le tableau change d'aspect, l'aridité la plus grande se manifeste : c'est la nature désolée qui apparaît dans sa sublime horreur. Devant nous se dressent des pics menaçants. Leurs cimes sont dentelées comme des lames de scie ; une brèche ouverte entre deux montagnes va nous livrer passage. De tous côtés, des abîmes, des éboulis. Des pierres énormes, hautes de deux étages, larges comme des maisons, gisent sur le sol et nous barrent le chemin qui a été taillé dans les rochers. Cette route tourmentée est pleine d'imprévu avec ses blocs aux formes fantastiques. Ces effondrements sont la preuve des bouleversements terribles qui se sont produits autrefois dans ces régions granitiques. Nous descendons des collines à une allure vertigineuse ; de tous côtés des torrents, des cascades, dont l'eau nous arrive en pluie fine dans la figure. Après les descentes, les montées. A sept heures du soir, nous étions à 800 mètres d'altitude, où les couches énormes de neige restent rebelles à la fonte, malgré les rayons de soleil. Le froid nous saisit dans ces régions montagneuses. Nous sommes loin des 32° de chaleur de Christiania ; le thermomètre marque — 9°. Devant nous, formant un rideau à l'horizon, les monts Suletina, hauts de 5640 pieds, les plus élevés de la Norvège ; plus loin, le Stugunos, dont la hauteur est de 4500 pieds. Cette partie offre aux touristes un champ presque vierge d'excursions. Après de grands circuits, nous arrivons par un froid glacial à Nystuen, situé sur le bord du lac d'Utrovand, à 3400 pieds d'altitude. Ceux qui aiment l'air pur sont servis à souhait. Aussi en faisons-nous ample provision dans nos poumons. Cette vallée du Valders est aussi intéressante à explorer que le Thelemarken ; la nature y est aussi variée. Parfois, la végétation est riante ; plus loin, elle est nulle. Tout s'y trouve dénudé ; on y perd la notion de la vie civilisée. Pour la première fois, nous apercevons des rennes ; des bergers lapons en gardent six cents qui broutent dans la montagne. Les Lapons riches en possèdent de deux à trois mille. Plusieurs fois, dans nos dîners, on nous a servi de ce mets local, de l'élan rôti, et même des gigots d'ours ! Ces viandes, assez agréables à manger, rappellent celle du chevreuil.

Dès huit heures du matin, nous quittons Nystuen. La route monte toujours pour atteindre 1004 mètres d'altitude, puis descend la vallée de la Lœra. Sur le parcours, ce ne sont que des éboulis effroyables. Sur le faîte d'un rocher, deux chèvres, qui paraissent pétrifiées, nous regardent tranquillement passer.

A Maristuen, c'est la halte obligatoire pour le repos des chevaux ; puis nous traversons plusieurs gorges resserrées, où règne une profonde solitude, pour arriver à Hœg : là commence la vallée de Lœrdal, une des plus pittoresques de la Norvège. Sur le parcours, nous visitons un chalet. Deux jeunes filles, aux cheveux jaunes comme de l'or, nous reçoivent ; l'une a quatorze ans et l'autre dix-huit. Elles habitent une maisonnette perdue dans les montagnes et s'occupent de la fabrication des fromages. Autour de leur cabane, des moutons paissent, des chèvres broutent. Nous avons un interprète pour les interroger. Elles répondent que le *gaard* (ferme) où habitent leurs parents est à plusieurs lieues ; elles viennent toutes deux, l'été, dans la montagne pour fabriquer les fromages et garder le bétail ; puis, au moment où la terre se couvre de son linceul de neige, elles partent avec le bétail retrouver leurs parents. Allez donc, partout ailleurs, laisser ainsi deux jeunes filles abandonnées à elles-mêmes, au milieu des montagnes, n'ayant pour logis qu'une simple cabane dont la porte n'a même pas de serrure. Quelles différences dans les peuples, et surtout quels contrastes dans les mœurs !

A Borgund, la caravane met pied à terre. C'est l'heure du déjeuner ; il est toujours le bienvenu. Après nous être réconfortés, nous visitons la vieille église en bois du village. Elle date de 1137.

Sa forme est bizarre ; sa couverture étagée ressemble à celle d'une pagode chinoise. Que de choses à voir dans la Scandinavie ! Si les voyages sont pour certains une fatigue, pour d'autres ils sont une passion ; pour l'observateur, ils sont une constante occupation. Que d'études à faire, de notes à prendre, de faits à analyser, de mœurs à étudier, de curiosités à examiner ! Quelle belle nature à contempler et, de tous ces faits, quelle morale à tirer ! De Borgund, nous entrons dans le défilé du Vindhelle : le bruit du fracas des eaux nous annonce la cascade de Svartegelfos. A Husum, celle de Holgruten. Après le passage d'une gorge grandiose, voici la Store-Soknefos. A force d'en voir des centaines par jour, nous finissons par ne plus nous émouvoir à leur vue. La route continue vers Blaaflaten où coulent les cascades de Stonjunsfos ; cette dernière région, avec les contours continuels de la route, au point de vue de la nature, est encore plus saisissante. Une caravane de touristes anglais se rendant à Christiania nous croise au détour du chemin. Dans une berline, deux personnes enlacées, qui ont tout l'air de jeunes mariés, reviennent du Cap Nord : c'est le voyage de noces, la lune de miel éclairée par le soleil ! Descendus de nos véhicules, nous gravissons la montagne de l'Éléphant ; en effet, le sommet a bien la forme de ce quadrupède. Une avalanche de neige récemment tombée de la montagne obstrue la route.

A quatre heures nous sommes rendus à Lordalsören, point *terminus* de notre excursion à travers la vallée du Valders. Le fjord qui baigne ce village est très poissonneux. Aussi, des Anglais (on les rencontre partout) ont-ils eu l'idée de louer, moyennant 4.000 krones (soit 5.600 francs), le droit de pêche pour le saumon très abondant dans ce bras de mer. Installés pour plusieurs mois dans l'hôtel qui doit nous loger, ils expédient toutes les semaines en Angleterre le produit de leur pêche. A partir de septembre, ils vont dans les montagnes chasser l'ours, le loup, l'élan et le renne, ainsi que la gelinotte, la perdrix et la caille ; la vallée est très giboyeuse.

DE LOERDALSOREN PAR LE SOGNEFJORD A STALHEIM, VOSSEVANGEN ET EIDE

Dès cinq heures du matin il fallait nous rendre à bord du bateau *Laurvick*, le départ pour Gudvängen étant fixé à cinq heures et demie. Le Sognefjord est non seulement le plus grand des fjords de la Norvège, mais aussi un des plus imposants. Pendant la première partie du trajet, qui dure quatre heures, nous avons le temps de regarder tout à notre aise les sites différents offerts à notre vue. La longueur de ce fjord est de 180 kilomètres, sa largeur de 6. A certains moments, on navigue entre des murailles de granit qui n'ont pas moins de 1.500 mètres d'élévation, du haut desquelles, comme toujours, se précipitent de nombreuses cascades. Puis, sans arrêt ni détour, nous pénétrons successivement dans l'Aurlansfjord et dans le Nœrofjord, son tributaire. La largeur de ce dernier varie de 1 à 6 kilomètres. Parfois il va en se rétrécissant. A partir des fermes de Dyrdal, il se profile en ligne droite entre deux murailles gigantesques de granit, au milieu desquelles l'œil peut à peine découvrir quelques échancrures. Par dessus ces assises colossales, s'élèvent d'autres sommets qui les dépassent. C'est par centaines que les cascades tombent dans le fjord, et souvent d'une hauteur de plus de 1000 mètres.

Les rives du Nœrofjord sont pittoresques, les sommets des montagnes, majestueux. Les fjords de Norvège varient à l'infini d'étendue et d'aspect ; ils découpent les rivages en tous sens, et, sur la carte de géographie, ont l'aspect, comme je l'ai déjà dit, d'une pieuvre. Parfois, le fjord présente la vue d'une rade fermée et communique avec la mer par un étroit passage. Plus souvent, c'est une fissure comme ouverte en roc. Là, un bras de mer s'enfonce dans ce couloir ; quelquefois c'est comme une mer intérieure, un fleuve ; il resserre un lac aux eaux calmes, comme le Sognefjord et le Handangerfjord qui se divisent à l'infini, pénètrent en tous sens, baignent des glaciers, s'égarent dans des gorges et glissent jusqu'au cœur de la Norvège, à 60 lieues de la haute mer.

Merveille géographique de la nature, œuvre des tempêtes perpétuelles qui ont fini par creuser au milieu des terres ces profonds refuges, où des milliers de torrents, de cascades, descendus des montagnes, viennent s'unir et former d'immenses réservoirs intérieurs !

Le Sognefjord, avec ses bras innombrables, s'enfonce de tous côtés au milieu de falaises à pic ; il n'a point de rives pour ainsi dire, pas de premier plan. L'œil se heurte, tout d'abord, à une ligne infranchissable de rochers à pans taillés ; leurs sommets arides se profilent par des lignes vivement accusées. Dans le Sognefjord, tout est beau ; ce qui le caractérise le plus, c'est la grandeur.

Tout à coup, le guide nous montre une muraille de pierres. Au sommet, le glacier de Jostedalsbrœen qui a 1.300 kilomètres de longueur, le plus grand d'Europe. La mer de glace de Chamounix est bien peu de chose à côté de lui. Personne n'a jamais parcouru le Jostedalsbrœen. Une triple ceinture de montagnes l'entoure de tous côtés. On admire de loin son éclatante blancheur ; son sommet, à 2030 m., est sillonné de crevasses.

A Gudvangen, où nous débarquons, des berlines, des carrioles nous attendent pour nous conduire à Stalheim. Avant d'arriver à l'hôtel, il faut franchir 14 kilomètres à travers une chaîne de montagnes. Le fond de la vallée semble muré ; en maints endroits, la route est envahie par les eaux qui débordent des torrents. Nos petits chevaux, habitués, les franchissent sans peur. Nous avançons jusqu'au pied du Stalheimsklevn, qui nous barre décidément le chemin. Cette montagne s'élève à 300 mètres au-dessus de nos têtes. A peine rattachée au plateau, elle se trouve encadrée par deux magnifiques cascades qui achèvent de l'isoler. A droite, c'est la Seslefos ; à gauche, la Stalheimfos : tout écumantes, elles tombent en rebondissant d'une hauteur de 400 mètres. Les eaux passent à travers les roches, produisant des silhouettes d'animaux. Ces deux cascades entourées de verdure sont des plus pittoresques. De ce point nous devons pédestrement gravir la côte par de nombreux lacets : c'est un vrai labyrinthe dont nous allons faire l'ascension. La montée est tellement rude que le cheval peut à peine y traîner sa carriole vide, et encore cette route qui donne accès à l'hôtel n'est faite que depuis quelques années. Trois quarts d'heure sont nécessaires pour gravir les seize lacets ; tout essoufflés, ruisselants de sueur, nous atteignons le plateau, après une montée de 400 mètres.

C'est sur le sommet de cette chaîne de montagnes qu'un Suédois, M. Albert Paterson, est venu, il y a dix ans, construire un *sanatorium*. L'hôtel de Stalheim est un vrai palais de bois tout vernissé. Le style chatoyant est léger et de bon goût. A l'entrée, un vaste hall éclairé par une coupole de vitraux multicolores. Le *spisesal*, aux grandes proportions, a, comme peintures murales, des sujets mythologiques ; la décoration est artistique, les meubles des salons sont riches et les appartements somptueux. Des balcons la vue s'étend, d'un côté, sur le Nœrodal, de l'autre, sur la vallée supérieure du Nœroelv. On passerait volontiers des heures entières à contempler ce grand décor naturel.

Comme le dîner n'aura lieu qu'à huit heures, nous avons des loisirs, et suivons la route pour admirer le paysage. Devant nous, le Nœrodal se profile en ligne droite. La vue portant au-delà du Gudvangen, embrasse la partie supérieure du fjord jusqu'à une distance de 15 à 20 kilomètres. Au milieu de ce long couloir, imposant par ses proportions et par ses contours, la rivière et la route paraissent se confondre. Les montagnes du côté droit de la vallée ne se présentent pas distinctement. Les premières cachent les plus éloignées. Leurs vis-à-vis de gauche, au contraire, sont toutes en rang, à la suite les unes des autres, rivalisant entre elles de prestance. Le sommet le plus rapproché, de ce côté, est celui de Jordalsnut, qui se trouve isolé ; sa hauteur est de 1.100 m. Il se distingue par sa forme conique. Son sommet, recouvert d'une neige immaculée, est arrondi : de là le nom de « Téton de Vénus ». Sa composition géologique le fait paraître d'une nuance intermédiaire entre le gris et le blanc ; il ressort sur les autres monts. Sur la droite, nous découvrons la partie supérieure de la vallée qui est d'un tout autre caractère. Elle est verdoyante, tapissée de nombreux bouquets de bois et délimitée par plusieurs champs de neige. Le plus curieux dans l'ensemble de ce tableau en deux parties, c'est que le Nœrodal et le Nœroelv paraissent, à l'œil nu, être au même niveau, alors qu'il y a entre les deux une différence d'altitude de 250 mètres : effet d'optique.

On se sent isolé au milieu de ces montagnes. Caressés par les chauds rayons du soleil, nous semons notre vie au hasard des routes, égarés dans ces glaciers norvégiens où chaque pas reçoit une parcelle de notre existence. C'est la vie avec ses imprévus, l'oubli momentané des soucis d'ici-bas. C'est aussi le repos, le doux *far niente*, le rêve vague qui nous mêle à la vie universelle.

M. L... va de l'avant à la découverte, non pas de l'Amérique, puisqu'elle a été faite par les Normands bien avant Christophe Colomb, mais à celle d'insectes scandinaves qui, paraît-il, sont de conformation spéciale. M. L..., excellent homme, a la manie, non pas des grandeurs, mais des insectes. Je comprends sa passion, moi qui ai la manie des bibelots : chacun a la sienne. Aperçoit-il un *ptère* quelconque voltiger près d'un arbrisseau, aussitôt il arrive sur la pointe des pieds, se met à l'affût, comme le chien devant un terrier, et guette sa proie, les yeux brillants de joie à la pensée qu'il va pouvoir enrichir sa collection. Si son coup de main a été bien dirigé, s'il a pu saisir sa victime, le regard triomphant, tout heureux de son succès, il introduit l'animal dans un petit flacon et le fait ainsi passer de vie à trépas. Sa femme partage sa joie quand il a fait bonne chasse.

Enchantés de notre excursion, nous faisons volte-face pour regagner notre hôtel suédois. C'est le seul ; il n'y a pas à choisir. A l'entrée du *spisesal* nous sommes agréablement surpris : douze servantes, en costume du pays, se tiennent debout, immobiles, de chaque côté de la table. Leurs corsages écarlates, leurs jupes rayées, leurs bonnets pointus brodés d'or, leurs longs cheveux nattés et de couleur filasse forment un ensemble décoratif et donnent une note gaie à cette grande salle. Les filles de Stalheim méritent leur réputation ; elles servent de types aux photographes. Une des cameristes, d'une beauté remarquable, a les yeux veloutés et les lèvres vermeilles ; un éclat de rire découvre le corail des gencives où, pareilles à de mignonnes avelines, s'enchâssent de petites dents admirablement rangées ; son teint a la fraîcheur des roses, la pureté des lys. Les servantes nous servent un copieux dîner ; le gigot de renne, mets local, figure dans le menu. La soirée se passe sur la terrasse, en contemplation du décor pittoresque qui seul nous est offert ; les Folies-Bergère et le Moulin-Rouge manquent à Stalheim !

Dès huit heures du matin, les voitures sont rangées devant l'hôtel. Nous quittons à regret ce beau site et les gracieuses servantes de l'hôtel pour nous diriger sur Vossevangen. C'est toujours en carrioles que nous continuons le voyage ; les dames sont en berlines. La route remonte la vallée supérieure du Nœrodalselv pour atteindre la ligne de partage des eaux, puis redescend sur le versant opposé jusqu'au lac d'Opheim. Après Vinge, nous traversons la gorge boisée de la cascade Tvindefos, qui débite aussi un volume d'eau considérable. Après le lac Lonevand, dominé par le mont Lonehorge, haut de 5.173 pieds, nous arrivons vers une heure pour déjeuner dans le village de Vossevangen. Une longue file de conscrits se rendant au camp passent devant nous. Dans ce troupeau d'hommes conduits par des officiers panachés, nous remarquons de beaux types. Ce sont de solides gaillards, ces soldats norvégiens !

Vossevangen occupe le centre de l'isthme qui sépare les deux grands fjords, le Sogne et le Hardanger. C'est au *Fleischer's hotel* que nous nous arrêtons pour déjeuner. Le *Fleischer's hotel* est une maison civilisée, bien organisée, envahie pendant l'été par les Anglais qui circulent dans tous les coins de la Norvège. Mes compagnons de route qui liront cette relation fidèle de notre voyage se rappelleront que nous y avons savouré certaines truites saumonées, qui étaient le *nec plus ultra* de ce qu'un gourmet peut rêver. Après le café, je me hasarde à demander une chartreuse, espérant que, dans ce village perdu dans les montagnes, la loi n'est pas mise en vigueur. Pas du tout ; je me heurte à l'inflexibilité du maître de céans. Fleischer prononce la formule habituelle : « L'alcool est prohibé en Norvège ». Devant cette loi il fallut encore m'incliner.

Un des jolis parcours de nos voyages est celui de Vossevangen à Eide. La route devient surtout intéressante lorsqu'on atteint la vallée de Skjervet. Les 33 kilomètres se font au milieu d'un décor varié qui se déroule sans cesse devant les yeux : après les torrents, les cascades, où se reflètent les rayons étincelants du soleil. Les descentes rapides sont affrontées résolument par nos petits chevaux. La route, taillée en spirale dans le roc, vient aboutir dans une gorge profonde, au milieu d'éboulis effroyables. Sur la droite, des murailles cyclopéennes de 100 mètres, sont, avec leurs déchirures, dominées par des montagnes couvertes de neiges, d'où s'échappent des cascades, qui, vues de loin, ont l'aspect de coulées de mercure. A six heures, nous arrivons à Eide, après avoir mis trois jours pour traverser la belle vallée du Valders.

Le temps de déjeuner, et nous embarquons sur le bateau *Voringen* pour aller à Odda.

DE EIDE A ODDA

C'est sur le Ardangerfjord, long de 120 kilomètres, que nous naviguons pour nous rendre de Eide à Odda. A peine le bateau a-t-il fait quelques tours d'hélice que M. M... et moi reprenons sur la passerelle notre poste d'observateurs. Ce fjord a aussi ses charmes. Le relief en est plus accentué, l'ensemble du paysage plus varié ; les rives verdoyantes sont plus habitées que celles du Sognefjord. Le vent est favorable, et la brise tiède. Nous jouissons avec avidité du paysage qui change continuellement. Un steamer, bondé de touristes qui reviennent de Odda, nous salue au passage ; les mouchoirs s'agitent : c'est le langage naturel. Notre bateau fait sa première escale à Utne, ensuite à Grimo, coquet petit village baigné par le fjord. Tout à coup nous apercevons dans le lointain une lueur vive qui s'élève. Nous croyons que c'est un village qui flambe. Pas du tout ! c'est le feu de joie de la Saint-Jean. Nous sommes le 23 juin, les paysans sont en fête.

Le jour de la Saint-Jean est considéré par les gens du Nord comme le plus long de l'année. Saint Jean, en Norvège, est comme saint Joseph à l'île de Malte et saint Jean-Baptiste au Canada ; il est fêté par toute la population. La Saint-Jean, en Suède comme en Norvège, est la fête populaire. Chacun se croit obligé de quitter sa maison. Chaque village allume des feux de joie. Nous abordons à Naa. Sur la berge, un petit saint Jean couvert de feuillage, entouré d'un essaim de jeunes filles du village revêtues, pour la circonstance, de leurs atours multicolores. Parées de bijoux anciens, elles sont rangées en file indienne. De chaque côté, des paysans endimanchés, des femmes en corsages ornés de manches à gigot : ce sont les aristocrates de la localité. C'est une fête pour les yeux de contempler ces costumes bizarres où le rouge, le vert, le bleu, le jaune s'harmonisent sans se heurter ; en effet, rien de plus gracieux que ces jupes blanches brodées, ornées d'agréments rouges, le pourpoint blanc ouvert sur un justaucorps d'un rouge cardinal. Cela sied bien à ces femmes aux longs cheveux blonds ondulés et nattés. D'autres, avec leurs jupes courtes, bariolées au corsage, coiffées d'un bonnet de police rouge comme cerise, ont des figures de madone. L'une, particulièrement belle, sème l'admiration sur ses pas. Chaque village, chaque famille a ses couleurs favorites ; il y en a de tous les genres, de toutes les formes ; la diversité en est grande. Au départ du bateau, les petits enfants envoient des baisers, les jeunes filles font des révérences : c'est la vie patriarcale.

Il est minuit quand nous débarquons à Odda. C'est encore la Saint-Jean. Tous les indigènes se sont donné rendez-vous sur le quai pour assister à notre arrivée ; il fait grand jour. Dans les eaux tranquilles du fjord, un grand steamer se laisse balancer par les flots. C'est un bateau touriste arrivé le matin avec soixante passagers anglais. L'hôtel Hardanger doit nous donner l'hospitalité. Nous sommes les premiers voyageurs qu'il va recevoir, car il est à peine relevé de ses décombres. Brûlé, il y a un an, par la négligence d'une femme de chambre anglaise qui avait mis le feu aux rideaux, il fut entièrement détruit. Odda, qui se cache au fond du Hardangerfjord, est considéré comme l'Interlaken norvégien. En effet, il a son glacier qui est plus imposant que celui de Grindewald et sa cataracte, près de laquelle le Giesbach et le Staubach ne sont que des diminutifs. Du haut des crêtes de Folgefond, on découvre soixante lieues de glaciers et de neiges éternelles. De Odda, en traversant le Thelemarken, on peut aller à Christiania, excursion aussi intéressante à faire que celle de la vallée du Valders. Le Thelemarken est un coin de la Norvège où les touristes sont nombreux. Les costumes, les mœurs et le caractère des habitants ont encore une saveur primitive. Les gaards surtout méritent d'être visités. Les hommes, comme dans toute la Norvège, du reste, portent un couteau à la ceinture.

Dès le matin, nous remontons en carriole pour aller à la cataracte. Après avoir été véhiculés pendant deux heures, nous arrivons à la cascade de Lotefos. Le coup d'œil de cette chute qui vient déverser ses eaux dans le torrent est plus grandiose que celui du Rhin à Schaffouse ; il ne tombe que d'une hauteur de 27 mètres, tandis que la Lotefos, qui descend des montagnes, tombe d'une hauteur de 230 mètres. À côté, séparée par un énorme rocher abrupt, jaillit avec une impétuosité extraordinaire la Skarfos L'eau, argentée par les rayons du soleil, sort avec un bruit indescriptible du sommet de la montagne, et descend si rapidement à travers les roches qu'une pluie fine s'en dégage formant dans les airs un rideau transparent : cette pluie est si intense que nous franchissons à grand'peine le pont qui vacille sous nos pas. Du sommet à la base, l'eau, pour se frayer un passage, décrit une courbe et parcourt, avant de se jeter dans la rivière, une distance de 600 mètres. À un kilomètre de là, le torrent forme des rapides et vient avec impétuosité tomber dans le fjord. Pour rentrer à l'hôtel, nous passons devant le glacier de Burbrœ, descendu lentement des sommets du Folgefond. Avec le temps il est presque arrivé au niveau de la route, comme le Svardisen au niveau de la mer.

DE ODDA A BERGEN

Malgré le séjour agréable que Odda offre aux touristes, nous ne pouvons y rester plus longtemps : notre programme est chargé, les heures sont comptées, il faut songer à marcher de l'avant, car nous sommes encore loin du Cap-Nord. Aussi, dès sept heures, le lendemain matin, nous étions à bord du *Hardanbergen*, pour aller à Bergen, distant de 260 kilomètres. Mais le soleil s'est levé plus tôt que nous. Nous le saluons en le remerciant du bon accueil qu'il nous fait sur la terre norvégienne. Depuis vingt jours que nous avons quitté Paris il a été clément ; partout il nous a éclairés de sa vive lumière et chauffés de ses rayons réconfortants. Aussi je me réjouis d'être parti sans parapluie. Qu'en aurais-je fait ? M. C..., qui a oublié les siens dans la gare de Ham (il est vrai qu'il les a retrouvés à Christiania en payant vingt francs de transport) aurait bien dû en faire autant !

De Odda nous revenons à Eide, où le bateau doit prendre la poste. Après Eide, le bateau tourne à droite et rentre dans les branches éparpillées du Hardangerfjord qui prennent le nom de Utnefjord, Hisfjord, Sildeljord. De tous côtés, les sommets des montagnes dominent l'horizon ; leur hauteur est démesurée, leur forme étrange. Comme dans tous les fjords, ce sont eux qui servent de guides aux navigateurs. Sur la droite, un rempart de rochers se dresse de nouveau entre nous et l'eau ; nous paraissons tout enfermés dans un cirque sans issue. Puis le bateau poursuit sa marche paisible au milieu d'un dédale d'îlots. Malheur aux navires qui se hasarderaient dans ces parages, dont les passes sont si difficiles, comme l'a fait le *Général Chanzy*, sans être guidés par un pilote norvégien expérimenté ! J'ai navigué, en Amérique, sur les rapides du Saint-Laurent aussi hérissés d'écueils, ils offrent les mêmes dangers ; les naufrages y sont fréquents.

Les pêcheurs de ces régions connaissent les fjords. Nés dans les cabanes qui semblent clouées sur le flanc de la montagne, ils sont au courant des périls de ces parages ; ils ont reconnu chaque écueil, lui ont donné un nom. Ces hommes ne sont pas les fils de la terre ; la mer est leur élément, leur vie ; c'est elle qui les nourrit. Pour naviguer sur les fjords, la Société maritime norvégienne a quatorze bateaux touristes qui font le service de Bergen au Cap-Nord. Ces steamers sont de construction spéciale, étudiée, raisonnée, par rapport aux diverses profondeurs d'eau, variant de 30 à 600 mètres, selon les endroits. La navigation des fjords est aussi difficile que celle du Nil.

Notre maison flottante poursuit sa marche en avant. A Aalvik, le fjord atteint 5 kilomètres de largeur. Des glaciers en de larges coulées descendent vers la mer. Celui de Folgefonden, qui nous apparaît à travers une échancrure, a 36 kilomètres carrés.

Après le déjeuner, escale à Nordheimsund, coquet village étagé sur la montagne. Le sol est fertile, la culture bien soignée. De blondes jeunes filles nous sourient d'un air gracieux, agitant leurs mouchoirs en signe de bienvenue. A Sutdal, c'est le fameux glacier de Bonhusbraen, tout bleuté, qui, d'une seule coulée, descend au bas de la vallée. Partout on en voit à travers les gorges et les déchirures de granit : éternels frimas à la blancheur immaculée que, seul, l'aigle peut contempler de près. Nous avançons comme à travers un musée ; à chaque tour d'hélice le navire se trouve en présence d'une nouvelle toile. La vue se fatigue à force de contempler tous ces chefs-d'œuvre de la nature. Deux heures avant d'arriver à Bergen, le décor change : nous naviguons dans un dédale d'îlots, ce qui me rappelle le passage des Mille Iles, sur le St-Laurent, avant d'arriver à la Réserve des Indiens.

Tout à coup une nuée de mouettes s'abat sur un banc de harengs qui vient de passer à la surface de l'eau. A l'horizon, Bergen apparaît, avec ses maisons rouges et blanches, aux pignons aigus ; les rues s'étagent sur des collines, les maisons sont construites dans des bouquets de verdure ; les jardins, échelonnés en terrasses, dominent les eaux limpides du fjord. Sur la droite, avant d'arriver, sont alignés d'immenses réservoirs destinés à recevoir les pétroles utilisés pour l'éclairage des habitants. A gauche, la mer du Nord.

BERGEN

Sept heures du soir. Bergen ! tout le monde à terre. « En avant ! » s'écrie M. Mépl., selon la formule habituelle. C'est par un soleil éclatant que nous faisons notre entrée dans l'ancienne ville hanséatique, après treize heures passées en bateau. Sur le quai, deux omnibus attendent. Comme partout l'arrivée est annoncée, le dîner préparé. Le repas est gai ; tout nous amuse dans ces plats étranges que l'on fait circuler autour de nous : après les soles bouillies, la morue fraîche, le miroton de baleine, le cuissot de renne rôti entouré de fruits confits, et, toujours ! la compote traditionnelle aux myrtilles.

Dix heures ! le repas est terminé. Au bar de l'hôtel, nous trouvons, moyennant 15 öres (0 fr. 20), des cigares exquis. J'en fais provision. Le soleil radieux nous inonde de sa lumière. La soirée est fraîche ; par exception, il ne pleut pas. Nous allons au square où retentissent les sons d'un orchestre : c'est la promenade favorite des indigènes. Minuit sonne ; il faut nous résigner à nous coucher.

— Trop tôt ! répond M. de L..., qui vit sans dormir, et même sans manger. En effet, il nous laisse rentrer et part en exploration dans la ville, à la découverte des vieux mors qu'il collectionne. Les magasins d'antiquités sont fermés. Peu lui importe ! il relèvera les adresses sur les devantures du Strandgaden, la rue principale.

Bergen a 54.000 habitants. Si la nature l'a doté d'un port spacieux, elle lui a refusé l'espace nécessaire pour se développer. Enserrée autour de son golfe entre le port et les sept montagnes qui l'environnent, la ville ne peut pas s'élargir. Entourée partout par des hauteurs qui concentrent la chaleur solaire, elle est favorisée d'un climat tempéré et d'une végétation ardente. Les maisons s'entassent, s'échelonnent le long des collines, entre la mer et la montagne battue par les rafales. Bergen voit crever tous les orages qui s'accumulent dans la mer du Nord ; aussi les pluies y sont-elles fréquentes. La statistique du pluviomètre indique que la hauteur de l'eau recueillie annuellement dans l'appareil atteint 1 m. 85, tandis qu'à Paris elle n'est que de 0 m. 56. Dans les rues, vous ne rencontrez jamais un indigène sans son parapluie : c'est son indispensable et son inséparable. Passez-vous sans parapluie, les gens qui vous rencontrent se retournent pour vous regarder et se disent : Il n'est pas de Bergen !

Bergen est la cité des fjords. A ses côtés s'ouvrent le Sognefjord et le Hardangerfjord, les plus beaux de la Scandinavie. Fondée en 1070, cette ville a été plusieurs fois la proie des flammes. Aussi est-elle, dans le sens de sa largeur, séparée par de grandes places destinées à arrêter plus facilement les incendies, en faisant la part du feu. Ce règne du feu a été autrefois bien néfaste aux villes du nord; construites en bois, elles brûlaient comme de la paille. En 1855, tout un quartier a été anéanti; sur ses décombres, l'hôtel des postes, la bourse et la banque ont été édifiés. Pour agrandir la ville on est obligé de construire dans des vallées, de franchir des montagnes. Bergen a l'aspect de cinq villes disséminées sur les bords du même golfe et séparées l'une de l'autre par des blocs de granit et des falaises. Elle semble à la merci d'un coup de vent qui pourrait emporter ses maisons de bois mal équilibrées sur les rochers. C'est une ville d'affaires. Dans le port, nous comptons 60 steamers, 150 bateaux à voiles et toute une flotille prête à partir pour la pêche.

Le commerce de la morue, des harengs et du saumon y est très important. C'est surtout avec le Portugal et l'Espagne que se fait le négoce; rien avec la France, à cause des droits établis pour protéger nos pêcheries de Terre-Neuve. Tous les ans il arrive 70 millions de morues et 300 millions de harengs. Des ouvriers sont occupés à les parer. Armés de haches, ils font d'abord tomber les nageoires (il n'y a que la morue qui en ait trois), puis la queue. Ensuite les poissons sont mis à sécher et salés. Deux cent cinquante mille barils d'huile de foie de morue et de salaisons sont exportés. Dans notre promenade le long de ces quais aux rues étroites et tortueuses, appelés quais des Allemands, quel singulier relent nous avons respiré! Quel fumet se dégage de ces cordons de morues salées et de harengs séchés que les navires chargent et déchargent! L'odeur de marée vous poursuit dans toutes les rues; celle de l'huile s'imprègne dans vos vêtements. Le commerçant, qui y est habitué, ne s'en plaint pas; c'est son négoce; c'est l'origine de la fortune de Bergen. Aux temps hanséatiques, l'argent n'avait pas d'odeur pour ces Juifs allemands qui trafiquaient et volaient les pauvres pêcheurs.

C'est sur le quai des Allemands que les pêcheurs des îles Lofoten et de Finmarken débarquent leurs cargaisons de poissons. En voilà qui voyagent! Le vendredi saint, ils sont servis sur les tables espagnoles et portugaises. Le côté droit du port est occupé par une rangée de constructions séculaires, jadis demeures des Hanséates. L'aspect de ces maisons de bois du moyen-âge, avec leurs toits pointus, se serrant les unes contre les autres, est aussi bizarre qu'original. Aux murs de ces vieilles masures contrefaites sont suspendues des appliques en charpente ou en maçonnerie qui interceptent le jour. Au-dessus de nos têtes manœuvre la grue qui sert à la décharge des poissons pêchés dans les fjords. Dans les magasins, des ouvriers, avec leur tablier verdi par l'humidité et leur bonnet goudronné, rangent les tonnes de morues, les barils de harengs, les fûts d'huile, destinés à être embarqués. L'odeur âcre qui s'en dégage prend à la gorge.

Quelques pas à faire et nous sommes à la halle aux poissons; neuf heures! c'est le moment où le marché est animé; c'est le rendez-vous de la population. On y voit les femmes dans leur costume éclatant. Les pêcheurs, serrés dans leur fourrure graisseuse, s'y coudoient avec des Anglais en casquette, qui fument tranquillement leur pipe; ils ont, du reste, la même tenue, lorsqu'ils viennent à l'Opéra de Paris. Les marchands de Bergen, aux longs favoris roux, s'y rencontrent avec les matelots allemands et espagnols. Les paysans des environs y apportent le produit de leur pêche. Ce n'est partout que diversité dans ces costumes multicolores. Les pêcheurs viennent y vendre, tous les matins, les poissons pris au large. On en voit de toutes les formes et de toutes les nuances : ceux d'un bleu indigo attirent particulièrement notre attention. Par curiosité, nous demandons à un vieux pêcheur, qui a la figure encadrée par une barbe rousse, le prix du saumon. Il nous répond : Deux francs quatre-vingts, le kilo. Une morue se vend 0 fr. 65, la pièce. Dans une file de récipients carrés, alimentés d'une eau vive, sont déposés tous les poissons vivants. L'acheteur choisit celui qu'il veut, et on le repêche à nouveau. Cette poissonnerie, avec ses piscines profondes contenant les différents poissons des fjords, nous a beaucoup intéressés.

Après notre visite au Musée hanséatique, sujet que je traiterai plus loin, nous nous rendons pédestrement à la tour Walkendorf, construite au xiiie siècle. Du sommet on jouit d'une belle vue sur Bergen. Devant soi, on a le fjord qui conduit à la mer du Nord et Lakesevaag avec ses vastes chantiers, le Waagen garni de navires de toutes sortes. Dans la grande salle du roi Haakon se réunissait autrefois le Conseil du Roi. La voûte, faite en sapin vernissé, est d'un remarquable travail.

De Bergen partent les bateaux touristes qui font le trajet du Cap-Nord. La flottille se compose de quatorze navires bien construits et surtout agencés confortablement. Chaque année, la Compagnie fait quatorze voyages entre Bergen et le Cap-Nord. Comme les touristes augmentent tous les ans, la société songe à doubler le nombre de ses bateaux. Pour être admis il faut retenir les places à l'avance, aussi avons-nous vu des Anglais qui, ayant omis de le faire, ont dû rester pour attendre le départ suivant.

En rentrant à l'hôtel, nous faisons emplette de photographies représentant les divers costumes usités. Chez un antiquaire, M. de L*** trouve des mors anciens pour sa collection, et moi, de vieilles monnaies. La dépense, à l'étranger, pour les Français est plus grande que pour les étrangers en France ; les objets, dont la valeur intrinsèque n'est que d'un franc, vous sont vendus en Norvège un krone, en Allemagne un mark, en Angleterre un shilling, de manière que, pour un billet de cent francs, il ne vous est remis au change que 70 krones ou 80 marks. Il en résulte, en Norvège, que vous dépensez 140 francs au lieu de 100 francs. Partout, c'est toujours le Français, en politique comme en finance, qui est exploité.

Après le déjeuner, figure au programme une promenade en voiture. La ville traversée, nous montons vers la route qui longe le Store-Lungegaards-Vand, bordé de villas fleuries, elle passe entre le lac et la montagne de Floïfjeld. Cette partie charmante constitue un séjour agréable. De tous côtés ce ne sont que des jardins bien tracés, des cottages cachés dans les replis de la montagne. C'est dans cette oasis que les négociants, après leur journée d'affaires, vont jouir des belles soirées d'été et se reposer des soucis commerciaux. Le jour, enfermés dans des rues tortueuses, ils inscrivent, comptent et empilent les krones. Nous visitons l'hôpital de Pliestiftelsen où sont recueillis les lépreux : cette maladie incurable fait encore des victimes en Norvège, comme autrefois en Terre-Sainte. Trois hôpitaux où l'on interne les lépreux existent à Bergen, à Molde, à Trondhjem ; la léproserie de Molde venait d'être évacuée lors de notre passage, et les lépreux dirigés sur l'établissement de Bergen. Le Gouvernement avait jugé avec raison qu'il ne devait pas laisser exister plus longtemps la léproserie de Molde, cette ville étant souvent visitée par des têtes couronnées. Il y a, en Norvège, environ 1.000 lépreux. Cette terrible maladie, dont le germe vient d'Orient, s'est introduite dans ce coin de l'Europe ; cependant, il n'est ni sale ni chaud. Ce qui paraît singulier, c'est que les Lapons, dont la saleté est repoussante, en soient moins atteints que les pêcheurs norvégiens. On attribue la persistance de la maladie chez ces derniers au poisson qui forme, pour ainsi dire, leur nourriture exclusive ; ce qui le prouve, c'est que les paysans qui cultivent la terre et vivent de ses produits n'en ont jamais été atteints. Aucun signe n'indique le début du mal ; on peut avoir la lèpre sans s'en douter. Quand les premiers symptômes apparaissent, il est trop tard pour y porter remède. La vie du lépreux est un martyre qui dure jusqu'au tombeau ; il peut vivre ainsi une dizaine d'années. Autrefois, à Jérusalem, les lépreux juifs étaient tenus de porter une sonnette à la ceinture. A leur approche, les passants les fuyaient comme la peste. On trouve toujours parmi les sœurs de charité des âmes généreuses, des volontés sublimes ; elles n'hésitent pas à risquer leur vie pour donner des soins et porter des consolations à ces deshérités de la nature.

L'excursion terminée, les voitures nous conduisent au Musée. On ne peut pas quitter une ville sans voir son musée : c'est de tradition. Celui de Bergen mérite qu'on y consacre quelques heures. Comme dans les autres, on a réuni des collections importantes d'antiquités du Nord, des ornements d'église, des fragments de peintures murales anciennes, des parures, des faïences, des bijoux : tout y est rétrospectif. Des carcasses de baleines, d'animaux, de poissons de toute espèce et de toute forme, remplissent les immenses salles. Tout ce qui se rattache à la vie, aux mœurs des Lapons et des Esquimaux y est représenté. On les voit au Groënland, au Spitzberg, dans leurs *kajak* (bateaux) immersibles, fermés hermétiquement, d'où seule la tête du rameur émerge. Une collection importante de monnaies anciennes de Hollande, d'Allemagne, de Chine, de Siam, du Japon, de Grèce, du Danemark, de Suède et de Norvège, garnit de nombreuses vitrines. Les ornements d'église sont aussi représentés. Plusieurs salles renferment des animaux et des oiseaux empaillés, ainsi que des poissons conservés. A côté, des aigles, des hérons, des crocodiles, des dauphins, des cachalots, des ours, des panthères, des lions et des orangs-outangs. Le monument est moderne ; construit sur une des sept collines que possède Bergen, il domine toute la ville.

Après le dîner, nous circulons dans les rues : elles abondent en tous sens ; on se croirait dans un Lubeck ou un Nuremberg scandinave. Vue dans l'ensemble, la ville a du caractère. Quelques statues décorent les places ; à citer celle de Ludvig Holberg, né le 3 décembre 1684, le père de la littérature norvégienne, et celle du préfet Christie, premier président du Storthing (diète).

LE MUSÉE HANSÉATIQUE

SOUVENIRS RÉTROSPECTIFS

M. Olsen, propriétaire du musée hanséatique de Bergen, s'est mis gracieusement à notre disposition pour nous montrer les objets qu'il a pu réunir dans une des maisons de la Hanse, et pour nous donner les explications nécessaires sur les usages et les mœurs des membres de cette corporation. Il y a sept cents ans que les Allemands vinrent à Bergen créer une succursale de la Hanse. Lubeck, Brême et Hambourg étaient le quartier général. Cette colonie, exclusivement masculine, formait une population de 3.000 personnes. Les rois danois, maîtres de la Norvège à l'époque, leur avaient accordé le monopole du commerce en général. Non seulement les statuts interdisaient le mariage des membres, mais chacun devait, avant d'entrer dans la corporation, faire vœu de chasteté. Aucune femme ne pouvait avoir accès dans les maisons occupées par cette étrange franc-maçonnerie commerciale.

M. Olsen, dans les documents qu'il a réunis, a pu, à l'aide des livres, des notes et des objets retrouvés, reconstituer l'existence de cette singulière colonie. Il a bien voulu me fournir tous ces renseignements, notés scrupuleusement pour en faire une relation fidèle. L'association célèbre de la Hanse, connue sous le nom de Ligue hanséatique, s'établit à Lubeck. L'idée en avait été conçue en Orient, en Palestine. Le soin des intérêts de la chrétienté ne faisait pas oublier ceux du négoce. Les républiques commerçantes d'Italie, les fils de l'opulente Venise, de Gênes la superbe, qui leur étaient hostiles, vouèrent une haine implacable aux marchands de Lubeck, de Brême et de Hambourg. Ceux-ci s'unirent contre la rivalité italienne L'Association hanséatique sortit de cette rivalité. En 1241, elle se fortifia et s'assura toutes les cités marchandes de l'Empire germanique. Pendant plusieurs siècles cette ligue monopolisa le commerce de l'Europe du Nord. Devenue puissante, elle se mit à guerroyer, non pour conquérir, mais pour s'enrichir. De chaque ville conquise, elle gardait une portion de terrain pour y construire des entrepôts et des forteresses. Dans certaines cités, ses comptoirs étaient entourés de forteresses. *A Bergen, ils étaient entourés de femmes.* Ils soutenaient des sièges. Les marchands de Bergen, de Stettin, de Lubeck et de Brême y prenaient garnison tour à tour, tenant à la fois l'épée et la balance. A un moment, la Ligue hanséatique se composa de trois cents villes confédérées, allant des Alpes aux confins de la Laponie. Du haut de ses remparts, Cologne gardait la ligne du Rhin, avec Strasbourg et Mulhouse pour postes avancés ; marchands et marchandises devaient payer tribut. Nuremberg et Ulm arrêtaient au passage les soieries de l'Orient, les bijoux de la Grèce, les parfums de l'Egypte, apportés par les bateaux de Venise. Danzig surveillait la Baltique jusqu'à Nijni-Novgorod, placée dans les steppes de la Russie, et qui servait de sentinelle avancée sur la route d'Asie. Lubeck était le siège social de l'Association. Chaque année, l'assemblée siégeait en permanence pour fixer la part contributive de chaque ville et répartir les bénéfices, souvent produits du vol. Les membres du Conseil nommés par l'assemblée étaient des Juifs, ce qui explique leur âpreté au gain et leur mauvaise foi. Après des siècles d'opulence, la révolte universelle des nations contre ce despotisme commercial, la découverte de l'Amérique, les progrès et l'essor du travail préparèrent l'anéantissement de cette grande société commerciale.

A Bergen, non contents de leurs privilèges qui leur permettaient d'exploiter les pauvres pêcheurs, même de les voler impunément, ils résolurent de faire tuer le gouverneur de la ville. Le complot fut découvert ; le gouverneur, prévenu à temps, fit construire un fort qu'il arma de canons et menaça de bombarder les Hanséates s'ils ne renonçaient pas à leurs privilèges. Devant la force ils durent céder, et Bergen reconquit ses droits. Les membres de la Ligue épousèrent des Norvégiennes et firent souche dans le pays que, pendant trois siècles, ils avaient dominé.

M. Olsen nous fait les honneurs de sa maison. Nous le suivons et l'écoutons avec d'autant plus d'intérêt qu'il parle français de façon remarquable.

C'est, en effet, sa demeure qu'il a transformée en musée, et c'est la plus bizarre et la plus originale du quai des Allemands ; elle date du xiie siècle. Chaque maison du quai avait un patron et six apprentis. Dans le rez-de-chaussée qui servait de magasin, on entassait les poissons que débarquaient les grues en bois, manœuvrées à l'aide de cordages. Au premier étage, se trouvait la salle à manger du magasinier et des apprentis. Le plafond est rouge et blanc ; les poutres, apparentes, sont peintes en bleu et en vert ; les portes d'armoires et le mobilier, en rouge vermillon. Ces nuances criardes ne s'harmonisent pas. Tout est lourd, disparate, de mauvais goût ; ça sent l'allemand. Le long des murs sont accrochées les armes de la Hanse, surmontées d'un aigle et d'une morue. C'est derrière cette salle que se trouvait le comptoir du patron. Dans le coin de la fenêtre, une cage en verre servait de bureau. M. Olsen ouvre une armoire à secret dans laquelle un escalier dérobé donne accès à la chambre du patron ; cette pièce était interdite aux apprentis. Pour faire le lit, un trou avait été pratiqué dans la muraille ; c'est par ce guichet qu'on était obligé de passer le bras pour retourner les matelas. Les chambres, on peut dire les cellules des apprentis, sans jour ni air, étaient placées entre celles du patron et du magasinier. Les lits étaient superposés ; des portes pleines fermaient, pendant les longs mois d'hiver, ces cases restreintes où les apprentis couchaient deux par deux afin de conserver la chaleur. Dans une pièce, M. Olsen a rassemblé les livres de la comptabilité, les objets mobiliers, jusqu'à la collection des faux poids dont se servaient ces honnêtes commerçants. Ils avaient deux séries bien distinctes. Lorsqu'ils achetaient, ils mettaient sur la balance les poids alourdis par du plomb coulé en dessous. Lorsqu'ils vendaient, c'étaient les poids allégés qui servaient. De cette manière, ils étaient toujours en bénéfice. C'est à ces Juifs que doit remonter l'origine du vol et de la mauvaise foi ; ces sans-patrie étaient capables de tout. Les descendants sont restés dignes de leurs ancêtres. Hélas ! nous en avons tous les jours de tristes exemples.

Sur une des pages d'un livre ouvert par M. Olsen, il est une annotation qu'il nous a traduite en français : « J'ai gagné aujourd'hui 20 wogs de morue (le wog équivaut à 36 livres) grâce à mes faux poids. Dieu soit loué pour cette bédide bénéfice ! ». Cet honnête commerçant avait trouvé le moyen de voler, en une seule journée, 720 livres de morue sur la quantité qu'il avait pu acheter à de pauvres pêcheurs ! Il n'y a que les Juifs capables de tels forfaits. Le vol était pratiqué en toute circonstance ; la rapacité, le brigandage étaient aussi mis en usage. Partout c'était l'hypocrisie, l'espionnage, la dénonciation. Bergen s'est débarrassé des Juifs ; à Paris d'en faire autant ! Imitons le Tzar Alexandre III qui a eu l'énergie de les expulser de son royaume ; ce qui se passe en France lui avait donné à réfléchir. Toute nation, qui laisse prendre aux juifs la prépondérance dans les affaires qu'ils ont prise en France, est fatalement condamnée à la ruine : **L'avenir le prouvera !**

DE BERGEN A MOLDE

Nous quittons Bergen par le bateau *Kong-Harald*. C'est le vrai voyage maritime qui va commencer pour aller au Cap-Nord. A l'idée que nous allons entrer dans la mer du Nord, plusieurs d'entre nous ont déjà le trac ; aussi est-il défendu de parler de mal de mer sous peine d'être à l'amende d'une bouteille de champagne. M. M..., qui ne l'aime pas, se récuse et vote contre la proposition : ironie du sort, c'est précisément lui qui, le premier de la caravane, a payé son tribut à Neptune !

A onze heures, heure militaire, le dernier coup de sifflet qui a retenti va se répercuter sur les collines de Bergen, et le *Kong-Harald* s'ébranle, laissant derrière lui une traînée ondulée sur les eaux calmes du bassin. M. L..., profite des derniers rayons de soleil qui précèdent la fin du jour, pour braquer son instantané et reproduire l'image de Bergen. La soirée, comme toutes celles déjà passées, est splendide. Le soleil nous éblouit de ses rayons. Bergen et ses montagnes fuient derrière nous. L'animation est grande sur le pont, les fervents admirateurs de la belle nature — et je suis du nombre — montent sur la passerelle pour mieux voir le coucher du soleil. M. G..., malgré ses soixante-quatorze ans, ses longs cheveux blancs, reste avec nous ; c'est un des plus vaillants de la caravane; en maintes circonstances, il a fatigué les jeunes. La marche du bateau est régulière, on entend gémir le flot, contre les parois insensiblement balancées. Nous passons à l'embouchure du Sognefjord ; après le Nordfjord, le Söndfjord. Le tableau varie à l'infini ; c'est une suite de passes difficiles à franchir, pour gagner la pleine mer. Au premier plan, l'œil se heurte, tout d'abord, à une ligne infranchissable de montagnes ; leurs sommets arides ont des lignes vivement accusées. La vue s'arrête à nouveau sur des surfaces escarpées éclatantes de blancheur ; puis c'est une muraille de glaces succédant à une muraille de pierres. Du haut de ces sommets des torrents tombent et viennent, en bas, se transformer en vapeur. Tout est beau et grand. Partout les rocs noirs et humides affectent les formes les plus diverses : c'est tout un archipel de montagnes. Quelle satisfaction pour les yeux et quel repos pour l'esprit !

Le Sognefjord est très poissonneux. Des guetteurs sont installés sur ses bords dans des cabines spéciales, reliées à Bergen par le téléphone ; ils sont chargés de signaler le passage des bancs de poissons, dont quelques-uns ont un kilomètre de long. Ces poissons viennent de la mer dans les fjords pour faire le frai. La masse en est tellement compacte que, serrés les uns contre les autres, beaucoup sont étouffés. Des nuées d'oiseaux les suivent pour manger ceux qui flottent à la surface des eaux.

A six heures du matin, après quelques heures de repos passées dans ma confortable cabine, je reprenais sur la passerelle mon poste d'observation. Combien on regrette les heures absorbées par le sommeil et celles qui sont réservées aux repas, quand on a tant de belles choses à voir ! Nous passons devant le pic de Hornelen ; sa forme bizarre stupéfie les touristes ; haut de 915 mètres, il se dresse sur l'île de Bremenger. Là finit la mer du Nord. Il est onze heures du soir quand nous rentrons dans l'Océan atlantique. Le temps devient nébuleux devant le Stadland, grand promontoire qu'il faut doubler pendant deux heures ; le passage est mauvais, la mer commence à moutonner ; le *Kong-Harald* tangue et roule ; souvent, dans ces parages, on a de violentes tempêtes à redouter. Les dames rentrent dans leurs cabines. Nous revoyons le grand glacier : tout autour, ce ne sont que des îles qui émergent du milieu de la mer. Pas un coin de bonne terre, si petit qu'il soit, où ne s'élève une maisonnette ; des êtres humains sont venus s'y réfugier et demander à la terre les moyens d'existence qui leur sont refusés à la ville. Une heure du matin ! L'infatigable M. G... est toujours avec nous sur la passerelle. Est-il possible d'aller se coucher quand on a sous les yeux un pareil tableau à contempler et un air si vivifiant à respirer ?

Vers midi, les sons de la sirène retentissent et annoncent que nous allons passer à Aalesund, petite ville qui compte 8.000 habitants, la plupart pêcheurs ; il s'y fait une grande exportation de poissons. Elle est située sur trois îles que couronnent des cabanes en planches ornées de filets et de harpons. C'était une bien triste demeure pour un prince ; on comprend que le seigneur d'Aalesund ait échangé son vieux nid de Norvège contre le palais épiscopal de Rouen. C'est d'Aalesund que le *Jarl Rolf* (Rollon) partit pour s'emparer de l'une des provinces de la Gaule ; de 876 à 911, il ravagea les côtes de France, avec ses Normands, puis se fixa dans la contrée qui s'appela Normandie. Le roi de France, Charles III, dit le Simple, se vit obligé de lui offrir la main de sa fille Giselle. En 912, par le traité de Saint-Clair-sur-Epte, près Magny-en-Vexin, il lui céda la Normandie avec la seigneurie héréditaire et Rollon prit le nom de Robert, duc de Normandie. Son fils, Guillaume Ier, lui succéda. Doté de son duché, Rollon reçut fort mal les Wikings, ses compatriotes, terribles corsaires qui voulaient encore ravager la France. Il débarrassa nos ancêtres de leurs incursions ; les Wikings se portèrent vers d'autres plages. On les vit s'élancer encore sur l'Océan sans bornes pour se frayer une route vers des régions nouvelles. Ils découvrirent d'abord une terre sans végétation, agitée par des tremblements, et la nommèrent Islande ; ce n'était là qu'une étape. Un siècle plus tard, un vaisseau scandinave venu d'Islande et commandé par le navigateur Leif, reconnut l'île de Terre-Neuve. Ces intrépides Normands poussèrent plus loin ; ils abordèrent dans l'Amérique du Nord, près de l'embouchure du Saint-Laurent — ce qui prouve que, avant Christophe Colomb, ils avaient découvert l'Amérique.

A deux heures, le déjeuner sonne ; tout le monde est présent, grâce à la mer qui a été clémente. Les dames n'ont eu qu'une fausse alerte, mais ce qui est différé ne sera pas perdu. Tout un assortiment de mets se succèdent sur les tables : poissons, beefsteaks accommodés avec des oignons découpés en fines tranches ; c'est un des mets les plus élémentaires de la cuisine norvégienne. Malgré le manque d'exercice auquel on est forcément condamné à bord, nous faisons tout de même honneur à la cuisine. C'est incroyable ce que M. de S..., qui a l'appétit aussi développé que le corps, a dévoré ! A le voir, on aurait cru qu'il n'avait pas mangé depuis une semaine. L'après-midi s'écoule tranquillement ; les dames se balancent dans les rocking-cars, pendant que la fumée de nos bons cigares de Bergen monte en spirales. A cinq heures le bateau stoppe au milieu du Romsdalfjord, et des barques nous déposent sur le rivage de Molde.

Molde est le Nice de la Norvège. Sa situation au bord du fjord est charmante, son climat tempéré, sa végétation luxuriante. En face, on aperçoit les Alpes du Romsdal, avec le pic énorme du Romsdalshorn haut de 1.556 mètres ; malgré cela, il n'a pas le grand élan de la Dent du Midi. Molde, qui compte 3.000 habitants, voit augmenter sa population en été ; beaucoup d'Anglais viennent y séjourner, avant de partir pour la vallée du Romsdal. Les maisons sont entourées de chèvrefeuilles, de rosiers jaunes d'une rare espèce ; les fenêtres sont garnies de pots de fleurs : les Norvégiennes en ont le culte. Molde est une localité assez importante pour avoir été mise au rang des villes ; elle a ses magasins de fourrures, de curiosités et d'antiquités, un collège d'humanités. Etant donnée la latitude de 62° 44' 10" où elle se trouve, la végétation y est d'une richesse étonnante. Le principal attrait est le panorama des montagnes. De la Moldehör, colline haute de 900 mètres, le coup d'œil est admirable. Devant soi, à une distance de 1.500 mètres environ du rivage, un rideau se forme de petites îles rocheuses, basses et verdoyantes. La Bolso, la Vedö surgissent au milieu du fjord. Au centre, l'île de Säkken. A l'arrière-plan, l'œil perçoit les monts du Romsdal ; c'est un amas indescriptible de plateaux, de montagnes, de cimes neigeuses, qui constituent un ensemble des plus pittoresques.

Une des belles propriétés de Molde appartient à M. Dahl, consul d'Angleterre ; une autre, à un riche commerçant de Christiania. Les habitants ont le soin de vous montrer un cerisier séculaire qui est, dit-on, le plus gros de l'Europe. Le parallèle qui passe à Molde laisse Saint-Pétersbourg au sud, coupe en deux la Sibérie, traverse l'Alaska, court au milieu des terres glacées de l'Amérique boréale, pour aller décrire un fort triangle au Groënland méridional.

LA VALLÉE DU ROMSDAL

Le lendemain matin, nous quittions le Grand-Hôtel pour aller, pendant deux jours, faire en carriole l'excursion de la vallée du Romsdal. En traversant le Romsdalfjord, nous voyons, à Skothammereux, la colonne commémorative qui indique l'endroit où eut lieu le débarquement du colonel Sinclar. Cet audacieux Ecossais, avec 3 navires et 900 hommes, s'était imaginé de prendre Christiania par terre. En débarquant à l'endroit indiqué par la colonne, il interpella un paysan et lui demanda si c'était bien la route pour se rendre à Christiania. — Oui, lui répondit le paysan, qui flairait quelque aventure. Aussitôt, montant en barque, il aborda l'autre rive, donna pour mot d'ordre à ses compatriotes d'annoncer successivement aux habitants des montagnes, jusqu'à Gudbrandsdalen, l'incursion de ces étrangers. De tous côtés, la résistance s'organisa si bien que Sinclar et ses 900 hommes, sauf deux, furent tués. C'est en mémoire de cette incursion, repoussée si vaillamment par les paysans, que cette colonne fut élevée ; une autre fut également édifiée dans la vallée du Gudbrandsdalen, où Sinclar fut tué par un paysan.

Nous déjeunons à Veblungsnœss, et aussitôt après nous remontons en carriole pour faire l'excursion de la vallée du Romsdal, qui n'est qu'un long défilé de gorges profondes, d'éboulis considérables, de murailles de rochers moussus, de torrents et de cascades. Dans le lointain, les contours des bois s'estompent de brouillard. La Norvège offre dans ce coin de son territoire des merveilles et aussi des contrastes. Dans le Romsdal, les sites sont variés à l'infini ; ils sont à la fois sévères et riants ; le fond de la vallée peu élevé est abrité des vents. Dès le printemps, tout se pare d'un manteau de verdure. Après le pic des Sorcières, c'est le Brudefolget, appelé le Cortège de la Mariée. Au pied du Romsdashorn, nos carrioles s'arrêtent au relais pour laisser manger les chevaux. Depuis le matin la pluie n'a cessé de tomber ; nous sortons de nos véhicules incommodes, où l'on a tout juste la place pour s'asseoir, trempés jusqu'aux os. Il faut cependant songer à reprendre notre marche. — En avant ! crie M. M... qui, par ses réflexions spirituelles, égaye la monotonie du voyage. Nos chevaux se précipitent, descendent les collines et les remontent ensuite, comme aux montagnes russes. Des paysans, en culottes courtes, à l'air mélancolique, étendent leur foin sur des traverses soutenues par des pieux fixés en terre. Malgré cette pluie diluvienne, nous poursuivons notre route avec courage. Les cascades nous accompagnent : on compterait plus facilement les étoiles du firmament que le nombre des chutes d'eau que nous voyons tous les jours. A l'un des détours de la route, une vallée plus resserrée s'ouvre tout-à-coup et nous donne accès dans le royaume des cascades. Sur nos têtes, sous nos pieds, par devant, par derrière, il en jaillit de tous côtés ; la route est arrosée de leur poussière humide. La plus majestueuse entre toutes est la Mongefossen. Après avoir traversé un énorme chaos de rochers, nous passons devant Styggefondfos, Gravdefos, Skogefos et Dontefos.

Il est huit heures quand nous arrivons, nos vêtements entièrement traversés par la pluie, à Ormein où nous devons passer la nuit. Après le dîner, une éclaircie permet aux plus vaillants de pousser jusqu'à Slettafos, pour voir le gouffre de l'Enfer. Une heure à pied, et nous sommes rendus au pont du Diable construit sur ce torrent impétueux. Après les chutes de Trollhættan, c'est le tableau le plus saisissant que nous ayons jamais eu devant les yeux. L'eau tombe, avec un fracas épouvantable, d'une hauteur de 20 mètres, et se précipite avec une violence inouïe dans des rochers abrupts où elle s'est frayé un passage. Vu le soir, par un temps couvert, dans le silence de la nuit, c'est absolument effrayant. Des roches noires environnent ce gouffre de leurs formes fantastiques, et forment un cadre des plus sauvages : c'est la nature désolée dans sa sublime horreur. Nous traversons le pont ; le roulement des eaux le fait trembler sous nos pas ; puis, une série de cascades se succèdent sur une étendue de 25 kilomètres, toutes différentes les unes des autres. La Slettafos est formée par la Rauma, qui se précipite en une seule masse d'eau. Les parois verticales des rochers sont usées par les eaux qui coulent depuis tant de siècles. De loin, on entend mugir les cascades ; l'eau partout se précipite, accélérant sa course folle sur la rampe très inclinée du torrent. Les tons bleus et blancs de l'écume font avec les verdures des arbres de la rive de chaudes oppositions que relèvent encore les teintes argentées des bouleaux. Le torrent se précipite sous le pont où il s'engloutit furieux ; il est meurtri, brisé. Ses tronçons, qui s'agitent dans la bave, se reforment et s'éparpillent dans les vagues qui fuient sous les rochers, pour les miner. La poussière d'eau qu'il jette dans l'air retombe dans l'écume rageuse où des rochers obstruent son passage. Plus loin, il dégringole en bouillonnantes cascades ; puis ses eaux se répandent, et l'on voit se tordre au loin, dans de dernières convulsions, les restes disséminés du géant. Tout impressionnés de ce spectacle nous regagnons notre logis : il est une heure du matin !

La vallée du Romsdal a, comme tous les villages norvégiens, la particularité des prés minuscules qui poussent sur les toits des chaumières. Il paraît que le paysan veut agrandir son domaine en ensemençant la toiture de sa maisonnette, qu'il recouvre de terre. Le tapis de gazon le protège du froid. Pour éviter l'humidité, il met entre le chaume et la terre des écorces de bois de bouleau ; il a aussi un jardin tout garni de fleurs et d'arbustes. En face de l'hôtel, une cascade descend de 300 mètres et se trouve divisée par des roches qui lui barrent le passage. En quittant Ormein, la route s'étend pendant plusieurs kilomètres entre deux parois de rochers qui bordent la vallée sans brisure. Dans le Romsdal, les cascades sont encore plus nombreuses : les unes coulent perpendiculairement sur un lit de roches polies ; d'autres surplombent l'abîme et décrivent, dans leur course descendante, des angles surprenants par suite des obstacles qu'elles rencontrent. Plus loin, la vallée se modifie. La région que nous traversons est monotone ; ça et là des prairies dépouillées d'herbe, que n'anime la présence d'aucun être vivant, homme ou bête. Au loin, le ciel et la terre se confondent dans la brume transparente. Un charme mélancolique se dégage de ce calme profond ; une douce rêverie nous envahit et la pluie redouble d'intensité.

Toujours des montagnes ! Celles-ci ont des formes imposantes, les lignes sont tourmentées. Depuis plusieurs heures que nous suivons ce défilé, c'est à chaque instant un aspect nouveau. Nous repassons devant le Romsdalshorn isolé dans toute sa gloire ; sa masse géante paraît dépasser d'un millier de pieds tout ce qui l'entoure. Puis, la route est bordée d'éboulis aux proportions colossales à travers desquels la Rauma reprend ses allures impétueuses et sauvages. Son lit est parsemé de masses rocheuses ; le bruissement de l'eau contre les obstacles qui lui barrent le passage se répercute de mille manières entre tous ces rochers. Plus loin, tout rentre dans le calme ; la vallée s'élargit, les parois qui l'enserrent s'écartent, et les Alpes scandinaves apparaissent dans toute leur majesté. Le Romsdalshorn est vraiment sublime dans son isolement. Les cimes dentelées de Froldtinderne, avec leurs fines découpures et leurs bizarres contours, font saillie au-dessus d'une muraille verticale d'un seul tenant, dont l'œil n'aperçoit ni le commencement ni la fin.

C'est par une pluie diluvienne que nous arrivons à Veblungsnœs, village bâti au bord du fjord, et habité par des pêcheurs. Le saumon venant de l'Océan Arctique et des côtes d'Écosse s'y pêche en assez grande quantité. Dans l'étroit bassin se tient à l'ancre un de ces navires audacieux qui vont pêcher la morue et le hareng sur les récifs des îles Lofoten : on voit qu'il a lutté contre la tempête ; un de ses mâts est cassé. Dans ces pays, on part pour la pêche comme on part pour la guerre ; plus d'un n'en revient pas !

Le bateau Bolsö du Grand-Hôtel de Molde nous attend dans le bassin de Veblungsnœs. C'est avec plaisir que nous reprenons la route de Molde, étant donné que pendant deux jours la pluie n'a cessé de tomber ; la traversée du fjord s'effectue par un vent violent. Notre matinée commence par la visite de l'église, qui mérite bien qu'on lui consacre quelques instants. Construite en 1889, elle est d'un style léger et gracieux. Avec le sapin, on fait bien et beau en Norwège. L'église de Molde est connue, parce qu'elle renferme le tableau du peintre Axel Ender, un des maîtres de l'école norvégienne. La toile représente l'Ange annonçant aux saintes Femmes la résurrection du Christ. Au premier plan, les figures des Femmes expriment toutes les variétés de l'étonnement.

Mais la physionomie de l'Ange n'a rien d'angélique ; l'expression manque de dignité et les draperies qui servent d'ornement sont de mauvais goût. L'œuvre d'Axel Ender ne nous produit pas l'impression que nous en attendions. L'après-midi a lieu le départ pour Trondhjem. A quatre heures, nous devons être rendus à bord. Pour atteindre le point *terminus* de notre voyage au Cap-Nord, il nous reste 410 lieues à faire sur les fjords.

DE MOLDE A TRONDHJEM

Le départ s'effectue à cinq heures ; un canot nous transporte à bord du *Sigurd-Jarl* resté au large. Tous ces bateaux norvégiens ont des noms choisis qui rappellent ceux des grands hommes de la nation. En effet, c'est à un Sigurd que l'on doit reporter la gloire des expéditions orientales ; il semble que ce croisé du xiie siècle ait incarné toutes les qualités et tous les défauts caractéristiques du Scandinave. Quand la première idée de partir vint à Sigurd, qui partageait avec son frère Œystein l'héritage de Magnus, le héros scandinave avait onze ans. Excité par les récits des nouvelles de la terre d'outre-mer où l'on guerroyait contre les ennemis de Jésus-Christ, il résolut d'aller en Palestine et confia à son frère la direction de son gouvernement. De 1104 à 1107, il organisa son expédition, fit construire 60 grands vaisseaux, qu'il arma et chargea de munitions et de vivres, puis il embarqua 10.000 guerriers à Bergen.

Sigurd, désireux de montrer ses forces navales au roi d'Angleterre, se met en route pour Londres ; il y passe l'hiver en fêtes, attend le printemps de 1108 pour continuer sa route. Pendant six mois, il parade sur les côtes de la France qu'il inquiète. Puis, il gagne l'Espagne et le Portugal. Jusqu'à Lisbonne, ses escales sont marquées par des pillages et des massacres. Le comte de Galice, qui refuse de vendre des vivres aux corsaires, voit son château pillé ; le butin pris est porté à bord des vaisseaux. A l'embouchure du Tage, Sigurd rencontre 70 navires arabes, d'abordage périlleux ; il les attaque résolument, en capture huit qui étaient chargés de richesses. De là, il débarque à Cintra, propose le baptême aux hommes qui occupent la forteresse ; sur leur refus, il les fait massacrer, s'empare de tout le butin et, par ce fait d'armes, conquiert la confiance de tous les catholiques.

Lisbonne est l'objet de sa convoitise ; mais la ville est trop importante pour être enlevée d'un coup de main. Il commence par s'emparer du château qui en défend l'entrée et fait main basse sur des richesses considérables. Une flotte musulmane tente de lui barrer le détroit de Gibraltar, il la fait détruire. En passant aux Baléares, il trouve les pirates nègres qui, à son approche, s'étaient fortifiés dans une grotte naturelle, inabordable. Sigurd fait, au moyen de câbles, hisser deux de ses bateaux au sommet de la montagne, puis les fait redescendre chargés d'hommes à l'endroit où les pirates s'étaient réfugiés. Tous sont massacrés dans leur repaire.

En août 1108, il arrivait en vue de la Terre-Sainte, au moment où le roi Baudouin, frère de Godefroy de Bouillon, assiégeait Edesse ; une flotte égyptienne était venue bloquer Beyrouth : l'ennemi voulait s'emparer de Jérusalem. L'apparition de Sigurd et de ses soixante navires fait changer la face des choses : la flotte égyptienne est vaincue, et le roi Baudouin arrive à temps pour remercier Sigurd vainqueur. Il fait couvrir de tapis précieux la route qui mène à Jérusalem. Sigurd et ses Norvégiens firent leur entrée dans la Ville Sainte, sans paraître surpris du luxe déployé. Baudouin lui fit don d'un morceau de la croix de Jésus-Christ. Sigurd, à son retour en Norvège, déposa cette précieuse relique sur le tombeau du roi Olaf, à Trondhjem. Après la prise de Sidon, due à sa valeur, Sigurd revint par Constantinople et commanda les apprêts de son arrivée. Il voulait que des deux rives du Bosphore on pût juger de la grandeur de sa flotte. Les voiles de ses soixante navires se succédaient les unes aux autres. Vues de loin, ces voiles ne paraissaient sortir que d'un seul navire. Les rues étaient tapissées de soie pourpre. Il vint à cheval jusqu'au palais qui lui avait été destiné et par la voie des Triomphateurs ; le cheval qu'il montait était tout ferré d'or.

L'empereur Alexis, voulant l'attirer par de riches appâts, envoya deux de ses serviteurs lui porter une corbeille remplie de pièces d'argent. Sigurd ordonne de les jeter à ses hommes. La nouvelle fut rapportée à l'empereur qui renvoya les mêmes serviteurs, mais cette fois avec un coffre plein d'or. « Voilà bien de la monnaie », dit Sigurd à ses barons. « Compagnons, partagez-la entre vous ». Nouvelle surprise d'Alexis ; troisième envoi. « Portez-lui ce coffre plein d'or rouge, le plus précieux que je possède ; joignez-y ces deux lourds bracelets. » Sigurd passa les bracelets à ses poignets. Quant à l'or, il le fit encore distribuer à ses hommes. Alexis, frappé de la hauteur d'âme de son hôte, lui fit rendre les plus grands honneurs et partager son trône. Quelques jours après, Sigurd invite l'empereur et l'impératrice à dîner et donne ordre à ses domestiques d'aller au marché chercher du bois. Il veut que les pièces soient chauffées royalement. L'impératrice, qui avait eu vent de son intention, fait acheter tout le bois mis en vente. Les domestiques revinrent du marché et déclarèrent qu'il ne restait plus de bois. Alexis, voyant pendant le dîner que la salle était convenablement chauffée, envoya demander ce que l'on brûlait. — « Des noix, » répondirent les serviteurs. Sigurd, à défaut de bois, avait fait acheter toutes les noix du marché. — « Voilà, dit l'impératrice, un vrai noyau de roi ». Cette brillante réception impressionna la cour, mais le fils de Magnus se montra plus grand encore en faisant don à l'empereur Alexis de ses soixante vaisseaux. Il ne se réserva que le Dragon doré qui ornait la proue de son navire ; pour lui, c'était le symbole de l'autorité royale. Ce merveilleux débris, après mille pérégrinations, est venu s'accrocher au beffroi de Gand. Pour retourner en Norvège, Sigurd s'arrête à la cour de Saxe, puis à celle de Danemark. Le roi lui donne sa nièce en mariage, et, deux mois après, en 1111, Sigurd débarque à Oslo, au milieu des vivats d'une foule enthousiasmée.

Cinq heures sonnent ; le sifflet envoie ses sons aigus se répercuter sur la colline de Molde. Le bateau lève l'ancre, décrit une courbe et reprend sa marche en avant. Cette fois nous voilà en route pour le Cap-Nord. Du mardi 30 juin au jeudi 9 juillet, nous allons vivre sur cette maison flottante, très confortablement aménagée, d'ailleurs. Après avoir présidé à l'embarquement de nos valises, nous prenons possession de nos cabines. Aimant mes aises et mon confortable, surtout en voyage, j'avais eu soin de me faire retenir, un mois à l'avance, une cabine particulière : c'est un peu plus coûteux, mais la dépense est compensée par les avantages de toutes sortes que l'on en retire, ne serait-ce qu'au point de vue de l'hygiène. Vous voyez-vous obligé de vivre pendant dix-huit nuits, qui sont des jours au Cap-Nord, dans les cabines où l'on est deux et souvent quatre à respirer l'air qui, par suite de l'exiguïté de la cabine, se vicie ? Vous êtes contraint d'attendre que votre voisin soit habillé pour vous lever, que celui qui est perché au-dessus de votre tête ait fait l'ascension de sa couchette pour vous endormir ! Ce qui manque de charme, surtout, c'est que souvent, remué, ballotté, l'un de vos compagnons de route tombe malade ! Si vous ne l'êtes pas, il y a de quoi le devenir. Grâce à mes nombreuses traversées, j'avais connu ces inconvénients qui enlèvent l'attrait du voyage. C'est pourquoi, en touriste pratique, j'ai pu les éviter.

Les officiers du bord nous font le meilleur accueil et président à notre installation. Nous prenons place sur la passerelle pour nous rendre compte de la route. Le bateau est revenu en arrière pour tourner à droite. Molde a déjà disparu ; nous avançons vers d'autres magnificences. Ce voyage ne doit-il pas être une succession de tableaux qui nous révèleront la nature sous des aspects inconnus ? C'est bon d'être embarqué à bord d'un de ces charmants steamers où l'on passe dans un doux *farniente* des journées pleines de rêveries. Le paysage change à tout instant et varie du gracieux au grandiose, depuis les collines chatoyantes de verdure jusqu'aux rochers où les bouleaux prennent racine. Les rives de granit sont surmontées de massifs d'arbres aux tons variés, aux mouvantes silhouettes. Le bateau traverse un archipel d'îlots chevelus où des pins verdoyants se dressent majestueusement. Çà et là, entre les maisonnettes, des échappées sans fin se dessinent, coupées de petits îlots, et, tout au fond, la brume du premier plan. L'horizon s'élargit et montre, en se découvrant, des prairies : d'énormes rochers à fleur d'eau colorent d'une note grave ce paysage où la nature est toute de fraîcheur et de soleil. On se sent envahi par l'amour du repos.

Nous passons entre le continent et l'île d'Otero, -- ne pas confondre avec la belle Otéro. -- Tout à coup le lévrier de mer penche de tribord à babord : roulis, tangage ! A Hustadviken, c'est l'océan ; il faut s'armer de courage, avoir le pied marin. Les plus vaillants résistent et restent sur le pont ; le vent nous cingle ; les peureux descendent dans leurs cabines. Le lit est encore le meilleur abri contre le mal de mer.

Huit heures ! le dîner sonne pour les quatre-vingt-deux touristes qui forment la cargaison humaine du *Sigurd-Jarl*. Quatre tables ont été dressées. Dans la salle à manger, celle des Français ; nous sommes dix-huit. A côté, dans le salon, les Anglais à droite ; la table de gauche est cosmopolite. Sur le pont, le salon est réservé aux Américains. Notre bateau est une tour de Babel ; la confusion des langues y est grande. Le commandant nous dit que jamais voyage n'a offert si grande variété. Toutes les nations de l'Europe sont représentées. Dans le relevé figurent des Russes, des Français, des Belges, des Hollandais, des Hongrois, des Espagnols, des Américains, des Autrichiens, des Italiens, des Allemands, un Polonais et un Brésilien. Les Anglais sont les plus nombreux. Les sujets de Guillaume fraternisent avec ceux de Humbert, les Russes sympathisent avec les Français : la Duplice coudoie la Triplice Parmi ces hommes si différents de caractère, je fais des études : le Russe est doux, le Français enthousiaste, l'Anglais dédaigneux, l'Allemand froid, impertinent, le Hongrois sympathique, l'Autrichien mélancolique, l'Italien fourbe, l'Américain railleur et mal élevé, le Polonais résigné, le Belge indifférent.

J'estime que le maître d'hôtel a bien fait de séparer chaque nationalité. Jusqu'au menu qui diffère ! Les mets varient selon les sujets. J'avoue que je préfère cela. Etre à table à côté de ces misses aux longues dents, de ces Anglais égoïstes, de ces Allemands à l'air fadasse, ça n'est pas amusant. J'en parle sciemment ; pendant 20 jours, sur le bateau du Nil, j'en avais fait l'expérience.

La soirée se passe, sur le pont, à faire connaissance avec nos compagnons de route. Instinctivement nous allons vers les Russes, hommes affables et du meilleur monde, avec qui nous fraternisons. Parmi eux se trouve un professeur de Varsovie ; cet érudit nous a beaucoup intéressés par ses conversations scientifiques sur l'histoire naturelle, l'astronomie, la botanique, la minéralogie : c'est un savant. Nous causons plus de la Norvège que du traité de Francfort. Les Italiens et les Allemands n'ont pas nos préférences. Nous évitons de les rencontrer ; ils évoquent en nous de trop amers souvenirs. Les Anglais à l'air hautain nous laissent indifférents.

Après le Hustadviken et le cap Lindesnœs, la première escale se fait vers dix heures, à Christiansund, une des plus grandes villes du Nord, qui compte 13.000 habitants. Bâtie en cercle sur trois îles, Christiansund a un aspect pittoresque ; c'est une des plus curieuses villes du voyage. Le port est fermé de partout. Les maisons paraissent flotter à la surface des eaux ; les toits font face à la mer. De nombreuses barques de pêcheurs sont amarrées devant l'île de Kirkelandet. Du milieu de la ville émerge le clocher pointu de l'église. Sur les bords du fjord, la morue est exposée au soleil pour sécher. La végétation devient plus chétive, l'air plus vif ; on sent que nous montons vers le Nord.

Christiansund est un des grands centres du commerce d'exportation des morues sèches. Cette ville a brûlé plusieurs fois : n'est-ce pas le sort fatal réservé à ces villes de bois ? En Norvège, une ville ne dure guère plus qu'un navire : l'un est guetté par le naufrage ; l'autre, par le feu. Ainsi Trondhjem a brûlé quinze fois en trois cents ans ; Bergen et Christiania n'ont pas échappé au fléau destructeur.

Quinze minutes sont accordées au débarquement des voyageurs et à l'embarquement du courrier, et le bateau reprend sa marche en avant. Après cette première journée si bien remplie, il faut se résigner à prendre un repos mérité. L'idéal serait de voyager sans dormir : il y a tant de choses à voir, tant d'impressions à enregistrer ! Mais il faut consacrer des heures à Morphée.

TRONDHJEM

Le soleil s'est levé avant nous ; ses rayons brillent sur les montagnes recouvertes d'un linceul argenté. Dans la lumière de ce soleil éclatant, il y a quelque chose de discret, le ciel a des teintes indéfinies, la température est douce. Nous sommes en vue de Trondhjem, séparé de Molde par 274 kilomètres. Le guide ne perd aucune occasion de reproduire les points de vue intéressants ; il braque aussitôt son appareil. Le bateau fait escale ; il faut s'approvisionner de vivres, pour les 85 passagers et les 30 hommes d'équipage.

Trondhjem, en français Drontheim, est défendu, à l'entrée de son port, par un fortin qui émerge au milieu de la mer. C'est une ville de 30,000 habitants, blottie au fond d'un golfe. C'est l'ancienne capitale de la Norvège, l'ancienne cité de saint Olaf, fondée en l'an 1016. Dans la cathédrale a lieu le couronnement des rois. Nous abordons près des entrepôts bâtis le long du fjord. Les morues sèches en ballots et les harengs en barils sont montés directement dans les navires par des grues à vapeur. Les harengs se vendent en barils de cent kilos : seize krones. Les différentes sortes de morues ont un nom commun : *stokfisk* ; celle du golfe s'appelle *fjordfisk*, morue plate, et *kepfisk*. Les trois quarts du kepfisk sont expédiés en Espagne, le reste en Russie, en Allemagne, en Portugal, au Brésil et aux Antilles. L'Italie achète une partie du fjordfisk ; le reste est pris par la Belgique et la Hollande. La Chine, restée rebelle à la consommation de la morue, commence à en manger. Sur le marché de Trondhjem, il se fait également un grand commerce de saumons. Ces poissons, pêchés aux îles Lofoten, sont mis en glacières dans les stations jusqu'à l'arrivée des vapeurs qui viennent les recueillir pour les apporter à Trondhjem. Classés par grandeur et par qualité, ils sont exportés en Angleterre et en Allemagne. La pêche dure de mai à juillet.

La population de Trondhjem compte de gros négociants enrichis, les uns par les produits de la mer, les autres par ceux de la terre. La Norvège terrienne vit du sapin, comme la côte vit de la vague. Cette essence d'arbre résistante grimpe jusqu'aux neiges perpétuelles et descend jusqu'aux abîmes. Le pin est l'emblème des Norvégiens. La Norvège fluviale vit de la mer : c'est sa richesse. Mais le bon vent ne souffle pas tous les jours. « Riche comme la mer », dit un proverbe norvégien.

Trondhjem est relié par voie ferrée à Stockholm, à Sundswall et à Christiania ; par bateau à vapeur, avec Levanger, Vœrdalen et Stenkjœr, villes situées sur les bords du Trondhjemfjord. Trondhjem pourrait s'appeler la « ville de bois » : presque toutes ses maisons sont construites en sapin. La plus grande ville de la Scandinavie est Stiftsgaarden, qui sert de résidence au roi lorsqu'il vient dans la cité de saint Olaf.

Les marchands de bois ont toujours été une puissance en Norvège où la production de sapins est considérable. Seul, le commerce des bois ouvrés atteint un chiffre colossal. Les propriétaires de scieries achètent la coupe des forêts pour cinq ou dix années ; ils ont en cela acquis une expérience héréditaire ; l'aspect seul du terrain, la rapidité ou la lenteur avec laquelle le bois a poussé en déterminent la qualité et la valeur. Que de choses dans un sapin ! A combien d'usages n'est-il pas destiné ! Il sera un jour la maison qui abritera le foyer contre l'hiver rigoureux, la flamme qui donnera une âme au logis et cuira les aliments ; il sera aussi la dernière demeure de ceux qu'il aura abrités et nourris. Tout Norvégien vit et meurt entre quatre planches de sapin. « Le pin est notre aïeul à tous », disent les Norvégiens. La transformation du sapin s'accomplit dans les scieries. Combien en avons-nous vues, de tous côtés, en traversant la Norvège ! Une des plus importantes est celle d'Arkedalsœren, construite dans un village au fond du fjord de Trondhjem. Je regrette que nous n'ayons pas eu le temps de la visiter. Un négociant, dont j'ai fait la connaissance à Trondhjem, a bien voulu me donner quelques détails. Autour de cette scierie est bâti le village ; avec la sciure et les écorces provenant des bois, on a élevé des quais qui permettent aux bateaux d'aborder. Des centaines de mille francs de bois en grume y sèchent au soleil, car il faut qu'une année s'écoule avant que le pin coupé dans la montagne soit débité. Des piles énormes de madriers, de bastins, de planches, de poutres et de chevrons, attendent le départ. Quand la forêt est acquise, les bûcherons en prennent possession, et s'y construisent des demeures provisoires. Les arbres abattus sont traînés par des chevaux jusqu'à la rivière qui, pendant l'hiver, les garde prisonniers dans les glaces. Au printemps, la débâcle emporte tout, et ces bois flottants arrivent à la scierie ; là, un homme engage chaque tronc dans le va-et-vient d'une crémaillère ; l'arbre se trouve hissé et amené directement sous la scie à vapeur. En une minute, elle le dégrossit et fait de lui un madrier qui, pendant un an, restera au séchoir. Si mouillé qu'il soit, il est tendre aux dents de l'acier ; mais, quoique cela, il gémit sous la pression de la scie. Nuit et jour, la scierie fonctionne. Avec les flotteurs de bois et les bûcherons, cette usine emploie près de 1.000 ouvriers. Les ouvriers de scierie sont payés à la tâche ; leur paie varie entre 4 fr. et 4 fr. 50 par jour ; celle des flotteurs, entre 3 fr. 50 et 4 fr. 25 ; celle des bûcherons, de 2 fr. 50 à 4 francs, et celle des enfants, de 1 fr 50 à 1 fr. 75.

L'entrée de cette scierie modèle est interdite aux femmes. La vente de l'alcool est prohibée dans le village, comme partout en Suède et en Norvège. Remarque singulière : la consommation de la bière y est aussi défendue ; le lait et le café sont les seules boissons autorisées. Cela n'empêche pas ces hommes de supporter des journées de travail de douze heures ! Voilà qui ne ferait pas le bonheur de nos ouvriers français : allez donc leur interdire l'absinthe ou autres toxiques du même genre qui, après les avoir empoisonnés, les abrutissent, pour n'en faire ensuite que de mauvais époux et des pères dénaturés, dépensant au cabaret le gain de la semaine, laissant trop souvent, hélas ! au foyer une femme et une nichée d'enfants sans pain ! En Norvège, l'argent ne va pas au cabaret. L'ouvrier aime la vie familiale : sa femme et ses enfants sont ses seuls soucis ; grâce à sa sobriété, à son économie, il arrive à posséder sa maison, dont le prix va de 2000 à 3000 fr., selon les dimensions. Il rentre avec plaisir chez lui ; il élève sa famille. Comme au Canada, la moyenne des enfants est de sept à huit par ménage. L'usine non seulement scie le bois, mais fait des chalets et des maisons démontables. Les deux chalets placés au pied de la tour Eiffel, en 1889, sortaient de cette scierie, ainsi que ceux que j'ai vus à l'Exposition de Chicago. Au Cap de Bonne-Espérance, où la température est douce, on se sert beaucoup, comme habitation, du chalet démontable norvégien. Cette industrie peut dire, comme Ibsen : « J'ai rêvé de bâtir des demeures où les hommes seront bien pour vivre. » Le sapin a enrichi bien des Norvégiens, qui ont laissé après eux des fortunes considérables. En 1767, l'église de Trondhjem a profité de la libéralité de Thomas Angel, qui a légué à sa ville natale 5 millions de krones, soit 7 millions de francs. J'ai cru intéresser le lecteur en relatant dans ce livre l'importance du commerce des bois en Norvège.

Une des curiosités de Trondhjem est sa cathédrale du XIIe siècle. La restauration, commencée depuis de longues années, n'est pas près d'être terminée. Cette basilique a été édifiée à l'endroit où fut enterré le roi Olaf ; elle porte toujours l'empreinte de sa mutilation. L'incendie, non plus, ne l'a pas épargnée ; à cinq reprises différentes, le fléau destructeur s'est acharné contre elle ; la foudre a décapité sa tour ; tout s'est conjuré pour flétrir et briser ce chef-d'œuvre, *les hommes et les éléments*. Ce qui reste mérite d'être visité.

La Norvège relève le sanctuaire où ses rois ont été couronnés ; elle tient à lui rendre son ancienne splendeur : c'est une œuvre nationale. Depuis quarante ans on y travaille, mais lentement, avec cette lenteur que l'on retrouve sur cette terre engourdie pendant de longs mois par les frimas. Bien des années encore s'écouleront, des générations disparaîtront, avant que son achèvement soit complet. Où est la nef de 346 pieds de long sur 86 de large, avec ses 32 autels, que soutenaient 3.360 colonnes ? La Réforme victorieuse a enseveli le chœur, les nefs, les chapelles, les piliers, sous une couche de terre de six mètres. La Norvège ainsi remet au grand jour la construction primitive du plus vaste monument gothique de la Scandinavie. Il y a, dans ce temple, des chefs-d'œuvre enfouis ; plusieurs rois des XIe, XIIe, XIIIe et XIVe siècles y sont enterrés. Ici, c'est un autel ouvragé rendu à la lumière ; là surgit de la muraille le buste d'un archevêque, mitre en tête et la main levée pour bénir ; plus loin, la source de saint Olaf, patron de Trondhjem et de la Norvège. L'eau miraculeuse a jailli à l'endroit où repose le corps du saint, et, pendant des siècles, des pèlerins y sont venus chercher un remède à leurs souffrances.

Plus loin encore, une cavité étroite pratiquée sous une dalle montre une de ces cellules où les recluses s'ensevelissaient vivantes. Partout des niches vides, des piédestaux veufs de leur statue. A l'extrémité, dans la pénombre, le chœur exhumé, restauré, où la lumière se tamise à travers des vitraux remarquables. Au milieu d'un autel catholique éblouissant de pierreries et d'or se dresse un pâle fantôme de marbre blanc : c'est le Christ de Thorwaldsen, statue sévère et froide. Au front des portails, quelques statues demeurées intactes ; la raideur de leur attitude révèle leur antiquité ; la béatitude qu'expriment leurs traits porte l'empreinte du siècle qui les a créées. Les sculpteurs du moyen-âge furent des artistes à force d'être des croyants. Ainsi, pour édifier cette incomparable basilique de l'époque, des siècles avaient accumulé leur travail ; des générations en prière en avaient usé les dalles ; des rois y avaient suspendu leurs trophées et reçu leur couronne ; tout navire qui rentrait dans le port y apportait le tribut d'un ornement provenant de pays lointains. Puis, un jour, les luthériens suédois ont assiégé la ville, et, au moment où les évêques, entourés de femmes et d'enfants, imploraient la miséricorde du ciel, les portes de l'église s'effondrèrent sous les efforts des fanatiques qui se ruèrent dans le sanctuaire, brisant, pillant, égorgeant prêtres et évêques, faisant de la cathédrale une écurie et des hommes des martyrs. C'est pour relever cette basilique de ses décombres que partout, en Norvège, des souscriptions publiques sont ouvertes.

La Charte norvégienne, qui a été faite à Erdsvold en 1814, dit que les rois devront se faire couronner dans la cathédrale de Trondhjem. Bernadotte y fut couronné en 1818, Carl XV en 1860 et Oscar II en 1873, ces deux derniers avec leurs femmes. Tout autour, un vaste cimetière sert de jardin public. On y voit les habitants se promener lentement au milieu de ces tombes simples, mais bien entretenues, qu'ombragent de grands et vieux arbres. De place en place, des bancs où viennent s'asseoir les affligés, pour passer quelques instants parmi leurs morts. Partout, sur les tombes, sont déposés des bouquets de fleurs, qui proviennent des pots que l'on voit à toutes les fenêtres des maisons. Dans ce cimetière, pas de monuments luxueux comme chez nous ; une simple pierre, une croix, un verset de la Bible remplacent les mensonges gravés sur beaucoup de nos tombes ; pas de mains entrelacées, pas d'anges bouffis ; tout est sérieux et digne. La mort semble perdre son horreur au milieu de ces fleurs, la joie de la résurrection s'empare de l'âme et laisse croître la fleur si consolante de l'espérance en une vie meilleure.

Sortis de l'église, les groupes se divisent. *Liberté, libertas* : chacun peut, à sa guise, aller où bon lui semble ; le programme est rempli, comme dit notre guide qui n'est pas fâché d'être enfin libre de ses actions ! Je comprends cela. Il profite de ce moment de répit pour emballer ses plaques et les expédier à Paris afin qu'elles puissent être développées.

Le portier de l'hôtel, un Français émigré aux frontières du Nord, lui facilite la besogne. Pendant ce temps-là, Rits, que nous avons surnommé *Certainement-Certainement*, parce qu'à toutes les questions qu'on lui pose, il répond invariablement le même adverbe, est accaparé par Mme V..., pour ses achats de photographies ; puis, par Mme C..., pour des fourrures. Ces dames l'ont réquisitionné : il est si bon, si complaisant, qu'il se prête à toutes les combinaisons féminines. Pendant ce temps je me dirige vers l'île de Münkholm. Au bout de la ville, les remparts ont été remplacés par des prairies bien cultivées, émaillées de fleurs : c'est le jardin de la Norvège.

L'île de Münkholm (rocher des moines) est la promenade favorite des habitants. On y voit les ruines d'un ancien couvent de Bénédictins qui date de l'an 1100. Cette île est fortifiée. Des canons allongent vers la mer leur gueule éternellement muette ; ils remplacent les bastions et les donjons de la vieille forteresse. C'est sur ce rocher que Schuhmacher fut interné, de 1680 à 1692, après avoir été déjà enfermé pendant quatre ans à Copenhague. Schuhmacher, de fils d'artisan, devint ministre. Il déclara la guerre à l'aristocratie qui abusait de son prestige et de son pouvoir. Ce Richelieu danois abaissa les grands, voulant les humilier. Maître absolu sous Christian V, il devait épouser une princesse du sang royal quand éclata une conspiration ourdie contre lui. Accusé de haute trahison, il allait être décapité, mais un officier porteur d'un pli royal fendit la foule : Christian V faisait grâce au condamné et commuait la peine en une captivité perpétuelle.

Le nom de Schuhmacher est vénéré parmi les Norvégiens. Derrière l'île de Münkholm, une digue de montagnes se dresse au-dessus du fjord. Ces murailles cachent la vue de l'Océan et protègent la ville contre les tempêtes. En face, Trondhjem, bâti sur une presqu'île, étale ses maisons, devant lesquelles coule le fleuve Nidelven ; au loin, la silhouette de la coupole moderne de la basilique qui a été posée sur le vieux toit vert-de-grisé. Les montagnes qui ferment l'horizon paraissent décapitées ; leurs cimes sont cachées par un épais brouillard ; des mouettes passent par bandes autour du rocher dénudé. Dans ce beau panorama, la nature a fait le cadre et le tableau, l'homme a fait le reste.

De retour à Trondhjem, je trouve les rues encombrées ; la circulation est devenue plus active, la ville est en liesse : c'est la foire annuelle. Des paysans et des paysannes arrivent des campagnes et des îles. Pour ce peuple paisible, c'est une fête. Les marchands de bimbeloterie offrent leur pacotille allemande et anglaise ; une foule aux costumes multicolores se presse devant la voiture d'un marchand de spécifiques, qui leur raconte des boniments : c'est le « Mangin de la foire ». Les paysans ont revêtu leurs habits du dimanche ; la coupe en est vieille de plusieurs siècles : chemise à jabot de dentelle, culotte courte, bas de soie, souliers à boucle d'argent ; c'est complet. Les femmes et les jeunes filles ont une longue jupe blanche relevée d'agréments rouges ou dorés ; pour coiffure, un bonnet de police en laine rouge cardinal, bordé de passementerie dorée. Cette coiffure étrange sied bien à leur physionomie fraîche et veloutée. Les Norvégiennes aiment les couleurs voyantes. Quant aux jeunes filles de la ville, leur toilette diffère ; elles sont en corsage jaune, rose, bleu, vert et violet : c'est le rose qui a leur préférence. Elles ont des manches bouffantes à gigot. Leurs cheveux blonds sont tressés en longues nattes derrière le dos. Quelques-unes même portent un réticule, ou ridicule, qui sert à emmagasiner tous les objets qui, avant la suppression des poches par les couturières, y trouvaient leur place. Parmi ces filles de la campagne, il y a de bien jolis types. Chaque contrée a son costume particulier, chaque paroisse ses couleurs de prédilection. Celles-ci ont une jupe courte en étoffe d'un rouge vif ; d'un corselet vert déborde une guipure blanche comme le cygne. Le corsage est orné de bijoux ; la coiffe, garnie de fils dorés. Cette coiffure, qui fait valoir heureusement les cheveux dorés, amincit le bas du visage. Elles ont des yeux doux : leur nuance est celle de la mer. Leurs traits ont du relief : la physionomie est fraîche, mais l'expression manque. Quant à leur poitrine, elle n'est pas aussi bien modelée que celle des Françaises. Quelle fête pour les yeux de contempler ces costumes aussi étranges que gracieux, où toutes les nuances éclatantes s'harmonisent si bien ! Ces types à l'air angélique servent de modèles aux artistes qui s'inspirent de leurs formes heureuses. Dans cette foire, on vend de tout : des chevaux, des fourrures, des rennes, des cornes d'élans, des carrioles, des harnais, des machines agricoles anglaises, ainsi que toute la camelote allemande : c'est un petit Nijni-Novgorod. Le marché aux poissons est aussi très animé. Sur les tables, des piles de morues sèches, des barils éventrés remplis de harengs, des saumons fumés, des morues fraîches : toutes les sortes de poissons pêchés dans les fjords se trouvent réunies. De tous côtés on trafique ; des affaires importantes se traitent entre le producteur et le consommateur.

Nous terminons notre après-midi par la visite des magasins. Dans celui de Bennett, nous trouvons les photographies des belles Norvégiennes, et mille petits souvenirs du pays pour rapporter à nos amis, surtout de mignonnes carrioles en ivoire. Il est huit heures, quand nous nous décidons à rentrer pour le dîner. Le maître de l'hôtel d'Angleterre veut sans doute que nous emportions de sa cuisine un bon souvenir : parmi les plats du cru qu'il nous fait servir, figurent des gelinotes rôties, du renne à la sauce piquante, de l'eider, du coq de bruyère et un gigot d'ours. Comme il est chasseur, il a tenu à nous faire juges de ses aptitudes cynégétiques. Il ne manquait à ce repas local que le miroton de baleine et l'huile de foie de morue, mais alors c'eût été plus que complet. Très affamés, nous nous délectons de ces mets nationaux ; mais le pain, notre bon pain de France, nous manque. On nous en sert en petites tranches amincies : il est tout noir et mauvais. Un autre pain a la forme de galette, c'est le pain suédois ; un autre est similaire à la biscotte ; tous sont désagréables au goût. C'est en vain que je m'évertue à crier au garçon : — *French bread !* — Notre guide ne sait où donner de la tête ; de tous les côtés on l'appelle. Mme V. s'écrie : « J'ai demandé du lait chaud, et on ne m'apporte rien ! » Enfin on apporte le lait. « Mais j'ai demandé du lait chaud, et celui qu'on m'apporte est à la glace ! » Le guide repart à fond de train, et, cette fois, le lait n'arrive plus. Après réclamations réitérées, une servante dépose devant Mme V. un petit pot de lait. Sauvés ! Mon Dieu ! nous allons donc pouvoir, à notre tour, nous faire servir. Illusion perdue ; la voix de Mme V. retentit encore dans la salle à manger : « Venez donc ! J'ai demandé du lait chaud, et on me l'apporte bouillant ; je ne puis le boire ! » Ce petit manège avait duré dix minutes et provoqué parmi nous une hilarité générale.

A neuf heures et demie, nous reprenons nos places sur le pont du *Sigurd-Jarl*. Le départ s'effectue par un temps splendide ; le soleil brille sur la ville et sur les collines qui l'environnent. La température, si douce, nous permet de monter sur la passerelle pour mieux voir disparaître Trondhjem que nous reverrons dans dix jours. Ce qui est féerique dans ce voyage sur les fjords, ce ne sont ni les montagnes, ni les eaux, ni les forêts, ni les villes qui paraissent ou disparaissent ; ce sont ces teintes inénarrables qui illuminent et transforment tout ; la plume est impuissante à décrire toutes ces merveilles. Nous n'aurons plus de nuit ; jusqu'au Cap-Nord, le soleil nous éclairera de sa lumière et nous chauffera de ses rayons : ce ne sera qu'une continuité de paysages différents, qu'une succession de tableaux. Tout en admirant celui que l'on a devant les yeux, on regrette celui qui l'a précédé, on voudrait voir durer cette solennelle splendeur. Minuit !... Il faut nous résigner à rentrer dans nos cellules, et... dormir.

DE TRONDHJEM A TROMSÖ, TORGHAETTAN
ET LES SEPT SŒURS D'ALSTENO

A notre réveil, nous naviguons au milieu d'îlots habités par des familles de pêcheurs. Que de fjords dont on soupçonne à peine l'existence et qui, cependant, ont bien leur intérêt ! Que de mouvements de terrains, de vallées et de montagnes, dont on n'aperçoit que vaguement les grandes lignes ! Et quelle intensité de coloration ! des neiges roses, des montagnes violettes, une mer à paillettes d'or !

Par le travers de la Nœro, le paysage se modifie, les îlots deviennent plus nombreux et se resserrent ; la côte, plus rapprochée, présente quelques reliefs ; quelque chose qui ressemble à une ligne de collines noyées dans une demi-brume ne permettant pas de voir au-delà. Puis, nous nous engageons dans le canal qui sépare les deux îles. Le commandant est à son poste, l'œil tenu en éveil ; la passe est difficile à franchir, il a charge d'âmes, nous lui avons confié nos existences ; il s'en tire, du reste, habilement. A dix heures du matin nous sommes en vue du rocher de Torghättan sur l'île de Leckö, où un tunnel naturel traverse la montagne.

Le steamer stoppe, les embarcations permettent aux touristes de descendre à terre. Cette excursion demande une heure. Pas de chemin pour arriver à la montagne ; c'est au milieu des pierres qu'il faut se frayer un passage. Le rocher de Torghättan, haut de 800 pieds, a la forme d'un chapeau de gendarme ; il offre une autre particularité, c'est que, vers la moitié de sa hauteur, il est percé d'un large trou dont le diamètre va s'élargissant de l'est à l'ouest. Quand on arrive à l'orifice de cette galerie, longue de 520 pieds, et surtout à mesure qu'on pénètre plus avant, on découvre, de l'aute côté, l'Océan parsemé de centaines d'îlots noirâtres, de toutes formes. Le spectacle est vraiment étrange. L'eau ruisselle le long des murailles ; de grosses gouttes, venant de ce plafond de granit, nous tombent sur la tête. L'hiver, par les tempêtes, il doit se produire dans cet endroit désert un concert infernal ; les cris de l'ouragan s'y répercutent certainement ;

tout fait supposer que les grondements y sont effroyables. Pour nous, l'aspect est tout autre ; nous voyons Torghälttan par un beau soleil. L'officier du bord chargé de nous accompagner donne un coup de sifflet : c'est le signal de la retraite. Nos jeunes misses, à l'air mutin, prennent le devant ; les petits guides indigènes nous aident à sauter d'une pierre sur l'autre jusqu'au bas de la montée marécageuse. Une paysanne est là avec du lait ; des fillettes, avec des bouquets cueillis dans les roches. Nous donnons quelques piécettes à ces bambines, qui, pour nous remercier, nous envoient des baisers ; et, tout en barbottant dans les marécages, nous arrivons, les pieds trempés, jusqu'aux barques.

Il est deux heures, quand le bateau lève l'ancre ; nous serrons de près la côte, entre la mer qui finit et la montagne qui commence : ce ne sont que petites maisonnettes carrées peintes en rouge. Sur leurs toits poussent des prés minuscules ; autour de ces maisons, quelques lambeaux de terre cultivée. Des barques de pêcheurs sillonnent le fjord ; des bateaux chargés de morues passent près de nous ; ils vont porter leurs cargaisons à Bergen. Elles sont gracieuses, ces barques, avec la proue relevée ; à l'arrière, une haute cabine ; une grande voile carrée donne prise au vent. Un banc de harengs soulevé du fond vient d'apparaître à la surface ; en une seconde, la côte se dégarnit d'oiseaux. A grand vol, tournantes et affamées, les mouettes, si nombreuses en ces parages, se ruent sur leur proie : ce sont des cris d'ivresse parmi ces volatiles. Plus loin, c'est une sarabande de dauphins, de cachalots, qui avec des ondulations gracieuses, sautent de l'eau avec la légèreté de sylphides et rebondissent sur les vagues. La variété des poissons dans ces abîmes est grande. Après les harengs, les turbots, les maquereaux, les saumons, les barbues, les truites saumonées, les homards et les cabillauds dont on fait toutes les morues possibles, voici des thons, des sim-fishes, des rougets, des poissons-ballons avec des yeux ronds, des chats de mer hideux à voir, des monitors noirs comme de l'encre, etc. : toute cette vie grouille à fleur des vagues.

Dans la brume épaisse apparaît le village de Bromosund. Les brouillards sont produits, dans ces régions, par les courants glacials qui viennent des montagnes neigeuses et aussi par les vapeurs qui se dégagent du Gulf-Stream. On sait que ce courant d'eau chaude part du golfe du Mexique et suit les côtes de l'Amérique du Nord jusqu'au 40º lat. N. — puis il s'infléchit. Un de mes compagnons de voyage m'affirme que des observations très récentes ont prouvé que les côtes d'Europe sont baignées moins par le Gulf-Stream que par des nappes superficielles. Mais ces nappes d'eau sont assez chaudes pour adoucir la température de la Norvège. Elles est de 20º plus élevée en hiver, que celle d'autres régions à pareille latitude. Ces courants chauds jettent à Tromsö des débris qui viennent d'Islande. Le *Sigurd-Jarl* est obligé de ralentir sa marche, le brouillard augmente, nous longeons l'île d'Alsten où se trouve la belle chaîne de Syv-Söstre (les Sept Sœurs). L'île d'Alsten a 170 kilomètres carrés de superficie ; 1500 pêcheurs l'habitent. Le Velsenfjord la sépare du continent : elle est en effet bien nommée, cette chaîne de montagnes ; les sept cimes sont rangées les unes à la suite des autres dans un alignement qui, d'un côté, paraît régulier. Par la majesté de leurs formes, elles se ressemblent comme sept sœurs. Les géantes pétrifiées se confondent jusqu'à la taille en une seule masse. A une certaine hauteur, elles se séparent et se dressent jusqu'à mille mètres dans les airs. Ces pics superbes indiquent l'entrée du Vesenfjord : en face, un épanouissement de fraîche verdure ; au fond du fjord, le village de Masjoen et ses maisons bariolées. Le bateau a ralenti sa marche, et passe respectueusement devant elles. Nous pouvons les contempler tout à notre aise dans leur beauté sauvage ; les cascades qui descendent de leurs sommets viennent se perdre dans le fjord : ce sont les Alpes au bord de la mer.

Après le Vesenfjord, le Rannefjord : souvent le nom des fjords change ! Les fjords passés, les perspectives deviennent tout à fait dégagées du côté de la mer. Les îles Lovunden et Traenen apparaissent ; cette dernière, remarquable par ses montagnes dentelées, produit une vive impression. Nous approchons de l'île Hestmando, appelée île du Cavalier à cause de la forme de la montagne. Chaque montagne a sa légende ; chaque île, son histoire. Après le chapeau de Torghäettan et les Sept Sœurs, voici le cavalier géant qui poursuit la vierge de Leko pour la punir de son infidélité. La Hestmando est une montagne isolée dont le sommet, placé au tiers de la longueur, peut représenter, si l'on veut y mettre un peu de bonne volonté, la tête d'un cavalier, dont une saillie, fortement entaillée et dirigée vers le sud, peut être prise pour la tête et le cou du cheval, tandis que l'arête, s'abaissant lentement avec différents degrés d'inclinaison, simulerait les plis du manteau, puis l'arrière-train de l'animal. Le guide qui ne trouve pas la ressemblance assez parfaite (et je partage son avis), ne voit pas l'utilité d'employer une plaque pour reproduire l'image. Cette montagne présente un autre intérêt sous le rapport astronomique, puisque c'est en son milieu qu'est tracé le Cercle polaire arctique 69°32' de latitude nord.

A sept heures cinq, le commandant fait tirer des grenades pour annoncer que nous passons le Cercle polaire ; le soleil est éclatant à notre entrée dans la zone polaire arctique. C'est à cet endroit qu'il y a un seul jour de vingt-quatre heures. A la latitude du Cap Nord où nous allons, soixante-quinze jours ont vingt-quatre heures. Le soleil y est visible du 16 mai au 29 juillet ; par contre, à Hammerfest, les nuits polaires durent du 21 novembre au 23 janvier. Pendant cette période, c'est l'obscurité complète.

Nous allons voir pour la première fois le soleil s'arrêter au-dessus de l'horizon ; à minuit, nous serons conviés à cette solennité. Pour le passage du Cercle polaire, M. M... et moi avions préparé une surprise à l'un de nos compagnons de voyage, d'une naïveté exceptionnelle. Depuis la veille, nous l'entretenions dans l'idée de voir le Cercle polaire qui, disait-on, ne restait visible que quelques instants. Pour le convaincre, il fallait trouver un moyen, user d'un stratagème. Dans la lorgnette de M. M..., j'appliquai sur les deux verres intérieurs un bout de ficelle, et, au moment psychologique du passage, M. M... s'écria : « Venez vite ! On voit le Cercle polaire ». Je regardai aussitôt et manifestai mon étonnement. Notre bon garçon en fit autant et se mit à noter dans ses impressions de voyage qu'il avait vu, de ses yeux vu, la ligne de démarcation du Cercle polaire. Tout le monde, comme bien l'on pense, rit d'une aventure qui n'avait pu germer que dans le cerveau d'un Tartarin de Paris. En voyage, il faut bien occuper ses loisirs !

Encore une légende : Voici le Kodoloven (Lion de Kodo), nom donné à la montagne sous prétexte qu'elle a la forme d'un lion. L'aridité s'accentue, la nature désolée apparaît, les montagnes sont dénudées, plus de végétation. Pour arriver au glacier de Svartisen, le bateau décrit des courbes. L'œil perçoit des horizons lumineux, des perspectives brillantes qu'éclaire un soleil ardent ; une chaîne de glaciers ferme l'horizon comme une muraille de diamants : le Svartisen descend jusqu'au niveau de la mer. Il est neuf heures et demie. Le bateau s'arrête. Au moyen de barques nous gagnons la rive pour aller prendre un air de glace ; après le dîner, c'est digestif. En Suisse, pour voir les glaciers, il faut faire des ascensions fatigantes, il faut, à mule, gravir des montées interminables. En Norvège, c'est plus simple : on voit les glaciers à terre.

Le Svartisen, qui touche au 67° de latitude, recouvre une surface de 70.000 hectares ; le front du glacier est défendu par une couche de sable et de pierres roulées par la mer. Après avoir traversé ce banc de galets, nous arrivons en face d'une montagne bleutée, crevassée de toutes parts. La caravane des quatre-vingt-deux, sous la conduite de deux officiers du bord, s'éparpille autour du colosse de glace. Le bataillon des misses américaines nous devance ; ces intrépides ont pour elles la jeunesse et les jarrets souples. Vues de loin, elles paraissent perdues dans ce vaste amoncellement de glaçons. L'intrépide M. M... répète son commandement : En avant ! C'est plus facile à dire qu'à faire. Comment pouvoir avancer ? A travers ces blocs hauts comme des maisons, on a beau avoir le pied marin, à chaque instant le pied glisse sur des glaces unies comme un miroir. On n'avance que péniblement en s'arc-boutant de sa canne. Deux branches du Svartisen descendent dans le Holandsfjord ; au-delà, une suite de chaînes sauvages, des pics étrangement colorés.

D'immenses crevasses laissent pénétrer les regards dans cette profondeur bleue ; ce sont de véritables grottes d'azur aux parois lisses et transparentes. L'eau fuit à travers les fissures ; en haut, les nuages touchent la montagne haute de 1.200 mètres. Le soleil lui donne une teinte argentée. La nature semble grandir autour de nous : je n'ose m'aventurer dans ces gouffres béants ; je sais bien que les glaciers, au bout de quarante ans, rendent leur proie pétrifiée sous forme d'ossements blanchis ; l'expérience ne me tente pas. Le temps passe vite au milieu de ces merveilles ; on trouve un grand calme dans cette solitude ; on peut donner un libre essor à sa pensée. Un dernier regard à cette mer de glace ! Après nous être plongés dans l'infini, les yeux fatigués, nous reprenons le sentier qui mène à la rive.

Une bonne nouvelle nous attendait à notre rentrée à bord ; le commandant nous dit que le temps clair et dégagé de tout nuage nous permettra de bien voir *le soleil de minuit*. Cette annonce est accueillie par des cris de joie, étant donné que la chose est rare ; trois Anglais qui sont parmi nous ont déjà fait deux fois le voyage au Cap-Nord sans avoir pu voir l'astre lumineux. Le ciel est souvent nuageux, l'horizon voilé par des brouillards intenses. Nous nous réjouissons à la pensée que nous allons être parmi les favorisés.

Après avoir doublé le cap Kunna, le Vestfjord nous conduira aux îles Lofoten. Ce large bras de mer sépare l'archipel du continent : c'est un des plus beaux spectacles du monde, surtout à minuit, en plein soleil ! A minuit cinq le bateau stoppe ; le coup de canon traditionnel résonne neuf ou dix fois comme un roulement de tambour dans les montagnes où il va se répercutant. Au milieu d'une vaste échancrure, le disque lumineux dégagé des nuages nous apparait dans toute sa splendeur au bas d'un ciel d'azur. Nous sommes éblouis par ses rayons. Tous les passagers, debout sur la passerelle, stupéfaits, émerveillés, poussent des cris d'allégresse. Les dames s'abritent sous leurs ombrelles. Pendant la demi-heure d'arrêt, c'est un va-et-vient continuel sur le pont ; électrisés, enthousiasmés, nous courons de l'un à l'autre pour exprimer notre admiration, pour nous communiquer les impressions ressenties à la vue de ce décor inénarrable qui, au milieu d'un cadre à souhait, forme l'apothéose de la nature. Il est des impressions que l'on n'essaye pas de rendre, de crainte de les affaiblir. Puisque le soleil est levé, il faut aller nous coucher : il est une heure et demie. Tout fait espérer que nous le reverrons demain.

LES ILES LOFOTEN

Dès six heures du matin, les plus vaillants se retrouvent sur le pont. Il nous est impossible de rester dans nos cabines ; le soleil traverse les hublots, dardant ses rayons, et s'oppose à ce que nous prolongions notre sommeil ; il a bien raison. Dormir est un crime quand la nature vous convie à voir tant de belles choses. Le soleil dore et irise les flots du vert Océan. A mesure que le bateau s'éloigne des côtes, nous voyons se profiler plus nettement la chaine des sept iles Lofoten, séparées du continent par le Vestfjorden. Ces blocs de granit, avec leurs déchiquetures multiples, affectent des formes fantastiques ; leurs crêtes arrêtent au passage de légers nuages qui s'accrochent aux dentelures des pics ; leurs flancs sont sillonnés de filons neigeux qui laissent tomber des cascades, ces « larmes de la montagne ».

En Norvège, tout prend des proportions démesurées : les cascades sont des cataractes, les torrents sont des fleuves. La nature s'y révèle avec un caractère particulier. Sur cette eau sans houle, on se croirait sur le lac d'Annecy agrandi, bordé de deux rangées d'Alpes. La mer, dans ces régions, est souvent paisible. Si quelque part l'onde amère est perfide, c'est, sans contredit, dans la Manche ; les traversées, belles au début, se terminent souvent au milieu de la tempête. Comment passerons-nous à travers cet archipel qui, de loin, parait une muraille ? Notre habile commandant saura bien nous trouver une sortie.

Autrefois, à la leçon de géographie, on nous a dépeint comme effrayant ce terrible gouffre qui se trouve dans les parages des Lofoten, et qui est connu sous le nom de Malström. Ce n'est qu'un simple tourbillon résultant de deux courants contraires ; son vrai nom est Moskstrøm ; il est situé près de l'extrémité S.-O. de l'archipel, entre la pointe de Lofotodden et l'île de Vöro. On peut s'en approcher en prenant le paquebot qui fait le service spécial des iles. Parcourez l'archipel et vous admirerez à l'œuvre les légions de matelots occupés aux pêcheries. La Norvège envoie aux îles Lofoten et dans le Finmark, de janvier à avril, plus de 8.000 bateaux montés par 60.000 hommes, dont une partie est condamnée d'avance à mourir dans les flots d'écume, au milieu des convulsions de la mer. La vente de l'alcool est interdite dans cette région. Tout se passe régulièrement, paisiblement parmi ces travailleurs de la mer ; pas de rixes, pas de vols, c'est la vie de famille, sous la surveillance d'un officier de marine, qui a sous ses ordres vingt-quatre matelots et neuf gardes.

La pêche des îles Lofoten et Vesteraalen occupait, en 1895, 40.500 hommes et 9.296 bateaux Vient ensuite le Finmarken, avec 15.000 pêcheurs et 4.254 bateaux ; le Romsdalen avec 13.785 pêcheurs et 2.469 bateaux ; le Soudmore, enfin, avec 7.734 hommes et 1.182 bateaux. En 1895, ces pêches réunies ont produit 68 millions de morues, 930.000 hectolitres de harengs, 15.210.000 maquereaux, 661.000 kilos de saumons et 633.000 homards. La vente de ces poissons a atteint 46.549.400 krones (le kroner vaut 1 fr. 40) ; à ce chiffre si l'on ajoute 42.462.400 krones montant des bois livrés à l'exportation, il en résulte que le chiffre d'exportation atteint 93.657.400 krones, soit 131.120.360 francs. Les fjords sont les mines d'or de la Norvège.

La pêche n'est bonne que lorsqu'un bateau rapporte 5 à 6.000 morues. Les bancs les plus importants qui arrivent à l'époque de la pêche descendent des mers du Spitzberg. Pour obtenir ces résultats, que de victimes la mer a faites ! que de bateaux ont échoué à la côte ! Lorsque les pêcheurs, surpris par la tempête, se voient perdus sans ressources, ils fixent leurs couteaux sur le bord de leurs barques. Dans les épaves recueillies sur les rives, on compte les couteaux ; souvent ils sont nombreux. Combien de pêcheurs ont servi de chair aux poissons ! Dans une seule bourrasque qui eut lieu en 1880, à Lofoten, 916 hommes furent noyés. En France, on parie sur les chevaux de courses ; en Norvège, on parie sur les bateaux.

Dans les pêcheries de Lofoten, les morues sont nettoyées ; les traverses de bois que nous voyons partout sur les côtes servent à les faire sécher ; puis, rangées, empilées sur ces grandes barques qui sillonnent les fjords, elles sont dirigées sur les entrepôts de Bergen. Toutes les parties du poisson sont utilisées dans l'industrie. Avec les foies, on fabrique de l'huile employée pour rendre la santé aux enfants affaiblis. Avec les vessies on fait de la colle ; les œufs servent d'appât pour la pêche à la sardine ; les résidus, composés des têtes, des viscères et des os, sont expédiés dans les fabriques et fournissent un guano qui fait concurrence à celui du Pérou.

Si les pêches sont fructueuses dans les fjords de la Norvège, elles sont miraculeuses en Russie. On n'a pas idée des richesses que représentent les pêcheries russes. Songez qu'un des fleuves du pays *ami et allié*, le Volga, n'a pas moins de 3.400 kilomètres de développement ; que sa largeur entre rives, dans sa région inférieure, est de 15 à 20 kilomètres. Un de ses affluents, l'Oka, long de 1,500 kilomètres, déploie son bassin sur une étendue plus grande que toute l'Italie. Un autre affluent, la Kama, draine un bassin vaste comme la France entière ! Et dans ces énormes cours d'eau vit une population poissonneuse extraordinaire. On y pêche des esturgeons qui ont jusqu'à sept mètres de long et pèsent plus de mille kilogrammes. Esturgeons de diverses espèces, silures, aloses, viazygas, lamproies, salmonidés divers, etc., constituent, dans la seule région Volga-Caspienne, une richesse ichtyologique énorme. Aux dernières statistiques, les pêcheries donnaient un rendement annuel d'environ 400 millions de kilos de poisson !

Aux îles Lofoten, il suffit de jeter des lignes ou de tendre des filets et le lendemain on relève filets et lignes ; à l'entrée d'une crique étroite, on place des paniers d'osier garnis d'un appât pour la pêche aux homards, mais on a beaucoup à craindre la visite des pieuvres ; ces mollusques appliquent leurs suçoirs dans les interstices de la carapace du homard et pompent toute la substance des succulents crustacés dont on ne retrouve plus que la cuirasse vide. Les pieuvres dévorent plus de homards aux Lofoten que les soupeuses des restaurants parisiens. La pêche de la morue est tout autre, mais non moins facile ; les bancs venant du Spitzberg sont tellement compacts qu'il suffit de jeter une corde armée, à son extrémité, d'un petit poisson en métal blanc muni de deux crochets, et de l'agiter en lui faisant subir un mouvement de va-et-vient continuel, pour que la morue se prenne aux crochets. Au Cap-Nord, nous nous sommes, pendant deux heures, livrés à cet exercice du mouvement perpétuel : la pêche a été fructueuse. Les pêcheurs se servent de longues lignes armées de 1.000 à 3.000 hameçons ; des morceaux de harengs servent d'appâts ; dans un rayon de cent cinquante lieues, la population valide, Norvégiens et Lapons, terriens et marins, accourt et se précipite pour recueillir la manne marine.

À Henningsvœr le steamer fait escale : le *Sigurd-Jarl* s'avance lentement au milieu de ces petits îlots composés de roches polies, aux formes bizarres, aux nuances variées, dont les reflets se répercutent à la surface des eaux ; ces rochers sont des écueils dangereux pour les navigateurs. Le panorama est une peinture. L'inspecteur des pêches stationne avec son bateau à Henningsvœr. Les abords des îles Vestvaago et Ostvaago sont les plus poissonneux ; les 2.000 pêcheurs qui habitent ces parages disposent de 500 bateaux.

On se demande où est ici la place d'un foyer pour l'homme. L'eau et le roc occupent tout. Quand Dieu distribua la bonne terre sur la surface du globe, il oublia la Norvège. Dans ces fjords, l'eau circule partout, moitié salée, moitié douce, selon la saison et les orages. Les îlots sont chargés de pins et de bouleaux ; les feuilles tombées forment un limon qui fertilise le peu de terre qu'on y trouve. Parfois, une maisonnette s'élève au milieu des neiges éternelles. Quel courage ont eu ceux qui sont venus y planter leur tente ! Ici, l'homme est grand dans son combat avec les difficultés ; c'est positivement la lutte pour la vie.

La pêche est libre toujours, sauf du samedi soir au dimanche soir : repos dominical. Le jour qui appartient au Seigneur est respecté ; les familles consacrent la journée aux offices. Hommes et femmes, portant sous le bras des missels enluminés, se dirigent gravement vers l'église du village ; les enfants les précèdent en chantant des cantiques ; debout sur le seuil, le pasteur les attend. L'église est souvent trop petite pour contenir les fidèles accourus des hameaux voisins ; ceux des îles viennent dans leurs longues pirogues. Après le service, le pasteur parle aux fidèles assemblés autour de lui : le recueillement de l'auditoire témoigne du calme et de la simplicité des âmes. L'hiver, dans les villages, les familles se rendent à l'église en traîneau ; rien ne les arrête dans l'accomplissement de leurs devoirs religieux, ils ont la foi.

Les trois îles principales des Lofoten sont le centre le plus important de la pêche, unique source de richesses pour la population de ces côtes. Aussi le Gouvernement norvégien ne néglige-t-il rien pour venir en aide aux pêcheurs ; depuis plusieurs années, les services des postes, télégraphes et téléphones sont organisés depuis Bergen jusqu'au Cap-Nord. Toutes les îles, tous les villages sont dotés de réseaux. Un service maritime a été également organisé de Bergen à Hammerfest, à Vardo et à Vadso, les dernières villes du monde. Les intéressés se trouvent renseignés sur le mouvement du poisson qui se porte tantôt sur un point, tantôt sur un autre. Des informations journellement transmises dans toute l'étendue de la région, permettent de traiter les affaires avec toutes les données possibles sur les prix du marché. Jusque dans les villages, on voit affichées à la porte du bureau télégraphique les dépêches annonçant l'apparition des bancs de harengs ou de morues.

L'existence de ces pêcheurs est rude et pleine de dangers ; quand la fatigue les abat ou que la mer les dévore, ils laissent souvent leurs familles dans la misère. Sur la mer, ils sont dans leur élément ; la rame en main, parcourant de grandes distances, affrontant les brouillards, les courants, les passes étroites et souvent hérissées d'écueils, ils rencontrent la tempête partout. Hélas ! la mer en prend beaucoup ; ils ont pour eux l'adresse et l'audace ; la tempête sauve les poissons. Mais quelle joie, quel triomphe, quand ils reviennent sains et saufs, la barque bien chargée ! C'est autant de trophées enlevés à l'ennemi. Tant qu'un garçon n'a pas fait une saison aux Lofoten, il n'est pas un homme : « Celui qui est maître de la mer est maître de la terre, » disent les Norvégiens.

La pêche a subi des fluctuations sensibles ; de 1881 à 1890, le nombre moyen des morues pêchées a été de 25 millions, le chiffre de 30 millions a même été dépassé ; en moyenne, chaque pêcheur prend 1000 à 1100 poissons valant de 390 fr., il arrive quelquefois à se faire 450 fr. Nos pêcheurs qui vont à Terre-Neuve, en Islande et dans la Mer du Nord se font péniblement de 95 à 105 fr. en trois mois. Le pêcheur américain est le plus favorisé, sa moyenne dépasse, à Terre-Neuve, 225 et atteint même 250 fr. sur le banc de St.-Georges. Le produit de la pêche du hareng aux Lofoten a été, en 1891, de 596.000 hectol. pour 31.000 pêcheurs, et de 1.050.000 hectol. en 1892, pour 28.500 pêcheurs, représentant, pour les deux années, 7.386.400 francs. C'est un beau chiffre ! Il y eut, en 1880, une pêche miraculeuse entre toutes : en une semaine, on prit dix millions de morues. La pêche à Terre-Neuve a donné, en 1897, cent trente-six millions de morues, qui ont produit 37.000.000 de francs.

Après les Lofoten, la nature change d'aspect : aux roches dénudées succèdent, sur les deux rives, des arbres verts et même de beaux pâturages au milieu desquels les chèvres bondissent, les vaches paissent, et les moutons broutent paisiblement. Le contraste de cette verdure avec la neige des sommets qu'éclaire un soleil aux rayons d'or est des plus frappants. Ce sont toujours ces maudits repas qui viennent nous déranger de nos rêveries. Le commandant, désireux d'être agréable à ses hôtes, fait stopper pendant le déjeuner, afin que nous ne perdions rien du tableau varié qui se déroule sans cesse devant nos yeux ; nous lui savons gré de cette délicate attention. Vingt minutes s'étaient à peine écoulées que, délaissant tous les mets servis, j'étais remonté sur le pont, afin de pouvoir observer et rédiger mes notes, sans être dérangé. Des pirogues passent dans la direction de Bergen. Un bateau postal faisant toutes les stations de la côte se dirige sur l'île que nous venons de quitter. Une nuée de mouettes suit le bateau pour recueillir le pain que leur jette Mme P..., qui s'est chargée de les nourrir pendant le voyage.

Chacun a son devoir à remplir. Notre guide photographie ; il a déjà impressionné plus de soixante plaques. Notre humoriste, M. M..., rompt la monotonie des conversations ; sa verve endiablée est intarissable. M. de S... nous égaye de ses réflexions abracadabrantes. Lorsqu'il dépasse la mesure, Mlle D... le rappelle à l'ordre. M. de L..., notre juif-errant, est mélancolique ; il voudrait toucher terre pour aller à la recherche des vieux mors ; devant l'impossibilité, il ronge son frein en faisant les cent mètres. Mme L... se repose dans son rocking-car en humant l'air salin, à côté de Mme C... qui rédige ses multiples impressions. L'aimable M. Col..., abrité par sa pèlerine imperméable, tout en pensant à sa collection de timbres, reste à son poste d'observation, et cherche à sonder les mystères de la nature. M. G..., excellent homme, croyant aux illusions, aux utopies, nous expose sa doctrine ; il prend à parti les deux jeunes Russes ; il espère en faire des adeptes. C'est paradoxal ! Vouloir fondre ensemble l'autocratie russe et la démocratie française ; l'œuvre sera laborieuse. Pour moi, je prends des notes, ce qui n'est pas une sinécure, et je cause avec les officiers qui se prêtent avec courtoisie à mes interrogatoires. J'ai entrepris de faire le récit de notre voyage ; pour cela, je dois m'informer, m'initier aux mœurs du pays, me mettre en contact avec les indigènes, qui me donneront d'utiles renseignements. En ai-je rédigé des notes ! En ai-je rempli des carnets ! Je détiens le record sur le grand de S... qui n'en a écrit que trois.

Enfin nous doublons un promontoire qui ferme pour ainsi dire l'entrée du Raftsund ; pendant une demi-heure nous sommes secoués et renvoyés de tribord à bâbord. A peine avons-nous avancé de quelques nœuds dans le célèbre détroit que nous sommes empoignés par la beauté d'un nouveau spectacle. — Dieu ! que c'est beau ! s'écrie Mme C... Les exclamations se succèdent. Le bateau prend le large ; le décor change de nouveau, les rochers tombent à pic dans la mer, les sommets revêtent des formes plus accentuées, plus pittoresques. Nous sommes subitement tirés de notre rêverie par l'appel du jeune Russe : — Regardez ! une baleine ! A cinquante mètres, nous distinguons une forme noirâtre qui émerge pour disparaître et reparaître aussitôt. C'est une fausse alerte : cette baleine n'est qu'un cachalot. Le savant Polonais nous explique que la baleine n'envoie pas en l'air de fusées d'eau ; elle ne vient à la surface que pour prendre de l'air. La longue série des Braksœttertinderne se déroule à notre droite. Quel ensemble inoubliable que celui de toutes ces cimes aux formes élancées et déchiquetées, aux flancs creusés, qui apparaissent les unes après les autres, sombres, parfois rougeâtres, tranchant sur les reflets des masses de neige amoncelées dans les anfractuosités des rochers ! Et aussi quel contraste de voir, en bas, ces petites bandes de terre où resplendit la verdure. De riantes campagnes succèdent à des monts âpres et farouches. C'est tout un épanouissement de floraison printanière dans un cadre d'hiver. Pour nous laisser apprécier ce coin délicieux, le bateau ralentit sa marche ; les aspects changent de minute en minute ; c'est à peine si on a le temps de fixer un de ces décors, que déjà il a disparu ; il faut se hâter de porter le regard en avant. Ce mélange de surprise et d'admiration se renouvelle sans cesse pendant les sept quarts d'heure que dure le passage ; pas un de ces sommets ne ressemble à celui qui le précède ! De temps en temps la muraille s'entr'ouvre subitement ; on découvre des renfoncements comme la petite baie de Trolfjord ; çà et là des gouffres béants que dissimulent la glace et la neige.

En résumé, rien ne peut donner une idée de la grandeur du Raftsund. Nos paysagistes devraient bien venir dans ce coin délicieux immortaliser par leur pinceau l'incomparable nature norvégienne. Normann a produit plusieurs toiles que j'ai examinées dans les musées. Malgré le talent de l'artiste, qui s'est inspiré de ces sites charmants, et les tonalités chaudes et chatoyantes de ses toiles, l'œuvre de la nature est encore plus éloquente, plus impressionnante que celle de l'art.

A la sortie de Raftsund, entre Brettesnœs et Digermalen, c'est un dédale d'îlots. Nous saluons au passage le Digermulkollen situé à l'entrée du Lyngenfjord : Guillaume II, l'année dernière, en fit l'ascension. Pour pénétrer dans l'Antre des Sorciers, le commandant fait ralentir. L'entrée est étroite ; deux murailles de rochers couverts d'une épaisse couche immaculée se dressent de chaque côté ; les lames viennent se briser contre les parois de ces remparts infranchissables. Arrivé au fond de ce couloir granitique, le bateau tourne sur lui-même : la manœuvre est exécutée avec autant de hardiesse que d'habileté. Les Américains, étonnés, poussent des hourras ; les Français, stupéfaits, crient : « Bravo ! » Le commandant fait tirer les grenades traditionnelles ; la détonation produit dans les montagnes l'effet d'une décharge de plusieurs mitrailleuses. C'est dans ce golfe minuscule que vint, il y a quelques années, se réfugier un banc de morues ; elles étaient emprisonnées et les pêcheurs en prirent 1.500.000. En tournant à droite, les montagnes s'écartent davantage, tout en conservant le même aspect désolé jusqu'à l'île de Hindo. A Lodingen, situé à l'entrée du Tjeldesund, le *Sigurd-Jarl* fait escale pour descendre le courrier et quelques ballots. Les habitants, rangés sur les rives, saluent notre passage. Partout, en Norvège, la politesse est bienveillante ; quand un bateau de touristes passe, les indigènes sortent de leurs maisons, agitent leurs mouchoirs en signe d'amitié : c'est un doux bonjour qu'ils vous envoient. Les démonstrations spontanées de ces braves gens raniment notre courage ; nous nous sentons moins isolés sur cette terre lointaine ; on fraternise comme à un banquet : la nature en fait les frais.

Sept heures ! la clochette annonce le dîner avancé d'une heure, il faut le terminer avant d'arriver à Harstad où nous séjournerons quatre heures pour visiter le camp des Lapons.

AU CAMP DES LAPONS

LEUR VIE, LEURS MŒURS ET LEUR RELIGION

La cargaison humaine du *Sigurd-Jarl* met pied à terre. De nombreuses carrioles et stolkjerres sont alignées, prêtes à nous transporter ; elles partent au galop dans un tourbillon de poussière. Nous sommes quatre, résolus à faire la route à pied : nous tenons à nous dégourdir les jambes ankylosées par une longue immobilité. Après une heure et demie de marche, suant sang et eau, nous arrivons au camp des Lapons juste au moment où un photographe braque son appareil. Je me joins à ce groupe de Lapons et Laponnes. Au premier plan, le commandant tient une petite Laponne sur ses genoux.

— Ne bougeons plus ! crie l'opérateur à la troupe bigarrée. Le tour est joué ; nos images sont reproduites. Les voilà ces Lapons dont on nous a tant parlé. Ce plat exotique nous est servi ! Ce peuple avec ses grands troupeaux de rennes, ses vêtements aux couleurs voyantes, sa langue étrange, et les tentes qui lui servent d'abri, est vraiment étrange. Le guide en interroge plusieurs, ils lui disent que leurs pères étaient de Karesuando ou de Quickjock, bien loin, qu'ils voudraient bien retourner dans leur pays. Nous pénétrons sous les tentes où certain fumet se dégage, odeur âcre qui prend à la gorge. Trois femmes sont accroupies sur des branches de sapin : la première prépare le café ; la deuxième, à figure de parchemin, reste étendue, fumant tranquillement sa pipe, et nous regardant avec des yeux hébétés ; la troisième, demi-nue, allaite son enfant. Tout autour de la tente des peaux de rennes sont accrochées ; c'est leur manière de tanner.

Une visite dans ces huttes, tout enfumées par les bois résineux qui brûlent dans un coin, alors que le jour ne pénètre que par une étroite ouverture, n'est pas chose très agréable ; mais cela permet d'observer sur le vif l'existence de ce peuple primitif, de se rendre compte de son genre de vie, de sa manière d'élever les enfants ; on les calfeutre dans une espèce de boîte en bois que la mère suspend derrière son dos chaque fois qu'elle doit se transporter d'un lieu dans un autre. Au dehors, des enfants habillés de peaux gambadent avec des chiens ; ils exhalent la même odeur de cuir tanné ; leurs vêtements sont sales et graisseux. J'achète aux Lapons les produits de leur industrie qui consistent en cuillers sculptées, faites avec des os de rennes ou d'élans, en porte-monnaies, en blagues à tabac. Leur troupeau de rennes est de quatre cents têtes environ. Le renne n'a ni la prestance du cerf, ni la grâce de la gazelle ; sa tête est forte et peu gracieuse ; ses bois sont bien plantés. Le Lapon l'emploie à tous les usages ; le lait lui sert de breuvage ; avec les cornes et les os, il fabrique des ustensiles de ménage ; de la peau, il fait ses vêtements ; de la chair, sa nourriture. Avec les tendons, les femmes font du fil. La fortune du Lapon ne se compte pas par les napoléons, qui lui sont inconnus, mais par la quantité de rennes qu'il possède. On estime que les 25.000 Lapons qui vivent dans la Scandinavie et dans la Finlande sont propriétaires de 3 à 400.000 rennes.

Les Lapons ont émigré de la Finlande pour venir sur les côtes faire du trafic et vendre des fourrures. Ils se sont répandus dans le nord de la Norvège, se réfugiant dans les montagnes avec leurs animaux. Plusieurs d'entre eux sont riches. Une grande partie de l'argent gagné est consacrée à l'achat des bijoux destinés à embellir leur laideur. Ces capitalistes en haillons vivent par tribus sur les hauts plateaux comme les Arabes, et changent souvent de séjour, afin d'échapper au payement des contributions. Ils tiennent à leur vie nomade ; leur point d'attache est Karesuando, en Suède. Dans le négoce, ils déploient une astuce, une mauvaise foi, une cupidité qui rendraient jaloux un Juif : ce sont des finauds. Les Norvégiens et les Suédois les considèrent, à juste titre, comme des êtres inférieurs et les méprisent.

L'origine des Lapons remonte aux temps les plus reculés ; leurs aïeux de la Mongolie ont suivi Attila et ses Huns. C'est à partir de Torno, à l'extrémité du golfe de Botnie (en suédois, Botten), au 42° 27' de longitude et au 67° de latitude, que les Lapons habitent. L'hiver, quand la mer est glacée, ils mettent un jour avec leurs traîneaux pour venir de Finlande en Laponie, traversant les glaces du golfe de Botnie. La rivière de Torno est riche en saumons et en brochets ; la ville n'est qu'un amas de cabanes en bois. Les traîneaux lapons s'appellent *palka* ; ils sont très bien faits. Leur forme est celle d'un petit canot ; le devant est élevé de manière à fendre la neige avec plus de facilité ; la proue est faite d'une seule planche ; le corps est composé de plusieurs morceaux de bois cousus ensemble avec de gros fils de renne, sans qu'il y entre un seul clou, et réunis sur le devant à un morceau plus gros qui produit le même effet que la quille d'un vaisseau. C'est sur ce morceau de bois que le traîneau glisse. Comme il n'est large que de 0 m. 70, il roule continuellement de côté et d'autre. Le Lapon se met dedans jusqu'à la moitié du corps, comme dans une boîte ; il est lié de manière à rester complètement immobile, mais les mains libres. De l'une, il conduit le renne ; de l'autre, il tient un fer pointu qui lui sert pour s'arrêter quand il veut. Il faut que le corps soit tenu en équilibre; lorsque le traîneau descend les rochers les plus escarpés, la vitesse devient vertigineuse. Ce fer pointu leur sert aussi à tuer, avec une adresse qui surpasse l'imagination, les bêtes qu'ils poursuivent dans leur course effrénée. Ils entreprennent les voyages les plus difficiles ; les femmes sont dans ce sport aussi habiles que les hommes. Depuis trente ans, un Allemand reçoit à Torno le minime tribut payé par les Lapons au roi de Suède. C'est une politique de ce souverain qui veut ainsi retenir ce peuple à sa couronne. L'hiver, au milieu des neiges, ils sont occupés par la chasse à l'ours. L'ours est un animal intrépide qui ne fuit pas l'homme, et passe son chemin sans se détourner. Quand on l'aperçoit, il faut descendre de cheval et l'attendre jusqu'à ce qu'il soit près de vous. Au bruit du coup de sifflet, ils se dresse sur les pattes de derrière ; c'est à ce moment qu'il faut tirer. S'il n'est pas blessé mortellement, il se jette sur le chasseur, l'entoure de ses pattes de devant et l'étouffe infailliblement. Il faut donc être armé d'un pistolet et lui lâcher la décharge à bout portant.

Au Musée de Stockholm, nous avons vu un ours blanc que le roi avait tué en portant secours à l'un de ses domestiques qui allait être étouffé. Pendant les longs mois d'hiver, emprisonné dans sa tanière, l'ours reste couché : sans nourriture, il goûte la satisfaction de se lécher les pattes. En Pologne et en Finlande, la chasse à l'ours se fait de plusieurs manières; les boyards y prennent grand plaisir. Les paysans aussi chassent l'ours ; ils l'attendent à l'endroit où il gît. Lorsqu'il vient à eux, ils lui mettent dans la gueule leur main gauche couverte de linge, et, de l'autre, armée d'un couteau, ils l'éventrent. Cet animal est extrêmement friand du miel que les abeilles déposent dans les troncs d'arbre ; attiré par l'odeur, il monte au sommet des arbres les plus élevés. Les paysans, qui connaissent ce détail, mettent de l'eau de vie dans le miel ; l'ours, trouvant cette nourriture agréable, en absorbe au point que la force de l'alcool l'enivre et le fait tomber : on peut alors s'en rendre facilement maître.

Les Lapons nomades ne changent leur camp qu'après que les rennes ont consommé toute la mousse autour de leur habitation. Parfois on les trouve dans les bois, ou bien près des fjords, selon qu'ils ont besoin de pêcher ou de chasser. On ne les voit que lorsqu'ils viennent aux foires pendant l'hiver, pour troquer leurs peaux de rennes contre d'autres produits, ou pour apporter le tribut qu'ils payent au roi de Suède. Mais la nécessité qu'ils ont d'acheter le fer, l'acier, les cordages qui leur sont indispensables, les oblige à venir aux marchés. Les plus riches d'entre eux, possèderaient-ils 1.000 ou 1.200 rennes, ne payent pour impôt que trois krones au plus. Ils échangent leurs poissons contre du tabac. Comme boisson, ils ont de l'huile de phoque et du lait de renne : singulier régime !

Ceux que nous avons vus dans le camp avaient la tête grosse, le visage plat, le nez écrasé, les yeux petits, la bouche large. Leurs membres sont proportionnés à la petitesse du corps, les jambes déliées, les bras longs ; toute cette machine semble mue par un ressort. La peau qui leur sert de vêtement descend en forme de sac sur les genoux ; elle est retroussée sur les hanches par une ceinture de cuir ornée de petites plaques d'argent. Une bourse pend sur la poitrine ; ils y mettent une cuiller. Leur tête est couverte d'un bonnet fait de la dépouille d'un oiseau gros comme un canard qu'ils appellent *loom* ; ils la tournent de manière que la tête de l'oiseau dépasse un peu le front et que les ailes tombent sur les oreilles. Lorsqu'ils sont malades, leur coutume est de jouer du tambour. Si la maladie doit conduire à la mort, ils se mettent autour du lit du moribond, et, pour faciliter à son âme le passage dans l'autre monde, ils lui font avaler de l'eau de vie en ayant soin d'en boire eux-mêmes davantage, pour se consoler de la perte qu'ils vont faire et pour s'exciter à pleurer. Aussitôt qu'il est mort, ils abandonnent la maison, la détruisent même, de crainte que l'âme du défunt ne leur fasse du mal. Dans un arbre, ils creusent un cercueil, y mettent ce que le défunt avait de plus cher, son arc, ses flèches, sa lance, afin que, s'il revient à la vie, il puisse exercer la même profession ; d'après leur croyance, il ressuscitera. D'autres ajoutent dans le cercueil une hache, un caillou et un fer qui serviront au réveil pour abattre les arbres, aplanir les rochers et brûler tous les obstacles qui pourraient se rencontrer sur le chemin du ciel. Les morts sont enterrés dans des forêts ou dans des cavernes ; l'endroit est arrosé d'eau de vie et tous les assistants en boivent. Trois jours après l'enterrement, le renne qui a conduit le mort à sa dernière demeure est tué lui-même et mangé par ceux qui étaient présents au dépôt du cadavre.

Thor est le premier de leurs dieux ; c'est celui qu'ils regardent comme le maître du tonnerre et qu'ils arment d'un marteau. Storunchaar, le second, le lieutenant du premier, commande à tous les animaux, aux oiseaux, aux poissons. Comme c'est de lui qu'ils ont le plus besoin, ils lui offrent plus de sacrifices ; ce dieu séjourne au bord des lacs et dans les forêts, où il étend sa juridiction et manifeste son pouvoir. Leur troisième dieu est le Soleil : pour ce dernier, leur vénération est profonde en raison des avantages qu'ils en reçoivent ; d'abord, il chasse le froid qui les a tourmentés ; pendant neuf mois, il dissipe les ténèbres dans lesquels ils ont été ensevelis ; mais en son absence, ils ont un grand respect pour le Feu, qu'ils considèrent comme une vive représentation du soleil, faisant sur la terre ce que l'autre fait dans les cieux. Chaque famille a ses dieux particuliers. Lorsque les Lapons reconnaissent aux sons du tambour que leur dieu, altéré de sang, demande une offrande, ils conduisent la victime, un renne mâle, à l'endroit où se trouve l'autel ; aucune femme ou fille ne peut sacrifier ni même s'approcher du lieu sacré. Le renne est tué au pied de l'autel d'un coup de couteau qui lui perce le cœur : puis, s'approchant avec respect, ils prennent la graisse et le sang de l'animal pour frotter le dieu en faisant des révérences. Derrière l'idole, ils mettent la corne des pieds, les os et les cornes. La cérémonie terminée, le sacrificateur emporte chez lui tout ce qui peut être mangé. Quand l'autel du dieu s'élève au sommet de montagnes inaccessibles et qu'ils ne peuvent le frotter du sang de la victime, ils prennent une pierre qu'ils trempent dedans et l'envoient à l'endroit où ils ne peuvent aller eux-mêmes. Ils offrent non seulement des sacrifices aux dieux, mais encore aux mânes de leurs parents et de leurs amis. La différence qu'ils apportent dans les sacrifices des mânes est que le fil, rouge pour les dieux, est noir pour les parents ou les amis.

Les Lapons se nourrissent d'ours, d'aigles, de faons, de castors. Ils préfèrent les rennes, dont la chair est pleine de suc, grasse, extrêmement nutritive. La langue et la moelle sont, d'après eux, les morceaux les plus délicats. Les amants les portent à leurs maîtresses en y ajoutant de la chair d'ours et de castor. Ils boivent le sang du renne ; mais, plus souvent, ils le conservent dans la vessie de l'animal, pour en faire leur soupe. Ils en assaisonnent aussi le poisson. Le lait du renne est si gras et si épais qu'on est obligé d'y mettre de l'eau. La meilleure femelle n'en produit que 25 centilitres par jour. Ce lait leur sert à faire des fromages d'une odeur forte. Le renne, comme animal domestique, rend bien des services ; il porte les fardeaux et n'a pour collier qu'un morceau de peau où le poil est resté, et d'où descend un trait, qui passe sous le ventre entre les jambes, et va s'attacher à un trou pratiqué sur le devant du traîneau. Le Lapon n'a, au lieu de guides, qu'une seule corde attachée à la racine d'une des cornes de l'animal ; il la jette diversement sur le dos et la tête, tantôt d'un côté, tantôt de l'autre : c'est ainsi qu'il lui fait connaître le chemin en le tirant du côté où il doit tourner. Parmi ces animaux généralement paisibles, il s'en trouve de rétifs, quelquefois même d'indomptables. Si l'on pousse le renne ou si l'on veut lui faire faire plus de chemin qu'il ne peut, il se dresse sur ses pattes de derrière et fond avec furie sur le Lapon, rendu sans défense dans le traîneau par les liens qui l'embarrassent ; il lui brise la tête et le tue parfois avec ses pieds de devant : la corne en est si dure qu'il n'a point d'autre arme pour se défendre contre les loups. Le Lapon, pour se garer de l'animal, n'a d'autre ressource que de se tourner contre terre, et de se couvrir de son traîneau, jusqu'à ce que la colère du renne soit apaisée ; c'est ainsi qu'il échappe à une mort certaine. La femelle porte neuf mois. Pour sevrer les petits, on met à la mère un caveçon de pin dont les feuilles en pointe piquent extrêmement. Lorsque le faon s'approche pour téter, la mère qui se sent piquée par les pointes aiguës, l'éloigne à coups de cornes et l'oblige ainsi à chercher sa nourriture dans les mousses : voilà un système de sevrage pratique !

L'occupation des femmes est d'avoir soin de ces bêtes précieuses. Elles les comptent deux fois par jour, et, s'il en manque une, le Lapon la cherche dans la montagne jusqu'à ce qu'il l'ait trouvée ; en hiver, le passage de l'animal est tout indiqué par les traces laissées dans la neige. Les Laponnes s'en occupent jour et nuit, les défendant contre les loups et les autres bêtes sauvages : le meilleur moyen est de les attacher au pied des arbres ; le loup, méfiant, n'ose approcher dans la crainte de trouver un piège.

Les loups de ces régions, au pelage gris, sont extrêmement forts. Ce sont les pires ennemis des rennes qui s'en défendent avec les pieds de devant ou leur échappent par une fuite rapide. Le jœrt fait aussi la guerre aux rennes, mais d'une autre façon. Cet animal monte dans les arbres les plus hauts pour mieux surprendre son ennemi. Lorsqu'il voit passer un renne, soit sauvage, soit domestique, il se jette sur son dos, mettant ses pattes de derrière sur le cou et celles de devant sur la queue. Il s'étend et se raidit avec une telle violence qu'il fend le renne sur le dos, enfonce son museau pointu dans la chair et boit le sang. La peau du jœrt, fine et belle, peut être comparée à celle des zibelines. L'aigle est aussi l'ennemi redouté des rennes ; il est très friand de leur chair. Les aigles de Laponie sont d'une grosseur étonnante. Ils enlèvent dans leurs serres les faons de renne de trois à quatre mois et les emportent dans leur aire, au sommet des plus hauts arbres.

L'occupation de garder les rennes n'est pas la seule qu'aient les femmes ; ce sont elles qui font les habits, les souliers et les bottes des hommes ; elles tirent l'étain pour en revêtir le fil, en tenant un os de renne dans lequel il y a des trous de différentes grandeurs. Ce fil est fait avec les tendons de rennes pilés, qu'elles étirent et allongent sur leurs joues, le mouillant de temps en temps, et le tournant continuellement. (J'ai vu, près d'Assouan, première cataracte du Nil, des Nubiennes filer de la même façon les poils de dromadaire pour en faire des vêtements). Les harnais des rennes sont aussi confectionnés par les Laponnes, avec la peau de ces animaux. Le poitrail est orné de figures faites avec du fil d'étain ; elles y suspendent, comme franges, des morceaux de serge de toutes couleurs. La sonnette est au milieu ; rien ne donne plus d'animation au renne que le bruit qu'il fait en courant avec cette clochette. Les Lapons ne sont pas très actifs ; la faim seule les oblige à quitter leur campement pour aller à la chasse et à la pêche. Ils fabriquent eux-mêmes tous les engins et instruments dont ils ont besoin. Pour construire leurs barques, ils emploient des planches de sapin qu'ils cousent avec du fil de renne ; elles sont si légères qu'un homme peut facilement en porter une sur son épaule. Ils ont besoin d'avoir beaucoup de barques à cause des torrents nombreux. Dans celles qu'ils sont forcés d'abandonner sur une rive, ils mettent des pierres, de crainte que le vent ne les enlève. Tout est préparé par eux : ils enduisent leurs filets d'une colle rouge faite de l'écaille de poisson séchée à l'air ; pour que leurs cordages soient plus résistants dans l'eau, ils se servent d'écorce de bouleau ou de racine de sapin.

Les Lapons construisent aussi des traineaux de toutes sortes pour leur usage ; avec les uns, ils se transportent au milieu des neiges (ceux-ci s'appellent *pomes*), les autres servent au transport des bagages (*raddakères*) ; ces derniers sont fermés comme des coffres. Leurs arcs sont composés de deux morceaux de bois mis l'un sur l'autre et collés ensemble : celui de dessous est en sapin brûlé ; celui de dessus, en bouleau. Leurs flèches sont différentes : les unes en bois, très grosses par le bout, servent à tuer les petits-gris, les hermines, les martres, dont ils vendent les peaux ; ils ont le soin de les frapper à la tête, endroit le moins estimé de la peau. Les autres, faites en forme de harpon, armées d'os de rennes, servent à la chasse des oiseaux ; le harpon une fois entré dans la bête, ne peut plus sortir de la plaie. Ces flèches sont pesantes, de façon que l'oiseau atteint ne puisse pas s'envoler en emportant avec lui la flèche qu'il a reçue. Ces Lapons ont tout prévu. Une troisième sorte de flèche, ferrée en lancette, est employée contre les grosses bêtes, telles que les loups, les ours, les rennes sauvages. Pour les petites bêtes, ils se servent de l'arbalète. L'oiseau le plus petit ne leur échappe pas, tellement ils sont adroits. Ces différentes flèches sont mises dans un carquois fait d'écorce de bouleau que le chasseur porte à sa ceinture. A la chasse, ils ont l'adresse de Buffalo-Bill. Ils manient l'arc avec la même dextérité que montre le colonel Cody quand il se sert de sa carabine. Leurs enfants sont dressés à ces exercices ; on ne leur donne pas à manger avant qu'ils aient, avec leurs traits, touché un but désigné, un point marqué sur le sommet élevé d'une montagne (manière comme une autre de les rendre adroits !).

Regnard, le poète français, a parcouru le golfe de Botnie jusqu'à l'embouchure du Tornea-Elf ; il a visité les Lapons, gravi le mont Avasaxa, contrée boréale habitée par des Finlandais. C'est dans la vallée du Tornea-Elf, en Laponie, sur les confins de la Suède et de la Finlande russe, que, le 24 juin, le soleil apparaît à minuit. L'astre s'abaisse sur l'horizon, en effleure le bord sans que son disque disparaisse entièrement, puis se relève bientôt pour continuer sa course. Dans le nord de la Suède, les habitants célèbrent la nuit du 24 juin par une fête à laquelle ils donnent un caractère religieux. Pendant longtemps, une partie des peuplades septentrionales adorèrent le Soleil. Convertis au christianisme, leurs descendants ont conservé une vénération superstitieuse pour le dieu déchu, pour l'astre qui, dans ces climats de froidure, leur apparaît seulement un instant : en quelques semaines, il fait germer, pousser, mûrir les moissons, épanouir les rares fleurs qui sont la joie de ce pauvre peuple en dédommagement des huit mois de rigueur qu'il leur a fait subir. La visite au camp des Lapons est terminée ; le photographe a plié bagage, les carrioles démarrent. Je suis tellement fatigué des six kilomètres que M. M... m'a fait parcourir au pas de course que le guide met son véhicule à ma disposition ; sans quoi, il m'aurait fallu rester avec les Laponnes. Hélas !

Installé dans mon cabriolet norvégien, je suis la longue file. Nos petits poneys à crinière blanche paraissent heureux de rentrer à l'écurie ; ils marchent d'une allure rapide. La carriole remplace ici la charrette anglaise, le tilbury français ou le droschki russe ; ces véhicules spéciaux sont bien faits pour ces routes montueuses, où souvent l'étroitesse de la voie, la brusquerie des tournants qui rend les descentes et les montées continuelles rendent impossible le passage de voitures plus larges. La carriole, c'est le chemin de fer de la montagne. Les petits chevaux, au cœur vaillant, au pied sûr, sont traités avec bienveillance par leurs conducteurs, qui les considèrent comme des amis privilégiés.

Le Norvégien ne connaît que deux choses : sa femme et son cheval. Dans le gaard, le cheval est l'enfant de la maison : le maître est rempli d'égards pour ce domestique fidèle ; il l'attelle sans gourmette, sans œillères, le laisse libre de ses mouvements. Il ne le frappe jamais ; le cheval norvégien, contrairement à la femme de Sganarelle, n'aime pas à être battu ; il est traité en camarade. Pour lui demander de la vitesse, son conducteur n'a qu'à secouer légèrement les guides ; le cheval aussitôt agite sa crinière en signe d'acquiescement et allonge le pas. Par le bruit des lèvres, on obtient le galop ; pour l'arrêter, les mots : Prou, prou ! suffisent. Dans les relais de poste, j'ai vu des tableaux portant l'inscription suivante, que je me suis fait traduire : *Soyez bons pour le cheval.* Nous franchissons une barrière ; les portes permettent de passer d'une ferme dans une autre. Une fillette embusquée guette notre arrivée ; dès qu'elle nous voit, elle ouvre la barrière et nous fait des révérences pour nous remercier de la pièce blanche que le guide lui a jetée. Du haut de la route qui domine le village, nous apercevons la cheminée du steamer qui envoie dans les airs une longue traînée de fumée noire. Les sons stridents qui retentissent du haut de la dunette nous annoncent qu'il faut nous presser. Il est onze heures, et nous devons revoir le soleil à minuit !

Sur le quai, les adeptes de l'*Armée du Salut* — que l'on voit partout (peut-être en trouverons-nous sur le rocher du Norkap !) — donnent une aubade aux Anglais qui sont à bord ; les misses applaudissent les fanatiques de la maréchale Booth. Comme personne ne manque à l'appel, le *Sigurd-Jarl* lève l'ancre. Harassés, nous savourons les délices d'un repos bien gagné. Les voyages ont leurs ennuis comme leurs plaisirs, mais ces fatigues-là ne découragent pas les voyageurs. Pour les uns, c'est une délicieuse cure d'air qui réconforte les poumons ; pour les autres, c'est un repos absolu de l'esprit qui fait momentanément oublier les soucis dont la vie nous accable. La température est douce ; le thermomètre de M. P... marque +12° ; après une petite heure de marche, le commandant fait stopper au milieu d'un golfe dégagé de montagnes.

Il est minuit ! L'astre lumineux nous apparaît projetant sur les eaux sa lumière dorée ; l'éclat du ciel illuminé par le soleil est extraordinaire. Dans le fond, sur une couche de vapeur ardente, le disque enflammé apparait immobile, comme suspendu au-dessus de la mer, pendant dix minutes. Par un effet d'optique, il nous semble s'élever majestueusement : en un instant la scène se transforme, les sommets neigeux étincellent dans le lointain : l'astre parait pris dans une banquise d'or. Après quelques moments de recueillement, les cris d'admiration s'échappent de toutes les poitrines et se perdent dans l'espace. Nous montons sur la passerelle pour mieux jouir de ce phénomène incomparable : le soleil s'est levé sans s'être couché ! A l'horizon, l'immensité de la mer. Vu de cet endroit, l'astre semble porté par les flots de l'Océan.

Les matelots hissent les pavillons de toutes les nations et pavoisent le bateau de tous côtés. Puis un coup de canon retentit annonçant le 4 juillet, date de l'anniversaire de l'indépendance des Etats-Unis, fête nationale des Américains. Cette fête me rappelle que, ce même jour, j'étais, il y a six ans, à Niagara-Falls. Américains et Américaines se rassemblent sur le pont : le clergyman — il s'en trouve toujours dans les voyages — commence les prières ; les jeunes filles, qui ont orné leur corsage des couleurs nationales, entonnent des cantiques que l'assemblée répète en chœur. Aussitôt après les prières, qui ont été dites dans le plus grand recueillement, une table toute garnie de gâteaux et de friandises est dressée sur le pont. Au milieu des hourrahs et des *hips* les mieux nourris, le champagne coule à flots ; on boit à la mère-patrie, aux futurs succès des Yankees. Les Anglais viennent fraterniser avec les Américains. Le photographe, qui s'est embarqué avec nous pour retourner à Tromsö, braque son appareil et reproduit le groupe du Nouveau-Monde.

Après une journée passée dans la jubilation, après les émotions d'attente qui précèdent l'heure de minuit, nous éprouvons une lassitude ; il n'y a qu'un autre soleil de minuit qui serait capable de nous retenir sur le pont. Il est trois heures du matin quand nous rentrons dans nos cabines, pour nous coucher en plein soleil ! A sept heures, le guide vient nous prévenir que nous sommes en vue de Tromsö. Voulant profiter du coup d'œil de l'arrivée, je me lève en toute hâte. Seul dans ma cabine, je suis libre de mes mouvements ; dix minutes après, j'étais sur le pont au moment où le bateau jetait l'ancre au milieu de la rade.

TROMSÖ

Le Tromsösund mesure environ 2 kilomètres de largeur. Les vues y sont très limitées ; il faut se placer dans le travers de l'échancrure du Tromsödal pour découvrir le sommet du Tromstind qui a 4.000 pieds de hauteur.

Tromsö, au 69° 26', compte 6.000 habitants ; c'est le siège d'un évêché ; c'est une capitale en bois bâtie sur une île séparée du continent par un détroit. Sur l'autre rive du fjord est la plaine où se trouve le camp des Lapons. Cette petite ville s'est fait une grande notoriété ; au milieu d'un cadre de verdure, l'aspect en est charmant. Vue du pont, elle se présente en amphithéâtre sur le flanc d'une colline peu élevée. Au premier plan, tout contre le rivage qui n'a pas de quais, s'élèvent les maisons de bois, avec leurs toits à façades triangulaires. Au deuxième plan, plusieurs églises, un certain nombre de maisons assez importantes ; puis, étagées sur la colline, des villas, entourées d'arbres et de massifs de verdure. Le tout forme un ensemble pittoresque. Grâce à la tiédeur que lui apportent les courants marins, Tromsö jouit d'un climat peu rigoureux. En janvier, l'extrême température est de 4° au-dessous de zéro et, en juillet, de 17° au-dessus. La nature y est souriante en ce moment ; mais, quand la ville dort sous son manteau de neige, sans autre clarté pendant deux mois que celle des aurores boréales, ce doit être terrible. C'est l'avant-poste des régions que tant de savants ont voulu explorer. C'est le port d'embarquement pour les expéditions polaires. C'est de là que partit la *Véga* pour son voyage autour de l'Europe et de l'Asie ; elle rentra par le détroit de Behring, le 13 juillet 1872. De ce point partit également le *Tégetthoff* pour son voyage à la Nouvelle-Zemble

et à la Terre François-Joseph, en juin 1875. Ensuite, ce fut le professeur Nordenskjold, qui s'embarqua sur le *Proven* pour gagner l'embouchure du Yénisséi. Notre ambition ne va pas jusque-là. Que nous voyions le Cap-Nord éclairé par le soleil de minuit, et nous serons satisfaits.
Notre première visite dans la ville est pour l'église catholique. Un peu plus loin, voici le Musée et le Stiftgaard, qui sert de lieu de résidence au gouverneur. Dans les rues, des familles de Lapons avec leurs chiens; mais moins sales que ceux que nous avons vus la veille. Ils nous offrent les objets qu'ils fabriquent; ces braves gens ont l'air si bon que nous leur achetons quelques bibelots. Avec leurs vêtements de fourrures, on croirait voir des ours; leur peau est jaune comme du safran, leur barbe peu fournie. Ce sont de vrais nains. Leurs mœurs sont si douces qu'il est facile d'entrer en rapport avec eux : leur physionomie, quoique laide, est empreinte de bonté. Parmi eux, comme chez les Esquimaux du Groënland, le meurtre est inconnu. Nous gravissons la colline où se trouve la grande corderie; de ce point, la vue s'étend sur le Tromsösund et sur le Tromsödal. Les maisons de bois peintes en rouge pompéien, avec leurs toitures verdoyantes ressemblent à des prairies; d'autres sont garnies de fleurs blanches que l'on ne voit que dans ces régions arctiques. Le bétail trouverait de quoi manger sur ces toits végétaux. Après avoir parcouru en tous sens les rues de Tromsö, vu le marché aux poissons, visité les magasins, acheté des peaux de zibeline, nous regagnons notre maison flottante. A cinq heures le départ s'effectue. Nous remontons le Tromsund, gardant en face de nous le Tromstind qui se reflète dans les eaux.
La traversée du Grötsund, qui sépare la terre ferme de la Réno est terminée; nous voyons apparaître les premières lignes de la chaine de montagnes qui, dans la presqu'île d'Iddonjarja, borde la rivière d'Ulfsjord. Les vues, masquées d'abord par le promontoire sur lequel se dresse l'Ulfstind, se développent au fur et à mesure que nous avançons. De minute en minute, c'est une succession de cimes recouvertes d'un blanc linceul; plusieurs atteignent jusqu'à 5.000 pieds de hauteur; elles sont resplendissantes sous leur manteau de neige. Ce panorama, d'une incontestable grandeur, peut rivaliser avec les panoramas les plus célèbres des Alpes suisses. Les lignes sont d'une netteté et d'une pureté parfaites : c'est la chaine du Mont-Rose vue de Garnergrat; mais ce qui diffère, en ces parages, ce sont les effets singuliers et nouveaux de la lumière boréale. Toutes ces cimes, argentées par les neiges, semblent avoir derrière elles une ombre passant par une succession de nuances à peu près imperceptibles; toutes paraissent baigner dans une atmosphère dont les teintes, infiniment variées de rose, de bleu, avec prédominance de violet pâle, sont d'une délicatesse inexprimable, et frappent tout d'abord le regard pour s'évanouir en quelque sorte aussitôt que l'œil vient à fixer un point déterminé. Quel dommage qu'il faille s'éloigner si vite de ce ravissant tableau ! L'aspect de cette nature, à la fois sauvage dans ses convulsions et supérieurement belle dans la parure dont elle se revêt, est vraiment grandiose. La mer est bleue, ensoleillée, tranquille; elle baigne mollement les rochers. Nous échangeons des saluts avec des pirogues qui se dirigent vers Bergen.
Au delà du Lyngenfjord s'étend encore le Finmark, *la marche finnoise*, dont Tromsö est la capitale, mais qui dépend du diocèse de Drontheim — et sans qu'on en connaisse les limites fixes vers le Sud, la Laponie, immense plateau que la neige recouvre pendant neuf mois, où se détachent des forêts de sapins et de bouleaux entre des plaines arides, pierreuses ou couvertes de lichens.

LES REINES DE LA MER

Sept heures ! Le steamer jette l'ancre à l'entrée du Lyngenfjord, devant l'île de Skoro à l'est de celle de Vando. Dans ce coin sauvage où aucune végétation n'apparaît, un Allemand est venu installer, sur d'arides rochers, une fabrique d'huile de baleine. L'odeur nauséabonde qui s'en échappe est insupportable; mais la visite de cette usine est tellement intéressante à faire que nous n'hésitons pas un seul instant à descendre à terre. Pour un observateur, il y a beaucoup à gagner; la caravane, transportée par les canots, aborde en file indienne le ponton qui sert de quai. Le nez bouché par des mouchoirs ou par des flacons de sels, nous suivons le guide à travers cet abattoir. Sur les rives, des morceaux de baleine, en putréfaction, sèchent au soleil ; des viscères en décomposition surnagent à la surface des eaux ; des carcasses gisent sur le sol en attendant qu'elles soient dépecées. Ce charnier est un véritable foyer de peste ; l'atmosphère est saturée d'une puanteur telle que nous sommes obligés, M. P... et moi, de fumer pour atténuer l'odeur infecte qui s'exhale de ces mammifères. Le sol est imprégné d'huile ; nous avons peine à nous frayer un passage au milieu de tous ces tonneaux pleins attendant le bateau qui doit les transporter en Angleterre. Les dames, les plus courageuses, nous ont accompagnés ; suffoquées par les exhalaisons, elles sont obligées d'arroser leurs mouchoirs d'eau de Cologne ; elles regrettent d'avoir affronté une semblable excursion. Un sentier, décoré avec les grosses vertèbres de ces reines de la mer, nous conduit sous une porte construite avec leurs ossements. On nous fait voir la carcasse de la baleine tuée par l'empereur Guillaume. Un photographe nous vend des vues de l'usine ainsi que des morceaux de fanons de baleines. Le maître de céans nous fait les honneurs de son logis ; il a installé dans son salon un musée ou plutôt un ossuaire de tout ce qui a rapport à son industrie. Tout est rangé avec précision et aligné d'une manière parfaite. La maison est confortable et, ma foi ! bien meublée. Dans le salon, un piano ; à côté, un atelier où, pour occuper ses loisirs, cet industriel fait de la peinture.

C'est au milieu de cette nature étrange et tourmentée que ce courageux Teuton a créé son industrie. Nous redescendons sur la rive où sont rangées les baleines mortes ; elles sont au nombre de quatre, leurs corps à demi submergés ; à côté sont étalés des cartilages, des entrailles pantelantes verdies par la putréfaction. Nous allons jusqu'au plan incliné où elles sont hissées pour le dépeçage ; une, qui a 26 mètres de long, est en chantier ; elle attend que le pilon transforme son corps en bouillie. La décomposition lui a donné de vives couleurs, dans les tons jaunes et roses. La peau des géantes de l'Océan Glacial a des reflets d'aurore boréale. Dans le local où se fabrique l'huile, de vastes cuves sont remplies de ce liquide trop odoriférant. Aussi, avec M. P..., aspirons-nous de plus en plus la fumée de nos panatellas pour échapper à l'odeur de cette atmosphère viciée. Cet industriel, en 1895, a capturé 76 baleines ; les moyennes produisent 2.500 litres d'huile ; les grandes (les baleines bleues), 3.000 litres. Le baril de 100 litres est vendu 50 krones, soit 70 fr. Il en résulte qu'une baleine, selon sa dimension, peut rapporter de 4.500 à 6.000 fr. Le professeur fait remarquer que, comparée à son corps, la mâchoire de ce mammifère est étroite ; sa conformation ne lui permettrait pas de manger de gros poissons, il ne vit que de moyens. Nous examinons l'ouverture, qui, en effet, est petite. Ceci démontre l'invraisemblance de la légende qui dit que Jonas, après être resté trois jours dans le corps de la baleine fut rejeté sur la rive de Jaffa. Il serait impossible à la géante des mers d'avaler le corps d'un homme. Ecœurés et suffoqués, nous reprenons le canot ; le batelier nous fait passer sur le corps d'une baleine flottant entre deux eaux ; sa longueur est de 22 mètres ; elle a été capturée la veille. Comme il lui faut plusieurs jours pour mourir, elle restera là pendant une semaine, avant d'être amenée à l'huilerie.

Nous passons près d'un bateau baleinier à l'ancre. L'officier du bord nous en explique la manœuvre. Le bateau, tout en fer, est de construction solide. A l'avant, et à la hauteur de dix mètres, se trouve suspendu un tonneau, dans lequel se tient, accolé au mât de misaine, jour et nuit le poste de vigie. Dès qu'il aperçoit au loin une baleine à la surface de l'eau, il prévient l'équipage qui aussitôt prépare la machine et l'instrument qui lance le harpon. Les harpons d'autrefois, une fois entrés dans les chairs, s'écartaient ; on les a remplacés par un obus pointu chargé de dynamite. L'engin destructeur, lancé avec une vitesse vertigineuse à cent mètres de distance, pénètre dans les chairs où il éclate. La lutte est terminée ; c'en est fait de la reine des mers, que remorquent jusqu'à l'usine ses vainqueurs triomphants. Le progrès a abrégé la lutte et la guerre contre ces monstres marins ; elle est aujourd'hui plus facile et aussi plus foudroyante. Les chances de combat pour l'un et pour l'autre ont diminué ; grâce à cette artillerie meurtrière, la baleine ne pouvant plus lutter disparaîtra des mers ; le canon la tue comme un simple mortel.

Quand la baleine est à terre, deux hommes, armés de couteaux effilés et longs d'un mètre, soulèvent la couche superficielle de lard, qui n'a pas moins de 12 à 15 centimètres d'épaisseur ; les bandes sont enlevées par un treuil. Sous l'effort de la traction, la couche de lard se replie en arrière, laissant apparaître la chair rosée du mammifère. Cette première opération dure une heure. On désarticule ensuite les mâchoires, on ouvre le dos et l'on brise les côtes. Un homme se fraye un passage à travers les mille obstacles de l'intérieur sans toutefois retrouver la salle d'attente de Jonas. On place les débris dans d'énormes chaudières. Le lard fournit l'huile, les ossements le guano. Une société a essayé de fabriquer des conserves de baleine. Mais les gourmets n'ont pas adopté le nouveau comestible. Si bien préparé qu'il soit, le miroton de baleine ne se laisse manger qu'au 70e. Les Scandinaves en consomment peu. Les Lapons en font des réserves pour l'hiver. On dit cependant que ce mets a figuré plus d'une fois sur des tables royales. Dans le voyage que la princesse Marguerite d'Ecosse fit en Norvège vers la fin du XIIIe siècle, l'escadre, qui l'accompagnait, était approvisionnée de viande de baleine.

Plusieurs bateaux baleiniers ont leur port d'attache à Vardœ. En 1892, on y amena 1081 cétacés ; en 1893, 1250 ; soit pour les deux années 3.687.600 francs de rapport. Ces chiffres ont diminué les années suivantes. MM. les directeurs des compagnies baleinières, à Vardœ, ont l'amabilité d'inviter les touristes à la chasse aux baleines.

Les matelots norvégiens vont, avec des bateaux baleiniers armés, sur les côtes du Groënland, du Spitzberg, des Iles danoises, de la Terre François-Joseph, faire la chasse aux reines de la mer ; ce sont de rudes hommes ; ils connaissent les périls de ces parages et ne s'y hasardent qu'à bon escient. Ces descendants des Wikings aiment l'aventure lointaine avec le mystère qui la précède, les dangers et l'honneur qui l'accompagnent. Ces explorateurs de la mer ont l'audace et la témérité que possédaient les Normands ; familiarisés avec les tempêtes, ils ne se soucient pas de leurs colères ; ils sillonnent la mer dans tous les sens pour lui arracher ses richesses. Parmi les poissons qu'ils capturent, le cachalot produit parfois des trésors : lorsqu'il est atteint de la maladie de foie qui le fait mourir, son corps est rempli de calculs. Ce calcul n'est autre que l'ambre gris si apprécié des fumeurs. De celui que tua le prince de Monaco, sur la côte d'Afrique, l'ambre retiré a été vendu 100.000 francs !

A dix heures, tout le monde était rentré, et nous repartions en avant. Mais la soirée ne devait pas se terminer sans une surprise agréable. A onze heures vingt le bateau passe par le travers de la Karlso, puis s'arrête faisant face à l'Océan Glacial qui s'ouvre devant nous dans un horizon sans limites, au milieu duquel émerge la petite île de Finglo. A droite, se dessinent les côtes de l'île d'Arno ; à gauche, celles de la Nanno, avec moins de relief. En arrière, nous distinguons encore de profil les parties les plus rapprochées de la chaîne de l'Ulfsfjord, terminée par le promontoire de Lyngstuen. A peine le bateau a-t-il stoppé que les sons de la musique retentissent à nos oreilles : le *Kong-Haarl*, de retour du Cap-Nord, s'avance majestueusement vers nous portant sa cargaison humaine. Il paraît glisser sur l'Océan et vient se mettre en face du *Sigurd-Jarl*. Des deux bords le canon est tiré, les passagers agitent leurs mouchoirs. Les hourrahs, les *hip ! hip !* sont proférés par les Anglais et par les Américains ; les Allemands s'interpellent par des cris frénétiques. Je constatais avec regret que notre pauvre France était oubliée dans ce concert européen, quand tout à coup un cri de : *Vive la France !* vigoureusement poussé, se détache de l'ensemble des voix résonnant dans les airs ; il vibre seul : c'est celui d'une jeune Russe à bord du *Kong-Haarl*.

Le patriotisme est plus touchant dans la femme ! A cette démonstration spontanée, partie d'un cœur généreux, nous répondons par des cris nourris de : *Vive la Russie ! Vive la France !* Les voix de ces deux cents êtres humains vont se perdre dans les airs ; tout le monde chante, applaudit ; les musiques des deux bateaux jouent des hymnes nationaux. Ce n'est plus de l'enthousiasme : c'est du délire ! Les musiciens d'Hammerfest montent sur notre bateau pour nous donner une aubade, et c'est aux sons de la musique que nous saluons pour la troisième fois le soleil de minuit.

Il nous apparaît encore plus éclatant ; sa lumière est plus vive, sa chaleur plus intense, ses tons plus adoucis. La position choisie en face l'île de Finglo est bien la meilleure comme poste d'observation, l'astre se trouvant encore assez haut sur l'horizon. Pendant un quart d'heure nous cherchons à surprendre quelque mouvement apparent, à constater quelque changement de position, mais c'est en vain ; le disque embrasé nous paraît immobile, il est empourpré de mille feux. Les musiciens prennent part à la fête du soleil : rangés sur la passerelle, ils attaquent l'*Hymne anglais*, pour saluer le départ du *Kong-Haarl* qui fuit dans la direction de Bergen. Nous réclamons la *Marseillaise*, mais le chef de musique répond qu'il ne l'a pas ; nous sommes obligés d'accepter l'excuse. Le Polonais, ému, s'approche de nous, les yeux baignés de larmes — Voyez, nous dit-il, combien il est malheureux de ne plus avoir de patrie !

Nous jetons un dernier coup d'œil sur l'Ulfsfjord pour jouir de ces délicieux effets de lumière ; et, après avoir rassasié nos yeux de ce spectacle impressionnant, nous rentrons dans nos cabines. Il est deux heures du matin ! Mes compagnons, en lisant la relation de notre voyage, pourront constater que je n'ai omis aucun des détails de notre navigation sur les fjords norvégiens. J'ai tenu à être plus logique que l'Anglais qui, débarquant à Calais et voyant un pauvre s'avancer vers lui pour solliciter une aumône, écrit sur le calepin auquel il confie ses impressions : « Les Français, peuple de mendiants. » Puis, satisfait de son induction précipitée, il retourne à Londres, convaincu qu'il connaît les Français.

HAMMERFEST, LA DERNIÈRE VILLE DU MONDE !

A six heures, le réveil a lieu aux sons de la musique ; c'est Hammerfest. Je regarde par le hublot ; le temps est radieux ; le soleil, dans son éclat matinal, fait resplendir la rade. Enfin ! nous voilà dans la ville la plus septentrionale du monde, située au 70°40'11" de latitude nord et au 21°25' de longitude est de Paris, extrémité de l'arc du méridien 25°20' mesuré de l'Océan Glacial au Danube, à travers la Norvège, la Suède et la Russie. Ce sont les Empereurs de Russie et le roi de Suède qui ont fait travailler de 1816 à 1852 les géomètres, au méridien. Une colonne de granit placée sur les bords de la mer indique le point relevé ; midi à Paris, il est une heure vingt-cinq à Hammerfest. De cette dernière ville du monde partent les flottes de pêcheurs pour le Spitzberg et la mer de Kara. En été, un bateau à vapeur fait le service hebdomadaire pour les voyageurs qui désirent se rendre au Spitzberg. Pendant les soixante-deux nuits polaires, la ville est éclairée à l'électricité. Rien ne manque dans cette petite cité de 2.200 habitants ; on y trouve la civilisation la plus raffinée, la bienveillance la plus grande, l'hospitalité la plus large. Hammerfest n'a ni plage ni quais ; les montagnes tombent à pic dans la mer, et tout de suite on arrive à de grandes profondeurs. Dans cette région, elles varient de 500 à 1000 mètres. La profondeur de l'Océan Glacial Arctique atteint 4.846 mètres, tandis que celle de l'Océan Antarctique n'est que de 2.621 ; l'Atlantique Nord atteint 8.341 ; l'Atlantique Sud, 7.360 ; le Pacifique Nord, 8,516 ; celui du Sud, 8.281. Viennent ensuite la mer des Antilles avec 6.260 mètres, celle de Chine, 4.293 ; du Japon, 3.000 ; la Méditerranée, 4.000 ; la mer Noire, 2.613 ; celle du Nord, 898 ; et la mer Baltique, la moins profonde, 427 mètres.

Dans les eaux de la mer, lorsqu'elles sont éclairées par le soleil, un scaphandrier voit parfaitement à 20 ou 25 mètres de profondeur. A 30 mètres, il distingue à peine ; au delà, c'est la nuit noire perpétuelle où jamais les rayons solaires n'ont pénétré. A dix mètres de profondeur, les objets prennent des tons azurés ; à 55 mètres, ils deviennent tellement bleus qu'ils en sont noirs. Comme c'est dimanche, nous entrons dans l'église catholique bâtie récemment ; un prêtre entouré de fidèles dit la messe ; les Anglais se sont rendus au temple. Après l'office, nous visitons le magasin de fourrures ; la devanture est garnie de peaux d'ours blancs et noirs, de zibelines, de renards bleus et de martres ; on y voit des dents de cachalots, des cornes de rennes et d'élans ; à côté, dans une vitrine, des eiders empaillés ; leur duvet a servi à faire des édredons moelleux. Ce magasin est un musée zoologique. Quelle chaleur ! vingt-trois degrés à l'ombre, on y a relevé la plus haute température qui se soit jamais produite (35° Réaumur). Dans les rues, des jeunes filles en corsages complétés par des manches à gigot, s'il vous plait (où la mode va-t-elle se nicher?), les hommes coiffés de chapeaux haute forme, paraissent sortir de la *Belle Jardinière*.

Des Lapons, toujours des Lapons, avec leurs fourrures graisseuses, font contraste avec cet essaim de jeunes filles fraiches et blondes qui se dirigent vers l'église. Dans l'air se dégagent les émanations de la fabrique d'huile de foie de morue ; cette odeur nauséabonde nous poursuit. A Paris, le passage d'une femme s'indique par la trainée odoriférante d'opoponax qu'elle laisse derrière elle ; ici, l'odeur qu'une indigène laisse sur son passage est celle d'huile de foie de morue que dégagent ses vêtements.

Voici le marché aux poissons. Debout devant leurs corbeilles qui débordent se tiennent des gaillards robustes ; leurs vêtements de cuir sont constellés d'écailles de poissons, qui ont au soleil l'air de paillettes de mica. Ces vieux loups de mer attendent tranquillement, en fumant leurs pipes, que les acheteurs emportent le produit de leur pêche ; dans leurs paniers, des homards bondissent ; ces crustacés reluisants sont d'un vert foncé. De beaux saumons prennent leurs ébats dans les cuves ; il y en a qui pèsent 30 kilos. Parmi les pêcheurs paisibles, pas un cri n'est proféré, pas un geste inutile n'est fait ; ils paraissent, dans leur attitude calme, se reposer des bruits de la mer. Les pêcheurs d'Hammerfest sont réputés pour être les plus vaillants, les plus habiles, les plus audacieux. Quand, après les nuits polaires, qui commencent au 21 novembre et finissent au 23 janvier, le soleil fait sa réapparition subite, ils partent pour surveiller la débâcle ; au milieu des blocs de glace en dérive, ils se précipitent à la poursuite de leur proie. Ces pêcheurs courageux ne sont pas rares le long des côtes ; ils savent pourtant que la mer dont ils vivent les menace continuellement, qu'ils peuvent disparaître en un clin d'œil, engloutis par une tourmente imprévue, et que, une fois disparus, si la maison est pleine d'enfants, la huche au pain restera vide ! Pour ces braves gens, c'est la lutte continue pour la vie ; ils sont bien les fiers descendants de ces Normands qui, ne connaissant pas les distances, exploraient les mers les plus éloignées.

Au XIe siècle, ils avaient reculé les limites du royaume de Norvège de la mer Blanche au fleuve de Gotha, de la mer Baltique aux frontières d'Ecosse et d'Irlande ; ils s'étaient emparés des iles Hébrides, des Orcades, de Fœroë et de Shetland. Le Groënland et Terre-Neuve leur payaient tribut ; la Russie obéissait à quatre ou cinq dynasties d'origine scandinave qui avaient pris pied le long des fleuves slaves. L'espoir de la conquête a toujours excité les Scandinaves ; leur bravoure est sans égale, leur foi ardente. La rigueur du climat leur donne une force particulière. Dans le camp des croisés, au siège de Saint-Jean d'Acre, en 1189, ils se battirent comme nos Cuirassiers à Reichshoffen.

Hammerfest, du 16 mai au 27 juillet, voit luire sans interruption le soleil. Comme toutes les villes norvégiennes, elle a été détruite par l'incendie ; le feu fut communiqué par le pétrole qui servait à l'éclairage des rues. Relevée de ses décombres, la ville, pendant les nuits polaires, par mesure de précaution, est aujourd'hui éclairée à l'électricité. Le feu ! N'est-ce pas le sort réservé à toutes ces villes septentrionales, à ces constructions en bois où viennent s'entasser des matières grasses, des huiles de foie de morue, qui sont autant d'aliments. Le feu s'y propage avec une rapidité foudroyante ; il est impossible de s'en rendre maitre. Revenus sur la rive, nous distinguons, dans la direction du sud, les montagnes et les glaciers du Seiland ; à l'ouest, les vastes plateaux neigeux de la Soro ; plus près, l'ile de Haajen avec ses formes étranges, au milieu des flots ; à l'est, les rochers dénudés, sans relief apparent, de la Kvalo, ile sur laquelle a été bâtie la ville ; en face, la presqu'ile de Friglenœs où l'on a élevé, à la suite des opérations de triangulation, la Colonne du Méridien. Dans le port, des bateaux russes à l'attache se balancent paresseusement sur leur ancre ; ils viennent en Norvège chargés de sacs de farine et font l'échange contre des morues sèches. Onze heures ! Les hélices commencent à battre les flots. Cette fois, nous allons au but suprême : le Cap-Nord. Depuis si longtemps nous entendons parler de lui ! Nous allons enfin le voir! Les officiers disent qu'à leur dernier voyage le temps a été beau pendant la traversée, sauf au Cap-Nord. Il est, paraît-il, « capricieux », comme les belles femmes. Après Hammerfest, la nature désolée s'accentue ; plus de traces de végétation dans ces régions arctiques. Cette solitude, d'une tristesse infinie, et cette grandeur austère donnent à l'âme une impression indéfinissable. Des cascades, descendant d'une falaise à pic droit dans la mer, passent dans des déchiquetures de montagnes ; la mélodie de la source accompagnait le rideau de verdure des grands rochers vêtus de longue mousse veloutée ; le ciel brillait à travers mille étincelles, les rayons de Phébus éclairaient les nervures des feuilles, dans les crevasses des montagnes ; les eaux s'y figent en longues aiguilles cristallines pendant plus de six mois de l'année ; les rochers sont tondus par les lames. Autour de nous, c'est l'aridité du désert.

Après le rivage de la Kvalo, nous naviguons dans le Rolfsosund, qui sépare la terre ferme de la grande île Magero dont la pointe septentrionale n'est autre que le Cap-Nord. Nous longeons Rolfso, Hjelmso, Ingo et Gjœsvœr, stations de pêche. Attentifs aux moindres détails, nous sommes de plus en plus étonnés du caractère particulier que la nature sauvage revêt en ces régions. La configuration du sol ne présente aucun relief apparent : des surfaces planes, élevées tout au plus de 50 mètres au-dessus du niveau de la mer, consistant en roches polies par les eaux et complètement dénudées. Partout, la solitude sans limites ; ni sapins, ni bouleaux ; quelques maigres broussailles, des touffes de lichen et de mousse à profusion. A l'endroit le plus resserré du passage, nous apercevons tout à coup les poteaux de la ligne télégraphique venant aboutir aux stations terminales de Gjœsver et de Honningsvaag. Quel étonnement de voir, au bout du monde, la télégraphie installée sur les côtes ! A la sortie du détroit, la mer se présente magnifique, unie et brillante comme un miroir. A droite, s'ouvre dans toute sa largeur l'énorme Borsangerfjord, qui pénètre à l'intérieur du continent à une distance de 30 lieues environ ; à gauche, les roches noirâtres de la Magero. Nous les côtoyons d'assez près pour en distinguer les sombres anfractuosités, ainsi que les hameaux de Honningsvaag, de Kjelvik, Kepvaag et de Kistrand. Je me demande avec étonnement quelle cause attache de pauvres humains à ces déserts froids et nus, aux extrémités de l'Europe. Comme la plupart des localités du Finmark, ces agglomérations se composent de quelques cabanes occupées, les unes par les pêcheurs, les autres par des Lapons sédentaires. Cette côte désolée est très poissonneuse, c'est l'abondance du poisson qui attire les Finnois et les Lapons. Ils viennent de plus de cent lieues et par des routes impraticables à tout autre peuple : la morue est la manne du Nord, et les plus déshérités ont bien le droit d'en avoir leur part ; mais au prix de quelles fatigues ! Elle ne tombe pas du ciel toute préparée.

En face, apparaît, d'abord confuse en une seule masse, une langue de terre qui se prolonge à la suite de la rive du Borsangerfjord ; puis, au premier plan, le rocher du Svœrholtklubben ; en arrière, le promontoire du Nordkyn, exactement situé par le 17° de latitude orientale de Christiania. Il est un peu moins avancé vers le nord que le Cap-Nord, mais il fait partie de la terre ferme. Puis nous longeons le Svœrholtklubben, mieux connu des touristes sous la dénomination de Rocher des Mouettes. Ce roc avancé, avec ses saillies, ses découpures à l'infini que l'œil ne perçoit guère sans le secours de la lorgnette, a été choisi, ainsi que son nom l'indique, comme quartier général par les oiseaux de mer appartenant à cette famille de palmipèdes. C'est par millions qu'il faut les compter. Couvrant toute la falaise du haut en bas, les mouettes, quand elles sont au repos, font avec leur blanc plumage l'effet d'une pléiade de champignons qui auraient poussé sur cette masse aride. Puis, au bruit du coup de canon tiré du bord, toutes s'envolent en remplissant les airs de leurs cris assourdissants, et, pendant une minute ou deux, restent à voltiger, semblables à une pluie de confetti blancs qui seraient tenus en suspens. Cependant, elles ne tardent pas à revenir dans leur nid, comme si elles avaient été dressées à cette manœuvre. Les vieilles surtout ne paraissent plus s'émouvoir du coup de canon qu'elles entendent tous les deux ou trois jours.

Un indigène a trouvé le moyen d'établir des échelles le long de ces roches et de venir y dénicher les innombrables œufs qui y sont déposés par les mouettes.

LA FÊTE DU SOLEIL DE MINUIT

Il est neuf heures du soir lorsque nous arrivons au Cap-Nord. La distance de Paris est à peu près la même que celle qui sépare Paris de la première cataracte du Nil, soit 1.200 lieues.

Le Cap-Nord est situé au 71°10' de latitude nord et par 23°40'30" de longitude est de Paris. Le grand jour y dure du 12 mai au 31 juillet ; il est à 19° du pôle. De ce point, 2.000 kilomètres restent à faire pour gagner le Pôle Nord. Le parallèle du Cap-Nord passe à l'île Jan-Magen, coupe en deux le Groënland, arrive à la terre de Boothia-Félix, effleure le cap Barrow, dans la presqu'île d'Alaska, et court à l'extrême Sibérie, c'est-à-dire qu'il est partout sur des banquises de glaces ou des eaux gelées. Le Cap-Nord est un énorme bloc de rochers arides et nus. Le *Sigurd-Jarl* jette l'ancre dans la petite baie parfaitement abritée du Hornvik. Après le repas, les passagers, à l'exception de quelques personnes trop âgées pour tenter l'ascension, s'apprêtent à descendre à terre. La barque, dans laquelle on a mis des caisses de champagne, a déjà pris le devant. Le débarquement s'opère sur un lit de rochers glissants. Nous gravissons la pente qui donne accès au plateau du Cap-Nord. Le troupeau humain s'égrène le long de la rampe ; c'est à qui arrivera le premier. Les sujets d'Albion, accompagnés de leurs misses, grimpent, font des efforts de jarrets pour distancer la caravane ; ils ont à cœur de détenir le record ; ils veulent, les premiers, aller planter le drapeau de l'Angleterre sur le North Cape : mais, à leur grand regret, et contrairement à leurs habitudes, ils ne pourront en prendre possession. Ils ont des maximes qu'ils mettent en pratique : « Ce qui est bon à prendre n'est pas bon à rendre », disent-ils.

Après une bonne demi-heure d'enjambées d'alpinistes, la colline est franchie. Arrivés sur le plateau, les Anglais courent, les Italiens et les Autrichiens, les suivent. La Duplice ferme la marche : Russes et Français ont le temps d'arriver. Nous sommes bien sur le Cap-Nord, mais il faut encore marcher un quart d'heure pour arriver à la cabane ; il suffit de suivre le fil de fer qui remplace la rampe, pour arriver aux falaises, point *terminus* de l'excursion, où la terrasse surplombe la mer de 300 mètres. Comme le temps est d'une clarté incomparable, nous apercevons, dans le lointain, les montagnes de Laponie ; sur la gauche, le Nordkyn, frère jumeau du Cap-Nord. C'est l'extrémité du continent scandinave. Nous nous asseyons à côté du socle de la pyramide placée en 1873, lors de l'ascension d'Oscar II, pour écrire des cartes postales à nos amis. Elles emporteront vers Paris une part de nos impressions. Le coup de canon tiré du bord annonce qu'il est minuit (à Paris, il n'est que dix heures vingt-cinq). Alignés pour mieux voir le soleil, nous agitons nos mouchoirs dans la direction du bateau. Nos compagnons de voyage répondent à nos signaux de télégraphie optique.

Le soleil, dans un ciel aussi transparent qu'un saphir, inonde la mer de sa lumière éblouissante et se reflète dans les eaux limpides ; il trace sur la surface des flots une longue ligne dorée. Immobiles, émerveillés devant cette apothéose de la nature, l'âme remplie d'une douce émotion, nous contemplons le roi du jour qui, avec tant de majesté, éclaire l'espace jusqu'à l'infini. Ce décor, formant un ensemble magique, nous tient sous le coup d'une admiration béate ; pendant plus de deux heures, le soleil nous crible de ses flèches d'or ; devant ces magnificences, on éprouve le besoin de vouloir comprendre l'incompréhensible, de réaliser l'irréalisable. Aussi nous restera-t-il de cette fête du soleil un souvenir inoubliable. Nous sommes tirés de notre extase par le bruit des bouchons qui sautent. Les Allemands se mettent à hurler leur hymne national. Comme aucun écho ne se fait entendre sur ce plateau, les voix s'en vont pour ne plus revenir. Moins audacieux et plus circonspects que les sujets de Guillaume, nous estimons que la *Marseillaise* n'a rien à faire avec l'astre qui nous éblouit de ses rayons, et qu'il serait de mauvais goût de faire retentir en ce lieu désert les strophes de Rouget de l'Isle. Réservons-les pour des circonstances plus solennelles ; espérons qu'un jour viendra où la France autorisée pourra les faire entendre sur le sol de ses deux chères provinces qu'elle aura reconquises. Nos frères d'Alsace-Lorraine nous attendent toujours, ne l'oublions pas ! Ce jour là, tous les cœurs français, alsaciens et lorrains vibreront à l'unisson.

Un des nôtres, M. de S..., fait un *speech* ; il s'en tire, ma foi, très bien. Le commandant, pour le remercier, lève son verre en criant : *Vive la belle France !* L'hymne norvégien succède au son rauque et aux notes discordantes des Prussiens. Le chant est plus doux ; les paroles plus mélodieuses ont un cachet religieux. Il est vrai que chacun ressent les choses à sa manière. Quoique la courtoisie règne parmi nous, on sent qu'entre la France et l'Allemagne il y a un abîme, qui ne sera comblé que par la restitution de ce qu'on nous a si odieusement ravi.

Le décor du tableau change tout à coup, les tons se transforment ; une colonne de vapeur voile pendant quelques minutes la fournaise. La lune, qui apparaît dans un ciel d'azur sans étoiles, est d'une blancheur de cire ; elle paraît figée sous la voûte céleste. C'est un moment douloureux que celui où l'on s'arrache à un spectacle aussi grandiose. Ces beautés naturelles démontrent aux plus sceptiques que le Créateur a fait de grandes et belles choses.

Le guide groupe sa caravane et, en plein soleil, la photographie. On ne vient pas tous les jours au Cap-Nord ! Maintenant que nous avons été favorisés d'un ciel que seule possède l'Égypte, et que la température a été délicieuse, nous aurions voulu voir une tempête se produire tout à coup, les vagues démontées se jeter sur les parois de ces noirs rochers, les hurlements terrifiants du vent se répercuter dans les crevasses de la montagne : tous ces éléments déchaînés, avec la furie de la mer, doivent produire un concert infernal à faire frissonner d'épouvante. On ne peut pas tout avoir. Nous n'en emporterons pas moins un souvenir impérissable.

Le retour s'effectue plus rapidement et plus gaiement ; il semble que le champagne a délié les langues, même celles de nos charmantes compagnes ; il a aussi ranimé les jarrets ; les lacets du sentier sont abordés plus courageusement. Seul M. de S... est pris de vertige devant la descente rapide ; il trébuche, ses jambes vacillent, il demande aide et protection. Un Italien, un bon garçon celui-là, se trouvant près de lui à ce moment, le prend par le bras. Avec l'appui de ce gaillard robuste, il arrive sans encombre au bas de la montagne. *L'Italie soutenant la France : quelle ironie !*

Mlle D... cueille sur son chemin quelques timides fleurettes jaunes qui poussent dans ce désert comme par la grâce de Dieu. Il est deux heures du matin quand nous rentrons à bord, sains et saufs.

Combien de touristes sont venus au Cap-Nord pour n'y trouver que les mêmes brouillards intenses qui règnent vers Terre-Neuve ! Quelle déception pour ces courageux voyageurs qui font jusqu'à 3.000 lieues pour venir au Cap, voulant, après les récits qu'ils ont entendu faire, assister à cet incomparable spectacle, et, une fois arrivés au but suprême, le mauvais temps fait évanouir leurs espérances ! Ils ne rencontrent que des brouillards qui les enveloppent de tous côtés, et, tout attristés, repartent sans avoir rien vu.

Pour terminer la fête, le commandant donne ordre d'apporter les lignes. Nous allons pouvoir nous livrer aux douceurs de la pêche à la morue ; tout le monde se range. Les lignes — et elles sont nombreuses — sont jetées à la mer ; c'est au milieu d'un grand calme que le va-et-vient des cordes se produit ; chacun est attentif. Mme P... est la plus favorisée ; ça mord ; en quelques minutes elle remonte trois morues. La jeune mariée, en tirant la ficelle mouillée, fait changer la couleur de ses gants ; de blancs, ils sont devenus jaunes. A l'apparition d'un être étrange, tout le monde accourt : c'est un des matelots qui l'a pêché. Le crustacé, hideux à voir, a des yeux flamboyants. Sa tête grimace sous la morsure des hameçons qui ont pénétré avant dans sa chair : c'est un chat de mer. Avec une dextérité étonnante, le matelot lui ouvre la tête pour retirer les hameçons retenus dans la machoire.

Plus loin, c'est M. de L... qui appelle à son aide un marin ; le poisson pris est si lourd qu'il ne peut le remonter.

— C'est une baleine, crie M. M..., toujours spirituel, pendant que les trente mètres de corde immergés dans l'eau sont tirés.

Les cœurs battent, l'anxiété règne. Quel animal allons-nous voir sortir de l'onde ? un dauphin ou un requin ? Pendant cette minute d'angoisse, la ligne est arrivée à la surface de l'eau ; au bout, se trouve suspendue une pierre énorme entourée de lichen et de varech. Le hameçon s'était pris dans une algue ! Une heure après, les nombreuses victimes de la pêche miraculeuse jonchaient le plancher. Que de morues ! Le plus heureux est le maître d'hôtel, qui jubile. Sa moisson est faite ; il sourit à la pensée que demain, sous la rubrique de « barbues sauce câpres », il nous servira le produit de notre pêche. C'est un plat qui ne lui coûtera pas cher !

Trois heures du matin ! Personne n'a envie de dormir ; on n'a pas souvent l'occasion de passer la nuit au Cap-Nord ; profitons-en. Le départ s'annonce ; il faut bien se résigner. La retraite commence, c'est le retour vers la mère patrie. Faisons nos adieux au Cap-Nord qui pendant quelques heures a, par son charme inénarrable, émerveillé nos yeux, frappé notre esprit et étonné notre imagination.

Le *Sigurd-Jarl* évolue au milieu de cette mer brillante comme du mercure. A l'heure où Paris endormi rêve, nous naviguons en plein soleil sur l'Océan Glacial. Ce n'est pas banal. Après la manœuvre, nous passons devant les remparts au haut desquels nous étions il y a deux heures ; nous voyons encore la pyramide Oscar II. La montagne paraît fuir derrière nous, le pont devient désert, chacun songe à s'abandonner au sommeil, et c'est au bruit du mouvement régulier de l'hélice que nous nous endormons.

A LA DÉCOUVERTE DU POLE NORD

Le Cap Nord ! Là pour nous finit le monde. Moins courageux que Nansen et Andrée, nous ne dépasserons pas le Cap Nord ; nous laissons aux vaillants explorateurs le soin d'aller à la découverte de l'inconnu. Nansen, parti depuis plusieurs années, vient de rentrer dans sa patrie. Sans nouvelles de lui, pendant plusieurs années, ses compatriotes croyaient qu'il avait été englouti avec son équipage. Après avoir subi de nombreuses privations, supporté bien des fatigues, enduré de grandes souffrances, il est revenu de ces régions lointaines. Il était parti en août 1893, avec douze hommes résolus, choisis parmi ceux qui, ayant un caractère courageux et une santé de fer, peuvent résister à une série de mortels hivernages dans les glaces du Pôle (car, là-bas, ce sont les horreurs de l'hiver éternel) ; il est revenu en 1896 après trois ans d'absence.

Son navire avait été construit d'une solidité à toute épreuve, afin de pouvoir rester emprisonné des années entières dans les banquises. Il emportait avec lui pour cinq ans de vivres. Pris dans les glaces des mêmes parages où périt *La Jeannette*, il a dérivé au nord jusqu'au 86°15' de latitude. Hammerfest, la dernière ville, étant au 70°40'31", il a donc été à 444 lieues plus loin que le Cap Nord, puisqu'il a pu franchir 4° de plus et qu'un degré équivaut à 111 kilomètres.

On sait aujourd'hui que les glaces des mers polaires, entraînées par les courants, se dirigent du nord de l'ancien monde vers le nouveau, surtout sur la rive orientale du Groënland, en passant par le Pôle. Un navire solide, qui serait confié aux glaces du nord de la Sibérie, serait infailliblement entraîné, après quelques années, vers le Groënland.

Telle avait été la conception de Nansen. Il s'était basé, pour son voyage, sur une théorie d'après laquelle les courants polaires, qui rasent les côtes du Japon, vont jusqu'au Groënland en passant par le Pôle.

Une circonstance remarquable vint confirmer Nansen dans son idée : les Esquimaux de Julianshaal avaient trouvé, au nord des bouches de la Léna, cinquante-huit objets ayant évidemment appartenu aux naufragés de *La Jeannette*, trois ans après la perte de ce navire. Rien ne pouvait démontrer plus clairement l'existence du courant polaire. D'ailleurs, les victimes de cette effroyable catastrophe l'avaient constatée elles-mêmes à leurs dépens. Lorsque, après s'être efforcés pendant deux ans de maintenir à flot, grâce à leurs pompes, le navire où les glaces avaient produit des fissures, les naufragés durent l'abandonner pour marcher droit au sud sur la banquise, ils s'aperçurent que leur marche était compensée par la dérive du champ de glace vers le nord. Après une semaine de marche du côté du sud, ils étaient à 28 milles plus au nord que le jour de leur départ. Ce courant polaire, par sa largeur et sa profondeur, ne représente qu'une bien faible partie de la masse liquide charriée au nord par le Gulf-Stream et le courant du détroit de Behring. Au mois de mars 1895, le bateau fut lentement emporté vers le nord par les glaces. Les voyageurs avaient préparé tout ce qu'il fallait afin de pouvoir, le cas échéant, quitter le navire. L'été se passa sans incidents. A partir du 19 octobre, et jusqu'au 15 novembre, le navire se trouvait sous les latitudes les plus septentrionales qu'on eût atteintes : il avait dépassé le 85° degré. Le 15 janvier 1896, le *Fram* revint lentement vers le sud : du 15 février au 15 juillet, il ne changea presque pas de place ; le 19, il était au 83°14' de latitude. Les glaces avaient commencé à se fendre vers le 15 mai ; la mer avait partout des profondeurs de 3.400 à 4.000 mètres. Toutefois, vers le Spitzberg, il y avait beaucoup de bas-fonds. L'expédition, conformément à son plan, pénétra dans la Mer Polaire, au nord des îles de la Nouvelle Sibérie. De là, Nansen et Johannsen redescendirent pour gagner la Terre de François-Joseph où ils hivernèrent en se nourrissant de viande d'ours et de lard de baleine.

Nansen n'a pas atteint le Pôle-Nord, mais il a poussé à 4 degrés plus au nord que tous ses devanciers. Les deux hardis explorateurs ont suivi leur route sur la glace, depuis l'automne 1895, époque à laquelle ils quittèrent leur navire *Le Fram*, à 86° de latitude. A cette époque, Nansen se rendit à la côte de la Terre François-Joseph et s'y construisit une maison en pierre pour y passer l'hiver : c'est là que l'expédition Jackson arriva au printemps. Elle se composait de huit jeunes explorateurs ; partis, en juillet 1894, de Greenwich, ils avaient gagné la Terre François-Joseph où ils durent passer deux hivers successifs. Les hardis compagnons de l'explorateur étaient à la longue tellement fatigués de voir les mêmes physionomies et d'entendre les mêmes voix que des sentiments d'irritation finirent par naître parmi eux. Cette irritation devint si intense qu'ils ne pouvaient plus supporter la vue les uns des autres ; ils entreprenaient des voyages solitaires à travers les glaces, et s'en allaient chacun dans une direction différente, évitant de se rencontrer. Pendant les longs mois d'hiver, l'obscurité ininterrompue engendra des souffrances morales presque insupportables. Quand le printemps arriva, chacun reprit courage ; mais la continuelle clarté des jours polaires devint pour eux aussi pénible que l'avait été l'obscurité. Pendant quatorze mois ils restèrent sans voir un être vivant, pas un oiseau, pas même un ours. C'est alors qu'un épouvantable ennui s'empara d'eux, et, ne sachant que faire pendant cette longue oisiveté, ils se mirent à confectionner des vêtements avec la machine à coudre qu'ils avaient à bord.

Avant Nansen, le héros du Spitzberg, Nordenskjold, un modeste, un travailleur, avait essayé de planter son drapeau au Pôle, et c'est lui qui a tracé aux savants scandinaves le rôle glorieux qui semble leur être réservé. Grâce à Nordenskjold, la conquête du Pôle est devenue une entreprise nationale et les marins suédois et norvégiens rivalisent maintenant d'ardeur pour arriver les premiers. Nordenskjold a soixante-douze ans. Sa moustache et ses énormes sourcils ont blanchi, mais l'âge n'a pas abattu ses convictions et ses espérances.

Aujourd'hui, c'est Andrée et ses compagnons qui recommencent l'épreuve. Le ballon *Adler (l'Aigle)*, avec lequel ils partent vers ces champs de glace perpétuelle, a été construit à Paris, par M. Lachambre ; on a pu le voir, en 1896, exposé au Champ de Mars. Il cube 5.000 mètres ; il peut porter trois personnes et des vivres pour quatre ans, des armes, des instruments, et deux bateaux dont on peut faire des traineaux. Ainsi Andrée est monté en ballon : il n'a pas hésité à s'abandonner aux caprices du vent là où son compatriote avait subi toutes les fureurs de la mer. Qu'est-il devenu ? où l'a porté cet aérostat, à travers ces étendues d'air glacé où volent seuls les goëlands, les mouettes et les aigles ? Le départ s'est effectué au mois de juillet 1897, à la pointe du Spitzberg.

On ne peut qu'admirer ces Scandinaves. Qu'ils aient vu le jour en face des grands lacs qui s'étendent des profondeurs du Cattégat au golfe de Finlande, ou sur les pics des contreforts escarpés de l'Atlantique voisins des neiges éternelles, ou dans les anfractuosités de ces rivages déchiquetés par les fjords où la mer du Nord chasse en mugissant des myriades de poissons, ou dans ces forêts épaisses qui mêlent les sombres conifères aux blancs hêtres sauvages derrière lesquels s'abritent l'ours, le lynx, le castor et l'élan, il semble que la nature les ait préparés en naissant pour le combat de la vie.

Je ne puis que me répéter : La Norvège est une pépinière d'hommes intrépides. Ce sont des découvreurs de pôles. Leur patrie leur est reconnaissante, et la France applaudit, car elle se trouve voisine par le cœur de la Scandinavie.

J'ai reçu de Christiania le volume que Nansen vient de faire paraître. Nordenskjold, Nansen, Andrée peuvent être considérés comme des héros du genre humain.

LE RETOUR A TRONDHJEM PAR LE LYNGENFJORD

Sept heures ! Le va-et-vient des matelots et le bruit de la chaîne pesante qui descend l'ancre nous réveillent ; il faut bien se lever. Nous sommes dans la rade d'Hammerfest ; une heure d'arrêt : temps nécessaire pour prendre des vivres et faire de l'eau. Un de nos compagnons de route, le Brésilien, nous quitte ; comme il veut pousser jusqu'au Spitzberg, il attendra ici le passage du bateau. Le brave homme nous fait ses adieux ; il paraît navré d'être obligé de nous laisser repartir sans lui. Nous rentrons dans le Lyngenfjord. Sa longueur est de 80 kilomètres vers le sud ; sa largeur de 4 kilomètres. Dans la presqu'île qu'il laisse à droite, se trouvent les sommets du Nordland, d'une altière beauté ; ils atteignent 2.000 mètres. Puis apparaît le plateau du Jokelfjeld, tout étincelant de blancheur. Le défilé à travers les montagnes du Lyngenfjord impressionne ; la nature, dans son ensemble, y revêt un grand caractère, surtout quand on l'observe à distance. Les montagnes du fond lèvent leurs hautes cimes neigeuses ; leurs flancs ont une coloration jaunâtre. Les nombreux torrents, qui descendent de 200 mètres vers la mer, se transforment en cascades et viennent avec fracas se précipiter par-dessus les rochers des assises inférieures. C'est bien le plus imposant des paysages arctiques que nous avons vus au cours de ce voyage ; le décor, sans discontinuer, se déroule à notre vue, sur une étendue de 60 kilomètres ; de tous côtés, des glaciers — c'est la région des neiges éternelles — ; partout des ravins que comblent les flocons durcis. Impossible de franchir cette mer de glaces dont les vagues menaçantes, figées dans leur sinistre immobilité, semblent défendre d'aller plus loin.

A sept heures, le *Sigurd-Jarl* s'arrête devant Lynseidet, coquet village de pêcheurs entouré de verdure. Les rives sont garnies de pieux reliés entre eux par des claies, sur lesquelles est exposé, pour sécher au soleil, un stock considérable de morues. Une heure nous est accordée pour descendre à terre. Il y a des Lapons dans ce village. Le temps de leur acheter quelques bibelots en peau de renne, et nous retournons à bord. Le commandant donne l'ordre du départ ; le steamer évolue avec la légèreté d'une mouette et bat de son hélice les flots calmes de la mer.

Après le dîner, nous passons devant le glacier de Strupen ; la coulée est arrivée jusqu'à la rive. L'eau des torrents qui tombe dans la mer trace une ligne de démarcation nettement tranchée ; l'eau douce refuse de s'assimiler à l'eau salée. Le ciel est moins pur que les autres soirs ; de gros nuages se sont amoncelés au-dessus du soleil ; l'horizon est embrasé d'un rouge incandescent. Jusqu'à onze heures et demie, nous pouvons encore voir le soleil une dernière fois ; mais, à minuit, un brouillard épais l'enveloppe ; il disparaît. Les heures passent trop vite au gré de nos désirs ; ne sont-elles pas en quelque sorte l'image, le résumé de la destinée humaine ? N'en est-il pas ainsi de tout ce qui, dans notre existence, nous apporte quelque joie, quelque sensation agréable ? Lent à venir, tout cela n'occupe qu'un moment fugitif dans l'infinité du temps, qu'un atome dans l'existence. Ne sommes-nous pas toujours plus heureux de désirer que de posséder ? L'humanité est ainsi faite.

A notre réveil, l'officier de quart annonce que nous avons cinq heures de retard. Le brouillard pendant la nuit est devenu si intense que le bateau a dû sensiblement ralentir sa marche et même stopper. C'est que, pour conduire un navire de l'importance du nôtre au milieu de ce dédale d'îles, à travers tous ces écueils, il faut une grande prudence ; on ne peut avancer qu'à bon escient. Ces passes périlleuses sont difficiles à franchir ! Grâce à Dieu, vers huit heures, le temps s'éclaircit, le brouillard se dissipe, et notre lévrier peut reprendre sa marche en avant. Nous avons quitté le Lyngenfjord pour entrer dans le Crozenfjord. Après une marche rapide, le retard se trouve atténué.

A dix heures, nous entrons dans la rade de Tromsö. Les canots nous déposent sur le quai en bois, entouré de chaque côté par des maisons bâties sur pilotis. A peine avons-nous mis pied à terre que nous sommes entourés par des Lapons, aux lèvres lippues, velus comme des ours ; ils sont couverts de haillons. Avec leurs cheveux luisants et collants, ils me rappellent les Bicharins que j'ai vus en Nubie et qui, en guise de pommade, se mettent sur les cheveux de l'huile à brûler.

Ces Lapons vivent, à Tromsö, en nomades. Ils ne sont pas admis à bord des bateaux, et doivent se contenter d'assaillir les voyageurs de leurs gestes et de leurs clameurs.

Le Pierre Petit de l'endroit nous a promis les photographies tirées au camp des Lapons. Son préposé nous dit qu'il est parti à bord. En effet, à notre retour, nous le trouvons entouré, bousculé, harcelé par tous les passagers. C'est à qui en aura. En un clin d'œil son stock est enlevé, épuisé. Le photographe ambulant est littéralement dépouillé ; il faut l'intervention du guide pour mettre le holà ! Une Anglaise, qui croit que je lui ai pris sa collection, se met à m'interpeller avec un aplomb imperturbable. Elle tombe bien ! moi qui déteste les longues dents de la perfide Albion ! Je donne à cette miss mal élevée une leçon de courtoisie. Le photographe fait une recette fructueuse, emporte nos krones, et le bateau repart.

Vers une heure, nous avons atteint la petite anse en forme de cirque qui termine le canal de Gisund. L'église de Reysen en occupe le fond ; en arrière, à perte de vue, on découvre les belles cimes neigeuses des Istinderne. Après avoir doublé le petit promontoire qui fait vis-à-vis à Reysen, nous débouchons sur le Ujosund. M. M..., appréciateur de la belle nature, ne cesse de manifester son admiration et son étonnement. Très gai, M. M... ; que de fois il nous a charmés par son esprit pétillant et sa verve intarissable !

L'itinéraire du retour diffère en partie de celui de l'aller. Nous passons à Havnig et à Lodigen ; ce changement de route fait traverser d'autres fjords qui nous étaient inconnus. Cela permet d'établir des points de comparaison ; chaque fjord a ses charmes, ses aspects différents. Dans le Ofodenfjord, nous longeons les îles pendant une heure, pour rentrer dans le Selsovigfjord. La soirée est brumeuse, le ciel est chargé de vapeur, le brouillard a reparu.

Dix heures quarante : le coup de sifflet traditionnel annonce que nous repassons le Cercle Polaire. Nous sommes dans l'archipel de Threnen, au 66° 30' de latitude. Nous saluons ensuite les Sept Sœurs alignées dans toute leur majesté. C'est notre dernière journée de navigation ; il faut en profiter pour emplir nos poumons d'air salin. Je m'installe seul dans un coin pour rédiger mes notes et fixer mes impressions tout à mon aise. Mme L... en fait autant ; je la vois qui remplit son carnet, elle écrit sans discontinuer ; rentrée dans la Dordogne, elle relira ces notes avec Mlle D..., son amie. Ces souvenirs de voyage rompront la monotonie du foyer et charmeront les longues veillées d'hiver.

Comme impression générale, je déclare en toute sincérité que je m'attendais à trouver, dans les régions arctiques, une nature plus aride, des situations plus terrifiantes, voire même des tempêtes, et surtout une civilisation arriérée. Avant mon départ, ces bons Parisiens, qui ne voyagent que de la Madeleine à l'Opéra et à Chatou, me disaient :

« Comment ? vous affronterez le voyage du Cap-Nord ? Brrr ! mais vous allez y geler ! Prenez garde aux sauvages ! »

Rassurez-vous, chers Lecteurs ; comme moi faites ce voyage ! Les agences en facilitent les moyens. Tout, en Norvège, est installé, organisé de manière à ce que les touristes soient bien accueillis. Indépendamment du confort qui ne laisse rien à désirer, on rencontre partout l'urbanité et la cordialité. Notre voyage de Bergen au Cap-Nord s'est accompli, il est vrai, dans des conditions exceptionnelles. Favorisés par un temps splendide, nous n'avons eu aucun ennui. Partis dix-huit, nous sommes rentrés dix-huit, sains et saufs, tous bien portants. Pour les ménages, c'est un vrai voyage de noces ! Juin, juillet et août sont les mois les plus favorables, car, en octobre, la nature s'endort d'un sommeil léthargique et les nuits s'allongent...

Eh ! quoi de plus beau et de plus grandiose que ces navigations sur les Sognefjord, Hardangerfjord et Lyngenfjord ! quoi de plus gracieux que les Sept Sœurs, de plus intéressant que les Lofoten, de plus pittoresque que les passages du Raftsund et de l'Ulsfjord, de plus imposant que la vallée du Valders, de plus merveilleux que le soleil de minuit, de plus terrifiant que le torrent du Pont du Diable ? L'impression nous en restera bien mieux gravée dans la mémoire que celle du Cap-Nord lui-même. Pour que ce dernier parle à l'imagination, avec sa massive carrure et ses lignes immuables, il faut le considérer comme l'une des données primordiales de la constitution géographique de notre vieille Europe, comme la fin d'un monde ouvrant des perspectives sans limites sur un monde dont l'espèce humaine est pour ainsi dire exclue — celui des régions polaires, — et alors on peut éprouver en sa présence les émotions que le touriste vient chercher dans ces terres lointaines.

Les pérégrinations que nous venons d'accomplir en treize jours à travers les plus beaux fjords de la Norvège me laissent une impression profonde, et je conclus en disant que, au point de vue de la nature, c'est bien le plus beau voyage que l'on puisse faire. Ah ! n'hésitez pas, chers Lecteurs, allez voir le soleil de minuit ! La nature est le plus grand médecin de nos âmes ; les douleurs s'apaisent à son aspect. Alors qu'on n'espère plus, qu'on verse des larmes, qu'on appelle en vain au secours, elle nous garde le baume de sa brise et de son soleil, le calme consolant de ses solitudes ; elle atténue nos tristesses et ranime nos défaillances. C'est à nous de venir la consulter dans ces belles régions norvégiennes. Après quatre heures de rédaction, j'éprouve le besoin de réparer mes forces. Deux heures ! Le tamtam annonce le déjeuner : c'est le dernier que nous allons prendre à bord. Il est de tradition que le dernier repas sur les bateaux soit servi avec luxe. A l'arrivée de New-York, le commandant offre le champagne ; ici, le champagne est remplacé par un souvenir de voyage, un album ; je préfère cela.

La table est bien dressée ; de petits drapeaux tricolores la couvrent ; nous faisons un festin de Balthazar. La succulence des mets aurait rendu jaloux Lucullus. Après la compote de myrtilles, les pétards éclatent de tous côtés. La gaité règne ; c'est une explosion de rires. Nous invitons le capitaine et ses officiers ainsi que les Russes à venir boire le champagne avec nous, ce qui est accepté avec empressement. Je remets à M. Barre-Arnet, commandant du *Sigurd-Jarl*, la lettre que j'ai écrite, revêtue de nos dix-huit signatures. Comme le commandant ne parle ni ne comprend le français, le guide lui en fait la traduction.

Mon Commandant,

Avant de quitter le Sigurd-Jarl *que vous commandez avec tant d'autorité et que vous dirigez avec une habileté remarquable, nous tenons à vous exprimer la légitime satisfaction que nous avons éprouvée pendant les douze jours passés à bord. Officiers et matelots ont rivalisé de zèle pour nous rendre le séjour agréable.*

Nous vous avons admiré dans les manœuvres que vous faisiez opérer à votre lévrier de mer à travers les écueils dont les fjords sont hérissés.

Rentrés dans nos foyers, nous dirons à nos amis que partout, en Norvège comme en Suède, on trouve l'accueil le plus bienveillant, la courtoisie la plus grande, l'hospitalité la plus large.

Nous n'avons qu'à nous louer de vos compatriotes (ils sont bien les Français du Nord) ; nous nous félicitons d'être venus vivre en contact avec eux. Aussi engagerons-nous nos amis à visiter votre merveilleux pays; ils y trouveront partout des amis qui leur tendront la main.

A vous, Commandant, à vos officiers, à votre équipage, nous disons : Merci.

Philippe Deschamps.

Le commandant, touché de cette démonstration spontanée, prononce d'une voix émue, en norvégien, les paroles suivantes, que le guide traduit :

Mesdames et Messieurs,

C'est du fond de mon cœur que je vous remercie des marques de sympathie que vous exprimez si bien dans la lettre que vous venez de me remettre ; je la garderai comme un précieux souvenir de votre passage en Norvège. Merci aussi pour les éloges que vous prodiguez à mes officiers et à l'équipage. Depuis longtemps mon pays aime le vôtre ; la France et la Norvège sympathisent. Je lève mon verre en l'honneur de la belle France et je bois à sa prospérité, à sa grandeur !

Ces paroles sont accueillies par une triple salve d'applaudissements ; nous serrons les mains des officiers ; le champagne coule à flots, les verres se choquent, et l'on boit à l'amitié des deux nations. Un de nos Russes, homme fort aimable, se lève et dit au milieu d'un profond silence :

Commandant du Sigurd-Jarl,

Nous sommes venus dans votre beau pays de Norvège pour admirer le soleil de minuit ! Mais nous y avons trouvé un autre soleil : celui de la civilisation ; celui-là ne se couchera jamais. Au delà du Cercle Polaire, nous avons aussi trouvé l'urbanité dont nous avons joui. Nous avons pu contempler la nature belle et sévère qui se réfléchit dans le caractère de ses habitants si hospitaliers, si honnêtes et si bons. Je bois à la prospérité de ce beau pays dont vous êtes un des plus grands enfants.

Ce discours est de même suivi par des applaudissements frénétiques ; la joie rayonne sur tous les visages. La petite fête, empreinte de la plus grande cordialité, se termine par les cris de : Vive la France ! Vive la Russie ! Vive la Norvège ! Le commandant fait remettre à chaque passager un album renfermant les principales vues de notre voyage. Il est quatre heures quand nous reprenons nos places sur le pont. Pour arriver à Trondhjem, la navigation se fait sur le Ranenfjord, Vessenfjord, Foldenfjord, Namsemfjord et Trondhjemfjord. Onze heures ! Voici Namsos, petit village de pêcheurs abrité dans une anse. C'est dans ces parages que la pêche du hareng est la plus abondante. Aussi de tous côtés, à l'horizon, des flottilles de barques sillonnent la mer. Les pêcheurs gagnent le large ; les rames, dans un rythme régulier, plongent et ressortent, scintillantes, éclaboussant l'onde azurée d'une pluie de gouttelettes cristallines. La pêche du saumon est assez abondante. Le temps de prendre le courrier et l'on repart aussitôt. Nous en profitons pour rentrer dans nos cabines, désolés de ne plus revoir le soleil de minuit. Dans les eaux assombries tremblent les étoiles qui nous sont réapparues. Allons dormir quelques heures ! nous n'en serons que plus dispos demain pour jouir des derniers moments de navigation. Mais on dirait que l'aube arrive. Le navire a repris sa marche sur une mer calme. Aux pâles blancheurs succède une gamme de roses pâles : c'est le jour !

Dès six heures du matin, les plus courageux se retrouvent sur le pont ; la matinée tiède et embaumée rayonne, sereine, dans la gloire du soleil levant. Je donne un dernier regard, une dernière caresse des yeux, à cette admirable nature scandinave. Dix heures ! heure règlementaire de l'horaire des bateaux ; nous sommes en vue de Trondhjem. Après avoir dépassé un grand steamer, sous pavillon anglais, qui mouillé dans la rade scintille au joyeux soleil, le *Sigurd-Jarl*, vient s'amarrer au quai de Bratoren et nous descendons sur le plancher des vaches.

Parmi les personnes rangées sur le quai, attendant notre arrivée, se tient, au milieu d'un groupe, une jeune Dalécarlienne. A en juger par la richesse de son costume constellé d'or, elle appartient à la haute société de Trondhjem. D'une sculpturale et fière beauté que poétisait encore la grâce adorable de son chaste maintien, elle avait dans son attitude timide je ne sais quoi d'angélique ; elle était ravissante. Sa robe bien ajustée accusait nettement la gracilité des membres, la sveltesse du corps. Tout en elle s'harmonisait avec douceur et délicatesse ; son front blanc s'encadrait d'une chevelure d'or et ses yeux, vaguement songeurs, laissaient entrevoir des sentiments d'espoir infini.

Nous faisons nos adieux au commandant et à tout l'équipage du *Sigurd-Jarl*, qui rentre à Bergen, son port d'attache. Ne pouvant partir qu'à quatre heures vingt-cinq pour Stockholm, nous occupons nos loisirs à revoir la ville.

De Trondhjem à Stockholm, c'est un long parcours. Pour franchir les 854 kilomètres qui séparent les deux villes, il faut passer vingt-sept heures en chemin de fer, mais le confort des wagons atténue la fatigue. Pendant près de deux heures, la voie ferrée longe les fjords pour arriver dans la superbe vallée de Storlien qui rappelle celle de Ulm à Constance. La nature, fraîchement lavée, est d'un vert éclatant. Nous traversons d'immenses forêts de sapins ; ils n'ont pas la vigueur de ceux qui poussent le long des fjords. Dans les prairies, les paysans font sécher les foins.

Le chemin de fer gravit des pentes rapides ; la locomotive paraît essoufflée, elle lance dans les airs son panache de fumée noire. Pour arriver à Storlien, frontière de la Suède, la montée est de 630 mètres. La visite de la douane est vite faite. Au buffet, nouvelle édition du « dîner à l'assaut ».

Vers deux heures du matin, nous arrivons à Ostersund, ville de 6.700 habitants, dotée d'une forte garnison. La nuit est claire, le ciel limpide, nous saluons les étoiles que depuis douze jours, absorbés par la longue clarté des jours polaires, nous n'avions pas vues. Avant d'arriver à Dufed, le guide nous montre la pyramide élevée à la mémoire des soldats morts de froid en 1718, lorsque Charles XII, à la tête des Suédois, voulut s'emparer de Trondhjem. La petite ville de Dufed est habitée, l'hiver, par des Lapons qui viennent s'y réfugier avec 6.000 rennes. Nous atteignons le point culminant à 644 mètres au-dessus du niveau de la mer. Quelle fraîcheur au bord des lacs que nous côtoyons ! A certains endroits, la ligne est protégée par de hautes murailles en planches destinées à empêcher l'amoncellement des neiges. Comme en Russie, le bois n'est ni rare ni cher ; aussi est-il employé à profusion. Les murs de clôture des gares, les limites des champs sont faits avec des arbres entiers : il y aurait de quoi chauffer la Laponie !

Les gares de chemin de fer sont d'élégantes constructions en bois, décorées par des plantes grimpantes qui courent du sol à la toiture. Aux fenêtres, des rideaux, blancs comme neige, abritent des pots de fleurs ; un berceau de feuillage dissimule le buffet. Les chefs de gare parlent l'anglais et l'allemand ; la borne fontaine primitive, que l'on trouve dans nos gares françaises, est remplacée par une coquette étagère sur laquelle les voyageurs trouvent, à toute heure, une carafe avec de l'eau fraîche et des verres bien clairs. Quelle propreté respirent ces gares norvégiennes et suédoises ! Quelle affabilité et quelle politesse vous rencontrez chez les employés !

Nous continuons de rouler à travers un pays très pittoresque où la nature montre ses beaux côtés. Ce coin, c'est la Suisse suédoise : des parties boisées, des vallées fertiles, des lacs de toutes parts. L'eau est l'élément principal de tout paysage scandinave ; elle se retrouve sans cesse, variant ses effets à l'infini. C'est une continuité de sites accidentés, de cascades, de cirques, de montagnes, de forêts, de fleuves où descendent les bois flottants qui se rendent aux scieries.

A Sundswal, bifurcation ; l'autre voie va au golfe de Bothnie. La vallée, éclairée par le crépuscule, est diaphane. Des montagnes de sciure dépassant la hauteur des maisons bordent la voie ; on ne sait qu'en faire. La scierie de Sundswal débite une quantité prodigieuse de sapins ; une surface énorme est occupée par des chevrons, des madriers, des solives, des bastins, des poutres, des planches, des parquets et des mâts empilés par sortes ; les menus bois servant à la fabrication des allumettes sont mis à part. Les scieries tiennent une place importante dans l'industrie de la Suède ; cette contrée en est couverte. Presque toutes les habitations sont des scieries ou des fabriques d'allumettes. Le sol, très fertile, produit de riches forêts que l'abondance des rivières permet d'exploiter facilement. Les bûcherons s'y enfoncent, en défrichent une partie, créant des oasis dans ces déserts de verdure. Les arbres sont abattus et amenés jusqu'au fleuve qui les reçoit, les entraîne et va les livrer aux villes industrieuses de la Baltique. Le sapin devient alors poutre, mât ou plancher. Après avoir sommeillé pendant quelques heures, nous éprouvons le besoin de nous dégourdir les jambes. Au buffet de Lynssaal, nous trouvons du café, du thé et des tartines beurrées, c'est le premier déjeuner scandinave. Les blondes servantes qui font le service sont plus appétissantes que le pain noir qu'elles nous offrent. Le chemin de fer roule toujours ; à Storvick, vingt minutes d'arrêt sont accordées pour le deuxième déjeuner. Comme des affamés, nous nous précipitons vers la table où toute une variété de victuailles est exposée. En un clin d'œil, tout a disparu. A un point culminant, des baies naturelles nous laissent apercevoir des vues d'une profondeur inouïe ; l'œil voit dix lacs à la fois couchés au fond des vallées, reposant entre les collines, apparaissant au milieu d'un océan de verdure. Au loin, des montagnes plus élevées émergent de la brume ; la nature du Nord est empreinte d'un charme saisissant ; la lumière du soleil se tamise et s'adoucit à travers les prismes de vapeur que dégage le sol ; des tableaux estompés défilent devant les yeux.

Voici Sala, réputée pour ses mines argentifères. A six heures du soir, Upsal, la ville universitaire ; à sept heures, nous faisons notre entrée dans la capitale de la Suède.

STOCKHOLM, LA VENISE DU NORD

Stockholm ! tout le monde descend ! La gare est d'un aspect monumental. Nous n'avons que la place à traverser pour être rendus à l'Hôtel Continental tenu par une Française. Stockholm est bâtie sur sept îles dénommées Skeppsholmen, Kastellholmen, Staden, Kungsholmen, Djurgaden, Ruddarholmen, Helgeandsholmen. Stockholm a ses sept îles, comme Bergen, Rome, Moscou, Constantinople et Jérusalem ont leurs sept collines.

Stockholm, à 1974 kilomètres de Paris, capitale de Gustave-Adolphe et de Charles XII, est une ville que sa position particulière rend admirable ; elle est située dans une baie profonde de la Baltique nommée Sælsjön (lac salé), à l'embouchure du lac Mœlar : c'est le commencement du golfe de Bothnie. Son abord est assez difficile à cause de la quantité de rochers qui l'environnent, mais une fois entrés dans le port, les vaisseaux en sûreté peuvent y séjourner sans ancre et aborder tout près des maisons. Il s'y fait un grand commerce, et, comme la mer n'y est navigable que pendant six mois de l'année, on voit dans son port, du mois d'avril au mois d'octobre, une grande quantité de vaisseaux. Dans une partie de la ville, les rues sont des bras de mer ; les places, des lacs. D'un côté, la Baltique ; de l'autre, le lac Mœlar. Cette ville a 228.000 habitants. Il y a vingt ans à peine, Stockholm n'était accessible aux touristes que par mer. Au fond du golfe, fermé par la Baltique, les navires déposaient les voyageurs sur le quai, en face le palais des rois de Suède. A cette époque, il n'y avait pas d'hôtel ; l'habitant donnait l'hospitalité aux voyageurs.

Un Français entreprenant a changé tout cela. M. Carlier, l'ancien cuisinier de Bernadotte, a doté cette coquette cité d'un hôtel à la française. Devenu riche, après avoir épousé une femme russe, il fit construire le Grand Hôtel, qui, après la demeure des rois, est le monument le plus important et le plus décoratif de la ville. M. Carlier est mort en 1891, laissant une belle fortune à sa veuve qui continue l'exploitation de cet immense caravansérail. Quelques heures suffisent pour nous rendre compte de l'aspect général de la ville.

Stockholm se déploie avec une majesté riante sur un réseau d'îles et de rivières, développant ses ombrages le long de ses quais tout étincelants d'une blanche clarté, et couronnée de collines et de grands bois. C'est Venise, moins colorée, mais plus douce aux yeux, avec ses ponts jetés sur les cours d'eau qui serpentent et s'entrelacent. De ce milieu verdoyant émergent les monuments historiques : le Palais royal, élevé sur l'emplacement originel de la ville, et de la terrasse duquel on peut contempler le port, les îles et la cité ; la Storkyrka, ou la grande église, construite en 1264 par le fondateur de Stockholm, Birger Jarl. C'est un pays heureux que celui où le roi Oscar règne paternellement. C'est un pays lettré ; il a produit Nordenskjold, Nansen, Ibsen ; on aime la France aux pays scandinaves, comme aux pays danois.

L'empereur d'Allemagne peut tout à son aise se promener le long des fjords de Norvège à bord de son fastueux *Hohenzollern*, il n'en détachera pas les cœurs de la France, à laquelle les relient tant de douloureux et de glorieux souvenirs.

Il faut cinquante-cinq heures de chemin de fer pour franchir les 487 lieues qui séparent Stockholm de Paris ; la ville est sillonnée de tramways. Les Suédois ont su faire de leur capitale, une ville de plaisance ; elle fait l'admiration des étrangers qui, à leur retour du Cap-Nord, viennent y faire séjour ; les attractions sont nombreuses, les rues droites. Partout, des squares ombragés ajoutent une note gaie à l'ensemble. Les cafés, où tous les soirs se donnent des concerts, occupent le centre de la ville, comme le Kremlin à Moscou, le Temple à Jérusalem, l'Acropole à Athènes, la Tour à Londres, la Scala à Milan, le Vatican à Rome et le Louvre à Paris. Stockholm est une grande ville baignée dans l'eau et la verdure ; en été, elle palpite de vie intense. Remarque particulière : On y trouve 14.000 téléphones ; Londres n'en a que 5.000 !

Les nouvelles voies tracées dans l'ancienne ville sont bordées de vastes constructions en pierre de styles différents. L'île de Straden se trouve reliée à la rive septentrionale par le grand pont de Norbro, qui s'appuie sur l'îlot de Helgeandsholmen et à l'entrée de la place Gustave-Adolphe, en face de la statue équestre du Roi aimé. Toutes les grandes artères débouchent sur cette place Gustave-Adolphe, et vont se perdre en une quantité de petites rues dans l'île Staden. Le château royal domine la ville ; le panorama qui se déroule est superbe. De la terrasse, le roi Oscar peut à son aise contempler sa ville et voir passer ses sujets. Les quais autour du lac sont garnis de navires en partance. Le 20 avril 1880, sur le quai de Logarden, débarqua le professeur Nordenskjold qui venait de faire le tour de l'Europe et de l'Asie. La température est plus douce qu'à Christiania.

Dès le samedi matin, le guide fait commencer à sa docile caravane la visite de la ville. C'est vers le marché aux poissons que nous dirigeons nos premiers pas ; la vente de ces produits aquatiques est, dans le Nord, toujours intéressante à voir. C'est en même temps le rendez-vous des gens qui n'ont pas encore abdiqué les rares costumes nationaux. La diversité en est grande ; les jeunes filles modernisées ont déjà remplacé le corselet, avec ses agréments, par le corsage rose et les manches à gigot, jusqu'au réticule ! Quel dommage ! Elles étaient si jeunes, si gracieuses, parées de leurs anciens atours !

Nous passons devant une statue de Bernadotte : elles pullulent en Suède ; ses portraits, on les voit partout. En examinant les traits de celui qui troqua son bâton de maréchal de France contre une couronne, nous ne pouvons retenir ce cri du cœur : « Le traître ! » car il s'allia à la coalition, pour trahir Napoléon 1er.

Le guide, pour nous donner une idée de l'ensemble de la ville, nous fait monter, par l'ascenseur, à la plate-forme du restaurant de Mosebackke construit sur le sommet de la colline.

Stockholm « la Coquette », la ville la plus vertueuse de l'Europe, s'étale à nos pieds ; elle apparaît dans tout son développement, entourée d'une verdure éclatante. Les sept îles flottent comme des radeaux chargés d'édifices, rattachés entre eux par des ponts ; c'est un enchevêtrement de rues, de places, de ponts, de palais, de statues A droite, le Salsjön, une baie de la Baltique, donne le passage aux navires ; à gauche, le lac Mœlar et ses innombrables îles. Au loin, le quartier Nord caché dans la verdure des forêts ; devant nous Staden, le lac où les bâtiments se croisent en tous sens ; d'autres, en déchargement, sont amarrés au quai. De tous côtés, les lacs, unis comme des miroirs, brillent à travers les arbres. C'est bien le plus beau panorama de ville que l'on puisse imaginer. Le spectacle doit être encore plus grandiose l'hiver, quand tous ces lacs sont gelés, quand toutes les maisons, les arbres sont couverts de givre, quand il n'y a plus que du blanc, du blanc sur tout et partout, du blanc à l'infini !

La nuit, Stockholm est aussi belle que le jour. Les nuits d'été sont sans fin, parfumées par la brise de la Baltique, claires comme les blonds cheveux des Suédoises. C'est dans ces nuits estivales que l'on s'explique le charme mélancolique des peuples du Nord, que l'on comprend toute la poésie des rêveries scandinaves. La clarté fascinante de ces nuits, où le chant des oiseaux se prolonge si étrangement, où la lumière de la lune qui se confond avec celle du soleil, est fantastiquement enchanteresse. Toujours pédestrement nous traversons la place Westerlanggaten ; la municipalité conserve avec soin la maison où Christian II, en mai 1496, fit couper la tête à quatre-vingt-dix notables de la ville. La façade de la maison contient quatre-vingt-dix blocs de pierre intercalés pour rappeler le nombre des victimes.

LE PALAIS ROYAL

Ce vaste rectangle, dont les côtés mesurent environ 400 mètres, est l'œuvre de l'architecte Nicodème Tessin, qui, d'après les ordres du roi Charles XI, commença la transformation de l'ancienne demeure royale, dont les hautes murailles et les tours étaient si curieuses. Le lendemain de la mort de Charles XI, ce monument devint la proie des flammes ; il fallut plus de cinquante ans pour le réédifier tel qu'il est aujourd'hui. Des terrasses à l'italienne surmontent l'édifice. Elles sont décorées de statues qui, dans leur costume athénien, doivent grelotter sous ce ciel du Nord. Sur l'immense perron viennent s'asseoir les habitants ; pas de sentinelle autour de la demeure royale ! Introduits par l'escalier d'honneur, nous arrivons au premier étage. A l'entrée, un petit jardin d'hiver donne sur l'antichambre de l'appartement du roi. A la suite, quatre grandes pièces décorées avec luxe, meublées avec goût. La salle des Victoires a des tentures de velours rouge, des glaces de Venise encastrées dans les panneaux. La décoration du plafond reproduit les armes de Suède, trois couronnes sur fond d'azur. La salle des colonnes servit, le 13 mars 1809, de lieu de réunion aux conjurés qui venaient sommer le roi Gustave IV de renoncer à la couronne. Sur le derrière, des pièces réservées au roi, son cabinet de travail ; dans une vitrine, se trouvent réunis les objets qui ont servi à ses prédécesseurs. Dans ce musée de souverains, nous remarquons le violon de Bellmann, le diplôme de Linné placé à côté du bâton de commandant que portait Gustave-Adolphe à Lützen. Cette galerie renferme encore des armures damasquinées et niellées, des robes étincelantes de pierreries, des sceptres d'or massif, des casques avec leurs panaches, des montres précieuses, des colliers, les bijoux de Christine, la fille de Gustave-Adolphe, qui partit de son royaume à la recherche d'aventures.

La salle des Ordres est une des plus remarquables. La décoration reproduit les emblèmes et emprunte les couleurs de l'un des quatre ordres de chevalerie du royaume, qui sont : les Séraphins, l'Épée, l'Étoile polaire et Wasa. Plus loin, nous voyons le fauteuil royal en argent massif recouvert d'étoffes bleues offertes par Magnus-Gabriel de la Gardie à la reine Christine. A côté du trône, la statue de Gustave II-Adolphe et de Charles XIV-Jean.

La grande salle des États (Rikssalen), de 143 pieds de long, était destinée aux cérémonies officielles et aux séances plénières de la Diète, quand celle-ci était formée de la représentation des quatre ordres : noblesse, clergé, bourgeoisie et paysans. Dans un des salons du premier étage, mon attention a été particulièrement attirée par la belle collection de porcelaines de Sèvres et de Saxe, et par les tableaux des maîtres de l'École italienne, donnés par Napoléon Ier à la reine.

Au deuxième étage, les salles des fêtes, les appartements privés du roi et de la reine. Les décorations, style XVIIIe siècle, sont riches et de bon goût. La salle du Conseil et la salle d'Audience ont leurs murs recouverts de superbes tapisseries des Gobelins qui datent de 1743. Elles représentent la légende de Médée et de Jason ; la plus remarquable a été placée dans le Salon Rose. Les plafonds, avec leurs sujets allégoriques empruntés à la mythologie ou aux gloires passées de la monarchie, sont splendides. Les peintures, les sculptures des portes, l'ameublement, les bronzes, les marbres s'harmonisent bien et laissent aux visiteurs une impression de grandeur qui évoque les souvenirs du passé, de cette époque où la Suède, après avoir été pendant près d'un siècle une grande puissance militaire, continuait à vivre en contact avec l'Europe par la protection éclairée que ses souverains accordaient à la civilisation et aux arts.

La salle des Glaces a vue sur le pont du Nord. Nous passons dans la chambre où, en 1844, Bernadotte mourut. La salle des Bals a été décorée par des artistes français. Viennent ensuite la salle des Concerts avec ses revêtements en stuc ; celle du Trône ; le Salon Rouge, décoré de portraits, de bustes en marbre, de meubles italiens ; au milieu, entre deux fenêtres, la remarquable pendule acquise par le roi Charles XV, pièce unique à laquelle tient beaucoup le roi Oscar. Cette rarissime pendule a son histoire ; grâce à la bienveillance d'un sénateur suédois, j'ai pu en connaître les détails.

Il y a quelques années, un matelot des îles Lofoten partit au Spitzberg pour faire la pêche au saumon ; un jour, en tirant ses filets, il sentit une forte résistance. Croyant qu'il avait accroché une pierre, il les remonta avec précaution jusqu'à la surface de l'eau. O surprise ! une superbe pendule, surmontée d'un lion en or massif tenu en laisse par un petit Nubien, se trouvait au milieu des poissons. Ce chef-d'œuvre d'Augsbourg avait été commandé, au XVIe siècle, par le couvent russe d'Arkhangel pour orner le réfectoire. Le mécanisme n'en est pas aussi compliqué cependant que celui de la pendule que possédait Louis-Philippe, dans son cabinet de travail de Neuilly. Le cadre marquait le siècle, l'année, la saison, le mois, les semaines, les phases de la lune, le lever et le coucher du soleil, tout, excepté l'heure. Le navire qui portait la pendule au couvent d'Arkhangel fit naufrage dans les mers polaires ; de la cargaison perdue dans les eaux pendant trois cent cinquante ans, seule, la pendule fut retrouvée, grâce aux filets du pêcheur norvégien. L'explorateur Nordenskjold, au retour de son voyage au Pôle, l'acheta au pêcheur pour en faire don au roi Oscar II.

Dans le Salon Rouge est exposé le vase de Sèvres donné par Napoléon III à la reine de Suède ; il est estimé 150.000 francs. La galerie de la reine possède aussi un service complet en porcelaine de Sèvres, évalué 1.500.000 francs. C'est un cadeau de Louis XIV à Gustave III. Le guide nous fait voir un renfoncement en forme d'alcôve, autrefois la chambre à coucher de ce roi. C'est là que mourut, le 29 mars 1792, ce monarque chevaleresque, à la suite de l'affreuse blessure que lui avait faite, dans un bal masqué, le pistolet du capitaine Ankarstrœm. Pendant douze jours, la victime de cet odieux attentat endura les souffrances les plus cruelles ; le domino noir qu'il portait, déchiré et ensanglanté, est religieusement conservé.

La grande galerie de 162 pieds comprend trois pièces distinctes. Les décorations des cabinets de la Guerre et de la Paix ont été diversement traitées. Tous les sujets se rapportent néanmoins à l'apothéose du roi Charles XII. A la suite, deux salons dont les murs sont ornés de splendides tapisseries des Gobelins représentant les épisodes du roman de Don Quichotte, puis la salle des Fêtes, appelée *hvita-hafvet* (mer blanche), à cause des stucs employés pour le revêtement des murs.

Dans les salles qui donnent sur la cour intérieure se trouvaient les appartements particuliers du roi Charles XIV. Pendant longtemps, on y avait conservé son cabinet de travail, ses livres, ses portefeuilles et ses papiers épars comme s'il venait d'en sortir ; sur le lit de sa chambre à coucher, étaient déposés son manteau de campagne, sa canne et son nécessaire de toilette. Aucune trace ne subsiste de tout cela, ces pièces ayant été transformées.

Dans la demeure des rois, comme dans celle du commun des mortels, rien n'est éternel, et si, par hasard, quelque chose est conservé en souvenir de ceux qui ont habité les lieux de leur vivant, il arrive un moment fatal où il faut faire place aux générations nouvelles. C'est l'inexorable loi du destin.

L'appartement du roi Charles XV est rempli de bibelots et de souvenirs personnels. Ce prince était, comme l'un des fils du roi actuel, doué d'une âme d'artiste ; il se livrait à la peinture dans ses moments de loisir ; connaisseur en belles choses, amateur d'antiquités, il avait fait de ce petit coin du palais un musée de collectionneur. Dans l'aile orientale du rez-de-chaussée, donnant sur le quai de Logarden, les appartements de la duchesse douairière de Dalécarlie et de la princesse Eugénie. Les tableaux qui m'ont le plus frappé sont les portraits de la femme de Bernadotte, morte à quatre-vingt-cinq ans, de Napoléon Ier, de l'impératrice Joséphine, de la reine Hortense, d'Oscar Ier, de Charles VI, des fils de Christian II, et enfin celui de Bernadotte ; toujours Bernadotte ! Très remarquables aussi les panneaux de velours grenat et les meubles qui ont appartenu à Marie-Antoinette et qui se trouvent dans la salle de réception.

Si l'on voulait examiner avec soin tous les objets renfermés dans cet édifice, qui compte 800 pièces, il faudrait des journées entières. Du château, nous nous rendons à l'église de Riddarholm. Depuis Gustave-Adolphe, elle sert de sépulture aux rois et aux grands hommes. C'est le Panthéon de la Suède. Sur la place, la statue de Birger-Jarl, fondateur de la métropole. Cette place a été le théâtre d'un des derniers drames populaires qui ont ensanglanté Stockholm. Axel de Fersen, qui avait joué un rôle important dans les événements de la Révolution française, y fut lapidé par la populace. Il avait accompagné Gustave III dans ses voyages à travers l'Europe. A Paris, il assista aux réunions les plus intimes de Trianon, — et voua un culte passionné à la reine Marie-Antoinette. — Pendant les émeutes, il mit son courage et son dévouement au service de la royauté menacée. En 1791, il se trouva, déguisé en cocher, sur le siège de la voiture qui stationnait à l'angle du palais des Tuileries et du quai de la Tournelle, au moment où une femme vint mystérieusement y prendre place. C'était Madame Elisabeth. Louis XVI vint la rejoindre ; Marie-Antoinette n'arrivait pas, il avait fallu éviter les factionnaires. La Fayette gardait à vue la royauté. Au bout d'une heure d'attente, Marie-Antoinette, voilée, le visage recouvert par un large chapeau, parut. La voiture, conduite par Axel de Fersen, partit au galop et gagna Bondy où Fersen descendit en remettant à la reine un passeport demandé au nom de Madame la baronne de Korff. Marie-Antoinette, en remerciement, passa une de ses bagues au doigt de Fersen. Sa famille conserve précieusement le cadeau que lui a fait la reine de France.

La cathédrale de Riddarholm, avec sa flèche en fonte de 90 mètres de haut, comme Saint-Pierre et Saint-Paul de Saint-Pétersbourg, est pleine de trophées, de drapeaux, d'étendards, de fanions, de timbales, de tambours, de clairons, en tout, 6.000 pièces, prises à l'ennemi pendant les nombreuses guerres que les rois de Suède entreprirent au cours des derniers siècles. Les bas-côtés, divisés en chapelles, renferment les mausolées de plusieurs hommes illustres et de guerriers tels que Banner et Torstenson. La nef tout entière est pavée de pierres tumulaires. A côté du sanctuaire, des armures de toutes les nations et les écussons de tous les chevaliers de l'ordre des Séraphins sont apposés à la muraille ; les dates de décès des chevaliers sont indiquées. J'y relève les noms suivants : Napoléon Ier, général Magnan, de Randon (mort le 13 janvier 1871), Drouyn de Lhuys (2 mars 1881), Napoléon III (9 janvier 1875), Canrobert (28 janvier 1893), Mac-Mahon (17 octobre 1893), Grévy (9 septembre 1891) et celle du regretté président Carnot, qui mourut, lâchement assassiné par un des sujets de la Triplice, le 24 juin 1894. C'est en vain que je cherche parmi les noms de ces hommes illustres la plaque de Thiers, qui ne fut jamais nommé membre de l'ordre des Séraphins. Thiers avait critiqué dans ses écrits — c'était son devoir et son droit — la conduite odieuse de Bernadotte lorsqu'il était général de la République Française ; la cour de Suède lui en tint rigueur.

Dans le chœur, la première chapelle à droite est celle de la dynastie régnante. Le chef, Charles XIV, repose dans un beau sarcophage de porphyre, imité de l'antique et dans le style de ceux des rois Pharaons que j'ai vus dans la Haute-Égypte. Ses descendants sont déposés dans la crypte construite en dessous. Les cercueils sont recouverts de velours cramoisi. Plus près de l'autel, le mausolée où repose Bernadotte. Le monument, construit en 1869, est entouré de drapeaux. En face, les armoiries impériales ; l'aigle trahi paraît fixer le cercueil qui renferme les dépouilles de Bernadotte et reprocher sa conduite indigne à l'allié de la coalition ; des cierges y brûlent sans cesse. Dans un caveau reposent sa femme, la Reine Désirée, morte en 1859 et son fils Oscar Ier.

Dans la crypte correspondante, ont été déposées les dépouilles de tous les princes de la maison de Holstein-Jottarp, ainsi que celles de Gustave IV ; en face, les monuments des héros de Lützen et de Narva. Sur le marbre noir du mausolée de Gustave-Adolphe il est une inscription qu'un ami vient de traduire, tout exprès pour mes Lecteurs :

> Il brava les dangers, il aima la vertu,
> Et l'ennemi jamais ne le vit abattu.
> Mais l'Europe a connu la force de ses armes ;
> Il éleva la Suède au premier rang,
> Des peuples opprimés fit cesser les alarmes,
> Et triompha toujours, même en mourant

La voici dans son texte original :

> *In angustis intravit,*
> *Pietatem amavit,*
> *Hostes prostravit,*
> *Regnum dilatavit,*
> *Suedos exaltavit,*
> *Oppressos liberavit,*
> *Moriens triumphavit.*

Les deux autres mausolées qui occupent les côtés de la chapelle Caroline sont ceux de la reine Ulrique Éléonore, et de son mari Frédéric Ier de Hesse. Il y a quelques années, les cercueils étaient en si mauvais état qu'il fallut exhumer les dépouilles royales. Les deux reines, femmes de Charles X-Gustave et de Charles XI, furent retrouvées vêtues de leurs plus beaux costumes et dans un état parfait de conservation. Les caveaux du Panthéon suédois renferment toute la poussière des gloires passées. Le culte n'y est célébré qu'à l'occasion de funérailles royales. Quant à l'édifice, construit en briques rouges, surmonté d'un clocher très élancé, sans aucun style, il n'est pas digne de l'intérieur.

L'île de Riddarholm ne renferme que des monuments nationaux et des églises ; ses grandes places désertes ne sont traversées que par les touristes. Aussi Birger-Jarl sur son piédestal a-t-il l'air de regretter le temps des pirates.

En quittant ce quartier, nous passons devant le palais de la Diète, construit en 1794, sur l'emplacement de l'ancien couvent des Franciscains. Aucune ville ne possède plus de statues que Stockholm : les places, les carrefours, les squares en sont plantés. En face de la gare, celle de Nils-Erich, qui construisit les premiers chemins de fer en Suède ; plus loin, celles de Gustave Wasa, de Berzélius, de Linné, de Charles XII, de Charles XIII et de Charles XIV, de Gustave III. Sous le nom de comte de Haga, ce dernier visita Paris ; il reçut un accueil enthousiaste de la part de la population. Au bal masqué de l'Opéra, il fut interpellé par les masques et courtisé par les dominos noirs.

Sous Gustave III, la Suède faillit subir le sort de la Pologne. Frédéric de Prusse et Catherine de Russie convoitaient cette proie ; la France, à cette époque, restait indifférente. Gustave III, comme son ancêtre Gustave Wasa, voyant l'indépendance de la Suède en péril, fit appel aux paysans de la Dalécarlie ; avec leur aide, il accomplit une révolution utile. C'est à la levée en masse que la Suède dut son salut. Aussi, depuis lors, l'influence des paysans n'a fait qu'augmenter ; dans les Chambres, ils forment un parti puissant ; grâce à la Constitution, les membres de la Chambre sont choisis parmi les Conseils. Ces assemblées, élues par les habitants de la province, ont un revenu de 400 risdales. Le nombre des votes de chaque électeur est en rapport avec les contributions foncières qu'il paye à l'État. Le suffrage restreint fait la grandeur des états et le bonheur des peuples. Le suffrage universel, œuvre de Ledru-Rollin, est le triomphe de la foule ; il amène au pouvoir trop de médiocrités.

La France est dirigée par des politiciens, avocats pour la plupart, qui vivent et font métier du mandat de député, des « sous-vétérinaires », disait Gambetta. Dans leurs préoccupations, l'intérêt de la chose publique n'occupe qu'un rang secondaire ; des intérêts personnels de plusieurs sortes sollicitent leur attention, et, au-dessus de tout, l'intérêt électoral. Appartiennent-ils à l'opposition ? Ils doivent se distinguer par leur exaltation et par leur violence, afin de cultiver leur popularité et assurer leur réélection. Siègent-ils dans les rangs de la majorité ? Leur principale occupation consiste à obtenir des faveurs administratives, à faire distribuer des places à leurs créatures, au détriment des bons serviteurs découragés, et ce, contre les intérêts du pays ; partout croît le favoritisme. Les gros traitements, les grands emplois, les hautes charges de l'État, les grasses sinécures sont entre les mains de ces professionnels, de leurs parents et de leurs amis. Beaucoup qui étaient obscurs et pauvres sont devenus riches et honorés, sans trop savoir pourquoi.

Mais ne quittons pas encore Stockholm. Il y a dans la métropole suédoise une expansion assez rare dans le Nord ; on y flâne comme à Paris. C'est une belle ville et c'est une ville gaie, deux propositions qui ne s'accordent point toujours. La rue, pour un étranger, y est pittoresque à souhait. Mais à Stockholm, il n'y a pas que la rue qui soit animée. Les innombrables canaux, qui font de cette capitale la Venise du Nord, sont continuellement sillonnés de légères embarcations à vapeur qui évoluent lestement entre les gros navires ancrés et qui, en outre des ponts, permettent de communiquer d'une rue à l'autre. Il n'est personne à Stockholm qui ne fasse cinq ou six traversées par jour.

Stockholm est construit à l'embouchure du Mœlar, dans une baie de la Baltique appelée le Lac salé (Saltsjœn). L'eau, d'un côté de la ville, est salée, tandis que de l'autre elle est douce. La ville possède de magnifiques quais, de beaux ponts et beaucoup d'édifices remarquables. On peut y admirer des collections artistiques et scientifiques de grande valeur. On y trouve de nombreuses distractions, des habitants accueillants et sympathiques ; c'est, enfin, un centre d'excursions merveilleuses à travers un pays incomparable, où l'été n'a presque pas de nuit, et où l'aurore du jour succède, pour ainsi dire sans transition, au crépuscule de la veille.

LE CHATEAU DE DROTTNINGHOLM

Notre après-midi est prise par l'excursion au château de Drottningholm situé à 10 kilomètres sur les bords du lac Mœlar. On peut s'y rendre par terre ; mais nous préférons y aller par eau. Le petit aviso affrété par notre guide hisse à son mât le pavillon français. Nous laissons à notre gauche Sodermalm, perché sur ses falaises de granit ; à droite, l'île de Kungsholmen, avec ses hôpitaux, sa caserne et ses usines. Nous naviguons au milieu d'un dédale d'îles : le lac Mœlar en compte 1.500. Les deux rives sont bordées de maisons de plaisance. Les indigènes, de leurs balcons, nous regardent passer, et saluent les couleurs françaises. Nous répondons aux signes d'amitié. Chaque tour d'hélice découvre une autre île ; nous en avons déjà passé plus de trente : ces sites ensoleillés sont pittoresques. Toutes ces villas, placées au milieu d'un fouillis de verdure, sont ravissantes. La végétation du Nord s'y révèle avec son charme sévère ; les épicéas, les hêtres s'y montrent dans toute leur vigueur ; le pin est vraiment le roi des forêts. On aperçoit la pâleur des bouleaux clairsemés, avec leur écorce argentée. L'arbre du nord atteint une hauteur prodigieuse ; sa tête se couronne d'un panache de verdure que le soleil crible de ses flèches d'or au milieu de ces immenses sapinières. Après une heure et demie de navigation, au détour d'un îlot circulaire, nous distinguons le palais couronné par des coupoles en cuivre vert-de-grisé. Notre yacht vient accoster à la jetée en bois ; quelques pas à faire, et nous sommes dans le parc.

Le château de Drottningholm a été édifié dans l'île de Lofo. Vu du côté du lac Mœlar, avec son corps de bâtiment en retrait, ses deux ailes moins élevées d'un étage, l'aspect en est monumental.

Il a été construit par Nicodème Tessin sur l'ordre de la reine Hedwig-Eléonore, veuve de Charles X-Gustave. Nous pénétrons par l'entrée qui donne sur le parc. Un escalier double, en marbres de différentes couleurs, donne accès au premier étage. On croit entrer dans un petit Versailles. — Il paraît que sur les marches de cet escalier, aux jours de réception, des Trabans, en costume du temps de Charles XII, se tiennent immobiles. La fixité de leur regard est telle qu'on a envie de les toucher pour s'assurer qu'ils ne sont pas en cire.

Au rez-de-chaussée, de grandes toiles représentent les batailles gagnées par le roi Charles XIV-Jean, alors qu'il n'était encore que prince royal. Les murs sont décorés de peintures à fresque, accompagnées de légendes rappelant les victoires de Charles X-Gustave ; ce monarque guerrier, pendant un règne de six ans, fit trembler tous ses voisins. Dans l'appartement de la reine, l'oratoire communique à l'appartement du roi. Ce qui frappe le plus dans la visite de ces palais royaux, c'est la quantité prodigieuse de portraits, de pastels, de gouaches, de miniatures, que l'on y a rassemblés. Plus loin, la chambre à coucher de Gustave III, étincelante de dorures, est restée telle qu'elle était, il y a cent six ans. Le lit de parade, les tentures de soie, de brocart bleu et or, sont d'une richesse inouïe ; dans l'alcôve, un escalier secret donne accès dans les salons de réception. Puis une enfilade de salons tapissés par les portraits de la famille Leuchtenberg à laquelle appartenait la défunte reine-mère, ceux des reines de Suède, de la reine Désirée, femme de Charles XIV-Jean, qui vint rejoindre son mari après une absence de dix années passées à l'étranger. A cette collection déjà nombreuse viennent s'ajouter les portraits de tous les souverains d'Europe qui régnaient en 1855, ceux de Louis XV, de Marie Leczinska, sa femme, de Louis XVI, de Catherine II, impératrice de Russie, de Charles XIII, qui adopta Bernadotte pour fils, d'Oscar Ier. C'est dans ces appartements que le roi Oscar II est né en 1829. Il a succédé à son frère en 1872.

La bibliothèque possède les principaux ouvrages des grands écrivains. Le salon des Fêtes a des murailles recouvertes de tapisseries des Gobelins ; la cheminée, toute en porcelaine de Chine est, paraît-il, d'une grande valeur. Dans la salle des Maréchaux sont réunis les portraits des contemporains de Charles XII. La Salle à manger fait suite, remarquable par un plafond très décoratif. Le Salon Doré possède trois superbes tapisseries anciennes des Gobelins ; le Salon Vert est orné des portraits des impératrices et des reines de l'Europe.

Nous faisons le tour du parc dont les allées sont ombragées par des arbres séculaires. Comme curiosité, un *kinnaslott* (pavillon chinois) de forme octogonale. Des musiciens nous donnent l'aubade en jouant la *Marseillaise*. Les sons de notre air national réchauffent nos cœurs. Nous sommes si loin de la patrie ! La quête est fructueuse : mais le guide nous apprend, à notre grande déception, que ces musiciens nomades sont des Allemands. La *Marseillaise* jouée par des Prussiens, c'est un comble ! Pour ces gens-là l'argent n'a pas d'odeur. Le lac Mœlar, lac enchanteur, unit la beauté des lacs suisses à la grandeur de la nature scandinave. Sur ses rives à la fois riantes et sauvages, les habitants nous font fête. A sept heures, nous étions de retour à l'Hôtel Continental.

Une partie de la matinée du dimanche est employée à une promenade en tramway. Très bien compris, le moyen de recette pratiqué par la Compagnie, (je l'ai déjà vu, du reste, en Amérique) : le conducteur tend à chaque voyageur un tronc en métal nickelé fermé par un cadenas dont il n'a pas la clef. Au moment où le voyageur introduit sa pièce dans l'appareil, une soupape s'ouvre pour la faire disparaître. Si celui qui paye sa place n'a pas de monnaie, le conducteur est porteur de petites enveloppes cachetées contenant toutes les divisions monétaires, ce qui lui permet de faire le change. Au point *terminus* de la ligne, le chef de station ouvre le tronc et vide la recette récupérée sur le parcours. Avec ce contrôle aussi simple que pratique, il est impossible que la Compagnie soit lésée. En voyage, il y a toujours à apprendre, à constater des progrès qui, en bien des circonstances, nous viennent du Nord. Dans les kiosques installés au milieu des jardins publics, on trouve toutes sortes de boissons, surtout le punch suédois très apprécié des indigènes.

Très curieuse la mécanique dont se servent les marchands de boissons pour rincer les verres.

Quand un consommateur a bu, le verre vide passe aussitôt sur un appareil nickelé percé de mille trous, d'où l'eau jaillit. Le verre est retiré, nettoyé, sans avoir eu à subir le contact des mains ni d'un linge. C'est commode, propre et ingénieux.

Dimanche ! D'après le rite anglican, les magasins sont fermés ; les protestants pratiquent leur religion avec plus de fidélité que les catholiques. Chez eux, le dimanche appartient au Seigneur. Après les offices, les habitants se rendent dans les campagnes environnantes. Dans Staden, on ne rencontre que des familles chargées de victuailles se dirigeant vers Djurgården : c'est le lieu de plaisir de la cité.

Le Musée National, monument moderne, à façade de granit et de marbre, a été édifié sur le quai, près du Grand-Hôtel, en face du Palais Royal. M. Hildebrand a réuni dans ce musée toutes les collections des antiquités nationales représentant les âges de la pierre, du bronze et du fer. Le moyen-âge et les temps modernes y figurent également. Le rez-de-chaussée contient une collection de pièces égyptiennes et de bijoux anciens. La grande salle de gauche offre aux visiteurs une quantité de porcelaines, de faïences, d'émaux, de grès provenant des fabriques de France, d'Allemagne, d'Italie, d'Espagne, des Pays-Bas et d'Angleterre. L'industrie nationale est représentée par les produits de Rorstrand et de Marienberg. A côté, les porcelaines de Chine et du Japon de toutes les époques. Nous traversons six salles de sculptures anciennes et modernes ; le nu y tient la plus grande place ; on en voit à satiété. La précieuse collection léguée à l'Etat par le roi Charles XV attire particulièrement l'attention des visiteurs. On y trouve tout ce qui peut intéresser l'amateur d'antiquités : des verroteries de Tyr, de Venise et de Bohême, des objets ciselés, des pièces d'orfèvrerie, des montres anciennes ; le tout rangé avec symétrie.

Au premier étage, dans le salon d'entrée, une importante collection de miniatures et d'aquarelles, ce sont les portraits de personnages historiques. Dans la salle suivante, d'un côté les tableaux anciens, de l'autre les modernes. Parmi ces toiles, au nombre de 1.300, les écoles flamande et hollandaise tiennent une bonne place. L'école norvégienne a quelques tableaux qui reproduisent la nature sauvage du Nord. Le plus intéressant, pour nous, est dû au pinceau du peintre suédois Forsberg, élève de Bonnat ; sa toile, très réaliste, représente la *Mort d'un soldat français dans une ambulance*, épisode de la guerre de 1870. Elle a figuré au Salon de 1888. L'attitude des officiers, debout devant le lit du soldat mourant, est vraiment digne ; la vieille mère éplorée, agenouillée au pied du lit, repose sa tête près de la tunique ensanglantée sur laquelle le général vient d'attacher la croix d'honneur. La scène est d'une tristesse poignante. Le tableau du peintre Edelfet, un des premiers artistes suédois, qui tous les ans expose au Salon, est d'une exécution parfaite. Il représente *Pasteur dans son laboratoire*. A citer encore la *Diseuse de bonne aventure* de Tidemand, et les tableaux de Wesstmiller, Paul Véronèse, Raffaelo, Rubens, Van Dick, Rembrandt, Vélasquez, Ruysdael, Murillo, Jordaens, Horace Vernet, Téniers, Hobbema, Metsu et Huysmann.

La plus grande toile est du peintre suédois Hellyvist. Le sujet est émouvant : *Un roi de Danemark fait dépouiller les habitants de Gothembourg réputés pour leur richesse*. On voit les bourgeois de la ville apporter sur la place les bijoux et l'or qu'ils possèdent ; le tout est chargé sur un navire qui fait naufrage.

Les meilleurs tableaux appartiennent aux écoles française et hollandaise. Voici quelques œuvres connues de Rembrandt, telles que le *Serment de Ziska*, la *Cuisinière*, le *Portrait de Van Vlenburgh*. Les tableaux des peintres suédois nous ont surtout intéressés, parce qu'ils retracent des événements historiques. Aussi à signaler l'*Incendie du château de Stockholm, en 1697* ; le *Convoi du roi Charles XII, rapporté de la tranchée de Frederikshall, porté par ses soldats* ; il est dû au pinceau de Cederström. D'autres représentent divers épisodes du voyage de Gustave III en Italie ; entre autres, sa rencontre avec Pie VI dans la basilique de Saint-Pierre. Trois salles sont consacrées aux sculptures antiques, à la céramique, aux collections de meubles.

Notre guide, très prévoyant, avait loué des landaus afin que nous fassions sans fatigue l'excursion de Djurgärden, le « Bois de Boulogne » de Stockholm. On peut également s'y rendre par eau ; de nombreuses chaloupes à vapeur abordent à Alkäret et à Almänna. Pendant l'après-midi et la soirée, le mouvement de va-et-vient est considérable. Le tramway de la place Norrmalmstorg dessert aussi le Djurgärden : ce ne sont pas les moyens de locomotion qui manquent. Après une heure de promenade à travers les nouveaux quartiers et les bois, nous arrivons à Djurgärden.

UN DIMANCHE A DJURGARDEN

L'île de Djurgärden (ou jardin des animaux) est séparé de la ville par un pont de 100 mètres de long. Elle s'étend de l'est de Stockholm en plein Saltsjön ; le parc, créé par Gustave III, a trois kilomètres de long sur un de large et dix de tour. C'est pour Stockholm ce que le bois de Boulogne est pour Paris, Hyde-Park pour Londres, le Prater pour Vienne, le Thiergarten pour Berlin, la Ramblad pour Barcelone, l'île Sainte-Marguerite pour Budapest, le Bois de Lacambre pour Bruxelles. C'est un lieu de promenade à proximité de la ville ; la nature a fait le fond du cadre, l'homme, le reste. Le terrain est accidenté, les rochers font saillie. Au milieu d'une végétation vigoureuse et luxuriante, l'eau se montre en abondance, puisqu'elle l'entoure de toutes parts ; c'est l'endroit le plus pittoresque qu'on puisse imaginer. C'est une ancienne garenne transformée en parc avec de magnifiques chênes, de belles pelouses et des parties de rochers qui lui donnent un cachet spécial. Le site est à la fois plaisant et sauvage. Les lieux de divertissements, concerts, restaurants, kiosques multicolores, abondent ; rien ne vient gâter la belle nature, et l'on se perd dans un dédale de sentiers ombreux, au murmure de l'eau, sous les grands arbres de la forêt épaisse. Chaque soir la foule s'envole vers ce séjour agréable. Sur le lac, les chaloupes, les canots de plaisance, les gondoles se croisent au milieu des cygnes noirs et blancs. Plusieurs villes ont adopté un oiseau. Paris a le pierrot ; Constantinople, en plus de ses chiens, comme Venise et Louqsor, les pigeons ; Moscou, le corbeau ; Smyrne, le vautour, et Stockholm, le cygne.

L'hiver, quand une épaisse couche de glace couvre la Baltique, quand Stockholm est enveloppé dans sa fourrure de neige aussi blanche que l'hermine, les traîneaux traversent le lac pour aller à Djurgärden. Nous avons eu la bonne fortune de nous trouver un dimanche en cet endroit favori. C'est là qu'il faut aller pour voir les Stockholmoises dans le cadre qui convient à leur beauté. Djurgärden est fait pour plaire à tous ; comme au Tivoli de Copenhague, il y en a pour tous les goûts. Ses allées ombragées plaisent aux rêveurs qui se sentent attirés vers la nature. Dans la solitude ils trouvent le calme ; dans l'après-midi et la soirée on entend de bonne musique.

« Djurgärden ! » Les Suédois prononcent ce mot avec fierté, c'est le lieu de leurs délices et de leurs plaisirs. Tous les soirs, même pendant l'hiver, ils vont s'attabler sous les bosquets étincelant de neige ; l'été, la population fashionable et bourgeoise s'y donne rendez-vous pour boire le punch glacé et admirer la beauté du crépuscule boréal, aux sons mélodieux des orchestres. Dans un carrefour touffu, nous découvrons le buste de Bellmann, le célèbre poète suédois. C'est l'endroit le plus fréquenté par la foule les dimanches et fêtes. Le 26 juillet, jour aniversaire de l'inauguration du monument, la moitié de Stockholm vient fêter le génie national, aux accents des mélodies sentimentales de l'illustre chansonnier. Bellmann est le plus populaire des poètes de la Suède. Il a su peindre et rendre mieux que personne la vie et la nature scandinaves. C'est le Béranger de la Suède, mais un Béranger toujours vivant, toujours chanté, dont le souvenir est dans tous les cœurs et les vers sur toutes les lèvres. Derrière le buste, on a planté en demi-cercle des chênes qui formeront bientôt une muraille animée. Quelques fleurs ornent sur le piédestal.

Le 26 juillet ! la foule s'amuse, rit et chante. Bellmann aimait le Djurgärden. Souvent, le soir, il y venait rêver. Sa patrie reconnaissante lui a élevé une statue sur la terrasse d'Hasselbacke, où il aimait à s'asseoir. Le jour de son anniversaire, les admirateurs du poète portent à la boutonnière un nœud de rubans; ils viennent à Djurgärden rendre hommage à sa mémoire. La foule se découvre; le président de la confrérie poétique remplit de vin une large coupe et la verse sur la tête du poète qui avait pour devise : *Chanter, rimer et boire*. Les hourrahs retentissent; les assistants entonnent les strophes poétiques. Les Scandinaves savent apprécier leurs grands hommes de leur vivant et les honorer après leur mort !

Djurgärden a aussi ses Lapons; ils sont là une vingtaine, campés sur le plateau, avec leurs rennes. Sous les tentes, les femmes fument en allaitant leur enfant; l'odeur qui se dégage est aussi désagréable que celle de Harstad. Après la visite du jardin, nous nous dirigeons vers l'endroit où filles et garçons des villages voisins doivent venir, à six heures, revêtus de leurs costumes nationaux, ouvrir le bal champêtre. De robustes gars chantent en chœur. Le public les écoute avec respect; leurs chants sont doux, moraux, religieux même. C'est l'âme de la patrie suédoise qui passe à travers la mélodie populaire. Quel charme on éprouve à entendre ces chants scandinaves, si bien rythmés ! Nous sommes tirés de notre recueillement par le son des violons qui grincent. Les ménétriers mènent le cortège vers l'estrade où, chaque dimanche, la danse recommence. Nous avons éprouvé un réel plaisir à voir les jeunes filles à l'air angélique habillées de leurs plus beaux atours, les garçons en culotte courte avec souliers à boucles d'argent, exécuter devant nous, avec autant de souplesse que de grâce, les danses du pays. La diversité des costumes des danseuses soutachés d'or, garnis de bijoux, leurs jupes bariolées, tout cela, éclairé par les rayons du soleil, produit un ensemble charmant. Les mouvements du torse, les génuflexions qu'elles font dans l'exécution des figures des contre-danses sont des plus gracieux; dans un mol abandon plein de séduction, elles se confient à leur cavalier. La meilleure danseuse du groupe, légère comme une sylphide, est une jeune laponne qui exécute un menuet avec ses compagnes. Elle pourrait rivaliser avec les Mauri et les Subra; elle a le don chorégraphique !

Ces danseuses sont d'une souplesse étonnante : tous les muscles de leurs jambes sont en action; leurs torses ont des ondulations serpentines. Leurs poses gracieuses. Ces coquetteries du corps durent longtemps; la vue de ces jolis minois ne nous ennuie pas, au contraire; ces danses, aux figures étranges, sont nouvelles pour nous. Les belles et fortes filles stockholmoises ont un teint frais et rosé qui se conserve longtemps. Il n'en est pas de même en Egypte où le soleil mûrit les femmes aussi vite que les fruits. Quelle heure délicieuse nous avons passée à ce bal champêtre ! Un de nos amateurs en a profité pour reproduire des groupes intéressants. L'air qu'on respire en ce séjour est si pur et si salutaire qu'on s'éloigne avec peine. Mais voici, à quelques pas, Rosendal, charmant petit château, ancienne villa de Bernadotte, avec de ravissants jardins, avec son vase colossal de porphyre taillé dans un seul bloc de deux cent mille kilos, et pouvant contenir 32 hectolitres. C'est une coupe monstre, la coupe de Gargantua. A notre grand regret, il faut partir, il faut retourner à l'hôtel, pour dîner. Nous dinons; mais, pour dessert, je reviens au jardin enchanté, au restaurant de Hasselbacken, le plus en vogue. La population de Stockholm semble ignorer le sommeil; pendant les nuits d'été, elle vit dans les parcs verts et sur l'eau bleue.

De Stockholm j'ai pu aller à Saltsjœbaden; une heure de bateau sur le Saltsjoen. C'est une ville d'eau, non ! pas une ville, une villa, un chalet. On pénètre dans l'île par un pont de bois; la vue est ravissante; il n'y a que la Suède et la Norvège pour avoir de pareils enchantements de rives dentelées. Je ne sais comment les pilotes s'y retrouvent. Les rocs gris alternent avec les collines vertes, et sur les recoins de granit s'élèvent des villas roses. Saltsjœbaden est le Trouville scandinave.

MŒURS SCANDINAVES. AU PAYS DES BLONDES

La beauté des Suédoises est proverbiale, celle des Norvégiennes l'est aussi. Vous les rencontrez avec leurs longs cheveux couleur d'épis mûrs ; leurs yeux noirs sont veloutés, leur teint rose, leurs lèvres vermeilles. Leurs bras sont moitié nus, leur démarche gracieuse, leur air sérieux ; elles ont le charme pudique et chaste ; mais le côté faible c'est que leur poitrine est plate comme celle des misses pudibondes. Une grande partie d'entre elles ont abandonné le corset ; quel bon exemple elles donnent à nos Françaises qui usent et abusent de cette camisole de force pour emprisonner leur taille, empêcher le développement du corps et le fonctionnement de l'estomac. Ennemies de la coquetterie, les Scandinaves sont simples dans leur mise qui, du reste, est de bon goût. J'ai eu l'occasion de causer avec des mères de famille de là-bas qui déclarent que les jeunes filles n'ont plus la même réserve que de leur temps. La Suède commencerait-elle à suivre, sous ce rapport, le mouvement général ?

— Aujourd'hui, me disait une de ces femmes sérieuses, nos jeunes filles, comme les Américaines, ont toute liberté de fréquenter les jeunes gens. Dans les écoles, à l'instar des mœurs américaines, elles sont assises sur les bancs parmi les garçons. Jusqu'à l'âge de dix-huit ans, elles restent dans ces écoles mixtes. Pendant les récréations, garçons et filles jouent en camarades ; les garçons n'abusent pas plus de leurs poings que les filles de leur langue. Ces gens du Nord sont, au point de vue des sens, d'une candeur et d'un calme surprenants. Dans les écoles, les jeunes filles choisissent, parmi ceux qu'elles ont pu juger au travail, le mari qui leur plaît. Sur ce point, elles sont encore américaines ; les parents, qui ne donnent pas de dot, sont désarmés pour la résistance.

Leurs filles n'ont point les mœurs françaises. En Suède, nous disent-elles, un homme d'honneur ne se permettrait pas de parler d'amour à une femme qu'il n'a pas l'intention d'épouser.

En France, le mariage est, pour beaucoup de jeunes filles, la délivrance et l'enchantement. Comment nous apparaît la jeune fille française, qui, au fond, nous semble l'idéal de la grâce ? Elle ne doit pas *s'américaniser* si elle veut garder toute sa force de séduction. Elle vit un peu en recluse dans la maison paternelle. Si elle sort, c'est avec sa mère ; jamais un pas dans la rue sans qu'elle soit accompagnée. Le mariage lui ouvre toutes grandes les portes de sa prison. Vous la voyez, la tête haute, fière de sa liberté nouvelle, parcourir les rues, humant avec délices l'air, la lumière, ivre de joie, embrassant, de son regard ému, le vaste monde. On a dit que beaucoup de jeunes filles se mariaient sans amour, uniquement pour jouir de la robe blanche, de l'encens brûlé, du jour de triomphe : peut-être, en effet, adorent-elles ces pompes, si fugitives toutefois ; mais soyez bien sûrs que ce qu'elles estiment avant tout, ce qui les décide à la solution suprême, c'est la perspective des libres mouvements, des belles courses seules à travers Paris. Sans surveillance, elles pourront errer dans les grands et les petits magasins, choisir leurs chapeaux, leurs robes, leurs gants, leurs dentelles, orner comme elles l'entendront leur personne, leur salon, leur chambre à coucher.

Ce qui les charme, en un mot, c'est la pleine possession d'elles-mêmes, c'est la fin de l'emprisonnement ; c'est le libre pouvoir de maîtresse de maison. Si le mariage est pour la femme l'émancipation, la joie, la libération, il est souvent pour l'homme une gêne, car en maintes circonstances, la femme est un obstacle au parfait épanouissement de son compagnon. Mais le mariage doit rester un contrat synallagmatique, lequel ne saurait être rompu par le bon plaisir d'un seul contractant.

L'éducation de la jeune fille suédoise n'est pas seulement le fruit d'une parfaite culture ; elle est aussi la conséquence des exemples et le résultat de la liberté qui lui est accordée avant le mariage. Ces appréciations m'ont été communiquées par une femme de bon sens qui me disait :

— Nos jeunes filles possèdent avant le mariage cette liberté que vos jeunes filles n'obtiennent qu'après; souvent, chez vous, elles ont la science du mariage avant d'en avoir l'expérience. J'estime que dans ces conditions, ajoutait-elle, nous sentons mieux le sentiment de la responsabilité qui nous incombe. Dans notre pays, le mariage n'est jamais considéré comme un moyen d'arriver à l'indépendance; chez vous, c'est le contraire : par le mariage, la femme se trouve affranchie. Jeune fille, souvent elle est réprimée par ses parents; mariée, opprimée par son mari, et vieilles, supprimées! Nous autres Suédoises, nous considérons qu'il n'y a aucun péril à donner à nos jeunes filles toute leur indépendance ; celles qui ont des sentiments honnêtes, une conscience robuste, n'en abusent pas; c'est ce que dit notre grand Ibsen. En Suède, les femmes peuvent se créer une position, vivre de leurs ressources. Dans les bureaux, dans les administrations, dans les ministères, dans les postes, dans le commerce, elles sont admises comme employées.

— En effet, répondis-je à mon interlocutrice, j'ai souvent constaté ce fait dans les pays que je viens de parcourir, et j'espère bien qu'il en sera bientôt de même France.

— Il y a certainement un avantage dans la grande liberté dont jouissent nos enfants, avec quelques exceptions à la règle. Par nos mœurs, nos jeunes filles connaissent le danger, aussi se trouvent-elles armées pour se défendre. Est-ce que découvrir une âme qui vous comprenne, pour laquelle on puisse vivre, n'est pas le bonheur dans tous les pays? Nous nous formons une idée haute du bonheur conjugal; je me suis fiancée à un jeune homme que j'aimais. Nous avons attendu tous les deux qu'il arrivât à une situation indépendante. Pendant ce temps, je me préparais à mon rôle de femme, et nous sommes heureux ! »

On ne badine pas avec l'amour, a dit très justement un de nos grands poètes, Alfred de Musset ; en Norvège, ce proverbe est une réalité. La vie familiale de ce peuple doué de mœurs pures est plus profonde que chez nous; la vie mondaine et ses jouissances ne le tentent point. Il y a, chez lui, un besoin de se développer, de grandir, pour arriver à quelque chose de meilleur.

Je remerciai cette charmante Stockholmoise de m'avoir si gracieusement fourni ces renseignements. Pendant plus d'une heure, elle m'avait tenu sous le charme pénétrant de son esprit. Son raisonnement était profond, ses arguments irréfutables.

Dans tous les lieux de plaisir, au Tivoli comme au Djurgården, j'ai souvent vu des jeunes filles se promener aussi librement qu'en Amérique. Jamais personne ne se permet de leur dire des paroles déplacées ; la femme est respectée, protégée même. Suédois comme Suédoises se marient sans préoccupation d'argent ; on ne fait que des mariages d'estime. Le bonheur conjugal est garanti par une union durable. Maintenant, en France, on ne fait souvent que des mariages d'estimation. Il y a des courtiers en mariages comme des courtiers en épicerie ; la dot, comme le sucre, est pesée ; et dans quelle balance ! Aussi la jeune fille est souvent sacrifiée ; l'intérêt seul est en jeu, le bonheur vient après, quand il vient... ! En Suède, en Norvège, la femme est devenue l'égale de l'homme,

Le grand Ibsen, dont le fils a épousé la fille de Bjornson, fut lui-même mis à l'épreuve par celle qui devait devenir sa femme. Pour l'engagement définitif, le rendez-vous fut pris dans la maison de sa mère. Désireuse d'éprouver sa patience, elle se cacha derrière les rideaux, resta ainsi une demi-heure sans apparaître. Ibsen, peu patient et trouvant le temps long, se mit à marcher de long en large dans le salon et allait probablement se fâcher quand il entendit rire derrière le rideau ; la jeune fille sortit de sa cachette, en lui disant :

— Prenez garde, je voulais savoir si la patience figurait parmi vos qualités.

En Scandinavie, l'homme recherche surtout dans la femme les délicatesses sentimentales ; la femme prétend plaire à l'homme par le seul attrait de sa culture intellectuelle. L'ironie, qui est si souvent la cause des perturbations apportées dans l'intérieur du ménage, est inconnue.

Avouez que ces mœurs diffèrent bien des nôtres, à en juger par la mauvaise éducation donnée depuis un quart de siècle à certaines de nos jeunes filles, à qui on n'inculque que des idées de luxe et de vie mondaine dispendieuse. Il en résulte, en France, qu'un grand nombre de jeunes filles ne trouvent plus à se caser.

Notre enseignement primaire supérieur, beaucoup trop dédaigné, a donné à la France et lui donne encore chaque année un corps enseignant qui constitue une véritable élite. C'est sur l'instituteur que doit se fonder tout espoir de réforme morale. Il est donc très juste et très noble de soutenir sa bonne volonté et d'éclairer son intelligence par le spectacle des peuples voisins, afin que, mieux informés des maux et des remèdes, il puisse travailler avec plus de fruit à cette incessante création de la France de demain.

Les instituteurs sont d'ailleurs les premiers à le comprendre, et je m'en voudrais de ne pas signaler l'initiative si digne d'encouragement que prit, l'été dernier, un petit groupe d'instituteurs du département de l'Ain. Ces modestes et consciencieux travailleurs partirent, *à leurs frais*, voir sur place nos deux colonies d'Algérie et de Tunisie, pour pouvoir à leur retour en parler à leurs élèves en connaissance de cause. Il faut espérer que, chaque année, la coutume de ces voyages de professeurs et d'instituteurs prendra plus d'importance et que la jeune génération, participant à leur saine curiosité, saura secouer sa torpeur, ouvrir les yeux et partir voir ce qu'est devenu le monde.

Nous avons tous connu des Français, jeunes hommes ou hommes faits, qui, après un séjour de quelques mois chez des étrangers, revenaient parlant correctement la langue du pays ; le Français voyage très peu, il voyage surtout en touriste ; mais il a bien soin de descendre, lorsqu'il se trouve hors frontières, dans un hôtel « où l'on parle français », il ne cherche pour ainsi dire pas à causer par peur du ridicule et, dans ces conditions, il revient souvent en France sans avoir tiré de son voyage tout le profit possible. Tout autre est sa situation quand il se rend dans un pays pour y vivre un certain temps et qu'il sent chaque jour, à tout instant, l'âpre nécessité de comprendre et de parler. Car il est définitivement prouvé, pour tout homme qui en a fait l'expérience, qu'on ne peut réellement apprendre une langue qu'en séjournant dans le pays où on la parle.

Puisque beaucoup de nos professeurs de langues étrangères ont subi cette excellente préparation *sur le terrain*, puisqu'ils sont aussi sûrs, pour la plupart, de leur savoir pratique, ne pourraient-ils enfin se voir autorisés par des programmes plus larges à user des méthodes plus rationnelles ?

Pour l'avenir de notre chère France, il est nécessaire d'encourager la jeunesse à voyager chaque année pendant la période des vacances, il faut en faciliter les moyens aux instituteurs qui ont une noble tâche à remplir envers leurs élèves, car, indépendamment de l'instruction qu'ils donnent à nos enfants, ils préparent leur cœur en élevant leur esprit, et leur font acquérir les vertus civiques.

Je conclus. La femme scandinave apparaît chaste, sévère, dévouée à sa famille, aimée et respectée de tous. Mais il y a un mouvement très accentué là-bas en faveur du féminisme. Les radicaux parlent d'égalité ; gare aux exagérations du féminisme. Que les Suédoises restent femmes ! Elles l'ont été jusqu'à présent avec tant de bonheur : c'est la meilleure grâce que je leur souhaite.

Le Suédois, comme l'Allemand, est fort, grand et blond ; mais sa physionomie distinguée n'a pas l'air méchant du Prussien. Son caractère répond à sa physionomie ; il est noble, réfléchi et surtout d'une probité exceptionnelle qui lui fait honneur même dans les classes inférieures. Quel contraste avec le Prussien ! Si l'Allemand est seul, il mendie ; aidé, comme en 1870, par 500.000 soldats, il pille, il viole, il devient pirate et corsaire.

Le Suédois, au premier abord, paraît taciturne ; il pleure rarement et ne rit presque jamais. L'émotion, chez lui, est silencieuse ; il est difficile de deviner si son langage exprime la douleur ou la joie. A Copenhague, à Christiania, à Bergen, comme à Stockholm, j'ai tenu à parcourir les quartiers ouvriers, les ruelles tortueuses habitées par les deshérités de la nature ; jamais je n'ai été accosté par un mendiant ; je n'y ai vu ni aveugle, ni estropié, ni pauvre tendant la main. Où sont ces mendiants ? Je l'ignore. Toujours est-il que je n'en ai pas vu.

Dans la Dalécarlie, le Jutland, le Nordland, ces belles régions qui s'étendent des lacs de la Suède méridionale aux steppes de la Laponie, chaque Suédois possède et habite un *garr* (ferme). C'est un état en miniature où le père de famille est roi absolu. Il y reçoit l'étranger et lui donne l'hospitalité. Le garr est, en Suède et en Norvège, ce que la ferme est en France, avec cette différence que le propriétaire travaille pour lui et n'a pas de fermage à payer à un tiers. Un garr réunit huit ou dix maisonnettes en bois ; c'est une petite colonie qui se suffit à elle-même. Le chef de la famille occupe trois ou quatre chalets ; les autres sont réservés aux domestiques et aux travailleurs ; d'autres bâtiments servent de hangars, d'étables et d'écuries ; le tout entouré par une zone de champs cultivés avec soin. Chaque garr a ses barques qui conduisent, le dimanche, la colonie de l'île aux offices dans une île voisine où se trouve le temple : c'est la vie de famille. Souvent le chef du garr est au nombre des législateurs qui siègent à la Diète. Ces Français du Nord nous sont très sympathiques.

— N'avons-nous pas fait la guerre ensemble, disent-ils, au temps de Gustave le Grand ?

La Suède ne connaît pas tous les partis dont la France s'est affublée. Radicaux, intransigeants, socialistes, opportunistes, revisionnistes, blanquistes, guesdistes, possibilistes, allemanistes, nationalistes, sont inconnus à la Diète. Les législateurs ne connaissent qu'une chose : la « patrie ». Ils ne s'occupent que des affaires et des intérêts du pays, de tout ce qui peut et doit assurer la prospérité de la nation ; la cohésion la plus grande règne parmi les membres : ce n'est pas comme dans notre pauvre France troublée par ces agitateurs de profession, par les intrigants qui cherchent à renverser les ministères. Le favoritisme ne s'y étale pas au grand jour. Quant à la profession de chéquard, elle y est inconnue ; il n'y a dans l'enceinte du palais de la Diète que des hommes probes, désintéressés, des patriotes dévoués, faisant de la politique sage et raisonnée.

Mais quittons la politique et revenons à nos moutons.

Dalécarliens et Dalécarliennes, dans leur aspect, révèlent le calme et la droiture ; ils ont conservé le culte des traditions. A toutes les fenêtres de leur habitation il y a des fleurs ; les maisonnettes les plus pauvres en sont ornées ; ces fleurs, qu'ils arrosent avec une sollicitude maternelle, sont destinées à leurs chers morts. Les logements sont convertis en serres chaudes. En passant dans les rues, on voit, derrière la double vitre, des fuschias, des azalées, des œillets, des hortensias et des géraniums. Le dimanche, on en fait des bouquets pour les porter aux cimetières. La population des villages que nous avons parcourus, dans les vallées du Valders et du Romsdal, de Bergen à Hammerfest, respire la même douceur et la même probité. Dans les plus petits hameaux, chacun vient chercher les lettres déposées dans les boîtes par les bateaux de poste ; point n'est besoin de garde-champêtre pour en surveiller la distribution, les habitants font eux-mêmes la police. Entre propriétaires et locataires, pas d'écrit, pas de contrat signé : une poignée de main scelle l'engagement que chacun respecte. Allez donc trouver cela dans les pays où les tribunaux regorgent de plaideurs et les prisons de voleurs.

Les serviteurs labourent, travaillent la terre, battent les blés et soignent les chevaux ; le seigneur-paysan, comme on l'appelle, surveille paisiblement ses ouvriers en fumant sa pipe. Il porte la culotte courte, des souliers à boucles, un costume à basques flottantes avec le gilet brodé : du pur Louis XV. A ce costume élégant il aurait fallu joindre une coiffure gracieuse ; son bonnet en laine rouge ressemble au bonnet phrygien. Les intérieurs des garrs sont tapissés d'images de Napoléon Ier et de Bernadotte. L'accueil fait aux touristes qui s'avancent dans l'intérieur de ces contrées semble, au premier abord, réservé ; mais, après vous avoir observés, ces braves fermiers vous tendent la main.

Comme hommes, les Norvégiens et les Suédois sont superbes, vigoureux, solidement musclés ; leur chevelure est d'un blond tirant sur le roux, le visage est encadré par des favoris. Les femmes, prévenantes et douces, ont un langage affectueux. Entourées d'enfants qui courent autour d'elles, elles s'occupent des soins du ménage et ne dédaignent pas les bons cigares.

L'ouvrier est sobre ; il ne boit que du lait ou de la bière. Les sociétés de totale abstinence interdisent l'alcool. La première, créée en 1859, ne comptait à son début que trente adeptes, elle a tellement progressé que d'autres sociétés se sont formées et atteignaient, en 1883, le chiffre de 320 ; il y a aujourd'hui 853 sociétés représentant plus de 100.000 abstinents, dont 43.000 femmes et 15.000 enfants : ces chiffres ont leur éloquence !

Les cabarets n'existent qu'à l'état d'établissements aérés où l'on vend du bouillon. Le produit des bénéfices, en dehors de l'impôt garanti par les susdites sociétés, est affecté à des œuvres philanthropiques. Aussi les actions de Samlag sont d'un bon rapport pour les porteurs de titres. Dès le samedi soir, cinq heures, jusqu'au lundi matin, huit heures, on ne peut plus obtenir un verre d'eau-de-vie. Cette mesure a été accueillie avec satisfaction par la population. La consommation de l'eau-de-vie, qui était, en 1879, de 6 litres 77 par tête d'habitant pour une année, est tombée à 2 litres 85. Cette réforme a donc produit les meilleurs résultats. Malheureusement, en France, nous ne voyons pas se dessiner un mouvement d'opinion publique analogue. Qui s'occupe des ravages de l'alcool ? Qui réclame des mesures de préservation contre le développement du fléau ? Personne, si ce n'est quelques médecins qui prêchent plutôt dans le désert. La population reste indifférente, sinon hostile, à l'égard des antialcooliques. La situation est cependant grave : c'est surtout dans notre pays que la répression de l'alcool devrait être considérée comme une mesure de salut public.

La France, pour parler le langage que le cyclisme a mis à la mode, détient le record de l'alcoolisme. On boit plus d'alcool dans notre pays que dans aucune autre contrée du monde, et quel alcool ! Tandis qu'une partie des ouvriers anglais ou américains, qui passaient autrefois pour des types d'intempérance, remplacent maintenant l'alcool par le thé, chez nous, la consommation d'alcool s'accroît d'année en année avec une effrayante rapidité. Il n'y a pas bien longtemps, le buveur d'alcool était une exception. On entrait dans les cafés pour consommer la boisson du pays : la bière dans le Nord et dans l'Est, le vin dans le Midi, le cidre en Normandie et en Bretagne. L'ivresse que pouvaient donner ces boissons n'était pas nuisible à la santé. Actuellement, le vin a disparu dans les cafés du Midi, comme le cidre des cabarets normands : ils ont été remplacés par l'alcool, l'abominable alcool que l'on fabrique avec des grains, des betteraves, des pommes de terre, voire même avec du bois ! Les populations peuvent satisfaire à bon marché leur déplorable passion. Les malheureux, qui absorbent les liqueurs innommables fabriquées avec l'alcool, trouvent ces mixtures excellentes.

Toute la France est plus ou moins contaminée ; c'est surtout dans les départements normands que le mal a atteint des proportions effrayantes. Des hommes, la passion s'étend aux femmes. L'alcool tient une place de plus en plus grande dans la consommation du ménage, et la ménagère fait jusqu'à de la soupe à l'alcool. Sur les tranches de pain découpées dans la soupière, elle verse un demi-litre d'eau-de-vie ! On a peine à croire ces choses-là, mais elles n'en existent pas moins. Dans certaines communes rurales, les enfants boivent régulièrement la goutte après le repas. Dès leur plus jeune âge, on les habitue à l'alcool. Quand un enfant crie dans les bras de sa mère ou de sa nourrice, celle-ci l'apaise et l'endort en lui faisant boire une gorgée d'eau-de-vie. Etonnez-vous, après cela, du chiffre de la mortalité infantile et de la diminution de la population dans notre belle Normandie qui, jadis, était si florissante ! Des gars normands qui marchaient de pair, comme beaux hommes, avec les Norvégiens, il n'y en aura bientôt plus. L'alcool les aura tués ou en aura fait des scrofuleux et des tuberculeux. Ce qu'il y a de plus épouvantable, c'est que ce liquide corrosif entre dans le sang et empoisonne les générations. C'est la sève, le sang de la nation qui s'en va par la plaie grandissante de l'alcoolisme.

La République, pour sauvegarder les intérêts des marchands de vins, pour conserver ses agents électoraux, sacrifie l'avenir de la France qui se trouve atteint dans la dépopulation et dans la mortalité des enfants. Que nos hommes d'Etat lisent donc les statistiques, les rapports des médecins ; ils constateront que, dans la clientèle hospitalière mâle, 70 pour 100 sont alcooliques, plus ou moins intoxiqués. Du côté des femmes, la proportion est de 30 pour 100 ; jusque chez les nourrices, l'excès de boisson est constaté. Dès leur jeune âge, elles font ainsi des enfants, qui leur sont confiés, des candidats à la névrose.

En Suède, en Norvège, comme en Angleterre, on a pu prendre facilement des mesures de répression contre l'alcoolisme et restreindre les ravages de ce poison meurtrier, parce que l'intérêt électoral, dans ces pays, a moins d'action qu'en France. Chez nous — c'est triste à dire, mais c'est cependant bien vrai, — les cabaretiers, ces empoisonneurs du genre humain, sont les agents électoraux ; ils font les élections, ils sont une puissance que l'on ménage. Le gouvernement ne veut pas toucher aux intérêts de ces cabaretiers chargés de faire la cuisine électorale avec autant de facilité qu'ils servent leurs affreuses drogues sur le zinc. C'est pour cela que l'Etat laisse les cabarets se multiplier et les cabaretiers additionner d'acide sulfurique l'horrible alcool avec lequel ils empoisonnent la race française en toute liberté. Thiers voulait la république conservatrice, les disciples de Gambetta la voulaient opportuniste, Bourgeois l'aime radicale, Jaurès la préférerait collectiviste. Elle n'est rien de tout cela : elle est alcoolique. Pour l'empêcher d'être ainsi, le moyen est bien simple : monopolisez l'alcool et vendez-le bon et cher ; il y va de la vie des générations futures, de l'existence même de la France qui s'anémie. L'ouvrier qui s'abrutit avec l'alcool non seulement, par la dépense qu'il fait, prive souvent son ménage du pain quotidien ; mais de plus il altère sa santé et compromet sa progéniture.

La Russie, par une réforme utile a su enrayer le mal. On pardonnera cette digression à mon cœur de patriote. Parmi les plus utiles réformes dues à l'initiative et à l'indomptable énergie de M. de Witte, ministre des finances en Russie, il en est une sur laquelle je voudrais appeler plus particulièrement l'attention de mes lecteurs, parce qu'elle constitue un progrès d'une réelle importance, non pas seulement sous le rapport fiscal, mais aussi au double point de vue de la santé publique et de la moralité sociale. Chacun sait que ce n'est plus seulement, comme autrefois, de la distillation des produits de la vigne que provient l'alcool, mais qu'on le retire des grains, de la betterave, de la pomme de terre, d'une infinie variété de substances. Et c'est le libre commerce de ces boissons toxiques, de ces véritables poisons — avec leur cortège attristant de désordres organiques, de troubles de l'intelligence — qui amène les lourdes et bestiales ivresses, les querelles et les rixes sanglantes, les suicides, les crimes de toutes sortes. Les familles et les nations sont donc directement intéressées à la solution de cette grave question de la préparation et de la vente des boissons alcooliques.

Malheureusement, on parle beaucoup, en notre vieille Europe, — parfois avec esprit et bel esprit, il est vrai ; — mais on agit peu. On s'attarde trop volontiers, en ces questions brûlantes, à des discussions byzantines et d'une inconcevable puérilité. Dernièrement encore, en Angleterre, une commission a été nommée avec mission de s'enquérir — si le consommateur boit davantage quand il se tient debout, — comme dans les *bars*, — ou lorsqu'il est assis, comme dans la plupart des autres établissements européens de détail ! Entre temps, le poison alcoolique continue ses ravages, abrutissant des générations entières. Et toutes les races sont en train d'y passer, puisque les récits des explorateurs nous montrent l'état de déchéance physique, intellectuelle et morale dans lequel tombent les peuples les plus lointains qui consomment l'alcool-importé d'Europe.

Hambourg est un des principaux centres d'exportation des abominables mixtures qu'on expédie un peu partout. Les journaux allemands ont publié une édifiante statistique pour l'année 1895. On y voit que la trop commerçante cité hanséatique a expédié cette année-là, rien qu'à destination de l'Afrique, 355.736 hectolitres de ce poison !

Et notez cet aveu dépouillé d'artifice : ce qu'on envoie à ces pauvres nègres sous le nom d'eau-de-vie revient à 43 centimes le litre ; le « genièvre » à 33 centimes ; le « cognac » à 58 centimes, et le « rhum » à 25 centimes le litre. C'est ce qu'on appelle répandre sur les races inférieures les bienfaits de la civilisation européenne... Mais si la révélation de ces abus nous émeut lorsque les victimes appartiennent à une race si différente de la nôtre et que d'immenses étendues séparent de nous, c'est avec un sentiment d'indignation et d'épouvante que nous voyons le poison opérer, sous nos yeux, sur nos malheureux concitoyens ! Que faire, pourtant, en vue d'empêcher l'homme — non pas de s'enivrer, puisque ce vice est incurable et remonte à la plus haute antiquité — mais d'absorber d'horribles préparations alcooliques ? Le problème a été résolu par la Russie, qui, n'ayant aucune préoccupation électorale, aucun mécontentement à redouter de la part des bouilleurs de crus et des débitants de boissons, a pu organiser chez elle le monopole de l'alcool.

Le nom, déjà si justement populaire, de M. de Witté restera attaché à cette grande réforme. On a fait des essais partiels — dans les gouvernements de Perm, d'Oufa, d'Orenbourg et de Samara. — L'expérience ayant réussi sur un territoire qui compte environ dix millions d'habitants, S. M. l'Empereur sanctionna un règlement discuté par le Conseil de l'Empire, et le monopole de l'alcool entra bientôt en vigueur dans toute la Russie orientale. Là encore, l'excellence du nouveau régime ayant été constatée, — à la plus grande satisfaction des consommateurs enfin dotés de boissons offrant d'absolues garanties de pureté, — le monopole fut encore étendu à toutes les provinces du Nord-Ouest, du Sud-Ouest et du Midi de l'Empire.

Et, de proche en proche, le monopole de l'alcool est ainsi arrivé à fonctionner maintenant sur un territoire à peu près trois fois plus vaste que la France entière. Le fisc y trouve largement son compte, et le peuple désormais débarrassé de l'alcool toxique, — source de tant de maux physiques et moraux, — a une occasion de plus de bénir le gouvernement impérial de Russie.

En France, la statistique déclare comme fabriqués 320 millions de litres d'alcool; l'eau-de-vie figure pour 250 millions; l'absinthe, ce toxique infernal, pour 20 millions. Les bitters et autres poisons du même genre pour 12 millions. Le monopole de l'alcool produirait au moins 800 millions de francs. Au nom de l'équilibre des finances, au nom de tous les intérêts matériels et intellectuels du pays, il faut le réaliser; ces ressources ne léseraient en rien les contribuables déjà si éprouvés.

La classe ouvrière dépense, pour s'empoisonner, un milliard 500 millions de francs, et, au lieu de lutter contre cet empoisonnement fatal, la République le favorise. Les monarchies se montrent beaucoup plus démocratiques. La Suède et la Norvège sont allées jusqu'à confier aux communes le soin de combattre ce fléau. Les municipalités ont concédé la vente des liqueurs alcooliques à des sociétés spéciales placées sous leur surveillance. Ces mesures draconiennes ont produit de merveilleux résultats; il y a, depuis lors, bien moins de suicides et de maladies mentales : c'est la véritable démocratie, le gouvernement par le peuple et pour le peuple. Que la France en fasse autant; il est urgent d'enrayer le mal qui tous les jours augmente dans des proportions inquiétantes.

La Suède, indépendamment de ses sociétés humanitaires parmi lesquelles figure le Samlag, a aussi le *Sailor's home* : association fondée dans le but de protéger les matelots, qui, en débarquant le soir, se rendent dans les maisons mal famées. Le Scandinave a horreur de ce qui ravale l'homme; il est mieux équilibré, plus maître de lui-même dans la volupté. Il garde, au milieu même de sa débauche, le sentiment du mal; il sait que l'alcoolisme est une tare de sa race, il le répudie. Ses croyances religieuses sont plus sincères et surtout plus profondes. Je ne puis résister au plaisir de constater les progrès que la Suède a faits depuis 25 ans, sous le règne du roi Oscar II.

Le nombre des écoles s'est augmenté de 7.000 à 11.000; le budget des hôpitaux de 750.000 à 1.800.000 couronnes; leur nombre de 92 à 150. Dans l'industrie des fabriques, la force des machines s'est élevée de 16.000 à 136.000 chevaux-vapeur.

La consommation d'eau-de-vie par contre a diminué de 12 litres à 7 litres par personne.

Je me suis fait un devoir de relever ces chiffres sur les documents officiels que je me suis procurés, afin de démontrer, preuves en mains, le danger de l'alcoolisme.

UPSALA, LA VILLE UNIVERSITAIRE
(En bateau 90 kilomètres, par chemin de fer 66 kilomètres de Stockholm)

La journée du lundi est consacrée à Upsala. Le voyage par eau est varié et intéressant. Le bateau passe devant les ruines de Sigtuna, ville de 600 habitants, fondée par le roi Olaf Ericson vers la fin du Xe siècle, et qui comptait à cette époque 10.000 habitants. Les portes en argent massif de cette ville aujourd'hui disparue sont conservées dans une église de Nijni-Novgorod.

Plus loin, une enceinte émerge de la verdure : c'est le château de Skolster, ancien couvent de dominicains et de religieuses de l'ordre de Citeaux. Gustave-Adolphe en fit don au maréchal

Hermann-Wrangel; puis revint à la famille des comtes de Brahé. Il a été reconstruit par le fils du maréchal Charles-Gustave Wrangel sur les plans de celui d'Aschoffenbourg ; il est flanqué aux quatre angles de grosses tours octogonales plus élevées que le reste de l'édifice ; c'est le plus grand château féodal de la Suède. Au rez-de-chaussée, les sombres voûtes abritent les canons pris à l'ennemi. Le premier étage rappelle les galeries du palais de Fontainebleau. Les pièces sont décorées de grands portraits en pied des généraux et compagnons d'armes de Wrangel; il y a des inscriptions en différentes langues. Les appartements ont été parfaitement aménagés. Partout, des vieux bahuts, des objets d'art, des bibelots à profusion.

Parmi les portraits, ceux de Wrangel, d'Elba Brahé, la bien-aimée de Gustave-Adolphe. Elle est représentée jeune fille, svelte, au front pur. A côté, un deuxième portrait qui pourrait s'intituler *Trente ans après*; c'est toujours Elba Brahé, épouse d'un grand propriétaire et mère de dix enfants. Les riches tentures de tapisseries anciennes, et les sièges en vieux cuir de Cordoue, sont remarquables, les plafonds décorés avec goût ; les cheminées style renaissance, monumentales ; la salle à manger, luxueuse. Puis la chambre à coucher de Wrangel. La grande salle royale, unique en son genre, se distingue par son plafond en stuc représentant tous les animaux de la création. La bibliothèque a 30.000 volumes.

Après trois heures passées sur ce beau lac azuré, nous voici à Upsala, la ville universitaire du royaume de Suède, paisible séjour d'études, qui a pendant vingt ans abrité Linné dans ses murs. Elle était célèbre entre toutes les autres villes du Nord, cette Upsala dont le nom rappelle la Walhalla où trônaient les dieux de l'antique Scandinavie. Périodiquement, depuis un demi-siècle, les Universités de Copenhague, de Christiania, de Lund et de Helsingfors, se réunissent à Upsala. Elles célèbrent, par des fêtes, l'union intellectuelle des races du Nord : cet usage date de 1837. Le détroit qui sépare la côte danoise de la côte suédoise était gelé ; les étudiants de Lund profitèrent du pont que la nature voulait bien leur offrir pour aller rendre visite à leurs camarades de Copenhague. Ceux-ci avaient eu la même idée ; au milieu du détroit, sur la glace, ils se rencontrèrent. Les querelles d'antan furent oubliées : on scella une alliance d'amitié éternelle ; ou but à la durée du rapprochement. Il fut convenu que les camarades de Christiania, d'Upsala et d'Helsingfors, seraient conviés à la première réunion. Ce qui fut dit fut fait, et, depuis 1837, les cinq Universités se réunissent à Upsala. Pendant ces solennités universitaires, les rues si calmes deviennent bruyantes. De tous côtés, on ne voit que des casquettes multicolores. Dans les banquets, les étudiants parlent d'union morale et littéraire, union qui s'est réalisée il y a quarante ans, quand le poète suédois Tegnér a couronné de laurier le Danois Œlenschlager dans la cathédrale de Lund, aux acclamations enthousiastes de la jeunesse des deux pays.

En 1885, l'éclat des fêtes d'Upsala a été rehaussé par la présence des étudiants finlandais de l'Université d'Helsingfors. Leurs camarades ont tenu à ce que les étudiants de la Finlande annexée à la Russie fussent représentés parmi eux. Le gouvernement russe accorda l'autorisation demandée. Désormais ils reçoivent leurs camarades avec bienveillance et leur offrent une large hospitalité. Chaque étudiant d'Upsala loge un Danois, un Finlandais et deux Norvégiens. Comme l'Université d'Oxford, Upsala n'a d'autres monuments à montrer que des églises, des collèges, des bibliothèques. Toute la ville est une librairie.

Upsala a dû reconstruire sa célèbre bibliothèque, l'antique Carolina, devenue la Carolina rediviva. Le monument avait eu à subir les ravages de l'incendie. Fondé par le roi Charles IX, il fut réédifié par Charles XIV-Jean. Ce temple dédié à l'érudition contient 200.000 volumes. Toutes les formes du livre y sont représentées. Parchemins, manuscrits, brochures et missels sont alignés, ainsi que le fameux *Codex argenteus* qui date du Ve siècle et que les Suédois ont pris à la guerre de Trente ans. Ils le gardent avec orgueil ; pour eux, c'est un trophée et une fortune. Au-dessus des salles d'études, la grande salle de bal. Dans les parcs, apparaissent çà et là, à demi cachés par des feuillages, des bâtiments de nuance rose tendre : ce sont les collèges où se donne l'instruction secondaire ; ces constructions baignées d'air et de lumière douce entourées de fleurs, réjouissent la vue. A Paris, nos lycées à l'aspect morose ont trop souvent l'air de prisons ou de casernes.

On rencontre, à Upsala, des étudiants de vingt-cinquième année ; ces passionnés de science se vouent à une vie de labeurs et de recherches. A Paris, nous avons aussi de ces étudiants de longue date ; mais ils ont embrassé la profession d'étudiant à perpétuité pour se dispenser d'en chercher une autre.

Les rues tirées au cordeau sont parfaitement entretenues. Les maisons, à un étage, sont spacieuses ; elles ont un air de propreté bourgeoise. La rivière de la Fyrisa coule du nord au sud. Nous passons devant la statue de Linné pour arriver à la cathédrale. Cette basilique est le plus vaste édifice gothique de la Scandinavie ; c'est l'œuvre d'un architecte français, Etienne de Bonneuil. Commencée en 1260, elle ne fut terminée qu'en 1435. L'architecte parisien prit pour modèle Notre-Dame de Paris. Comme grandeur, elle est la quarante-huitième des églises de la chrétienté ; sa longueur est de 370 pieds sur 141 de largeur et 115 de hauteur. C'est l'incendie de 1702 qui l'a le plus endommagée. Les deux tours de l'ouest, qui mesuraient primitivement 120 mètres, ont été reconstruites au tiers de leur hauteur ; celle qui s'élevait au-dessus de la nef principale a été supprimée. Le portail du nord avec ses lignes élancées, sa belle rosace et les motifs de sa décoration, m'a fait grande impression.

La cathédrale d'Upsala est surtout intéressante par les dépouilles illustres et les tombeaux qu'elle renferme. C'est le Saint-Denis de la Suède. La sépulture de la famille Oxenstiern montre des blasons et des trophées ; puis la chapelle où repose Gustave Vasa, couché entre ses deux premières femmes, la tête reposant sur un coussin de marbre ; il a le glaive au côté. Sa troisième femme, Catherine Stenbock, a été déposée dans le caveau correspondant. A côté, la chapelle où repose Linné, le grand botaniste, qui n'a pas voulu d'épitaphe sur sa tombe. Le maître-autel est une copie de celui de Notre-Dame-de-Lorette. Autrefois, on faisait dans cette cathédrale le sacre des rois. Dans le chœur, une châsse en argent renferme la tête et les os de saint Eric, le roi de Suède qui eut la tête tranchée. Dans la chapelle de Jean III, les deux mausolées élevés à sa mémoire et à celle de la reine Catherine Jagellonica sont décoratifs, mais un peu trop chargés. Dans la sacristie, le trésor renferme de belles pièces d'orfèvreries, des reliquaires, chasubles, aubes, mitres et vases sacrés du temps du catholicisme, les vêtements que portaient les Sture au moment où ils furent massacrés par ordre d'Eric XIV. La légende dit qu'une goutte de sang du roi étant tombée en cet endroit la source de Saint Eric en jaillit aussitôt. A côté, l'église de la Trinité est plus vieille encore.

L'Université est une grande construction nouvelle. Elle fut fondée par Sten Sture, en 1477, et le nombre des étudiants à notre époque est d'environ 2.000. On compte 50 professeurs titulaires et autant de professeurs libres. La salle d'audience et des professeurs sont splendides, elles méritent d'être visitées. Les étudiants d'Upsala appartiennent à 13 nations ou groupes, qui ont chacune un cercle à elle et qui sont administrées par un comité d'*anciens* élus par les membres. Les duels sont défendus sévèrement par une loi de 1682. L'étudiant suédois se contente de chanter, il s'est acquis dans cet art une réputation universelle.

A trois quarts d'heure de la ville, le château qui a été ravagé par un violent incendie en 1702 ; il ne reste plus que les vestiges du temps où les Vasa l'habitaient. Rebâti en partie seulement, il sert aujourd'hui de résidence au gouverneur de la province d'Upsala.

Le chemin de fer nous ramène à Stockholm. Après le dîner, nous allons passer la soirée au Stromparterren, café-concert adossé au pont du Nord. Une foule énorme est venue pour entendre des musiciens italiens de passage, qui doivent y donner huit concerts. Les mille globes de gaz disposés en guirlandes ajoutent un éclat féerique à ce concert en plein air. L'établissement étant situé au bord de l'eau, le propriétaire fournit aux spectateurs, quand les soirées sont trop fraîches, des couvertures de laine dans lesquelles on s'enveloppe sans façon. Toujours pratiques les Suédois !

LE MUSÉE RÉTROSPECTIF DU NORD

Mardi, 14 juillet ! A neuf heures du matin, nous arrivons au Musée du Nord installé dans trois maisons de la Drottninggattan. Les antiquités, entassées dans des locaux étroits et incommodes, pourraient remplir un palais. Cette collection ethnographique, due à l'initiative privée, se rapporte à tout ce qui concerne la vie du peuple et surtout des paysans. Y figurent des intérieurs de maison complets, classés par district. C'est l'œuvre du Dr Hazelius (1873). La surveillance en est confiée à de jeunes Dalécarliennes vêtues du costume national des différentes provinces. Ces jeunes filles, à l'air réservé, laissent les visiteurs aller à leur gré parmi toutes ces richesses. L'une des trois maisons consacrées à la Norvège et au Danemark, est un véritable musée rétrospectif ; j'y ai remarqué des pièces bien curieuses : entre autres, la planchette sur laquelle les préposés de village marquaient les contraventions commises, dans le courant de l'année, contre les règlements de police communale ; une massette de sonnerie de 1751, qui était envoyée de maison en maison pour commander la sonnerie des cloches de l'église à l'occasion des décès royaux ; des cors au moyen desquels le préposé convoquait aux assemblées ; des fouets de plomb, armes terribles, qui jouaient un rôle important dans les batailles ; des serrures en bois, des vases. Dans les vitrines, des parures, objets de toilette qui servaient aux fiancées ; des bâtons, avec le calendrier sur les quatre faces, remarquables par leur sculpture ; des vases-attrape avec un trou dissimulé (celui qui ne le voyait pas ne pouvait pas boire) ; une hachette en pierre que l'on suspendait au cou des enfants rachitiques ; la baguette divinatoire, branche fourchue de sorbier, qui servait à la recherche des trésors (elle sert actuellement à celle des sources d'eau) ; et, enfin, des pierres réputées miraculeuses que l'on suspendait pendant neuf jours au cou des enfants malades.

Nous visitons ensuite la maison du n° 71 de la rue Drottninggattan. Parmi les objets finlandais et finnois, des cordes tressées avec l'écorce du bouleau. Dans les vitrines, des costumes, des couronnes de fiancées, des hameçons en bois, des ustensiles de colon suédois en Esthonie et en Livonie, des cuillers en os de renne qui servent aux Lapons. Dans les salles n°s IV et V, des costumes du Schleswig-Holstein, des sièges, des bahuts des XVIIe et XVIIIe siècles ; le traîneau dont s'est servi Charles XII lors de sa dernière campagne en Norvège ; le pain de disette qui était préparé avec de l'écorce d'arbre. Parmi les objets des Lapons, divinités, fétiches et tambours de sorciers, les bâtons ou aiguillons remplaçant le fouet (c'est avec cet instrument que les Lapons excitent le renne attelé pour lui faire prendre le galop), des traîneaux de Lapons et d'Esquimaux. Dans la section du Groënland, des poupées confectionnées par les Esquimaux. Parmi les meubles, un des plus curieux est le coffre-fort qui servait aux cordonniers de Stockholm ; une série d'objets en étain ; des panneaux, des armures du style gothique et de la Renaissance.

Les céramiques, poteries et plats des salles n°s XII et XIII datent de 1644 et de 1690. Salle XVIII, une table richement décorée, sculptée et dorée, provenant des salons du duc Alphonse-Frédéric ; une autre qui servit de table de campagne à Gustave III. La partie religieuse occupe aussi une grande place ; les plus belles pièces des salles XXII et XVIII sont de véritables chefs-d'œuvre. Des diptyques et des triptyques richement sculptés ; des verges avec lesquelles les bedeaux d'église réveillaient pendant le service divin les ouailles endormies. A côté, un bahut, avec garniture en fer, du XIIIe siècle, représente la légende de saint Hubert. Sous le n° 52, une armoire sculptée. Un coin de ce capharnaüm représente un véritable musée Grévin : des personnages en cire, de grandeur naturelle, donnent une idée parfaite des scènes d'intérieur, comme la *Lecture de la Bible*, *la Présentation du fiancé à sa promise*, les *Cadeaux offerts à la mariée*, le *Baptême*.

La visite du deuxième étage, pour les amateurs d'antiquités, est très utile à faire. De tous côtés sont entassés — au point qu'on ne sait plus où les mettre — des objets rétrospectifs. Pour examiner en détail tous ces bibelots, il faudrait passer des journées entières. Je citerai seulement la voiture d'enfant du roi Charles XV, la chaise à porteurs de la reine Christine, les costumes nationaux suédois créés par Gustave III, le piano qui a appartenu au compositeur suédois Adolphe Lindblad, les chapeaux en fer d'Helsingland ; un tableau de l'artiste Reichenbach, représentant la *Punition d'une mégère au XVIe siècle*. Le comte de Reichenbach a fait don de son œuvre au Musée. Puis des tissus, broderies, parures, armes, uniformes, harnais, bijoux, miniatures, etc.

Dans la division historique, on a placé la tunique en peau d'élan que portait le roi Charles XV, un fauteuil doré dont les broderies ont été faites par la reine Louise de Suède, le costume du célèbre chimiste Berzelius, la première mitrailleuse faite par l'inventeur Palmkrantz, ingénieur suédois, une machine à calculer de Schentz, les palettes et les pinceaux du peintre suédois Egron-Lundgren, les ciseaux des sculpteurs Sergel, Thorwaldsen et Molin, les bâtons de messager qui servaient pour la publication officielle des décrets, et dont le transport de commune à commune constituait une obligation à la charge des paysans. Ces derniers, après avoir pris connaissance du contenu, devaient déposer le rouleau en fer blanc qui contenait les actes à un point déterminé du chemin conduisant à la commune voisine, où les paysans étaient tenus d'aller le chercher.

Une des collections offrant aux visiteurs un certain intérêt est celle des hanaps à bière, en bois ; leur contenance varie d'un à deux litres que, d'un seul trait, les rois vidaient. Il y en a de tous les genres et de toutes les formes. Les bâtons ou brouillons de communes avec des entailles et des chiffres désignaient la totalité des corvées faites pour les besoins des communes.

Ces pièces de comptabilité primitive, qui datent de 1751, sont encore usitées en Dalécarlie ; les massettes de chèvres portent l'inscription : *Aujourd'hui, c'est à toi de garder les chèvres. Gare !* Cette massette était envoyée au paysan désigné pour la garde des troupeaux du village. A côté, une autre massette qui sert encore pour la corvée de l'enlèvement des neiges ; enfin, pour terminer la longue énumération, encore incomplète, je citerai, dans une vitrine de la salle n° VII, une corne de bœuf avec l'inscription : *Félicitations à la mariée*.

Un jour, à la première publication des bans, une fiancée tomba et se cassa les jambes ; de là vint la coutume de présenter aux fiancés, sur un coussin, un bâton et une petite béquille qui doivent les préserver de l'accident.

Ce musée, le plus intéressant, renferme des collections très complètes d'ustensiles de ménage, des costumes, des tapisseries, etc., de toutes les provinces de la Suède depuis le commencement de l'histoire du pays. Les intérieurs des habitations dans chaque province ont été fidèlement reconstitués et donnent une idée précise et frappante de la vie des ancêtres. Il y a aussi les collections les plus complètes des objets de la Norvège, de la Finlande, du Danemark, de l'Islande, des meubles, des traîneaux, des voitures, des boiseries anciennes.

C'EST LE 14 JUILLET !

Cette date nous rappelle la fête nationale. N'oubliant jamais la France, surtout quand j'en suis éloigné, j'avais, dès le matin, commandé chez une bouquetière, l'Isabelle de Stockholm, des cocardes tricolores. Au déjeuner, je les remis à mes compagnons de voyage, en leur disant : *Loin de la mère-patrie, notre pensée doit aujourd'hui s'envoler vers la France dont la date du 14 juillet marque la fête nationale. A vous, Mesdames, qui parmi vos vertus comptez le patriotisme le plus élevé, de former des vœux pour le bonheur, la prospérité et la grandeur de cette France que nous aimons tant !*

En nous rendant à la Bibliothèque, nous eûmes l'idée d'aller déposer nos cartes à l'ambassade de France. A notre grande stupéfaction, M. l'ambassadeur avait profité de ce jour de fête pour aller à la campagne. Je pensai qu'en ce jour de fête nationale, les ambassadeurs et les consuls feraient bien d'attendre et de recevoir les compatriotes qui, par amour de la patrie, viennent leur rendre visite.

Pour arriver à la Bibliothèque, nous traversons le tunnel qui relie les deux quartiers. Comme le Musée Plantin d'Anvers, la Bibliothèque nationale de Stockholm, construite en 1870, renferme de précieux et rarissimes documents. La collection de missels, manuscrits, bibles, livres reliés en parchemin, est intéressante à examiner. Les livres religieux avec enluminures sont de grande valeur; plus de 300.000 volumes et de 8.000 manuscrits y sont réunis, ainsi que des livres de grande rareté pris pendant la guerre de Trente ans et 300 parchemins des XIe et XIIe siècles. Dans les autographes, je remarque des lettres de Voltaire et de Linné.

Derrière la Bibliothèque, le *Parc de Linné*, avec la statue du grand botaniste, entourée des statues allégoriques de l'Agriculture, de la Médecine, de la Botanique et de la Zoologie.

Le palais de l'Académie des sciences possède un bloc de fer qui pèse 20 tonnes ; il a été rapporté par Nordenskjold de l'île de Disco sur les côtes occidentales du Groënland. Pour éviter que le temps finisse par désagréger ce bloc, on l'a mis dans un récipient plein d'eau ; la rouille qui se produit a donné à l'eau une nuance saumon. La collection des animaux est aussi fort intéressante. Nous nous promenons au milieu de ce monde de bêtes empaillées de toutes les espèces et de toutes les formes.

DE STOCKHOLM A COPENHAGUE

Le mardi soir, le train nous emportait vers Malmö. Les 155 lieues, — grâce au sleeping-car qui ne coûte, pour une nuit, que cinq krones de supplément, — furent parcourues sans fatigue.

L'imagination du fabricant de ces maisons roulantes a été féconde ; les wagons, aussi luxueux que commodes, ne peuvent être comparés qu'à ceux qui sont fabriqués, en Amérique, par Pullmann. La compagnie parisienne des wagons-lits devrait bien s'inspirer des modèles suédois ; sous le rapport de la propreté et de la commodité, elle a beaucoup à faire. Les wagons suédois sont divisés par compartiments pour deux personnes. Ce sont de petits salons reliés par une porte, qu'il suffit de tirer pour être seul ou de laisser ouverte si les deux lits sont occupés par le mari et la femme ; c'est simple et pratique. Vous êtes seul ; vous n'êtes pas, comme dans le sleeping français, exposé à entendre, à côté ou au-dessus de votre tête, un monsieur qui ronfle toute la nuit. Le matin, le préposé retourne le lit qui devient canapé ; le long de la porte une table mobile; dans les coins, des coussins, une glace, des patères, jusqu'à la carafe d'eau frappée, souvent renouvelée. Pendant le parcours, des femmes suivent le train jusqu'au *terminus* de la ligne, essuyant les glaces, et brossant les banquettes. Allez donc trouver ces attentions-là au pays où les Compagnies ne connaissent que la routine. Peu importe le bien-être du voyageur ; il n'est qu'une quantité négligeable. Allez en Amérique ; le bétail y voyage plus confortablement que le public en France. A Chicago, les animaux descendent du train à la porte même de leur domicile. Les chemins de fer français n'ont pas tant d'égards pour les voyageurs à deux pattes !

De Stockholm à Malmö, le trajet se fait à travers de riantes vallées et des plaines fertiles qui apparaissent toutes dorées par des moissons mûres ; et, toujours des lacs, toujours des lacs : la Suède est la reine des eaux. Le chemin de fer traverse la partie méridionale du Smoland ; c'est la vallée qui, la première, a entendu résonner la voix au timbre prodigieux de la blonde Christine Nilson.

A sept heures du matin, par un soleil radieux, nous arrivons à Malmö. De la gare au port d'embarquement, nous défilons comme un monôme d'étudiants entre les bons bourgeois désœuvrés et les pêcheurs qui fument paisiblement leur pipe ; ils sourient en reconnaissant des Français. Quels solides gaillards ! Leur taille est élevée, leur carrure puissante, la bonté est peinte sur leurs visages. M. C..., un bel homme de Normandie, paraît petit à côté de ces géants. Derrière nous, le guide accompagne les charrettes qui transportent nos bagages entassés en pyramides. Le Scandinave n'aime pas à courber l'échine ; il n'est pas comme le Turc, que l'on voit dans Péra gravir la côte, avec un piano sur le dos. A Constantinople, le transport des bagages est fait par des portefaix qui mettent sur leurs larges épaules les malles les plus lourdes ; d'où la légende : « fort comme un Turc. » En Suède, le portefaix est inconnu ; la charrette transporte, mais l'homme ne porte pas.

Malmö est une jolie petite ville bâtie au bord du Sund qui sépare la Suède du Danemark. L'Hôtel de Ville monumental a été construit dans le style hollandais de la Renaissance. Au milieu des briques rouges, les pierres de taille qui forment encadrement sont d'un bel effet. A côté, la résidence où le roi Charles XV fut ramené agonisant d'Aix-la-Chapelle ; il mourut le 18 septembre 1872. Au deuxième plan, l'ancienne forteresse de Malmohus. Le port est mouvementé.

A peine sommes-nous embarqués sur le *Gjedser* que notre premier acte est de réclamer à déjeuner : une nuit en chemin de fer, ça creuse l'estomac !

Quinze minutes après, M. M... l'intrépide et moi nous reprenons nos places sur le pont. Le temps est beau, la mer est calme, et l'horizon si clair que nous voyons jusqu'à la pointe de Faloterbo. Les navires à vapeur, les bateaux à voiles, les chaloupes de pêcheurs vont et viennent dans tous les sens, les marsouins sautent ; tout anime le tableau que nous contemplons. Nous approchons des eaux danoises, et tout à coup nous voyons surgir du sein des flots — tant la terre, en raison de son faible relief, paraît se trouver à un niveau inférieur à celui de la mer, — la pointe de l'île de Saltholm ; puis, après l'avoir dépassée, les premières lignes de la Sjœlland, qui peu à peu se dessinent plus nettement. Après les grands arbres, qui couvrent les glacis de la citadelle de Copenhague, apparaissent les premiers monuments, la Bourse, ainsi que la curieuse Tour de Saint-Sauveur, de style oriental, autour de laquelle s'enroule en escargot un escalier doré, d'un bizarre effet. La traversée, par beau temps, dure deux heures. Elle est charmante, car le soleil, en frappant la crête des lames, qui se sont faites toutes petites, projette des paillettes d'or sur le vert sombre des ondes profondes. Je dis profondes, parce que la Baltique est la mer qui présente les fonds les plus bas. On cite des profondeurs de douze, quinze cents et trois mille mètres.

De grands vaisseaux transportent des trains entiers d'un pays à l'autre. Ce sont des sortes de bacs dont les dimensions à première vue surprennent un peu. Quelques barques aux voiles rouge brique tirent des bordées et louvoient au plus près pour gagner la rade de la capitale danoise qui se dessine déjà clairement. Le fort de *Tre Kroner* (Trois Couronnes) en défend l'entrée : on dirait le mont Valérien transporté en pleine mer. Une série d'ouvrages fortifiés protègent l'entrée du port, qui ne doit pas être commode à forcer.

Copenhague s'écrit Kjœbenhavn. Il est évident qu'en voyant ce nom sur une carte, un Français ne devinerait pas qu'il s'agit de la capitale du Danemark. La citadelle de Frederikshavn commande l'entrée du chenal.

Le vapeur pénètre dans la rade, il défile devant tous les bâtiments alignés les uns derrière les autres. Notre guide, toujours à la recherche de points de vue intéressants et de la grande lumière, sort son instantané, presse le ressort et peut ajouter l'image du port à sa collection. C'est un bon client pour Lumière ; c'est la quatre-vingt-dixième plaque qu'il emploie.

Un yacht russe est à l'ancre dans les eaux danoises ; nous passons devant les vaisseaux de la marine pour arriver à Orlogshavn, port de guerre que délimite une enceinte de bois flottants rattachés à des bouées. Dans le bassin, des monitors, des batteries flottantes, des torpilleurs attendent. Un grand vaisseau, glorieux débris du passé, rappelle aux générations les souvenirs de la flotte du commencement du siècle. Nelson vint à deux reprises différentes forcer l'entrée de la rade et semer la destruction ; derrière se trouvent les arsenaux. Le *Gjedser* accoste au coin de Havnegad, qu'il suffit de traverser pour passer la visite de la douane.

Le guide explique au directeur que nous sommes des excursionnistes français. Aussitôt, cet aimable fonctionnaire donne ordre à ses subalternes de laisser passer nos bagages sans les visiter.

Après trente-quatre jours de pérégrinations à travers la Suède et la Norvège, nous étions de retour à l'hôtel Dagmar. Pour occuper la matinée, je me fais conduire dans la banlieue, à Frederiksborg, château royal construit au commencement du XVIIIe siècle sous le règne de Frédéric IV. Celui de Bernstorff a reçu la visite, cette année, de l'empereur de Russie Nicolas II. L'après-midi nous ne trouvons rien de mieux à faire que de retourner à Skodsborg. Cette plage mondaine est si agréable qu'on éprouve toujours grand plaisir à y passer quelques heures.

DE COPENHAGUE A BERLIN

De Copenhague à Berlin la distance est de 116 lieues ; le voyage en chemin de fer et en bateau dure onze heures. A Mastensund, le train vient se raccorder sur des rails placés sur un bateau, afin d'effectuer la traversée du Sund. A Oaarhued, île de Falster, le train est remis sur la voie pour continuer sa route jusqu'à Gjetser. A la gare, les voyageurs trouvent un autre bateau pour les conduire à Warnemünde ; la traversée sur la Baltique dure deux heures. A la descente du bateau, notre guide nous fait ses adieux pour retourner à Christiania. Chacun fait un petit don à cet excellent homme, qui a été d'un dévouement sans égal ; bien souvent, par sa jovialité, il a su dérider nos fronts moroses ; avec ses *certainement,* il fixait la gaîté.

Warnemünde fait partie du grand duché de Mecklembourg, c'est une petite ville sur les bords de la Baltique. Nous apercevons les casques pointus des Prussiens poindre à l'horizon ; le guide allemand est venu de Berlin à notre rencontre. Monté avec moi dans le compartiment, il se met à me raconter que, pendant neuf ans, il a habité Paris ; il était, me dit-il, propriétaire d'un café, avenue de l'Alma. A six heures, nous sommes à Rostock. Un de nos aimables compagnons de voyage, M. de S..., nous quitte pour rentrer à Paris en passant par Hambourg. De Rostock à Berlin, le chemin de fer traverse des plaines immenses d'une grande fertilité ; céréales, betteraves, pommes de terre et houblon poussent à plaisir. Le pays est très giboyeux ; les lièvres et les chevreuils courent à travers les sapinières. Dans cette région se fait aussi l'élevage des chevaux. Le grand-duché de Mecklembourg est une des provinces fertiles de l'Allemagne. La culture de la vigne y a pris depuis quinze ans un développement considérable. A neuf heures du soir, nous arrivions en gare de Berlin : c'était ma troisième visite de la capitale de la Prusse.

LA FRANCE ATTEND L'ARME AU BRAS !

La première fois que je vins à Berlin, c'était en 1879. A cette époque, c'est à peine si les Français osaient s'aventurer dans la ville germanique. Je me rappelle y avoir été bien souvent regardé par des yeux menaçants, lorsque je me trouvais à table d'hôte ou dans les brasseries. La vue d'un Français était désagréable à ces Prussiens haineux ; on sent que l'Alsace-Lorraine sera toujours l'abîme profond qui séparera les deux peuples. En attendant, les deux nations épuisent leurs forces, diminuent leur vitalité dans l'entretien perpétuel d'armées colossales. Avec nos cinq milliards, l'Allemagne a fondu des canons, fabriqué des fusils, créé des régiments ; elle se tient prête pour l'offensive en cas de guerre. Dieu seul sait quand l'heure sonnera. Les statistiques démontrent bien les efforts surhumains tentés par nos ennemis pour se rendre invulnérables. Le seront-ils malgré leur surveillance de tous les instants ? L'Allemagne militaire est puissante, l'Allemagne industrielle est redoutable. L'homme néfaste, sans scrupules, qui, en falsifiant la dépêche d'Ems, fut cause de la guerre sanglante de 1870, a continué de répandre son venin sur la France généreuse qu'il a mutilée. Ce Machiavel allemand, aux yeux de faucon, a roulé tour à tour la France, l'Autriche, la Hongrie, l'Italie. Il voulait aussi prendre dans ses filets le grand monarque Alexandre III, espérant ainsi l'attirer vers la Triplice ; mais il trouva chez le Souverain Pacificateur une résistance qu'il ne soupçonnait pas. Le Tsar sut un jour répondre à l'homme néfaste qui paraissait vouloir s'immiscer dans la politique russe en Asie : « Pour me mouvoir en Asie, je n'ai d'ordres à recevoir de personne ».

La reconnaissance n'est un fardeau que pour les âmes envieuses et basses. Si la France apprit à supporter l'ingratitude, elle apprit aussi à la détester. Nous, dont la protection et l'alliance n'ont été payées au jour du malheur que par l'indifférence et par l'abandon, nous n'oublierons jamais d'où nous vint, en face des inimitiés que nos désastres même n'avaient point apaisées, la sympathie dans le deuil, l'appui tutélaire dans la détresse suprême.

Que se passerait-il si nous avions la guerre ? Nul ne peut le prévoir. Chacune des deux nations voit annuellement son budget augmenter. Le budget de l'Allemagne, pour 1896, s'élève à la somme de 1.511.882.100 francs ; celui de la Russie, à 1.044.188.528 francs ; tandis que celui de la France, qui, en 1870, était de 1.716.730.865 francs, s'est accru, en vingt-cinq ans, jusqu'à la somme fantastique de 3.392.511.841 francs, chiffre officiel pour 1896, et de 3.522 millions pour 1899 ! Le budget français subit une augmentation de 1.805.269.135 francs qu'il faut demander aux contribuables ; la France est écrasée par le fardeau pesant de sa dette, la plus considérable de celles des puissances du monde, puisqu'elle a dépassé 33 *milliards !!* pour 38 millions d'habitants, soit 854 fr. par tête. En 1789, la dette publique était de 3 milliards ; en un siècle elle a augmenté de 30 milliards ! Seul, le budget de la guerre et de la marine atteint 927 millions.

La dette de la Russie, qui vient après, est de 18 *milliards* 312 *millions* pour une population de 129 millions d'habitants. Celle de l'Angleterre, de 16 *milliards* 425 *millions* pour une population de 38.750.000 habitants. Celle des Etats-Unis d'Amérique, de 12 *milliards* pour une population de 66.243.600 habitants. Celle de l'Autriche-Hongrie, de 16 *milliards* 50 *millions* pour une population de 43.600.000 habitants. Celle de l'Allemagne, de 13 *milliards* 764 *millions* pour une population de 51.800.000 habitants. Celle de l'Italie, de 10 *milliards* 500 *millions* pour une population de 30.550.000 habitants.

L'Amérique du Nord voit son commerce extérieur se chiffrer par plus de 10 milliards ! La fortune des Etats-Unis, pays des dollars, est de 325 milliards de francs ; celle de l'Angleterre, de 250 milliards ; au troisième rang, vient celle de la France, avec 230 milliards, dont 151 milliards pour la fortune immobilière et 79 milliards pour la fortune mobilière. La propriété bâtie représente 91 milliards 1/2 ; la propriété non bâtie, 49 milliards 1/2. La fortune mobilière se compose de 24 milliards de rentes françaises, 30 milliards de valeurs étrangères ; 20 milliards d'actions et obligations de chemins de fer ; 5 milliards d'actions de banque, d'actions et obligations du Crédit Foncier et de la Ville de Paris ; 4 milliards de dépôts dans les caisses d'Epargne, etc.

En France, chaque citoyen paye 3 fr. 65 d'impôt pour les frais de l'instruction et 20 fr. 80 pour les frais de l'armée et de la marine. L'Allemagne, comme la France, s'est imposé, pour son armée, les plus lourds sacrifices. Elle a le fusil Mauser ; la France a le fusil Lebel qui est, paraît-il, supérieur pour la portée. La Russie avait le fusil Berdan ; elle l'a remplacé par le fusil Mossine, du calibre de 7^{mm}62, à magasin de cinq cartouches. Nous savons très bien que les Allemands affectent de dédaigner l'infanterie russe et de narguer leur cavalerie. C'est une fanfaronnade de pose ; car, si l'Allemagne se trouvait en présence de la Russie, il faudrait qu'elle comptât avec ce peuple courageux et stoïque qui possède au plus haut degré les vertus militaires ; animé d'un ardent patriotisme, il a, de plus, pour l'Empereur un amour, une vénération profonde. Les soldats russes ont l'obéissance passive ; l'esprit de sacrifice les porte à des élans d'éclatante bravoure. Lorsqu'ils sont en face de l'ennemi, l'ordre de mourir est accepté sans peur et sans faiblesse. Ils tombent au poste où ils sont placés, pour Dieu et pour la Patrie, sans faire un pas en arrière. La mort peut moissonner dans leurs rangs, ils restent fermes à leur poste. Résignés aux privations, ils sont inaccessibles au découragement. Dans chaque soldat, il y a un apôtre chargé d'une mission invisible.

Le Slave est religieux, mystique, fataliste. Le Français est vif, impatient, enthousiaste, brave jusqu'à la folie, prompt à l'espoir, plus prompt encore au découragement, impressionnable et nerveux ; sa joie et sa tristesse dépendent du vin qu'il boit ou du rayon de soleil qui l'éclaire ; mais devant l'ennemi, sa bravoure est sans égale.

La Russie, qui compte officiellement 129.211.113 habitants, a le service militaire de cinq ans ; chaque classe ne compte pas moins de 800.000 conscrits. La progression de la population étant de 25 pour 1000, en 1900 elle atteindra 150 millions, et 200 millions en 1911. Elle pourrait mettre sous les armes, en temps de guerre, sans compter les troupes d'Asie, 2.411.073 combattants commandés par 51.353 officiers, avec 462.917 chevaux ; 106.191 voitures seraient affectées au service de la mobilisation ; elle dispose de 3.778 canons. Au total, la Russie peut armer, en temps de guerre, plus de 3 millions de combattants ; sa cavalerie de Cosaques, la plus audacieuse du monde, figure pour 300.000 hommes. *La Vie pour le Tzar !* tel est le cri de ralliement de cette immense armée russe, qui n'attend qu'un signe pour rejoindre l'armée de la France avec laquelle elle fraternise d'esprit et de cœur.

En Russie, les Juifs sont exécrés, méprisés ; dans l'armée, ils ne jouissent pas des mêmes privilèges qu'en France. Ils sont incorporés comme les autres citoyens, mais n'atteignent jamais l'épaulette. Pour devenir sous-lieutenants, ils sont tenus de se faire baptiser et d'abjurer ; sinon, on les raye des contrôles ; c'est la règle absolue. En Allemagne, ils ne dépassent jamais le grade de sous-officier. Quand donc la France aura-t-elle l'énergie d'en faire autant ?

Voici ce que nous écrivions dans le *Livre d'or de l'Alliance* :

Le Coût de la Paix armée.

Les six grandes puissances européennes entretiennent en temps de paix 2.894.000 officiers et soldats des armées de terre.

La Russie entre pour près du tiers dans ce chiffre, avec 893.900 hommes. L'Allemagne et la France viennent après, avec respectivement 580.500 et 568.600 hommes. L'Autriche-Hongrie possède une armée de 358.700 hommes. L'Italie et l'Angleterre, plus modestes, n'ont que 255.600 et 236.800 hommes.

C'est là le pied de paix, et ce n'est rien auprès des multitudes armées que les six grandes puissances pourraient mettre en ligne en cas de conflagration générale. Ces multitudes s'élèveraient au chiffre énorme de 18.770.000 hommes, dont 4.372.000 pour la France, 3.400.000 (exercés) pour la Russie, 5.100.000 pour l'Allemagne, 1.872.000 pour l'Autriche, 3.300.000 pour l'Italie et 733.180 pour l'Angleterre.

Pour l'exercice 1865-66, les dépenses d'ordre militaire pour la France, la Russie, la Confédération germanique, l'Italie, les Etats pontificaux, l'Angleterre, la Belgique, la Hollande et la Suisse s'élèvent à un total de 2.574.200.000 francs. La part de la France est de 371 millions pour la guerre et 89 millions pour la marine.

Lors de l'exercice 1869-70, nous voyons que le budget militaire de la France n'a que peu ou point varié ; il est de 376 millions pour la guerre et de 173 millions pour la marine. Après Sadowa, au contraire, de 1867 à 1869, la Confédération de l'Allemagne du Nord augmente progressivement ses effectifs et ses dépenses de guerre.

Après 1870, le budget de la guerre en France fait un bond énorme : dès 1874-75, il s'élève à 500 millions, sans compter 165 millions pour la marine. L'Allemagne ne dépense pour son armée que 444 millions. Pour l'exercice 1880-81, le budget de la défense nationale arrive, en France, au chiffre formidable de 800 millions, non compris la marine. Nous atteignons à cette date le point culminant de la folie des armements qui, depuis l'hégémonie bismarckienne, s'est emparée du monde civilisé. Le budget de la guerre russe est presque égal au nôtre : il s'élève à 758 millions. Le budget de l'Allemagne est de 452 millions, celui de l'Angleterre de 500 millions.

En 1886-87, la France rétrograde légèrement. Son budget de guerre n'est plus que de 664 millions. Par contre, la Russie augmente le sien qui monte à 824 millions. L'Allemagne reste à peu près stationnaire avec 480 millions. En 1897-98, c'est l'Allemagne qui est en hausse avec 731 millions, tandis que la Russie ne consacre plus à son armée que 758 millions, et la France 622. Les totaux des dépenses militaires en cet exercice — pour la France, la Russie, l'Allemagne, l'Autriche-Hongrie, l'Italie, l'Angleterre, la Belgique, la Hollande et la Suisse — sont de 4 *milliards 576 millions*, et si on les rapproche de ceux de l'exercice 1865-66, on constate une augmentation d'un peu plus de 2 *milliards de francs*.

Pour les grands Etats, cette augmentation a été de : 153 0/0 pour l'Allemagne, de 83 0/0 pour l'Italie, de 77 0/0 pour l'Autriche-Hongrie, de 68 0/0 pour l'Angleterre, de 64 0/0 pour la France et de 52 0/0 pour la Russie. Elle est plus sensible encore en ce qui regarde certains petits Etats neutres. Pour la Suisse, elle se traduit par 400 0/0, pour la Hollande, par 63 0/0, pour la Belgique, par 40 0/0.

En ne considérant que les dépenses *visibles* de la défense nationale inscrites chaque année dans les budgets régulièrement promulgués, la politique bismarckienne, depuis 1865, a coûté à l'Europe 45 *milliards de francs*, total dans lequel ne figurent point, encore une fois, les ravages économiques de toute nature que les guerres de 1866 et de 1870-71 ont causés dans le monde entier. Mais ce n'est pas tout. Il faut tenir compte de la perte que subit la productivité nationale, chaque fois qu'un homme est enlevé au commerce, à l'industrie ou à l'agriculture pour être incorporé sous les drapeaux. En calculant les augmentations d'effectifs depuis 1865, et en y joignant certains autres éléments de dépenses ou de pertes, on trouve, en sus de l'augmentation de 45 *milliards* de dépenses visibles dont on peut trouver trace dans les budgets réguliers, que la politique du chancelier de fer a coûté à l'Europe, sous diverses formes, plus de 4 *milliards de francs* par année. Cela représente, sur les chiffres de 1875, une augmentation de 400.000 hommes sur le pied de paix et de plus de 11 millions sur le pied de guerre. Et là dedans ne sont pas comprises les forces de mer, que l'on peut évaluer à 300.000 hommes, dont 133.000 pour l'Angleterre seule.

Voici maintenant pour l'année 1898 à combien montent les dépenses d'ordre militaire payées par les six grandes puissances :

```
France, 38.133.337 habitants . . . . . . . . . . . . . .   927 millions.
Russie, 129.211.113        —       . . . . . . . . . . .   918    —
Allemagne, 51.758.374      —       . . . . . . . . . . .   877    —
Autriche, 41.384.956       —       . . . . . . . . . . .   404    —
Italie, 30.724.897         —       . . . . . . . . . . .   337    —
Angleterre, 37.880.764     —       . . . . . . . . . . . 1.016    —
```

Depuis 1875 les dépenses annuelles ont augmenté :

```
Pour la France de. . . . . . . . . . . . . . . . . . . .   215 millions.
  — la Russie. . . . . . . . . . . . . . . . . . . . . .   118    —
  — l'Allemagne . . . . . . . . . . . . . . . . . . . .    399    —
  — l'Autriche . . . . . . . . . . . . . . . . . . . . .   101    —
  — l'Italie. . . . . . . . . . . . . . . . . . . . . .     89    —
  — l'Angleterre . . . . . . . . . . . . . . . . . . . .   359    —
```

Ce qui forme un total de 1.281 millions de dépenses supplémentaires. On voit par les chiffres ci-dessus que c'est l'Angleterre qui détient actuellement le record des dépenses militaires. Cela tient à l'extension considérable qu'elle donne à sa marine de guerre. La France a détenu, en 1880, ce record ruineux, alors qu'elle dépensait 1.015 millions, dont 801 millions pour l'armée de terre. Jamais une nation n'avait consenti à de tels sacrifices pour sa sécurité. C'est que l'on était en train de reconstituer le matériel de guerre, reconstitution rendue nécessaire, en 1875, par les menaces du faussaire Bismarck.

En cas de guerre, les Compagnies de chemins de fer allemands pourraient fournir à l'Etat, pour le transport des troupes, 10.296 locomotives, 18.305 wagons à voyageurs, 64.736 à marchandises et 136.092 découverts. Par contre, la France aurait à sa disposition 9.760 locomotives, 287.486 wagons à voyageurs, à marchandises et fourgons.

La Compagnie de Paris-Lyon tient la tête avec . . . . . 92.873 wagons et 2.443 locomotives.
— du Nord a . . . . 56.835 — 1.682 —
— de l'Est a . . . . 32.934 — 1.339 —
— d'Orléans a . . . . 31.857 — 1.331 —
— de l'Ouest a . . . . 28.324 — 1.470 —
— du Midi a . . . . 24.942 — 819 —
— de l'Etat a . . . . 16.201 — 530 —
Les lignes départementales ont . . . . 3.342 — 120 ....
La Ceinture a . . . . 1.172 — 16 —

Sur la question du transport des troupes, nous pouvons être rassurés. Examinons maintenant les forces navales des principales puissances. C'est, incontestablement, l'Angleterre qui occupe le premier rang. La France a encore de grandes dépenses à faire pour sa marine, afin de tenir tête à sa puissante ennemie.

ANGLETERRE

	Navires construits	Navires en construction		Navires construits	Navires en construction
Cuirassés	45	12	Porte-torpilleurs . . .	3	»
Croiseurs	105	29	Contre-torpilleurs . . .	77	48
Garde-côtes	15	»	Torpilleurs	101	»

De 1890 à 1900 l'Angleterre aura dépensé 2 milliards pour sa marine.

On sait que le gouvernement anglais se réserve d'utiliser, en cas de guerre, certains navires des compagnies postales qu'il subventionne. Voici les bâtiments à la disposition de l'Amirauté :

Cunard C°	Chevaux vapeur	Tonnage brut
Campania	30.005	12.950
Lucania	30.000	12.952

P. and O. Steam Navigation C°		
Himalaya	10.000	6.898
Australia	10.000	6.901
Victoria	7.000	6.091
Arcadia	7.000	6.188

White Star Line	Chevaux vapeur	Tonnage brut
Teutonic	16.000	9.984
Majestic	16.000	9.965

Canadian Pacific Railway C°		
Empress of India . . .	10.000	5.905
Empress of China . . .	10.000	5.205
Empress of Japan . . .	10.000	5.905

En outre, les paquebots suivants, appartenant aux mêmes Compagnies de navigation, sont également tenus à la disposition de l'Amirauté, sans subvention :

Cunard C°	Chevaux vapeur	Tonnage brut
Etruria	14.500	8.120
Umbria	14.500	8.128
Aurania	9.500	7.269
Servia	10.000	7.392

White Star Line		
Britannic	5.200	5.004
Germanic	5.200	5.008
Adriatic	3.600	3.888

P. and O. Steam Navigation C°	Chevaux vapeur	Tonnage brut
Britannia	7.000	6.061
Ocean	6.000	6.188
Peninsular	5.000	4.972
Oriental	5.000	4.972
Valetta	5.000	4.904
Manilia	5.000	4.902
Rome	5.000	5.545
Carthage	5.000	4.879
Ballaarat	4.500	4.748
Parramatta	4.500	4.756

FRANCE

	Navires construits	Navires en construction		Navires construits	Navires en construction
Cuirassés	29	6	Porte-torpilleurs	1	»
Croiseurs	34	15	Contre-torpilleurs	13	3
Garde-côtes	14	»	Torpilleurs	211	9

RUSSIE

Cuirassés	10	8	Porte-torpilleurs	4	1
Croiseurs	11	5	Contre-torpilleurs	17	5
Garde-côtes	12	4	Torpilleurs	152	20

ALLEMAGNE

	Navires construits		Navires construits
Cuirassés	24	Porte-torpilleurs	1
Croiseurs	14	Contre-torpilleurs	6
Garde-côtes	11	Torpilleurs	114

ITALIE

Cuirassés	15	Contre-torpilleurs	19
Croiseurs	22	Torpilleurs	141
Porte-torpilleurs	2		

ÉTATS-UNIS

Cuirassés	5	Contre-torpilleurs	2
Croiseurs	15	Torpilleurs	2
Garde-côtes	19		

LA MARINE RUSSE

Les effectifs de la marine russe sont fournis par les inscrits maritimes et les engagés volontaires. Le contingent annuel est de 5.000 à 6.000 hommes ; la durée normale du service est de quinze années, sept dans les équipages de la flotte et huit dans la réserve. La marine russe, comme toutes les marines, est en voie de transformation. Sa nouvelle organisation, qui date de l'année dernière, a eu pour but de renforcer le nombre des équipages de la flotte et de donner aux bâtiments une répartition conforme aux intérêts de la défense. La répartition nouvelle de ses unités navales est la suivante : 36 bâtiments de premier rang : 28 dans la mer Baltique et 8 dans la mer Noire ; 48 bâtiments de second rang : 38 dans la mer Baltique et 10 dans la mer Noire ; 88 bâtiments de troisième rang : 49 dans la Baltique, 27 dans la mer Noire, 7 dans la mer Caspienne et 5 à Vladivostok (division navale du Pacifique) ; 20 bâtiments de quatrième rang : 17 dans la mer Baltique et 3 dans la mer Noire. Parmi ces bâtiments on compte 11 cuirassés de 1re classe, dont 8 de plus de 10.000 tonnes ; 28 garde-côtes ou canonnières cuirassés. La flottille de torpilleurs russes occupe le troisième rang, comme nombre, parmi les marines européennes ; elle n'en a pas moins de 166. Elle possède en outre : 8 contre-torpilleurs de 400 à 600 tonnes, dont le plus grand nombre a donné une vitesse de 22 nœuds. A ces ressources il faut ajouter la *flotte volontaire* et celle de la *Compagnie de Navigation de la mer Noire*, qui pourront prochainement mettre en ligne une flotte commerciale de 18 à 20 navires, disposée pour recevoir de l'artillerie. Comme effectif de guerre, la marine russe peut avoir immédiatement 38.000 à 40.000 marins et fusiliers, et 10.000 à 12.000 soldats d'infanterie et d'artillerie de marine.

La flotte allemande d'aujourd'hui se compose de trois éléments que l'on retrouve à peu près partout : navires destinés aux campagnes lointaines, navires destinés aux opérations dans les mers d'Europe, navires de défense des côtes. Les premiers sont treize corvettes-croiseurs, cinq d'un type relativement ancien, telles que l'*Olga* et l'*Alexandrine*; huit plus récentes et plus fortes, bien que d'un moindre déplacement : le *Bussard*, le *Falke*, le *Geier*, etc. Les navires destinés aux opérations actives en Europe nous intéressent davantage Ce sont vingt-deux cuirassés de toutes classes, quatre grands croiseurs d'escadre et huit avisos rapides.

En voici l'énumération :

Quatre beaux cuirassés neufs, de 10.000 tonnes : le *Wörth*, le *Wissemburg*, le *Brandeburg*, le *Kurfürst Fr.-Wilhelm*. Trois cuirassés à tir réduit ou à batterie, plus anciens mais refondus : le *König-Wilhem*, le *Deutschland* et le *Kaiser*, navires de 8 à 9.000 tonnes. Deux navires à tourelles, d'une valeur médiocre, le *Preussen* et le *Friedrich-der-Grosse*. Quatre grands « garde-côtes offensifs », si tant est que ces mots ne jurent pas ensemble : le *Baden*, le *Sachsen*, le *Würtemberg*, le *Bayern*. Un cuirassé de croisière ou de station lointaine, qui n'a jamais pu remplir sa destination, l'*Oldenburg*. Huit petits cuirassés de 4.000 tonnes, qui sont le grand succès de la marine allemande. Ces navires ont été construits pour assurer la défense des deux issues du canal maritime, c'est-à-dire l'estuaire de l'Elbe et la baie de Kiel. Ils filent 16 nœuds et sont armés de 3 canons de 24 centimètres de long, sans parler des pièces moyennes à tir rapide. Ils s'appellent : le *Siegfried*, *Beowulf*, *Odin*, *Ægir*. Les quatre croiseurs sont : l'*Irène*, la *Prinzessin-Wilhem*, la *Kaiserin-Augusta* et le *Geffion*. Parmi les huit avisos, les meilleurs sont le *Jagd*, la *Wacht*, le *Komet*, le *Meteor*.

Pour veiller à la défense immédiate des côtes et des ports, les Allemands possèdent, outre un bon nombre de vieux navires spécialisés, 13 canonnières cuirassées et 110 à 120 torpilleurs, dont une dizaine de torpilleurs divisionnaires, qui sont de vrais avisos. Sur ces 120 torpilleurs, il faut en compter 60 capables de tenir la haute mer et, par conséquent, d'accompagner les escadres d'opération. Ils leur serviraient à la fois d'éclaireurs et d'estafettes, tout en jouant au besoin leur rôle dans la mêlée finale du combat.

Le mouvement commercial allemand se développe avec une grande rapidité. Là, où l'Angleterre est commercialement vulnérable, notre voisine de l'Est le devient à son tour, et chacun de ses progrès l'expose davantage aux effets de la même tactique. « Sur tous les points du globe, l'Allemagne a engagé une lutte acharnée contre le commerce anglais et le commerce français. Ses comptoirs se multiplient, ses relations commerciales s'étendent, les représentants de son industrie lui ouvrent chaque jour de nouveaux débouchés. Elle a le sentiment que, dans cette lutte à outrance, elle doit se tenir prête à défendre le pavillon qui flotte sur ses vaisseaux marchands. » Par conséquent, de ce côté encore, la situation nous impose d'avoir des croiseurs en grand nombre.

Mais il est une autre classe de navires dans laquelle les Anglais ont sur nous une effrayante supériorité numérique : ce sont les contre-torpilleurs. Ils en comptent 77 à flot et 48 en construction. Nous, nous n'en avons qu'un nombre dérisoire : 13 à flot, 3 en chantiers. Et encore faut-il ajouter que, parmi ceux qui flottent sur nos rivages, nous en comptons six anciens, peu rapides par conséquent, alors que nos voisins n'ont presque que des modèles récents doués d'une grande vitesse, auxquels ils donnent le nom de *torpedoboat destroyers* (destructeurs de torpilleurs).

En raison de son infériorité, la France doit s'imposer de nouveaux sacrifices, afin de pouvoir lutter avec ses ennemis : l'Allemagne, d'un côté ; l'Angleterre, de l'autre. Dans cette course folle des armements, il y aurait pour l'Allemagne une nécessité absolue de faire garder ses frontières par trois corps d'armée contre une attaque éventuelle de la Russie ; l'infériorité de l'Autriche est évidente. Cette puissance est enchaînée ; elle doit à sa propre existence de barrer quand même la route de Constantinople à la Russie. La Russie, au contraire, a la mission sacrée de chasser les Turcs d'Europe : ce qu'elle ferait sans coup férir, si l'Autriche s'engageait pour soutenir son frère allemand dans sa lutte à mort avec la France. En cas de conflit, l'Allemagne serait encore obligée de laisser des troupes dans le Schleswig-Holstein ; sans quoi, les Danois profiteraient des circonstances pour reconquérir ce duché qui leur a été si odieusement enlevé ; ils auraient bien raison.

J'ai causé avec des officiers danois, et suis fixé à ce sujet. Il existe entre le Danemark et la Russie des intérêts identiques : la Russie a besoin que le Danemark, qui garde le Grand-Belt, par lequel les gros cuirassés passent de la mer Baltique dans la mer du Nord, reste libre et indépendant. De son côté, le Danemark a dans l'amitié profonde de la Russie son meilleur garant contre de nouvelles entreprises de l'Allemagne.

Les Danois pensent toujours aux 200.000 compatriotes qui habitent le Schleswig-Holstein du Nord. La situation de ces malheureux, qui vivent sous le joug allemand depuis 1864, est aussi pénible que celle de nos frères alsaciens-lorrains. Le traité de Prague stipula que les habitants du Schleswig du Nord seraient consultés sous la forme plébiscitaire s'ils voulaient rester Danois ou être Allemands. Or, cette consultation n'a pas eu lieu. La persécution sévit dans cette province ; depuis trente-deux ans que cela dure, le sentiment danois est toujours aussi vif chez ces vaillantes populations.

L'Allemagne nous a imposé une contribution de guerre de cinq milliards ! Sa plus grosse faute a été de nous ravir l'Alsace et la Lorraine ; ces deux provinces sont la cause pour elle d'une dépense considérable. Il lui faut comme nous entretenir une armée formidable ; la menace est éternelle. Cette paix armée est écrasante et pleine d'angoisse pour les deux nations ; on ne voit pas de motifs pour faire cesser cet état de choses. La mort prématurée de Frédéric III, père de Guillaume II, a changé la face des choses. Ce souverain pacificateur avait rêvé de faire la neutralité de l'Alsace-Lorraine : c'était, il faut le reconnaître, une idée généreuse. Cette transaction aurait pu faire cesser le conflit perpétuel. C'est l'épée de Damoclès suspendue sur nos têtes ; tôt ou tard elle tombera ; on ne peut y songer qu'en frémissant, étant donné que ce sera le duel à mort, sans trêve ni merci. De toutes les guerres passées, aucune n'aura été si terrible. La prochaine guerre — qu'elle se produise le plus tard possible ! — sera une boucherie, un carnage, où, de part et d'autre, les hommes seront fauchés par la mitraille que vomiront des milliers de bouches à feu. On comprend que, de chaque côté, on cherche à reculer la date de l'échéance. C'est une partie si grosse à jouer ; cela fait froid au cœur d'y songer ! Malheureusement, quoi qu'on fasse, un jour viendra où se fera l'effroyable liquidation des griefs accumulés, des haines amassées.

L'histoire dira que la plus grande faute politique du siècle aura été l'annexion de l'Alsace-Lorraine ; Bismarck sera jugé comme un homme néfaste. L'annexion de ces deux provinces n'a rien terminé, rien réglé ; elle coûtera encore des flots de sang et des mines d'or. Gambetta incarnait aux yeux de notre pays une fierté, la défense nationale, un principe, l'avènement au pouvoir de ce qu'il appelait « les couches nouvelles ». Il avait formé sa clientèle nombreuse, ardente, enthousiaste, de tous les patriotes qui ne se résignaient pas aux conséquences de la défaite, de tous les démocrates qui attendaient l'aurore des réformes salutaires, des bienfaisants progrès.

Quand il disait de l'Alsace-Lorraine : « Pensons-y toujours, n'en parlons jamais », on savait qu'en effet il ne cessait pas d'y penser et qu'il avait proclamé « l'immanente justice. » Quand il ajoutait : « Ce sera notre besogne féconde d'appeler ceux qui sont en bas à la lumière et au bien-être », on sentait qu'il se préoccupait des droits, des aspirations, des revendications modernes, et qu'il ne considérait pas comme l'unique devoir des gouvernements de fermer les yeux aux souffrances sociales, de s'isoler dans des satisfactions impuissantes, de rompre les pactes, de déchirer les contrats d'où la République est sortie. Les menaces continuelles de l'Allemagne haineuse, qui, en 1875, voulait encore essayer de démembrer la France, conflit qui n'a été évité que grâce à l'intervention du souverain pacificateur Alexandre II, ont obligé la France à chercher une aide et une protection dans l'alliance russe. Cette union de la France avec la Russie, cette garantie si puissante, c'est le Tzar Alexandre III qui, après l'affaire Schnœbelé, l'avait devinée, pressentie, voulue même, en voyant que nous restions en proie aux continuelles tracasseries de nos ennemis. Ce monarque bon et généreux voulut nous sauver du péril.

A la diplomatie qui lui proposait des transactions amiables avec l'Allemagne, il répondait :
— Rien à obtenir de moi, tant que Metz et Strasbourg seront allemands.

Quelle générosité envers la France ! A la diplomatie qui voulait encore l'entente avec l'Angleterre, il répondait : — J'en ai assez de sa duperie, de ses mensonges.

Plus éclairé que nos hommes d'Etat, il savait apprécier la fourberie anglaise à sa juste valeur ; il reprochait à Freycinet d'avoir, en 1882, laissé l'Angleterre occuper l'Égypte. C'est le Tzar Alexandre III, le « Tzar de la Paix » qui, le premier, a manifesté le désir de recevoir notre flotte à Cronstadt. Sur le pont du navire de l'amiral Gervais, saluant notre drapeau, aux sons de la *Marseillaise*, d'une voix haute et ferme, il disait :— « Je salue le peuple français ! » A l'étonnement de l'Europe, il brisait d'un seul coup les obstacles que les diplomates de la Triplice croyaient insurmontables.

Aux provocations de l'Allemagne, il répondait à Guillaume II : — « Si vous vous appelez Sedan, je me nomme Cronstadt. Je suis fier d'avoir tendu la main à la France ; je salue son épée malheureuse, mais vaillante ; j'ai reçu ses officiers en frères d'armes. »

La France a compris. Honorons la mémoire de ce Grand Homme magnanime, arbitre de la paix. Sans Alexandre II en 1875 et sans Alexandre III en 1882, que serions-nous devenus ? Tous deux ont sauvé la France du péril qui la menaçait. Ils ont droit à notre reconnaissance, ne l'oublions jamais !

Le Tzar Alexandre III, si grand, était simple dans sa majesté, juste dans sa puissance. La Russie n'est pas un pays parlementaire où le moindre changement, comme en France, puisse remettre en question toute la politique extérieure. La politique russe ne procède pas par soubresauts ; elle a ses traditions, sa méthode à laquelle elle est fidèle. Les hommes passent et la tradition reste. A diverses reprises, en 1862, 1867, 1875 et 1878, sous Alexandre III, — notre ambassadeur en sait quelque chose, — la Russie avait essayé d'ébaucher une alliance avec la France. Le refus vint toujours de notre gouvernement. Si cette alliance avait été conclue en 1867, elle nous aurait évité certainement le désastre de 1870 ! Le sort n'en a pas décidé ainsi. Grâce aux patients efforts du grand Pacificateur elle a été élaborée à Cronstadt, saluée par les acclamations du peuple russe tout entier. Les masses ont souvent cet instinct sûr qui manque aux diplomates. Toulon l'a scellée, Châlons l'a proclamée. A bord du *Pothuau*, le Tzar Nicolas II l'a confirmée.

Les Français, pour qui le patriotisme n'est pas un vain mot, gardent aux Tzars russes une reconnaissance éternelle. Ils se rappellent qu'en 1814 le Tzar Alexandre Ier, *le Bienfaiteur*, s'opposa fermement au démembrement de la France; qu'en 1875, le Tzar Alexandre II, *le Libérateur*, sut déjouer les perfides desseins du faussaire Bismarck et empêcher la guerre ; qu'en 1887, le Tzar Alexandre III, *le Pacificateur*, envoya son frère, le grand-duc Alexis, pour saluer à Nancy le président Carnot; qu'enfin le Tzar Nicolas II, *le Civilisateur*, au cœur bon et généreux, couronne l'œuvre commencée... L'Alliance franco-russe, c'est la Paix mise dans les deux plateaux de la balance européenne, c'est la certitude que les droits et les libertés sont désormais placés sous la sauvegarde de deux grands peuples, et que l'on ne pourra plus braver, inquiéter l'un sans armer immédiatement le bras de l'autre.

C'est cela en effet..., c'est tout...; mais c'est immense. Non, le passé n'est pas consacré. Non, l'avenir n'est pas barré. L'alliance est défensive, mais elle n'interdit pas l'espérance aux vaincus de l'année terrible : elle ne ferme pas le livre de l'histoire et du destin. Et elle forme le bouclier puissant, tutélaire, à l'abri duquel la France peut garder sa place, son droit, son rang dans le monde, jusqu'au jour où les événements lui permettront de revendiquer une part meilleure, de rentrer par la diplomatie ou par les armes dans son domaine perdu. Rien n'est abandonné, rien n'est déserté, rien n'est prescrit.

Mais l'Angleterre voudrait semer le doute, la défiance entre Paris et Saint-Pétersbourg ; elle s'efforce de nous détacher d'une alliance qui la trouble et l'inquiète dans ses projets de domination et de conquête. Avec quelle joie haineuse elle verrait la France réduite encore une fois à l'isolement, obligée d'implorer, de mendier son hypocrite amitié ! De quelles accablantes humiliations, de quels cruels sacrifices elle nous ferait payer sa protection, ou plutôt son protectorat, qui, comme en 1871, ne nous sauverait d'aucune mutilation, d'aucune déchéance en Europe.

La France doit prendre toutes les précautions nécessaires vis à vis de son implacable ennemie, l'affaire de Fachoda en a plus que jamais affirmé la nécessité. Parmi les travaux à exécuter, vient en première ligne le Canal des Deux-Mers ; cette question mérite toute l'attention des pouvoirs publics. En se plaçant uniquement au point de vue économique, l'urgence du Canal des Deux-Mers n'est même pas à démontrer, tellement elle saute aux yeux des plus prévenus. Mais si l'on considère l'intérêt de la défense nationale, on se demande par suite de quels malentendus, de quelles fâcheuses oppositions, ce canal n'est pas même encore ébauché, malgré la ténacité des initiateurs de cette entreprise. Comment se fait-il qu'en France tout soit si long, si ardu, si difficile ? Par suite de quelles circonstances les projets de grande envergure suscitent-ils tant de contradicteurs, rencontrent-ils tant d'adversaires, alors que des projets identiques sont adoptés et accomplis à l'étranger avec enthousiasme ?

Faut-il citer des exemples ? On n'a que l'embarras du choix. Voici Manchester qui a creusé pour elle seule le fameux canal de Liverpool à Manchester. Voici l'Allemagne qui a inauguré, en grande pompe, ces dernières années, le non moins fameux canal de Kiel, et qui s'apprête à réaliser la communication entre le Rhin, le Weser et l'Elbe par un autre canal de 466 kilomètres ; la Grèce a fait le Canal de Corinthe, la Belgique achève en ce moment les travaux de Bruxelles, port de mer. N'oublions pas la Russie qui se distingue entre toutes les nations par ses merveilleux chemins de fer transcaspien et transsibérien et par ce canal surprenant qu'elle se propose d'ouvrir de la mer Noire à la Baltique. Les Etats-Unis commenceront bientôt la construction du canal maritime des grands lacs de l'Atlantique. Et pendant que tous les peuples, que tous les gouvernements poursuivent avec ardeur l'accroissement de leur puissance militaire et économique, nous, Français, nous perdons notre temps, figés dans une immobilité dangereuse. Les leçons du passé, les avertissements qui découlent de récents événements ne nous suffisent donc pas ?

Le Canal des Deux-Mers est une des conditions de la prospérité et de la grandeur de la patrie. Il double notre marine ; il annihile Gibraltar ; il permet à nos escadres de l'Océan de se porter au secours de nos escadres de la Méditerranée, il est l'instrument le plus certain pour attaquer la domination qu'exerce depuis trop longtemps l'Angleterre sur les mers. La commission de la marine ne manquera pas de prendre en main, devant le Parlement et devant le pays, la défense du Canal des Deux-Mers, afin d'en hâter la solution, car c'est le vœu le plus cher de tous les Français ; ils reconnaissent qu'il est temps de mettre à profit tous nos moyens d'actions pour être prêts à lutter contre l'Angleterre, l'ennemie du monde entier.

Le Canal des Deux-Mers supprimera la menace incessante du fort de Gibraltar qui, combiné avec la conquête progressive de l'Egypte et de Suez par nos ennemis implacables, les Anglais, nous emprisonne dans la Méditerranée. Le Canal des Deux-Mers aura le double résultat d'enrichir la France, tout en assurant son indépendance sur mer, et la mettant à l'abri des coups de main sur les côtes, et comme toujours, en bon patriote qui n'aspire qu'à la sécurité et à la grandeur de la France, j'appelle sur ces points l'attention des pouvoirs publics ; l'œuvre du Canal des Deux-Mers s'impose aujourd'hui au double point de vue de la défense nationale et du commerce. La France dotée du Canal des Deux-Mers sera plus à même de se défendre contre son implacable ennemie. L'Angleterre ne doit plus se faire illusion sur les sentiments qu'elle inspire à toutes les âmes éprises de fierté et de justice. A-t-elle fait le compte des haines qu'elle a soulevées dans tout l'Univers ? La haine irlandaise parle la première : elle jette à ses maîtres l'avertissement éclatant de son obstination ardente. La chute de la domination anglaise serait saluée avec transports des rivages de l'Atlantique aux rives du Nil et de l'Indus.

L'Angleterre affiche ouvertement ses prétentions à la domination sur tout le continent africain. Après l'Egypte, après le Soudan, le Transvaal ! L'Abyssinie, le Maroc auront leur tour. Jamais la gloutonnerie britannique ne s'était encore annoncée et dénoncée aussi clairement. L'Angleterre songe à s'enfermer dans l'Afrique comme dans une citadelle immense. L'Afrique, depuis le percement de l'isthme de Suez, est une île. Il s'agit de faire de cette île une seconde Albion. Déjà les mers qui l'enveloppent sont anglaises, puisque les flottes britanniques qui les sillonnent y sont sans rivales. Aux yeux des Chamberlain, des Salisbury, l'Algérie, le Sénégal, le Dahomey, Madagascar, les États du Négus, les possessions allemandes et portugaises ne sont plus que des *enclaves* qu'il faudra faire rentrer successivement dans le patrimoine unifié de l'Empire anglo-africain.

L'Angleterre campée à Gibraltar, à Alexandrie, au Cap, occupe fortement les extrémités du triangle. Elle s'est emparée des deux voies les plus puissantes de pénétration : le Niger et le Nil. Elle nous laisse, suivant l'ironique expression de son premier ministre, le soin de *gratter le sable*. Lorsque nous aurons gratté et pacifié le sable à coups d'hommes, ce sable aussi sera sa conquête.

Ne haïssons-nous pas les Anglais de toutes les forces de notre âme bien plus que les Allemands? Quelle nation nous témoigna plus d'aversion, de jalousie, nous maltraita davantage, durant des siècles ? Avons-nous jamais connu une période d'accalmie sérieuse, de neutralité bienveillante, de loyauté, depuis Crécy et Azincourt, jusqu'à Fachoda ?

L'Angleterre peut se rendre compte de son irrévocable isolement. Elle est bien décidément séparée de toutes les autres puissances par des abîmes de ressentiment, de défiance et de haine. Cette haine universelle existe depuis que les Anglais ont démontré que dans les procédés qu'ils emploient vis-à-vis de toutes les puissances, ne se trouvent ni équité, ni loyauté, ni honorabilité ; c'est-à-dire aucune des qualités dont ces pharisiens politiques aiment tant à parler.

Un jour viendra où la patiente Europe, fatiguée du joug et de la piraterie de la perfide Albion, mettra cette dernière en demeure d'évacuer l'Égypte. A ce moment la France devra reprendre sa revanche de Fachoda. La France, j'en suis certain, est prête à s'unir à tous les hommes de cœur, à toutes les puissances qui voudront, une bonne fois, débarrasser l'humanité de l'odieuse et insupportable tyrannie anglaise. Elle attend le signal. Messieurs les Allemands et Messieurs les Russes, tirez les premiers, et mettez à la raison ce peuple de vautours.

La France, l'honneur, ces deux prodiges, ces deux prestiges, ces deux credos, les armées françaises, le génie français, les ont gravés en traits immortels sur toute la surface du globe. Et toute notre race revendique cette double fierté comme un patrimoine intangible. Ni les provocations anglaises, ni les humiliations allemandes ne pourront effacer les traits glorieux de notre histoire. Encore une fois, confiance !

Sur le Tzar Nicolas II plane le souvenir de son généreux Père, qui fut un francophile et un ardent patriote, et auprès de lui veille toujours son Auguste Mère, l'Impératrice douairière, fidèle gardienne de la pensée d'Alexandre III et si dévouée à la France; elle a uni tous ses efforts à ceux de son noble époux, pour arriver à faire cette alliance qu'elle désirait tant, sachant qu'elle était nécessaire à l'équilibre européen. Le Tzar Nicolas II achèvera l'œuvre commencée par son Père. Investi subitement, d'un pouvoir absolu, à l'âge où la couronne est partout et surtout en Russie un pesant fardeau, il a fidèlement suivi la ligne tracée par « le Tzar de la Paix », se conformant ainsi à ses dernières volontés. En rendant visite à la France, Nicolas II acheva de dissiper une erreur qui tenait lieu de raison, même pour un homme d'État aussi pratique que Bismarck. Il est venu sanctionner, cimenter, compléter une alliance négociée fort heureusement en dehors du Parlement. Il est venu, grand et magnanime, sans s'occuper des noms de royaume ou de république: il est venu tendre sa main d'empereur à la France républicaine. Son passage au milieu de nos foules a renversé d'énormes préjugés ; elles l'ont acclamé avec l'instinct de justice et de reconnaissance qui les a guidées dès le premier jour de l'alliance.

Le couple impérial a su, par son affabilité, par sa simplicité de manières et d'allures, conquérir la sympathie de la foule amassée sur son passage. Chez les deux souverains, nulle hauteur d'emprunt; à l'Hôtel de Ville, à Versailles, où je les ai vus de très près, j'ai constaté que le visage de l'Empereur Nicolas n'est pas seulement d'une dignité calme, mais aussi d'une ferme volonté. Il a le cœur vaillant, l'âme ardente ; il est bien le digne héritier de son Auguste Père. La population parisienne a, sans acception de classes ni de partis, acclamé, comme il le méritait, le Tzar Nicolas II, et c'est bien, en effet, ce qui distinguera l'accueil fait à l'empereur de Russie dans la capitale de la France de celui qu'il a reçu partout ailleurs. Comme son père, il jouit parmi nous d'une immense popularité. Le peuple russe tout entier était avec l'empereur Alexandre III dans les inoubliables fêtes de Cronstadt, et la Russie, sans réserve, a prodigué alors à nos marins les ovations enthousiastes qui ont scellé son union avec la France. En 1896, le peuple français a fait une réception non moins enthousiaste à l'héritier d'Alexandre III : dans Paris se réflétait la pensée de la France.

M. de Lorbac, le sympathique rédacteur en chef du journal « le Nord », nous fait connaître S. E. le comte Mouravieff, Ministre des affaires étrangères de Russie ; avec sa plume autorisée, il s'exprime ainsi :

La nouvelle que S. M. le Tzar Nicolas II venait de choisir le comte Mouravieff comme successeur du Prince Lobanoff fut très favorablement accueillie en France. La satisfaction fut très vive, également, à l'ambassade de Russie à Paris. On savait là, bien mieux qu'ailleurs, combien le nouveau ministre est résolu partisan de la politique francophile et combien sa nomination témoignait des sentiments que garde à notre endroit le Tzar Nicolas lui-même.

En France, où tout ce qui peut contribuer à la consolidation de l'alliance franco-russe, et attester cette union pacifique et féconde à la face du monde entier, est particulièrement agréable, on apprit bientôt, avec le plus vif plaisir, que le comte Mouravieff allait venir à Paris, sur l'ordre du Tzar, pour s'aboucher avec notre gouvernement, avant d'aller prendre possession de son nouveau poste, à Saint-Pétersbourg. Personne, dans le monde diplomatique, ne se trompa sur le caractère qu'il convenait d'attribuer à cette démarche. C'était une nouvelle affirmation, voulue par Nicolas II, de la fixité de sa politique en ce qui concerne les relations avec la France, — politique conforme à celle d'Alexandre III, et immuable depuis 1871. D'aucuns virent dans cette démarche une réponse au voyage que venait de faire le comte Goluchowsky à Berlin. Au fond, les voyages presque simultanés du comte Mouravieff et du comte Goluchowsky ne faisaient qu'affirmer la persistance des groupements des puissances qui se divisent l'Europe : mais il y a là des facteurs bien connus et désormais incontestés de la politique européenne.

Petit-fils du pacificateur de la Lithuanie, le comte Michel Mikhaïlowitch Mouravieff, doué d'une intelligence des plus rares, véritable diplomate, homme d'Etat, porte un nom illustre entre tous dans l'histoire du développement moral et national de la Russie. Nous ne croyons pas utile de suivre le comte Mouravieff dans toutes les étapes diplomatiques par lesquelles il a dû passer pour arriver au poste éminent où l'a appelé la haute confiance de l'auguste souverain. Nous rappellerons seulement à nos lecteurs français que ce même comte Mikhaïlowitch Mouravieff, après avoir commencé sa carrière diplomatique à Stockholm, fut nommé en 1879, très jeune encore, au poste de premier secrétaire à Paris. C'était le prince Orloff qui représentait alors Sa Majesté l'Empereur près la République Française et le comte Mouravieff fut nommé à ce poste sur la demande expresse du grand ambassadeur. Son séjour à Paris fut la première grande étape dans sa carrière diplomatique. C'est à Paris que les précieuses qualités de ce digne rejeton de l'illustre famille des Mouravieff ont pu se manifester avec éclat. Il y fit preuve de cette intelligence supérieure qui le distingue, et d'un tact parfait que rehaussaient les manières, — si rares dans notre siècle embourgeoisé, — de vrai grand seigneur.

De Paris il passa à Berlin pour y occuper le poste de conseiller d'ambassade. C'était là un avancement qui aurait pu être périlleux pour un diplomate qui n'aurait pas eu à un si haut degré les dons multiples d'un véritable diplomate. A Paris, vivant au milieu d'un peuple qu'il aimait traditionnellement, comme Russe et comme Mouravieff, le jeune diplomate n'avait besoin d'aucune réserve ni de dissimulation. Il n'avait qu'à donner libre essor à sa franchise de gentilhomme russe et à ses intimes sentiments de francophilisme, tandis qu'à Berlin il se trouvait transplanté au milieu d'une société diamétralement opposée, par ses goûts et ses tendances, à celle de Paris. Héritier d'un nom et de traditions d'un russe pur sang, et connu pour ses convictions russes sans alliage, il devait surtout garder une réserve des plus diplomatiques dans toutes ses relations.

C'était, d'ailleurs, à l'époque où le vieux prince de Bismarck, l'idole de son pays et le conseiller écouté de son souverain, donnait libre cours à sa morgue néotudesque et manifestait, dans ses rapports avec les diplomates étrangers, un orgueil incommensurable. Et la Russie, quelques années après le traité de Berlin, après tant de sacrifices et une guerre glorieuse pour l'affranchissement des Slaves méridionaux, s'était vue frustrée du fruit de ses victoires, par le bon plaisir du chancelier allemand, qui s'était fait l'adulateur du vieux Beaconsfield. Le cœur du petit-fils de l'émancipateur de la Lithuanie devait y saigner à tout moment à la vue des iniquités que décidait la diplomatie allemande pour effacer jusqu'au dernier vestige de l'œuvre émancipatrice d'Alexandre II en Bulgarie. La situation d'un vrai patriote comme l'est le Comte Michel Mikailowitch, y était très difficile. Mais c'est là justement que le jeune diplomate a montré ce tact parfait et ce calme inaltérable qui lui ont acquis une renommée de diplomate sagace et prudent, qualités indispensables à quiconque se destine à collaborer un jour avec son Souverain. Ces qualités, connues de tous et appréciées par le Tzar Pacificateur, valurent au comte Mouravieff un poste, modeste en apparence, mais important par la haute mission de confiance qui s'y rattache, celui de ministre de Russie à Copenhague. Là, représentant la Russie près le souverain du petit mais héroïque pays de Danemark qui était en même temps l'auguste père de l'impératrice Marie Féodorovna, le comte Mouravieff eut le rare honneur d'être connu de près et apprécié par l'auguste famille Impériale. Ce fut là, dans la petite cour de Fredensborg, que furent posés les jalons nécessaires pour ce grand avenir qui l'attendait.

Il n'y a donc rien d'étonnant à ce que Sa Majesté l'Empereur, ayant connu de près son digne ministre près la Cour de son Grand-Père, ait voulu lui confier la succession du Prince Lobanoff. Le ministre des affaires étrangères de Russie est jeune encore ; il vient à peine de franchir le cap de la cinquantaine. Un ministre jouissant de la plénitude de ses forces morales et physiques, doué d'une rare intelligence rehaussée par l'instruction et l'éducation que lui donna son illustre famille, possédant, avec un tact merveilleux, une profonde connaissance de toutes les grandes questions politiques, — c'est là, comme disent les Anglais : « *The right man in the right place.* »

Lorsque Son Ex. le comte Mouravieff vint à Paris, avant d'aller prendre possession de son nouveau poste à Saint-Pétersbourg, il n'y avait pour lui ni drapeaux aux fenêtres, ni oriflammes le long des boulevards, ni arcs de triomphe aux carrefours des rues. Et pourtant son voyage eut aux yeux des Français beaucoup d'importance. Personne ne se trompa, en effet, sur la signification de cette démarche de déférence et de courtoisie. Mieux peut-être encore que dans les toasts si décisifs de Paris et de Châlons, on y vit l'affirmation réfléchie de la politique que la Russie n'a cessé de suivre depuis 1891 et à laquelle le jeune empereur tient à rester fidèle. C'était une visite essentiellement politique, d'une portée exceptionnelle. Et, de fait, il faudrait être bien aveugle pour contester qu'en invitant son nouveau ministre des affaires étrangères à lier connaissance avec les représentants de la République avant de prendre possession du poste qu'il venait de lui confier, le Tzar n'a pas cherché à montrer une fois de plus que l'alliance franco-russe n'est point un vain mot. Les journaux de la triplice furent, du reste, à cet égard, d'une telle unanimité qu'on n'eut qu'à constater leur mauvaise humeur pour être pleinement édifié.

Il ne s'agissait plus ici d'une manifestation populaire. Il s'agissait d'une manifestation diplomatique. On nous permettra de croire qu'en l'espèce, celle-ci n'était ni moins importante, ni moins significative que celle-là. Telle fut l'opinion de notre éminent collaborateur et ami, M. le comte de Chaudordy, ancien ambassadeur de France à Saint-Pétersbourg. Empressons-nous d'ajouter que, au double point de vue de l'affirmation de l'alliance franco-russe et du maintien de la paix européenne, le voyage de M. le comte Mouravieff donna les meilleurs résultats. Le nouveau gérant du ministère des affaires étrangères de Russie produisit la plus favorable impression sur toutes les personnes qui l'approchèrent. De son côté, il partit enchanté de l'accueil reçu, et avec la conviction que l'alliance russe est plus que jamais en faveur ici, non seulement dans les masses populaires, mais dans toutes nos sphères parlementaires et politiques. Dans les longues conversations au quai d'Orsay, entre les deux ministres, l'accord le plus complet s'établit sans la moindre difficulté.

Les toasts échangés alors entre M. Hanotaux et M. le Comte Mouravieff sont significatifs. Le chef de notre Foreign Office s'était tenu dans des généralités, selon nous un peu trop vagues, sur les bonnes relations *internationales* existant *entre les puissances*... » Le successeur du prince Lobanoff-Rostowsky nous semble avoir été plus heureux, en ce sens qu'il a précisé davantage, en disant : « Je suis convaincu que les relations intimes existant *entre nos deux pays* resteront, comme par le passé, la garantie la plus solide de la paix. » Le Président de la République donna, à l'Elysée, un grand dîner en l'honneur de S. Ex. le comte Mouravieff. Ce dîner fut suivi d'une réception fermée, pour laquelle quinze cents invitations avaient été adressées aux membres du corps diplomatique, des grands corps constitués et élus de l'État; aux officiers généraux des armées de terre et de mer. A la fin de la soirée, le comte Mouravieff, très entouré, ne dissimulait pas la vive satisfaction que lui causait la chaleureuse sympathie dont les preuves, depuis le moment de son arrivé, n'avaient cessé de se multiplier autour de lui. Les acclamations qui avaient salué son entrée à Paris l'avaient particulièrement touché, et l'empressement cordial, qu'il sentait ce soir-là autour de lui, complétait l'émouvante impression qu'il gardait de cette précieuse journée.

— Paris, disait-il, a bien raison de me traiter en ami. Car c'est bien, au sens exact et intime du mot, un ami qui vient à lui en ma personne. Je devrais plutôt dire « qui lui revient », car ce sentiment est déjà chez moi d'ancienne date. Je n'ai jamais oublié, en effet, les heures exquises que j'ai dues à Paris, pendant le trop court séjour que j'y fis autrefois, mettant à profit mes moindres loisirs en m'initiant à tous les détails de la vie, si intéressante et si captivante de la grande ville... Et je lui associe, dans ma reconnaissance, le grand pays dont elle est l'illustre capitale et que des liens, aujourd'hui si étroits, unissent au mien. Je le répète, aussi bien pour Paris que pour la France, la mission dont je m'acquitte aujourd'hui m'est doublement douce, car elle est pour moi l'occasion de remplir, outre une tâche qui m'est chère, un véritable *devoir d'amitié*.

S. Exc. le comte Mouravieff disait vrai. On sait quelles sympathies il avait laissées parmi nous; car le futur successeur du prince Lobanoff a été pendant plusieurs années l'hôte apprécié de Paris comme secrétaire de l'ambassade de Russie. C'était en 1879. L'entente franco-russe, qui a fait tant de bruit depuis à travers le monde et qui a mis en émoi tant de cerveaux, n'en était alors qu'à ses débuts, mais elle était dès ce moment savamment, patriotiquement préparée, et l'un des promoteurs de cette fameuse politique de rapprochement et de pacification était le prince Orloff, un nom qui sonne agréablement aux oreilles françaises. C'est précisément à la demande du prince Orloff que le comte Mouravieff fut nommé premier secrétaire à Paris, en remplacement du prince Galitzine, un très galant homme, lui aussi, qu'un avancement mérité enlevait à ses amis de France. Le comte Mouravieff devint, par ses hautes qualités, son labeur incessant et son tact, le bras droit, pour ainsi dire, du tout-puissant ambassadeur. Le regretté Président Félix-Faure témoignait personnellement une très vive sympathie au comte Mouravieff, il avait été à même d'apprécier les qualités supérieures du profond diplomate, ami sincère de la France. La dernière visite que vient de nous faire le Ministre Russe affirme et démontre aux incrédules que rien n'est changé dans la politique que suivent, d'un commun accord, les deux puissances alliées.

La France et la Russie resteront étroitement liées par des sentiments de profonde et réciproque estime, aussi de mutuelle sympathie : rien ne pourra maintenant détruire ces liens qui unissent les deux nations; ils sont indissolubles. A Châlons, l'Empereur de Russie, émerveillé des troupes qui défilaient devant lui, a su définir sa pensée en disant au Président de la République : — J'ai la plus nombreuse armée du monde : la France a la plus belle.

Sans guerre, la France a reconquis son rang ; les chaînes que Bismarck avait forgées sont brisées. Nous avons pour alliée la plus grande puissance de l'Europe; sachons la conserver. Telle doit être la pensée de tout bon patriote. La France, à la merci d'une nouvelle invasion, serait livrée, comme en 1870, à des adversaires armés jusqu'aux dents ; ils la guettent et voudraient encore lui arracher des lambeaux sanglants. L'Allemagne haineuse ne rendra rien de ce qu'elle a pris par violence ; elle ne lâchera pas sa proie : ce sera là sa faute, peut-être sa perte ! Pour nous rapprocher de l'Allemagne, nous ne saurions nous contenter de vaines promesses: notre génération a été élevée à l'école du malheur et de la réflexion, elle exigera des gages. Ces gages — qu'on se le dise à Berlin — sont Metz et Strasbourg. Qui voudra maintenant le concours de la France devra y mettre le prix. Nous savons ce que par une aberration impardonnable nous ont coûté de sacrifices les guerres du Mexique, de Crimée et d'Italie.

Nous avons soutenu l'Angleterre devant Sébastopol ; la conséquence de cette lourde faute a été notre isolement en 1870. La perfide Angleterre, secrètement complice de notre agonie, se réjouissait de nos défaites. Son audace a été favorisée depuis cinquante ans par les complicités qu'elle s'était assurées dans les Etats européens, notamment en France ; depuis cinquante ans, elle tient notre drapeau en échec. Dans la grande île africaine, notre diplomatie avait, pour elle, aliéné son indépendance. Regardez cette implacable nation, ce peuple sans vergogne, nous jetant, la bave aux lèvres, tous les noms qu'il croit capables de nous froisser, de nous humilier. Aujourd'hui, c'est l'anniversaire de Trafalgar ; demain, celui de Waterloo. C'est ce même peuple maudit — ne l'oublions jamais — qui, après Sedan, illumina ; et nos gouvernants voudraient encore pactiser avec ces traîtres ! L'opinion nationale, qui a imposé aux pouvoirs publics l'Alliance avec la Russie, saura par sa clairvoyance habituelle déjouer ces manœuvres et imposer son autorité.

A côté de l'Allemand, notre plus grand ennemi est l'Anglais qui nous combat partout, dont la nature égoïste est essentiellement antifrançaise, et dont les intérêts sont diamétralement opposés aux nôtres. Le génie malfaisant de l'Angleterre n'a pas dit son dernier mot ; mais il y a place dans notre cœur pour deux haines : celle de l'Allemand et celle de l'Anglais. Notre devoir est de revendiquer l'intégrité française, et nous ne désarmerons pas avant d'avoir délivré nos frères d'Alsace et de Lorraine de la soldatesque prussienne, maintenant que 6 millions de baïonnettes françaises et russes sont en faisceau. Le dénouer, ce faisceau, est impossible ; le rompre serait hasardeux, le braver serait téméraire.

C'est en vain que certaines feuilles de la presse européenne demandent un rapprochement entre la France et l'Allemagne. La chose est impossible. La réconciliation entre les vainqueurs et les vaincus de 1870 ne peut avoir lieu. Rien à faire ; armer, nous tenir prêts, nous ruiner, et attendre… vivre dans l'espoir ! Voilà notre rôle. La France, écrasée sous le poids de désastres sans précédents et de trahisons sans exemples, saigne toujours de ses blessures. L'ex-chancelier, l'homme néfaste engagea la guerre de 1870 par un faux dont il s'est glorifié ; il la termina par un rapt. Ce vampire n'a su que creuser des fossés de haine, des abîmes de sang…

A Guillaume II d'aspirer à une gloire plus éclatante et plus pure en nous rendant l'Alsace et la Lorraine, cette pépinière de patriotes où 3 millions de Français sont arrachés à la mère-patrie. A ce prix, la réconciliation deviendra possible. Jusque-là chacun continuera à compléter, à fortifier son armure, à aiguiser son épée. L'Allemagne comprendra-t-elle un jour que notre Alsace-Lorraine est un boulet qu'elle traîne à ses pieds, qui embarrasse sa marche, qui l'immobilise au milieu de l'activité universelle, qui lui interdit « les longs espoirs et les vastes pensées », qui la condamne au rôle d'éternelle sentinelle; et qui l'oblige à rechercher des appuis extérieurs dont elle connaît maintenant l'insuffisance ? Le traité de Francfort, non seulement a valu à l'Allemagne victorieuse une grosse indemnité de guerre et un bénéfice commercial considérable, mais il lui a procuré encore d'immenses avantages stratégiques en vue d'éventualités plus ou moins lointaines que, dès le lendemain de leur triomphe, les Allemands savaient être fatalement inéluctables.

L'Etat-major de Berlin s'est efforcé de substituer à la base de concentration pratiquée en 1870, une base artificielle formidablement organisée qui s'appuie d'une part sur Metz, de l'autre sur Strasbourg. C'est de là qu'en cas de guerre déboucheraient en masses profondes les régiments germaniques pour saisir l'initiative stratégique. Strasbourg, avec son enceinte polygonale et ses quatorze forts reliés par des batteries et des ouvrages en terre, marque la borne gauche qui a

Neuf-Brisach pour garde avancée dans la vallée du Rhin. A droite, Metz développe, sur les deux rives de la Moselle, un périmètre de 25 kilomètres tracé par neuf forts, dont trois au moins, Manstein, Kameck et Hindersin sont fournis de coupoles cuirassées. Pour couvrir son flanc extérieur, l'antique Cité a comme ouvrage avancé Thionville que le génie militaire couvre actuellement d'un nouveau fort sur les hauteurs de Guentrange. Sept lignes qui partent de Cologne, Coblenz, Mayence, Mannheim, Spire, Manau et Kehl, pour aboutir à Metz, desservent cette formidable base d'attaque. Toutes sont amplement pourvues de quais de débarquement et permettent à l'Allemagne de concentrer ses armées dans un délai maximum de dix jours.

A l'occasion des manœuvres de l'Est, si particulièrement intéressantes cette année, l'attention publique est ramenée vers les choses militaires et sur la défense de notre frontière de l'Est. La question « des grands chefs », de ceux qui, en cas de conflit, seront investis des plus hauts commandements, est tout naturellement celle qui préoccupe le plus les esprits. C'est pourquoi les journaux sont remplis des noms des généraux Hervé, Kessler, etc. Ne serait-il pas intéressant d'évoquer, en regard, la sévère figure du rude soldat allemand qui depuis plusieurs années déjà commande à Metz, et qui, au dire des gens bien informés, serait, si jamais l'Allemagne fait de nouveau appel à la force et « au droit de la guerre, » le chef le plus capable, le plus dangereux et le plus déterminé, celui qui, dans tous les cas, nous porterait les premiers coups.

En 1893 et en 1898, lors de ces retentissantes manœuvres d'Alsace-Lorraine, au cours desquelles Guillaume II sut si bien déployer son remarquable sens de la mise en scène, il a été fort souvent fait mention du Commandant du 16e Corps, le « cher comte Hœseler, » selon l'expression même employée à maintes reprises par le César germain. En France, le nom du général n'est plus inconnu et depuis quelques semaines il revient souvent sous la plume des publicistes qui s'occupent des choses d'Alsace-Lorraine. Mme Adam communique aux journaux une lettre, de provenance lorraine, dans laquelle on lit : « Je vois ici des préparatifs immenses dont on n'a pas l'air de se » douter à Paris. Ce général comte von Hœseler, qui commande, à Metz, l'avant-garde des armées » allemandes, exerce ses soldats à des marches de plus de quarante kilomètres par jour et les » entraîne de façon à pouvoir nous envahir subitement et rapidement. »

Sentinelles françaises, veillez ! Enfants de la France qui serez un jour appelés, non seulement à défendre l'intégrité de notre territoire, mais aussi à reconquérir celui que Bismarck nous a si odieusement enlevé, rappelez-vous les soldats de Borny, de Rezonville et de Saint-Privat ; comme ils sont grands, et comme, même vaincus, ils sont admirables !

Ceux du blocus de Metz, qui, au milieu des privations, de la souffrance et de la maladie, demandaient chaque jour à marcher à l'ennemi, sont sublimes ! Que n'eut-on pu faire avec une telle armée, dont tout le malheur fut d'être commandée par un traître ? Que n'eut-on pu faire avec de tels soldats décidés à mourir, mais décidés aussi, en mourant, à fixer encore une fois la victoire dans les plis du drapeau ? Et quelles funestes conséquences eurent les menées criminelles de Bazaine ! Le désastre de Sedan, d'abord ; car, si le maréchal de Mac-Mahon se décidait à marcher sur Montmédy, c'est à cause d'une dépêche pressante du traître qui lui demandait de venir au-devant de lui, l'armée de Metz se mettant elle-même en marche dans cette direction.

Et, plus tard, sur les instances pressantes du prince Frédérick-Charles, Bazaine avançait de quelques jours l'époque fixée entre le prince allemand et lui, le maréchal de France, pour la capitulation ; il capitulait livrant armée, drapeaux, la place de Metz et tout le matériel de guerre, avec ordre formel de ne rien détruire ; il commettait une dernière et suprême trahison, quand il avançait l'heure douloureuse où tant de braves soldats voulaient mourir pour la patrie.

Mais une chose n'a pu être englobée dans ce désastre, c'est l'honneur de l'armée, c'est l'honneur de la France, parce que nos soldats, jeunes et vieux, ont fait vaillamment leur devoir.

Aussi, quand tous les ans, depuis l'année terrible, nous allons à Champigny, au Bourget et à Montretout, porter des couronnes sur les tombes de ceux qui, dans ces jours de deuil, sont morts pour la Patrie, ce ne doit pas être seulement pour honorer ces héros, mais aussi pour nous inspirer de leurs exemples. Nous allons leur crier notre foi dans l'avenir, notre amour pour l'armée, notre culte du drapeau, notre dévouement à la France. Nous allons aussi leur dire que nous voulons être dignes d'eux, que comme eux nous ne désespérons pas et que nous n'oublierons jamais !

D'ailleurs, depuis cette cruelle époque, la France a donné la preuve de sa vitalité qui, seule, donne à une nation sa place au soleil.

Notre drapeau n'a-t-il pas flotté victorieux au Tonkin, au Dahomey, en Tunisie? Nos jeunes soldats n'ont-ils pas prouvé leur bravoure, leur endurance et leur dévouement à Madagascar ?

Que dire aussi de nos explorateurs? de Brazza, Soleillet et tant d'autres! Tout récemment, Gentil faisait flotter le drapeau français sur le lac Tchad, le commandant Marchand traversait toute l'Afrique avec son admirable mission !

C'est de tout cela qu'est fait le patriotisme, parce que c'est dans tout cela que se condensent les atomes épars dans toute la nation et qui sont l'âme même de la Patrie.

Le Commandant Marchand et ses compagnons de la mission Congo-Nil pratiquent en ce moment la vertu de l'obéissance silencieuse, celle qui fait la noblesse du service militaire; et l'armée contemple en eux un exemple qui les honore, et qui l'honore elle-même. S'il n'avait pas vraiment l'âme d'un soldat, le Commandant Marchand se serait laissé griser par les ovations populaires, par les récompenses morales les plus hautes dont il a été l'objet. Rien ne lui a fait perdre son calme, et, en voyant combien il reste figé dans son rôle d'officier, on s'explique comment, mû par le devoir, il a pu accomplir son œuvre africaine. Lorsqu'il est parti des rivages de l'Atlantique, il a marché droit devant lui, sans s'arrêter aux obstacles, sans réfléchir aux dangers ; et c'est pour cela qu'après sa glorieuse station sur les bords du Nil, il est arrivé à la mer Rouge. Si l'on a essayé de s'emparer de lui pour le jeter dans la mêlée des partis, il a refusé d'écouter les voix tentatrices. Les yeux fixés sur le drapeau tricolore, qu'il a eu l'insigne honneur de tenir d'une main ferme pendant trois ans, au milieu des ténèbres du continent noir, il a repris sa place de bataille simplement, dignement, correctement. La France peut le citer comme la personnification du véritable esprit militaire ; et la « grande muette » a le droit d'être fière de cette preuve éclatante des sentiments qui ont inspiré à un auteur célèbre son beau livre : « Grandeur et servitude militaires ».

Ces vaillants ont ajouté à l'immortelle histoire une page immortelle ; ce qu'ils ont fait tient du prodige. S'il eût été permis à l'Angleterre de s'enorgueillir d'une mission semblable, elle l'eût promenée à travers les rues de Londres, dans une glorieuse apothéose. L'Allemagne eût jeté sur le passage de tels soldats des fleurs et des lauriers. Ils sont Français... Qu'ils sentent vibrer près d'eux, pour eux, l'âme de la France !

L'Afrique traversée dans toute son étendue, les déserts domptés, les immensités franchies, les torrents impétueux, les marais profonds et pestilentiels, les forêts impénétrables..., obligés de livrer un passage, des peuples entiers subjugués par l'admiration, la reconnaissance et le bienfait..., tout un monde longtemps fermé, inaccessible, s'ouvrant à cette marche de quelques téméraires sublimes qu'il aurait pu d'un coup, en une heure, engloutir et briser... Puis le combat acharné aux rives du Nil, le drapeau victorieux, la superbe attitude de cette poignée de braves en présence d'une armée anglaise, l'espoir qu'on leur donnerait l'ordre de mourir et l'attente émouvante de ces Léonidas aux Thermopyles africains...

Vive Marchand ! Vivent les officiers et les soldats de Marchand ! Vive la nation qui enfante des Marchand, dignes héritiers de la grandeur nationale, nobles fils de la démocratie, orgueil et consolation de la patrie !... Frères du peuple, serviteurs de la France, salut !

La France chevaleresque, cette grande nation humanitaire, dont les génies ont éclairé le monde et y ont porté le flambeau de la justice, est enviée, jalousée et divisée, mais elle saura écarter les entraves et reprendre sa marche radieuse. La France est généreuse, elle est patriote, elle honore ses serviteurs, elle aime son armée. Justice, Honneur et Patrie ! Voilà les grandes idées qu'elle a inscrites sur le fier drapeau dont les trois couleurs ont fait le tour du monde. Reprenons en commun ce glorieux patrimoine et travaillons à l'agrandir pour les générations qui viendront après nous.

Le bon sens du peuple saura déjouer les machinations ourdies contre notre bien aimé pays, il saura trancher le nœud gordien, célèbre dans l'antiquité. J'en profite pour en donner l'exposé :

« Gordius, simple laboureur phrygien, devint roi pour avoir accompli un oracle qui promettait
» la couronne à celui qui entrerait le premier, à un jour marqué, dans la capitale.

« Midas, son fils, consacra dans le temple de Jupiter le char sur lequel son père était monté.
» Le nœud qui *attachait le joug au timon était fait si artistement qu'on ne pouvait en découvrir les*
» *deux extrémités.* On l'appelait le *nœud gordien* ou de Gordius, et un ancien oracle promettait
» l'empire de l'Asie à celui qui parviendrait à le dénouer. Alexandre s'étant emparé de la ville,
» résolut d'accomplir l'oracle et d'agir fortement sur l'imagination de ses soldats. Après plusieurs
» tentatives infructueuses, il tira son épée et trancha le nœud mystérieux, éludant ainsi plutôt
» qu'il n'accomplissait l'oracle. »

Alexandre n'eut pas à se repentir de la solution que son génie avait choisie. Le nœud gordien devant lequel on a voulu placer la France pour l'embarrasser et la perdre sera tranché, à la grande satisfaction de tous ses enfants patriotes. C'est ce que désirent tous ceux qui ont conservé un lambeau de conscience, une étincelle d'honnêteté, une lueur de sens commun, un espoir dans l'avenir. L'armée se confine noblement dans sa mission patriotique, sauf à garder au fond du cœur ses opinions et ses espérances.

... Les nations nécessaires ont la vie dure. Ce n'est pas la première fois que l'Europe se plaît à enterrer la France depuis cent ans, ni que beaucoup de ses enfants doutent d'elle. Elle n'en a pas moins survécu à la campagne d'Espagne, aux désastres de 1812, à Waterloo, à juillet 1830, à février 1848, au coup d'État du 2 décembre, aux défaites effroyables de 1870 et 1871, au démembrement, à la Commune, aux scandales qui ont causé la chute de Jules Grévy, au Panama, au boulangisme, aux attentats anarchistes ; et cela ne l'a pas empêchée de porter ses drapeaux en Crimée, en Chine, en Italie, au Mexique, de conquérir l'Algérie, la Tunisie, le Tonkin, l'Annam, le Cambodge, les immenses territoires situés sur la rive gauche du Congo, le Dahomey et Madagascar. Oserai-je ajouter que ces catastrophes répétées n'ont empêché ni les travaux de Ferdinand de Lesseps, ni les découvertes de Louis Pasteur, ni l'épanouissement de certains hommes dont les noms ne sont plus tout à fait obscurs : Claude Bernard, Renan, Michelet, Chateaubriand, Victor Hugo, Musset, Lamartine, etc., etc.

Donc confiance ! l'horizon s'éclaircira. L'orage se dissipera. L'embellie succèdera aux sombres jours que nous vivons. La France, la bonne et douce France, la France de Jeanne-d'Arc, des Turenne, des Bayard, des Courbet, des Chanzy, des Bosquet et des Marchand ; la France de Denain, de Valmy, d'Austerlitz, d'Iéna, de Solférino, voire même de Gravelotte et de Saint-Privat, n'est ni morte ni même malade. Elle se dresse, digne et fière, devant ses ennemis ; du haut de son passé d'honneur et de gloire, son armée superbe attend avec confiance l'heure de la revanche fixée par le destin. Elle ne songe qu'à la tâche sacrée que lui ont léguée les anciens et tout ce qui pourrait la détourner de son but sublime est considéré par elle comme une quantité négligeable.

L'armée n'est pas plus atteinte qu'émue. Disciplinée, silencieuse et résolue, elle continue son labeur, ne perdant pas un seul instant de vue son objectif suprême qui n'est pas la guerre civile, rêvée par certains patriotes, mais la grande guerre imposée à notre race par ses traditions, ses instincts, le souci de sa gloire, la conscience de son droit et le besoin de sa grandeur.

La France est, en Europe, une nation nécessaire. Elle est nécessaire par l'ardent foyer de civilisation, d'art, de sciences, de littérature que, constamment, elle dégage et dont elle illumine le monde entier. La France a toujours survécu à ses revers ; c'est pourquoi, malgré ses ennemis, elle reprendra sa marche en avant, car son génie pèse d'un poids trop lourd dans les balances de l'Europe. En plusieurs circonstances mémorables, la France, dont la fortune est évaluée à 230 milliards! a su tenir tête à l'Europe entière, autrement que par des écrits et des paroles ; elle est encore, elle sera toujours de taille à le faire. Dix fois, dans le cours de son existence, notre pays s'est vu en périlleuse situation, pour des causes politiques et sociales, inhérentes à l'impressionnabilité, à la mobilité de son peuple ; envahi, désagrégé, prêt à sombrer, toujours il s'est ressaisi, et comme le géant Antée qui reprenait ses forces en touchant terre du talon, le peuple de France en frappant du pied le vieux sol gaulois, en faisait surgir tant d'héroïsme, de grandeur et de dévouement qu'il triomphait de ses ennemis, si nombreux et si puissants qu'ils fussent.

Par les cruelles leçons du passé, nous pouvons mesurer la profondeur de l'abîme où nous étions tombés, la chance presque miraculeuse du relèvement qui nous est offert. Le monde ne s'y trompe pas. Le toast de Châlons a été la préface des événements qui changeront la face de l'Orient et de l'Occident. Préparons-y les armes et aussi les âmes. Concentrons les forces vives de notre pays. Rallumons les flammes sacrées des enfants de la vieille Gaule ; mettons-nous à la hauteur des devoirs patriotiques, et comprenons enfin que le premier devoir de tous est de réserver la sève française pour la grandeur de la France !

Donc, face à l'Allemagne, l'arme au bras, le front haut et... attendons !

LA TRANSFORMATION DE BERLIN

Dans ma troisième visite à la capitale de l'Allemagne, je trouvai facilement les moyens d'employer les quatre jours que j'avais à y consacrer. Celui qui n'a pas vu Berlin depuis vingt ans, ne peut se faire une idée de la transformation qui s'est opérée dans cette métropole.

Tous les vieux quartiers ont disparu pour faire place à de grandes voies bien aérées, bordées par des constructions de style agréable. Le moderne a remplacé l'antique. Berlin, sous bien des rapports, a dépassé Vienne. La population berlinoise, de 560.000 habitants en 1861, est aujourd'hui de 1.860.000. Ce chiffre se passe de commentaires. La progression a été étonnante ; dans sa métamorphose, Berlin est devenue une ville de monuments.

Le visiteur qui entre à Berlin du côté ouest, après avoir passé sous la monumentale porte de Brandebourg et traversé une vaste place, parcourt la célèbre promenade *Unter den Linden*, centre de la vie élégante dans la capitale de la Prusse et de l'Empire Allemand. A droite et à gauche, les palais des ministères et des ambassades alternent avec les maisons particulières, dont les rez-de-chaussée sont occupés par de riches magasins. Quand cesse ce cours, planté de quatre rangées de tilleuls et de marronniers séculaires, s'ouvre une des plus belles perspectives monumentales du monde : l'histoire monarchique, militaire et intellectuelle de la Prusse y est racontée par la pierre et par le bronze. En tête de cette avenue se dresse la statue équestre de Frédéric II, flanquée à droite du palais de feu l'empereur Guillaume Ier et de l'Opéra royal, à gauche de l'Académie des Beaux-Arts et de l'Université ; puis, entre de nombreuses statues d'hommes illustres, le pont du château avec ses groupes de Victoires et de guerriers en marbre blanc, l'Arsenal et le Musée des Beaux-Arts. Le tout est terminé par le Dôme protestant et la masse imposante et grisâtre du Vieux Château surmonté de sa coupole dorée, autour de laquelle court le verset du royal psalmiste : « Moi et ma maison nous voulons servir le Seigneur ».

Entre l'Opéra et le quai de la Sprée, séparé d'eux par des squares verdoyants, vis-à-vis de l'Arsenal, transformé en galerie des gloires prussiennes, s'élève un palais de modeste apparence, style Renaissance, précédé d'un portique supportant un large balcon. Ce palais, auquel on accède par une rampe, date du XVIIIe siècle ; habité par Frédéric II alors qu'il était prince royal, il fut plus tard la résidence du roi Frédéric-Guillaume III et de la Reine Louise, qui y donna le jour aux rois Frédéric-Guillaume IV et Guillaume Ier. A la mort de Frédéric-Guillaume III, le palais resta inoccupé jusqu'en 1858 ; à cette époque, il fut modernisé et agrandi pour servir de résidence au prince royal Frédéric-Guillaume et à sa femme, la princesse Victoria, connus depuis sous le nom d'empereur et d'impératrice Frédéric. C'est dans ce palais qu'est né, le 27 janvier 1859, Guillaume II, roi de Prusse, empereur d'Allemagne.

L'Hôtel de Rome, où nous sommes descendus, est à proximité de Friedrichstrasse. C'est dans cette rue, au centre de la ville que se trouve la Gare. Quand donc la grande ville, *source de tant de génie, de tant de goût et de tant de lumières*, selon l'expression de l'empereur Nicolas II, sera-t-elle pourvue de gares aussi vastes, aussi pratiques que celles d'Allemagne? La gare de Friedrichstrasse, construite en 1875, voit aujourd'hui passer 800 trains par jour (chiffre officiel). Les trains circulaires s'y succèdent toutes les deux minutes. Rien n'a été négligé pour le confort des voyageurs

Dans le courant de la matinée, je fais une promenade à pied dans la partie de la ville entre l'Unter den Linden et la Leipzigerstrasse. Je constate avec étonnement les changements accomplis. Les nouvelles voies ouvertes, avec leurs constructions de style varié, donnent à l'ensemble de la vue une note gaie ; les devantures des magasins sont remarquables par la diversité des étalages. Le soir, éclairés par l'électricité, ils jettent une vive lumière sur les voies publiques où l'animation est devenue extraordinaire, surtout dans la Friedrichstrasse, une des plus grandes artères de Berlin et des plus visitées ; elle traverse en ligne droite toute la ville, du nord au sud, coupe perpendiculairement Unter den Linden (sous les Tilleuls) et se termine à la place de la Belle-Alliance, après avoir parcouru plus de trois kilomètres. Cette grande voie est décorée d'édifices modernes où l'imagination des architectes s'est donné carrière, dans les styles Moyen-Age et Renaissance. Entre autres, les immeubles occupés par Faber, le fameux fabricant de crayons ; la brasserie monumentale de Spartenbrau ; à quelques pas de là, le café-concert appelé « Concordia ». On vous sert de tout, même du museau de bœuf ; on exhibe des acrobates et des danseuses ; on entend le répertoire des *beuglants*.

Sous les Tilleuls, le café Bauer est l'établissement le plus fréquenté. De quatre à six heures, ses deux étages regorgent de clients. A Paris, c'est l'heure de l'absinthe ; à Berlin, c'est l'heure du chocolat, breuvage favori des Berlinois et Berlinoises *selects*. Au café Bauer, le Berlinois prend comme consommation une bavaroise ou de la bière ; le Parisien préfère l'absinthe, cette émeraude où le regard s'absorbe, où la lèvre se parfume, où la pensée se grise.

En 1876, Berlin était une ville pour ainsi dire provinciale. On y trouvait à peine de quoi satisfaire des goûts dispendieux. L'étranger aujourd'hui se sent vraiment dans une grande capitale. La circulation et le mouvement sont devenus considérables dans les principales rues. Si le fait est sensible le 16 juillet, c'est-à-dire en pleine saison d'été et de vacances, quand une partie de la population a émigré, je me demande ce que ce doit être quand Berlin retrouve sa population normale, sa garnison au complet, et tout ce monde de l'aristocratie et de la haute finance, qui actuellement est en villégiature.

Nous avons le temps, avant d'aller déjeuner, de visiter le château royal, résidence officielle de l'Empereur, celle où il préside aux grandes cérémonies, aux fêtes de la cour. Bâti dans une île de la Sprée, ce palais a l'aspect monumental. Après être arrivés au deuxième étage par une pente douce sans marches, nous parcourons l'enfilade des grands appartements qui se développent le long de la façade principale, et dont une partie se trouve à la droite de l'antichambre ou salle des Gardes, puis la chambre de la fiancée, dans laquelle il est de tradition que, le soir de leur mariage, les princesses de la maison royale soient parées des joyaux de la couronne. Ces appartements sont bien décorés ; le style sévère prouve que du temps du Grand Electeur le bon goût était connu.

Par contre, la salle des Chevaliers ou salle du Trône a des sculptures trop chargées. Sur de hauts dressoirs est étalée la vaisselle d'or qui représente une grande valeur. Dans la même salle, les fauteuils du trône en argent massif datent du règne de Guillaume Ier. Vient ensuite la salle de l'Aigle Noir, dont les tentures reproduisent l'emblème principal de cet Ordre de chevalerie ; puis les salles de l'Aigle Rouge, des Suisses, et la chambre du Drap d'or. Dans ces salons sont placés les portraits des différents souverains ; la toile bien connue de Camphausen représente le Grand Electeur et le grand Frédéric, entourés de leurs généraux. Nous arrivons dans la grande galerie de 60 mètres. C'est un véritable musée de tableaux remarquables. Parmi les nombreux portraits de princes, de monarques d'Europe, de princes et princesses de la Maison de Prusse, je constate un *Charles Ier*, de Van Dick, le *Sultan Soliman, Catherine de Russie,* la *Reine Louise,* l'*Impératrice Augusta*, de Winterhalter, le *Roi Frédéric-Guillaume IV*, le *Couronnement de son successeur à Kœnigsberg* et la *Proclamation de l'Empire*, qui eut lieu le 18 janvier 1871, dans la galerie des glaces à Versailles ; le *Passage du mont Saint-Bernard par Napoléon I*er, et enfin une belle toile de David qui a fait partie du butin emporté en 1814.

En continuant, le salon de la Reine, la salle Blanche dont la décoration actuelle date du règne de Frédéric-Guillaume IV; elle est ornée des statues en marbre des douze électeurs de Brandebourg et sert actuellement de salle du Trône pour les cérémonies d'Etat, telles que l'ouverture du Reichstag et aussi de salle de bal ; les 2.300 bougies qui l'éclairent sont reliées entre elles par des fils d'amiante. La nouvelle chapelle date de Frédéric-Guillaume IV. Les murs sont revêtus de marbres précieux ; les fresques représentent les symboles des principales religions.

Dans la Breitenstrasse, se trouvent les écuries de la cour ; 120 chevaux sont destinés aux attelages pour cortèges, sorties de gala ou conduite des visiteurs. Ceux de l'empereur Guillaume sont uniformément de la même robe ; ceux de l'Impératrice sont d'une autre nuance. Dans une immense remise sont rangées les voitures de gala et de ville. En sortant du palais impérial, par la Kaiser-Wilhemstrasse, j'arrive à Monbijou. Ce palais a été construit dans les premières années du XVIIIe siècle et habité à différentes reprises par la reine Sophie-Dorothée et l'impératrice Frédéric. Il s'élève le long de la rive droite de la Sprée. On y a installé le musée Hohenzollern ; c'est une collection de souvenirs personnels, se rapportant à la vie des princes qui ont régné sur la Prusse depuis qu'elle a été élevée au rang de royaume : c'est le Musée des Souverains. Deux salons contiennent des objets, des meubles ayant servi à Guillaume Ier. Les autres salles se rapportent au règne précédent. Dans l'une d'elles, est placé le lit de parade du grand Frédéric, ainsi que ses habits, ses instruments de musique, jusqu'à son cheval favori empaillé.

Les plus belles rues à parcourir pédestrement sont Wilhemstrasse, Leipsigerstrasse, bordées d'hôtels aristocratiques, de bâtiments officiels, des palais des princes Frédéric, Léopold, du comte Stolberg-Wernegerode, de l'ambassade d'Angleterre ; puis la résidence du chancelier, qui abrita si longtemps Bismarck, l'homme néfaste ; la Chancellerie impériale, le ministère des Affaires étrangères ; comme habitations particulières, des maisons modernes de style prétentieux.

L'ambassade de France se trouve sous les Tilleuls, à droite de la Place de Paris. Nous traversons la porte de Brandebourg ; le passage du milieu est réservé à l'Empereur. C'est sur cette porte qu'a été replacé le char de la Victoire qui, en 1806, avait été apporté à Paris par Napoléon Ier ; Blücher le reprit en 1814. Pour un Français, cette porte de Brandebourg évoque bien des souvenirs ; le 27 octobre est l'anniversaire de l'entrée de Napoléon Ier à Berlin.

Vous fêtez les anniversaires de vos victoires, Messieurs les Prussiens, nous pourrions fêter les nôtres ; ils sont plus nombreux et surtout plus glorieux. Vous glorifiez Metz, Sedan, sinistres batailles, tristes résultats pour vous, encore moins d'honneur. N'oubliez pas Bouvines, Denain, Fontenoy, Valmy, Jemmapes, Iéna et Champaubert. A nous les soldats glorieux qui s'appellent : Philippe-Auguste, Duguesclin, Bayard, Guise, Coligny, Henri IV, Condé, Turenne, Luxembourg, Villars, d'Assas, Ney, Drouot, La Tour d'Auvergne, Hoche, Marceau, Desaix, Kléber, Masséna, Lannes et Napoléon Ier.

A nous aussi les marins illustres : Jean-Bart, Duquesne, Tourville, Suffren, Dupetit-Thouars, Dumont-d'Urville et Courbet ! Ces Grands Hommes sont passés à la postérité !

A nous le plus merveilleux écrin de gloire dans lequel un peuple puisse contempler le travail de ses ancêtres, l'effort de son génie. La race de tous ces hommes héroïques n'est pas éteinte, nos soldats seront ce qu'ils furent toujours, intrépides, dévoués et, s'il le faut, sublimes, et nous sommes maintenant en état de vous répondre : Prussiens, quand vous voudrez !

Le 7 octobre 1806, Napoléon Ier, ayant reçu du roi de Prusse un *ultimatum* insolent, mit l'armée française en mouvement. Le 14, il écrasait les Prussiens à Iéna, tandis que le maréchal Davoust, avec le 3e corps, les culbutait à Auerstædt. Pour récompenser le 3e corps de sa brillante conduite et de son héroïsme sur le champ de bataille, Napoléon décida qu'il entrerait le premier à Berlin.

Le maréchal Lannes, qui commandait le 5ᵉ corps, avait, dès le 24 octobre, envoyé un escadron de hussards et quelques-uns de ses aides de camp pour annoncer l'entrée de Napoléon Iᵉʳ.

Le 25, le prince Hatzfeld, chef de la municipalité, et les notables berlinois offrirent les clefs au maréchal Davoust qui les leur rendit afin qu'elles fussent remises à Napoléon. La glorieuse armée traversa Berlin. Davoust établit son quartier général à Friedrichsfeld. Le 27 octobre, Napoléon, de Postdam, fit son entrée solennelle dans la capitale par la porte de Brandebourg ; il apparut dans les rues de Berlin, à cheval, au milieu de sa garde et des cuirassiers d'Hautpoul et de Nansouty, accompagné de Berthier, major général, des maréchaux Davoust et Augereau, de Duroc et de ses aides de camp. L'entrée fut triomphale ; tous les notables, les corps constitués, les représentants de la haute bourgeoisie vinrent à sa rencontre lui offrir les clefs de la ville, l'assurant de leur soumission et de leur respect. Non seulement la plus grande tranquillité ne cessa de régner, mais une foule considérable circulait dans les rues pour contempler les soldats français. Voici le récit d'un témoin allemand :

« Je vis sourire Napoléon Iᵉʳ lorsque ses yeux s'arrêtèrent sur un groupe de Berlinois qui mêlaient leurs acclamations à celles des Français ; les bourgeois étaient à leurs fenêtres, les boutiques ouvertes. Dans la soirée il y eut des Allemands qui illuminèrent. »

Le soir, les théâtres jouèrent. Napoléon Iᵉʳ s'installa au palais du roi avec autant de sécurité que s'il s'était trouvé en France ; il reçut la visite de tous les hauts fonctionnaires qu'il accueillit avec bienveillance. Ces hommes respectaient le vainqueur qui, en quatre semaines, avait complètement écrasé leur pays. Napoléon Iᵉʳ donna des ordres pour que tout se passât régulièrement. Les habitants logèrent 40.000 hommes, ils furent tellement satisfaits de la bonté et de la douceur des soldats français qu'ils s'évertuèrent à leur fournir abondamment tout ce qui était nécessaire pour bien vivre. Pas un cri ne vint troubler la tranquillité des rues. C'est pour perpétuer le souvenir des victoires de 1806 et de son entrée triomphale à Berlin que Napoléon Iᵉʳ ordonna d'élever un temple de la Gloire destiné à recevoir les drapeaux conquis à l'ennemi. Ce temple, détourné de sa destination première, est devenu l'église de la Madeleine. Par un décret du 18 février 1806, Napoléon avait déjà prescrit la construction de l'Arc de Triomphe.

Il y a là un contraste significatif entre l'entrée de Napoléon Iᵉʳ à Berlin, qui se fit sans tristesse, au milieu d'un calme parfait, et celle de Guillaume Iᵉʳ à Paris, en 1871, qui ne fut que deuil, épouvante : on sentait la force brutale. Les Prussiens n'ont pas à s'en enorgueillir.

Le lendemain 28 octobre, date à jamais néfaste, anniversaire de la reddition de Metz, que le traître Bazaine — nom flétri dans l'histoire — mit en la possession des Prussiens. Metz l'inviolée ! le plus imposant rempart de la Patrie ; Metz ! l'inexpugnable citadelle, la formidable place de guerre qui gardait si fidèlement l'intégrité du territoire et la majesté du nom français.

Il fallut un lâche, comme Bazaine, pour que, le 28 octobre 1870, Metz l'imprenable fût livrée à nos ennemis avec 173.000 hommes, 3 maréchaux, 50 généraux, 6.000 officiers, 53 drapeaux, 1.407 pièces de canons, 200.000 fusils, 3 millions de projectiles, 23 millions de cartouches et un matériel immense autant qu'intact, selon la remarque du duc d'Aumale dans le procès du misérable qui a livré la France. Que le nom de Bazaine soit aussi maudit par les générations qui nous succèderont ! Cet effondrement sans précédent, cette effroyable catastrophe militaire ne fut que le dénouement fatal de la ténébreuse et tragique machination d'un homme qui voulait tirer vengeance de projets qu'il n'avait pu réaliser. Il y a des deuils qui préservent, parce qu'il est des blessures qu'il faut toujours sentir saigner pour ne pas déchoir. La douleur est, pour les peuples qui veulent vivre, la meilleure gardienne du feu sacré. Pensons toujours à nos deux chères provinces ; vivons dans l'espoir de les reconquérir un jour ; la réconciliation entre les deux peuples est impossible : entre Paris et Berlin, il y a Metz et Strasbourg.

Le Thiergarten est pour Berlin ce que le Bois de Boulogne est pour Paris, avec cette différence qu'il est plus à proximité du centre de la ville. Sa superficie de 255 hectares est sillonnée par de nombreux cours d'eau, traversés par des ponts décoratifs du plus bel effet. Ses allées sont ombragées par des arbres séculaires ; l'ensemble en est très pittoresque. Il est délimité du côté Nord par la Sprée. Le côté Sud est bordé par un nouveau quartier où les richissimes banquiers juifs ont fait construire des hôtels splendides décorés de fleurs et entourés de jardins.

Berlin est le berceau des Juifs ; la pléiade des Rothschild sort de là. Le père Mayer Amschel, né en 1743, y a fait souche. Son fils aîné Nathan, né en 1777, avait vingt et un ans lorsque, en 1798, il jeta les premières bases de la maison Rothschild. James, le second fils, né en 1792, avait aussi vingt ans quand, en 1812, il vint à Paris. Nathan et James sont les deux grands Rothschild de la deuxième génération. Leur père avait épousé Gutta Schnapper, la perle de la Judengasse.

Dès leur plus jeune âge, le père Mayer Amschel dressa ses deux fils à exploiter le pauvre peuple ; il leur enseigna l'art de rouler leurs semblables, il leur prêcha l'évangile du vol. Il ne se doutait pas, le vieux Juif, qu'à vingt-trois ans son fils James serait anobli, puis baron à trente ans, et qu'à cinquante ans, le 6 janvier 1842, il porterait sur sa poitrine le cordon de grand officier de la Légion d'honneur. Ce n'est pas Napoléon Ier qui aurait fait cela ! Les Anglais ont mieux résisté aux Rothschild de Londres que les Français à ceux de Paris.

La première génération de banquiers se compose de Nathan à Londres, Anselme à Francfort, Salomon à Vienne, Karl à Naples et James à Paris. La deuxième se compose de Lionel à Londres, ayant ses deux frères Anthony et Mayer pour associés ; Charles et William, à Francfort, remplacent leur oncle Anselme ; Anselme, Salomon à Vienne ; Adolphe à Naples ; Alphonse à Paris, aidé de ses deux frères Gustave et Edmond.

La vente des hommes par Amschel a été le début de la fortune. Ce bétail humain qui servait de chair à canon a rapporté des millions : après, vint Waterloo, qui rapporta 25 millions à Nathan Mayer de Londres. L'histoire signale sa présence, le 17 juin 1815, sur le champ de bataille de Waterloo. Le Juif avait tenu à voir la boucherie. Ensuite, le retour de l'île d'Elbe leur profita, puis les mines de mercure d'Autriche et d'Espagne qu'ils surent s'approprier par des moyens incorrects. L'emprunt anglais de 1819, le Crédit Foncier, l'emprunt de 1871, le krach de l'Union, tout profita à cette bande de Juifs. En 1848, la fortune de James pouvait s'évaluer à 600 millions ; en 1868, on la retrouve à 1 milliard 592 millions ; en 1882, elle dépasse 2 milliards. En 1896, on estime que la famille Rothschild de Paris possède une fortune de 4 milliards ; la maison de Londres, 5 milliards ; celles de Francfort, Vienne et Naples, à elles trois, 5 milliards ; ce qui porte la fortune de tous les Rothschild réunis à 14 milliards !

L'Allemagne a doté la France d'une belle collection de juifs qui ont noms Rothschild, Raynal, Reinach, Dreyfus, David, Abraham, Aron, Bamberger, Stern, Hirsch, Meyer, Beer, Bauer, Heine, Oppenheim, Bischoffsheim, Oberndœffer, Bernheim, Bloch, Erlanger, Seligmann, Popper, Durlach, Gougenheim, Isaac, Moïse, Jacob, Rachel, Israël, Lévy, Guusbourg, Camondo, Frank, Goudchaux, Hugelmann, Kahn, Strauss, Worms, Wolf, Ulman, Mayer, Crémieux, Muhler, Weill, etc., etc.

C'est l'invasion des juifs qui continue ; tandis que la statistique constate qu'il n'y a en France que 24.357 Russes, dont 9.918 dans le département de la Seine, elle nous apprend qu'il y a, à Paris, 42.000 Allemands et 52.000 juifs. Maintenant c'est l'Italien qui s'infiltre partout ; il faut endiguer ce fléau. Marseille compte 73.000 Italiens ; Toulon, 8.000 ; Nice, 23.000 sur 93.000 habitants. Sur le littoral, on estime à 250.000 le nombre de ceux qui y sont installés ; à Berlin, on compte 397 Français ! C'est que là-bas la terre n'est point hospitalière.

Cela dit, revenons au Thiergarten. Cet immense parc est traversé par de grandes allées. Celle qui conduit de la porte de Brandebourg à Charlottenbourg est dotée d'une ligne de tramways ; une autre conduit de Postdamer Platz au château de Bellevue. Des statues y ont été élevées dans les ronds-points. J'y remarque celles du poète Schiller, de Lessing, de la reine Louise, femme de Guillaume III. C'est le Thiergarten que les Allemands ont choisi pour élever leur colonne de la Victoire. Les canons pris à l'ennemi, rangés tout autour, rappellent les guerres de Danemark, en 1864, d'Autriche, en 1866, et de France, en 1870. Comme j'ai détourné les yeux pour ne pas voir cette colonne, j'en emprunte la description à l'un de mes compagnons, fort en esthétique :

« Les Français qui viennent à Berlin peuvent, sans crainte, aller rôder autour du monument. C'est d'une telle horreur qu'ils ne sentiront même pas l'intention injurieuse que révèlent platement les quatre bas-reliefs et la mosaïque, et que ce seul cri leur montera aux lèvres : « Voilà donc tout ce qu'ils ont trouvé ! »

« La colonne de la Victoire s'élève à l'entrée du Thiergarten, derrière cette porte de Brandebourg par où passèrent, en 1806, l'état-major de Bonaparte et nos alertes régiments, que le prestige des armées révolutionnaires fit recevoir en libérateurs. Elle est composée d'un piédestal couronné d'une galerie circulaire à colonnes doriques, le tout en porphyre, et, là-dessus, — symbole national vraiment heureux, — une lourde saucisse en grès, que surmonte la statue en bronze doré de la *Borussia*. A elle seule, cette Borussia, qui prend successivement l'aspect, quand on fait le tour du monument, d'une nourrice brandebourgeoise en pantalon de zouave, ou d'un phénoménal hanneton, représente en hauteur le tiers de la colonne. L'absence de proportions est aussi choquante entre la partie supérieure et la partie inférieure du monument, en sorte que l'œil, révolté par tant d'ineptie des détails, cherche vainement un peu d'harmonie dans les lignes.

« Comme le bas ressemble à un ossuaire et le haut à une cheminée d'usine, on pourrait croire que ce sont des fossoyeurs et des fumistes qui, abandonnés à leur gauche fantaisie artistique, se sont amusés à vous bâtir ça. C'est une erreur ; l'architecte, les sculpteurs, le peintre même sont des personnages à qui l'on fait un nom ici. Il y a eu là, en 1871, la collaboration de tout le dessus du panier des artistes berlinois !

« Sur les quatre faces du piédestal, des bas-reliefs de bronze d'une inspiration niaise et d'une exécution puérile, représentent : 1º la prise des fortifications de Düppel (guerre de Danemark) ; 2º la bataille de Sadowa ; 3º la capitulation de Sedan et l'entrée des troupes prussiennes à Paris ; 4º le retour triomphal de Guillaume Ier et de son armée à Berlin.

« La capitulation de Sedan est symbolisée par l'entrevue du général Reille et du roi de Prusse, lequel tend la main pour recevoir la lettre que lui écrivait Napoléon III. Par une tradition d'atelier, qui se retrouve chez tous les peintres, chez tous les sculpteurs de ce temps-là, on a donné au général français une attitude humble et rampante de chien battu.

« Pour l'entrée des Prussiens à Paris, on n'a rien trouvé de mieux, comme figuration populaire à opposer aux troupes allemandes, qu'une espèce de vieux voyou en blouse, planté sur un tas de pavés, le képi incliné sur l'oreille, les mains mollement enfoncées dans les poches, et le brûle-gueule aux dents. C'est ça, le peuple de Paris ! Et tel est l'hommage que le vainqueur a rendu à son héroïsme !

« Mais, je le répète, ces détails odieux n'arrivent même point à nous indigner ; c'est à la fois trop abject. Chez tous les peuples d'âme haute, l'art a plutôt une tendance à glorifier les vaincus. Qu'on voie, par exemple, nos galeries historiques ; qu'on voie même comment, dans le désespoir de la défaite, nos peintres de l'année terrible ont traité l'ennemi. Et que l'on compare ! Ici, on croit retrouver dans le marbre, dans le bronze ou sur les toiles, le hoquet crapuleux des troupiers qui incendiaient Bazeilles et volaient nos pendules. »

A quelques pas de là, l'Allemagne a fait édifier le nouveau palais du Reichstag. Ce vaste monument, très décoratif, a coûté 35 millions. En face, l'Etat-Major, où mourut le feld-maréchal de Moltke.

Nous parcourons de nouveau l'Unter den Linden, de la porte de Brandebourg à l'Opéra ; c'est sur cette grande voie des *Tilleuls* que se trouve le palais de Guillaume Ier. De son vivant, le vieux souverain avait l'habitude de paraître à la fenêtre de son cabinet de travail au moment où la garde était relevée. Avec la plus scrupuleuse exactitude, il s'est fait un devoir, pendant tout son règne, — quand il était à Berlin, — de se montrer à son peuple qui, tous les matins, venait acclamer chaleureusement le monarque. Les salons sont encombrés de bibelots, souvenirs, bronzes, marbres, reçus en cadeaux. Toutes les pièces sont restées dans le même état que pendant sa vie ; ameublements et objets d'art y sont conservés religieusement.

LES MUSÉES

Notre matinée est consacrée à la visite des Musées, enrichis, depuis vingt ans, d'une grande quantité de tableaux. La façade ayant vue sur le Lustgarden consiste en un portique supporté par dix-huit colonnes ioniennes, orné de fresques et de groupes de marbre exécutés d'après les plans de Schinkel, sous la direction de Cornélius. La grande rotonde du milieu est décorée avec les marbres célèbres de Pergame. Ceux de la rotonde centrale et de la galerie de droite proviennent du temple de Jupiter, qui s'élevait dans l'enceinte même de la citadelle de Pergame ; ils datent du règne d'Eumène II, de l'an 180 avant J.-C. La première collection, en proportions plus grandes que nature, représente le combat des Dieux contre les Géants ; la seconde retrace différentes scènes de la vie de Téléphos. Ces œuvres de la grande époque de l'art hellénique impressionnent par la vie qui les anime : c'est une trouvaille merveilleuse. Dans la galerie des héros, une salle est consacrée à l'art romain, deux autres au Moyen-Age et à la Renaissance. Au rez-de-chaussée, la collection des monnaies est intéressante : plus de 20.000 pièces de toutes les époques et de tous les états sont rangées dans les vitrines. Le double escalier monumental, avec ses parois recouvertes de fresques, nous conduit au premier étage, dans la galerie des peintures anciennes. La collection italienne est une des plus complètes qui existent dans les Musées d'Europe. A citer, dans les toiles des peintres de la grande époque, la *Madone* du duc de Terranova, celle de Raphaël, celle d'André del Sarto. L'école française n'est pas bien représentée. Seuls quelques paysages de Poussin ; un *Portrait de Marie Mancini*, par Mignard. Dans l'école allemande, les toiles d'Holbein ; celles des écoles flamande et hollandaise sont en trop grand nombre pour les signaler.

Une des œuvres les plus captivantes et qui demande à être examinée sérieusement, consiste en six panneaux représentant l'*Adoration de l'Agneau mystique*, que les frères Van Eyck, exécutèrent pour une chapelle de l'église Jean, de Gand. Une partie est rentrée en possession du Musée de Berlin ; la partie centrale de cette incomparable composition est dans la cathédrale de Saint-Bavon ; d'autres, moins importantes, ont été transportées au Musée de Bruxelles. A côté de cette œuvre magistrale des Van Eyck, se trouvent des toiles de Memling, Van der Weyde, Dirk Bouts, Terburg, de Metsu, Van der Meer, Franz Hals, du célèbre portraitiste de Harlem ; plusieurs toiles de Rembrandt. Les Rubens, au nombre de quinze, sont médiocres.

Nous visitons ensuite la Nationale Galerie, construction récente de style corinthien. Un des paliers de l'escalier représente les honneurs rendus par la République de Venise à la reine Catherine Carnaro. D'un côté, la galerie du comte Raczynski ; de l'autre, la salle des cartons de Cornélius ; les modèles qu'ils renferment ont servi d'avant-projet à plusieurs œuvres capitales. Le Neues Museum est plus intéressant ; le grand escalier, qui occupe la partie centrale, est une œuvre grandiose, des plus riches et des mieux conçues parmi les édifices du Berlin moderne. Le premier étage se divise en deux : les six fresques bien connues de Kaulbach retracent les époques les plus marquantes de l'histoire de l'humanité ; l'artiste y travailla vingt ans.

Au deuxième étage, les amateurs de belles choses peuvent s'en donner à cœur joie. C'est l'antiquité renaissante. Les Phéniciens, les Etrusques, comme les peuples de l'Asie-Mineure, les Grecs et les Romains y sont représentés. Parmi ces nombreux objets classés et rangés avec symétrie sous des rubriques différentes, se trouvent des statuettes, vases, lampes, bronzes et miroirs. Je m'intéresse particulièrement aux figurines de Tanagra. L'exécution en est parfaite ; le travail, d'une finesse étonnante ; ces pièces ont un cachet de grâce, de beauté, qui n'a jamais été surpassé.

Dans les salles suivantes, les vases lécythes forment une catégorie spéciale, ainsi que ceux qui furent trouvés dans les fouilles entreprises à Mycènes par Schielmann. Dans la Sternsaal, se voient les pierres dures et les camées, et, dans la dernière pièce, les bijoux antiques, ainsi que le trésor d'Hildesheim, composé d'un service de table en argent repoussé qui date de l'époque romaine, découvert à Galgenberg ; la galvanoplastie a partout reproduit ces pièces. Le premier étage du Neues

Museum est entièrement consacré à la collection des moulages. C'est la plus complète qui existe en Europe. Elle représente toutes les écoles de la sculpture antique et moderne et de l'art asiatique.

La création du Musée de Berlin ne datant que du commencement du siècle, d'une époque où la plupart des chefs-d'œuvre de l'art moderne avaient déjà été acquis par les Musées du Louvre et de Dresde, il en résulte que la galerie de peinture ne peut arriver à égaler celles des autres capitales d'Europe. Sa plus grande richesse consiste en toiles des peintres primitifs de l'Italie et de la Flandre. Le pourtour est tendu de grandes tapisseries exécutées d'après les dessins de Raphaël. J'ai vu les originaux au Vatican, et au South-Kensington Museum. Une remarque à faire, c'est que tous les tableaux sont rangés dans un ordre très méthodique.

En face du Musée, on travaille à la construction de la nouvelle cathédrale ; la dépense sera de 32 millions. A côté, sur les bords de la Sprée, les ouvriers sont occupés à l'érection du monument de Guillaume Ier, qui reviendra, dit-on, à 82 millions. Il se compose de deux parties : une statue équestre du vieil empereur, dressée sur un haut piédestal, et une colonne de pierre blanche, dont les deux ailes supportent des groupes de bronze, et qui prolonge ses fondations jusque dans le lit de la Sprée. L'ensemble est écrasé par la lourde masse du château impérial, dont l'un des côtés fait face au monument. La colonnade, construite de biais, est d'un goût déplorable. Quant à la statue, elle ne manque pas d'allure.

A chaque pan coupé, des *Victoires* de bronze, qui font des prodiges d'équilibre sur des sphères minuscules. A droite et à gauche, deux grands diables de corps jetés sur des marches de grès, et qui symbolisent, paraît-il, la guerre et la paix. Sur la face antérieure, une *Croix de fer*, d'où partent des rayons solaires ! Au-dessous, un coussin en bronze supportant le manteau impérial, le sceptre, une balance, un glaive nu et la couronne de l'empire. Cette exposition de bric-à-brac, absolument grotesque, représente le *Droit nouveau !* Et puis enfin, aux quatre angles, détachés nettement, les fameux lions, les lions devant lesquels tout Berlin s'extasie, et dont deux, au moins, semblent particulièrement souffrir d'atroces coliques. Sous leurs griffes, massés pêle-mêle en trophées, des drapeaux, des fusils, des canons et des mitrailleuses, des sabres et des cuirasses, toute la glorieuse dépouille des vaincus.

La colonne de la Victoire associe du moins notre défaite à celle des Autrichiens et des Danois. Ici, ce que l'on célèbre, c'est uniquement la défaite de la France. Le souvenir des guerres auxquelles Guillaume Ier a été mêlé, et que pouvait à la rigueur, avec plus ou moins de tact, rappeler ce monument du centenaire, n'a point suffi ; il a fallu encore qu'on ravivât le souvenir des âges éteints et qu'on mît là le drapeau blanc des rois de France, pour attester que l'Allemagne officielle et patriote ne désarme point, qu'elle se transmet de génération en génération et de siècle en siècle la haine de l' « ennemi héréditaire ».

S'il est une chose qui puisse fortement impressionner les Français de passage à Berlin, c'est une visite à *l'Arsenal*, devenu, depuis 1877, musée d'artillerie et galerie des Gloires. Quelle heure douloureuse on consacre à ce calvaire !

Devant le portail, quatre lourdes statues de femmes, qu'un artiste italien qualifiait devant moi de *crapauds*, et qui datent de près de deux siècles. Entre le musée et le corps de garde, en plein air, deux obusiers pris en 1814 et une pièce de forteresse, enlevée, pendant la dernière guerre, au mont Valérien. L'édifice a 90 mètres de long, il est situé en face le palais Frédéric. Transformé depuis plusieurs années, sa façade décorative, surmontée de trophées guerriers, revêt un caractère monumental. En pénétrant dans l'intérieur, le visiteur se trouve d'abord dans un vaste hall supporté par de nombreuses colonnes qui communique avec la cour intérieure. Au milieu, s'élève une statue colossale de la Borussia. Au fond, un bel escalier en fer à cheval donne accès à la Herrscherhalle (salle des souverains). Une des pièces du rez-de-chaussée est consacrée à la science de l'artillerie; celle de gauche, à l'art de l'ingénieur. Dans la première, se trouvent, méthodiquement rangés par siècle et par série, des canons, des obusiers, des mortiers et autres engins de toutes formes, quelques-uns d'un travail remarquable, surtout parmi les anciens ; des pièces de modèles américain, russe et suisse, montées sur leur affût avec leur avant-train. On suit toutes les transformations accomplies dans le matériel de guerre depuis les premiers temps jusqu'à ce jour.

Dans la galerie de gauche sont réunis tous les outils servant au corps des pionniers. Au milieu, une vingtaine de plans en relief des anciennes forteresses françaises que Vauban avait élevées comme une ceinture ininterrompue sur la frontière du Nord-Est. Puis, les reliefs du champ de bataille de Königgrätz; les retranchements de Duppel, peints sur les murs en grandeur naturelle; les fameux grenadiers géants dont le roi Frédéric-Guillaume Ier voulait former un corps d'élite. Au premier étage, des uniformes de toutes les époques, usés, troués, fanés par le service d'antan, aujourd'hui la proie des mites. Sous une vitrine, le chapeau de Napoléon Ier, avec ses décorations, dont plusieurs ornées de diamants d'une grande valeur. C'est la dépouille de Waterloo. La galerie des Gloires, décorée de fresques de Geselschap et de statues des rois de Prusse et de généraux prussiens. Les murs des trois salles sont couverts d'immenses tableaux qui représentent les principaux épisodes des guerres contre le Danemark et l'Autriche, et aussi la bataille de Waterloo (Belle Alliance), la proclamation de Guillaume Ier, comme empereur allemand, dans la galerie des Glaces à Versailles, le 18 janvier 1871. D'autres peintures murales retracent les faits d'armes les plus glorieux des armées du Brandebourg et de la Prusse, qui sont la bataille de Fehrbellin, le passage du Kurische-Haff, les batailles de Hohenfriedberg, Leuthen, Torgau, Leipzig, Waterloo, l'enlèvement des retranchements de Duppel, la bataille de Königgrätz et enfin, pour flatter l'amour-propre des Prussiens et même raviver leur haine, les Allemands ont reproduit l'assaut de Saint-Privat, la bataille de Gravelotte où les soldats français, qui furent tous des héros, ne succombèrent qu'écrasés par le nombre. Il n'y a cependant pas de quoi flatter la bravoure de nos ennemis. Le champ de bataille de Sedan est représenté au moment où, d'après eux, l'ennemi, s'avouant vaincu, arbore le drapeau blanc.

En Allemagne, toutes ces reproductions de batailles m'ont d'autant plus frappé qu'elles sont faites avec beaucoup de partialité. A Dresde, j'ai vu aussi des panoramas de batailles françaises : Saint-Privat et Reichshoffen. Le sol est toujours jonché de soldats français tués ; des Prussiens, on n'en voit pas. La brosse de l'artiste peu scrupuleux a reproduit les soldats français désertant le combat : c'est une insanité de voir la vérité ainsi travestie. Ces Teutons ont une manière particulière de refaire l'histoire.

En France, nous n'oublierons jamais les actes de férocité qu'ils commirent pendant la guerre de 1870. Non contents de voler nos pendules, ils se livraient au pillage des maisons. Tout ce que peut inventer la licence effrénée du soldat, lorsque rien n'arrête sa fureur, tout ce que la cruauté peut inspirer aux hommes fut commis par les Prussiens.

Dans les musées, dans les panoramas, le peuple allemand s'extasie devant la bravoure artificielle de ses compatriotes. Allons, Messieurs les Allemands, soyez plus sincères et plus loyaux ; sachez que les soldats français n'ont été, en 1870, écrasés que par la force brutale de votre nombre. A Reichshoffen, Gravelotte, Saint Privat, Bitche, St-Quentin, Rambervilliers, Bazeilles, Toul, Châteaudun, vous avez rencontré des héros ! Le pourtour de l'arsenal est entouré de bustes posés sur des socles de marbre blanc. Le premier est celui d'Othon Christophe, baron de Sparr ; à côté, ceux de Hans Joachim, Von Ziethen, prince Louis, tué au combat de Saalfeld, Guillaume-René, Frédéric-Adolphe, prince Blücher, comte Bulow von Donnevitz, Tauentzien von Witlenberg, Neidhart von Gneisenau, Kleist von Nollendorf, qui, tous, se signalèrent dans la guerre de la délivrance ; puis les bustes de ceux qui commandèrent devant l'ennemi : comte de Wrangel, de Werder, Goeben, de Moltke, Manteuffel, prince Frédéric-Charles et de l'empereur Frédéric.

Il y a beaucoup à voir dans cet Arsenal ; les armures et les armes anciennes y ont été réunies en grande quantité. Parmi le butin enlevé à l'ennemi figurent des uniformes de soldats français pris, en 1870, sur les champs de bataille, la livrée des équipages de poste de Napoléon III. Tout ici rappelle nos désastres. La plupart des objets nous ont été volés. Il y a surtout les plans en relief des forteresses de France, enlevés de nos collections.

« Et puis, appendus aux murs ou symétriquement disposés en tas, ce sont des schakos, des képis, des sabres, des baïonnettes, des fusils, des guidons tricolores, des épaulettes, des éperons, des pistolets, des tambours muets désormais, et qui tant de fois battirent la charge et menèrent nos soldats à la victoire. La peau en est jaunie, tannée ; mais la voix morte ne ressuscitera-t-elle pas ?

« Voici des clairons qui sonnèrent fièrement, lançant dans la mêlée leurs notes aiguës, leurs appels stridents, comme des coqs au réveil. Et quels sont les braves qui portèrent ces cuirasses, trouées de part en part de douze, quinze, dix-huit balles? Des héros, dont l'histoire jamais ne dira les noms !

« Jusqu'à la voûte, les murailles, les piliers sont tapissés de drapeaux : drapeaux de la Révolution et du Premier Empire, aux couleurs éteintes, mais que la poussière d'un siècle n'a pu complètement ternir.

« Il me semble voir frissonner encore la soie déchiquetée et flétrie, la soie de ces étendards qui coururent le monde, portant dans leurs plis le grand souffle de liberté ; — drapeaux qui claquèrent sous le soleil et sous l'orage, noircis par la fumée, mutilés par les balles, lacérés par tous les vents d'Europe et désormais prisonniers, loques glorieuses pour lesquelles tant de vaillants surent mourir.

« Et puis, voici les tricolores de la dernière guerre, improvisés en hâte, cousus par des doigts inhabiles. Ils sont là, mêlés aux autres, accrochés le long des murs, comme de grands oiseaux captifs dont les ailes palpitantes auraient été clouées par des mains barbares. Et des canons, des mitrailleuses, portant leur date : Sedan, 2 septembre. — Orléans. — Strasbourg. — Soissons. — Metz. — Saint-Privat. — Thionville. — La Fère. — Wœrth. — Route de Metz. — Le Mans. — Fort de Vanves. — Paris, 1870-71.

« Je passe devant les vitrines où sont conservés les différents types d'uniformes de l'armée prussienne, depuis le commencement de ce siècle jusqu'à nos jours.

« Je redescends dans la grande cour pour revoir une dernière fois nos canons et, pendant qu'attristé, je les contemple, immobile, j'entends parler français tout près de moi. Je me retourne vivement : ce sont des soldats, des soldats allemands ! Je m'approche d'eux et je les questionne au hasard :

« — Vous êtes sans doute Lorrains ?

« — Oui, Monsieur, Lorrains. Et vous, Français ? Ah ! nous aussi, nous avons été Français !...

« Leurs mains crispées, leurs visages pâles et contractés, l'éclair de leurs prunelles en disent plus long que leurs lèvres qui doivent rester closes. Sous l'uniforme impérial, battent des cœurs français meurtris et torturés, mais des cœurs que nul ne peut asservir.

« — *Nous aussi nous avons été Français !*

« Cette phrase sonne à mon oreille comme un glas, comme un tocsin. Français, ils le sont encore, ils le seront toujours. Ils ont gardé leur langue, si douce et si chère, malgré les punitions qui pleuvent dru.

« Quelle vie est la leur ! De quelle amertume n'est-elle point abreuvée ! On les exile loin de leur pays, dans la capitale prussienne, pour les dompter et les germaniser. »

Après le déjeuner, des landaus nous attendent pour la promenade en ville. Les vieux quartiers malsains ont été démolis. Des voies larges bordées par des maisons ouvrières aux logements spacieux et aérés ont remplacé les vieilles bicoques. Les quartiers ouvriers sont devenus des quartiers bourgeois, où règne la plus grande propreté. Encore une légende qu'il faut détruire chez les Français qui ne voyagent pas ; par un excès de chauvinisme, ils se figurent qu'il n'y a que le peuple français qui soit heureux et bien logé. Funeste erreur. Voyagez, chers compatriotes, et vos préjugés tomberont.

Malgré cela, Berlin n'est pas encore près de rivaliser avec Paris. Le nombre des habitations y est beaucoup plus restreint. C'est Paris qui arrive en tête des capitales avec 83.658 maisons et 1.904 propriétés mixtes (maisons et usines), soit un total de 86.457 immeubles bâtis. Les maisons comprennent 1.181.559 locaux, et les usines 28.283, soit 1.209.842 locaux. La valeur locative des maisons s'élève à 830 millions 264.450 francs, et celle des usines à *23 millions* 852.585 francs, ce qui représente une valeur locative totale de 854 millions 117.035 francs.

Paris est certainement, quoi qu'on ait prétendu, la cité de l'Univers où, à considérer l'ensemble, la population mange et boit le mieux, ou du moins le plus sainement, et cette supériorité tient surtout au progrès des règles et des pratiques de l'hygiène dans tous les services de l'approvisionnement des marchés, de la tenue des abattoirs, de l'organisation des halles, et aussi dans le choix et l'entente de leur alimentation par les habitants eux-mêmes. Cette amélioration de la vie sociale méritait d'être constatée. Aucune ville du monde ne consomme autant que Paris; c'est ainsi qu'en 1898, la Ville Lumière dont la population, d'après le recensement de 1896 est de 2.536.834 habitants, a consommé 21.662.748 kilogs de beurre, 161.071.479 kilos de viande de boucherie et 5.256.400 kilos de viande hippophagique et a mangé 538.299.120 œufs, 312.106 bœufs, 176.468 veaux, 1.849.764 moutons, 585.434 porcs, le gibier figure pour 2.021.726 kilos et le poisson d'eau douce pour 1.709.385 kilos. Moins qu'autrefois nous sommes sur ce terrain tributaires des étrangers, dont les apports continuent toutefois d'être importants. C'est ainsi que l'Allemagne et l'Autriche-Hongrie nous expédient le lièvre, le perdreau, le lapin de garenne, — l'Italie les pigeons, cailles, pintades, grives et merles, — la Hollande et la Belgique, le lapin de garenne, le canard sauvage, les grives et les merles, le gibier d'eau, — la Russie et la Norvège, les gélinottes, poulets, lièvres blancs, perdrix blanches, — l'Angleterre, l'alouette, le faisan, la bécasse, la bécassine, — l'Egypte, des cailles vivantes, — l'Espagne, des sansonnets, des grives et des merles, — la Turquie, des bécasses et des bécassines.

Car Paris ne vit pas seulement de pain et de bétail ; il est friand de volaille et de gibier. On lui en a servi 29.276.379 kilos, représentant 7.271.000 poulets, près de 3 millions et demi de lapins, 1.500.000 alouettes, 783.000 canards, 628.000 perdreaux. C'est principalement des départements placés dans un cercle de quatre-vingts lieues autour de Paris : l'Eure, l'Indre, la Loire-Inférieure, la Côte-d'Or, le Cher, etc., que partent tous ces vivres auxiliaires. L'Allemagne continue cependant à nous adresser ses lièvres et ses chevreuils, bien moins fins que les nôtres. Mais voici que l'Australie — oui, la lointaine Australie elle-même — nous envahit avec ses lièvres, dont 7.000 ont fait leur apparition sur le carreau des Halles centrales. Observons que la volaille a diminué de 1.576.614 kilos et le gibier de 102.584 kilos en 1897.

Paris a une prédilection particulière pour les légumes et les fruits ; c'est la ville du monde où il s'en consomme le plus. Il en est entré, pour les Halles seules, 11.791.935 kilos, dont à peine un million de l'étranger. Nos cultures maraîchères de la Seine et des départements limitrophes, suppléées l'hiver par les primeurs de Provence et d'Algérie et aussi d'Espagne et des Canaries — pourvoient à ces subsistances. Empressons-nous d'ajouter à ces envois l'énorme déversoir du *Carreau forain* avec ses 215.733.500 kilos de fruits et de légumes. Paris a donc, en une année, englouti plus de 228 millions de kilogrammes de fruits de la terre. Et on l'accusera d'être carnivore. Il me semble qu'il est bien aussi quelque peu végétarien !

Peut-être Paris n'a-t-il qu'un médiocre penchant vers l'ichtyologie. 35 millions de kilos de poisson en un an, c'est modeste. On hésiterait à croire que, avec notre littoral et nos 110.000 marins, nous soyons obligés d'emprunter 1 million et demi de produits à la marine étrangère, des maquereaux et des saumons aux Anglais, des soles et des limandes à la Hollande. Rien cependant n'est plus authentique. Mais il n'y a guère d'enseignement à tirer de ce phénomène, pas plus que de l'arrivée de 326.260 kilos de beurre du Danemark et de la Suisse, contre 12 millions et demi de kilos de beurre français introduits aux Halles et dont les plus forts contingents, en mottes, proviennent des Charentes. Supérieur encore le poids des œufs vendus : il a dépassé 16.450.000 kilos. Pour s'assimiler cette colossale totalité de denrées, Paris boit. Il a, l'an dernier, ingurgité 4.900.555 hectolitres de vin, 241.482 hectolitres de bière, 80.231 hectolitres de cidre ; et le prochain dégrèvement des boissons hygiéniques stimulera encore cette consommation de liquides.

Puisse-t-elle atténuer celle toujours croissante, hélas ! de l'alcool, dont il a été versé plus de 180.000 hectolitres de toutes sortes, et surtout de la sorte la plus malsaine et la plus dangereuse.

L'année terrible avait sensiblement diminué ces chiffres, il est utile de rappeler les prix que se vendaient alors les denrées, car 1870 restera marqué dans l'histoire.

La guerre a été déclarée le mardi 15 juillet. Napoléon s'est rendu aux Prussiens, après la défaite de Sedan, le 3 septembre ; la République a été proclamée le 4 ; le siège de Paris a commencé le 19 septembre. Strasbourg s'est rendu le 1er octobre avec Toul ; Metz s'est rendu le 27 octobre. Le bombardement de Paris a commencé le mardi 27 décembre sur les forts et sur le plateau d'Avron, et le jeudi 5 janvier 1871 sur Auteuil et le faubourg Saint-Germain. Les obus ont commencé à tomber le vendredi 6 janvier (la nuit la plus terrible a été celle du dimanche 8 au lundi 9), jusqu'au jour de la capitulation signée le vendredi 27 janvier 1871.

Du 19 septembre au 15 octobre, on n'était pas rationné pour la viande ; mais on avait déjà de la peine à s'en procurer. A partir du 15 octobre, les Parisiens furent rationnés à 100 grammes par jour et par personne jusqu'au 24. Du 24 au 28, 60 grammes, et à partir du 28, 50 grammes. Il fallut, pour obtenir ce rationnement qui se donnait tous les trois jours, faire la queue à la porte des bouchers, depuis trois heures du matin jusqu'à dix heures, par tous les temps, jusqu'au 15 novembre. A partir de ce jour, chaque ménage s'était fait inscrire chez l'un d'eux et l'on se faisait délivrer sa viande à une heure indiquée sur une carte qui était timbrée chaque fois.

A partir du 20 novembre, on ne donnait plus que 50 grammes de cheval, ou de viande salée. Le 10 décembre, 3 litres de riz remplaçaient la viande pour 3 jours ; le 16 décembre, 1 litre 1/2 de pois de semence pour 3 jours.

Le 14 janvier, on rationna le pain, qui était devenu affreux : 300 grammes par jour et par personne. Le beurre, acheté 2 fr. 50 la livre, le 19 septembre, se vendit, presque de suite : 5 fr., puis 6, 8, 14, jusqu'à 25 fr. et même 28 et 36 fr. La graisse, du vrai suif, 2 fr. la livre. La graisse de cheval, 4 fr. Le saindoux, 2 fr. 50, puis 4 fr. 50, 5 fr. 50, 6 fr. La graisse d'âne, 3 fr. 50. L'huile d'olive, 5 fr. et 6 fr. la livre. Les œufs, 15, 20, 25, 30, 35, 40, 50, 60, 75, 90 c., 1 fr., 1 fr. 25, 1 fr. 50 puis 2 fr. Un morceau de fromage de brie, vendu en temps ordinaire 40 c., se vendait 7 fr. 50. Les sardines, que l'on payait ordinairement 1 fr. 25, se vendirent 3 et 4 fr., et puis l'on n'en trouva plus. Le cheval, 1 fr. 25 la livre ; 4 fr. la livre de filet ; les abatis : le foie 1 fr. 50, 2 fr. 50 et 3 fr. 50 la livre ; le cœur, 2 fr., 3 fr. 50, 4 fr. 50 ; les andouilles 4 fr. la livre ; les mâchoires, pour le bouillon, 1 fr. 50, 2 fr. L'âne, 1 fr. 25, puis 2 fr. 50, 3 fr. et 3 fr. 50 la livre. Le mulet, même prix, puis jusqu'à 4 fr. 50. Des espèces de terrines, pâtés de cheval, de rats, de souris, 4 fr. la livre. Le chien, 2 fr. 50 la livre. Un rat, de 1 fr. 25 jusqu'à 12 fr. la pièce ; une souris, 50 c. Le veau, une livre, 6 fr. La douzaine de pierrots, 9 fr. Les lapins, 12, 15, 18, 25, 30, 35, 40 et 45 fr. Les poulets, 8, 9, 12, 18, 20, 22, 25 et 38 fr. Un abattis de poulet, 5 fr. 50. Les pigeons, 12 fr. la paire. Les oies, 50 fr., puis 80 fr. Les canards, 22 fr., puis 35 fr. En décembre, le beurre frais atteint le prix de 40 fr. la livre ; les dindes, 60, 80 et 100 fr. ; le rhinocéros, 28 fr. la livre ; un poisson pesant une livre et demie, se payait 14 fr. ; les légumes, devenus rares, se vendaient à la pièce : carotte, 1 fr , navet, 2 fr., choux, 3, 4 et 5 fr., poireau, 20 c., betterave, 3 fr. 60, les choux de Bruxelles, 3 fr. le litre, les oignons, 5 et 6 fr. le litre, les haricots de Soissons, 4 fr. 50, les pois cassés, 3 fr., les flageolets, 5 fr. le litre, une gousse d'ail, 40 c., un pied de céleri, 2 fr., une livre de mâches, 2 fr., une barbe, 2 fr., une laitue, 1 fr., une tête de céleri, 2 fr. 50, un chou-fleur, 5 fr., les feuilles de choux, 1 fr. la livre. En janvier, les boîtes de conserves se vendirent 5 fr., le lard 10 fr., et le jambon 45 fr. la livre ! Le charbon de bois se payait jusqu'à 50 fr. le sac ; le charbon de terre étant épuisé, les rues étaient éclairées par des lampes à pétrole placées de distance en distance ; les magasins, faute d'éclairage, étaient fermés dès la nuit venue. Quant aux pommes de terre, le gouvernement les ayant réquisitionnées, on n'en trouvait que difficilement en les payant 35 fr. le boisseau.

On devine, par ces détails, que le jour de l'an de 1871 ne fut pas gai à Paris bombardé, et que les festins habituels durent être remplacés par des repas que Sparte même eût trouvés par trop frugaux. Vingt-neuf années se sont écoulées depuis l'année terrible et Paris est resté ce qu'il était : la première ville du monde ; rien n'a manqué depuis à son embellissement ; de belles constructions se sont élevées, des palais se sont édifiés, des squares se sont créés. Paris est la ville fleurie ; ses avenues, plantées d'arbres, sont remarquables. Paris a ses marronniers, comme Marseille ses platanes, Nice ses orangers, Alger ses eucalyptus, le Caire ses palmiers, Athènes ses acacias à barbe de pachas, Menton ses citronniers, Christiania ses sapins, le Liban ses cèdres.

L'ALLEMAGNE INDUSTRIELLE

Les progrès accomplis depuis la guerre sont prodigieux ! Ce peuple laborieux, sobre et soumis a marché à pas de géants. La prophétie de Bismarck, qui disait : *Nous aurons notre Sedan commercial*, s'est réalisée en tous points. L'Allemagne militaire est forte, l'Allemagne industrielle est prospère et redoutable. Partout les feux sont allumés, les cheminées fument. De Cologne à Berlin, arrêtez-vous à Düsseldorff (ville industrielle et manufacturière qui a pris, depuis vingt ans, un essor considérable), puis à Gelsenkirchen, Altermossen, Bielefeld, Oberhausen ; des usines, par centaines, se sont construites ; des villages se sont créés ; les terres stériles sont devenues fertiles ; des voies ferrées sillonnent le pays en tous sens.

L'Allemagne fabrique tous les produits : tissus, lainage, soie, objets d'art, bronze, machines, ustensiles de ménage émaillés, imprimerie, tabletterie, parfumerie, etc. Mais c'est dans la fabrication de la bière qu'elle occupe le premier rang : le nombre des brasseries est de 9.028, dont 4.032 dans les villes et 4.996 dans les campagnes. Sur cette quantité, 8.460 étaient en exploitation, dont 7.571 brasseries industrielles et 889 non industrielles ; dans ce chiffre sont compris 2.891 établissements employant des équivalents du malt. Parmi les brasseries en exploitation, 4.500 industrielles et 888 non industrielles fabriquaient de la bière à haute fermentation ; 3.701 industrielles et 1 non industrielle, de la bière à basse fermentation. La quantité de matières soumises à l'impôt qui a été employée se décompose en 616.839.300 kilogrammes de malt d'orge, 16.037.500 kilogr. de malt de froment et 199.700 kilogrammes d'autres grains, au total 633.076.500 kilogrammes ; en 5.076.700 kilogrammes de riz, 2.200 kilogrammes d'amidon, de fécule et de dextrine, 2.364.900 kilogrammes de sucre de toute espèce, 212.900 kilogrammes de sirop de tout genre, en 1.059.600 kilogrammes d'autres équivalents du malt, soit au total 8.716.400 kilogrammes. La bière fabriquée est de 33.171.111 hectol., dont 7.664.839 hectol. à haute fermentation et 25.506.272 hectol. à basse fermentation. Le produit brut de l'impôt sur la fabrication de la bière est de 25.906.341 marks, sur lesquels il a été remboursé 107.648 marks pour la bière exportée, soit un produit net de 25.798.693 marks, auquel il convient d'ajouter 3.590.350 marks de droits de circulation et 1.481.200 marks de droits de douane, au total un rendement de 30.870.243 marks. Le nombre des ménages dans lesquels la fabrication de la bière est exempte d'impôts comme boisson de famille s'est élevé à 38.157. Ces ménages ne doivent pas comprendre plus de 10 adultes. Il est employé à la fabrication de la bière de tout genre, en moyenne, par hectolitre, 19 k. 24 de céréales et de riz et 0 k. 11 d'équivalents du malt. Chaque hectolitre de bière acquitte un impôt de 78 pfennigs.

L'Allemagne s'est emparée de tout, rien n'a manqué à son activité ; sachant s'affranchir des fournitures étrangères, elle fabrique pour les autres et devient envahissante. Pour ne citer qu'un fait entre mille : avant la guerre, la culture de l'asperge était inconnue ; aujourd'hui, l'Allemagne, par son exportation, approvisionne d'asperges le carreau des halles pendant la saison ; jusque dans le duché de Mecklembourg, on en voit des plants immenses. Avant la guerre, la fabrication du sucre de betterave existait à peine ; la France, grâce à sa production, en exportait 500.000 tonnes. Depuis dix ans, les rôles ont changé ; c'est maintenant l'Allemagne qui produit 1.500.000 tonnes par an. Le prix de revient est inférieur au nôtre, la main-d'œuvre moins élevée. Grâce au funeste traité de Francfort, elle nous inonde de tous ses produits et exporte dans nos colonies sa pacotille.

Pour les vins, l'Allemagne fait déjà un commerce considérable avec l'exportation ; les producteurs, ne reculant devant aucun moyen, emploient les procédés les plus indélicats : ils décorent leurs bouteilles d'étiquettes pompeuses de Château-Margaux, de Saint-Estèphe et de Saint-Emilion. Pour les vins blancs, sans scrupules, ils appliquent les étiquettes de Sauterne, Graves et Barsac ; le contenu, bien entendu, n'est autre que du vin allemand. Pour les cognacs, fabriqués avec de l'alcool de grains, — qui n'est autre qu'un vulgaire et atroce tord-boyaux — ils collent sur la bouteille des étiquettes *"Fine Champagne."*

Ces producteurs de poisons avaient fait mieux que cela pour tromper la bonne foi de leurs acheteurs. Certains avaient imaginé de louer, à Cognac, une chambre de deux ou trois cents francs par an, où ils se faisaient adresser leur courrier. Leur en-tête de lettre portait bien entendu : *Fine Champagne, Distillerie à Cognac.* L'acheteur des colonies, qui croyait que son fournisseur était producteur à Cognac, n'hésitait pas, à cause des prix inférieurs à ceux qui lui étaient donnés par les Français de Cognac, à remettre sa commande au Teuton. Ce n'est qu'après des plaintes venues de toutes parts que ce subterfuge a été découvert : il fallut l'intervention de la municipalité, et la protestation de nos honnêtes producteurs et négociants, pour faire cesser cet abus de confiance. Nos vins de Champagne subissent le même sort : malgré cela, les 200.000 pièces que produisent nos vignes sont facilement vendues, les marques en étant très demandées.

Les fabricants de parfumerie ont imité les fabricants de vins. Sur les flacons de leurs produits, ils ont l'audace d'apposer des étiquettes qui portent les noms de Lubin et de Piver. Les représentants de la France dans les colonies ont eu bien souvent l'occasion de constater le fait. J'ai cru utile de signaler ici les procédés de ces industriels sans vergogne. Il y a quelques années, l'Allemagne était derrière nous pour l'exportation, maintenant elle nous dépasse, et de beaucoup. En 1895, nous vendions à l'étranger pour 3 milliards 800 millions de francs de marchandises ; nous sommes tombés, en 1894, à 3.077.100.000 francs. Le chiffre d'exportation de l'Allemagne atteint maintenant 4 milliards 150 millions de francs, nous dépassant de 700 millions ! C'est absolument effrayant. Voilà le Sedan commercial prédit par Bismarck ! Après avoir été battus par l'Allemagne sur le terrain militaire, nous le sommes à présent sur le terrain économique. Où allons-nous ? Les causes sont toujours les mêmes : insouciance, impéritie, esprit de routine ; on n'a pas conscience en France du mal qui s'aggrave tous les jours !

Qu'a-t-on fait pour atténuer le mal qui ruine l'industrie française ? Le ver rongeur nous anémie, la pieuvre, le juif, suce tout notre sang, et personne ne bouge. Les Français eux-mêmes, qui se plaignent, qu'ont-ils fait individuellement ? Après la guerre, ils paraissaient avoir compris les conséquences du désastre et avaient juré qu'ils n'emploieraient plus d'Allemands dans leurs maisons de commerce, qu'ils n'achèteraient plus de produits exotiques, et qu'enfin ils ne traiteraient plus d'affaires avec les juifs, presque tous de souche allemande. Pensée louable, inspirée, au début, par la situation qui était faite à la France après 1870, mais qui n'a jamais reçu sa consécration. La ligue anti-allemande et anti-juive a été dissoute avant d'être formée. La statistique démontre que le nombre d'Allemands à Paris a triplé depuis la guerre ; celui des Juifs, de 12.000, a atteint 52.000 en 1896 et 70.000 en 1898. Voilà le résultat de ces promesses formulées à l'heure du péril.

Aussi, comme patriote dévoué qui a fait la campagne de 1870 (engagé volontaire), mon devoir est de jeter le cri d'alarme ! Serai-je entendu ? Le péril est grand ; l'avenir est rempli d'inquiétudes pour les générations futures. Je suis revenu de mon dernier voyage d'Allemagne attristé et le cœur angoissé.

Jugez encore de ce qu'a fait ce Bismarck. Après la guerre il a fondé une école industrielle où l'on reçoit les jeunes gens qui se destinent au commerce. Dans cet établissement, une solide instruction leur est donnée. L'esprit meublé de connaissances techniques, on les envoie en France où, recommandés par les juifs allemands qui pullulent à Paris, ils finissent par s'introduire comme employés dans nos usines et maisons de commerce. Le mot d'ordre leur est donné d'Allemagne, quelles que soient les conditions qui leur sont offertes, comme appointements, d'accepter, serait-ce même cinq francs par mois. Le gouvernement allemand prend à sa charge les frais de leur entretien et supplée au manque de rétribution.

Dans ces conditions de travail à bon marché, beaucoup d'industriels et de commerçants français, mettant leurs intérêts pécuniaires au-dessus du patriotisme, acceptent, au détriment de leurs compatriotes, ces reptiles comme employés. C'est l'ennemi dans la place ; ils s'initient aux moindres détails, écoutent, étudient, notent, copient les documents, cherchent à connaître, par des moyens inavouables, les secrets de fabrication de l'industriel (chaque fabricant a les siens) ; relèvent les prix de revient de production et ceux de vente ; prennent, à l'insu, bien entendu, de l'industriel ou du commerçant, les adresses des fournisseurs et des clients, les conditions qui leur sont faites, connaissent leur bonne ou leur mauvaise solvabilité, et, après un stage suffisant, armés des connaissances techniques de la fabrication, dotés de tous les documents qu'ils ont pu recueillir ou voler, jusqu'aux plans des machines qu'ils reproduisent, ils invoquent une raison majeure pour quitter leur place, retournent à l'école commerciale d'Allemagne qui les a émancipés, où ils sont tenus de déposer un rapport ; puis ils bâtissent des usines ou ils ouvrent des maisons de commerce pour y fabriquer ou y négocier les mêmes produits que ceux qu'ils sont venus étudier en France. Ayant en leur possession les adresses des clients et les conditions qui leur sont faites, ces futurs négociants envoient d'Allemagne des circulaires pour faire leurs offres de services. Pour dépositaires de leurs produits, ils font choix, dans le quartier de la rue de Paradis, d'un Nathan, Dreyfus, Isaac, Jacob ou Müller, dont les noms nombreux décorent le *Bottin* (il y a, en Allemagne, 682.191 individus qui s'appellent Müller), y installent leur dépôt ; le tour est joué. Voilà, avec toutes ses conséquences, le Sedan commercial que Bismarck avait prédit en 1872. En effet, c'est bien pour l'Allemagne une seconde victoire dont les conséquences, qui ruinent notre industrie, sont encore plus terribles que celles de la première. Industriels et négociants qui lirez ces lignes, vous voilà renseignés. Garde à vous ! Chassez de vos usines, de vos ateliers, Juifs et Allemands, votre patriotisme vous le commande, l'avenir de la France vous en fait un devoir.

Ah ! laissez-moi vous redire ce qui se passe en Danemark.

Les Danois sont des amis sincères de la France. Cette amitié est le produit, non seulement de sentiments réels, mais aussi d'intérêts connexes. Aussi les Danois sont-ils légèrement agacés en constatant l'incurie de nos industriels et de nos commerçants, qui pourraient facilement écouler leurs produits en Danemark et qui, par ignorance ou apathie, laissent prendre la place aux Allemands. J'ai fait une enquête auprès des grands boutiquiers, des grands négociants, des plus importants commissionnaires, et voici ce qu'on m'a dit :

— Nous demandons des produits français, et nous n'avons que des produits allemands. L'Allemagne nous inonde de ses agents qui viennent faire valoir leurs marchandises. La France ne nous envoie que quatre ou cinq commis-voyageurs par an, et encore la plupart d'entre eux voyagent pour des maisons étrangères ! Les producteurs français se laissent aller à des vues pessimistes qui leur font dire, quand on les invite à tenter des relations commerciales avec l'étranger : « C'est inutile, il n'y a rien à faire, on ne peut lutter contre la concurrence allemande ou anglaise ». C'est fort exagéré et, pour beaucoup d'articles, le Français n'est pas plus mal placé ici que l'exportateur allemand ou anglais : l'industrie française est toujours, malgré les immenses progrès de fabrication accomplis depuis quelques années par ses concurrents, très bien considérée sur le marché scandinave. Pour les Danois, qui dit produit français, dit marchandise soignée, finie ; pour faire valoir des produits allemands imitant les produits parisiens, certains marchands peu scrupuleux les parent d'étiquettes françaises et trompent le public.

L'Allemagne est aussi arrivée à une grande production de céréales. En France ; la récolte du blé en 1899 a produit 122.242.200 hectolitres contre 131.050.220 en 1898. Comme il faut à la France pour sa consommation annuelle 124 millions d'hectolitres, la récolte de cette année est insuffisante. La production du blé dans le monde a été de 886.500.000 hectolitres en 1899, contre 989.100.000 hectol.

en 1898, soit une diminution de 102.600.000 hectol. La production de 1898 était la plus abondante qu'on eût jamais constatée. L'Allemagne a des mines de charbon assez importantes ; les plus profondes sont aux États-Unis, les puits du Red Jacket et du Tamarack, dans la région du Lac supérieur, atteignent respectivement 1.500 et 1.360 mètres. En Belgique, la houillère de Produits, près Mons, est à 1.200 mètres au-dessous du sol ; la mine des Viviers, à 1.145 mètres, et celle du Viernoy, près d'Anderlues, à 1.010 mètres. De l'autre côté du détroit, aux environs de Manchester, il faut signaler les mines d'Ashton Moss (1.030 mètres), et de Pendleton (1.060 mètres). En Allemagne, il y a un assez grand nombre d'exploitations minières très profondes, notamment dans le royaume de Saxe, mais aucune ne dépasse 900 mètres. En Autriche, aux mines de Przibran, on travaille à 1.120 mètres. En France, le maximum est atteint aux houillères de Montchanin (702 mètres), dans le département de Saône-et-Loire.

On prévoit que, dans le premier quart du siècle prochain, l'Europe aura à exporter 40 ou 50 milliards de capitaux au moins en Asie, en Afrique et dans l'Amérique du Sud pour doter ces pays de l'outillage industriel qui leur est indispensable. Le grand programme financier du siècle prochain a déjà reçu, d'ailleurs, un commencement d'exécution. D'immenses voies ferrées sont amorcées en Afrique, dans la Sibérie, en Chine, en Asie Mineure. Le chemin de fer de la vallée de l'Euphrate, appelé à créer une nouvelle route des Indes par le golfe Persique ; le Transsibérien, dont les travaux marchent rapidement ; le Transafricain, du Cap au Caire, dont les deux tronçons extrêmes s'allongent chaque jour pour se souder l'un à l'autre, à un moment donné, dans la région des grands lacs ; le Transsaharien que la France sera amenée à construire un jour pour donner à ses possessions africaines la cohésion nécessaire ; le réseau chinois ; les lignes de pénétration à établir dans l'Amérique du Sud, etc., tout cela représentera bien, avec les ramifications qu'appellent les artères principales, un ensemble de lignes dépassant du double ou du triple, comme étendue, l'ensemble des chemins de fer français, par exemple, (41.342 kilomètres). Or, les capitaux européens seront, à peu près, les seuls à s'employer dans ces constructions nouvelles, l'épargne n'existant pas encore dans les pays qu'elles sont appelées à vivifier.

LES CHEMINS DE FER DU MONDE EN 1897

La longueur totale des chemins de fer dans le monde entier était, à la fin de 1897, de 732.255 kilomètres (1.000 kilomètres de plus que 18 fois le tour de la terre, et 12 kilomètres de plus que 1,9 fois la distance moyenne de la terre à la lune). L'augmentation de 1893 à 1897 a été de 60.362 kilomètres, ou de 8,9 pour cent. L'Amérique (Amérique du Nord, Amérique du Sud, Antilles) a plus de la moitié de la longueur du réseau à elle seule (380.000 kilomètres). Mais son pourcentage moyen d'accroissement depuis 1893 n'est que de 5,4, par suite de la crise aux Etats-Unis. Entre toutes les nations, les Etats-Unis ont de beaucoup le réseau le plus important : 296.745 kilomètres, en augmentation toutefois de 3,60 pour cent seulement depuis 1893 (10.562 kilomètres). Viennent ensuite l'Empire allemand, avec 48.116 kilomètres; puis, la Russie, y compris la Finlande et la Russie d'Asie, 45.600 kilomètres ; la France, avec 41.342 kilomètres ; la Grande-Bretagne et l'Irlande, avec 34.445 kilomètres ; les Indes Orientales, avec 33.820 kilomètres ; l'Autriche, avec 33.668 kilomètres ; l'Amérique du Nord anglaise (Dominion, Canada), avec 28.866 kilomètres ; l'Italie, avec 15.643 kilomètres, et la République Argentine, avec 15.172 kilomètres.

Au point de vue de la répartition par superficie, c'est la Belgique qui tient la tête avec 20 kilomètres de chemins de fer par 100 kilomètres carrés. Viennent ensuite : la Saxe, avec 18.3 kilomètres. Le Duché de Bade (12.3) ; l'Alsace-Lorraine (11.9) ; la Grande-Bretagne et l'Irlande (10.9) ; l'Empire d'Allemagne dans son ensemble (8.9) ; la Hollande et la Suisse (8.8) ; le Wurtemberg (8.3) ; la Bavière (8.2) ; la Prusse (8.1) ; la France (7.8). Enfin, par rapport à la population, ce sont les régions à population peu dense qui sont le plus favorisées. Ainsi l'Australie du Sud dispose de 84.3 kilomètres pour 10.000 habitants. Ces chiffres deviennent : pour l'Etat d'Orange 63.8 ; l'Amérique du Nord anglaise, 51.8 ; la Nouvelle Zélande, 49.8 ; la Tasmanie, 47.9; Terre-Neuve, 43.3. Aux Etats-Unis même, on trouve encore 42.2 kilomètres de lignes pour 10.000 habitants, tandis qu'en Europe les chiffres sont : 20.5 pour la Suède, 12 pour la Suisse, 11.1 pour le Danemark, 10.8 pour la France, 9.2 pour l'Allemagne et la Norvège, 9.1 pour la Belgique, 8.5 pour la Grande-Bretagne et l'Irlande.

La statistique allemande évalue à 182 milliards la valeur des lignes ferrées du monde entier, sur lesquels 95 milliards représenteraient la valeur du réseau européen. Voici le détail de la longueur des différents réseaux :

Empire d'Allemagne	48.116 kil.	Paraguay	252 kil.
Autriche-Hongrie (y compris la Bosnie)	33.668 —	Uruguay	1.789 —
		Chili	4.279 —
Grande-Bretagne et Irlande	34.445 —	Pérou	1.666 —
France	41.342 —	Bolivie	994 —
Russie (inclus la Finlande)	40.262 —	Equateur	298 —
Italie	15.613 —	Guyane anglaise	35 —
Belgique	5 904 —	Jamaïque, Barbade, Trinité, Martinique, Porto-Rico, Salvador	931 —
Hollande (inclus le Luxembourg)	3.129 —		
Suisse	3.646 —	Total pour l'Amérique du Sud et les Antilles	42.940 —
Espagne	12.196 —		
Portugal	2.358 —		
Danemark	2.543 —	Indes Anglaises	33.803 —
Norvège	1.938 —	Ceylan	475 —
Suède	10.169 —	Asie-Mineure et Syrie	2.603 —
Serbie	952 —	Russie (Transcaspien)	1.502 —
Roumanie	570 —	Sibérie	3.806 —
Grèce	2 880 —	Perse	50 —
Turquie d'Europe, Bulgarie et Roumanie	2.554 —	Indes hollandaises	2.069 —
		Japon	4.086 —
Malte, Jersey, Mau	110 —	Indes portugaises	87 —
		Etats malais (Bornéo, Célèbes, etc.)	257 —
Total pour l'Europe	262.395 —	Chine	478 —
Etats-Unis	296.745 —	Siam	267 —
Amérique du Nord anglaise	26.865 —	Cochinchine, Pondichéry, Malacca, Tonkin	384 —
Terre-Neuve	911 —		
Mexique	11.896 —	Total pour l'Asie	49.867 —
Amérique centrale (Guatemala, Honduras, Nicaragua et Costa-Rica)	1.056 —		
		Egypte	2.836 —
		Algérie, et Tunisie	4.354 —
Total pour l'Amérique du Nord	337.473 —	Colonie du Cap	3 630 —
		Natal	734 —
Etats-Unis de Colombie	553 —	République du Sud-Africain	1.144 —
Cuba	1.787 —	Etat d'Orange	1.341 —
Venezuela	1 043 —	Maurice, Réunion, Sénégal, Angola, Mozambique, Congo	1.909 —
Saint-Domingue	187 —		
Brésil	13.951 —	Total pour l'Afrique	15.948 —
République-Argentine	15.175 —	Australie	23.014 —

Résumé

Europe	262.395	kilomètres
Amérique (Nord et Sud)	380.413	—
Asie	49.867	—
Afrique	15.948	—
Océanie	23.014	—
Ensemble	731.637	—

Le capital d'installation des chemins de fer est évalué à 180 milliards de francs. Pour l'Europe ce capital est de 83 milliards, soit environ 310 000 fr. par kilomètre en moyenne ; voici, d'ailleurs, les chiffres pour les principales nations : Grande-Bretagne : 25 milliards, soit environ 720.000 fr. par kilomètre ; France : 16 milliards, soit environ 390.000 fr. par kilomètre ; Allemagne : 14 milliards 1/2, soit environ 300.000 fr. par kilomètre ; Russie : 9 milliards, soit environ 225.000 fr. par kilomètre ; Autriche-Hongrie : 8 milliards, soit environ 240.000 fr. par kilomètre.

LE PÉRIL NATIONAL

Pour que le lecteur soit mieux frappé des dangers que fait courir, à la patrie française, l'invasion des étrangers, et surtout des Juifs, dans le monde financier, voici le tableau suggestif de la nationalité de Messieurs les Coulissiers : Les 92 maisons de coulisse en valeurs, inscrites à la feuille, comprennent 124 titulaires, sur lesquels on compte :

58 étrangers ou naturalisés ;
66 Français.
Total. . . . 124

Les 60 maisons reconstituées ou créées depuis la loi d'impôt sur les opérations de Bourse du 28 avril 1893 comprennent 86 titulaires, sur lesquels on compte :

38 étrangers ou naturalisés ;
48 Français.
Total. . . . 86

NATIONALITÉ DES COMMANDITAIRES

Sur 383 commanditaires de maisons de coulisse en valeurs, relevés sur les actes de société déposés au greffe du tribunal de commerce :

144 sont étrangers ou naturalisés ;
239 sont Français.
Total. . . . 383

Sur 361 commanditaires de maisons reconstituées ou créées depuis la loi d'impôt sur les opérations de Bourse du 28 avril 1893 :

139 sont étrangers ou naturalisés ;
222 sont Français.
Total. . . . 361

Au point de vue de *l'importance des capitaux sociaux*, les proportions sont les suivantes :
Maisons ayant des titulaires étrangers . . . . 30.350.000 »
Maisons n'ayant que des titulaires français . . . . 23.200.000 »

Déjà, en 1893, l'opinion publique s'était émue grandement et la coulisse, épouvantée, prit un engagement solennel envers le ministre des finances, suivant lequel « *aucun autre étranger ne serait plus admis.* » Naturellement, la coulisse a manqué à son engagement, comme chaque fois qu'elle jure. Depuis 1893, 4 nouvelles maisons de coulisse se sont constituées ; les voici :

Bérend	Allemand naturalisé.
et Jaffé	Allemand admis à domicile.
Spanjaard	Hollandais naturalisé.
Levié	Hollandais.
Sliebel	Autrichien.
Symons	Anglais admis à domicile.
Lippmann	Allemand.

L'invasion continue, on le voit.

Et, dernier renseignement peu rassurant, sur les 58 étrangers ou déguisés en Français, c'est-à-dire naturalisés, qui tiennent des maisons de coulisse, il y a *91* % qui sont juifs !

En Allemagne la haine qui existe contre les juifs, haine aveugle et tenace comme en France, ne fera que s'accroître à mesure que l'influence et la richesse des familles israélites iront s'augmentant. Le plus célèbre des banquiers de Berlin est M. de Bleichröder, *von* Bleichröder, ainsi qu'il le fait sonner bien haut, depuis qu'il a obtenu l'autorisation d'ajouter la fameuse particule à son nom. Cet homme est devenu une puissance formidable. Avant 1866, ce n'était qu'un petit juif sans importance. Peu à peu, il est arrivé, à force d'énergie et de volonté, à la position qu'il occupe aujourd'hui : celle du plus grand happeur de millions qui soit à Berlin. Fidèle ami, confident, adulateur et admirateur passionné de Bismarck dont il a le premier deviné les hautes destinées. Il s'est attaché à la fortune du chancelier avec une persévérance et une obstination auxquelles il a dû certainement une part de ses grandeurs. Parmi les problèmes de sa vie politique et sociale que la France doit résoudre, se trouve la question juive, qui devient de jour en jour plus grave et plus menaçante.

Tous les hommes sont plus ou moins envieux, et les Allemands dépassent de beaucoup les autres peuples sur ce point. Il n'y a donc rien d'étonnant à ce que la race allemande éprouve de l'antipathie pour une race qui, petit à petit, s'est substituée à elle dans toutes les questions vitales de la nation. Qui n'a pas vu les Juifs en Allemagne, qui ne les a pas étudiés à Berlin, ne peut se faire une idée de ce qu'ils absorbent et de ce qu'ils accaparent. A une époque comme la nôtre, où l'argent est la seule force qu'on respecte encore, où l'avidité de la richesse se manifeste par tous les moyens avouables et inavouables, les Juifs, en Allemagne, sont les seuls qui soient parvenus à conquérir ce pouvoir et surtout à le conserver. Quant au peuple, son antipathie s'explique par le fait qu'il est constamment sous la domination de l'israélite, lequel a acheté les fabriques qui faisaient vivre l'ouvrier, de même qu'il a accaparé le capital qui servait aux plaisirs du riche.

La nation par elle-même n'est pas capable d'un effort spontané, elle ne sait plus qu'obéir à des impulsions, la force morale lui fait défaut ; elle ne peut ni inventer, ni produire, ni se diriger par sa propre initiative ; elle n'a ni le génie commerçant des Anglais, ni la faculté d'initiative des Américains, ni l'énergie remuante des Français. Elle est faite pour se battre, pour détruire, et, de même que ses ancêtres les Germains, elle est absolument hors d'état de remplacer ce qu'elle a détruit. C'est un peuple laborieux, persévérant, mais indolent pour tout ce qui est invention, organisation, combinaison de l'esprit. L'Allemand est un instrument admirable, un outil des mieux confectionnés, mais il ne devient remarquable que dans un domaine restreint et déterminé. Il excelle à exécuter, mais il est impropre à concevoir. Il bûche, il ne devine pas. Il est nul, et même incapable, dans toutes les questions qui touchent à la finance ou à l'industrie ; les quelques exceptions qui se sont produites à cette règle ne font qu'en confirmer la généralité.

Des gens comme Borsig ou comme Krupp sont des phénomènes qui ne se reproduiront pas de sitôt. Le commerce lui-même, qui pourrait être accessible aux bourgeois, est, comme l'industrie et la haute banque, entre les mains des Juifs. Ceux-ci sont donc maîtres absolus de l'activité nationale, et l'on ne peut s'étonner que, dans les moments de surexcitation, le noble, le bourgeois et le peuple s'unissent pour maudire la tyrannie sémitique. M. de Bismarck est le seul qui ait accepté franchement le concours des israélites, sans autre arrière-pensée que celle d'obtenir de cette alliance la possibilité d'achever en paix l'œuvre colossale qu'il avait entreprise.

Sénèque a dit qu'un peuple finit toujours par être puni de ses fautes par l'excès même de ses qualités. L'Allemagne est un exemple frappant de la vérité de cet axiome. Elle a triomphé jusqu'ici de tous ses ennemis, grâce à sa faculté d'obéissance passive, à sa tranquille persévérance, à sa force orgueilleuse ; elle a abattu tous ses adversaires étrangers, mais elle est désarmée vis-à-vis de ceux qu'elle a installés à son foyer, qui vivent sous la sauvegarde de ses institutions et de ses lois. Elle doit baisser pavillon devant eux, reconnaître son impuissance à anéantir le pouvoir et l'influence d'adversaires dont elle aurait pu faire des associés, si elle avait eu le savoir-faire pratique des Anglais et l'esprit d'assimilation des Français.

M. Stœcker a été en Allemagne ce que Drumont est en France, le promoteur du mouvement antisémitique. « Pour nous débarrasser des juifs, disait M. Stœcker, il faut un Édit de Nantes ou une Saint-Barthélemy. »

Berlin n'est pas Paris. Dans la capitale de l'empire allemand, comme en Russie, on a encore des préjugés, lesquels ont depuis longtemps disparu en France. Parmi ces préjugés, il faut ranger une certaine répugnance à donner la main devant témoin à un juif, à lui faire visite et à le recevoir dans sa maison. C'est à dessein que je dis devant témoin, car dans l'intimité du tête-à-tête tous ces petits scrupules s'évanouissent. A Berlin, les enfants d'Israël sont repoussés de la société.

Mais quoi qu'on en dise, l'aristocratie allemande n'est pas anti-sémite. Elle pousse même beaucoup trop loin sa complaisance envers les fils de Moïse. Elle spécule avec eux dans toutes les affaires de bourse et participe aux bénéfices des grands travaux publics ; mais elle s'entoure de mystères pour faire toutes ces choses, et les nie effrontément au besoin. En général, l'aristocratie berlinoise essaye d'échapper aux responsabilités de sa conduite vis-à-vis de l'opinion en affectant un profond dédain.

Les juifs de Berlin ressemblent à ceux de Varsovie : ce sont les mêmes types ; on devine, à la courbure de leur échine, qu'ils ont l'habitude de la plier souvent. Ils ont un air cauteleux et insinuant ; on sent en eux la patte du chat dont les longues griffes savent se refermer pour attendre le moment, sinon de griffer, du moins d'accrocher. A Varsovie, ils font tous les métiers, le plus honnête est l'usure. Leur richesse date de 1340, sous le règne du roi Casimir le Grand. Ce prince sage avait le cœur ardent. Une juive, aux grands yeux de flamme, s'empara du cœur du trop sensible monarque et devint sa maîtresse. Elle prit un tel empire sur lui qu'il accorda le monopole de tous les métiers lucratifs et du change de l'argent aux juifs. Dès ce moment, cette race sans scrupule se mit à drainer tout l'argent de la Pologne et remplit ses coffres-forts. Cela dura plusieurs siècles. En présence des abus, des mesures sévères furent adoptées contre eux en 1818. On les força de quitter les grandes rues et de se retirer dans les quartiers éloignés.

En France, les juifs, par l'odieuse campagne qu'ils ont menée autour de l'*Affaire*, verront, dans l'avenir, éclater tout ce qui se concentre de fureur et d'indignation contre eux dans tous les cœurs vraiment français, et notre belle armée, humiliée par les sans-patrie, sera vengée !

C'est à nous, patriotes qui aimons passionnément la France, qui avons foi en la noble mission qu'elle remplit dans l'humanité, de la défendre contre les entreprises de la juiverie et de l'étranger, car ceux qui viendront après nous ne pourraient pas comprendre qu'une nation comme la France, qui, de tout temps, a rempli la terre du bruit de ses exploits et de l'éclat de sa gloire, ait pu se laisser mater aussi facilement par une poignée d'hommes qui ne sont pas des conquérants, des vainqueurs affirmant le triomphe de la virilité et de la force, mais tout simplement des rafleurs d'épargne. Si le juif a été l'objet de haine de tous les peuples, c'est qu'il a essayé de faire chez tous les peuples ce qu'il fait, aujourd'hui, en France. Aucune société constituée ne peut vivre avec le juif qui produit sur le corps social l'effet que les poisons produisent sur le corps humain.

On voit que le mot de « PÉRIL NATIONAL » n'est pas de trop. C'est donc à l'opinion publique de s'affirmer de nouveau, comme elle vient de s'affirmer dans la défense de l'armée française, contre les juifs et les cosmopolites. Car, au jour du péril national, il ne faut pas, lorsque nos soldats seront à la frontière, que les clefs du marché français soient entre les mains des étrangers, qui, tout bas, feront des vœux pour la défaite, comme ils ont fait, ces temps-ci, des vœux pour l'avilissement du drapeau. Sus aux juifs ! sus aux étrangers, partout où ils sont et peuvent devenir nos maîtres ! Allons, de l'énergie, la France aux Français !

Pour bien connaître l'Allemagne et pour l'observer avec fruit, il faut l'étudier, la comprendre, la juger à ce moment de son histoire où elle semble s'être assimilé ses conquêtes, alors qu'un avenir prochain peut la diriger dans des voies nouvelles.

De tout temps les barbares ont triomphé, et la force brutale a toujours eu raison de l'intelligence, du génie, de l'esprit, de l'élégance, du charme, de la civilisation enfin. Le vieil empire romain lui-même n'a pu résister au choc des hordes teutonnes : comment voulez-vous que notre société actuelle puisse le soutenir ? On ignore aujourd'hui la fraternité, on ne sait pas s'unir contre le danger. La seule chose qui serait capable de détourner l'attention de la Prusse consisterait à lui abandonner l'Autriche, objet de ses secrètes convoitises, sous la condition de rendre à la France l'Alsace-Lorraine, et de laisser la Russie s'installer à Constantinople ; mais il faudrait un Richelieu pour mener à bonne fin une semblable conception, et nous n'avons même pas un Mazarin dans toute l'Europe. L'Angleterre, du reste, s'opposerait toujours à un projet semblable, et personne n'est assez fort, pour le moment du moins, pour lui fermer la bouche. Tâchons de nous armer pour les luttes futures et commençons par former l'âme de nos enfants. On se préoccupe peu, de l'autre côté de la Moselle, de savoir si l'instruction sera classique ou moderne ; elle est avant tout nationale. Les Universités allemandes sont des pépinières de patriotes et de soldats. Le caporal allemand prépare les armes, le professeur allemand prépare les cœurs. Rien n'y manque : leçons d'histoire, leçons d'orgueil et surtout leçons de haine. C'est ainsi que la patrie allemande entretient les flammes saintes, réchauffe l'âme des générations nouvelles, oblige les jeunes hommes, avant de passer sous les drapeaux, à aimer le pays qu'ils auront à servir et à défendre ; l'instituteur allemand donne de bonne heure aux jeunes cerveaux qui lui sont confiés l'empreinte ineffaçable du patriotisme.

A-t-on suivi en France, depuis 1871, cette belle méthode de relèvement national ? A-t-on fait retentir, dans nos écoles, les noms sacrés de Metz et de Strasbourg ? Enseigne-t-on aux fils des deuils et des revers que la résignation est la défaite des cœurs et qu'ils auront un jour à déchirer le traité de Francfort ?

L'Alsace ! ce droit, ce devoir, cette souffrance, cette chair de notre chair, ce sang de nos veines, quelle part lui fait-on dans nos programmes universitaires ? Prenez pour professeurs des hommes originaires des provinces arrachées par la force brutale, ils parleront aux enfants de l'Alsace et de la Lorraine, ces deux filles de la France. C'est par cette fidélité obstinée aux grandes traditions, aux glorieux exemples, qu'un peuple reste à la hauteur des sacrifices et des devoirs. Vous enseignez à nos enfants la lutte pour la vie, enseignez-leur aussi la lutte pour l'honneur, pour le drapeau et pour la patrie. La France a repris sa place parmi les nations ; le temps où l'on traitait de tout en Europe et hors d'Europe sans son assentiment est passé, qu'on se le dise à Berlin. Courbé sous le vent du malheur et de la défaite, le pays des obstinations vaillantes et des espoirs invincibles redresse enfin sa taille de géant. Il apparaît encore une fois debout dans la majesté de son droit et dans l'éclat de sa force. S'il reste encore beaucoup à faire, les patriotes le feront.

Dans la lutte engagée par tous les alliés et tous les stipendiés de l'étranger contre l'âme française, les femmes de France ne pouvaient rester indifférentes, insensibles. La vraie Française est restée du côté de la France. Pour la France, dans les sombres épreuves de l'heure présente, cette adhésion à peu près unanime des mères, des femmes, des filles de patriotes et de soldats, est une belle consolation et une généreuse espérance. Cet instinct féminin est quelque chose de réconfortant, c'est la lumière du cœur. Elle brille à travers les obscurités et les discordes. Les Françaises qui ont des fils, des frères, des fiancés sous les drapeaux ont compris que, en affaiblissant les garanties d'honneur et d'indépendance, on offrait des tentations à l'ennemi, on exposait la vie des êtres qui leur sont chers. Elles n'ignorent pas que l'invasion, la mort pénètrent toujours par les voies que la trahison a préparées. Sous la protection de son épée, la France, relevée de ses désastres, paraissait invulnérable, invincible. Des gredins travaillent à briser l'épée française : mais celle de l'Allemand, celle de l'Anglais sont toujours, sont plus que jamais menaçantes. On ne peut cacher cette vérité à la clairvoyance féminine. Elle se rend compte du péril.

La force de la patrie est la seule sauvegarde des foyers. Quand la patrie aura perdu son inviolabilité, quand la honte entrera, la guerre ne sera plus loin.

LE CHATEAU DE POSTDAM

C'est à Postdamer Bahnhof que nous prenons le train qui doit nous conduire au château de Postdam, distant de Berlin de quelques kilomètres.

Postdam peut être considéré comme la seconde capitale de l'Allemagne. Dans aucune autre résidence d'été, on ne voit une telle réunion de palais, de châteaux, d'habitations princières disséminées au milieu de parcs d'une vaste étendue. C'est là que se trouve l'Ecole des cadets de l'armée. Le luxe et la magnificence règnent dans cette ville. Postdam, au début avait 400 habitants, on en compte aujourd'hui plus de 20.000. La ville fut créée par Frédéric-Guillaume.

La façade sud du château forme un rectangle ; la Parade-Platz est agréablement encadrée par le Lustgarten ; le Postdamer-Schloss, œuvre du Grand Electeur et de son successeur, est la résidence d'été des rois de Prusse. Tous y ont laissé des traces de leur séjour, et aujourd'hui encore, fidèles à la tradition, l'empereur Guillaume II et l'Impératrice viennent y passer quelques jours à l'occasion de la parade du printemps, qui revêt un caractère particulier de solennité.

De tous les princes, celui qui fit le plus pour cette demeure royale est Frédéric II, roi de Prusse, que ses contemporains ont surnommé le Grand et aussi l'Unique. Né à Berlin le 24 janvier 1712, il était fils de Frédéric-Guillaume Ier et de Sophie-Dorothée, fille de Georges Ier, roi d'Angleterre. Il passa sa première jeunesse sous le joug d'une discipline extrêmement sévère, ayant pour gouverneur le général de Finkelstein, dont l'esprit autoritaire, empreint du plus froid pédantisme, aurait paralysé toutes les aspirations de son intelligence très ouverte s'il n'avait eu pour l'encourager dans ses goûts poétiques l'appui de sa mère, de Mme de Rocoulle et de M. Duhan, un Français émigré, son précepteur.

Pour se soustraire à la tyrannie de son père, il conçut le projet de fuir et de chercher un refuge en Angleterre, auprès de son oncle maternel Georges II. La sœur du jeune prince et deux officiers de l'armée prussienne, les lieutenants de Katt et de Keith, étaient seuls instruits du complot d'évasion ; mais des indiscrétions de Katt révélèrent le secret au roi qui fit arrêter son fils. Après lui avoir infligé lui-même une correction tellement brutale qu'il l'aurait tué sans l'intervention du général de Mosel, Frédéric-Guillaume le fit emprisonner. Des deux complices, l'un, Keith, prévenu à temps, put se soustraire à la colère royale et passer en Hollande, puis en Angleterre, où il resta jusqu'à l'avènement de Frédéric II ; l'autre, le lieutenant Katt, fut amené devant le roi qui le foula aux pieds, le souffleta, le bâtonna, le fit condamner à mort et exécuter sous les yeux du jeune prince forcé d'assister, de la fenêtre de sa prison, au supplice de son ami. La mort de son père lui donna la couronne ; il monta sur le trône de Prusse le 31 mai 1740.

D'après les ordres de Frédéric II, Knobelsdorf transforma Postdam. On fit des appartements un des spécimens les plus purs du style du XVIIIe siècle. Nulle part, pas même au château de Versailles, on ne trouve quelque chose d'aussi bon goût et d'aussi parfait. Un escalier en fer à cheval, décoré par le célèbre Pesne, conduit au premier étage : c'est toute une enfilade d'appartements. La première pièce donnant sur le Lustgarten s'appelle Confidenz-cabinet. Il était muni de doubles portes, et les rois pouvaient y parler sans avoir à redouter les indiscrétions : ce cabinet intime servait aussi de salle à manger au grand Frédéric. Une combinaison mécanique ingénieuse permettait de faire monter de l'office, situé dans les sous-sols, la table toute dressée et de l'y redescendre à la fin du repas.

Plus loin, la bibliothèque et la chambre à coucher de Frédéric : ces deux pièces sont séparées par une balustrade en argent massif surmontée d'Amours ornés de fleurs. Les encadrements des plafonds, les passementeries d'argent garnissant les tentures s'harmonisent parfaitement avec les étoffes en damas bleu clair parsemées de bouquets de fleurs. Les meubles en bois sculptés et marqueterie complètent cet ensemble d'un effet charmant. Le lit de parade, ainsi que d'autres meubles, a été porté à Berlin, au palais Monbijou.

La salle d'audience et la salle à manger sont des merveilles d'élégance. Le décor est formé d'ornements en cuivre doré ; de nombreux candélabres placés aux glaces, sur la cheminée, complètent la décoration générale. On reste en admiration devant cet ensemble magnifique et de bon goût. L'artiste de talent auquel en est due l'exécution s'appelait Auguste Nahl. Les broderies de la chambre à coucher sont l'œuvre d'Heinischek.

Nous arrivons ensuite dans une série de pièces très ordinairement meublées en style empire et moderne. Toutes ont leur affectation spéciale : l'une sert aux repas que l'Empereur offre aux généraux et aux chefs de corps à la suite des parades de mai ; dans une autre, les princesses de la Maison royale se réunissent pour assister à la parade. Dans l'aile occidentale du château, les appartements particuliers de l'Empereur et de l'Impératrice. La simplicité de l'ameublement forme contraste avec ceux qui précèdent. La décoration de la nef principale de l'église de la garnison consiste en trophées pris à l'ennemi pendant les trois dernières guerres, de 1864, 1866 et 1870. Les drapeaux français sont au nombre de 68. Dans une des nefs latérales, une table de marbre sur laquelle on a gravé les noms des officiers de Postdam tués en 1870. Dans le caveau, les sarcophages du roi Frédéric-Guillaume Ier et de son successeur. L'épée du roi, qui avait été placée sur son cercueil, fut enlevée par Napoléon Ier au lendemain de la victoire d'Iéna, lors de son entrée à Berlin. Cette relique n'a jamais été retrouvée.

Sans-Souci rappelle l'épisode du meunier qui ne voulait pas que le grand Frédéric expropriât son moulin. Il fit à son souverain la réponse restée légendaire « Eh bien ! nous verrons, Sire ; il y a des juges à Berlin. » Le fameux moulin a été restauré depuis le jour où il excita les convoitises du roi. La belle forêt de chênes et de hêtres s'étend sur une superficie de 150 hectares ; elle englobe le château Sans-Souci, ainsi que le nouveau palais. Le château Sans-Souci a été construit par Knobelsdorf, de 1745 à 1747 ; il était la résidence favorite de Frédéric. C'est un rez-de-chaussée surmonté d'une coupole basse. La façade principale, de 97 mètres de long, s'étale en plein midi, sur un plateau qu'encadre une luxuriante végétation. Six terrasses superposées descendent graduellement jusqu'au grand bassin ; de là on domine un paysage très pittoresque. L'intérieur se compose des appartements particuliers de Frédéric ; un goût fin et délicat a présidé à l'installation et à l'ameublement des pièces. Les plafonds décorés avec des sujets empruntés à la mythologie sont l'œuvre de Pesne. La plus belle pièce est la chambre à coucher. On y a laissé le fauteuil où le vieux monarque rendit le dernier soupir, le 16 août 1786. J'y remarque de très belles toiles de Wateau, Pater, Lancret, Coypel. C'est dans ce domaine que fut logé Voltaire.

Le nouveau palais, avec ses allées droites, ses charmilles, ses labyrinthes, ses pelouses coupées par des pièces d'eau, ses bassins qu'entoure tout un peuple de statues, est, sans contredit, une des plus belles résidences royales d'Europe. En haut de la côte, l'orangerie, longue de 120 mètres, construite par Frédéric-Guillaume IV, a des proportions grandioses, mais le style en est froid. Le portique est décoré de statues. Derrière le grand réservoir d'eau, le vaste champ de manœuvres de Bornstadterfeld. Plus loin, la ferme modèle du Prince Impérial ; à l'horizon, la silhouette du château de Babelsberg, autre résidence royale. Postdam, avec ses palais, est le Versailles du Nord.

UNE VISITE A L'EXPOSITION NATIONALE ET AU PALAIS DE CHARLOTTENBOURG

Après une promenade en voiture à travers Berlin, nous arrivons à Treptow, emplacement choisi pour l'Exposition nationale de Berlin. Treptow est un immense parc situé à l'est et à l'extrémité de la ville. Sa situation pittoresque était, en effet, propice pour la réalisation de ce projet. Malgré les nombreuses attractions qui s'y trouvent — parmi lesquelles, la reproduction du Caire avec ses moucharabiehs, ses minarets, ses temples, ses dromadaires et ses indigènes importés, — cette Exposition, au point de vue pécuniaire, n'a été qu'une mauvaise affaire ; les recettes ont produit 6 millions de marks, les dépenses ont été de 7.683.000, soit un déficit de 1.700.000 marks. Nous avons parcouru dans tous les sens cette immense superficie sur laquelle ont été édifiés tant de palais ; la vue d'ensemble était grandiose ; les sections commerciales, très intéressantes et parfaitement organisées. Pour la partie mécanique, la tour rotative mue par l'électricité captivait les regards des visiteurs. Malgré tous ces avantages appréciables, et l'affluence considérable des visiteurs, l'entreprise a été désastreuse.

Dimanche, 19 juillet, dislocation de la caravane : le programme est épuisé, l'itinéraire accompli. Nos compagnons de route de quarante-trois jours partent pour rentrer à Paris. Nous faisons nos adieux ; je reste pour accompagner M. et M⁻ᵉ P... dans le voyage qu'ils ont projeté par Leipzig, Dresde, Prague, Pilsen et Nuremberg : l'intérêt pour moi n'en sera que plus grand. Au déjeuner, notre table est réduite à sa plus simple expression. De dix-huit, nous ne sommes plus que trois ! Nous paraissons perdus au milieu de la grande salle de l'hôtel de Rome.

L'aspect de Berlin, le dimanche, comme celui de toutes les villes protestantes, n'est pas des plus gais. Aussi en profitons-nous pour aller faire une excursion à la campagne : le château de Charlottenbourg nous parait être tout indiqué. Nous finirons la journée à l'Exposition qui ne manque pas de distractions, étant donné que notre visite de la veille a été insuffisante. Pour aller à Charlottenbourg, nous traversons de part en part le Thiergarten, nous longeons le canal dérivé de la Sprée, formant la ligne d'enceinte. Sur notre passage, nous coudoyons des officiers, l'air arrogant, sanglés dans leur tunique; le son métallique de leur sabre résonne sur les pavés ; des soldats au casque luisant, les boutons bien astiqués, marchent en cadence ; leur tenue est irréprochable. En Allemagne, l'élément militaire passe avant l'élément civil. Le château de Charlottenbourg est à cinq kilomètres de la porte de Brandebourg. Cette demeure royale, qui date de 1740, a été bâtie en plusieurs fois. La première construction est du règne de Frédéric Ier ; la reine Sophie-Charlotte, sa femme, l'habita d'une manière suivie. Frédéric II y fit aussi des constructions ; c'est là qu'il commença à donner carrière à son goût pour le bâtiment. Louis XIV lui en avait donné l'exemple.

Où est le temps où l'Europe, enthousiasmée du caractère de grandeur que le roi Louis XIV imprimait à toutes ses actions, de la politesse qui régnait à sa cour, et des grands hommes qui illustraient son règne, voulait imiter la France qu'elle admirait ? Toute l'Allemagne y voyageait : un jeune homme de la noblesse passait pour un imbécile s'il n'avait pas séjourné quelque temps à la cour de Versailles. Le goût des Français réglait la cuisine ; les meubles, les objets de luxe venaient de Paris. Cette passion a dégénéré en horreur depuis la guerre néfaste de 1870. Les Allemandes se sont donné le mot d'ordre ; elles ne veulent plus rien de Paris : c'est le Sedan commercial qui apparait encore...

La décoration des appartements du château, des portes, des panneaux, chargés de trophées allégoriques, est l'œuvre de l'architecte Knobelsdorf. Dans les salons du rez-de-chaussée, on a placé le portrait du Grand Électeur, né à Berlin le 6 février 1620. Sa cour était nombreuse. Aux fêtes qu'il donna à l'époque du mariage de sa nièce, la princesse de Courlande, 56 tables de quarante couverts furent servies à chaque repas. L'activité infatigable de ce prince dota sa patrie de tous les arts utiles. Il n'eut pas le temps de la doter des arts agréables.

Dans une des salles, le guide nous montre la queue de billard ornée d'initiales qui servait à Frédéric le Grand. Napoléon Ier, lors de son entrée à Berlin, l'emporta comme souvenir; mais Blücher la reprit à Paris en 1814. Dans une autre pièce, le buste de Fédora, épouse de l'Empereur de Russie, celui de l'impératrice Frédéric, fille de la reine d'Angleterre, ceux des deux femmes de Frédéric Ier. Plusieurs belles tapisseries anciennes des Gobelins garnissent les murs. Le garde du palais nous dit qu'on les estime 300.000 francs pièce. La salle des faïences, très remarquable, est décorée avec une quantité prodigieuse d'assiettes en porcelaine de Chine et du Japon, cadeaux que firent les marchands anglais à la reine Sophie-Charlotte le jour de son mariage. Nous traversons la chambre de la reine Louise, pour arriver à la chapelle où se maria le prince Henri de Prusse, frère de l'Empereur actuel, avec la princesse de Hesse, sœur de l'impératrice de Russie.

C'est à Charlottenbourg que le vieux roi Guillaume Ier, avant de partir pour la campagne franco-allemande de 1870, vint invoquer les mânes de son père. Ce palais reçut la dernière visite de Frédéric III, qui régna si peu de temps. Se sentant mourir, il voulut faire ses adieux au 2e régiment de la Garde qu'il avait commandé. Le 29 mai 1888, accompagné du docteur Bergmann, il se fit conduire à Charlottenbourg, et là, devant le régiment massé près de sa voiture, il attira à lui son adjudant, l'embrassa affectueusement en lui faisant ses adieux. Seize jours après, le 15 juin, il mourait! Cette scène pathétique et paternelle a été reproduite avec beaucoup de sentiment et de réalité par le peintre Mackenzie, qui en a fait une grande œuvre. Cette toile restera comme souvenir dans le château. La mort prématurée de ce monarque aussi libéral que pacificateur jeta une grande consternation dans l'Allemagne. Doué d'idées progressistes, il avait de l'élévation dans la pensée, de la fermeté dans les actes, mais ne cherchait dans ses relations diplomatiques que la concorde, répudiait avec énergie la brutale maxime bismarckienne : *la force prime le droit*. Comme le Tzar Alexandre III, c'était le souverain de la paix.

— J'ai vu, disait-il, en 1870, de trop près les horreurs de la guerre, ces carnages effroyables où la mitraille fauche les vies humaines comme la faux les épis. Que Dieu m'épargne ce terrifiant spectacle ! Toutes mes idées, tous mes actes n'auront pour but que le maintien de la paix.

Ce monarque au langage élevé, au cœur généreux, reconnaissait que l'annexion de l'Alsace-Lorraine avait été, de la part de son père, une grosse faute. Aussi son idéal était d'arriver à déclarer la neutralité des deux provinces dont Bismarck avait si brutalement amputé la France. N'était-ce pas la pensée d'un homme de cœur, d'un souverain profond qui, contrairement à son fils Guillaume II, refusait de se livrer à de nouvelles aventures incertaines ? Les hasards de la guerre sont si grands. Le fils n'a pas en cela suivi les nobles traditions du père. D'un tempérament belliqueux, jeune, nerveux et ardent, il voudrait ajouter de nouveaux lauriers à sa couronne. Qui sait si ces lauriers ne seront pas des épines ?

Les idées pacifiques de Frédéric III, on pourrait même dire bienfaisantes sans excès de langage, étaient connues des Français qui appréciaient ce monarque débonnaire, dont la seule ambition était d'assurer le bien-être de son peuple. Avec lui, la paix était certaine. En sera-t-il ainsi avec son successeur dont l'exubérance patriotique dépasse parfois les bornes ; qui ne néglige aucune occasion de nous dire : « Je m'appelle Sedan, je m'appelle Francfort, mon aigle tient dans ses serres des lambeaux de votre chair palpitante » ? Cependant Guillaume II s'est assagi. Les années, qui font acquérir l'expérience, mûrissent les idées ; les actes deviennent plus réfléchis, et, aujourd'hui que l'alliance franco-russe a reçu sa consécration définitive, le petit-fils du conquérant de l'Alsace-Lorraine doit réfléchir...

Derrière le château de Charlottenbourg, au milieu du parc, se trouve le mausolée où reposent Frédéric-Guillaume et la reine Louise. Au milieu d'un hall s'élève le double cénotaphe de marbre blanc sur lequel le sculpteur Rauch a représenté les deux souverains dans l'attitude du sommeil. Les dernières dépouilles descendues dans la crypte sont celles de l'empereur Guillaume Ier, mort en 1888, et de sa femme, l'impératrice Augusta, morte en 1889. La statue de la reine Augusta est une œuvre frappante de noblesse, qui excite l'admiration des plus profanes. Nous voyons des Allemands défiler avec respect devant les restes mortels de l'Empereur qui, pendant son règne, a tout fait pour son pays ; grâce à lui, l'unité allemande s'est formée. Cet Etat, petit en principe, est devenu une grande puissance d'Europe ; par sa prospérité, son armée puissante, ses forces navales, il occupe une des premières places parmi les nations.

La lumière qui est tamisée à travers des vitraux bleus de mauvais goût paraît fantasmagorique ; elle enlève le caractère imposant du mausolée ; il n'a ni la grandeur ni l'air sévère de celui de Postdam, où a été déposé le corps de Frédéric III, encore bien moins du tombeau de Napoléon Ier aux Invalides. De Charlottenbourg, il faut deux heures de voiture pour arriver à Treptow, nous y avons dîné et passé la soirée à l'Exposition, au milieu d'une foule de 130.000 personnes.

LA RÉPRESSION EN ALLEMAGNE

En Allemagne, si la discipline est de fer, les lois sont draconiennes. Étonné de ne pas voir de mendiants dans les rues, j'en manifestai mon étonnement et fus mis en rapport avec un fonctionnaire de la police, qui voulut bien me fournir quelques renseignements.

— C'est, me dit-il, la corruption des mœurs des pays qui nous a fait comprendre la nécessité absolue d'enrayer le mal. A Berlin, la mendicité est absolument défendue. A Paris, en principe, elle paraît l'être, à en juger par les tableaux que l'on rencontre sur les routes des communes suburbaines : « La mendicité est défendue dans le département de la Seine. » Cet avis n'est qu'un leurre, puisque vous tolérez la mendicité. Ici, nous sommes plus logiques que vous ; la mendicité est défendue et nous ne la tolérons pas.

Jamais, à aucune époque, la criminalité n'a été aussi grande en France, parmi les enfants. La grande coupable c'est « l'école sans Dieu. »

« Jamais les criminels, jamais les récidivistes n'ont été aussi jeunes qu'à présent. Voilà bien une preuve, ce semble. Et cette preuve devient extraordinairement suggestive si on réfléchit qu'en Angleterre, où l'universalité de l'enseignement primaire n'a pas détruit, loin de là, son caractère profondément religieux, en Angleterre, où l'Etat se borne à payer une annuité pour chaque enfant, à l'école qu'il lui plaît de fréquenter, on assiste au phénomène absolument opposé. Le crime se raréfie chez les jeunes et, petit à petit, les prisons ne contiennent plus que des vieux chevaux de retour, nés et élevés avant les lois scolaires actuelles. »

Sur les 64.000 enfants traduits devant les tribunaux, de 1887 à 1895, 17.000 ont été envoyés en correction. A Paris, et depuis onze ans, sur 24.000 mineurs de seize ans traduits en justice, 2.000 environ ont été soumis à l'éducation correctionnelle. Voilà donc 19.000 enfants qui, à Paris, ont été replacés dans la même situation qu'au moment de leur arrestation. Combien n'ont pas tardé à être repris par la *rue*, la rue qui les fascine, qui fait oublier si vite les plus robustes résolutions !

J'aime à relever les chiffres, surtout quand ils sont à l'honneur de nos Juges. Je crois, comme eux, à l'amélioration possible de l'enfance coupable et je voudrais contribuer, par mes observations, aux mesures de protection et de relèvement. Il y a toujours une vive émotion à pénétrer dans le cabinet d'un juge. Il semble que l'on se tienne aux écoutes à la porte d'un endroit où viennent s'étaler, se confesser, les misères humaines ; on a l'illusion de surprendre des aveux. Cette sensation purement égoïste se double d'un intérêt plus noble lorsque le juge lui-même, devenu professeur, vous explique les causes amenées à sa barre, en dissèque devant vous la nature, en établit la genèse, en recherche avec bonne foi le remède.

Au moment où je classe mes notes de voyage, je relis un rapport de M. Albanel, qui, à la bonne foi et à la science, joint un profond amour de la France et de l'humanité. Je relève des chiffres : sur 630 garçons amenés devant lui, 541 ont fait l'objet d'une ordonnance de non-lieu, et 89 ont été traduits devant le tribunal correctionnel. Sur 260 filles mineures, arrêtées pour divers délits, 80 ont été envoyées devant le tribunal et 31 seulement ont été confiées à l'asile temporaire qui les a rendues à leurs familles. Tous ces enfants, que sont-ils devenus ? Le juge le constate avec un regret sincère : il l'ignore. « Nous obtenons, dit-il, quelques bribes de renseignements, mais en somme nous ne pouvons suivre jusqu'à sa majorité légale l'enfant qui a comparu devant la justice. Il y a là une lacune qu'il serait facile de faire disparaître en imitant les nations voisines, qui ne se sont pas contentées de copier nos institutions de protection, mais qui les ont complétées. »

Ce que je souhaiterais, après les réflexions que j'ai faites au cours de mes voyages, ce serait la fondation par l'Etat de maisons officielles de préservation, maisons simples, sans luxe, semblables à celles où l'enfant devenu homme sera obligé de vivre, maisons où quinze, vingt enfants au plus se livreraient au travail manuel et vivraient dans une atmosphère d'hygiène physique et morale. Si l'Etat ne peut ou ne veut se charger de cette entreprise, au moins qu'il subventionne les œuvres privées qui existent. « Avec deux millions seulement, on pourrait produire un bien moral immense, et la défense sociale ne vaut-elle pas quelques sacrifices, aussi bien que la défense territoriale ? »

Après avoir visité Berlin, étudié les mœurs, apprécié les améliorations apportées dans l'existence des pauvres, je quittai la capitale de la Prusse pour continuer avec mes compagnons la visite des principales villes de l'Empire allemand.

LEIPZIG

Lundi matin, départ de Berlin ; après un voyage de quelques heures, nous arrivons à Leipzig (163 kilomètres).

Leipzig est une des grandes villes d'Allemagne dotées de monuments modernes. Notre première visite fut pour la nouvelle Cour suprême de l'Empire allemand, où l'on juge à huis-clos les affaires d'espionnage et les crimes de haute trahison. C'est là que deux de nos compatriotes, il y a quelques années, ont passé en jugement. L'aspect extérieur de ce grand monument de style sévère est grandiose. La salle de la Cour suprême est imposante. Deux loges sont réservées au corps diplomatique. Les vitraux de la salle des Pas-perdus représentent les quatre points cardinaux. Par leurs sujets allégoriques, ils indiquent que la justice est rendue avec la même impartialité dans tous les Etats de la Confédération germanique.

Pour nous rendre à la maison historique où Napoléon Ier passa la nuit du 18 octobre 1813, nous passons devant la statue de Dhaer. C'est sur cet emplacement qu'eut lieu le dernier engagement des troupes. Le combat le plus sanglant fut celui de la porte Grumna.

Le Musée de Leipzig, quoique de troisième ordre, mérite qu'on lui sacrifie une heure. La galerie des sculptures ne contient que des copies de Rome. Dans la galerie des tableaux, on a réuni l'école moderne. Parmi les toiles les plus remarquables, je citerai celle qui représente la bataille de Leipzig, du 18 octobre 1813 (cette œuvre est due au pinceau de Hang); le *Fumeur* de Rocher ; le *Smith* exposé au Salon. L'école française est représentée par Gudin, Dreux, Robert Fleury, Perrot, Troyon, Herment, Dubuisson et Cognard. Les trois plus belles toiles, qui, par leur exécution parfaite et leur coloris, font l'admiration des visiteurs, sont celles de l'*Abdication de Napoléon Ier à Fontainebleau*, le 31 mars 1814, par Paul Delaroche ; les *Funérailles du général Marceau*, par Bouchot ; *Napoléon Ier sur le champ de bataille de Wagram, saluant les prisonniers autrichiens*, par Bellangé. Après la visite de la vieille église Saint-Nicolas, remarquable par ses deux étages de tribunes, et la promenade en tramway électrique au Bois Rosenthal, une voiture nous conduit au champ de bataille.

Oktober est le point où se trouvait, le 18 octobre 1813, le centre de l'armée française commandée par Murat, Ney et Marmont. Une pyramide rappelle la sanglante journée. Sur le bloc de granit, le chapeau et l'épée de Napoléon Ier sont représentés.

La bataille du 18 octobre fut sanglante. Vers onze heures, on entendit une canonnade en arrière de Leipzig, du côté de Lindenau. C'était Bernadotte, — *ce nom évoque de bien tristes souvenirs, celui qui le portait n'a droit qu'au mépris de ses compatriotes, puisqu'il fut traître à sa patrie.*

Bernadotte, prince de Suède, n'avait point encore combattu contre les Français, ses anciens frères d'armes. Il paraissait, dit-on, indécis ; mais enfin, stimulé et même menacé par le maréchal Blücher, il se détermina à passer la Partha au-dessus du village de Mockau, à la tête des troupes suédoises et d'un corps russe placé sous ses ordres. Lorsqu'une brigade de hussards et de lanciers saxons postés sur ce point vit arriver les Cosaques qui précédaient Bernadotte, elle marcha vers eux comme pour les charger ; mais faisant tout à coup volte-face et oubliant à quoi ils exposaient leur vieux roi, notre allié, qui se trouvait au milieu des troupes de Napoléon, les infâmes Saxons dirigèrent leurs fusils et leurs canons contre les Français !

Non seulement le prince de Suède, Bernadotte, accueillit les perfides dans ses rangs, mais il réclama le secours de leur artillerie et supplia même l'ambassadeur anglais de lui prêter la batterie de fusées qu'il avait amenée avec lui, et que l'ancien maréchal de l'armée française fit diriger sur les Français. A peine le corps saxon fut-il dans les rangs des ennemis qu'il signala sa trahison en faisant contre les troupes françaises une décharge générale de toute son artillerie. C'était ce Bernadotte, un Français auquel le sang français avait procuré une couronne, qui portait ainsi le coup de grâce à ses compatriotes. Voilà ce que l'histoire, dans son jugement impartial (pas celle de la Suède où il est vénéré), reprochera toujours à ce misérable, qui, avec les souverains alliés, savourait sa victoire contre son pays. Les ennemis ramassèrent sur le champ de bataille 250 pièces de canons que les Français écrasés, mitraillés, avaient été forcés d'abandonner. 40.000 Français, dans cette bataille sanglante, avaient eu à lutter contre 300.000 Allemands, Autrichiens et Russes. 15.000 Français furent massacrés, 25.000 restèrent prisonniers. Quant aux alliés, ils perdirent 50.000 hommes. Ce fut une des batailles où les soldats français firent preuve du plus grand héroïsme et ne succombèrent que sous un nombre dix fois supérieur.

A quelques pas de là, l'allemand Bertsh a constitué dans sa maison un musée historique dans lequel il a réuni toutes sortes de pièces, armes, costumes, se rapportant à la célèbre bataille. Ce mangeur de choucroute, qui nous suit pas à pas, croit nous faire plaisir en nous montrant sa collection. Dans les autographes, nous voyons des lettres des généraux Davoust, Lannes, Bessières, Berthier, Murat, Masséna, Marmont, ainsi que des documents officiels portant les signatures de Lauriston, Bassano, duc de Trévise, Foucher, Lucien Bonaparte, Pichegru, des lettres de Marie-Louise et de Joséphine. Dans sa collection de portraits, figurent celui de Metternich et plusieurs de Napoléon Ier ; dans les meubles, une chaise de la chambre à coucher du vainqueur d'Iéna, ainsi que son horloge. Sur des tables, des quantités d'obus, des épées, des pistolets, des sabres et des fusils. Où ce Teuton a-t-il pu avoir les épées d'honneur données par le grand Napoléon à ses officiers et qu'il nous fait voir dans une vitrine ? A côté, des schakos, des uniformes d'officiers français. Cet adepte de Bismarck parle très bien notre langue, il veut à toute force que nous regardions ses tableaux représentant des batailles. La reproduction des épisodes de guerre a été faite, comme toujours, avec une partialité révoltante. Parmi ces gravures, se trouve, précisément, celle de la fameuse bataille de Leipzig, où les soldats français sont représentés levant la crosse en l'air ; quant aux cadavres qui gisent sur le sol, on n'y voit, le plus souvent, que des Français. La partialité du rapport officiel de la bataille est trop évidente, pour qu'il soit nécessaire de chercher à le critiquer.

Quelle infamie ! Comme si les soldats de Napoléon Ier étaient des hommes à lever la crosse en l'air ! Rassurez-vous, Prussiens, dans les veines des Français qui combattirent à Leipzig coulait le même sang gaulois que dans les veines de ceux qui combattirent à Iéna ; et si, un jour, nous devons aller reconquérir l'Alsace-Lorraine, vous apprendrez, peut-être à vos dépens, que ce sang gaulois a conservé toute sa force ! La devise du soldat français reste la même : *Vaincre ou mourir !* Notre grand Napoléon était plus magnanime que votre Guillaume Ier. Napoléon Ier, qui connaissait l'héroïsme de ses soldats, n'en admirait pas moins le courage de ses ennemis. En 1807, sur le champ de bataille de Tilsitt, il attacha la croix d'honneur sur la poitrine du plus brave des grenadiers russes.

Parmi les dessins, plusieurs représentent des généraux français : Murat, Marmont et Ney, attirent particulièrement notre attention. A côté, dans un cadre plus enjolivé, est le portrait de Marceau. Marceau ! Voilà un nom glorieux qui, prononcé sur le champ de bataille de Leipzig, fait palpiter mon cœur et me rappelle de touchants souvenirs. Marceau, à vingt-quatre ans, était fait général de division, le 10 novembre 1793. En 1796, il commandait deux divisions de l'armée de Sambre-et-Meuse, et c'est pendant l'investissement de Mayence qu'il fut frappé à mort, non pas sur le champ de bataille, mais dans une sorte d'embuscade. Il s'était emparé la veille de Mannheim et de Limbourg et occupait le défilé d'Altenkirchen. Voulant alors reconnaître le terrain, il partit avec quelques officiers et s'avança imprudemment dans un petit bois. Un chasseur tyrolien l'ajusta; la balle vint frapper Marceau au côté, après avoir traversé le bras gauche. La blessure était mortelle ! Les officiers qui l'accompagnaient n'eurent d'autres ressources que de le transporter à Altenkirchen, que les ennemis occupaient, et de le confier à la loyauté du commandant prussien.

Le général Kray, qui, pendant deux ans de suite, avait été tenu en échec par Marceau, vint le visiter, dès qu'il eut apprit le guet-apens. A la vue de ce bel officier sur le pâle visage duquel la mort avait déjà marqué son empreinte fatale, le vieux général ému se mit à pleurer. Dans la nuit, Marceau dicta ses dernières volontés au capitaine Souhait, son aide-de-camp, et, au lever du soleil, il expirait au moment même où arrivait l'archiduc Charles, général de l'armée ennemie, qui pénétra dans sa chambre et, après être resté quelques instants pensif et recueilli, s'agenouilla près du lit pour réciter en latin les prières des morts. Le corps, escorté d'honneur par les hussards de Barco, fut ramené à l'armée de Sambre-et-Meuse malgré les protestations des Autrichiens qui voulaient eux-mêmes faire des funérailles somptueuses au vaillant général français.

Marceau fut inhumé dans la nuit du 23 septembre 1796, dans le camp retranché de Coblentz. Les salves de l'armée autrichienne se mêlèrent à celles des canons français. Marceau, un des généraux les plus illustres de la première République, fut l'exemple de l'abnégation suprême et du dévouement le plus absolu à sa patrie (ce n'est pas comme Bernadotte). Le héros de la Vendée et de l'armée de Sambre-et-Meuse était né à Chartres, en mars 1769. Il y a quelques années, les cendres de Marceau et de Hoche, mort un an avant lui, à l'âge de 29 ans, furent ramenées d'Allemagne. Ces funèbres reliques sont déposées dans les caveaux du Panthéon. Jamais l'inscription gravée au fronton de cet édifice ne fut mieux justifiée : *Aux grands hommes la Patrie reconnaissante.*

DRESDE ET SON MUSÉE

Le soir, nous quittions Leipzig pour aller coucher à Dresde, distant de 119 kilomètres. Dresde a subi aussi depuis vingt ans une grande transformation. Cette ville modernisée possède aujourd'hui de grandes voies bordées d'importantes constructions. On y retrouve, quoique cela, le cachet de l'ancienne capitale de la Saxe traversée par l'Elbe. L'Hôtel de Ville revêt un caractère particulier d'architecture ; il est bien une des curiosités de cette ancienne cité. Mais ce qui attire le plus les étrangers à Dresde, c'est le merveilleux Musée, œuvre de plusieurs siècles, qui, incontestablement, après celui du Louvre, est le plus riche et le plus important d'Europe.

Tous les rois qui se sont succédé sur le trône de Saxe ont eu à cœur de faire de leur Musée un des plus beaux et un des plus complets du monde. Ils y ont réussi ; leurs efforts ont été couronnés de succès. Pendant plusieurs siècles, ils ont pu, par leur persévérance et leur goût, acquérir une partie des œuvres les plus importantes des écoles italienne, flamande et hollandaise. Le temps a fait le reste. Notre guide, qui possède des connaissances techniques en peinture, étant artiste lui-même, était émerveillé des richesses accumulées dans ce rarissime palais. Comment décrire ces toiles, toutes plus belles les unes que les autres, rangées dans les 94 salles que j'ai traversées? Je laisse ce soin à des connaisseurs plus autorisés que moi. Je me bornerai seulement à citer celles qui font l'admiration des visiteurs ; pour dresser une nomenclature détaillée de toutes ces œuvres, il faudrait pouvoir rester huit jours.

La toile de la *Madone* de Saint-Sixte, acquise par un des rois de Saxe, en 1753, pour la somme de 225.000 francs, est aujourd'hui évaluée, d'après le conservateur du Musée avec lequel je me suis entretenu, à plusieurs millions : ce chef-d'œuvre est incomparable. La *Descente de croix* de Mackensie, de 1846, est des plus saisissantes de réalité. Ce qui frappe le visiteur à travers ce monde de tableaux, c'est la régularité avec laquelle toutes ces toiles sont alignées dans les nombreuses salles où elles ont été réunies. En dire le nombre est chose impossible ! J'ai noté 10 toiles de Rembrandt. Je constate à regret que c'est le Musée du Louvre qui possède le moins de chefs-d'œuvre du grand maître ; on ne compte au Louvre que 5 tableaux de Rembrandt, lorsqu'à Berlin j'en ai vu 8, à Londres 13, à Munich 10, à Vienne 10, à Cassel 28, à Amsterdam 6, à La Haye 4, et au Musée de l'Ermitage de Saint-Pétersbourg 41. Je dis bien : 41... Ce dernier s'est enrichi de tableaux achetés en France. En 1771, il se rendit acquéreur de la galerie Crozat ; en 1772, il fit d'importantes acquisitions à la vente du duc de Choiseul, et en 1815, acheta les 38 tableaux du Musée de l'impératrice Joséphine à la Malmaison.

Que sera dans vingt ans notre musée du Louvre ? Quel est aujourd'hui le rang que nous occupons au tableau d'honneur des grandes collections du monde entier ? Avec le système défectueux qui régit l'administration des Beaux-Arts, il n'est pas possible d'augmenter les gloires artistiques de la France, notamment du Musée du Louvre. Tous les ans, on dépense en achats médiocres les crédits alloués, dans la crainte de les voir réduits l'année suivante ; système préjudiciable à tous les points de vue. Constituez une caisse où vous accumulerez le reliquat des années où il ne se présente pas de ventes importantes, et, le jour où il vous faudra une grosse somme pour acquérir un chef-d'œuvre, vous serez en mesure de le disputer aux autres nations : ce que vous ne faites pas, Monsieur le Directeur.

A chaque instant, on a l'occasion de citer d'extraordinaires plus-values dont bénéficient certaines œuvres d'art et tout le monde se souvient, par exemple de l'histoire de l'*Angelus* de Millet, payé quelques centaines de francs à son auteur et finalement acheté 800.000 francs par M. Chauchard. A la vente du 9 avril 1687, à Amsterdam : le *Portrait de Rembrandt*, actuellement au Louvre, fut vendu 12 francs ; le 24 mars 1692, à La Haye : *La Veillée de Noël*, actuellement à Buckingham-Palace, résidence à Londres de la reine d'Angleterre, 305 fr.; le 22 septembre 1694, à Amsterdam : *Etude d'homme nu*, actuellement dans la collection Carstanjen, à Berlin, 1 fr. 50 ; le 16 mai 1696, à Amsterdam : *Portrait*, 14 fr. 50 ; le 20 avril 1700, à Amsterdam : *Sainte Anne expliquant les Ecritures à son petit-fils Samuel*, actuellement au musée de l'Ermitage, à Saint-Pétersbourg, 600 fr.; le 16 août 1702 : *Portrait*, 2 fr.; le 2 septembre 1704, à Amsterdam : *Vénus et l'Amour*, actuellement au Louvre, 130 fr. ; le 12 mai 1706 : *Portrait de Rembrandt*, 60 fr.; le 20 avril 1707, à Amsterdam : *Un ambassadeur moscovite*, actuellement au musée de l'Ermitage, 94 fr.; *La Mise au tombeau*, actuellement à la Pinacothèque de Munich, 580 fr.; à La Haye, en 1747 : *David jouant de la harpe devant Saül*, tableau acheté récemment par le gouvernement des Pays-Bas 200.000 fr., fut vendu 108 fr.

Quelles bonnes affaires eût fait un marchand du dix-septième siècle qui aurait eu un peu de patience et... beaucoup de santé !

Le Musée des antiquités de Dresde possède toutes les copies moulées du Parthénon, de l'Acropole et de l'Olympia. Les monuments sont d'une architecture très décorative. L'ensemble de ces palais entourés de jardins est superbe. C'est le cadre grandiose qui convenait à ces monuments pour abriter les trésors qui leur ont été confiés.

On passerait des journées à vivre au milieu de ce monde artistique, où toutes les écoles sont représentées. Quels trésors parmi ces œuvres remarquables, aux riches coloris, d'un réalisme empoignant ! D'autres toiles sont d'une facture très intéressante. Dans l'école italienne, nous admirons des toiles peintes avec cette grâce naïve des primitifs, les figurines ont de belles expressions ; les draperies, des plis harmonieux. Albert Dürer, le graveur de Nuremberg, fut un grand maître. Quel régal pour la vue que de contempler tous ces chefs-d'œuvre !

Près de la gare, un Allemand a trouvé ses moyens d'existence dans l'édification d'un panorama représentant la bataille de Champigny sous Paris, en décembre 1870. Le barbouilleur de cette toile a aussi dénaturé les faits si connus de cette bataille. Comme toujours, ce sont des cadavres français qui jonchent le sol du champ de bataille. L'imagination des peintres d'outre-Rhin est très fertile ; car, d'après eux, il semble que les balles meurtrières ne peuvent atteindre que les soldats français, les Prussiens étant sans doute invulnérables ! La toile exposée par ce Prussien n'est qu'une invraisemblance. Comment peut-on faire de pareilles exhibitions ? Le vieil empereur Guillaume Ier était plus juste, lorsqu'un jour, étonné de la vaillance de nos soldats, il s'écria : « Ah ! les braves gens ! »

On ne peut pas venir à Dresde sans visiter les magasins où sont exposées ces belles pièces de porcelaine de Saxe si réputées dans le monde entier. C'est en face de l'Hôtel de Ville que se trouve le dépôt d'une des principales fabriques. Collectionneur de bibelots, je me suis offert quelques petites pièces. Le chimiste Bottcher quitta Berlin pour donner au roi de Saxe l'idée de fabriquer cette porcelaine diaphane qui surpasse, par l'élégance des formes et la finesse de la pâte, les porcelaines cependant bien appréciées de la Chine. Cette industrie a réalisé de grands progrès. Copenhague aussi est dotée d'une fabrique produisant des porcelaines si transparentes et si fines qu'elles peuvent rivaliser avec celles de Sèvres.

Tous les grands maîtres de la peinture sont représentés dans le superbe Musée de Dresde ; après les œuvres de Velasquez, Rembrandt, Murillo, Fragonard, Boucher, Michel-Ange et tant d'autres, on remarque les belles toiles de Van Dyck. On sait que Van Dyck fut, avec Rubens, le plus grand peintre de l'école flamande. Rubens fut l'initiateur, le créateur ; Van Dyck fut l'initié, l'apôtre. « Plus noble que Rubens dans le choix des formes, a dit un critique, Van Dyck eut peut-être moins de défauts que son maître, mais peut-être aussi moins de grandeur. »

Comme portraitiste, il partage la première place avec le Titien et Velasquez. « Il est, écrivait un autre critique d'art, très délicat, très distingué, tout parfumé d'aristocratie, élégant par-dessus tout, de cette élégance rare qui allie à la beauté native la noblesse, la finesse, l'esprit, le charme, à la fierté de race cet abandon séduisant, que donnent une éducation raffinée, des mœurs exceptionnelles et la haute fortune. Van Dyck est le plus élégant de tous les peintres de portrait qui aient existé. Léonard de Vinci est plus intime et plus expressif, Raphaël plus correct, Titien plus superbe, Rubens plus ample, Velasquez plus fantasque ; mais ni eux ni d'autres n'ont surpassé le goût exquis de Van Dyck. »

L'artiste fit un long séjour à la cour du roi d'Angleterre, Charles 1er, qui le nomma son premier peintre, lui assigna une pension de 200 livres sterling, lui donna un logement d'hiver à Blackfriars, une résidence d'été à Eltham, et voulut même lui faire bâtir un hôtel particulier à Londres. Ces marques multipliées et éclatantes de la faveur royale créèrent à Van Dyck une situation exceptionnelle : il vit bientôt affluer chez lui les Ministres, les courtisans, les chambellans, les pages, tous les grands seigneurs et toutes les grandes dames de la Cour, qui venaient lui demander leur portrait. Pour suffire aux innombrables commandes qui lui arrivaient, il adopta, si nous en croyons ses historiographes, la manière d'opérer suivante : « Il donnait jour et heure aux personnes qu'il devait peindre, et ne travaillait jamais plus d'une heure par fois, soit à ébaucher, soit à finir ; son horloge l'avertissant que le temps fixé était écoulé, il se levait, faisait la révérence à la personne, comme pour lui dire que c'en était assez, et convenait avec elle d'un autre jour et d'une autre heure. Après quoi, son valet de chambre venait nettoyer ses pinceaux et préparer une palette nouvelle, pendant qu'il recevait une autre personne. Il travaillait ainsi à plusieurs portraits en un même jour, avec une vitesse extraordinaire. Après avoir légèrement ébauché un portrait, il faisait mettre la personne dans l'attitude qu'il avait auparavant méditée, et avec du papier gris et des crayons noirs et blancs, il dessinait en un quart d'heure sa taille et ses habits. Il donnait ensuite ce dessin à d'habiles gens, qu'il avait chez lui, pour le peindre d'après les habits mêmes que les personnes avaient envoyés exprès. Les élèves ayant fait d'après nature ce qu'ils pouvaient aux draperies, il passait légèrement dessus et y mettait en peu de temps, par son intelligence, l'art et la vérité que nous y admirons. »

On imagine facilement quelles sommes considérables Van Dyck dut gagner par ce labeur incessant. Mais, amoureux du luxe et généreux jusqu'à la prodigalité, comme le sont ordinairement les artistes, il dépensait l'argent plus aisément qu'il ne le gagnait. Il avait un grand état de maison, payait des musiciens pour distraire les grands seigneurs qui venaient poser chez lui, et retenait souvent ces derniers à sa table.

Van Dyck : un nom qui rayonne, mais d'un rayonnement qui n'atténue en rien la superbe lumière qui illumine l'immortalité de Rubens. Dans l'admiration que le génie de Van Dyck éveille, il faut, si l'on veut porter un jugement sain, faire la part de ce que l'élève doit au maître ; certes Van Dyck a procédé de Rubens, et il ne s'en cachait pas ; il avait trop travaillé sous sa direction pour que sa main ne s'habituât pas à certaines pratiques qui lui étaient propres ; et le génie de Rubens était trop réellement le génie d'une race pour qu'un peintre formé à la même école, et appartenant à la même race, en pût secouer aisément la tradition tenace et chère.

C'est quand on a examiné le peintre, sous ce rapport spécial de sa genèse d'éducation, que le génie de Van Dyck se dégage nettement ; dans ses portraits, plus encore que dans ses tableaux religieux, il apparaît avec ses qualités de charme et de séduction, avec sa magnifique allure et sa distinction aristocratique, sans manquer cependant de puissance.

Van Dyck est bien un homme du XVIIe siècle ; choyé, fêté, ayant eu le succès facile, il aime dans ses portraits à entourer ses modèles d'une somptuosité toujours de bon ton : il y a, en outre, dans sa manière de traduire sa vision, une bonne part d'idéalisme.

Nul plus que lui ne fut artiste, au sens le plus strict de ce mot : être d'exception, il eut l'esprit d'une beauté qui demeure sur la limite de la réalité, et n'est pas encore du pur domaine de la rêverie. Son âme, entraînée à toutes les passions, fut peut-être complexe ; il y eut peut-être chez lui un amour-propre excessif que lui donnait la fierté d'être en contact avec les rois, et une volonté peu résistante aux appétits pressants de la matière, ce qui, en dehors de sa vie de représentation, le conduisit à des excès, dont son organisme eut à souffrir. Mais qu'importe l'homme ? Il ne doit rester de lui que son œuvre, son œuvre énorme, admirable, si l'on se rappelle surtout qu'il est mort à quarante-deux ans.

PRAGUE ET NUREMBERG

Nous mettons six heures en chemin de fer pour franchir les 181 kilomètres qui séparent Dresde de Prague. Ce voyage se fait à travers des montagnes verdoyantes. Sur un long parcours, la voie ferrée longe l'Elbe, que sillonnent des bateaux touristes se rendant à Schandau et à Kœnigstein. A Badenbach, frontière autrichienne. La vieille capitale de la Bohême, baignée par la Moldau, possède aussi de vieux monuments historiques qui intéressent les artistes et les archéologues : la tour poudrière et la synagogue datent de sept siècles ; la vieille ville surtout a beaucoup de caractère dans ses constructions. On retrouve le style du moyen âge. Le pont suspendu a des proportions colossales. Au langage des indigènes, on sent qu'on a quitté l'Allemagne : la langue est parlée avec douceur ; la voix n'a pas cette dureté du prussien qui, avec ses *ja*, vous écorche les oreilles. Quelques heures de séjour, et nous reprenons le train pour Nuremberg. On passe devant le château de Carlstein qui fut longtemps la demeure des rois : vingt minutes d'arrêt pour déjeuner au buffet de Pilsen, où nous dégustons cette bière blonde si réputée. Trois grandes brasseries construites près de la gare en fabriquent jour et nuit. C'est surtout pour l'exportation que ces bières sont fabriquées. Tous les ans, les amateurs allemands font un pèlerinage. Ils vont boire la bière à ses sources. Gambrinus est fêté à Munich, à Pilsen, à Nuremberg, à Prague, à Leipzig. Parmi ces buveurs de bière, c'est à qui détiendra le record.

A Pilsen, l'usine Scoda fabrique des machines à vapeur ; cette région est riche en mines de charbon. Au milieu de forêts de sapins est bâti le village de Furth. Nous subissons une nouvelle visite de la douane, puisque nous rentrons en Allemagne. Après avoir fait les 358 kilomètres par une chaleur tropicale — on cuisait dans les wagons, — nous arrivons à Nuremberg, la ville réputée pour ses poupées. Deux heures de chemin de fer de plus et nous aurions pu aller jouir, à Bayreuth, des auditions wagnériennes commencées depuis deux jours.

Nuremberg, cette jolie cité bavaroise, est, parmi toutes les villes allemandes que j'ai visitées, celle qui, par son caractère particulier, m'a laissé la plus agréable impression. L'accueil fait par les Bavarois aux Français est moins glacial que celui des Prussiens. La ville, entourée de remparts, est d'une grande étendue : les maisons ont conservé leur cachet d'origine. La hauteur étonnante des toitures dépasse de beaucoup celle des constructions. J'en ai vu qui avaient jusqu'à cinq et six étages sous les combles. Les vieux quartiers sont des plus intéressants à parcourir ; les styles différents des maisons avec leurs *loggie* peintes forment un contraste étonnant. Par la diversité de l'architecture, elles ont beaucoup de caractère ; Nuremberg offre aux touristes un grand intérêt. Sur une place, une fontaine antique surmontée de figures allégoriques qui lancent des jets d'eau. La synagogue, une des plus anciennes, mérite d'être visitée. Après une promenade sur les bords de la Pignitz, à la porte Ludwig, le tramway électrique nous ramène devant l'un de ces nombreux magasins de poupées où nous avions des emplettes à faire. Les Nurembergeois regrettent toujours la perte de leur indépendance. Nuremberg, comme Hambourg, Luxembourg, était ville libre. C'est Napoléon Ier qui en fit faire l'adjonction au royaume de Bavière.

AIX-LA-CHAPELLE (AACHEN)

Obligé de rentrer à Paris, je dus abandonner mes compagnons de voyage, pour revenir directement à Aix-la-Chapelle avec arrêt de quelques heures à Berlin et à Cologne. Ne connaissant pas la ville où repose Charlemagne, je tenais à visiter le tombeau du grand empereur. Le premier monument que l'on rencontre, en arrivant, est un long piédestal en marbre supportant un groupe en bronze consacré à la mémoire des soldats morts sur les champs de bataille en 1870. Je passe rapidement devant ce sombre souvenir. C'est le droit du vainqueur comme du vaincu d'élever des monuments à la mémoire de ceux qui sont tombés pour la patrie.

Aix-la-Chapelle est une grande ville, peu animée et sans caractère. C'est à ses eaux thermales surtout qu'elle doit sa prospérité. Chaque année, le nombre des malades qui viennent s'y faire traiter est de 10.000. Il en est de certaines villes comme de certaines femmes dont l'âme ne se laisse deviner qu'après une fréquentation patiente : ainsi Aix-la-Chapelle se présente d'abord sous un aspect de banalité déconcertante. Des quartiers neufs, des maisons régulièrement bâties, des boutiques aux étalages somptueux, et, dans les rues, des visages que l'on croit avoir déjà vus, visages de gens désœuvrés, traînant l'ennui des villégiatures cosmopolites. C'est que la vieille cité impériale a l'heur, ou le malheur, de posséder des sources thermales, tout comme Luchon, Spa ou Aix-les-Bains. Autour de la fontaine Elise, des baigneurs venus de partout se réunissent. Pour eux, on a bâti un magnifique kurhaus dans le goût des casinos modernes, et pour eux encore, des hôtels, des restaurants, des cafés dont la seule note particulière est d'avoir sur les tables des nappes à petits carreaux rouges et bleus, toutes semblables et d'une tonalité bien germanique. Mais, au bout de quelque temps, sous cette agitation superficielle, on découvre le caractère véritable de la ville et, à travers les gestes prévus des baigneurs, les mœurs locales des habitants. Les soirs où il y a concert et gala au kurhaus, on voit des groupes silencieux s'enfoncer dans des corridors sombres au fond desquels brillent quelques étoiles de gaz. Si l'on a la curiosité de les suivre, on pénètre derrière eux dans un de ces jardins de bière communs à toutes les cités d'Allemagne, où l'on va paisiblement boire et manger en famille en écoutant les valses de Strauss, que joue un orchestre dissimulé derrière les feuillages.

C'est au réveil surtout, avant que les étrangers se soient répandus dans la ville cosmopolite, qu'il faut chercher à surprendre l'âme fugitive du vieil Aachen. Heureusement tout n'a pas été détruit ; il y a encore d'anciens quartiers aux rues étroites, aux maisons brunes ; l'antique place subsiste, ouverte en éventaire, sur laquelle se tient chaque jour un marché d'herbes et de volailles. Au milieu, surmontant une fontaine, la statue de Charlemagne. Elle apparaît mince et fluette, peu semblable à l'image que chacun se fait du géant empereur d'Occident. Cette statue s'harmonise bien avec les proportions de ce qui l'entoure et aussi avec le degré d'enthousiasme encore timide du pèlerin. En face d'elle, le Rathhaus s'élève. C'est l'ancien palais des Carolingiens devenu Hôtel de Ville. Sur les murs de la grande salle du couronnement, le peintre allemand moderne Alfred Rethel a essayé d'écrire la gigantesque épopée que traça par le monde l'épée de Charlemagne. Mais il ne put aller jusqu'au bout. Après la quatrième fresque, la folie le prit, et ce fut Joseph Kehren, son disciple, qui, d'après ses cartons, acheva l'œuvre commencée. Après cette visite au Rathhaus, on a franchi une étape de plus de la gloire du héros carolingien. C'est à la cathédrale qu'il faut aller pour en voir l'apothéose.

Comme la ville elle-même, cette cathédrale se dédouble en deux parties distinctes : d'un côté, l'octogone, la chapelle byzantine de Charlemagne restée dix siècles en sa forme primitive ; de l'autre, le chœur et l'abside gothique ajoutée au XV⁰ siècle. Une émotion poignante étreint l'âme aussitôt que, passé la porte de bronze, on se trouve entre les pans coupés du vieil édifice. Quatre colonnes, deux de porphyre et deux de granit, soutenaient autrefois l'autel : il s'isole à présent à l'entrée du chœur ogival. Deux escaliers circulaires pratiqués dans l'épaisseur de la rotonde donnent accès à la galerie supérieure. Au Hoch-Münster, où l'on conserve à la vénération des siècles qui passent le trône de Charlemagne, un gardien ouvre avec respect les panneaux de l'armoire qui renferme les royales dépouilles, et l'on se trouve en présence de l'insigne relique. C'est une chaise en marbre blanc de Paros qui a gardé tout l'éclat de sa blancheur primitive ; elle est de forme carrée avec un dossier bas, et, sur le siège, un coussin de velours. Là, le grand empereur présida, durant sa vie, aux destins des peuples ; là il fut assis après sa mort. Lorsqu'après 350 ans, Othon voulut le voir en son tombeau, il le trouva toujours assis et tel que des mains pieuses l'avaient placé. L'empereur d'Occident portait sur sa tête la couronne octogone ; ses pieds reposaient sur un sarcophage antique, présent du pape Léon III ; une longue barbe blanche, poussée après sa mort, selon la légende, recouvrait sa poitrine ; ses mains tenaient encore le sceptre du monde et la boule surmontée de la double croix, et, sur ses genoux, s'ouvrait l'évangile à la page où ses yeux s'étaient fixés pour la dernière fois. A cette vision d'outre-tombe, Othon, pris de terreur, devint fou, comme devait le devenir plus tard le peintre Rethel en évoquant l'ombre formidable du géant. On admire, dans cette cathédrale, la chaire rehaussée de sculptures sur ivoire, ornée de feuilles d'or battu incrustées de pierreries ; le lustre du XII⁰ siècle donné par Frédéric Barberousse est très remarquable, ainsi que les mosaïques de la coupole. Cette visite au tombeau de Charlemagne laisse une impression inoubliable.

Après avoir passé la soirée au kurhaus, je reprenais le lendemain le train pour Paris. En résumé, c'est la Suède et la Norvège qui ont le plus captivé mon attention, étonné mon esprit, charmé mon cœur. Dans cette course au Cap Nord, je n'ai pas connu l'ennui somnolent des traversées de l'Adriatique ou de la Méditerranée. A chaque instant l'attention est éveillée par l'éclat de lumières incomparables, par la découpure étrange des montagnes. Dans cette Laponie que l'on se figure morne sous une carapace de neiges éternelles, j'ai retrouvé les effets de lumière de l'Orient et du midi ; un ciel d'Egypte illuminé d'éblouissantes féeries, et les fjords glacés ont des oasis de verdure.

Enfants de France et de Russie, à qui je dédie ce livre, je voudrais vous dire : « Voyagez ! » Les voyages forment la jeunesse, a dit l'orateur romain. Les voyages remontent au berceau de l'humanité ; c'est une des sources de l'histoire, a écrit Chateaubriand. Mais peut-être l'heure n'est-elle pas encore venue, où vous pourrez voyager ; les examens vous retiennent au foyer paternel. — Je vous dis : « Lisez ! » car lire, c'est voyager, c'est recueillir la moisson des voyageurs. J'ai essayé de glaner pour vous offrir de bons épis. — Lisez !

Vous qui aimez la Patrie, comme vous aimez votre Mère, vous apprendrez, par la comparaison avec les autres pays, à l'aimer mieux, à l'estimer davantage. C'est l'idée de Patrie qui forme les grandes Nations et qui les maintient.

« Voyagez en lisant ! » La salle d'étude a des murs ; les voyages n'en ont pas, le regard s'étend et multiplie l'aspect des choses. Notre âme se dilate, quand la mer et le ciel s'ouvrent devant elle. Apprendre l'histoire des nations, interroger les espaces, questionner les êtres, se mettre en présence des mondes, contempler la Nature, observer les choses face à face, étudier les mœurs des différents peuples que l'on visite, voilà les satisfactions que vous recueillerez des voyages. L'eau prise à sa source est plus pure, l'idée prise sur le fait est plus claire. La nature a ses images, elle se révèle à qui la scrute.

Les voyages redressent les idées, forment le caractère et meublent l'esprit. Dans ce livre écrit pour vous, vous trouverez des enseignements qui élèveront votre patriotisme, et fortifieront votre civisme.

La Palestine évoquera en vous les souvenirs de l'Histoire sainte ; Malte, ceux de l'histoire de France. En Syrie, les ruines de Balbec et de Palmyre parlent de l'éternité ; en Norvège, l'horizon parle de ce qui n'a pas de limites : la Nature qui donne la clarté aux cieux, la transparence à l'eau, la profondeur à l'espace, s'y révèle dans toute sa splendeur. En naviguant sur les fjords, on peut à loisir, songer, scruter, analyser les merveilles qui s'offrent à vos yeux.

Dans ce grand jardin de l'Egypte, bambous, eucalyptus, orangers, citronniers, grenadiers, cédrats, mimosas, magnolias, se côtoient, s'enlacent, poussent, croissent avec une puissance magique ; tout y est grand, tout y est beau. Jamais la Nature n'a pris plus de soins, dépensé plus d'art ni fourni plus de richesses qu'en Orient. Parcourez les riants rivages du Nil, allez vous emplir les yeux de soleil, l'âme de lumière, et vous enivrer des beautés sauvages de la Nubie, en contemplant l'île de Philœ, où les généraux de Bonaparte ont laissé la trace de leur passage ; et au retour, devant la splendeur des ruines pharaoniques de Komondo, de Louqsor, de Karnac, de Memphis, de Thèbes et d'Abydos, votre imagination restera confondue.

Constantinople, avec ses minarets élancés et son splendide Bosphore, vous séduira ; Saint-Pétersbourg "la Moderne" vous charmera ; Moscou "la Sainte", une des sept merveilles du Monde, vous étonnera par la magnificence de son Kremlin aux dômes dorés, et les richesses de son trésor.

En Amérique, les chutes du Niagara stupéfient, le Canada avec ses sites verdoyants charme. Le voyage est une chasse à travers les horizons, c'est l'imprévu avec ses surprises, l'inconnu avec ses merveilles.

Voyageur intrépide, insatiable d'émotions et désireux de tout voir, de tout connaître, j'ai fait 25.000 lieues et n'ai qu'un désir, c'est de recommencer. Il est tant de pays intéressants que je n'ai pas encore vus ! En attendant, puis-je espérer que les relations de ces voyages et les digressions où je me suis laissé entraîner par amour de mon pays, intéresseront mes concitoyens ? Elles pourront du moins faire cesser parfois les insomnies, et si l'ami Lecteur ne me prend qu'à petite dose, je m'en réjouis par avance : mon livre restera plus longtemps à son chevet.

FIN

Tableau des distances à parcourir
DANS
LE DANEMARK, LA SUÈDE ET LA NORVÈGE
Relevées par Philippe DESCHAMPS

			Kilomètres	Voies de Communication
De Paris	à Cologne		491	Chemin de fer
— Cologne	à Hambourg		449	—
— Hambourg	à Copenhague		382	Bateau
— Copenhague	à Elseneur		100	Traversée du Sund
— Elseneur	à Gothenbourg		243	Chemin de fer
— Gothenbourg	à Trollhættan		72	—
— Trollhættan	à Christiania		142	—
— Christiania	à Randsfjord		162	—
— Randsfjord	à Odnas		72	Bateau
De Odnas	à Tomlevoden		17	en karriole
— Tomlevoden	à Fosheim	La vallée du Valders	68	—
— Fosheim	à Nystuem		54	—
— Nystuem	à Lœrdalsoren		69	—
— Lœrdalsoren	à Gudvangen		52	—
— Gudvangen	à Stalheim		12	—
— Stalheim	à Vossevangen		36	—
— Vossevangen	à Eide		33	—
De Eide	à Oda		58	Bateau
— Oda	à Eide		58	—
— Eide	à Bergen		168	—
— Bergen	à Molde		408	—
— Molde	à Veblungsnœss		48	—
La vallée de Romsdal			76	en karriole
De Veblungsnœss	à Molde		48	Bateau
— Molde	à Trondhjem		274	—
— Trondhjem	à Tromsö		1010	—
— Tromsö	à Hammerfest		240	—
— Hammerfest	au Cap-Nord		166	—
— Cap-Nord	à Trondhjem		1416	—
— Trondhjem	à Stockholm		854	Chemin de fer
— Stockholm	à Malmö		618	Bateau
— Malmö	à Copenhague		40	Chemin de fer
— Copenhague	à Gjedser		178	Bateau
— Gjedser	à Warnemünde		60	Chemin de fer
— Warnemünde	à Rostock		26	—
— Rostock	à Berlin		2 6	—
— Berlin	à Leipzig		103	—
— Leipzig	à Dresde		169	—
— Dresde	à Prague		111	—
— Prague	à Pilsen		185	—
— Pilsen	à Nuremberg		213	—
— Nuremberg	à Berlin		5211	—
— Berlin	à Cologne		573	—
— Cologne	à Aix-la-Chapelle		64	—
— Aix-la-Chapelle	à Paris		428	—
		Total	10813 kilomètres.	

TABLE DES PHOTOGRAVURES

Contenues dans le Volume

Nos		Pages
1.	Philippe Deschamps, publiciste.	
2.	La statue de la Liberté à New-York	2
3.	Le bâtiment de Park-Row à New-York.	2
4.	Inauguration de l'Exposition de Chicago (mai 1893)	7
5.	La fontaine monumentale de l'Exposition	10
6.	Le Palais de l'agriculture de l'Exposition	10
7.	La Loge Maçonnique de Chicago	15
8.	Le parc à bestiaux de Chicago.	20
9.	Les édifices célèbres comparés à la Pyramide Chephen de Ghizeh.	25
22.	Philippe Deschamps aux grottes de Mammoth.	30
23.	Philippe Deschamps aux chutes du Niagara.	35
24.	Les chutes du Niagara en hiver	35
25.	Honneur aux amis de la France	40
26.	La bénédiction de la Néva à Saint-Pétersbourg.	45
27.	M. Wladimir, métropolite de Moscou.	50
28.	Le Métropolite de Saint-Pétersbourg	50
29.	Armoiries de la ville de Varsovie.	50
30.	Armoiries de la ville de Riga	50
31.	Le Palais de l'Amirauté à St-Pétersbourg	55
32.	S. M. le Tzar Nicolas II et le Président Félix Faure à bord de l'*Alexandria*.	60
33.	Costumes de paysans Polonais.	65
34.	Types Polonais.	65
35.	Types Russes.	65
36.	Costumes Finlandais.	65
37.	Le Kremlin et la Moskova à Moscou.	70
38.	La cathédrale Wassili-Blajennoi à Moscou.	75
39.	Le salon d'honneur du Trésor au Kremlin	80
40.	Le marché à Moscou	80
41.	A travers la Sibérie	85
42.	La ville de Nijni-Novgorod	85
43.	Costumes de femmes russes	90
44.	Le Tzar Pierre Le Grand	90
45.	Femme de Boyard au 17e siècle	90
46.	Russes se rendant au marché	95
47.	La présentation des fiancés	95
48.	Jeune fille de Varsovie	100
49.	Femme de l'Oural	100
50.	Femme Moscovite	100
51.	Tzarine en costume de Couronnement.	105
52.	Tzar en costume de Couronnement.	105
53.	Image Sainte russe	105
54.	Un traineau russe : d'après Horace Vernet (Salon de 1844)	105
55.	La Chambre des Députés à Vienne	110
56.	La mosquée Ste-Sophie à Constantinople	115
57.	Le pont de Constantinople	115
58.	La grande rue de Péra à Constantinople	120
59.	La cérémonie de Sélamik.	125
60.	Femme turque dans le Harem de Scutari.	130
61.	Femmes égyptiennes.	135
62.	Jeune fille Hongroise.	135
63.	Les Derviches hurleurs à Constantinople.	135
64.	Les ruines de l'Acropole à Athènes	140
65.	Les tombeaux des Kalifes au Caire	140
66.	Le sphinx et la pyramide de Chéops.	145
67.	Philippe Deschamps aux pyramides.	145
68.	Les Pyramides de Ghizeh	150
69.	Philippe Deschamps faisant l'ascension de la pyramide de Chéops.	155
70.	Les marchandes de Cannes à sucre.	160
71.	La momie du Roi Séti Ier au Musée de Ghizeh.	165
72.	Osiris et Isis au Musée de Ghizeh	165
73.	Une rue dans le vieux Caire	170
74.	La vie au Harem	175
75.	Femme turque se rendant aux bazars.	175
76.	Femme de Pacha	180
77.	Femme Ouled à Biskra	180
78.	Femme Almée, danseuse du Sérail.	180
79.	Femme du Sultan dans le Harem	180
80.	Les Saïs du Khédive	185
81.	Bédouine de Nubie.	185
82.	Statuettes funéraires du Musée de Ghizeh.	190
83.	Le Cortège de la Mariée.	190
84.	La statue de Ramsès à Memphis.	195
85.	Almées du village d'Enée (Moyenne Egypte)	200
86.	Bédouine riche de Nubie.	200
87.	La Nécropole d'Assiou (Moyenne Egypte)	205
88.	Bédouine de Louqsor.	210
89.	Groupe de Bicharins à Assouan (Nubie).	210
90.	Femmes Egyptiennes voilées.	215
91.	Vieille Bédouine de la Haute Egypte.	215
92.	Femme de fellah des bords du Nil.	215
93.	Les danses en Nubie.	220
94.	Les pyramides de Karnac.	220
95.	Le temple d'Isis à Louqsor.	225
96.	L'Ile de Philoë à Assouan, 1re Cataracte.	225
97.	Musicien du cortège d'une mariée Nubienne.	230
98.	Les Bicharins à Assouan.	235
99.	La chapelle du St-Sépulcre à Jérusalem.	240
100.	La ville de Bethléem.	245
101.	Le mur des juifs à Jérusalem.	245
102.	Femme Druse du Liban	250

TABLE DES PHOTOGRAVURES

Nos		Pages
103.	Druse du Liban	250
104.	Les Patriarches de Jérusalem	250
105.	Le tombeau de la Vierge et la grotte de l'Agonie	255
106.	La chasse aux crocodiles sur le Nil	255
107.	Les joueurs de violon à Jaffa	255
108.	L'église russe sur le mont des Oliviers à Jérusalem	255
109.	Mahométan faisant sa prière dans la Mosquée	260
110.	L'Ile de Malte	260
111.	Femme de Nazareth	265
112.	Costumes des Maltaises	265
113.	La Chapelle de l'Ossuaire à Malte	265
114.	Philippe Deschamps en Tunisie	270
115.	Philippe Deschamps en Syrie	270
116.	Portefaix arabe à Tunis	275
117.	Types de bédouines de Tunis	275
118.	Domestique du Sérail	275
119.	Fille de bédouine	275
120.	Types de femmes juives de Tunis	280
121.	Jeune fille Tunisienne	280
122.	Panorama de la ville de Bougie	280
123.	La récolte des dattes en Afrique	285
124.	Femmes Ouleds dans l'oasis à Biskra	285
125.	Danseuses Ouleds à Biskra	290
126.	Le marché de Tébessa	290
127.	Danseuse du Bey de Tunis	295
128.	Femme du harem du Bey de Tunis	295
129.	Femme Juive de Constantine	295
130.	Femme de Beyrouth	295
131.	Le boulevard de la République à Alger	300
132.	La place du Gouvernement à Alger	300
133.	Femme Danoise	305
134.	Femme de Stockholm	305
135.	Fillette de Molde	305
136.	Costume de mariée dans la vallée du Valders	305
137.	Le musée Thorwaldsen à Copenhague	310
138.	Le port de Bergen en Norvège	310
139.	Panorama de la ville de Stockholm	315
140.	La Venise du Nord	315
141.	Femme de Vialka	320
142.	Jeune fille de Bergen	320
143.	Norvégienne de la vallée de Romsdal	320
144.	Servante du Sanatorium de Stalheim	320
145.	Eglise scandinave	325
146.	La Norvège pendant l'hiver	330
147.	L'Etablissement baleinier de l'île de Skor	330
148.	La mort d'un enfant en Norvège	330
149.	Les fiançailles en Norvège	330
150.	La noce sur le fjord se rendant à l'église	335
151.	Le fjord à Hardanger	340
152.	Hammerfest, la dernière ville du monde !	340
153.	Philippe Deschamps au glacier de Svartisen	340
154.	La pêche à la baleine dans l'Océan glacial	340
155.	La Colonne Sabine à Hammerfest	345
156.	En route pour le Cap Nord !	350
157.	A minuit sur le Sigurd-Jard, au Cap Nord	350
158.	La pêche à la morue au Cap Nord	350
159.	Le départ du Cap Nord	350
160.	Hutte de Lapons à Tromsoë	355
161.	Famille de Lapons à Hammerfest	355
162.	Philippe Deschamps en Laponie	360
163.	Le Camp des Lapons à Harstadt	360
164.	Lapons et Lapones	365
165.	Costume de mariée dans la vallée de Romsdal	370
166.	Jeune fille de Odda	370
167.	Jeune fille de Molde	370
168.	Costume de Norvégienne (Vallée du Romsdal)	370
169.	Philippe Deschamps au Camp des Lapons	376
170.	La Sprée et Belle-Alliance Crücke à Berlin	385
171.	Le nouveau Palais du Parlement à Berlin	385
172.	Les Musées de Dresde	400
173.	L'Hôtel de Ville de Dresde	400
174.	Le château de Postdam	400
175.	Le Rhin et la Cathédrale à Cologne	400
176.	Le Musée Franco-Russe de Philippe Deschamps	410

TABLE DES MATIÈRES

PRÉFACE, par M. A. Rogier.

AMÉRIQUE

	Pages
1. Du Havre à New-York	1
2. New-York	2
3. Le Flirt	11
4. L'Education et l'Enseignement en Amérique	13
5. Les Mœurs	16
6. Les Catholiques du Nouveau Monde	19
7. Les Ponts, Chemins de fer et Tramways	22
8. Les maisons géantes (Sky-Scrapers)	24
9. Les prisons	27
10. Philadelphie et Pittsburg	28
11. Baltimore	29
12. Washington	30
13. Richmond	33
14. Cincinnati, Louisville, les grottes de Mammoth	35
15. Saint-Louis	36
16. Chicago	37
17. Les tueries de porcs	44
18. Les maisons roulantes	47
19. La bienfaisance à Chicago	49
20. L'Exposition de Chicago	51
21. Détroit, les chutes du Niagara	56
22. Le lac Otario, les Rapides et le Saint-Laurent	59
23. Montréal et le Canada	60
24. Québec	69
25. Les Mormons au lac Salé	76
26. Les Skakers	82
27. Les nègres aux Etat-Unis	88
28. San-Francisco	90
29. New-Port	92
30. Le retour en France	95

EUROPE

31. De Paris à Saint-Pétersbourg	97
32. Les funérailles du Tzar Alexandre III	98
33. Saint-Pétersbourg (Ville de Pierre Le Grand)	102
34. Moscou "La Sainte"	107
35. Le Kremlin	109
36. Nijni-Novgorod	118
37. De Varsovie à Vienne	125
38. De Vienne à Buda-Pesth	126

	Pages
39. Constantinople et le Bosphore	127
40. La Corne d'Or	128
41. Stamboul et ses bazars	129
42. Les quartiers du peuple	130
43. Le Sélamick	131
44. Les Palais et les faubourgs	133
45. Les Chiens constantinopolitains	135
46. Les Derviches hurleurs et tourneurs	136
47. Les Mosquées	137
48. Turquie d'Asie, Scutari et Brousse	140
49. De Constantinople à Smyrne	141
50. Athènes et son Musée	142
51. Les ruines de l'Acropole	144
52. Le canal de Corinthe et l'île de Corfou	148
53. Chypre	149

ASIE

54. L'Egypte (en mer)	150
55. Alexandrie	152
56. Première campagne anglaise	163
57. Le Caire	167
58. Le Musée de Ghizeh	176
59. Sur le Nil	182
60. Au pays des Pharaons	184
61. Les ruines du temple de Karnak	190
62. Les frontières de l'Egypte	198
63. Du Caire à Jérusalem	201
64. Jérusalam	205
65. La religion de Mahomet	210
66. De Bethléem à Hébron	212
67. La mer Morte et Jéricho	215
68. Damas	218
69. Le Liban	221
70. Les ruines de Balbeck	222
71. De Beyrouth à l'île de Malte	224
72. L'île de Malte	225
73. De Malte à Tunis	227

AFRIQUE

74. Tunis	230
75. Kairouan « la Sainte »	232

TABLE DES MATIÈRES

	Pages
76. De Constantine à Alger	233
77. L'Algérie aux Juifs	235

EUROPE

	Pages
78. Au Soleil de Minuit	239
79. De Paris à Hambourg	239
80. Hambourg	241
81. De Kiel à Copenhague	247
82. Les Danois progressistes	254
83. Une soirée à Tivoli	256
84. Copenhague	259
85. Le Musée de Thorwaldsen	266
86. Le château de Frédériksborg	267
87. Les autres Musées	269
88. De Copenhague à Gothembourg	272
89. Un déjeuner à l'assaut	272
90. Gothembourg	273
91. Les chutes de Trollhættan	275
92. De Trollhættan à Christiania	276
93. Christiania	277
94. Excursion dans la vallée du Valders	282
95. De Lœrdalsoren à Stalheim	286
96. De Eidde à Odda	288
97. De Odda à Bergen	290
98. Bergen	291
99. Le Musée Hanséatique	297
100. La vallée du Romsdal	298
101. De Molde à Trondhjen	300
102. Trondhjem	303
103. De Trondhjem à Tromsö	307
104. Les îles Lofoten	310
105. Au camp des Lapons	314
106. Tromso	320
107. Les Reines de la mer	321
108. Hammerfest, la dernière ville du monde!	324
109. La fête du soleil de minuit	327
110. A la découverte du Pôle Nord	329
111. Le retour à Trondhjem	331
112. Stockholm, la Venise du Nord	336
113. Le Palais Royal	338
114. Le château de Drottningholm	342
115. Un dimanche à Djurgarden	345
116. Mœurs scandinaves Au pays des blondes	347
117. Upsala, la ville universitaire	353
118. C'est le 14 Juillet!	357
119. De Stockholm à Copenhague	358
120. De Copenhague à Berlin	360
121. La France attend l'arme au bras!	360
122. Le coût de la paix armée	362
123. La Marine russe	365
124. La transformation de Berlin	378
125. L'Allemagne industrielle	390
126. Les chemins de fer du monde en 1897	393
127. Le péril national	395
128. Le château de Postdam	399
129. Une visite à l'Exposition Nationale	401
130. Le Palais de Charlottenbourg	401
131. La répression en Allemagne	403
132. Leipzig	404
133. Dresde et son Musée	406
134. Prague et Nuremberg	409
135. Aix-la-Chapelle	410
136. Tableau des distances	413

Grande Imprimerie du Centre — A. HERBIN, Montluçon.

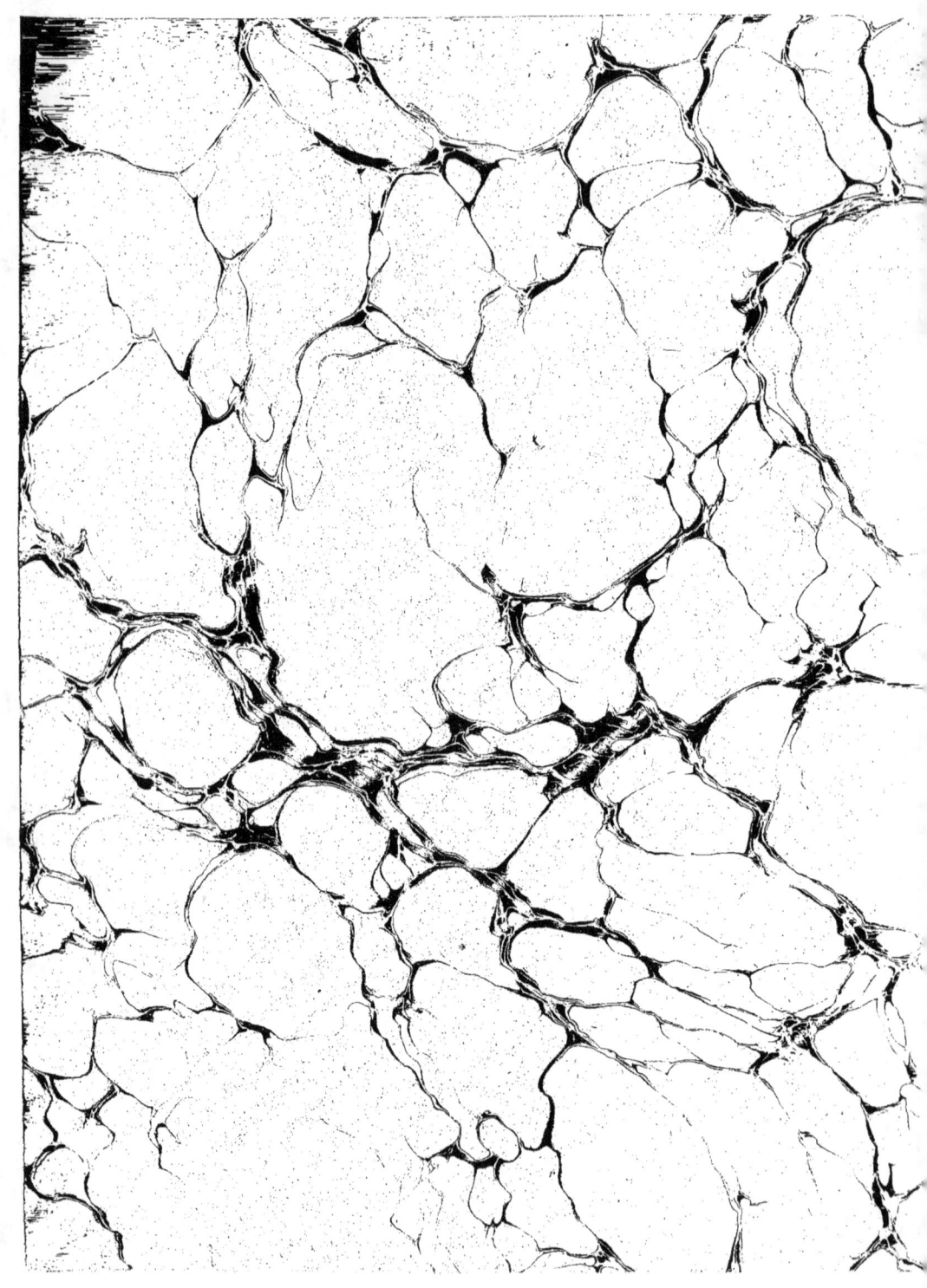

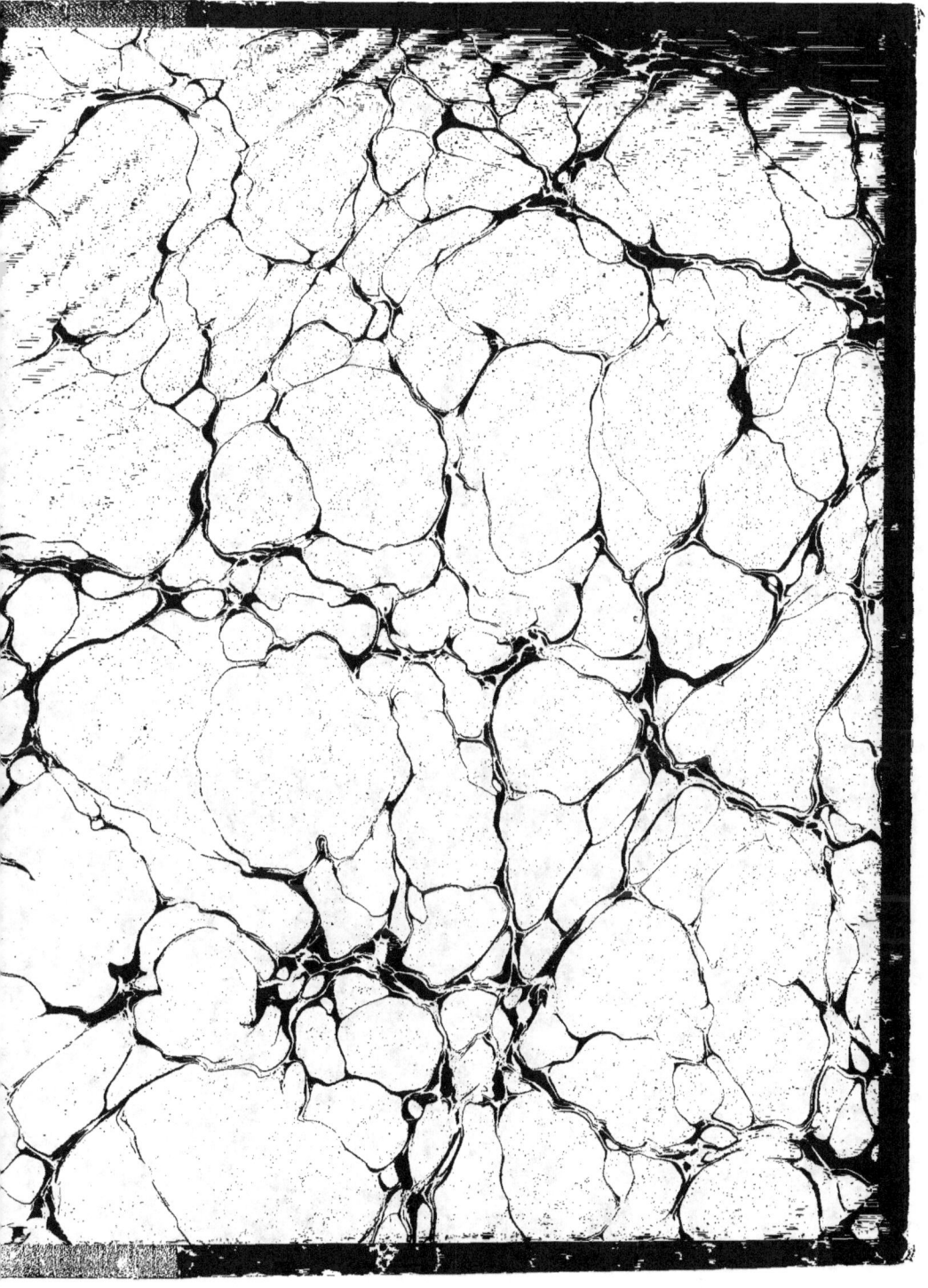

www.ingramcontent.com/pod-product-compliance
Lightning Source LLC
Chambersburg PA
CBHW070616230426
43670CB00010B/1545